湖北省学术著作出版专项资金资助项目

中国科举文化通志　主编　陈文新

# 二十世纪科举研究论文选编

刘海峰　编

武汉大学出版社

WUHAN UNIVERSITY PRESS

图书在版编目(CIP)数据

二十世纪科举研究论文选编/刘海峰编.—武汉：武汉大学出版社，2015.11
中国科举文化通志/陈文新主编
ISBN 978-7-307-17087-2

Ⅰ.二…　Ⅱ.刘…　Ⅲ.科举制度—中国—文集　Ⅳ.D691.3-53

中国版本图书馆 CIP 数据核字(2015)第 257080 号

责任编辑:朱凌云　　　责任校对:黄添生　　　版式设计:马　佳

出版发行：武汉大学出版社　（430072　武昌　珞珈山）
（电子邮件：cbs22@whu.edu.cn　网址：www.wdp.com.cn）
印刷：武汉中远印务有限公司
开本：787×1092　1/16　印张:44.25　字数:966 千字　插页:4
版次:2015 年 11 月第 1 版　　2015 年 11 月第 1 次印刷
ISBN 978-7-307-17087-2　　定价:300.00 元

# 《中国科举文化通志》编纂委员会

# 《中国科举文化通志》总序

陈文新

## （一）

科举是中国古代最为健全的文官制度。它渊源于汉，始创于隋，确立于唐，完备于宋，兴盛于明、清两代。如果从隋大业元年（605）的进士科算起，到清光绪三十一年（1905）被废除，科举制度在中国有整整1300年的历史。科举制度还曾“出口”越南、朝鲜等国，扩大了汉文化的影响。始于19世纪的西方文官考试制度，其创立也与中国科举的启发相关。孙中山在《五权宪法》等演讲中反复强调：中国的科举制度是世界各国中所用以拔取真才之最古最好的制度。胡适也说：“中国文官制度影响之大，及其价值之被人看重”，“是我们中国对世界文化贡献的一件可以自夸的事”。①

科举制度具有如此强大的生命力，其原因在于，它在保证“程序的公正”方面具有空前的优越性。官员选拔的理想境界是“实质的公正”，即将所有优秀的人才选拔到最合适的岗位上。但这个境界人类至今未达到过。不得已而求其次，“程序的公正”就成为优先选择。“中国古代独特的社会结构是家族宗法制，家长统治、任人唯亲、帮派活动、裙带关系皆为家族宗法制的派生物，在重人情与关系的社会文化背景下，若没有可以操作的客观标准，任何立意美妙的选举制度都会被异化为植党营私、任人唯亲的工具，汉代的察举推荐和魏晋南北朝的九品官人法走向求才的死胡同便是明证。”“古往今来科举考试一再起死回生的历史说明：自古以来，中国就是一个人情社会，人情与关系在社会生活中起着重要的作用，为了防止人情的泛滥，使社会不至于陷入无序的状态，中国人发明了考试，以考试作为维护社会公平和社会秩序的调节阀。悠久的科举历史与普遍的考试现实一再雄辩地证明，考试选才具有恒久的价值。”② 从这一角度看，科举制度不但在诞生之初有着巨大的进步意义，而且在整个中国历史和世界历史上，都是一个了不起的创造。较之前代的选官制度，如汉代的察举、征辟制和魏文帝时开始推行的九品中正制等，科举制度都更加公正合理。

---

① 胡适：《考试与教育》，《胡适文集》第12册，北京大学出版社1998年版，第508页。

② 刘海峰：《科举学导论》，华中师范大学出版社2005年版，第113、136页。

作为一项从整体上影响国民生活的官员选拔制度，科举制度对于维护我们这个幅员辽阔的多民族国家的统一稳定，其作用是无论怎样估计也不会过高的。胡适这位新文化运动的领袖，虽然一再愤愤不平地说到中国文化的种种不是，但在《考试与教育》一文中，他也毫不含糊地指出：在古代那种交通极为不便的情形下，中央可以不用武力来维持国家的统一是由于考试制度的公开和公平。胡适所说的公平，包括三种含义：一是公开考选，标准客观。二是顾及各地的文化水准，录取的人员，并不偏于一方或一省，而是遍及全国。三是实行回避制度，“就是本省的人不能任本省的官吏，而必须派往其他省份服务。有时候江南的人，派到西北去，有时候西北的人派到东南来。这种公道的办法，大家没有理由可以反对抵制。所以政府不用靠兵力和其他工具来统治地方，这是考试制度影响的结果”①。这些话出于胡适之口，足以说明，即使是文化激进主义者，只要具有清明的理性，也不难看出科举制度的合理性。

作为一项从整体上影响国民生活的官员选拔制度，科举制度不仅具有历史研究的价值，而且有助于我们思考当今人事制度的改革问题。2005 年，任继愈曾在《古代中国科举考试制度值得借鉴》一文中提出设立“国家博士”学位的设想。其立论前提是：我国目前由各高校授予的博士学位缺少权威性和公正性。之所以不够权威和公正，不外下述几个原因。其一，“各校有自己的土标准，执行起来宽严标准不一，取得学位后，它的头衔在社会上流通价值都是同等的”，这当然不公平。其二，研究生入学后，第一年大部分时间用在外语上，第二年大部分时间忙于在规定的某种等级的刊物上发论文，第三年忙于找工作，这样的情形，怎么可能培养出货真价实的博士？其三，几乎所有名牌大学都招收“在职博士生”，有的博士研究生派秘书代他上课，甚至不上课而拿文凭，这样的博士能说是名副其实的吗？只有设立“国家博士”学位，采用统一标准选拔人才，这样的“博士学位”才具有权威性和公正性。而国家在高级人才的选拔方面统一把关，不仅可以避免“跑”博士点和博士生扩招带来的许多弊病，有助于社会风气的改善，而且，由于只管考而不必太多地管教，还可以节省大量开支。就这一点而言，中国古代的科举制度的确是值得参考借鉴的。任继愈的这篇文章现已收入《皓首学术随笔·任继愈卷》（中华书局 2006 年版），有心的读者不妨一阅。

与任继愈的呼吁相得益彰，早在 1951 年，钱穆就发表了《中国历史上的考试制度》一文。针对民国年间（1911—1949）人事管理腐败混乱的状况，他痛心疾首地指出：科举制“因有种种缺点，种种流弊，自该随时变通，但清末人却一意想变法，把此制度也连根拔去。民国以来，政府用人，便全无标准，人事奔竞，派系倾轧，结党营私，偏枯偏荣，种种病象，指不胜屈。不可不说我们把历史看轻了，认为以前一切要不得，才聚九州铁铸成大错”②。钱穆的意思是明确的：参考借鉴科举制度，有助于人事管理的规范化和公正性。1955 年，他在《中国历代政治得失》一书中进一步指出：“无

---

① 胡适：《胡适文集》第 12 册，北京大学出版社 1998 年版，第 506 页。

② 钱穆：《国史新论》，东大图书公司 1984 年版，第 114~115 页。

论如何，考试制度，是中国政治制度中一项比较重要的制度，又且由唐迄清绵历了一千年以上的长时期。中间递有改革，递有演变，在历史进程中逐渐发展，这绝不是偶然的。直到晚清，西方人还知采用此制度来弥缝他们政党选举之偏陷，而我们却对以往考试制度在历史上有过上千年以上根柢的，一口气吐弃了，不再重视，抑且不再留丝毫顾惜之余地。那真是一件可诧怪的事。"① 现代中国的人事管理理应借鉴源远流长的科举制度，这是毫无疑问的。至于如何借鉴，则是我们需要认真思考的问题。

## （二）

作为一项从整体上影响国民生活的官员选拔制度，科举制度以其"程序的公正"为国家选拔了大量行政官员，在提高全民族的文化水准和维护我们这个多民族国家的统一稳定方面，发挥了直接而巨大的作用，这是其显而易见的功能；它还有其他不那么显著却同样值得重视的功能，即意识形态功能和人文教育功能：科举制度以其对社会的整体影响力将儒家经典维持世道人心的作用发挥到极致。我们试就此略作讨论。

明清时代有一项重要规定：科举以《四书》《五经》为基本考试内容。这一规定是耐人寻味的。《论语》《孟子》等儒家经典是秦汉以来中国传统社会维系人心、培育道德感的主要读物。我们经常表彰"中国的脊梁"，一个毋庸置疑的事实是，秦汉以降，"中国的脊梁"大多是在儒家经典的教育下成长起来的。以文天祥为例，这位南宋末年的民族英雄，曾在《过零丁洋》诗中说："人生自古谁无死？留取丹心照汗青。""丹心"，就是蕴蓄着崇高的道德感的心灵。他还有一首《正气歌》，开头一段是："天地有正气，杂然赋流形。下则为河岳，上则为日星。于人曰浩然，沛乎塞苍冥。皇路当清夷，含和吐明庭。时穷节乃见，一一垂丹青。"身在治世，正气表现为安邦定国的情志；身在乱世，则表现为忠贞坚毅的气节。即文天祥所说："当其贯日月，生死安足论。"1282 年，他在元大都（今属北京）英勇就义，事前他在衣带中写下了这样的话："孔曰'成仁'，孟曰'取义'。惟其义尽，所以仁至。读圣贤书，所学何事？而今而后，庶几无愧。"《四书》《五经》的教诲，确乎是他的立身之本。

文天祥是宝祐四年（1256）状元。这是一个值得关注的事实。它表明：进士阶层在实践儒家的人格理想方面，其自觉性远远高于社会的平均水平。宋代如此，明代如此，甚至连元代也是如此。清代史学家赵翼曾论及"元末殉难者多进士"这一现象："元代不重儒术，延祐中始设科取士，顺帝时又停二科始复。其时所谓进士者，已属积轻之势矣，然末年仗节死义者，乃多在进士出身之人。"（赵翼《廿二史劄记》卷三十《元末殉难者多进士》）接下来，赵翼列举了余阙、泰不华、李齐、李黼、王士元、赵琏、周镗、聂炳元、刘耕孙、丑闾、彭庭坚、普颜不花、月鲁不花、迈里古思等死难进

---

① 钱穆：《中国历代政治得失》，三联书店 2001 年版，第 89 页。

士，最后归结说："诸人可谓不负科名者哉，而国家设科取士亦不徒矣。"① 在元末殉难的进士中，余阙（1303—1358）是最早战死的封疆大臣。他的朋友蒋良，一次和他谈起国难，余阙推心置腹地说："余荷国恩，以进士及第，历省居馆阁，每愧无报。今国家多难，授予兵戎重寄，岂余所堪。然古人有言：'为子死孝，为臣死忠。'万一不幸，吾知尽吾忠而已。"余阙殉难后，蒋良作《余忠宣公死节记》，开篇即强调说："有元设科取士，中外文武著功社稷之臣历历可纪。至正辛卯，兵起淮、颍，城邑尽废，江、汉之间能捍御大郡、全尽名节者，守豫帅余公廷心一人而已。"② 在余阙"擢高科"的履历与他忠勇殉节的人格境界之间，人们确认有其内在联系。无独有偶，《元史·泰不华传》在记叙元末另一著名的死节之臣泰不华（1305—1352）时，也着重指出：其人生信念的基本依据是他作为"书生"所受的儒家经典教育。在与方国珍决战前夕，泰不华曾对部从说过一番词气慷慨的话："吾以书生登显要，诚虑负所学。今守海隅，贼甫招徕，又复为变。君辈助我击之，其克则汝众功也，不克则我尽死以报国耳。""书生""所学"与捐躯"报国"之间关系如此密切，足见以《四书》《五经》作为基本考试教材的科举制度，它在维持世道人心方面的作用的确是巨大而深远的。

儒家经典维持世道人心的功能不仅泽及宋元，泽及明清，甚至泽及已经废除了科举制度的现代。其实这并不令人感到奇怪。原因在于，不少现代名流的少年时光是在科举时代度过的，他们系统地受过这种教育，耳濡目染，其人生观在早年即已确立并足以支配一生。儒家经典的生命力由此可见。科举制度的余泽亦由此可见。

这里我想特别提及五四新文化运动的领袖胡适，并有意多引他的言论。之所以关注他，是因为，世人眼中的胡适，只是一个文化激进主义者，以高倡"打倒孔家店"著称。人们很少注意到，胡适在表面上高呼"打倒孔家店"，但在内心里仍对孔子和儒家保留了足够的敬意，是儒家人生哲学的虔诚信奉者和实行者。唐德刚编译《胡适口述自传》，第二章有胡适的如下自白："有许多人认为我是反孔非儒的。在许多方面，我对那经过长期发展的儒教的批判是很严厉的。但是就全体来说，我在我的一切著述上，对孔子和早期的'仲尼之徒'如孟子，都是相当尊崇的。我对十二世纪'新儒学'（Neo-Confucianism）（'理学'）的开山宗师的朱熹，也是十分崇敬的。""在这场伟大的'新儒学'（理学）的运动里，对那（道德、知识；也就是《中庸》里面所说的'诚则明矣，明则诚矣'的）两股思潮，最好的表达，便是程颐所说的：'涵养须用敬，进学则在致知。'后世学者都认为'理学'的真谛，此一语足以道破。"同一章还有唐德刚的一段插话："'要提高你的道德标准，你一定要在"敬"字上下功夫；要学识上有长进，你一定要扩展你的知识到最大极限。'适之先生对这两句话最为服膺，他老人家不断向我传教的也是这两句。一次我替他照相，要他在录音机边作说话状，他说的便是这两句。所以胡适之先生骨子里实在是位理学家。他反对佛教、道教乃至基督教，都

① 赵翼著，王树民校证：《廿二史劄记校证》，中华书局 1984 年版，第 706 页。

② 杨讷等编：《元代农民战争史料汇编》中编第一分册，中华书局 1985 年版，第 268 页。

是从‘理学’这条道理上出发的。他开口闭口什么实验主义的，在笔者看来，都是些表面账。吾人如用胡先生自己的学术分期来说，则胡适之便是他自己所说的‘现代期’的最后一人。”① 胡适是在少年时代接受儒家经典教育的，在经历了废止科举、“打倒孔家店”等种种变故后，儒家的人生哲学仍能贯彻其生命的始终，由此不难想见，在中国传统社会尤其是科举时代，儒家经典对社会精神风貌的塑造可以发挥多么强大的功能。虽然生活中确有教育目标与实际状况两歧的情形，但正面的成效仍是不容忽视的。

“精神文明”是中国人常用的一个概念。“精神文明”是相对物质文明而言的，就个人而言，需要长期的修养，就民族而言，需要长期的培育。中国古人对这一点体会很深，所以常常强调“潜移默化”，经由耳濡目染的长期熏陶，价值内化，成为一种道德规范。如果这种道德规范大体近于人情，既“止乎礼义”而又“发乎性情”，它对社会的稳定，对人类精神境界的提升，都将发挥重要作用。这就是文化的功能。目前教育界所说的“深厚的人文知识素养，有助于塑造高尚的精神世界，提高健康的审美能力”，与这个意思是相通的。《四书》《五经》作为科举时代的基本读物，人文教育功能是其不容抹杀的价值，并因制度的保障而得到了充分的发挥。

美国学者罗兹曼认为：科举制在中国传统社会结构中居于中心的地位，是维系儒家意识形态和儒家价值体系正统地位的根本手段。科举制在1905年被废止，从而使这一年成为新旧中国的分水岭：它标志着一个时代的结束和另一个时代的开始，其划时代的重要性甚至超过辛亥革命；就其现实和象征性的意义而言，科举革废代表着中国已与过去一刀两断，这种转折大致相当于1861年沙俄废奴和1868年的日本明治维新后不久的废藩。② 罗兹曼的意见也许是对的。而我想要补充的问题是：在科举制废止之后，如何保证《四书》《五经》的人文教育功能继续得到发挥？

## （三）

科举制度曾经有过辉煌的历史，科举制度对现代中国的发展更有足资借鉴的意义。整理与研究历代科举文献，其意义也需要从历史与现实两个角度加以说明：一方面是传承文化，传承文明，让这份丰厚的遗产充分发挥塑造民族精神的作用，另一方面是去粗取精，古为今用，让它在现实的中国社会重放异彩，成为人事制度改革的重要智力资源。这是我们编纂出版《中国科举文化通志》的初衷，也是我们不辞劳苦从事这一学术工作的动力。

《中国科举文化通志》重点包括下述内容：

1. 整理、研究反映科举制度沿革、影响及历代登科情形的文献。

---

① 胡适：《胡适文集》第1册，北京大学出版社1998年版，第418、433页。

② ［美］吉尔伯特·罗曼兹主编，国家社会科学基金“比较现代化”课题组译：《中国的现代化》中译本，江苏人民出版社1988年版，第335、635页。

从《新唐书》开始，历代正史多有《选举志》。历代《会要》、《实录》、《纪事本末》等史传、政书之中，相当一部分是关于科举制度沿革的资料。还有黄佐《翰林记》、陆深《科场条贯》、张朝瑞《明贡举考》、冯梦祯《历代贡举志》、董其昌《学科考略》、陶福履《常谈》等一批专书。历代《登科录》和杂录类书籍，也保存了大量关于科举的材料。唐代登科记多已散失亡佚，有清代徐松的《登科记考》可供参考。宋元登科记保存稍多，明清有关文献尤为繁富。

2. 整理、研究与历代考试文体相关的教材、试卷、程文及论著等。

八股文是最引人注目的考试文体。八股文集有选本、稿本之分。重要的选本，明代有艾南英编《明文定》、《明文待》，杨廷枢编《同文录》，马世奇编《澹宁居文集》，黎淳编《国朝试录》等；清朝有纪昀《房行书精华》，王步青编《八法集》；还有《百二十名家集》，选文3000篇，以明代为主；《钦定四书文》，明文4集，选文480余篇，清文1集，选文290余篇。稿本为个人文集。明清著名的八股大家，如明代的王鏊、钱福、唐顺之、归有光、艾南英，清代的刘子壮、熊伯龙、李光地、方苞、王步青、袁枚、翁方纲等人，均有稿本传世。相关著述数量也不少。清梁章钜《制义丛话》等，是研究八股文的重要论著。其他考试文体，如试策、试律等，也在我们关注的范围之内。这些科举文献，一般读者不易见到，或只能零零星星地见到一些，或虽然见到了也难以读懂，亟待系统地整理出版，以供研究和阅读。

《中国科举文化通志》包括以下数种：《历代制举史料汇编》、《历代律赋校注》、《唐代试律试策校注》、《八股文总论八种》、《七史选举志校注》、《四书大全校注》、《游戏八股文集成》、《明代科举与文学编年》、《明代状元史料汇编》、《钦定四书文校注》、《翰林掌故五种》、《贡举志五种》、《〈游艺塾文规〉正续编》、《钦定学政全书校注》、《梁章钜科举文献二种校注》、《〈清实录〉科举史料汇编》、《二十世纪科举研究论文选编》、《明代科举与文学编年》、《〈礼部韵略〉与宋代科举》、《元明科举与文学考论》、《游戏八股文研究》、《明代八股文选家考论》、《唐代科举与试赋》、《〈儒林外史〉的现代误读》、《科举废止前后的晚清社会与文学》等。我们这套《中国科举文化通志》，以涵盖面广和分量厚重为显著特征，可以从多方面满足阅读和研究之需。而在整理、研究方面投入的心力之多，更是有目共睹。我们的目的是为推进学术作出力所能及的贡献。

《中国科举文化通志》是一项规模宏大、任务艰巨、意义深远的大型出版文化工程。编纂任务主要由武汉大学专家承担，并根据需要从中国人民大学、南京大学、中国艺术研究院、厦门大学、华中师范大学、陕西师范大学、扬州大学、中南民族大学、中南财经政法大学等高校或科研院所聘请了若干学者。南京大学卞孝萱先生、中华书局傅璇琮先生、中国社会科学院邓绍基先生等在学术上给我们提供了若干指导；参与这一工程的各位专家不辞辛苦，努力工作，保证了编纂进度和质量；武汉大学出版社鼎力支持《中国科举文化通志》的出版；所有这些，我们将永远铭记在心。

2015年4月13日

于武汉大学

# 目　录

# 前　　言

刘海峰

1905年9月，在中国古代人文教育活动中占有举足轻重地位的科举制走到了生命的尽头。科举制废止后不久，新式教育蓬勃兴起，传统文化礼崩乐坏，社会秩序逐渐瓦解，帝制统治寿终正寝。然而，因为科举制存在时间长久、影响重大深远、内容广博丰厚，因此引起许多研究者的关注。整个20世纪，海内外的科举研究此起彼伏，出版著作达300余部，论文3000余篇。进士出身的清代著名学者阮元曾说："学术盛衰，当于百年前后论升降焉。"① 科举在20世纪初退出中国历史舞台，迄今已经有一百余年了。在科举研究进入21世纪、跃上一个新的发展阶段的时候，对20世纪科举研究史作一回眸，既有丰富的内容，又有重要的意义。

## 一　20世纪科举研究的跌宕起伏

关于20世纪科举研究的回顾在20世纪末已受到关注，我在《"科举学"的世纪回顾》(《厦门大学学报》1999年第3期)、何忠礼在《二十世纪的中国科举制度史研究》(《历史研究》2000年第6期) 中都作了概括性的论述②。到2005年科举百年祭以后，又有几篇论文对百年来科举研究的一些方面进行述评。③ 这里主要按年代顺序，对20世纪科举研究的发展脉络进行梳理。

清末将科举这一封建政治文化制度的基石动摇撬翻之后，整个君主制度的大厦不久

---

① 阮元为著名进士钱大昕《十驾斋养新录》所作序文，见上海书店1983年版该书首页。

② 陈高华随后还对何忠礼文作了元代科举研究成果方面的补充，见陈高华《〈二十世纪的中国科举制度史研究〉的一点补充》，《历史研究》2001年第3期。另有一篇论文专门对八股文评价作了世纪回顾，见金宏宇：《二十世纪的"八股"批判》，《求索》2000年第1期。

③ 刘海峰：《百年回眸"科举学"》，《百年跨越——教育史学科的中国历程》，鹭江出版社2005年版；渡边健哉：《近年の元代科挙研究について《集刊东洋学》2006年10月96号；高明扬、邹敏：《二十世纪以来八股文研究述评》，《山西师大学报》(社会科学版) 2006年第5期；郭培贵：《二十世纪以来明代科举研究述评》，《中国文化研究》2007年秋之卷。

也随之崩塌倾覆，中国历史进入一个动乱不安的时期。与许多学科学问一样，20 世纪最初 20 年谈不上什么研究，尤其是在清末将科举说得一无是处，人们还沉浸在科举革废前夕的激愤情绪的余波之中，更是不屑于去拨弄这一“历史垃圾”。20 世纪的科举研究始于 20 年代，至 20 世纪末，大致可分为以下三个阶段。

### （一）科举研究奠基期（1920—1949）

科举废后一段时间，最初人们对科举的评价多为片断的回忆和零星的评论，从孙中山、梁启超、陈独秀，到蔡元培、鲁迅、周作人、胡适，很少有名人未议论过科举的。就学术研究方面来看，中国、日本、美国学者都是从 20 世纪 20 年代开始科举研究。1921 年曾在《平民教育》发表《新法考试》的心理学家张耀祥，又于 1926 年在《心理》杂志发表《清代进士之地理分布》，以他直接从北京国子监进士题名碑录亲自抄录的 24451 名进士为研究对象，分析中国人才的地理分布。他还在《晨报副刊》第 1493 号（1926 年 12 月 16 日）刊出《论科举为智力测验》一文。当时“科举二字不符时俗耳目”，言科举者“足大来丑诋”①，一般人皆以考试来代指科举。1928 年 10 月，南京国民政府按孙中山考试权独立的构想，成立考试院，促进了考试（科举）史的研究。当时，陶希圣就在《春潮》第 1 卷第 2 期发表《科举制的意义》一文。1929 年邓定人将其在上海《民国日报》附刊“星期评论”上发表的连载论文编著成《中国考试制度研究》一书，由民智书局出版。此书的主要内容为科举考试史，实际上是第一部研究科举的专书。

日本学者铃木虎雄《唐代的考试制度与诗赋》（《支那学》2 卷 10 期，1922 年）②和《唐代的进士》（《支那学》4 卷 3 期，1927 年），东川德治《科举之制》（《东洋文化》12 期，1925 年），加藤繁《封建与科举》（《东亚》3 卷 10 期，1927 年）是日本研究中国科举的早期成果。20 世纪 20 年代外国学者的科举研究论文还有美国学者保罗的《科举制在中国文化发展上之影响》（《美国社会学报》35 卷 2 号，1929 年），该文由雷震译成中文后，1931 年 6 月在《师大史学丛刊》第 1 卷第 1 期上发表。

20 世纪 20 年代后期至 1937 年之间是中国近现代学术史上的黄金时期，科举研究也出现了不少成果，仅专著就有章中如《清代考试制度》（黎明书局 1931 年出版），方瑜《唐代的科举制度》（中山大学 1933 年印行），傅增湘《清代殿试考略》（大公报社 1933 年出版），陈东原《中国科举时代之教育》（商务印书馆 1934 年出版），邓嗣禹《中国考试制度史》（国民政府考试院 1936 年印行），卢前《八股文小史》（商务印书馆 1937 年出版）。20 世纪三四十年代还有不少论文发表（约 80 篇），主要为制度史研究和考订，较有深度的有聂崇岐《宋代制举考略》（《史学年报》第 2 卷第 5 期，1938 年）和《宋词科考》（《燕京学报》25 期，1939 年）；较具理论研究性质的有王亚南于

---

① 瞿宣颖：《科举议》，《甲寅》周刊 1925 年第 1 卷第 2 号。

② 该文还由张我军译成中文，在天津《益世报》副刊 1929 年 3 月 30 日发表，然甚简短。

1947 年在《时与文》2 卷 14 期发表的《支持官僚政治高度发展的第二大杠杆——科举制》，以及潘光旦、费孝通 1947 年在清华大学《社会科学》4 卷 1 期上发表的《科举与社会流动》。

20 世纪三四十年代国外科举研究专著有日本学者宫崎市定 1946 年出版的《科举》一书。论文则以日本学者为多，其中，主要有胜又宪治郎《秀才之辨》(《东方学报》东京 6 期，1936 年)，胜又宪治郎《北京的科举时代与贡院》(《东方学报》东京 6 期，1936 年)，竹田龙儿《唐代选举的一个侧面》(《史学》20 卷 2 期，1940 年)，荒木敏一《关于宋代初期的殿试与状元决定的方法》(《东洋史研究》8 卷 4 期，1943 年)、《关于宋代殿试形成之事情》(《东亚人文学报》3 卷 2 期，1943 年)，有高严《元代科举考》(《史潮》2 卷 2 期，1932 年)，松元盛张《台湾在清朝时代的考试制度》(《南方土俗》4 卷第 3 期，1937 年) 等，欧美方面，法国学者罗伯特 Rober Des Rotours 在 1932 年出版了一本研究和介绍唐代科举和铨选的专著《唐书选举志译介》①；另外，1935 年在巴黎还出版了一本关于清代乡试研究的专著。② 英文论文有张沅长发表在 1942 年 4 月出版的《美国历史评论》上的《中国与英国的文官改革》一文③，邓嗣禹发表在 1943 年 9 月出版的《哈佛亚洲研究学报》上的《中国对西方考试制度的影响》一文。④ 尤其是邓嗣禹文长达 3 万余字，旁征博引，论述详赅，长期以来在海外引起广泛的反响，被收入多种文集，在西方汉学界几乎无人不晓，已被公认为是经典性的论文。美国学者柯睿格则在 1947 年潘光旦、费孝通发表《科举与社会流动》的同时，发表了一篇《中国帝制时期科举考试中的家庭与才能》⑤ 的论文，论题也是谈宋代科举与社会阶层流动。

第一阶段的科举研究论著多各自进行，很少产生争论⑥，但为后来的研究奠定了一定的基础。

---

① Des Routours. Robert. *Le traite des examens traduit de a nouvell histoire des T'ang*. Paris: Librairie Ernest Leroux, 1932. 实际上世界上最早的现代科举学著作是法国学者艾特尼 · 资所作。他于 1894 年在上海出版了开拓性的法文著作《中国的文科举制度》，1896 年又在上海出版了《中国武举制度》，见 Le P. Etienne Zi (Siu), S. J., *Pratique des examens en Chine*, Chang-Hai, 1894. Le P Etienne Zi (Siu), S. J., *Pratique des examens militaires en Chine*, *Chang-Hai*, 1896.

② Li Chow Chung-cheng, *L'examen provincial en Chine* (*hiang che*) *sous la dynastie des Ts'ing* (de 1644-1911), Paris: Jouve&Cie. 1935.

③ Y Z. Chang, *China and English Civil Service Reform*, American Historical Review, Vol. XL VII, No3, April, 1942, pp. 539-544.

④ Ssu-yu Teng, *Chinese Influence on the Western Examination System*, Harvard Journal of Asiatic Studies, Vol. VII (1942-1943), pp. 267-312.

⑤ *Family Vs. Merit in Chinese Civil Service Examinations Under the Empire*. Harvard. Journal of Asiatic Studies, 10. 1947.

⑥ 唯一一次直接的争论是何永佶于《观察》4 卷 11 期 (1948 年 5 月) 发表《中国式的代议制度》一文，主张科举为古代中国式的代议制度，随后吴晗于《观察》4 卷 14 期、流金于《文讯》9 卷 2 期各发表《论所谓“中国式的代议制度”》加以反驳。

## （二）科举研究中心外移期（1950—1979）

如果说第一阶段为中国科举研究的奠基期的话，那么，第二阶段则为研究中心外移期。民国时期的科举研究发展脉络到 1949 年基本上中断，1950—1979 年 30 年间科举研究属于大陆学术研究的冷门。在一般人的印象中，科举只是一堆陈年历史垃圾，即使要去拨弄，主要也是为了肃清其流毒。20 世纪 70 年代以前专门的科举研究论著不多，仅出版过 3 本科举研究专书，其中最有分量的当推清朝末科探花商衍鎏 1958 年由三联书店出版的《清代科举考试制度述录》，商衍鎏作为清末科举过来人中科名最高者，该书的写作和出版受到特别的关注，该书也是此类著作中最详尽者，具有很高的学术价值。商衍鎏出版的另一部著作是 1961 年由中华书局出版的《太平天国科举考试纪略》，该书虽然影响较小，但颇为深入，至今仍是研究太平天国科举制度最全面的著作。另一本是 1964 年中华书局出版的张晋藩、邱远猷所撰的普及性读物《科举制度史话》，此书篇幅较小，但简明扼要。此阶段大陆学者发表的科举研究论文也屈指可数，约有 10 余篇，最多者是吾师韩国磐先生，他在《厦门大学学报》文史哲版 1954 年第 1 期发表《唐朝的科举制度与朋党之争》、在《历史教学》1960 年第 4 期发表《略述科举制度》以及在《厦门大学学报》社科版 1965 年第 2 期发表《科举制和衣冠户》共 3 篇。其余有唐长孺《南北朝后期科举制度的萌芽》（收入唐著《魏晋南北朝史论丛续编》，三联书店 1959 年版），吴晗《明代的科举情况和绅士特权》（收入吴著《灯下集》，三联书店 1960 年版），蒯伯赞《释〈儒林外史〉中提到的科举活动和官职名称》（《文艺学习》1956 年第 8 期），陈直《隋进士科开始于炀帝大业元年考》（《文史》第 3 辑，1963 年），李正中《科举制的产生和考试程序的发展》（《史学月刊》1964 年第 9 期）等论文。

总的来说，此时期中国大陆将科举视为帝制时代反动的取士制度，很少有专门的研究。加上当时学术刊物和出版社很少，有些研究成果也未及时发表，如朱保炯、谢沛霖编纂的《明清进士题名碑录索引》实际上完成于 1963 年，但到“文革”后才正式出版。此阶段中国大陆科举研究受到冷落，明显地处于低谷时期，而中国港台地区和海外却形成研究热点，仅中国台湾就出版了 19 部专著，其中较有分量者有科举过来人齐如山《中国的科名》（新闻出版公司 1956 年出版），此书虽非专门的学术性著作，而是凭记忆和传闻撰述的掌故类图书，但作者博闻强记，有不少是一般史书未载的轶闻逸事，充分反映了科举在社会上的地位和民间的影响。而中国台湾“商务印书馆”1969 年出版的沈兼士《中国考试制度史》，书名虽与邓嗣禹书相同，却有不少论述颇具独到见解。侯绍文《唐宋考试制度史》（中国台湾“商务印书馆”1973 年出版）则为专题性著作，对一些科举专题的研究相当深入。而其他一些著作，如 1954 年“中央文物供应社”出版的章群《唐代考选制度考》、1969 年广益印书局出版的杨建华《〈摭言〉及其作者考述》、1968 年正中书局出版的杨吉仁《三国两晋学校教育与选士制度》、台湾大学文学院出版的罗龙治《进士科与唐代文学社会》、山西文献社 1977 年出版的郭荣生

《清朝山西进士》等书也各有侧重。此外，还有朱沛莲《清代鼎甲录》（中国台湾“中华书局”1968 年）、李正富《宋代科举制度研究》（政治大学 1962 年）、孙甄陶《清代广东词林纪要》（中国台湾“商务印书馆”1970 年）、黄光亮《清代科举制度研究》（嘉新水泥公司文化基金会 1976 年）等著作。中国台湾学者在此时期发表了许多科举研究论文，远远超过大陆发表的科举研究论文数量。《考铨月刊》从 1951 年 4 月创刊号发表钱穆《中国历史上之考试制度》开始，陆续发表了不少科举研究论文。在众多论文中，以侯绍文发表的科举研究论文较多且成系列。中国香港方面，1956 年贾景德出版了《秀才·举人·进士》一书，赖恬昌 1970 年出版了英文著作《一个儒生在帝制中国》①。

此时期日本、欧美也有不少科举研究论著出版，代表性的著作可举出日本宫崎市定《科举——中国的考试地狱》一书（中央公论社 1963 年），以及荒木敏一所著厚实的《宋代科举制度研究》（京都大学东洋史学会 1969 年）。还有远比中国多的科举研究论文，难以列举。韩国学者十分注重科举研究，1970 年宋俊浩便在国会图书馆出版了专著《李朝生员进士试研究》，1976 年，李成茂在韩国日报社出版《韩国的科举制度》一书。美国从费正清开始的每一代著名汉学家都在科举研究方面留下痕迹，他们最集中的成果是从社会史的角度研究科举与社会阶层流动的问题。何炳棣《中华帝国的成功阶梯：关于社会流动》（哈佛大学出版社 1962 年出版）。1963 年，Menzel 将 9 位美国汉学家这方面的 12 篇（部）代表作连同潘光旦、费孝通《科举与社会流动》一文，节选编成一本《中国文官：职位向才士开放?》。② 此书将各位名家的不同观点集中在一起，无异于一次关于科举与社会阶层流动关系研究论战的大检阅，成为西方汉学研究的必读书。书后还附有 1963 年以前发表的与此问题有关的近 50 篇（本）西方论著，充分显示了西方有关科举研究的雄厚基础。另外，还有傅吾康 1960 年在哈佛大学出版社出版的《中国科举制度革废考》一书。③ 此时期海外科举研究论文数以百计，研究中心已不在中国大陆。

### （三）科举研究兴盛期（1980—1999）

20 世纪最后 20 年为科举研究第三阶段，科举研究进入兴盛期，在海外科举研究长盛不衰的同时，中国大陆的科举研究复兴繁荣，研究中心已回归本土。经历过“文革”期间的研究空白之后，最早出版的科举研究专著为程千帆少而精的小册子《唐代进士行卷与文学》一书（上海古籍出版社 1980 年）。20 世纪 80 年代中期以后，科举研究论著迅速增加，每年皆有专著出版，其中许树安《古代选举及科举制度概述》（天津人民

① T C. Lai, *A Scholar in Imperal China*, Htong Kong, 1970.

② Johanna M. Menzel. *the Chinese Civil Service*: *Career*, *Open to Taient*? Boston: D. C. Heath&Co. , 1963.

③ Franke, Wolfgang, *Reform and Abolition of the Traditional Chinese Examination System*. Cambridge, Mass Harvard University Press, 1960.

出版社 1985 年）、傅璇琮《唐代科举与文学》（陕西人民出版社 1986 年）、王道成《科举史话》（中华书局 1980 年）、黄留珠《中国古代选官制度述略》（陕西人民出版社 1989 年）较有代表性。80 年代共有 19 部科举研究著作面世。而进入 90 年代以后，科举研究空前繁盛，仅专门著作便有 100 余部，较为深入细致的如阎步克《察举制度变迁史稿》（辽宁大学出版社 1991 年）、萧源锦《状元史话》（重庆出版社 1992 年）、刘虹《中国选士制度史》（湖南教育出版社 1992 年）、奇秀《抡才大典》（山东大学出版社 1993 年）、张希清《中国科举考试制度》（新华出版社 1993 年）、何冠环《宋初朋党与太平兴国三年进士》（中华书局 1994 年）、谢青与汤德用《中国考试制度史》（黄山书社 1995 年）、刘海峰《科举考试的教育视角》（湖北教育出版社 1996 年），等等，不胜列举。而且，对科举这个离人们越来越远的制度，总体而言，评价也越来越客观，也越来越公道了。例如宋元强《清朝的状元》（吉林文史出版社 1992 年）① 一书，以清代 114 名状元作为专题研究，"从新的角度对清代科举进行了深入探讨。作者应用中观史学的方法，撷取科举制度中一段时期、一组有关人物进行考察，得出不少有价值、具有说服力的结论。何怀宏《选举社会及其终结》（三联书店 1998 年）一书"试图澄清本世纪以来一直笼罩在科举和八股之上的浓厚无知与攻讦的乌云"，"细探这种考试选举千百年来反复锻打所形成的社会结构"。不少论著不仅对科举制度作考释和叙述，而且客观全面地评价科举这一重要历史现象，作出较具理论性的研究成果。

此时期科举研究还走向系统化和理论化。刘海峰在《厦门大学学报》1992 年第 4 期发表了《"科举学"刍议》一文，首次提出了"科举学"的概念，将科举作为一个专门研究领域来看待。此后，还发表了一系列的"科举学"论文，认为"科举学"不是关于一时一地或一人一书的学问，而是与中国一千多年间大部分知名人物、大部分书籍和几乎所有地区有关的一门学问，不是关于中国传统文化局部，而是关于中国传统文化整体的学问，又是至今还有相当现实意义并和东亚及西方主要国家有关的一门学问②；并预言，已经逐渐形成一个专门研究领域的"科举学"，必将成为 21 世纪的显学。③《厦门大学学报》1999 年第 4 期设立"科举学"笔谈专栏，发表刘海峰、杨学为、廖平胜、易中天、韩升、吴在庆等 6 篇"科举学"论文。李世愉指出："提出'科举学'概念，很快引起了学术界的关注。"④ 到了新世纪，"'科举学'这一概念已被越来越多的人所了解和认可"。⑤"科举学"是考试学与历史学、教育学、政治学、文学、社会学、地理学、民俗学等学科相互渗透、高度综合的一门专学。各学科的科举研究开始走向汇聚和交融，1998 年 5 月在北京召开过"中国考试史专题研讨会"，讨论的主题

---

① 何怀宏：《选举社会及其终结》，三联书店 1998 年版，第 38 页。

② 刘海峰：《"科举学"发凡》，《厦门大学学报》1994 年第 1 期。

③ 刘海峰：《"科举学"——21 世纪的显学》，《厦门大学学报》1998 年第 4 期。

④ 李世愉：《新修〈清史〉与科举制》，《史苑》2005 年第 2 期。作者在文中还认为："可以预见，若干年后，'科举学'将成为一门新的学科，并成为 21 世纪的显学。"

⑤ 郭培贵：《二十世纪以来明代科举研究述评》，《中国文化研究》2007 年秋之卷。

实际上集中于科举考试，来自历史学界、教育学界、文学界和考试管理部门的许多专家教授发表了自己的科举研究见解，会后由高等教育出版社在1999年7月出版了《中国考试史专题论文集》，书后还附有中国考试史部分研究论著目录索引。这次会议为21世纪“科举制与科举学”系列研讨会开了一个先例。

日本学者的科举研究在20世纪80年代以后也进入繁荣期。讲谈社1980年出版了村上哲见《科举史话〈考试制度与文人官僚〉》一书，山川出版社1997年出版了平田茂树《科举与官僚制》一书。1982年同朋社出版了左伯富编《宋史选举志索引》，而中岛敏编的《宋史选举志译注》一、二、三册由东洋文库分别于1991年、1995年、2000年出版。日本学者还发表大量的科举研究论文，资料丰富，功底扎实，具有相当的分量，高水平的论文多到不胜枚举。在发表许多科举研究论文的基础上，韩国于1980年召开了以科举研究为主题的全国历史学大会，许多韩国著名史学家都参与研究讨论中国和韩国的科举制，并于1981年由一潮阁出版了收入会议论文和讨论发言的专书《科举——历史学大会主题讨论》。一潮阁还于同年出版了许兴植《高丽科举制度史研究》，将韩国的科举研究推向一个高潮。此后，韩国又出版了曺佐镐《韩国科举制度史研究》（法优社1996年）、朴龙云《高丽时代荫叙制与科举制研究》（一志社1990年）、李成茂《韩国科举制度史》（民音社1997年）等专著。20世纪八九十年代，韩国出版了不下20部的科举研究著作。至今，科举研究论文仍是韩国许多学术刊物不断发稿的一个重要选题。

此时期越南科举研究开始兴起，越南国家社会科学与人文中心汉喃研究室编的《越南各朝科榜（1075—1919）》，1993年在河内文学出版社出版。阮世龙1995年在越南教育出版社出版了《越南儒学——教育与考试》一书，也与中国同类书籍一样，从学校教育与科举考试两方面介述了越南儒学的发展。1999年越南汉喃研究院出版《越南登科录版本研究》，对进士登科录的版本进行了比较研究。越南学者还发表了不少科举研究论文。例如陈文玾《越南科举略考——从开始到戊午科（1918年）》（载《史学家陈文玾选集》，越南社会科学出版社1996年），阮俊盛《黎圣宗时期的庭试策文和一些治国安民的重要问题》（载河内国家大学社会科学与人文大学编《黎圣宗——人类与事业（1442—1497）》（河内国家出版社1997年），阮氏兰《文庙—国子监新发现石碑介绍》（载《汉喃杂志》1998年第2期）等。

英文著作方面，美国学者Adam Y. C. Lui 1981年出版了《翰林院：雄心的训练地（1644—1850）》一书。① 1985年有两本英文科举研究著作出版，一是李弘祺在香港中文大学和纽约的St. Martinas一起出版了英文版《宋代官学教育与科举》，一是美国学者贾志扬（Chaffee）在剑桥大学出版了《宋代学子的艰难门槛：科举的社会历史》；德国

① Adam Yuen-chung Lui, *The Hanlin Academy: Training Ground for the Ambitious.* 1644-1850. Hamden, Connecticut: The Shoe String Press, 1981.

学者 Chou Hsiu. Fen Vetter 也于1985年出版了《中国科举制中的舞弊与防弊》一书。① 论文也有不少，特别值得一提的是艾尔曼《帝制中国后期科举考试的政治、社会和文化影响》一文，发表于美国亚洲学会主办的国际性权威杂志《亚洲研究学报》1991年第1期②，具有较大的影响。

综观20世纪科举研究的发展脉络，总的看来是从冷寂走向热门，从激情的批判走向理性的判断，从制度的考证和史实的回忆走向理论的探讨，从分散走向综合。

## 二　20世纪科举研究的热点和公案

作为一个内容广博的专门研究领域，“科举学”的研究空间非常广阔，但并非没有学术交锋。因研究人员众多、历史悠久、成果丰硕，科举研究中出现了一系列百家争鸣的代表人物、代表著作。“科举学”的争论问题很多，大至科举制的千秋功罪，小至某一著名历史人物的登科年份都有不少争鸣商榷。以下仅概括一下几个影响较大、讨论较为集中的重要问题。

### （一）科举起源之争

科举究竟始于何时是科举研究首先要碰到的一个问题，而这恰恰又是争论十分激烈、观点相当歧异的一个问题。20世纪探讨科举制度起源的专门论文已不下20篇，还有许多科举研究著作和中国通史、教育史、文化史、制度史著作在有关章节讨论这一问题，各种观点林林总总。从大的方面来看，有科举始于汉代说，此说以徐连达、楼劲为代表，认为就整套科目体系中有不排除布衣入仕的常科、组织过程具有全国性和统一步调、有取舍留放意义的考试环节三大要素而言，汉代察举与唐代科举基本一致③；有科举始于唐代说，此说以何忠礼为代表，作者在20世纪30年代邓嗣禹、俞大纲、张孟劬等人讨论科举起源的基础上，主张科举制应具备士子应举允许“投牒自进”、一切以程文定去留、以进士科为主要取士科目三个特点，因此科举制的起源和进士科的创立时间都在唐代；④ 有始于隋代说，多数论者持此观点。但具体而言，隋代说中又可分为两派，一派为始于隋文帝时，宫崎市定认为始于开皇七年，此观点在国际上影响甚大；韩国磐先生从房玄龄卒年推算其进士及第年份，认为科举制创置不迟于开皇十五年或开皇

① Chou Hsiu-Fen Vetter, *Korruption und Betrug in traditionellen Prufengssystem Chinas.* Printed in Germary by Boscolo & Mohr. Karlsruhe, 1986.《中国科举制度革废考》的作者傅吾康也是德国汉学家。

② Beniamin A. Elman, *Political, Social, and cultural Reproduction via Civil Service Examinations in Late Imtgerial China.* Journal of Asian Studies, Vol. 50. No. 1 Fed. 1991.

③ 徐连达、楼劲:《汉唐科举异同论》,《历史研究》1990年第5期。

④ 何忠礼:《科举制起源辨析——兼论进士科首创于唐》,《历史研究》1983年第2期。

十六年。① 一派认为始于隋炀帝时，其中又有大业元年、大业二年、大业三年、大业四年、大业七年，笼统而言始于“大业中”等不同说法。此外，还有兼顾始于隋和始于唐的“肇基于隋确定于唐”的说法②，有认为科举制实际开始于梁朝的说法。③ 刘海峰则认为科举一词有广义、狭义之分，广义的科举指分科举人，即西汉以后分科目察举或制诏甄试人才任予官职的制度，狭义的科举指进士科举，即隋代设立进士科以后用考试来选拔人才任官的制度，进士科始于隋炀帝大业元年。④ 由于科举起源问题事关重大，因此争论特别激烈，这不仅是史实的考证问题，而且牵涉对“科举”的定义问题，只有明确“科举”一词的内涵，才能取得对科举起始时间的共识。

### （二）科举革废的影响

与科举起始问题不同，科举制的终结年代十分清楚，人们讨论的焦点集中于科举改革与废除的影响。一些西方学者认为科举制在中国传统社会结构中居于中心的地位，是维系儒家意识形态和儒家价值体系的正统地位的根本手段。科举制在 1905 年废止，从而使这一年成为新旧中国的分水岭：它标志着一个时代的结束和另一个时代的开始，其划时代的重要性甚至超过辛亥革命；就其现实的和象征性的意义而言，科举革废代表着中国已与过去一刀两断，这种转折大致相当于 1861 年沙俄废奴和 1868 年日本明治维新后不久的废藩。⑤

现在中国学者也意识到科举制是一项集文化、教育、政治、社会等多方面功能的基本体制，它上及官方之政教，下系士人之耕读，使整个社会处于一种循环的流动之中，在中国社会中起着重要的联系和中介作用。科举制的废除不啻给予其相关的所有成文制度和更多的约定俗成的习惯行为等都打上一个难以逆转的句号。如果说近代中国的确存在所谓“数千年未有的大变局”的话，科举制的废除可以说是最重要的体制变动之一。科举制的改废并非仅仅是个政治变革，它引起了非常广泛的社会变迁，造成了相当深远的社会影响。⑥ 科举革废的利弊影响之评价，以往学者多持肯定态度，认为它打破了儒学一统天下的局面，并标志着封建时代的旧教育制度在形式上的结束，新的近代教育制度正式确立。科举制的废除加速了西方近代科学文化在中国的广泛传播，并促进新知识分子群的形成。⑦ 科举的废除，使封建体系不仅在政治上，而且在思想文化上对全社会的有效控制力都有所削弱，为辛亥革命创造了新的有利条件，并开了十年后新文化运动

---

① 韩国磐：《关于科举制起源的两点小考》，见韩著《隋唐五代史论集》，三联书店 1979 年版。

② 邓嗣禹：《中国科举制度起源考》，《史学年报》1934 年第 2 卷第 1 期。

③ 万绳楠：《魏晋南北朝史论稿》，安徽教育出版社 1983 年版，第 235 页。

④ 刘海峰：《科举考试的教育视角》，湖北教育出版社 1996 年版，第 7、24 页。

⑤ [美] 吉尔伯特·罗兹曼主编：《中国的现代化》，中译本，江苏人民出版社 1988 年版，第 335、635 页。

⑥ 罗志田：《清季科举改革的社会影响》，《中国社会科学》1998 年第 4 期。

⑦ 沈其新：《清末科举制度废止评述》，《广州研究》1987 年第 11 期。

的先河。① 萧功秦则谈到了当时取消科举这一“休克疗法”的消极后果，认为科举制的急忙废止引发急剧的社会震荡，导致了中国历史上传统文化资源与新时代的价值之间的一次最重大的文化断裂。②

废科举的主要目的在于为倡科学扫清道路，这在当时有其必然性，不过，在今天看来，其时废科举多少有些匆忙和欠慎，留下的后遗症不小。③ 有的论者指出，在传统中国文化中，科举制在中国近代受到的遭遇恐怕是最缺乏理性的，由于科举制的废除，中国干部人事裁判制度实际上倒退到科举制以前诸形态。④ 还有学者认为科举制不是废于一旦，而是迁延十年之久，最终又以一种貌废而实存的形式延续下去，这就使得名为学校而实同科举的教育制度越过辛亥革命而遗害民国，“读书做官论”始终没有失去它的魅力，连革命也无奈其何。⑤ 另外，还有不少专文探讨废科举与兴学堂关系问题。由于科举革废影响重大深远，人们的评价争论还会不断持续下去。

### （三）科举与社会流动的关系

科举造成较大的社会流动究竟是事实还是错误印象，历来存在不同看法，中外学术界曾作过大量的研究，形成了“科举学”中的一大热点和公案。海外学者对此问题的研究尤为热心。研究表明，唐代能借科举作社会流动的量并不大，但流动的幅度和速度却很大。⑥ 按美国学者柯睿格根据南宋绍兴十八年（1148 年）《同年小录》统计，在可考家庭背景的 279 名进士中，父祖二代中全无做官的有 157 人，占 56.3%；根据宝祐四年（1256 年）《登科录》统计，家庭背景可考的 572 名进士中，平民家庭出身的有 331 人，占 57.9%。⑦ 萧启庆指出，即使在重视士人家庭“脚跟”的元代，进士出身者中也有不少平民家庭成分者，元统元年（1333 年）100 名进士中，有 35% 的进士来自全无官宦传统的家庭。⑧ 何炳棣的研究成果表明，在明代，则有 46.7% 的进士出身于寒微人家，至清末（1822—1904 年），前三代无功名或仅为生员者的进士也有 35.5%。⑨ 这种大量的社会阶层流动使中国社会逐渐从魏晋南北朝时期的门第社会逐渐转变为科第

---

① 郑焱：《1905 年废科举论》，《史学月刊》1989 年第 6 期。

② 萧功秦：《从科举制度的废除看近代以来的文化断裂》，《战略与管理》1996 年第 4 期。

③ 刘振天：《“科举学”研究的突破性进展》，《高教自学考试》1998 年第 4 期。

④ 蒋德海：《科举制在中国近代的遭遇》，《复旦学报》1996 年第 5 期。

⑤ 周振鹤：《官绅新一轮默契的成立——论清末的废科举兴学堂的社会文化背景》，《复旦学报》1998 年第 4 期。

⑥ 黄富三：《科举制度与唐代的社会流动》，台湾《东方杂志》复刊 1968 年第 2 卷第 2 期。

⑦ E. A. Kracke. *Family Vs. Merit in Chinese Civil Service Examinations Under the Empire.* Harvard Journal of Asiatic Studies, 10, 1947, pp. 115-116.

⑧ 萧启庆：《元代科举与菁英流动——以元统元年进士为中心》，台湾《汉学研究》1987 年第 5 卷第 1 期。

⑨ Ping-ti Ho, *Ladder of Success in Imperial China: Aspects of Social Mobility (1368-1911)*. New York, Columbia University Press, 1962.

社会。张仲礼的统计是，19 世纪 35% 的绅士为出身普通家庭的“新进者”，科举制度确实使某种“机会均等”成为可能，但是实际上它对于那些有财有势者却更为有利，所以科举制度实际上并未向所有的人都提供平等的机会。① 魏特夫研究了唐代和辽朝的科举后认为，科举确实使一些够格的平民进入官场，但其比例和影响并不大。②

当代中国学者多数倾向于科举的确促成了较大的社会流动一派的观点，如认为清代状元出身于平民等级的占 49%，这个事实充分表现了科举制度的公平竞争的基本特征。③ 从唐至清科举一直促进社会下层向上层的流动，促使社会结构变化其绝对流动比值约在 10% ~60% 之间，平均值约 30%。在长久停止科举后的进士考试恢复期或宽松取士期或改朝换代之际，往往社会流动性能达到最高极限，近 60%，而一旦科举固定为制度，有比例录取进士，社会流动性将渐趋弱势。④ 中国学者现也相当重视研究科举与社会流动之关系，但量化分析方面尚未突破何炳棣等海外学者的研究范围和深度。

### （四）八股文的评价问题

在清末被深恶痛绝而扫进文字垃圾堆中的八股文，现今又被重新挖掘出来当作“文化宝贝”加以研究。作家刘绍棠曾说：“在我的印象，八股文是和缠足、辫子、鸦片烟枪归于一类的，想起来就令人恶心。但是，若问我八股文究竟何物，却不甚了然。”⑤ 卢前的《八股文小史》写作初衷，便是认为八股文有五百余年之历史，在文学史上自应占有相当之地位，治文学史者固不能以一时之好恶而竟抹杀之。周作人在《中国新文学的源流》一书附录中曾赞扬八股文是“中国文学的结晶”。但在多数人眼中，八股文仍是毫无用处的丑类。

现代对八股文作全面客观评价者，较早的有侯绍文《八股制艺源流考》，发表于中国台湾《人事行政》第 21、22 两期，其中引述了一些论者对八股文正反两方面的评价。20 世纪 80 年代以后，对八股文的功用评价较为公允起来。有的论者认为，作为一种特殊的应试文体，它有着远较唐人的诗赋和宋人的经义之文更能为考卷的评审提供客观衡量标准的作用，因而宋人的经义之文发展为八股文乃是我国科举制发展史上的一个进展，有其积极意义。⑥ 以八股文取士除了可以控制人们的思想以外，还可以划定备考范围，不致漫无边际地学习；从形式上看，八股文可以防止作弊、使评卷标准化、客观化，并减省评卷工作量，而且在一定程度上可以测验出考生的文字基本功，作为一种标

---

① Chung-Li Chang, *The Chinese Gentry: Studies on Their Role Nineteenth-Century Chinese Society*, University of Washington Press, Seattle, 1955, pp. 182-188, 210-230.

② Karl A. Wittfogel, *Public Office in the Liao Dynasty and the Chinese Examination System*, Harvard Journal of Asiatic Studies, Vol. 10: 1, 1947, pp. 13-40.

③ 宋元强：《清代的科目选士与竞争机制》，《中国社会科学》1993 年第 2 期。

④ 吴建华：《科举制下进士的社会结构和社会流动》，《苏州大学学报》1994 年第 1 期。

⑤ 转引自王凯符：《八股文概说》，中国和平出版社 1991 年版。

⑥ 文元珏：《明王朝科举制度中的文化专制主义初探》，《湖南师院学报》1980 年第 4 期。

准化的考试文体，有其特定的功用。① 有的论者认为八股文是汉民族文化的积淀，无论精华与糟粕都积存沉淀在那里面。这是中国文化的一个大“滇池”，它的底层有非常深厚的污泥浊水。② 还有不少学者专门研究八股文与律赋的关系、八股文与宋元时文的关系、八股文与明清古文及戏曲的关系等。八股文曾是中国历史上产出最多的一种文字，然而科举废后因时代需求消失而于20世纪前几十年间烟消云散，历史上大概没有哪一类文献在这么短的时间内消失殆尽。③ 为了让现代人了解八股文，海南出版社于1994年出版了田启霖编著的一大厚本《八股文观止》。而王凯符《八股文概说》、启功《说八股》以及启功与张中行、金克木合著的另一种《说八股》、邓云乡《清代八股文》、张中行《闲话八股文》等书，都较为客观地介绍了八股文的体式、来龙去脉以及对文学和选拔人才的影响等，使中国学术界出现了一股“八股热”。

### （五）科举制的功过得失

科举大概是中国历史上评价差异最大的一种制度。批判者认为“明清两代五六百年间的科举制度，在中国文化、学术发展的历史上作了大孽，束缚了人们的聪明才智，阻碍了科学的发展，压制了思想，使人脱离实际，脱离生产，专读死书，专学八股，专写空话，害尽了人，也害死了人，罪状数不完，也说不完”④。一些论者还常引用明清时人的说法，认为科举不仅不能选拔和造就人才，而且败坏人才，危害比焚书坑儒还大，甚至近代中国积贫积弱、割地赔款都是八股科举的罪过。肯定者则认为科举是中国各种制度中受人抨击最多最厉害也是最不公正的一个，科举实际上是世界各国中所用以拔取真才之最古最好的制度，是“人类所发展出的选择公仆的方法中最奇特、最令人赞赏的方法”⑤。甚至认为科举制为西方文官制度所借鉴，是中国在精神文明领域中对西方、对世界的最大贡献之一，其重要性可与物质文明领域中火药、印刷术等四大发明相媲美，可称之为中国的第五大发明。现在多数研究者较为全面客观，认识到科举考试是一把锋利的双刃剑，其利弊得失都相当重大，从不同的立场、观点出发，从不同的角度和距离观察，很可能见仁见智，得出不同的结论，科举既有维护统一与普及文化的作用，又有压抑个性与阻碍科技的后果，既有澄清吏治与鼓励向学的一面，也有做官第一与片面应试的一面。⑥ 科举制的千秋功罪是难以估量的，我们很难断言其功大于罪或失

---

① 刘海峰：《八股文为什么沿用了五百余年？——略谈八股文在当时的功用》，《文史知识》1989年第2期。

② 秦旭卿：《试论八股文的起源》，《湖南师大社会科学学报》1989年第6期。

③ 刘祥光：《时文稿：科举时代的考生必读》，台湾《近代中国史研究通讯》1996年第22期。

④ 吴晗：《明代科举情况的绅士特权》，见吴著《灯下集》，三联书店1960年版，第94页。

⑤ ［美］威尔·杜兰（Will Durant）：《世界文明史》第1卷（4）《中国与远东》，中译本，台湾幼狮文化出版社1978年版，第196页。

⑥ Liu Haifeng, *The Double-edged Sword: The Merits and Demerits of the Imperial Examination System in China.* Beijing: Foreign Language Teachig and Research Press, 1998, pp. 354-360.

大于得，也很难准确地说是否功过参半，这是一个不易用四六开或对半开来量化分析的大问题。不过，近年来的研究论著较多趋向于重新认识科举制的历史作用和地位，认为不应将科举制的功能和具体内容相混淆，就制度本身而言，科举不愧为中国传统文化的杰作，在中国历史上起了极其重大的作用，如同传统文化的其他精华一样，科举制度的积极部分值得我们继承和发展。① 科举制的总体评价是科举研究中的最大问题，观点歧异的状态还会永远存在。

学术界为科举平反的呼声越来越强烈。担任过教育部考试中心主任十余年的杨学为曾谈到，20 世纪 60 年代以前念书的时候，读的书、听的报告，几乎都说科举及其考试不好，当时他也这样认识。后来从事考试工作，又查了一些资料，才感到原来的认识不全面，转而认为考试是中国的伟大发明，是对人类文明的伟大贡献，可以和四大发明相媲美。科举对于儒家经典的传播，对于中华民族的融合，对祖国的统一，都发挥了重要的作用。对科举的评价，应持历史的、具体的观点。② 沈登苗在对明清时期进士与人才的时空分布及其相互关系做出实证研究后指出，对科举的公正性和教育功能应重新评估，就制度本身和实际录取而言，即使到清末，其客观性和公正性还是主流的。进士中的绝大多数并非“不学无术”、“平庸低能”之辈，对科举考试内容的智力性不应怀疑。③

对科举的评价从片面走向公允与时代的发展变化有关。科举制已经被废止了 100 年，也整整被评价了 100 年。多年来，中国人对科举制的态度往往深受现实的制约，从对科举不遗余力的批判到主张为科举平反，从一般的科举研究到“科举学”的构建，与时事、社会背景的变迁密切相关。1905 年以来，占支配地位的对科举制的评价意见，主要不是根据科举制的全貌，也常常不是来自学术本身，而是受制于清末人士单一的科举批判观，并源于对中国考试选才的现实利弊的观察与判断。一百年来，人们据以评论科举制的语境发生了多次变化：从废科举后的反科举语境到 20 世纪二三十年代的重建文官考试制度语境，从六七十年代的批判高考语境到 80 年代的恢复高考和重建公务员考试制度语境，再到 90 年代的批判“应试教育”和反思传统文化语境，大体可以看作评价科举制的语境变迁史。语境不同，科举制在评价者心目中的面貌也有所变化。“科举学”是一门研究过往考试制度、但又与现实密切相关的专学，未来中国对科举制的评价仍将处在现实考试所呈现出的积极作用和消极后果的影响之下。

以上所举仅是 20 世纪科举研究中五个较为突出的争论问题，其他如唐代秀才科的存废时间、糊名考试的起始年代、进士科崛起的原因、科举在唐代官僚政治中的地位、科举与唐代文学繁荣的关系、科举与宋代冗官问题、王安石科举改革的得失、元代科举

---

① 葛剑雄：《科举、考试与人才》，见《人才与经济、社会、文化发展（第二届中国东南地区人才问题国际研讨会论文集）》，东南大学出版社 1996 年版，第 263～265 页。

② 杨学为：《中国需要“科举学”》，《厦门大学学报》1999 年第 4 期。

③ 沈登苗：《明清全国进士与人才的时空分布及其相互关系》，《中国文化研究》1999 年冬之卷。

的地位、科举是否真正西传、太平天国是否开过女科举及有否女状元、历代科举人数，乃至某个人的是否及第等许多问题都存在直接的争论，使“科举学”呈现出一片热闹景观。

百年回眸，可以看出20世纪科举研究历程并非一帆风顺，而是跌宕起伏、变化多端的。不过，总体而言，科举研究的发展脉络还是清晰分明，趋势还是显而易见的。其发展趋势有三个方面：一是研究继续变热，更为学术界所关注，逐渐成为学术研究的热点；二是进一步走向理论化与综合化，“科举学”真正形成一门专学；三是评价更为全面和正面，且研究注重为现实考试服务。

## 三　本书选编原则

本书是《二十世纪科举研究论文选编》，自然只能选编论文。而且，本书所言二十世纪，不包括既可以算20世纪但通常还是归入21世纪的2000年，因此所选论文的时间下限为1999年。

20世纪科举研究论文有几千篇，其中有大量是水平一般的甚至是重复性的论文，但也有相当数量高水平的论文，至少有数百篇论文可供选择。要在丰富多彩的论文中选出数十篇很容易，但要选好、选得恰当却相当不容易。目前选编的这些论文，虽论题大小轻重不同，也不能说涵盖20世纪科举研究的所有方面，然最经典和具代表性的论文多数已在其中，20世纪科举研究的趋势大致可现。

入选的原则或考虑的因素主要有以下几个方面：

（一）高水平的论文。学术水平是入选论文的首要考虑因素。我认为高水平的论文，通常是研究的论题重要或宏大，具有一定的复杂性，往往需长时间的投入才能够完成，而且观点新颖、资料丰富，重研究方法，文字严谨或流畅，写作手法还要体现出较高的水平。

（二）著名的、产生过较大影响的论文。有些科举研究论文产生过重大的影响，在科举学界几乎无人不知，属于经典性的论文，自然在入选之列。不过，有的文章虽很著名，如余秋雨《十万进士》，应该说也产生了相当大的影响，但毕竟是散文而不属于学术论文，故未选入。何忠礼《科举制起源辨析——兼论进士科首创于唐》一文发表后曾引起相当大的反响和争鸣，但认可者较少，因此也不选入。

（三）原创性的论文。有的论文发表后开启了一个研究领域或引发一系列争论，自然具有特别的价值，例如邓嗣禹《中国科举制度起源考》一文，便引发了半个世纪以后关于科举起源的激烈争论，便属具有原创性的论文。

（四）具有代表性的论文。有的论文有一定的代表性，例如商衍鎏《科举考试的回忆》一文，不完全是学术论文的写法，但在诸多回忆科场经历的文章中，最具代表性。与他另外几篇科举研究论文比较，再三斟酌，还是选择此篇。

（五）适当考虑覆盖面，也就是适当考虑断代、专题、学科、作者和发表年代的相对平衡。目前所选 42 篇论文分布并不均衡，如断代方面，宋代较多，那是由于研究宋代科举的论文本身较多且水平较高，而且已经作了一定的权衡，否则比重将更大。作者方面，一人之作以不超过 2 篇为原则，39 位作者中也只有 3 位作者选了两篇。邓嗣禹仅发表了 3 篇科举研究论文，但其中两篇均很重要，因此都选入。在 1999 年之前，李弘祺发表了一系列中英文科举研究论文；刘海峰发表了 43 篇，是发表科举研究论文最多的学者，各选入两篇论文也有充足的理由。发表年代方面，主要是由于 20 世纪发表的科举研究论文不均衡所决定的，90 年代发表的高水平论文特别多，因此入选也较多。

（六）科举研究大家的论文。选编的论文人有名，文也有名最好。不过，有的学者出版了经典性的科举学著作，但却很少发表科举研究论文，或者发表论文的影响不如其科举学著作，如何炳棣的论文，在一定程度上反映出其专著的分量，便是基于这点考虑而选入。然而，本书并不是以名取文，有许多著名学者写过科举研究论文，如陶希圣、陈东原、顾颉刚、王亚南、吴晗、翦伯赞、岑仲勉、郑天挺、罗尔纲等，也因故未能选入。

限于篇幅，许多高水平论文只好割舍。备选的论文，或者说不得不忍痛割爱的论文有以下几个方面：

（一）高水平和有代表性的外文论文。本书所选海外学者的论文都是中文发表的论文或已译成中文者。严格地说，本书只是 20 世纪中文科举研究论文选编。因为有许多日文科举研究论文，以及一些英文、法文、韩文等文字的论文水平很高，像宫崎市定、荒木敏一、胜又宪治郎、近藤一成等日本学者，贾志扬、艾尔曼①等美国学者，李成茂、许兴植等韩国学者，以及其他国家的学者，还有一些十分重要的科举研究论文，尚未译成中文，因此无法选入。

（二）篇幅特大或考证性过强的论文。还有些学者发表有高水平的科举研究论文，但由于篇幅过大，本书容纳不下，被迫抽出。如王德毅的《宋代贤良方正科考》，金中枢的宋代科举研究系列论文，魏秀梅关于清代乡会试研究的长篇大论，便属此类情形。

（三）有的学者现在已很有名，或已崭露头角，也在 1999 年之前发表了颇有见地的科举文章，但分量还不够重，所发表的高水平论文主要在 2000 年以后，因此没有选入。21 世纪虽然才刚开始 8 年，科举研究论文的数量和质量都有很大的提高，产生的科举研究精品论文几乎可以和 20 世纪 80 年相比。若干年之后，如果编一本《二十一世纪初科举研究论文选编》，选入论文的分量大概可以和本书媲美。

本书编排的顺序不按科举研究的内在逻辑，而按年代顺序，以反映时代发展的脉

---

① 艾尔曼另一篇论文 *Political, Social, and Cultural Reproduction via Civil Service Examinations in Late lmperial China*. Journal of Asian Studies, Vol. 50, No. 1，比目前选入的《晚明儒学科举策问中的“自然之学”》一文影响更大，已译成日文和韩文，但译成中文在《国外社会科学》1992 年第 8 期发表时，有删节且无注释，因此无法选用。柯睿格 1947 年的那篇论文与目前选入的《中国科举史上的区域、家庭与个人》一文重要性不相上下，时间还更早，发表于 1947 年，似也未译成中文。

络，以及研究方向与中心的转移。科举研究的进展也体现历史与逻辑的统一，越接近20世纪末，研究越深入。如果纯粹按论文质量来选，那么所选论文将更加集中在20世纪90年代。

为充分尊重学者的观点、表达习惯和文字用法，凡不引起歧义之处，都尽可能遵照发表时的原文。由于出版年代、刊物或文集不同，各篇论文体例不尽相同，因此本书在格式上也无法强求统一，除个别地方按祖国大陆现行注释规范作调整以外，基本上保持原文的风貌。各篇论文之后都附有该论文的原刊出处，以便读者查阅和了解该文。

还需特别说明的是，本书所收部分论文的作者已无法联系或联系不上，请作者或作者家属见到本书后赐告地址，以便奉寄样书。①

尽管主观上力求全面精到，然以一人之力选编20世纪丰富多彩的科举研究论文，囿于个人见识，不当之处，在所难免，敬请方家教正。

2015年立春

---

① 本人电子邮箱为：Liuhf@ xmu. edu. cn

# 清代进士之地理的分布

张耀翔

关于中国人物与地理的关系文，余所知者有三篇：一为丁文江之《历史人物与地理的关系》，见《科学》八卷一期；一为梁启超之《近代学风之地理的分布》，见《清华学报》一卷一期；一为朱君毅之《现代中国人物之地理教育与职业的分布》，见本志本号。三人各有其研究之方法，各有其人物之标准。窃谓此种研究第一须认清题目，第二须讲究方法。

“人物与地理的关系”一语当作何解释乎？曰，天生万物（人亦在内）有与地理有密切之关系者，有稍有关系者，亦有了无关系者。地理学家与生物学家告吾人曰：某地产米，某地产麦，某处产烟产茶，某处产丝产绵。某花只开于某山，某草独活于某壤。橘生淮南则为橘；生淮北则为枳。“九真之鳞，大宛之马，黄支之犀，条支之鸟”，殊方异类，是谓动植物与地理之关系。地理学家与社会学家告吾人曰：热带与寒带居民，沿海与内地居民，岛屿与大陆居民，山林与平原居民，身材不同，容貌不同，健康不同，态度不同，性质不同。是谓人与地理之关系。吾侪治地理，历史，或心理学者，如欲告人以特出人物与地理之关系，则当仿效以上说法，对于“地理”二字，取严格的定义，专指土壤气候而言；不将人文，交通，政治的地理，经济的地理等包括在内，方有意味。譬如说：“人物与人文之关系”或“政治人物与政治的地理之关系”则毫无意味。对于“人物”，当注重智慧，才能，力量方面，不当注重知识，职业，经验方面。当注重其适应与改造环境之潜势力，不当注重偶然激发之行动及其成败。正如研究植物与地理之关系时，当注重各处出产之原料，不当注重制造品。如说某地产米，某地产麦，则有意思。如说某地产饭，某地产饼，则毫无意思。同一理由，如说某省产才子，某省产神童，产大思想家，Genius，记忆特强之人，想像特强之人，则有意思；如说某省产将，某省产相，产哲学家，文学家，科学家，艺术家，宗教家，则无意思；再说某省产书法家，某省产考证家，产金石家，校勘家，甚至目录家，刻书家，钞纂家，则更无意思。对于“关系”二字，当作前因后果解，不当作偶然同在解。

如认以上之解释为是，则取历史人物，近代学者，或当今各职业界巨子，作研究本题之对象，均有不能达到目的之势。盖所研究者，非各处生产之原料，乃经过制造之作品也。某处产制造品若干，自不以该处土壤肥瘠，气候适宜，而以有无工厂，便利之交通，及需要，为标准。故丁君解释某省某省产历史人物多少，亦只能以“都城地位”、“文化中心”、“经济发展”、“生存优点之变迁”、“殖民”、“避乱”诸偶然原因，不能以土壤气候解释。人物分布于各省一事，只与经济，避乱，殖民等发生关系，并不与地理发生关系。标题亦只能作为历史人物与经济避乱及其他之关系，不能作为与地理之关系。某省人物既多由外省舶来，统计时尤不能与本省人物混合。吾人如承认土壤气候与人物之产生有关，则不能承认经济避乱诸解释为对。反之，吾人如承认诸解释为对，则不能承认人物（至少在丁君研究范围内之人物）与地理有关。丁著最大弱点似在此。

梁著全部目的，朱著一部目的，同在求人地之关系；但标题均较丁著为谨慎。文内只胪列人地分布之事实，不讨论此事实之缘起。盖一经讨论，则仍不出“都城地位”、“文化中心”、“经济发展”诸藩篱。与土壤气候，漠不相关也。吾故曰：取历史人物，各科专家，或名人，作研究人地关系之材料，必难有所得也。

然则研究何种人物之分布，始可谓与地理有关？曰：必“都城地位”、“文化中心”、“经济发展”、“生存优点之变迁”、“殖民”、“避乱”诸偶然原因均不能解释之分布。惟科举人物最合予之理想。以科举人物作研究本题之材料，丁君亦曾思及（余欲将科举人物作一种心理之研究，还在五六年前读戈尔登［Galton］才性遗传论［Hereditary Genius］时。戈氏书中有一段涉及中国某家状元遗传事，余久欲广大其说，苦各人家谱无从调查，终末果。去岁读任公文，始改研究“科举人物之遗传”念，为“科举人物之地理分布”，藉相比较。去冬既着手调查，费时甚多，丁君文发表虽在三年前，惜余得见甚迟，在余之调查和统计告竣，得读朱君文之后。否则前人研究之经验，必有足供参考者）。惜未深究，反提出似是而非之难点以自困。

丁君谓：“明朝科举不但举人是各省有各省的定额，就是进士也是南北分界，所以各省出人物的机会受了科举定额的影响，不是自由竞争的结果。”余以为真能防害科举竞争自由者，不在名额之限定，而在额数之太少；尤在学业以外资格之限定，使投考资格过严，有年龄财产种种限制，则一国寒士，早成及晚成才器，均无由表现。察前清科举制，只不许居极卑贱职业者应试，此外并无任何限制。较今之学校制度，选举制度，尤为民治。举人进士各省虽有定额，但额数颇宽，有一省一次取得进士至七十名之多者（顺治十二年江南。同年浙江取得五十六名，湖广三十五名，山东三十二名，直隶江西各二十九名，河南二十八名）。且时有增减非固定之谓。例如光绪时代共会试十三次。光绪二十四年科（即第十一次），派福建二十八名；光绪三十年科（即最后一科），仅派十三名。六年间竟减少一半有奇。光绪九年，河南得二十二名；十二年仅得九名。前后相隔一科，亦减少一半有奇。下科忽又增加八名。兹将光绪年内该两省进士额数增减实况列如下：

| 科次 | 福建 | 河南 |
|---|---|---|
| 1 | 22 | 21 |
| 2 | 18 | 18 |

续表

| 科次 | 福建 | 河南 |
| --- | --- | --- |
| 3 | 24 | 22 |
| 4 | 23 | 22 |
| 5 | 23 | 9 |
| 6 | 17 | 17 |
| 7 | 20 | 18 |
| 8 | 18 | 18 |
| 9 | 19 | 19 |
| 10 | 15 | 18 |
| 11 | 28 | 13 |
| 12 | 19 | 16 |
| 13 | 13 | 17 |

其余各省，及光绪以前各科，情形大致相仿，上表仅窥一斑，往往只有最高而无最低限度。一省全体落第者，在余统计细表中，时有所见。怀才不遇及滥竽充数情形；虽或不免，但为数必极少。因非制度之过，乃阅卷人之过；非阅卷人之有意作弊，乃阅卷人之不善鉴别。阅卷人皆科举出身，不善鉴别者必为例外故也。

此外能防害科举竞争自由者，厥为考试次数之太少，考试用费之太繁，与考试规则之太弛。察明清科举制，乡试每三年举行一次，会试亦然。会试除正科外，尚有恩科。使一人考试生活为六十年，则投考机会至少有二十次。彼无一次中者，咎将焉归？用费包含报名及保证金，但不过铜钱数百至数千枚而已；较投考今之学校尤省事。其次为旅费因各人距离而不同。察第一试地点在本县，第二试在本省省城，至近且便，所费无几。第三试虽远在京师，然既已考中二次矣，则前途正未可量，戚友乐于观成，对于寒士多能慷慨捐助；即同乡亦觉有津贴义务，遍设试馆招待一切。经济上既不甚感困难，自由竞争又多一层保障。至于考试规则，恐普天下之考试无此整齐严肃。试卷不但弥封，且须于呈阅之前由第三者誊录一过，灭其笔迹。试官作弊，处以极刑。生员为篇幅及时间所限，虽欲作弊亦精力所不许。吾故曰：无论自学业以外之资格，投考机会，考试地点，经费，考试及阅卷规则，或考取额数方面观察，科举均为竞争最自由之取士制度。以此中及格者，作为研究人地关系之对象，除取其竞争自由一点外，尚有下列诸利益：

1　科举为智力测验，非职业测验。职业多为偶然激发之行动，智力纯为创造各种事业之潜伏势力。历史人物，各科专家，名人，只代表当时智慧阶级中之肯投身社会又幸而成功部分，人物固不可以成败论也。科举人物代表当时国中最高智慧阶级全部，深合上文所定之人物标准。

2　科举人物职业相同。职业不同之人，不可相提并论（三著中惟朱著不犯此病）。丁君对于自己之研究所提出之第一大缺点：“行业不同的人，混在一处计算。文艺家同将帅，性质迥不相同；照我这种方法都算是一个单位。”在余之研究内，无形免除。

3　科举人物有按客观的成绩而分之等级。余所研究者为最高四等。丁君对于自己之研究所提出之第二大缺点：“程度不同的人，没有区别。绝大的人物，如张江陵、王守仁只算一个人；极小的人物，仅仅够得上有列传的，也要算一个人。”在余之研究内，不成问题。

4　科举人物固定，不容研究者任意取舍，或仅凭记忆调查所获得（三著中惟丁著不犯此病，此即丁著之唯一长处。梁著最犯此病。朱著不直接犯之，所根据之二书直接犯之，此点朱君亦深自明了）。

顺治三年为清朝会试首科，光绪三十年为末科；其间二百五十八年，除满洲四科外，共会试百十四次，考取进士二万六千余名，余之研究范围在此。

前清进士题名全录，余遍觅不得，或并无此书。余所得见者仅同年录及题名碑帖数种，每种只限于一科，距余欲研究之范围甚远。余之材料，概直接抄自北京国子监进士题名诸碑。碑为石制，大小不一，普通高可一丈，宽约四尺。凡明清所有进士，皆得勒名其上。每科一碑，名下注明其人籍贯，此外一无所有，似专预备余今日之研究者。碑字迹模糊，兼有残缺不堪者，弃之未用。清碑除最早数座间有模糊外，其余了然。计不能分辨者，顺治科内二百四十二名，康熙六十二名，乾隆五十一名；此外尚有顺治三年碑几全部不清，乾隆六十年碑下半全蚀。计能分辨者：二万五千八百九十六名，除旗籍一千一百〇二名台湾一名外，下余二万四千七百九十三名，此即余之研究实数，较丁等三人研究总数尤多。不能分辨者仅占全数百分之三，无关大体。兹图与前著比较便利起见，仍以省为单位，将进士出身（二甲三甲）与进士及第（一甲：状元榜眼探花）分制二表如下：

第一表　**清代“进士出身”地理之分布**

<table>
<tr><th colspan="2" rowspan="2">年号 / 科举 / 省别</th><th>顺治</th><th>康熙</th><th>雍正</th><th colspan="2">乾隆</th><th>嘉庆</th><th>道光</th><th>咸丰</th><th>同治</th><th>光绪</th><th>总数</th><th rowspan="2">百分数</th></tr>
<tr><td>8</td><td>21</td><td>5</td><td colspan="2">29</td><td>12</td><td>15</td><td>5</td><td>6</td><td>13</td><td>114</td></tr>
<tr><td colspan="2">顺天</td><td>85</td><td>193</td><td>60</td><td colspan="2">245</td><td>136</td><td>159</td><td>48</td><td>53</td><td>128</td><td>1107</td><td>4.5</td></tr>
<tr><td colspan="2">直隶</td><td>155</td><td>285</td><td>75</td><td colspan="2">276</td><td>158</td><td>160</td><td>65</td><td>93</td><td>257</td><td>1524</td><td>6.2</td></tr>
<tr><td colspan="2">奉天</td><td>10</td><td>21</td><td>9</td><td colspan="2">23</td><td>12</td><td>15</td><td>8</td><td>15</td><td>43</td><td>156</td><td>0.6</td></tr>
<tr><td colspan="2">山东</td><td>199</td><td>361</td><td>83</td><td colspan="2">419</td><td>192</td><td>246</td><td>84</td><td>106</td><td>242</td><td>1932</td><td>7.9</td></tr>
<tr><td colspan="2">山西</td><td>209</td><td>294</td><td>93</td><td colspan="2">345</td><td>146</td><td>170</td><td>39</td><td>45</td><td>134</td><td>1475</td><td>6.0</td></tr>
<tr><td colspan="2">河南</td><td>178</td><td>353</td><td>108</td><td colspan="2">373</td><td>187</td><td>228</td><td>99</td><td>103</td><td>228</td><td>1857</td><td>7.5</td></tr>
<tr><td rowspan="2">江南</td><td>安徽</td><td rowspan="2">363</td><td rowspan="2">747</td><td rowspan="2">154</td><td rowspan="2">721</td><td>10</td><td>102</td><td>148</td><td>39</td><td>58</td><td>185</td><td>1137</td><td>4.6</td></tr>
<tr><td>江苏</td><td>31</td><td>279</td><td>330</td><td>99</td><td>134</td><td>340</td><td>2603</td><td>10.6</td></tr>
<tr><td colspan="2">江西</td><td>138</td><td>272</td><td>126</td><td colspan="2">641</td><td>265</td><td>304</td><td>78</td><td>121</td><td>319</td><td>2264</td><td>9.2</td></tr>
<tr><td colspan="2">浙江</td><td>289</td><td>558</td><td>124</td><td colspan="2">659</td><td>283</td><td>348</td><td>96</td><td>105</td><td>334</td><td>2796</td><td>11.0</td></tr>
</table>

续表

<table>
<tr><td colspan="2">年号<br>科举<br>省别</td><td>顺治</td><td>康熙</td><td colspan="2">雍正</td><td>乾隆</td><td>嘉庆</td><td>道光</td><td>咸丰</td><td>同治</td><td>光绪</td><td>总数</td><td rowspan="2">百分数</td></tr>
<tr><td colspan="2"></td><td>8</td><td>21</td><td colspan="2">5</td><td>29</td><td>12</td><td>15</td><td>5</td><td>6</td><td>13</td><td>114</td></tr>
<tr><td rowspan="2">湖广</td><td>湖南</td><td rowspan="2">211</td><td rowspan="2">304</td><td rowspan="2">34</td><td>51</td><td>209</td><td>143</td><td>128</td><td>41</td><td>65</td><td>156</td><td>1068</td><td>4.3</td></tr>
<tr><td>湖北</td><td>49</td><td>192</td><td>142</td><td>170</td><td>42</td><td>67</td><td>184</td><td>1121</td><td>4.5</td></tr>
<tr><td colspan="2">广东</td><td>44</td><td>104</td><td colspan="2">55</td><td>149</td><td>85</td><td>98</td><td>34</td><td>61</td><td>183</td><td>813</td><td>3.3</td></tr>
<tr><td colspan="2">广西</td><td>0</td><td>37</td><td colspan="2">27</td><td>60</td><td>37</td><td>68</td><td>16</td><td>63</td><td>161</td><td>469</td><td>1.9</td></tr>
<tr><td colspan="2">云南</td><td>0</td><td>57</td><td colspan="2">15</td><td>54</td><td>47</td><td>82</td><td>46</td><td>42</td><td>124</td><td>467</td><td>1.9</td></tr>
<tr><td colspan="2">贵州</td><td>0</td><td>28</td><td colspan="2">20</td><td>61</td><td>48</td><td>82</td><td>23</td><td>49</td><td>117</td><td>428</td><td>1.5</td></tr>
<tr><td colspan="2">四川</td><td>0</td><td>89</td><td colspan="2">41</td><td>151</td><td>60</td><td>87</td><td>38</td><td>65</td><td>180</td><td>711</td><td>2.9</td></tr>
<tr><td colspan="2">陕西</td><td>99</td><td>216</td><td colspan="2">60</td><td>165</td><td>93</td><td>99</td><td>44</td><td>61</td><td>151</td><td>988</td><td>4.0</td></tr>
<tr><td colspan="2">甘肃</td><td>0</td><td>0</td><td colspan="2">14</td><td>0</td><td>10</td><td>19</td><td>25</td><td>23</td><td>102</td><td>193</td><td>0.7</td></tr>
<tr><td colspan="2">福建</td><td>122</td><td>172</td><td colspan="2">83</td><td>330</td><td>103</td><td>128</td><td>49</td><td>87</td><td>259</td><td>1342</td><td>5.4</td></tr>
<tr><td colspan="2"></td><td></td><td></td><td colspan="2"></td><td></td><td></td><td></td><td></td><td></td><td>总共</td><td>24451</td><td></td></tr>
</table>

关于第一表应说明者有二处：1 湖广为湖北湖南之总称，雍正二年以后始改为两省。以前之笼统湖广人数，于最后总计时，系按照划分以后，两省被取人数比例分配，其比例为一与一，分配乃各得一半。2 江南为江苏安徽之总称，乾隆六十年以后始改为两省。划分以后，江苏与安徽被取人数之比例为七与三；最后总计时，笼统之江南人数十分之七归江苏，十分之三归安徽。

第二表　　**清代“进士及第”地理之分布**

| 省　别 | 状　元 | 榜　眼 | 探　花 | 一甲合共 | 百分数 |
|---|---|---|---|---|---|
| 顺天 | 1 | 5 | 3 | 9 | 2.6 |
| 直隶 | 3 | 2 | 3 | 8 | 2.3 |
| 旗籍 | 1 | 2 | 3 | 6 | 1.7 |
| 奉天 | 0 | 0 | 0 | 0 | 0.0 |
| 山东 | 6 | 5 | 2 | 13 | 3.8 |
| 山西 | 0 | 1 | 3 | 4 | 1.1 |
| 河南 | 1 | 2 | 1 | 4 | 1.1 |
| 安徽 | 9 | 6 | 3 | 18 | 5.2 |
| 江苏 | 48 | 28 | 43 | 119 | 34.8 |
| 江西 | 4 | 11 | 4 | 19 | 5.6 |
| 浙江 | 22 | 29 | 30 | 81 | 23.7 |
| 湖南 | 2 | 4 | 7 | 13 | 3.8 |

续表

| 省　别 | 状　元 | 榜　眼 | 探　花 | 一甲合共 | 百分数 |
|---|---|---|---|---|---|
| 湖北 | 3 | 6 | 5 | 14 | 4.1 |
| 广东 | 3 | 3 | 4 | 10 | 2.9 |
| 广西 | 3 | 1 | 0 | 4 | 1.1 |
| 福建 | 3 | 6 | 1 | 10 | 2.9 |
| 云南 | 0 | 0 | 0 | 0 | 0.0 |
| 贵州 | 2 | 0 | 1 | 3 | 0.9 |
| 四川 | 2 | 2 | 1 | 5 | 1.4 |
| 陕西 | 1 | 1 | 0 | 2 | 0.7 |
| 甘肃 | 0 | 0 | 0 | 0 | 0.0 |
| 总共 | 114 | 114 | 114 | 342 | |

关于第二表应说明者亦有二处：1 顺治、康熙、乾隆年间碑，有因字迹模糊未列入第一表内者；惟一甲三名居各碑第一行均勉强可辨（碑之模糊处多在下端人手能及之处），故第二表完全无缺。2 凡一甲人物隶湖广或江南籍者，概以所属府县分别列入湖北、湖南、江苏、安徽各省；盖人数过少，则不能以比例推算也。

观第一表，题名最多之省份为浙江，其次为江苏，其次为江西，山东，河南，直隶，其次为……但此不过为表面上之比较（丁君之研究只止于此）；实则各省面积不同，人口悬殊，岂可同日而语？譬如四川面积大江苏四倍，人口亦多三倍；使江苏名额占百分之十，四川应占百分之四十（以面积比）或百分之三十（以人口比），方可与江苏等量齐观。今四川仅占百分之二点九，自表面上观之，只少江苏三倍实则少十余倍也。此间尚须经过一番权衡其结果方为可靠。余所用之权衡标准，非人口亦非面积，乃县数。因县乃历代科举所定之最小单位。进士候补资格（秀才）乃由乡试得来；而乡试名额，又系按县支配，每县若干人。由各省县数，可推各省会试人数；由各省会试人数，又可推各省应取（或盼望取）人数。比较各省应取与实取人数或百分数，得各省人才生产率。譬如甲省比乙省县数多一倍，则概而论之，甲省会试人数，应比乙省多一倍；被取机会，亦应比乙省大一倍。使乙省考取十名，甲省考取不到二十名，则甲省产人才不及乙省多；过二十名，则乙省产人才不及甲省多；正二十名，则两省人才额数相等。兹按各省县数，推测各省应取人数，并与实取人数比较，以定各省人才生产率，其结果列入第三表。

除旗籍与台湾外，参入清代科举者，计十九行省一特别区域，凡千六百六十县，共得进士出身二万四千四百五十一名。（对余研究之范围言），平均每县应得一五名。以此数乘各省县数，得各省应取人数。

第三表读法：顺天有二十县，占所有县数百分之一点二。每县平均应取一五名，故顺天应取三百名，但实际上该区已取得一千一百〇七名，是该区多取得八〇七名。若以百分论，该区县数既只占所有县数百分之一点二，该区亦只能盼得所有额数百分之一点二，但实际上该区已取得所有额数百分之四点五，是多取得百分之三点二矣。余仿此读法，表中正号代表实取比应取多，亦即代表人才生产率比平均高；负号代表实取比应取少，亦即代表人才生产率比平均低。

第三表　　各省应取与实取进士人数之比较

| 省别 | 县数 | 百分数 | 应取人数（县数×15） | 实取人数 | 实取百分数 | 应取与实取之差数 | 应取与实取之百分差数（即第二与第五项之差数） |
|---|---|---|---|---|---|---|---|
| 顺天 | 20 | 1.2 | 300 | 1107 | 4.5 | +807 | +3.3 |
| 直隶 | 119 | 7.2 | 1785 | 1524 | 6.2 | -264 | -1.0 |
| 奉天 | 55 | 3.3 | 825 | 156 | 0.6 | -669 | -2.7 |
| 山东 | 107 | 6.4 | 1605 | 1932 | 7.9 | +327 | +1.5 |
| 山西 | 104 | 6.3 | 1560 | 1475 | 6.0 | -85 | -0.3 |
| 河南 | 108 | 6.5 | 1620 | 1857 | 7.5 | +273 | +1.0 |
| 安徽 | 60 | 3.6 | 900 | 2603 | 4.6 | +237 | +1.0 |
| 江苏 | 60 | 3.6 | 900 | 2603 | 10.6 | +1703 | +7.0 |
| 江西 | 81 | 4.9 | 1215 | 2264 | 9.2 | +949 | +4.3 |
| 浙江 | 75 | 4.5 | 1125 | 2796 | 11.0 | +1671 | +6.5 |
| 湖南 | 75 | 4.5 | 1125 | 1068 | 4.3 | -57 | -0.2 |
| 湖北 | 69 | 4.1 | 1035 | 1121 | 4.5 | +86 | +0.4 |
| 广东 | 94 | 5.7 | 1410 | 813 | 3.3 | -597 | -2.4 |
| 广西 | 80 | 4.8 | 1200 | 469 | 1.9 | -731 | -2.9 |
| 云南 | 97 | 5.9 | 1405 | 467 | 1.9 | -938 | -4.0 |
| 贵州 | 81 | 4.9 | 1215 | 428 | 1.5 | -787 | -3.4 |
| 四川 | 146 | 8.8 | 2190 | 711 | 2.9 | -1479 | -5.9 |
| 陕西 | 90 | 5.4 | 1350 | 988 | 4.0 | -363 | -1.4 |
| 甘肃 | 76 | 4.6 | 1140 | 193 | 0.7 | -947 | -3.9 |
| 福建 | 63 | 3.2 | 945 | 1340 | 7.4 | +395 | +2.2 |
|  | 1660 |  |  | 24451 |  |  |  |

经此权衡后，人才生产率比平均高之省份有九：江苏第一，浙江第二，其次为江西，顺天，福建，山东，河南，安徽，湖北；与第一表颇有出入。

观第二表，题名最多之省份为江苏，其次为浙江，再次为江西，安徽，湖北（任公谓湖北人物最少；无他，各人之人物标准不同耳）。此亦表面上之比较。实则状元、榜眼、探花，既为三等级，则不能各作一单位算。譬如甲省取得状元三名，乙省取得探花三名，谓两省名场一样胜利，其谁肯服？最公平计算，应以探花一名作一单位；榜眼比探花高一名，作二单位；状元比探花高二名，作三单位。（二三甲人物，前列与后列，亦应依次定其单位；但人数过多时，前列后列情形，各省皆有，彼此似可相抵，不经此烦难手续，应无大过。）顺天有状元一，榜眼五，探花三，共得之单位为十六。详情见第四表。

第四表 **各省一甲人物按单位之比较**

| 省　别 | 实得单位 | 应得单位 | 差数 |
|---|---|---|---|
| 顺天 | 16 | 8 | +8 |
| 直隶 | 16 | 48 | -32 |
| 奉天 | 0 | 22 | -22 |
| 山东 | 30 | 43 | -13 |
| 山西 | 5 | 42 | -37 |
| 河南 | 8 | 43 | -35 |
| 安徽 | 42 | 24 | +18 |
| 江苏 | 243 | 24 | +219 |
| 江西 | 38 | 32 | +6 |
| 浙江 | 154 | 30 | +124 |
| 湖南 | 21 | 30 | -9 |
| 湖北 | 26 | 28 | -2 |
| 广东 | 19 | 38 | -19 |
| 广西 | 11 | 32 | -21 |
| 福建 | 22 | 25 | -3 |
| 云南 | 0 | 39 | -39 |
| 贵州 | 7 | 32 | -25 |
| 四川 | 11 | 58 | -47 |
| 陕西 | 5 | 36 | -31 |
| 甘肃 | 0 | 30 | -30 |

单位总数为六百八十四。除旗籍十单位外，平均每十县应得四单位。以十分之四乘各省县数，得各省应得单位数。

观第四表，实得单位超过应得单位者，仅五省：江苏，浙江，安徽，顺天，江西是也。江苏超出额数，比浙江几多一倍；浙江比其余三省合共又多四倍。

以县数论，江浙两省只能占所有单位百分之八；但实际上已占有百分之五十八。此岂“都城地位”，“文化中心”，“学风昌盛”（按文化中心与学风昌盛，只能认为人才产生之结果，不能认为人才产生之原因），“生存优点”，“殖民”，“避乱”诸偶然原因所能解释？经济发展，“官卷”（闻世家子弟试卷，有另眼看待者。江浙科举人物既多，为官者自然亦多，江浙子弟享“官卷”特权者因之亦多。但另眼看待，并非必取之意，官卷亦必行之制，吾人可不必将此点过于看重也）。试题范围洩漏（由试官洩漏与其子弟）或可解释一最小部分；其余惊人部分，谓非地理的关系而何？至于江浙地理与他省有何不同，土壤气候影响于人之才智思想之实况若何，则非心理学者一人所能解答；必地理，生物，生理诸学者共同研究之然后可。

第五表　　**各省人物次第之比较**

| 著者 / 人物种类 / 次第 / 省别 | 丁 | | | 朱 | 张 | |
|---|---|---|---|---|---|---|
| | 明朝历史人物 | 明朝进士 | 明朝一甲 | 现代中国人物 | 清朝二三甲 | 清朝一甲 |
| 江苏 | 2 | 3 | 2 | 1 | 1 | 1 |
| 浙江 | 1 | 1 | 2 | 2 | 2 | 2 |
| 安徽 | 4 | 11 | 5 | 6 | 7.5 | 3 |
| 顺天 | | 14 | 9 | | 4 | 4 |
| 江西 | 3 | 2 | 1 | 9 | 3 | 5 |
| 湖北 | 10 | 10 | 7 | 7 | 9 | 6 |
| 福建 | 8 | 4 | 4 | 5 | 5 | 7 |
| 湖南 | 14 | 15 | 16.5 | 11 | 10 | 8 |
| 山东 | 7 | 5 | 9 | 8 | 6 | 9 |
| 广东 | 13 | 13 | 9 | 4 | 14 | 10 |
| 广西 | 18 | 16 | 15 | 15.5 | 16 | 11 |
| 奉天 | | | | 13.5 | 15 | 12 |
| 贵州 | 19 | 18 | | 20 | 17 | 13 |
| 甘肃 | 15 | 17 | 16.5 | 22 | 18 | 14 |
| 陕西 | 9 | 12 | 12 | 18 | 13 | 15 |
| 直隶 | 5 | 6 | 6 | 3 | 12 | 16 |
| 河南 | 6 | 7 | 12 | 12 | 7.5 | 17 |
| 山西 | 12 | 9 | 14 | 15.5 | 11 | 18 |
| 云南 | 16 | | | 13.5 | 19 | 19 |
| 四川 | 11 | 8 | 12 | 10 | 20 | 20 |

最后按各甲人物生产率，定各省所居之次第——最高者为1，次高者为2，由此类推。与前人有统计之研究合制第五表如上。

一甲次第与二三甲不符，丁君释为：一甲次第乃自由竞争之结果，二三甲代表当日政府对于各省文化所定之一种标准。余之解释则异是：一甲次第代表第一流人物产生之次第，二三甲次第代表第二流人物产生之次第。产第一流人物最多之省份，不必同时能产最多之第二流人物。

今科举制度废置已久，吾人或不免轻视所谓科举人物者。须知科举之弊不在方法之不善，而在科目之不良。科举人物虽不能称为某家某家，但予以新教育之机会，则有成某家某家之十分可能。使今之才士生于明清时代，不由科举，更由何处显扬耶？使科举人物生于今日，则区区博士硕士学位，又何能尽其才耶？学业每因时尚而不同，才性则初无二致。

得博士与得进士孰难？比较两项人才每年产生额可知也。美国有大学四百座，使每校每年平均只产博士一人则三年可产一千二百名。同时中国只产进士二百余名。因此，余深信得进士比得博士难，进士脑力不在博士下也。

一甲人物似可抵 Galton 所谓 Illustrious Men（每百万中之一人）；二三甲人物似可抵伊所谓 Eminent Men（四千人中之一人）。

本文调查及统计方面工作，刘君时飞力最多。

原载《心理》1926年4卷1期

# 科举制度在中国文化发展上之影响

Paul F Cressey

绪言

中国历史上一贯的文化，是多种原因所造成的；如地理上独立，家族制度之组织，及孔教之保守主义等；而科举制度（Girvil service examination system）亦其中重要原因。两千年来，它支配中国社会生活的中心，且为获得政治上的地位，社会上的崇拜，教育上的令名，经济上的优越之唯一捷径。这个制度是富有民主性质的，竞争是很高尚的，它对于孔教及文风极端保存，并拒绝任何异端。科举制度的影响有二：（1）助成了中国文化上的团结与政治上的巩固。（2）它的最大缺点在极端阻碍创造与发明，其结果乃使中国文化停滞而不能前进。

1. 造成中国固有文化的要素

中国文化，为近世任何后进国家的鼻祖，其开化与希腊、罗马、埃及、巴比仑同时，而中国独保其独立而一贯的文化至四千余年。这个坚结一贯的中国文化，当然是多方面的产物，其原因并不止一件。本文目的，在研究其原因之一——科举制度——至于造成这个伟大成绩的其他要素，只是简单说及罢了。

中国领土之独立于亚洲极东部，常被视为其文化独立的一种原因。因有山岭、沙漠、海洋的间阻，遂使中国与印度及西方文化隔离。从大部分历史上看，中国实在很少与其他先进国交通，但这种情形，实际却不尽然，因为中国是曾屈服于匈奴（Huns）、蒙古（Mongols），鞑靼（Tartars）及满洲（Man-chus）等民族之侵略的。从前中国人以丝及其他货品与罗马帝国交易，而且当纪元后六七百年时，多数佛教僧侣（Buddhist Monks）往来旅行于中国印度之间。据书上的纪载，六世纪之后，印度及中亚细亚的佛僧三千余人已散布于中国。在过去四百年间，中国与西欧洲诸国有继续不断的商务上的接触，马可·波罗（Marco Polo）不过是十三十四世纪间中西交通中的一代表者而已。

据中国内部的地势，至少可以分为十个地理关系不同的区域（Areas），这些区域中如中国的西部，南部等，都很显然的与其他区域相绝隔，但中国却并不如欧洲，印度一样的分成许多文化，政治各不相同的畛域，这是很令人惊奇的。中国的地理形势，无论是从内部观察或从外部观察，都不能够为她那固定而一贯的文化之适当解译。我们果欲了解中国文化的真正原因，必须从中国内部社会及政治各方面的结构上观察，才能得到。

家族的组织是保护中国文化的强有力的要素，宗族制度，是中国社会的一种自给自治的团体。慎终追远，尊祖敬宗就是中国社会的唯一普通宗教，所以宗族制度是使中国文化坚固团结的重要基础；世界上的其他社会，虽也有这种同样的组织，但不能够如中国一样的造成永久一贯的文化。

中国民族的保守性质，多半是由孔教所养成，但孔子并无意如此，他的原意是在提倡守法奉公，尊君崇礼的习尚以纠正当时的社会积弊，不过在文化的初期，这种种为人民所取法的典型模范就足以使他们趋于保守了。所可奇怪的，就是那些退后的保守主义居然被视为法典而长久存在，这实为中国所独有的特别情况。

君王的地位，尊严如天子（The Son of Heaven），是全民族意识的共同焦点。当中国人没有近代民族思想以前，他们常以其文化自骄，因之视外国人为蛮夷（Outside Barbarians）。国家的行政法则，规定本地人不得在本地做官，官吏的职位，每三年一变，这样一来，他自然没有营私结党来摇动中央政府的可能了。

本文即以科举制度为保存中国传统文化之主要原因为论题，于下文详论之。

2. 科举制度在中国文化中的地位

科举制度占领中国文化中心已二千余年，是一种有效而重要的政策，它可以决定一切政治的地位及经济的优越，又为显亲扬名的唯一捷径，全国教育的目标，均趋向于此。故科举制度为中国文化很显著的特点，且形成一种为世界上其他国家所不能及的社会制度。

科举制度，起源甚古，至今已经数千年演进。尚书（Classic of Historg, Compiled Between 1500 B. C. and 700 B. C.）上说虞舜（2500 B. C.）每三年实行考核他的官吏一次，以为黜陟。(译者按：此指《尚书·舜典》：“……三载考绩，三考，黜陟出明。”）周代之初，不独在职官吏，即候缺录用者，亦须经政府考试，盛汉之世（221 B. C.—220 B. C.）政府尊崇孔教，以经学为考试之标准，于是乃将古代考试的习惯立为一个固定的制度（29 B. C.）。公元七世纪之初，此制度为唐太宗所采用，从此以后仅小有变更，直到一九〇五年始为慈禧后所废。观此则科举制度成为固定的社会组织，实由古代社会习俗相沿而来，士大夫复从而拥护保存之者也。

古典式的中国教育，本属于私办性质，但其目标却很一致，就是在求考试及第。学者的唯一标准及取得学士文人的唯一方法，就在于科举考试的能否及第；因为考试的范围，全本于孔教的经典，故私塾间所授学业，亦仅限于此种材料，从未见稍用其心思才智以研求其他任何有用知识的，盖两千年的中国教育，已完全为科举制度所束缚限制了。

科举制度的根本意义，在选录政府的官吏，所以它是政治生活入门的唯一方法。从上古以来，士大夫阶级已被视为处于领导社会的特殊地位，而社会普通观念又以文人学士是很合宜，很有资格为官作吏的人物。向来那些著名的中国文学家，哲学家，总是做过官吏的，其中有许多还花去了他们生命的大半时间来尽他们的政治职务。照例那些科举及第得最高的，就可以受官职的委任。

发财致富的妥当方法，就是做官，所以许多家族对于他们的聪明子弟的教育上，常常花去大量的金钱，希望子弟可以致身仕途，则将来所获或可百倍于所费。为官作宰者不独是社会上最有荣誉的人，并且是最富有的阶级，所以商贾之流，虽有以长时间的经营而积资巨万，也绝不能得到社会上的十分敬仰。

科举制度为中国社会中心的表示，可以在社会对于考试及第者崇拜中很清楚的看出来。社会上极显贵的职业，就是成为一个学者，西方所重视的职业如律师，医士，牧师等，在中国是从来没有的。中国的贵族，向来很少世袭，每代后人，都得靠他们自己的本领自立，因为两千年以来，中国人最大的企图，就是想成一个学者，能得一次或数次考试的及格，于是就可以穿上清朝官吏的黻服（Mandarin's Costme），就可以在他的帽子上系上一颗红顶子，就可以在他家屋的前面竖立一对龙头牌（Dragon Poles），一个人想成一个伟大人物，必须走这条可靠道路。考试一经及第，全社会的景仰与崇拜就相随而来，其家庭姓氏也加上了不磨的光辉，就是古代希腊亚里朴斯山下的得胜者（Olympic Victor）也不及那在北京殿试及第者的荣耀。珍奇的馈赠，预备着欢迎这个文战凯旋的英雄，大张筵席，欢宴宾客，社会上所有的荣耀，直被他一个人享受尽了。

整个中国民族所追求渴望的，不能逃出这个范围。应考就是公民最高的特权，有时皇帝若开赐恩科，则人民当视为无上的恩惠。所以无论从哪一方面研究中国文化的进化，都不能不注意于科举制度。

3. 科举制度的组织

科举制度共分主要的三级，第一级为很普通的“秀才”考试，这个考试除狱吏、刑吏、优伶及其他少数在社会上没有地位的人以外，任何人均许应考，投考年龄不加限制，所以祖父、父亲、儿子共在一场考试的事，并不是没有的。考试的时间，大约延至一星期之久，试题为策论及诗赋等，均以纯粹的经典为依据，取录名额，有一定的限制，故四五千人应试而取录的不过六七十名，那些及第的人们，就算是一个学者，且有应第二试的权利，但不能够获得官职。

第二级为“举人”考试，每三年一次在省会举行，监考的官员，由北京直接派遣，地点在很大的贡院内，每个投考者的座位是分离的，例如广东的科场占地十六亩，内有八千六百五十三个座位。这个考试，全国各地均同时举行，试题为三种，每种两日完卷。当考试时，投考者被封锁于场内，挖心血，绞脑筋的在那儿按题为文。题目的选择是以孔教经典及其注释为标准。倘所为文章与经典上的解释稍有丝毫歧异，或抄誊的时候，字迹不端，试卷就要立刻被取消。取录的名额，有严格的限制，所以每每七八千人应试而取录者不过为百分之一。一八九七年成都的投考者四千余人，结果仅九十六人及第。第二试的优胜者的光荣是很大的，因为他的及第，无异于被承认为千万分中之一的优秀分子，“举人”的衔头，给与他以无上光荣，虽然不能就做官，但他可以去应那在京都举行的最后考试。

最后一级为“进士”考试，于省考后第二年春在北京举行，考试规程和省考相差不远，不过取录的标准更严而监考者又是更高级的官员而已。多数应考者之间，仅最少数之极优秀者中选，故为数甚微，而且总是中年以上的人才能达到他们平生所孜孜追求的最后目的。及第者，政府为之登记，待缺录用，但也有守候多年而不得一官的。

还有一种在华丽的皇宫里举行的殿试，由皇帝亲自典试，及格者为翰林学士，得入翰林院供职。翰林院学士不仅是中国最高尚的学者，而且是一种实职的官吏，因为他们是由朝廷供给俸禄的。第一名翰林为状元，他的地位荣贵无比，虽然起自平民，也是一样的能博得全国无上的荣誉，当一八七二年，清朝某状元的女儿，因女以父贵而竟能与皇帝结婚。

4. 科举制度之社会特性

科举制度是富有平民主义之性质的，除开那些为社会所摒弃的下流分子以外，任何阶级的人民，一以机会均等为原则，无论贫富贵贱，谁有学问，谁就夺得锦标。俗语说“将相本无种，男儿当自强”，“书中自有千钟粟，书中自有黄金屋”，就是这个原故。科举制度，既有支配中国社会的势力，而他的组织又如此平等，所以那在社会上政治上拥有特权的贵族的世袭现象，在中国无从滋长。

极贫苦的农家子弟，单凭他自己在考试中所表现的学识而取得高官厚禄的，不在少数，这即是科举制度平等精神的表现，也就是十八十九世纪许多欧西学者及思想家极端称赞中国文明的一种原因。

科举制度是一种以“适者生存”为原则的高尚竞争，取录有一定的标准，其方法又甚严格，故除最优秀的人才外，其余多系名落孙山。

第三种特性，就是对反立异，以一定成法为标准，这是非常严格而武断的，应考者倘稍有一点立异或发挥个人自由思想的痕迹，就足以自取败亡，惟有盲目的守成奉古才可以成功，一切新思想或创见均遭严厉的摧残。

除此以外，科举制度，并且为孔教经典及士风的保护者。支配中国社会的士大夫阶级的地位，也得科举制度的维护而长久存在，但同时士大夫阶级因为要获得他们独占利益而极力拥护科举制度。所谓圣经贤传及孔教教义都因为科举制度的武断禁绝一切有损的批评或异议而得永久保存，其结果遂使孔子的教义世代相传而不变。

因为它富于民主性质（Democratic Nature），因为它的竞争的高尚与选择方法的严格，因为它绝对禁止一切批评和异议，因为它对于孔教士风的保护，所以科举制度能有长久的历史且成为中国社会的重心。

5. 科举制度对于中国文化的影响

中国政治的，文化的团结，曾延长几千年之久，这是一件很可惊奇的，并且有种种原因是为她分离破裂的种子：领土太广大，方言又繁多，国民彼此间的语言不易互相了解，彼此间的意思不易互相传达；内地风尚各殊，而中国人的地方观念，每足以妨碍中央政府的威权；地方叛离及外国侵略的事，历史上屡见迭出，然而那一种无形文化的团结，却能够把中国联合一致。因为方言虽多，文字是全国统一的，无论中国哪一个地方的学者，想要预备应试，就须得研究儒教的经书，遵奉儒教教育，同用一种文字，同忠于一种相同的信仰与文化意识。因为科举制度已成为全中国社会领导阶级所追求的焦点，所以它保存中国文化的团结的功效是非常大的。

科举制度又助成了中国政治团结的延绵，因为它有平民主义的性质，故政府可以利用它来选择全国的最上人才以为官吏，贵族宦室的子弟，不能继承他们先代的虚荣，就是有无上威权的皇帝，也不敢明目张胆的妄授官职于私人。对于全国才能者，野心家以及好动之士，科举制度都给他们一种前途光荣的机会。那些在考试时候成了功的人们，一经致身仕途，他们的志趣与精神，自然而然的为当时的政治情形所溶和同化，革命的精神与思想就一洗无余，于是士大夫阶级，很明显的变为“考”的拥护者。自从在考场里取得及第后，他们有的一切利益的是否有保障，就全看政府地位的是否稳固以为断，而且领导中国社会的士大夫阶级在法律上及政教上是具有优越地位的，所以他们要反对改良、革命，而拥护专制的朝廷。

科举制度既系这样一个良好的保卫工具，故中国政治，文化的团结，他是有很大的效力的，这一点早已为西方的学者所承认。

但另一方面，它却有不幸的影响，即近代中国的没有进步，科举制度，应负其过。

从前中国专制政府的组织是很简单的，所需要的官吏的数量比较不多，而科举制度所产生的人才，每多过政府的需用限度。所以许多及第的人们，不能得到录用。有些以最高等及第的，虽说是自信可得政府录用，但因为候缺的原故，每发生贿赂的恶风，结果乃使政治上大生积弊。无论考试的方法如何精密，如何严格，在考试的过程上时常发现舞弊的情事。而且整千万的学者花去他们大半世的时间去求一个考试及格而不可得，于是他们之中的少数或为乡塾冬烘，或为衙署胥吏，而大多数就成为一种游手好闲的阶级，又或为满清仕宦的食客，吸收无知识的平民的血汗以为生活，因此中国社会就造成一种假学者的寄生虫，这就是科举制度考试出来的副产物了。

真正治国经世的人才，科举制度并不能造出，这也是它最被非难的地方。谁也不能保证只根据几首诗，几篇文章就可以拔取品学兼优，司法行政的人才，何况他们所学的只是死记一些经典或一些机械的文调呢！虽然从科举磨房里出身的政治家也并非没有，不过那些呆板的记忆才能和那一成不变的文章格调决不能为拔取真正政治人才的标准。

科举制度的最大弊害，就在它对于经典的解释，不容丝毫变异。无论投考者的文章的意思如何高超，理论如何完善，只要他字迹的书法稍为潦草，命意稍带主观，他的试卷就要马上被摒斥，所以近代中国某历史学家，曾非难科举制度为“人类所发明的最恶劣的知识枷锁”。

我们试看现代研究文化发达的学者们，对于任何一个新时代进展的开始，都归功于各种创造与发明，若无发明或创造的机会及知识上的择业，无论任何社会是决没有进步的。但在中国，因为科举制度的专制与武断，二千年来，一切创造与发明决不能产生。师前则古就是中国当时的唯一社会教条，以为过去一切都应当效法，因为它们是有史以来的社会表率而且有它们的历史上的价值。科举制度，就是很显明的被用来维护那些古代表率而防止破坏它们的一切异议与创见的工具。

中国因为地理上的间阻，一向不容易直接与其他进步的文化接触，要求中国文化的进步，就应当在国内鼓励新思想的发达，但是中国社会上最需要的发明与创造却为科举制度的恶势力所限制而决不能发生，陷全国人民于固步自封的地位。从内部说，似乎有两种不良的影响；在知识上，使人民的思想复古，在生理上使人民的体力衰弱。这两种必然的影响，可以在中国文化的划一，悠久及其近代的停滞不进步的关系上面很显明的看出来。总之，科举制度虽能使中国人民一致而忠实的继承先代文化，但中国的进步发达，却受的它的阻碍了。

科举制为一种中国社会普通风尚的产生者，同时又成为孔教的保守政策。倘若没有这种占领中国社会中心的制度，那么，其他一切的潜势力（除破坏势力外）是既不能保护中国文化的团结与巩固，也不能阻挠一切发明，创造及进步的。所以科举制度一方维护了中国社会的调和与团结，一方也阻碍了中国文化的前进，它的功过是参半的。

英文版原载《美国社会学报》1929 年 9 月 35 卷 2 号；
雷震译文载《师学丛刊》1931 年第 1 卷第 1 期

# 中国科举制度起源考

邓嗣禹

中国科举之制，行之千有余年，历代名卿硕儒，多从此孔穿过，以至于今，仍仿行之，可见其影响之巨且久矣。然世人言科举之起源者，率有二说：一谓其始于隋，一谓其始于唐。唐宋而后，主始于隋者渐聚；而在唐时，尚二说纷陈，莫衷一是。曩余述《中国考试制度史》，感其烦杂，觉其重要，曾钩稽隋唐载籍，略事考证。现因拙作行将问世，又稍加补订；适直忝与年报校雠之役，屡徵文于师友，虽篇幅已侈，仍不便略无一词，乃抽出此节，付诸骥尾；以质正高明，幸垂教焉。

## 一

世人以科举始于隋，以自《周礼》而后，以进士为科举者，自隋始也。唐杨绾曰："近炀帝始建进士之科。"（《旧唐书》卷一一九绾传）杜佑曰："炀帝始建进士科。"（《通典》卷十四选举典）王定保曰："进士始于隋大业中，盛于贞观永徽之际。"又曰："进士隋大业中所置也，如侯君素孙伏伽，皆隋之进士也明矣。"（《摭言》卷一）三家所述，皆不能明定年月，故《资治通鉴》不载。惟朱子《通鉴纲目》以设科之始，特为增入；但纪于太子昭卒之下，杨素卒之前，未知何据？《通鉴辑览》因此，乃改载于炀帝大业二年之末，并注释云："考炀帝纪，'大业二年七月甲戌，太子薨；乙亥杨素薨。'两日相连，恐其间无暇建科取士也。"（卷四七）而王定保言隋立进士科，特举出二人而曰"明矣"云云，岂在唐时已有人不信，而待证明者乎？考侯君素及孙伏伽二人，《隋书》《北史》俱无传。孙传《旧唐书》（卷七五）有之，未言中进士。侯传两《唐书》并无，惟《旧唐书》有侯君集传，疑"素"为"集"之讹，然阅之亦不类。再考《隋书》《北史》，其中俱无建立进士科之文！更进而求旁证，则唐代人士，亦多有言考试始于唐者。如贞元十七年（西八〇一）赵傪《登科记序》曰：

> 武德五年（西六二二），诏有司特以进士为选士之目，仍古道也。（《玉海》卷一一五引）

此处《玉海》先引《会要》曰："郑颢进诸家《科目记》十三卷。注：《东观奏记》曰：'武德到大中'。"又引《艺文志》姚唐《科第录》注云："自武德以来，登科名氏编记，凡十余家，皆不备具。"然后于《中兴书目》下，引校书郎赵傪序，序中以进士为仍古道，而不言沿隋之旧；诸家科目记，亦皆起自武德，而不溯源于隋；可知是科非隋始创矣。而李德裕《非进士论》曰：

> 古者……论造士之秀，升诸司马，进士之名立矣。……暨六国行玉帛之聘，两汉立四科之选，魏晋或表荐而登仕，齐梁或版辟而起家，故孝廉明经之科，秀才茂才之举，限□限年之制，射策待诏之选，损益无常，而察言观德之规，不妄设也。李唐御统，艰厥制度，立进士之科，正名也。行辞赋之选，从时也。(《登科记考》卷六引《夏竦集》李德裕《非进士论》)

德裕追述历代取士之制，而谓"李唐御统……立进士之科"。益知是科非起于隋而起于唐矣。唐苏鹗曰：

> 进士者，可进受爵禄者也。《王制》曰："大乐正论造士之秀者……而升诸司马曰进士。孝廉者，孝悌廉让也。自魏吴晋皆以郡举孝廉察秀才，故州郡长史别驾，皆赴举察。汉朝又悬四科，一曰：德行高妙……任三辅令。近代以诸科取士者甚多，武德四年，复置秀才进士两科……其后秀才合为进士一科。(《苏氏演义》卷上)

苏氏先言周之进士，而后言唐武德四年复置秀才进士两科，是进士之起于唐也又明矣。张漪对策曰：

> 唐虞之黜陟幽明……夏禹之顾眄空谷……战国之代，王道寖微，各伫英贤……汉高祖虽不好儒，然亦任用英杰……陈群制九品之条……臧否任情……宋齐之季，梁隋之末，聘士求贤，罕闻稽古。……圣上览百王之得失，立万代之规模，大开举尔之科，广陈训迪之典。(《文苑英华》卷四七九)

案李氏所谓"开举尔之科"，即开科举之繁文也。然则科举始于唐不始于隋，岂非彰明较著者乎？且此三家，既概述历代取士之制，皆不言隋置进士科，而言为唐所立，斯则更堪注意者也。再如裴庭裕曰：

> 大中十年，郑颢知举后，宣宗索科名记，颢表曰：自武德已后，便有进士诸科。(《东观奏记》卷上)

是又进士始于唐之简切论断也。同书又谓武宗会昌三年十二月……中书覆奏[曰]："……伏以国家设文学之科，求真正之士。"（同上卷中）八年韦澳为京兆尹榜曰："朝廷将裨教化，广开科场"。（同上）又孙樵《与高锡望书》曰："……唐朝以文索士，二百年间，作者数十辈。"（《孙樵集》卷二）是皆为科举始于唐之证。而牛希济《贡士谕》，言之更明。其词曰：

> 周官司马得俊造之名，乃进于天子，谓之进士。……大汉法，每州若干户，岁贡若干人，吏以籍上闻，计州里之大小，材之多寡，谓之计籍。人主亲试所通，经业策问，理优深者，乃中高第。……汉世得人，于斯为盛。国家武德初，令天下冬集贡士于京师，天子制策，考其功业辞艺，谓之进士，已废于行实矣。（《全唐文》卷八四五）是古之进士，与后世之进士科有别；而后世进士之立，始于唐武德初年也。

总上各证，复加《隋书》《北史》暨其他隋籍无进士科之文，吾人似可断言科举非始于隋而始于唐矣。抑有进者，隋主非但未开科取士，且并不重儒术。观高帝仁寿元年（西六〇一）废大学四门及州县学，唯留学生七十人（《隋书》卷三），可以知之。故《高帝纪》谕曰："素无学术……不悦诗书，废除学校，唯妇言是用。废黜诸子……过于杀戮。"（同上卷二）《炀帝纪》论曰："矫情饰貌，肆厥奸回……教绝四维，刑参五虐。锄诛骨肉，屠剿忠良……普天之下，莫非仇雠，左右之人，皆为敌国。"（《隋书》卷四）而南宫靖《隋史断》亦曰："然帝素不学，而又济之以刻薄之资，是以专任小数而不悦诗书，废除学校，而禁毁佛像，又任情杀戮，以察为明……甚者以谗言废太子勇，以小过杀秦王俊，而父子之恩灭。"（页二）以如此无道之君，视国人父子如仇雠，遑言开科取士哉。然则科举不始于隋，更可深信疑矣。

## 二

但唐代人士言科举始于隋者，尚大有人在；非仅前述杨杜王三家已也。今为公允计，不敢存丝毫成见，抹煞事实，谨述其说于后：夏竦《议贡举奏》曰："隋设进士之科，唐代特隆其选。"（《登科记考》卷二八引）文宗太和九年（西八三五）中书门下奏曰："伏以国家取士，远法前代。进士之科，得人为盛。"（《册府元龟》卷六四一）赵匡《选举议》曰："国朝选举，用隋氏之制。岁月既久，其法益讹。"（《全唐文》卷三五五）沈既济《选举议》曰："自隋变选法，则虽甚愚之人，蠕蠕然能乘一劳，结一课，获入选叙。……按前代选用，皆州郡察举，及年代久远，讹失滋深。至于齐隋，不胜其弊。……是以罢州府之权，而归于吏部……罢外选，招天下之人，聚于京师；春还秋往，鸟聚云合。"（《全唐文》卷四七六）柳冕《与权侍郎》（德舆）书曰："唐承隋法，不改其理，此天所以待圣主正之；何者，进士以诗赋取人，不先理道。”（《文苑英华》卷六八九）是皆言进士科始于隋，兼言唐代选举沿隋之旧也。而薛登上《改革选举疏》，言隋立进士科之原委，尤觉了然。其疏曰：

> 古之取士，实异于今。……自七国之季，虽杂纵横，而汉代求才，犹征百行……魏氏取人，尤爱放达。晋宋之后，只重门资。……有梁荐士，雅爱属词；陈氏简贤，特珍赋咏。故其俗以诗酒为重，不以修道为务。逮至隋室，余风尚在。开皇中，李谔论之于文帝曰："魏之三祖，更好文词，忽人君之大道，好雕虫之小艺。……代俗以此相高，朝廷以兹擢士。故文笔日烦，其政日乱。"帝纳李谔之策，由是下制，禁断浮词。……炀帝嗣兴，又变前法，置进士等科，于是后生之徒，复相效仿。（《旧唐书》卷一〇一本传）

是进士科之立，先因高祖感于文风日靡，禁断浮词；炀帝嗣兴，乃立进士科也。据《薛登传》，登博涉文史，每与人谈论前代故事，必广引证验，有如目击。天授中，为左补阙，时选举颇滥，因有上疏。其所述者，如炀帝置进士事，隋籍虽无稽；而隋高祖禁浮词事，《隋书》（卷六六）及《北史》（卷七七）《李谔传》，皆有明文记载也。其时在开皇四年（西五八四）"普诏天下公私文翰，并宜实录"。可见薛登言隋立进士科，必较别家为信而可据。然则进士科之起于隋也明矣。

或曰子无人证，焉能服人？曰有。各地方志，多列隋进士之名。如《吴县志》卷十一，列张损之为隋之进士，并注云："历官侍御史水部郎。"又如《祁阳县志・乡贤志》，列温彦博为隋之进士，此非人证乎？但损之《隋书》《北史》暨两《唐书》皆无传，初未知何据，继检《全唐文》卷三九三，有独孤及《唐故河南府法曹参军张公墓表》，称张损之，隋大业中，进士甲科位位至侍御史，尚书水部郎。《吴县志》所据，盖在此也。然此所谓"进士甲科"，可知其无考试矣。彦博两《唐书》有传，而《旧唐书・温大雅附传》，谓其弟彦博，"开皇末为州牧秦孝王俊所荐，授文林郎，直内史省"（卷六一）。《新唐书》卷九一，谓其"通书记，警悟而辩，开皇末，对策高第，授文林郎"。是仅由乡荐而对策，而授官，而俱未言中进士也。由此类推，方志之言氏族乡贤，强半高攀远传，以光乡族，多难恃为凭依。则子之人证，仍不足以服人也。曰尚有其他。如《旧唐书》云：

> 杨纂，华州华阴人也。……大业中进士举，授朔方郡司法书佐。（卷七七）

《唐书》卷一〇六曰："大业时，第进士。"

是隋有进士也审矣！又如《旧唐书・房乔传》：

> 乔字玄龄，齐州临淄人……年十八，本州举进士，授羽骑尉。……后补隰城

尉，会义旗入关，太宗徇地渭北……一见便如旧识。……贞观元年，代萧瑀为中书令。……二十三年……薨，年七十。（卷六六）

由此可推知其生于陈宣帝大建十二年（西五八〇）（《唐书》卷九六，谓其薨年七十一，余同。）年十八举进士，时在隋文帝开皇十七年（西五九七），与大业二年（西六〇六）置进士科之时，适差十岁。岂年十八举进士，为年二十八举之，而史有为敚欤？抑考《隋书·地理志》，炀帝大业三年改州为郡，玄龄本州举进士，则《通鉴纲目》列始建科于大业二年，亦非全无凭据欤？然则隋有举进士之人，是确凿有据无疑矣。

且进士之外，又有明经科焉。《资治通鉴》曰：

高祖武德元年（西六七八）冬十月，明经刘兰成纠合城中骁健百余人袭击之。胡三省注曰："刘兰成盖尝应明经科，因称之。"《新唐志》曰：唐制取士之科，多因隋旧，则明经科起于隋也。（卷八六）

胡氏以兰成"盖尝应明经科"因断明经科起于隋，证据尚嫌微薄。今检《旧唐书·韦云起传》："云起隋开皇中明经举。"（卷七五）又《孔颖达传》："颖达隋大业初，举明经高第。"（卷七三）是隋有明经科，又断然无疑矣。且进士明经之外，尚有秀才科。如《旧唐书·杜正伦传》曰：

杜正伦，相州洹水人，隋世重举秀才，天下不十人，而正伦一门三秀才，皆高第，为世羡美。（卷一〇六）

又《薛收传》曰：收于"大业末，郡举秀才，固辞不应"（卷七三）。是隋有秀才又明矣。夫既有进士明经及秀才，此《通典》之所以谓"大唐贡士之法，多循隋旧"（卷十八）。或如《新唐书·选举志》，谓"唐制取士之科，多因隋旧"（卷四四）。然则科举始于隋，又岂非颠仆不破者乎？

## 三

夫前述科举始于唐，证据确凿，牢不可破；今言始于隋，又证据确凿，牢不可破；则二者之间，何所适从？曰请先综观隋代取士之法，然后可得其真谛。

隋文帝开皇二年（西五八二）正月甲戌，诏举贤良。十二月景戌，赐国子生明经者帛束。（《隋书》卷一）

七年正月乙未，制诸州岁贡三人。(同上)

十六年六月甲午，制工商不能仕进。(《隋书》卷二)

十八年七月景子，诏京官五品已上，总管刺史，以志行修谨，清平干济二科举人。(同上)

仁寿三年（西六〇三）七月，令州县搜扬贤哲，皆取明知今古，通识治乱，究政教之本，达礼乐之源，不限多少，不得不举。限以三旬，咸令进路。征召将送，必须以礼。(同上)

炀帝大业三年（西六〇七）（诏）依十科举人，有一于此，不必求备。联当待以不次，随才升擢。其见任九品以上官者，不在举送之限。(《隋书》卷三)

五年六月，诏诸郡学业该通，才艺优洽；膂力骁状，超绝等伦；在官劝奋，堪理政事；立性正直，不避强御；四科举人。(同上)

十年，诏郡举孝悌廉洁各十人。(《隋书》卷四)

以上见于本纪。其见于传者：

《褚晖传》：晖字高明……以三礼学称于江南。炀帝时，征天下儒术之士，悉集内史省，相次讲论。晖辩驳，无能屈者。由是擢为大学博士。（卷七五《儒林传》)

《房晖远传》：远擢为国子博士，会上令国子生通一经者，并悉荐举，将擢用之。既策问讫，博士不能定臧否。……因令晖远考定之……所试四五百人，数日便决。(同上)

《牛弘传》：弘在吏部，其选举先德行，而后文才，务在审慎。虽致停缓，所有进用，并多称职……隋之选举，于斯为最。(卷四九)

《刘焯传》：焯举秀才，射策甲科。(卷七五)

刘臻年十八，举秀才，为邵陵王东阁祭酒。(卷七六)

《杜正玄传》：正玄博涉多通。兄弟数人，俱未弱冠，并以文学才辩，籍甚三河之间。开皇末，举秀才，尚书试方略，正玄应对如响，下笔成章。……弟正藏，尤好学，善属文，弱冠举秀才，授纯州行参军，历下邑正。大业中，学业该通，应诏举秀才。兄弟三人，俱以文章一时诣阙，论者荣之。(同上)

此外《全隋文》（卷二七）有“王贞，开皇初……举秀才，授县尉”。又有“候白，州举秀才，至京师，机辩捷，时莫之比”（《太平广记》卷二四八引《启颜录》，今此书有《续百川学海》本，盖条由《广记》辑出者）。

据此各条，可知隋代取士之科：有贤良，有明经，有二科，有十科，有四科，有孝悌廉洁，有进士，有秀才；其获举也，不出于下诏征召与州郡荐举二途；其入选也，贤良，二科，十科，四科，孝悌廉洁，以至进士如杨纂、房乔，明经如韦云起、刘兰成，秀才如刘臻、王贞、杜正藏等；皆未经考试。其抡才之准则，牛弘掌选举最盛之时，亦仅先德行，而后文才，又无所谓考试也。其唯一考试，但为策问，重辩驳。如褚晖之擢为太学博士，由于辩驳也；杜正伦举秀才试方略策，亦以善辩驳，应对如响见称也。侯白之州举秀才，以“机辩捷”名于时也。房晖远之试国子生，试策问也。故唐杨绾曰：“近炀帝始建进士之科，当时犹试策而已。”而刘焯举秀才，尚为射策，射策有甲科，对策有高第，而未见有黜落，是皆与两汉取士之制相同，与唐宋考试之制迥异也。李慈铭《越缦堂日记》，谓六朝人试孝廉用经术，同于唐之明经；试秀才用词赋，同于唐之进士。其说实难征信。夫仅有策问，不能谓之考试也，以策问汉有之，六朝宋有之，梁亦有之(《隋书·经籍志》总集类有《宋元嘉策孝秀文》十卷，《梁孝秀对策》十二卷)，若以其有策问则为科举考试之权与，又何必溯源于隋哉。考“选举之法，一变而为辟举，再变而为限年，三变而为中正，四变而为停年，五变而为科目。隋置进士科而唐因之，其科目之不一，而明经进士尤贵……可为后世之良法也。古之所谓乡举里选者，犹曰乡里之举选云尔。唐则不然，举以礼部，谓之贡举，选以吏部，谓之铨选，其名同，其事异。又曰科目兴于唐，皆所以救中正之弊也”。(宋章俊卿《山堂考索续集》卷三八）俊卿言唐代选举之意，与以往不同，又谓“科目兴于唐”，是显然不因隋置进士科，而目为科举考试之所由昉也。须知科举考试，必由应试人于一定时期，投牒自进，按科应试。公同竞争，试后有黜落，中试者举用之；然后为真正考试。查“汉举贤良，自董仲舒以来，皆对策三道。文帝二年，对策者百余人，晁错为高第；武帝元光五年，对策者亦百余人，公孙宏为第一，当时未有黜落法，对策者皆被选，但有高下尔。至唐始对策一道，而有中否”。(《石林燕语》卷九）故葛洪恺切而言曰：“举人投牒自应之制，盖昉于唐！谨按周礼乡大夫之职……献贤能之书于王……登于天府。……至汉贤良如公孙宏，亦必待国人固推而后出，未闻有投牒自应之举。”(《涉史随笔》页二一）然则科举考试之起于唐，殆成定谳矣。

顾上引沈既济《选举议》，谓“自隋罢外选，招天下之人，聚于京师，春还秋往，鸟聚云合”。《唐会要》谓：“唐武德初，因隋旧制，以十一月起选，至春即还。”(卷七五）是有公同考试之状也。加以进士为科，实始于隋，故溯源厥始，当推及之。特因其制不彰不备，仅具雏形，故谨慎重作结曰：科举之制，肇基于隋，确定于唐。

附俞大纲先生函

持宇兄：大作谨拜读一过，考试制度起源考，所论极是。惟隋置进士科一条，弟颇有疑义。王氏《摭言》所举孙伏伽侯君素两人，君素无考，伏伽则《唐书》明言其积劳补□□县命（弟现手头无《唐书》，但能以记忆断言如此)，定保之说，当无确据。杨绾、杜佑，生年较后，所言难以置信。

足下所举人证，县志之不足据，姑不论之，《房玄龄传》所言“本州举进士”，则其非应试可知；既非应试，进士两字仍当沿隋以前习惯作字面浮泛之解释，不得谓之自成一科也。(《旧书·杨纂传》“大业中进士”，《新书》“第进士”，其误以“举”为“试”，盖以进士名词为专门科目名，殆亦与唐人见解相同。）大抵言隋之有进士科者，最早亦为高宗时人（如薛登），而武德贞观间身事两朝之史臣不言之，《北史》《隋书》可取证。《旧书》房、杨两传，一称本州“举”进士，一称大业中进士，似皆足为隋不置进士科之证。其晚出之论，大概以唐进士科创设既久，已为一般习用之专门名词，因更误会隋代之进士为出自科第耳。鄙意如此，不知高明以为如何？隋明经秀才，大著考释极是，此真所谓禁断浮词之见于事实也。(秀才之不易取，及明经两字之意义，皆可推论禁断浮词史实。至于进士，刻下既无好史料以考隋时所试为哪一门学问，更以禁断浮词之史文推索之，则隋更未必设此一科也。）

足下博涉群书，具见功力，敬服敬服。

附张孟劬先生函

大著于唐人诸说，征引见详，两造并列，尤见公允。窃谓杨绾、杜佑皆明言隋炀帝设建进士科，而王定保且实之曰“大业中”。此等史实，恐非杜撰；即使杜撰，何以三人之言相同？纵谓三人之言不可尽信；彼博涉文史之薛登，又何以与之暗合？或者隋曾有此科，暂行之而非常置；或因朝廷有故，未策而旋即报罢，皆未可知。例如清末有所谓经济特科者，史若不载，后人恐更不知有此科矣。史之所书，多属常制，此科既非取士常制，遗漏未书，亦无足怪，历史此例，固甚多也。唐人之文，其泛论科举者姑不论，此外虽亦间有言唐立进士科者，然皆系就唐言唐，不能即为隋无进士科之反证。至苏鹗谓武德四年复置秀才进士二科，既云复置，则其前必有置之者，虽其文泛引王制，不涉于隋，而曰近代以诸科取士者甚多，则隋当然亦在近代之中。且秀才科隋固尝置之，贞观史臣于刘焯等传，已大书特书矣，安得谓进士科必非隋置耶？此更不能为隋无进士科之反证。大要此科之名，虽创始于隋，而定为取士常制，则实自唐始。李德裕、郑颢之言，亦不为无因。故杜佑云：大唐贡士，多循隋制也。多之云者，不必尽同之谓。尊论谓科举之制，“肇基于隋，确定于唐”，洵通论也。考史之法，最重证据，而证据又必须充分，今即所引诸文论之，凡足以证明隋无进士科者，皆不充分；凡可以证明隋有进士科者，则皆有明文。况杜佑为唐代通晓掌故者；而《通典》一书，又为今第一名著，此而不信，将无书可信矣。杜佑辈其生虽较贞观史臣为晚，正惟其晚，所见新发见之材料或比史臣为多，今《通典》中所载，可以补正南北两朝史事者，正复不少，岂尽厚诬？吾人治史，或以前证后，或以后证前，全视其人其书负责与否为断。不宜先存一时代之成见也。至于反证方法，遇证据全不充分时，或可偶然一试行之，既有充分之证据，即当舍反证而不用，此乃研究学术一定之标准。不立标准，专事求疵，未见其可。大著登入史报，与天下人以共见，立言本不为一时，故聊缀数语，质之大雅，以为何如?

张尔田附识

## 俞大纲先生第二次来函

持宇吾兄

大著精微周密，佩甚佩甚。两承一下询刍荛，真所谓以多问寡，愧恧曷极。尊论设两造之辞，既备且允矣，然鄙意以为，足下独着眼于进士科设置时代，以定科举制度起源之由，似有未安也。考隋制无论进士明经秀才，皆由州举。《旧书·房玄龄传》称“本州举进士”，《北史·杜正玄传》“开皇十五年举秀才”，《旧书·薛收传》“郡举秀才”，《杜正伦传》曰“隋世重举秀才”，《韦云起传》“云起开皇中明经举，授符玺直长”，《孔颖达传》“颖达隋大业初举明经高第”。就诸条观之，莫非州郡察举者也。又如《杜正玄传》所云:“正玄举秀才，试策高第，曹司以策过左仆射杨素，素怒曰，周孔更生，尚不得为秀才，刺史何忽举此人，乃以策投地不视。(下略)”按此隋秀才由州上举，曹司试策，然后以策过仆射，此与汉征贤良对策之制无异。《汉书·公孙宏传》云:“元光五年，复征贤良，菑川国复推上宏，(中略)宏至太常，时对策者百余人。”汉之贤良，亦由郡国察举，入京对策也。《正玄传》又云:“杨素志在试退正玄，乃使正玄拟相如《上林赋》等，曰我不能为君住宿，至未时令就。”此隋试策制度，亦极疏简，尚不及汉制天子亲策贤良之为隆重。今隋制明经进士贡举之法，无史文可征，证以上引诸条观之，凡明经进士皆曰举而不言第，其制要与秀才相同。非若唐代开科举之繁文，士人投牒自试，官吏慎临其事，至于搜索衣裳，呵禁出入也。

尊著又引杜佑“大唐贡士，多沿隋旧”，杨绾“隋炀帝设进士科”，夏竦“隋设进士之科，唐代特隆其选”等文，以证科举始于隋。窃谓唐科举之制，因沿于隋者，不过进士明经秀才等名目而已。其制度不同，盖如上述。杜氏“大唐贡士，多沿隋旧”，当谓贡士科目，唐循隋旧，非谓贡士之法，隋唐相同，杨绾、夏竦所谓隋始设进士科，似谓以进士列为选士之目，肇自隋炀，亦不指唐进士之制，无异于隋也。唐人最重进士科，其论科举，莫不先论进士之制，于是核名者莫不溯之于隋，考实者莫不言创之于唐。其实两种议论，所指不同，殊非牴牾，此纲所以谓不得以进士设科年代，以定考试制度始于何时。若谓察举对策之法，已为完形之考试制度，则当上溯两汉为权舆。若谓朝廷开科待人，士子投牒自试，始可谓为完形之考试制度，则当以唐为始，不可谓肇基于隋，确定于唐矣。

然或者有以沈既济《选举议》“隋罢州府之权，而归于吏部，罢外选，招天下之人，聚于京师，春往秋还，鸟聚云合”等语，谓隋之取士，亦有定期，罢外选，权归吏部，与唐制相侔，何得谓与唐异。窃谓沈氏罢外选之言，乃指罢州郡辟署之权，非罢察举也。《通典》:“开皇十八年，又诏京官五品以上及管总刺史，并以志行修洁，谨清干济举人。牛弘为吏部，高构为侍郎，选举先德行，次文才，最为称职。当时之制，尚书举其大者，侍郎铨其小者，则六品以下官吏，咸吏部所掌，自是海内一命以上之官，州郡无复辟署矣。”沈氏之论，盖亦指此。尊论亦引先德行，次文采之文，定隋仍为察举试策之制矣。特有进者，沈氏春往秋还，乌合云集之论，盖指当时彼征召或察举之人，集于京师，受吏部铨次，不可引以证隋唐考试制度之同轨也。然或以上所引杜氏言，系开皇中制度，大业之制，容有不同。请释之曰，《薛收传》云“郡举秀才”，炀帝改州为郡，故《薛收传》云云，此则大业仍行察举之制，又可考知矣。

足下渊博，功力并深，管见聊当大雅一笑耳。

俞大纲拜启十一月二十七日

嗣禹谨案：大纲先生治唐史有年，拙作草成，即邮寄质正。时值歇伏，手头无书，随笔便笺，聊舒所见。嗣以科举制度，为历代抡才大典，起源事大，不敢草率。乃未征求同意，径予刊登，以当讨论。共后请教孟劬先生，又蒙赐手示，因并登之。而大纲先生得知，重草一函，以代前书。惜排校已定，急于出版，势难毁弃，乃将两函刊登，以为进一步之讨论。夫学问无穷，人识有限，多闻阙疑，古有明训，故讨论不厌求详。然嗣禹未获确证已前，则不愿再事唠叨；惟盼读者多多教正而已。张俞二公，竭诚指导，谨此志谢。

原载《史学年报》1934 年第 2 卷第 1 期

# 唐代宰相地域分布与进士制之“相关”[1] 的研究

傅衣凌

本篇拙稿为我站在社会经济史学的立场，就唐代政府中心人物——宰相的地域分布和推行于同时代的新考试制度——进士制这两方面，来考察其对于中国大统一的专制的封建中央政府的建立之间的关系。说到写作本文的动机，应追溯于一年以前，我为论究中国统一的专制的封建社会的内部诸势力集团间的统制问题，适读《新唐书》宰相世系表，颇饶兴味，深觉其中资料，对于说明李唐一朝的大统一的专制的封建帝国的建立，与其立国规模的伟大，文物制度的灿烂，颇多足供参证的地方，爰再搜集其他有关文献，试作短论如次：

封建国家的经济基础，是建立在地租上面的。这地租的收取，在中国的零细耕作的生产形态之下，如非得到一大部分或某一经济要区的地方势力者的协力和拥护，是很难顺利进行的。因此，中国每一大统一的专制的封建帝国的建立，有一大半的力量，常是靠着地方势力者对于中央政权之向心的作用的结果。基于同样的理由，一个强盛的统一的中央政府，也必须能包摄有各地方人物的共同参加。李唐的初建，自亦不能外此。根据历史的报告，我们已知李渊本是山西的大势力者，而其周围的人物，亦都是地方的巨姓冠族，如与李唐一朝关系甚密的并州武氏，即是一个典型的人物。

武士彠（武后之父）并州文水人也。家富于财，颇好交结，高祖初行军于汾晋，休止其家，因蒙顾接，及为太原留守，引为行军司铠。时盗贼蜂起，士彠尝阴劝高祖举兵，自进兵书及符瑞，高祖谓曰：幸勿多言，兵书禁物，尚能将来深识雅意，当同富贵耳(《旧唐书》列传卷八)。

后来高祖太宗的征讨四方，也多得力这般地方势力者的援助。

太宗……至河东，关中豪杰争走赴义，太宗请进师入关，取永丰仓以赈穷乏，收群盗以图京师，高祖称善。太宗以前军济河，先定渭北三辅，吏民及诸豪猾诣军门，请自效力，日以千计，扶老携幼，满于麾下，收纳英俊，以备僚列，远近闻者咸自托焉(《旧唐书·唐记》二)。在山东，即有滑州的徐世勣。

---

① 此处所谓“相关”，只是常识的借用，并非严格的统计学上的意义，读者请勿误会。

李勣曹州离狐人也，隋末徙居滑州之卫南，本姓徐氏名世勣……家多僮仆，积粟数千钟，与其父盖皆好惠施，拯济贫乏，不问亲疏。大业末，韦城人翟让聚众为盗，勣往从之，时年十七，谓让曰：今此土地是公及勣乡壤，人多相识，不宜自相侵掠。且宋郑两郡地管御河，商旅往来，船乘不绝，就彼邀截，足以自相资助。让然之，于是劫公私船取物，兵众大 振(《旧唐书》列传十七)。

入关中，则得京兆豆卢宽等的迎降。

豆卢宽京兆万年人……隋文帝之甥也。大业末，为梁泉令，及高祖定关中，宽与郡守箫瑀率豪右赴京师(《旧唐书》列传四十)。

惟是这般地方势力者在某一时期固为中央政权的拥护者，同时，他们又常是其破坏者。因此，中国的中央主义者为对付这般地方势力，他们有的用压制的手段，如汉代的利用酷吏诛杀豪强，及移族徙民的办法，分散他们的力量。或则以妥协的方式，而与其取得合作。李唐一朝其能长久的维持中央政权，便是以妥协方式巧妙的来统制中国封建社会的各地方的地主的诸势力集团，保持相当均衡的发展，他们所采取的方策有二：

一，是尽量容纳各地方的人物，使其共同参加中央政权的建设。

二，是不断选拔各地方的新兴的优秀分子，以补强其对于中央政府的向心的，控制的力量。这里，我会据《新唐书》宰相世系表，宗室世系表，及钱大昕的补考（见吴缜新唐书纠谬钱校补)，对于唐代宰相的地理分布，试作统计如下：

**唐代宰相地域分布表①**

| 朝代<br>地理 | 关内道 | 河南道 | 河东道 | 河北道 | 山南道 | 陇右道 | 淮南道 | 江南道 | 剑南道 | 岭南道 | 总 计 |
|---|---|---|---|---|---|---|---|---|---|---|---|
| 高　祖 | 3 | 3 | 2 | 1 | | | | 1 | | | 10 |
| 太　宗 | 6 | 4 | 2 | 6 | 2 | | | | | | 20 |
| 高　宗 | 9 | 6 | 3 | 12 | | 2 | 5 | 5 | | | 32 |
| 武　后 | 16 | 13 | 8 | 13 | 2 | 1 | 1 | 5 | | | 58 |
| 中　宗 | 6 | 1 | 5 | 3 | 2 | 2 | | 1 | | | 20 |
| 睿　宗 | 1 | 2 | | 2 | | | | 1 | | | 6 |
| 玄　宗 | 9 | 7 | 7 | | | | | 1 | | 1 | 25 |
| 肃　宗 | 6 | 2 | 5 | 5 | | | | | | | 14 |

① 按唐代宰相不至此数，尚有王本位，任知古，武什方，李景谌（武后朝），于惟谦（中宗朝），魏扶，韦琮（宣宗朝），郑綮（昭宗朝），张文蔚（衷帝朝）等因籍贯及其他关系，未列人，当俟后补，又本表以宗室宰相萧瑀子孙列入关内道，附此申明。

续表

| 朝代<br>地理 | 关内道 | 河南道 | 河东道 | 河北道 | 山南道 | 陇右道 | 淮南道 | 江南道 | 剑南道 | 岭南道 | 总 计 |
|---|---|---|---|---|---|---|---|---|---|---|---|
| 代　宗 | 1 | 1 | 3 | | | | | | | | 7 |
| 德　宗 | 6 | 9 | 4 | 11 | 1 | 3 | | 3 | 1 | | 37 |
| 顺　宗 | 1 | | | | | | | | | | 1 |
| 宪　宗 | 6 | 4 | 5 | 2 | | 2 | | | | | 20 |
| 穆　宗 | 3 | 2 | | 1 | | | | | | | 5 |
| 敬　宗 | 1 | | | | | 1 | | | | | 2 |
| 文　宗 | 5 | 3 | 1 | 6 | | | 1 | | | | 16 |
| 武　宗 | 2 | 1 | 3 | | | 1 | | | | | 5 |
| 宣　宗 | 4 | 5 | | 7 | | | | 1 | | | 17 |
| 懿　宗 | 6 | 5 | | 4 | | | | 1 | | | 16 |
| 僖　宗 | 4 | 3 | 3 | 3 | | 1 | | | | | 14 |
| 昭　宗 | 6 | 4 | 2 | 6 | 1 | | | 3 | | | 22 |
| 各道总数 | 107 | 75 | 53 | 80 | 8 | 13 | 7 | 22 | 1 | 1 | 357 |
| 各道所占人数百分比 | 29.1 | 20.4 | 14.5 | 21.8 | 2.2 | 3.5 | 1.9 | 6.0 | 0.3 | 0.3 | 100.0 |

依据上表，有一最明显的事实摆在眼前，即唐朝中央政权的支持者，是以关内、河北、河南、河东四道的豪族为中心的，他们占唐代宰相的全人数的百分之八五点七。这一大块地方，正如张说所说的："陇上多豪，山西出将。"① 其中，如京兆韦氏、博陵崔氏、并州武氏、闻喜裴氏、华阴杨氏多为此朝世家，累代卿相。其他人物亦必是代表一方的物望，拥有特殊力量者。

朱敬则字少连，亳州永城人也。代以孝义称，自周至唐，三代旌表，门标六阙，州党美之。敬则倜傥重节义，早以辞学知名，与三从兄弟同居，财产无异（《旧唐书》列传四十）。

次则以淮南与江南居着次要的地位，这个变化，即江淮以南的新经济要区，在唐代社会里占了重要的地位，所以他们在中央政府的比重，也逐渐提高。准此而论，我们也可说李唐的中央政府是建立在北方的军事豪族与南方的经济豪族的联合政权上面的。惟如上表所示，或许有人怀疑这两大势力集团间似有偏重，而不十分的均衡。不过我们要明白北方这大块区域是中国的历史的、经典的军事力量的发轫地，而江南之在当时尚是新兴的区域，那是不足为异的。于此，仍使我们有理由相信地方势力者的均衡发展，是保持中国专制封建政权的一个要件。

① 陇右节度使赠凉州都督郭公神道碑，《唐文粹》卷五十七。

其次，我要先来说明李唐所推行的新考试制度的原始，然后进而论述其在中国社会经济史上的意义。《新唐书·选举志》云：

唐制取士之科，多因隋旧。然其大要有三：由学馆者，曰生徒。由州县者，曰乡贡，皆升于有司而进退之。其科之目，有秀才、有明经、有俊士、有进士、有明法、有明算、有一史、有三史、有开元礼、有道举、有童子而明经之别。有五经、有三经、有二经、有学究一经、有三礼、有三传、有史科，此岁举之常选也。其天子自诏者，曰制举，所以待非常之才焉(《新唐书》志第三十四)。

就中，在有唐一代里，对于当时政治、社会关系最见密切者，自为贡举中的进士科。

大抵众科之目，进士尤为贵，其得人亦最盛焉。方其取以辞章，类若浮文而少实，及其临事设施，奋其事业，隐然为国名臣者，不可胜数，遂使时君笃意以谓，莫此之尚（引同上)。

但是问题所在，还是这始于隋而盛于唐的进士制，其渐占重要地位的原因，有没有可能予以合理的解释呢？对于这一点，我们依据中国社会经济史的发展过程，认定这以州县为单位的考试制，为完成中央政府的统制权的必要措施。兹再就李唐中央政府的所以积极推行进士制，剖析其有两个的作用。

第一，基于豪族社会的内部的要求：就是我们研究中国型的封建社会构成过程，深知中国的封建生活方式，在其社会构成中，颇带有浓厚的氏族制的残存物，据上引的《朱敬则传》已知唐代家族同产之风的盛行。再如赵州元氏的李知本，“事亲至孝，与弟知隐甚为雍穆，子孙百余口，财物僮仆，纤毫无间(《旧唐书·孝友列传》第一百三十八)。瀛州饶阳的刘君良，累代同居，兄弟虽至四从，皆如同气，尺布斗粟无私焉(引同上)。雍州万年的宋兴贵，累世同居，躬耕致养，至贵已四从矣（引同上)。郸州寿张的张公艺，九代同居（引同上)。至有异姓同居者，如恒州鹿泉的李处恭，张羲贞两家祖父，自国初以来，异姓同居至今三代，百有余年（引同上)。但一面为了商业资本和高利贷资本在中国的相当活动的结果，于是在中国封建经济构成中交织为极错综复杂的关系。因此，中国的地方封建主义者豪族为保持其优越的社会权力，常利用氏族制的残存物，使为自己效劳。像禁止财产权的向外移转，我们所见的有下列两例：

如有典卖庄宅，准例，房亲邻人，合得承当。若是亲人不要，及著价不及，方得别处商量(《五代会要》卷二十六)。

一应典卖倚当物业，先问房亲，房亲不要，次间四邻，四邻不要，他人并得交易，房亲著价不尽，亦任就得价高处交易(《宋刑统》十三)。

以及利用其他乡间的特例，来保持，隐蔽其所拥有的特权。惟是中国的封建主义者虽借此以确保其他地方的特殊力量，但中国的封建经济，也就为这家族共有制，遗产均分制，以及不断的周期的封建恐慌和自然灾害，致使原始的资本蓄积，叠遭重大的破坏，而无法育成。也影响到这般地方势力者的家族之间在地方力量的变化——即房与房之间的社会地位发生有新陈代谢的现象，每未能于数百年间一系相承的从事经济的增值蓄积，所谓“君子之泽，五世而斩”。话虽如此，然这仍丝毫无损于地方势力者在中国社会所占有重要的地位。李唐自是代表豪族的政权，但此时是所存立的基础，由于商业资本的相对进展，是要在各地方势力者集团间取得均衡，他所需要的是较进步的集权政治，而不是代表自然经济的一族或数族的分权政治①。那末，为适应这形势的变化，进士制似颇能用较公平的方式，调剂这般地方势力者集团间的新旧势力，选拔各方的优秀分子。这也许有人会提出疑问，即参加考试者并不一定都是很富裕的，或足以代表一地的力量，这当然有道理的。惟是我们要明白古代人的读书，不是一桩容易的事，如牛僧孺系西州豪族，故其家始有藏书。

> 年十五，知先奇章公城南有隋室赐田数顷，书千卷，乃辞亲隶习，孜孜矻矻，不舍早夜，洎四五年业成举进士（李珏：唐丞相牛公神道碑，《唐文粹》卷五十六）。

其次，在当时原始的交通状态下，旅费的筹措，亦颇困难，吕諲在未相前的情形，即是一例。

> 吕諲蒲州河东人，志行修整，勤于学业，少孤贫不能自振。同里程楚宾家富于财，諲娶其女，楚宾及子震皆重其才，厚与资给，遂游学京师，天宝初进士及第（《旧唐书》列传一百三十五下）。

这是一点。兹再向前探究一步，我前说中国的封建制很带有氏族制的色彩，因此，中国型庄园制不是如西欧国家的有严格的政治分野，他不是定型的、世袭的，而是拟制的，他们着重于其在社会上，地方上所有的统制力与号召力，其参加考试的分子，非是代表其个人，而为代表整个的家族或地方的全体。我们再看中国地方集团及家族集团对于考

---

① 李唐反对维持南北两朝的旧豪族政治的意图，于太宗时即已表现出来，如云：“初太宗当以山东士人尚伐阅，后虽衰，子孙犹负世望，嫁娶必多取赀。”由是诏士廉与韦挺岑文本令狐德棻责天下谱谍，参考史传，检正真伪，进忠贤，退悖恶，先宗室，后外戚，退新门，进旧望，右膏粱，左寒畯，合二百九十三姓，千六五十一家为九等，号曰《氏族志》，而崔干仍居第一。帝曰：我于崔卢李郑无嫌，顾其世衰，不复冠冕，犹恃旧地以取赀，不消子孙偃然自高，贩鬻松槚，不解人间何为贵之。齐据河北，梁陈在江南，虽有人物，偏方下国无可贵者，故以崔卢王谢为重，今谋士劳臣，以忠孝学艺从我定天下者，何容纳货旧门，向声背实，买昏为荣耶。大上有立德，其次有立功，其次有立言，其次有爵，为公卿大夫世世不绝，此谓之门户，今皆反是，岂不惑耶！朕以今日冠冕为等级高下；遂以崔干为第三姓，颁其书天下。（《新唐书》列传二十高俭传）

试的奖励，学田、书田的设施，都可说为着这一个目的，这地方连带主义、血族连带主义殊为外间所难以想像的。故他们的参加政治活动，是全地方或全家族的行动，这进士制即能适合地方势力者的内部变化，抽选新兴势力集团中的优秀分子共同参加中央政府。一面，政权也不致长为旧豪族所独占，使中央政府失去均衡与活力，招致倾覆。

第二，基于经济环境变迁的要求：九品中正制，门第制度和进士制虽同为封建政治的产物，惟其间所代表的经济基础是完全不同的，就我研究中国经济史的经验，深觉中国在其长期的封建制的低度生产力和自然灾害的限制之下，曾不断的爆发有周期的封建恐慌，常招致社会经济的一时的倒退，于是在政治上每有新的分权的割据局面的出现，虽然如此，但等到社会秩序的相当恢复之后，他们又重新向前发展，大体上说来，后者的阶段常较前者的阶段进步而充实，其活动的范围，也必向全国性的规模而扩大。李唐政府继承着北朝的系统，依赖北方地方势力者的协力，但此时江淮以南商品经济的惊人发展，却使李唐政府不能不另眼相看，这样，为加强中央政府的统制力，必须开放一部分的政权，让予这新开辟的经济要区的地方的优秀分子的参加，增进其对于中央政府的向心的作用，那末，这仍是代表自然经济的分权主义的门第制度，自不能适应这经济环境的新变迁。这一点，唐人自己也能领悟到，贾至云：

> 自典午覆败，中原版荡，戎狄乱华，衣冠迁徙，南北分裂，人多侨处，圣朝一平区宇，尚复因循，版图则张，闾井未设，士居乡土，百无一二，因缘官族，所在耕筑，地望系之数百年之外，而身皆东西南北之人焉。今欲依古制，乡举里选，犹恐取士之未尽也（议杨绾条奏贡举，《唐文粹》卷三十八）。

所谓“版图则张，闾里未设”，即说其不能适应新环境的需要，选拔各地方的优秀人物。这里，我原拟根据新旧《唐书》，《唐才子传》，以及徐松的《登科记考》，再列唐代进士的地域分布与其仕履，以见当时中央主义者怎样利用这新考试制——进士制以登用各地方的人物，树立新门阀，对抗旧豪族，因手头无书，未能进行，留待后考。

最后，我愿意再举一个唐朝的实例，来证明进士制对于维持中央政权，曾收了相当的效果。藩镇之乱，有人说是胡汉之争，其实亦只是地方势力者对于中央政权发生离心心理的表现；其中，并有各地的士绅人物的参加，像韩愈送董邵南游河南序所云的。董生即以进士，连不得志于有司，怀抱利器郁郁适兹土，而欲奔走于藩镇之门，然而唐朝的中央政权虽在这风雨飘摇中却仍能维持，便是利用进士制，把这般离心的地方势力者归回到中央政府来。我们知道德顺以后的宰相，很多都先做过藩镇的幕府，然后才选拔到中央政府，而他们又都是进士出身的。如：

齐映（相德宗）瀛州高阳人。映登进士第，应博学宏辞。滑亳节度使令狐彰辟为掌书记(《旧唐书》列传卷八十六)。

李鄘（相宪宗）字建侯江夏人。大历中举进士，又以书判高等，授秘书一字，为李怀光所辟(《旧唐书》列传卷一百七)。

李逢吉（相宪宗）字虚舟陇西人。登进士第，释褐授振武节度掌书记，入朝为左拾遗左补阙，改侍御史(《旧唐书》列传卷一百十七)。

陈夷行（相文宗）字周道颍川人。元和七年登进士第，累辟使府(《旧唐书》列传卷一百十七)。

王播（相文宗）字鲁玉，元和五年，擢进士第，登宏辞科，累辟诸侯府，元和中入朝为监察御史(《旧唐书》列传卷一百十九)。

白敏中（相宣宗）字用晦。长庆初登进士第，佐李听历河东郑滑邠甯三府节度掌书记(《旧唐书》列传卷一百十六)。

其次，按唐代迁转法，唐人登进，率循资遞升，这纵不一定是绝对的办法，总比较有一些的藩篱可循，使能较公平的选拔各地方的人才参加中央政府。为了这新考试制度——进士制对于中国的专制的＝统一的封建社会肩负有这样微妙的统制的任务，俾中央主义者能够运用这一个工具来统驭这些地方势力者集团，以减弱其作反政府的、离心的企图。其遂使时君笃意以谓，莫此之尚，不是没有道理的。所以进士之在唐代，如下所云，曾遭逢四度的厄运，而终得不废。

（一）太宗时，冀州进张昌龄王公谨有名于当时，考功员王师旦不署以第，太宗问其故，对曰：二人者皆文采浮华，擢之将诱后生，而弊风俗。

（二）（肃宗）二年，礼部侍郎杨绾疏言贡举……帝以问翰林学士，对曰：举进士久矣，废之恐失其业。

（三）文宗好学嗜古，郑覃以经术位宰相，深嫉进浮薄，屡请罢之。文宗曰：敦厚浮薄色色有之，进士科取人二百年矣，不可遂废，因得不罢。

（四）武宗即位，宰相李德裕尤恶进士……奏国家设科取士，而附党背公，自为门生，自今一见有司而止，其期集参谒，曲江题名皆罢。德裕尝论公卿子弟，艰于科举。武宗曰："向闻杨虞卿兄弟，朋比贵势，妨平进之路，昨黜杨知至郑朴等，抑其太甚耳。有司不识朕意，不放子弟即过矣，但取实可也。德裕曰：郑肃封敖子弟皆有才，不敢应举，臣无名第，不当非进士，然臣祖天宝末，以士进无他歧，勉强随计，一举登第，自后家不置文选，盖恶不根艺实。然朝廷显官须公卿子弟为之何者？少习其业，自熟朝廷事，台阁之仪，不教而自成，寒士纵有出人之才，固不能闲习，则子弟未易可轻。(《新唐书》卷三十四)

其终得不废的原因，我们要明白进士制的反对论者，只是代表某些旧豪族企图独占政权的表现，这一个落后的主张，自不为代表统一性的中央主义者所接受。所以李德裕虽为故相之子，深嫉进士，然其父祖固借此一第，以求出身。这一个事实，殊足证明新考试制度的推行，而能长久的继续存在于以后的中国社会，并不是毫无根据的，乃确确实实有其牢固的社会基础。同时，亦可以见中国封建政治史上的地方主义者与中央主义者的斗争和统制的一面。

原载《社会科学》1935 年第 1 卷第 4 期

# 宋代制举考略

聂崇岐

制举兴于汉，盛于唐，而余绪延及于宋；虽与贡举同为选士之典，犹分别而称，原有异也。汉世州郡岁举秀才孝廉，上于公府，后世称之为贡举。倘国有大事，皇帝思闻人所欲言，每特下制诏，令举贤良方正能直言极谏之士，以求时政阙失，询民间隐瘼，后世名之曰制举。盖贡举为常选，而制举则必待诏而行。迄于有唐，贡举既有明经进士等科，制举亦为目綦繁，多至百数。① 宋之贡举，初法于唐，后乃稍变；而制举亦较唐代多所损益，若方以汉之贤良，其相差几不可以道里计矣。

科举典籍，列朝具备；其专考制举沿革者盖少。第汉制尚简，关于贤良典故，《两汉会要》已足参考；而徐松《登科记考》，亦可窥唐制之梗概。惟有宋三百余年，制举情况，尚无专述可观。不揣固陋，略就暇晷参稽所得，排比成编，用请益于精熟天水一朝掌故者。

## 一　宋代制举之沿革及科目

宋太祖受周禅，武事之余，颇重文教，因于乾德二年正月诏设贤良方正等科，曰：

> ……炎刘得人，自贤良之选；有唐称治，由制策之科。朕耸慕前王，精求理本，焦劳罔怠，寤寐思贤，期得拔俗之才，访以经国之务。其旧置制举三科：一曰贤良方正能直言极谏，二曰经学优深可为师法，三曰详闲吏理达于教化……自设科以来，无人应制。得非抱倜傥党（者）耻局于常调，效峭直者难罄于有司，必欲直封朕躬，以伸至业？士有所郁，予能发焉。今后不限内外职官……黄衣布衣，并

① 王应麟《困学纪闻》卷一四，第12页下（光绪八年四川刻本）谓唐制举有八十六科。徐松《登科记考》凡例第7页上(《南菁书院丛书》本）谓有百余科。今从徐说。

许直诣阁门，进奏请应；朕当亲试，以进时贤。所在明扬，无隐朕意！①

是为宋设制举之始。先是，周世宗显德四年十月，曾应张昭之请，斟酌唐制，置贤良方正能直言极谏，经学优深可为师法，详闲吏理达于教化三科。② 惟抵周之亡，迄无一人应诏。乾德之设制举，盖重申前朝之令，故诏词有"旧置制举三科……自设科以来，无人应制"之语，而所置科目，亦胥同于显德也。

太宗之世，制举无闻。真宗咸平时，既屡试应制陈言之士，复于景德二年七月，用盛度等议，损益旧令，增广制科，其诏曰：

……朕纂绍丕图，宪章前古……尚虑耿介之秀，遗逸于丘园；高尚之姿，隐沦于屠钓。……倘进善之未周，或俟时而兴叹。今复置贤良方正能直言极谏，博通典坟达于教化，才识兼茂明于体用，武足安边，洞明韬略运筹决胜，军谋宏远材任边寄等科……许文武群臣草泽隐逸之士，应此科目。③

是为景德六科。迨大中祥符元年，时方东封西祀，粉饰升平，以天书符瑞，夸示四夷，于是上封者言，"两汉举贤良，多因兵荒灾变；今受瑞建封，不当复设"。④ 因之六科一时悉罢。后此二十年间，迄未复置焉。

仁宗天圣七年闰二月，夏竦等请复制举，广其科目，以收贤才。于是下诏酌改景德之制，置贤良方正能直言极谏，博通典坟达于教化，才识兼茂明于体用，详明吏理可使从政，识洞韬略运筹决胜，军谋宏远材任边寄六科；又置高蹈丘园，沉沦草泽，茂材异等三科：是为天圣九科。⑤ 此后历二世，四十余年，制举从未罢废。虽景祐中，"宰相以贤良……多名少实，欲一切罢之"⑥，然以众意未同，迄未见诸施行。

神宗绍统，新党秉政，凡百事务，胥为更张，因"进士已罢辞赋，所试事业，即与制举无异；至于时政阙失，即士庶各许上封言事"⑦，遂于熙宁七年五月，将旧日贤良各科，并诏停罢。时庙堂之议，尚未佥同，特以当轴者忌贤良对策，每过切直，推行

---

① 《宋会要稿》册一一一《选举》一〇之六。(北平图书馆影印本)

② 薛居正《旧五代史》卷一一七，第 8 页下。(五洲同文书局石印本)

③ 《宋会要稿》册一一一《选举》一〇之一〇至一一，李焘《续资治通鉴长编》卷六〇，第 16 页上（浙江书局本），王应麟《玉海》卷一一六，第 18 页下（浙江书局本），马端监《文献通考》卷三三，第 7 页下（图书集成公司本），皆与《宋会要稿》同。惟徐度《却扫编》卷下，第 3 页上（《学津讨原》本），多详明吏理达于从政一科，而亦曰六科，其为误增甚明。又陈均《皇朝编年纲目备要》（卷七，第 7 页下，日本影宋本）无武足安边而有详明吏理可使从政，亦误。

④ 李焘《续资治通鉴长编》卷六八，第 16 页上至下。

⑤ 《宋会要稿》册一一一《选举》一〇之一六。

⑥ 刘敞《公是集》卷四一，第 12 页下至第 14 页上(《武英殿聚珍版丛书》本)。

⑦ 李焘《续资治通鉴长编》卷二五三，第 7 页下。

新政，恐受阻害，废之之心，已非一日，故虽有冯京之异议，终不敌吕惠卿等之决心①，斯亦新旧凿枘之一端也。

哲宗初元，旧党得势，一切施为，力反熙宁，因之停罢方及十年之制举，又用刘挚等议，重为设置；② 第所复者，仅贤良方正能直言极谏一科而已。③ 洎绍圣元年，哲宗亲政，修憾元祐，贤良之科，又被停废。④ 自是以还，三十余年，元祐之学，悬为厉禁，制举诸科，终北宋之世，遂不复置。

高宗南渡，士大夫以靖康之祸，归罪新党。于是绍圣以来之所是者，今多以为非；而昔之所非者，今多以为是。政事更张，胥含此意；而贤良方正能直言极谏一科，遂于绍兴元年正月，又得复置；⑤ 迄于南宋之季，百余年间，未再废焉。

## 二　书判拔萃博学宏词皆非制科

《宋史·选举志》于制举一节，杂叙书判拔萃及博学宏词，颇似二科亦属制举。第观宋代，虽偶有误称拔萃为制举之人，但为数綦少，余多视为单独一科，不与制举相混。至于博学宏词，则向无目为制举者。《宋史》一误再误，致一代典制，真相不明，是岂容不辨！

考《宋会要》分列制举及书判拔萃于两部，可见二者不容混为一谈。又据诸书所记，若李焘《续资治通鉴长编》，陈均《皇朝编年纲目备要》，王应麟《玉海》，皆云太祖建隆三年八月即置书判拔萃，越二载，乾德二年正月，始设"制举三科"。夫书判拔萃不冠制举而独冠制举于三科者，是当时不以书判拔萃属之制举明矣。且陈均记仁宗临轩策士，有曰："天圣八年……六月亲试书判拔萃及武举。……秋七月，策制科。"⑥ 马端临述宋登科人数，亦云："天圣八年……制科二人，拔萃一人。……景祐元年……制科三人，拔萃四人。"⑦ 二氏昔以审判拔萃及制科并列，未予合而为一。余如吕祖谦述宋制举不列书判之科，⑧ 徐度记宋制举亦无拔萃之目：凡此种种，皆足为宋人不以书判拔萃为制举之明证。⑨ 徒以天圣七年增广科目，中有拔萃武举，后人不察，遂误列拔

---

① 《宋会要稿》册一一一《选举》一一之一四。又《琬琰集删存》卷三，第 25 页下（1938 年引得编纂处铅印本）。

② 刘挚《刘忠肃集》卷四，第 16 页下(《畿辅丛书》本)。

③ 《宋会要稿》册一一一《选举》一一之一五。

④ 《宋会要稿》册一一一《选举》一一之一七。

⑤ 《宋会要稿》册一一一《选举》一一之二〇。

⑥ 《皇朝编年纲目备要》卷九，第 15 页下。

⑦ 《文献通考》卷三二，第 9 页下。

⑧ 《历代制度详说》卷一，第 2 页上(《续金华丛书》本)。

⑨ 《却扫编》卷下，第 3 页下至第 4 页上。

萃于制科之中，因是苗昌言条奏制举，乃立“天圣十科”① 之号。讹谬相传，遂有《宋史》之舛误焉。

博学宏词，初曰宏词科，立于绍圣初元，本为预储两制人材而设，与制举之以振拔非常之士为目的者，用意迥异。故陈均记宏词及制科置罢曰：“绍圣元年……五月……立宏词科。……九月罢制科。”② 马端临记宋登科人数曰：“绍圣三年……制科三人，宏词科八人。”③《南宋馆阁录》记汤思退、李垕题名曰：“汤思退字进之……博学宏词进士出身……李垕字仲言……制科出身。”④ 三者皆宏词制科并举，未尝相混：可知宋人本不视二科为一类。《宋皮》久以芜杂乖谬著，今益可见其讹误之一斑矣。

## 三　应制举者之资格及看详事例

乾德之设制举也，以国基初造，需材孔殷，为广招徕，于资格之限制不得不宽，故其诏有“今后不限内外职官，前资现任，黄衣布衣”⑤，皆得与试之语。咸平之际，仕途渐狭，制举诸科遂诏禁以“贴馆职及任转运使者”⑥ 充选。馆者，昭文馆，史馆，集贤院之谓。宋世，三馆为储材之地，凡带馆职者，若直昭文馆，直史馆，直集贤院，以及集贤校理之类，率不数年即跻清显；而转运使监刺诸州，亦为重任，非浮沉于下僚者比，无须借制举以求登庸也。

天圣增益科目，于取士之途，虽广辟多门，而资格之限制，则较前加甚，其诏曰：

> ……今复置贤良方正能直言极谏，博通坟典明于教化，才识兼茂明于体用，详明吏理可使从政，识洞韬略运筹决胜，军谋宏远材任边寄六科。应内外京朝官，不带台省馆阁职事，不曾犯赃，及私罪轻者，并许……应上件科目。……又置高蹈丘园，沉沦草泽，茂才异等三科。应草泽及贡举人非工商杂类者，并许……应上件科目。州县体量，实有行止，别无玷犯……转运使覆实，审访乡里名誉……其开封府委自知府审访行止……委实文行可称者，即……送尚书礼部……具名奏闻。⑦

非但旧日所禁者，不得应举，即带御史台、中书、门下、尚书三省职事者，亦皆屏于制

---

① 《文献通考》卷三三，第9页下。十科者，乃并拔萃于上述天圣九科而言。

② 《皇朝编年纲目备要》卷三四，第5页下，又第8页上。

③ 《文献通考》卷三二，第10页上。

④ 《南宋馆阁录》卷七，第1页上，又第7页上(《武林掌故丛编》本)。

⑤ 《宋会要稿》册一一一《选举》一〇之六。

⑥ 《宋会要稿》册一一一《选举》一〇之七。

⑦ 《宋会要稿》册一一一《选举》一〇之一六。

科之外；且分职官布衣于两试，择材则更及乎私行，不似往昔之只竞短长于一日矣。

越四年，景佑初元，法又稍变。时仁宗亲政未久，乐事更张，以臣下建请酌改天圣之制，乃于二月下诏，曰：

> ……贤良方正能直言极谏等六科，自今应京朝官，幕职州县官，不曾犯赃罪，及私罪情轻者，并许应。内京朝官须是太常博士以下，不带省府推判官、馆阁职事，并发运、转运、提点刑狱差任者。其幕职州县官，须经三考以上；其见任及合该移入沿边不搬家地分及川广福建等处者，候回日许应。高蹈丘园……三科，应进士诸科取解不获者不得应。①

盖其限制，一、凡职官须持躬廉谨；二、京朝官阶位须不在太常博士以上，且不兼各省判官，开封等府推官判官，又无三馆，龙图秘阁等职，更非各路监司；三、节度观察两使推官，各州府司士司法等参军，各县知县丞尉主簿，莅宫须及三考；四、沿边及川广州县以情形特殊，向不许携眷赴任之地，见任官及应即轮选者，须待任满；五、布衣必须乡举获隽。以上数资必须相合，始得与试。嗣以条例过严，举人裹足，不得不稍宽其制，因于庆历六年九月诏许幕职州县官不及三考亦得应举②，复于嘉佑二年九月制准“太常博士而下充台省阁职及提点刑狱以上差使选人，不限有无考第……并听奏举”。③终以所试较难，问津者迄不甚多也。

哲宗初政，仅复贤良，旧日成规，势须更易。于是职官布衣既合为一试，幕职州县官未经考者亦得与于考试。④ 洎高宗再设制科，其诏书有“不拘已仕未仕命官不拘有无出身”⑤ 皆得应试之语，惟特申严择材以行之旨，不许犯赃私罪人充数而已。此后百余年间，条贯迄无更变，绍兴之令，遂奉行至有宋之亡焉。

至于应制举之事例，初亦甚简，后乃渐繁。乾德之设三科，既令州郡举送，复任怀材抱器者，自行荐达，并许直诣阁门，进其所业⑥，以须召试。洎乎景德，法令稍更，初之许直诣廷对者，至是必须先经中书门下，试其可否，以名奏闻，然后御试。盖“考其否臧必先于公府，刈其翘楚乃扬于王庭”；⑦ 古制如斯，今应遵守。惟自荐之制，则仍率由旧章，因而不改。夏竦为丹阳主簿《上章圣皇帝乞应制举书》，其辞曰：

---

① 《宋会要稿》册一一一《选举》一〇之二一。
② 《宋会要稿》册一一一《选举》一〇之二五。
③ 《宋会要稿》册一一一《选举》一一之五。
④ 《宋会要稿》册一一一《选举》一一之一五。
⑤ 《宋会要稿》册一一一《选举》一一之二一。
⑥ 《宋会要稿》册一一一《选举》一〇之六。
⑦ 《宋会要稿》册一一一《选举》一〇之一一。

……若陛下必择狂夫之言，思纳愚者之虑，垂旒下拱，渴待忠谠，则臣愿以贤良方正能直言极谏科召赴明试。……若陛下以枕石漱流为达，则臣世居市井；若陛下以金榜丹桂为材，则臣未忝科第；若陛下以鸠杖骀背为德，则臣始踰弱冠；若陛下以荷戈控弦为勇，则臣生本绵弱；若陛下令臣待诏公车，条问急政，对扬紫宸，指陈时事，犹可与汉唐诸儒，方辔并轨而较其先后。①

大言不惭，殊非谦以自牧之道。特以国家典制如斯，世风随化，甚至南面者“再三激赏”②，是无怪众人之佥不以为非矣。

天圣之际，条格渐多，应举者不论有官无官，皆须缴进策论五十首，且诏：

……应内外京朝官……乞应……科目……所业……委两制看详。如词理优长，具名闻奏……差官试论……合格即御试。……草泽及贡举人……乞应科目……所业本州看详。委实词理优长，即上转运使……选有文学再行看详。其开封府委自知府……选有文学佐官看详。委实文行可称者，即以文卷送尚书礼部委判官看详，选择词理优长者，具名闻奏……差官试论……合格即御试。③

此外更限自荐者仅有官人许直诣阁门，布衣应诏则须在本贯投状。其事例之繁杂，较初设科时之简易，真不啻霄壤之别也。

庆历六年，宰相贾昌朝与参知政事吴育不和，以育才识兼茂登第，遂兼恶及贤良方正等科；停罢既势有未能，裁抑乃不容稍缓；因用监察御史唐询之议，奏准禁止自举，凡应制科者，率须由人论荐④，不得投牒妄请。从此自荐之制遂废。惟识拔真材，本属难事，荐人应选，亦岂易言。范仲淹一世伟人，其《举丘良孙应制科状》⑤有“学术稽古，文辞贯道”之语，而欧阳修《论举馆阁之职劄子》⑥乃有丘氏“偷窃他人文字，干谒权贵以求荐举”之奏。欧阳公久以忠谠知名，其言当非无据。夫以范公之明，尚不免见欺于人，则碌碌者当更不必论列；而制举必须由人举送始得应试之能否胜于自荐，则殊为疑问矣。

神宗而后，制举两废两复，其应试资格虽已由严而稍宽，第投报程序，则依仍天圣、庆历旧贯，迄于宋室之亡，二百余年，未尝一加更易焉。

---

① 《文庄集》卷一六，第1页上至第3页上(《四库全书珍本》初集)。

② 吴处厚《青箱杂记》卷五，第3页上至下（涵芬楼铅印本）。

③ 《宋会要稿》册一一一《选举》一〇之一六。

④ 刘攽《彭城集》卷三八，第1页上至第2页上(《武英殿聚珍版丛书》本)。

⑤ 《范文正公集》卷一八，第5页上（岁寒堂刊本）。

⑥ 《欧阳文忠公全集》卷一〇一，第6页下(《四部备要》本)。

# 四　考试上——阁试

周显德中设制举，由吏部掌其事，其布衣则须先由州府考试，方得解送。① 宋初置三科，废布衣州府之试，许一体与命官直诣阁门，进其词业，自请应举；看详合格，即与殿试。盖以斯典久废，其事不得不易也。迨真宗时制即稍变，《宋会要稿》曰：

> 咸平三年四月十五日赐应制举人林陶同进士出身。陶既试学士院，不及格。帝方欲招来俊茂，故特奖之。②

可知当时已增学士院一试。至景德增科，又申命由“中书门下先加程试，如器业可观，具名闻奏”③ 然后临轩亲策。惟学士院为掌诏令机关，中书门下又大政所从出，皆不宜于考试场所；故天圣七年遂改差官试于秘阁④——秘阁者，庋藏图籍之所也。自是以后，因而不改；故宋人记述，每有阁试之辞。至孝宗乾道中，始又命应制举人就试于中书焉。⑤

咸平学士院之试，其制不详。景德中书门下程试则为论六首，一日完成。⑥ 迄于南渡，无论试于秘阁，试于中书，皆未更易。惟六论字数则自天圣之后，每首限五百字以上，方为合格。⑦ 其论题范围，主为九经、兼经、正史，旁及七书、《国语》、《荀子》、《杨子》、《孟子》、《管子》、《文中子》等书；正文之外，群经亦兼取注疏。⑧ 如嘉祐六年秘阁试题：一曰《王者不治夷狄》，出《春秋》隐公二年《公羊传》何休注；二曰《刘恺丁鸿孰贤》，出《后汉书》卷六七《丁鸿传》及卷六九《刘恺传》；三曰《礼义信足以成德》，出《论语·子路篇·樊迟学稼章》包咸注；四曰《形势不如德》，出《史记》卷六五《吴起传赞》；五曰《礼以养人为本》，出《汉书》卷二二《礼乐志》；六曰《既醉备五福》，出《毛诗·大雅生民》之什《既醉章》郑玄笺。⑨ 六题之中，三经，三史，三正文，三笺注；而首论为经——此则隐示尊儒崇道之意，为历科所遵行，未之或改者。若论题之必采义疏与否，向由试官裁定：主宽易者，每多避而不取，好艰

---

① 《文献通考》卷三三，第7页下。

② 《宋会要稿》册一一一《选举》一〇之七。

③ 《宋会要稿》册一一一《选举》一〇之一一。

④ 《宋史》卷一五六，《选举志》第17页下（浙江书局本）。

⑤ 岳珂《愧郯录》卷一一，第8页上（《学海类编》本）。

⑥ 《文献通考》卷三三，第7页下。

⑦ 《宋会要稿》册一一一《选举》一〇之一六。

⑧ 《宋会要稿》册一一一《选举》之一九，又一一之二一。

⑨ 苏轼《东坡后集》卷一〇（端方刻《七集》本）及苏辙《栾城应诏集》卷一一（《四部丛刊》本）皆有六论。

深者，常故务用隐僻。迨元祐七年始明令毋于正义出题①，绍兴二年亦下诏权罢疏义。② 洎孝宗初政，雅志求贤，更命并传注而废之③，以诱多士。第为时不久，法又再变：淳熙五年，既以臣僚之请，复用注疏；④ 后七年，又用李巘之言，只取正文。⑤ 二十年中，制度数易，亦可见士大夫意见之纷歧，持衡者之毫无定策矣。

至阁试六题，又有明数暗数之分。岳珂曰：

> 绍圣元年阁试《舜得万国之驩心论》，出《史记·乐书》“舜弹五弦之琴，歌南风之诗而天下治。夫南风之诗者，生长之音也，舜乐好之；乐与天地同意，得万国之驩心，故天下治也。”此谓暗数。《谨事成六德论》，出《毛诗·皇皇者华》笺注。此谓明数。⑥

盖直引书之一二句，或稍变换句之一二字为题者为明数；颠倒书之句读，窜伏首尾而为题者为暗数。明数尚易知，暗数则每扑朔迷离，令人难明究竟，故李焘诮之，谓“类于世之覆物谜言”。⑦ 旧制，六题明暗相参，暗数多不过半。洎淳熙四年秘阁之试，典试者承近习贵珰之旨，故难其考，皆出暗题，致无人及格。⑧ 嬖近之意，以为阁试不入等即不能殿试，可免举人对策直言相攻；其用心可谓毒而且巧。第士大夫不思为国求材，反甘为佞幸及阉人鹰犬，岂不大可痛心也哉！

阁试所试各论，文中必须述题之出处，又须全引题之上下文。其不知题之出处者，自不得为“通”，即知出处而不全引上下文亦为“粗”而不得为全通。⑨ 旧制，六论以四通为及格。迨淳熙中，因已废注疏出题，阁试过易，增为五通。⑩ 是后未再增减。试卷“通”足合格，又须分等。等有五，而虚其一二两等，第三等即为上，及第四等即得召试。惟景祐前后，此制稍变，张方平《举朱寀充馆阁职名》曰：

> ……臣等昨奉勅差赴秘阁考试制举人等，内有应贤良方正能直言极谏科国子监直讲朱寀，所试六论，考中第四等下。据旧制，阁试第四等下并预廷对。只因景祐中年第四等人数稍多，报罢之。以此寀承近例，不得召试。⑪

---

① 《宋会要稿》册一一一《选举》一一之一九。
② 《宋会要稿》册一一一《选举》一一之二二。
③ 李心传《建炎以来朝野杂记》卷一三，第 2 页上。
④ 李心传《建炎以来朝野杂记》卷一三，第 6 页下。
⑤ 《宋会要稿》册一一一《选举》一一之三七。
⑥ 《愧郯录》卷一一，第 7 页上。
⑦ 叶绍翁《四朝闻见录》丙集第 35 页上至第 36 页下(《知不足斋丛书》本)。
⑧ 李心传《建炎以来朝野杂记》卷一三，第 6 页上。
⑨ 岳珂《愧郯录》卷一一，第 7 页下。
⑩ 李心传《建炎以来朝野杂记》卷一三，第 3 页下。
⑪ 《乐全集》卷三〇，第 4 页下至第 5 页下。

可知第四等又分上下。景祐以前，及第四等下者即得召应殿试，至景祐以后必第四等上始能对应廷策也。

咸平学士院，景德中书门下之试，所差试官不详。天圣以后秘阁，及乾道以后中书诸试，典试之官，有前执政，如皇祐元年之丁度①，皇祐五年之高若讷②，昔从参知政事罢任不久。有风宪官，如景祐五年之晏殊③，庆历二年之贾昌朝④，皆现任御史中丞。有两制官，如天圣八年之盛度⑤，熙宁三年之司马光⑥，昔现任翰林学士；元祐三年之彭汝砺⑦，绍圣元年之朱服⑧，皆现任中书舍人。有馆职，如景祐元年之王举正⑨，时方直集贤院，皇祐五年之杨察⑩，时方直史馆。有尚书省官，如元祐三年之苏辙⑪，时方为户部侍郎；绍圣元年之刘定，时方为左司郎中。⑫ 更有时差事务繁冗之三司使⑬，如嘉祐二年之张方平是也。盖试官之点派，必皆选文学知名之士，初不限官阶之大小，特主试者资历稍崇峻耳。

试官之中，有主试，有参详；此外更差监封弥，监誊录，及对读，监门，巡铺等官。如淳熙四年中书之试，所差官有：

> 中书舍人钱良臣为制举考试官，太常少卿兼崇政殿说书齐庆胄，左司谏萧燧并为参详官，宗正寺主簿胡南逢为监封弥官，大理寺主簿陈资深为监誊录官，武学谕王蔺为对读官。⑭

其制多仿贡举。至试官之数，皆视应制举人多寡而定，淳熙四年七月中书后省奏曰：

> ……昨来召试止系李垕一名，宣差制举考试官一员，参详官一员。今召试四

① 《宋会要稿》册一一一《选举》一一之一。
② 《宋会要稿》册一一一《选举》一一之二。
③ 《宋会要稿》册一一一《选举》一〇之二二。
④ 《宋会要稿》册一一一《选举》一〇之二四。
⑤ 《宋会要稿》册一一一《选举》一〇之一八。
⑥ 《宋会要稿》册一一一《选举》一一之一二。
⑦ 《宋会要稿》册一一一《选举》一一之一五。
⑧ 《宋会要稿》册一一一《选举》一一之一九。
⑨ 《宋会要稿》册一一一《选举》一〇之二一。
⑩ 《宋会要稿》册一一一《选举》一一之二。
⑪ 《宋会要稿》册一一一《选举》一一之一五。
⑫ 《宋会要稿》册一一一《选举》一一之一九。
⑬ 《宋会要稿》册一一一《选举》一一之五。
⑭ 《宋会要稿》册一一一《选举》一一之三三。

人，稍多，欲于参详官内，增差一员，此附省试差知等举［举等］官例。①

考历次阁试，试官有时四人，有时三人，有时二人，而以四人时为多；若二人则只天圣八年及乾道七年两次，三人亦仅淳熙四年及十三年两次而已。

阁试虽不若贡举礼部试之严，惟试官选派，亦皆至“临期特降御笔点差”，至引试前一日，即宜押入院，然亦有“锁院引试”限于一日者。② 此无他，恐不肯者舞弊也。

## 五　考试下——御试

宋人谓阁试及格曰“过阁”。制举人过阁，即由皇帝亲试，故曰“御试”。又以御试多在崇政殿或集英殿，故又称“殿试”。乾德初设三科，仅有御试，“试策一道，以三千字以上，取文理俱优，当日成者为入等”。③ 此制历南北两宋，相沿不改。惟有时文虽字数不足，亦可例外录取，如景祐元年，张方平对策不及三千言，特擢为秘书省校书郎知昆山县是也。④

御试策题，多由两制拟呈皇帝择选⑤，亦常命宰相代撰。⑥ 其题初颇伤于繁冗，如咸平四年四月贤良制策曰：

> ……传曰：“三皇步，五帝骤；三王驰，五霸骛。”斯则皇帝王霸之异世，其号奚分？步骤驰骛之殊途，其义安在？称诏之旨，临御之方，必有始终，存诸典故。加以姬周始之三十六王，刘氏承之二十五帝，受授之端，治理之要，咸当铨次，务究本原。而又周有乱臣，孰为等级；秦非正统，奚所发明？勒燕然之石者，属于何官？剪阴山之虏者，指于何帅？十代之兴亡足数，九州之风俗宜陈。辨六相之后先，论三杰之优劣。渊骞事业，何以始于四科？卫霍功名，何以显于诸将？究元凯之本系，叙周召之世家，述九流之指归，议五礼之沿革。六经为教，何者急于时？百氏为书，何者合于道？汉朝丞相，孰为社稷之臣？晋室公卿，孰是廊庙之器？天策府之学士，升辅弼者谓谁？凌云阁之功臣，保富贵者有几？须自李唐既

① 《宋会要稿》册一一一《选举》一一之三三。

② 《宋会要稿》册一一一《选举》一一之三三。

③ 《宋会要稿》册一一一《选举》一〇之六。

④ 此据《宋会要稿》册一一一《选举》一〇之二三。惟《续资治通鉴长编》卷一一四，第18页下谓吴育所对不及三千字，特擢之。按此科育入第三等，为制举上第，似不应以字数不足者充其选。故从《会要》。

⑤ 此据《宋会要稿》册一一一《选举》一〇之一三。

⑥ 此据《宋会要稿》册一一一《选举》一一之二二。又岳珂《愧郯录》卷一一，第9页下。

往，朱梁已还，经五代之乱离，见历朝之陵替。岂以时运之所系，软化之未孚耶？或者为皇家之驱除，开我朝之基祚耶？是宜考载籍之旧说，稽前史之遗文，务释群疑，咸以书对！①

支离琐碎，颇类今日大学入学试验之国学常识。以此取士，而曰能得非常之人，宁非奇谈？故在当时，有识之士，已多加非难。天圣八年五月范仲淹《上时相议制举书》曰：

……今朝廷……兴复制科……斯文丕变，在此一举。然恐朝廷命试之际，谓所举之士皆能熟经籍之大义，知王霸之要略，则反屏而弗问。或将访以不急之务，杂以非圣之书，辨二十八将之功勋，陈七十二贤之德行，如此之类，何所补益？盖欲肆其所未至，误其所常习，不以教育为意，而以去留为功。……如此则制科之设足以误多士之心，不足以救斯文之弊。……愿相府……昌言于两制，如能命试之际，先之以六经，夹之以正史，该之以方略，济之以时务，使天下贤俊翕然修经济之业，以教化为心，趋圣人之门，成王佐之器，十数年间，异人杰士必穆穆于王庭矣。②

而继此更有直上封事言制科策题者，李焘曰：

皇佑元年……上封者言……近来御前所试策题，其中多典籍名数，及细碎经义，乃是又重欲采其博学，竟不能观其才用，岂朝廷求贤之意耶？乞将来御试策题中，止令关治乱，系安危，用之则明昌，舍之则危弱，往古之已试，当今之可行者十余条，限三千字以上。或所对文理优长，识虑深远，其言真可行于世，其论果有补于时者，即为优等。若文意平常，别无可采者，即为末等。……所有名数及细碎经义，更不详问。如此则不为空言，可得实效。③

自此封事进达后，随即下诏，命撰策题官，“先问治乱安危大体，其余所问经义名数，自依旧制。”④ 以是嘉祐二年制策曰：

……方今庶务小康，至化犹郁；兵戎虽戢，馈饷颇劳；学校虽兴，礼让殊鲜。官冗而浮食者众，民疲而失职者多。阴阳爽和，眚沴间作；经渎弛于常道，淫雨溢

---

① 《宋会要稿》册一一一《选举》一〇之八。杨亿《武夷新集》卷一二（《浦城遗书》本）有咸平四年四月制策二道，与此不同。至八月之制策，则系用亿所拟者。

② 《范文正公集》卷九，第 1 页上至第 2 页下。

③ 《续资治通鉴长编》卷一六七，第 6 页上至下。

④ 《续资治通鉴长编》卷一六七，第 6 页上至下。

于旧防。赋调尚繁，昏垫靡息。岂朕明有未烛，德有未孚？致咎之来，在予为惧！自昔继体守文之君，承前圣之烈，借累世之资，致囹空之隆，腾颂声之美。惟建武中兴，极修文德；正观特起，骤致太平。岂天时之协符，将人事之胥济？功业迟疾，奚其不同？侧席求怀，望古盈愧。……今公卿大夫，与朕总万略，美风俗，而吏治未甚淳，民德未甚厚，豪右踰制，奸猾冒禁，以至守宰之任，循良罕闻，厨傅侈于使客，徭役追于下贫，始有愁叹之声，未弭郁堙之气。岂躬化之弗类，而图治之匪章欤？昔晁错举于贤良，公孙对以文学，深陈政道，并先术数。仲父治国之器，内史诏王之柄，咸重格训，将安设施？至于《春秋》之称一元，《洪范》之推九类，何行而正其本，何施而建其极？①

其设题发问，颇有两汉之旧，较之咸平四年制策，真改善多多矣。

乾德、咸平诸科制策是否一题，其制不详。天圣增复九科，贤良茂才同试异策，迨景祐元年又合而为一。② 洎五年六月用详定科场条贯所言，乃诏："贤良方正能直言极谏，博通典坟明于教化，才识兼茂明于体用，及茂材异等四科并同试策题；详明吏理可使从政，洞识韬略运筹决胜，军谋宏远才任边寄凡三科，各为策题。"③ 惟应后三科者綦少，且无一过阁与殿试者，故今所见景祐以后策题胥为前四科制策焉。

对策之制，必须"先引出处，然后言事"。④ 引出处者，引原策题之谓也。如熙宁三年孔文仲策曰：

对：臣伏惟陛下下明诏，降清间，讲求万事之统。……臣诚愚暗不知大体，惟陛下省纳焉。圣策曰："在昔明王之治天下……"臣闻天下之术有大小，而人君用之有先后。……圣策曰："朕承祖宗之业……"此见陛下虚心访道至诚……臣尝闻之……明欲被于万物，化有孚于四方，未有不自治心始也。……圣策曰："盖人君即位必求端于天下而正诸己。……"此见陛下畏天饬己恐惧修省之盛德也。臣闻……⑤

---

① 胡宿《文恭集》卷二九，第1页上至第2页下(《武英殿聚珍版丛书》本)。

② 《宋会要稿》册一一一《选举》一〇之一八至二二，天圣八年贤良何咏，茂材富弼，同试异题。景祐元年，贤良苏绅，体用吴育，茂材张方平同题。

③ 《宋会要稿》册一一一《选举》一〇之二三，作景祐五年。《续资治通鉴长编》卷一二二，第4页上，及《玉海》卷一一六，第37页下，皆作宝元元年。考此诏下于六月，至十一月方改元宝元，故从《会要》称景祐五年。

④ 《宋会要稿》册一一一《选举》一一之二二。

⑤ 《舍人集》卷一，第4页上至第23页下(《豫章丛书》本)。

大致除首尾外，皆分段逐引题文，然后发挥己意；不如是则不能入选。此制当真宗时已然①，至南渡未改，第不知乾德时如何耳。

御试差官典试，亦如阁试，有两制，有侍从，资序高低不一，其人数亦不全同。如乾德四年八人，咸平四年八月七人，景德二年②四人，天圣以后，则率六人。其职务分配，景德以前不详，天圣八年始创历科遵行之例，试官分初考制策官，覆考制策官，及详定编排官，皆为二人。③ 盖全依贡举殿试之制。惟有时因诸官意见纷歧，亦每临时差官重定，嘉祐六年司马光《论制策等第状》曰：

> ……臣近蒙差赴崇政殿后覆考应制举试卷，内圓毡两号所对策辞理俱高。……臣与范镇同议，以圓为第三等，毡为第四等，详定官已从覆考。窃知初考官以为不当，朝廷更为之差官重定，复从初考，以毡为不入等。④

此次于六试官之外，另行差官，本出于不得已，乃特例，非永制。至封弥誊录亦与阁试无异，上所引司马光奏章，"圓毡两号"盖即封弥暗号，是亦可见宋代考试制度之一斑矣。

御试制举，为国家大典，故上自宰执，下至带职庶僚，皆须陪侍。⑤ 欧阳修参知政事时有《崇政殿试贤良晚归》诗曰：

> 槐柳凄凄禁御长，初寒人意自凄凉。凤城斜日留残照，玉阙浮云结夜霜。老负渔竿贪国宠，病须樽酒送年光。归来解带西风冷，衣袖犹沾玉案香。⑥

御试皆一日完结，故大臣率须平明即入，抵晚方还；若有职司者则更不必论矣。王珪有《被诏考制科呈胡武平内翰》三首，其一曰：

> 奉诏金门草圣题，平明趋过殿西墀。官床赐笔宣名早，赭案焚香上策时。时论只应收俊杰，皇心非不监安危。玉堂词客承恩久，几度曾来醉御卮。⑦

两诗并睹，犹依稀以可见当年情景也。

---

① 景德四年，夏竦登贤良第，其对策已如此。见《文庄集》卷一二，第1页上。

② 《宋会要稿》册一一一《选举》一〇之六，又一〇之九，又一〇之一二。

③ 《续资治通鉴长编》卷一〇九，第8页上。

④ 《司马温公文集》卷七，第9页上至第10页上（康熙四七年夏县署刊本）。

⑤ 《宋会要稿》册一一一《选举》一一之三〇。

⑥ 《欧阳文忠全集》卷一四，第1页下。

⑦ 《华阳集》卷三，第7页下(《武英殿聚珍版丛书》本)。

制举目的，既为拔取非常之材，国家待遇自不能不较贡举为优异。故景德三年有令开封府待投牒制举人以客礼之诏;① 而殿试时，更为举人“于殿廊张幕为次，垂帘设几，大官赐膳，酒醪茶荈无不毕供”。② 洎天圣而后，其制渐坏。景祐元年，宋庠《上贤良等科廷试设次劄子》，请复旧制曰：

窃见近者试制策举人并武举人于崇政殿，皇帝陛下亲跸，留神永昼，严门异席……诚见圣心核真伪进英豪之审也。然臣以谓有司……苟从便易，乖戾旧章……甚不称求贤之意。伏睹贤良方正苏绅等就试之日，并与武举人杂坐廉下。洎摛辞写卷皆俯伏毡上。自晨至晡，讫无饮食。饥虚劳瘁，形于叹嗟。虽仅能成文，可谓薄其礼矣。又况武举人等，才术肤浅，流品混淆，挽弩试射，与兵卒无异；使天子制策之士，并日较能，此又国体之深讥者也。……伏愿申诏近臣，检详旧史，作为定式，付于攸司。……仍乞或有武举杂科，不舍同日就试。③

奏上，即诏“御试制科举人，自今张幕次于殿庑，仍令大官给食。武举人以别日试之”。④ 惟有时仍难尽满人意，故李觏庆历二年应茂材异等下第《寄祖秘丞》诗曰：

……旷日及孟秋，皇慈始收试。崇崇九门开，窈窈三馆秘。主司隔帘帷，欲望不可跂。中贵当枨闑，搜索遍靴底。呼名授之坐，败席铺冷地。健儿直我前，武怒足防备。少小学贤能，谓可当宾礼。一朝在槛阱，两目但愕眙。⑤

牢骚满腹，情见乎词，是所谓优礼者，亦不过尔尔。

御试亦分五等，上二等向不授人，第三等即为上第。其等第由初考官拟定，覆考官加以审核，然后由详定官编排。如元祐五年御试贤良，《宋会要稿》述其经过曰：

王普所对策，初考第四等次，覆考第四等，详定从覆考。司马槱初考第五等，覆考第四等次，详定从初考。王当初考第五等，覆考不入，详定从初考。⑥

倘详定官与初覆考意见过为不同，亦每临时差官编排，如上引司马光《论制策等第状》所述，即属于此种情形者。

---

① 《续资治通鉴长编》卷六二，第 4 页下。
② 宋庠《元宪集》卷三，第 1 页上(《湖北先正遗书》本)。
③ 宋庠《元宪集》卷三，第 1 页上(《湖北先正遗书》本)。
④ 《续资治通鉴长编》卷一一四，第 21 页下。
⑤ 《直讲李先生文集》，卷三五，第 7 页上(《四部丛刊》本)。
⑥ 《宋会要稿》册一一一《选举》一一之一九。

御试中等，常有因故被摈弃者。郑獬《荐汪辅之状》曰：

> 臣伏见守京兆法曹参军……汪辅之，进士出身，应才识兼茂明于体用科，策试已中选，为台官沈起妄有弹奏，遂不蒙朝廷恩。①

李焘述辅之被弹之故曰：

> 嘉祐四年八月乙亥，御崇政殿试应才识兼茂明于体用科……汪辅之……入等。监察御史里行沈起言其无行，罢之。②

是因行检不修被斥者。王珪《邵安简公亢墓志铭》曰：

> ……公讳亢……应贤良方正科……试崇政殿，除建康军节度推官。会有欲中伤宰相者，遂密言公与连姻，命途中格。人莫知所以然。盖宰相张士逊子娶邵氏，邵偶与公同姓耳。宰相既不能自辨，公亦无言而去。③

是为人误认与宰相连姻被斥者。按宋代贡制两举，皆有避亲嫌之例。惟此本无亲，而妄遭摈弃，则未免可惜矣。

## 六　科分及待遇

汉策贤良，唐试制举，向无定期；宋初亦然。故乾德二年四月初试之后，四年五月又试，中间仅隔二年。此后停三十四年，至咸平四年乃又开科，且于四月八月，一年两试。至庆历六年，始更变旧章，诏制科并随贡举，于是贤良之选，遂亦有固定年岁。惟月日则仍无定：如皇祐五年为八月十五日，治平元年为九月十二日，熙宁三年为九月二十四日；元祐六年为九月八日，④ 前后相差，至有在一月以上者；特其时均为秋季耳。

宋代制举之诏虽数数下，而御试则仅二十二次，⑤ 入等者不过四十一人。今表登科诸人于下，并附等次科目及官职焉。

---

① 《郧溪集》卷一二，第10页上(《湖北先正遗书》本)。

② 《续资治通鉴长编》卷一九〇，第7页上。

③ 《华阳集》卷三七，第19页上。

④ 《宋会要稿》册一一一《选举》一〇之二五。又一一之二、一一之一〇、一一之一二、一一之一六。

⑤ 乾德四年、皇祐五年均曾亲策制举，但无及格者，故表中仅列二十科。

| 年月 | 科名 | 姓名 | 等第 | 原　官 | 迁　官 |
|---|---|---|---|---|---|
| 乾德二年五月 | 贤良方正 | 颖贽 | | 博州军事判官 | 著作佐郎 |
| 咸平四年二月 | 贤良方正<br>同上<br>同上 | 查道<br>王曙<br>陈越 | 四<br>四次<br>四 | 秘书丞<br>定国军节度推官 | 右正言直史馆<br>著作佐郎<br>将作监丞 |
| 咸平四年八月 | 贤良方正<br>同上<br>同上 | 何亮<br>孙暨<br>孙仅<br>丁逊 | 四次<br>四次<br>四<br>四 | 秘书丞<br>怀州防御推官<br>舒州团练推官<br>成安县主簿 | 太常博士<br>光禄寺丞<br>光禄寺直集贤院<br>同上 |
| 景德二年九月 | 贤良方正<br>同上 | 钱易<br>石待问 | 四次<br>四次 | 光禄寺丞<br>广德军判官 | 秘书丞<br>殿中丞 |
| 景德四年闰五月 | 贤良方正<br>同上 | 陈绛<br>夏竦 | 四次<br>四次 | 著作佐郎<br>丹阳县主簿 | 右正言<br>光禄寺丞通判别台州① |
| 天圣八年七月 | 贤良方正<br>茂材异等 | 何咏<br>富弼 | 四<br>四次 | 太常博士 | 祠部员外郎通判永兴军<br>将作监丞知长水县 |
| 景祐元年六月 | 贤良方正<br>才识兼茂<br>茂材异等 | 苏绅<br>吴育<br>张方平 | 四次<br>三 | 太常博士<br>大理寺丞 | 祠部员外郎通判洪州<br>著作佐郎直集贤院通判湖州<br>校书郎知昆山县 |
| 景祐五年七月 | 贤良方正<br>同上 | 田况<br>张方平 | 四<br>四次 | 太子中允<br>校书郎 | 太常丞通判宣州②<br>著作佐郎通判睦州 |
| 庆历二年八月 | 才识兼茂 | 钱明逸 | 四次 | 殿中丞 | 太常丞通判庐州 |
| 庆历六年八月 | 贤良方正 | 钱彦远 | 四 | 太常博士 | 祠部员外郎知润州 |
| 皇祐元年八月 | 贤良方正 | 吴奎 | 四 | 殿中丞 | 太常博士通判陈州 |
| 嘉祐二年八月 | 才识兼茂 | 夏噩 | 四 | 明州观察推官 | 光禄寺丞 |

① 《宋会要稿》未言通判台州事，此据王珪《夏文庄公竦神道碑》（《华阳集》卷三五，第5页上）。又司马光《涑水纪闻》卷三，第7页上（涵芬楼铅印本），谓竦应制举登科，拜大理评事，通判台州。秩满，迁光禄丞，直史馆。恐不甚确。

② 范纯仁《范忠宣公集》卷一六，第3页下（岁寒堂刊），《太子太保宣简田公神道碑》谓以著作佐郎举贤良，迁太常丞，通判江宁府。王安石《临川集》卷九一，第1页下（《四部丛刊》本），《太子太傅致仕田公墓志铭》，同范文。

续表

| 年月 | 科名 | 姓名 | 等第 | 原　　官 | 迁　　官 |
| --- | --- | --- | --- | --- | --- |
| 嘉祐四年八月 | 才识兼茂<br>贤良方正 | 陈舜俞<br>钱藻 | 四<br>四 | 明州观察推官<br>宣德县尉 | 著作佐郎<br>校书即无为军判官 |
| 嘉祐六年八月 | 贤良方正<br>才识兼茂①<br>同上 | 王介<br>苏轼<br>苏辙 | 四<br>三<br>四次 | 著作佐郎<br>福昌县主簿<br>渑池县主簿 | 秘书丞知静海县<br>大理评事签书凤翔判官公事<br>校书郎商州军事推官 |
| 治平元年九月 | 贤良方正<br>同上 | 范百禄<br>李清臣 | 三<br>四 | 著作佐郎<br>和川县令 | 秘书丞<br>秘书郎 |
| 熙宁三年九月 | 贤良方正<br>同上<br>同上 | 吕陶<br>孔文仲<br>张缯 | 四<br>三<br>四次 | 太常博士<br>台州司户参军<br>太庙斋郎 | 升一任堂除差遣<br>发赴本任<br>判司部尉 |
| 元祐三年九月 | 贤良方正 | 谢悰 | 四次 |  | 赐进士出身除初等职官 |
| 元祐五年九月 | 贤良方正<br>同上<br>同上 | 王普<br>马司櫆<br>王当 | 四<br>五<br>五 | 左宣德郎知合江县<br>河中府司理参军 | 迁一官除签判差遣赐同进士出身堂除初等职官<br>堂除簿尉 |
| 绍圣元年九月 | 贤良方正<br>同上<br>同上 | 张咸<br>吴俦<br>孙暘 | 五②<br>五<br>五 | 剑南西川节度推官华州州学教授<br>左通直郎 | 宣德郎签判差遣<br>升一任与堂除<br>初等职官堂除 |
| 乾道七年十一月 | 贤良方正 | 李垕 | 四 |  | 制科出身 |

据上表，可得统计如下：一、布衣登科者七人：陈越、富弼，张方平、谢悰、王当、陈暘、李垕，余三十四人均为职官。二、再登科者一人，张方平。三、策及三等者

① 《宋会要稿》谓二苏应贤良方正科。沈遘《西溪集》卷五，第 8 页上（浙江书局本），有《应才识兼茂明于体用科新授河南府渑水县主簿苏辙可试秘书省校书郎充商州军事推官制》。

② 《宋会要稿》谓三人皆人第三等。唯毕沅《续资治通鉴》卷八四，第 1 页上至下（中华书局《聚珍仿宋》本），谓列第五等。由各人升擢观之，以《续能鉴》为是。

四人：吴育、苏轼、范百禄①、孔文仲。② 四、兄弟登科者四人：钱明逸、钱彦远及苏轼、苏辙，而二苏又同一年。五、父子登科者三人：钱易及彦远兄弟。六、一族登科者四人：钱藻及钱易父子。若尤为世所称道者，则孙暨、孙仅昔状元及第又登制科是也。

又据表，每有应诏者资格同，对策等第同，而迁擢不同者。如夏竦、苏辙，同以县主簿应诏，同以第四等次登科，而竦则擢光禄寺丞通判台州，辙仅迁校书郎商州军事推官；两者相较，相差一级。又如富弼、谢悰同以布衣应诏；同以第四等次登科，而弼则授将作监丞知长水县，悰仅赐进士出身，除初等职官：二人待遇，亦不一致。抑又何哉？此无他，前后制度不同故耳。

考宋待制策登科者，若布衣则照进士之例：策入三等者视进士第一人，四等视第二第三人，四等次视第四第五人，且有时更加优遇。如大中祥符元年贡举，进士第一人释褐授将作监丞，第二第三人并授大理评事，皆与通判差遣；第四第五人并授节度观察两使推官。③ 而陈越、富弼一入四等，一入四等次，均由布衣直授将作监丞，几如进士第一人及第：此昔属破格者。

至对有官人登制科者，则依等第升擢：入三等者多与超擢，入四等者，率升一资，入四等次者稍与迁转；惟有时亦不守典则。如钱易、石待问均列四等次，而一由光禄寺丞擢秘书丞，一由广德军判官迁殿中丞，依《宋史》④ 所述迁转之制，二人皆升两资。此不循常制之例也。

宋以三馆为储材之地。太宗时，进士第一第二人初及第即有授馆职者。⑤ 真宗时，制举登科，亦常即授直史馆或直集贤院之类。其后制虽稍变，但“进士第三人以上及第者，并制科及第者，不问等第，只一任回”⑥ 尚可与馆职之试，待遇虽低而未甚低也。迨仁宗末年乃大杀其制。

初，嘉祐二年，定间岁贡举之法。朝议以科举烦数，高第之人倍众，擢任恩数，宜损于旧，于是三年闰十月下诏曰：

> ……高第之人，日常不次而用，若循旧例，终互滥官，甚无谓也。自今制科入第三等与进士第一除大理评事，签书两使幕职官，代还升通判，再任满试馆职。制

---

① 《宋会要稿》册一一一《选举》一一之一一，谓百禄列四等，考范祖禹《资政殿学士范公墓志铭》（《范太史集》卷四四，第 2 页下，《四库全书珍本》）谓百禄策入三等，以不为宰相所喜，故仅迁一官。盖试官定为三等，后又改为四等也。

② 苏颂《中书舍人孔公墓志铭》（《苏魏公集》卷五四，第 1 页下至第 2 页下，道光壬寅刻本）言文仲策为当道所恶，不得推恩。王阙之《渑水燕谈录》卷六，第 3 页下（涵芬楼铅印本），及其他宋人记述，叙此事者无甚多，亦新旧之争一段公案也。

③ 李焘《续资治通鉴长编》卷六八，第 14 页下。

④ 李焘《续资治通鉴长编》卷一六九《职官志》第 1 页上至下及第 16 页。

⑤ 端拱二年进士第一人陈尧叟，第二人曾会，释褐即为光禄寺丞直史馆。见李焘《续资治通鉴长编》卷三〇，第 12 页。

⑥ 欧阳修《文忠全集》卷一一四，第 6 页上，《论馆阁取士劄子》。

科第四等与进士第二第三除两使幕职官，代还改次等京官。制科入第四等次与进士第四第五除试衔知县，代还迁两使职官。①

此较旧制，约降一等。迄神宗时，新政渐兴，又与减损，熙宁二年十二月诏曰：

今后制科入第三等，进士第一人及第者，第一任回，更不与升通判差遣，及不试充馆职，并令审官院依例与差遣。②

此之嘉祐，又降一等。洎哲宗初政，诸事多反熙宁，制科待遇，又同嘉祐，③ 惟增第四等次赐进士出身，第五等间赐同进士出身耳。

高宗重置贤良，旧章多加改订，命“凡策列四等以上赐制科出身，第五等赐进士出身，不入等亦加恩与簿尉差遣”。④ 盖较元祐以来之制，又稍整齐划一。是后终宋之世，未再更变焉。

其他关于制科待遇之琐细记录，尚有足述者：一曰：召试馆职，必须有人荐送。张方平赋性孤介，不事造请，第二次制举登科后，通判任满，以无举主，未得召试，⑤ 是其一例。二曰：召试馆职，制科出身者可用策论代诗赋。叶梦得曰：

祖宗故事……制科一任回，必入馆，然须用人荐，且试而后除。进士声律固其习，而制科亦多由进士，故昔试诗赋一篇。唯富郑公以茂材异等起布农……既召试，乃以不能为诗赋恳辞；诏试策论各一首。自是遂为故事。制科不试诗赋自富公始。至子瞻复不试策而试论三篇。⑥

三曰：制科出身，可免远官。李焘曰：

嘉祐八年十二月己卯，诏以国子博士陈舜俞制科第四等，著作佐郎安焘……进士第三人，与免远官，自今著为例。⑦

四曰：制科出身，为记注候选之人。李焘又曰：

---

① 李焘《续资治通鉴长编》卷一八八，第 14 页下。
② 《宋会要稿》册一一一《选举》一一之一二。
③ 《宋会要稿》册一一一《选举》一一之一五，有元祐六年七月诏书，与嘉祐三年诏同。
④ 《宋会要稿》册一一一《选举》一一之二二。
⑤ 张方平《乐全集》附王巩所撰《行状》。
⑥ 《石林避暑话录》卷二，第 1 页下（涵芬楼铅印本）。
⑦ 《续资治通鉴长编》卷一九九，第 17 页下。

> 治平元年十二月丙午……上问修起居注选何等人。中书对近例以制科，进士高等，与馆职有材望者兼用。①

凡此皆为言掌故者，不可不知也。

## 七　宋人对制举之称谓及意见

制科之设，本为拔取非常之材，故历朝辄重视焉；宋代甚至有录御试策卷进御及焚于陵庙之举。欧阳修曰：

> 真宗尤重儒学，今科场条例皆当时所定。至今每亲试进士，已放及第，自十人以上御试卷子，并录本于真宗影殿前焚烧。制举登科者亦然。②

其制至南渡未改。《宋会要》曰：

> 御试举人唱名毕，其正奏名进士第一甲策文并写作册进御，并进德寿宫，及焚进诸陵。今李垕策文，伏乞指挥。诏依例修写。③

此在上者之重视也。又宋人多称制举为大科。盖其考试，远较进士明经为难，非博闻强记者弗敢轻试，故大之也。富弼祭范仲淹文曰：

> 某昔初冠，识公海陵……未知学文，公实教之；肇复制举，我惮大科，公实激之。④

范纯仁祭富弼文曰：

> 呜呼我公，一代师臣……策中大科，王佐之资。⑤

陈师道赠苏轼兄弟诗并注曰：

---

① 李焘《续资治通鉴长编》卷二〇二，第 15 页下。

② 《归田录》卷二，第 1 页下（涵芬楼铅印本）。

③ 《宋会要稿》册一一一《选举》一一之二九。

④ 《范文正公集》附《褒贤集》卷一，第 17 页下。

⑤ 《范忠宣集》卷一一，第 6 页下。

大科异等固其常。注，东坡兄弟皆应贤良科。①

此大科一词之见于诗文者。王铚曰：

夏英公……官丹阳主簿，姚铉作浙漕，见其人物文章，荐试大科，遂知名。②

文莹曰：

……钱子高明逸，始中大科，知润州。③

吴处厚曰：

……江南李觏通经术，有文章，应大科，召试第一。④

邵伯温曰：

……富韩公初游场屋，穆伯长谓之曰："进士不足以尽子之才，当以大科名世。"……范文正公……曰："有旨以大科取士……已同诸公荐君矣。"又为另辟一室，皆大科文字。⑤

此大科一词之见于诸家笔记者。至南渡后，更有用诸章奏者。《宋会要》曰：

……监察御史潘伟言，制举以待非常之才。……既号大科，欲孚聚望，必乡评共许，士行无瑕，无愧斯名，始可应举。⑥

盖英宗与吴奎问答，已有称制举为大科之事。⑦ 上既如此，自无怪臣下之靡然从风矣。

宋人既以重视制举，称为大科，而亦间予各种科目以简称，如贤良方正能直言极谏科，有时简称贤科。《文庄集序》曰：

① 《后山诗注》卷一，第9页下(《四部丛刊》本)。
② 《默记》卷中，第5页上(《学海类编》本)。
③ 《湘山野录》卷下，第8页上(《学海类编》本)。
④ 《青箱杂记》卷七，第3页下。
⑤ 《邵氏闻见录》卷九，第1页上（涵芬楼铅印本)。
⑥ 《宋会要稿》册一一一《选举》一一之三四。
⑦ 李焘《续资治通鉴长编》卷二〇九，第8页下。

……繇文章，取贤科，位宰执……在本朝有郑国文庄夏公。①

又多称为贤良。刘敞曰：

……吴君长文……以明经选于礼部，调……广信军判官……举贤良，对策直言。②

曾巩曰：

……职方郎中维……举贤良，不就。③

吕祖谦曰：

……乾德二年，贤良，颖赞。④

若茂材异等科，则简称茂材。李觏曰：

……今兹窃幸诏举茂材，州郡不明，以妄庸人充赋。⑤

王辟之曰：

眉山苏洵少不喜学。……年二十七始发愤读书。举进士，又举茂材，皆不中。⑥

惟亦有称他科为贤良者。如李觏应茂材异等科，而萧注与觏书，⑦ 有"足下应贤良，预第一人召试"之语。又如汪辅之应材识兼茂明于体用科，而郑獬《留别汪正夫》诗⑧有"正夫方举贤良"之注。是盖以贤良为诸科之首，故以之混称他科耳。

以上乃对科名本身而言。若对应举人，亦每好用简称。如登贤良方正能直言极谏

① 夏竦《文庄集》前所附。
② 《公是集》卷五三，第15页下，《翰林学士吴君前夫人赵氏墓志铭》。
③ 《元丰类稿》卷四二，第1页下，《虞部郎中戚公墓志铭》（《四部丛刊》本）。
④ 《历代制度详说》卷一，第2页下。
⑤ 《直讲李先生文集》卷二五，第4页上，《上吴舍人书》。
⑥ 《渑水燕谈录》卷四，第6页下。
⑦ 《直讲李先生文集》卷二，第6页上，附萧书。
⑧ 《郧溪集》卷二六，第11页下。

者，每被呼为贤良。蔡襄回范百禄启曰：

> ……伏审入造明庭，恭承大问，擢升异等，光骇众闻。伏以贤良秘丞，学臻本原，言有阃域。①

吴处厚曰：

> 公（夏竦）举制科，庭对策罢，方出殿门，遇杨徽之。见其少年，遽与语曰："老夫他则不知，唯喜吟咏；愿丐贤良一篇，以卜他日之志。"②

韩元吉回李垕启曰：

> ……大廷发策，尽循天圣之规；多士响风，复见元光之旧。……伏以贤良学士，奥学自于家传，敏识殆其天赋。③

而登才识兼茂明于体用科者，亦称贤良。曾慥曰：

> ……夏噩贤良家藏李太白墨迹十八字。④

至应举未第者，常亦以其所应科目呼之。如韩琦有《送邵亢茂材南归》诗⑤，李觏有《送陈次公茂材》诗⑥，黄公度有《和韵陈贤良华表》诗⑦，韩元吉答李塾书⑧称为"贤良李君"，邵、陈等均举制科报罢者也。若欧阳修与李觏书⑨，不称茂材而呼为"贤良先生"，或亦如科名之以贤良一词概诸科之意乎。

由宋人之称制举为大为贤，足可见其重视之至矣；惟亦有一二特识之人，不甚以为然者。蔡襄曰：

> ……今之取士，所谓制科者，博学强记者也。⑩

---

① 《蔡忠惠集》卷二七，第4页下（乾隆四年逊敏斋刊）。
② 《青箱杂记》卷五，第2页下。
③ 《南涧甲乙稿》卷一二，第15页上(《武英殿聚珍版丛书》本)。
④ 《高斋漫录》第11页下(《墨海金壶》本)。
⑤ 《安阳集》卷四，第4页下（乾隆四年安阳县署刊本）。
⑥ 《直讲李先生文集》卷三五，第13页上。
⑦ 《莆阳知稼翁集》卷四，第8页上。南城李氏刻《宋人集》乙编本。
⑧ 《南涧甲乙稿》卷一三，第25页上。
⑨ 《欧阳文忠全集》卷一五〇，第2页上。
⑩ 《蔡忠惠集》卷一八，第2页上，《国论要目》。

司马光曰：

……国家虽设贤良方正等科，其实皆取文辞而已。①

叶梦得曰：

……制科……程试既不过策论，故所上文亦以策论中半；然多犹未免场屋文辞。②

胡寅曰：

……制策亦空言取人……应科者既未必英才，而发问之日往往摘抉微隐，穷所难知，务求博洽之士，而直言极谏之风替矣。③

盖重之者多以其难于尝试，轻之者率病其徒取空言。唯其不以空言为然也，故每有思求实效者。司马光《乞行制策劄子》曰：

……臣窃以国家本置六科，盖欲以上观朝政之得失，下如元元之疾苦，非为士人设此以为进取之阶也。臣昨差覆考应试举人所试策，窃见上等三人，所陈国家大体，社稷至计，其间甚有可采者。伏望陛下取正本留之禁中……以为儆戒；副本下之中书，令择……而行之，使四方之士，昔知朝廷求直言……非以饰虚名，乃取其实用也。④

第朝野上下，视制举为士人进身之一阶已久。大廷试策，不过观其记诵，察其辞藻；至于用其所言，则早不存于君相意念之中。故虽大声疾呼，亦安能发当道者之聋，振秉钧者之聩哉！

## 八　结　论

自来法度，鲜有一成不变者；制举亦然。宋世贤良诸科，虽远规两汉，第究其内

① 《司马温公文集》卷五，第 11 页下，《论选举状》。

② 《石林避暑话录》卷四，第 3 页上。

③ 《文献通考》卷三三，第 5 页上。

④ 《司马温公文集》卷六，第 15 页下。

容，则迥非昔比。汉策贤良，非有大事，不诏不举；至宋则浸假如贡举之例，辄有定期：此其不同者一。汉策贤良，所问多属时政，即征引典册，仅亦借古鉴今；宋题琐细，多问典章名数，或竟与时政无干：此其不同者二。汉策贤良，亲试以前无繁絮之考试，而对策字数亦无限；宋制则非徒有阁试或省试之故为刁难，而策文不至三千字以上者不予录取：此其不同者三。汉策贤良，称旨者每得不次之升擢；宋人布衣高第者，位不过八品，官不过州倅，职官登科亦仅迁转两资，即为优遇：此其不同者四。汉策贤良，目的每在旁求直言；宋廷只重文采，直言者反常遭摈斥：此其不同者五。盖汉策贤良，出于求治之衷；宋举制科，流宕所及，徒为读书人多开一进身之径而已：此其所以深为有识者所讥也。

窃谓，宋人之推崇制举可谓至矣，誉为拔取非常之材，称为期待杰出之士。其意以为制举所持以取士之策论，远超于贡举之诗赋帖经，谓既可由策以观其识，复可借论以察其学，识学兼优，真材斯得，不似诗赋等之徒取虚文也。殊不知，能言者未必能行，而笃行者又每不好多言。策论衡材，亦不过取其言之是否成理，至能否力行，则决非由几千文字所得体识。是以夏竦由贤良方正登科，而负奸邪之称；汪辅之以材识兼茂应诏，乃有轻薄之诮：则所谓制举以策论取人，亦不过尔尔；而不察实际，妄为推崇者，亦可以休矣！

原载《史学年报》1938年第2卷第5期

# 中国考试制度西传考

邓嗣禹

## 一 绪 编

1931年，当作者从事研究中国考试制度史①的时候，适读到麦杜思（Thomas Taylor Meadows）于伦敦出版的两部著作：一名《留华劄记》（1847年出版），一名《中国民族之变乱》（1856年出版）。麦氏早年在广州任大英帝国驻穗领馆的传译，嗣任领事。他在这两部著作中都极力主张英国采行中国的文官考试制度。

差不多在同时，作者在国父孙中山先生所著《五权宪法》中又发现有下面这一段论述，即：

> 现在各国的考试制度，差不多都是学英国的。穷流溯源，英国的考试制度，原来还是从我们中国学过去的。所以中国的考试制度，就是世界中最古最好的制度。

孙先生的通俗著作，大抵都是由他的公开演辞汇集而成，不无出入之处。所以作者很久即想对本题一加研究，借明麦杜思对英政府所作的建议是否有效，以及孙先生所述诸语的正确性，并以说明中国制度西传之影响究为如何，俾关心此问题者有以释疑而不至于浪费时间。

### （一）中国为采行笔试最早的国家

中国在世界上为采行公开考试最早之国家，这是不难断言的事。据《大英百科全书》（十一版及十四版）所载："我们所知道的最早的考试制度为中国所采用之选举制度（纪元前1115年），及其定期所举行之考试（纪元前220年）。"《大英百科全书》这

---

① 关于原稿的许多注释兹从略。

种说法显然是根据中国的典籍①。这些典籍虽曾说明古代帝王的考试制度，但实际上都是纪元前四百年或三百年的时候所撰成的。

韦廉斯②（S. Wells Williams）所著《中国》（1848 年于纽约出版）一书，姑无论其年代如何，至今还不失为讨论中国的一本权威之作。韦氏在这本书中即认为“中国政府中文武官吏所由产生的这种著名的考试制度，虽或在古代的埃及也有相类似的制度，但在古今任何一个大国中可算是一种无可比拟的制度（见原书第一卷 447 页）”。因为韦氏提到埃及，所以作者又研究古代埃及，以及古代之希腊罗马，想发掘他们的考试制度，但是毫无结果。伦敦大学古代史讲座卡里先生（M. Cary）在其所著《古代文化中之文官制度》③中也论到埃及，美索波达米亚、叙里亚、波斯、希腊、罗马等的文官制度，但是这些文官制度并不倚赖于考试。在哈佛大学《教育评论》（1939 年 3 月出版之第九卷第二期。第 204 ~ 228 页，及 1940 年 5 月出版之第十卷第三期第 315 ~ 412 页）中也有两篇很长的佳作，讨论古希腊罗马的所谓大学，但是都没有提到公开的考试制度。桂恩氏（A. Gwynn）在其所著《从西塞罗到昆提良时代之罗马教育》（*Roman Education from Cicero to Quintilian*）（1926 年于伦敦出版）中也没有谈到考试。同样，开普氏（W. W. Cape）在其所著《古代雅典之大学生活》（*Universiy Life in Ancient Athens*），与戴维生（Thomas Davison）在其所著之《希腊人之教育及其对于文化之影响》（*Education of the Greek People and Its lnfluence on Givization*）（1923 年于纽约出版）中，都没有提到考试制度。此外，在《普林斯顿评论》（1870 年出版之四十二期，第 1 ~ 21 页）里面一篇题名“文官制度改革史及其文献”（*The History and Literature of Civil Service Reform*）的文章中，那位未署名的作者虽追溯到改革文官制度的早期历史，以及罗马时代、中古时代与近代政府从事改革的经过，然而结果也没有谈到考试。

哈佛大学的浦费弗博士（Dr. Robert H. Pfeiffer）曾在该校开有一门课程，讲授纪元前三千年到三百三十年间埃及、巴比伦及波斯的文化，并曾在这方面设法搜集有关考试制度的资料，但他所得到的结论（1940 年 10 月 11 日发表）谓《大英百科全书》所载“全为正确”。芝加哥大学东方研究所的两位教授纳尔荪（Harold Nelson）和欧姆斯德（Albert T. Olmstead），都是研究古代埃及与近东史的专家。他们也曾对作者肯定地说，在他们所研究的这些国家中都没有过文官制度或其他的考试制度。福格荪教授（W. S. Ferguson）在答复作者的询问时，也表示在他所研究的时期内没有正式的文官考

① 所称纪元前二千二百年定期之考试系根据《书经》中《舜典》所载，英文译文见 James Legge：*Chinese Classics*，Vol. 3，Pt. 2，50《书经·舜典》中有云：“三载考绩，三考黜陟出明，庶绩咸熙”。至所称纪元前 1115 之选举制度，显系根据《周礼》及《礼记》之记载而言。

② 正式的中文名是卫廉士，字听泉。

③ 卡里氏所著《文官制度之发展》（*The Development of Civil Service*）中之一章，1922 年于伦敦出版。

试制度。惟研究罗马史的权威汉蒙德教授（Mason Hammond），其答复是否定的①。此外，沙纳尔氏（Nathan Schachner）在其所著《中古时期之大学》（*Medieval Universities* 1939 年于纽约出版）一书中亦谓："在希腊与罗马均无正式之考试制度"（见原书第四页）。综上所述，我们似乎可以断言，无论学校中或甄别文官时所用口头或书面试验的这种考试制度，要非古代西方国家所发明，大抵完全渊源于中国。

**（二）中国之考试制度**

中国保举及考试品德优秀人才的制度创始于纪元前 165 年。自此以后，笔试及口试均续有举行。到 622 年以后，才有每年一次或每三年举行一次的公开考试。竞考者要完成最后一次的殿试，必需具有官立学堂毕业或参加县试或府试及格的资格。自 1066 年起，才规定每三年举行一次京城的会试及附带举行的殿试。至 1370 年以后，这种考试制度又曾加以调整，即凡参加县试及格者称为秀才，参加省会考试及格的名曰举人，参加京城考试及格的谓之进士。这三种荣衔大体上相当于西方国家的学士学位、硕士学位及博士学位。以前执行这种考试制度的时候，都是非常严格认真而丝毫不苟的，直到 1905 年的时候才以敕令加以废除。这些考试都是注重通才，而不是注重经史方面的专门学问，同时讲究文体和书法的工整。至关于行政的实际知识，凡是参加考试及第的都必须经过一个试用的阶段，轮流任职，以及升迁的程序。在理论上，所有各级官吏都应该是参加考试及格的；然实际上则有很多例外。但是平均说来，由县官以至小京官或皇室重臣，参加考试及格的实比没有参加考试的特别多。综上所述关于中国文官制度的这几点，以及所提到的纪元前 1115 年（依据传统说法）、纪元前 165 年、622 年、1066 年以及 1370 年这几个年代，在同欧洲文官考试制度比较的时候，都是很值得注意的。

**（三）欧洲考试制度的发展**

欧洲考试制度之发展较中国为迟。据《縠丘杂志》（Cornhll Magazine）（见 1861 年第四期第 692 ~ 712 页）上未署名的一篇文章所称，"（欧洲）的考试可分做两大类：一种是属于学校的，一种是属于官吏的。官吏考试的起源，显然是由于学校考试的普遍而产生的。……至于英国，则教育性质的考试比较迟"。欧洲采用考试本来相当早，但是"考试（Examination）这个字的产生则比较晚。据穆雷氏（Murray）所编《新英语字典》的解释，"考试"是晚近所产生的一个词，最初在 1612 年是用作"试验"（Test）的意思。在 14 世纪以前，尚无其他的用法，直到 19 世纪，才有与他字合用的名词出现，如"试卷"（Examination Paper）、"试题与答案"（Examination questions and

---

① 汉蒙德教授的意见发表于 1940 年 11 月 9 日，他说"我很怀疑那时是否有固定的考试。如果能发现在中世纪究竟多早才有考试，那一定是很有趣味的；但是教会或寺院的学校中并无任何严格的限制。……多少有些职位是由退休的军人来担任的；而在其他的情形中，又有些奴隶同自由人也用来担任书记的工作。至于较高级的职位，则为骑士阶级与优裕的中产阶级所享有，唯任命则直接靠皇室的同意与皇帝左右人物的推荐"。

answers）等。如我们所知道的，希腊罗马都没有过正式的考试制度，即教堂或寺院中的学校也是一样。马尔顿氏（H. Malden）在其所著《论大学与学位之起源》（1935 年伦敦出版，第 2 页）一书曾谓：“（近代）大学均发源于 12 世纪。”继谓（见该书第 18 页），神学学士与博士学位至 1215 年才开始设置，这一年就是欧洲实行考试最早的一年。据《大英百科全书》所载：“现在可以查考的最早的大学考试，曾见于民法及普通法中，并在 1219 年以后曾于巴洛格拉（Bologna）地方举行过。”考欧洲大学考试的方式，一直到 18 世纪主要的还是属于口试，如问答、辩驳、辩护、下结论以及发表公开演讲等①。关于这一点，诺顿氏（Arthur O. Norton）在其所著《教育史论集》（*Readings in the History of Education*）（1909 年剑桥出版）曾作了一个很好的概述：

> “考试制度之兴起是很慢的。因为各大学实行起来很不同，所以也不容易概括地说。但大体而言，任何学院读硕士或博士学位的学生都是经过三个阶段的，即先学士而后硕士再而后博士；且到每一个阶段都经过一种考试。在这三种考试中，似以硕士（可于任何地方执教）学位的考试为最重要。博士学位的考试主要只是仪式上的。总之，考试是测验应试者对于指定书本的学识，及其应付公开辩论的能力（见 124-125 页）。

在诺顿氏著作里面论考试的全文中，都未见谈到笔试。即使在拉雪达尔（H. Rashdall）所著的《中古时代之欧洲大学》（*Universities of Europe in the Middle Ages*）（1895 年于牛津出版）一书中，我们也找不到提及竞争性笔试的地方。巴洛格拉地方的非公开考试，据说是对于能力真正的测验，所谓公开考试不过是仪式上的。而应试者参加考试时又只是就民法或教会法中举出事先有准备的两段加以阐释或作一篇演讲，然后再由其他的博士对其加以考问，或对其答案提出反问（见原书第一卷 266-269 页）。所以这些，到底不外都是口试。诚如拉雪达尔所说，这是一件很奇怪的事，就是“我们没有发现任何考试存在的明显证据。应考者至大学校长前领取硕士证书时，均必须宣誓以表明他对于若干书籍是听讲过的。同时九位学监也必须证明他对于这些书籍的学识是及格的。……但是这几位学监除了在应考者为得学位而参加的各种辩论中，以测验其学识与能力而外，是否还有其他的方法，我们却不能断言（见原书第二卷第二章 442 页）”。

沙纳尔氏在其所著《中古时期之大学》一书中，也很清楚的说过：

> “各种学位的考试显然是没有效的。……凡是研究中古时大学的作家，对于这种情形都不禁为之愕然而搁笔。那末，是否是没有笔试呢？这确是一件不可能的事！”（见原书 231 页）

---

① 见 Paul Monroe：*Cyclopedia of Education* 第二卷第 532 页，1931 年纽约出版。

欧洲之有笔试据说至18世纪才开始。即使是号称为“考试之邦”的德国也不能例外。柏林大学一位哲学与教育学的教授鲍尔荪（Friedrich Paulsen）曾写过几本关于德国大学的书籍。据他说从前的大学先有考试，而后才有学位的授予，但这种学位则无异于荐举或装饰品。欧洲普遍采行国家举办的考试制度，是19世纪的事。在18世纪中，最多也不过是这种制度的开端而已，因为那时候规定有医学的学位和考试。医学考试起于1725年。至1810年，普鲁士才规定凡是准备执教的人必须先经过教育学的专门考试①。据卢斯（W. W. Rouse）在其所著《剑桥大学数学研究史》（*History of the Study of Mathematics at Cambridge*）（1835年伦敦出版，见第193页）一书中所云，在班特莱（Richard Bentley）氏于1702年在剑桥大学之三一学院（Trinity College）曾实行一种书面考试以前，在欧洲再也找不着笔试的记载。同时孟禄（Paul Monroe）氏的《教育百科辞典》（*Cyclopaedia of Education*）中也说，“欧洲在1702年以前大概是没有笔试的。……中世纪的大学中对于实际学科如医药方面的考试倒是行之甚久。”1702年这个时期则很晚，然而在《大英百科全书》中也是采用的。萨德勒爵士（Sir Michael Sadler）最近曾作一研究，想找出一个更早的年代即1518年，他说“假使如此，那么这一年（1518年）一定是实行这种考试最早的一年”。但他又谓：“证据还是不很明显的，因为在寇乃特（Colet）生存的时代，奖学金考试假如不是竞争性的话，似乎就是甄别性的。”② 由此可知，他这种研究是没有什么结果的，同时1702年还是不失为欧洲开始实行笔试一个可靠的年代。

欧洲近乎近代方式的最早的荣誉考试，就是1747年所开始实行的数学科荣誉毕业考试（Tripos）。然而据华兹华绥（Christopher Wordsworth）在其所著《英国大学之社会生活》（*Social Lifez in the English Universities*）（1874年剑桥出版，见第218～244页）中所详加描述的荣誉考试毕业制度，大体上似乎还是一种辩论的方式。穆楞格（J. Bass Mullinger）氏在他所著的《剑桥大学史》（*History of the University of Cambridge*）（1888年伦敦出版）中谓：“候选人实在并没有经过任何种的考试（见178页）。”大概也由于这种同样的情形。取得一个学位的资格，事实上只要住过四年就够了。剑桥大学所举行的荣誉考试只限于数学，而且直到1797年学监都有自由将候选人姓名列入荣誉名单之权③。然而，三一学院于1744年采行了入学考试；至1759年又采用公开的定期举行的入学试

---

① 见 Frieddrich Paulson：*Die deutschen Universitäten und das Universitatsstudium* 第四卷第434～436页，1902年柏林出版，及 E. D. Perry 所译之 *The German Universities, their Character and Historical Development* 第219～222页，1895年于伦敦出版。

② 比较1936年伦敦出版之 *Internaitonal Institute Examination Enquiry* 第34页，即“英国奖学金制度及其发展”一文。

③ 见 Graham Balfour：*The Educational System of Great Britain and Ireland* 第239页，1898年剑桥大学出版。

验①。所以逐渐地，新式的笔试就推行起来了。杰布博士（Dr. Jebb）曾于1772年建议对所有的学生逐年实行强迫考试，以提高其学识水准，当时虽遭反对，但到1790年卒被采行。② 而荣誉毕业考试则逐渐由数学科（1747年）扩及古典文学（1821年）、伦理学与自然科学（两科均于1851年实行）以及法律与历史（1872年）等科。

至于牛津大学学士及硕士学位的考试，系由劳德氏（Laud）于1636—1638年间所建议推行。但是“考问的方法似乎完全是口头的”③，而《大英百科全书》的编者对此建议曾否实行，则颇为质疑。诚如贝尔福（Balfour）所说：“牛津大学到1802年，才根据三位无给职考试员的正式报告而授予学位，而文学硕士学位授予三天还不知其资格如何。”（见239页）也就是到1802年，才真正开始有学士学位的考试，才开始颁布依照成绩排列的荣誉榜单。中古时期的大学曾以应考者与教授互相辩论的方式来代替学位考试，而“这种方式在牛津大学一直到1834年还没有完全废除”④。综上所述，可知在欧洲到1219年以后，才开始有口试；大约到1702年才开始有笔试；到1747年才有数学科的荣誉毕业考试；1802年才真正有学士学位的考试；1821年才有其他学科的荣誉毕业考试。但是到1872年的时候，十四科荣誉毕业考试的发展仍旧是欠完善。所以就明确可信的证据来说，作者以为欧洲的学校考试至18世纪及19世纪才趋于发达。

至于正式的文官考试制度，法国系于第一次革命即1791年开始采行；德国则约于1800年左右；印度始于1855年；而英国则于1870年始将印度的制度完全适用于其国内。所以学校考试制度并不比文官考试制度太早。

## 二　西方文献中之中国考试制度及其西传之证据

### （一）西方与东方之关系

西方与东方之关系，虽在西历纪元前就已经有了，并在中世纪的时期曾经由中亚细亚与中国保持交通，但本文对此渊源不欲多事探讨。考《马哥孛罗游记》的最初的拉丁文译本系于1320年出版，其中并没有谈到中国的考试制度，这是因为元朝（1280—1367年）在蒙古人统治之下考试制度中断了70多年（1257—1315年），也正是马哥孛罗游华的时期（1271—1295年）。马氏著作中没有记述这种制度，或许就是因为这个缘故。

欧洲的探险家，一部分由于受了马哥孛罗的影响，开始寻找到东方的新路线。在这

---

① 见 Sir M. Sadler：*The Scholarship System in England* 第53页。

② 见 W. W. Rouse：*Trinity College*，*Cambridge* 第84页，1906年伦敦出版。

③ 见 G. C. Brodrick：*A History of the University of Oxford* 第114～115页，1806年伦敦出版。

④ 见 H. G. Rawlinson：*Indian Historical Studies* 注82，1913年伦敦出版。

个新的刺激之下，于是西方与东方的关系又在16世纪复活了。如1517年，葡萄牙人首先来华设立使馆，继而又有西班牙人于1575年来粤。此后相续来华者有荷兰人（1604年），英吉利人（1637年），法兰西人（1660年），及美利坚人（1784年）。唯英人于1600年设立“东印度公司”以后，至1623年即借该公司击败葡国海军而在印度取得根据地。由于这个原因，英人至1699年遂在东印度公司主持之下，经常至广东贸易，并一直继续到1833年的时候。

在这个时期内，西方的传教士，尤其是耶稣会的教士们，就到中国来介绍欧洲的科学。同时，他们又将中国的哲学以及许多奇异的东西报告给他们的祖国。在耶稣会的传教士中，最著名的人物就是利玛窦（Matteo Ricci）。他于1582年到澳门，1594年到广东，继于1601年到北京。他后来又被中国政府委为高级官吏，并与许多中国学者相往还。利氏曾以中文翻译几种著作，同时又将中国情形传播于欧洲。在基督新教徒中，首先来华的则为摩里逊①（Robert Morrison）。摩氏系于1807年由伦敦教会（London Missionary Society）派遣东来，并于1809年被派为东印度公司的译员。至1817年则任阿姆赫斯特爵士②（Lord Amherst）的译员，随其至北京，直至1824年始返英伦，并携回大批中文书籍。摩氏最伟大的著作就是他的《中文辞典》，于1815年至1823年间分为三部出版。他在这部著作中曾根据中文的原始资料，将中国的考试制度叙述得非常完善。这一个记载，至今还不失为英文书籍当中的杰作。

自16世纪以后，来华的传教士、商人、游客以及外交官员等，实在很多，有的作短期游历，有的作长期居留，并以其所见著为文章或书籍。在这些各种文字的著述中，往往都将中国的考试制度加以叙述，或者至少也提到一下。因为有了些记载的鼓励，所以没有来过中国而向慕中国民族的许多大思想家，就常于名刊物上为文以鼓吹采行中国的制度。

### （二）记载16世纪与17世纪中国考试制度之文献

叙述中国考试制度最早的文献，为克罗兹（Gaspard da Cruz）氏的记载。克氏系于1546年航行东印度，于1556年来华，同时也是来华的第一位传教士。克氏于1569年返葡萄牙，其游记最初系由葡文译为意大利文后于威尼斯城出版（1569—1570年）。威尔士（R. Wills）的英译本则载于义登（Richarde Eden）氏所著的《西印度、东印度及其他诸国游历史》(1577年于伦敦出版，见第239～240页）中，篇名“中国游记”。在这篇记载中，作者曾描述中国之官吏为绅士，或“老太爷”，而“名副其实。……这些官吏并能努力勤王，且系由考验其学问而后产生”。此外，对于中国的举人与进士曾略加记述。

关于中国考试制度，在刚则来兹（Gonzalez de Mendoza）的著作中记载更为详尽。

---

① Robert Morrison 以译成马逊为善。

② Lord. Amherst 常译成阿美士德。

刚氏系奥古斯丁教会的一位修道士，1584 年为西班牙计划在华设立大使馆时之一位馆员。其著作系于 1585 年在罗马出版。巴克氏（R. Parke）的英译本名为《伟大中国之历史及其现状》(*The Historie of the Great and Mightie Kingdom of China and the Situation Thereof*)(1588 年于伦敦出版）。其第一卷中的第十四章，全部均系记载“考博士学位者的考试，及其如何开始，如何结束”。同时对于竞争考试，委任官吏的仪式与方法等，也均有记述。刚氏在该书中曾谓：“这个伟大的国家，在当今世界上，诚为政治修良的头等国家。”同时，他也很向慕中国的哲学及中国的学校制度（见第 116 页）。

1596 年，伊丽莎白皇后（Queen Elizabeth）曾修书致中国国君。这件事说明了英国对于远东的兴趣。在浦查斯（Samuel Purchas）所著《死后之哈克卢特》(1599 年初版，1810 年于伦敦再版，1905—1907 年新版）一书中，有“一篇论中国政府与生活状况的佳作，系以拉丁文于中国之葡属澳门印行，并以对话方式写成”。其第二卷第 569-580 页，对于中国的考试制度不但有了记载，而且还加以赞扬。据称，“所有的县官均由考试及第的人中选出”。“由于地方官吏层层相制，官箴严睦……并以保持官吏尊严之故，凡是读书的人均可得到晋升之阶，无论其出身或血统如何。”

16 世纪末叶或 17 世纪初叶，有一篇“利雪（Riccius）与特里干歇（Trigahtius）关于中国的谈话”，其中对于中国整个的政治组织及“文武学位”的授予，均有详尽的描述。如谓孔子的经书为考试中主要的科目，学经则由于师传。“每个城市均设有所谓学馆，其最低学位的授予均由钦派的学者专责主持”（见第 424 页）。“第二种学位称为举人，可以同我们的硕士学位相比较，每三年授予一次。”（见第 426 页）三十位主考官均由政府任命，每省共有两位。而在每一城市，又有专为考试而建造的大厦，其四周均围以高墙，主考官则有很多休息室，彼此分离而免嘈扰。另外又有四千个小室或书室……在这种书室中，应考者每人各有一桌一凳，彼此均无法相窥或交谈（见第 427 页）。其次，该书作者又叙述到考试日期、考试条例以及防止舞弊如“搜查衣服”的办法。此外，对于考试科目、文体的重视、书法的工整以及文章的定格等，亦均曾加以描绘。“第三种学位类似我们的博士学位，称为进士，每三年授予一次，但仅限于北京一地。……获得这种学位的人，现在均享有专用的外衣及鞋帽。”（见第 429 页）“同年的举人与进士彼此相敬，均有如兄弟，而对于同僚的挚友亦能推诚相爱，对于主考官则尊之如亲。”（见第 430 页）除此，对于武人的考试亦有同样的叙述。

上面这些说法，一定都是由于亲历其境的观察，及对中国考试与政府制度的彻底了解而来。①

关于中国考试制度的另外一个详细的记载，就是特利高特（Nicolas Trigault）所著的《中国航行记》(*Du Voyage de la Chine*)（1616 年于里昂出版，见第 50 ~ 72 页）。但这本书的材料均系由游历家的记载以及耶稣会士的论述中搜集而来。1602 年，地亚哥

① 详见 Samuel Purchas 之著作，1905—1907，第十二卷第 414 ~ 472 页。

神父（Father Diego de Pantola）曾在北京致书鲁意士神父（Father Luys de Gùzman）①。其后这封书笺竟成为布尔顿氏（Robert Burton）所著《忧郁病的分析》(初版系 1621 年于伦敦出版，1893 年再版）一书中一篇名作的根据。该文中有云：

> "他们（中国人）的地方官吏均自哲人及博士中选出；政治上的贵族则由士大夫即有道德之上流人士而来。犹如在古代的以色列一样，贵族地位由任职时期而来，并非生而有之。他们的职守就是保卫同治理其国家，并非如很多人一样专事吃喝游猎而已。他们的老爷、大人、秀才、进士以及靠才德而提高其地位的人，才算是上流人士，也只有这些人才配治国（见第二卷第 162 页）。"

这一段文章所述的，同英国的政治与社会制度可说完全相反，其目的显然在讽刺并鼓励改革其本国的政府。可是布尔顿所称扬中国政府的地方并非完全根据于正确的设想，因为中国的官吏虽不是和英国绅士一样喜好游猎，但他们却也欢喜吃喝和赌博。

1665 年，英国人为了满足其好奇心及贸易的发展，曾将一位葡萄牙人用意大利文所著的一本书即《伟大而著名之中国历史》译为英文本在伦敦出版，其作者西密多(Alvaroz Semedo）于著是书前曾在中国朝廷及各著名城市居留凡二十二年之久。是书内容除了叙述中国各省人民之风俗习尚、学问、法律、军队、政府及宗教乃至商品贸易等而外，还有三章是专述中国考试制度的全貌的。本书虽则不免稍有错讹之处，但大体是很完善的，可惜本文篇幅有限，亦无法详引②。同样，倪霍夫（Johan Nieuhof）氏所著的《自东印度公司出使中国》（1666 年阿姆斯特丹出版）一书，其后曾译为英文本(1669 年于伦敦出版)，还有玛加赫斯（Gabriel de Magalhaes）所著之《新中国史》(1688 年伦敦出版)，对于中国政府赞扬备至，并于 218 ~ 220 页叙及考试制度，在这里也都无法引证。在讨论 18 世纪的文献以前，我们还可提出两位游欧的中国人，一位是陈君（Michael Chin Fo-cum)，曾留伦敦，一位是洪君③（Archadius Hoang)，曾留巴黎。陈氏在游英期间为研究东方之著名学者海德氏（Thomas Hyde）之座上客，并在牛津大学曾受到热烈的欢迎。洪氏则为路易十四聘为皇家藏书楼（Bibliothèque du Roi）的司译。④

18 世纪记载中国最有价值之著作，为荷尔德（Du Halde）氏所著的《中国纪实》(1735 年巴黎出版）一书。这本书主要根据于耶稣会士的报告及以前的种种著作。不久以后，伦敦又出版一种英译本（1736 年)，题名《中国史》。再几年以后，伦敦又另外出现一种英译本，并附有译者的说明及更正（1738 年及 1741 年)；迄 1747 年至 1749

---

① 详见 Samuel Purchas 之著作，1905—1907，第十二卷第 377 页。

② 参考原书第七、第八、第九诸章，第 35 ~ 37 页。

③ 法文中之 Hoang，一般是“黄”的发音，所以洪君，似该为黄君，编者注。

④ 见 Fan，Tsèn-Chung：*Chinese Culture in England* 第 96 ~ 98 页，1931 年哈佛大学出版。

年间更有德文的译本，由是此书即广受读者的评论。而由于销行之多，本书之价值也愈见重要，驯致许多法国学者亦向往于中国文化，如福禄特尔①（Voltaire）、卢梭（Rousseau）等，容下另加叙述。这部书中也有几章讨论到中国教育、考试及政府制度，唯其内容大体不外与前述相同。

### （三）向往中国文化之法国学者及中国文官考试制度及于法国之影响

一部分由于上述各种著作的关怀，一部分由欧洲若干著名的思想家对于一般政治、社会或宗教方面发生不满的情绪②，所以在英法两国就逐渐产生一种特别向慕中国文化的现象。在18世纪的上半期，中国可说是刺激欧洲文学、哲学及绘画的一个很重要的因素。诚如格楞姆（Grimm）于1785年所写的，欧洲有一个时期所有家庭用的火炉上都绘上一层别致的中国图案画，而家具也大半是做成中国式的③。1747年，一位无名作家曾谓福禄特尔也步荷尔德的后尘崇拜中国④，其实在这种情形下看来是不足为怪的。从福禄特尔的诗集及其他著作中，我们也可以知道他是崇拜中国文化最热忱而最真实的一位学者。福氏认为中国并不是一个专制国家，而是一个建筑于家长制上的君主国家。"这个大帝国内的人民能够定安守法，乃基于人类最自然与最神圣的和睦关系：即子敬其亲"⑤。这可说是福氏一个很宝贵的意见，因为他理想中的政治就是一面专制一面立宪。而中国政治，至少根据耶稣会士的许多著作来看，刚刚符合于福氏的理想。一方面，中国的皇帝如康熙及其以后的统治者都是专制的；而另一方面，学者、哲学家及文学家充任官吏则代表一种民选。所以福禄特尔曾这样说："假如有一个国家其人民的生命、名誉及幸福都受到法律保障的话，那只有中国。"⑥ 论到中国的文官制度，福氏特别称道中国的士大夫（Les fonctionnaires lettrés），认为他们能固执儒家的学说，奉公守法，而不为外物所动。因此他又谓："人类思想的确不能想像出比中国更好之政府。在彼一切之事均由大理寺或都察院决定之，彼此互相服从，而其人员则必经由严格的考试取录而后用。即中国无事不由此种理刑机关加以规定。"（见第162页）

至于孟德斯鸠（Montesquieu），他不但已知荷尔德氏之著作，并且还看过中国经书及其他重要著作的译本⑦。在他所著《法意》一书中，有几章系专论中国。在论及中国政府时，他曾说："据我们的传教士说，彼邦泱泱大国已有一个很值得赞扬的政府，

---

① Du Halde 的译名，应以杜哈尔德为好。至于 Voltaire 也有译成服尔德、伏尔泰等名字的。

② 见 Ting，Tchao-Ts'ing：*Les descriptios de la Chine par les Francaise* 第99～104页，1928年巴黎出版。

③ 见 Friedrich Grimm：*Correspondence litteraire, philosophique, et critique de Grimm et de Diderot* 第288页，1829—1831年巴黎出版。

④ 见 *La chine et la formation de l'esprit philosophique en France*（1640-1740）第168页，1932年巴黎出版。

⑤ 见 Francois Voltaire：*Oeuvres completes de Voltaire* 第76页。

⑥ 见 Francois Voltaire：*Oeuvres completes de Voltaire* 第163页。

⑦ 见 Henri Cordier：*La Chine en Franec au VVIIIe siecle* 第123页，1910年巴黎出版。

这个政府既能戒慎恐惧，亦能重视名誉道德。”① 但孟德斯鸠和福禄特尔的说法不同，他以为中国政府还是专制主义的。“中国政府立法的主要目的旨在谋国内之安定和平。”（见第十九卷第十九章）“为了达到这个目的，他们才建立宗教、法律、礼仪、及风俗习惯。”“这四方面的准绳则称之为礼。……他们青年的时代都完全注重学礼，并且毕生躬行。而他们学礼既有师承，复有地方官吏的教导。……所以中国政治修明。”（见十九卷十七章）然而我们也应指出，孟氏同时在许多地方也批评中国民族的德性与风俗习惯②。

在同时期内，狄德罗（Diderot）在其所著《百科大辞典》中，也有一篇论中国的佳作。他说：“这个民族，无论就其古风、就其精神、聪明才智、文学艺术之进步，以及政治哲学等方面而言，一致公认都较亚洲所有各民族为优秀。而且据若干人判断，堪与欧洲最开化的国家相匹敌。”③ 同时他也推崇中国哲学与儒家学说，以及基于家长制而造成的政治安定。他认为这个帝国的统治者可以变更，但文物制度是不会变更的。至于卢梭则认为，中国“为亚洲之泱泱大国，其国家之最高尊严，乃由士君子而造成”④。他并在所著《政治经济论集》中颂扬中国之行政与司法。法国经济学及重农主义的泰斗桂纳（Quesnay）氏，也是新君主派最负盛名的理论家，其学说不啻为法国大革命开一条路。他也写过一篇“中国之专制主义”⑤，甚至主张欧洲都采行中国的竞争考试制度。据说他主张自由贸易的理论大部分是由中国古代的学说中出来的。桂氏以为中国的公开考试制度是一个良好的模范，在欧洲是没有能与其比拟的。据赫德孙（G. P. Hudson）所述，桂纳“和当时所有的亲华派一样，极为推崇这种制度，并主张欧洲也推行类此的制度。他认为治国者首要之责就是推进这种制度的教育。但是除了中国以外，所有的国家都忽略了这种制度的必要，这种制度就是政治的根基”⑥。

法国还有一位著作甚富的作家布伦退耳（Brunetiére）在《两世界杂志》（*Revue des deux Mondes*）中，曾谓重农主义者都一致的想将“中国精神”推行于法国。布氏相信法国教育的确是以中国竞争的笔试方法为基础的，同时以竞争考试实行文官制度的思想也确是发源于中国的制度；因为中国制度因许多哲学家尤其是福禄特尔的鼓吹已经在法

---

① 见 De l'esprit des lois 第八卷第二十一章，1978 年巴黎出版。

② 其详细的讨论，可参阅 E. Carcassonne 所著 La'Chine dans L'eprit des lois 一文，载于 *Revue d'histoire litteraire de la Erauce* 第 193 ~ 205 页（1924 年版）。

③ 见 Diderot：Dictionnaire encyclopedique，载于 *Oeuvres completes de Denis Diderot* 第 263 页，1818 年巴黎出版。

④ 见 Henri Cordier：*La Chine en Eranco* 第 121 ~ 122 页。

⑤ 见 F. Quesuay：Oeuvres economigues. et. philosopliques 第 563 ~ 695 页，1888 年巴黎出版。

⑥ 见 G. F. Hudson：*Europe and China* 第 323 ~ 326 页，1931 年伦敦出版。

国流行了①。而法国文官考试制度渊源于中国的这个定论，也为其他几位作家所赞成②。此外作者也另外查考过几种专论法国文官制度的书籍，但惜未详论其渊源或其历史。据作者所能考据的，法国文官考试制度最早似为泰勒朗（Talleyrand）氏所奠立，而实行于 1791 年③；但十年以后则渐趋于松弛。至 1840 年，法国特遣使至德国考察文官制度，以为其本国推行之借鉴。其后，法国又在其殖民地越南采行一部分英国人在缅甸与印度所推行的文官考试制度，但越南在为中国之藩属时则已推行中国之考试制度甚久④。

**（四）向慕中国文化之英国学者**

在英国也有许多向慕中国文化的学者。如谭普尔（William Temple）、约翰笙（Samuel Johnson）、爱迭生（Addison）、哥德斯密（Goldsmith）以及其同时代的许多大文豪，都无不大同小异地钦崇中国的思想⑤。研究起来，实饶趣味。

英国有几种著名的杂志，都曾经鼓吹采行中国的文官考试制度。如早在 1755 年，《君子杂志》(Gentleman's Magazine) 上即刊载一篇论中国的文章。其中有云：

“笔试为明理之士所愿参加的一种惟一的考试。……所有的学者都认为中国在治国之道这方面，已超过所有其他的国家。……中国人所获得的荣誉及职衔并不是世袭的。……中国的京城每年选拔‘大人’一次”。⑥

蒲德介（Eustace Budgell）氏在所致斯巴达王之书（1731 年伦敦印行，见 91-98

---

① 见 Ferdinand Brunetiere：*Revue des deux mondes* 条 699 页，1906 年巴黎出版，及布氏另一著作 *Etudes critiques sur l'hitoire de la litterature francaise* 第 196-199 页，1907 年出版。

② 参考 William Leonard Schwartz：*The Imaginative Interpretation of the Far East in Modern French Literature* 1800-1925 第 2 页，1927 年巴黎出版；Mary G. Mason：*Western Concepts of China and the Chinese* 1840-1876 第 170 页，1939 年纽约出版，及 Henr Bernard 氏所撰之文，载于 *The Nankai Sociai and Economici Quarterly* 第九卷第一期第 109 ~ 110 页，1936 年出版。

③ 见 Sir Michael Sadier：*Essays on Examinations* 第 56 ~ 58 页。

④ 在《普林斯顿评论》（*Princeton Review* XLII，1-21）中有一篇文章，题名 The History and Literature of Civil Service Reform，其中有谓：“法国自 1791 年起已实行竞争考试历十年”，但至革命发生时却行中断，因“法国已放弃采行中国之开明专制主义”（见前引 Hudson 之著作第 326 页）。在 1867 年出版之 National Qarterly Review（第十五期第 365 ~ 384 页）中，也有一篇文章讲道：“1840 年的时候，M. Labonlaye 被派至德国，考察彼邦之制度，以备推行于法国。”他的考察报告书名为 *De l'enseignement et du noviciat administratif en Allemagne*（第 366 页）。这证明法国的考试制度至 1840 年以后已重新加以考虑。1847 年，Edouard Biot 所著 *Essai sur l'histoire de l'instruction publique en Chine* 一书出版，为论中国考试制度最完善的一本著作。至 1844 年以后，法国却开始侵略曾采行中国考试制度的安南。

⑤ 见 T. F. Fan：*Chinese Culture in England* 第 154 页。

⑥ 见 *Gentleman's Magazine or Monthly Intelligencer* 第三卷第 112 页，1733 年出版。

页）中曾谓：“在一个联合王国中，每一种有爵禄之位置实应根据真正的功绩而赐予。凡是政治修明的国家均应遵行这一定则。假使任何一个近代政治家认为这一个定则无论如何好而不可能实用于地广人众的大英王国的话，那么我可以告诉他：就在我们这个时候，这一个神圣的定则已经在世界上人口最多幅员最广而政治最修明的国度里很严格地实行了，这个国家就是中国。”（见第 91 页）根据弗修斯（Isaac Vossius，见 1685 年出版之 *Variarum Considerationum*）及耶稣会士所述，蒲德介氏对于中国考试与监察制度曾叙述得极为详尽①。而范氏（T. C. Fan）所著之《中国文化在英国》（Chinese Culture in England），其结论亦谓：“18 世纪的三十年代及四十年代，一般政论家、蒲德介、贾德费爵士（Lord Chesterfield）以及《伦敦报》（*London Cazetteer*）、《伦敦杂志》（*Lonon Journal*）、《工艺人杂志》（Craftsman）与《雾杂志》（*Fog's Journal*）上的许多无名作者，都喜攻击华尔波尔（Walpole）的政府采用中国的寓言、格言以及风俗习惯。当时一般人都认为中国历史悠久的两种制度即文官制度与监察制度是值得英国仿效的。”（见第 362 页）

1775 年，又有一位英国作家将中国考试制度的优点归纳为下 列五端，即：

> “（第一），好闲怠惰的青年因常予职位即可改邪归正。第二，研究之风足以使青年增加其智能。……第三，能者始能在位；如其不能阻止贪污枉法之风，至少亦能加意防患玩忽为非之行。第四，凡君主认为不称职者？亦能本诸大义以去其职。……第五，人民对于讼狱之事均无须纳费。”②

### （五）驻华英国外交官员所记载之中国考试制度（1793—1835 年）

在上面，作者已将欧洲旅华的传教士及游历家所著有关中国考试制度的文章，钩玄提要，并讨论到法英两国重要思想家的意见或感想。现在再进而讨论 18 世纪末叶英国驻华外交官员的印象。

英国派来中国热河觐谒国君的第一位大使为麦加特尼爵士（Lord Macartney）。麦氏在外交与行政两方面都具有丰富的经验，曾经英政府派为驻印度麻德拉斯（Madras）与孟加拉（Bengal）的总督，以改革当地行政上的紊乱③。至 1793 年，麦氏始奉东印度公司之命来华，并带随员一百名。据麦氏《北京行纪》的一种节本（1807 年伦敦出版）所载，麦氏系于 1793 年 12 月 11 日星期三抵达江西之南昌府，下榻于该省会的贡

---

① 见 John Nichols：*Illustrations of the Literary History of the 18th Ceutury* 第八卷第 197 页，伦敦出版。

② 见 *The Chinese Traveller* 第 109 ~ 110 页，1775 年伦敦出版。

③ 麦加特尼在任驻华大使以前，曾任英国驻俄特命公使，格林拿达（Grenada）及其他地方之总督。参看 John Barron：*Some Accounts of the Public Life and a Selection from the Unpublished Writings of the Earle of Macartney* 第 69 页，1807 年伦敦出版。

院。如谓：他们“都在一个极为宽敞的大厦之中，大厦之中央有一大厅，即全省举行科举考试（即予以文官资格）之场所。当时大使馆的人员大半于此处就寝”（见第二章）。麦氏使馆中一位秘书史汤顿（G. L. Staunton）在其所著《由英使华纪实》（1797年于伦敦出版）一书中，也对中国的考试制度与政府不断加以赞扬（第二卷）。随父来华的史氏之幼君乔治（George T. Staunton）也写过一本书，题名《游华劄记与中英通商》（1847年伦敦出版），其中有云：“麦氏使馆驻华虽为时短暂，但已足以使吾人认识彼邦所以驾其他各国而上之者，实在其学问与道德。……此等学位通认为与欧洲各大学所授予之学位相似，但吾人须注意中国之考试并不与任何特殊的教育机关或制度相关，而系由政府任命之官吏按期于全国各重要城市举行；同时除了极少数的例外，各种各类的人都可以参加考试。而学位也并非仅仅是学术上的，实在就是充任官吏以及获得官阶与职衔的唯一正轨。”（见第二章）显然的，英国大使人员在赴华之前对于传教士所写的许多东西就已经作了很缜密的搜罗与研究。

老史汤顿对于中国政府的看法，当时曾经许多著作引用①。他本人对于中国政府制度及法律制度也特别感到兴趣，结果他竟然将中国很重要的一部法典即《大清律例》于1810年译成英文，而两年以后法文译本也出现了，并另有注释。中国考试制度的官方文书译为英文，或许以这部书为嚆矢。

至1816年，赖皮尔爵士②（Lord Napier）于广东谈判之际，也是下榻于中国的贡院③。据称当时参加每三年一次文武官考试的数千名考生均已到达，情况热烈非常④。

18世纪末叶的时候，英政府及商人均亟望扩充贸易，调和中英两国之外交与通商关系，使互立于平等的地位，并希望彻底了解此老大帝国之政治、历史、哲学、语言、文字及风俗习惯，借以讲求适应之道。因此在这个时期内，英国在广州经商的侨民也就建议英政府应在印度设立大学，以培养在东方服务的官吏。

### （六）19世纪上半期主张英国应采行中国考试制度之重要建议及详细之记载

19世纪有许多论及中国考试制度的书籍。其中最重要的有摩里逊仿百科全书体所编著的《中文辞典》，及葛慈迺夫（Charles Gutzlaff）、默德赫斯特⑤（W. H. Medhurst）、麦杜思等的著作。在《中文辞典》(1815年澳门出版)的第一卷中，有关于中国考试制度的一篇很长的叙述（第759~782页），其所论考试制度的历史发展、考试法规及考试方法等无不根据中国官方文书及敕令编纂的原始文献如《科场条例》与《学政全书》

① 参见 William B. Langdon：*The Thousand Things Relating to China and the Chinese* 第23页，1843年伦敦出版，及 G. T. Lay：*The Chinese As They Are* 第36页，1843年厄尔巴尼出版。

② Lord Napier 应译为律劳卑。

③ 见 Henry Ellis：*Journal of the Proceedings of the Late Embassy to China* 第347页，1817年伦敦出版。

④ 见 William E. Soothill：*China and the West* 第109页，1923年伦敦出版。

⑤ W. H. Medhurst 的中文译名该是麦都思。

等而撰成。本书关于考试的这一段，至今还不失为英译本中最原始资料之一，因为中国考试制度至1815年以后几乎很少有修改的。这一段记载后来（1826年）又在《亚细亚杂志》（*Asiatic Journal*）（第221期）上撮要重刊一次，亦可见其重要。摩里逊于1824年返英的时候，并携回一大批中文书籍。

自摩里逊的辞典出版以后，西方学者对于研究汉学即窥其门径，而对于中国制度之认识较前亦更为切实。如1834年，葛慈迺夫在其所著《中华简史》中有云：

> "彼邦政府……自唐代（618—907年）起即举行经常考试，凡欲为仕的人均可参加考试。……几居高位者都必须具有最廉洁的德操；然高官所见到或未见到者仍有许多秘密勾当。"（见第一章）

尽管是有"秘密勾当"，而葛氏还是以中国考试制度值得其他国家采行；他在《开禁之中国》（1838年伦敦出版）一书中曾谓：

> "在我们本国对于兴办考试机关的人，从无一种法度来授予他们很大的荣誉，俾其能自最优秀的青年中选拔政府官吏。……而在中国则唯有才智者始能晋升，不问其身份如何。……这一个原则是很崇高的，且很值得其他国家采行；唯实行则系于试办之情形如何。（见第二章）

默德赫斯特所著《中国之现状及其前途》（1838年伦敦出版）一书中，也有一章记述中国的"学术考试"，颇为简要。是书作者于列举其利弊以后，在其结论中则谓"这种制度的本身实在值得钦佩，而且值得仿效"。

然而主张采行中国考试制度最坚持而最热烈的，还要算麦杜思。麦氏系于1842年由伦敦来华，于1854年请假返国。1846年时，他曾说他已拟好一本推行英国考试制度的计划书。但是因为环境特殊，致未能连同《留华劄记》的原稿寄回本国出版。《留华劄记》系于1847年印行，据他说"这样做的主要目的，就是要为全英国臣民促成建立一种公职竞争考试的制度，以谋大英帝国政府之进步。"①。麦氏并认为："中国的国脉所以能历久不坠，纯粹而完全是由于政治修明，政治所以修明则在于能起用贤能与有功绩之士。"②

麦杜思在其劄记之第十一段末又谓，中国生存四千年之久，不啻为其他国家的统治者留下一个切实的教训，接着又在结论中强调："英国如不采行一种公正无私之制度，以提高殖民家的地位与荣誉而符君主之意，则英国行将丧失所有之殖民地，必无疑义。……"

---

① 见 *The Chinese and Their Rebellions* 第二十二章。

② 见 *The Chinese and Their Rebellions*，*Desultory Notes* 第124页。

这是1847年英国畏惧俄国时所说的话。自此以后，麦杜思得了当时英国领事麦克格乃哥（MacGregor）的同意，为了招考书记就已经在广东实行了竞争考试。据麦氏自己说：“我这种完全空前的创举，在一部分英国人当中，可说引起了不少的讥讽和非难。”①至1854年返英伦时，麦氏又“以极大之兴趣考察文官与武官考试制度的进步”。1856年麦氏又出版另一著作，书名《中国民族之变乱》。在这本书的绪言及其他数章中，麦氏又概述他以前在1847年所写过的，并为英国人民继续鼓吹实行“一种考虑周详的地方与京城考试制度，就如中国近一千年来所实行而迄今少变更的普通考试制度一样。但欲将来参加行政部门以下的各附属部门工作，则必须先经过普通考试及格然后再参加京城的专门考试”。

这里我们应该注意到，麦氏所重视的是中国考试制度的大原则，而不是其实行的细微末节，因为这样才能设计一种“考虑周详的制度”出来。他鼓吹英国采行中国的考试制度，曾经花费了十年的功夫，并且在1869年去世的时候，还觉得他在这方面已经有了若干成就。然而，可能也因为他在字里行间坚持过甚，所以1871年在《麦米伦杂志》（*Macmillan's Magazine*）上就刊载了一篇无名氏的文章，攻击他“在主张上及文字上都未免偏颇”，并诋毁中国为“官职由于贿赂的”国家。但是这篇文章终不及影响于英国采行中国之制度，因为英国在1855年就通过了文官制度的原则，且于1870年付诸实施。而另一方面也可见麦杜思于1847年发表的第一部著作及1856年出版的第二部著作，均特别强调其建议，一定都是很合时宜而且是很有力量的。要批评麦氏论中国的书籍，实莫如证明一下麦氏对于社会人士所具有的影响力，例如《电气评论》（*Electric Review*），1856年出版）的主笔，当时即呼吁一般读者“接受他的主张”。

然而当时赞扬中国制度并主张采行于欧洲的，并非仅麦杜思一人而已，还有其他许多的学者。如1835年英格尔斯（R. Ingles）即曾推崇中国制度，甚至提到印度文官制度所受中国的影响②。1836年，穆雷（Hugh Murray）氏亦在其所著《中国历史论述》一书中指出，“中国政治之特长主要者在其能使行政各部门发挥贤能的功效”。1838年，道宁（C. T. Downing）氏也谓，“全中国有如一规模宏大之学府，其校务皆由在该校受教之学子主持”③。虽然这一种考试制度并不一定能造就勇毅的将领及防止种种流弊，但“这种制度的原则究不失为卓越的”。牛津大学的中文教授纽曼（Neumann）氏认为“中国的政府制度是东方各国中最优越的制度”④。1841年，毕莪（Biot）氏所著的《中国教育论集》对于这方面现存的资料几乎包括无遗，且能融会贯通。至第一次中英战争结束，中国声威大坠以后，而中国的考试制度依旧是为兰顿（Langdon）、费雪博恩（Fishbourne）⑤等的著作以及1857年至1858年中伦敦《泰晤士报》的特约通讯所不断

---

① 见 *The Chinese and Their Rebellions* 第二十二章。

② 详见以下论印度一节。

③ 见 C. T. Downig：*The Fan-qui in China* 第255页，1838年伦敦出版。

④ 见 C. T. Downig：*The Fan-qui in China* 第255页，1838年伦敦出版。

⑤ 见 Capt. Fishbourne：*Impressions of China* 第39及44～46页，1854年伦敦出版。

称道。

在1570—1870年这个期间所出版关于中国考试制度的文章或书籍，已有七十余种依照字母顺序列于本文附录中，兹所引证者不过其三分之一而已。

### （七）英国考试制度所受中国影响之论证

上述七十余种欧洲史料或为书籍或为杂志，大部分都是传教士、游历家、外交官、商人及著名思想家以英文撰成或译为英文在伦敦出版。这些史料大概使我们获得这种结论：即（1）中国考试制度之影响欧洲制度，在时间上是够早的；（2）东方与西方之关系因上述诸作家及东印度公司而得以密切沟通；（3）英国在1855年采行文官考试制度以前，伦敦人士并非完全不认识中国的考试制度，这一方面是由于有许多的著作出版，一方面又由于有两个中文图书馆：一即摩里逊氏的藏书，一即印度事务部的图书馆，关于后者嗣于下节讨论之。1847年有一位作家曾说得很正确，他说“凡是欧洲的读书人都很知道有一种根据中国制度而制定的考试制度；如果说从一百五十年前的耶稣会士一直到今天的汉学家——所有研究中国的诸作家都看不到这种制度的后果，那简直是不足信的”①。然而伦敦大学政治学的故教授华尔斯博士（Dr Graham Walls）于1931年讲演时则谓：“从中国以后——中国在以前是我们很少知道的，我们英国当然是最先采用公务员竞争考试制度的国家。”②

## 三　印度与英国文官考试制度之发展及其所受中国影响之证据

### （一）东印度公司文官制度与海利柏里学院之发展

在本文的第二节中，我们已经考察了一下西洋史料中所载中国公开竞争的考试制度，这些文献可说表示了英国文官制度所受外界影响的可能性。现在再进而讨论一下共内在的可能性问题，就是探讨印度与英国的文官考试从最初到1870年的发展究为如何。

考东印度公司的文官原称为“经纪人”及“书记”，都是由几年时间的学徒制训练出来的。1773年的时候，英国议会曾发动调查东印度公司的情形，并思设法纠正其行政上的紊乱。所以接着就成立董事会，并于1780年派麦加特尼前往工作③。慢慢地东印度公司对于所用职员就更加以限制，如年龄及升迁的标准等。

1801年，东印度公司的董事会开始成立“印度事务部图书馆”，当时曾有几个藏书

① 见 *Desultory Notes* 第124页。

② 见 Paul Monroe：*Conference on Examinanations* 第167页，1931年伦敦出版。

③ 见 John F. Barrow：*Life of the Earle of Macartney* 第1及69页，1807年伦敦出版。

家都捐赠其名贵的藏书，其中有一万三千册左右的手抄本，包括梵文、藏文及中文①。由是在19世纪的初叶，东印度公司的官员就备有很多关于中国的书籍和手抄的原本书；他们从这些书籍当中自可能研究到中国的商业、政治及社会的情形。

同时该公司又作了很大的努力，重新招收办理东方事务的职员。早在1789年，其初步训练书记的第一个计划据说就是从该公司驻广东的分公司仿效而来，而在18世纪90年代该公司并将派往中国经营茶商的青年先在伦敦训练一年。至1800年，魏勒斯里爵士（Lord Wellesley）于加尔各答创办大学的时候，又对于新进的职员施以文学、科学及东方语文等方面的训练，然而驻广东的分公司当时似仍在继续建议成立一东印度学院。据该分公司1804年1月29日的公函中曾有下一段说明：

> “在总督指导之下以完成教育与任职的制度。这样，董事会或能使他们都成为公司更干练的职员，同时也或能予他们以机会，俾其成为社会上更出色的人物，而非少年时离开欧洲初出茅庐者可比。”②

我们因为无法看到这封原函，也不知道广东分公司所称造就“更干练”与“出色的”职员，究系建议采用何种方法。但是我们知道这一个建议已经董事会于1804年9月19日移送到“通讯联络委员会”。而该委员会的报告也称广东分公司所建议的那种制度，已早就认为是必需的。同时，公司的职员均应受严格无私的考试③。由于这种经过，所以1806年5月东印度学院就成立于伦敦附近之海利柏里（Haileybury）地方④，其目的就是要训练一批在东印度公司服务的公务人员，让其于处理印度政务上能称其职。因此自1806年该校成立以至1858年该校停办这段期间，所有初到东印度公司服务的实习人员统统是先经过两年的普通课程与东方专门课程的训练的。

虽然福特威廉学院（College of Fort William）自1801年成立后已定期举行公开考试，并自1801至1818年期中对于各种考试的结果也都有报告⑤，但是海利柏里学院在开始的七八年间并未举行过测验或考试。其采行考试制度乃是渐次施行的。据英国“议会报告书”所载，对于东方语文举行试验的法律乃通过于1814年，对于欧洲语文举行试验的法律则制定于1819年。所谓“考试”这一个名辞系于1821年始采用⑥。海利柏里东印度学院所举行学期考试的结果，曾经公布于《亚细亚杂志》上。这些考试

---

① 见 Sir Malcolm C. C. Seton：*The India Office* 第238～240页，1926年伦敦出版。

② 见 *Memorials of the Old Haileybury College* 第14～15页。

③ 见 *Memorials of the Old Haileybury College* 第15页及 *Parliamentary Papers* 第九号第735页，1931—1932年出版。

④ 1927年伦敦出版之 H. Finer：*The British Civil Service* 第18页中，谓海利柏里学院成立于1813年，此或系手写之误。

⑤ 见 *Memorials of the Old Haileybury College* 第244页。

⑥ 见 *Parliamentary Papers* 1931—1932 第九号，*Indian Company* 第234页。

都是依照各大学的学院公开考试计划而举行的，尤其在三一学院是如此，这些考试并经依照以往的经验而加以改进。

至于印度之文官考试制度，显然是1829年为了未进东印度学院的人而建立的①。至1832年并通过一个法案，以考试方法来录取未曾进过该校的公务员②。据曾在东印度公司服务二十七年的奥伯南（Peter Auber）称，麦唐纳爵士（Sir James MacDonald）曾于1832年考虑到采行公开竞争考试制度的许多优点③。至1833年，又通过一个法案，规定海利柏里学院将来考公务员时，每一名额必须提出四位候选人，然后“再由考试委员依照东印度公司监察委员会的指示予以甄别考试”④。虽则这次想实行局部竞争考试的早期计划不久即告搁浅，然而芬纳尔教授（Prof. Finer）还是相信公开竞争考试的这一个基本观念“产生于英国治理印度的改革上，而实行于1833年的特许法案（Charter Act）”⑤。

1835年7月，居留中国的一位英侨英格尔斯曾在《中国文库》中写了一篇文章，讨论中国的考试制度。他在这里面说：“英国的东印度公司……对于文官制度已采行了选拔的原则。……这种中国发明的东西在印度充分发展说不定总有一天要和火药与印刷术一样，使欧洲国家发生另一次的大变化。”1836年，英国派驻中国之总监督及以后改任香港总督兼英军总司令台维斯爵士（Sir J. Francis Davis）更谓中国之文官制度，“和英领印度政府最近所采行之制度并无不同”⑥。

同年，特利维廉（Charles E. Trevelian）所主持之教育委员会曾报告称：“凡孟加拉（Bengal）及阿格拉（Agra）两总管区之大城市均应每年举行公开考试。……此种考试并应对所有学子开放。”⑦

自此以后，印度的文官制度可说没有什么大变更，直到1853年一个议会法案才取消了董事会任命印度文官的特权⑧。同年，英女皇并核准成立一个“永久文官制度研究委员会”，但至1855年始在印度正式采行文官考试制度。

### （二）1853年以前英国文官制度之发展

在古代，英王实际上就等于是国家，根本就没有文官制度这种东西；因为文官制度

---

① 见 *Asiatic Journal* 1821年一月号第52~54页，及1829年之第28卷第638页。

② 见 Parliamentary Papers 1931—1932 第九号第234页。

③ 见 Peter Auber：*An Analysis of Indian Government* 第101、102及104页。

④ 见 Robert Moses：*The Civil Service of Great Britain* 第51页，1914年纽约出版。

⑤ 见 *The British Civil Service* 第38页，1937年伦敦出版。

⑥ 见 J. F. Davis：*The Chinese*, *A General Discription of the Empire of China* 第209页，1840年伦敦出版。

⑦ 见 *On the Education of the People of India* 第162页，1838年伦敦出版。

⑧ 见 *Memorials of Old Haileybury College* 第122页。

是一个近代的名辞①。英国所以于1855年采行文官考试制度的主要原因有好几种，如委任官吏制度之腐败、工业革命、1848年之革命时期以及人民对于克里米亚战争之忿懑等。爱德华查理（Charles Edward）在其所著《文官制度之路》一书中说得好：“在1855年以前，做官完全是靠人家来帮忙的，并不需要考试——无论是测验也好竞争也好。……”

但是在这个行政上腐败的长期过程中，却有很多的建议想借考试来遏止这种恶风。最早的可说是1776年亚当·斯密（Adam Smith）所作的建议。他在所著《原富》一书中曾创议每一个人都必须“经过一种考试或见习，然后庶能到任何一个公司去经营贸易”（见第二卷）。据萨德勒氏的解释，亚当·斯密系受法国百科全书学者的影响，而这些学者又多受中国哲学与政治的影响。《原富》是一本远近传诵的著作，据萨氏称：“这本书很快的就影响到统治阶级。而至相当时期他的这个意见就在他们中间萌芽，并且使印度与英国文官的公开考试制度具体化了。”② 然而在1803年以前，英政府还没有采取什么措施。到这一年，威廉庇得（William Pitt）才在东印度公司之上成立一个监察委员会，并核准新拟的海关计画，因此凡是进海关服务的人都须经过见习，而在担任重要工作以前须经过考试。1816年，边沁（Jeremy Bentham）曾将《宪法条例草案》摘要编著《提高官吏能力缩减经费》一书于伦敦出版，并于1830年又拟订改革贪污官风与徇情躐等的基本原则。他甚至又创议举行口试，可是在当时并未产生若何结果。1829年，威灵顿公爵（Duke of Wellington）也对于当时政治的徇情之风深致不满。所以到1832年，竞争考试的这个理想就因制订了通用于东印度公司“特许法案”而终于实现。

### （三）1853年至1870年英国文官考试制度之发展

英国反对其国内文官委任制度第一个有效的措施，就是格雷斯顿（Gladstone）于1835年所作的措施，当时他命特利维廉与洛慈柯特（Sir Stafford Northcote）两氏一面研究永久的文官制度，一面并提出选拔官员最好的办法③。特利维廉曾于1820年赴海利柏里，自1826年至1838年则留印度供职于东印度公司，并先后担任各种职务。自1840年起，则于伦敦任财政委员会委员，凡十九年之久。其夫人即系1834年任印度事务最高会议（The Supreme Council of lndia）委员的麦考莱爵士（Lord Macaulay）之妹。

洛慈柯特氏自1852年12月至1853年随特利维廉氏工作，其母系东印度公司官员卡伯恩（Thomas Cockburn）氏之独女。特利维廉与洛慈柯特二氏之调查报告书于1853年11月23日签署发出，题为“永久文官制之组织”④。这一次的报告书实奠定今日英

---

① 文官制度一辞到1854年以后才开始通用。参阅 T. F. Tout：*The English Civil Service in the Fourteenth Century* 第5页，1916年伦敦出版。

② 见 Sadler：*Essays on Examinations* 第55页。

③ 详见1853年4月12日之 Treasury Minutes，关于任命调查委员会之事载于 *Accounts and Papers* 中第439页。

④ 见 *Parliamentary Papers.*

国文官制度之基础。

同时被称为“精通印度问题”的监察委员会主席伍德爵士（Sir Charles Wood）亦于1853年6月提出“1853年法案”，并在议会中为麦考莱极力支持；据说麦氏就是主张公开竞争制度最早的一人①。伍德在1853年6月25日正当“印度政府法案”提出二读时所对下院发表的演说，一般人均视为这就是打破旧式的委任制度而实行新措施贡献特多的一次讲演②。伍德是一位卓越的历史家，工文而擅辞令，且对于办理印度事务具有二十余年的经验，所以他对于认识这种新制度的用途也具有非常的识见。他这次的演辞显示英国竞争考试的计画原为格兰维尔爵士（Lord Cranville）所创议，其后至1833年始为格林纳里爵士（Lord Glenely 亦即 Charles Grant）所提出，同时在他和一位想修正其计划的贵族人士辩论时，即已想到学校考试的问题。他当时不但敦促英国下院通过这一法案，并且还促其迅即决定。

至1854年7月，伍德又往见财政大臣麦考莱，请其主持一个由知名之士所组成的委员会，以报告印度文官制度之整理。结果，他所拟订公开竞争考试的计划以及所拟订的科目与分数表都被完全采纳。而麦考莱、爱西柏顿（Ashburton）、美尔维尔（Henry Melvill）、爵威特（Jowett）以及勒费弗雷（John G. S. Lefévre）于1854年11月所共同签署的“印度文官制度报告书”也很迅速地呈送到议会③。

至于这个报告书中的重要意见，兹再略述如下。就是说为了建立一个适宜的考试制度，其上必须有一个具有权力的中央考试委员会议来推行。这种考试一方面采取竞争的笔试办法，一方面并考查考生的年龄、健康及品格。对于高级官职所举行的竞争考试，其水准则应与全国最高教育的水准相合。换言之，即学校考试应与文官考试密切配合。所有考试均应按期举行。对于低级官职的考试则应分别于各地举行，以利“不能耗资远行者参加”。同时文官考试及格以后尚须经过严格试用的阶段④。

从这个报告书的内容来看，可知其推行考试制度的理想和前面所述的中国考试制度的精神，显然是一样的。

这个报告书中所述推行文官竞争考试制度的计画，其后曾为不少的重要人物和杂志所推许，如约翰·弥勒⑤（John Stuart Mill）⑥、首相格雷斯顿⑦、英女皇于1854年所发表的议会开幕辞、《西敏寺评论》（*Westminster Review*）及《观察报》（*Spectator*）等。

---

① 见 *The Nineteenth Century.*

② 见1874年出版之 *Edinburgh Review.*

③ 见 *Parliamentary Parpers.*

④ 比较 N. E. Mustoe：*The Law and Organization of the British Civil Service* 第4页中作者之综论，1932年伦敦出版。

⑤ John Stuart Mill 的中文译名是穆勒。

⑥ 见 *Parliamentary Papers Relating to the Reorganization of the Civvil Service* 1854～1855 第92页。

⑦ 见 John Morley：*The Life of William Edward Gladstone* 第一卷第509～512页及第二卷第314～315页，1903年纽约出版。

然而另一方面，这个计划也为不少的人反对，如《星期六评论》(*Saturday Review*)、《民族评论》(*Arational Review*)、《经济学家》杂志（*Economist*)、《宝藏》杂志（*Treasury*)，许多的部长和议员以及直接间接受到委任制度的好处的人①。

在这个时期，英国议会的辩论可说包含了很多关于英国文官考试制度受到中国影响的资料。1853 年，格兰维尔伯爵曾在上院宣称，谓鞑靼人的一个小朝廷能够统治中国这个大帝国达二百余年之久，其主要原因就是由于他们能利用文官竞争考试的制度来网罗全中国的才智之士②。

蒙提格尔爵士（Lord Monteagle）在攻击洛慈柯特与特利维廉的报告书时也说："完全适用这种制度的唯一的先例就是中国。"③蒙氏同时又举了很多事实来比较中国考试制度和洛特两氏报告书中所建议的考试制度。他可说充分利用到默德赫斯特对于中国考试制度的记载。

除了上述议会辩论的资料而外，间或也有些不主张受中国影响的反对意见，载于"关于文官制度之文书"中。这些反对派的意见不是认为考试不能实行，就是认为教育将为考试而牺牲。最可笑的是一位反对派特诺罗甫（Anthony Trollope）所写的一部长篇小说，题名"三位事务员"，将特利维廉爵士描写成一个顽固份子，爵维特则成为一位幻想出来的漫画像。

尽管有这些反对的意见，然而改革派还是决定"将这种制度实现，让反对派去叫嚣"。其实现洛特两氏计画的第一个步骤，就是于 1855 年 5 月 21 日首先成立一个文官考试委员会，并规定其职权。这个委员会共设三位考试委员，主持政府中"低级官职的考试事宜"。考生于考试及格以后，则由考试委员颁发及格证书。于是，英国的竞争考试制度就这样建立起来。

在英国反对采取竞争考试制度的人，差不多有十年之久还是继续不断地证明英国所创拟的制度和中国是一样的，并比较其间的异同。如柯克雷恩（Bailie Cockrane）氏即坚谓英国人"并未认为他们须从中国学习"④。《西敏寺评论》亦谓："这些中国的外'夷'（英国人）的确现在只是从中国文官考试制度的书籍中学到一页而已。"（见 1857 年四月号第 295 页）。

根据 1870 年 6 月 4 日印度事务最高会议的命令所载，公开竞争已经成为进入政府中工作的常轨，无论到哪一部门服务都必须先经过考试。而这个命令中的主要规定，就是在今天还是有效的。

---

① 见 G. H. Stuart Burning：The Origin and Development of the Civil Service 载于 1926 年出版之 *Public Administration* 第四期第 122 页，及 *Atlantic Monthly* 第 43 期第 582 页。

② 见 Hansard's *Parliamentary Debates* CXXVIII 第 38 页。

③ 见 Hansard's *Parliamentary Debates* CXXVIII 第 651 页。

④ 见 Hansards's *Parliamentary Debates*，CLVI（1860 年 2 月 16 日)，第 1194 页；CLXXII（1863 年 7 月 17 日)，第 958 页。

### （四）反对受中国影响之论证

本节已简单地讨论了一下英国文官制度在本国与印度之发展情形以及其社会背景、工业革命之环境、殖民地的扩张、法国大革命与官吏委任制度之流弊等。从这些经过的情形看，当然的结论似乎就是说，文官制度乃是英国与英领印度的本地产物。这种制度主要的是由学校考试制度演变出来，并根据在印度实行的经验加以改进过的。而推行文官考试制度的人又大半是出身于剑桥大学或牛津大学，并曾获得研究金或补助金的毕业生。麦考莱爵士的演辞很显然地是指学校考试而言。所以就欧洲国家而言，公开竞争似乎是英国人发明的。① 这样说来，那么以为英国之采行文官考试制度其内在方面亦受中国之影响，那也是不合逻辑的。或许英国之考试制度多少有些受了法国思想的影响，因为英国创议实行竞争考试的学者如亚当·斯密和边沁等以前都是受了法国思想家及百科全书学者的影响。然而这两位英国学者虽很重视这个问题，但和东印度公司毫无关系。所以一般还是相信英国的文官考试制度先发源于印度，而后始推行于国内。这也是本文作结时可以断言的。

## 四　结　论

前面我们已经将这个问题正反两方面的零星文献提出，现在我们还必须再将本文中要点略述一下，然后作一结论。在本文的绪论中，我们已经赞同《大英百科全书》的说法（时间问题姑置不论），即“我们所知道的最早的考试制度为中国所采用之选举制度（纪元前 1115 年）。”至纪元前 165 年，中国实际上已建立一种荐举与考试的制度，包括口试和笔试，而注重于品德的优良。迨至 622 年以后，公开竞争的学术考试就定期举行于各地方及京都。这个时期的考试，一方面注重于基本的知识，一方面又规定试用的阶段。

至于欧洲，据《大英百科全书》所载，最早的大学考试可溯源于 1219 年以后的时期，而至 1702 年始有笔试。学校考试发展于 18 及 19 世纪，文官考试之建立则为时稍晚。

在本文第二节中，我们已将 1570 年至 1870 年中间于伦敦出版的英文著作提出七十余种。从这些材料中，我们知道早在 1570 年欧洲就有些学者知道中国的政治制度与考试制度。法国的大思想家如福禄特尔、狄德罗、百科全书学者及桂纳等都承认他们受了这些早期著作的影响，而桂纳氏还希望法国采行中国的考试制度。其后，法国学者布伦退耳又承认法国教育实在是奠基于中国公开的学术考试制度之上，并认为法国文官考试

---

① 比较 H. Finer. *The British Civil Service*（1937）第 38 与 40 页，及 *The Theory and Practice of Modern Government* 第 2 页，1932 年伦敦出版。

制度的思想无疑也是渊源于中国的制度。

英国的思想家也是受了这些论中国的著作的影响，同时也受了崇拜中国文化的法国学者的影响。如谭普尔、约翰笙、哥德斯密以及爱迭生等就有些推崇中国的思想。至18世纪上半期，英国学者如蒲德介、贾德费以及《君子杂志》、《工艺人杂志》等又认为中国有两种历史悠久的制度很值得仿行，即学术考试制度与公共监察制度。根据亚当·斯密在1776年所说的话来看，也许创议英国文官竞争考试的最先的一个人就是他，可是亚当·斯密是否读过桂纳的著作却很难断言。至1793年、1816年及以后的时期，英国曾有好几位驻华大使下榻于中国的贡院，并曾记载其游华的经过。他们对于中国政治的印象都是很好的，并认为中国的安定和立国之久乃由于考试制度①。至19世纪又有很多论中国的著作或翻译的书籍出版，还有两个专门收藏中国书籍的图书馆以供英国专家学者研究——即1801年于伦敦所设立的，一即1824年摩里逊所带回伦敦的藏书。同时，东印度公司驻广东的分公司亦建议在海利柏里设立东印度学院。结果，这个学院终于1806年成立，并用来训练印度之文官达半世纪之久。

英国文官考试制的历史，可以溯至1833年，因为这一年所通过的“特许法案”才使文官考试的理想具体化。至1838年，伦敦教会的默德赫斯特也认为中国的考试制度是“值得仿行的”。到1847年和1856年麦杜思发表其合时的两部著作时，他也指出中国幅员辽阔而立国久远乃由于实行考试制度，同时又竭力主张“为全英国臣民实行一种考虑周详的地方与京城考试制度，就如中国近一千年来所实行……的普通考试制度一样”。因为有这些积极的创议，同时又因为欧洲的传教士、游历家、外交官、商人以及大思想家所撰写有关中国的七十余种著作，或载于书籍或载于杂志，所以很显然的在英国未采行文官考试制度以前，英国知识阶层的一般领导人物对中国考试制度实在都是很了解的。

在本文第三节中，作者已讨论过印度与英国文官制度之发展，兹毋庸再述。的确，推行这种文官考试制度的人同中国未曾有直接的关系，同时他们也并没有提到受中国的影响。然而这些推行的人同东印度公司则确有关系。从麦考莱②和洛慈柯特③讨论中国的演讲辞来看，我们就可以合理的断定他们确是很熟悉中国历史与制度的各方面的。就是今天英美国家的行政首长，也未尝不是一样。他们虽没有到过中国，却也知道一些关于中国政治、财政及社会的各种情形。

次就洛慈柯特与特利维廉的联合报告书及1855年5月21日印度事务最高会议的命令来看，英国新建立的考试制度和中国老式的考试制度实在有很多非常类似的地方。比方说该报告书建议设置一中央考试制度委员会议，这和中国正是一样的；竞争考试应注重普通学识而非专门科目，也是和中国一样的；考试应按期举行并开放于全国人民，也

---

① 见 Staunton 氏之著作。

② 见 *The Works of Lord Macaulay* 卷八中“War with China”及“Government of India”两文。

③ 见 *Life, Letters and Diaries of Sir Stafford Northcote* 第一卷149及212节。

是和中国一样的；低级官职的考试应于地方举行，也是和中国一样的；还有官职的升迁应根据考绩而非徇情，也是和中国一样的。而该报告中所称注重于考生的品德及规定试用期间等，这也是中国实行一千多年的重要原则。如果说英国考试制度根本没有受到中国影响，这真是未免太巧合了！诚如1847年《爱丁堡评论》（*Edinburgh Review*）所说的，“事实上，我们从来就没有看见一种办法比这种办法更像中国的制度的。”①《福来塞杂志》（*Fraser's Magazine*）也认为：“赞成这种制度的很多动人的言论，无非是根据中国推行这种制度的成功而提出的。”（见1873年11月号343页）

当洛特二氏的报告书提出于议会时，蒙提格尔爵士曾攻击得非常刻薄，这也是不足为奇的。他的论据就是说，公开竞争是中国的制度，中国并不是一个“开化的国家”，所以中国的制度也不足道②。到1853年6月23日议会举行第二读时，史丹莱爵士（Lord Stanley）也说：“诸君……已采行了一种本国所未有的制度，但是这个制度据说已风行于中国，因此我们或可称之为中国制度。”③至于格兰维尔伯爵在论及中国考试制度时则站在赞成的立场，他说：“鞑靼人的一个小朝廷能够统治中国这个大帝国达二百余年之久，其主要原因就是由于他们能利用文官竞争考试的制度来网罗全中国的才智之士。”④ 此外，在“关于文官制度之文书”中，卡德维克（E. Chadwick）氏曾于1854年8月1日写道：“一位贵族人士，也是一位卓越的政府官吏，现在已提出反对本建议案，因为……这个计划是中国式的——中国有文官考试的制度。……所以本人站在同样立场，也完全同意这位贵族人士及其他反对派的意见。”⑤ 卡立色主教（Reverend Dean of Carlisle）亦谓，“许多人都特别指出中国是世界上考试办得最好的国家”⑥。所有这些同时期的证据，很显然地都承认了中国对于英国文官制度的影响，无论其为有意也好无意也好。

不但是在这个考试制度的计画于英国议会通过的时期，甚至于在十年以后，还是有很多杂志依旧猛烈抨击这种竞争考试，而认其为“已经被接受了的中国文化”。例如1875年，《双周评论》（*Fortnightly Review*）上曾刊载一篇萨伊思（A. H Sayce）的文章，其中有云：“现在中国的学说已经完全操纵了一般的人。……而今日一般人对于中国思想的信仰不过是退化为一种考试的制度而已。”因此，他又呼吁“设法阻止这种新中国文化的侵入”，同时又谓：“无论有效无效，现在大家……都在准备宣传这种已经被接受的中国文化中的新学说。”⑦ 这些明显而有力的论调，实在很够说明他们已经承认了中国的影响；也就是说英国文官考试制度所受中国考试制度的影响是很大的。时间的因

① 见 *Review on the Seventeenth Report of Her Majesty's Civil Service Commission* 第339页。

② 见 *Atlantic Monthly* 四三卷（1879年）George Willard Brown 氏之语。

③ 见 Hansard's *Parliamentary Debates* 第619页（1853年7月）。

④ 见 Hansard's *Parliamentary Debates* 第38页。

⑤ 见 *Parliamtary Papers* 1854-1855 第二十号 *Civil Service* 第159页，1870年重印。

⑥ 见 *Parliamtary Papers* 1854-1855 第二十号 *Civil Service* 第159页，1870年重印。

⑦ 见 *Fortnightly Review* 第十七卷（1875年伦敦出版）第843、844、846页。

素与空间的因素——即中英两国早期经由印度和法国的间接关系和直接交往的关系；还有两国考试方法上的许多相同之点；以及当时许多高级官吏的见证——所有这些都似乎证明了本文的这一个结论。

综括言之，就所有同时期的证据来看，都证明中国文官考试制度传入欧洲国家以后也使他们采行相同的制度，这是毫不足疑的。至于许多小同的地方如考试“经典”这些，究竟是否也受了中国的影响，我们倒不敢完全断言。但无论如何，各国政府采行考试制度一定是求其适应于民族性的①。

## 五 附 录

### （一）美国文官考试制度所受中国之影响

英国文官考试制度的起源，我们可以很有理由地断定是受了中国公开竞争制度的影响。至于美国文官制度所受中国的影响，似乎也用不着详述，因为美国的制度大部分系采自英国，一部分系采自德国。然而除了经由英国而受到中国影响的这一部分以外，其直接受中国影响的许多残简史料倒是值得一提。

美国之文官制度最初系由罗德岛的任克思（Thomas A. Jenkes）氏所建议，在他于1868年5月14日由“节约联合委员会”所呈送到美国众议院的报告书中，有一章系讨论“中国之文官制度”。至1867年，十月号的《北美评论》（*North American Review*）也表示很相信中国的考试制度。

在波士顿市政府于1868年5月盛宴款待中国大使馆外交官员的时候，爱麦生（Emerson）亦曾赞扬中国之考试制度，以及中国人之尊崇教育。他的演说辞合时而又有力，其中有一小段是这样说的：

> “中国现在的政治有一点使我们很感到兴趣。我相信在座诸君还记得罗德岛的任克思阁下曾经两度想提到国会通过的那个法案，就是主张文官必先经过考试及格取得学问上的资格，而后始能任职。的确，在纠正恶习的这一点上，中国是走到我们前面了，也走到英国同法国的前面了。同样，中国社会上都非常尊重教育，也走

① 当本文于1941年草成之后，重庆国立中央大学张学君（Y. Z. Chang）亦发表：“China and the English Civil Service Reform”一文，载于1942年4月出版之美国历史评论（*American Historical Review* XLVII，3，539-544）。张氏文中之主要资料虽取自 *Parliamentary Papers and Debates*，但是他的结论却比较大胆一点，兹摘录于次：“（一）中国之考试制度在英国已为人所熟知；（二）在当时英国之定期文献及议会辩论中，竞争考试的这个观念均与中国相关系”；（三）无论在议会以内或以外，都认为考试制度是中国的一种制度，而且也没有人否认过；（四）除了中国以外，没有一个国家曾经用过这种竞争性的文官考试制度。……”

到我们的前面，这就是中国值得光荣的唯一凭证。”①

1868年10月，北京同文馆馆长马丁博士②（Dr. W. A. P. Martin）曾有波士顿城的“美国东方学会”报告一篇很长的论文，题为“中国之竞争考试”。这篇文章很可能影响到美国的改革运动，因为他这篇著作实在很好，就是今天在了解中国的考试制度上还是值得一读的。在这篇文章的第一段，他曾很谨慎地防患可能像英国所发生的那些反对言论。这篇文章正式发表于1870年10月号的《北美评论》杂志，其后又重载于他在1880年及1881年所出版的书籍中。1870年，史皮尔（William Spear）氏著了一本书，名《最老与最新之国家——中国与美国》。在这本书里面，他也很赞扬中国的考试制度，并且还呼吁美国政府采行这种制度。同年，《哈卜月刊》（*Harper's Monthly Magazine*）也刊载一篇麦克唐鲁（A. R. Macdonough）氏所著论改革文官制度的文章。麦氏在比较甄别公务员的方法时曾谓：

“在中国，凡是君主以下的各官职统统是开放于每个臣民的。……官吏统由竞争考试选拔出来…并依其忠君与否而升降。……”③

尽管各方如此支持，可是1868年提出于众议院的改革文官制度法案，在1883年以前一直就没有通过。同时，一般的舆论虽则很赞成这种运动，但国会中大多数人对这一计画还是抱着冷嘲热讽的态度的。就如在英国一样，许多赞成分赃制度的人，都是反对利用考试来决定候选人是否称职的，因为他们认为这种计划是中国式的，洋派的，“非美国式”的！据他们说，这种考试在理论上也许是对的，但在实际上这种选拔候选人的方法是不会发生作用的。而中国的官吏又很贪污，只要有钱就可以卖官鬻爵。但是其他的人则认为西方国家应采取中国这种竞争考试的思想，使其适合于各国的需要而发展，不必完全抛弃这种方法，因为中国也并没有实现其理想。所以文官制度委员会在其报告书中就说：“我们没有意思来宣扬中国的宗教或帝国主义，但是我们并不了解为什么在本国尚在草莽的时代，孔子能讲政治节操，中国人民能读书，能用罗盘、火药及九九乘法表而我们民族不能；难道现在东方最开化而立国最久的国家能推行文官考试的制度，而我们美国民族将更不能有此长处吗——假如是一种长处的话。”④这的确是在叙述他国尤其是英国的经验以前，为了避免反对的一篇很好的外交辞令。但是报告书序言的这一段意思，很显然的是由同文馆马丁博士的著作而来，因为马氏在其著作中主张实行中国的学术考试，差不多是用的完全相同的话。

---

① 见 *Reception and Entertainment of the Chinese Embassy by the City of Boston* 第54页，1868年波士顿出版。

② W. A. P. Martin 取的中国名是丁韪良，字冠西。

③ 见 R. H. Graves：“Chinese Triennial Examinations”，*Overland*，8，第265页，1872年出版。

④ 见 *House Executive Document*，*43rd Congress*，*lst Session*（1873-1874）第二二一号文书第24页。

从上述种种之论证看来——如当时的演讲辞、重要人物如爱麦生（Emerson）的建议以及呈送国会官方报告书中所载有关中国考试制度之史料，美国采行文官考试制度似乎也可能有一点是直接受了中国的影响，然而更直接的影响则为英国的。

## （二）记载中国考试制度之西文书目

Alabaster, C, "Memorandum on Education in China Drawn up from Information Afforded by the Ex-Imperial Commissioner Yeh" *Journal of the Asiatic Society of Benegal*, Vol. 28, No. 1, 48-53,1859.

Anonymous, "Certain Reports of the Province of China Learned through the Portugals There Imprisoned," in *Hakluyt's Collection of the Early Voyages, Travels, and Discoveries of the English Nation*, London, 1810, 11,546-560. Pages 549-550 describs Licentiates and Loutea (doctors) literary and military examinations.

——The Chinese examination is described on pp. 462-465 of the *Asiatic Journal*, XIV, 1822.

—— "The Literati of China" in *Asiatic Journal*, 221, 521-527 (1826), based on Morrison's work.

——*The Chinese Traveller*, Containing a geographical, commorcial, and political history of China, with a articular account of their customs, manners, religion …etc. To which is prefixed, the life of Confucius... Collected from Du Halde, Le Compte, and other modern travellers. 2nd., London, 1775. 1, 107-110 on examination system.

——"Description of Examination" in *The Chinese Repo- sitory* 1, 482-487; 11, 239-253, 1833. "The Literary institutions of China the pillars that give stability to the government."

——"Description of Examination in Ningpo" in *The Chinese Repository*, 16, 67-72 (1847).

——"A Discourse of the Kingdom of China", in Purchas' (Samuel) *His Pilgrimes*, 12, 411-472. London: Original ed. 1625, new ed. 1905-07. Section 11, 421-440, a detailed description of "Degrees how taken both philoeophicall and Militarie" and the whole structure and civil service of Chinese government.

——"An excellent treaties of the Kingdom of China, and of the estate and government thereof: Printed in Latine at Macao, 1590," and collected in the *Hakluyt's Collection of the Early Voyages, Travels, and Discoveries of the English Nation* new ed., London, 1810. 11, 569- 580. The examination is described and praised.

——Examination at Canton is carefully described in *The Chinese Repository*, 4, 125-135, 1832.

—— "The profession of letters in China"—a descripion of a man's, struggle for Hsiu ts'ai and Chiu-jen. *The Chinese Repository*, 3, 118-119, 1834.

——"A Short Description of Examination," in *The Chinese Repository*, 9, 541.

Barrow, Sir John, *Some Account of the Public Life, and a Selection from the unpublished*

*Writings*, *of the Earl of Macartney*, the latter consisting of extracts from an account of the Russian Empire: a sketch, of the political history of Ireland; and a journal of an embassy from the King of Great Britain to the Empire of China, with an appendix to each volume. London, 1807, 1, 189; 2, 370.

Bernard, Henri, "Étiudes sur L'Humanisme Chrētien en Chine à la Fin de la Dynastie des Ming" in *Nankai Social and Economic Quarterly*, Vol. 9, 1, 109-110.

——*Le Pére Matthieu Ricci et la Societé Chinoise de son temps*, 1552-1610. Tientsin, 1937. Ch. 7, 146-173, L'annee des examens 1604.

Biot, Édouard, *Essai sur L' histoire de l'instruction publique en Chine et de la corporation des lettrés.* Paris 1845-1847 (Vol. 2) Contains nearly all the information extant on this subject, digested in a very lucid manner.

Braam, Houckgeest André Everard van, *An Authentic Account of the Embassy of the Dutch East-India Company to the Court of the Emperor of China in the Years* 1794 and 1795. London, 1798. Examination of students, p. xxxi. Breton de la Martiniere, Jean Baptiste Joseph, *China*: *its Costume*, *Artc*, *Manufactures*, 5th ed., London, 1813, 100-103.

Brunetière, F, "L'Orient dans la littérature francaise" in *Études critiques sur-l'histoire de la littérature francaise*, 8e serie, Paris, 1910, 1970-1971.

Burford, Robert, "Description of the Chinese Examination System" in *Pamphlets on China*, 1836-1838.

Burton, Robert, *The Anatomy of Melancholy.* London, 1621, also 1893 ed. 1, 116; 2, 162.

Cooke George Wingrove, *China*: *Being "The Times" Special Correspondencc from China in the Years* 1857-1858, London, 1858, 415-416, recounting the Examination System in taking four degrees.

Corner, Julia, *The History of China and India*, London, 1846. Examination system with pictures of customs, 128-130.

——*China pictorial*, *descriptive*, *and historical.* With accounts of Ava and the Burmese, Siam and Anam… London, 1853. Examination system described, 171-174.

Davis, Sir John Francis, *Sketches of China*, London, 1841, 11, 85-93.

——The Chinese, *A. General Description of the Empire of China and lts Inhabitants*, London, 1836, 1, 259-260.

Doolittle, Justus, *Social Life of the Chinese*: *with some account of their religious*, *governmental educational*, *and business customs and opinions*, New York, 1865. Examination of competitors is described in detail in 1, 326-343, 389.

Downing, Charles Toogood, *The Fan-qui in China in* 1836-1837, London, 1838. Examinations described and praised in 11, 253-256.

Du Halde, J. B., *Description géographique*, *historique*, *chronologique*, *politique*, *et physique de l'empire de la Chine et de la Tartarie chinoise.* Paris 1735. Examination system, 11, 251 ff. An English translation entitled "A Description of the Empire of China and Chinese Tartary" published in London, 1738, 1741, 251 and 389 ff.

Eden , Richarde and Wills, Richarde, *History of Travayle in the West and East Indies and Other Countreys.* Translated into English from Portuguese by Eden and Wills, London, 1577.

Ellis, Henry, *Journal of the Proceedings of the Late Embassy ( Lord Amherst) to. China*, London, 1817, 347,354.

Fernández Navabrette, Domingo, Abq. of St. Domingo, *Tratados historicos, politicos, ethicos, yreligiosos de la monarchia de China*, Anission, 1676. Examination. described on 51, 53-54.

Feynes, Henri de, *Voyage faict par terre depuis paris jusques a la Chine*, Paris, 1630, 169.

Fishbourne, Edmund Gardiner, *Impressions of China and the Present Revolution: its progress and prospects.* London, 1855. Examination system described on 39, 44-46.

Forbes, F. E. , *Five Years in China :from* 1842 to 1847, London, 1848. Chs. 2, 6.

Forgues, Paul Emile Daurand, *La Chine Ouverte; aventures d'un Fan-Kouei dans le pays de Tsin.* Paris, 1845. Progroamme d'examens, Des Examens, 278-283. *Gentlemen's Magazine, The*, compiled by Sylvanus Urban, contains much material about China. This article quotes 3:112 and 8:365 (1733) which describes the Chinese examination system.

Gingell, William Raymond, *Translator of Hoo Pieh-seang's Chow Le Kwan Choo* ( Hu Pi-hsiang, *Chou-li Kuan-chu* 胡必相:周礼贯珠), "The Ceremonial Usages of the Chinese, B. C. 1121.' London,1852, 68.

González de Mendoza, Juan, *Hittoria de las cosas mas notables, ritos y costumbres del gran reyno de la China.* Con un itinerario del Nuevo Mundo.

——*The History of the Great and Mightie Kingdome of China, and the Situation Thereof*, Lonon, 1588. New printed ed. , 1852. Ch. XIV, 124-128.

Grosier, Jean Baptiste Gabriel Alexander, *De la Chine ou Description Generale de cet Empire*, Paris, 1818. Examination, Vol. 5, 11-13 and 292 ff.

Guignes, Chretien Louis Joseph de, *Voyages à Peking, Manille, et L'ile de France, faits dans L'internalle des annés* 1784 à 1801. Paris 1808. Examens 11, 408- 414.

Gützlaff, Karl, *A Sketch of Chinese History, Ancient and Modern*, London, 1843, The examination system described in 1, 46.

——*China Opened*, London, 1838, I1, 346-393. Examinations. Hamburg, Theodore, *The Visions of Hun-siu-tsuen and the Origin of the Kwangsi Insurrection*, Hongkong, 1854, 4-5.

Huc,Evariste Regis. *L'Empire Chinois*, Paris, 1854, 388. Les examens litteraires. English translation, London, 1855, 1, 308.

Ingles, R. , " Manner in Which the Literary Examinations are conducted," *The Chinese Repository*, IV, 118-128 ( July 1835) A good description of the examinations and of Chinese influence on Indian civil service.

Kiss , Samuel, *China of the Chinese*, London, 1841. Examination mentioned, 223, 239-240.

Langdon William B. , Ten *Thousand Things Relating to China and the Chinese*, 2nd ed. ,

London, 1843, 23-25. Examination system described. Sir. George Staunton's expression about Chinese civil service is quoted.

Lay, George Tradescant, *The Chinese as They Are*, Albany, 1843. Examination system described and praised in 30, 35-37.

Le Comte, Louis, *Memoirs and observations…made in a late journey through the Empire of China*, 3rd ed. , London, 1699. Examination, system, 269-280.

*Lettres édifiantes et curieuces, écrites des missious étrangerès par quelques missionaires de la Compagnie Jésus*, Paris: Vol. 11 (1715) 275-286; 13 (1718) 326-330; 15 (1722)157-169; 22 (1736) 288-298; 24 (1739) 4-8; 26 (1743) 142-147.

Magalhaes, Gabriel de, *A New History of China*, London, 1688, 218-220.

Martin, Robert Montgomery, *China: Political, Commercial and Social*, London, 1847, Literary examination 1, 75-76.

Meadows, Thomas Taylor, *The Chinese and Their Rebellions*, London, 1856, xxiiet seq.

——*Desultory Notes on the Government and People of China and on the Chinese Language*, London, 1847, 124-149.

Medhurst, Walter Henry, *China: Its State and Prospects*, London, 1838, 144-151.

Morrison, Robert, *A Dictionary of the Chinese Language*, Macao, 1815, Part l, Vol. 1, 759-782.

——"Retirement of Statesmen from the Service of the Government and Honors Conferred on Them," *The Chinese Repository*,ll, 47, 95.

——A *View of China for Philosophical Purposes*, Macao, 1817. "Public Examinations," 101-102.

——"Examinations, Executions," *The Chinese Repository*, IV, p. 11, 49, 135, 276.

Murray, Hugh, *An Historical and Descriptive Account of China*, Edinburgh, etc. , 1836. Examination system, 167- 170.

Nevius, John Livingston, *China and the Chinese*, New York, 1869. Ch. 4. competitive examinationa and schools.

Nieuhof, Johan, *An Embassy from the East-India Company of the United Provinces to the Grand Tartur Cham Emperour of China* ...London, 1669, Examinations described, 156-157.

——*Die gesantschaft der Ost-Indischen geselschaft in den Vereinigten Niederländern an den tartarischen cham und nunmehr auch sinischen keiser*, Amsterdam, 1666. Examen der Gelehrten in Sina, wenn ihnem Gradus sollen zugeleget werden, 245. Auch der Kriegsleute Examen; zu gleichen Ende, 258.

*Notes and Queries on China and Japan*. 3 (December, 1869) 12.

Pantoia, Diego de, "A Letter of Father Diego de Pantoia. to Father Luys de Guzman, writen in Paquin, 1602," *Purchas*, (*Samuel*) *His Pilgrimes*, XII, 331-410. Examination in 377.

Purchas, Samuel, *Hakluytus Posthumous or Purchas His Pilgrimes*, Vols 20, Glasgow, etc. , 1905-1907, 11, 569-580.

Semedo, Alvaro de, *The History of That Great and Renowned Monarchy of China*, London, 1655, 35-47. This chapter describes the whole procedure of the examinations.

Sirr, Henry Charles, *China and the Chinese: Their Religion, Character, Customs, Manufactures… London, 1849. Examination system, 2, 83-86.*

Smith, George, *A Narrative of an Exploratory Visit to Each of the Consular Cities of China, and to the Islands of Hong Kong and Chusan… in the years*, 1844, 1845, 1846, London, 1847. Examination system pp. 40-43. 45-46.

Speer, William, *The Oldest and Newest Empire: China and the United States*, Hartford, etc., 1870. EXaminations system described, 114-120; praised and urged: U. S. to adopt, the same thing, 538-541.

Staunton, Sir George Thomas, *An Authentic Account of an Embasssy from the King of Great Britain to the Emperor of China*, London, 1797. Examination system menotined and praised in II, 153.

——*Miscellameous Notices Relating to China, and Our Commercial Intercourse with that Country*, London, 1822, revised ed. with introduction, 1850. Note on examination system, II, 81.

——*Ta Tsing Leu. Lee: Being the Fundamental Laws, and a Selection from the Supplementary Statutes of the Penal Code of China*, London, 1810. French translation, with additional notes, 1812, p. 101 and note.

Trigault, Nicolas, *Histoire de L'expedition Chrestienne an Royaume de la Chine*, Lyon, 1616. Examination described' in detail on 50-63; examen militaiie, 63-65; civil service appointments, 65-72.

Williams, Samuel Wells, *The Middle Kingdom*, New York, etc., 1848, 1, 562-564.

Winterbotham, William, *An Historical, Geographical, and philosophical view of the Chinese Empire.* 2nd ed., London, 1795. Examinations, 268-269.

英文版原载《哈佛亚洲研究学报》1943 年第 7 卷第 4 期；
王汉中译文载《邓嗣禹先生学术论文选集》，台北食货出版社，1980 年

# 科举与社会流动

潘光旦　费孝通

## 一　引　言

科举是中国历史上重要的选官制度。虽则历代科举制度的内容时有变革，原则上说，这是以考试的方法选拔人才，授以官职的方法。选官的方法虽不限于科举，但是在传统社会中，这却被视为正途。又因为除了若干因本人操业卑污被视为贱民的例子外，大多数的人民，依法律来说，都有应试的资格。而且科举制度的用意多少是在广开人才上进之途，这和依家世品定个人才能的原则是不相同的。从一般出身寒门的人说，如果有意入仕，科举也成了他们可能达到目的的途径。这可能性也就成了历来一般人民追求的对象。科举所用的是文字的考试，于是读书人也成了社会上有前途的人了。“士别三日，刮目相看”；“万般皆下品，惟有读书高”等一类谚语表示了从科举制度里发生出来的社会价值。这种传统即在目前，我们还可以在中国社会各方面看得到。

不论科举所标榜的是什么，也不论一般士人相信的是什么，科举制度在事实上为社会流动所开的门，所筑的路，宽阔到什么程度，却是一个问题。在这一点上，有着种种不同的意见。

有一种看法认为中国社会在过去缺乏明显的阶级的分割是因为有这科举制度不断的从下层挑选出人才来送入上层去。当魏晋时代，不以普遍考试选官，结果就发生了“上品无寒门，下品无世族”的社会，分成了不流通的阶级。后世科举注重普考，这种现象也就不再见了。

另一种相反的看法是认为一个普通依靠劳力维持生活的人，读书的机会都没有，自没有应试的可能；即在读书人中，若父兄没有功名，不熟习于考试的内容和门路，也同样不易中式。即使初试及格，上进更非易事，只好退下来在三家村当启蒙老师，说不上学而优则仕。所以中国的官场还是高度的被少数世家所占有。科举不过牢笼一般读书人的志气，并不是真正有效的社会流动的阶梯。

这两种意见都有若干事实做基础，因为一方面在历史上不乏寒窗十载，跃登龙门的例子；而另一方面，功名额子的有限，考试方法的拘泥，考试题材的狭隘，于法定资格之外，又增加了许多的限制，不免使选择作用发生偏倚，使所谓社会流动也者，貌似流动而实不流动。但是研究中国社会结构时，我们不能依一己的好恶，任意根据一部分的事实作我们理论的基础。因之，我们需要将科举对于社会流动的贡献作一比较精确的估价。本文是对这问题的尝试。

## 二　所根据的材料

我们进行此项研究所根据的材料是我们所收得的九百十五本从清康熙至宣统一段时期中的朱墨卷。依当时的习惯，凡是优贡，拔贡，乡试及会试及格中榜的贡生，举人，进士，都要把中榜的卷子木刻印刷分送亲友。优贡，拔贡，乡试的卷子用墨印，所以称墨卷。会试的卷子用朱印，所以称朱卷。我们所收集得到的朱墨卷经过了初步整理后，得上述的数目。在上述时期中所产生的贡生，举人，进士的总数自然很大，一时无从估计，就进士一项而言，据近人的统计,① 便有 26747 人，其它项目的数字自远不止此。我们在本文中所分析的材料不过是总数中很小的一个成分，所以只是抽样的性质。这里所用的材料都是在北平收集的，在时间和地域双方不免有偏重之处。但北平原是清代的京都，是会试与顺天乡试的地点，而且分送朱墨卷的一部分目的原在结交与自我推荐，以为登进的地步，所以北平也是这类印本流传的中心。因之，我们所得到的材料在地域上还是相当普遍。时间上的偏重于同光两代是因为此种材料保存不易，年代愈久，散失也必然愈多，收集也比较困难。

下面是九百十五本朱墨卷作者籍贯的分布：

| | |
|---|---|
| 直隶（包括顺天府） | 187 |
| 江苏 | 113 |
| 浙江 | 104 |
| 山东 | 102 |
| 安徽 | 60 |
| 山西 | 57 |
| 河南 | 51 |
| 福建 | 47 |
| 湖北 | 42 |
| 江西 | 28 |

① 房兆楹杜联喆：《增校清朝进士题名碑录》，页 xvii。

| | |
|---|---|
| 广东 | 22 |
| 贵州 | 20 |
| 湖南 | 15 |
| 四川 | 14 |
| 陕西 | 12 |
| 云南 | 11 |
| 广西 | 11 |
| 甘肃 | 4 |
| 奉天 | 2 |
| 台湾 | 1 |
| 军籍 | 12 |

朱墨卷作者应试的时代分布如下：

| | |
|---|---|
| 宣统 | 12 |
| 光绪 | 506 |
| 同治 | 132 |
| 道光 | 86 |
| 咸丰 | 80 |
| 嘉庆 | 26 |
| 乾隆 | 13 |
| 康熙 | 8 |
| 未详 | 2 |

朱墨卷的主要部分是中试的文章，主考姓名和批语，这些对于我们这里的研究是无关的。在正文之前还有一部分记载着作者的履历，这项记载普通都很详尽，而且凡是家世中有功名官职和德行著述的没有不尽量记上。因之成了我们研究社会流动问题极为合用的材料。

履历部分还要分谱系和师承两部。谱系包括作者的亲属源流；师承包括作者的学业源流。生物和社会的渊源并重很合于现代遗传与教育并重的看法。在谱系方面更分上下两栏。上栏载正支上行嫡系亲属（包括立嗣关系在内）及其配偶。下栏载旁支上下行同族亲属及其配偶，而且祖辈以下女性亲属（祖姑，姑，姊，妹）及其配偶也载入。在谱法上说，兼及母系（各世代妣氏的父祖曾高亦多列入注中）及姻亲是极合理的，而且可以从此项材料追寻各家婚姻结合，推见各家生物性的关联。在师承方面分受业，问业，受知三种。有些卷子更把师承或教育部分也分上下两栏，下栏加辟益友一项。如果我们想研究这些人物的思想，学术，政见的流传，这项材料也是有用的。

在履历部分的末行，大多数卷子附有作者世居地址。

我们在本文里所利用来研究的材料只是朱墨卷中的一小部分：履历部分末行的世居地址和谱系上栏直系上行五代的功名记录。

## 三　城乡的比较

社会流动普通是指个人在社会结构中地位的改变。但是这名词也常用来作狭义的解释，就是指在社会阶梯上的流动。社会阶梯是一个社会中所分化成的不同的阶层，而且这些阶层，依当地人民所具的价值观念，分成了高下，有如一个梯子。人民都希望在这梯子上升，但事实上却有升有降，升降的过程就是流动。

社会各阶层的分化，并不只限于价值上的贵贱，而且也包括职业，经济收入，生活程度，甚至居住区位的区别。在我们传统的社会中，“万般皆下品，惟有读书高”就画出了社会中有高下的两层。士农工商虽并不能说是一个梯子的四级，但是士的地位却总被认为高出于其他的职业。孟子的“劳心”和“劳力”之分也就成为贵贱之别。这分别也可以用“食于人”和“食人”的经济关系来表示；再进一步，在通俗的辞汇中，也相当于“城里人”和“乡下人”的区别，城乡是所居社区性质的差异。如果我们要观察社会流动的现象，甚至用数量来表示流动的速率，比较方便的是从职业，收入和区位的变动入手。我们在这里第一步就想从区位上来研究科举对于社会流动的影响。更具体的说：我们想从贡生举人和进士等世居的地址上看出他们从那一种性质的社区里出身的；城，镇，或是乡村？假定我们可以认为住在城里的人家社会地位较高，住在乡间的人家社会地位较低，又如果我们看到有住在乡间的人从科举中获得上升的机会，我们可以从此推论出社会流动的速率了。

在分析事实之前，我们还得先讨论上述的假定。以城乡的区别来推论社会地位的高下并不是完全正确的。在我们传统区位结构中，“城”是一个地方的政治中心，为了防御保卫起见，建筑一道城墙。城里的居民并非属于一种社会阶层的。政治中心时常也是交通方便的地方，因之也常是商业比较发达的地方。需要保护的货栈和商店也会因有城墙的设备而聚集在城里。商人是城里居民中的重要分子。城和市因之可以连成一词。城市人口较多，分工较细，因之又有专门靠手艺谋生的工匠。不但如此，在普通城市里，大多有着不少农地，这是和自卫及防御工作相合的，虽则不能求绝食的自给，至少也可以供给日常菜蔬。所以城墙里还有农家。城市居民是各种社会阶层的混合体。

另一方面，中国的乡村在社会结构上是否比较单纯呢？如果乡村里住的都是社会地位较低的“乡下人”，则我们还是可以从乡村居民借科举上升的机会的大小去估计中国社会流动的速率了。事实上，这又不能一概而论。传统的观念中有所谓“耕读传家”的说法。有些地方，较大地主并不离地入城，而依旧定居在乡间。他们可以雇工经营自有的农场，也可以出租土地，依地租过活。他们有闲暇可以读书，可以应试，可以入仕，并不迁动他们的世居。但是也有地方，消极的因为乡间不易自卫；积极的因为城市生活程度易于提高，离地地主就比较多。在这些地方，在乡村里住的人很少是经济能力较高的大地主。我们也可以说土地权比较集中的地方，经济分化较深，乡村居民的社会结构也较为单纯。在这些地方，区位的移动也多少的可以代表社会的流动。

在分析这915个贡生，举人和进士的世居地址时，为了技术上的需要，我们在城和乡两类外，又添上镇的一类。在地址中有若干名称并不是城市又不是乡村，而是介于城乡之间的市集社区，因之添此一格；为数虽则不多，但分出之后，使城和乡的性质比较清楚。

915本朱墨卷中有世居地址记载的共758本。城，镇，乡的分布如下：

| | | |
|---|---|---|
| 城 | 398 | 52.50% |
| 镇 | 48 | 6.34% |
| 乡 | 312 | 41.16% |

这些数字从表面上看来城乡双方相差只有总数的十分之一。但是如果考虑到城乡人口的比例，则它们相对的差额就加大了。乔启明先生曾估计说："乡居人民约占百分之九十左右。"① 这是就全国人口总数而说的。如果科举中所取的士人，城乡各半，城里居民因为只占全人口的十分之一，比了乡间居民机会多了十分之九。所以从上面的数字看，乡间居民从科举里上升的可能性远没有城市居民的大。但同时却也说明了，乡间居民的确也有机会利用科举上升的。

可是在乡间居民中能利用科举的途径而取得上升的机会的是哪一种人呢？在我们现有材料中并不能直接回答这问题。但是如果我们依着不同省份来看城乡的比例却有值得注意的事实。我们挑了材料较多的七省加以分析的结果如下：

| 省名 | 城 | 镇 | 乡 | 记录不全 | 总数 |
|---|---|---|---|---|---|
| 直隶 | 94 | 5 | 45 | 43 | 187 |
| 江苏 | 73 | 8 | 16 | 16 | 113 |
| 浙江 | 46 | 9 | 42 | 7 | 104 |
| 山东 | 36 | 4 | 51 | 11 | 102 |
| 安徽 | 21 | 3 | 29 | 7 | 60 |
| 山西 | 12 | 10 | 27 | 8 | 57 |
| 河南 | 18 | 1 | 26 | 6 | 51 |

① 乔启明：《中国农村社会经济学》，商务，第30页。

为了易于比较起见，将“未明”一项除外，计算城，镇，乡三项的百分比如下：

| 省名 | 城 | 镇 | 乡 |
|---|---|---|---|
| 直隶 | 65.28 | 3.47 | 31.25 |
| 江苏 | 75.25 | 8.25 | 16.50 |
| 浙江 | 47.42 | 9.28 | 43.30 |
| 山东 | 39.56 | 4.40 | 56.04 |
| 安徽 | 39.62 | 5.66 | 54.71 |
| 山西 | 24.49 | 20.41 | 55.10 |
| 河南 | 40.00 | 2.23 | 57.77 |

在上列七省中江苏和直隶两省乡项百分比均较一般（不分省）之总百分比为低，其中尤其是江苏超过四分之三的人数是出自城市的。这可能是出于江苏是离地地主极为发达的原因。山东，山西，河南却是自耕比较发达的地域①，这些地方乡项所占百分比较高，表示在乡间的居民上升的机会较多，也就是说在乡间有资格读书和应考的人较多。上表中和我们这种解释不合的是直隶的情形，直隶的土地制度和山东及河南相似，自耕农较多，但是在上表中乡项的比例却相当的低。这情形可能是因为直隶包括京都正是官吏聚集之地，他们的子孙往往改入大兴县籍，并应顺天乡试，所以影响省区的比例。浙江的乡项亦较低，那是因为浙江的北部属于太湖流域，和江苏南部情形相同。

我们这项解释如果能成立，间接的说明了有资格读书应考，借科举而上升的，大多限于地主阶级。凡是地主集中在城市的地方，城市居民在上表中所占百分比就较高；反之，凡是地主分散在乡间的，城市居民的百分比就跟着下降。这种解释和我们常识的看法也相合的。一个依劳力为生的人读书的机会少，想靠文字的门径获取较高社会地位自是极不容易的。所以凡是能利用科举在社会阶梯上上升的，必需有个经济的条件，就是可以不必依劳力为生。这条件当然不必一定要有土地；经商的，或是有氏族或亲属可以供养的子弟们都可以满足这条件。但是中国的传统社会究是以农业为主，大多数可以免于劳力生产的人还是多少有些土地的人。

## 四　家世的分析

接下去我们将利用朱墨卷前部谱系上栏的记载来看这些贡士，举人和进士们的家世

① 关于江苏尤其是太湖流域离地地主发达的情形见 Fei, Peasant Life in China. 山东，河南，山西等地方自耕农占农民三分之二以上，见 Tawney, Land and Labour in China, p. 37。

如何了。如果他们的祖若父已经是有功名的，则他们的中式不过是维持社会地位，并不能认为在社会阶梯上上升了一步。只有家世中没有功名的人，从白衣而得功名，才能算是社会流动。

从科举里所得的功名有等级的差别，我们把各种名目分为上中下三级：

上级包括贡士及进士；

中级包括各种贡生及举人；

下级包括各种生员。

915 个贡生、举人和进士的父亲功名的记录如下：

| 无功名 | 有功名 | | | |
|---|---|---|---|---|
| | 下级 | 中级 | 上级 | 总数 |
| 306 | 289 | 260 | 60 | 609 |
| 33.44% | | | | 66.56 |

306 个父亲并无功名的贡生举人和进士的祖父功名的记录如下：

| 无功名 | 有功名 | | | |
|---|---|---|---|---|
| | 下级 | 中级 | 上级 | 总数 |
| 192 | 74 | 32 | 8 | 114 |
| 62.74% | | | | 37.26 |
| 20.98% | | | | |

192 个父亲和祖父两代并无功名的贡生，举人和进士的曾祖父功名的记录如下：

| 无功名 | 有功名 | | | |
|---|---|---|---|---|
| | 下级 | 中级 | 上级 | 总数 |
| 152 | 30 | 9 | 1 | 40 |
| 79.16% | | | | 20.84 |
| 16.61% | | | | |

152 个三代家世均无功名的贡生，举人和进士的高祖父功名的记录如下：

| 无功名 | 有功名 | | | |
|---|---|---|---|---|
| | 下级 | 中级 | 上级 | 总数 |
| 129 | 16 | 7 | 0 | 23 |
| 84.87% | | | | 15.13 |
| 14.09% | | | | |

129 个四代家世均无功名的贡生和举人中有三人他们的第五代祖先有下级功名。所以五代之内均无功名的只有 122 人；在 915 人中占百分之 13.33。这里是我们具体的答案：只有十分之一强的贡生，举人和进士是从没有功名的人家选拔出来的。这也说明了实际上科举所开放给平民上升的道路的宽度。

这结论告诉我们科举并不是完全由已有功名的世家所垄断，但是科举成为社会流动的机构也并不见得是宽大的。

这实际上有百分之十三的贡生举人和进士出于五代之内并没有功名的家庭是重要的，因为这证明了没有功名凭借的子弟们有上升到受到社会所尊敬的阶层里去，得到官职，获取较好生活的可能。不论这机会有多大，只要事实上证明是可能的，就可以成了无数有读书条件的人，孜孜矻矻的向这条路上去求上进了。

## 五　再论城乡比较

在家世的分析时，我们曾注意到城乡的差别问题，因为我们认为在乡间居住的人可能在家世上缺乏祖先的功名。但是事实不然。在 122 个五代之内祖先没有功名的贡生举人和进士世居的分布是：

| | |
|---|---|
| 城 | 45 |
| 镇 | 9 |
| 乡 | 47 |
| 未详 | 21 |

这是说城乡之间并无显著差别。我们更可以从上行第一代功名情形来看：

这表里城乡在百分比上的相近也说明了凡是在科举中获得上升的人不论他们住在城里或是乡间，家世的背景是相似的。这一件事实并不是说城市和乡村居民在社会阶梯上上升的机会是相同的，而是说在这两者不同社区里住的人只要有机会去应考，被取的机会是相同的。我们在第三节里曾说依城乡的人口比例说，乡下居民利用科举上升的可能性远不及城里居民，这结论和本节的结论并不冲突，因为在乡间有百分之九十的人至少没有充分的经济机会去利用科举来改变自己的社会地位。在乡间居住同时还能读书应考的人，他们的家世是和住在城里有能力读书应考的人的家世相似。

| 无功名 | | | 有功名 | | | | | | | |
|---|---|---|---|---|---|---|---|---|---|---|
| | 人数 | 百分比 | 下级 | | 中级 | | 上级 | | 总数 | |
| | | | 人数 | 百分比 | 人数 | 百分比 | 人数 | 百分比 | 人数 | 百分比 |
| 城 | 128 | 32.16 | 130 | 32.66 | 117 | 29.39 | 23 | 5.79 | 270 | 67.84 |
| 镇 | 17 | 35.42 | 10 | 20.83 | 18 | 37.50 | 3 | 6.25 | 31 | 64.58 |
| 乡 | 113 | 36.22 | 102 | 32.69 | 87 | 27.88 | 10 | 3.21 | 199 | 63.78 |
| 未明 | 45 | 35.59 | 47 | 29.93 | 38 | 24.20 | 24 | 15.28 | 109 | 69.41 |
| 总数 | 306 | 33.44 | 289 | | 260 | | 60 | | 609 | 66.56 |

这些人，依我们在上文所说的，以常识论，就是地主或其他多少有些经济能力的人。科举所开放的社会流动是在这一类经济阶层上的，凡是在这阶层之下的，如果想上升的话，还得先从别的机构中升到这一类经济阶层之后才能向科举方面努力。

## 六　结论与讨论

我们这一个关于科举与社会流动的检讨能确切告诉我们的似乎只有一点，就是，科举制度多少是以前社会流动的一条路，是当时所了解的人才所由觅取上升或“出头”的一个阶梯。

我们的资料也似乎可以让我们肯定地说，各种业务不同与居住区位不同的人口，在理论上谁都可以参加科举的考试，即法制并不限制，社会并无成见，已有功名之家对未有功名之家并不歧视；对凡有适当志愿与力量的人，这一条出路总是开着。

所谓志愿与力量，我们只是假定而没有讨论的。社会流动是人的流动，也就是有志力的人的流动，舍此，也就没有意义了。构成志力的因素自不止一端，遗传的智能、教育的便利、经济与闲暇，都不可少。遗传与教育我们是完全假定了的，即我们承认，凡是由科举考试出身的人，一般地说，遗传的智能要好一些，教育的便利要多一些。当代心理学家，对以前考试制度曾作研究的，认为八股文的考试方法多少是一种智力测验，而不止是记忆测验与知识测验。果真如此，则我们在这方面的假定大概不能算错。

至于经济与闲暇，则我们又曾稍作推论。我们在这些地方，一则曰假定，再则曰推论，而不作任何肯定之论，为的是朱墨卷对于这些并不供给甚么资料。一般的农工，乐岁仅得温饱，凶年不免死之。科举的门尽管开着，他们是不会进去的，他们连过屠门而大嚼的兴味怕也提不起来。因此，我们推论，凡是能登进的人多少总有一些经济的能力与攻习举业的闲暇。经济的来源自不止一端。土地大概是最大的一个：从事举业的人十有八九是些大小的地主，而不是自耕农；朱墨卷的履历里虽间或有上世“力田起家”的字样，但到以科举起家的那一个世代，至少是参加科举的当事人自己，可能是不再“力田”的了。我们一面作此因素的推论，一面也并不否认其他经济的来源。商自然也是来源之一，但一部分的商人往往同时是居住在城镇上的地主，和兼营商业的士绅没有多大分别。另有那些完全靠朋友、地方与公家帮忙而得以读书、得以上省上京应试的士子算是不属于地主的一个范畴，没有享受到自家土地所产生的利润，但料想起来，这种士子是不会太多的。我们翻看地方志书知道在开明与关心所谓“文风”的地方政治与教育长官虽也不断努力来设置有类乎近代的助学基金，以其利息的收入作为奖进寒畯之用，但此种基金的数目不会很大，管理的方法也不会很好，因而受惠的例子也不会很多。

我们在上文说到，从表面的数字来看，城乡人口从举业出身的机会没有很大的分别：但如比较仔细的加以分析，例如就人口的数量来作相对的观察，则差别就大得多：城市的科举人才是总人口的十分之一所产生的，而乡村科举人才所从产生的人口要占到总人口的十分之九。我们又作过一番世代之间的比较，把先世有过功名而足资凭借的例子除外，以示科举的所以为社会流动的一个有效的媒介，严格说来，只有百分之十三强。这百分之十三的有效流动究竟算大呢，还是算小呢，科举的所以为登进士之门究竟算宽呢，还是算窄呢，我们在上文说过它不能算宽，但单单就科举一事的经验说，我们其实无法下这断语的。我们需要它从经验做比较。第一种很容易想到而一时还来不及加以研讨的是科举制度废除以后的学校制度的经验。我们倒要看看，学校制度代兴以后，四十多年来所谓“乡下人”，以至于其他先世无甚凭借的所谓平民，能取得大中学业资格而在社会上呈露头角的，比起城里人和其他有凭借的人来，又是甚么一个比例，是大于百分之十三呢，还是小于此数呢。

第二个也不难想到的经验是西洋社会里的人才登进。这种研究的资料是已经有过一些的。在统计方法上差可比拟的研究也还不缺，姑举两三个例子如下：

喀戴尔氏在他的《美国的科学家》① 的研究里列有如下的二表：

| 社会阶层 | 科学家的百分比 | 美国总人口中每阶层的百分比 |
|---|---|---|
| 自由职业 | 43.1 | 3.1 |
| 工业与商业 | 35.7 | 34.1 |
| 农业 | 21.2 | 44.1 |

这里面和我们关系比较近的自然是“农业”一栏。这一栏的数字说，美国总人口的44.1%产生了科学家总数里的21.2%。科学家与科举家虽显然为两种不同的人物，两

① Cattell, J. Mck. American Men of Science, 3rd, ed, 1921.

者必须具备相当的智力则差可比拟。同属于农业人口，与同样的住居乡间，则更可相提并论。我们在上文说乡居的科举人物占到我们全部资料的41.16%，而在城乡之间的镇又占到6.34%。小镇上的居民也总有一部分农业的。估以6.34的五分之二划分出来并入乡村，则乡居而农业人家的科举人物实得44%不足。上文又引过乔启明氏的话说，中国农村人口要占到全人口的90%上下。即算90%罢，中国90%的人口产生了44%的科举人物倒很可以和美国44.1%的人口产生了21.2%的科学人物一比。两个比数在分量上竟是不相上下。

地域不同，人才异类，这种比较可能没有许多的意义。不过有一层意义我们是不便放过的。美国号称自由之邦，社会流动一向好像要比别的国家为大，人才的出头好像要比别的国家为方便，然乡居农业人口的发展成科学家在百分比上竟和中国乡居农业人口的发展成科举人物没有多大分别，岂不是很诧异？其实也无所用其诧异，可能的是美国的社会流动似大而实不太大，中国科举时代的社会流动似小而实不太小；即科举之所以为人才登进的阶梯者似窄而实不太窄。

也许另一种美国人才的研究更可以作比较之用，就是，克拉克氏的《美国的文人》①。克氏的研究里有如下的一个统计表：

| 社会阶层 | 一千个最著称的文人中每一阶层所占的百分比 |
|---|---|
| 自由职业 | 32.8 |
| 商 | 15.1 |
| 农 | 13.9 |
| 机械工人，雇员，粗工 | 4.8 |
| 不详 | 33.4 |
| 合计 | 100.0 |

这一个研究可比的是人才的性质，文人与科举人物性质上总还相近；而百分比的大小则不甚可比。我们所注意的自然又是那“农”的一栏。美国农业人口所产生的最著称的文人只占到此种文人全部的13.9%，这比科学家的21.2小了许多，比起中国科举人物的44%小得更多，比起家世中以前不曾有过功名的科举人物来，则在伯仲之间，因为我们记得，这种科举人物的百分数，也就是我们认为真正足以代表科举制度在社会流动上所发生的力量的数字是，13.33。这一番比较的结论也就只好和上面的一样，就是，美国乡居务农的人口在社会上出头的机会并不见得太大，而在中国乡居务农的人口，在以前科举制度之下，此种机会也并不见得太小。

有了这两个比较以后，还有一层意思似乎是值得提出的。中美两国的农业人口在成

---

① Clarke, E. L., American Men of Letters, Columbia University Studies, Vol. LXXII, 1916.

分上显然是不一样的。在中国，能利用科举制度而出头的大概一大半是不自“力田”的较大的地主，一小部分是自耕的较小的地主，佃农大概是没有分的。在美国，能出头而成为科学家与文人的大概全都是经济上有余裕的地主兼自耕农。同是一个农业人口，美国的密度低，农民经济能力比较充沛，可能此种出头机会的分布要平匀一些，中国则情形相反，在分布上不免集中于不自耕作的地主，而轮不到小块田地的自耕农以至于不能自有其田的佃农。但实际出头的人数，就 13.33% 的比数说，两国可以说一样；若就 44% 的比数说，则中国还见得略胜一筹。其所以更胜一筹之故可能有两个说法。一是中国农业人口的智能水平相对的要比美国农业人口为高，在“耕读传家”一类生活理想的号召之下，这并不是完全不可能的。二是科举制度确有其网罗选择的功用，即确乎发生了一些为别的社会所不曾有过的一种社会流动的效能。两说可能都有一些关系，但前一说一时很不易断定；第二说，经我们这一番探讨以后，则若比较近情。

第三个可以引来做比较的人才研究则来自革命后的俄国，是俄国优生学家费立泊正科（Philiptschenko）的一番分析的结果，苏洛金教授曾替它归并成一表如下①：

| 父亲职业 | （一）一般科学家与学者之百分比 | （二）文艺代表作家之百分比 | （三）当代大科学家与学者之百分比 | （四）八十年来最大之科学家与学者——国家科学院员之百分比 |
|---|---|---|---|---|
| 自由职业 | 36.0 | 44.6 | 46.0 | 30.2 |
| 官吏 | 18.2 | 20.0 | 8.0 | 15.5 |
| 军人 | 9.4 | 7.7 | 14.0 | 16.2 |
| 教会 | 8.8 | 1.8 | 10.0 | 14.8 |
| 商业 | 13.0 | 6.7 | 12.0 | 5.6 |
| 农业 | 7.9 | 9.6 | 6.0 | 14.1 |
| 粗细工人 | 2.7 | 9.6 | 4.0 | 3.5 |
| 不详 | 4.0 | — | — | 0.1 |
| 合计 | 100.0 | 100.0 | 100.0 | 100.0 |

和我们最有关系的又是农业一项的四个比数。苏氏辑成此表，在四个比数下又添上一些附注，说明第三栏的 7.9，9，6，6.0 三个比数都包括地主在内，第四项的 14.1 则完全是地主；又粗细工人项下第四栏的 3.5 则又包括普通的农民在内。这些数字所代表的资料即十之八九属于帝俄时代，而农民一项又指明的包括地主在内或完全地主，则其足资比较的价值似乎更在上文两种美国资料之上。我们看到，无论在哪一栏内，农业人口所供给的人才都不算多；第四栏的比较最大，14.1，如果添上粗细工人项下的一部分

① Sorokin，P，Contemporary Sociological Theories，p. 287.

普通农民，还可以大一些，说是15.0罢，比较我们13.33来，好像多得一些。但比起我们的44%来，我们却要大得多了。并且拿44%来比较，事实上可能更妥当一些，因为此数和俄国的14.1或15.0都没有论到上代有没有文教的凭借。帝制时代的俄国社会和科举时代的中国社会是很有几分相仿的，特别是在农民经济生活一方面，更尤其是在地主所给与佃农以至于农奴的压迫。但又何以中国农业人口的出头的机会似乎比较大些，并已可能大到三倍有余呢？我们不能说智能的水平不同，我们根本不知道。但若说，俄国农业人口所受的压迫与限制可能比中国农业人口为大，而中国农业人口有了这么一条比较还差强人意的梯子——科举制度，便多少有一些攀登而有以自见的机会；我们认为是比较差近情实的。究属近情到甚么程度，革命以还改进的效果应该可以做我们的反面的见证，即，压迫既经解除，流动宜乎加快，而农业人口所产生的人才宜乎比较增多了。费立泊正科这一类的分析可能已经有人继续的做，可惜我们无法知道。

最后，我们引一段西洋社会学者对于乡村与人才关系的一般的结论来作比较。根据上文所介绍的两三种研究，可知在一部分的西洋社会里，乡村还多少出一些人才。但这一段结论告诉我们，就西洋一般的形势讲，四百年来，以至于远自大都市的发轫以来，城市早就成为唯一出人才的地方，有志力的分子，不先移到城中居住，便根本无法出头。苏洛金在《社会流动》一书中说：

> "自都市发展以来，个人的社会升迁的一番功能几乎完全被他们独占了。一切升迁的途径几于全部集中在都市以内。如果不先变做城里人，一个乡间的寒门子弟已几乎完全不再有攀登的机会。即偶有少数例子，一面居乡，一面有些名利的收获，但若真要出头，还须向城里人打招呼，取得城里权威人士的承认。一个有钱的乡下人依然是一个乡下人；一个未向都市打过招呼的乡下诗人，除了祖居的三家村以外，更没有人认识，没有人捧场。"

这是西洋的一般情形。在科举时代的中国并不如此。乡下人，无须先搬到城里或镇上，寒窗十载一举成名的例子尽有。向城镇游学，到都市考试，当然必须离乡，但只是短期的，并没有放弃祖居的必要。考了秀才，中了举人，点了翰林，他可能始终是一个乡下人。世代做乡下人，而依然有不少的机会可以崭露头角，这不能不说是科举的一个功用了。①

原载《社会科学》1947年第4卷第1期

① 本文的统计工作，曾由袁方先生助理，并此志谢。

# 中国历史上之考试制度

钱　穆

## 一

孙中山先生的五权宪法里，特设考试一权，其用意在如何选拔贤能，以补选举之不足。西方选举制度，只在选举人方面加以限制，在美国曾有一博学的大学教授，与一汽车夫竞选而失败了。选举原意，在如何获取理想人才，俾可充分代表民意，单凭群众选举，未必果能尽得贤能。故中山先生主张，被选举人亦该有一限制，遂以考试补选举制度之不足。他说：一切公职候选人，都该先受国家公开考试，获取其竞选之资格，此层用意，却正与中国历史传统恰相吻合。中国历史上之考试制度，本从选举制皮演变而来，其用意本在弥补选举制度之不足，故唐杜佑《通典》，考试制度即归选举项下叙述。今天我们要讲中国历史上之考试制度，仍该从选举制度说起。

中国史上很早便有选举制，远从西汉时起，那时的选举，大概可分为三类：（一）定期选举，（二）不定期选举，（三）临时选举。选举用意，即在希望全国各地人才，都能参加政府。中国传统政治理论，重责任，不重主权，在理论上，主要的不是政府主权之谁属，而是政府究该负何种之责任。既望政府负责，自该选贤与能，需要全国各地人才参加，才能切实负起理想上政府的重大职责。故汉代选举第一项目是贤良，以近代话说，即是杰出人才。此项选举，并无定期，每逢新天子接位，或遇天变，或逢大庆典，随时由政府下诏，嘱政府各部内外长官，各就所知，列名推荐。被选人不论已仕未仕，膺举后，政府就政治大节目发问，被举贤良，各就所问，直抒己见，是谓贤良对策。政府就其对策，甄拔录用。其次举孝廉，孝子廉吏，重德行，不重才能，政府用人德才并重，然贤良乃政府所需求，孝廉则寓有提倡奖励之意。当时社会风气，重视贤良，竞愿膺选；对孝廉，则颇加鄙薄。武帝时下诏切责，谓郡国长吏，在其治区，乃竟无孝子廉吏，可应国家选举，可证其职责之未尽，遂下令议不举者罪。自后郡国遂按年察举孝廉，成为故事。于是贤良为不定期选，而孝廉则成为一种定期选举。此外复因政府临时需要特殊人才，如出使绝域，通习水利，能治水灾等。大体西汉选举，不出此三类。

汉代仕途，大体都从郎署转出，郎署是皇宫中侍卫集团，郡国举人，多半先进郎署，自后再转入仕途。汉代郡国一百余，若按年祭举一孝子，一廉吏，即每年有被选人二百以上进入郎署。那时郎署无定员，总数大约不会超出三千人，如是则不到二十年，郎署充斥，即已无余额。政府用人既先从郎署选拔，郎署人多，即不再须外求，于是贤良及奇才异能各项不定期选与临时选，自会逐渐稀疏，只有按年定期选举，即孝廉一项，遂成为汉代入仕唯一之途径。此项演变，则须到东汉时始确立。

汉武帝时，又新定太学制度，设立五经博士，郡国俊才，年在十八岁以上，均得送太学为博士弟子，一年以上，即得考试，甲科者为郎，乙科者仍回原郡国为吏，吏治有成绩，仍得按年有被举希望，以孝廉名义，再入郎署。故汉代仕途，首先当受国家教育，毕业后，转入地方政府服务，凭其实际成绩之表现，乃始得被选举资格。

惟汉代选举，与今日西方选举制度不同者，在西方为民选，而在汉代则为官选。地方长官固须采酌社会舆论，乡土物望，然选举实权则掌握在地方长官手中，此一节为中西选举重要之不同点。然在中国传统政治理论下，亦自有其立场。政府既在为民众负责，而实际参加政府之人员，又全为国内各地所选拔之人才，则政府与民众早成一体，政府即由社会民众所组成，政民一体，而非政民对立。在理论上言，不能谓一行作官，其人便不可靠。官选民选，手续不同，其用意在求获取贤才，并无异致。中国乃一广大之农村国，直接由民众选举，在当时有种种不便，授其权于各地之长官，由其参酌舆情，推荐贤才，若选举徇私不称职，政府自有纠劾，政府既由民众组成，政府与民众同属一体，如何谓民众决然是，政府决然非，民选则一定可靠，官选则一定不可靠，在野者便可信任，在朝的便不可信任，故就中国传统政治理论言，汉代之官选，也自有其未可厚非处。

惟汉代郡国选举，到东汉时究已成为唯一入仕之正途，奔竞者多，流弊自不免，于是政府乃不得不逐步加上了限制。最先是限额，每一郡国户口满二十万以上者得察举孝廉一名，四十万以上者二名，百万以上者五名，不满二十万者两年一名。稍后又有限年之制，非到规定年龄者，不得膺选。又后复加以一度之考试，以检核被选举人之相当学养。如是，则孝廉二字，遂完全成为当时一种获得参政资格之名号，与原来奖励孝子廉吏之意义，不复相应。

以上是汉代选举制度之大概，而考试制度亦相随成立，如贤良对策，如太学生考试，如孝廉膺选后之吏部考试皆是。惟此种考试，皆仅为选举制度中一种附带之项目。关于孝廉被选人，应受政府考试一节，乃当时尚书左雄所创定，先后反对者甚众，然左雄终因坚持此项新制，而见称为录得真才，此制遂终于沿袭，不受反对而废弃。

## 二

汉末之乱，地方与中央，失却联系，交通既不方便，而许多地方，亦并无施政之实际权力，选举制度，遂告崩溃，政府用人，漫无标准，陈群为曹操吏部尚书，遂定九品中正制，以为两汉乡举里选制之代替。此制备受后代人责备，然就创立此制之原意言，则亦有苦心，并亦有相当之实效。所谓九品中正制，实际是一种人才之调查与评核，先就中央政府官长中有德望者，分区任命一中正；又在大中正下分设小中正。中正之责，即在就其所知本乡人才，登列簿册，册分九等：上上、上中、上下、中上、中中、中下、下上、下中、下下，不论已仕未仕人，都可列入，送吏部凭册任用。此制与汉代选举不同之点，第一是汉代选举，其权操于郡国之长官，九品中正则由中央官兼任，此因当时四方荒乱，人才都流亡集中于中央政府之附近，地方长官，不克行使选举职权，故暂以中央官代替；第二则汉代选举，只举未入仕者，而九品中正之名册，则不论已仕未仕，全部列入，此亦别有用心。因当时用人无标准，尤其是军队中，各长官都任用亲私，此刻吏部只凭中正人才簿，名列下等者，就其本乡舆论，可以按名淘汰，改授新人，曹魏因此制度，而用人渐上轨道。

惟此制本为一种乱世变通权宜的办法，一到西晋，全国统一，各地方政权，均已恢复，而九品中正制依然推行，则流弊自所难免。第一，是全国各地人才，多必奔凑中央，广事交游，博取名誉，希望得中正好评，如此则失却汉代安心在地方政府下、恳切服务之笃实精神；第二，是九品簿不论已仕未仕，一概登列，亦有未经实际政治磨练之名士，品第在上中高级，彼郎存心一跃便登高位，不愿再从下级实际政治上历练，如此更易长其浮竞虚华之风气；第三，是汉代用人选举与铨叙分别，选举仅为入仕之途，必待其正式入仕后，再凭实际政绩，由政府铨叙升黜，九品制则全凭中正名册，此项册籍，每三年改换一次，名誉佳者升，名誉劣者降，吏部凭之迁黜，如此则人人都骛于外面虚誉，在其职位上服务成绩实际甚差，而转得美名，品题升迁，而埋首服务，实际政绩虽佳，因不为中正所知，而反成降黜。如此之类，在所不免。因此魏晋以下人，全务清谈虚名，不能像汉代吏治风尚厚重笃实，此制实大有关系。至于中正而不中正，此乃人事，不关制度，可不详论。

就上所述，可见每一制度，断不能十全十美，可以长久推行而无弊。每一制度，亦必与其他制度相配合，始能发挥出此制度本身之功效。九品中正制之创始，用意并不差，而其时门第势力已成，六朝以来，此制遂转成为门第势力之护符，虽多经反对，终未能彻底改革，其时人才政风之不如西汉，此制实有影响。

## 三

隋唐统一，将此制完全废弃，当时亦有主张恢复汉代乡举里选，仍将察举权交付于各地行政首长者，然在汉代，此制已有流弊，地方长官选举不实，权门请托，营私滥举，因而选举之后，不得不再加以政府一番考试检核，则何如径废长官察举一手续，完全公开，由各地人民自量智能，自由呈报，径由政府考试录用？此为中国史上正式由选举制转入考试制之由来。我们若认汉代为中国历史上考试制度之先行时期，则隋唐是中国历史上考试制度之确立时期。汉代是选举而附带以考试，隋唐则完全由考试来代替了选举。

但唐代用人，亦并不全凭考试，仍有学校出身一项，然学校按年受业，年满即无不毕业而去，考试是公开竞选，亦可有永远应考而不获中选者，因此社会重视考试，不重视学校。人才竞求于考试中露头角，于是学校制度渐渐不为人才所趋向。唐代考试，又分两步，先由礼部主考，录取后未能即登仕途，须再经吏部试，才始正式录用。考试既在获取人才，则自难专凭一日之短长，因此唐代考试，极为宽放，应试人到中央，往往各带其平日诗文著作，先期晋谒中央长官中之负有学术文章大名、为当时所重者，如韩昌黎之流。此项著作，名为公卷，若果才华出众，中央长官中之学术名流，先为揄扬，则到考试发榜定可录取。唐代考试主取知名之士，亦有主考人自守谦抑，认为对此届考试，应考人平日学问文章造诣所知不详，可以托人代为拟榜，唐代名此为通榜。最有名的，如袁枢应举，主考人杜黄裳恳拟榜第，袁枢即自列为第一名状元，一时推服，传为嘉话。当知国家考试，本为求取人才，服务政府之官长，如确知应考人中有杰出之士，先为延誉，并非即是营私通关节，主考官苟自问对学术界新进人士，所知不熟，托人代定榜第，亦并非即是颟顸不负责，中国传统政治，另有一番道德精神为之维系主持，种种制度，全从其背后之某种精神而出发，而成立，政府因有求取人才之一段真精神，才始有选举制度与考试制度之出现与确立，若政府根本无此精神，则何从有此制度？西方近代民主政治之起源，正因当时政府并不注意民情，一意征敛，民众遂要求政府许纳税人推举代表，审查预算，通过税额，再覆核其决算，如是推演而成今日彼方之所谓政党政治。中国政府，则自汉以来，即注意在全国各地求取人才，共同参政，而且整个政府，即由此辈求取的人才所组织，除却皇帝外，政府中人，自宰相以下，全由各地选举考试而来，所以唐代有人说礼部侍郎权重于宰相，因宰相亦必经国家公开考试录取，然后得历级迁升，做成宰相，而考试权则掌在礼部侍郎手里，非经礼部侍郎之手，绝进不得仕途，做不成宰相，这岂不是礼部侍郎权重过了宰相吗？若不明白中国这一番传统精神，而空论其制度，则断不能明白得此各项制度之真相真意义所在。同样道理，我们若没有西方人那番精神，而凭空抄袭他们的制度，亦决不能同样获得他们那种制度之成效。

唐代考试主要偏重诗赋，此层亦有种种因缘，最先亦如汉代对策般，就政治上大纲大节发问，但政治问题有范围，按年考试，应举人可以揣摩准备，说来说去，那几句话，不易辨优劣高下。诗赋出题无尽，工拙易见，虽则风花雪月，不仅可窥其吐属之深浅，亦可测其胸襟之高卑。朱庆馀上张水部诗：“洞房昨夜停红烛，待晓堂前拜舅姑，收罢低声问夫婿，画眉深浅入时无。”此是当时谒举送公卷，乞人评定附上的一首小诗，但设想何其风流！措辞何其高洁！诗赋在当时不失为一项最好的智力测验与心理测验的标准。

唐代科举最要者有两科：一是进士科，以诗赋为主，一是明经科，则考经义，但所考只是帖经墨义。帖经是把经文帖去几字，令其填补，墨义是就经文上下句，或注疏中语出题，令其回答，此亦是测验之一种，但专习一经，字数有限，几年即可成诵，亦不易辨高下，定人才。大抵唐代考进士，旨在求取真才，考明经，则旨在奖励人读经书，进士如汉代之贤良，明经如汉代之孝廉。唐代社会重视进士，进士科为人才所趋，明经则为人卑视。人才既群趋进士科，自然政府也只有重用进士。因于此项制度之继续推行，而社会好尚，都集中到诗赋声律，所谓："文选熟，秀才足；文选烂，秀才半。"此系事势所趋，并非政府有意用此无用之诗赋文艺来浪费人精力，埋没人才。后人不解，自生曲说，此与当时推行此制度之原意，并不相干。

但唐代的考试制度，也不免有流弊。在汉代先经国立大学一番教育，再经地方服务之练习成绩，经察举后再加以考试，求取人才，凡分三项步骤。唐代则专凭考试一项，自不如汉人之精详。惟唐代初期，大门第势力方盛，子弟在大门第中养育成长，既经家庭严肃之礼教，如柳氏家训之类，又有政治上之常识，如南朝所传王氏青箱之例，由此辈青年参加考试，易于成材。考试制度仅是一种选拔人才之制度，而非培养人才之制度。自经此项制度推行日久，平民社会，穷苦子弟，栖身僧寺，十年寒窗，也可跃登上第，渐渐门第衰落，整个政府转移到平民社会手里。但此等平民在先并未有家庭传统之礼教，亦更无政治上之常识，一旦仅凭诗赋声律，崛起从政，第一是政事不谙练，第二是品德无根柢，于是进士轻薄，遂成为当时所诟病。当知在门第教育下，附加以一种考试，故见考试之利，现在门第衰落，更无教育培养，仅凭考试选拔，则何从选拔得真才？可见仅凭某一项制度，少却配合联系，该项制度亦难有大效。

又该项制度推行日久，报名竞选的愈来愈多，而录取名额有限，授官得禄的更有限，造成应试的百倍于录取的，录取的又十倍于入仕的，于是奔竞之风，愈演愈烈，结党分朋，各树门户，遂有唐代牛李之党争。当时党争背景，便因于政治公开，引起了社会的政治热，于是转向人事派系上求出路。李德裕是代表门第势力之一人，他竭力反对应举，又主张政府该用门第子弟，不该专取轻薄无根柢的进士。在他当时此项议论，亦不能说他不针对着时弊。但考试制度，究竟是开放政权，为群情所向，门第势力终于要经此制度之打击而崩溃。李德裕自己是贵胄子弟，他个人虽才力出众，在政治上确有建树，但哪能因制度之流弊，而就把此制度根本推翻呢？

唐代与考试制度相辅而行的，尚有一种官吏的考绩法，此在汉代谓之考课，到唐代谓之考功，此即以后之所谓铨叙。唐代由门第来培养人才，由考试来选拔人才，再有考功制度来登用人才。凡经考试及格录用的人才，均有一种客观的考功制度来凭其功绩升迁降黜，此项制度，由汉至唐，发展到极精详，运用到极高明，这是唐代政治上一大美迹。迨及门第衰落，人才无培养之地，而士人充斥，分朋立党，考课亦难严格推行，于是单凭考试，既选拔不到真才，又不能好好安排运用，在外是军阀割据，在内是朋党争权，人才是进士轻薄，担当不了实际大责任，唐代终于如此形势下没落。

## 四

五代十国，是中国史上最黑暗的时期，那时则几乎只有骄兵悍卒，跋扈的将帅，连轻薄的进士，也如凤毛麟角，天地闭，贤人隐，那时急得在和尚寺里出家的高僧们，也回头推崇韩昌黎，改心翻读修身齐家治国平天下的儒家经典，社会私家书院也在唐末五代时兴起。宋初开国，一面是杯酒释兵权，解除军人干政恶习，一面极端奖励考试制度，重用文臣，提倡学风。那时进士登第，即便释褐，立得美仕，状元及第，荣极一时。经由国家之提倡，五六十年之后，社会学术重兴，才始有像胡安定、范文正一辈人出世。范文正、胡安定都是在和尚寺道士院中苦学出身。范从事政治，胡专心教育，苏州湖州的讲学制度，后来由政府采纳，变成太学规制，范文正为副宰相，颇想彻底改革时政，一面是提倡兴建学校，从基本上培植人才，一面是严厉革除任荫法，好重新建立铨叙升黜之客观标准。一到王荆公当政，遂又进一步计划考试制度之改进。

科举规制之日趋严密，其事始于宋代，公卷风气已不复见，又有糊名法，杜绝请托，严防舞弊，于是尚法的意义，胜于求贤，此亦风气所趋，不得不然。然考试制度之主要目的，本在求贤，究竟政府该如何从考试制度中获取真才呢？王荆公对此问题，主张改革考试内容，废去明经，专考进士，而进士科则废去诗赋，改考经义。在荆公之意，政治取人当重经术，不重文艺，自是正论。然当时反对派意见，亦有立场，大致谓诗赋经义，均是以言取人，贤否邪正，同难遽辨，而诗赋工拙易见，经义难判高下，况以经术应举，反教天下以伪，欲尊经而转卑之。王荆公又自造三经新义为取士标准，此层更受人反对，谓其不当以一家私学掩盖先儒。大体中国传统意见，只能由在野的学术界来指导政治，不当由在朝的政府来支配学术，经术虽当尊，然定为官学，反滋流弊。汉代五经博士，渐成章句利禄之途，此乃前车之鉴。南北朝隋唐学术分裂，社会尊信的是佛学，门第传袭的是礼教与政事。一到宋代，门第已衰，佛学亦转微，私家讲学代之而兴，王荆公主张复古制，兴学校，此似最为正见。然当时依然是私学盛，官学微，学校由政府主持，总之利不胜害。王安石当政，人人言经学，司马光当政，又人人言史学，学术可以与政治相合，却不当与利禄相合，政府当为学校之护法，却不当为学校之教主，荆公自信太深，昧于人情。至后蔡京当国，太学分舍，显然以利禄牢笼，于是范仲淹、王安石兴学精神，到此终于一败涂地。幸有私人讲学，在社会下层主持正气，然朝廷则视之为伪学，加以抑制驱散。教育制度不能确立，则考试制度终是单枪匹马，功效有限。何况经义取士，亦未见必较诗赋为胜。即荆公亦自悔，谓本欲变学究为秀才，却不料转使秀才成学究。学术败坏，人才衰竭，而北宋亦终于覆亡。

到南宋，考试制度，一仍旧贯，朱子曾慨言：朝廷若要恢复中原，须罢科举三十年。然科举乃中国自唐以来政治制度中一条主要骨干，若无科举，政府用人凭何标准？朱子理论终难见之实际。却不料到元代，遂专以朱子四书义取士，此下明清两代，相沿不改，直到清末，前后七百年，朱子四书集注，遂为中国家诵户习人人必读之书。其实朱子四书义，亦如王荆公三经新义，不外要重明经术。只荆公是当朝宰相，凭其学说为取士标准，遂为学术界所反对，朱子是一家私学，元明以来，只是崇敬先儒，此与荆公亲以宰相颁其手著之三经新义情势不同。此刻姑不论王朱两家经义内容，只就政治学术分合利弊而言，则荆公三经新义，势不可久，而朱子四书义则悬为政府功令者垂七百年，此亦治国史者，所当注意之一大节目。一制度之确立，亦必体察人情，以学术与利禄相合，在人情上易于有弊，荆公本人亦是一大贤，只为不察此层，遂招当时之反对，并滋后世人之遗议。至考试内容，不当以经义为准，此层亦到明代而大著。

## 五

明清两代考试内容，均重经义，而又以朱子一家言为准。因诗赋只论工拙，较近客观，经义要讲是非，是非转无标准，不得不择定一家言，以为是非之准则，既择定了一家言，则是者是，非者非；既是人人能讲，则录取标准又难定，于是于四书义中，演变出八股文。其实八股文犹如唐人之律诗，文字必有一定格律，乃可见技巧，乃可评工拙，乃可有客观取舍之标准，此亦一种不得已。至于八股流害，晚明人早已痛切论之，顾亭林至谓八股之害，等于焚书，其败坏人才有甚于咸阳之坑。然清代仍沿袭不改；但若谓政府有意用八股文来斩丧人才，此则系属晚清衰世如龚定庵等之过激偏言。治史贵能平心持论，深文周内，于古人无所伤，而于当世学术人心，则流弊实大。若论经义祸始，应追溯到王荆公。然荆公用意实甚正大，即此一端，可见评论一项制度之利弊得失，求能公允，其事极难；而创制立法，更须谨慎；又贵后人随时纠补，制度既难十全十美，更不当长期泥守，此非有一番精力，不能贯注，否则三千年前出一周公，制礼作乐，后人尽可墨守，何须再有新的政治家？

明初开国，亦颇曾注意整顿学校，然终是官学衰，私学盛，私家讲学，自不免有时与政府相冲突。张居正为相，严刻压制，此乃张居正不识大体。此后东林讲学，激成党祸，人才凋落，国运亦尽。政府专仗考试取士，而与学校书院为敌，安得不败。然明代亦尚有较好之新制度，可与考试制度配合，即为进士入翰林制，明清两代都从此制下培养出不少人才。学校培养人才；在应考之前，翰林院培养人才，则在应考及第之后，此制值得一追溯。

在中国历史上，政府常有一派学官（此学官二字，并非指如后代之教谕训导而言），专掌学术图籍，不问实际行政，而政府对此项学官，亦能尊重其自由之地位，仅从旁扶植，不直接干预。此在春秋时有史官，战国以下，私家讲学大兴，政府网罗在野学者，设博士官，秦代博士官，其实略如唐初之翰林院，杂流并汇，政府普加供养，并不搀入政府之态度与意见，来抑此而伸彼。李斯焚书，始对博士官加以一番澄清淘汰，及汉武帝设立五经博士，政府对学术界之态度与意见，更趋鲜明。然中国政府本身与西方传统大有不同，西方近代一面有宗教超然于政治之外，其社会意识，又常抱一种不信任政府时时欲加以监督之意态，此可谓之契约性的政权。中国则自来并无与政治对立之宗教，社会对政府又常抱一种尊崇心理，圣君贤相，常为中国社会上一种普遍希望，因此中国政权，乃是信托式的，而非契约式的。与西方社会传统意态大异。政府既接受了社会此种好意，亦必常站在自己谦抑地位，尊师重道，看重社会学术自由。政府所主持者乃制度，非学术，制度必尊重学术意见，而非学术随制度迁转。若政府掌握了学术是非之最高权衡，则在中国社会中，更无一项可与政府职权相抗衡之力量，此种趋势，必滋甚大之流弊。因此政府对学术界，最好能常抱一种中立之态度，一任民间自由发展，否则必遭社会之反抗。此种反抗，实有其维系世道最重要之作用。汉武帝时代之五经博士，即是政府对学术表示非中立态度之措施。不久即生反动，汉儒经学有所谓今古文之争。今文即是政府官学，古文则为民间私学。其实今文经学未必全不是，古文经学，未必全是。然而东汉末年朝廷所设十四博士之今文经学，几乎全部失传，而郑康成遂以民间私学，古文学派，成为孔子以后之第一大儒。魏晋南北朝，佛学入中国，宗教与政府相对立，政府所主持者仍是制度，学术最高权威，则落入僧寺。唐人考试尚诗赋，诗赋仅论声律工拙，在学术上依然是一种中立性的，并不表示政府对学术是非之从违。宋代王荆公改以经义取士，则显然又要由政府来主持学术，走上中国历史卑政尊学趋向之大逆流，而翕然为社会推敬者，依然是程朱私学，朱子遂成为郑康成以下之第一大儒。及元明以朱子四书义取士，阳明讲大学，根据古本，即与朱义对立。此后清代两百六十年考据之学，无非与朝廷功令尊宋尊朱相抗。然四书义演成八股，则经术其名，时艺其实，朝廷取士标准，依然在文艺，不在义理，仍不失为是一种中立性的。此就考试项目言。至论学官，则魏晋南北朝隋唐皆有，大体如文学编纂图籍校理之类，政府只设立闲职，对学人加以供养，恣其优游，不限以涂辙，不绳其趣诣。唐代有翰林院，最先只是艺能杂流，内廷供奉，此后遂变成专掌内命，一时有内相之号。宋代翰林学士掌制诰，侍从备顾问，又有经筵官，则为帝王师傅，又有所谓馆阁清选，亦称馆职，此皆在我所称之为学官之列。大抵集古今图书，优其廪，不责以吏事，政府藉此储才养望，为培植后起政治人才打算。明代之翰林院，连史官经筵官均并入，又有詹事府主教导太子，与翰林院侍讲侍读同为王室之导师。翰林责任，大体如修书视草，议礼制乐，备顾问，论荐人才，都是清职，并不有实权负实责。明代始规定进士一甲及第入翰林，二甲三甲为庶吉士，亦隶翰林院，须受翰林前辈之教习，学成，再正式转入翰林院，其他亦得美擢。清代沿袭此制。用意在使进士及第者，得一回翔蓄势之余地，使之接近政府，而不实际负政治责任，使之从容问学，而亦无一定之绳尺与规律。明清两代，在此制度下出了许多名臣大儒，或为国家重用，或偏向学术上努力。即如曾国藩，初成进士，其时殆仅通时艺，看其家书报道，可以想见其为进士在京师时，一段如何进修成学之经过。此种环境与空气，皆由翰林院与庶吉士制度中酿出。汉代是先经地方政府历练，再加以察举，唐代是礼部试及第后，颇多就地方官辟署，必待吏部试再及第，始获正式入仕。大抵汉唐两代，都有实际政事历练，与考试制度相副，宋代以下进士，在先未有政治历练，一及第即释褐，失却汉唐美意。故明清两代有此补救。若使明清两代仅仗科举，更无翰詹为养才之地，则八股时艺，如何能得真才？而更须注意者，明清两代之翰林院，仍系中立性的，并不似汉代博士，限于学术功令。考试只是选才，翰林进士只在养才，政府职权仍在制度一边，并未侵犯学术之内容，此层为查考中国史上考试制度演变中一绝大应注意之节目，故在此稍详申说。

考试制度演变到清代，愈趋愈严密。自宋以来，秋试在八月，春试在二月，元明沿袭未改，万历时，曾有人主张，春试改三月，原因是二月重袭，易于怀挟，当时经人驳斥，终未改期。但到清代，真改春试在三月了。一说是天暖不须呵冻，但另一因，却是人穿单夹，可无怀挟。其他如截角、登蓝榜、弥封、编号、朱卷、誊录、锁院、出题、阅卷、种种关防，全像在防奸，不像在求贤。清初几次科场案，大批骈戮，大批充军，更是史所未有。而到中叶以后，进士入翰林，专重小楷，更属无聊。道光以下，提倡废八股废考试的呼声，屡起不绝，此一制度绝对须变，自无疑问。然此一制度，究竟自唐以下一千年来，成为中国政治社会一条主要骨干：（一）是用客观标准，挑选人才，使之参预政治。中国因此制度，政府乃经由全国各地所选拔之贤才共同组织，此乃一种直接民权，乃一种由社会直接参加政府之权，与近代西方由政党操政，方法不同，其为开放政权则一。（二）是消融社会阶级。因考试乃一种公开竞选，公平无偏滥，考试内容单纯，可不受经济限制，寒苦子弟，皆得有应考之可能，又考试内容，全国统一，有助于全国各地文化之融结，按年开科，不断新陈代谢，此一千年来中国社会上再无固定之特殊阶级出现，此制度预有大效。（三）是促进政治统一。自汉以来直到清末，无论选举考试，永远采取分区定额制度，使全国各地优秀人才，永远得平均参加政府。自宋代规定三岁一贡以来，直到清末，每历三年，必有大批应举人，远从全国各地集向中央政府一次，全国各地人才，都得有一次之大集合。不仅政府与社会常得声气相通，即全国各区域，东北至西南，西北至东南，皆得有一种相接触相融洽之机会，不仅于政治上增添其向心力，更于文化上增添其调协力，而边区远陬，更易有观摩，有刺激，促进其文化学术追随向上之新活力。即举此三端荦荦大者，已可见此制度之重要性。至其实施方面，因有种种缺点，种种流弊，自该随时变通。但清末人却一意想变法，把此制度也连根拔去，民国以来，政府用人，便全无标准，人事奔竞，派系倾轧，结党营私，偏枯偏荣，种种病象，指不胜屈。不可说不是我们把历史看轻了，认为以前一切要不得，才聚九州铁铸成大错，考试制度之废弃，仅其一例。

## 六

西方人在十八世纪时，却看重中国考试制度，但他们自有他们的历史渊源，不可能把中国制度彻底抄袭，英国最先模仿中国考试制度，但只事务官须经考试，各部门行政首长，则仍由政党提名。照理论言：海军应用海军人才，外交应用外交专长，都该经政府客观考试录用，但西方却只采用了中国考试制度之下半截，海军外交各部之事务官，须经考试，其主持海军外交各部行政首长，却不须考试，仍由政党提名，岂非在理论上像似讲不过。此正为政党政治，乃西方历史渊源中自生自长的东西，若连此废了，势必发生政治上大摇动，此是政治元气，不可遏塞。任何一种外国制度，纵其法精意良，也只可在本国体制中酌量运用，西方人懂得此层，采取中国考试制度之一半截，成为他们今天的文官制。中国何尝不可也采取西方制度的一半截，把皇帝废了，再加上国会代表民意，而考试制度则依然保留，政府一切用人，仍该凭考试，只在内容上方法上再酌量改进。但当时中国人意见不同，学西方便得全部学，其实如日本，又何尝是全部学了西方？他们依然还有一个万世一统尊严无上的皇帝，反而日本维新，早有富强实效。中国赶不上，回过头来主张，不仅政治制度要全改，连文化学术也该全改，甚至连文字最好也全改。日本还未废绝汉学，中国则主张改用罗马拼音；一面又盛赞西方，如英国之善用习惯法，却不许自己尊重自己习惯法，只有海关、邮政、电报各机关因经由外国人主持，仍用考试制度，不致大扰乱，其他中国近代各机关一切用人，连像曹操陈群时的九品中正制也没有，政治安得上轨道？而反肆意抨击中国传统政治之专制黑暗，于已往一切制度，漫不经心，政治无出路，回头来再打击历史学术文化，认为整个社会，均得从头彻底改造始得。结果造成今日社会礼教一体推翻之狂妄意见。于此我们不得不推尊孙中山先生，只有他能高瞻远瞩，他的五权宪法，正也恰合于西方人采用中国制度半截的办法，他也想在中国自己传统制度下采用西方近代民主政治之一半截，但他的理论之精深博大，至今未为国人所注意，此层并不专限在考试制度之一项目上。若不明了孙先生五权宪法之精意所在，单单再来添进一考试制度，依然是要有名无实，难生大效。

东西考试制度，在方法上，复有一至要之歧点。西方考试只重专家，只如汉代辟召奇才异能之例，至于政治人才，则贵有通识，尤胜于其有专长。此等人才，西方则在国会中培养，中国传统考试着重在通识，不在专长。中国科学不发达，考试制度亦预有关系。如在金元统治时期，异族君临，政权不开放，考试制度松弛，有名无实。但中国社会其他各专门学术技能，如医药、天算、水利、工程、艺术、制造诸项，反而有起色。此后中国考试制度，自应在录取专长方面，积极注意，然如何培植政治通才，此事依然重要。即如明清两代之翰林院制度，即在此方面颇著绩效。可见每一制度，其背后必有一段精神贯注，必有极深微的用心所在，哪里是随便抄袭，即能发生作用？

这里更有一种重要关键，我常说西方民主政治重选举，是偏于人治精神的，一切政制均可随大众意见而转移，政府须常常受民众监督，这非人治精神而何？中国传统政治，重考试制度，是偏于法治精神的，政府一切用人，全凭客观标准，公开竞选，再凭客观标准，按例铨叙，中国人想把整个政府，纳入法度规范之内，如是则便可减轻人治分量。中山先生之五权宪法，及其权能分职之理论，正是无意中走上了中国政治传统精神之老路。其实人治法治，亦各有长短，各有得失。大抵小国宜人治，大国宜法治，即以英美两国言，英国制度偏多人治意味，美国则偏多法治意味。今天中国人论政制，只高喊法治空口号，又心上终觉考试是中国土货，选举才是舶来新货，因此不免过分看轻了考试，过分看重了选举。政府虽有考试院，却尚未能深切发挥中山先生五权宪法中重视考试一权之内在精神，此等处决非一枝一节，单凭一项制度来讨论，而不贯通到全体政制之整个精神者所能解决。创制立法，应该通观全局，我们今天实有对政治理论再行细加探究讨论之必要，否则总是多方面采摭几许条法规章，临时拼凑，临时粉饰，将永远立不起一个规模，永远创不成一种制度。中国的考试制度，在历史上已绵历一千年，若论其最早渊源，则已有两千年的演变，这自然应该遭受研究讨论将来中国新政治制度发展趋向的人的绝大注意了。

原载《考诠月刊》1951 年创刊号

# 中国考试制度里的区域、家族与个人

E. A. Kracke，Jr.

隋唐以后的中国，渐渐建立以考试制度来选拔官吏。本文即讨论考试制度中理想与实际之间关系的转变。虽然任官还可由其他方式如荫补，察举，捐官等获得，考试却是最理想的方式，而且还可反映出官僚阶层的社会流动程度。作者指出，从早期的区域间自由竞争时期（655—1279 年宋亡），在商业繁盛的中国东南部，中举人数的大量增加，以及新人（来自无官职背景的家庭）比率的增高，暗示出都市化的过程助长了政府官职的社会流动。在元朝统治下（1279—1368 年）采取区域配额制，以惩处反元最烈的地区——江南（所谓南人），包括福建、浙东、浙西与江南东四个考区。明清以来至 1911 年，区域配额则是根据各区人口密度而定，显示出机会均等的趋向。

传统中国的考试制度在中国政治思想与中国社会的实际结构上占有中心的地位，它并且是最早引起西方政治学者注意与激发其想像的中国制度之一。它特别象征着政府公职向所有才能之士开放的理想。然而考试制度其理想与实际之间的关系，仍有模棱之处。本书瞿同祖氏的论文中，讨论到中国社会关系的广泛模式，曾指出不断地引述先人的言论与事例，正如烟幕遮住了表面下功能的改变，结果引起的理想与实际之间关系的转变已经多少变更了中国思想中所视为理想的真正意义。为了解考试制度在中国政治思想中的真正意义，因而我们有必要追述考试制度在几个世纪以来实际进行的变化情形。本文的研究将集中于其中一个变化——即对机会自由这一观念各种不同的解释，以及由此在帝国各区域所引起的不同结果。

## 一　机会自由的理想及其实现

在考试制度竞争性的观念之下是孔子的政府任用贤能的理想。这个理想被儒家各支派所采纳，如带有极权倾向的荀子，以及较为自由主义的孟子，而孟子的思想从唐代以降成为中国思想的主派。这一派儒家学说认为人性本善，所以一个人的德性与能力是独立于他的出身地位之外的。因此必须提供一种方法，广开门路，使任何出身微贱的人得致高位。①

我们必须注意不可将这观念中某些含意与西方的观念联想到一起。在儒家理论中，人的性格与地位一旦建立，各人不同的需要与道德成就自然使他们应该接受不同的利益、特权、责任与自由。某些职业——早期包括商业与手工业——在道德上是不够资格进入公职的。简单地说，发展个人能力的机会自由观念，与严格的阶级划分是可以相容的。对中国思想家来说，这并没有不一致的地方。对他来说，社会的需要优先于个人的意愿。一个人有责任，而非有权利，向君主贡献其服务；他应该接受而非去求得官位。②

然而，实际条件总是会限制理论的进行。在一方面，依照儒家政治理论，全国普及教育是当然的事，但是大规模地设立学校，维持学生，在传统中国社会的物质条件最好的时期也几乎是不可想像的事。经济发展的分歧，增加了各地区与团体之间教育资源的差异性，必然造成机会更不均等。不同的考试方法与资格也会偏向于某一地区或团体。在另一方面，中国的读书人在太平时期之追求官位，不管认为是他的责任或权利，其热心正不下于西方的读书人。由于大多数时期没有其他职业比做官更为显贵，因而考试制度逐渐成为进入官场的荣誉之门后，日益显出其特殊的重要性。考试制度之优于其他途径，在于它代表甄选优秀的原则。但是它并不能完全控制所有的甄选过程，也并未被毫无异议视为一种理想办法。考试制度测验的是能力而非个性，因而不能令一些更热心的儒家人士满意。考试制度也得不断与其他的甄选办法如荐举、荫补、升迁或卖官鬻爵等竞争。各种办法之间权衡轻重的改变，自然与不同时期的政治情势有密切关系。考试制度的名声与评价，其实际上的重要性，以及其执行上的热心与诚实，在不同时期也历经兴衰。虽然考试在某种程度反映出大体上官僚集团的社会流动史，这种反映从不曾是完整的。③

本文研究的范围仅限于对上述的因素作简单而不完全的讨论。我将首先强调于辨识三种资料之间的关系：人口的集中与变化，考试合格者的区域代表性，以及合格者之间

---

① 见 H. G. Creel, Confucius, the Man and the Myth (New York, 1949), p. 159; Derk Bodde, "Harmony and Conflict in Chinese Philosophy," 收入 A. F. Wright (ed.) Studies in Chinese Thought (Chicago, 1953), p. 51.

② 例如，见 Dschu Hsi 中的朱熹，Djin-si lu, Die sungkonfuzianische Summa, Olaf, Graf, O. S. B. 译本（东京，1953，三卷），II, 461-462. 一般儒家的倾向在于强调责任而非权利，可以从他们强调批评君主的错误是臣民的责任而非言论自由的权利上看出。在这点上尽责任者理应得到保护，因为他的行动不遏是出于责任。

③ 关于儒家对考试制度的反对，见 W. T. de Bary, "A Reappraisal of Neo Confucianism," 收人 A. F. Wright (ed.), Studies in Chinese Thought (Chicago, 1953)。关于荫补制度，见 K. A. Wittfogel, "Public Office in the Liao Dynasty," Harvard Journal of Asiatic Studies, X, No. 1. (June, 1947)，钱穆在其《中国历代政治得失》（第二版，香港，1954）中，强调荫补制度的优良与考试测验法的不利，强调他对考试制度的反对。关于荐举，见 E. A. Kracke, Jr., Civil Service in Early Sung China (Cambridge, Mass, 1953).

垂直社会流动的区域模式。时间方面我们将集中于从7世纪中叶到19世纪末叶之间，而稍为偏重于早期，因为那时的考试竞争尚无区域限制。有一点不需要再加以强调的是：企图说明考试制度是基于在范围与程度上非常有限的研究，因而也只能达到一个部分的试探性的结论。本文的写作，是期待于对这个问题更进一步研究而有所贡献。

## 二 区域间自由竞争下的区域代表性（655—1279年）

在汉代，考试最初主要是用来对被推荐入政府官职的候选人加以分类。它逐渐地变成主要的甄选办法，而在早期的几个世纪中，每年只有很少人通过考试。甚至到唐代早期，在655年之前，任何一年通过考试的人数绝不超过25人。这段时期的每年平均中举者少于9人。（由于举行考试的间隔没有一定，因此这段时期，以及在167年采行三年一试的规定之后，一律使用每年"平均"中举者来计算，没有举行考试的年度也算入，这是唯一可作实际比较的单位。）随着唐代女皇帝武则天的掌权，通过考试的人数有明显的增加。她的眼光看得出考试的办法可利用为她篡夺政权的工具。它可以用来吸收在此以前被忽视的东南方有识之士，有助于抵制首都地区各派系的势力，他们都是效忠于当朝皇帝的。在655年，武则天通过了44名进士的考选。然后，在她正式篡位前七年的一段时期，每年平均中举者超过了58人。由此，武则天也许在无意之间，建立起考试制度在数量上的重要性。同时，借着优遇中举者的态度，她大大提高了这个新办法的地位，成为一条通往权势的正途。向广大群众开放机会的过程从此展开。①

武则天政权覆灭后，唐代复位的君主也使用同样的手段。而且在一段短期内甚至将每年平均合格人数提得更高。唐代末期以及接着五代（907—960年）时期的战乱，使考试制度中止发展，而当时在考试评分办法上限制没有关系门路者中举机会的徇私作风遂被废弃。到10世纪末，宋代建国，宋代君主开始以新姿态发展这个制度。他们设想出一连串办法来促使阅卷评分达到最大可能的公正性。同时他们也扩充每年中举的人数，一直到高于唐代最高平均数的两倍以上。以后一直到宋代，这个数字一直维持在相当的高度上，通常是每年平均二百人左右，有时候平均数甚至高到240人。②

武则天利用考试的手段来促进其篡夺计划，不只是将政府职位向广大群众开放，同

① 见陈寅恪《唐代政治史述论稿》（重庆，1943），马端临《文献通考》卷二九；这些数目并不包括明经科，这是Robert des Rotours在其Traite des examens（Paris，1932）中提到的。

② 在晚唐的制度之下，主试者均熟知考生，但这并不能有效地阻止某些大官为进士科考生介绍关系。请注意到1127年宋代人口的减少，表示在南宋期间人口的中举比率实际上是增加了。关于唐代的情形请看Des Rotours，前引书，Arthur Waley，The Life and Times of Po Chū-i（London，1949）．关于10世纪唐灭亡以后的情形，见Wolfram Eberhard，Conquerors and Rulers（Leiden，1952）．关于宋初则见Kracke，前引书。

时由于引入东南方的新人与首都地区的人士抗争，她也在有意无意之间造成一种情况，那就是借着官僚集团中各对立区域团体的制度作用，不断地加强君主的势力。从所有地区公平甄选官吏的好处尚不止此；它可以加强区域对君主的效忠，避免读书人受挫折而产生的敌意；它使得各区域在政府机构中都有喉舌保障他们的利益；它可以鼓励地方发展出一个智识领导团体来协助中央派任地方的官吏。我们很难说君主或官吏对这些好处明了到什么程度，但是许多证据显示区域上对政府公职抱着明锐的态度，任何甄选的不公正都被完全注意到。我们可以从 11 世纪司马光与欧阳修的讨论题目上看到这一点。区域的不平等仍然存在，但是其模式与五百年以前的已大有不同，可见于司马光一篇奏摺上所列的数字。这些数字是关于在 1036 年、1038 年与 1040 年参加进士考试以及举试合格者的分布情形。它们代表着分散的说明例子，来自不同的考区在不同的年代，但其趋势非常明显。首都地区在所有这三年中，每一百万户平均产生出 170 至 270 名进士。但是沿着北边境地区、西南地区（现代四川成都的附近除外）以及中南部地区，在同样例子中每一百万户大约只产生 1～4 名进士。至于繁荣的中东部与东南地区的七个考区没有列出数字，但就保守的估计应该是接近每一百万户 12 名，较帝国内其他地区高出数倍，自然，首都地区除外。这七个考区拥有全国半数以上的人口，但是疆域所占的比率却较小，其中包括人口密集的四川盆地与长江三角洲地带。更有意义的一点是，它拥有许多全国最大的都市，包括东南部海岸的贸易商业中心。欧阳修谈到这问题时明白指出，东南部已经成为可与首都匹敌的文化中心，在考场上的声势是全中国其他地区所羡望的。①

我们再看另一张晚宋两次考试合格者的更完善的统计表，上述的事实将变得更为明显。从宋代举行的全部一百多次考试中，仅列出两次考试作为推论基础，似乎证据过于薄弱，但这两次考试的选择（由于恰巧被保存至今）却是相当幸运的。它们举行的时间分别在 1148 年与 1256 年，一个接近北方沦陷（1127 年）南宋建都杭州的初年，另一个接近其末年。在北方领土沦陷后几年中，中国南方各地不时遭到金人（Jurchen）的掠击，但到 1141 年局面恢复平静后，宋的行政系统也大致回复其秩序。接着的一百年间局面大致平靖无事，南宋境内虽然持续着严重的经济问题，却无碍于文物的昌盛。一直到 1233 年，北方有新的威胁出现。蒙古人在 1253 年一度攻掠四川，1258 年再一度大举入侵。以后的十五年间南宋的抵抗逐渐溃败，最后的抵抗者被迫逃散至山林海上。因而 1148 年的考试是举行在一个混乱后的平静时期，而 1256 年的考试是在长期平静后大乱将起的边缘。这两次考试的中举者的列表就有关中国社会的事实而言，显出其一致性，而同时说它们代表那一百多年的典型也非不可。而且，由于这张科举表相当完

① 见司马光《温国文正司马光文集》（四部丛刊）卷三〇；欧阳修《欧阳文忠公文集》（四部丛刊）卷一一三，同时请看表一。在这时候，进士科只是数科中的一科，但是最重要的。这时候的进士科中举者在两年一段时期里平均约二百人（参考马端临，前引书，卷三二）关于人口见 126 页注①。这里使用的数据在某些西南与中南部考区是早于 1100 年者，因此他们的中举者与人口比率可能更低一点。

整，它提供了一项非常宝贵的不同年代横断面的资料。①

表一　　**1036年、1038年与1040年的进士科举试者与中举者数目**

| 考区或行政区 | 人口（约在1100年，百万户为单位） | 举试者数目 | | | 中举者数目 | | |
|---|---|---|---|---|---|---|---|
| | | 1036年 | 1038年 | 1040年 | 1036年 | 1038年 | 1040年 |
| 中南部： | | | | | | | |
| 广南东 | .57 | 97 | 84 | 77 | 3 | 2 | 0 |
| 荆湖南 | .95 | 69 | 69 | 68 | 2 | 2 | 2 |
| 荆湖北 | .58 | — | 24 | 23 | — | 0 | 1 |
| 西南部： | | | | | | | |
| 广南西 | .24 | 38 | 63 | 63 | 1 | 0 | 0 |
| 夔　州 | .25 | 28 | 32 | — | 1 | 0 | — |
| 潼　川 | .56 | 63 | — | — | 2 | — | — |
| 西北边境： | | | | | | | |
| 东　京 | 1.34 | 157 | 150 | — | 5 | 5 | — |
| 河　北 | 1.17 | 152 | — | 154 | 5 | — | 1 |
| 河　东 | .61 | 44 | 41 | 45 | 0 | 1 | 1 |
| 陕　西 | .56 | — | 123 | 124 | — | 1 | 2 |
| 利　州 | .30 | 26 | — | 28 | 1 | — | 0 |
| 首都地区 | | | | | | | |
| 开封府 | .26 | 278 | 266 | 307 | 44 | 69 | 66 |
| 国子监 | — | 118 | 108 | 111 | 22 | 28 | 30 |
| 其他七考区 | 8.98 | — | — | — | — | — | — |
| 总　数 | 16.37 | — | — | — | — | — | — |

① 1148年与1256年的科举表见于《宋元科举三录》，ed，许乃昌（1929）。有关此表的历史与其他方面的讨论见 Kracke，“Family vs. Merit in Chinese Civil Service Examinations under the Empire,” Harvard Journal of Asiatic Studies，X，No. 2（Sept，1947），1148年的科举表其本身是完整的，只有很少数目缺乏资料。1256年的科举表上其百分比例上少掉了百分之五，某些比例也是不完整的，下面将说明，但是它提供某些前张表上缺少的细节，并且支持前表显示的趋向。

表二　　1148 年与 1256 年进士科中举者的区域与人口代表性

| 区域与考区 | *人口（千户） | | 中举者数目 | | 每百万户中举者数目 | | 超过十万户的县 |
| --- | --- | --- | --- | --- | --- | --- | --- |
| | 1162 年 | 1223 年 | 1148 年 | 1256 年 | 1148 年 | 1256 年 | 约 1100 年 |
| 东南部： | | | | | | | |
| 福建 | 1，391 | 1，599 | 66 | 114 | 48 | 17 | 5 |
| 浙东 | 约 1，090 | 约 1，080 | 52 | 82 | 45 | 72 | 7 |
| 浙西 | 约 1，150 | 约 1，140 | 38 | 26 | 35 | 24 | 5 |
| 江南东 | 966 | 1，046 | 30 | 30 | 31 | 29 | 6 |
| 江南西 | 1，891 | 2，268 | 23 | 53 | 12 | 23 | 7 |
| 区域总数 | 6，492 | 7，134 | 209 | 305 | 32 | 43 | 30 |
| 中南部： | | | | | | | |
| 广南东 | 514 | 446 | 5 | 17 | 10 | 38 | 1 |
| 荆湖南 | 969 | 1，251 | 1 | 9 | 1 | 7 | 2 |
| 荆湖北 | 254 | 370 | 1 | 15 | 4 | 41 | 0 |
| 区域总数 | 1，737 | 2，067 | 7 | 41 | 4 | 20 | 3 |
| 西南部： | | | | | | | |
| 广南西 | 489 | 528 | 0 | 19 | 0 | 36 | 0 |
| 夔州 | 387 | 208 | 4 | 4 | 10 | 19 | 0 |
| 潼川府 | 805 | 841 | 28 | 48 | 35 | 57 | 1 |
| 成都府 | 1，098 | 1，140 | 35 | 34 | 32 | 30 | 3 |
| 区域总数 | 2，779 | 2，717 | 67 | 105 | 24 | 39 | 4 |
| 华北自由地区： | | | | | | | |
| 利州 | 371 | 401 | 2 | 16 | 5 | 40 | 0 |
| 京西 | 43 | 6 | 0 | 3 | 0 | 480 | 0 |
| 淮西 | 52 | 218 | 0 | 7 | 0 | 32 | 3 |
| 淮东 | 111 | 127 | 3 | 7 | 27 | 55 | 1 |
| 区域总数 | 577 | 753 | 5 | 33 | 9 | 44 | 4 |
| 总数（有关资料者） | 11，584 | 12，671 | 288 | 484 | 25 | 38 | 41 |
| 华北占领地区 | — | — | 26 | 1 | — | — | — |
| 皇室 | — | — | 16 | 76 | — | — | — |
| 缺乏有关资料 | — | — | — | 40 | — | — | — |
| 年度总数 | — | — | 330 | 601 | — | — | |

*由于全部人口统计数均化减成最相近的千户数，因此区域与全国的总数并不一定与各考区分列数字的总数相等。

表三　　　　1148 年与 1256 年进士科中举者之间的人口变迁与社会流动

| 区域与考区 | 人口增长或减少之百分比 | | *新人的百分比 | |
|---|---|---|---|---|
| | 约 1100—1162 年 | 1162—1223 年 | 1148 年 | 1256 年 |
| 东南部： | | | | |
| 福建 | 31 | 15 | 70 | 52 |
| 浙东 | 14 | -1 | 74 | 62 |
| 浙西 | | | 30 | 62 |
| 江南东 | -5 | 8 | 71 | 67 |
| 江南西 | 14 | 15 | 68 | 70 |
| 中南部： | | | | |
| 广南东 | -11 | -13 | — | 59 |
| 荆湖南 | 2 | 29 | — | 78 |
| 荆湖北 | -56 | 45 | — | 53 |
| 西南部： | | | | |
| 广南西 | 107 | 8 | — | 84 |
| 夔州 | 57 | -46 | — | — |
| 潼川府 | 43 | 4 | 56 | 67 |
| 成都府 | 24 | 4 | 54 | 50 |
| 华北自由地区： | | | | |
| 利州 | -17 | 3 | — | 75 |
| 京西 | -81 | -86 | — | — |
| 淮西 | -93 | 320 | — | 71 |
| 淮东 | -80 | 15 | — | 57 |
| 华北占领地区 | — | — | 30 | — |
| 皇室 | — | — | — | 33 |
| 总数（有关资料） | -8 | 9 | 56 | 58 |

*如果某一考区中举者总数在六个或以下时，新人的百分比则不予计算。

*由于 1127 年后某些考区范围的变化，为求正确比较起见，1100 年的考区人口数目并非基于当时的考区范围，而是依照 1162 年的考区范围。

在两次考试中最特出的相似之点是两者均指出人口密集、大都市集中以及商业发达区域所占的重要地位。全国当时的 16 个考区中，福建与浙东两考区，包含当代最繁盛的商业都市，在考场上超出群伦，两考区合起来在两次考次中举者均占全体百分之四十以上。这两区的中举者占全国的比率甚至大过其人口占全国人口的比率；在这两年的考试中，这两区在每一百万户中产生的中举者均远超过其他考区。①

在其他考区中人口稠密地区与高比率中举者的相关性并没有上述考区那么明显。也许由于中举者人数较少，例外的波动性较大，或者由于不在本文考虑之内的其他因素。但是尽管如此，这种相关性仍有强烈的暗示。而且当我们比较这些考区的相对都市化发展的程度时，我们可以再度看到大的州县倾向于产生更多数的中举者。②

很明显地司马光在11世纪时提到边境地区与中央地区在考选上的差异性，到十二十三世纪依然存在。我们见到在11世纪时边境地区的高比率举试不第者，绝对不是一个意外现象。欧阳修那时曾经指出，来自人口稠密地区的考生，中举的机会较大，是反映出地方上测验更严格的选拔过程。但这种情况到十二十三世纪有两点改变：南宋的首都（在今日杭州）比起北宋首都开封来，在中举比例上异常地低落，而西南四个考区则在与其他更进步地区竞争上有非常显著的进展。从这些证据看来，有一种区域平等化的自然趋势正在进行，而这趋势显然不是由任何有意的行动促成的。

## 三　区域间自由竞争下的社群代表性

上述的宋代中举表除了指出中举者的地域分配外，多数情况下都没有特别指明他们的社会背景。只有一个集团是被清楚区分出来——那就是宋代开国君主及其王室后裔的

---

① 见表二与表三。1100年左右的考区人口是根据赵惠人《宋史地理志户口表》；以及《宋史》（百衲版）卷八八，关于1162年，是根据《宋会要辑稿》，关于1223年，见马端临，前引书，卷一一。关于1162年与1223年，只有合并的数字，此处是根据假想划分的。关于宋代的人口变迁的资料可以说相当完整与一致，使得我们大致可以相信户口数的可靠性（除去某些明显的错误，以及假定人口统计报告上的某些不确实，特别是在边境地区。（关于宋代人口资料的进一步讨论，见作者另一篇论文："Sung Society" FEQ，XIV，No. 4.（August 1955）. 1148年与1256年科举表上的籍贯资料很可能大多数是中举者实际的居住地。有一名中举者的本籍在华北沦陷区，在南方没有籍贯，他是来自边境区域，这一例显示其他的情形中举者的本籍通常是其实际居住地。1148年的表上只有一个例子是分别列出本籍与寄居地者，其他的情形整个看来，本籍很可能通常就是中举者实际的，或是最近的居住地。（像那些列入来自沦陷区北方的人）。举例来说，朱熹曾搬过数次家，但是表上所列他的籍贯很可能是他在参加考试时居住的地方。皇室的后裔是分别列成一表，不算在实际居住的考区之内。

② 见表二。十六个考区中的八个拥有相当稠密的人口：福建、浙东、浙西、江南东、江南西、荆湖南、成都与潼川。这八个考区中，包括1148年全部六区中举率最高的考区，其每百万户产生的中举者多出全国平均五人以上。而且五个中有三个在1256年维持同样平均以上的成绩（所有这三个考区均属上述1148年的六个考区中）。由于缺乏确定的城市人口数字，城市的相对大小只能从所在地的县人口数大约推论出。在产生高比率中举者的八个考区中，拥有全国超过十万户以上41个县中的28个（约在1100年，这是目前所有关于宋代县人口最晚的完全资料）。在这八个考区中拥有四五个人口最多的镇。

中举者。宋代建国的几百年来其皇裔人数也自然迅速地增多。近朝皇帝的直接后裔，拥有公侯爵衔的，才是当代真正的贵族。远朝皇帝的后代，大致已不拥有爵衔，但是也享有特别社会地位，行政上属于皇室管辖而非一般地方政府的单位。为保障皇室后裔不致霸占过多的中举名额，他们的考试是分开举行的；也很可能是借着这个办法来逃避普通考试的严格。在 1148 年的考选表中我们看到 288 名中举者中皇裔占 16 名，以及 1256 年中 484 名中举者占 76 名。1148 年考试中举的 16 名全部，以及 1256 年 76 名中的 51 名，都是其父亲，或祖父，或曾祖父（许多例子是三代全部）曾担任政府职位或拥有官衔。① 对于皇裔以外的中举者社会背景，这两张考选表没有明白指出。但是它们却提供重要线索，指出相关人数的中举者是官吏的后裔以及那些祖先没有作官的中举者。它们说明中举者直属父系三代所曾任的官职，而在 1148 年的表上也特别指出那些不曾有祖先任官的中举者。不幸的是关于旁系亲属的资料过于缺乏或零碎不能用来比较，但是我们有关于父系的完整资料可以用之于比较在不同时期与地区官职对家族的影响程度。从这张科举表上的有限资料中显示出官职——家族影响的差异性，这可能相当正确地反映出在更广泛意义上官职——家族背景的差异性来。为了便利起见，我们可以称那些在父系三代祖先中有为官的中举者为“官场关系的人”（offcially-connected men），以及那些没有这种背景的为“新人”（new-men），请记住这两个名词仅用于上述限定的意义下。②

我们称之为新人的团体，他们仅有的共同点是负性的，即是不具有做官的直系祖先，因而我们自然不能视之为一个同质的团体。除了这个事实外，上面也提过，这些“新人”中某些人或许有为官的旁系亲属；其他不完全的资料显示出，他们之中有些人来自传统上受教育的家庭，这是可以想见的事。其中有些人的先祖曾经通过考试，然而他们似未作官。有些人的兄弟，或一个例子中的侄子，曾经通过考试或作过官，这点暗

---

① 见表三。政府官吏自然有被封爵以为奖励的，但是他们并不构成一个分别的阶级。1148 年的科举表上所有皇裔的考生其三代祖先均是为官者；1256 年的情形有种种不同，也许是由于这两个年代中间皇裔人数的增加。1148 年一名中举者是唐代君主的后代，但是他的三代祖先并无为官者。1148 年所有皇裔中举者的名次均列在五组中第三与第四组。1256 年是分散在前四组，百分之六十六以上是在第四组。

② 1256 年的科举表上缺乏祖先曾否为官的记载，有些情形是由于资料的佚失，而非表示没有做官的祖先。然而，我们比较前后两表，有为官祖先与非为官祖先两表分配的相似显示，上述资料佚失的情形不会太多。在制作 1148 年的科举表时，所有缺乏祖先是否为官的记载的情形均被除外。关于母系祖先的资料则完全没有。根据本文中定义的“新人”，在 1148 年中有 9 名，1256 年有 13 名显示在父系旁系三代祖先中有人为官者。这些少数例子并不影响各组的总数，而且由于甚为零散，如果加以列入将会歪曲资料的统计。这些旁系为官的祖先都是各中举者的家长；这种非典型的关系也会多少误导有关一般旁系祖先的实际状况。考生的考试分组列表以及全国考生在其父系上的详细关系表可见 Kracke，“Family vs. Merit,”前引书。有关明代的母系亲属对学术成功的影响的例子，可见于 L. C. Goodrich，“Maternal Influence：A Note,” Harvard Journal of Asiatic Studies，XII，Nos. 1-2.（June，1949）.

示出（虽然不是决定性的）一个受教育的家庭背景。但是有关亲戚之间中举的例子记录并不多，而且零散，仅用来暗示在这段时期划分“官场关系的人”与“新人”的界线可能是相当含糊的。①

新人的比率在区域上的差异性则较为有意义。② 在 1148 年的考试中，二三个例子可以追溯其籍贯至中国北方的占领区——无疑，这些人是金人入侵的避难者或其子弟，这其中接近百分之七十是官场关系人。到 1256 年只有一个这样的例子，是一名来自接近宋边界的新人。至于宋朝统治下的疆域中，那些新人占较高比率的考区似乎具有某种特点，与产生中举者较多的考区不太相同。这些考区的中举者的背景相差很大，但整个来说，新人较高中举率似乎倾向于出现在人口稀疏的考区。然而，人口变迁与新人的比率仍有相关性。一般来说，长期的人口增长倾向于产生高比率的新人，而长期的人口稳定或衰落则常常伴随着高比率的官场关系人出现。在1162—1231 年，有九个考区的人口增长超过百分之五。如果我们略去产生六名中举者或以下的考区，因为百分率的不可靠而不予列入，同时我们将 1148 年与 1256 年的实例分别计算，则我们一共有 12 个例子：其中 7 个的新人占百分之七十或以上，3 个的新人比率接近全国平均率或高些（57%—69%），两个是低于全国平均率。另一方面，在人口稳定或衰落的考区，我们有 8 个例子，其中 1 个的新人比率超过百分之七十，3 个接近或高于全国平均，而 4 个低于平均率（包括成都区的前后两次考试）。③

因而，在区域间自由竞争的情况下，一个考区倾向于出现的特点，我们可以如下列一张有点过分简略的表：

| 人　　口 | 稠密，增长 | 稀疏，增长 | 稠密，无增长 | 稀疏，无增长 |
|---|---|---|---|---|
| 中举人数 | 多 | 少 | 多 | 少 |
| 新人比率 | 高 | 高 | 低 | 低 |
| 新人人数 | 多 | 颇少 | 颇多 | 少 |

① 1256 年有 8 名新人显出有曾考试得中的祖先，1148 年则没有这项资料。1148 年中有十名新人的兄弟，一名新人的侄子曾获得学位或在做官，1256 年则有 23 名同样情形的兄弟。

② 见表三。除去皇裔与来自北方占领区的人，籍贯与官方关系两者资料都有的情形在 1148 年有 240 个，1256 年有 484 个。

③ 1100 年与 1162 年之间考区人口的变化，应是受到某些地区的战乱荒废（战争甚至沿伸至长江以南），以及逃难者流动到其他地区的影响。从 1162 年至 1223 年的变化则应该更忠实地代表长期正常的变迁。1290 年报告的人口增长，——在江南东增至 1，644，369 户，在浙西增至 2，142，289——也许能够说明产生于这两考区的高比率新人，而在福建新人的减小也许是与其产数减至 1290 年的 1，300，817 户相平行的。除去皇裔不计，中举者其居处不在其本籍上者，福建有 14 名，浙东 16 名，江南东 7 名，其他各考区全部算来有 10 名。

人口增长地区与高比率新人的相契合可以解释为新定居者的较大社会流动性的结果。他们在新的地方得以提高其经济与社会地位。关于这点值得我们注意的是东南方三个考区，浙东、福建与江南东，在这一次或两次的考试中均有许多新人，而在1256年的情况中显示有非常大数目的中举者，他们实际的住家不在其本籍上（1148年没有这项资料）。他们很可能是移民或移民的后裔。这项可能性本身便对宋代社会具有重要意义，它与另一个因素连接起来则更具意义。我们发现在宋代有些重要区域是符合稠密人口增长与高比率新人的格式。这些区域包括两个人口最多与最都市化的考区——浙东与福建。这两个考区总共在1148年与1256年两次考试中均产生了全国三分之一以上的新人。就是在11世纪我们也看见它们产生出很高比率的进士。

从东南部都市化过程正处于活跃阶段这一事实看来，是否我们已经掌握了宋代政府官职中社会流动性的控制因素？但是在提出最后答案之前，我们必须看一下其他不在这里讨论的因素，它们也可能影响到考试制度之普及到不同社会团体的事实。教育设施的比较上普及化，考试题目的规格化，以及主试者的方法均助于促成这个结果。经济发展的现况本身非常复杂，但是我们几乎不怀疑宋代考试所呈现的机会自由是由于那个时期各种特别条件的配合——在都市化与商业化的东南部海岸地区的固定人口增长，以及自由竞争的精神使得这个区域在全国的考试中独占一面。

这些新人来自何种社会团体？如果商业发展与城市的成长能够经由考试制度向官僚集团输入新血，则商人或其家庭究竟代表着多少？有关这一点，我们尚未有足够证据提出一个满意的答案，但是至少商人在新人中占相当分量是可能的。社会对他们的排拒性已经减弱，我们也知道不少人在政府做官。然而，就算他们之中有相当数量的人在政府为官，却很少有证据显示他们仍维持为一个群体，或对政府的政策产生任何重要影响。在很多地方宋代中举者的新人的来源，他们的政治角色，仍是一个谜。

## 四　区域配额的时代

1279年宋朝的灭亡，在一定意义上显示着中国考试制度一个时代的结束。代之宋代那种全国境内较没有限制的自由竞争制度而起的是区域配额制度。现在的考试者除了在高名次以外，实际只算与他同一区域的对手竞争。各区域名额的分配现在成为政治上的决定。东南部区域因而失去其优越的地位，而新的因素遂影响到新人的兴起。

我们已经看到，区域配额的实施不是什么新主意。司马光曾抱怨首都区东南区域的中举者所占的比率过高，他建议制定一种考区配额制度使得各区域的名额分配平等。这项建议中一个重要的特点是其考区配额的制定不是依照人口而是依据其合格的举试者。每十个合格举试者中应给予一个中举者，举试者在十个以下五个以上也同样给予一个。这个建议给予竞争力不强的考区较大的机会，而同时对产生众多中举者的考区不至于过分不公平。①

这项计划在宋代虽未被接受，区域配额的想法并未被忘却。当元朝君主经过长久间隔在1315年恢复考试制度时，他们采用了配额的原则以遂其本身的目的。他们必得使用中国人的行政技术来治理这个新帝国，但又不信任中国人的忠诚，因此他们很小心地配合各种族分子来组成他们的官僚团体。他们将每年中举名额减至约21人，与宋代每年平均200人是强烈的对比。这样考试制度在官职的起用上所发生的作用便非常有限。中举的名额是平均分配于四个不同的种族团体：蒙古人、色目人、汉人与南人。无疑地就人口来说，以及就考试者的程度来说，这种划分是大大有利于蒙古人与色目人——这是他们最能信赖的团体。就是在中国人中，这种划分是偏向于汉人而不利于南人。元朝帝国除了中国本土外也包括蒙古、满洲与高丽；但是蒙古人与色目人的人口显然远少于中国人；而1290年的人口统计数字上指出中国北方不到两百万户，相对于南方的接近一千两百万户。

每三年举行一次的进士考试，全部三百名举试者同样地分成四个种族团体，每一族75人，这个数目再分配到各省。在这里对东南部海岸地区的歧视看得更为明显。那个地区过去包括福建、浙东、浙西与江南东四个考区，在当时占全中国百分之四八的人口。但是其本地的居民（即所谓的“南人”）只能分到28名举试者，住在当地的蒙古人与色目人分到15名。中国其他地区全部举试名额为225人。②

1368年，蒙古人被逐，明朝建立，恢复了中国的地位。明朝的政策倾向于修改元代的政策而不是完全恢复中国以前的传统。考试制度逐渐再度取得重要性后，显示出这一政策的趋势。进士中举者的人数逐渐增加，一直到明朝最后的百年期间，其年度平均数接近110人。（在清朝统治下这个数字再度上升到约210人。）明朝最初废弃元代的区域配额制而不用，但是不要多久，东南部人士再度有占尽中举名额之势，因而在1425年政府订出南方与北方之间的固定比率。这种二分法后来变成三分法，在南方与北方之间加上一个中部配额区域。新的中部区域包括东部一片不大但是人口稠密的地区，约相当于现代安徽省境内长江以北的地区，以及西南部一大片地区，包括现代的四川与云南，它们在元代的统治下更为接近北方而非南方。另外，“举人”这一级是参加进士级考试的必需资格，变得日渐重要。在明代，一如在元代，每一省举人的数目都有固定名额。

① 见122页注①。国子监的学生也有类似的配额，与主考官有关系的考生将由另一位主考官监考，而不另设考区。

② 见表四。其他地区也有47名南人。请注意到元代的区域划分与宋代略有不同：以前的广南东从中南部移至东南部；以前的广南西从西南部移至中南部：其配额见《元史》（百衲本）卷八一。关于人口资料见 Herbert Farnke, Geld und Wirtschaft in China unterder Mongolen-Herrschaft（Leipzig, 1949）。关于东南方见《元史》。

表四 **元代进士科举试者的区域配额**

| | 东南部 | 中南部 | 西南部 | 华　北 | 中国以外地区 | 总　计 |
|---|---|---|---|---|---|---|
| 蒙　古　人 | 8 | 3 | 2 | 47 | 15 | 75 |
| 色　目　人 | 16 | 7 | 5 | 38 | 9 | 75 |
| 汉　　人 | 0 | 0 | 7 | 60 | 8 | 75 |
| 南　　人 | 50 | 18 | 0 | 7 | 0 | 75 |
| 总　　数 | 74 | 38 | 14 | 152 | 32 | 300 |

这种三分法的进士名额配额制度，除了短期中断外，一直维持到明代结束。到了清代，这种划分法变得更明细，例如制定每一省的进士名额，各区域间的百分比，以及加上蒙古与旗人等的配额，他们是利用考试作为晋身之阶。① 我们不完全清楚明代与清代的配领制度反映出多少举试者的地方分布情形。就区域人口的全体来说，这些配额大部分看来都相当公平。1426 年南部配额区域分配到的百分之五十五与中部区域的百分之十都相当接近各自区域的总人口比率，虽然我们可以说从元代到明代进行中的向北方移民趋势也许使得南部在明代后期得到较有利的配额比率。明代各省的举人配额以及清代各省的进士配额（每年均略有变更），通常似乎注意到人口状况的改变；然而，在 19 世纪中分配给各省的数目却倾向于对人口稀疏的地区有利而非人口稠密的地区。②

① 见表五。元代首先将云南收入其版图；他们在攻下东南方不久以前占领了四川，因此将这两省的中国人列为汉人。明代各省的举人配额，与元代相反，相当接近各省间人口的比例。但也有一些明显的偏差。比率较高的配额见于一些高度发展的地区（特别是北方与南方的首都区域，以及福建），同时也见于西南边境地区（广西、云南与贵州）。这一点可能反映出：一、一个较大的受教育团体，二、希望能造成在全部每一考区有一最低限度的中举者。关于各种科举，见黄崇兰《明贡举考略》（金陵，1879）各处。P. C. Hsieh The Governments of China 1644-1911（Baltimore，1925）. 关于明代配额，见《明史》（百衲本）卷七〇。1425 年的规定将百分之六十配给南方，百分之四十给北方。1454 年划定的各区域是：南部：浙江、江西、福建、湖广、广东以及应天、苏州、宋江；中部：四川、广西、云南、贵州以及汾阳、潞州、衢州、许州与和州各处；北部：顺天、山东、山西、河南与陕西。这项配额是应用于会试上，这项规定一直维持下去甚少改变。1397 年南方人曾独占所有的名额，皇帝怀疑有人徇私偏袒，将南方人全部除名，改取北方人（见前书，以及顾颉刚，"A Study of Literary Persecution in the Ming," L. C. Goodrich 英译，见于 Harvard Journal of Asiatic Studies. III, Nos. 3-4（December，1938）.）关于明代资料，Dr. C. O. Hucker 曾提供不少建议，但他并不负责本文这里所做的任何解释。关于清会试配额，见 Etienne Zi，Pratique des examens littéraires en China（上海，1894）。请注意在表五上，有关 19 世纪的配额与人口，人口稠密的安徽北部与江苏北部从原来的中部区域分别移到北部与南部区域。

② 有关明代人口，见 O. B. Van der Sprenkel，"Population statistics of Ming China，" Bulletin of the School of Oriental and African Studies，XV（1953），以及王崇武，燕京学报 XX（1936）。19 世纪的人口资料比较不令人满意。见 W. F. Willcox 在 Journal of the AmericanStatistical Association 的论文，March，1928，以及 September，1930；S. Couling，Encyclopedia Sinica（上海，1917）；以及由张仲礼提供的资料（132 页注①）. 1885 年四川的人口数字（在中部区战）似乎大得过分了。

但是，根据人口分配的代表只是区域代表的一面而已。我们不可忘记不同区域的可能举试者很可能有相当大的差别；而就他们学业准备的程度来说，其差别将更大。由于各地方受教育的机会不一样，区域配额制忽视了这一点必然造成各地竞争性强弱的差别。这种差别将有利于那些举试者不多而程度不高的区域（就当时公认的标准来说）。我们前面看到，宋代科举表的资料，倾向于证实人口稠密地区的举试者较多，程度也较高的假设。在这些区域，如果配额是按照人口分配，其竞争将最为激烈。哪些人才能中举？显然是那些有官方关系的人以及有关方面教育、家族传统与经验上处于有利地位的人。在 12 与 13 世纪中，至少那些没有官方关系的人倾向于出现在名次较低的部分。而这种情况很可能一直维持下来。① 因此，在人口较密区域的配额限制，就算其他条件一样，会减少新人的大量产生。其他影响到社会流动的区域性条件则会矫正或夸大这个现象。

从元代到明代似乎尚没有数量化的资料来测验其结果。关于清代的情形我们则比较幸运。华盛顿大学的学者们数年来已经搜集了有关 19 世纪中国制度的可观资料。（有关这批资料不久将由张仲礼博士出版其研究官僚团体的社会背景的著作②）这批资料对晚清社会流动问题的某些方面的研究非常有意义。在 19 世纪，正如在十二十三世纪，几个地区的新人比率在一个有限时期显得相当固定，但是在配额之前的时期（就是 1279 年以前）与 19 世纪也有值得注意的对比。就后者来说，在人口较不稠密的省份，特别是贵州、陕西与甘肃，进士级的新人比率有稳定上升的趋向。同时，在 19 世纪人口增长较快的省份也显出类似新人逐年增多的趋向。但是像广东与湖北等正在成长与都市化过程中的省份，虽然有成长与社会流动两者配合的条件，但是它们产生的中举者的数目与人口之比却很有限，因此它们没有对全国的平均数目发生多大影响。我们从这个例子中或者可以说是由于配额制度在整体上削减了考试制度中社会流动性。但是我们所

---

① 见 Kracke 在其“Family vs. Merit,”（前引言）中的列表。

② 作者在此向张仲礼博士，Dr. Franz Michael 以及 Dr. Hellmut Wilhelm 诸位致谢。由于他们的安排，作者得以参考张仲礼的“Studies on the Gentry of Nineteeth-Century China”在其未出版之前的原稿，以及使用从杨庆堃博士与张仲礼博士合作研究，尚未完成的 19 世纪科举表中的原始资料。关于 19 世纪科举表之分析的某些方面可以藉而解释早先的时期。关于进士的资料是取自 1835 年，1868 年与 1894 年的科举表，举人的资料则是取自 1834 年与 1851 年。在估计新人的比率时，不但考虑到一个中举人的父系三代祖先是否拥有官位或爵衔，并且也考虑到他们之中是否有人曾中科举而藉此与官场建立起关系，因此在这种标准下得到的新人比率（在上述三次考试是平均 14%，如果另一次 1907 年的考试计算进去，则是 19%）是不能轻易与十二十三世纪的数字相比较的。然而，后者的数字如拿来与 19 世纪举人的数字比较则更为恰当，因为 19 世纪的进士名额较宋代限制更严，因而较低的职位多半得由举人来担当。关于进士，我们使用同样的标准，则在 19 世纪的两次考试中我们得到的新人比率是 22%，而基于传记分析法，从一个相似团体中得到的比率是 35%（见下）。我们注意到有一个较早期的研究，是根据在北平随意收集到的考试卷，数目较小，但是应用类似的标准，对象大部分是在 19 世纪后期，得到结果是 16.2% 的新人比率，包括全部各类的功名（潘光旦与严孝通：《社会科学》IV，No. 1，[1947，10 月]）。关于 19 世纪新人的区域分配所得到的通则与推论是作者本人的意见，资料是根据张仲礼博士与杨庆堃博士大致的笔记。

引用的关于进士的资料是基于一个目前仍在进行中的研究，因此对这样的推论必须小心。

清代较低级的学位则在某些方面可与宋代进士级比较：虽然在正规考试之外的因素会影响到比较的情形。在同一时期，新人的比率在低级学位中较进士级有显著的增加；除此之外还有其他相异之点。张仲礼博士注意到，有些因素显出区域性的格式来。① 一个地区的行政上重要性是个很大的因素。边境各省分派到的宽大配额似乎是有意鼓励训练新人出头以有助于那些人口不足地区的地方行政工作。某些在1850年以后接受增加配额的省份，有些是因为当地抵御太平军或其他叛乱的功劳，或是由于财物上对政府大量地捐助，这些省份中都产生最高比率的新人。属于这一类型的省份除了边境的云南与贵州，我们也可将人口不甚稠密的湖南省列人。另外，人口稠密的省份如安徽与广东所产生的高比率新人可能是由于商业的富裕。当时对于商人全体渐给予特别宽大的考试配额。还有一点，各种学位与头衔的购买远较以前广泛，而像安徽广东等省此道更是流行。买官爵者很可能主要都是商人。

表五　明清两代进士科区域配额之百分比及其相关人口之百分比

| | 南部区域 | 中部区域 | 北部区域 |
|---|---|---|---|
| 1426 年配额 | 55 | 10 | 35 |
| 1393 年人口 | 64 | 8 | 28 |
| 1578 年人口 | 41 | 15 | 44 |
| 1889 年配额 | 49 | 16 | 35 |
| 1885 年人口 | 49 | 25 | 25 |

由上面证据看来，藉着这种或那种途径，由各地变乱产生的危机似乎为各种来源背景的新人大开机会之门，而且由于这样，强调出的一个事实是：这些人是本来没有机会进入政府公职的。虽然考试政制度仍为国家政策的一项主要工具，这个制度的目的与其强调之点从13世纪以来已有显然的改变。也许由于数世纪以来受教育团体的扩大，使它不再主要做为一个选拔人才的工具，不问地域，只问其资格。现在这种选拔优良的原则要加入政治上的考虑。在同时，我们上面也看到，其他的晋身之途也日渐变得重要，为新人提供另外进入官僚团体的途径。②

① 较低的功名远不如进士等竞争之激烈自然是另一个因素。关于较低功名的中举者的详细资料（包括那些也通过更高级考试的人）将可见于张仲礼近期出版的著作中，这本书讨论到这个问题的许多方面是不在本文范围之内的。书中所使用“绅士”（gentry）一词是定义为拥有头衔、官职、功名的人；在一个严格的意义下这样将除去那些有钱或有势而无以上资格的人。此处根据的资料是张仲礼对1796年至1908年五千人以上的传记所做的分析（其中二个人以上有相关的资料）。

② 在这一段以及他处的猜测是作者本人的意见。

区域重要性平衡的变动也是造成考试政策转变的原因之一。在某种意义来说，似乎像一个钟摆在其12世纪长的一周中，又回到其开始的位置。区域性的差别待遇从唐代开始逐渐消灭，随着南方势力的增长，使其能够对抗北方的统治集团做为一个政治上有效的平衡力，考试制度对南方人很有好处，似乎更进一步助长其发展在政治与知识上的领导地位，甚至在北方陷落于金人之前。① 然而，宋朝灭亡后，北方逐渐再确立其政治上的地位，而同时人口的向南移动现在反转过来向北移动。一百五十年左右的南北分离与彼此经历的巨大差距，无疑地加强了区域性差异，使得早先就存在的区域性对立更为尖锐。但是南方人的文学技巧既然不容易被超越，配额制度便成为北方确定其政治影响力的一项有利的武器。

因此，从本文讨论所集中的考试制度一个单方面，我们发现在多少世纪以来中国人一贯下来的主要意见是认识考试制度中机会的需要。然而，就如何去给这个“机会平等”下一定义，不同时期的政治条件却促成其公式的转换，或者强调于个人的平等，或是民族团体的平等，或是区域的平等。区域平等又再分为不同的形式，其平等或根据行政区，或是数目相近的人口，或是数目相近的可能举试者。中国的政治理论家一方面在继续提倡同一个权威与传统之余，同时在事实上做到修改传统，根据环境变化的需要对权威自由加以再诠释。如果说儒家传统是作用在限制政治的实验，这种限制在本文讨论的情形下被证明是有弹性的。

英文版原载《中国的思想与制度》，芝加哥大学出版社，1957年；
刘纫尼译文载《中国思想与制度论集》，台北联经出版专业公司，1977年

① 南方在北宋末年已经被儒家占领地位。（见余英时《宋代儒者地理分布的统计》。南方的政治势力兴起较慢，但是很明显；在一朝的宰执中从960年至1022年90%是北方人，从1022年至1085年是61%，从1085年至1127年是48%。南方人所占的比例最高时期是神宗（约56%），与徽宗（约62%）时代。见周藤吉之《宋代官僚制与大地主》（The Rules Governing Offcials in Sung Dynasty and Great Landholdings）（东京，1950）。这本著作，在本文完成后始经由杨联陆氏介绍得知，书中也有一项对宋代中举者的区域分配与社会流动性的分析，根据同样1148年与1256年科举表的资料。周藤吉之的研究部分与本文所做的相合，但是他的资料分析是使用不同的标准，从一个不同的观点来做的。

# 南北朝后期科举制度的萌芽

唐长孺

南北朝后期的选举制度发生了一些变化，这些变化的产生和发展反映了寒人地主的政治要求。假使那时寒人的力量还不够壮大，他们的要求是不会实现的。我们通常把这些变化的产生归之隋代，而其完成则在唐时。这种看法当然是有理由的，因为州郡辟举权的废除既在隋时，而作为科举中最重要的科目进士科也在隋时创置；至于科举取士之在选举中取得统治地位自然应该要下达李唐。但是我们仍然应该追溯到隋代以前，寒人地主的上升既不能突然出现，那么反映其政治要求的选举上的变化也应该有一个较长过程。

大家知道魏、晋南北朝选拔官吏的制度即是九品中正制。九品中正制依据门第保证清浊即士庶的分流，从而也就保证了门阀贵族（北朝还包括鲜卑贵族）的政治特权。然而九品中正制只是保证清浊分流，并不等于选举制度的全部，各项选举必须依据中正品第，但出身授职还得通过各条入仕道路。南北朝门阀贵族的出身固然“皆由门庆”，但大体上也还继承两汉以来岁举、辟举、征召的道路（北朝鲜卑贵族和一般鲜卑军人自然不在其内)。只是被举被召的条件主要在于门第。

唐代科举中最重要的进士、明经两项科目，从形式上来看和过去的孝廉、秀才有继承关系，只是当门阀盛时被举为秀才孝廉的人必定出于士族，而唐代并无此限制。唐代进士、明经必须通过考试，过去的秀才、孝廉按照规定也要通过考试。东汉时左雄建议“儒者试经学，文吏试章奏”①，东晋南北朝常常不考试，但也间或举行，所试科目仍然是经学和文章②。我们在这里没有必要详细叙述秀才、孝廉的考试方法及其内容，大致孝廉主要试经，秀才主要对策，有时兼及经文，南北大致相同。《晋书》卷七十八“孔愉附从子坦传”称：“先时以兵乱之后，务存慰悦，远方秀孝，到不策试，普皆除署。至是帝申明旧制，皆令试经。”结果，那些秀孝或者托疾不试，或者不到。孔坦上奏有云：“又秀才虽以事策，亦泛间经义，苟所未学，实难暗通。”文帝诏令“皆令试经”，孔坦认为秀才“苟所未学”，无法通解经义，可知秀才以试策为主，就是这次经

---

① 《后汉书》卷九十一“左雄传”。

② 参考《通典》卷十四。

义也仅是泛问而已。东晋以后，南朝一般仍是秀才试策，孝廉试经。北朝末期周、齐之制亦是如此。《周书》卷七“宣帝纪”初即位未改元（578 年）诏制九条，宣下州郡。其八条云：“州举高才博学者为秀才，郡举经明行修者为孝廉。上州上郡岁一人，下州下郡三岁一人。”明确规定了贡举秀才和孝廉的标准，“高才博学”才能对策，而经明始能试经，这是很显著的，特别此时已包含了秀才重文章之意。《北齐书》卷四十四“儒林马敬德传”：

“少好儒术：负笈随大儒徐遵明学诗、礼，略通大义而不能精。遂留意于《春秋左氏》。沉思研求，昼夜不倦，解义为诸儒所称。……河间郡王每以教学追之。将举为孝廉，固辞不就。乃诣州求举秀才。举秀才例取文士，州将以其纯儒，无意推荐。敬德请试方略，乃策问之，所答五条，皆有文理，乃欣然举送。至京，依秀才策问，唯有中第，乃请试经业，并十条并通。”

马敬德之被举为孝廉是由于他通经，不肯举他秀才是由于他是纯儒。他到京试秀才，策问刚够中第，试经却考了满分。由此可知北齐也是孝廉试经，而秀才对策。对策所重在文，故例举义士，《儒林传》中还有个马敬德的学生刘昼，本传说他“河清初，还冀州，举秀才，入京考策不第，乃恨不学属文”，也说明秀才试策，其中第标准在于文章。

秀才、孝廉考试科目的不同，也就是以后进士、明经二科之别。明经自应试经，而进士初置也只是试策。《旧唐书》卷一百十九“杨绾传”载绾上疏云：“近炀帝始置进士之科，当时犹试策而已。”隋代设置进士科，倒不是在考试科目上有什么特点，而是由于秀才录取标准日益严格，不轻得第，设立进士科可以放宽标准，使文士虽不能取得秀才的称号，也有入仕的道路。《旧唐书》卷一百一“薛登传”载登所上疏云：“炀帝嗣兴，又变前法，置进士等科，于是后生之徒，复相仿效，因陋就寡，赴速趋时，辑缀小文，名之策学。”便可知应进士科者只是“因陋就寡”，用以应付考试的乃是“辑缀”起来的策学。与之同时，秀才对策却越来越困难，并且在策外加试了杂文。《北史》卷二十六“杜铨附族孙正玄传”云：

“隋开皇十五年（595 年）举秀才，试策高第。曹司以策过左仆射杨素。怒曰：‘周、孔更生，尚不得为秀才，刺史何忽妄举此人，可附下考。’乃以策抵地不视。时海内唯正玄一人应秀才……素志在试退正玄，乃手题使拟‘司马相如上林赋’、‘王褒圣主得贤臣颂’、‘班闹燕然山铭’、‘张载剑阁铭’、‘白鹦鹉赋’。曰：‘我不能为君住宿，可至未时令就。’正玄及时并了。素读数遍，大惊曰：‘诚好秀才。’……正玄弟正藏……开皇十六年（596 年）举秀才。时苏威监选，试拟‘贾谊过秦论’及‘尚书汤誓’，‘匠人箴，‘连理树赋’，‘几赋’，‘弓铭’。应时便就，又无点窜。”

由此可知，秀才录取标准极其严格，以致唐代简直成为一种虚悬的科目①。隋时秀才尚以试策为正规的办法，然而录取与否却须要看加试的杂文。唐初秀才仍试策，而进士科继承隋制也只是试策，高宗以后进士加试杂文，录取与否也就取决于杂文。隋、唐两代秀才、进士两科虽同时存在，其实从考试内容来说，进士只是秀才的替身。

从考试内容说，明经和孝廉相同。但明经和孝廉并立却比秀才、进士并立更早。我们知道明经之名早见汉代②，南齐建立国子学，其试生徒之制不详，但应该试经③。梁代国子生更多，《梁书》卷四十八“儒林传序”称：“馆（立五经博士为五馆）有数百生，给其饩廪，其射策通明者即除为吏。”射策通明之策亦即试经，其录取等第虽有明经、高第、甲科等④，通常却可以概称明经。《颜氏家训》“勉学篇”说梁朝贵游子弟“明经求第则雇人答策”，显然已把学馆射策得第者通称为明经，明经成为一种科目的称号。梁代仍然有秀、孝，但秀孝有额而明经似无额，秀、孝大致仍然为高门垄断，特别是秀才，这可以从列传中提到曾举秀才者的家世来推测。至于明经则虽然不少贵游子弟雇人答策而登第⑤，但法令上入学就试却并没有门第限制。《梁书》卷一“武帝纪”天监八年（509 年）五月诏云：其有能通一经，始末无倦者策实之后，选可量加叙录。虽复牛监、羊肆、寒门后品并随才试吏，勿有遗隔。”又《隋书》卷二十六“百官志”云：“旧国子学生，限以贵贱，帝欲招来后进，五馆生皆引寒门秀才，不限人数。”由此可见，具有射策资格的国子生既不限门第，也不限名额，这就为寒人入仕开辟了一条道路。

南朝秀才为高门垄断。孝廉间或有寒门，但亦稀见⑥，所以必须有另一种科目来满

---

① 《通典》卷十五：“初秀才科等最高，试方略策五条，有上上、上中、上下、中上凡四等，贞观中有举而不第者坐其州长，由是遂废。”又注云：“开元二十四年以后复有此举。其时进士渐难，而秀才本科无帖经及杂文之限，反易于进士。主司以其科废久，不欲收奖，应者多落之：三十年来无及第者。至天宝初礼侍郎韦陟始奏请有堪此举者，令官长特荐。其常年举送者并停。”按秀才如隋制本加试杂文，梁制也泛问经义，但按照规定，都是加试的项目，所以唐代进士加试杂文而秀才却反而取消了杂文。虽然考试内容简单而录取标准却异常严格。其名义高于进士，而考试项目却又易于进士，所以只能废绝不举了。

② 《通典》卷十三云：“桓帝建和初，诏诸学生年十六以上北郡国明经试，次第士名”。

③ 《南齐书》卷十六“百官志”称：“建元四年（482 年）有司奏置国学，祭酒准诸曹尚书，博士准中书郎，助教准南台御史，选经学为先，若其人难备，给事中以还明经者以本位领。”

④ 《陈书》卷三十四“文学岑之敬传”云：“御史奏曰：‘皇朝多士，例止明经，若颜、闵之流，乃应高第。”可知高第是较高于明经的等第。射策甲科的记载，也多见于《梁陈书》。

⑤ 《梁书》四十八“儒林传序”说，天监七年（508 年）“皇太子、皇子、宗室、王侯始就业焉”。从列传中也可以看到不少皇室、高门由国子学射策得第。

⑥ 《宋书》卷九十一“孝义传”称郭世道：“太守孟𫖮察孝廉，不就。”世道子原平“太守王僧朗察孝廉不就”。又云：“会稽贵重望计及望孝，盛族出身，不减秘署。太宗泰始七年（471 年）（蔡）兴宗欲举山阴孔仲智长子为望计，原平次息为望孝。仲智会士高门，原平一用至行，欲以相敌。会太宗别敕用人，二选并停。”原平长子伯林也是举孝廉不就。郭家是寒门，而祖孙三世都曾举孝廉。“孝义传”中又有吴逵、潘综都曾察孝廉，“吴逵传”明说“门寒”。可知孝廉也有寒人。这都是统治者有意破格取人，不是常例。《南齐书》“孝义传”中人物便不见此种事例了。

足寒人要求。至于北朝则秀孝直接成为寒人入仕的道路。

上面所举马敬德和刘昼便显然不是高门。《北史》卷八十一“儒林传序”云：

“胄子以通经进仕者唯博陵崔子发、广平宋游卿而已，自外莫见其人，幸朝章宽简，政网疏阔，游手浮惰，十室而九，故横经受业之侣，遍于乡邑，负笈从宦之徒，不远千里。入闾里之内，乞食为资，憩桑梓之阴，动逾十数，燕、赵之俗，此众尤甚焉，齐制，诸郡并立学，置博士、助教授经。学生具差逼充员，士流及豪富之家，皆不从调……诸郡惧得察孝廉。其博士、助教及游学之徒通经者推择充举。射策十条，通八以上，听九品出身，其尤异者亦蒙抽擢。”

这里所说的是魏末及北齐情况。北齐时孝廉是从学校的博士、助教和游学之徒中推举出来，而游学之徒被称为“游手浮惰”，由于“政网疏阔”，才能受业。他们是被认为应该从事生产而脱离生产的人也就是一般编户。序中明确指出郡学生徒是士族及豪富之家所不屑就的。他们虽不是豪富之家，但能够容许脱离生产，也必须具备一定的经济条件，我们认为其中不少是寒人地主和极少数向地主阶级转变的富裕农民。“儒林传”中有不少人曾被举孝廉，这里不再列举，只引一例为证。“李业兴传”云：“上党长子人也。祖虬、父玄纪，并以儒学举孝廉”，他自己也被举为孝廉，可算得是儒学世家，可是传中又说“业兴家世农夫，虽学殖而旧音不改”，在南北朝时语音常常是判别士庶的标准之一，李业兴虽三世孝廉，说他旧音不改，就意味着他还不是士族。像这样一种人家正是才挤入统治者行列的寒人地主，由北魏以至齐代，由通经入仕的道路提高了他们的政治地位。

不但孝廉如此，秀才也是一样。《北史》卷八十三“文苑樊逊传”：

“河东北猗氏人也。祖琰、父衡并无官宦……逊少好学，其兄仲以造毡为业，亦常优饶之……属本州沦陷，寓居邺中，为临漳小吏。县令裴鉴莅官清苦，致白雀等瑞，逊上清德颂十首，鉴大加赏重，擢为主簿，仍荐之于右仆射崔暹……后崔暹大会客，大司马襄城王旭时亦在座，欲命府僚。暹指逊曰：‘此人学富才高，兼之佳行，可为王参军也。’旭目之曰：‘岂能就耶?’逊曰：‘家无荫第，不敢当此。’武定七年，齐文襄崩，暹为文宣徙于边，宾客咸散。逊遂徙居陈留。梁州刺史刘杀鬼以逊兼录事参军事，逊仍举秀才。尚书案旧令，下川三载一举秀才，为三年已贡开封人郑祖献，计至此年未合……逊竟还本州。天保元年，本州复召举秀才。三年春，会朝廷对策，策罢，中书郎张子融奏入。至四年五月，逊与定州秀才李子宣等以对策三年不调，被付外，上书请从罢。诏不报，梁州重举逊为秀才。五年正月，制诏问焉。尚书擢第，以逊为当时第一。……杨愔言于众曰：‘后生清俊莫过卢思道，文章成就莫过樊孝谦，几案断割莫过崔成之，遂以思道长兼员外郎，三人并员外将军。孝谦辞曰：‘门族寒陋，访第必不成，乞补员外司马督。’愔曰：‘才高不依常例。’特奏用之。”

樊逊自云“家无荫第”“门族寒陋”，自然是寒人，但他却三次被举秀才，以第一名登第。由此可见举秀才的门第条件较宽。他不敢应大司马府的辟举而应秀才，举可能由于他知道辟举更容易招致他人的反对。

北朝后期孝廉、秀才已容纳寒人，“北史”、“儒林”、“文苑”及其他传中被举秀孝的很多不属于高门，李业兴、樊逊的家世是非常明确的。这种情况大概始于魏末①而盛于北齐。至于北周则根本选无清浊。《周书》卷二十三“苏绰传”大统十年（454年）绰所奏行的六条诏书，其四擢贤良云：

“自昔以来，州郡大吏，但取门资，多不择贤良，末曹小吏，唯试刀笔！并不问志行。上夫门资者乃先世之爵禄，无妨子孙之愚瞽；刀笔者乃身外之末材，不废性行之浇伪……今之选举，当不限资荫，唯在得人，苟得其人，自可起厮养而为卿相。伊尹传说是也，而况州郡之职手？苟非其人，则丹朱、商均虽帝皇之胤，不能守百里之封，而况于公卿之胄乎？”

虽然这里只是针对州郡辟举而言，然而其整个精神既是在于否定门第取人的习惯，那末秀孝之举的不限门资，自不待论。

如上所述，我们完全可以相信南北朝后期北朝的举秀孝和南朝的明经射策从考试内容上特别是从放宽门第限止上说已经为唐代科举制度开辟了道路。这里还可以提到一件事，唐代应举可以自行报名，《唐书》卷四十四“选举忠”：“选举不由馆学者，谓之乡贡，皆怀牒自列于州县。”这种办法也起于北齐。上引《北史》“儒林传”说马敬德的被举秀才是自请在州先行考试而获得通过的。准许怀牒自试为唐代科举特点，而北齐已经看到其萌芽了。

原载唐长孺《魏晋南北朝史论丛续编》，三联书店，1959年

---

①《魏书》卷六十“韩显宗传”，显宗太和中上言云：“今之州君贡察，徒有秀孝之名，而无秀孝之实。而朝廷但检其门望，不复弹坐，如此则可令别贡门望，以叙士人，何假秀孝之名乎。”可知孝文帝统治时期对于秀孝的门第条件是颇为认真的。

# 科举时代的赴考旅费问题

杨联升

从隋大业二年（606 年）置进士科到清光绪三十年（1904 年）诏废科举，有差不多一千三百年的历史。这段历史，可以叫做科举时代。其间不但隋唐宋明等汉人朝代重视科举，逢异族入主的辽金元，尤其是金，也都利用过这个制度。至于满清之于科举，因袭明制，亦步亦趋，更不必说了。这样，科举变成读书人入仕的主要阶梯。依照政府规定，读书人只要有人保证身家清白无刑伤过犯，就可以应考。从一般原则上说，是一种很公开的制度，可以把统治阶层建筑在一个广大的基础之上。

不过，读书应考，也是一件相当费钱的事。例如在明清时代读书人成了生员，可以得到廪膳，优免差徭，可以算是一种政府奖学金。在未成生员之时，贫苦学生，往往只有仗着书院的月考之类，得些膏火补助。但是生员再考举人进士，要到省城及京城，旅费也是一个非常重要的问题。本文的目的，是初步搜集各朝关于赴考（俗称赶考）旅费问题比较重要的资料，大略画出一个轮廓，不能求其详尽。因为这也是中国教育史上一个比较有意义有趣味的问题，故谨以此篇，为梅月涵先生祝寿。

关于赴考旅费，政府与私人两方面，都有补助。政府方面，明清时代，举人考进士，例有补助，载在会典。万历《大明会典》七七“科举通例”，洪武十七年（1384 年）定：“其中试举人，出给公据，官为应付廪给脚力，赴礼部印卷会试。”清代的规定，更为详密。光绪《大清会典事例》二三九“贡举，起送会试”顺治八年（1651 年）定：

> 举人会试，由布政使给予盘费。安徽二十两，江西湖北皆十七两，福建十五两，湖南十四两，广西十二两（注略），浙江河南皆十两，山西七两，陕西六两，甘肃江苏皆五两（注略），直隶四川皆四两（注略），山东一两，广东二十两（中略）。又定云南贵州举人，给予盘费，每名三两，仍给驿马。(下略)

后来雍正八年（1730 年）又规定这笔盘费，应该在州县领，不必赴省。乾隆五年（1740 年）又定，领了盘费之后，有任意逗留及中途潜归者，追还银两。这些是中央政府的规定，补助限于会试。

明清以前的政府补助，最重要的是南宋的贡士庄，兴贤庄。普遍是由地方政府以没官田或买田设置的，以租课所入，供士子应考的旅费。举例如赵蕃《章泉稿》五“重修广信郡学记”：

> 嘉定九年（1216 年），前判府章监簿良朋籍永丰徐自强祝楠，并上饶赵龙图等没官田，创贡士庄，而隶于学。命教授董其要，择诸生可任者为司贡，以治其凡。别委郡纠把掾视其出纳。教授施应龙为区画，积三年租课所入，贮于庠庑，以为六邑宾兴东上之赆。凡预乡贡及免举，并太学诸路漕宗予监举，其子免差（疑当作“有差”）。若岁之上下不齐，员之多寡不等，则又视其数而赢缩焉。岁管早租二十八石四斗二升五合，晚租一百八十二石七斗三升五合，晚园池地四十一贯文。有石刻，文昌余铸记。

又如魏了翁《鹤山先生大全集》五十“靖州兴贤庄记”：

> 至隋唐后，纯用科举。士幼而学，壮而欲行，非是无进也。裹粮负笈，侣役夫隶人，以群趋于有司。幸而升诸春官，则去畿愈远者，聚粮愈艰。货田庐，贷子钱，不足则失口失色于人目（疑当作“囚”）以求济其欲。又不足则昼而不前，往而遄返。士生斯士，所居，广居也；所位（疑当作“立”），正位也；所行，大道也。今未能以有行，使降志辱身若是，是将谁咎与？靖故有田以给贡士，岁入为钱万七千八百，益以居僦五万六千。然仅供新士半途之费，而免举者，又不及新士十之一。余自迁靖，食土之毛，继廪之粟，六年于兹。（中略）乃会居积行粮之余，市近效田，积三岁所入，以给三邑之新旧进士。为之规约，识于碑阴，州府舆校官掌其贰。

此记作于绍定四年（1231 年）。所谓“靖故有田，以给贡士”应该早若干年，也许与广信的贡士庄时间相去不远。

再早的如楼钥《攻瑰集》一〇二赵善誉墓志铭，说他在淳熙十一年（1184 年），为荆湖北路常平茶盐提举，率十四郡买田，“各畀郡文学司之，每三岁则以给士之预计偕者”。又叶适《水心先生文集》二三赵彦倓墓志铭，说他在嘉定五年（1212 年）知绍兴府事，复鹿鸣之礼，储为费，设兴贤庄。同书十“绍兴府新置二庄记”说赵彦倓在嘉定七年（1214 年）“又买诸傅氏之田，以待三岁之用。”（这新置二庄，一为补完捍海塘，二为举士之费。）二赵之事，又见《宋史》二四七本传。

稍晚之例，则《江苏金石记》一七“平江贡士庄田籍记”，庄是淳祐二年（1241 年）以没官田置。《白鹿洞志》（又名《白鹿书院志》）一九，田赋，“咸淳间（1265—1268 年）刘传汉增置贡士庄田”。

以上各条，除《白鹿洞志》之外，日本学者周藤吉之《中国土地制度史研究》

（1954年）页204至207，俱已提及。但只于《江苏金石志》征引较详，其他只记其大略。

统观各条，南宋时贡士庄（此名可以包括兴贤庄），在湖南、湖北、江西、浙江、江苏各省都有。贡士庄跟一般为养士用的学田，合起来为数可观。到元人主，科举停罢，就有人打这一批田地的主意。《庙学典礼》（四库全书珍本初集·提要以为“盖元人所录”）卷一“都省复还石国秀等所献四道学田”“省台复石国秀尹应元所献学田”两条，记其事甚详。大略是，至元十九年（1282年）五月，浙东宣慰使石国秀等呈献学田，报告说：

江东、江西、浙东、浙西四道诸路州县学并杭州太学赡学田产，约有数万来亩。自归附之后，诸生并无日请月逐饮食，亦无往来游士。春秋祭祀，所用不多。合于十分中拨二分赡学公用，余外分田产，献纳御位下，充办课程。石国秀情愿出力勾当，且认宝钞三千定。乞令石国秀等为学产财赋总管府官，仍免佃户差役事。

同年十一月，有前赣州通判拟授长江县尹尹应元呈说：

钦奉朝廷指挥，行下真定等处，为说百姓阙食，给赐宝钞事。却缘河北道连年旱灾，米面价高，百物俱贵。应元自江西来，为见江南地面，米只是三两钱糴一石，面只是五分钞买一斤。自从河北道以至大都，米面增价数倍。应元思忖得，江南地面，有贡士庄学院养士钱粮。若取索亡宋时祖籍照勘，尽数拘收，该钱粮三百余万贯石。主典人等，埋没隐藏一半，有一半该钱粮一百五十余万贯石。若蒙朝廷取运，赈济饥民，诚为利便。

尹应元开具事目，内一项略云：

江南地面，亡宋时，路县各有贡士庄钱粮，三年一番开选场，齐发中选儒人作盘缠赴省殿试等用。到今九年未开选场。其各路贡士庄所收钱粮，路计数万贯石，县计数千贯石，未有归者（当作“着”）。

又一项：

江南地面，亡宋时路县各有学院养士钱粮，日给养赡儒人。归附后，学官人等，只是一年内支得三四个月口粮与儒人食用，余并收贮在官。到今七年，各路县学院所收钱粮，路计数万贯石，县计数千贯石。除支与儒人食用，余剩尚多，未有归着。

又言：

> 诸道所收上项钱粮，动计数百万贯石。若将与学官人等，埋没受用，及取勘官吏取授，不如将救济百姓。乞差官将贡士庄及学院钱粮，除实曾支与儒人食用外，尽数取运前来赈济。如有是学官人等及打勘官取授，并行拘留作赈济用度。于内江西道贡士庄及学院钱粮，应元稍知备细，情愿尽心勾当。

又言：

> 合无自至元二十年为头，将所有贡士庄钱粮，既是未开选场，且与收系官充济民用度。候开选场，别议给还。呈乞施行。

政府调查之后，对于石国秀、尹应元等所请，没有允准。不过学田与贡士庄的地位，已经渐有动摇。虽然至元二十三年（1286 年）有白话圣旨"江南学田与种养"（《庙学典礼》卷二，下同），到至元二十五年（1288 年）又有圣旨"取勘贡士庄钱粮"：

> 据尚书省奏，江南人处访闻得，江淮等处未附已前，诸学并有贡士庄田产，所出租课，专一养育有学问士人等，津遣赴举秀才用度。归附已后，所收租课，本管官司，并主学人等，夤缘侵占。今四方多学之士，悉归京师。上项租课，与其无用之人，冒滥支用，若选官前去，自至元二十三年为头，从实取勘。除修理文庙，丁祭，并提举司学官及额设生员等年例销用外，其余数目，尽数起运京师，以备养育四方贤才用度。准奏，今差官前去，并仰依上施行。准此。

据《元史》十七《世祖纪》至元二十九年（1292 年）正月："甲辰，诏江南州县学田，其岁入听其自掌，春秋释奠外，以廪师生及士之无告者。贡士庄田则核数入官。"（《续文献通考》五十同），贡士庄田终于没官了。据《庙学典礼》卷五，卷六，大德二年（1298 年）四年（1300 年）仍有圣旨，"其赡学田土，贡士庄田；诸人毋得侵夺"。不过既无发还贡士庄田之说，则此处所指，可能是没收未尽的贡士庄，恐已为数无几。《明史》一四七《解缙传》，洪武二十一年（1388 年），缙上封事万言，中有曰："古时多有书院学田，贡士有庄，义田有族，皆宜兴复而广益之。"但贡士庄仍未恢复。也许政府认为有上文所引会典规定的补助，已经够了。

到清中叶以后，大江以南，特别是江西省内，又有了类似贡士庄兴贤庄的组织。但性质已由政府设立转成官绅士民公建，人民自治的意味比较加增。如同治十二年（1872 年）江西《德化县志》卷二十二学校志，附"宾兴庄"。说在道光十三年（1833 年）有府宪发典生息制钱三百千文，二十三年，制钱四百五十千文，是年，恩贡夏荣光捐银六百两，二十五年夏荣光续捐二百两。至二十八年，连余息银一千五百两，四项周年壹分贰厘起息，以供乡会宾兴之用。据李大绪代巡道景福撰的“宝兴庄碑记”：

每届乡会之期，取之裕者，固不乏人，而牵罗补屋称贷以益者，恒十居七八，其甚者往往以设措维艰，因循中止。

同治丙寅（1866 年），景福乃“于船厘项下，酌拨青蚨，永为定章”。下附乡会宾兴规则甚详。计收入有店租地租及商捐各项钱文。使用是以五成归会试，五成归乡试。章则之中，特别有趣味的，选录两条：

一，此项专为乡会宾兴而设，愈积愈厚，愈多愈善，本邑如书院及各项学校需费，概不准挪此就彼，致开弊端，经理各首士（当即“首事”），亦不准私相移挪，致无稽考。

一，存钱铺户，实存实付，起息八厘之外，并无丝毫加添，及息上起息之弊。无论经管首士不能另生枝节，即一邑绅士，亦不能或生觊觎，挪借分毫。倘有此项情事，该铺户一概不理。如该铺户碍于情面，不能推谢，即向经手绅士言明，公同禀明道府两宪，以杜弊端。

同治十一年重修《奉新县志》卷三，学校志二，会馆，附各义举、登瀛集、乡集。登瀛集，在县市大街。道光二十一年（1841 年）邑绅帅方蔚等倡劝，阖邑公建。帅方尉记说：

奉新，江西一小邑耳。南北才四五十里，东西百余里，而人文蔚起，科名之励，诸大县莫敢望焉。今每科乡试，中式者多至十人，少亦六七人。学使按试南昌，必以奉新为第一。府学之数，视南昌新建恒过之。（中略）江西北距室帅四千里，一会试动费百余金。奔走亲戚之门，告货无所得，往往中止。以是与计偕者廑三之一。（中略）岁壬辰（1832 年）方蔚官翰林，尝与赖礼庭明府谋，邀集同好，捐立登瀛集，以助公车程费。迁延久之，迄未及成。戊戌（1833 年）秋，方蔚乞假归。庚子（1840 年）春，复理前说。（中略）凡捐银二万五千余两，租三百余石。十年宿愿，一旦遂成。

又如光绪四至五年刊的《泰和县志》卷八，政典，公产有“乡试宾兴会租”“南宫会租”，“新宾兴会租”。据知县田大年“南宫会条软”及“宾兴会条款”，产业都是同治光绪时新置。以前“泰邑承平时，公车会试，本有公项”“诸生乡试，本有宾兴公项，自遭兵燹，荡用无遗”。太平乱后，同治六年（1867 年）才由知县会商众绅，于本邑团练捐款内划出八千两（南宫会宾兴会各四千两）设立的。款是责成专管绅士领去，发店生息，按月一分起利。

同治九年（1870 年）江西《武宁县志》，卷十六，学校，宾兴附。“武邑宾兴会，起自道光壬寅岁（1842 年），阖邑坤耆禀请前令王师道，得捐输约数万全。首事洁己奉公，投立善后规条，至详至当。自岁科文武童试暨乡会试，资赠数目，轻重有差。比详各大宪立案。”卷末有关于八乡宾兴产业的记载。

江西省之外，湖南、福建亦有其例。同治九年至十年刊的湖南《醴陵县志》，卷四，学校：

> 兴贤堂。在东城何家码头近圣街。道光年间，契买房屋三进，前后左右厅堂厨湢，通计二十余间。基地规模，颇为宏敞。城乡共捐置田种肆佰石有奇。地址名目，及店房住所，悉详堂志。每届岁科小试卷费，学师贽仪，及文武乡会盘缠，中式奖赏，逐条详定，遵行已久。维持整顿，端赖后贤。

又光绪十五十六年（1889—1890 年）刊的《湘潭县志》卷二，公田表，有“宾兴堂田”，未说购置之年。但乾隆丙子（1756 年）序《湘潭县志》卷八学校，只有文庙学田儒学学田，嘉庆二十三年（1818 年）序《湘潭县志》卷十一学校，只有文庙田亩，儒学田亩，书院田亩。可见湘潭的宾兴堂，多半也是道光以后才设立的。光绪十六年（1890 年）福建《浦城县志》卷十七，有“宾兴田”“公车田”，说“邑中向无宾兴，道咸间始有捐赀，均系存典生息，逢乡试将息银按名匀给。”

以上这些 19 世纪的宾兴庄，登瀛集，南宫会，宾兴会，宾兴堂等，都是捐资公建，官吏的提倡保护，处于次要的地位，与南宋贡士庄已有不同。另外是南宋贡士庄；多由中上级地方政府提倡，而 19 世纪这些组织，则以县为本位，也是不同之处。

私人方面，宋代以来，为系家保族而设的义庄之类，往往有关于考试费的补助。例如最著名的范氏义庄，在皇祐二年（1050 年）所谓“文正公（即范仲淹）初定规矩”之中，虽然没有规定，熙宁六年（1073 年）的续定规矩，已经有这样一条：

> 一，诸位（位就是房）子弟得大比试者，每人支钱一十贯文（七十七陌，下皆准此），再贡者减半。并须实赴大比试乃给。即已给而无故不试者追纳。（四部丛刊《范文正公集》册九“义庄规矩”叶三下）

庆元二年（1196 年）续添条约：

> 一，旧规，诸房子弟得贡大比考，义庄支裹足钱十千。今物价翔贵，难拘此数。如有子弟得解赴省，义庄支官会一佰千。其钱于诸房月米内依时直均尅。其免举人及补入太学者，支官会五十千。庶使诸房子弟知读书之美，有以激劝。（同上叶十一上）

这是因为南宋大量使用纸币，通货膨胀，用会子计算的补助金，就要增加五倍十倍了。关于范氏义庄，请参看 Denis Twitchett，“The Fan Clan's. Charitable Estate，1050-1760，” in *Confucianism in Action*，edited by David S. Nivisonand Arthur Wright，1950，pp. 97-133。

近代家谱，关于考试，多有类似的规定，往往由生员起就有补助。如《萧山王氏家谱》1847 规定，“给考费，岁科试文武生童每名一千文，乡试每名二千文，会试每名八千文”。《常州张氏宗谱》1880 规定“生员乡试给钱三千文，会试二十千文。游庠五千文，登乡榜者十四千文，登会榜者二十千文”。前半是旅费，后半是中试的奖赏。《松山陈氏续编本宗谱》1891 年规定“文童每届院试，祭田每名给卷价四百文，武童只给三百文”。又“举人进京会试，祭田每人每次给车费十千文，优贡拔贡副榜，头次进京会考，给车费八千文。武举会试每次车费五千文”。这是重文轻武之例。以上是南方的。北方之例如《太原王氏家政》（1919 印，但规定约在 19 世纪）规定“族有志进取而无力赴考者，县试给银一两，府试二两，院试三两，入泮十两。岁科各给银三两，补廪十六两。省试给银十两，中式给银二十两。会试给银三十两，中式四十两。领银不赴考者，查实注册，下次赴考须扣除已发给之数”。

友人王惠箴女士（刘子健太太）研究近代家规族规，著有成书：Hui-chen WangLiu，*The Traditional Chinese Clan Rules*，1959。知道我注意这个赴考旅费问题，从她所见的家谱（哥伦比亚大学所藏）中，给我抄出十几条资料。以上各条，就是从里面选录的，特此志谢。

明清时代，北京的同乡会馆，有一个主要的目的，就是为供给本地来应试的举子的住宿。刘侗等《帝京景物略》（1635 年刊）云：“会馆之设于都中，古无有也。始嘉隆间。盖都中流寓十士著，四方日至，不可以户编而数凡之也，用建会馆，士绅是至。”李家瑞《北平风俗类征》（1937 年）下册页 398～399 会馆条，引此书并引其他书五种。其谢济世《以学集》云：

> 京师之有会馆也，贡成均诣公车居停之所也。无观光过夏之客，则大小九卿，科道部曹，翰林，中行，评博，候补，候选者以次让。无宦游之人，则遇往流寓者亦得居，非士著则不可，僦于人亦不可，例也。

这是指的一般同乡会绾。至于同乡同业会馆，则不是为供人住宿的。日本学者加藤繁有“清代に于ける北京の商人会馆にて”一文，1942 年在《史学杂志》五十三卷二号发表，后来收入他的《支那经济史考证》下册。加藤提到康熙二十一年（1682 年）创建的元宁（即上元与江宁）会馆，引嘉庆十年（1805 年）碑记说：“会馆东西原设有两所。西馆为公车住宿之所，东馆为缎行酬神议事之所。原有东馆屋宇无多，一应亲友，概不借住。”即其一例。

道光十四年（1834 年）刻的《重续歙县会馆录》，关于在北京的歙县会馆的历史同规矩，记载甚详。会馆最早设于嘉靖三十九年（1560 年），在菜市口。两年后，迁年正阳门西。以后有多次修葺。到清初，“年远不可复识”。乾隆五年至七年（1740—1742 年），有人捐了一所新馆，“计屋凡六十三楹，计值一十六万缗”。乾隆六年会馆公议条规云：

一，会馆为潭渡黄君昆华独力捐输，而公众又分助修饰整齐，置备器用等项。创立之意，专为公车以及应试京兆而设。其贸易客商，自有行寓，不得于会馆居住以及停顿货物，有失义举本意。

一，平时非乡会之年，谒选官及外任来京陛见者，皆听会馆作寓。每间输银三钱，兼批输银三十两以上。其他踪迹不明，以及囚公差役人等，概不留住，以致作践。

一，非乡会之年，房屋虽空，京官有眷属者，及凡有家眷人，皆不得于会馆居住。盖家口人杂，一住便无余地，且难迁移，殊非义举本旨。其初授京官与未带眷属或暂居者，每月计房一间，输银三钱，以充馆费。科场数月前，务即迁移，不得久居。

一，公车之年，如应试众多，正房宽大，每间二人，小房每间一人，均匀居住。以到京先后为定，不得多占房间，任意拣择。其房屋什物，亦须爱惜，毁坏者着落修补。

（中略）

一，嗣后中甲科及中顺天乡试者，冬输资以立匾额。其内外官至三品以上者，输银一百两，翰铨科道输银三十两，援例正郎以下主事以上者，输银六十两，司道以下州县以上输银五十两，佐贰以下输银二十两，为拓充房屋之资，或另置产取租，以为春秋公会之费，并资助乡会人士盘费之不足者。但内外任悉听量力，不必强勉。

（下略）

乾隆二十八年（1763 年）增议规条，及嘉庆十年（1805 年）公议条规，对住房及捐输等事的规定，续有修改。对“会馆原为公车及应试京兆者而投”一点，仍是十分注重。1805 条规，有一条说：“会馆为乡会试习静之所。下榻诸公，敬业乐群。所带家人，及看馆人等，不得征歌选伎，酣酒呼卢，违者议究。”至于非乡会试之年，外官京官借住，房租先于 1763 年减为每间月出租银一钱，1805 年又改为“外官每房一间，每月出租钱大钱二百文；京官每房一间，每月出大钱一百文”。“此项租钱，于嘉庆十九年（1814 年）公议蠲除。”

嘉庆十九年，是一个重要的年份。这一年，会馆“札致淮杨诸桑梓，公议岁输三千金，以助经费，诚属非常义举”。这一年续补条规，关于考试的有下列各条：

一，本籍乡试诸公，向无元卷。今拟每人送元卷六两。其帮项则惟会拭致送。

一，乡试向无接场，今拟照会拭之例，添投举行。

一，会试接场酒席，照团拜之例给价。

一，会试向例，除接场公宴外，本籍诸公，各送元卷二金。今拟加增数目，除旧例二金照给外，每本籍一人，送帮费三十两，外籍十两。

一，会馆公车，到京解装之日，每位开支饭食银五钱，交馆使预备，以当洗尘。

一，乡会试接场，届期照例传知齐集，不必仍输分金。

一，本籍同乡乡会试后，实在无力归里者，查询确实，酌送川资若干。

一，本籍乡会试留京无馆，薪水不继者，酌送帮费若干。

这一笔每年三千金的经费，似出于两淮监商。据1814年内阁学士鲍桂星所撰“会馆岁输经费记”：

吾歙会馆之重葺也，余记之详矣。以工钜，殚众力竭蓄积成之，而岁时经费遂无出。会两淮诸君子有公助扬州会馆之举，岁凡三千金。其议自侍郎阮芸台夫子发之。余乃与同人谋曰：“歙于淮亦梓乡也。盍援扬例以请乎?”皆曰诺。爰合辞寓书于诸君子，而家侍御树堂先生赞尤力。诸君子为请于都转德公。德公请于鹾政阿公，公批其牍曰：“自辛未年始，准予辛工项下，岁支三千金助歙馆经费，如扬例。”于是岁修年例，一切费皆裕如，而京官与乡会试之贫者，并沾润焉。于序，可谓盛举也已！斯举也，阮师发之，都转鹾政成之，好义而乐输，则两淮君子也。(下略)

记后附捐输姓氏，有江广达等十六人，可能都是盐商。据道光十年续议条规，这每年寄到的三千两帮项，减为二千四百两。于是“本籍乡会试诸公无力归里及留京无馆者，旧议酌送帮费。现在经费不敷，暂时停止，日后充裕，再议酌行。”

因为这里提到盐商，应该顺便讲一点，就是16世纪以来在北京的歙县商人，似以茶商为最多，其次是银业。这由对于会馆本身以及对于会馆附设义庄（义阡地）的捐输，可以看出来。如乾隆三十二至三十四年（1768—1769年）公捐，有茶行七家，银行十七家，茶商各字号一百五十八家，银楼六家，茶铺各字号十家。乾隆五十三年（1788年）义庄兴工捐输，包括茶铺门面钱数，二百零六家，共钱一百十九千七百文；银行门面钱数，五家，各一两五钱；茶商各字号厘头银数，五十一二两年，五十二家，每家自一钱至五两二钱九分不等。嘉庆以后，直到道光十三年（1833年）的捐输，则只有茶行茶铺，可能是银业已经衰落了。

同乡会馆，补助考试费用，不限于在京师的会馆。如四川重庆的江西会馆，据同治四年（1865 年）刊立碑记，“在渝子弟童试，每考助以青蚨二千文，乡试生监一体每科助朱提二十两，会试每科助朱提四十两。俟人数众多，再议膏火，举办文会。”（见赛季良《同乡组织之研究》）。这与江西省内各地的宾兴社以及文会等组织，显然是一脉相传的。其他各大都会的江西会馆，可能也有类似的办法。至于他省会馆，可能也有此类义举，尚待资料证明。

最后再谈一种私人互助的办法，就是合会。关于合会，王宗培有《中国之合会》一书，1931 年印行，资料甚丰。里面提到入学等事需要的经济互助，也是合会目的之一。筹措赴考旅费，想来也该在内。关于此点，我只有一条比较早的材料。就是真德秀的“万桂社现约序”。此文见《四部丛刊：西山真文忠公文集》卷二十七，叶六下至七上，又兄明刊本《温陵留墨》，西山前叶三十下至三十一上。真德秀是福建浦城人。温陵是泉州。这篇序说：

> 林君彬之以万桂社规约示余……忆余初贡于乡，家甚贫。辛苦经营，财得钱万。囊衣笈书，疾走不敢停，至都则已惫矣。比再举，乡人乃有为所谓过省会者（人入钱千百八十，故云），偶与名其间，获钱凡数万，益以亲友之赆，始舍徒而车，得以全其力于三日之试，遂中选焉。故自转输江左，以迄于今，每举辄助钱二十万，示不忘本也。吾乡去都十日尔，其难若是，则温陵之士其尤难可知也。林君此约，其为益又可知也。盖纾其行以养其力，一也；无怵迫以应其心，二也：无匄贷（温陵留墨作货）以养其节，三也。……然吾乡与约者几千人，林君为此二十年矣，同盟仅三百有奇。濂溪杨公所以叹其不如莆之盛也。……姑捐库缗五万佐之，且以为此邦故事。……林君，好义之士也。凡乡闾有义举皆勇为之先，又非特此社而已。

“人入钱千百八十”是依温陵留墨本，《西山真文忠公文集》作十百八十，恐怕不对。过省会与万桂社，显然是类似的组织，既然会员各出一定钱数，是合会无疑。真德秀登进士第，在庆元五年（1199 年）。我在旧作“佛寺与种醵金方式考”“Buddhist Monasties and Four Money-Raising Institutions in Chinese History,” *Harvard Journal of Asiatic Studies*. 13，1950，文中，推定典当、合会、拍卖、同奖券（抽签赌）都起源于佛寺。唐代的社或社邑，有的就有合会作用，帮会员旅费或丧葬，叫做“追凶逐吉”。敦煌文书之中，社司转帖甚多，可以为证。9 世纪中叶，韦宙在湖南永州，教人民组社买牛。（见《新唐书》一九七）这种社已经没有宗教意味。福建的过省会万桂杠，似起于 12 世纪末年，可能是读书人利用合会筹旅费最早的例子。

总括以上所说，关于赴考旅费，南宋地方政府有贡士庄，明清中央政府有补助银两，清中叶以后有官绅士民合立的宾兴会等组织，私人方面，家族则北宋以来有义庄，地方则明中叶以后有同乡会馆，这都是所谓义举。个人互助，则南宋已有利用“合会”之例。关于这些办法，可讨论之点，自然很多。从社会经济史方面说，例如基金观念，在近代渐渐通行，发商生息一类举动，愈来愈多。又绅商士民的自治组织，自南宋以来，大为增加。而发展又受政府限制，法人地位不明确，自治组织的产业，往往要请政府特别保护，才得维持。从史地关系上说，如江西自南宋以降，人文特盛，与这各种义举之多，想来是互为因果的。这些点详细讨论起来，需要很多篇幅，这里只提一提就算了。

还有一点，就是这些义举组织，往往起于一个较长的朝代的中叶或以后，这个很有趣味的现象，也许有个解释。可能是朝代之兴，大抵先有个军事时期，此后要相当时期的休养生息，社会中的人，才能行有余力。帝国内若干区域，经过长期安定，经济发展。地方首长，绅士商民，有机会发挥他们的组织能力。团体福利同互助性质的社会组织，因而兴起。这个解释，虽然不像是惟一的原因，很可能是一个主要的因素。

原载台湾《清华学报》1961年6月新2卷第2期

# THE TRAVEL EXPENSE PROBLEM OF CANDIDATES FOR DEGREES IN THE EXAMINATION SYSTEM IN IMPERIAL CHINA

LIEN-SHENG YANG

This article surveys institutions which arose in imperial China to solve the travel expense problem for candidates of advanced degrees in the examination system. In Southern Sung times, especially from the last decades of the 12th century, pre. fectural governments established *kung-shih chuang* or "estates for the presented scholars," with confiscated or purchased land. Income from these estates was to be accumulated to pay travel expenses of scholars for the triennual examinations in the capital. Under the Mongols, these estates were confiscated in 1292. The government of Ming and Ch'ing did not restore the institution, but made statutory provisions ordering the provincial government to pay fixed amounts of travel expenses to candidates going to take the examinations in Peking. From about 1800, local gentry and other people of the district, sometimes backed by the magistrate, established organizations with funds, of which the income was to be used for the travel expense of candidates in examinations on various levels. According to gazetteers or local histories (*fang-chih*), such organizations were particularly common in Kiangsi, but were also found in Hunan and Fukien. Families and clans with common properties also provided help for such travel. This goes back to the famous *i-chuang* of the Fan clan in Northern Sung. From the latter part of the 16th century, provincial club houses (*t'ung-hsiang hui-kuan*) were established in Peking, and perhaps later also in provincial capitals, with the major purpose of providing living quarters for candidates of the locality. Another means was to raise funds for travel through mutual financing associations (*ho-hui*), which can be traced to around 1200 in Fukien.

These public and private institutions reflect, among other things, a clearer concept of a fund, and its broad use, as well as the growth of semi-autonomous local organizations for public welfare and their limitations by government power. Geographically, Kiangsi stood out as the most enterprising area, which is apparently closely related to the rapid economic and cultural growth of this province from Southern Sung times on. Finally, it is to be observed that the development of such institutions and organizations in early modern China tended to take place in the latter part of a major dynasty. Perhaps, this means that after the founding dynasty, it takes time for the society to recover from the early military and Cha ( period and also with some slackening of central control it becomes possible local officials and the gentry and other local people to exercise their organize ability. Thus the growth of such local institutions may indicate a change in the balance of centrifugal and centripetal foroes as well as that of political and economical forces. This point may prove useful for the study of dynastic cycles and dynasty configurations.

# 科举考试的回忆

商衍鎏

## 一　科举考试由来的说明

科举在我国有一千四五百年的历史，是封建王朝一特殊的制度。汉以前用人重在考绩德行，乡举里选，至六朝尚门第，选举为贵族所垄断，而寒士无从进身，人才埋没，政治紊乱，至隋始试策置进士科。唐因订为科目，每岁由外县举人解省以送京师考试，科目不一，如经、史、法、礼、书、算等，皆列为科，兼试诗赋，其最重者为明经、进士两科，唐太宗谓天下英雄皆入吾彀中，是科举用意，专为笼络人心，使舍科举一途，虽有大略雄才亦难以自见。宋元明清守之勿失，至清光绪三十一年乙巳（1905 年）废科举而始结束，科举取士遗法并随以消灭。但如考试，所考的方法，历代略有不同，唐重诗赋词章，宋重经义，明清重八股文。近日文史资料研究者，以我曾为科举考试经过的人，属将亲身经历和见闻大略述之，我著有《清代科举考试述录》一书，详载典章制度，兹则为琐屑枝节的经历和见闻，且我以前考试的人与各处地方，都有不同，则又不能以我局限性的经历见闻而概其全，难得翔实与正确，自是当然，不过一鳞半爪，可以类推而已。

## 二　幼年读书预备科举考试的时期

我生于清同治十一年甲戌（1874 年），明年为光绪元年，是时清廷积弱已极，原因则以道光末年的鸦片战争以后，民不聊生，引起有民族革命性的太平天国起义，事虽不成，而晚清的政治不良，更加暴露无遗，但不知改进，而用科举为安定人心痼蔽人才的工具，犹谨守如故。我欲求发迹，自不得不仍走此道路，倘若将此少壮苦学的工夫，学习工、农、理、化有益于国计民生的科学，何尝不可以有成，即今思之，十分惭愧。到了今日党政光明，学皆有用，我尚回忆此朽腐的科举，似可不必，但就研究近代历史学的指示，历史是复杂的，不良的政治措施，亦当写出，正可与现在对照评比，好坏显然的一面镜子，使大众更看得清楚，回忆与留恋不同，所以我敢执笔为之，以餍读者。

科举一事，既行之一千余年，在应考试的士子，说来亦不甚简单。先言我幼年的读书，我六岁开蒙，读三字经，千字文，能背诵及将字大半认识后，即读四书。四书为《论语》、《大学》、《中庸》、《孟子》，因当日功令考试八股文的题目，均在此出题，而解释必须依朱熹的注，故读正文时亦要读朱注，每日先生将以上的新书口授一遍，即由自己读熟，明晨向先生背诵，背新书带温旧书，日日读新温旧，毫不间断。且当日教法极严，倘背不出，先生要责罚，轻者将薄板打手心，戒方打头，甚者用藤条打臀部，我每晚都要读到背得方敢睡，是以被责问少。四书为考试的基础，要读到滚透烂熟，由头至尾全部背得方止。四书读后，续读五经。五经为《诗经》、《书经》、《易经》、《礼记》、《春秋》，背诵之法，与四书略同，但仅读经文而不读注，五经于考试亦是重要的书，以乡会试第二场的题目，是每经出一题，作经文五篇的缘故。我幼年于四书五经外，尚兼读《孝经》、《公羊传》、《穀梁传》、《周礼》、《尔雅》，中间尚带读五、七言的唐宋小诗及声律启蒙，学作对句，学调平仄与十七史蒙本。蒙本是每句四字，每两句一韵，句句皆有史事以记典故的。各种的书要背诵。还有兼读带读之法，如读《左传》兼读《公羊》数行，带读唐诗蒙本数句等，故四书五经读完，而此等书亦随以读完。其中尚有一最要的课程，则是习字。启蒙初写描红，描红本子，是印成“上大人，孔乙己，化三千，七十士”，红色半寸大的字，每半页三行，每行六个字，令小学生用墨笔在红字上连续照描，描熟以后，即写仿格。仿格是将字用墨印成，套在白纸本内摹写，格子由旧书者随意择字，或写格言，或写诗句等，惟必须楷书，由大而小，大者每半页两行，每行四字，每字约一寸半，小者每半页八行，每行八个字，写熟以后，即写小楷。小楷是用印成有红线的红直格纸，每半页八行，每行二十或二十五个字，取法帖对临，每日写数行，不可间断，写就交先生阅看，好者加圈，劣者加杠，以字与考试有关，童而习之，至壮不废。以上是我十二岁以前读书预备考试的课程。试想当日计算的年龄，又是虚龄，照现在说是由五岁到十一岁的孩子，要读如此多的书，而四书五经又要能背熟，略知讲解，岂不甚难，其实只要每日皆不废读，是可以做到，不足为奇的。那时我家请一位先生教我兄弟三人，按年龄大小，每日教新书由四五行起，渐渐加至四五十行。堂兄衍桑最聪明，过目不忘，书读二三遍即能背诵如流，我则非读二三十遍不能背诵。我恨我笨，只有将勤补拙，不敢贪懒，衍桑兄无论诗文词赋，一学即会，作出文字精采动人，二十岁中辛卯科举人，翌年到北京会试后还广州，一病而逝。我母亲说：聪明太过不主寿，不如你笨些的好。我胞兄今年九十尚健，我亦八十七岁，真是笨些的好了，尤好在看见今日的人员翻身，与从前封建人民之受压迫者大不相同，到此的回忆，又有一股的酸咸苦辣旧脑筋的气味触动我，使我为之彷徨不安了。

我十二岁以后，学作八股文，诗、赋、策、论等，不但要读八股文，古文，律赋，文选之类，并要看史书如通鉴、四史、子书如庄、老、韩非各种书籍，俾腹中充实，以备作文的驱遣。概括言之，多读少读，在乎自己的用功。十四岁至二十岁的时间，除如上读书外，皆是走读从师，与考书院。走读之师，广东称为大馆，先生皆是科甲有文名的人，凭一祠堂或寺庙中闲屋以招生徒。本人选择悦服的先生，前往执贽。每馆学生皆百十人至百余人不等，先生每日讲书一二小时，以八股文为主，带讲经史诗赋策论，每日三课或五六课，课题八股文一篇，间有试帖诗、律赋、史论，学生作后，即日或明日呈缴于先生评阅，由先生圈点批改，选好者贴堂使众观摩，我在光孝寺读书最久，印象甚深。同时并向书院考课，前列者有奖金，我是寒士，并可借以资生，书院如粤秀、粤华、羊城等，每月三课，皆考八股文，试帖诗，其他菊坡精舍、学海堂，每月一课，皆考经、史、诗、赋，不考八股试帖。我每月必向各书院应考，到课期晨兴往书院看题目，回家写作，傍晚到书院即日交卷，古学的菊坡精舍，学海堂则限三日或五日交卷，终日仆仆，皆为练习科举考试的目标，以此白昼甚少读书的时候，而用功总在夜间，三更灯火五更鸡，从前以这句话来形容士子的读书，真是不错。

## 三　考试生员、举人、进士的情形

我亲身经历科举考试者十余年，自生员、举人、进士以至殿试的一甲第三名；或考八股试帖诗，或考经义策论，以及场中的种种形色，皆所饱尝。兹将科举名目大纲，分为童试、乡试、会试、殿试，而各试内亦有连带而及的考试，分类叙述如下：

（甲）童试：童试为最初的考试，并非尽是儿童，无论年龄大小，壮年以至白发老人，凡应试者皆称童生，亦曰儒童。此名沿自明代，名实未免不符，故后亦有称为小试或院试者（考官为学院故）。童试次序共为三试：第一县试，第二府试，第三院试，有一定院试取中的学额，小县数名，大县二三十名不等，应考的人数，小县数百人，大县数千人，考至终点院试取录者，称为生员（普通称为秀才）。各县设有学宫，学宫内有教谕，训导的学老师以教育之，生员是学宫内的学生一员的意义，至应考与考试尚有很多手续。先言县试，县官出示考期，童生即向本县礼房报名，填写姓名、籍贯、年岁，并父母、祖父母、曾祖父母三代存殁，已仕、未仕者履历，取具同考五人的五童互结，与本县认保廪生的保结，保其实无冒籍（非本县人为冒籍）、匿丧（有父母死而在三年内居丧者）、顶替、假报姓名，身家清白非优倡皂隶之子孙，方准应考。考官为本县的县官，届试日点名发卷入场，第一场考八股文一篇，五言六韵试帖诗一首，取录者再考第二场为复试，二场以后考否听便，连接共考五场，则兼考诗赋经论之类，至末场取录第一名者为县案首。续考府试，考官为本管的知府，所有报名、保结、考法，与县试同，至末场取录第一名者为府案首。然后将县、府考过的童生，造册送全省学政考试，学政由京简放，都以翰林官为之，关防较为严密，以院试取中即为生员，而考生对此亦较紧张，考试前的报名、取保、试卷编号弥封，都与县府试略同。现将我考试的经过言之，我于光绪十六年庚寅（1890 年）考院试时，年十七岁，早晨四点钟天尚未亮，由学政亲自在考场外点名入场，点名要唱廪保的名字，廪保答保其人后，即往派卷的地方领写有自己名字的卷，胸前挂一油布卷袋，卷袋正中在场外贴写好自己的名字，即将考卷平放袋内，以防折叠与污损。手提考篮，考篮用柳条或藤织成，上有挽柄，作直筒式，四面玲珑小孔，不许密织，以便可以看见内面所放的东西，许带笔墨干粮，不许夹带蓝本成文，入场门时，须加搜检，甚者解发、袒衣，并及袜履，后已从宽，不过看看考篮，即行放入。卷面印有坐位的字号，有堂号，有东西考棚号，按照找得的坐位，放好笔墨。点名毕，升炮封门，学政坐大堂亲笔写试题，交书办用约二尺高一尺宽的纸写成大字，粘于一木牌面上，牌下有长脚，擎游给考生看，考生将题抄下即作文，题为八股文一篇，题目限在四书内，试帖五言六韵诗一首，即日交卷。学政为翰林侍讲樊恭煦，终日坐在大堂，场规严肃。最苦者坐位是连坐长凳的长木案，每一木案连接约二十余人，面皆向北对着大堂，字号贴在案上，又无阂隔，倘若遇着两个大胖子坐在一起，则逼迫不堪，幸而我是个瘦小的个子，尚觉从容，长案若不坚固，坐的人多，常有动摇，誊写试卷时亦要特别注意。作文时不许交头接耳，擅自移动，学政终日监视，派人四处巡察，倘有传递等弊者究治，犯规如移坐、换卷、丢纸、喧呼、顾盼、搀越、吟哦者，立即扣考，重则枷示，大小便亦要监视，恐其在厕所传递之故。我坐的是堂号，在学政监视不远的地方，埋头作文，谨守场规，午后三时放门，交卷出场，场外已有家中人来接，如鸟脱笼，欢喜非常。三日后发案，我大兄衍瀛取第一名案首，二兄衍燊取第四名，我取在第十名，三兄弟同时入学，家中热闹起来。我母亲喜极落泪，痛我父亲已故不得见及，我当时亦甚酸辛，因为我幼年读的书，皆由我父亲圈点。我父亲是秀才，屡应乡试不第，一生教书，当时未有学校，是应聘到人家教其子弟。所谓家塾者，我九岁那年，曾随父亲到过佛山赵宅附读，嗣父亲以身体多病，辞馆还广州，我家住纸行街莲花巷，即在巷尾辟地一亩，莳花种竹，作为花农，盖茅屋数间，取名玉莲园，携我在此读书。所读的经史诗词，无不详明讲解，约有两年，读书最多，长进迅速，父亲亦喜我受教。我父亲长于音韵，喜欢作诗，刻有《味灵华馆集》，指示我作诗作文的方法，不料我十四岁那年的春天父亲因病去世，所以想起从父亲读书的情状，心里十分难过，但是亲友来者纷纷，都勉我再求上进，报答父母。试想当日封建时代，大众的观念，对于科举是如何的重视了。旋由学政牌示，定于某日到学政衙门簪花，赴学宫行拜孔子礼，穿的是蓝袍、缎靴，戴红缨帽金顶，簪花披红，乘轿至学政衙门。学政普遍称大宗师，在大堂谒见学政后，一群的新进生员，分往各人各县的学宫。我是往广州府学宫的，到门外下轿，入极星门，走过小桥，小桥两边有水一泓，即所谓泮池，入学谓为游泮者以此，谒学老师，由学老师带领到大成殿，向孔夫子神龛牌位前行三跪九叩礼，牌位写的是“大成至圣先师孔子”，礼毕各人乘轿回家，谒祖，拜尊长，尊长各给红封利试一包，后即出家门，往拜从前受业过的各老师。至亲父执辈亦要登门叩头，家中设宴数席款待亲友，亦要行礼周旋，到晚客散，因为叩头太多，两腿酸楚，疲惫不堪了。以上是我童试情形的一段。

取中生员以后，仍然是要受学政考试的，学政三年一任，到任后第一年为岁考，第二年为科考，除考童生以外，并考生员，贡生等。我十八岁辛卯（1891 年）换了一位学政，为翰林院编修徐琪，其考试场规紊乱，与樊恭煦大不相同。我考岁考，先考经古一场，（此场不考者听）于报名时认考一门，经古题分为经解、史论，诗赋、算学各类，我是考经解的，择佳者发榜，我得考取。嗣考正场，为八股文一遍五言八韵诗一首，八股题仍限在四书内出，我考取一等第三名（分为一二三等，故亦谓之考等），得补廪生。廪生每县有一定的名额，即所谓廪保，来保童生考试者。徐琪场规紊乱，考试不遵定章，点名极迟，在大天亮以后，喜少年漂亮的人，不喜年老与貌陋者，点名时上下端详，于册上加以暗记，往往点名毕即已傍晚。夜间考试，出场要到后半夜，按定章学政考试，即日缴卷，不许继烛，故未出题以前，先有一“不许继烛”的牌示。我记得考试，有一场擎此牌出，大家说我们可以交空卷出场了，轰动起来，学政乃令将此牌收去。徐学政于青年的尺度放宽多取，年老或貌陋者，文虽佳亦不取。当时东莞县有一莫伯伊文笔极佳，而貌极丑，满面麻斑，县考时县官是爱才的，取莫为案首，云以莫的相貌，虽有班马的文章，徐宗师亦是不取，照例县案首都取入学，故以畀之，到考院试，徐已在点名册上暗记，惟因他是案首，故取莫伯伊在最末的一名，一时传以为笑。如此的事，不一而足，后来被御史奏参，派两广总督李瀚章查复，官官相护，敷衍了事。我年纪甚轻，自己要考，又要作廪保随同童生考场，日夜都在学政衙门过活，精神身体不得安定，亦极不以徐学政为然，以下再言乡试。

（乙）乡试：乡试是在省城考的，合全省的生员，廪生、贡生、监生以考试，三年一科，逢子、午、卯，酉年为正科，遇有万寿、登极各庆典加科者曰恩科。考官二人由北京简放，均以翰林院官为之，一正主考，一副主考，主考出京由兵部颁发勘合驰驿，按站而行，不许携家，不许游山水与接亲朋，不许多带仆从骚扰地方，约在八月初到省城，关防极严，主考下有房官，大省十八人，中小省以次酌减，最少者八人，广东为十三人。房官就本省进士举人科甲出身的州县官，由监临于场期前三四日考派。士子的试卷，先分给房官看，择其以为佳者加批呈荐主考，由主考照中额选定取中，另外用本省巡抚大员为监临，以纠察关防总管闱场事务，下设监试，提调、收掌、受卷、弥封、誊录、劝读、巡绰、供给各官以司其事。考期在八月，分为三场，每场三日共九日，第一场初八点名入场，至初十傍晚出场，第二场十一至十三日，第三场十四至十六日，入场出场相同。第一场考八股文三篇，试帖五言八韵诗一首，八股题目限在四书内出，第一题《论语》，第二题《大学》或《中庸》，第三题《孟子》。第二场考五经文五篇，在《易》、《书》、《诗》、《春秋》、《礼记》各出一题，行文仍用八股式。第三场策问五道，问经史时务政治，士子将所闻者条答之。三场皆由主考出题，印成分发士子每人一纸。

再言乡试场内的情形，凡贡院均建于城东，取东方文明之意，广东贡院在东门内，拆城后即是现在文明路一带，由博物馆尚为之保存贡院图记的碑石十余通。我曾在此考过乡试三科，第一科光绪辛卯，第二科癸巳，第三科甲午，回忆六十年前的乡试，真有黄粱幻梦的感想。张之洞作两广总督时，将贡院前面拆为一大广场，辟成马路，贡院内亦将道路修平，可以用一小竹箱，下装铁轮四个，箱内载考具食物等绰有余裕，用绳牵之而行。较前时要背带考篮而入者省力甚多，所以至今我尚不忘。入场搜检，向例甚严，不许夹带成文与书籍，以后较宽，不过循行故事而已。我初应乡试，忽然大事搜检。人皆不知何故，后来方明白，是张之洞最恨人吹鸦片烟，凡带有烟枪、烟灯、烟盒等，均没收，书籍则一概听带入，其有烟瘾者，多退场不敢入试，人心大快，我亦为之捧腹。又相传点名毕，监临有祭旗的事，说用红黑二旗磨呼有冤者报冤，有仇者报仇，倘士子于场外有作亏心害命的行为，鬼必到试场索命，前人笔记所载不少，但总是女鬼索命者多，其实并无祭旗的制度，不过借以警人而已。我考试那年，亦曾传隔舍有一人遇鬼，神经失常寻死，由巡绰官将其牵出置于明远楼下，如何结果，后不得知，此皆场外的轶事。贡院内建号舍数千间，以备士子住宿，是用千字文总列的，惟天、玄、帝皇等字、孟子名轲字、数目字及荒吊字不用。每卷编一字号，如地一号地二号往下顺数，巷皆向南成排，号舍约百十间，短者亦五六十间，每间隔以砖墙，屋顶盖瓦，无门，巷内行道甚窄，勉强能容二人往来，巷口外墙上大书其字号，并置号灯及水缸。我于点名领卷后，按照卷面的号数入巷，号舍高六尺，举手可以及檐，深四尺，宽三尺，舍有号板，舍内砖墙东西离地尺余二尺之间，砌成上下砖缝两层承扳，板可抽动，日间坐下层之板，向上层写字，夜间除上层之板安入下层，可以伸足而卧，是合则为榻，分则为桌为凳，坐卧饮食皆在于此，煮炊茶饭靠对号墙，每巷拨有号军数人，照应士子的饮食。号舍近巷口者较佳，中间次之，巷尾为厕所，若坐号底数间，臭气至不可耐，陈祖范“别号舍文”内，所谓“一日号底，粪溷之窝，过犹唾之，寝处则那，呕泄昏忳，是为六魔，谁能逐臭，摇笔而哦”者。南墙根有小沟以通水道，过雨则泞湿不堪，巷口有栅，士子入齐封栅，禁止出入，栅用疏板留隙，使外可以望见巡查，广东天热又多风雨，士子必用油布为帘防护，又复有时蚊蚋嗜肤，熏蒸烈日，尚要夜以继日作文，如此者循环九日，其苦不言而喻。但一科不中，下科又来。蒲松龄怀才而困于诸生，谓秀才入关有七似：“初入场白足提篮似丐，唱名时官呵隶骂似囚，归号舍似秋末之冷蜂，出关似出笼之鸟，望报则行坐堆安，似被系之猱，报条无我，似钳毒之蝇，弄之不觉，初失志心灰意败，大骂司衡五日，从此披发入山，再有以且夫尝谓之文进者，定当操戈逐之，无何气渐平，遂似破卵之鸠，只得衔木营巢，执新另抱矣。”可谓描摹尽致。但归号舍似秋末冷蜂一句，是指北方，若在广东则改为似热锅上蚂蚁方合。我亦是一考再考的人，考到第三科为光绪二十年甲午（1894 年），我二十一岁，侥幸中式。我记得那年九月初九放榜，我与数友在城隍庙对面的一家酒楼听榜，写榜在贡院内聚奎堂，主考、房官、学政、监临执事各官均齐集，由第六名写起，全榜写完，再写前五名为五经魁，第一名曰解元，是沿唐朝士子由州县解送而得元的意思。写榜时有探报人，每四五名印成一纸，沿街叫卖，我中第二十四名，得报约在下午三时，返家则报喜者已至，将报条贴于大门外，亲友亦多来道喜。我兄衍瀛是科赴北闱乡试，午前亦得电报中式，兄弟同科乡举，我母亲甚喜，说你们年纪轻轻就中举，那是你们的本事，你父亲绩学不中，此是你父亲留给你们的，这句话真是一点不错。榜贴在布政司衙门照壁搭就的彩棚，发榜后次日在布政司衙门大堂设鹿鸣宴，主考、房官、学政、监临、内外帘官，新科举人皆与宴。是科正主考为唐景崇，副主考为王荫槐，我的房师为安荫甲，次第入座开宴，歌鹿鸣之章，作魁星舞，不过仪式而已。回家谒祖，拜客，设席款待亲友，与入学时情形略同。可恨是科正逢甲午中东之役，丧师失地，而主考唐景崇是台湾巡抚唐景崧之弟，我曾有诗感叹之，诗曰："狂澜沸海丧师期，深痛恰逢科举对；泪眼台澎伤割地，东风吹彻落龙旗。"直到第二次世界大战日本投降，方将台湾收复。乡试后再当会试。

（丙）会试：会试是在北京考的，亦三年一科，逢丑、未、辰、戌年为正科；加科者曰恩科与乡试同。会试是合各省的举人在北京会考的意义，考官简放四人称大总裁，同考官十八人称十八房，其余执事各官与乡试略同，不过名目稍有变易。我中举后翌年为乙未科会试，是时日本已占高丽，据奉天省，声言要攻北京，我母亲不欲我去会试，说你年纪尚轻，何必在兵荒马乱的时候而赴考呢？以后机会尚多，考少一科有何关系，所以我是科未考。下科为光绪二十四年戊戌，我母于上年去世，丁忧三年又未能赴考，嗣即逢庚子八国联军之变，辛丑会议复停考，直至光绪二十九年癸卯方补行会试，而北京贡院被联军焚毁，因改在河南开封考试。我是年正月在广州乘海轮到上海，转乘长江轮到汉口，起早赴河南。是时铁路通至信阳州，距开封尚有七站，须改坐骡车，每日行一站，每站约百里，早行夜宿，仆仆风尘，又是一番滋味。途中有一日经过某县平原，见地面有窗，问之知是穴居，并云冬暖夏凉。上古穴居野处，不料此方尚有存者。及近开封约二十里，历经黄河大坝，坝甚宽广，且有在坝上结茅而居者；过一坝必有坦途一段，遍种庄稼，三五里一坝，接连至开封城外为止，近城的坝底已高过开封城楼，一遇决口，其害可知。到开封住广东会馆，当日河南尚用五两十两的元宝，与有孔的制钱，间用银毫及大银元，每一银元可易制钱八百文，购物以制钱为主，物价低廉已极，三个制钱买鸡蛋一枚，有时五个制钱买两枚，是一银元可买鸡蛋二百八十个，又一银元可买三十多斤猪肉，其他物价可以类推，我们广东人至为惊奇。场期在三月初八日至十六日，分为三场，共考九日，其点名入场出场等与乡试略同，但是三场的题目与前异，因光绪二十七年辛丑秋关以后，废八股试帖诗，改为第一场试中国政治史事论五篇，第二场试外国政治艺学策五道，第三场试四书义二篇，五经文二篇，均不准用八股式，并废誊录，以士子原卷送考官评阅，但仍弥封。是科我兄衍瀛中式，并入翰林，我未中在北京教书。光绪三十年甲辰科（1904 年），我三月由北京再到开封应会试，四月初十放榜，我中式第一百二十九名贡士，年三十一岁，是科大总裁为裕德、张百熙、陆润庠、戴鸿慈，我的房师为萧荣爵，中式后即在北京应殿试。

（丁）殿试：殿试向例为四月二十一日，以改在河南会试，恐士子赶不到北京，遂展期在五月二十一日殿试。殿试之先尚有复试一场，殿试派读卷官八人，是科为大学士王文韶、鹿传霖、尚书陆润庠、张英麟、葛宝华、陈璧、侍郎李殿林、绵文。我于五月二十一日黎明，穿常朝服入东华门至中左门，听点名领卷，送场者至此为止。我背负考箱至保和殿，殿廷所备试棹，式如炕几，高仅尺许，趺坐盘膝坐于地毡之上以事写作，试士皆所不惯，于是多自携考棹，其制用光面细布蒙薄板，以铁条为活四柱，纳于板背，折叠成片，支起扣子套环，即为一棹，较内廷所备者稍高，以藤筐盛布箱，贮考具应用的东西，其筐即为坐椅。入殿随意择坐，但殿宇深严；先至者多踞前排，后排阴暗不能辨字，后至者多迁于殿前廊下。策题颁下约在辰刻，至中和殿阶下跪接，每人一张，策题用黄纸印刷，领题后还保和殿就坐对策，殿上均黄绒地衣，下衬以棕荐篾席，正中设御坐，丹陛三级，加以五彩蟠龙地衣，禁止吸烟。乾隆以前，皇帝多御殿考试，道光以后未亲临，派亲王为代。发策四道，即日交卷，不许继烛，策文最短以千字为率，卷为八开，每开十二行，每行二十四字，写足约二千字，道光以后注重楷法，卷纸七层，厚不易写，书写时间，占大半日，限于时刻，为文不暇构思。我于傍晚出场，将卷写足，谓之七开半，工楷圆满，无一脱漏的字，我兄衍瀛于收卷官处见我的卷，谓为满意。二十二日读卷大臣在文华殿公同阅卷，阅定将前十本于小传胪日寅刻进呈候钦定，有依进呈次序而发下者，有移易夹序而发下者，我卷即是进呈时为第四，而钦定改为第三的。二十四日为小传胪，凡应殿试者，是日黎明穿常朝服至乾清门外阶下听宣，读卷大臣立御阶上，执黄纸名单，高唱某名，和者以次传唱，第三唱至我名，由随入亲友代系忠孝带于腰间，带用白绸为之，其意是以后入仕即当尽忠，前进序立，十人唱毕排班，光绪帝御养心便殿，读卷大臣将引见名牌入呈，鸿胪寺官引十人跪丹陛下正中，背奏履历，臣某名某处人，年若干岁，以次背毕，引出而退，归寓报喜人来，例于鼎甲门前贴一红联，曰："禹门三级浪，平地一声雷。"二十五日在太和殿大传胪受贺，典礼隆重，是日晨设卤簿法驾于殿前，设中知诏乐于殿檐下，大乐于太和门内，彩亭御仗于午门外，并设黄亭二，一在殿内东楹，一在丹陛正中，王公大臣侍班，新进士朝服，戴三枝九叶顶冠，按名次奇偶序立东西丹墀之末。届时礼部堂官诣乾清门奏请光绪帝礼服乘舆，引入太和殿升座，奏韶乐，阶下司礼者鸣鞭，皮鞭长丈余，鸣时飞舞回旋，响彻云霄，如是三次，鸣鞭毕，大学士于殿东黄案将黄榜捧出，置丹陛正中的黄案，奏大乐，宣制曰：奉天承运，皇帝制曰，光绪三十年甲辰恩科，五月二十一日策天下贡士谭延闿等二百七十三名，第一甲赐进士及第，第二甲赐进士出身，第三甲赐同进士出身。传胪官唱第一甲第一名刘春霖，引出班就御道左跪，第二名朱汝珍，引出班就御道右稍后跪，第三名商衍鎏，引出班就御道左又稍后跪，每名皆连唱三次。嗣唱第二甲张启后等若干名，第三甲张鸿等若干名，仅唱一次，不引出班。唱时以次接传，上语下曰胪，所以谓之传胪，唱名毕，奏乐、朝贺，大学士至三品以上各官及新进士均行三跪九叩首礼，礼毕，礼部尚书奉黄榜承以云盘置彩亭内，导以黄缴鼓吹，由太和中门送至东长安门外彩棚张挂。黄榜谓之金榜，俗言金榜题名者以此，金榜盖用皇帝之宝，另写一小金榜进存大内，光绪甲辰科的小金榜现尚陈列于故宫博物院中。传胪后再颁上谕：第一甲第一名授职翰林院修撰，第二三名授职翰林院编修，普通称第一名为状元，第二名为榜眼，第三名为探花，按唐制赴礼部试者须投状，故殿试第一称为状元，第二名喻榜中双眼，故称榜眼，第三名探花之称，则以唐进士杏园初会谓之探花宴，以少俊二三人为探花使，亦曰探花郎，同诸进士游园以折取名花，后始专以第三人当之。又相传有状元骑马游金街之说，是始于宋时第一人及第给金吾七人清道而来。我与刘朱共三人是日随榜亭至东长安门内。顺天府府尹已于此处结彩棚相迎，棚内设长案陈列由礼部颁给的金花绸缎袍褂料等，府尹为三人进酒簪花披红，备马三匹、亲送三人上马，由午门中道而出，用鼓乐执事状元榜眼探花及第的彩旗脚牌引路前导，出午门后转向东城北行至新街口。顺天府尹衙门赴宴，署内外列队鼓乐迎送，府尹出迎，三人下马登堂，乐作开宴，于大堂南向设三席，一甲三人每人一席为客席，北向一席为顺天府尹主席，就座举酒即起，礼毕送三人上马，用原鼓乐彩旗牌仗引道，经地安门外，由西城出正阳门至南城，四城俱遍行，所谓骑马游金街者殆此。榜眼探花送状元刘春霖至直隶会馆归第，次榜眼探花归第，我与朱汝珍皆广东人，遂同至粤东会馆。是日会馆演戏燕客，同乡京官皆到，请是科会试大总裁房官，及复试殿试各阅卷官。二十六日为恩荣宴，相沿称为琼林宴，是日新进士赴礼部筵宴，派亲王一人为主席，从前阅卷官各人俱到，酒食丰盛，至光绪末造，形式而已。于礼部大堂设席十余棹，果肴皆出装饰，粗瓷竹箸，极为简陋，是科派恭亲王为主席，倥偬一生，即起立出门，新进士亦同时而出。向来有抢宴之风，闲人争进，将宴席的盘碗杯箸抢夺一空，瓷器堕地声，笑语喧哗声，一片纷乱，此风不知始于何对，而宫廷各宴亦闻有之，当由来已久了。殿试后尚有朝考进士场，则是将全榜进士分用为翰林院庶吉士，各部主事、内阁中书，即用知县四项，朝考卷分为一二三等，以定授官的考试，不再详述。

## 附说考试的八股文

科举用八股以为考试，自明至清行之五百余年，八股文三字人习闻之，究竟如何是八股文，兹为简单的说明，俾读者得以略悉其梗概。八股文源流，是由宋代王安石罢唐代取士的诗赋帖经，改用经义考试而来的。经义近于论体，文散而疏畅，不尽对偶，八股则不然，必要相对为文。体裁是起二比、中二比，后二大比，末二小比，合成一篇，故八股亦称八比，其每二股中，出股与对股，句数多少俱要一样相对成文。但在八股文先的开端，须有破题二句，承题三四句，起讲十句上下，起讲后有领题三几句，以下方是八股，而起二股完，有出题，中二股完，有过接，后末股完有落下。其出题、过接、落下皆是用散文数句于其间，将八股连合以贯串之者。八股文尤有一特殊的规律，则是起讲开始，用且夫，尝思，意谓等字以入口气，以下八股同之。所谓入口气者，则四书内题目为何人的话，即要作何人的口气，如孔子或弟子所说，可以说是代圣贤立言，倘是阳虎、齐人妻妾、王孙贾之流，亦要摹仿他们的口吻以为文，不可不谓滑稽。焦循云：八股文入口气代人论说，实原于金元的曲剧，剧一开头有引子，等于八股文的破题，承题，起讲，曲剧的套数，等于八股文起讲后的起、中、后、比，曲剧套数中有宾白，等于八股中夹人的领题出题段落等，我以其说比拟得十分恰当。

八股文为过去的糟粕，毫无用处。举出以知从前读书人埋没其中的可怜。八股文为世诟病不止一日，当明末朝士书愤，有断送江山八股文的话，又有以大简书于朝堂曰："谨具大明江山一座，崇祯夫妇两口奉申，晚生文八股顿首拜。"其时太息痛恨于八股文如此，清犹行之以至亡而止。徐灵胎有刺时文（即八股文）道情云："读书人，最不齐；烂时文，烂如泥。国家本为求才计，谁知道变作了欺人技？三句承题，两句破题，便是圣门高弟。可知道三通四史是何等文章，汉祖唐宗是哪一朝皇帝？案头放高头讲章，店里买新科利器；读得来肩臂高低，口角嘘唏，甘蔗渣嚼了又嚼，有何滋味？辜负光阴，白白昏迷一世；就教他骗得高官，也是百姓朝的晦气。”淋漓痛快，尽道八股的空疏。又有嫉八股文陋劣油滑相尚，不知改变，等于盲从，绘为八瞽图以识之者。图作瞽者八人，或题诗，或作字，或鉴赏古玩，或品评法书名画与调琴弈棋，目既不见，毫无所得，犹此八瞽者的无知妄作，可谓痛切。后来八股亦有作六股或三四股者，究之捱板则同，喻久迂滞死守捱法，不知应付事物变化者为八股先生。毛主席曾有党八股的话，其意殆亦为此。我著的“清代科举考试述录”第七章有较详的记载，倘取而阅之，更得明确。

此稿写成，多属琐屑或个人的事，实无近代史料参考的价值，然稗官野乘笔记小说内，往往有一鳞半爪，为研究者披沙之所择取，所以我诚恳地请读者不吝纠正而教导之。

原载《广东文史资料》1962 年 1 月第 3 辑上册，广东省政协文史资料研究委员会

# 科举制和衣冠户

韩国磐

封建社会的选举制度，必然是替地主阶级、替封建政权服务的，是选拔封建国家所需要的人才的。唐朝的科举制尤其是进士科，自然不会例外。这里，想通过唐朝的进士科和衣冠户的关系，简略地谈谈这个问题。

唐人杜佑，曾经提到"衣冠仕人"①，进士苗耽也说："衣冠道路得病。"② 这儿所言"衣冠"，是泛指封建社会的官僚士人呢？还是一种专称？据我所知，"衣冠"一词，固然是中国封建社会中士大夫的通称，但在唐中叶以来，更成为科举制中进士科出身者的专称。

大家知道，科举制度是隋唐以来中国封建社会培育选举人才的制度，它始创于隋，形成于唐，延续至于清末。所谓科举，就是分科举人。唐朝时，大体分为秀才、明经、进士、明法、明书、明算等科，进行考选。随着当时形势的发展，高宗以来，进士科日趋重要，故五代时的王定保说："永徽以前，俊秀二科犹与进士并列，咸亨之后，凡由文学一举于有司者，竞集于进士矣。"③ 尤其是玄宗"开元以后……士无贤不肖，耻不以文章达"，故唐人沈既济这样说："是以进士为士林华选，四方观听，希其风采，每岁得第之人，不浃旬而周闻天下。"进士科在科举各科中的地位，更加显要了。由于进士科的日益重要，所以后代沿袭唐朝的科举，主要就是沿袭进士科。

进士科所以日趋重要，就是由于它选拔了许多适合于当时封建政治所需的人。由这一科出身的，"大者登台阁，小者任郡县，资身奉家，各得其足"。④ 正说明这一科符合当时封建政治的需要，而地主阶级知识分子，也就竞相趋于这一科了。观《唐登科记总目》，高宗以前登科人数，秀才犹与进士并列，各记所录取人数，而高宗以后，每年只书进士若干人，其他各科，除极少数例外，一般就总书为"诸科"人数若干。而进士登第人数，远远超过其他各科人数。这样多的进士科出身者，或任封建中央的要

---

① 《通典》卷40《职官》22。

② 《太平广记》卷498《苗耽》。

③ 《唐摭言》卷1《述进士》上篇。

④ 《通典》卷15《选举》3。

职，或为地方的行政官吏，自然而然地形成一种特殊势力。

由进士科出身者形成的这个封建特殊势力，以座主、门生以及同年等关系，互相援引，高据要津，把持科举考试，乃至卖官鬻狱种种不法行为，昔人早已论及，我在讨论科举制的文章中也曾谈到，这里不赘。这里只就出身进士科的享有许多经济特权并形成为衣冠户这一事实，略加考察。唐武宗《加尊号后郊天赦文》说：

> 或本州百姓子弟，才沾一官，及官满后，移住邻州，兼于诸军诸使假职，便称衣冠户，广置资产，输税全轻，便免诸色差役。……从今以后……非前进士及登科有名闻者，纵因官罢职，居别州寄住，亦不称为衣冠户。其差科色役，并同当处百姓流例处分。

这条资料，说明了不少问题。一则表明当时许多杂色出身以及曾任军职者就自称为衣冠户，从而享受轻税和免役的经济特权。二则明确规定必须是科举特别是进士科出身者，才称为衣冠户，其余不得称衣冠户，从而使我们知道衣冠户是科举特别是进士科出身者的专称。三则告诉我们衣冠户享有的经济特权。

不仅这条资料，还有其他的记载，说明着同一个问题，如《乾符二年南郊赦》说：

> 州县除前资寄住，实是衣冠之外，便各将摄官文牒及军职赂遗，全免科差，多是豪富之家，至若贫下（疑有脱误）。准会昌中敕，家有进士及第，方免差役，其余只庇一身。就中江南富人多，一武官便庇一户，致使贫者转更流亡，从今后并依百姓，一例差遣。

杨夔《复宫阙后上执政书》也说：

> 侨寓州县者，或称前贤，或称衣冠，既是寄住，例无徭役。且敕有进士及第，许免一门差徭，其余杂科，止于免一身而已。今有侥幸辈，偶忝微官……

这些资料，都说明衣冠户必须是科举出身者，尤其是进士科出身者才能合户享受免去差役的特权，可见衣冠户主要是由进士科出身者形成的。同时，也反映出进士科出身者的经济特权，至此，试再就衣冠户的形成及其经济特权，略加推测和说明。

先就进士出身者形成为衣冠户来说。前引唐武宗《加尊号后郊天赦文》就提到做过小官以及曾任军职者就自称衣冠户，显然，武宗会昌年间衣冠户已成为一个特殊的户等，这是没有问题的。并且，“才沾一官”，退休后就称衣冠户，那么，这个户等该在会昌之前就已出现，否则，不会在这时就有许多人来冒称它。五代时孙光宪，说到唐文宗大和时李德裕压抑白居易的事，并这样说：“衣冠之士，并皆忌之，咸曰：有学士才，非宰臣器。”我们知道，李德裕是赵郡李氏，祖父李栖筠官至御史大夫，父亲李吉甫是元和时宰相，真所谓“衣冠世家”为什么倒忌抑“衣冠之士”呢？原来李德裕排抑以辞章擅长的进士科，这在《旧唐书·武宗记》、《新唐书·选举志》中都有明确的记载。所以，这里他说“衣冠之士”。只能是替皇帝写文诰的翰林学士之材，显然，这是专指进士而言。由此可见，衣冠户作为进士出身者的专称，在文宗大和时亦已成为事实了。

假若从享有免役特权而形成衣冠户来说，可能更早在文宗大和以前。穆宗宝历元年的《南郊赦》就提到：“名登科第，即免征役。”再看唐朝大诗人杜甫自己说：“生常免租税，名不隶征伐。”古文家韩愈也自己这样说：“名不著于农工商贾之版。”当然就不负担赋役。杜甫虽没有考中进士，但祖父杜审言是进士出身，官至膳部员外郎，父亲杜闲做过县令，是进士出身的官僚的子孙。韩愈的父亲，两《唐书》记载虽不同，但其哥哥韩会是进士出身，本人此时也已考中进士。因此，他们都享有不负担赋役的特权。

说到这里，不妨看看唐朝哪些人可享有不负担赋役的特权。皇亲国戚贵族官僚不用说了，至于“国子太学四门学生、俊士、孝子顺孙、义夫节妇同籍者，皆免课役。”①国子监、太学、四门学的学生以及俊士都免课役，投考进士、明经等科的士子呢？按唐朝规定：“公卿百寮子弟、及京畿内士人寄客外州府举士人等；修明经，进士业者，并隶名所在监及官学。”既隶名于官学为学生，当然也有免役特权。且既登科以后，即入仕途，就更不要负担赋役了。并且，如上所述，进士及第后或者做到封建中央的台省要职，或者担任地方的节镇州县长官，因此，从这个途径出身的，更容易利用在政治上的特权形成衣冠户这样的封建特殊阶层。

所以，可否这样说，衣冠户是从高宗武后以来，特别是从玄宗以来，在进士科日益重要的情况下，以进士科出身为主的封建士人所形成的户等。前举天宝年间的杜甫和贞元年间的韩愈，和此后所言衣冠户并无不同。到武宗会昌年间，更明文规定“非前进士及登科有名闻者”，不得为衣冠户，以防止当时所谓杂色军、吏冒充衣冠，是衣冠户早在此前已经形成了。

再就衣冠户所享有的经济特权来说。我们已知从事进士、明经等举业的就可免役，而由进士出身的衣冠户，如前引资料所言“许免一门差徭”，或者是“输税全轻，便免诸色差役”，因此，关于轻税免役这一经济特权，这里就不再征引说明。这里要说的，除衣冠户本户有轻税免役特权外，还广置田产，包庇别户，把赋役都转嫁到贫苦农民身上。在此，不妨再摘引杨夔《复宫阙后上执政书》中的一段话：

> 无厌辈不惟自置庄田，抑亦广占物产。百姓惧其徭役，悉愿与人，不计货物，只希影复。富者称物产典贴，永绝差科；贫者以富籍挤排，助须从役。利入私室，害及疲民。……衣冠户以余庆所及，合守清廉，既恃其不差不科，便恣其无畏无忌。……

① 《新唐书》卷51《食货志》。

今凡称衣冠，罔计顷亩，是奸豪之辈，辐辏其门，但许借名，便曰纳货，既托其权势，遂恣其苞囊，州县熟知，莫能纠摘。且州县所切，莫先科差，富贵者既党护有人，贫困者即窜匿无路。

根据这些资料所揭露的，一则衣冠户莫不广占田产。凡是能参与科举考试的，一般都是地主阶级，原来都有田地，而成为衣冠户后，更可凭依政治势力，广置庄田，田地更多了。关于唐代进士出身的官僚广占田产的事很多，近来讨论唐代经济的文章常常谈到，这里就不多说，只是没有点出衣冠户而已。

二则衣冠户凭依特权，不但本户不差不科，而且包庇其他的土豪富户——非衣冠户者，逃避差科。只要这些富户送些钱财给衣冠户，将产业寄其名下，所谓“不计货物，只希影复”，“但许借名，便曰纳货”，那么，一些土豪富户就可以免去差徭，而将徭役完全转嫁到贫苦农民身上来了。当然，衣冠户可以通过“借名”而将某些富户的产业并为己有，真正归到自己名下，但更主要的还是衣冠户和非衣冠户的地主阶级结合起来，共同压迫贫苦的农民，使“贫困者窜匿无路”。这种寄产业于衣冠户以免差徭的办法，和宋代的“托名诡寄”，明代的诡寄田产完全一样。如明代“两浙富民，畏避徭役，大率以田产寄他户，谓之铁脚诡寄”。而这种“托名诡寄”或“铁脚诡寄”，早在唐朝衣冠户形成时，就已经开其端。这实在是研究中国封建土地问题时值得注意的问题。

如上所述，由科举主要由进士科出身者形成的衣冠户，他们除政治上享有特权外，更在经济上享有许多特权。他们广置庄田，奴役客户；他们不差不科，阖门无役；他们利用特权，包庇富人免役，侵欺贫民，等等。他们和六朝时占有广大田园别墅，而“百役不及，高卧私门”的门阀士族，有什么本质的不同呢？只不过这些衣冠户主要是由进士出身的，“借名”、“影复”的手法更狡猾，侵欺农民的办法更毒辣，通过租佃方式来剥削农民更机巧而已。这就是当时封建政权通过学校、科举这种教育制度所培养出来的、骑在人民头上的寄生虫和吸血鬼。

* * *

了解唐中叶以来衣冠户的形成及其特权，可以帮助我们了解当时进士科的作用，帮助了解当时封建等级的变化和阶级关系的发展，帮助了解当时封建土地问题的变化，因为衣冠户和这些问题的关系是很密切的。不过这要另外讨论。

只是和唐代衣冠户有直接渊源的官户，想同时在此提一下，以明衣冠户的发展情况。

我们知道，宋代的官户、形势户是当时封建地主阶级中的特殊阶层，享有许多封建特权，这个特权阶层如何形成的呢？恐怕这和衣冠户有直接的联系，且“形势”一称，唐后期亦已出现。

首先，唐朝的衣冠户是由科举特别是进士科出身者形成的，而宋代沿用科举，主要就是进士科。并且，唐代虽每年进行科举考试，每科进士录取人数一般不过二三十人，宋代自英宗时开始规定三年一次科举考试，但早自太宗以来，每科录取进士少则一二百人，多则五、六百人，比唐朝要多好几倍。再者，考中进士后做了官，又可以官位高下荫其子孙，唐代固有任子这种荫官办法，却远不及宋朝之滥。宋朝的大官不仅荫及子孙，还可荫及亲戚外姓以至门客，甚至祖上在五代做到三品以上官的，这时也可荫官①。这样就形成了大量的品官之家，亦即官户。但追其源，唐代的衣冠户也好，宋代的官户也好，主要是同由科举制形成的。

其次，唐朝后期大约与衣冠户出现的同时，也看到"形势"这一称谓，而在宋人的文章中，还谈到五代宋初时的衣冠户。这里不妨再提到武宗《加尊号后郊天赦文》，文中既说到江淮的衣冠户，也说到京畿的形势，文章这样说："畿内诸县百姓，租佃百官职田……或本无地，及被形势庄园，将埆薄田地回换。"衣冠户的涵义我们已经知道，形势指什么呢？据宋代的规定，"其形势户（谓见充州县及按察司吏人、书手、保正、耆官长之类，并品官之家……）"。② 据此，宋代的形势户包括了品官和吏杂在内，比官户范围大得多。宋代的官户，自元丰定制以后，只指正途出身的品官之家，军、吏不算。宋人赵彦卫曾描述了这样一件事："绍兴三十六年六月，衡州人诉其乡人胡厚昌（？冒）称官户，索出告命，乃其高祖再迁，于乾德四年为衡州押衙，银青光禄大夫、检校太子宾客、监、武如式。省部契勘云：元丰五年以前，官制未行时，衙校各带宪衔，止是吏职，不合理为首户。"③ 可见宋代官户不包括吏杂在内，而形势户却包括着吏杂，亦即形势户包括的范围更广。唐代是否如此呢？虽不能确定，可能大体相同。

这里可再看看五代的情况。五代时也有不少关于形势的记载，在此只就《五代会要·户部》条下的记载来看看：

> 后唐天成三年……奉敕：凡登科第，皆免征徭。……其及第人，亦不得虚影占户名。
>
> 周广顺二年……如已有庄田，自来被本务或形势影占，令出课利者，并勒见佃人为主……

前条言及第者不得"影占人户"，后条则命令将"形势影占"的庄田归于见佃人，这虽非同时事，但可看出考中科举者也是"影占"人户和庄田者之一，也是属于形势之家的。因此，可否这样说，唐五代时衣冠户包括的范围小些，形势所包括的范围大些，基本上与宋代官户、形势户的情况相同。

同时，五代宋初时还曾沿用衣冠户这一称谓，宋人张纲在《题祖诰》一文中说："开宝初，南唐违命侯犹未归朝，方欲调兵旅拒，而远祖尝以衣冠户携是书免充军名。"只是此后，衣冠户这一称谓为官户所取代了。

---

① 参阅《二十二史札记》卷25《宋恩荫之滥》。

② 《庆元条法事类》卷47《赋役门》。

③ 《云麓漫钞》卷3。按绍兴无三十六年，此处年月有误。

因此，似可这样说，唐代的衣冠户发展成为宋代的官户，唐代的形势就是宋代的形势户。

最后，还可从唐宋时都不准军、吏称衣冠户和官户，以及这两种户等的特权相同来看。我们已知唐武宗规定杂色和军职不得称衣冠户，宋朝也同样不准吏职衙校称官户，衣冠户必须是科举出身者，官户也必须是品官之家，而品官主要也是由科举出身的。所以，衣冠户和官户，其源相同，身份相同，只是出现的时间有先后，而这种时间上的先后，正可表明其间的联系和发展。同时，这两个户等的特权也相同，衣冠户广占田产，不差不科，影庇人户资产，已如上述。宋代的官户，情况正复相同。史言“命官形势，占田无限，皆得复役”，又说：“又有鬻田减其户等者，田归官户不役之家，而役并于同等见存之户。”① 不正说明官户的广占田产，不服差役，侵欺农民的事实吗，至于借其免役特权，影庇人户田产的事，比唐时更甚，故乾兴年间，“臣僚上言影占徭役之害，自官豪势要，以至衙前将吏，皆避役之人”，恣行影庇人户，故当时曾下令禁止说：“应以田产虚立契，典卖于形势豪强户下，隐庇差役者，与限百日，经官首罪。”② 这里一则说“官豪势要”，再则说“形势豪强”，足见影占者明显地包括官户在内。由此可见，宋代官户的封建特权和唐代的衣冠户是相同的，两者的身份地位是一致的。

如上所述，唐代的衣冠户和宋代的官户，都是在科举制的形成、发展下而形成发展起来的；在唐、五代到宋朝这段时间内，多少可以看到这两者演变的蛛丝马迹；而两者的身份、特权又是一致的；因此，可以这样说，宋代的官户、形势户就是由唐代的衣冠户、形势发展来的。而衣冠户和官户，主要又是由科举选人这种封建的教育制度所造成的封建特权等级。

我们了解了由科举制度而形成的衣冠户，可以帮助了解地主剥削阶级的政权是怎样通过它的培育人才的办法，来造成为地主阶级服务的特权阶层的，也可以帮助我们进一步认识一切剥削阶级的选人、教育制度，都是旨在造成为其本阶级服务的特权阶层的，这种教育制度，只能是为少数人、为剥削阶级服务的。今天，我们在党的领导下，推翻了剥削阶级，劳动人民翻了身，作了主，我们的教育必须为广大的劳动人民服务，必须为无产阶级政治服务。这和一切剥削阶级的教育制度根本不同，绝不是为少数剥削者服务而是替广大的人民服务，绝不是培养骑在人民头上的特权阶层，而是为社会主义革命和社会主义建设培养有觉悟有文化的劳动者。今天剥削阶级虽被打倒，但还存在，剥削阶级的教育思想及其影响也还存在，因此，我们必须对一切剥削阶级的教育制度和教育思想进行彻底的揭露和批判，才能更好地贯彻毛主席的教育思想，贯彻党的教育方针，才能更好地进行教育革命和教学改革，培养无产阶级革命事业的接班人。

原载《厦门大学学报》哲学社会科学版 1965 年第 2 期

---

① 《宋史》卷 177《食货志·役法》上。

② 《文献通考》卷 12《职役考》一。

# 八股制艺兴于宋

侯绍文

## 一　八股文之来源

八股文为明清两代士子应科举考试一种工具文字，其来源就形式上说，是仿自古代的对偶文。就内容言之，则实起于宋代之经义。尝考自隋、唐两朝建立科举制度以来，大多以文词章句为取士之具，唐因隋制，始尚程式，凡辟于经史考试，曰帖文、曰口义、曰墨义。所谓帖文者，以所习经掩其两端：中开一行，裁纸为帖，而隐其三数字，使应考人读之，以验其章句之成熟否也。所谓墨义者，问其书中之事实，与其上下文之连缀。至于口义，则如后世塾师对学童之挑诵状。此外，关于时务者则试策，关于文艺者则试诗赋与杂文，后又添论议一种。五季至宋，并沿唐制。宋初有帖经、墨义而无口义①，有诗赋、杂文而不及策。仁宗朝试进士者，乃有“策”、“论”、“诗”、“赋”、“帖经墨义”并试四场，略如唐制。此种考试制度，至神宗时代，起了一种非常变局，遂种下后世八股文的根苗。

八股文的创始人，有谓即宋神宗朝宰相王安石者，当仁宗时代，王安石虽上万言书，但是未被仁宗所采用。

宋神宗于西元一〇六八年即皇帝位，以其为太子时，即钦仰王安石之为人，遂于熙宁二年（西元一〇六九年）拜为参知政事，即等于作了宰相。王安石不满意当时科举仅以强记博诵取人。又以当时的进士进身，多仗诗赋，他对评定人才的高下，专仗诗赋的优劣，起了莫大怀疑，他在“试院中”有一诗云：

少年操笔坐中廷，子墨文章颇自轻，圣世选才终用赋，白头来此试诸生。

---

① 唐之考试经书，本有帖经、墨义与“口义”，至唐宪宗元和中，停“口义”试墨义，此后“口义”遂废，以至于宋朝初年。

以上王诗，已把不赞成以诗赋取士明白说出，他以后作了考试的“详定官”，又有“详定试卷”诗二首：其二云：

童子常夸作赋工，暮年羞悔有扬雄，当时赐帛倡优等，今日论才将相中。细甚客卿因笔墨，卑于尔雅注鱼虫，汉家故事真当改，新咏知君胜弱翁。

王安石以上这首诗，是以雕虫小技得中进士的也登第赐帛，直与倡优以演唱受赏一样，丝毫没有价值可言。所以王安石虽然自己诗作得很好，但总以仅凭诗赋是取不出好的人才，而且他不仅反对用墨义用诗赋取士，更不赞成只有科考而不先事教育的制度，他在神宗熙宁二年（西元一〇六九年），又上一个“乞改科条制劄子”，道：

伏以古之取士，皆本于学校，故道德一于上，而习俗成于下，其人材皆足以有为于世。自先王之泽竭，教养之法无所本，士虽有美材而无学校师友以成就之，议者之所患也。今欲追复古制，以革其弊，则患于无渐，宜先除去声病对偶之文，使学者得以专意经义，以俟朝廷兴建学校，然后讲求三代所以教育选举之法，施于天下，庶几可复古矣。

王安石上陈劄子于神宗，甚为嘉许，因下诏曰：

化民成俗，必自庠序，进贤兴能，抑繇贡举。而四方执经艺者，专于诵数，趋乡举者，狃于文辞，与古所谓三物宾兴，九年大成，亦已盖矣。令下郡国，招徕隽贤，其教育之方，课试之格，令两制两省待制以上，御史三司三馆，杂议以闻。

宋朝士大夫，是好作意气之争的，自从王安石的意见，被神宗采纳后，马上就有人反对，直史馆苏轼上疏：以为不仅科举不用改革，即是学校也不必设立；而且强调诗赋取士，亦颇多人才，何必废止呢？

此疏上后①，神宗览之，颇生疑窦，对安石的主张改制，几致动摇，遂以苏轼所持之理由以问王安石，安石对以：

若谓此科尝多得人，自缘仕进别无他路，其间不容无贤；若谓科法已善则未也②。

既而中书门下省，亦同意王安石之主张，于是变法，罢诗赋、帖经、墨义。士子于

① 宋代第一次兴学运动，在仁宗庆历四年（西元一〇四四年），兴学运动中心人物为范仲淹。

② 见《宋史》一五五。《选举志》一，苏轼上疏已见于省试篇。

易、诗、书、周礼、礼记各治一经，每试四场，第一场大经，第二场兼经大义十道——后改论语。孟子义各三道，第三场论一首，第四场策三道。所谓试大义，是一篇短简文章，以通经而有文采者为合格，不似从前考墨义那样一条条的问答，所以这大义是一种新的文体，当时中书省撰大义式颁行，便是所谓“经义”。到了明代此“经义”即变为“八股”，故后人皆谓“八股文”起于宋代，即因王安石变法，把过去考的帖经、墨义与诗赋，皆罢辍，而改考此短文也。按“八股”之名，宋尚无有，但后人曾把王安石所作一篇短文，视作“八股文”的先河，兹且抄录王安石作的“里仁为美”经义式之一篇以见例：

里仁为美

“为善必慎其习习字是骨，故所居必择其地，善在我耳，人何损焉？而君子必择所居之地者，盖慎其习也一笔应，孔子曰：“里仁为美。”意以此欤？

“一薰一莸，十年有臭。”非以其化之之故耶？一日暴十日寒，无复能生之物；傅者寡而咻者众，虽日挞不可为齐语，非以其害之之故耶？看其引喻处，忽参差忽整齐之妙。善不胜恶，旧矣，为善而不求善之资，在我未保其全，而恶习固已乱之矣。此择不处仁所以谓之不智，而里仁所以为美也。

夫苟处仁实讲美处，则朝之所亲无非仁也，议论之所契无非仁也，耳之所闻皆仁人之言，目之所睹皆仁人之事，相与磨砻，相与渐渍，日加益而不知矣。美字写得津津有味不亦美乎？

夷之里，贪夫可以廉；惠之里，鄙夫可以宽。既居仁者之里矣，虽欲不仁得乎？看其引证处，忽参差忽整齐之妙。以墨氏而已有所不及，以孟氏之家为数迁，可以余人而不择其地乎？

然圣贤者不能渝，至洁者不能污。翻进一步，非说里不必仁，正要仁不污于欲耳。彼诚仁者，性之而非假也，安之而弗强也。动与仁俱行，静与仁俱至，盖无往而不存。君子居之，可陋之有。尚何以择为哉。”（荆公制义，不载于文集；但选载处甚多，图书集成经义典即有全录。以上所抄，系自桐城俞长城选刻之《可仪堂一百二十名家制艺》，其间夹注，系俞长城评语）①

以上所引“里仁为美”这篇文章的体裁，与议论文相似，不过限于以经书上的语

① 《可仪堂一百二十名家制义》四十八卷，清朝康熙中，俞长城选。长城字桐川，浙江桐乡人，康熙五十一年（西元一七一二年）进士，官编修。此书所选之制艺，以宋王安石为首，迄清初。各作家均有小序。

句作题目，要以经书中的意思去解释推演，所以谓之“经义”。当王安石创此种文体时，比仗不必整，证喻不必废，侵下文不必禁，并不如明代以后的“八股”，有许多的拘系。不过在这篇经义中，无论是直说、喻说、正说、反说，总是一个对一个。如第一段“善在我耳，人何损焉”？紧接就对一个“而君子必择所居之地者，盖慎其习也”一反比。第二段讲到“化之之故”，紧接就对一个“害之之故”一正比。第三段“朝夕之所亲无非仁”，紧接就对一个“议论之所契无非仁”衬上去。“耳之听闻皆仁人之言”，紧接就以“目之所睹皆仁人之事”衬上去。诸如此类，皆可说是由骈文蜕化而来，而开后八比之风。比者对也，八比就是八对，所以又称八股；不过王安石时代，尚无整齐严谨的八比，到后来踵事拘束，遂成为格律拘谨连字数都有限制的“八股文”。作此种文字时，须注意其规律格式，对于内容有时虽免失之堆砌空洞，有人讥评王安石因提倡经义，而遗留后世之患，其实就当时之帖经、墨义及诗赋说，此种阐明经义之文，实属较胜一筹者。

按王安石提倡经义开“八股文”之先河，固受后世之讥评矣。在当时还有一件大事，便是神宗熙宁八年（西元一〇七五年）颁《三经新义》于学官。先是安石奏学官试文，黎侁、张谔等均文胜而违经旨。神宗因谓安石曰：“今谈经者，言人人殊，何以一道德，卿有所著，其以颁行，使学者归一。”（《选举志》三）安石乃上《三经新义》。所谓三经：即《诗》、《书》、《周礼》。其周官义，为安石所手撰。诗义、书义则出其子雱及门人陆佃等之手，（或谓出于王雱及吕惠卿等之手）而为安石所校定。《三经新义》一时为学者所宗，有司纯用以取士。王安石规定科举取士，不用诗赋，限于经义，又从《三经新义》，等于以个人之章句，立天下之轨范，士宗一义，经无异说，束缚思想自由太过。故后来司马光上言斥论之曰：“不当以一家私学，掩盖先儒。使圣人坦明之言，转陷于奇僻，先王中正之道，流入于异端。若己论果是，先儒果非，何患学者不弃彼而从此。何必以利害诱胁，如此其急也。”则知当时王安石因颁《三经新义》被反对派所嫉妒，所攻击。

及至南宋时代，“四书”地位提高，经义文又称“四书文”，而其文体逐渐固定，谓之“程文”，当时杨万里实为大家。按《四书文源流考》有云：“南宋杨诚斋①、汪六安诸人为之椎轮，文文山居然具体。”② 今日诚斋集中所谓程式论者，即后来八股文之权舆。金人仿效，曾诏考官各作程文一道，示为举人之式。宋末有《论学绳尺》之书，集当时应举文字，有破题、接题、小讲、大讲、入题、原题诸式，是宋末试文中已具有后世八股作法之名称。至元仁宗时，定科举考试法，蒙古色目人，第一场经问，四书内出题，用朱氏章句集注。第二场试策一道，以时务出题，限五百字以上。汉人南人，第一场明经经疑二问，《大学》、《论语》、《孟子》、《中庸》内出题，并用朱注，

---

① 南宋杨万里字廷秀，学者称为诚斋先生，吉水人，绍兴进士。孝宗时召为国子监博士，后以宝文阁待制致仕，卒时年八十三，有《诚斋诗话》、《诚斋集》。

② 宋末文天祥传制义文数首，其体与明人相近，即有人谓当日未应有此，疑其为赝作者。

复以己意结之，限三百字以上。经义一道，须各治一经。《诗》以朱氏为主，《尚书》以蔡氏为主，《周易》以程氏朱氏为主，兼用古注疏，限五百字以上，不拘格律。第二场古赋诏诰章表内科一道，古赋诏诰用古体，章表四六参用古体。第三场策一道，经史时务内出题，不矜浮藻，惟务直达，限一千字以上。

按元仁宗所定之科举考试法，限定在四书内出题，限定要用朱熹集注，又作文限定字数，此皆与后世科举用八股作文之方法相同。可说是元朝仁宗之定制，又把八股取士制度，逼近建立了一步。也可说是明、清两代的八股制，向元仁宗作师法。

在元朝又有一位王充耕，字耕野，江西人，他是元统初以书经成进士，著有《书艺矜式》一书，已创了“八比文”法。而“八比”名称，即见于该书。其法式、文必对偶，（在宋代虽有八股雏形之文章，但其对偶之谨严，则不如后世；且有时或偶或散，殊无限定散。）题必经书，陈义须作古人口吻，限依先王之说，不容作者自抒己意，文句多寡亦有限制，则所谓“书艺矜式”，实不啻后世八股文之规范。①

元以下为明朝，明太祖初定天下，因为官员缺少，自洪武三年到五年，一连开了三年科举之后，便把科举停止了十年之久。洪武十五年，始诏礼部设科举取士。洪武十七年（西元一三八四年），始正式规定三年大比的制度。每逢子、午、卯、酉年乡试，辰、戌，丑、未年会试；并颁定详细的科举程式。说者谓谨严规格的八股文程式，便是在此时产生。在《明史·选举志》说：“科目沿唐、宋之书，而稍变其试士之法，专取四子书及易、书、诗、春秋、礼记五经命题试士，盖太祖与刘基所定。其文略仿宋经义，然代古人语气为之，体用排偶，通谓之‘制艺’。”

关于以上所引《明史·选举志》所载：谓明之制艺格式，系太祖与刘基所定，据近人陈东原所著之《中国教育史》，则提出疑义。谓刘基卒于洪武八年（西元一三七五年），那时正是科举停顿时期，直至洪武十七年才正式开科取士，刘基是赶不上参加此种文体之创制。洪武三年，虽然一连开了三年科考，那时诸事草创，恐未顾到考试的文体，刘基《诚意伯文集》有春秋明经二卷，虽然载有与八股相近的制义，然也并非八股，不过制义文体到了刘基，确实已有了一些转变。在陈东原之意，八股文之格律文体，虽不见得创于太祖与刘基所商定，他是承认制义文体到了明代刘基，已快达到成熟的阶段。就吾人在史书考究起来，明代初年，关于科举考试，确乎仿照元仁宗时之规定而制定，为何《明史·选举志》记载太祖与刘基所定？因明初太祖时，平元之后，初定天下，一切典章制度多出刘基等之手，科举制度虽在洪武十七年正式推行，但在十七年之前，既然举办过科举，则刘基也可能参与其议，不过如谨严格律之八股文体制，据顾炎武《日知录》试文格式条云：

> 经义之文，流俗谓之八股，盖始于成化以后。股者对偶之名也，天顺（英宗

---

① 见王凤喈《中国教育史》有云：“元王充耕书义矜式，于书经篇摘数题，各为程文，以示标准，八股文之体式更备。

年号）以前，经义之文，不过敷演传注，或对、或散、初无定式，其单句题亦甚少。成化二十三年（西元一四八七年），会试“乐天者保天下”文，起讲先提三句，即讲乐天四股，中间过接四句，复讲保天下四股，复收四股，再作大结。弘治（孝宗年号）九年（西元一四九六年）会试，“责难于君于谓之恭”，起讲先提三句，即讲责难于君四股，中间过接二句，即讲谓之恭四股，复收二句，再作大结。每四股之中，一反、一正、一虚、一实、一浅、一深，亦有联属。二句四句为对排比，十数对成篇，而不止于八股。其两扇立格，（谓题本两对，文亦两大对。）则每扇之中，各有四股。其次第之法，亦复如之。故今人相传谓之八股。①

以上《日知录》所记载，八股文体，起于明成化二十三年，此说颇有人信之，如鲁九皋之《制义准绳》，论制义起源，首即引顾氏之言。然亦有人谓八股文体，实系起于成化十一年（西元一四七五年）者。后当详论之。见本篇末《八股文之废除》。

## 二　八股文之内容

所谓八股文之内容，亦即为八股文之作法。在章中如所著之《清代考试制度》下卷：“文格”载称：

首破题、以二句破开题字或题意，故谓之破题。如不将题字破开，便为骂题。如题目繁重，或数句数扇，或一章数章，总以二句浑括全题为要。②

次承题，或四句，或五句，将破题之意，引申言之，以使其晓畅为宜。

次起讲，亦曰小讲（也叫原起），约十数句，或数句亦可。要分起承转合。亦有用反正开合者，其法甚多，如反起正收，正起反收之类，初学宜然，及至纯熟，亦有散行浑写题意，而不分起承转合者，总以将题理题神，浑括包举为要。

---

① 见顾炎武所著《日知录》科举试文格式。

② 关于破题的掌故，古今来笔记所载甚多，兹举几则以见例。如王安石那篇经义式“里仁为美”，首二句云：“为善必慎其习，故所居必择其地。”隐隐已将题意说破。好似将题意分析言之，如整物而使之分破，此在宋代已甚注意。《云麓漫钞》曾载一个故事，说有一位彭祭酒，以善破经义驰声学校，每有难题，人多请其破之，无不曲尽其当。后有人和他戏笑，请他破“月子弯弯照九州，几家欢乐几家愁”，他想了想遂破云：“运于上者无远近之殊，形于下者有悲欢之异。”题意全为说破，大家遂格外佩服。又有出题为孟子上“鸡鸣即起，孜孜为善者，尧舜之徒也”。破题云：“一鸣惊人。此非恶声也。”破的非常好。又有人谓题目出了一个论语上的，“子曰学而时习之”之上一圈〇，破题云：“圣人未言之前，浑然一太极。”破的也是非常妙。据此则可认识作八股起首破题之意义。（关于圈〇之破题，在《清稗类钞》载一则云：国初嘉兴县县试全案已定，惟甲乙二人文笔并佳，不能定案首，历试之皆然，以致全案未能出。最后乃以四书之〇命各作一破题。甲所作破题曰：“圣贤立言之先，得天众也。”乙曰：“圣贤立言之先，无方体也。”乃定甲为案首。）

次领题或一二句，或四五句，有上文者，应从上文领到本题。无上文者，只虚虚叫起本题。如题目繁重，而仍有下文者，应从上文串到本题末句，或明点末句之字，或虚笼末句之意，以清题界，仍宜落到题前。

次提比，亦曰起比，或四五句，或八九句，均可。总就题前着笔，以留中后比地步，两比字句相同。

次出题，比领题进一步，可将全题点出，或仍不点出，留在中比后方全出者。

次中比，长短无定式，两比字句要相同。或不写正意，而仍以他义翻腾者，如是则后比应发挥正义。

如在中比发挥正义者，则后比应推阐题后之义。如出题未将全题点出者，则中比下仍有出题，将题全行点出。如提比下出题已将全题点出者，则此处不再用出题矣。

次后比，长短无定式，大约中比长，则后比短；中比短，则后比长。两比字句亦相同。

次束比，前六比意有未尽，再以两比收束。字句亦相同。宜短不宜长。此八比正式也。亦多不用束比，仅作六比者。

次落下、落到题之下文也。如题无下文者，或推开余波，或加以结束，或无落下亦可。领题、出题、落下，皆散行，亦有用偶句者。

时文原名八股①。固以八北为正格，六比亦为正格。亦有十比、十二比、十四比、十六比、十八比、二十比者。比数之多，要有先后层次，要有各别意义，方免叠床架屋之病。亦有双扇题，即作两大比者。三扇题，即作三大比者。（但破承，起讲、领题、落下仍照式。）如遇四扇五扇题，倘亦作四大比五大比，便觉板滞不佳，故无四大比五大比之文，宜总作为有力量。（凡遇几扇题，或提比、后比、总作。中比分作。如双扇则分两比，三扇则分三比，四扇则分四比，五扇亦可分五比。但四比五比，后两比或后三比宜略有变换，仍均以总作为见长。）

惟文无定格，间有单句题，亦作两大比，三大比，每比各树一意。如两大比，一横说、一竖说、三大比，一说过去，一说现在，一说将来之类。以此为出奇制胜者，第究居少数耳。以上说文格，以下谈文法。

文法：

凡作四书文，系代圣贤立言，故自起讲始，即入口气。如题为孔子之言，或及门诸子之言，即入所言者之口气。有记事题，通篇不入口气者，此大概也，其格局繁多，分载于下：

---

① 八股文者，以八比相对而得名，所以亦称“八比”，比者对偶也。又称“四书文”，以有时限于在《大学》、《中庸》、《论语》、《孟子》四书中出题也。又称“制义”，以其依经立义，又合乎规制也。亦称“制艺”，则是合乎规格的文艺也。所以又称“时文”者，则以有别于“古文”而言也。

单句题，如“过则勿惮改”之类。

通节题，如“其为人也孝弟，而好犯上者，鲜矣。不好犯上，而好作乱者，未之有也”之类。

通章题，如“巧言令色，鲜矣仁”之类。

以上为极平正之题，无特别作法。

双扇题，如“君子上达，小人下达”之类。有分作之法，有合作之法，有先分后合之法，有领题，以下专作两大比之法。

三扇题，如“视其所以，观其所由，察其所安”之类。其作法与上同。

三扇递串题，如“一乡之善士，斯友一乡之善士；一国之善士，斯友一国之善士；天下之善士，斯友天下之善士”之类。

此题望似三层，而语气注重末一层，故不能作三扇平列，宜以两头一脚法行之，处处注定下节，方为合情。

四扇题，如“其行己也恭，其事上也敬，其养民也惠，其使民也义”之类。分作合作，先分后合均可，惟无作四大比者。

五扇题，如“恭则不侮，宽则得众，信则人任焉，敏则有功，惠则足以使人”之类。其作法与上同。

截上题，如“则吾从先进”之类。

此题最忌连上，凡小讲与各比起句，皆应从本题着笔，不可犯连上之病，而又要融贯上文。

截上题，如“有美玉于斯”之类。

此题最忌犯下，而又要照下，万不背下。

截上下题，如“是亦为政”之类。

此题既忌连上，又忌触下。

承上题，如“若是其大乎”之类。

截上题、题义半在上文：处处不可连上。承上题。题意全在上文，通篇均应从本题起，亦不可以连上。

结上题，如“此谓知本”之类。

结上题，题义亦全在上文；但本题仍有着实处，与承上题之实义在上，本题全虚者，微异亦不可以连上。

冒下题，如“帝典曰”之类。

此种题实义，全在下文，要用意射定下文，而措词不越本题之界。

单句截下题，如“法与之言”之类。

单扇截下题，如“蕩尧者”之类。

上完下截题，如“大哉尧之为君也，巍巍乎惟天为大”之类。

上截下完题，如“温即其言也厉”之类。

上全神下半面题，如“论笃是与君子者乎?”之类。

上偏下全题，如“执礼皆雅言也”之类。（原句为诗、书、执、礼皆雅言也。）

上全下偏题，如“子所雅言诗书”之类。

上下偏中全题，如“或学而知之，或困而知之，及其知之一也，或安而行之”之类。

两扇截上题，如“与命与仁”之类。

两扇参差截作题，如“世叔讨论之，行人子羽修饰之”之类。

两扇分轻重题，如“亲亲而仁民，仁民而爱物”之类。

隔章无情截作题，如“而众星共之，子曰：诗三百”之类。

隔章有情截作题，如“父母惟其疾之忧，子游问孝？子曰：今之孝者，是谓能养，至于犬马，亦皆有养，不敬，何以别乎，子夏问孝，子曰：色难”之类。

上下偏题，如“有言责者，不得其言则去，我无官守”之类。

上下两截题，如“俨然即之也”之类。

滚作题，如“温故而知新，可以为师矣”之类。

截作题，如“夫子不答，南宫适出”之类。

半面题，如“徒善”之类。

半面滚作题，如“道之以政，齐之以刑，民免而无耻”之类。

上完下截中宜侧串题，如“吾之于人也，谁毁谁誉，如有所誉者”之类。

上完下截中宜消纳题，如“子何尊梓匠轮舆而轻为仁义者哉，曰：梓匠轮舆”之类。

一头两脚截作题，如“生而知之者，上也，学而知之者，次也，困而学之，又其次也”之类。

两头一脚截作题，如“浴乎沂，风乎舞雩，咏而归”之类。

承上截下题，如“物有本末，事有终始”之类。

截搭题①、如“其为仁之本与？子曰：巧言令色”之类。

此为小试特别文格，破承小讲，宜将上下两截，贯串融合。起讲下小曰领题，而曰钓下。应从上截之上文，串到下截之末。笔要灵敏，收处仍落到上截，此为钓下之定法。两提比谓之还上，此两比专作上截之文。提比下不曰出题，而曰渡下，

---

① 截搭题亦称搭截题，近人贾景德氏对此曾有句云：“考官命题杜抄袭，割裂经文斯其弊，更有截搭号无情，做法渡挽须备”。自加注云：“截搭题以上章尾数字，下章首数字为一题，强相撮合，本不成语。作时在起讲下，用上截字面阑入下截为吊，两相联合作过脉为渡，用下截字面意义回射上截为挽，成三段文字”。

当考科举时代场屋之出截搭题，南宋时已开其端，如开禧（宁宗年号）年间，秘书郎何澹云：“有司出题，强裂句读，专物断章，离绝旨意，破碎经文。望令革去旧习，使士子考注而辨异同，明纲领而识体要”。从之。见宋史选举志。清乾隆三十九年（西元一七七四年），甲午科，四川省正主考为编修张熹，副主考为户部郎中戚蓼生。当时出了截搭题，致为武进相国程文恭公景伊参奏。试题为“又日新，康诰曰”，六字，程谓产上连下，全无义理。

应从题之上截渡到下截。

钓下要短而灵。渡下则长而缓。但均要联合有情，惟与书理不免背谬耳。渡下之两比下，谓之远下，专作下截之文；但还上两比中，能于关合下截，还下两比中，能于关合上截，为尤佳。还下两比之下，不曰落下，而曰挽上。又要从下截到上截，然后再落到下文。

由以上所引文法观之，则知作八股文是十分繁杂，无怪前清时代，有读书到七八十岁仍为童生者，而能考取功名者，则贺客盈门，夸耀乡里，引为殊荣。兹再例举明末天崇朝（天是天启，崇是崇祯。）时文一篇，以说明八股文之格式题目。

不患无位，患所以立，不患莫己知，求为可知也。

钱志驺作

论人于名位之情，欲其思为可就焉。（此为破题）

夫患无位，患莫知，未为失也。因所患而责立与可知之实，君子正不以彼易此耳。（此为承题）

且人欲表见于天下，则必思天下责我之厚，与我副天下之难。夫其厚责者，皆我所必不可辞，而其难副者，又皆天下所必不肯恕，使分量不足以相酬，则自为表见之处，适自为沮丧而已矣。（此为起讲）

彼夫名位二者，君子之道待以行，待以传者也。惟吾道因名位以为功，斯名位益恃吾道以为重。（此为领题）

是故大儒之穷通显晦，至集四海之耳目，群相倾注，而未始有震物之嫌。

乃衰世之乡党朝廷，至挟三代之诗书，出以应求，而不免有抚躬之疚。（此为两提比）

然则无位何患哉！患所以立焉耳。人国有事而后有官，其欲得者敬事之臣，非居官之臣也。无论宠利难忘，惧失正直立朝之本。凡此时艰所属，得毋优于细务，而重任其将颠覆乎？试为置身负乘之时，君侮授政之轻，臣叹荐贤之误，耻尚可赎耶？蚤夜以思，或翻幸弓旌之未逮耳。

然则莫己知何患哉！求为可知焉耳。公论有荣，而亦有辱，其可畏者荣我之人，即辱我之人也，无论幽独易欺，惧蹈声闻过情之耻，即或细行所饬，得毋悦于凡众，而圣贤其犹摈弃乎？试为设计败名之日，父母陨其家声，朋友伤其同道，身尚安容耶？蚤夜以思，应转虑游扬之过盛耳。（此为两中比，每比以起首二句出题，故未另作出题。）

盖事理各有指归，在外者为功名，在我者为德业。

生人止此心力，正用之为戒惧，而误用之为怨尤。（此为两小比）

功名迫而怨尤生，几欲以考课选举之权，徇人情之躁竞，此儒术之伪，其弊遂受之人才也。

戒惧深而德业懋，正将以获上信友之道，励下学之藏修，此士习之严，其原在正乎心术也。（此为两后比）

用患者宜何居焉。（此为落下，通篇八比）

按八股文的字数亦有限制，其来源盖起于元仁宗时。彼时考四书义，限三百字以上。考《尚书》、《周易》限五百字以上，考策限一千字以上。已见前。及至清代，在顺治朝八股文限定四百五十字。康熙时改为五百五十字。后又增到六百字。也有长不过七百字，短不能不满三百字之说。而过长与过短都不算及格。

若更进一步追求八股文之前身，后人多认为是出于古文，其于古文之关系，本很密切，盖制艺始于王安石，王安石即是一位古文大家。明代沈谓论文，说到八股的作法，有轻叙、有重发、有照应、有宾主、有反覆、有疑问、有流水、有推说、有锁上、有起下、有转换、有操纵、有一层上一层①，这都与古文的方法相似。古文亦有段节转变，然尚无篇幅长短之限，较有自由伸缩。制艺则规定字数（见上），段节不得不趋于严谨，逐变为定格的八股。宋代的制艺，都与古文很相似，惟因其题目必出于四书五经，又须敷演圣人之言，便觉与古人有异了。明初如刘基之文，尚很与古文相似，所以艾南英说："制举业之道，与古文常相表里，故学者之患，患不能以古文为时文。"②

此俱可见八股文与古文之关系，而古文实不啻八股文之前身也。

又有谓八股文之格式，论其体制实导源于元代之曲剧，刘师培即有此种说法。刘氏云：

"元人以曲剧为进身之媒，犹之唐人以传奇小说为科举之媒也。明人袭宋、元八比之体，用以取士，律以曲剧，虽有有韶无韶之分，然实曲剧之变体也。如破体、小讲，犹曲剧之有引子也。提比、中比、后提，犹曲剧之有套数也。领题、出题段落，犹曲剧之有实白也。而描摹口角，以逼肖为能，尤与曲剧相符。……故曲剧者又八比之先导也"。

此外以八股与戏曲有关的说法，尚不一而足。如近人钱钟书说："明人八股，句法本之骈文，作意胎于戏曲。"徐青藤《南词叙录》论邵文明《香囊记》，即斥其以时文为南曲；然尚指词藻而言。吴修龄《围炉诗话》卷二，论八股文为俗体，代人口气，比之元人杂剧。袁随园《小仓山房尺牍·答戴敬咸进士论时文》一书，说八股通曲之意甚明。焦理堂《易余签录》卷十七，以八股与元曲比附，尤引据翔实。张实舱《关

① 见《图书集成·文学典》一八〇卷。经义部总论引。

② 见《图书集成·文学典》一八一卷。经义部艺文载金正希稿序。

陇舆中偶忆篇》记王述庵语，谓生平举业，得力《牡丹亭》，读之可命中。而张自言得力于《西厢记》，亦其证也（钱著《谈艺录》）。

至于八股文之源于骈文，讲对仗、论排偶，上接宋人四六，其例尤多，更不胜枚举也①。

## 三　八股文之利弊

从来论八股文者，都是说其有莫大流弊，很少谈及其优点者。所以在民国十年左右，大家喜谈洋务，假如谈的太刻板太一致，则被称作“洋八股”。又在八年抗战时期，大家写文章，离不开自芦沟桥事变那一套，也被人称作是“抗战八股”。好像一说到“八股”，就是落伍退化，就是不合时宜。其实要说起自古传下的八股文来，它是有劣点亦有优点。今先就着八股文的流弊说：八股文的弊端，第一在为圣贤立言，很容易流入空疏和浅薄。又以解说圣贤经书义理，限于注疏，限于字数，自然意思受束缚，不能畅所欲言。在意见上不能多发挥，自然是少有创见。再了则是八股文章如同唐人的律诗，它是有一定的规律格调，中材以下的人，不易作的合它的规律格调，因之有毕生从事于作八股而亦不得售者，遂谓八股文是壅蔽人才，滞锢性灵，使士人壮志销磨于此种毫无实用的文字上，而等于扼杀人才。又八股文后来发生弊端，其弊端最重者，是八股所取之士人，根本并非饱学之士，通经致用人才；不过多赖揣摩背诵，辗转抄袭，读些坊间选刻中式者之墨卷，役于截搭卜题之中。所谓卜题者，即预猜试题，先为草稿，俾不致临时张皇，亦可以请人代作，一入考场，倘题目相符，照稿抄录，即可入选。清代习俗，凡为应试亲友祖饯者，必置藕、玉黍及猪蹄三味，取偶遇熟题之意，以祝其成功也。此种学问毫无根柢之人，一经入选，上之可以作到达官贵人；下之可以在乡里本邑，营求关说为治生之计，于是在州县无非势豪，适四方则无非游客。其作达官贵人者，又易视天下国家之事，以为人生之所以为功名者，惟此而已，故此种八股取士最易败坏天下之人才。而至于士不成士，官不成官，兵不成兵，将不成将，夫然后寇贼奸宄得而乘之，敌国外侮得而胜之，其祸患便不可胜言也。

再则考试八股文，有所谓“截搭题”（前于八股题目中已提出）。此种“截搭题”为割裂经文之题。如鲍桂星督学河南，出题每多割裂。一题曰：“及其广大草。”人嘲以诗云：“广大何容一物胶，满场文字乱蓬茅，生童拍手呵呵笑，渠是鱼包变草包。”又一题曰：“七十里子。”人嘲以诗云：“没头没脚信难题，七十提封一望迷，阿伯不知

① 钱钟书说：“明人八股，句法本之骈文。”更详细的说：八股文实骈俪之支流与对仗之引申。阮文达的《研经室》三集卷二书文选序后说：“两都赋序白麟，神雀二比，言语，公卿二比，即开明人八股之先路。”洪武、永乐时，四书文甚短，两比四句，即宋四、六之流派。是四书排偶之文，上接唐、宋四六，为文之正统云云。见毛一波《试谈八股文》。

何处去，胜将一子孤独栖。”盖“及其广大草”，即《中庸》“撮之山下，有及其广大草木生”之句之割裂题也。“七十里子”，即“五爵封邑，伯七十里，子男五十里”之割裂题也，则亦非望文生义，勾连补纵不可耳。因此时文皆成滥调，翢中彪外，羌无内容。

此外有一种虚小题，如子曰：“其然其不然乎”？取“其然”二字写题。又有一种枯窘题，如“徒然”、“互乡”、“弟子”、“居”、“坐”、“叟”之类，更无意义，与四书五经根本不发生关系，以此种题目，作抡才大典的标准，那等于开士人之玩笑，还谓之代圣贤立言，为国家求材，岂非欺人之谈。

另外有一种难题，更是出人意表。从前是童生考入学，要经过县考，再经府考，府考及格后，再经院考才算录取，才算进学。乡间俗称秀才。县考是一县之人同一题目，府考因每次考三、四县，不便同一题目，所以府考时各县之题，多是不同；但亦不能太两样，免人说有难有易，疑惑其中有弊病，因此都是大致相同之题。清朝时北方一个省份，有一次一府考四个县，共出了四个题，即“德行”、“言语”、“政事”、“文学”。这种题目很难作，因其虽未连带颜渊、闵子骞等人名在内；但作文时则不能离开，可是那些人名，又绝对不能露出，这就非常难作。又有一次出的四县题目：是“三十”、“四十”、“五十”、“六十”；但“而立”、“不惑”等字样，皆未写出，作文时亦不能道及，字眼亦不许露出。又有一次出了四题为四个“为人”，即四书中的“为人（君)”、“为人（父)”、“为人（臣)”、“为人（子)”，仅是作四个“为人”不准露出君、臣、父、子四字。即“止于敬”，“止于慈”等字，亦不准露出。可是句句话的内容，又不能离开君、臣、父、子，这真是更为难作之题。作此种难题，稍一不慎，就要犯下，犯下或漏下，乃是极大毛病，既犯过错，绝对不能考中秀才。

以下再谈自宋朝以下人士，对八股文弊端之评论。按八股文创始于宋王安石之“经义”，宋之“经义”侧重义理，好尚新奇。王安石于熙宁（宋神宗年号）时，曾颁“三经新义”，既名为新义，则明教人弃古说以从其新说。王安石新义行，举子专诵王氏章句，而反不解经义，安石悔之曰：“本欲变学究为秀才，不谓变秀才为学究。”此为王安石自己评论以经义试士之非。苏轼更比当时场屋之文，为“黄茅白苇”，不无轻视之讥。司马光后上言斥论安石，“不当以一家私学，掩盖先儒，使圣人坦明之言，转陷于奇僻，先王中正之道，流入于异端，若己论果是，先儒果非，何患学者不弃彼而从此，何必以利害诱胁，如此其急也”。赵鼎亦谓：“安石经义，虚无之学，败坏人才。”陈公辅更谓：“安石使学者，不治春秋，不读史、汉，而习其所为‘三经新义’，皆穿凿破碎无空言。”

及至南宋，“三经新义”虽废，而仍用其经义考法，共流弊所极，朱熹论之较详，朱子学校贡举私议云：“名为治经，而实为经学之贼，号为作文，而实为文学之妖。主司命题，又多为新奇，以求出于举手之所不意。于其所当断而反连之，于其所当连而反断之，为经学贼中之贼，文字妖中之妖。”又云：“怪妄无稽，适足以败坏学者之心志，是以人才日衰，风俗日薄。”陆九渊在白鹿洞论科举之学，败坏人才，言下至于流涕。

及至元朝，仍袭用宋代之经义试士。刘圻《归潜志》云：“千万卑陋之士，谋得一职，择庸陋空滑不着边际之文，立为格调，主司取一读书人，则群起攻之，言主司破坏文格。”《平阳县志·陈高传》载云：“陈高字子上，既冠，即以文名州郡。至中正，(元顺帝第三次改元，年号名至正。）应行省试，病时文（按即八股文）体卑下。上书秘书卿台哈布哈，请变更积弊，使所试之文，必欲其理明事确，议论有余，格律高古，曲雅精深，一切摒去浮华偶俪之习，振起文风变之。台哈布哈不能用。”

明人评论八股文之流弊，最为痛切者，有袁黄与顾炎武辈。袁黄有云：“学子所习，皆无用之文，所谋皆干泽之事，而其应上之虚文，如经义、表、判、论、策之词，率皆掇拾绪余，略无心得。以经义言之，不攻体贴，专尚浮词，逐靡斗华，自夸高调，而凡所引用，漠然不知来历。”顾炎武之攻击八股尤为深刻，在顾氏所著《日知录》一书，有两段批评八股文之害，一为“十八房”，一为“拟题”，兹分别摘录如下：

十八房、“杨子常曰：十八房之刻，自万历（明神宗年号）壬辰钩元录始。旁有批点，自王房仲（原注士骕）选程墨始。至乙卯以后……而坊刻有四种：曰程墨、则三场主司及士子之文。曰房稿、则十八房进士之作。曰行卷、则举人之作。曰社稿、则诸生会课之作。至一科房稿之刻有数百部，皆出于苏、杭，而中原北方之贾人市买以去，天下之人，惟知此物可以取科名，享富贵，此之谓学问，此之谓士人。而他书一切不观。昔丘文庄当天顺（明英宗年号）、成化（明宪宗年号）之盛，去宋、元未远，已谓士子有登名前列，不知史册名目，朝代先后，字书偏旁者。举天下而惟十八房之读，读之三年五年而一幸登第，则无知之童子，俨然与公卿相揖让，而文武之道，弃如弁髦。(原注、宋史理宗朝，奸弊愈兹，有司命题苟简，或执偏见臆说；或发策用事讹舛，所取之士既不精，数年之后，复俾之主文，是非颠倒愈甚，时谓谬种流传。）嗟乎！八股盛而六经微，十八房兴而二十一史废。”

拟题、“今日科场之病，莫甚乎拟题。且以经文言之，初场试所习本经义四道，而本经之中，场屋可出之题不过数十，富家巨族，延请名士馆于家塾，将此数十题各撰一篇，计篇酬价，令其子弟及僮奴之俊慧者记诵熟习，入场命题，十符八九，即以所记之文抄胜上卷。较之风格结构迥殊，四书亦然。发榜之后，此曹便为贵人，年少貌美者，多得馆选，天下之士靡然从风，而本经亦可以不读矣。闻昔年五经之中，惟《春秋》止记题目，然亦须兼读四传。又闻嘉靖（明世宗年号）以前，学臣命《礼记》题，有出丧服以试士子之能记否者，百年以来，丧服等篇皆删去不读，今则并《檀弓》不读矣。书则删去五子之歌，汤誓、盘庚、西伯戡黎、微子金縢顾命、康王之诰、文侯之命等篇—不读。《诗》则删淫风变雅—不读。《易》则删去讼否剥逊明夷睽蹇困旅等卦不读。止记其可以出题之篇，及其数十题之文而已。读论惟一篇，披庄不过盈尺（原注、《隋书·崔赜传》）。因陋就寡，赴速邀时（原注、《旧唐书·薛谦光传》）。

昔人所须十年而成者，以一年毕之，昔人所待一年而习者，以一月毕之，成于剿击，得于假借，卒而问其所未读之经，有茫然不知为何书者，故愚以为八股之害等于焚书，而败坏人材，有甚于咸阳之郊所坑者”。

顾氏又尝云：“用八股之人才，而使之理烦治众，此夫子所谓赋夫人之子也。”（见《日知录》“出身授官”）

明朝士子之专诵坊刻时文，而不肯读书，尚多见之记载。如陈际泰《太乙山房文稿序》云：

陈际泰幼时，向其舅父借阅残唐，其舅父不知尚有唐书，以为残唐就是唐书，覆以诗云：“方今天子重文章，足下何须诵汉唐。”

此事当在万历末年。三家村老学究，只知道有八股时文，不知道有历史书籍，足见明代士子多是不肯读书。

再则在吴肃公明《语林》卷五“雅量篇”云：“徐文贞阶督学浙中，过一试卷，有颜苦孔卓之语，文贞署云：“杜撰。”后发卷，秀才前对曰：“见扬子法言，非敢杜撰。”文贞应声曰：“下官不幸早第，苦于读书无多。”因下阶再揖，谢秀才去。由是史可徵明代士子，只慕虚荣，率鲜实学，皆八股文阶之为厉。

清初人士评论八股流弊者，有太原阎若璩百诗。阎云：“余尝发愤太息，三百年来，文章学问，不能远追汉、唐、宋、元者，其故有三焉：一坏于洪武十七年甲子定制，以八股取士。”

黄宗义梨洲对八股文亦行不满之语，黄云：“八股中非无人才，然庸妄为多。”

在《随园诗话》卷十二引出有徐大椿一首道情，对八股文作“最大讥讽”，该道情云：

“读书人，最不济，滥时文，烂如泥，国家本为求才计，谁知道变作了欺人计，三句承题，二句破题，摆尾摇头，便道是圣门高第。可知道，三通四史是何等文章？汉祖、唐宗是那一朝皇帝？案头放高头讲章，店里买新科利器，读得来肩背高低，口角唏嘘，甘蔗渣儿嚼了又嚼，有何滋味？辜负光阴，白白昏迷一世。就教他骗得高官，也是百姓朝廷的晦气。”

清初浙江吕留良晚村，亦有诗句叹咏八股之败坏人才，与明朝之国运有关。在吕氏之《东庄诗存·伥伥集·真进士歌》有云：

三百年来几十科，科数百人名垒垒。如今知有几人名，大约尽同蝼蚁死。人言蝼蚁可怜虫，我言凶恶如虎兕。谨具江山再拜上，崇祯夫妇伴緘殡。

此歌原注，崇帧末，有人拟一仪状云：“谨具大明江山一座，崇祯夫妇两口，奉申贽敬，晚生文八股顿首。”贴于朝堂，亦愤世疾俗之忠言也。

清王昙有句云：“一代文章明八股，崇祯元年天地腐。”亦言八股之害，危及国运。（按《日知录》卷十七载云……“其中之恶劣者，一为诸生，即思把持上宫，侵噬百姓，至崇祯之末，开门迎贼者生员，缚官投伪者生员，养士不精，其效乃至于此。”生员即诸生，皆八股出身也。

再则清初桐城方望溪苞对八股亦无好评，方氏在《何景桓遗文序》中有云：

> 余尝谓害教化，败人才者，无过于科举，而“制艺”（八股）则尤甚焉。盖自科举兴，而出入于其间者，非汲汲于名，则汲汲于利者也。八股之作，较论、策、诗、赋为尤难，就其善者，持之有故，言之成理，故其溺人尤深，而好之有老死不倦矣。（见《望溪集》外卷四）

乾隆三年兵部侍郎赫舒德奏言：

> 科举之制，凭文而取，按格而言，已非良法；况积弊日深，侥幸日众，古人询事考言，其所言者，即其居官所当为之职事也。时文徒托空言，不适于用，墨卷房行，辗转抄袭，虞词诡说，蔓治之支离，苟可以取科第而止。士子各占一经，每经拟题多者百余，少者数十，古人毕生而不足，今则数月为之而有余。表、判可预拟而得答策，随题敷衍，无所发明，实不足以得入。应将考试条款，改拟更张，别思所以选拔真才实学之道。

及至同治年间，由曾国藩书中，亦可得知八股文之误。曾国藩家书云：

> 吾谓六弟（国华）今年入泮固佳，万一不入，则当尽弃前功，壹志从事于先辈大家之文。年过二十，不为少矣，若再扶墙摩壁，役役于考卷截搭卜题之中，将来时过而业仍不精，必有悔恨于失计者，不可不早图也。余当日实见不到此，幸而早得科名，未受其害，向使至今未尝入泮，则数十年后事于吊渡映带之关，仍然一无所得，岂不腼颜也哉！此中误人终身多矣。温甫（国华字）以世家之子弟，负过人之资质，即使终不入洋，尚不至于饥饿，奈何亦以考卷误终身也。

读以上家书，知国藩虽出身科第，然对考卷之误人终身则知之甚念，故劝其弟尽弃前功，从事古文，不必扶墙摩壁，役役于截搭卜题之中。

至清季光绪年间，康有为、梁启超主张变法，尤以废除八股为最积极。康有为在戊戌奏稿有云：“其小题有枯困缩脚之异，搭题有截上截下之奇，行文有钓伏渡挽法，譬如《中庸》，‘及其广大，草木生之’，则上去‘及其广’，下去‘木生之’，但以‘大草'一字为题，以难诸生。"（按康所举之截搭题，本篇前已引证，可见此题为清代著名不合理之截搭题。）当时举人有不知《公羊传》为何书者；但康有为说：翰林亦有不知司马迁、范仲淹为何代人，汉高祖、唐太宗为何朝帝者。

至梁启超之批评"八股文"，则见于《戊戌政变记》。梁氏在《戊戌政变记》按语有云：

> 经义试士始于王安石，而明初定为八股体式，尊其体曰代孔、孟立言，严其格曰清真雅正，禁不得用秦、汉以后之书，不得言秦、汉以后之事，于是士人皆束书不观，争事贴括，至有通籍高第而不知汉祖、唐宗为何物者，更无论地球各国矣。然而此辈循资按格，可致大位作公卿，老寿者即可为宰相矣，小者亦秉文衡充山长为长吏矣。以国事民事托于此辈之手，欲其不亡，岂可得乎？况士也者，又农、工、商贾、妇孺之所瞻仰而则效者也，士既如是，则举国之民从而化之，民之愚国之弱皆由于此。昔人谓八股之害，甚于焚书坑儒，实非过激之言也。故深知中国实情者，莫不谓八股为致弱之根原。盖学问为立国之基础，而八股者，乃率天下之人使不学者也。近日有志之士，谓八股与中国不两立，岂不然哉。

梁氏又云："按世之论者，多以为此次政变（按指戊戌政变），由急激所招，夫所谓急激者，殆谓不顺人情，故召怨谤也，然怨谤之起，莫甚于废八股一事，然世之论者，将畏谤而不废八股乎？不废八股，可以为治乎？吾欲问之。"读此则知梁氏对八股痛恶之深也。

梁启超以后之訾议八股者，尚有清末名臣南皮张之洞香涛，张在《劝学篇》有一段记载，亦云八股文足以扼杀人才。其文云：

> 科举自明至今，行之已五百余年，文胜而实衰，法久而弊生，主司取便以藏拙，举子固陋以侥幸，遂有三场实止一场之弊。所解者，高头讲章之理，所讲者坊选程墨之文，于本经之义，先儒之说，概乎未有所知。近今数十年，文体日益佻薄，非惟不通古今，不切经济，并所谓时文之法度文笔而俱亡之。今时局日新，而应科举者拘瞀益甚，傲然曰：吾所习孔、孟之精理，尧、舜之治法也，遇讲时务经济者，尤鄙夷而排击之，以自护其短，故人才益乏，无能为国家扶危御侮者。

反清志士唐才常，亦曾痛论士大夫所受八股之害曰：

> 其柔者戢抱兔园册子，私相授受，夜半无人，一灯如豆，引吭高鸣，悲声四壁。……或语以汉祖、唐宗不知何代人，叩以四史十三经，不知何等物。……其悍者则纂取圣经"二门面语，以文其野僿芜陋之胸。

民国以来虽然考试不用八股文，然读书人偶然提到八股文，仍是坏评多于好评。如吴稚晖敬恒即对八股文有如下的几句坏评语。吴氏说：

八股文，只求文字之工整，而不求逻辑之适当；只求文字之铺张，而不求思想之实用；只求空言之夸大，而不求实际之应用。

吴氏这种批评，亦能使八股文之弱点揭露无遗。

近人前考试院长贾景德煜如，在所著《秀才、举人、进士》一书中，亦有批评八股文之流弊处。该书云：

清代科举制度考试的内容……考试重心是经义，经义在宋代就是抽绎五经四书的文章。明、清两朝改称制艺（俗称八股），今人视八股为无聊扯淡的文章。所谓墨卷派，是应考的举子，将历科春秋闱中式的举人、进士墨卷，熟读揣摩，做成对比的文章。他的作法，只知堆砌，满纸是脑满肠肥，只讲声调，上下文毫不贯串。在当时就有人讥诮它的造句，如“天地乃宇宙之乾坤，夫妇是伉俪之配偶”，可谓极尽堆砌之能事。更有鄙薄过甚者，说它的文采好似昆曲中的开场白：“小生年届半百，尚在童年，不幸父母早卒，今日是双亲寿诞之期，我不免到后花园中祭奠一番。你看白雪纷纷，好一片夏景也。”声调何等铿锵，而按其实际，则是上气不接下气，每句中间，都应加一横杠，岂不是大大的笑话。

这是贾氏说出八股文墨卷派的流弊。八股文的墨卷派，庸欲陋劣，不堪入目，俗传有人以墨卷为题，以开玩笑的态度，仿作八股文内两中股云：

天地乃宇宙之乾坤，吾心实中怀之在抱。久矣夫！千百年来，已非一日矣。溯往事以追维，曷勿考记载而诵诗书之典籍。元后即帝王之天子，苍生乃百姓之黎元。庶矣哉！亿兆民中，已非一人矣。思入时而用世，曷勿瞻黼座而登廊庙之朝廷。

这两股文字，作的字句整齐，平仄调合，朗诵起来，音韵铿锵有致；但细按其文字内容，则空洞乖离，不知所云。此真如某人作诗有句云：“白狗乘风飞上天，黄狗一去三千年。”又有句云：“关门闭户掩柴扉。”可说是一种文字游戏，等于浪费笔墨，谈不上有文学价值，此与以上贾氏所引颇相埒似。

贾景德氏对八股之截搭题亦有诗句咏其弊端。诗句云：

有清取士用制艺，正途出身是科第，文体椎轮自赵宋，美其名称曰经义。降及明清数变更，程式谨严到八比，立言旨在代圣贤，气节文章出一致。文须雅正并清

真，辞则斋皇更典丽，士专一经争经魁，以经话题得真谛。考官命题杜抄袭，割裂经文斯其弊，更有截搭号无情，做法吊渡挽须备，君夫人搭阳货欲，曲园早达作狂肆。

近人萧一山氏所著《清代通史科举之制》，谓八股文为中国数百年之陋制，其弊盖不胜述。康熙某臣有言：非不知八股为无用，特以牢笼人才，舍此莫属。其言简明而深刻，历代帝王之心理，皆不外是。举天下之人才，以兢兢于仁宦之途，竭天下之智慧，以消磨于制艺之间，桎梏思想，其法良甚。秦皇愚民之策，明祖阴毒之计，亦不过使民无反抗之心而已。

以上所引各诗文，是专批评宋试经义形成后世八股文之种种流弊，然自宋以下历代读书人，对八股文亦有称赞其优点者，兹引述数则如下：

据徐敬轩在《初学玉玲珑》中有云：

这种枯窘题，路径很窄，惟其路径很窄，故断不能在本位上说话，而要在题前题后题左题右反面对面去设想。及至上到本位，也要在刻画字面，洗去意义，推写情景，逼取神气各方面去用工夫。所以练习纯熟之后，就可以精思壮采，层叠不穷，最足见人之才思。然后拿到其他有意义的题目，就更不难做了。

此是说明八股题目很窄，非常难作；但是在此很窄的题目作习惯了，等于一种历练，可以长人的才智。是以袁子才在《随园诗话》称："时文之学，于诗于书而暗中消息，又有一贯之理。"王渔洋在《池北偶谈》亦谓："不解八股，即理路终不分明"。这都是一种称赞之词。

吴敬梓之《儒林外史》，对八股文更是恭维过甚，如《儒林外史》第十一回，鲁编修对他的女儿说：

八股文章若作得好，随你作甚么东西，——要诗就诗，要赋就赋，——都是一鞭一条痕，一掴一掌血；若是八股文章欠讲究，任你作出甚么来，都是野狐禅，邪魔外道。

鲁编修这种议论，直把八股文捧上天。

清初乾隆三年兵部侍郎赫舒德上奏，谏陈时文之弊，请将考试条款，改拟更强，将奏章下礼部议，礼部复奏有云：

……苏轼有言，得人之道，在于知人，知人之道，在于责实，能责实，虽由今之道，而振作鼓舞，人才自可奋兴；若惟务徇名，虽高言复古，法立弊生，于造士终无所益。今谓诗文经义及表、判、策、论皆空言剿袭而无用者，此正不责实之

过。凡宣之于口，笔之于书，皆空言也，何独今之‘时艺’为然。‘时艺’所论，皆孔、孟之绪言，精微之奥旨，参之经史子集，以发其光华，范之规矩准绳，以密其法律，虽曰小技，而文武干济英伟之才，未尝不出乎其中。不思力挽末流之失，而转咎作法之凉，不已过乎？……

此亦维护“时艺”之论者。

在民国初年黎锦熙氏亦认八股文不恶，而反谓富有文学价值。黎氏在《国语运动史纲》82 页载云：（有谓见载于黎锦熙所作之《中国三千年大众语文学小史》，抗战前出版者。）

明初八股文渐盛，这却在文坛上放一异彩。本来是说理的古体散文，乃能与骈体词赋合流，能融入诗词的丽语，能袭来戏曲的神情，集众美，兼众长，实为最高希有的文体。

在章中如所著《清代考试制度》一书中有云：“作八股文并非简单，他须天资颖悟，而饱读古圣先贤之经书文章，然后才能下笔写时文。”兹节录章中如之《清代考试制度》首段文字如下：

当科举时代，凡青年学子，发蒙后，即读《诗经》、《书经》、《易经》、《礼记》、《春秋左传》（为五经）。进而读《大学》、《中庸》、《论语》、《孟子》。其天资颖悟者，再进而读《孝经》、《尔雅》、《周礼》、《仪礼》、《公羊传》、《穀梁传》（为十三经）。经书读毕，即开讲（亦有旋读旋讲者），学为应试之文（即制艺），读古文，（如唐、宋、韩、柳、欧、苏诸大家之文）①（明茅坤鹿门，选印唐、宋八大家文钞，以唐代韩愈、柳宗元，宋代欧阳修、苏洵、苏轼、苏辙、曾群、王安石之文章数百篇，作为八股的方法，加以解说。）时文。如明之天、崇间，（天是天启，崇是崇祯，指熹宗、思宗二朝。）清之国初及乾嘉（乾隆、嘉庆二朝）时，诸先辈之文。此为科举正盛时，以时文代圣贤立言，必须贯串经义，发挥书理为及格。故所读皆先正有实学之文……

此言真正会作八股文者，须饱学之士，而又能发挥书中之理者。是八股文无负于读书人，亦不应为世所诟病。

近人徐道邻氏曾著《清代考试与任官制度》一书，其中对八股文之评论有云：

---

① 说者谓《古文观止》一书，为清代人所选辑，其目的是为作“制艺”选读的范本。所以前人早已讥评其陋，但该书在科举废后，仍为私塾间之课本。

> 后人每谓清朝之维持八股，乃一种愚民政策，用心在断丧人材，钱穆（宾四）① 先生说："任何一个制度，很难说是由一二人所发明。'八股'在明朝已推行，未必用意刻毒，不过其目的虽在录求人才，而人才终为此消废。任何创制度的人，纵使存心公正善良，也有偏弊，有流害"。所说甚是公正。

此是徐道邻氏引用钱宾四之言，说八股文当初用心并非太坏，不过以后始发生流弊，这是后人之过错，当初创制者应该无可厚非。徐氏在其著作中，又说出八股文利于考试阅卷，不能不算是一种长处。徐氏引用法国考试数学的例子，徐氏说："法国的工业教育，一向注重考试高级数学，费尧（Heni Fuyol）大攻击之，'说这是教师的懒惰，因为数学答案，易定标准，卷子容易评判的缘故'。明、清两代用'八股'和试帖作考试科目，我们未尝不可作如足观。"

近人东海大学教授梁容若氏著《谈八股文》一篇，对八股文亦有不坏之批评。梁氏云：

> 八股文的流弊，是题目思想定型化，结构修词定型化，无论有多少才学，也无法在这重重束缚里驰骋发挥。所以这只是一种文字游戏，并不能叫作作文。他的好处是法式明了，规格统一，容易学，容易通，无法跑野马，出奇制胜，篇幅短，看卷子比较容易，定优劣更容易。真是聪明的人，只要熟读几十篇墨卷，就不怕作不出好文章。因为这种迷津式的测验，考的是智力不是学力。王守仁，徐光启、曾国藩、李鸿章、张之洞等都能在早年得到极高科第，是显著的例子。八股文的考试，不一定埋没多少天才。(在《续文献通考》载云："顾皇朝开国二三百年，挟时文以进者，亦每有魁垒鸿石磊落乎鼎钟。"亦是言"时文"之下，并非无人才，与梁氏所发现，正复相同。)

此外，如新闻学家周岂明氏论八股，亦认其为精义所在，足以启人智慧，非尽无功也。其他近人各名家之言，均以八股文立言有据，主旨正大，以为未可厚非。如居觉生氏云："制艺文章之变体也，依命题而会意，据章句而属辞，格式或不免拘虚，而其立言主旨，一本儒家之传统，修齐治平，皆由于此。"于有任氏云："前代以八股取士，谓之'制艺'，说者谓数百年来国民思想，受其拘束；然其命题为文，不离六经，如天、崇时期（明天启、崇祯时代）之作者，学问气节，多能合而为一，讵可厚非?"许世英氏云："即以科举制艺而论，占毕帖括，拘牵程式，固或为世所诟病；顾吾往圣之言旨，亦藉是得而精研发扬，伦彝攸序，民族道德，于以有托，殊未尽可以为非也。"陈含光氏有云："今人率以八股文为诟病，诟病诚是也，光顾以八股文之弊空谈，然凡

① 按钱宾四即钱穆，曾在"考试院"发行之《考诠月刊》著有《中国历史上之考试制度》一篇，又著《中国历代政治得失》一篇，徐道邻所引见钱穆之《中国历代政治得失》。

涉及纸墨，无非空谈者。……为八股文者，必读五经四子书，此数书者，吾国文化所寄，国情民性在焉！……今士子于此数书不复读，而民风士习，反敝于崇尚八股之时，是亦可慨矣。”此诸名家之立论，皆为对过去专就八股流弊立言者一种反辞，即是认为八股文亦有其优点也。

## 四　八股文之废除

乡试仍照常进行，即与八股举人同场覆试。——此种变法，在守旧方面人士，以经济特科不试八股，已深觉不合，而当时之维新派，以岁举八股仍存在，大不以为然。据梁启超之《戊戌政变记》谓：

> 谨案今年正月上谕，举行经济特科之外，更举经济常科，试时务策论，及政治、法律、财政、外交、物理各专门之学，实为非常之举，以开民智而救八股愚民之害者也。其试科章程，交礼部议。许应骙为礼部尚书，乃欲将经济科归并于八股，士论大哗。杨深秀、宋伯鲁开新志士之眉目也，不畏强御，合词劾之。皇上深恶其阻挠，即欲黜之，刚毅为之代求，故仅使回奏，后卒因其抑遏王照之奏，而黜礼部全堂，实由深恶许应骙也。

据上所述，是当初废除八股之议，深为主管部曹许应骙所阻挠。嗣后康有为、杨深秀又具请废除八股文，又遭许应骙之批驳，在光绪二十四年（西元1898年）4月中旬，梁启超复联合举人百余名，连署上书请废八股，几乎被其他举人所殴辱，而书亦被格不能上达①。及康有为、张元济被德宗皇帝召见时，趁机痛陈八股之害。康至谓“辽、台之割，二百兆之偿，琉球、安南、缅甸之弃，轮船、铁路、矿物、商务之输于人，国之弱、民之贫，皆由八股害之”。德宗喟然曰：“西人皆日为有用之学，我民独日为无用之学。”康即请曰：“皇上知其无用，能废之乎？”上曰：“可也。”于是康退朝告宋伯鲁使上疏再言之。康亦自上一书。疏既上，德宗命军机大臣立拟废八股试时务策之诏。刚毅谓此乃祖宗制，不可轻废，请下部议。德宗曰：“部臣据旧例以议新政，惟有驳之而已，吾意已决，何议为？”于是年五月五日（西历6月23日），废除八股取士改试时务策论之诏。诏云：

---

① 梁启超所著之《戊戌政变记》，第三篇第二章政变之分原因，第二项载云：同月（戊戌三月）梁启超等联合举人百余人，连署上书，请废八股取士之制。书达于都察院，都察院不代奏。达于总理衙门，总理衙门不代奏。当时会试举人……将及万人，皆与八股性命相依，闻启超等此举，嫉之如不共戴天之仇。

我朝沿宋、明旧制，以四书取士。康熙年间，曾经停止八股，考试策论，未久旋复旧制，一时文运昌明，儒生稽古穷经，类能推究本原，阐明义理，制科所得，实不乏通经致用之才。乃近来风尚日漓，文体日敝，试场献艺，大都循题敷衍，于经义罕有发明，而浅陋空疏者，每获滥竽充选，若不因时变通，何以励实学而拔真才。着自下科为始，乡会试及生童岁科各试，向用四书文者，一律改试策论。其如何分场命题考试一切详细章程，该部即妥议具奏。此次特降谕旨，实因时文积弊太深，不得不改弦更张，以破拘墟之习。至于士子为学，自当以四子六经为根柢，策论与制艺殊流同源，仍不外通经史以达时务，总期体用兼备，人皆勉为通儒，毋得竞逞辩博，复蹈空言，致负朝廷破格求才至意。钦此。

礼部奉谕，即遵旨具奏章程十条，试题变通旧制，改试两场。定乡、会试首场，试四子书论一篇，经论一篇，史论一篇。次场即试策问五道。而湖广总督张之洞、湖南巡抚陈宝箴复奏请拟为先博后约随场去取之法。将旧制三场先后之序互易之。并请废除诗赋小楷，复交部议。是年（二十四年）6月最后决定乡、会试仍定三场。第一场论题五道，试中国史事及清朝政治。第二场策题五道，凡西洋学中天文、地理、学校、财赋、兵制、商务、公法、刑律以及格致、制造、声、光、化、电等类，听考官酌举命题。第三场四书议题二道，《先学》、《庸》、《论语》、次《孟子》，五经义题一道，不拘何经，均遵四子原文命题。或全章或数章，或全节或一句，或数句，或数段均可。但不得删减增改一字及截搭虚缩。张等主张，以为如此则首场先取博学，二场于博学中求通才，三场于通才中求纯正，三场各有取义。——此为戊戌维新对于取消八股改试策论办法之大概情形。

在各省考试场中，亦取消八股改试策、论。倘有谓改试策、论，阅卷比较困难时，则在德宗坚持变法意见，不惜更换考试官员，亦要贯彻到底。如是年六月初一日，浙江学政陈学棻奏言改试策论，阅卷艰难，不若八股易定去取标准。德宗云："陈学棻既不会看策论，可无庸视学。"令撤差来京供职，改命唐景崧去。

当是年撤废八股诏命下，有志革新之士，莫不欢欣鼓舞，在梁启超所著《戊戌政变记》有云：

改革诏书下，于是海内有志之士，读诏书皆酌酒相庆，以为去千年愚民之弊，为维新第一大事也。八股既废，数月以来，天下移风，数千万之士人，皆不得不舍其兔园册子帖括讲章，而争讲万国之故，及各种新学。争阅地图，争讲译出之西书。昔之梦梦然不知有大地，以中国为世界上独一无二之国者，今则忽然开目，憬然知中国以外，尚有如许多国，而顽陋倨傲之意见，可以顿释矣。

梁氏在同上《戊戌政变记》内又有答客问云：

张之洞尝与余言，以废八股为变法第一事矣，而不闻上疏废之者，盖恐触数百翰林、数千进士、数万举人、数十万秀才、数百万童生之忌，惧其合力以谤己，而排挤己也。

按张之洞为当时维新派大臣，据梁以上所记，独不敢废除八股文，而康、梁独具坚强之毅力，不忧不惧之精神，实属难能可贵。但康之废八股，操之过急，实为致谤之重要原因。其弟康广仁曾力劝其兄藉八股之废引退，而有为不肯，致肇后来政变之祸。兹引康广仁书云：

伯兄规摸太广，志气太锐，包揽太多，同志太孤，举行太大，当此排者、忌者、挤者、谤者盈衢塞巷，而上又无能，安能有成，弟窃私深忧之。故常谓但竭废八股，俾民智能开，则危崖上转石，不患不能至地。今已如愿八股已废，劝伯兄宜速拂衣，虽多陈无益，且恐祸变生也。

惟自八股废后，新制尚未及施行，不数月而政变以起，六君子被杀，康、梁远走海外，于是新政完全被推翻。连带所及，八股文亦恢复旧制，在光绪二十四年八月二十四日（为西元 1898 年 10 月 9 日），上谕："恢复八股取士之制。"① 既立溥儁为皇子（所谓大阿哥），诏于光绪二十六年（西元 1900 年）时，义和团肇乱，八国联军进京，慈禧太后与德宗皇帝，西狩西安。慈禧及守旧派，受到此次惨痛教训，屈服于苛刻无比之迫和条款，幡然觉悟，乃始转念于政治上之积弊，军事上之腐败，知非变法不足以收拾人心，乃于和谈期内，下诏变法。光绪二十六年十月下一道上谕，其中有云：

……总之，法令不变，锢习不破，欲求振作，须议更张。著军机大臣、大学士、六部、九卿、出使各国大臣、各省督、抚，各就现在情弊，参酌中西政治，举凡报章、国政、吏治、民生、学校、科举、军制、财政，当兴当革，当省当并，如何而国势始兴，如何而人才始盛……通限两个月内，悉条议以闻……

其诏谕内改革项目，是提到科举，在光绪二十七年（西元 1901 年）二月再下谕旨，重申变法决心。于是是年六、七月间，刘坤一、张之洞两人连上三疏：其第一疏论育才兴学，建议酌改文科，拟即照光绪二十四年张之洞奏准之变通举案。（按该案本篇前已引出，即三场次序先后互易，分场发榜各有去取，头场取博学，二场取通才，三场

---

① 梁启超《戊戌政变记》，第四篇第一章，推翻新政载云："八月二十四日复八股取士之制。按八股取士，为中国隐蔽文明之一大根源，行之千年，使学者坠聪塞明，不识古今，不知五洲，其弊皆由于此。顾炎武谓其祸更甚于焚书坑儒，洵不诬也。今以数千年之弊俗，皇上之神力，仅能去之，未及数月，而遂复旧观，是使四百兆人民永陷于黑暗地狱而不复能拔也。"

归纯正。头场试中国政治史事论五篇。二场试各国政治、地理、武备、农工、算法等策五道。三场试四书、五经经义二篇，经义即论说考辨之类。张之洞此项建议，在光绪二十四年并未施行，故此次复提请施行。）其第三场虽仍四书、五经经义，但特标明试论说考辨之类，即是不用八股文之程式。

在刘坤一、张之洞所上奏疏，较之戊戌新政之范围实属广大，条目繁多。上闻以后，慈禧太后令“督办政务处”审议施行。德宗皇帝遂于光绪二十七年七月（即西历8月）下诏废除八股文。自明年（光绪二十八年，西元1902年）为始，乡试、会试改试策论。光绪三十一年（西元1905年），以张之洞、袁世凯曾奏请罢科举，于是年七月，更下诏停止乡试、会试及各省岁、科考试。中国一千三百年来的科举制度于焉告终①，而八股文之寿终正寝，更在科举制终止日之前三年。

原载中国台湾《人事行政》1966年第21期1967年第22期，
原题“八股制艺源流考”

---

① 起于隋炀帝大业二年（西元606年），至清光绪三十一年（西元1905年），诏废科举，共约一千三百年。

# 中国的选举、贡举与科举

曾我部静雄

## 一　中国古代的官吏任用制度

作为中国制度之根源的《周礼》，其《地官·司徒篇》大司徒之职掌：

以乡三物教万民而宾兴之，一曰六德：知、仁、圣、义、忠、和，二曰六行：孝、友、睦、姻、任、恤，三曰六艺：礼、乐、射、御、书、数。

此即大司徒对以国都为中心，四方百里以内之所谓郊、或谓国中、或谓六乡之地的居民，教以六乡之三物——六德、六行、六艺。其学而优者，尊之为宾客，推举于国王。后汉郑玄于此注云：

物，犹事也；兴，犹举也。民三事教成，乡大夫举其贤者、能者，以饮酒之礼宾客之，既则献其书于王矣。

又唐贾公彦疏云：

物，事也。司徒主六乡，故以乡中三事，教乡内之万民也。兴，举也。三物教成，行乡饮酒之礼，尊之以为宾客而举之。三物者，则下一曰、二曰、三曰，是也。

《地官·司徒篇》载六乡中每一乡各支配一万二千五百家，其乡大夫之职掌：

乡大夫之职，各掌其乡之政教禁令。正月之吉，受教法于司徒，退而颁之于其乡吏，使各以教其所治，以考其德行，察其道艺。（中略）三年则大比，考其德行

道艺，而兴贤者、能者，乡老及乡大夫帅其吏，与其众寡，以礼礼宾之，厥明，乡老及乡大夫群吏献贤能之书于王。王再拜受之，登于天府，内史二之。

作为一乡长官的乡大夫，受教法于大司徒，并受大司徒管辖下的州长以下调布，以教各管区内的民众，考察此等民众之德行与道艺。每三年举行大比（即大规模户口调查），此时选举出德行优秀的贤者与道艺优秀的能者。司掌每二乡之教化的乡老、担任各乡之支配者的乡大夫与其属下官员等，同以乡饮酒之礼宾遇贤者、能者。翌日，进上贤者、能者之名簿，以作为他日任官之资料。此处郑玄及郑众（郑司农）注云：

郑玄云："贤者，有德行者；能者，有道艺者。众寡，谓乡人之善者，无多少也。"郑司农云："兴贤者，谓若今举孝廉；兴能者，谓若今举茂才。宾，敬也，敬所举贤者、能者。"郑玄谓："变举言兴者，谓合众而尊宠之，以乡饮酒之礼，礼而宾之。"

前引后汉郑众云："兴贤者，谓若今举孝廉；兴能者，谓若今举茂才。"此即与后汉制度比较之说明。贾公彦之疏，对此亦有引申的说明：

云贤者、有德行者，欲见贤与德行为一。在身为德，施之为行，内外兼备，即为贤者也。云能者、有道艺者，郑玄亦见道艺与能为一（中略）。郑司农云："若今举孝廉及茂才者。"孝悌廉洁，人之德行，故以孝廉况贤者，茂才则秀才也。才人之技艺。故以况能者也。郑玄谓："变举言兴者"，案《礼记·文王世子》云："或以事举，或以言扬。"故今贡人皆称举。云云。

是则由民众当中选举贤者与能者，作为官吏之候补者。乡大夫之职掌其次云：

退而以乡射之礼、五物询众庶，一曰和，二曰容，三曰主皮，四曰和容，五曰兴舞。

郑玄及郑众（郑司农）对此注云：

郑玄云："以，用也。行乡射之礼，而以五物询于众民。"郑司农云："询，谋也，问于众庶，宁复有贤能者。和，谓闺门之内行也。"云云。

然由何人行乡射，以及关于和以下五物之结果是否询之于民，则无说明。郑司农（郑众）云："宁复有贤能者。"可知似另外以乡射选出贤者、能者。根据此种乡射考试，我以为往昔推举出贤者、能者以后，行将任命为官吏之际，对其是否适任吏职，或者何种职务方属适当，则似谘询于民。① 乡大夫之职掌其次又云：

> 此谓使民兴贤，出使长之；使民兴能，入使治之。

此即谓民众参与选举将来支配他们的官吏候补者的贤者、能者。

因此，《周礼》是叙述由民众选举官吏候补者的制度。但《礼记·王制》云：

> 命乡论秀士升之司徒，曰选士；司徒论选士之秀者而升之学，曰俊士；升于司徒者不征于乡，升于学者不征于司徒，曰造士。

此谓在学校对学生实施教育制度，目的在于培养所谓“造士”。郑玄对此注云：

> 造，成也。能习礼，则为成士。

《王制》篇其次又云：

> 大乐正论造士之秀者，以告于王，而升诸司马曰进士。司马辨论官材，论进士之贤者，以告于王，而定其论。论定然后官之，任官然后爵之，位定然后禄之。

学生修完学业后，大乐正（即大学校长）将之报告国王，同时向司马官员推荐，铨叙为进士，进士即在此被铨衡任命为官吏的。《王制》篇的制度，就是学校毕业生被任用为官吏的制度。

以上依《周礼》之规定，其制即地方官就其辖区内选出官吏候补者，向中央推荐之。依《礼记·王制》之规定，其制即由大学推荐其毕业生。两者对后世官吏任用制（即选举制度）影响甚巨。

汉代之任用官吏，系依据所谓乡举里选的制度。此制系以上述《周礼》之规定为据；其选举人物之标准，据《汉书》卷2《惠帝本纪》“四年春正月”条：

> 举民孝弟、力田者复其身。

或同书卷4《文帝本纪》“十五年九月”条：

---

① 依唐制，官吏登用考试及第者，行将就职之际，其诠选之标准，据《新唐书》卷45《选举志》：“凡择人之法有四，一曰身，体貌丰伟；二曰言，言辞辩正；三曰书，楷法遒美；四曰判，文理优长。四事皆可，取则先德行。德均以才，才均以劳。得者为留，不得者放。”

诏诸侯王公卿郡守，举贤良能言极谏者，上亲策之，傅纳以言。

或同书卷6《武帝本纪》“建元元年冬十月”条：

诏丞相御史列侯中二千石二千石诸侯相，举贤良方正直言极谏之士。丞相（卫）绾奏：“所举贤良，或治申、商、韩非、苏秦、张仪之言，乱国政，请皆罢。”奏可。

或同书同卷“元光元年冬十一月”条：

初令郡国举孝廉各一人。

等等。则所选举人物应是贤良、直言、极谏、方正、力田、孝弟、孝廉、秀才等其中一项之优秀者，于是渐演为汉代的制度。是故《文献通考》卷28《选举考》第一“选士”条云：

按，汉制郡国举士，其目大概有三：曰贤良方正也，孝廉也，博士弟子也。然是三者，在后世则各自为科目，其与乡举里选又自殊途矣。（下略）

据《文献通考》作者马端临之评述，品选人物之项目，固定于贤良方正、孝廉与博士弟子三种。而其第三项所谓博士弟子，可视为属于《礼记·王制》大学出身者之系统。而汉代此种选举制度，于前汉武帝之际大体已完备，其提议者为董仲舒。此事《汉书》卷56《董仲舒传》云：

自武帝初立，魏其武安侯为相，而隆儒矣。及仲舒封册，推明孔氏，抑黜百家，立学校之官，州郡举茂材孝廉，皆自仲舒发之。

汉代所实行之乡举里选制度，至三国魏文帝黄初元年（即延康元［220］年）演变为九品中正法，此为人人所熟知。其提议者为陈群，此事见于《三国志》卷22《魏书·陈群传》。然乡举里选并未完全停止，九品中正法开始实行后，同时亦实行由地方官推举合于秀才与孝廉项目的人物，此事宫崎市定博士所著《九品官人法之研究》，于九品中正法中亦将其包含在内。直至后世，推举秀才一项的场合甚多，如后述唐登科记总目所列，秀才科之采用，持续至唐高宗永徽二年方停止。只因实行九品中正法之故，官吏之任用，主要系依据九品中正法，秀才与孝廉的乡举里选制度，因而退为次要。九品中正法，系于州郡置中正官，就其管辖下之人物由上上至下下区别为九品以选出官吏候补者的一种方法。此种九品中正法之施行，历两晋南北朝，其后因弊端百出，至隋废止，而采用新的官吏任用制度。《通典》卷17《选举第五·杂论议中》载刘秩（唐肃宗、代宗时代之人物）论选举曰：

隋氏罢中正，选举不本乡曲，故里闾无豪族、井邑无衣冠，人不士著。萃处京畿。

又同书卷18《选举第六·杂议论下》载沈既济（唐代宗、德宗时代之人物）论选举亦曰：

自隋罢外选，招天下之人聚于京师，春还秋往，鸟聚云合，穷关中地力之产，奉四方游食之资。

两者均谓隋废九品中正法。① 又《隋书》卷《高祖文帝本纪》上：

开皇二年正月甲戌，诏举贤良。

又云：

开皇七年正月乙未，制诸州岁贡三人。

同书卷2《高祖文帝本纪下》：

开皇十八年七月丙子，诏京官五品上，总管、刺史，以志行修谨、清平干济二科举人。

同书卷76《杜正玄传》：

杜正玄，开皇末举秀才，尚书试方略，正玄应对如响，下笔成章。

又云：

杜正藏，字为善，尤好学善属文，高弱冠举秀才。

---

① 《玉海》卷115《选举篇》“科举隋进士科”条：“隋文帝罢州郡之辟，废乡里之举，内外一命，悉归吏曹，班列皆由执政。”

高祖文帝不由中正官荐举，而系诏命各州贡举人物，或据科目选举人物。《通典》卷14《选举第二》：

炀帝始建进士科。

至炀帝始设进士科制度，以选举人物，而传之后世。以上为文帝、炀帝治世时代之诸例。可知在隋朝已经不实行九品中正法，故明人王圻《续文献通考》卷48《选举考·荐举》于元代之处云：

许纳曰："科举之法，实始于隋唐，后世因之。而科举益盛，然科举与辟举之法并行，故唐之人才为盛。"

从此以后是为科举之始。然则实行于隋季之事；并非即首先发生于隋：废止九品中正法之渊源，可谓始于西魏之际。

西魏权臣、北周始祖的宇文泰，宠用周礼学者苏绰与卢辩，在西魏实施有如直译自《周礼》的制度，以迄北周。苏绰曾拟定六条诏书，请求宇文泰实行，此事见于《周书》卷23《苏绰传》，且《资治通鉴》卷158《梁纪》高祖武皇帝大同七年（西魏大统七（541）年）条："苏绰为六条诏书。九月，始奏行之，云云。"亦可见知。① 所谓六条诏书。其一先治心，其二敦教化，其三尽地利，其四擢贤良，其五恤狱讼，其六均赋役。六条之每一条，苏绰均详加说明，宇文泰接到此"诏书"后，《周书·苏绰传》与《资治通鉴》云：

太祖（宇文泰）甚重之，常置诸座右。又令百司习诵之，其牧守令长非通六条及计帐者，不得居官（据《周书·苏绰传》）。

其重视此六条，直如今之宪法。既然重视，戮力推行，自不待言。此六条中之第四条，如前所述，即擢贤良，苏绰说明如下：

天生蒸民，不能自治，故必立君以治之。人君不能独治，故必置臣以佐之。上至帝王，下及郡国，置臣得贤则治，失贤则乱，此乃自然之理，百王不能易也。今刺史守令悉有僚吏，皆佐治之人也。刺史府官则命于天朝，其州吏以下并牧守自置。自昔以来，州郡大吏但取门资，多下择贤良，末曹小吏，唯试刀笔，并不问志行。夫门资者，乃先世之爵禄，无妨子孙之愚瞽；刀笔者，乃身外之末才，不废性行之浇伪。若门资之中而得贤良，是则策骐骥而取千里也。若门资之中而得愚瞽，

---

① 亦见于《北史》卷5《魏本纪第五》西魏文帝大统七年九月条："诏：班政事之法六条。"

是则土牛木马，形似而用非，不可以涉道也。若刀笔之中而得志行，是则金相玉质，内外俱美，实为人宝也。若刀笔之中而得浇伪，是则饰划朽木，悦目一时，不可以充榱椽之用也。今之选举者，当不限资荫，唯在得人，苟得其人，自可起厮养而为卿相，伊尹、傅说是也，而况州郡之职乎？苟非其人，则丹朱、商均，虽帝王之胤，不能守百里之封，而况于公卿之胄乎？由此而言，观人之道可矣。凡祈求材艺者，为其可以治民，若有材艺而正直为本者，必以其材而为治也。若有材艺而以奸伪为本者，将由其官而为乱也。何治之可得乎？是故，将求材艺，必先择志行，其志行善者则举之，其志行不善则去之，而今择人者多云："邦国无贤，莫知所举。"此乃未之思也，非适理之论。所以然者，古人有言，明主聿兴，不降佐于昊天，大人基命，不挣才于后土，常引一世之人，治一世之务，故殷周不待稷契之臣，魏晋无假萧曹之佐，仲尼曰："十室之邑，必有忠信如丘者焉。"岂有万家之都而云无士？但求之不勤，择之不审，或用之不得其所，任之不尽其材，故云无耳。（中略）士必从微而至著，功必积小以至大，岂有未任而已成，不用而先达也。若识此理，则贤可求，士可择，得贤而呈之，得士而使之，则天下之治，何向而不可成也。（下略）

在苏绰说明当中，所谓"自昔以来，州郡大吏但取门资，多不择贤良"，系评九品中正法之腐败。与彦语曰"上品无寒门，下品无世族"同义。改革此种弊端之方法，他主张"今之选举者，当不限资荫，唯在得人，苟得其人，自可起厮养而为卿相，伊尹、傅说是也"。他的这种主张，旨在废止以门阀为中心的九品中正法，而采用以人物为本位来担任官吏。此与取代九品中正法之所谓科举的本旨相符，与《周礼》及汉代乡举里选之原则亦相合，盖亦为西魏至北周所实行者也。《周书》卷40《乐逊传》：

（西魏大统）九年，太尉李弼请乐逊教授诸子，既而太祖（宇文泰）盛选贤良，授以守今，相府户曹柳敏、行台郎中卢光、河东郡丞辛粲，相继举逊，称有牧民之才，弼请留不遣。

西魏权臣宇文泰采纳苏绰之主张，盛选贤良，然此已非由中正官推举，而系一般官吏推举。宇文泰于西魏恭帝即位三年十月去世，翌年一月，泰子觉亡西魏，建北周，即北周孝闵帝。关于北周之事例，兹就《周书》本纪所见举之，如《周书》卷3《孝闵帝（北周第一代天子）本纪》即位元年八月甲午条：

诏曰：帝王之治天下，罔弗博求资才以乂厥民，今二十四军宜举贤良、堪治民者军列九人，被举之人，邦不称任者，所举官司皆治其罪。

同书卷5《武帝（北周第三代天子）本纪上》天和元年二月戊辰条：

诏三公已下各举所知。①

建德元年四月乙卯条：

诏公卿以下各举所知。

建德三年二月丙午条：

令六府各举贤良清平之人。

又同书卷6《武帝本纪下》建德四年闰十月条：

诏诸畿郡各举贤良。

建德六年三月壬午条：

诏山东诸州各举明经干治者二人，若奇才异术卓尔不群者，弗拘多少。

同年七月己丑条：

诏山东诸州举有才者，上县六人，中县五人，下县四人，赴行在所，共论治政得失。

同年九月壬辰条：

诏东士诸州儒生，明一经已上并举送，州郡以礼发遣。

又同书卷7《宣帝（北周第四代天子）本纪》即位元年八月壬申条：

州举高才博学者为秀才，郡举经明行修者为孝廉，上州上郡岁一人，下州下郡三岁一人。

---

① 此谓天和元年荐举者，似荐举贤良等人物。《周书》卷45《乐逊传》："天和元年，岐州刺史陈公纯举乐逊为贤良。"由此可知。

又同书卷8《静帝（北周第五代天子）本纪》大定元年正月丙戌条：

遣戎秩上开府以上，职事天下大夫以上，外官刺史以上，各举清平勤干者三人。被举之人，居官三年，有功过者，所举之人，随加赏过。

此外，在《周书》列传中，举秀才之例亦多，例如《周书》卷35《裴侠传》：

裴祥弟肃贞亮，有才艺，天和中举秀才，拜给事中士。

又同书卷36《刘志传》：

刘志祖善，魏大安中，举秀才，拜中书博士。

可见是为北魏秀才之例。又同书卷42《宗懔传》：

宗懔少聪，（中略）乡里呼为小儿学士。梁普通六年，举秀才。

可见是为南朝梁秀才之例。北周不设中正官，而实行荐举贤良、明经、秀才、孝廉之制，此制为隋所继承，似同样可谓亦为隋所实行。北周不设中正官，遍读《周书》似可知，如《周书》卷19《豆卢宁传》：

（西魏）大统元年，豆卢宁除前将军，进爵为侯，增邑三百户，迁显州刺史，显州大中正。

同书卷33《王悦传》：

大统十四年，授雍州大中正。

同书卷35《崔猷传》：

大统十七年，崔猷进侍中、骠骑大将军、开府仪同三司、散骑常侍、本州大中正。

以上可知是为西魏时代州大中正之例。同书卷36《司马裔传》：

西魏恭帝元年，司马裔授使持节车骑大将军、仪同三司、散骑常侍、本郡中正。

可知此为西魏时代郡中正之例。在《周书》，除上引诸例之外，有关西魏州大中正之例的记载颇多，然到北周以后，《周书》中就全然不见此例。推究其因，如《周书》卷2《文帝本纪下》云：

西魏恭帝三年春正月丁丑，初行周礼，建六官，以太祖（宇文泰）为太师冢宰，柱国李弼为太傅。（中略）初太祖（宇文泰）以汉魏官繁，思革前弊，大统中，乃命苏绰、卢辩依周制改创其事，寻亦置六卿官，然为撰次未成，众务犹归台阁，至是始毕，乃命行之。

故知西魏权臣宇文泰命苏绰与卢辩依《周礼》全面进行创造新的官制。然此事至西魏最后一年即恭帝即位三年一月，方完全实行。因它完全依据《周礼》之故，当然不采用九品中正法之中正官制。不含中正官的制度，开始实行于西魏最后一年，故中正官之官制只存在于西魏，至北周时，似已从《周书》中消失其踪影矣。

此种始于西魏而为北周、隋所继承之新的官吏任用制度，应当作何种称呼，对此则无特别之名称，从西魏、北周至隋，通常只以“选举”为一般之名称。其事实，就西魏而言，如前引苏绰于“擢贤良”之说明中，即用“选举”之语；就北周而言，《周书》卷45乐逊陈述“时宜策”，其中云：

其三明选举，曰选曹赏录勋贤，补拟官爵，必宜与众共之。云云。

可见是采用“选举”之语。又《周书》卷47《黎景熙传》载北周武帝时，豪富之家竞趋奢丽，黎景熙上书望止其事，其中云：

为治之要，在于选举，若差之毫厘，则有千里之失，后来居上，则致积薪之讥。云云。

亦仍用“选举”之语，至北周可知仍称呼为“选举”。迄隋时，如《隋书》卷46《杨尚希传》：

高祖（隋文帝）受禅，（中略）岁余，杨尚希出为河南道行台、兵部尚书、加银青光禄大夫。尚希时见天下州郡过多，上表曰：“（上略）今存要去闲，并小为大，国家则不亏粟帛，选举则易得贤才。敢陈管见，伏听裁处。”

又《隋书》卷49《牛弘传》：

（隋文帝之时）牛弘在吏部，其选举先德行而后文才，务在审慎，虽致停缓，所有进用，并多称职。吏部侍郎高孝基鉴赏机晤，清慎绝伦，然爽俊有余，迹似轻薄。时宰多以此疑之，唯弘深识其真，推心委任。隋之选举，于斯为最。时论弥服弘识度之远。

可知在隋又以“选举”称之。如此，则由西魏、北周、三朝诸例中可知其官吏任用制度皆以“选举”称之，而无使用特别之名称乃至为显然。与北周对立之北齐亦如此，《隋书》卷42《李德林传》（李德林为北齐人）：

（北齐）任城王湝为定州刺史，重李德林之才，召入州馆，朝夕同游，殆均师友。（中略）于是举秀才入邺，于时天保八年也。王因遣尚书令杨遵彦书云：“燕赵固多奇士，此言诚不为谬。今岁所贡秀才李德林者，文章学住固不待言，观其风神器宇，终为栋梁之用。（中略）”。时遵彦铨衡深慎，选举秀才擢第罕有甲科，德林射策第五条，考皆为上，授殿中将军。

据此知北齐亦使用“选举”之语。

“选举”一语，乃官吏任用制度之意的普通名词，因而乡举里选、九品中正法、贡举、科举等皆不过是“选举”的一种。只是创始于西魏的新官吏任用制度，例如隋文帝时代所实行之场合是谓“举贤良”、“贡三人”、“以二科举人”、“举秀才”，通常系专用举、贡，以科举人之语。因此，由前述之说明，可知以所谓“贡举”及“科举”之语作为官吏任用制度之特别名称，是在唐以后之事。然贡举先用，科举则后用。惟唐初九品中正法之中正官曾一度复现，《唐会要》卷69“丞簿尉”条及《资治通鉴》卷190：

武德七年春正月，依周齐旧制，每州置大中正一人，掌知州内人物，品量望第，以本州门望高者领之，无品秩。（据《资治通鉴》）

是则唐高祖武德七年正月，于州设置大中正。《唐会要》同处云：

至贞观初废。

据此知至第二代太宗贞观初废止，则仅实行数年而已。

## 二 唐、五代、宋之贡举与选举

中国官吏任用制度，既如上所述，一般总称为选举，故《通典》、《文献通考》、《玉海》等书，其《选举》篇系记载官吏任用、选叙、考课之事。在正史，从《新唐书》以后，于志类又别立一《选举志》。选举一语，似出现于汉代，各种辞典皆举《汉书》卷72《鲍宣传》"龚胜为司直，郡国皆慎选举"等为文例。汉之乡举里选也罢，或自三国以来之九品中正法也罢，或在西魏、北周、隋所相继实行之新官吏任用制度也罢，以及日后所谓贡举或科举等，皆不过是选举的一种。

是故，科举为选举之一种，而为任用公务员之考试，此语隋唐以前既已存在；在西晋初期，由参与编纂晋律令其后且为其注解者杜预的言语中可见知。按，《晋书》卷34《杜预传》谓杜氏于泰始年间，受武帝之诏而为"黜陟之课"，即订立评定官吏勤务的考课制度，此由杜氏之言中可知：

> 夫宣尽物理，神而明之，存乎其人，去人而任法，则以伤理。今科举优劣，莫若委任达官，各考所统，在官一年以后，每岁言优者一人为上第，劣者一人为下第。云云。

显然，此处之"科举"，即考课（评定勤务）之意。考课（评定勤务）被包含在选举内之事，从《通典·选举》篇内设考绩项目：《玉海·选举》篇内设科举（选士）、铨选、考课三项目中可见知。选士（科举）系测验官吏之候补者；铨选（或谓选叙）系决定及第后担任何种官职；考课系任命官吏以后，对其勤务成绩之考查而为之黜陟。日本养老令制，有所谓《选叙令》与《考课令》，但无称科举令与贡举令。有关科举（贡举）之规定，系出现于《考课令》中所谓考贡人，同时亦见于秀才、明经、进士、明法、贡举人、贡人等各条文。则科举与考课在日本之令制，几乎是以同一性格来处理。其与科举有紧密关系之考课，在晋代是称科举。西魏、北周、隋继续实行新官吏任用制度，至唐仍称为贡举或科举。此两种名称当中，贡举由唐、五代至宋多被用在正式名称，元朝以后科举才多被用在正式名称。因科举之名称，脍炙人口，兹先举示科举之例。

在有关系唐代的文献当中，出现"科举"之文字的例子极少，若有则出现在唐代后半叶。先述唐宪宗元和时代李肇所撰《唐国史补》①，其卷中云：

---

① 注意到《唐国史补》使用科举之文字者，在今日是为已故之菅谷军次郎氏，我是从菅谷氏得知此事。

权相为舍人，以闻望自处，尝语同僚曰：未尝以科第为资，郑云逵戏曰：更有一人。遽问谁，答曰：韦聿者也。满座绝倒。

同书卷下云：①

（唐德宗）贞元十二年，驸马王士平与义阳公主反目，蔡南史、独孤申叔播为乐曲，号义阳子。有团雪散云之歌，德宗闻之，怒欲废科举，后但流斥南史、申叔而止。

在《唐国史补》中所见科举之语共此二处。其次，《新唐书》卷44《选举志》：

武宗即位，宰相李德裕尤恶进士，（中略）德裕尝论公卿子弟艰于科举。云云。

亦可见科举之例。关于唐代科举之例，今能举以上二种史料。然至五代其例多，兹仅以《文献通考》卷10《选举考第三》为例：

（后唐）长兴四年，礼部贡院奏："新立条件如后，（中略）若虚妄者，请严行科断，牒送本道，重处色役，仍永不得入举场。"

又云：

南唐设科举②，既而罢之。先公曰："按五代通录，自梁开平至周显德，未尝无科举，而偏方小国，兵乱之际往往废坠，如江南号为文雅最盛，然江文蔚、韩熙载，皆后唐时中进士第，宋齐邱、冯延已任于南唐，皆白衣起家为秘书郎，然则南唐前此未尝设科举，科举昉于此时耳（下略）。"

至宋代，科举之语多散见于《文献通考》之《选举考》、《宋会要辑稿》之《选举》篇及宋代诸笔记小说记录类等内。

贡举之语，隋唐以前既已有之，《玉海》卷114《选举篇·科举》于"汉郡国贡举、贡举制"之处云：

《后汉书》卷56《韦彪传》：章帝时，陈事者，多言郡国贡举率非功次，（中

---

① 驸马王士平之事，参见《太平广纪》卷180《贡举类第三》。

② 南唐科举之事，参见《资治通鉴》卷290《后周纪》太祖广顺一月甲辰条。

略）有诏下公卿朝臣议，韦彪上议曰："伏惟明诏忧劳百姓，垂恩选举，务得其人。夫国以简为务，贤以孝行为首，（中略）然其要归在于选二千石。二千石贤则贡举皆得其人。"帝深纳之。

《后汉书》卷74《胡广传》：顺帝时，胡广上书曰："臣闻君以兼览博照为德，臣以献可替否为忠，（中略）盖选举因才无拘定制，六奇之策不出经学，郑阿之政非必章奏，（中略）汉承周秦，兼览殷夏，祖德师经，参杂霸轨，圣主贤臣，也以致理，贡举之制，莫或回革。（下略）"

前引《后汉书》两列传是为关于贡举之例，又《通典》卷14《选举第二》：

（魏文帝）黄初三年，始除旧汉限年之制，今郡国贡举勿拘老幼。

是为三国魏时代贡举之例。因此，贡举之语于汉、三国之际的文献中既已出现。就唐季观之，《新唐书》卷44《选举志》云：

唐制取士之科，多因隋唐，然其大要有三，由学馆者曰生徒，由州县者曰乡贡，皆升于有司而进退之。（中略）此岁举之常选也。其天子自诏者曰制举，所以待非常之才焉。

此谓唐代任用官吏之方式。由学校出身者曰生徒，由州县选拔推荐者曰乡贡，两者集中于中央有司考试，以决定其及落，此为任用官吏之常道。此外，有所谓制举，乃为临时的特别方式。关于生徒，如前面所介绍，系取自《礼记·王制篇》的制度；而生徒与乡贡，《唐律疏议》卷9《职制律上》"贡举非其人"之条文疏议曰：

依令，诸州岁别贡人，若别敕令举及国子诸馆年常送省者为举人，皆取方正清循，名行相副。

系揭示唐代之《选举令》，乡贡显然是指贡人，由学馆出身之生徒及应制举之举人。日本《养老·考课令》"贡人"条亦云：

凡贡人皆本部长官贡送太政官，若无长官、次官贡，其人随朝集使赴集，（中略）大学举人，具状申太政官与诸国贡人同试。（下略）

即日本与唐朝相同，由诸国地方官推荐者为贡人，由大学推荐者为举人。因此，爰集贡人、举人而试之，遂产生贡举之名称。唐代，或五代，或宋代，作为所谓科举之公的名称，是使用“贡举”之名。此由《通典》、《文献通考》、《新唐书》、《宋史》、《玉海》、《唐会要》、《五代会要》、《宋会要辑稿》等各“选举”之处可见知。在此等书中事例实多，如依次列举，不胜其烦，兹仅以《文献通考》为代表举之。即据《文献通考》卷29、卷30、卷32各《选举考》所举有关唐、五代、宋之登科记总目而列之。先举卷29《选举考》记载“唐登科记总目”：

高祖武德元年上书拜官一人。
二年、三年不贡举。
五年秀才一人、进士四人。
六年士四人。
七年秀才二人、进士六人。
八年秀才一人、进士五人。
九年秀才二人、进士七人。
太宗贞观元年秀才二人、进士四人。
二年米贵不贡举。
三年秀才二人、进士五人。
四年秀才一人、进士九人。
五年秀才一人、进士十五人。
（中略）
十六年不贡举。
十七年进士十五人。
十八年秀才一人、进士二十四人。
十九年秀才三人、上书拜官一人。
（中略）
高宗永徽元年秀才一人，进士十四人。
二年进士二十五人（其年始停秀才举）。
三年四年不贡举，应制及第三人。
五年进士一人。
（下略）

其卷30《选举考》载“五代登科记总目”：

梁太祖开平二年进士十八人，诸科五人。
三年进士十九人、诸科四人。
四年进士十五人、诸科一人。
五年进士二十人、诸科十人。

乾化二年进士十一人、诸科一人。

三年进士十五人。

四年停举。

五年进士十三人、诸科二人。

贞明二年进士十二人、诸科一人。

三年进士十五人、诸科二人。

四年进士十二人、诸科二人。

五年进士十三人、诸科一人。

六年进士十二人、诸科三人。

七年停举。

龙德二年进士十四人、诸科二人。

二年停举。

（中略）

唐愍帝长兴五年进士十七人、诸科一人。

废帝清泰二年进士十四人、诸科一人。

三年进士十三人。

晋高祖天福二年进士十九人。

三年进士二十人。

四年、五年停贡举。

六年进士十一人、诸科四十五人。七年进士七人。

（下略）

按，五代五十二年，其间惟梁与晋各停贡举者二年，则降敕以举子学业未精之故。至于朝代更易，干戈攘抢之岁，贡举未尝废也。

（下略）

其卷32《选举考》载“宋登科记总目”：

太祖建隆元年进士十九人，榜首扬砺。

二年进士十一人，榜首张去华。

三年进士十五人，榜首马适。

四年进士八人，榜首苏德祥。

（中略）

开宝七年停贡举。

八年进士三十一人，省元王式，状元王嗣宗，诸科二十四人。

九年停贡举。

太宗太平兴国二年进士一百九人，省元状元吕蒙正，诸科二百七人，十五举以上一百八十四，凡五百余人。

四年不贡举。

五年进士一百二十一人，省元状元苏易简，诸科五百三十四人。

六年、七年停贡举。

（下略）

以上所见为唐、五代、宋三朝“登科记总目”之记载，遇中止登用考试，则称不贡举或停贡举，而不谓科举或停科举。又主持此登用考试之职称，《旧唐书》卷155《李建传》：①

（宪宗之时）京兆尹李建与宰相韦贯之友善。贯之罢相，建亦出为澧州刺史。徵拜太常少卿。寻以本官知礼部贡举，取舍非其人。云云。

又同书卷167《李逢吉传》：②

元和十一年二月，李逢吉权知礼部贡举。

或同书卷18《武宗本纪》会昌四年十二月条：

时左仆射王起，频年知贡举。每贡院考试讫上榜，云云。

又宋人王谠所著《唐语林》卷下“方正”条：

崔瑶知贡举，以贵要自恃，不畏外议。

同书卷下“企羡”条：

李相宗闵知贡举，门生多清雅俊茂。

均言“知贡举”。在五代亦同，《旧五代史》卷148《选举志》：

晋天福三年三月，翰林学士承旨兵部侍郎权知贡举崔棁奏。云云。

---

① 李建知贡举之事，参见唐王定保《唐摭言》卷14“主司称意”条。

② 李逢吉知贡举之事，参见《唐摭言》卷14“主司称意”条。

又云：

晋开运元年十一月，工部尚书权知贡举窦贞固言。云云。

又云：

周广顺三年八月，刑部侍郎权知贡举徐台符奏。云云。

等等，可见均为“知贡举”之例。至于《宋史》亦同。《宋史》卷264《薛居正传》：

建隆三年，薛居正入为枢密直学士，权知贡举。

同书同卷《卢多逊传》：

乾德二年，卢多逊权知贡举，（中略）四年，复权知贡举。

同书卷265《李昉传》：

开宝三年，李昉知贡举；五年，复知贡举。

又《张方平乐全集》附录“张方平之行状”云：

（仁宗时）张方平迁谏议大夫、御史中丞，甫受命知贡举。

属于南宋之例者，如《宋史》卷385《周葵传》：

孝宗即位，周葵除兵部侍郎兼侍讲，改同知贡举兼权户部侍郎。

同书同卷《萧燧传》：

孝宗淳熙五年，萧燧同知贡举。

同书卷388《周执羔传》：

绍兴六年八月，周执羔擢权礼部侍郎，充金生辰使，（中略）使还，（中略）复同知贡举。

等等。北宋与南宋均称“知贡举”。又宋李焘《续资治通鉴长编》卷181仁宗至和二年十月乙巳条：

礼部贡院上删定贡举条制十二卷。

又《宋会要辑稿·刑法第一·格令》与《玉海》卷116《选举》篇“科举·绍兴贡举法”云：

（高宗）绍兴二十六年十二月十五日，尚书左仆射同中书门下平章事提举评定一司敕令万俟卨等上御试贡举敕一卷、令三卷、式一卷、目录一卷、申明一卷；省试贡举敕一卷、令一卷、式一卷、目录一卷、申明一卷；府监发解敕一卷、令一卷、式一卷、目录一卷、申明一卷。（中略）内外通用贡举敕二卷、令五卷、格三卷、式一卷、目录四卷、申明二卷；厘正省曹寺监内外诸司等法三卷，修书指挥一卷。诏可，颁降，仍以绍兴重修贡举敕令格式为名（据《宋会要辑稿》）。

即记载宋代官吏任用考试制度的法典类，其名称都用“贡举”之语。

从以上诸例所示，唐、五代、宋系继西魏、北周、隋以来官吏任用的新制度，在公的名称就是贡举，科举不过是俗称。只是自宋以后，科举之语出现多，尤其时代愈晚愈多，遂有取代贡举之形势。《续资治通鉴长编》卷187仁宗嘉祐三年三月辛已条云：①

礼部贡院言，奉诏再详定科举条制，应天下进士诸科解额各减半，明经别试。（下略）

据此可知北宋仁宗时制定关于科举之条制。此例似为科举取代贡举而为正式之名称。然《续资治通鉴长编》此文正前处的嘉祐三年三月甲戌条云：

诏礼部贡举。

说明贡举与科举几乎同时被采用。从此以后，这种情形的科举，仅系用来指贡举中的科场一事而已，替代贡举之事则无。其实，从仁宗以后经英宗而至神宗熙宁二年四月戊午，神宗欲改变官吏任用考试内容，曾询及群臣，《玉海》卷116《选举》篇“科举·熙宁议贡表学校制”载苏轼陈述其意见云：

---

① 此事参见《玉海》卷116《选举篇·科举第三》“嘉祐明经科”。

> 直史馆苏轼言：贡举之法，行之百年，议者欲变，不过数端，或曰：乡贡德行而舍文章，或曰：专取策论而略诗赋。（下略）。

此处明言“贡举之法，行之百年”。因此，《玉海》同处云：

> （徽宗）宣和三年二月，诏太学以三舍考选，开封府及诸路以科举取士，并依元丰法。

即至北宋末期，在徽宗的诏书中始有以科举作为贡举之意。《玉海》同卷《乾道贡籍》：

> 孝宗以科举为未尽，立待补之法以搜遗才；以武举为未盛，优入任之级以收智勇。

南末第二代孝宗亦以科举用为贡举之意。《建炎以来系年要录》卷174绍兴二十六年八月乙酉条：

> 沈该等奏：“今岁科举极整肃，有传义佚书者皆扶出。”上曰：“朕于此事极留意，异日宰执侍从，皆于此途出，岂容冒滥，所谓拔本塞源也。”

则南宋第一代高宗时既已使用科举之语。《朱子语类》卷180《论治道》亦云：

> 扬因论科举法，虽不可以得人，然尚公曰：“铨法亦公，然法至于尽，公不在人，便不是好法，要可私而公方治好。（包扬）”。

洪迈《容斋续笔》卷13《科举恩数》亦云：

> 国朝（宋）科举取士，自太平兴国以来，恩典始重。云云。

至南宋末期①似已大部分使用科举之名称，此由明人王圻编纂之《续文献通考》卷43《选举考·举士》所罗列诸例中可见知：

---

① 在宋代，北方独立国的辽、金，采用并实施中国之选举制度。据王圻《续文献通考》卷43《选举考·科目之数》，于辽代选举之例，则全部称贡举；金代选举之例，至废帝亮为止称贡举，世宗以后则称科举。故在辽、金似全然反映着宋之状态。

理宗

淳祐十年，礼部侍郎曹彦约奏："科举之弊，莫甚于牒试，而牒试之弊，莫甚于作伪。(下略)"

十二年，上谕臣曰："迩年，科举取士鲜得实学。(下略)"

景定五年春正月诏："(中略)略曰：务于科举，无大更张以安士心。(下略)"

咸淳七年十二月初置士籍。按宋史言贾似道欲制东南士心，乃令御史陈伯大请置士籍，开其姓名、年甲、三代、妻室，令乡邻结勘，于科举条例无碍，方许纳卷。(中略)时边事危急，束手无策，而以科举累士人，议者谬之。

上述诸例都用科举之文字，可知科举之使用似已趋于确定。因此，在宋代贡举渐次为科举所取代。惟贡举也罢，科举也罢，① 皆不过为选举之一种。伊藤长胤《制度通》卷6"进士及第状元三场之事"云：

唐举贡士，考之登科记，则每年行之。偶遇凶年等，停举。(中略)又唐季择人任官，以身、言、书、判四种而选之。(中略)又武士及第者，谓之武举，试以骑射，由兵部掌之。此等之举，即所谓选举，又谓贡举科举。

此即说明任用文武官吏的考试，可谓之选举，或谓贡举，或谓科举，均通用也。惟严格而言，选举为一般性之名称，且为各时代通用之语。此种选举之中，特别是西魏、北周、隋以来所实行者，至唐以后专称为贡举，其后方谓科举。因此，杨树藩氏《宋代贡举制度》(收入《宋史研究集》第四辑)之论文，如其题目所示，系论述宋代官吏任用考试制度。然此论文当中，全无使用科举之文字，而皆使用贡举之名称，可谓为以宋代贡举的名称为重点而作。通常谓科举制度起源于隋朝者，系由于隋炀帝时新设进士科目。此进士科目日后几乎成为科举之唯一科目，故谓科举始于隋者，似基于此因。

## 附述：现今日本高中世界史中对科举之处理状况

我前几年任教于东北大学，于入学考试之题目中，出一题目，曰"试述中国官吏任用考试制度之变迁"。此时考生之答案写有如下的情形甚多："隋季废止九品中正法而实施所谓选举制度，此制度由唐至宋称为科举。"我看到这种答案后大为惊奇，同时不知谁不察而倡导此种学说，当时对此事未再深究。但最近因必要而阅读九种现行高中

---

① 《唐摭言》卷13"无子谤议"云："贞元中，刘忠州任大夫，科选多滥进，有无名子自云(下略)。"则唐代似亦称科选。

世界史教科书，发现大部分谓：“隋唐实行所谓选举，至宋以后称为科举。”或谓“唐之选举制度，宋称为科举之名称”。例如由村川坚太郎氏等三位执笔，经文部省检定过之《改订版·详说世界史B》“（昭和四十五年三月，山川出版社发行）页90“隋的统一”云：

隋为排除贵族强权为目标，而实施所谓选举（宋以后为科举）之官吏任用考试，以从庶民求取人材，云云。

其页95“隋唐社会”云：

隋唐两王朝为压抑贵族，去九品中正法，而行科举（当时称选举）。

又三上次男氏等三位执笔，经文部省检定过之《最新版世界史B》（昭和四十五年二月，中教出版社发行），页82“唐之国家体制”云：

官吏之任用，至此一改仅赖以家族为主，而并用官吏任用考试（选举），广泛地由庶民谋集人材。

页92“宋之成立”云：

普遍化官吏任用考试制度，而不设资格限制。

其他教科书与上述二种大同小异，只酒井忠夫氏与高桥幸八郎氏共著而经文部省检定过之《三订世界史B》（昭和四十五年三月，秀英出版社发行）页69“隋之统一”云：

隋文帝创科举以任用官吏，强化官僚组织。

于此文下之注解云：

科举者，为广求人材，依科目选举而选考官吏也。此制实行至清末为止。科举之语，宋以后通用，宋以前亦用之。

是为关于科举之说明。科举之语，不只始于宋以后，其前即已用之。故知谓科举之名宋以前既已存在之教科书，除酒井、高桥两氏共著之教科书外，据我之查考，其他并无存在，多数教科书对隋唐都称选举。又处于酒井、高桥两氏所共著教科书与其他许多教科书中间者，是为榎一雄氏与堀米庸三氏共著而经文部省检定过之《标准高中世界史 B》（昭和四十五年一月，讲谈社发行），其页 190“隋之统一”云：

> 废止九品中正之制度，始行依学科考试而任用官吏（后所谓科举）。

页 111“唐之统一”云：

> 愈加整顿新的官吏任用法、均田法。

页 127“宋之统一”云：

> 又改革科举之制，且制定由天子亲试之殿试制度。显然科举及第者，是为天子直属官僚之意。

此教科书对创始于隋之新的官吏任用法，不称选举，但对宋以后则用科举之名称。

以上是多数教科书之实情，因此世界史参考书于隋唐同样称选举者颇多。例如集全国高中历史教师（全国历史教育研究协议会）编纂之《世界史用语集》（第三版，昭和四十二年三月，山川出版社发行）页 30“九品中正”云：

> 二二〇年，魏文帝施行官吏任用法。（中略）隋以选举（科举）代之。

页 32“选举制”云：

> 隋之文官任用制度：五九八年，废止从来之九品中正法，创始依考试而任用，历代承继之。宋以后称科举。

同时在当时高中所通行之世界史教科书十四种中，实际有十二种显然系记载类此意味之选举制度。教科书也罢，参考书也罢，因有此种实情，恐怕全国所有高中数十万名学生大部分被教以：“隋唐实行所谓选举，至宋以后变为科举之名称。”这种教法，是不明了中国史籍如何记载。既然如此，则此种非历史学说系倡自何人？盖为铃木俊氏也。铃木氏最近将此事传于人们。铃木俊氏首先在昭和二十五年六月由吉川弘文馆出版《概说东洋历史》，其第三章第三节《北方民族之活跃与中国文化之更张》之处，有“隋之统一工作”，曰：

> 废止从来弊端甚多之九品中正法，采用依学科考试之选举制度，此等均为后来唐代制度之基础。

即谓从隋以后就采用选举制度。其次，对于“唐之统一及其政治”之看法：

关于官吏之任用，依隋制而采用选举制度。此即学校出身者（生徒），不由学校而经地方州县考试及第者（乡贡），及由天子亲试拔擢方法者（制举），前两者考试科目设有明经、进士等；又制定关系选举之学制。选举者，宋以后称为科举，永行于后世。云云。

说明选举至宋以后称为科举。此《概说东洋历史》较为简略，其《东洋史要说》（仍由吉川弘文馆出版，昭和四十三年二月发行）第十三篇之第三章第三节《中国的分裂与东亚文明圈之形成》，于“隋之统一工作”的看法：

经过多年南北分裂而统一之隋朝，（中略）将官吏之任用改为依学科考试之选举制，以压抑门阀势力。

其次，对于“唐之选举与学校”的看法：

官吏之任用，采用选举之制，（中略）选举到宋以后称科举而永为常式，有利于中国文化之统一，然因形式化而有碍于学术之进步。

仍以为自隋起称选举，宋以后称科举。其第五章第一节“中国社会的变化与文化的更新”，对于“宋之科举”的看法：

官吏之任用，确立不赖族望，而以基于隋唐之选举的科举制度为主。（中略）然为应付科举而勤于学，则余裕之经济、时间，乃为必要。云云。

是叙述宋代之科举。

以上根据铃木俊氏两书记述，显然自隋始，其官吏任用考试制谓之选举，唐继之以至于宋。然宋称它为科举，而传于后世。这种学说，为铃木俊氏所创，且为现今许多高中世界教科书作者们无条件地采用，而编写各教科书，广泛地提供高中历史教育。然而在大战结束以前之东洋史教科书，此种写法并不存在。从明治、大正以后至昭和初期，为旧制中学所采用最多之东洋史教科书，系吾师桑原隲藏先生所著《新制东洋历史》（大正十五年三月订正再版，开成馆发行），其第二篇第十二章“唐之制度”，对所谓“官吏任用法”之看法，于唐代官吏任用制度有详述，桑原先生对此并不称选举。又桑原先生针对教科书而特为教师撰著之参考书：《东洋史教授资料》，在此书中说“官吏登庸考试之由来”、“官吏登庸试场”、“清代官吏登庸法”三项目，说明中国官吏登用制度。此处于隋唐亦不称选举，其“官吏登庸考试之由来”云：

> 周代，选举有德行、才能之人任官，其法已具，惟是否举行考试未详。

起先述说此种考试制度始于周，其次，说明汉代之乡举里选，再次，述说唐以及其后考试之特征。然在此项目中，从周代以后全部是用选举之文字来说明。桑原先生以选举之文字总称中国从周代而创之官吏任用制度，此说甚为正确。又桑原先生于大正十四年京都大学东洋史一般的讲义中，亦谓“所谓选举，在中国系指官吏任用考试之意，与日本选举之意有别”，此至今犹为我所记忆。

同样属于学校之历史教科书，在战前与战后，其作者之态度完全不同。战前之作者，自己研究原典，获得丰富历史知识后才撰写教科书。战后，借用他人研究成果而撰写的情形甚多，因而遇他人研究错误，遂亦蹈之。此由教科书中所举的“科举”之例可确知。我切望写现代教科书之作者，应效法战前之作者，自己研究原典，以习得正确知识，如此方不负自己之责任，而本着良心执笔撰写教科书。

日文版原载日本《史林》1970年7月53卷4号；
高明士译文载《大陆杂志》1972年9月第45卷第3期

# 辽金贡举制度

杨树藩

## 一 概 说

据《金史》五十一《选举志》载："辽起唐季，颇用唐进士法取人。"由是可知辽之贡举多循唐制。然辽何时始行贡举？一般皆称始自圣宗统和六年，但在统和五年前，已有进士中第之人，因此史家颇疑之。如：

"鹗（厉鹗）案：史称景宗保宁八年，诏复南京礼部贡院，圣宗统和六年，诏开贡举。而保宁九年至统和五年，十年之中，易州已有进士三人，又出一姓，皆在未开科举之前，岂景宗诏复贡院之后，南京已设科，而未及他处耶？惜不可考矣。"（《辽史拾遗》卷十六《补选举志》）

又考诸《辽史》列传，辽进士之考选，太宗初已行之矣。如：

"（室昉）南京人，幼谨厚笃学，不出外户者二十年……会同初，登进士第，为卢龙巡捕官。"（《辽史》七十九《室昉传》）

综合以上史例观之，盖太宗以来虽偶取进士，皆未成定制，至圣宗时，其制始定。

"金承辽后，凡事欲轶辽世，故进士科目，兼采唐宋之法而增损之，其及第出身，视前代特重，而法亦密焉。"（《金史》五十一《选举志》）

然辽时，契丹人不许应进士举，违名严处。金得天下，则不限制部族士子应进士举，且设专科以取其士。如史载：

若夫以策谕进士取其国人，而用女真文字，以为程文，斯盖就其所长以收其用，又欲行其国字，使人通习而不废耳。”（《金史》五十一《选举志》）

金自“太宗继统，及行选举之法”（《金史》一五二《文艺》上）以来，“惟女真、汉人进士得人居多”，（《金史》七十三《完颜守贞传》）此种现象，实可称道。不过，世宗时，却有人建言欲罢科举，赖世宗明鉴是非，得以续存。如史载：

“（世宗即位）初，近侍有欲罢科举者，上曰：吾见太师议之。浩（张浩）入见，上曰：自古帝王有不用文学者乎？浩对曰：有。曰谁欤？浩曰：秦始皇。上顾左右曰：岂可使我为始皇乎？事遂寝。”（《金史》八十三《张浩传》）

因此，“世宗、章宗之世，儒风丕变，庠序日盛，士繇科第位至宰辅者，接踵当时”。（《金史》一二五《文艺》上）迨“宣宗南渡，吏习日盛，苛刻成风，殆亦多故之秋，急于事功，不免尔欤！自时厥后，仕进之岐既广，侥幸之俗益识”，且“科举取士，亦复汎滥，而金冶衰矣。”（《金史》五十一《选举志》）

## 二 程 序

辽之取士，不仅仿唐，且又法宋，宋有乡贡、省试、殿试之制，辽初，亦设乡、府、省三试之法。如：

“太祖龙兴朔漠之区，倥偬干戈，未有科目，数世后，承平日久，始有开辟，制限以三岁，有郑、府、省三试之设。乡中曰乡荐，府中曰府解，省中曰及第。”（《辽志》试士科制）

后来又加“殿试”（亦称御试或亲试）一关，“临期取旨”（《辽志》），合前三试，已成四试矣。且辽殿试之制，迟至兴宗重熙五年始行。如史载：

“（兴宗重熙五年十月）御元和殿，以日射三十六熊幸燕诗试进士于廷，赐冯立、赵徽四十九人进士第，以冯立为右补阙，赵徽以下皆为太子中舍，赐徘衣银鱼，遂大宴，御试进士自此始。”（《辽史》十八《兴宗纪》）

兴宗之所以亲试，系发自太师中书舍张俭。如：

“重熙五年，帝（兴宗）幸礼部贡院及亲试进士，皆俭（张俭，时为太师、中

书令）发之。”（《辽史》八〇《张俭传》）

自此之后，御试进士，以为常制。如史载：

“（兴宗重熙十九年六月）御金殿试进士。”（《辽史》二〇《兴宗纪》）

“（道宗咸雍九年六月）戊辰，亲出题试进士。”（《辽史》二十三《道宗纪》）

四试程序已如上述，至于应试人，皆为自愿，倘“有秀才未愿赴者，州县必报遣之”（《辽志》试士科制）。试期，每“三岁一试进士”（同上）。其省试中第，纵未及殿试，已荣宗显祖，光耀门楣矣。待殿试后，中第人不过授阶任官耳。如：

“其试进士，贡院以二寸缄书及第者姓名给之，号为喜帖。明日举案而出，乐作及门，击鼓十二面，以法雷震。殿试临期取旨，第一人特赠一官，授奉直大夫，翰林应奉文字；第二第三人以下，并授从事郎。”（《续通典》十八《选举》二）

省试之际，辽亦仿唐宋之法，置“知贡举”以主考政。如：

“（圣宗）诏裴玄感、邢祥知礼部贡举，放进士史简等十九人及第。”（《辽史》十五《圣宗纪》）

金之贡举，一仍辽旧，分为四试，即每“年三月廿日乡试，八月廿日府试，次年正月廿日会试，三月十二日御试”（《金史》五十一《选举志》）是也。兹分述如下：

（一）乡试：史载：“凡乡试之期，以三月二十日”（《金史·选举志》），地址，在各县之所在地，试官由县令充之，科目分诗赋、经义两科，榜首称乡元或曰解元。如：

“金人科举，先于诸州分县赴试，诗赋者，兼论，作一日，经义者，兼论策，作三日，号为乡试，悉以本县令为试官……榜首曰乡元亦曰解元。”（《松漠记闻》）

前例记载，“以三月二十日”为乡试期，但非每年皆考，通例以三岁一科，迁升考试级次，皆中然后官之。如：

“每三岁设科，以经史取士，乡升之府，府升之朝，而皇帝临轩，赋业见贤焉，然后用之。”（《金石萃编》卷一五四《金碑：京北府重修府学记》）

“凡诸进士，举人由乡至府，由府至省，及殿廷凡四试，皆中选则官之。”（《金史》五十一《选举志》）

为鼓励考生奋进，章宗“明昌元年定制，解元但免府试”（《金史》五十一《选举志》）。继而，有司觉得四试之中，乡试形同虚设，建言废罢。如史载：

“章宗明昌元年……言事者谓举人四试，而乡试似为虚设，固当罢去……上是其言，诏免乡试。”（《金史》五十一《选举志》）

（二）府试：金之贡举，女真人与汉人分别举行，汉人进士，为词赋、经义两科，并有律科及经童，相当于宋之诸科。女真进士，只考策论，称策论进士，其考试（府试）地址如下：

“凡词赋、经义进士及律科、经童府试之处，大定间：大兴、大定、大同、开封、东平、京兆凡六处。（章宗）明昌初，增辽阳、平阳、益都为九处，（章宗）承安四年，复增太原为十。中部、河北，则试于大兴府，上京、东京、咸平府等路，则试于辽阳府，余各试于其境。”（《金史》五十一《选举志》）

上为汉人进士及诸科府试之处，明昌以后所以添加试处者，乃便于地远考生就试方便，故增置之。（见《选举志》）至于女真进士所谓“策论进士”府试之地，史载共有七处：

“凡府试策论进士，大定二十年，定以中京、上京、咸平、东平四处。至明昌元年，添北京、西京、益都为七处。”（《金史》五十一《选举志》）

每处皆有辖区，兹依《金史·选举志》所载，列表如下：

| 府试处 | 府试辖区 |
|---|---|
| 会宁府试 | [上京]、合懒、速频、胡里、改蒲与东北招讨司等路者。 |
| [咸平]府试 | 咸平、隆州、婆速、东京、盖州、懿州者。 |
| 大兴府试 | [中都]、河北东西路者。 |
| 大同府试 | [西京]并西南、西北二招讨司者。 |
| 大定府试 | [北京]、临潢、宗州、兴州、全州者。 |
| [东平]府试 | 山东、西，大名、南京者。 |
| 益都（府试） | 山东东路。 |
| 附记 | 上表小方格内之地名，系参照上列史例而标示者。 |

上述女真进士参加府试，系世宗大定二十年以后之事，在此之前，女真进士免乡、

府试，只参加礼部及廷试两试。如史载：

“枢密使完颜思敬，请教女真人举进士，下尚书省议。奏曰：初立女真进士科，且免乡、府两试，其礼部试、廷试，止对策一道，限五百字以上成。在都设国子学，诸路设府学，并以新进士充教授，士民子弟愿学者听，岁久学者当自众，即同汉人进士三年一试，从之。”（《金史》九十九《徒单镒传》）

至于府试科目范围，多于经、史、子诸书内出题。加史载：

“以六经、十七史、孝经、论语、孟子及荀、杨、老子内出题。”（《金史》五十一《选举志》）

课目名称，按女真、汉人进士之区分，分别试策、诗、赋、经义等。如：

“府试之期，若策论进士，则以八月二十试策，间三日试诗。词赋进士，则以二十五日试赋及诗，又间三日试策论。经义进士，又间三日（试）词赋，后三日试经义，又三日试策。次律科，次经童，每场皆间三日试之。”（《金史》五十一《选举志》）

府试主试者，称考试官，佐试者，称同考试官。按各科及各试处，分别由中央派遣。如史载：

“凡考试官，大定间，府试六处，各差词赋试官二员，策论试官二员。（章宗）明昌初，增为九处，路各差九员，大兴府则十一员。承安四年，又增太原为十处，有司请省之，遂定：策论进士，女真经童，千人以上差四员，五百人以上三员，不及五百二员，各以职官高者一人为考试官，余为同考试官。词赋进士兴律科举人，共及三千以上五员，二千四员，不及二千三员，经义进士及经童举人，千人四员，五百以上三员，万人以上二员，不及百人，以词赋考官兼之。后又定制，策论试官，上京、咸平、东平各三员，北京、西京、益都各二员。律科，监试官一员，试律官二员，隶词赋试院。经童试官一员，隶经义考试院。”（《金史》五十一《选举志》）

其他，有弥封誊录官、检搜怀夹官、监押、门官等员（见《选举志》）佐理试务。至于担任“检搜”，“监押”者，则差军人为之。如：

“凡监检之制，大兴府则差武卫军，余府则于附近孟安内差摘。平阳府，则差

顺德军。”(《金史》五十一《选举志》)

监军分配比率，凡府试“每四举人，则差一人，复以官一人弹压”(《金史》五十一《选举志》)。其以搜检官员过于苛细，至“解发袒衣，索及耳鼻”(《选举志》)，以为非待士之礼，于是大定二十九年改变办法，如：

“大定二十九年，已尝依前故事，使就沐浴，官置衣为之更之，既可防滥，且不亏礼，上从其说，命行之。”(《金史》五十一《选举志》)

言及府试录取比率，有两项不同记载，《松漠记闻》载：“凡二人取一。”《金史》五十一《选举志》载：“府试以五人取一。”此乃章宗明昌元年之事，盖先后政策有所不同也。

(三) 会试：试期为“正月二十日”(《选举志》)，参加会试者，为府试合格之举人，地点于燕京，分甲录取，六人取一，取中者甚为优待。如：

“至秋尽，集诸路举人于燕，名曰会试。凡六人取一，榜首曰敕头，亦曰状元。分三甲，曰上甲、中甲、下甲。敕头补承德郎，视中朝之承议。上甲皆赐绯，七年即至奉直大夫，谓之正郎，第二第三人，八年或九年，中甲十二年，下甲十三年，不以所居官高卑，皆迁大夫。中下甲服录，例赐银带。”(《松漠记闻》)

至于会试试场，布置颇为庄严，且见下面记载可知：

“试闱用四柱揭彩其上，目曰至公楼，主文登之以观试，或有私者，停官不叙。”(《松漠记闻》)

金会试取人，初分南北两选，分别录取，合为二百五十人，嗣后南北通选，汉人进士，只设“词赋”一科，取人降至六七十人，取人既少，县乡缺员，如史载：

“世宗御后阁，召宴(翰林李宴)读新进士所对策，至县令缺员取之何道？……上曰：朕夙夜思此……然则如何？对曰：国朝设科取士，始分南北两选，北选百人，南选百五十人，合二百五十人。词赋、经义入仕之人既多，所以县令未尝缺员。其后南北通选，止设词赋一科，每年限取六七十人，入仕之人既少，县令缺员，盖由此也，上以为然。”(《金史》九十六《李宴传》)

嗣后，世宗诏“取人勿限以数”(《李宴传》)。至大定二十八年，又“复经义科”(《选举志》)，章宗明昌四年十二月，“尚书省以科目近多得人，乞是年增取进士，上然之，诏有司会试勿限人数”(《金史》一〇《章宗纪》)。盖自是以来，会试录取人数大增，似嫌太多，于是承安末，又稍限制。如：

“(章宗承安五年)尚书省言：会试取策论、词赋、经义不得过六百人，合格者不及其数，则阙之。”(《金史》十一《章宗纪》)

会试之课目，大致与府试同，汉人“凡词赋进士试赋、诗、策、论各一道。经义进士试所治一经义，论、策各一道”(《金史》五十一《选举志》)。至于女真进士，则试时务策，初设制之际，以女真所学不同，不宜称进士，俟经一番研商，女真虽仅试策，亦称进士。如史载：

“初议以时务策设女真进士科，礼部以所学未同，不概称进士。诏履(经史院编修官移剌履)定其事。乃上议曰：进士之科，起于隋，大业中始试以策，书初因之，高宗时杂以箴铭赋诗，至文宗始专用赋，且进士之初，本专试策，今女真诸生，以试策称进士，又何疑焉？世宗大悦，事遂施行。”(《金史》五十五《移剌履传》)

金取士课目，虽用四篇文字，但往往偏重一方，当时学者，恒有批评。如：

“国家初设科举，用四篇文字，本取全才，盖赋以择制诰之才，诗以取风骚之旨，策以究经济之业，论以考识见之方，四者俱工，其人材为如何也，而学者不知，狃于习俗，止力及律赋，至于诗策论俱不留心，其弊基于为有司者，止考赋，而不究诗策论也。(金：刘祁：《归潜志》卷八)

因“金朝取士，止以词赋为重，故士人往往不暇读书为他文”，加“问之他文，则懵然不知”(《归潜志》卷七)。既重律赋，考官不免以格律痛绳士子，甚而“洗垢求瘢”，“一时士子趋学，模题画影，至下成语言。”《(归潜志》卷九)此皆属侧重格律之弊，时人评之曰：

“金自泰和，大安以来，科举之文，其弊益是，盖有司惟守格法，所取之文，卑陋陈腐，苟合程度而已，稍涉奇峭，即遭绌落，于是文风大衰。(《金史》一一〇《赵秉文传》)

甚而有考官略重文辞，稍忽格律者，则必遭受攻讦，如史载：

“(宣宗)贞祐初，秉文(赵秉文)为省试得李献能赋，虽格律稍疏，而辞藻

颇丽，擢为第一，举人遂大喧噪，愬于台省，以为赵公大坏文格，且作诗谤之，久之方息。”（《金史》二〇《赵秉文传》）

会试主试政人员，称“知贡举官”，辅佐试政者称“同知贡举官”。按科别派定，员额不一。如：

“凡会试知贡举官，同知贡举官，词赋：则旧十员承安五年为七员。经义：则六员，承安五年省为四员。”（《金史》五十一《选举志》）

选知贡举官员，恒从翰林官中择充之，盖以翰林官为博学之士故耳。如：

“（李纯）复入翰林，连知贡举。（哀宗）正大末，坐取人逾新格，出卒坊州。”（《金史》一二六《李纯传》）

“（张景仁）累官翰林待制，贞元二年，与翟永固，俱试礼部进士，以遵祖配天为赋题，忤海陵旨。”（《金史》八十四《张景仁传》）

“（赵秉文），（为）礼部尚书兼（翰林）侍读学士，明年（兴定二年）知贡举，坐取进士卢亚重用韵，削两阶。”（《金史》一一〇《赵秉文传》）

此外又有“考试官”（见《选举志》），“诠读官”（见《选举志》），如李庆之“为会试诠读官”（《金史》九〇《高衎传》）。“弥封官”（《选举志》），如章宗“泰和三年，上以弥封官泄语于举人，敕自今女真司则用右选汉人封；汉人司则以女真人封”（选举制），是以杜其弊。至于监检办法，一同府试。有人不满搜检苛细，而竟放弃考试。如：

“（移剌履）博学多艺，善属文，初举进士，恶搜检烦琐，去之。”（《金史》九十五《移剌履传》）

（四）御试：御试亦称殿试，废帝“天德二年始增殿试之制”（《金史·选举志》），凡会试合格者，始得参加，试期于三月二十日开始，二十七日止，女真策谕进士，汉人词赋、经义进士皆须就试，所试课目，大致一同会试，如史载：

“御试则以三月二十日，策论进士试策，二十三日试诗、论。二十五日词赋进士试赋、诗、论。而经义进士亦以是日试经义，二十七日乃试策论。”（《金史》五十一《选举志》）

“若试日遇雨雪，则候晴日”（《选举志》）举行。

夫御试,原则上乃皇帝主持,但皇帝不便亲阅试卷,于是则设“读卷官”以佐之,按科类分别设置。如:

凡御试读卷官,策论、词赋进士各七员,经义五员,余职事各官二员。……泰和七年,礼部尚书张行简言:旧例读卷官不避亲,至于亲人或有不敢定其去留,或力加营护,而为同列所拟。或读卷官不用与进士有亲者,则读卷之际,得平心商确。上遂命临期多拟,其有亲者汰之。”(《金史》五十一《选举志》)

读卷官有代皇帝评卷之权,倘有过误,则负处分之责。如史载:

(宣宗兴定)五年三月,廷试进士,夜(按:为复)亨监试(参政李复亨),进士卢元谬误,滥放及第,读卷官礼部尚书赵秉文,翰林待制崔禧,归德治中时戬,应奉翰林文字程嘉善当夺三官降职。复亨当夺两官。……复亨罢为安国军节度使。(《金史》一〇〇《李复亨传》)

为保持试务严正,又置“监试官”(《选举志》),有时天子出题,常与监试官商讨。如:

“泰和六年御试,铉(参政贾铉)为监试言,上(章宗)曰:丞相崇浩尝言试题颇易,由是进士例不读书。朕今以日合天统为赋题,铉曰:题则佳矣,恐非所以牢笼天下士也。上曰:帝王以难题窘举人固不可,欲使自今积致学业而已,遂用之。”(《金史》九十九《贾铉传》)

试务有了误谬,监试官必遭处分。前例宣宗廷试进士,有谬误滥放及第情事,时参政李复亨为监试官,则遭受夺官处分,即是明证。

同时更派军监护,以防弊端,史称:“御试策进士,则差弩手及随局承应人。汉进士则差亲军,人各一名,皆用不识字者。以随卫十人,亲军百人,长五十人,长名一人巡护。”(《金史》五十一《选举志》)

至于御试各类试题,有的由皇帝亲出,试卷由皇帝亲览。如:

(废帝)正隆二年会试毕,海陵以第一人程文,问子聃(书画直长郑子聃),子聃少之,海陵问:作赋如何?对曰:甚易,因自矜且谓他人莫己若也,海陵不悦。乃使子聃与翰林修撰纂戬杨伯仁,宣徽判官张汝霖,应奉翰林文字李希颜,同进士杂试。七月癸未,海陵御宝昌门临轩观试,以“不贵异物民乃足”为赋题;“忠臣犹孝子”为诗题;“忧国如饥渴”为论题。上谓读卷官翟永固曰:朕出赋题,能言之或能行之未可知也,诗论题庶戒臣下。丁亥御便殿亲览试卷,中者七十三

人，子聃果第一，海陵奇之，有顷进官三阶，除翰林修撰。”（《金史》一二五《郑子聃传》）

亦有时由读卷官等进禀试题。如：

“（世宗大定）二十五年……御试前一日，癸卯，读卷官吏部侍郎李宴，隶州防御使把内刺，国史院编修官夹谷衡，国子助教尼庞古鉴，进禀策题，问：“契敷五教，皋陶明五刑，是以刑措不用，比屋可封，今欲兴教化，措刑罚，振纪纲，施之万世，何术可致？”……（《金史》九十八《完颜匡传》）

士子在殿廷考试，每日不能无时间限制，金制，初日哺后出宫。为顾虑使士子文思畅达无遗，改为日没出场。如：

“（宣宗兴定二年三月）宰臣曰：旧制廷试进士，日哺后出宫，近欲复旧，恐能文而思迟者不得尽其才，其今日没乃出。”（《金史》十五《宣宗纪》）

御试乃士子应试最后一关，中第即可任官，自不待言。金御试完毕，盖仿宋有唱名之制，且见下列记事：

“进士吕忠翰，廷试已在第一，未唱名，海陵以忠翰程文示伯仁（左拾遗杨伯仁），问其优劣，伯仁对曰：当在优等。海陵曰：此今试状元也，伯仁自以知忠翰姓名在第一，遂宿谏省，俟唱名乃出，海陵嘉其慎密。”（《金史》一二五《杨伯仁传》）

至于等次之排列，金制，词赋“甲次第一名为状元，经义魁次之，‘恩例’与词赋第二人同，余分为二甲，中下人并在词赋之下”（《金史》五十一《选举志》）。所谓“恩例”，即“廷试五被黜，则赐之第，谓之恩例”（《金史》五十一《选举志》）。既为恩例，则“但考文之高下为第，而不复黜落”（《选举志》）。夫士子通过四试始可为官，实际言之，诚属不易。倘四试皆魁，更属难得，终金之世，一人而已。如：

“孟宗献，发解第一，伯仁（左拾遗杨伯仁）读其程文称之此人当成大名。是岁宗献府试、省试、廷试皆第一，号孟四元。”（《金史》一二五《杨伯仁传》）

夫中第者，当为佳士，然屡试不中者，亦非皆无学问之人，可能其文章不中试官耳。下列二例，当可推知：

“宁知微，明甫，宿州人，博学无所不知，尤长于史事。剧谈古今治乱，或诸家文章，历史不可穷，援笔为诗文，亦敏赡可喜，举经义连不中。”（金：刘祁：《归潜志》卷三）

“崔遵，怀祖，燕人……怀祖少有词赋声，所交皆名士，累举不第。”（金：刘祁：《归潜志》三）

## 三　分　科

辽国初年，考选进士分为两科，一为诗赋，一为经义，分别录取。如：

“（初）分两科，曰诗赋、曰经义，魁各名分焉。”（《辽志》试士科制）

圣宗时，稍加改革，分正科与杂科两种，正科为词赋，杂科为法律。如：

“圣宗时，止以词赋、法律取士，词赋为正科，法律为杂科。”（《辽志》试士科制）

“词赋为正科，法律为杂科，圣宗统和六年，诏开贡举。”（《续通典》十八《选举》二）

除上述分科外，据辽碑刻文记载，尚有“殿试进士”及“乡贡进士”之别，如《金石萃编》卷一五三记载：涿州云居寺四大部经记碑，撰书人著衔有“殿试进士赵遵仁撰，乡贡进士王诠书”之字样，此盖为一般习俗上之分法，非官制上之分科。何以习俗上如此分法？缺乏正面史科，依理推之，所谓“殿试进士”者，盖指辽实行殿试后所中之进士也，所谓“乡贡进士”者，盖指实行殿试制度，由乡荐经省试所中之进士也。

且辽选进士，有职业、身份及行为上之限制。如史载：

“（兴宗重熙十九年）诏医卜屠贩，奴隶及倍父母或犯事逃亡者，不得举进士。”（《辽史》二〇《兴宗纪》）

“（天祚皇帝乾统五年）禁商贾之家应进士举。”（《辽史》二十七《天祚帝纪》）

辽之进士应试，尚有一项特殊限制规定，即不准契丹人应考，违者处罚。如史载：

“（蒲鲁）幼聪悟好学，甫七岁，能诵契丹大字，习汉文，未十年，博通经籍，重熙中，举进士第，主文以国制无契丹试进士之条，闻于上，以庶箴（东都林牙庶箴）擅令子就科目，鞭二百。”（《辽史》八十九《庶箴传》）

进士中第后，由皇帝赐“等甲”及赐“章服”，皆有仪式。如史载：

进士赐等甲敕仪，臣僚起居毕，读卷官奏讫，于左方依等甲唱名序立，阁使交收敕牒阁使引进互丹墀，依等甲序立，阁使称：有敕，再拜鞠躬。舍人宣敕：各依等甲赐卿敕牒一道，想宜知悉，揖拜，各跪左膝受敕讫，鞠躬皆再拜。各只候分引左右相向侍立，候奏事毕，引两阶上殿，就位，齐声喏，赐坐。酒三行起声喏如初，退揖出，礼毕，牌印郎君行酒，阁使劝饮。（《辽史》五十三《礼志》）

“进士赐章服仪，皇帝御殿，臣僚公服，引进士入，东方面西，再拜揖，就丹墀位面殿鞠躬，阁使称，有敕再拜，鞠躬，舍人宣敕，各依等甲赐卿敕牒一道，兼赐章服，想宜知悉。揖，再拜，跪受敕讫，再拜，退，引至章服所更衣，讫，揖，复丹墀位，躬鞠。赞：谢恩，舞蹈五拜。各只候殿东亭内序立，声喏坐，赐宴簪花，宣阁使一员，阁门三人或二人，劝饮终日，礼毕。”（《辽史》五十三《礼志》）

辽进士虽如上述之分科，然史册上并无分科中第人数之记载，惟有每届中第总人数之记载。兹由圣宗统和六年“诏开贡举”起始，依辽史本纪所记，列辽进士中第年届人数表如下：

**辽进士中第年届人数表**

| 帝号 | 年号及年次 | 中第进士领衔人 | 人数 | 备考 |
|---|---|---|---|---|
| 圣宗 | 统和六年 | 无 | 1 | 以下人数，其领衔人亦包括在内。《辽史》十二本纪 |
| | 统和八年 | 郑云从 | 2 | 《辽史》十三本纪 |
| | 统和九年 | 石用中 | 1 | 同上 |
| | 统和十一年 | 王熙载 | 2 | 同上 |
| | 统和十二年 | 吕德懋 | 2 | 同上 |
| | 统和十三年 | 王用极 | 2 | 同上 |
| | 统和十四年 | 张俭 | 3 | 同上 |
| | 统和十五年 | 陈鼎 | 2 | 同上 |
| | 统和十六年 | 杨文立 | 2 | 《辽史》十四本纪 |
| | 统和十七年 | 初锡 | 4 | 同上 |
| | 统和十八年 | 南承保 | 3 | 同上 |
| | 统和二十年 | 邢祥 | 6 | 同上 |
| | 统和二十二年 | 李可封 | 3 | 同上 |
| | 统和二十四年 | 杨佶 | 22 | 同上 |

续表

| 帝　　号 | 年号及年次 | 中第进士领衔人 | 人　　数 | 备　　　考 |
| --- | --- | --- | --- | --- |
| | 统和二十六年 | 史克忠 | 13 | 《辽史》十四本纪 |
| | 统和二十七年 | 刘二宜 | 3 | 同上 |
| | 统和二十九年 | 高承颜 | 2 | 《辽史》十五本纪 |
| | 开泰元年 | 史　简 | 19 | 同上 |
| | 开泰二年 | 鲜于茂昭 | 6 | 同上 |
| | 开泰三年 | 张用行 | 31 | 同上 |
| | 开泰五年 | 孙　杰 | 48 | 同上 |
| | 开泰七年 | 张克恭 | 37 | 《辽史》十六本纪 |
| | 开泰九年 | 张仲举 | 45 | 同上 |
| | 太平二年 | 张　渐 | 47 | 同上 |
| | 太平四年 | 李　炯 | 47 | 同上 |
| | 太平八年 | 张　宥 | 57 | 《辽史》十七本纪 |
| 小计 | 二六（届） | | 410 | |
| 兴宗 | 太平十一年（一时沿用） | 刘　真 | 57 | 《辽史》十八本纪 |
| | 重熙元年 | 刘师贞 | 57 | 同上 |
| | 重熙五年 | 冯　立 | 49 | 同上 |
| | 重熙七年 | 邢彭年 | 55 | 同上 |
| | 重熙十一年 | 王　实 | 64 | 同上 |
| | 重熙十五年 | 王　棠 | 68 | 《辽史》十九本纪 |
| | 重熙十九年 | 无 | 未记人数 | 《辽史》二〇本纪<br>但云：“御金銮殿试进士。” |
| 小计 | 七（届） | | 350 | |
| 道宗 | 清宁元年 | 张孝杰 | 44 | 《辽史》二十一本纪 |
| | 清宁五年 | 梁　援 | 115 | 同上 |
| | 清宁八年 | 王　鼎 | 93 | 《辽史》二十二本纪 |
| | 咸雍二年 | 张　臻 | 101 | 同上 |
| | 咸雍六年 | 赵廷睦 | 138 | 同上 |
| | 咸雍九年 | 无 | 未记人数 | 《辽史》二十三本纪<br>但云：“亲出题试进士。” |
| | 太康五年 | 刘　瓘 | 113 | 《辽史》二十四本纪 |
| | 太康九年 | 李君裕 | 51 | 同上 |

续表

| 帝　　号 | 年号及年次 | 中第进士领衔人 | 人　　数 | 备　　　考 |
|---|---|---|---|---|
| | 大安二年 | 张　毂 | 26 | 《辽史》二十四本纪 |
| | 大安六年 | 文　充 | 72 | 《辽史》二十五本纪 |
| | 大安八年 | 冠尊文 | 53 | 同上 |
| | 寿隆元年 | 陈衡甫 | 130 | 《辽史》二十六本纪 |
| | 寿隆六年 | 康秉俭 | 87 | 同上 |
| 小计 | 一三（届） | | 1023 | |
| 天祚皇帝 | 乾统三年 | 马恭四 | 103 | 《辽史》二十七本纪 |
| | 乾统七年 | 李　石 | 100 | 同上 |
| | 乾统九年 | 刘　祯 | 90 | 同上 |
| | 天庆二年 | 韩　昉 | 77 | 同上 |
| | 天庆八年 | 王　翚 | 103 | 同上 |
| | 保大三年 | 李宝信 | 19 | 《辽史》三〇本纪 |
| | 保大五年 | 李　球 | 108 | 同上 |
| 小计 | 七（届） | | 600 | |
| 总计 | 五三（届） | | 2383 | |

从上表看来，辽试进士，共五十三届，计录取总人数 2383 人，平均每届录取 45 人，并不为滥。至于三岁一试，亦不过原则而已，看圣宗统和中几乎每年皆试，亦有二年一试者，并非尽遵三年一试之规定。

金之贡举制度及所设科别，大致皆袭辽宋，有词赋、经义、策试、律科、经童各科。“策试”后罢，新立女真进士科，因试策论，称为“策论进士”。如史载：

> “金设科皆因辽宋制。有词赋、经义、策试、律科、经童之制。海陵天德三年，罢策试科，世宗大定十一年，创设女真进士科，初但试策，后增试论，所谓策论进士也。”（《金史》五十一《选举志》）

以上五科，可谓之常科，按期考试。但“词赋、经义、策论，中选者谓之进士，律科、经童中选者曰举人”（《金史》五十一《选举志》）。此外尚有“特赐同进士者，谓进粟、出使、回殁于王事者之类，皆同杂班”（《金史》五十二《选举志》）。非属正途也。兹分述如下：

△词赋，经义进士：此二科进士，系为汉人所设，应考人多，不能不定录取人数标准。于是“大定二十五年，词赋进士不得过五百人”（《金史》五十一《选举志》）。后有司言：“若会试止以五百人为限，则廷试虽欲多取，不可得也，上（章宗）乃诏有

司，会试勿限人数，文合格则取。”（《选举志》）故“承安二年至九百二十五人”（《选举志》）之多。因嫌大滥，“遂命取不得过六百人”（《选举志》）。时宽时严，总不是办法，于是章宗泰和二年，命定“会试诸科取人之数，司空襄言：试词赋、经义者多，可五取一”（《选举志》）。后成定制“词赋、经义五人取一”（《选举志》）。言及应试人数，最多一次系宣宗贞祐初，两科“赴会试者九千人；而取八百有奇”（《选举志》），则是十取其一矣。

词赋、经义两科进士，获其一，已可任官，但有为展露其才华，而连获两科者。如笔记云：

“杨尚书云翼，字之美，平定人，先擢词赋第，又经义魁。（金：刘祁：《归潜志》卷四）

“（麻九畴）兴定末，试开封府，词赋第二，经义第一，再试南省复然，声誉大振。”（《金史》一二六《麻九畴传》）

亦有人因考试不中而放弃应试，或舍仕从教。如史载：

“（李庆余）三至廷试不遂，因弃去。”（《金史》九十九《李革传》）

“（赵质）大定末举进士不第，隐居燕城南，教授为业。”（《金史》一二七《赵质传》）

更有人虽中第而不肯入仕者，如：

“王元朗……家世贵显，才高以诗酒自豪，擢第，得官辄归，不乐仕宦。”（金：刘祁：《归潜志》）

至于特赐进士，不必皆为进粟、出使、殁于王事等项，即因才行出众，亦可特赐。如：

“（章宗明昌六年三月）以郡举才行之士，翟介然以下三人，特赐进士及第，李贞固以下十五人，同进士出身。”（《金史》一〇《章宗纪》）

△策论进士：此科专为女真人所设，创于世宗大定初，考试时有优待办法，以免乡、府两试，只参加会试、御试即可。如史载：

策论进士，女真人之科也。始于大定四年，世宗命颁行女真大小字，所译经书，每谋克选二人习之。寻欲兴女真字学校，猛安、谋克内多择良家子为生，诸路至三千人。九年选异等者得百人，荐于京师，廪给之。命温迪罕谛达教以古书、作诗、策，后复试，得徒单镒以下三十余人。十一年始议行策选之制，至十三年始定每场策一道，以五百字以上成，免乡试、府试，止赴会试、御试。”（《金史》五十一《选举志》）

女真文字的女真进士题名碑

（采自世界历史シリーズ第12册79页）

后来女真进士“以策、诗试三场，策用女真大字，诗用小字，程试之期皆依汉进士例”（《选举志》）。章宗承安三年，又予以年龄限制，即限“女真人以年四十五以下试进士”（《选举志》）。然女真人虽免乡、府试程文，但须试武艺——（射技），如：承安三年定制，“女真人……举于府试，十日前，委佐贰官善射者试射”（《选举志》）。至于女真进士录取比率，章宗泰和中，言者以“策论绝少，可四取一”。后“遂定制，策论（进士）三人取一”（《金史》五十一《选举志》）。

无论汉人之词赋或经义进士，及女真人之策论进士，除正式考试外，皆有“恩例”，亦称“恩榜”。恩榜主在优待“老于场屋者”，规定：“五举终场，年四十五以上，四举终场，年五十以上者受恩。”（《金史》五十一《选举志》）适用“恩例”者，“所试文卷，惟犯御名庙讳不成文理者则黜之，余并依文之优劣为次”（《选举志》），不予再行汰劣。

△律科：律科，本为举人身份，《金史》九《章宗纪》仍称“律科举人”，惟《金史》五十一《选举志》，则称“律科进士”，想系误刻。此科主试律令，盖为培养知法明律之士，后又增试《论语》、《孟子》，以涵养其器度。如：

“律科进士，又称为诸科。其法以律令内出题。府试十五题，每五人取一人。

大定二十二年定制，会试每场十五题，三场共通三十六条以上，文理优，拟断当，用字切者为中选。”（《金史》五十一《选举志》）

“章宗即位，有司言：律科举人，止知读律，不知教化之原，必使通治《论语》、《孟子》、涵养器度。遇府、会试，委经义试官出题别试，与本科通定去留为宜，从之。”（《金史》九《章宗纪》）

△经童：金之经童科，在未成定制前，曾有一段发展过程，如史载：

“（太宗）天会八年时，太宗以东平童子刘天骥，七岁能诵《诗》、《书》、《易》、《礼》、《春秋左氏传》及《论语》、《孟子》，上命教养之，然未有选举之制也。熙宗即位之二年，诏辟贡举，始备其列，取至百二十二人，天德间废之。章宗大定二十九年，上谓宰臣曰：经童岂遽无人？其议复置。明昌元年，益都府申童子刘柱儿，年十一岁，能诗赋，诵大小六经，所书行草颇有法，孝行殊上成，乞依宋童子李淑赐出身，且加恩诏。……赐本科出身，给钱粟官舍，令肄业太学。”（《金史》五十一《选举志》）

经童旨在培育具有才华之学童，然是否有才？不能凭传说申请，必须加以检定，于是亦设制考试，其法，有最高年龄限制，及中式之标准。如：

“经童之制，凡士庶子年十三以下，能诵二大经三小经，工诵《论语》诸子及五千字以上，府试十五题，通十三以上，会试每场十五题，三场共通四十一以上为中选。”（《金史》五十一《选举志》）

## 四　中第初任官职

辽进士之初任官职，据《续通典》十八《选举》二载：圣宗太平中，多任为秘书郎及校书郎。兴宗时，优等者，则径任为右补阙，次则为太子中舍，按《辽史》列传所载，除少数分发至中央各行政机关任职外，其余则使之掌文教业务或州县幕僚工作。如史载：

（姚景行）博学，重熙五年，擢进士乙科，为将作监。（按：将作监，仿唐掌土木工匠之政。）”（《辽史》九十六《姚景行传》）

（王观）重熙七年，中进士乙科，兴宗崩，充夏国报哀使，还除给事中。（按：

给事中，唐属门下省掌封驳，辽门下有始事中之置，无识掌，盖如唐。)(《辽史》九十七《王观传》)

以上为任职中央行政机关者。又如：

(杨皙)幼通五经大义……太平十一年，擢进士乙科，为著作佐郎。(按：属秘书省著作局。)(《辽史》八十九《杨皙传》)

(耶律俨)本姓李氏……赐国姓……好学有诗名，登咸雍进士第，授著作佐郎。(《辽史》九十八《耶律俨传》)

(杨佶)幼颖悟异常……弱冠，声名籍甚，统和二十四年，举进士第一，历校书郎。(按：属秘书省著作局。)(《辽史》八十九《杨佶传》)

(窦景庸)清宁中第进士，授秘书省校书郎。(《辽史》九十七《窦景庸传》)

(刘辉)太康五年，第进士，大安末为太子洗马。(按：辽东宫有此官，乏职掌，唐掌东宫经史图籍，辽盖仿唐。)(《辽史》一〇四《刘辉传》)

以上为掌文教工作者。又如：

(张俭)统和十四年举进士第一，调云州幕官。(《辽史》七十九《张俭传》)

(刘伸)重熙五年，登进士第，历彰武节度使掌书记。(《辽史》九十八《刘伸传》)

(杨遵勖)重熙十九年，登进士第，调儒州军事判官。(《辽史》一〇五《杨遵勖传》)

(王鼎)清宁五年擢进士第，调易州观察判官。(《辽史》一〇四《王鼎传》)

(大公鼎)咸雍十年登进士第，调沈州观察判官。(《辽史》一〇五《大公鼎传》)

(马人望)咸雍中第进士，为松山县令。(《辽史》一〇五《马人望传》)

以上为任地方幕职州县官者。尚有一些进士中第后，史书未载其初任官职，惟云累迁某官。虽非初任官职，特附史例于此，以明辽进士之发展出路。如：

(杜防)开泰五年，擢进士甲科，累迁起居郎。(按：辽之门下省有此官而无职掌，唐掌录天子起居法度，辽盖仿唐。)(《辽史》八十六《杜防传》)

(杨绩)太平十一年进士及第，累迁南院枢密副使。(《辽史》九十七《杨绩传》)

(高正)统和初，举进士第，累迁枢密直学士。(按：《辽史·百官志》北南枢

密院无此官。疑即为枢密院之“林牙”，林牙，汉语为翰林，可能枢密院林牙，曾称过枢密直学士。(《辽史》八十八《高正传》)

(张孝杰)重熙二十四年，擢进士第一，清宁间，累迁枢密直学士。(《辽史》一一〇《张孝杰传》)

(赵徽)重熙五年，擢(进士)甲科，累迁大理正。(《辽史》九十七《赵徽传》)

(王棠)重熙十五年，擢进士，乡贡、礼部、廷试，对皆第一，累迁上京监铁使。(《辽史》一〇五《王棠传》)

(牛温舒)咸雍中擢进士第，滞小官，大安初，累擢户部使。(《辽史》八十六《牛温舒传》)

从上列进士累迁官诸史例看来，最高官有充“南院枢密副使”者，《辽史·百官志》虽无官品之记载，比照宋代枢密院官品，应等于“知枢密院事”，为正二品，可见汉人进士，虽在契丹人之政权下，亦有相当之出路。

金制，凡进士中第，几乎皆任地方之县令、丞、簿、尉，或幕职等官。废帝正隆以前，盖不分甲次，正隆以后，初任职事，皆分甲次高下除职。如：

凡进士所历之阶及所循注之职，(废帝)贞元元年制：南选，初除军判、丞、簿(从八品)，次除防判、录事(正八品)，三除下令(从七品)，四(除)中令、推官、节察判(正七品)，五(除)六(除)皆上令(从六品)。北选，初(除)军判，簿、尉，二(除)下令，三(除)中令，四(除)上令，已后并上令通注节、察判、推官。(《金史》五十二《选举志》)

正隆元年格，(进士)上甲者，初上簿、军判、丞、簿、尉，中甲者，初中簿、军判、丞、簿，尉，下甲者，初下簿、军判、丞、簿、尉。第二任，皆中簿、军判、丞、簿、尉。三四五六七任，皆县令。(《金史》五十二《选举志》)

(世宗)大定二十三年格，进士上甲，初录事，防判，二(除)下令，三(除)中令。中甲，初中簿，二(除)上簿，三(除)下令。下甲，初下簿，二(除)中簿，三(除)下令。试中策者，上甲，初录事、防判，二中令，三上令。中甲，初上簿，二下令，三中令。下甲，初中簿，二录事，防判，三中令。(《金史》五十二《选举志》)

(大定二十六年)遂定格，上甲，初录事、防判，二中令，三四五上令。中甲，初中簿，二下令，三中令，四五上令。策试进士，初录事、防判，二三四五上令。其次，初上簿，二中令，三四五上令。又次，初中簿，二下令，三中令，四五上令。下甲，初下簿，二下令，三中令，四五上令。(《金史》五十二《选举志》)。

以上诸史例，乃进士中第后初任职事的一般通则，实际情形如何？兹依金史有传可查，且有初任良职可考者，绘表如下：

**金词赋、经义两科进士中第初任官职统计表**

| 初任官职<br>出身 | 中央官 | | | | | | | | | | | | | | | | | | | | 地方官 | | | | | | | | | | 合计 |
|---|---|---|---|---|---|---|---|---|---|---|---|---|---|---|---|---|---|---|---|---|---|---|---|---|---|---|---|---|---|---|---|
| | 应奉翰林文字 | 奉御 | 太子洗马 | 太子校书郎 | 尚书省令史 | 尚书省掾 | 六部郎中 | 六部主事 | 左右司员外郎 | 御史台令史 | 监察御史 | 枢密院令史 | 都元帅参议 | 左右补阙 | 左右拾遗 | 太常博士 | 秘书省著作郎 | 秘书省校书郎 | 宣徽判官 | 小计 | 州军事判官 | 州判官 | 州录事 | 监录司判官 | 王府文学 | 县令 | 县主簿 | 县丞 | 县尉 | 小计 | |
| 进士 | 8 | 1 | 1 | 1 | 8 | 3 | 2 | 1 | 1 | 1 | 2 | 1 | 1 | 1 | 3 | 3 | 1 | 1 | 1 | 40 | 19 | 5 | 3 | 1 | 1 | 10 | 42 | 10 | 1 | 93 | 132 |

从上表看来，两种进士中第之初任职事，不专任地方州判县令、录事等官，起码三分之上人数，可任中央官。

至于“女真进士”，初任多除教授，盖使之传授女真士子以字学与经学。或分甲次任为县之令、簿。如史载：

女真进士，大定十三年皆除教授。二十三年，上甲，第二第三人初除上簿，中甲，则除中簿，下甲，则除下簿。大定二十五年，上甲，甲首迁四重，余各迁两重，第二第三甲，授随路教授。三十月为任，第二任注九品，第三第四任注录事，军防判，第五任下令，寻复合第四任注县令。……二十八年添试论后，皆依汉人格。(《金史》五十二《选举志》)

以上史例，乃女真进士初任官职之一般通则，实际情形如何？兹依金史有传可查且初任官职可考者，绘表如下：

**金女真进士中第初任官职统计表**

| 初任官职<br>出身 | 中央官 | | | | | | 地方官 | | | | | | | | | | | | 合计 |
|---|---|---|---|---|---|---|---|---|---|---|---|---|---|---|---|---|---|---|---|
| | 翰林待制 | 应奉翰林文字 | 尚书省令史 | 太常丞 | 太学助教 | 小计 | 路府教授 | 观察判官 | 警巡判官 | 防御判官 | 州军事判官 | 路统军司判官 | 路提刑司知事 | 县令 | 县主簿 | 州司候 | 仕州县 | 小计 | |
| 女真进士 | 1 | 2 | 8 | 1 | 1 | 13 | 11 | 1 | 1 | 1 | 1 | 1 | 1 | 1 | 7 | 1 | 1 | 27 | 40 |

从上表看来，女真进士中第后之初任官职，并不专任地方路府教授，及判官、令簿等职，尚有三分之一人数可任中央官。

至于“恩榜”进士之中第，亦有初授官职之规定。如史载：

恩榜，章宗大定二十九年，敕令：后凡五次御帘进士，可一试而不黜落，止以文之高下定其次，谓之恩榜。女真人迁将仕，汉人登仕。初任教授，三十月任满，依本路从九品法授。(《金史》五十二《选举志》)

言及“律科”及“经童”，身份较进士略低，初仕时，原则上亦皆卑于进士，如：“律科，经童，正隆元年后，初授将仕郎（阶称，秩为正九品下），皆任司候。”（《选举志》）到大定十四年，两种出身者初任官品再行压低，如“（大定十四年）遂定制，律科及第者，授将仕佐郎（阶称，秩从九品下）”，“经童亦同此”（《金史》五十二《选举志》）。按：金制，正式进士身份，其阶品：状元（进士第一名）授奉直大夫（从六品上）；上甲，授儒林郎（从七品下）；中甲以下，授徵事郎（从八品上）。较律科、经童之初授阶品皆高。(《金史》五十二《选举志》；五十五《百官志》)

## 五　结　论

余兹撰写《辽金贡举制度》，自然首须阅读辽金正史，读毕，有两点感怀。一、武力之强弱，足以决定政权之兴替；二、文化之高低，方能决定民族之继绝。盖契丹、女真两部族，崛起边陲，先后建国，曰辽曰金，金之灭辽，整军经武，屡次侵宋，宋不得不弃北部而南渡，且又低首下心以事金。迨蒙古兴起，灭金平宋，入中国本部，建立元朝，此间汉民族之政权虽堕，然文化仍绵延不绝。但契丹、女真不仅政治已替，其民族亦衰矣。是其故何也？即辽金尚武而无文。有武力固可建立国家，因无文化则不能延续民族。试就其“贡举制度”言，不惟外形上尽师唐宋之制，即考试之内容，亦以汉文学为本。诸如六经、十七史、孝经、论语、孟子及荀杨老子等，皆为试士出题之蓝本，如斯，日月积久，其文化而不汉化者未之有也。试举一例言之，如金哀宗时，参知政事斜卯爱实，“性好作诗词，语鄙俚”，有一次“自草括粟榜文，有雀无翅儿不飞，蛇无头不行等语”（《金史·斜卯爱实传》）。此“翅儿”便是北平地方之方音，就此可见女真知识分子汉化之程度矣。固然，契丹、女真皆能自制文字，但文字以能表达精深文化内容者为贵，而契丹与女真文字，皆不如汉文表达力之充实，故渐疏略其本身文字，而注意汉文矣。譬如金朝任用刺史、县令等地方官员，要求“须是曾习汉人文字然后方可”（《金史·纥石烈良弼传》）。又如国史院书写人员，无论契丹或女真人，以通汉文为任用要件。尤其金部族官员“谋克”之官印，则用汉文篆刻。从以上诸事例观之，均说明汉文化为辽金人所崇拜。亦正因其由衷崇拜汉文化，故其政权一旦替坏，民族自然趋于汉化矣。

原载中国台湾省《中国历史学会史学集刊》1973年第5期

本文有删节

# 宋代教育与科举的几个问题

李弘祺

## 一　读书人

宋陈均所撰《皇朝编年纲要》卷一，乾德四年五月“收蜀图书”条下引宋太祖曰：“宰相须用读书人。”《宋史·太祖纪》则录太祖对窦仪曰：“作相须用读书人。”日人荒木敏一认为“读书人”一词当始于此。① 荒木敏一的说法是否可靠，现在还不能断定，不过我们常用的“读书人”这个观念自宋朝而定形，则大概没有太大的疑问。

荒木敏一专研究宋代的考试制度。他认为宋太祖加意提高考试制度的地位，遂造成门阀世族的消灭，而开辟了寒畯出身的途径。这一来也就造成皇权的大力伸张及士人仰赖君权的现象。依荒木之见，则宋代以后，殆为“读书人”之中国。旧权贵大族相继陵夷而不复见，而由考试出身之官僚取而代之。荒木此说本无新意，日人内藤湖南、宫崎市定俱已言之，而国人孙国栋先生亦有长文论述。② 然考试制度地位之提高与读书人心理之关系则鲜有言及者，荒木之见犹足讨论也。今试自此点申引之。

宋太祖抬高考试制度的地位，这是大家所熟知的事。其原因太祖本人亦已明言：

> 国家悬科取士，为官择人，既擢第于公朝，宁谢恩于私室，将惩薄俗。(《宋会要辑稿》)

由此观之，则科举原意在主政当局言之似乎在示公平于天下，而其实质则欲痛惩私门。此点为北宋初年人所共崇信之见解。考试制度是否能达成所谓的“公平”，诚有可议，下将言之，然宋初文人则深信此点，初无可疑也。庆历名臣夏竦亦曾于其著作中论科举之制，批评唐人李德裕主张世族政治的见解，足见宋初人以为考试制度适足以维持

---

① 荒木敏一：《宋代科举制度研究》(京都：同朋舍，1969)，1-11。

② 孙国栋：《唐宋之际门第社会之消融》，刊《新亚学报》，四卷一期 (1959)，pp. 211-304。

"公平"的见解颇为流行。今稍录夏竦论李德裕之非进士论如次：

> 唐文宗议贡举曰："子弟寒门但取实艺。"宰相李德裕对曰："臣无名第，不合言进士之非：其祖尚浮华，不根实艺。朝廷显官须公卿子弟自小便习举业，日熟朝廷间事，台阁仪范，不教自成；寒士固不能习也。"……德裕许其浮华则可矣，至于言朝廷显官须公卿子弟，斯言之玷无仍甚欤。……子弟以嗣荫而受禄，士以历试而颁爵，历试之下，黜涉章明，故士之不肖者鲜矣。

在夏竦看来，黜涉章明，正是取士的最基本途径。

然专重公正原则自有其流弊，此不待言。宋初诸帝力行太祖之策，考试之际，先则弥封，次则誊抄，先在省试行之，次及于州县试，而复有搜身之举，关防不为不严。有关政府屡次下令整顿科场，防止舞弊之事见于《宋会要辑稿》者不可胜数，而违规者则仍历历可数；或为监试时舞弊，或于科场中作假。李昉①、曹迥②、王钦若③、陈尧咨④、欧阳修⑤、韩琦⑥、宋敏求⑦、吕祖谦⑧、秦桧⑨、谢申甫⑩等人皆曾于主试时利用其权势袒护他们所喜欢的考生，而苏轼及苏辙兄弟，"⑪ 陈傅亮及陈蕃叟⑫则于考场中互相通消息。则可见考场必有如市场。《宋会要辑稿》谓考试完了后，遗在考场的小

---

① 此事发生于太祖开宝六年（973A. D.），见《文献通考》，1936年商务《万有文库》本，80P. 2840同事并见《宋史》李昉本传；李焘：《续资治通鉴长编》用杨家骆之《辑本》（台北：世界书局，1965，用浙江书局本，并辑入《永乐大典》及黄道周所编《拾补》），卷第十四，即《永乐大典》卷12306，第十五页，以下简称《续长编》，卷数除特别指明外，用浙江书局本卷数；及《宋会要选举》，7/1ab。

② 此事发生于真宗天禧五年（1021年），见《宋会要·选举》，19/15b-16a。时曹迥以翰林学士知贡举。

③ 此事发生于真宗咸平三年（1000年），见《宋史》，283/2b-3。时王钦若为资政殿学士。并参见赵翼：《廿二史劄记》（台北：世界书局，1958），《宋科场处分之轻》，卷25，pp. 337-338。荒木敏一之《宋代科举制度研究》亦讨论此事，见该书pp. 258-261。唯荒木以此事系于太宗道年间（997—998）有误。

④ 此事发生于真宗景德元年（1005年），时陈尧咨为右正言知制诰。见《宋史》，284/8a；《续长编》，59/196。

⑤ 欧阳修与韩琦在试中特别推崇苏轼、苏辙兄弟，这虽是美闻，但从考试之追求公平言之，则为徇私。见刘元卿：《贤奕编》，《丛书集成》本，3/7b。

⑥ 同上注。

⑦ 此事发生于神宗熙宁九年（1076年），时宋敏求为龙图阁学士；《宋会要·选举》，8/35b。

⑧ 《宋史》，434/2b。又吴自良：《林下隅谈》，《丛书集成》本，卷4，pp. 41-42。

⑨ 《宋史》，156/6ab；《宋会要·选举》，4/6a。

⑩ 《宋会要·选举》，5/32ab。

⑪ 俞文豹：《吹剑录》（台北：世界书局，1963），卷4，pp. 93-94。此事在许多宋人笔记皆有记述。

⑫ 《宋史》，434/2b。又吴自良：《林下隅谈》，《丛书集成》本，卷4。

册子堆积如山，这和市场散市后，垃圾山积有何不同。大约宋初刚提高考试制度之地位，而制度未完全立好，故有法律空隙可乘，而产生这种现象。赵翼《廿二史劄记》曰："五代时虽有科场处分，不过降秩。宋初因之。……科场之例，亦太弛纵矣。"就是这个意思。但这是宋初情形，及中叶以降，考试制度越变越严格。李觏祖无择诗描写就考场关防之严厉历历如绘：

旷日及孟秋，皇慈始收试。崇崇九门开，窈窕三馆秘。
主司隔帘帷，欲望不可跂。中贵当枨闑，搜索偏靴底。
呼名授之坐，败席铺冷地。健儿直我前，武怒足防备。
少小能贤学，谓可当宾礼。一朝在槛井，两目但愕眙。

李觏这首诗大约写成于庆历五年（1045年），足见大概在这时候，考场的关防已经十分的严密了。兹将宋初几个比较重要的考场措施排列如下：①

一、太宗淳化三年（922年）诏："（殿试）糊名考校。"
二、真宗景德四年（1004年）正式设官掌管糊名封印。
三、仁宗明道二年（1033年）诸州解试开始实施糊名。
四、真宗大中祥符八年（1015年）省试置誊录院。
五、仁宗景祐四年（1037年）州县试实行誊录。
六、仁宗庆历元年（1041年）废公卷。
七、真宗大中祥符五年（1012年）重定考生搜身办法。

考场严谨之后，考生和考官之间的关系就完全断绝，而且理想是考官必须不认得考生。唐时的公卷，举子以考官为师的情形自然根绝。就所谓"公正"之原则观之，这个发展当然是值得欢迎的。但是考试制度变成这样子，举子和考官之间就等于是敌对的关系，从读书到考场作弊，无非都是要打倒考试的关防，以求进身之阶。而考官则代表的晋身的阶级，竭尽其所能来对付考生。另一方面，举子与考官之间因无机会认识，而所谓"夷考其性行"的理想便付之东流。对于第一点流弊，宋人已有察觉，但以明末王船山言之最切：②

语有之曰："得士者昌。""得"云者，非上必自得之以为己得也。下得士而贡上，固上之得也；下得士而臣自用之以效于国，亦上之得也。故人君之病，莫大乎

① 参看荒木敏一：《科举制度》，pp. 243-264。又《续长编》，133/3a；《宋会要·选举》，3/10b；5/26a。

② 王船山：《宋论》（北京：中华书局，1965），第一卷，pp. 7-9。

与臣争士。与争士，而臣亦与君争士；臣争士，而士亦与士争其类；天下之心乃离散而不可收。……大臣不以荐士为德，而士一失矣；师儒不以教士为恩，而士再失矣；长吏不以举士为荣，而士蔑不失矣。乃为之语曰："拜爵公门受恩私室，非法也。"……（于是）大臣不自信，师儒不相亲，长吏不能抚。于是乎纲断纽绝，而独夫之势成。……少陵长，贱妨贵，不肖毁贤，胥曰："吾知有天子而已。"岂知天子哉？知爵禄而已矣。

王船山这番批评宋朝考试制度的话虽然反映了他反封八股制艺的时代背景，但是基本上考试制度所形成的"知爵禄而已矣"的社会心理确已经在宋朝时形成了。但是"知爵禄而已"的心理自古已有，苛责宋人未免太过。所需注意的是宋人在考试制度要求所谓公正下所形成的特别的现象。

原来在唐朝时，进士明经科目之试虽然重的是诗文与背诵，基本上与宋朝的科目内容无大差异，但唐时自科举出身的士宦其数目甚小，据统计在唐朝官僚中大约仅有百分十五是科场出身的明经或进士。① 其他官吏则出自他途，而其中自然大部分是嗣荫出身。这种制度的好处当然是这些官吏候选人可以不用花费太多时间在诗文背书之上，而在他们未正式踏上仕途之前就有机会见习行政之道。宋朝大量用举子后，每位新官上任的头数年等于花费在揣摩治道之上，浪费国家公帑颇巨；以后及格的举子多被派在县丞之职，形成一种训练的制度。② 这种现象在考试制度地位提升之前似乎比较少见。而尤有进者，唐朝大部分的官吏候选人既然不用花费太多的精神在诗文之上，他们用在培养其他才艺的时间也就较多。例如唐时的书画之学，隶属国子监，贵胄子弟多游学其间，是悠游致艺的地方③；而宋之书画之学时断时续，到徽宗以后，因改变从属关系，成了训练专人的地方④，"依于仁，游于艺"的理想被彻底破坏。职是之故，唐朝的贵族举子颇能显出多才多艺的气质，而唐的文化也明显是活泼的；相形之下，宋朝的举子就比较缺乏这种多艺的气质，也显得是文绉绉的。之所以如此，无非是宋朝为维持考试制度之公正，不能不注意考试的形式，讲求背书，重视声律。甚至订出详赡的评分办法，点捺之漏，避讳之疏，文长之限都有一定的加减分办法。⑤ 在这种多重防患，注重诗文背诵的死板方法之下，考生自然被窒碍压迫到显出又呆板、又木讷的样子。而因为专意读

---

① 此点承 Denis Twitchett 告知。其材料将于 *Cambridge History of China* 登出。

② 参见《宋会要·选举》第二篇，全篇皆系殿试及格者任官之情形。又参看 Brian McKmigh "Administrators of Hangchow under the Notthern Sung"，刊 *Harvard Journal of Asiastic Studies* Vol. 30 (1970)，p. 201。

③ 唐代之教育制度请参看多贺秋五郎：《唐代教育史研究》（东京：不昧堂，1953）。并参考高明士：《唐代的官学行政》，刊《大陆杂志》，卷 37，第二期（1968），pp. 39-53。

④ 参看铃木敬：《畫学を立中心とてた徽宗畫院の改革と院體山水畫様式の成立》，《东洋文化研究所纪要》，38（1965），pp. 145-184。

⑤ 曹兴仁：《宋代文官考选制度》（台北：政治大学硕士论文，1968），pp. 112-125 引有仁宗时代的详细阅卷办法，惜不知引自何处。

书，把人生最富学习能力的青年时代都花在背书及学习声律之上，因此这些人常常是对世事十分隔阂，身无长技的标准“读书人”。

从统治君王的观点看来，这种“读书人”真是好用极了——他们已经把生命里最宝贵的时光投资在准备考试上面了，他们所追求的一旦达到后当然要竭力去保护，因为他们一身无长技，万一自官场贬落，那么后果一定是不堪言。考试制度把社会上升的途径紧紧限在仕途，仕途出身的报酬又是那么高，而一旦无法入仕或官场失意则谋生唯艰，这种制度作为政治的工具真是厉害极了。

在这种考试制度下准备应科举的士子可以说便是读书人——穷半生之精力读书，竭心智以击败其他士子及考官，而一身无长技，只希望从官场去得报酬。我现在把洪迈在《夷坚志》里记述的陈尧咨在准备考试时那份处心积虑的样子抄在下面：

> 建宁城东，梨岳庙，所事神：唐刺史李频也。灵异昭格。每当科举岁，士人祷祈，赴之如织。至留宿于庙中以求梦，无不验者。浦城县去府三百里，邑士陈尧咨苦贫、惮费，不能应诏。乃言曰：“惟至诚可以感天地，动鬼神。此中自有护学祠，吾今但斋香纸谒之，当获丕应。”是夕，宿于齐，梦一独脚鬼，跳跃数四，且行且歌曰：“有官便有妻，有妻便有钱，有钱便有田。”尧咨既觉，遍告朋友，决意入城。其事喧播于乡里，或传以为戏笑。秋闱揭榜，果预选一举登科。

这位陈尧咨甚至于考上了咸平三年（1000年）的省试及殿试的榜首，可以说是满足了他在梨岳庙的祷祝了。然而他那“读书人”的德行并未因此断绝。景德二年（1005年），他以右正言知制诰主持该年的殿试，竟然“教（三司使刘师道弟）几道于卷中密为识号”，准备给刘几道额外通融。这件事情后来被查到了，陈尧咨被贬当郓州的团练副使①。这就是芸芸读书人中的一个例子，而且还算是得意的一个。

从考试制度地位提高后所形成的一种新的读书人的面目，后代人奚落的也很多了。如《儒林外史》中所描绘的是再逼真不过了。明清以后不得志的举子，以教村塾替人撰写书牍对联为生②，而身无长技，这种情形可以说自宋已开始。

## 二　公正的原则与德行的考察

上面讲到宋朝考试制度的精神中有一个重要的原则，即所谓“公正”的原则。这

---

① 《宋史》，284/8a；《续长编》，59/196。

② 宋时已有教书先生为人撰写书牍之例，政府虽每下令禁止，而实禁止不了。参看《宋会要崇儒》，2/39b，2/28a。宋时教书先生甚且有“行”，唯其详则不可知。见彭大雅：《黑鞑事略》，文英楼《舆地丛书》本（1908），2/3b。

种“公正”的观念可能在宋朝整个政治权力的运用里确有其存在的重要性。五代之后，割据的局面及分崩离析的权力结构都必须重新整顿，因此从统治者的立场言之，标榜“公正”的原则，奉行“公正”的政治可能有其时代的需要，而这种需要遂成了考试制度的背景。这种追求“公正”考试的事情包括两个意义，第一个当然是上述所谓“提拔”平民的希望，这种希望太祖有之，其后诸帝亦常言及，如真宗大中祥符三年(1015年）于殿试时取了蔡齐为进士榜首。考定后，真宗问主考官王旦说：“有知姓名者否?”考官们回说没有。真宗高兴地说：“人无知者，真所谓搜取寒畯也。”① 这就是一个实例。② 第二个是一种地域上的合理安排。南北人之争自古已然，而宋时犹如故，即王安石变法时，出身地域的不同也是党争的口实之一，可见其情形之一斑。③ 准此之故，宋既严格推行州县考试，遂创立州县试解额的制度。④ 所谓解额的办法，就是希望把有资格参加礼部省试的州县举人作一种平均的分配。本来州县试题既然由中央统一出题，大家凭实力考试，就不可计较所谓的分配问题，故严格言之，解额的办法与“公平”原则是相抵触的；可是从地缘政治的观点言之，它却能造成地域间势力消长的平衡，造成全国各地区的平均发展。⑤ 考试制度在这两种因素的影响下，便以“公正”的姿态在宋朝奠下了隐固的基础。

---

① 《续长编》，84/9a。

② 参见《续长编》，83/8b-9a：上谓宰相曰：“近岁举人，文艺颇精，孤贫得路……。”

③ 用地理因素来说明经济利害之冲突，而酿成新旧党争的有宫崎市定：《北宋史概说》，在其《アぇいア史研究》（京都：京大东洋史研究会，1957），卷一，pp. 228-291。

④ 有关解额制度请参看荒木：《宋代科举制度研究》，pp. 102-150。唯该书虽以大幅讨论此制度其详情及意义仍不甚凸显。

⑤ Edward Kracke 曾谓考试制度的优点是它能正确地反映地方发展的自然趋势。其实解额制度之设计是十分巧妙的，它的目的是希望能制造一种近乎合理的地域间势力之平衡。宋朝因此常常增加偏远地区的解额，好使这些地方的青年得有较佳之出路，其详可参阅《宋会要·选举》，14/13-16-37为此之故，宋代人常为解额之分配而争吵。其最著名者自然是欧阳修与司马光于治平元年（1064年）之争，司马光基本上同意解额之制度，但他觉得在省试（礼部试）中，西北地区的学生仍无法与东南及京师地区得解的学生相比，因此建议连礼部试亦应实行配额制度。但欧阳修反对此议，认为东南及京师地区得解举人所以能在礼部试比西北地区的学生有更佳之表现是因为他们通过较严格的考核。东南地区的试子多，相较之下，得解之机会比西北地区的试子难了许多倍。欧阳修因此建议维持地方州县试解额分配，而省试采取公开竞争的办法。与此争类似而较不为人注意的（就我所知，尚无人用过这条材料）是郑洵与刘敞于大约同时的争论。郑洵提议州县解试应全国用“十解一”之统一比例决定解额。换言之，郑洵是希望完全废止解额制度。刘敞反封此议，认为这方法会徒使东南地区的士子大大增加其得解（进而出身）的机会，造成地方之偏颇，不平衡之发展。由此可见解额制度之重要性。考试制度能正确地反映全国地方势力之消长实由此解额制度效能之有效发挥。Kracke 之意见在 *Civil Service in Early Sung China*, 960-1067（Cambridge, Mass: Harvard University Press, 1953）, p. 69; “Region, Family and Individual in the Chinese Examination System”, in John K. Fairbank ed.: *Chinese thought and Institutions*（Chicago: University of Chicago Press. 1957）, p. 258。司马光之意 见见《司马温国文正公文集》，《四部丛刊》本，卷30，p. 262。欧阳修之意见见《欧阳修全集》（香港：广智书局用《国学基本丛书》本重印），卷四（奏议集），pp. 265-266。郑洵与刘敞之争，见刘敞：《公是集》，《丛书集成》本，卷33，pp. 403-405。

"公正"的原则悬为理想，雷厉风行时，自然就生了流弊。上面已经谈到第一种流弊，现在继续谈第二种流弊：那就是考官失去了考察举子德行的机会。本来悬科取士一定要讲究观察考生的履行，了解其平日的德业，这一个观念在中国早已有之，并不自宋而始，因此过分重视声律背诵，糊名誊抄，致不能取考生之行实，其弊病很容易看出来。那么为甚么北宋初年却没有人认真讨论这个问题呢？这一方面是因为讲求"考试公正"实有其时代之背景，而另一方面则是因为北宋思想发展的过程，必要待北宋中叶才能提出德行主义的观念。

北宋初年之文艺学术多抄袭唐末五代之遗风，颇乏新意，此点自宋人以降，言者已多，毋庸赘述。一方面国家尚在草创之初，无力鼓吹文艺，而另一方面则因数代之零落，故一切见解多只能抄袭。但是这种情形到了太宗统一全国之后逐渐有了改变，首先有创新的是文艺的理论，即古文之说。发其意者如柳开，穆修、王禹偁。在早期的这些古文作者的观念中，虽然已经有"道学家文以载道的口吻"①，但是这些作者所关心的毋宁是切近的问题，即如何能从骈文俪偶里解放出来，至于所谓"道统"的观念则尚未完全形成。即有因古文文论而排击释道之举，亦因柳开、穆修及其门人距政治中心太远未能形成显著的影响。宋初大官而有文名者殆寇准一人而已，不若庆历以后诸臣之扬名词章。尤有进者，则这些古文家的文论亦颇切实用，清顾祖禹所谓"文须有益于人"或今人郭绍虞所谓"政治家之文论"②，即此之谓。

真宗以后，仁宗初年，宋朝社会弥漫一种"致用"的风气。古文论中有"夫所以观其德也，亦所以观其政也"③ 的"经世"思想，教育学说中亦有胡瑗的分学舍为"经义"、"治事"两斋的说法。④ 这就是说仁宗就位前后，宋朝的思想界确有一种比较讲究实用的"功利"想法。在欧阳修的《正统论》里，我们可以看出这种比较"现实"的议论。原来中国人讲正统的每每依附历数，讲求时间上的传承，所谓正闰之说是。⑤ 其中心的课题是如何用一套圆满的五行历律的学说来替统治者的地位作合理的解释。表面上它所处理的观念是服色、五德、音律、正朔及朝代的传承问题，骨子里则是替统治者讲话。这两者之间自然产生了不可避免的矛盾。从汉初张苍、公孙弘之争⑥，及于两晋南北朝习凿齿、魏收、李德林之论⑦，正统论依附于运数历律的见解早已破

---

① 郭绍虞：《中国文学批评史》，上卷（上海：商务，1947），p. 308。

② 同上，pp. 310-318。

③ 柳开：《河东集》，《四部丛刊》缩印本，《上王学士第四书》，卷五，p. 32。

④ 《四部备要》本《宋元学案》，1/16。

⑤ 陈芳明：《宋代正统论的形成背景及其内容》，收在杜维运与黄进兴合编：《中国史学史论文选集》（台北：华世出版社，1976），上册，pp. 387-401。另饶宗颐教授亦有专书论正统，近将由香港龙门书店出版。

⑥ 司马迁：《史记》（北京：中华书局标点本，1969），卷 26，p. 1259。参考顾颉刚：《五德始说下的政治与历史》，原刊《清华学报》，第六卷，第一期（1930），pp. 71-268，今由香港龙门书店刊作单行本（1970）。

⑦ 魏征等：《隋书》（北京：中华书局标点本，1973），ch. 42，pp. 1195-1197。又参看 43。

产。但是到了唐代仍然有许多作家热衷于此学，希望从历史演变中找出一种“数字论”的学说来推求正统传承的真相及其规律。虽然这当中已经有比较落实的见解，不谈历算，而纯粹以道德的观念来处理这问题的，如皇甫湜等人①，但一般言之，正统的观念仍然和“正朔”、“正闰”等历数的观念交缠不清。及于宋初，《册府元龟》有所谓“闰位部”的分类，而张方平论正统时仍有所谓“南北正闰”的说法②，都证明正统观念受历算之学的影响。

但是这种情形到了仁宗初年也有了改变，如欧阳修在他的两篇《正统论》里，便指出传统正统论的缺点，而提议一种比较踏实的看法，认为应把“统”解为“统一”而不是“传承”。因此“统”是可以断绝的，所谓“大且强者谓之正统，犹有说焉。……其或始终不得其正，又不能合天下于一，则可谓之正统乎？……则正统有时而绝也”。那是。可见欧阳修的《正统论》里，依附历数之学，讲究时间的承续性已让步给讲究“大”、“强”的现实说法，而只承认空间的统一性了。欧阳修因此说：“其恶秦而黜之以为闰者，谁乎？是汉人之私论。”彻底地否定了时间分段中的价值色彩了。与欧阳修见解相近的同代人还有张方平，而稍后则有司马光等。③

从古文复兴及正统论中所表现出来比较实际而多少带有功利的见解是仁宗初期的一般风气。向来注意到北宋这个实用主义风气的人已不少，故此处仅略叙过为止。④ 但是这里不能不注意这个实用风气对宋朝教育及科举的影响。上面已提到胡瑗的分学舍为“经义”、“治事”两斋的办法，这是谈北宋教育的人所乐谈的一件重要的事。而科举方面，则有强调重策论，轻诗赋的说法，而试文应重治道，轻诗律的见解也逐渐兴起。⑤推究这些观点，则显然一种新的、讲求事功及实用的精神确是呼之欲出。⑥

可惜这个要求从传统的束缚里解放出来，好追求一种比较踏实而可用的途径的风气却造成了一种过分热诚的，不必要的竞争，乃至于党争。宋朝党争现象之复杂并不是这里所能处理的，但是这里可以指出的是党争现象的形成多少也是因为皇权高张后的结果——士人奔竞争宠，凡是可以攻击对方的口实都加以使用。党争之余，又加上了西夏

---

① 皇甫湜：《东晋元魏正闰论》，在董诰编：《全唐文》（台北：华文，1965据1814年版影印）卷左686，12b-14a。

② 张方平：《宦者》，在《乐全集》（《四库全书》珍本第一辑），7/6a-9a；《南北正闰论》17/13b-17a；《君子大居正论》，17/15b-17a。他如夏竦、苏东坡、欧阳修、章得新、司马光、陈师道、廖行之等人都有论正闰关系之文字。

③ 张方平：《乐全集》，卷七，《宦者》；卷十，《皇族试用》；卷十七，《南北正闰论》。司马光，《答郭纯长官书》，在其《文集》卷六十一，pp. 458-459。

④ 萧公权：《中国政治思想史》（台北：“中华文化出版事业委员会”，1954），第四册，pp. 449-461。

⑤ 金中枢：《北宋科举制度研究》，在《新亚学报》，六卷第一期，pp. 205-281；第二期，pp. 163-235。参看第一期，pp. 228-237。

⑥ 萧公权：《中国政治思想史》（台北：“中华文化出版事业委员会”，1954），第四册，pp. 449-461。

的独立及入侵，国家在内忧外患之际，情势于是有了改变。原来刚形成的比较实用的精神，在萌芽之初就受了摧残。这是宝元、康定及庆历初年的事（1038—1041 年）。

新的局势是一种高张的道德意识。它反映在文学理论的就是从古文学说中推展出“文统”与“道统”的结合，由欧阳修与梅尧臣等人初创而由石介发扬光大。在经学里头，最带有浓厚道德主义色彩的《春秋》也抬了头，讲论褒贬，发其幽微的有如孙复、胡瑗等。在政治上，稳健派的吕夷简、夏竦连连遭受攻击；急进的范仲淹及石介等人则利用谏院作政争工具而爬上政治的尖峰。这中间最可注意的是欧阳修和胡瑗。他们本来都是比较温和而讲究功利的；在他们的思想里，“泛道德”的观念并不特别浓厚。不过在这一股道德主义的激流中他们自然也免不了有比较严肃的“修德行”之作，故欧阳修早些还有替“党”下新义的《朋党论》，而在庆历二年却写出了极合于道德主义的《本论》。不过大致言之，胡及欧阳两人究竟保持了一种比较踏实的“实用”观念。这就是范仲淹在稍后推行其改革计划时没有邀请胡瑗的原因。① 而到了庆历元年，欧阳修和范仲淹也仍是泛泛之交。这都证明新的“道德主义”作风的力量。利用这个力量最积极的自然是石介。他不仅热烈倡导富有战斗精神的古文，把早已被攻击而已衰落的杨亿和他的西昆体继续大肆攻伐，还在朝廷里大张旗鼓，区分君子小人，在范仲淹当政时，写成了《庆历圣德诗》，大大得罪了一批人。而以夏竦所受攻击为最厉害。这个现象显然是“道德主义”流波所及的结果。

相同的，受了风气影响，考试和教育制度又被提出来检讨了。新的观点强调德行的陶养，这是从注重事功的观点又进了一步。如果我们比较真宗末年仁宗初年讨论科举的文字和庆历四年欧阳修与宋祁等人奏请兴学的劄子，马上可以看出新的重点是强调“檄名实，察履行”② 的。

由是观之，从宋初的讲究“公正”原则而带有地缘的政治色彩的考试制度，到了中叶时因风气之移转，及教育目的的检讨转变成重视德行之陶养。过分严格的形式“公正”主义在道德主义的攻击下显出了缺点。例如沈迈（沈括之堂兄）便曾攻击糊名誊抄之法，说这些办法“甚非国家选贤官材之本意也。此盖当时建议者务为苛细，以希一时，固不及知天下之大公，国家之远体矣”。③ 从沈迈看来，糊名誊抄这些看似“公正性的办法，适足以妨碍考试制度最基本的精神——即考核名实。这样的“公”实不足称为“公”；“天下之大公”被忽略了。

庆历四年范仲淹的变法中有关教育及考试的部分便特别重视所谓“使士皆士著而

---

① 一般所谓范仲淹于庆历更革时下湖州取胡瑗教学法施之于太学，实无此事。最先这样讲的是欧阳修，在他所作的《胡瑗墓表》。此实为溢美之词。胡瑗在庆历更革之际，与范、欧等人并无直接来往。欧著《胡先生墓表》见其《全集》卷二，pp. 11-12。

② 参看欧阳修等人在庆历四年三月所上的《详定贡举条例》，载欧阳修，《全集》，卷四，pp. 198-199；又见《续长编》147/9a-10a。

③ 沈迈：《代人奏请更定科场约束状》，在《西溪集》（《四部丛刊》本），卷七，pp. 67b-69a。

汲之于学校，然后州县察其履行，则学者修饬矣”①。以便能达到真正提拔才德的目的，庆历改革的教育及科举部分今不详述②，仅提出其中有关考察性行的措施：

一、在国子监及新设的大学里，学生必须住校学习五百天以上始可参加科举。已经参加过考试落第的，则需留校三百天以上始准再参加考试。③

二、在大规模新建的州县学校中，学生须在学三百日以上始准参与考试。而学生入学须有两位曾参加过礼部考试的人（到省举人）保证，证明这位学生“无不孝不悌逾滥之行，及不曾犯刑责或曾经罚赎而情理不重”。④

三、地方州县考试，“但令本处官属保明行实，其弥封，誊录一切罢之。”⑤

这几个措施明显地都是针对过分形式化的考试办法的。消极地，庆历改革的主持人希望可以把弥封、誊录等办法取消，好让考官能考察考生；而积极地，他们希望通过学校教育来训练真正的人才。同时，长时间的考察学生的行为也比只在考场品评为佳。

可惜，范仲淹、宋祁等人这样的理想并不能切实被实行。庆历变法只推行不到一年，学生在学的规定以及废止弥封、誊录的办法就都被推翻了。⑥ 这些措施被放弃固然是因为党争的关系，但是我们不能不承认在考试之公平与德行的考察之间，确实存在着一种矛盾。

范仲淹的下台代表着气焰过分高张的德行主义受到暂时的挫折。在庆历变法后到神宗起用王安石之间，宋朝政府主要由比较稳重的大臣如韩琦、富弼或张方平领导。激进分子如孙复已被逐下台。石介在范仲淹正当要失势时突然去世，他死后还遭受清算，可见他得罪人之深。⑦ 张方平原也是同情范仲淹的，但他在范仲淹下台后不到半年，便指着石介骂说：“至太学盛建，而讲官石介益加崇长，因其好尚寖以成风。以怪诞诋讪为高，以流荡猥琐为赡。逾越绳墨，惑误后学。”⑧ 于是参与庆历改革的人一时销声匿迹，一切考试及教育的办法都恢复旧观。

## 三　考试制度的问题

庆历变法失败以后的二十年间，强调考察德行，严核行实的主张暂时被压了下来。

---

① 参看欧阳修等人在庆历四年三月所上的《详定贡举条例》。

② 参看金中枢前引文及刘子健：《欧阳修的治学与从政》（香港：新亚研究所，1963），pp. 162-190。

③ 马端临：《文献通考》（《万有文库》本），卷四十二，p. 395。

④ 《宋会要·崇儒》，2/4a-2/4b。

⑤ 《续长编》，164/3b-5a。

⑥ 《续长编》153/lab；164/3b-5a。

⑦ 参看《续长编》，150/lab-14a；157/9a-10a. 许毓峰：《石徂徕年谱》，《责善半月刊》，卷二，第二十期（1942），pp. 58-77。

⑧ 《续长编》，158/4b-5a。

但是存在于考试制度里头的这个矛盾并没有解决。何况科举的问题又不仅于此？上面已经讲过科举制度竭力要讲求所谓的“公正”。本来这所谓的“公正”只是考试技术上维持制度本身合理及健全的手段，没有特别的深意。但是宋朝的科举却令人觉得是建立在一个全社会不论贫富都可以参与竞争的“公平”原则之上，而实际上考试制度中“解额”的规定似乎也是朝向“机会均等”的理想来推行的。于是考试制度的优点就从所谓的“公正”进而成“社会机会均等”了。几百年来，考试制度被称颂的无非就是因为大家认为这个制度弊病虽多（常常不“公正”），但究有可取，因为很公平。即如今天，许多受过社会学训练的学者仍喜欢用“社会流动”的理论来肯定中国考试制度的“公平”，因为它确实刺激了相当程度的社会流动。①

“社会流动”的观念是20世纪初索罗金（Pitirim sorokin）创出来的。他认为一个社会如果其“社会流动”率大的话，那么这个社会就是比较开放的，也是机会均等的。②他并进一步认为“现代化”了的社会通常是开放的，因此大幅度的“社会流动”是“现代化”社会的一个现象。索罗金的说法已受到许多修正，许多人并指出高度的社会流动率并不仅限于现代社会，在传统社会如中国明清两代或西洋中世也有高度的社会流动。③ 不过，基本上大家都多少同意说高度的社会流动是代表一个社会走向“机会均等”理想的表现。

何炳棣先生研究明清社会的流动时便指出这两个时代的中国社会大致上是具有相当流动性的，因此可以说考试制度确实能有效地满足“机会均等”的理想。④ 就宋朝言之，美国汉学家（Edward Kracke）研究了绍兴十八年（1148 年）及宝祐四年（1256 年）两年的登科录，亦指出考试制度颇为符合公平竞争的原则。⑤ 最近陈义彦统计宋史 1953 年个人的家世，也归结说宋朝布衣入仕的人占了百分之五十五点一二（55.12%）。⑥ 陈先生的统计中把所有在宋史上无谱系的人都列为布衣，这一点是可以争论的。但如果把这些人除掉（计有 471 人），那么仍然有百分之三二点五三（32.53%）是布衣出身的。这个比例很接近何炳棣研究所得的明朝的社会上升流动率

---

① 最典型的名作即何炳棣教授的 *The Ladder of Success in Imperial China*（New York：Columbia University Press，1962）。

② Pitrim Sorokin：*Social and Cultural Mobility*（Glencoe，Ⅲ：Free Press，1959），p. 182.

③ 参看何炳棣 *The Ladder of Success in Imperial China* David Herlichy：“Three Patterns of Social Mobility Medieval History”，in *Journal of Interdisciplinary History*，Ⅲ：4（1973），pp. 623-647。

④ 参看 *The Ladder of Success in Imperial China*，并参看其所作“Aspects of Social Mobility in Imperial China”，刊 *Comparative Studiel in Society and History*，Vol. 1，No，4（1959），pp. 330-359。

⑤ Edward A. Kracke：“Region，Family and lndividual in the Chinese Examinatien System”，in John K. Fairbank（ed.），*Chinese Thought and Institutions*（Chicago：University of Chicago Press（1957）. pp. 251-268。

⑥ 陈义彦：《从布衣入仕论北宋布衣阶层的社会流动》，刊《思与言》，卷九，第四号（1972），pp. 244-253。

(百分之三十点二，即 30.2%)。① 因此我们可以认为考试制度下的考生确有相当大的流动性。

但是现在我们必须把考试制度一个很重要的特点指出来。从宋太祖特意把科举的地位提高以后，考试出身的举子真是如天之骄子。从此以后就可谓“发达”了，举凡财产、土地、妻妾都享有极大的机会占有。整个社会变成受科举所支配，而以其他途径赚钱发财的，即使家财万贯，如没有科名，便没有社会地位。简单说，社会把绝大多数的报酬、荣誉及地位都给了这一群为数甚小的当官的人了。这个现象从宋朝开始形成。

既然产生真正直线社会流动的机构只限于考试制度，而在其他行业里即使有升降现象也被忽视，那么我们可以说宋朝以后实行科举近一千年的中国是一个“单线社会流动”的社会。换句话说，在科举制度下的中国社会是一个把最好及最大数量的报酬归给一小数目的官员，而绝大部分的平民只分到微不足道的奖赏的社会。

理论上，所有的人都有相等的机会去取得入仕的权利，但是在事实上，能真正达到那目标的人却很少。竞争越来越厉害，唐时考上进士固然十分困难，但考取明经则颇容易，一般地说，考试及格的人（包括明经与进士）相当的年轻，但是到了宋朝，考试及格的人，其平均年龄已迟到 29 岁乃至于 31 岁。② 再加上考试所习的艺业除应付科场外，在社会上用途很小，如果一再应考而不能成科名，那么后果实在苦不堪言，决心受系统的教育，专意参加考试变成了一件很大的事。在准备上可能要花上一二十年的功夫；这中间所需的毅力和勤劳很大。更进一步说，财资的预备也必须充分。最后，万一考不上，最好经济上还是有退路才好。

由此看来，考试制度虽然打破了贵族控制上层社会的局面，但是对于贫穷的子弟，它的用途似乎很是有限。一般地说，除非有人资助（例子倒不少)，那么要长期不事生产，刻意读书也确实十分不容易，恐怕还是家资富饶的人占优势吧。

不管如何，在“单线社会流动”的社会里，由社会公认的唯一途径上升的人数很少，而其他人又没有甚么显著升降的情形，则这个社会只能说在那一途径上是机会均等而已。就整个社会言之，这社会并没有甚么“公平”。

进一步言之，“公正”和“公平”确是两个不同的观念。就哲学上说来，自亚里士多德以来就已指出“公正”（impaxtiality）和“公平”（justice，equnlity）是两回事，不能混为一谈。③ 现在细考宋朝以降的考试制度，则马上可以发现这个制度是建筑在

---

① 何炳棣：Ladder of Success，pp. 107-113。明清两代布衣入仕的平均为 30.2%。

② 此系根据翁同文：*Répertoire des Dates des Hommes Célèbres des Song*（Paris：Mouton & Co.，1962）一书之资料统计而成。Edward A. Kracke 据上述绍兴十八年及宝祐四年登科录所作统计则为 35.64 或 35.66。

③ 参看 Felix E. Oppenheim：“Equality：the Concept Of Equality”，in *The International Encyclopaedia of Social Sciences*（New York：MacMillan and the Free Press，1968）；又参看 Frederick A. Olafson：“Introduction”，*Justice and Social Policy*（Englewood Cliffs，N. J.：Prentice-Hall，Inc.，1961），pp. iv-viii。

"公正"的原则上，它和社会的正义与公平并没有严密的关系。

考试制度的彻底实施使社会分成了上下两截，在上的一小部分人享有绝大的社会报酬，在下的大部分人只能分配一小部分的社会财富及权利地位。在理论上，在下的人都有机会上升，但在实际上，上升的机会很小。另一方面，在上的那一小部分人的组成却不稳固，流动率很大。这情形只表明了他们地位的不稳定而已。这个现象正是"单线社会流动"的社会的一个特点。这样的社会因为是单元而不是多元的，因此它虽有高度的社会流动率，却不能说是"开放"的。①

统治者就利用考试制度来牢笼士人，用极大的报酬奖赏给很小数目的人。他又把考试的门户开放，利用高度的竞争，使这小数目人的组成经常流动，使他们不能结合成可以对抗君权的力量。考试制度成了控制政治及社会的有效工具。其为用也大矣。从统治者的立场言之，考试制度能阻碍"多元社会"的发展，使君王可以随心所欲地控制在他身边的官僚们。考试制度因此是传统社会里一个有用的政治制度。就社会上言之，既然社会往上升的途径几乎仅限于科举入仕，则科场如能维持公正也很满意了，谈不上批评这个制度的不公平。不公平是社会的不公平，并不是考试制度本身的不公平。考试制度既然公正（虽然常常也是不公正的），那么它就成了一个可靠的社会制度。这就是考试制度的真象。

如上所述，考试制度是君王的一个控制士人的工具，它虽是公正的，却不能促进全社会真正的机会均等。考试制度又解决不了"考察德行"的理想，而且对教育没有贡献，那么这个制度当然要受批评了。庆历变法失败后的二十年间，考试制度逐渐受攻击。大家开始讨论应该如何恢复乡里庠序之学，从根本上来解决教育及科举的问题。

## 四　学校与考试之间

神宗熙宁二年（1069年）四月诏：

> 夫欲化民成俗者，必自庠序之教行，进贤兴功者，抑繇贡举之法用，前王致理何以尚兹！朕博览古今，详求体要，思广得人之路，莫先养士之原。而三岁设科，四方兴学；执经艺者或专于诵数。趋乡举者徒狃于文词。与夫古所谓三物实兴之言，九年大成之业，亦已斁矣。
>
> 朕念夫都邑之广，岂无茂异之伦！党遂之间，必有超绝之士。盖上之所求者，既拘于程式，则下之所贡者，或拙于阔踈。是则虽有德行道艺之人，何繇自进于司耶？

---

① 参看 Gerhard E. Lenski: *Power and Privilege* (New York: McGraw-Hill Book Co., 1966), pp. 289-295。

今兹诏下郡国，招徕俊贤。惟其教育之方，课试之格，若曰但循旧制，则无以一道德，而奖进于人材；若将别为新规，则必当图悠久，而详延于众论。宜令两制，两省，侍制以上，御史台，三司，三馆臣僚，各限一月内具议状闻。……

这一个诏令，把从庆历以来所感到对考试制度的不满重新提出来，作一次公开而正式的讨论。依神宗的意思，参加这次讨论的官吏应当很多，等于是四品以上所有的官员都得“具议状以闻”。

现在我们还看得到的参与这次讨论的劄子有：

一、司马光：《议学校贡举状》。

二、程颢：《请修学校尊师儒取士劄子》。

三、苏轼：《议学校贡举状》。

四、刘攽：《贡举议》。

五、吕公著：《上神宗答诏论学校贡举之法》。

六、苏颂：《议贡举法》。

另外《玉海》及《通考》都提到韩维亦有状子。

我不想在这里详细讨论每一个人的观点。但是可以指出的是大家都同意只讲求“拘于程式”的考试办法确有弊病，即苏颂所说的：“夫弥封誊录，本欲示至公于天下。然而，徒置疑于士大夫，而未必尽至公之道，又因而失士者，亦有之。”① 但是封于应如何改进科举，那就可以说是“众说纷纭，莫衷一是”了。我们都知道神宗皇帝和王安石的目的是希望扩张教育（包括太学及地方州县学校），但是他们封于学校与科举之间的关系并没有特别明确的看法。严格言之，王安石创制太学三舍法，也没有把直升太学毕业生为官的办法制度化，而只规定：“如学行卓然尤异者，委主判及直讲保明闻奏，中书考察，取旨除官。”② 换言之，这是特例，而非常制。据程颢说，则在熙宁、元丰间推行三舍法时，一共只有一人免试除官③，可见一斑。尤有进者，这仅有的一人也可能不是在王安石当政时保送的，因为真正把直升太学优秀毕业生为官的办法制度化的是王安石下台以后由章惇领导的李定、张藻等人拟定的。④ 总之，神宗和王安石可能都没有把科举取消，完全代以学校教育直升取士的想法。

相反的，对于这办法特别热衷的却是程颢。在《请修学校尊师儒取士劄子》中，他一个字也没有提到科举，而只主张由乡而州县而首都，逐番挑选，把最优秀的送去当官。这一个观念正和热衷推行地方州县三舍及直升入官的办法的章惇及稍后的蔡京相同。换句话说，光从教育制度的观点看来，程颢和新法党人是非常接近的。安石变法以

---

① 苏颂：《苏魏公文集》，道光十一年（1831 年）石印本，15/6a-8a。

② 《宋会要·崇儒》，1/31a；《职官》28/7b，参考《续长编》，227/7b-8b。

③ 程颢：《伊川文集》，《四部备要》本，卷三全卷。参考《续长编》，378/1a。

④ 《续长编》301/8ab；《宋会要·职官》，28/9b。

后党争的复杂，利害之错综有如是者。

从理论上言之，程颢的办法是无懈可击的。另一方面言之，张藻、李定、蔡京等人的雷厉风行，创办学校，州学升贡，由太学入仕只是把程颢这一类的教育理论付以实际之措施而已。那么为什么这一套教育理论到头来还是行不通呢？难道只是因为蔡京是一个坏宰相就使这整个制度不能成功吗？

兹先节录程颢之劄子如下：

> 惟朝廷崇尚教育之，则不日而复古者：一道德以同俗。苟师学不正，则道德何从而一？方今人执私见，家为异说，支离经训，无复统一，道之不明不行，乃在于此。臣谓宜行先礼命近侍贤儒，各以类举，及百执事方岳州县之吏，悉心推访。凡有明先王之道德业充备，足为师表者；其次有笃志好学，材良行修者，皆以名闻。其高蹈之士，朝廷当厚礼延聘，其余命州县敦遣。萃于京师，馆之宽闲之宇，丰其廪饩，卹其家之有无，以大臣之贤，典领其事，俾群儒朝夕相与讲明正学。……
>
> 始自藩府至于列郡，择士之愿学，民之俊秀者入学。皆优给廪给，而蠲其身役。凡其有父母骨肉之养者，亦通其优游往来，以察其行。其大不率教者，斥之从役。……
>
> 异日则十室之乡，达于党遂，皆当修其庠序之制，为之立师，学者以次而察焉，县令每岁与学之师，以乡饮之礼会其乡老学者，众推经明行修，材能可任之士，升于州之学。……
>
> 郡守又岁与学之师行乡饮之礼，大会郡士，以经义、性行、材能三物宾与其士于太学，太学又聚而教之。……
>
> 太学岁论其贤者、能者于朝，谓之选士。朝廷问之经，以考其言；试之职，以观其材。然后辩论其等差，而命之秩。凡处郡县之学与太学者，皆满三岁，然后得充荐。其自州郡升于太学者，一岁而后荐。……

如果把这劄子里头实际办法提出来，而不计较其中的高度道德理想，则这个办法等于是主张由地方州县开始设学校，然后分层负责，逐渐考选，在太学受教育后直接任官。这个办法和蔡京于崇宁五年（1102 年）正式发布的州县三舍及学校改革的办法是十分相近的。① 最重要的莫过于两法都希望把考试制度取消掉。当然，蔡京之实行改革是迟于此的。

新法党人确曾尽力推行所谓的“普及教育”，而特别是蔡京主政时，更规定州县学生应该给予膳食②，上舍生更给予“官户”之优待。③ 像这样热心推行教育实是空前所

① 《续长编》，拾补，20/6b；《宋会要·崇儒》，2/7b-9a。

② 《续长编》，拾补，29/18b。

③ 《续长编》，拾补，25/3b-4a；《宋会要·崇儒》，2/30b。

未有。

现在不想对蔡京主政时代的教育实况作详细介绍，而只想在此讨论两个当时有关教育之统计，然后从宋朝的社会结构来分析其教育政策失败之原因。

第一个教育统计是崇宁三年的（1104年）：①

全国学生数：二十一万余员。
屋舍数：九万零二十余楹。
岁用：钱三百四十余万缗。
　　　米五十五万余石。

第二个教育统计是葛胜仲于大观二年（1109年）送上中央的：②

全国学生数：十六万七千六百二十二人。
学舍数：九万五千二百九十八楹。
岁入：钱三百零五万八千八百七十二缗。
　　　米六十四万二百九十一斛。
岁出：钱二百六十七万八千七百八十七缗。
　　　米三十三万七千九百四十四斛。

从这两个统计来看，我们马上可以看出蔡京所主持的教育计划在五年之间有相当程度的萎缩，学生数减少了近五分之一。但让我们先考虑蔡京的教育制度的规模。

按《宋会要》所记，崇宁三年的人口最保守的估计应已十分接近四千六百万人。是年全国学生有二十一万余人，则大约每二百二十人才有一人是入学读书的。比较现在人所了解的《普及教育》，则每二百多人仅有一人入学并不是甚么辉煌的记录。③

又崇宁三年京师附近之米价为每石一点一六贯④，则是年全国教育经费合共为现金四百零三万八千缗。假定自崇宁三年到大观二年的五年间并无显著之通货膨胀，⑤ 则大

① 《续长编》，拾补，24/16a。

② 葛胜仲：《澹阳集》，《常州先哲遗书》本（1896），1/3a。

③ 若依现代人之普及教育之观点，把六岁到十二岁的所有孩子都送上学，并假定宋人之平均年龄为四十八岁（民初之中国人平均年龄为四十七岁），则至少每八人应有一人上学。即使我们假定只有男孩子接受强迫教育，则至少每十六人亦应有一人上学。

④ 参看全汉升：《北宋物价的变动》，刊《中央研究院历史语言研究所集刊》第十一本（1944年）；现收入其《中国经济史论丛》（香港：新亚研究所，1972），第一册，pp. 29-86。又参看衣川强：《官僚と俸给—宋代の俸给—についこ续考》，《东方学报》，第四十二期（1971），pp. 177-208。

⑤ 按上注所引两文俱无法指出此期间物价膨胀之真相，故只好作如此假定。彭信威所著《中国货币史》（上海人民出版社，1965）则认为在此期间因币值贬价，故米价应有相当的上涨，今因资料不全，只好作无显著膨胀计算。

观二年的岁出以现金计算应为三百零六万八千三百零七缗。今依《宋会要》所计，即崇宁到大观间，官学生皆由政府配给食粮。崇宁三年，政府所支给太学生之伙食为每月一点二四到一点三缗（每年十四点八八到十五点六缗）。① 假定州县生之伙食钱少，每月仅得一点一缗（此为元丰三年太学外舍生每月之伙食钱）②，则支持二十一万学生所需伙食费用每年大约在二百六十万缗到七十万缗，而支持十六万七千六百多学生每年所需之伙食费约在二百二十一万二千多缗。换言之，由学校房产本身之收入即够支持学生及教员薪给等费用。政府似乎不必另外筹款支持教育。

按宋朝政府之岁入岁出，我们所能找到的资料很少，仅知道熙宁、元丰间岁用大约在六千万之缗，而到了元祐间则减为四千八百万左右。③ 假定所有的教育经费皆由政府支出，则岁用于教育之经费约占全国岁用之百分之五点一（5.1%）到百分之八点四（8.4%）。这样的百分率不谓小，但也不能算是特别的高。

换句话说，蔡京的教育计划并不是一个特别花钱（中央政府可能不必花钱）的措施，而且学生的待遇也还算优厚；那么为甚么所能录取或招到的学生数却这么少呢？

这就又归结到宋朝社会的特性和考试制度对宋朝社会的影响了。换言之，上学读书的唯一出路是当官，而当官的机会又是那么小，则学校所能吸引到的学生自然大部分是有把握或有背景的子弟了。《文献通考》就记载有地方富豪把持学校的事。

进一步用统计来看这个问题：我们知道从徽宗建中靖国元年（1101 年）到宣和二年（1120 年）的二十年当中，宋朝政府一共录取了 4621 名进士。④ 宋朝时，大约每十五个州县举人可以有一人考礼部试及格以进士出身⑤，则这二十年间便应该有大约七万个考过州县试的得解举人。州县考试的竞争程度因地而异，因有解额办法，因此有些地方容易得解，而有些地方便特别难。现所能找到与这一段时间最接近的解额情势是《宋会要》绍兴年四年（1134 年）所提到的崇宁法每十人解一人的大略规定。则这二十年间一共约有七十万人报名参加科举考试。但我们知道实际数目可能比这个还高，按欧阳修的记载，则竞争率常在一比十到一比一百之间。⑥ 又孝宗淳熙十三年（1186 年）光是福州就试人数即达一万四、五千人⑦，而南宋末年福州的解额才一百人。⑧ 因此我们可以说从建中靖国元年到宣和二年的二十年间，一定有不止七十万人参与科举，可能实际数目比这个多出数倍。为方便计，假定有四倍，即二百八十万人。

---

① 《宋会要・职官》，28/15b。

② 《续长编》，303/21b-22a。

③ 李心传：《建炎以来朝野杂记》，《适园丛书》本（1914），甲编，14/1ab。

④ 参看荒木敏一：《科举制度》，pp. 450-461。

⑤ 此系根据十余种不同资料计算所得。参看荒木敏一：《科举制度》，pp. 223-235。

⑥ 欧阳修：《全集》，卷四，p. 265。

⑦ 《宋会要・选举》，22/6b。

⑧ 见日本栗棘庵所藏舆地图。该图现经影印，附于青山定雄：《唐末时代の交通そ地志、地图の研究》（东京：吉川弘文馆，1963）。

这二十年间一共举行了七次的考试，因此我们可以说每次参与考试的人数大约在十万人到四十万人。比较这期间在学的学生数，那么我们可以说考生数比学生数还多（因不可能所有学生都参加考试，很多学生年纪还太小）。

既然上学是为了参加考试，那么很显然地，学校所招到的学生都是那些下定决心，准备花工夫参加考试以求入仕的人。没有把握，决心不够或不够富裕的学生，往往因为家里不能让他闲著去学校读书，便只能在考试年报名参加，碰碰运气而已。大部分的家庭不仅无力出钱让他们的子弟读书，甚至于不出钱而让他闲着去上学都负担不出。在农业社会的中国，每一个男子都是一份劳力，除非家庭实在供养得起，否则学校待遇再好也没法去上学。而更主要的理由当然是因为通过考试入仕的途径究竟太小，冒险上学是很划不来的事。

由上面所述，我们可以看出在传统中国的社会结构里要实行全面的“普及教育”确实是十分的困难。而蔡京的失败显然必须从这个角度去了解。

宋朝以后的中国教育可以说是一个不断地把学校理想摧毁，使学校纳入科举制度的历史。明清的学校毫无疑问地是考试制度的一部分，像王安石、蔡京等人所倡导的大规模教育改革已不复见。依何炳棣之统计，则明朝初年时，全国学校学生仅得三万二千五百人。①

甚至于朱熹对程颢或程颐所想的普及教育中的一些办法也有批评：②

> 朱子曰：程子之言，未知何所据。古者教上，其比闾之学：则乡老坐于门，而察其出入。其来学也，有时。既受学，则退而习于其家。及其升而上也，则亦有时。春夏耕耘，余时肄业，未闻上之人复有以养之也。夫既给之以百亩之田矣，又给之以学粮，亦安得许多粮给之耶？

## 五　制度与结构之依违

从以上所述，我们可以知道北宋的教育存在着一个制度和社会结构间的冲突的问题。这个矛盾只有在中国社会结构发生了变化之后才能得到解除。宋朝人是否清楚地感到这个矛盾呢？我认为在一个程度里，他们是感到了。

上面已经讲过考试制度无法满意地解决公正和德行考察间的冲突。我也讲过考试制度虽然可以维持公正的原则，但这并不表示考试制度可以促进社会的机会均等。我又指出德行的培植和考核，唯有依赖教育，所以范仲淹、王安石等人要立法限定在学读书。

---

① 何炳棣：*Ladder of Success*，p. 173。

② 朱熹与吕祖谦：《近思录》，《四部备要》本，11/2b-3a。

换句话说，重视言行德行的考察的人必然要提倡教育，设立学校。现在把这几点列成一个简单的表，好说明这些矛盾和第四节所讲的“制度与结构”的冲突是息息相关的。

| | |
|---|---|
| 1. 考试制度的重点在于维持考试的公正。 | 考试制度的重点在于提拔及考察德业性行。 |
| 2. 为维护考试之严谨应厉行弥封，誊录等法。这些十分客观有效。 | 为考察德行应废止弥封，并广设学校，规定在学日限。 |
| 3. 考试很重要。 | 教育很重要。 |
| 4. 考试是公正的，因此是公平的。 | 教育如能普及，社会的机会均等才能实现。 |
| 5. 可惜，公正和公平是两回事。考试制度并不能促进社会的公平。 | 可惜，学校虽然多设了，穷苦学生仍然无法上学，社会的公平因此没法达成。 |

照这样的结论看来，则考试制度的维护和学校的普及简直都一无是处了。不过我们需注意的自然是宋朝思想家的态度——如果在制度上不能有创新（因为社会结构的约束力量太大了），那么至少可以从人性上去努力。这是理学家所认真开导的方向。之所以有理学家的新气象，主要也是因宋人对上述的种种矛盾有了警觉。

试随意引几个例子。

第一个是北宋末年黄裳所写的《太平州芜湖学记》：

> 乡教之设，党有庠。庠者，养也；以主乎造士。遂有序。序者，射也；以主乎选士。兼斯二者而有之学也。

在这段话里，黄裳认为教育显然包括了两个部门：一个是造士（养），而另一个是选士（射）。显然地，他感觉到在养成人才和考选人才之间很难达到完全的平衡。为了要强调这两部门的平等重要性，他不惜替“序”字作了一个新的解释，说它和“射”字相通，指的是“射宫”（即辟雍，见《礼记·燕议》注），或《汉书》上的射策。真是用心良苦。不过，他这番话正反映了北宋末年教育和考试之间的冲突。

第二篇是程珌的《学校》制：

> 先汉有太常、有太学，而游学之路，受业之地未详也。后汉有辟雍、有鸿都学，而学官之课程、生员之选试未闻也。唐人于太学之外，有国子学，又有四门学、弘文馆学。保桑梓者，乡里举焉。在流寓者、庠序推焉。然则里选之与学校判而为二矣。天下之学，既不尽兴，而取士又不尽出于教员。

显然，程珌也感到考选有两个途径。他虽然没有主张设学校以养士，但他却感到普及教育（乡举里选）和政府为取士而设立的学校教育有所不同。

最明显的则莫过于北宋晚期的毕仲游了。他在一篇《理会科场奏状》的文字里这样说：

> 夫取士之道，古亦有之，乡举里选是也。今朝廷若复乡举里选，方得取士之正——是求贤也，是求能也，如谓乡举里选未可猝行，则今日之取士，非敢必曰求贤，亦非敢必曰求能，特为科举不可废而立法尔。

在毕仲游看来，科举和乡举里选是两回事了，如果“乡举里选”办不到，那就只好暂时维持考试制度。

后来毕仲游在《学校议》更明言这种分学校与科举的理论：

> 学校之设，欲以进贤养士为太平之具。不得其道，至今设为虚器而已，盖甚可叹也。……
>
> 三代乡举里选之法虽难猝行，宜仿其大者，使学士大夫有以自得。而后诏先生博士，卒以君臣之义，父子之亲，长幼之序，与夫是非好恶道艺之正。而诗赋经义，则如古以射取士之法，行同能偶，然后序之。别为贡举，以待科举之士。存之而无论。

讨论科举与学校之关系，到了要讲出“别为贡举……存之而无论”的话来，那也真是无可奈何到了极点了。

从上面所提到的几段文字我们可以看出，宋朝人在北宋末期已逐渐感到教育和考试之间是有一种矛盾了。不过在这里我必须强调说宋人并不见得感到普及教育在中国社会结构里是一种不可行的制度。

考试制度有它的功能，而且是统治者录取官吏的必须的方法。因为考试制度十分公正，所以一定要继续维持。

而另一方面，乡举里选式的普及教育虽然是三代古法，是理想的制度，但因为它受士子应举入官的观念和传统中国的社会结构所影响及支配，反倒行不开来。

总之，在宋朝那种“单线流动”的社会里头，要实行普及教育，乡举里选是十分困难的。蔡京试了，失败了；这才有毕仲游那种莫可奈何的态度。但是考试制度虽然能维持其公正原则，于教育却没有什么帮助。宋人对考试之不满当然要持续下去。理学家创设书院，讲究人性及生活的教育，这些都是沿着宋人批评考试制度的脉络推展开来的。在制度和结构的矛盾中，理学家从另一个方向作新的努力。因为理学的重要性应在讨论南宋教育及思想中才能衬托出来，在此就不讨论了。南宋的教育理论，书院制度的精神和实况及其历史意义，这些问题我希望留待将来再另写专文介绍。

原载《香港中文大学文化研究所学报》1979年第10卷上册

# 清代的科举入仕与政府

王德昭

## 一

清代官制，虽内外都有为满洲、蒙古和汉军特设之缺，满缺之中又另有为宗室和内务府包衣等特设之缺，但大体言之，则清承明制，任官仍重正途。《清史稿·选举志》道正途和异途之别，曰：

> 凡满汉入仕，有科甲、贡生、监生、荫生、议叙、杂流、捐纳、官学生，俊秀。定制，由科甲及恩、拔、副、岁、优贡生、荫生出身者，为正途，余为异途。……其由异途出身者，汉人非经保举，汉军非经考试，不授京官及正印官，所以别流品，严登进也。

异途经保举，虽也同正途，但仍不得考选科道，又，非科甲正途，不得为翰、詹及吏、礼二部官，惟旗员不拘此例①。不过，据《清会典》，由捐纳而得的例贡，例监，如系由生员或监生援例入监者，也算正途。

明代选举之法，有学校、科目、荐举和铨选。其中学校，科目和荐举都属于出身，而科目即科举。《明史·选举制》论入仕，谓明制“科举必由学校，而学校起家可不由科举。”明太祖开国，虽已间行科举，但政府百僚，以监生和荐举参用者居多。所以其时“布列中外者，太学生最盛。但一再传之后，进士日益重，举贡日益轻，而荐举竞废。因为众情之所趋向，专在甲科。监生以举贡入仕，如不中甲科，成进士，“即奋自镞砺，不能有成”。结果是学校、科目虽同属正途，而科目为盛，“卿相多由此出”。学校成了“储才以应科目”之地，凡经学校通籍的举贡，亦不过“科目之亚也”。此外入

---

① 《清史稿》卷110，《选举志》五。又《清会典》（清光绪二十五年）卷七，《吏部·文选清吏司一》，“分出身之途以正仕籍”条下连注。

仕者，便属于所谓“杂流”了①。

明代如此，清代亦然。清代入仕，进士和举贡判若两途。进士内除授翰林院修撰、编修、检讨、庶吉士、六部主事、内阁中书、鸿胪寺行人、大理寺评博、国子监、太常寺博士，外除授知州、知县、推官、教授等职。举人经拣选、考职或大挑，乃得任内阁中书、国子监学正、学录、知县、州学正、县教谕等官②。优拔贡生、荫生和贡监考职，比之举人，更等而下之。所以清代有“科甲进士，高自位置；他途进者，依附从人”之说③。

科甲尤以入翰林为重。其势在明代已然。《明史·选举制》论一代宰辅出身，说：

> 成祖初年，内阁七人，非翰林者居其半。翰林纂修，亦诸色参用。自（英宗）天顺二年（1458年）李贤奏定纂修专选进士，由是非进士不入翰林、非翰林不入内阁，南北礼部尚书、侍郎及吏部右侍郎，非翰林不任。而庶吉士始进之时，已群目为储相。通计明一代宰辅一百七十余人，由翰林者十九。盖科举视前代为盛，翰林之盛，则前代所绝无也。

此风至清代不变。《清史稿·选举志》：

> （庶吉士）三年考试散馆，优者留翰林为编修、检讨，次者改给事中、御史、主事、中书、推官、知县、教职，其例先后不一。……凡留馆者，迁调异他官，有清一代宰辅，多由此选。其余列卿尹、膺疆寄者，不可胜数。士子咸以预选为荣，而鼎甲尤所企望。

翰林的矜贵，遂为世所艳称。清朱克敬作《翰林仪品记》，曰：

> 国朝仕路，以清科目为正。科目尤重翰林，卜相非翰林不与，大臣饰终必翰林乃得谥文；他官叙资，亦必先翰林。翰林入直两书房（上书房职，授王子读；南书房职，拟御纂笔札），及为讲官，迁詹事府者，人尤贵之。其次主考、督学。迁詹事府必由左、右春坊，谓之“开坊”，则不外用。其考御史及清秘堂办事者，年满则授知府，翰林常贱之，谓之“钻狗洞”。初入馆为庶吉士，三年，更试高等者，授编修，检讨，谓之“留馆”。次者改六部主事、内阁中书；若知县，皆先

---

① 《明史》卷69《选举志》一。又清龙文彬纂《明会要》卷48，《选举二·铨选》，引《宪章录》，2条下纂者案语，台湾世界书局排印本。

② 席裕福纂《皇朝政典类纂》（清光绪二十九年）卷208《选举》十八，《文选·除授》．台湾成文出版社影印本。

③ 何士祁《候补二十一则》，盛康编《皇朝经世文续编》（清光绪二十三年）卷25《吏政》八。台湾文海出版社影印本。

除，不限常格，谓之“老虎班”。……翰林官七品，甚卑，然为天子文学侍从，故仪制同于大臣。惟于掌院称门生，大学士及吏部尚书，则称晚生，吏部侍郎洎他尚书、总督，称侍生；此外皆称年家眷弟。……自康、雍以来，名臣大儒多起翰林……故论者终以翰林为清品云。

以下是根据不完全的数字所作的几个统计，以见科举入仕在清代政府高层中所占比重的一斑。

**清代曾任高层官吏人数及其出身进士人数约计**

| | 总　　数 | 出身进士 |
|---|---|---|
| 尚书 | 744 | 339 |
| 左都御史 | 430 | 221 |
| 总督 | 585 | 181 |
| 巡抚 | 989 | 390① |

**清代进士累官至内外高层官吏人数约计**

| | |
|---|---|
| 大学士 | 87 |
| 协办大学士 | 25 |
| 内阁学士 | 81 |
| 尚书 | 178 |
| 侍郎 | 481 |
| 都御史 | 32 |
| 大理寺卿 | 17 |
| 总督 | 96 |
| 巡抚 | 131 |
| 布政使 | 133 |
| 按察使 | 76 |
| 顺天府尹 | 12② |

（注：加衔不计，护、署职不计。）

① 据严懋功《清代征献类编》上（民国二十年）统计。台湾“中华书局”重印本。

② 据严懋功《清代征献类编》下。

**清代鼎甲累官至内外高层官吏约计**

| 官职 \ 鼎甲 | 状元 | 榜眼 | 探花 | 合计 |
|---|---|---|---|---|
| 军机大臣 | 2 | 0 | 1 | 3 |
| 大学士 | 11 | 3 | 2 | 16 |
| 协办大学士 | 8 | 2 | 1 | 11 |
| 内阁学士 | 34 | 24 | 23 | 81 |
| 尚书 | 21 | 18 | 12 | 51 |
| 侍郎 | 37 | 32 | 34 | 103 |
| 都御史 | 11 | 16 | 9 | 36 |
| 翰林院掌院学士 | 4 | 6 | 2 | 12 |
| 大理寺卿 | 0 | 1 | 4 | 5 |
| 总督 | 7 | 2 | 8 | 17 |
| 巡抚 | 11 | 4 | 10 | 25 |
| 布政使 | 10 | 3 | 9 | 22 |
| 按察使 | 9 | 4 | 12 | 25 |
| 顺天府尹 | 4 | 3 | 5 | 12 |
| 总数 | 169 | 118 | 132 | 419① |

**清季侍郎出身统计**

| 出　身 | 人　数 | 百　分　比 |
|---|---|---|
| 进士 | 457 | 58.51 |
| 举人 | 62 | 7.94 |
| | 16 | |
| 贡生 | | 2.05 |
| | 29 } 262 | |
| 监生 | | 3.71 |
| | 32 | |
| 荫生 | | 4.10 |
| | 185 | |
| 其他 | 185 | 23.69 |
| 总　计 | 781 | 100.00② |

上列数字，不过一种不完全的约计，因为资料既不齐全，而点算也难完全精确。尤

① 据朱瑞莲《清代鼎甲录》统计。台湾“中华书局”，1968年。

② 据魏秀梅《清季职官表》乙编，《人物录》统计。“中央研究院近代史研究所”，台湾，1977年。

其重要的是，满、蒙王公多无“功名”而居高位，在上列曾任高层职位的人数中应占颇大的比重。但即就不完全的约计来看，科举入仕，在高层官吏中所占的比例之大，也已可概见了。

## 二

明清科举，规制甚严，又因名额有限，所以中式也难。就清代来说，州县有大小，不同的时期名额也有增减，大抵州县学额，按文风高下、钱粮丁口多寡，有大、中、小学之别。顺治四年（1647 年）定大县学额四十名，中县三十名，小县二十名。十五年又定大府二十名，大州县十五名，小州县四名或五名。康熙九年（1670 年）大府、州、县仍旧，更定中学十二名，小学七名或八名。不过学额或因地方捐输，或因恩诏或巡幸，时有增广，有永远增广，有临时增广，不同一例。此外卫籍、商籍、灶籍、运籍、客籍、土生与苗、徭学童、山东曲阜四氏学、文庙乐舞生等，都有规定名额，或附于县学，或附于府、州学。八旗子弟的学额另定①。童生经县试、府试，送学政院试，取录入学为生员。院试三年两试。至于考生人数，则早在康熙时潘耒应诏陈言，已有“南方大县，挟册操觚之士，少者不下千人”之语②。所以至少就南方文风发达的地区来说，获隽是得之不易。

生员经学政科考录科，送乡试。录科有限额，录科时见遗者已多，彭元瑞于乾隆时两任江苏学政，在任时有录遗告示，曰：“贡、监、生员等，奋志芸窗，希心桂籍。或贫而辍馆，远道盈千；或老且现场，背城战一。少年英俊，父兄之智责维严；壮岁飞腾，妻孥之属望尤切。……皆期虎榜之先登，岂料龙门之难上。③”至于乡试，因为应试者众，应试生员又先经科试的甄拔，所以获中尤难。

乡试录送名额，顺治二年（1645 年），定各直省每额中举人一名，许送应试生员三十名。康熙二十九年（1690 年），定江南、浙江每中举人一名，许送应试生员六十名。三十年，复准两省录科数额，每中举人一名，于旧数六十名之外另加四十名。乾隆九年（1744 年），定直隶、江南、江西、福建、浙江、湖广为大省，每额中举人一名，准录送应试生员八十名。山东、山西、河南、陕西、四川、广东为中省，每额中举人一名，准录送应试生员六十名。广西、云南、贵州为小省，每额中举人一名，准录送应试生员五十名。乾隆十二年，并定每中副榜一名，大省加取四十名，中省三十名，小省二十名。福建省台湾府向来额中举人二名，录选应试生员自五百名至二百名不等，嘉庆十二

---

① 商衍鎏《清代科举考试述略》第 13 ~ 15 页。三联书店，北京，1958 年。

② 潘耒《应诏陈言》，葛士濬编《皇朝经世文续编》（清光绪二十七年）卷 13，治体六。台湾文海出版社影印本。

③ 诸联《明斋小识》卷 7，《录遗告示》条，《笔记小说大观》正编，第 5 册，第 3327 页。

年（1807年）定为三百名①。以额中举人一名与录科人数相比，已约略可见乡试应试者人数和录取人数的比例。在文风兴盛的区域，乡试时考生的拥挤，可于清季黄钧宰记江南乡试见之。他说“江南合两省（江苏、安徽）为一，与试者多至六七千，向因点名拥挤，停止搜检，竟一昼夜而不能蒇事”。②。

乡试中额有规定。顺治二年（1645年）定顺天168名、江南163名、浙江107名、江西113名、湖广106名、福建105名、河南94名、山东90名、广东86名、四川84名、山西、陕西各79名、广西60名、云南54名、贵州40名。以后迭有增减③，撮要列表如下：

**清代直省乡试额定取录人数增减略表**

| 直省<br>年份 | 顺天 | 江南 | 浙江 | 江西 | 湖广 | 福建 | 河南 | 山东 | 广东 | 四川 | 山西 | 陕西 | 广西 | 云南 | 贵州 |
|---|---|---|---|---|---|---|---|---|---|---|---|---|---|---|---|
| 顺治二年 | 168 | 163 | 107 | 113 | 106 | 105 | 94 | 90 | 86 | 84 | 79 | 79 | 60 | 54 | 40 |
| 顺治十七年 | 105 | 63 | 54 | 57 | 53 | 53 | 47 | 46 | 32 | 42 | 40 | 40 | 30 | 54 | 20 |
| 康熙三五年 | 141 | 83 | 71 | 75 | 70 | 70 | 62 | 60 | 57 | 56 | 53 | 53 | 20 | 57 | 40 |
| 康熙五〇年 | 192 | 99 | 99 | 90 | 99 | 84 | 74 | 72 | 69 | 67 | 63 | 63 | 48 | 57 | 47 |
| 乾隆九年 | 135 | 114 | 94 | 94 | 93 | 85 | 71 | 69 | 72 | 60 | 60 | 61 | 45 | 54 | 36 |
| 嘉庆二五年 | 185 | 144 | 124 | 124 | 123 | 115 | 91 | 89 | 92 | 80 | 80 | 81 | 55 | 64 | 46 |
| 同治元年 | 185 | 152 | 129 | 127 | 135 | 128 | 96 | 89 | 102 | 92 | 84 | 81 | 55 | 64 | 47 |
| 同治九年 | 187 | 178 | 133 | 128 | 137 | 128 | 99 | 89 | 103 | 93 | 88 | 81 | 59 | 64 | 48④ |

又奉天、宣化、承德、榆林、甘肃、宁夏、台湾国子监生、山东四氏学、商籍，皆有定额，编为专卷，或在分省额内、或在额外，不尽一律。名额增广，也有临时加恩与永远增广之别，临时加恩只增一次者不计。又旗籍名额另有规定。所以上表所列的数字也不过是不完全的约计。上表所列数字的重要，是从规定的各省录送应试人数和中额，

① 《皇朝政典类纂》卷193《选举》三，《文科·录送乡试》。

② 黄钧宰《金壶七墨》，《历代笔记小说选·清》四，第1157页。香港，1958年。

③ 顺治十七年（1660年），乡试中额照旧额减半。但顺天照顺治二年原额为168名，今为105名，江南照原额为163名，今为63名。其所以如是，因为顺治七年裁南京国子监，改为江宁府学，所以原来在江南额内的南皿字号38名，并入顺天额内计算。

④ 《皇朝政典类纂》卷198，《选举》八，《文科·乡试中额》。

以见每届乡试应试人数之众和获隽人数与应试人数的比例之悬殊。乡试可说是科举全程中最不易过的一关，在清代笔记小说中，形容老耄秀才不曾中举，久困场屋的故事也最多①。明万历间艾南英久困场屋，有《应试文自叙》一篇自嘲，说他自己“为诸生者二十年，试于乡闱者七年，饩于二十人中者十有四年，于各家制义无所不习，而未中式。每一念至，欲弃举业不事，杜门著书，考古今治乱以自见于世，而又念不能为逸民以终老。”② 最能道出久困乡闱的辛苦。

会试中式无定额，每科以应试实在人数，并上三科中式人数，题请皇帝钦定中额。③ 顺治三年（1646 年）会试，因系首科，奉旨取中四百名。四年再试，减为三百名。九年仍准取中四百名。经礼部议定南、北、中卷之例，内南卷应取 233 名，北卷 153 名，中卷 14 名。十五年裁减额数，定每科取中 150 名，然十六年会试因云贵平定，恩诏仍准取中 180 名，然放榜后于落卷中又取中 78 名。二年补行正科取中 290 名；七年，定明年会试中额仍为 400 名。康熙五十一年谕，自今以后，考取进士额数不必预定，礼部将应试到部举人实数查明奏闻，“计省之大小、人之多寡、按省酌定取中”。其后各科取中人数虽仍多先事奏定，惟各省取中名额，则大抵按应考人数多寡分配。至于边远省份，如云南、四川、广西、贵州，有一定名额的保障。台湾府于乾隆三年（1738 年）议准俟来京会试举人达十人以上时，给予名额。至道光三年会试，因台湾应试举人达 11 人，故即钦定取中 1 人。旗籍也分编字号，印明卷面④。

贡士经殿试成进士，虽少变动，但二者人数仍不无出入。再者，钦定会试取中人数与实际取中人数，也不尽一致。统计者往往因所取数据不同，对于各科取中人数的统计遂也不无小异。大抵多于 400 人或少于 100 人者，皆罕见。商衍鎏据《清会典事例》历科中额和《续文献通考》殿试人数作统计，清代会试共 112 科，录取人数 2639 名，故平均每科取中约 236 人⑤。各科应考会试人数，更无正确记录可据。大抵每科新中举人约 1200 人，历届会试来中举人如以五倍计算，作 6000 人，则各届会试人数约七八千人，取中的机会仍仅约一与三十之比。

以上所作的粗略计算，身在清朝科举时代的人非不见及。光绪二十四年戊戌（1898 年），梁启超联络会试在京举人，公车上书，请变通科举，所上摺中便曾说历科

---

① 如陈康祺《郎潜纪闻》卷上记乾隆间粤东诸生谢启祚，年九十八，犹入秋闱。见《笔记小说大观》正编第 9 册，第 5624 页。钮琇《觚剩》卷 4 记康熙时高咏应乡试十五次未售，年近六旬始以岁贡入国子监。《笔记小说大观》续编第 10 册，第 6398 页。宣鼎《夜雨秋灯录》三集卷二记浙江吴兰陔为时文名手，而屡困场屋，年逾五旬未中举，功名之念甚切。《笔记小说大观》续编，第 3 册，第 4646 页。又《钦定大清会典事例》卷 354 至卷 356，《礼部・贡举・恩赐》，“年老诸生”与“年老举人”各条。

② 《清代科举考试述略》第 321-323 页引。

③ 《清会典》卷 33，《礼部・仪制清吏司七》，“会试中式曰贡士”条下注。

④ 《皇朝政典类纂》卷 199《选举》九，《文科・会试中额》。

⑤ 《清代科举考试述略》，第 152 ~ 153 页。又《钦定大清会典事例》卷 350《礼部・贡举・会试中馥》。

考试，“邑聚千数百童生，擢十数人为生员；省聚万数千生员，而拔百数十人为举人；天下聚数千举人，而拔百数人为进士；复于百数进士，而拔数十人入翰林”。① 然而士子出入场屋，头白而犹锲而不舍者，无他，因为“科举为利禄之途”，“得之则荣，失之则辱。”② 而且，读书应试不仅是入仕的正途，在以农业为本、生产不发达的社会中，读书、应试、入仕且是士子唯一的本业。此与欧洲封建时代武士之以骑马、较武、战争为本业，可以比拟。科举又三年一科，“今科失而来科可得，一科复一科，转瞬而其人已老。”③ 但科举既是入仕的正途，公卿百执多自此出，得与不得，如王端履《重论文斋笔录》自述其会试落第外（嘉庆十六年，1811 年）的光景，真可谓“天上人间一霎分，泥涂翘首望青云”。所以凡子弟尚能读书应试的家庭，无不热衷于科举。因为试场首重四书文，或称制艺，或称时文，用八股体，有一定程式，工拙不甚相远。应试者为求射中，都埋首于读选刻的程墨和十八房稿，因为“惟知此物可以取功名、享富贵”。顾炎武说他少时“见有一、二好学者，欲通旁经而涉古书，则父师交相谯呵，以为必不得颛业于帖括，而将为坎坷不利之人。”④

## 三

在科举制度下，应科举和从科举入仕的人，具两重身份。一、他们是士，是读书之人；二、他们是仕，是为官或准备为官之人。清制，童生入学为生员，国家便有种种优待，异于庶民⑤。顺治九年（1662 年）颁卧碑文于直省学宫，虽通篇属戒饬之文，但也可见生员所被赋予的特殊的地位。其文首便说：

> 朝廷建立学校，选取生员，免其丁粮，厚以廪膳，设学院、学道、学官以教之，各衙门官以礼相待，全要养成全才，以供朝廷之用。⑥

十年又谕礼部，谓国家选取生员，“朝廷复其身，有司接以礼，培养教化，贡明经，举孝廉，成进士，何其重也”⑦。乾隆元年（1736 年），再谕令“免举、贡、生员

---

① 梁启超《饮冰室文集》之三，第 33 页，台湾“中华书局”重印本。

② 光绪二十四年四月二十九日（1898 年 6 月 17 日）宋伯鲁清变通科举摺，国家档案局明清档案馆编《戊戌变法档案史料》第 215 页。北京中华书局 1958 年。

③ 冯桂芬《改科举议》引饶廷襄语，《校邠庐抗议》（清咸丰十一年）卷下，第 55 页，台湾学海出版社影印本。

④ 顾炎武《日知录》，黄汝成《集释》，卷 16，第 10 页上、下。中华书局《四部备要》本。

⑤ 《清会典》卷 32，《礼部・仪制清吏司六》，“敦其士习”条下。

⑥ 《皇朝掌故汇编》（清光绪二十八年）内编，卷 41，《礼政》十三，《学校》四，《直省府州县学》目。台湾文海出版社影印本。

⑦ 《皇朝掌故汇编》。

杂色差徭”。①

生员由童生考取，读书子弟除极少数属于所谓倡、优、隶、卒等户外，都可应考，因此都有机会登上科举入仕的荣显之途。何炳棣在其所著的《明清社会史论》一书中，以中国的缙绅阶级和英国的相比说：“英国缙绅阶级的最重要的决定因素是土地产业，间或因其他形式的财富。……中国的缙绅阶级则不然，在明、清两代的大部分时期中，他们的地位的由来只有部分是财富，而极大部分是（科举所得的）学位。……比较低层的官吏（更）很多是真正出生寒微的人。”② 他认为，儒家学说一方面主张身份社会，同时又主张社会身份应由个人的成就来决定。这一学说似若矛盾，而实相成。到唐代确立了竞争的科举制度，尤其在明、清两代在全国建立了府、州、县学乃至维持一种全国性的、可以比拟为奖学金的廪饩制度后，这一学说真是得到了实现③。在他所做的多种统计中，一种统计现出，有的州县在明代约有四分之三的生员，在清代约有二分之一以上的生员，出生寒微，祖上乃至未曾有过生员④。明清两代的进士，平均也约有百分之42.9，出生于从未有过功名的家庭，他的结论之一是说在传统中国，科举提供了一条最大可能的选拔才能的途径，也为社会下层分子提供了一条上进的途径，使社会不断进行阶级的对流，也对政治和社会产生稳定的作用⑤。

但学者也有持不同之见的。如费孝通在他的对于中国士绅的讨论中，便曾认为在传统中国，读书应举者必出于有产之家。他说：

> “为官方所认可（而适用于科场）的限于经典文学。……不特其内容难于了解，便是文字本身也和通用的口语迥异。因为文字和口语的结构不同，所以一个读书识字的人，即使能言善道，也未必写得出好的文章。写好文章不能一蹴即就，需要刻苦练习。……（在一个生产贫乏的农业社会如中国，）谁能不从事体力劳动，而有足够的余暇作文字的练习的，必属于相当的地主家庭，可以完全靠不劳而获的土地收入生活。这样，经一定的价值判断的训练而培植出来的这类人物，属于一个要不代表平民利益的经济阶级。”⑥

一位德国学者爱伯华（Wolfram Eberhard）则从更浅显的理由，认为把中国的科举制度看成一种使人人都可能在社会的阶梯中上进的民主的制度，离事实甚远。他说：

---

① 《皇朝掌故汇编》。

② 何炳棣《在中华帝国成功的阶梯》第40页。

③ 何炳棣《在中华帝国成功的阶梯》第86页。

④ 何炳棣《在中华帝国成功的阶梯》，第124页。

⑤ 何炳棣《在中华帝国成功的阶梯》，第255-259页。

⑥ 费孝通《中国的士绅》（玛格尼特·帕克·雷德菲尔德编）第71～72页，芝加哥，芝加哥大学出版社，1953年。

“中西学者常常辩称，从汉代下至1904年，所实行的科举制度，是一种民主的制度，它使每一个有才能的人在社会中的上进成为可能。因为中世中国没有世袭的贵族，而政治社会的显达，不断在轮转更换，这被相信是使中国文明继续兴盛不替的原因之一。我们可以指出，这些著作家们没有想到在中国全人口中，有不少为数众多的成分（自然包括妇女）是无权参加科举考试的……事实上，四民之中只有士、农准许应试，商籍被准许应试是很晚近的事，而且中额有严格限制（约仅占全部中额的百分之0.3）。（倡、优、隶、卒外，）罪人的子弟和僧道也不准应试。”①

上举的三例可说都各得事实的一面。因为如就全国人口言，科举制度对于社会阶级流动所生的作用，自然有很大限制。徐勤在清季便曾说：

夫吾中国所以虚怀自恃者，非自尊其土地之博、人民之庶也，盖自谓为教化至美、文章礼乐至盛之名国也。然撢考四万万人之为学而被教化、识文字者，妇女不得入学……则四万万之民去其半矣。深山邃谷，苗傜杂俗……旷野百里，邈无蒙学，乃若滇黔之交、邕广之边……立邑设学，士少于额。……推之陇蜀之边、新疆蒙古之俗，盖益过之。其他奴隶、蛋户、乐籍不得考试仕宦者，咸自安其分，世其愚，不敢读书以求知识。若其耕农之贫，工作之贱，乡无义学，阀非世胄，室无诗书，家乏衣食，于此而欲读书识字，望若云天。二万万人中若此者，殆十而九，然则尽中国之读书者，殆不过二千万人耳②。

但在可见的限制之内，则科举制度确实为社会流动提供了一条有效的途径，亦即白乐日（Efienne Balazs）所称为“使统治阶级得以亘久自存”的途径③。因此就科举制度与政府的关系言，重要的是科举为社会造就了一个特殊的阶级，构成传统中国统治机构的一个主要部分。因为科举制度的竞争的性质，所以中国的传统社会得保持其有限度的流动的性质，而使统治机构的内部历久常新。中国的科举制度，至明、清两代而达于最高的发展。

晚清抨击科举制度者又有说，“自明科举之法兴，而学校之教废矣。国学、府学、县学徒有学校之名耳。考其学业，科举之法外，无他业也；窥其志虑，求取科名之外，无他志也”④。但朝廷的设学和所期望于士子的既是“贡明经、举孝廉，成进士”，则亦无怪其然了。至于流弊所至，如明归有光所谓科举之弊，“士方没首濡迹于其间，不

---

① Wolfram Eberhard, Social Mobility in Traditional China, pp. 22-23, E. T. Brill, Lciden, 1962。

② 徐勤《中国除害议》，见《时务报》第42册。清光绪二十三年九月二十一日，上海。

③ Efienne Blazs, Chinese Civilization and Buraucracy (tc by H. M. Wright), pp. 6-7。Yale University Press, New Haven, 1964。

④ 汤成烈《学校篇》上，见盛康编《皇朝经世文续编》卷65，《礼政·学校下》。

复知有人世当为之事，荣辱得丧，缠绵萦系，不可解脱，以至老死而不悟”①，则应非立法的本意。

## 四

明、清以四书文取士，论者也有以为这是专制君主为防反侧，欲使天下英雄入其彀中而设者。如冯桂芬《校邠庐抗议·改科举议》一文引饶廷襄之言所说：

> “明［太］祖以枭雄阴鸷猜忌驭天下，惧天下瑰伟绝特之士起而与为难……求一途可以禁锢生人之心思材力，不能复为读书稽古有用之学者，莫善于时文，故毅然用之。其事为孔孟明理载道之事，其术为唐宗英雄入彀之术，其心为始皇帝焚书坑儒之心。……三年一科，今科失而来科可得；一科复一科，转瞬而其人已老，不能为我患，而明祖之愿毕矣。意在败坏天下之人才，非欲造就天下之人才。”②

其所云云，冯桂芬已辨其非。冯氏在同一文中说：“洪武中尝停科举十年，继又与吏员、荐举并用，如典史擢都御史，秀才擢尚书，监生擢布政使，登进之途殆过之。其专用科目，在隆庆之后。固知孝廉（饶廷襄）非正论也。”③ 隆庆为穆宗（1567—1572年）的年号，时已在明中叶后。本文前引《明史·选举志》，亦谓明太祖开国，虽以间行科举，而政府百僚，以监生与荐举参用者为多，所以其时“布列中外者，太学生最盛”④。

论者又以为科举取士，所取非所用，不特不能得人才，并且败坏天下之人才。此论顾炎武于论明代科举时早发之，他说：

> “国家之所以取生员而考之以经义、论策、表、判者，欲其明六经之旨，通当世之务也。公（学者）……舍圣人之经典、先儒之注疏与前代之史不读，而读其所谓时文。时文之出，每科一变，五尺童子能诵数十篇，而小变其文，即可以取功名；而钝者至自首而不得过。老成之士，既以有用之岁月销磨于场屋之中，而少年捷得之者又易视天下国家之事，以为人生之所以为功名者惟此而已。故败坏天下之

---

① 陈寿祺《示鳌峰书院诸生》引，见盛康编《皇朝经世文续编》卷四，《学术·法语》。

② 《校邠庐抗议》卷下。

③ 同上。又《明会要》卷25，《学校上·国学》，洪武二十六年（1393年）条下，“其时储养国学，有出使、历事之任，又有大本堂读书．武英殿纪事等清要之责，故贤才辈多出其中”。

④ 《明史》卷69《选举》一。

人才，而至于士不成士，官不成官，兵不成兵，将不成将。”①

入清代后，论者尤多。如中叶前魏禧与舒赫德之论改科举，都以现行科举尤其时文的无用为言②。舒赫德说：“科举之制，凭文而取，按格而官，已非良法……（而）今之时文，徒空言而不适于用，（宜）其不足以得人。”降及清季，外患洊至，人才不足以肆应，于是言科举之非者更加激切。如李东沅之论考试，说：

“（中国取士，自唐、宋以来，）严于取而宽于用。……无论文武，总以科甲为重，谓之正途；否则胸藏韬略，学贯天人，皆目为异路。其取士也隘，则豪杰每有沉沦；其用士也宽，则庸佞不无忝窃。故举世奋志功名者，悉从事于此，老而不悔。竟有髫龄就学，皓首无成，尚何暇他顾哉？……将一生有用之精神，尽销磨于八股、五言之中，舍是不遑涉猎。洎登第入官，而复上自国计民生，下至人情风俗及兵刑钱谷等事，非所素习，猝膺民社，措治无从。”③

但论唐宋以下的科举制度，从历史的演变看来，首先不能不承认比之前代，其取士要远为公正开放。魏源于道光年间感切时变，有志经济，是一个主张“以实事程实功，以实功程实事”的人④，但他之论唐、宋以下的科举制度，却说：

“秦汉以后，公族虽更，而世族尚不全革，九品中正之弊至于上品无寒门，下品无世族。……自唐以后，乃仿佛立贤无方之谊，至宋、明而始尽变其辙焉。虽所以教之未尽其道，而其用人之制，则三代私而后世公也。”⑤

章中和《清代考试制度资料》论举士，也说：

“汉时取人，多以椽吏起家，以辟署任事。至于举士者，诏旨命之，曰贤良方正、曰孝廉、曰博士子弟、曰茂才、曰明经，则皆士也。魏、晋专尚门第，隋、

---

① 《日知录集释》卷17，第5页下至第6页上，《生员额数》条下。引顾自撰《生员论略》一文。

② 分见魏禧《制科策》上与乾隆三年礼部议复兵部侍郎舒赫德《议时文取士疏》。贺长龄主编《皇朝经世文编》（清同治十二年）卷57，《礼政》四。台湾文海出版社影印本。

③ 李东沅《论考试》，葛士濬编《皇朝经世文续编》卷120《洋务》二〇。李氏“严于取而宽于用”之说，殆本黄宗羲《明夷待访录·取士篇》所说，后者亦见顾炎武《日知录》卷17，第10页下至第12页上，《进士得人》条引。

④ 魏源《海国图志》（清咸丰二年）原叙，台湾珪庭出版社影印本（据光绪乙未年上海书局125卷石印本）。

⑤ 魏源《默觚》下，《治篇》九，《古微堂内集》（清光绪四年）卷3，第30页下。台湾文海出版社影印本。

唐渐用科目，宋、辽、金、元、明试士之道各殊，而专用文艺以抉择，流品归于一致，盖乡举德行而后文章，意非不善，而矫伪相尚，易售其欺。试以文艺，得明敏通达之才，足以集事。伊古以来，名臣硕士，未尝不出其中，是以有清尚仍其制。”

至于考试之唯重首场四书文，也可以目之为末流之弊所致。清代乡、会试皆三场。清初承明制，各场试以四书文、五经文、诏、表、判、策论。乾隆五十二年（1787 年）定首场四书文三篇、五言八韵诗一首、二场经文五篇、三场策问五道，遂成定制。清初黄中坚论明制，说：

“夫有明立法之初，实取历代之法而折衷之，其为具盖至备也。是故其用八股（四书文、五经文）也，则经术之遗，而帖括之式也。其用判语也，则因于唐。其用策论也，则因于汉、宋。其用诏表也，则因于诗赋之骈俪。夫先之以经义以观其理学，继之以论以观其器识，继之以判以观其断谳，继之以表以观其才华，而终之以策以观其通达乎时务。以是求士，岂不足以尽士之才；士果有能与其选者，岂不足以当公卿之任，而佐理国家之治？”①

至于科目之为学，其有用与否，首先应问据以取士的政权所要求者为何等之人？然后问在一定的历史条件之下，此等人是否为有用之人？其所提供的服务若何？而其所以求之的途径是否为一有效的途径？至于该政权是否为一没落中的政权，结果在历史的潮流中与其所定的制度同归于尽，则属另一问题。

明、清开国，都首在地方学宫建卧碑，戒饬士子。明的卧碑第二条教孝；清的卧碑第一条教孝，第二条教忠②。清顺治十六年（1659 年），并广颁《孝经》于天下学官，命考官于乡、会试二场论题，间出孝经，“以励士尚”。康熙时，因《孝经》可出题不多，故间用宋儒性理之学。雍正元年（1733 年），定乡、会试二场论题，仍用《孝经》。清世宗为此所颁的谕旨，说：

“《孝经》一书，与五经并重，盖孝为百行之首，我圣祖仁皇帝钦定《孝经衍义》，以阐发至德要道，诚化民成俗之本也。乡、会试二场向以《孝经》为论题，后改用《太极图说》、《通书》、《西铭》、《正蒙》。夫宋儒之书，虽足羽翼经传，岂若圣言之广大悉备。今自雍正元年会试为始，二场论题，定仍用《孝经》，庶士

---

① 黄中坚《制科策》，《皇朝经世文编》卷 57，《礼政》四。

② 《皇朝掌故汇编》内编卷 41，又《明会典》卷 78。《礼部·学校·儒学·学规》。

子咸知诵习，而民间亦敦本励行，即移孝作忠之道，胥由于此。”①

又清初府、州、县学考试儒童，论题多用《小学》。《小学》六卷，朱子述，所说同是修身道德之训、忠臣孝子之事。但雍正六年又重定儒童考试，也改出《孝经》题作论。

雍正元年的谕旨明言要“士子咸知诵习”《孝经》，“民间亦敦本励行”为“移孝作忠之道”。因此其所欲造就与登进的乃是孝子忠臣，而最后的目的为忠臣。移孝作忠是孔门的教训。《孝经》便说：“夫孝始于事亲，中于事君，终于立身。”而“以孝事君则忠，以敬事长则顺……保其禄位，而守其祭祀”是为“士之孝”②。此如后汉韦彪所论任官，谓“国以简贤为务，贤以孝行为首”，并引《孝经纬》“事亲孝，故忠可移于君，是以求忠臣必于孝子之门”③。以《孝经》为考试的科目，终因可出的题目无多，在乾隆时仍又定为或与性理并用，或与《小学》并用。但“我朝以孝治天下”一语，则不特屡见于历帝的诏谕，即迟至清末，京师大学堂总监督刘廷琛于宣统三年（1911年）上摺论新刑律保障亲权的不足时，也尚有“伏维皇上以孝治天下”之语④。

传统中国的政治和社会体制所资以维系的纲常伦理，正是儒家学说所表章的大经大法，其最高的道德标准为忠、孝，上引雍正元年的诏书中“庶士子咸知诵习，而民间亦敦本励行”一语，其命意便在因科举而使士子咸知诵习儒家经书，借以化民成俗；而所取士既是属忠孝之士，熟习经书，则通经可以致用，自当有以见诸行事，致国家于太平，这样由一个服膺于儒家之道的士君子阶级治理的国家，便将是世间用以称中国的所谓“儒道国家”（a Confucian state）。乾隆时齐召南在《进呈经史说》一文中，便指出说：“明时（取士）罢诗赋词曲之陋，而举归之四书五经，盖将使人因文见道，得其所性之蕴，而有以施之于事也。”⑤ 严复在戊戌变法期间力倡废除八股，但也说：

> 揆皇始创为经义之意，其主于愚民与否，吾不敢知，而天下后世所以乐被其愚者，岂不以圣经贤传，无语非祥，八股法行，将以忠信廉耻之说，渐摩天下，使之胥出一途，而风俗亦将因之以厚乎？⑥

---

① 《皇朝掌故汇编》内编卷35，《礼政》七，《科举》一。又《皇朝政典类纂》卷191，《选举》一，《文科》。

② 《孝经》第一、五章。

③ 《后汉书》卷26，《韦彪传》。

④ 《大学堂监督刘廷琛奏折新刑律不合礼教条文请严饬删尽摺》，故宫博物院明清档案部编《清末筹备立宪档案史料》下册，第888页。北京中华书局，1979年。

⑤ 齐召南《进呈经史说》，《皇朝经世文编》卷10，《治体》第二。

⑥ 严复《救亡决论》，《侯官严氏丛刻》（清光绪二十七年）第177页至第180页。台湾文海出版社。

同样的观点也见于康有为的言论。在他戊戌年所上的《请废八股试帖楷法试士改用策论》一摺中，他说：

推宋王安石之以经义试士也，盖鉴于诗赋之浮华寡实，帖括之迂腐无用，故欲藉先圣深博之经文，令学者发精微之大义，以为诸经包括人天，兼该治教，经世宰物，利用前民，苟能发其大义微言，自可深信其通经致用。立法之始，意美法良。迨至明与国初，人士渐陋，然抉经心而明义理，扶人伦而阐心性，当闭关之世，虽未尽足以育才兴学，犹幸以正世道人心焉。

这一理想的儒道国家，至少有部分清人确相信其为事实。下举晚清邵懿辰的议论可以为例，在他的《仪宋堂后记》，一文中，他说：

“明太祖既一海内，与其佐刘基以四子书章义试士，行之五百年不改，以至于今……二君诚不能以道义躬先天下，不得已而为此制……（盖）使秦、汉迄元，明至今二千余年之久，田不井，学不兴，圣君贤宰不问出，苟无孔子之六经，与夫有宋程朱所考定四子之书在天壤之间，如饮食衣服常留而不敝，则夫乾坤几何而不毁坏，人类几何而不能绝灭耶？徒以功令之所在，爵赏之所趋，故虽遐陬僻壤，妇人小子皆能知孔子之为圣，程、朱之为贤，言于其口，而出于其心，猝不知纳于义理之域。是其为效固已奢，而泽天下后世已溥矣。”

便是自强名臣沈葆桢，也说“八比代圣贤立言，今虽渐失初意，然国家之所以统天下之智愚贤不肖，不敢亲圣经贤传如弁髦者，未尝不赖乎此；而士民亲上死长之义，亦隐隐藉以维持”①。

科举所求的既为依于德、游于艺、志于道的士君子，故其所欲得的当是通才。此理北宋苏轼已言之。宋神宗时王安石请兴学校、罢贡举，直史馆苏轼议曰：贡举文字虽知其“均为兴用”，“然自祖宗以来莫之废者，以为设法取士，不过如此也②”。清季牛应之撰《雨窗消夏录》，也说：“朝廷所以悬此时艺取士者，非真谓时艺能得人，攻时艺者即可以平治天下也。任事者必有专精之志，强固之气，又明于圣人之理，详于先王之制度文物，然后充之以阅历，施展其才能，而后能肆应无穷也。”康熙四十一年定命题规制，且明言“议准五经取士，务得通才”③。

晚清张盛藻反对用正途人员学习天文算学以为制造船炮之用，谓“朝廷命官必用

① 光绪五年九月二十日（1879年11月3日）两江总督沈葆桢奏折，中国科学院近代史研究所史料编辑室、中央档案馆明清档案部编辑组编《洋务运动》第1册，第181页。上海人民出版社，1961年。

② 《宋史》卷155，《选举志》一，《科目》上。

③ 《皇朝政典类纂》卷191，《选举》一，《文科·命题规制》。

科甲正途者，为其读孔、孟之书，学尧、舜之道，明体达用，规模宏远也，何必令其习为机巧，专明制造轮船、洋枪之理乎?"① 张氏此语，每被引为晚清顽固守旧人士反对国家改革的一例。但此也正是鸦片战争前礼部反对三场试策改用律例一道的理由。《东华续录》记其事，曰：

> "道光十五年（公元 1835 年），御史易饶清奏三场试策，请改用律例一道，下礼部议。寻议：国家设科取士，责以报称者甚多，不独在理刑一端。若于进身之始先责以名法之学，无论剿说雷同，无裨实用，即真心讲贯者，亦必荒其本业，旁及专家，以法律为诗书。……该御史所奏，应毋庸议。从之。"

同在嘉、道年间，查揆论安徽吏治，谓孝弟兴乎庠序，达乎州巷，行乎道路，其士君子入事父兄，出事公卿，其庶氓明贵贱，顺少长，辩等威，尊尊亲亲……吏治有不成焉者乎？不是之求，而欲以文法争胜于民，抑其末矣②。因为政府所要求于士君子的主要在以孝弟忠信树风猷于上，至于刑名、钱谷、簿书之劳，则自有幕客、书吏任之。

## 五

但有清一代，对于科举制度的批评，固无时或息。首先如前引顾炎武于明末清初便已批评明代的科举制度，说它欲以"明六经之旨，通当世之务"取士，而结果士子但知埋首于时文，趋竞于场屋，所养成者为不读经史，不知世务之人③。清代耻笑中式士子不学无文、迂腐鄙陋的文字，不胜枚举。《儒林外史》纵有影射，究属小说，但见于清人文牍笔记显系真人真事者亦多。魏禧于清初已有科第之士，"有身登甲第、年期耄，不知古今传国之世次，不知当世州郡之名、兵马财赋之数者"之语④。晚清牛应之《雨窗消夏录》记陈宝箴致赣抚沈葆桢书论国事，并谓"制科之弊，则务为帖括剿袭，以资弋猎，虽曰读四书五经，满纸道德经济，其实于己无与也。是故书法为艺事之微，乃求之今日俗学之士，惟有此等伎俩，尚可备文书案牍之用。末流至此，可为浩叹"。而康有为谓"翰苑清才，而竟有不知司马迁、范仲淹为何代人，汉祖、唐宗为何朝帝

---

① 同治六年正月二十九日（1867 年 3 月 5 日）掌山东道路察御史张盛藻折，转引自《洋务运动》第二册，第 29 页。

② 查揆《论安徽吏治》四，转引自盛康编《皇朝经世文续编》卷 19，《吏政·吏论下》。

③ 《日知录集释》卷 17《生员额数》。又宣德四年（1192 年）北京国子监助教王仙言："近年生员上记诵文字，以备科贡。"《明会要》卷二五，《学校·国学》。

④ 魏禧《制科策》上，《皇朝经世文编》卷 57，《礼政》四。

者，若问以亚、非之舆地，欧、美之政学，张口瞪目，不知何语矣"① 则至于见之章奏了。

其次便有如乾隆时舒赫德所称，认为清代科举以时文取士，而时文空疏、无裨实用者。此论陈廷敬于清初早发之。他说，时文"使学者穷年积月，从事于无用之空言，考其实枵然无所得也。又何有于经学哉"②。降及清季，倡变法者如徐致靖，更有"我国人自童至壮年，困之以八股……以成至愚极陋之蔽"之说，认为其弊至于士子"目不通古今，耳不知中外，以致理财无才，治兵无才，守令无才，将相无才，乃至市井无才，列肆无才"③。要言之，因为"士习空疏为无用"④。

也有认为科举虽以经义、四书义取士，然而士子的读书应试，所存者利禄之心，故反而败坏士子之心术者。如前引乾隆时齐召南因进呈经史言事，批评当时的学风说："士子以四书五经为干禄之具，而不知其为修己治人之方，其所为文，悉是剿说之余，而不足为躬行心得之验。仁智之性，既塞其源，恻隐羞恶是非之良，亦仅存而无几。本实拨矣，枝叶何观。"⑤ 迨光绪二十七年（1901 年），清廷下诏变法，政务处与礼部会奏变通科举事宜，也以"（我朝〈清〉以八股文取士，）行之二百余年，流弊日深，士子但视为弋取科名之具，剿袭庸烂，于经史大义，无所发明"为言，主张废止⑥。

姑不言士子登第入仕能否以所读圣贤义理用于施政。科第从官，由于不知实务，不得不任用幕客书吏，而幕客书吏多数蠹政害民。此如孙鼎臣于道、咸年间所说，科举取士，"上之所以教，下之所以学，惟科举之文而已。道德性命之理，古今治乱之体，朝廷礼乐之制，兵刑、财赋、河渠、边塞之利病，皆以为无与于己，而漠不关其心。及夫授之以官，畀之以政，瞢然于中而无以应，则拱手而听胥吏之为"⑦。而幕客、书吏，就幕客言，其上也者，"宾之爱主，重于官之爱民，故指陈之言，必先趋避而后事功，更不问民生之休戚"⑧。其下者也，便不乏于钱谷讼狱，上下其手以自利了，至于道书吏之为害，则有清一代见之文字者，多不胜举。同治年间（1862—1874 年）游百川有《请惩治贪残吏胥疏》，谓"国家达官立政，额设府吏胥徒，藉资办公，不过取其执簿书，供奔走而已。乃自若辈盘踞把持，遂成积重难返之势，论者谓天下大权归于胥吏，此诚沉痼之疾，不能遽除，而实不可不除者也"。迨光绪二十七年清廷变法，其中的一

---

① 康有为《请废八股试帖楷法试士改用策论》折，又薛福成亦有"前岁中式举人徐景春至不知《公羊传》为何书，贻笑海内"之语，见薛文《治平六策》，葛士濬编《皇朝经世文续编》卷 12，《治体》三。

② 陈廷敬《经学家法论》，《皇朝经世文编》卷 57《礼政》四。

③ 徐致靖《请废八股疏》，转引自《戊戌变法》第二册，第 339 页。

④ 王茂荫《敬筹振兴人才以济实用疏》，盛康编《皇朝经世文续编》卷 16，《治体·用人下》。

⑤ 齐召南《进呈经史说》，《皇朝经世文编》卷 10，《治体》。

⑥ 《政务处、礼部会奏变通科举事宜折》，甘韩编《皇朝经世文新编续集》（清光绪二十八年）卷 5，《学校》上。台湾文海出版社影印本。

⑦ 孙鼎臣《论治二》，盛康编《皇朝经世文续编》卷 66，《礼政·贡举》。

⑧ 徐赓陛《复本府条陈积弊禀》，盛康编《皇朝经世文续编》卷 26，《吏政·守令下》。

端，也是要革吏胥之弊。在裁汰六部书吏的谕旨中，也说："夫蠹吏盗权，人人所知……而积久不去者，其故有二：一则司员不习公事，奉吏如师；一则贪劣之员，勾结蠹书，分财舞弊。"① 所有以上的论幕客书吏的为害，尚未计及本官和司员本身的贪劣。

科举虽是士子的求荣显之途，然而真得荣显者究属少数。其多数或连年困顿场屋，或幸而中式，也因所选候补需时，淹滞恓惶，无所施展，因此是对于人才的极度浪费。陈康祺《郎潜纪闻》记乾隆年间粤东诸生谢启祚，年九十八，尚应乡试。真可谓毕生在应试中了。康熙时名士，高泳应乡试十五次不售，年近六旬，始岁贡入太学。姜宸英也屡应顺天乡试乃得隽，成进士时已年逾七旬②。至于偃蹇不第，含恨终身，而名不闻于后世的，自然更不知凡几了。

然同一制度，于明、清两代行之五百余年，应有其所以存在的理由。大略言之，则，第一，于明、清专制政治之下，科举制度为当时的政治社会造就一统治阶层，此统治阶层形式上系由公开的考试竞争产生，而其优越地位的由来系根于皇帝的权力，其服官从政也是为皇朝服务。

第二，旧政治社会体制所资以维系的所谓伦常纲纪，亦即儒家学说所表章的大经大法。明、清两代以四书、五经义取士，又都有"钦定"的经义、经说以至清的《圣谕广训》、《钦定四书文》等颁行，以为考试法式，欲导士子于"正学"，规范其思想，使之服官从政而"化民成俗"。

第三，由于科举考试形式上系公开的竞争，所以除去若干可见的限制如最低经济生活条件的缺如和少数特殊的社会身份关系外，科举制度确实为社会提供了有效的阶层流动的途径。社会阶层流动性的存在，使传统社会统治机构的成分不时更新，有裨于社会和政治稳定的维持。管同于道、咸年间论风俗，谓清制使士子专心致志于科举，"是以百数十年天下纷纷，亦多事矣，顾其难皆起于田野之奸，闾巷之侠，而朝廷、学校之间，安且静也。"③ 康有为于甲午后一年上疏请变法，也说：明"以科举取士，以年劳累官……国朝（清）因用明制，故数百年来，大臣重镇，不闻他变；天下虽大，戢戢奉法，而文网颇疏，取民极薄，小民不知不识，乐善嬉生。此其收效，中古所无也"④。二者都以政治、社会的相对安定为言。

至就人才的消长言，鄂尔泰等议复舒赫德请废时文取士一疏，谓"文武干济、英

---

① 光绪二十七年四月十一日（1907 年 5 月 28 日）谕内阁，《大清德宗景皇帝实录》卷 482。台湾华文书局影印本。

② 钮琇《觚剩》卷 4，《小说笔记大观》续编，第 10 册，第 6398 页。又如《钦定大清会典事例》卷 354，《礼部·贡举·恩赐一》，乾隆四十九年谕："庄存与奏，本年各省会试举人，年届九十者一名，八十以上者二十名，七十以上者五名，皆三场完竣，未经中式。"

③ 管同《拟言风俗书》，方宗诚《管异之先生传》，缪荃孙纂辑《续碑传集》（清宣统二年）卷 76。台湾文海出版社影印本。

④ 康有为《上清帝第四书》，转引自《戊戌变法》第二册，第 177 页。

伟特达之才，未尝不出乎其中（时文）”云云。① 识者固知其不尽属实；因为与其谓科举得人才，尚毋宁谓人才得科举之为然。② 但对于人才的需要，因时代的不同而异。康有为便曾说，“若使地球未辟，泰西不来”，纵率由旧章可也。但“无如大地忽通，强敌环逼，士知诗文而不通中外，故锢塞聪明，而才不足用”③。康氏所谓“大地忽通，强敌环逼”者，自系指西潮迫来，于是国家的处境大变，要求新人才以应付新情境的需要。此如严复于戊戌年（清光绪二十四年，1898 年）所撰的《上皇帝万言书》一文中所说：“今日中国所处之时势，既大异于古初矣，则今日之才，方之于已往者，虽忠孝廉贞之德不能不同，而其所具之才，所以干济时艰、策外交而辅内理者，必其详考古今之不同，而周之四国之故者也。夫如是，故其所治之学与其所建白者，亦将有异于古初。”早在光绪初年，张之洞任山西巡抚，延访人才。其致属下各司局的札中，有“举凡天文、算学、水法、地舆、格物、制器、公法、条约、语言、文学、兵械、船炮、矿学、电器诸端……或则一艺名家，果肯闻风而来，无不量材委用④”之语。凡此洋务运动时期所欲求索的人才，自都非旧的科举考试所能供应。于是新学校代兴，而科举制度终于继光绪二十八年（1902 年）四书、五经义“不准”再用八股文程式之后，于光绪三十二年起停罢。

原载《香港中文大学中国文化研究所学报》1981 年第 12 卷

---

① 礼部《时文取士疏》议，《清史稿》卷 108，《选举志》三。

② 林纾《闽中新乐府》：“须知人才得科第，岂关科第得人才。”转引自《戊戌变法》第 4 册，第 363-369 页。

③ 康有为《上清帝第四书》，转引自《戊戌变法》第 2 册，第 177 页。

④ 张之洞《札司局设局讲习洋务》，《洋务运动》第 1 册，第 323 页。

# 关于唐代登科记的考索

傅璇琮

我们现在研究唐代的科举制度，不得不感谢一百多年前，也就是清朝道光年间的一位学者徐松。在有关唐代科举考试的重要史料——登科记完全散失的情况下，徐松对大量的史料进行搜集、整理、排比和考证，著成《登科记考》。《登科记考》作为一部内容丰富的唐代科举编年史，向人们提供了唐五代科举考试的发展衍变，以及有关人物的具体活动。徐松不以选拣几条干巴巴的正史有关条文为满足，他注目于唐宋时期众多的杂史、笔记、诗文、小说，力图用对当时生活的具体记述，来重现唐三百年间对于文人生活和文学艺术有重大影响的科举考试几个重要的历史情景。这是一项开拓性的工作，应当看作是清代勃兴的考据学应用于学术史的一种积极尝试。

在徐松《登科记考》已经达到的基础上，让我们回溯一下唐宋时期有关唐人登科记记载的情况，探索一下学术史上前人走过的足迹，将使我们对历史发展的链条看得更加清楚。

首先应当说明一下，唐代所谓设科取士，究竟有哪些科目。《新唐书·选举志》说："其科之目，有秀才，有明经，有俊士，有明法，有明字，有明算，有一史，有三史，有开元礼，有道举，有童子。而明经之别，有五经，有三经，有学究一经，有三礼，有三传，有史科。此岁举之常选也。"这一记载虽然详细，却较凌乱。《唐六典》、《通典》则将常贡之科大要分为六项，即秀才、明经、进士、明法、明书、明算。又徐松《登科记考》的"凡例"中说，明法、明字、明算、史科、道举、开元礼、童子科都算是诸科，五经、二经、三经、学究一经、三礼、三传应入明经科。这方面，还是王鸣盛讲得较为有头绪，他在《十七史商榷》中说："其实若秀才则为尤异之科，不常举。若俊士与进士，实同名异。若道举，仅玄宗一朝行之，旋废。若律、书、算学，虽常行，不见贵。其余各科不待言。大约终唐世为常选之最盛者，不过明经、进士两科而已。"① 除常选外，还有制科。制科的具体名目更加繁多，常见的有贤良方正直言极谏、才识兼茂明于体用、孝悌力田闻于乡里、详明吏理达于教化等科。据宋朝人统计，

---

① 《十七史商榷》卷八一《取士大要有三》。

有唐一代，制科的名目大约有八十六个①。

记录以上各科登第者，称登科记②。据封演《封氏闻见记》卷三《贡举》条说，从中宗神龙（705—707 年）时起，就有人逐年记载登科进士的姓名，称做《进士登科记》。封演在玄宗天宝时曾入长安太学读书③，天宝末登进士第④，太学的同学诸生就将他的姓名续记在已有的《进士登科记》之末。当时有一个叫张绰的，也应进士举，初落第，出于对进士及第的羡慕，就用双手把那本《登科记》捧在头顶上，说："此《千佛名经》也!"从封演的记载中可以知道，从中宗时起，就有登科记一类的书，而且可以逐年续记。由于进士科尤为特出，当时就有人专记进士登科，这种进士登科记被视为光荣簿，因而也就有可能在社会上流传。

说到进士登科记，应该约略谈一下唐代进士的放榜情况。唐代的进士榜，大致有两种，一种是张榜，开元二十四年以后进士归礼部试，就用大字书写贴于礼部南院东墙，具体情况可参见五代王定保《唐摭言》一书。晚唐诗人黄滔有《送人明经及第东归》诗，中云："亦从南院看新榜，旋束春关归故乡。"似乎明经放榜也在礼部南院。另一种是所谓榜帖，类似后世的"题名录"，又与"捷报"相仿佛。唐人王仁裕《开元天宝遗事》中的《泥金帖子》条载："新进士才及第，以泥金书帖子附家书中，用报登科之喜。"又《喜信》条载："新进士每及第，以泥金书帖子附于家书中，至乡曲亲戚，例以声乐相庆，谓之喜信。"所谓泥金，就是用金箔和胶水制成的金色颜料，榜上贴有这种金花，所以榜帖又称金花帖子。据王仁裕所记，则这种金花帖子至少在开元、天宝时就已经盛行了。又据宋赵彦卫所记，这种金花帖子在北宋初仍还流行，其所著《云麓漫钞》卷二中有具体的记述："国初循唐制，进士登第者，主文以黄花笺长五寸许，阔半之，书其姓名，花押其下，护以大帖，又书姓名于帖面，而谓之榜帖，当时称为金花帖子。"另外，南宋人洪迈也有这方面的记载，他曾获得北宋真宗咸平元年（998 年）孙仅榜的盛京榜帖，说这种榜帖"犹用唐制，以素绫为轴，贴以金花"，上面写知举者姓名、年岁、生辰，以及父祖名讳，其后写本榜状元姓名、籍贯及同科人等第。在唐代，这种榜帖有专人送至及第进士的家乡或所在地，如《玉泉子》记赵琮进士及第，人还未回家，榜已送至所属州府。又如曹希幹于咸通十四年（873 年）登第，这时其父曹汾为忠武节度使（治许州），"榜至镇，开贺宴日，张之于侧"⑤。这种榜帖备载登第者姓名、籍贯，同榜状元及同年名次，又载本科知贡举者的姓名、年岁、父祖名讳、私

① 王应麟：《困学纪闻》卷十四《考史》。

② 徐松在《登科记考》"凡例"中，谓唐人登科记中不记明经及第的人名。这只是推论，有待进一步查考。

③ 《封氏闻见记》卷二《石经》。

④ 《新唐书·艺文志》编年类著录封演《古今字号录》一卷，下注云："天宝末进士第。"徐松《登科记考》即据以定封演为天宝十五载进士及第。

⑤ 《唐摭言》卷三。关于唐代进士放榜情况，请参看拙作《唐代的进士放榜与宴集》(《文史》第二十三辑)。

忌，等等，其本身已经成为唐人登科记的原始材料。唐代前期一些私人所编的登科记，其材料当主要来源于通行于社会上的这种榜帖。

唐人所编的登科记，在穆宗长庆（821—824年）以前，就有十几种①。大抵在宣宗以前的登科记，都系私人所编②。这些私人编录，在《新唐书·艺文志》中只记载了三种，那就是：崔氏《唐显庆登科记》五卷，姚康《科第录》十六卷，李奕《唐登科记》二卷。

《显庆登科记》的著者崔氏，《新唐书·艺文志》注云“失名”，生平事迹无从考知。《文苑英华》卷七三八收有赵傪《李奕登科记序》，末云：“自武德至乎贞元，阅崔氏本纪，前后嗣续者在我公为多焉。顾惟寡昧，获与斯文，因濡翰而为之序。贞元七（原注：一作‘十七’）年春三月丁亥序。”同一篇文章，在《全唐文》卷五三六，则变成作序者为李奕，篇名为《登科记序》。其实《文苑英华》与《全唐文》都有错误。《玉海》卷一一五《选举》引《中兴书目》载有《崔氏登科记》，下云：“贞元十七年三月丁亥校书郎赵傪序曰：‘武德五年，诏有司特以进士为选士之目，仍古道也。’”南宋人洪适还收藏有崔氏书，他说“贞元中校书郎赵傪为之序”③。由此可见，这篇序确是赵傪作的，而他所序之书则为崔氏的《显庆登科记》，而不是李奕的《登科记》。据赵傪序，崔氏书所录为唐高祖武德至德宗贞元时的进士登第者，显庆原是高宗的年号，崔氏所作为什么叫做《显庆登科记》，殊不可解。或显庆非指年号，泛指为喜庆之意。又，崔氏书，《新唐书·艺文志》作五卷，而《玉海》引《中兴书目》作一卷，可见宋时已亡佚大半，据《玉海》所记，其书本来是专载进士登科的，后来有续之者，“自元和方列制科，起武德五年迄周显德六年”。

《文苑英华》和《玉海》都说是赵傪为《显庆登科记》作序，但有些书上则说赵傪自己撰有《进士登科记》一书。如《唐摭言》卷一《述进士上篇》谓：“永徽已前，俊，秀二科犹与进士并列，咸亨之后，凡由文学一举于有司者，竞集于进士矣，由是赵傪等尝删去俊，秀，故目之曰《进士登科记》。”另外，南宋吴曾说他家有“唐赵傪撰《唐登科记》”，并记贞元七年，八年知举者、及第者姓名，及所试诗赋题目④。很可能王定保，义曾所看到的这一《进士登科记》仍是崔氏所作，而赵傪为之序，或有所补正，因此五代和宋朝人刻书时就把赵傪也作为编撰者了，《唐摭言》说是“赵傪等”，当是这个意思。赵傪为南阳人，其祖赵驷，京兆士曹参军；父赵涉，侍御史⑤。赵傪于

---

① 《玉海》卷一一五《选举》引姚康《科第录叙》。

② 《唐语林》卷四载郑颢于大中十年（856年）上登科记表，中云：“自武德以后，便有进士诸科，所传前代姓名，皆是私家记录。

③ 洪适：《盘洲文集》卷三四《重编唐登科记序》。

④ 吴曾：《能改斋漫录》卷四《林藻欧阳詹相继登第》、《闽人登第不自林藻》等条。

⑤ 《新唐书》卷七三下《宰相世系表》。

贞元三年进士及第，受到德宗的赏识，由监察御史里行、浙东观察判官特授京畿高陵县令①。赵傪为赵璘的伯父，赵璘于宣宗大中间曾替郑颢编修登科记，赵氏中外姻亲中知名者甚众，因此赵傪为崔氏书作补正或另撰一书，都是有可能的。

《新唐书·艺文志》在著录姚康《科第录》十六卷时，注云："字汝谐，南仲孙也，兵部郎中、金吾将军。"姚南仲，两唐书有传，见《旧唐书》卷一五三、《新唐书》卷一六二，姚康元和十五年（820年）登进士第，能诗②。敬宗宝历元年（825年）在京兆府司录任上③。据《新唐书·归融传》，文宗朝，姚康在任左司员外郎判户部案时，曾因赃罪贬岭南尉。后还朝。宣宗时任太子詹事。他的著作，除《科第录》外，还有《帝王政纂》十卷、《统史》三百卷，后者所记，"上自开辟，下尽隋朝，帝王美政，诏令、制置、铜盐钱谷损益，用兵利害，下至僧道是非，无为备载，编年为之"④。可见姚康在史书的编纂上有一定的素养。《科第录》是姚康早年的著作，《玉海》卷一一五《选举》曾载其长庆二年（822年）序，云："自武德已来，登科名氏编纪凡十余家，皆不备具。康录武德至长庆二年，列为十一卷。"据此，则其书所载登科人名，至长庆二年为止，而且只是十一卷。《玉海》又注云："自三年毕天祐丙寅，续为五卷，合十六卷。"则自长庆三年到唐末天祐三年（906年）的五卷，为后人所补，非姚康作，姚康原书为十一卷。其书北宋时尚存，《崇文总目》仍作十六卷。南宋人洪兴祖作韩愈年谱⑤，曾有好几处引述《科第录》，但洪兴祖引述的内容，都是贞元年间事，即已在长庆之后，而且载有博学宏词试题，则已非姚康的原编了。洪皓于南宋初出使金国，在云中、燕都等地居留了十多年，回南宋时带来在北地获得的姚康书的前五卷，所载为唐高祖、太宗两朝进士、秀才两科⑥。则《科第录》在南北宋之际已非全书。南宋的两大藏书家晁公武与陈振孙都没有著录过姚康的书，可见南宋中叶其书已不存，而《宋史·艺文志》史部传记类却载有姚康《唐登科记》十五卷，书名、卷数都与《新唐书·艺文志》、《玉海》等所载不符，不足为据。

《新唐书·艺文志》又载李奕《唐登科记》二卷。按《新唐书·宰相世系表》有二李奕，一为秘书少监李益子，一为慈州别驾李沆子。后者时代过晚，作《唐登科记》者恐是李益子李奕。但此李奕的事迹也不详，陈振孙已说"李奕书亦不存"⑦，大约其书亡于北宋时。

为《新唐书·艺文志》所不载的还有一部官修登科记。《册府元龟》卷六四一《贡

---

① 赵璘：《因话录》卷一。《唐语林》卷一说赵傪为贞元六年进士第，误，徐松《登科记考》卷八即据《因话录》加以驳证。

② 计有功：《唐诗纪事》卷五〇。

③ 《刘禹锡集》卷二《高陵县令刘君遗爱碑》。

④ 《旧唐书·宣宗纪》大中五年十一月。

⑤ 洪兴祖：《韩子年谱》，见宋魏仲举《五百家音注昌黎先生集》附录。

⑥ 洪适：《盘洲文集》卷三四《重编唐登科记序》。

⑦ 陈振孙《直斋书录解题》卷七传记类，洪适《唐登科记》下注。

举部·条制》三："（大中）十年四月，礼部侍郎郑颢进诸家科目记十三卷，敕付翰林，自今放榜后仰写及第人姓名及所试诗赋题目进入内，仍付所司逐年编次。"实际上，郑颢所进的登科记，是由赵璘编次的。《唐语林》卷四对此有稍为详细的记载："宣宗尚文学，尤重科名。大中十年，郑颢知举，宣宗索登科记，颢表曰：'自武德以后，便有进士诸科，所传前代姓名，皆是私家记录。臣寻委当行祠部员外郎赵璘访诸科目记，撰成十三卷，自武德元年至于圣朝。'敕翰林，自今放榜后，仰写及第人姓名及所试诗赋题目进入。仰所司逐年编次。"① 由此可知：一、此次编登科记，系出于宣宗的动议，由大中十年（856 年）郑颢知贡举时委托祠部员外郎赵璘编纂，进呈于宣宗。二、此次所编之十三卷登科记，起自唐高祖武德，直至宣宗时，系纂辑前此私家所编的几种登科记而成，因此又称"诸家科目记"；所辑集的，除进士科以外，还有其他科目。三、从此以后，命令翰林院逐年编次及第人姓名及所试诗赋题目，由政府统一进行此项工作。

郑颢为宪宗时宰相郑絪之孙，尚宣宗女万寿公主，拜驸马都尉，宣宗时曾两次知礼部贡举，"恩宠无比"②。赵璘是德宗时宰相赵宗儒的侄孙，父伉，曾任昭应尉，其中外姻亲，多为显族。赵璘本人登大和八年进士第，又开成三年博学宏词登科，历任汉州、衢州刺史等职。他的《因话录》六卷，记中唐士族及社会习俗，详赡可据。由郑颢出面编录登科记，而由赵璘担任实际编纂工作，自是理想的人选。

按理说，赵璘所编的登科记，以官府之力，又集诸家之长，而且此后又由翰林院逐年编次，这样的资料，后世是应当可得保存完整的。但其书不见载于《新唐书·艺文志》，《崇文总目》也未见著录，洪适在《重编登科记序》中只引《唐会要》提了一下书名，又说"今多亡矣"。只有北宋末年以"广畜异书"见称的董逌，才藏有残存的六卷，起开元二十三年，至贞元九年，"其间亦又有缺剥，不可伦叙，或遗去十年，少或三四年，在姓名中又泯灭过半"③。可见郑颢、赵璘的这部官修登科记，命运也不佳，大约经两宋之际的兵火，连这六卷的残本也不复存在了。

唐朝晚年，大约还有一些登科记流散于各地。如《因话录》卷四曾记载一则笑话："京兆庞尹及第后，从事寿春。有江淮举人，姓严，是登科记误本，倒书庞严姓名，遂赁舟丐食。就谒时，郡中止有一判官，亦更不问其氏，便诣门投刺，称从侄。庞之族人甚少，览刺极喜，延纳殷勤，便留款曲，兼命对举匕箸。久之，语及族人，都非庞氏之事，庞方讶之。因问止竟：'郎君何姓？'曰：'某姓严。'庞抚掌大笑曰：'君误矣！余自姓庞，预君何事？'揖之令去。其人尚拜谢叔父，从容而退。"这里所说的登科记，当是私人传抄的一种，极为简陋，不仅把姓名抄颠倒了，而且没有注明籍贯，害得这位江淮举人错认同宗。可见当时社会上流传的登科记，是详略粗细、各式各样都有的。又

---

① 关于此事，又可参见《唐会要》卷七十六《缘举杂录》。

② 《新唐书》卷一六五《郑絪传》附。又《唐语林》卷四云："崔起居雍，少有令名，进士第，与郑颢齐名。士之游其门者，多登第。时人语为崔雍、郑颢世界。"

③ 董逌：《广川书跋》卷八《赵璘登科记》。

有专记某一年进士同年姓名的，如昭宗于天祐元年（904 年）为朱温所胁迫，迁都洛阳，春二、三月在陕州，放进士榜，北宋初陕郡开元寺还有这一年的进士登科题名①。一些地方志中也还保留唐人登科记的材料，如翁承赞于乾宁二年（895 年）登进士第，他在杏园宴时曾作过探花使②，莆阳县的县学登科记就记有他的登第名次③。又如徐松《登科记考》卷二十四昭宗乾宁四年进士第韦象下，据《永乐大典》引《池州府志》，谓"唐登科记"云云。又据宋叶梦得《石林燕语》卷十载，王禹玉作庞籍神道碑，庞家送润笔，除金帛外，还有古书名画三十种，其中有晚唐诗人杜荀鹤及第时试卷一种④。这也是唐代进士登科的珍贵材料。

宋朝人作唐代登科记的，值得提出的有二人，一是北宋人乐史，一是南宋人洪适。《玉海》卷一一五《选举》载："雍熙三年（986 年）正月，乐史上《登科记》三十二卷，《唐登科文选》五十卷，《贡举事》、《题解》各二十卷，以为著作郎、直史馆。"又见《玉海》卷五十四《艺文》及《宋史·乐黄目传》、《十国春秋》卷一一五《拾遗》。《郡斋读书志》卷九著录为三十卷，谓其书"记进士及诸科登名者，起唐武德迄天祐末"。乐史是由五代入宋的人，当时他看到的唐人科举材料当还不少，因此除了编登科记三十卷外，还有文选五十卷，其他有关材料四十卷，可见他在这方面做了不少工作。明万历时陈第据其所藏书编《世善堂藏书目录》，卷二有《唐登科记》三十卷，疑即乐史之书，则其书当亡于明后期。另外是洪适的《重编唐登科记》，据其自序⑤，他根据姚康《科第录》的前五卷（即唐高祖、太宗两朝），其后又据崔氏《显庆登科记》及续书，再参考《唐会要》、《续通典》及唐人文集加以补正，故名"重编"，共十五卷。他的作法类似徐松的书，体例是较为完善的。可惜此书除了《直斋书录解题》卷七著录以外，就再也未有记载，可能南宋后期即已经亡佚。

另外，据岳珂《宝真斋法书赞》卷九载，北宋诗人林和靖曾向人借咸通中登科记一册。《文苑英华辨证》中好几处提到唐登科记，并用以考证唐人诗赋篇名及人名。明人徐应秋的《玉芝堂谈荟》，卷二有《历代状元》条，虽有错误，但其材料来源，当有所本。这些大约也是唐宋人留存的散见的登科记，但现在已不能考知其作者及卷帙。

唐代制科名目与及第者姓名是另有专书记载的，中唐时就有人专门编录制科策文以供应试者阅读揣摩⑥。《郡斋读书志》卷九曾录有《唐制举科目图》一卷，作者不详，其书列七十六科，不仅列人名，而且注明后来哪些人当了宰相。此书已亡佚。至于现在所见记载制科名目的，则有好几种，如《唐会要》卷七十六《贡举中·制科举》、宋赵彦卫《云麓漫钞》卷六、王应麟《困学纪闻》卷十四、高似孙《讳略》卷三、马端临

① 宋尹洙：《河南先生文集》卷四《王氏题名记》。
② 见《全唐诗》卷七〇三翁承赞：《擢探花使三首》。
③ 宋王迈：《臞轩集》卷六《谢陈侍郎立县学续登科记并书启》。
④ 王珪字禹玉。其所著《华阳集》卷三十五有《庞庄敏公籍神道碑》。
⑤ 《盘洲文集》卷三四。
⑥ 参见《元稹集》卷十《酬翰林学士代书一百韵》。

《文献通考》卷三十三。内容不再详举。

唐代还有一种记载科举考试之有关事项或轶事的书，当也保存了登科记的材料。《新唐书·艺文志》录有《文场盛事》一卷，未注撰者姓名，《玉海》卷五十一《艺文》对其内容有些说明："载唐人世取科第，及父子兄弟门生座主同时者。"《晁志》卷九谓是张君房所作，其他情况也不详。类似的还有称为《讳行录》的，《玉海》卷一一五《选举》著录为一卷，云："以四声编进士族系名字、行第、宦秩，及父祖之讳、主司名氏，起兴元元年尽大中七年。"又据洪迈《容斋随笔》卷十三《贻子录》条，说其父适自燕都归，带回《贻子录》一书，其中载唐咸通七年卢子期著作《初举子》一书，书中详细记载举子应试时的各种注意事项（如如何避讳等等）①。这里不作详细介绍。

如上所述，可见唐宋时期，有关唐代登科记的材料是不少的，甚至可以说是十分丰富的。可惜这些材料差不多都慢慢散失亡佚了。在这种情况下，徐松广泛搜罗有关资料，编纂成一部包括唐五代三百多年中进士、明经、制科及其他科目的登第人名及有关事迹的著作，凡六七十万言，其功确不可没。

原载《历史研究》1984年第3期

① 《初举子》一书，又可参见《北梦琐言》卷四。

# 唐代进士考试科目和录取标准的变化

吴宗国

唐代进士考试的科目和录取标准，不是一成不变。考试科目，唐初只有试策一门，高宗末年始加帖小经，并试杂文，直到中宗复位，三场试的格局才最后确定下来。此后，各个科目的地位、各科考试的内容以及录取的标准，仍不断发生变化。对于这种变化，晚唐时已不甚了然。文宗大和八年（834年），礼部奏："进士举人，自国初以来，试诗赋、帖经、时务策五道。中间或蹔改更，旋即仍旧。"① 错误地认为唐初即试诗赋和帖经。北宋欧阳修在所撰《新唐书·选举志》中也说："凡进士，试时务策五道，帖一大经。"永隆二年诏"进士试杂文二篇"。把帖经开始的时间提早到了唐初。大和八年奏疏在《唐会要》中是与其他有关材料一起记载的，只要认真阅读，尚不至引起误解。而欧阳修的《选举志》，由于是系统叙述选举制度的史志，后人往往视为经典，因而就不能不造成混乱。

北宋以后，不少学者对唐代进士考试科目的变化作过正确的论述。但在目前流传的一些影响较大的论著中，仍然保留着"进士主要试诗赋"一类的说法。这不仅给人以唐初进士即试诗赋的印象，而且使人感到只有诗赋好坏才是录取的主要标准。因此，系统考辨唐代进士考试科目和录取标准的变化很有必要。

## 一

唐初科举考试的科目，据《封氏闻见记》卷三《贡举》载："国初，明经取通两经，先帖文，乃按章疏试墨策十道；秀才试方略策三道；进士试时务策五道。"《通典》卷十五《选举三·历代制下》："自是士族所趣响，唯明经、进士二科而已。其初止试策。贞观八年诏加进士试读经史一部。至调露二年，考功员外郎刘思立始奏二科并加帖经。"《唐会要》卷七六《进士》也说："先时，进士但试策而已，思立以其庸浅，奏请帖经及试杂文。"这些比较早的材料说明，唐初进士科的考试科目，只有试时务策一

① 《唐会要》卷七六《进士》。

项。帖经为调露二年刘思立所奏加，故贞观八年诏进士试读经史一部，也不是加试帖经，而只是在策问中增加了经史方面的内容。在这个阶段，策文的好坏，是录取进士的唯一依据。

唐初衡量进士策文好坏的标准，主要不是看文章的内容，而是看文章的词华。

唐初公文奏议不尚文华。《旧唐书》所载贞观时期许多大臣的奏疏，文采虽有高低之分，但在内容上多是言之有物，有的放矢。但是，唐初公文仍沿用骈体文，特别是以皇帝名义发布的制敕、赦文和册书，由各种典故和华丽词藻构成的空话，占去了相当大的篇幅。这种南北朝以来的浮艳文风，也影响到进士的对策。

《文苑英华》载有贞观元年和贞观二十年的策进士问①，以及上官仪、张昌龄等的对策。策问均系骈文写成，声律严格，文词华美，通篇用典；所问则不外乎刑礼关系、用刑宽猛、贤才选拔等老套，颇有雷同。

对策内容，贞观元年的对策仅流传下上官仪的策文。上官仪曾“游情释典，尤精三论，兼涉猎经史”②。故其策文虽然也使用了大量的典故，堆砌了很多词藻，但是说理清楚，言之有物，用典恰当，遣词也恰到好处，读起来尚无轻薄、生涩和矫揉、浮华的感觉。他进士及第后，很快受到唐太宗的赏识。《旧唐书·上官仪传》说：“太宗闻其名，召授弘文馆直学士，累迁秘书郎。时太宗雅好属文，每遣仪视草，又多令继和。凡有宴集，仪尝预焉。”可见他所以受到太宗的赏识，主要是由于文名。这是唐初及第的进士中以文学而受到皇帝奖擢的第一人，对后来者不能不发生深远的影响。

贞观二十年的策文，现存有张昌龄、田备、郝连梵等人的三篇。史载，王师旦为考功员外郎，“冀州进士张昌龄、王公瑾并文词俊楚，声振京邑。师旦考其文策为下等，举朝不知所以：及奏等第，太宗怪无昌龄等名，问师旦。师旦曰：‘此辈诚有词华，然其体轻薄，文章浮艳，必不成令器。臣擢之，恐后生仿效，有变陛下风俗。’”③ 观张昌龄策文，说他“体性轻薄，文章浮艳”，是不为过的。而这正是他“声振京邑”的原因。值得注意的是，王师旦考其文策为下等，不仅“举朝不知所以”，而且太宗也“怪无昌龄等名”，说明在当时从皇帝到大臣，都是把词华视为进士及第的当然标准。

## 二

高宗时，南北朝以来的浮艳文风仍然弥漫文坛。进士策文的好坏，也仍是看词华。仪凤三年（678 年）魏元忠所说的“谈文者以篇章为首而不问之以经纶”,④ 在当时是

① 《文苑英华》卷四九七《策·刑法上》，卷五〇二《策·求贤》。

② 《旧唐书》卷八〇《上官仪传》。

③ 《封氏闻见记校注》卷三《贡举》。

④ 《旧唐书》卷九二《魏元忠传》。

有普遍意义的。正是由于对策文形式方面的要求大大超过对内容的要求，因而，在科举考试中就出现了永隆二年（681 年）八月《条流明经进士诏》① 中列举的严重情况："进士不寻史传，唯读旧策，共相模拟。本无实才，所司考试之日，曾不拣练，因循旧制，以分数为限，至于不辨章句，未涉文词者，以人数未充，皆听及第。"既然是考做文章，题目又多雷同，因此应举者不是熟读经史，学习文律，而是把模拟旧策作为学习内容，结果造成应举者和录取者文化水平的下降。高宗咸亨元年后，进士每年平均录取数不过二十余人，合格者竟连此数都不能凑满，可见文化水准之低。

调露二年（680 年）四月，刘思立任考功员外郎，主持科举考试。他"以进士惟试时务策，恐伤肤浅，请加试杂文两道，并帖小经"②。根据刘思立的建议，永隆二年（681 年）八月诏："自今已后，考功试人……进士试杂文两首，识文律者，然后并令试策。仍严加捉搦，必材艺灼然，合升高第者，并即依令。"③ 进士除试策外，加试杂文，由此诏以法令形式确定下来。由于其时当年贡举期已过，故次年即开耀二年贡举时始正式实行。至于进士是否帖经，诏中没有提到。而《通典》在叙述永隆二年诏之前，有如之下记载："至调露二年，考功员外郎刘思立始奏二科并加帖经。其后又加老子、孝经，使兼通之。"④ 说明明经、进士二科加试帖经，在调露二年（680 年）即已奏准施行了。

武则天临朝称制后，进士科继续实行帖经、试杂文、对策三场考试。颜杲卿父元孙，"垂拱初登进士第，考功员外郎刘奇榜其词策，文瑰俊拔，多士耸观"⑤。据《颜元孙神道碑》，元孙举进士，"省试《九河铭》、《高松赋》"⑥，故所榜之词策即包括杂文和对策。但这种情况没有持续多久。"寻以则天革命，事复因循。"⑦ 这就是说，在天授元年（690 年）武则天称帝前后的一段时间里，进士帖经、试杂文曾经暂时停止了一个时期。这件事虽然缺乏其他直接旁证材料，但这个时期武则天放手招官、破格用人，取士极广，而每年进士录取数却一直稳定在二十人上下⑧，对进士科并没有给予特别的重视；另外，武则天重用的是李昭德、狄仁杰等吏干之士，对文学之士并没有特别重用。从以上情况看，"事复因循"是合乎情理的。

中宗复位后，立即恢复了进士考试帖经和杂文。《唐摭言》卷一《试杂文》说："至神龙元年方行三场试，故常列诗赋题目于榜中矣。"三场试的格局至此最后确定下

---

① 《唐大诏令集》卷一〇六。

② 《封氏闻见记校注》卷三《贡举》。

③ 《唐大诏令集》卷一〇六。

④ 卷十五《选举三·历代制下》。

⑤ 《旧唐书》卷一八七下《颜杲卿传》。

⑥ 《全唐文》卷三四一颜真卿《颜君（元孙）神道碑铭》。

⑦ 《唐摭言》卷一《试杂文》。

⑧ 《登科记考》卷三。

来。三场中先帖经，然后试杂文及策。① 其具体要求，见于《大唐六典》卷二《尚书吏部》考功员外郎条："其进士帖一小经及老子②，皆经注兼帖。试杂文两首，策时务策五条。文须洞识文律，策须义理惬当者为通。若事义有滞，词句不伦者为下，其经策全通为甲，策通四，帖通六已上为乙，已下为不第。"

## 三

高宗永隆二年（681 年）诏进士试杂文，由于加试杂文的目的是为了提高应进士举者的文字水平，故所试杂文即为士子所熟习的箴、表、铭、赋之类。③ 开耀二年进士及第的刘知幾，虽"以文词知名"，但他在《史通·自叙》里只提到"年登弱冠，射策登朝"，并没有特别提到试铭赋杂文。同一时期进士及第的大诗人陈子昂，卢藏用在《陈子昂别传》中也只说他"对策高第"④。垂拱元年（685 年），吴师道等二十七人及第，敕批云："略观其策，并未尽善。若依令式，及第者唯只一人；意欲广收其材，通三者并许及第。"⑤ 未提及所试铭赋。杂文在士子中并没有引起特别的重视，而在录取时，对策也仍然占主要地位。

中宗神龙元年恢复三场试后，杂文仍多为箴表铭赋之类。开元二十年试《梓材赋》、《武库诗》，而开元二十六年试《拟孔融荐祢衡表》、《明堂水诗》，可见直到开元末年，杂文仍未专用诗赋。正如清人徐松在《登科记考》卷二引录永隆二年八月诏时所说："按杂文两首，谓箴铭论表之类，开元间始以赋居其一，或以诗居一，亦有全用诗赋者，非定制也。杂文之专用诗赋，当在天宝之季。"

在杂文渐用诗赋的同时，进士录取标准在开元、天宝年间也逐步发生变化。

开元初年，面对一系列需要解决的社会政治问题，玄宗励精图治。在选拔人才时，也比较注意真才实学⑥，对侧重词华的做法，有所抑制。开元三年（715 年）张九龄上疏论选事，疏中提到："以一诗一判，定其是非，适使贤人君子，从此遗逸。"⑦ 铨选时试诗，不见于其他记载，姑且存疑，但张九龄以一个文学之士，指出以诗判取士的弊病，足以说明开元初年务实的风尚；开元六年二月玄宗复诏："比来选人试判，举人对

---

① 《大唐六典》卷四《尚书礼部》。

② 唐制，正经有九，礼记、左传为大经，毛诗、周礼、仪礼为中经，周易、尚书、公羊、穀梁为小经。孝经、论语并须兼习。进士帖老子，始于上元二年，当时是"试帖三条"，似未形成制度。其后仪凤三年和调露二年又一再申明，老子、孝经并需兼通。长寿二年停老子，代之以臣轨。神龙二年停习臣轨，依前习老子。见《唐会要·明经》及前引《通典》。

③ 《登科记考》卷二永隆二年徐松按语。

④ 《全唐文》卷三三八。

⑤ 《唐摭言》卷一《试杂文》。

⑥ 《唐大诏令集》卷一〇六《令贡举人勉学诏》。

⑦ 《唐会要》卷七四《论选事》。

策，剖析案牍，敷陈奏议，多不切事宜，广张华饰，何大雅之不足，而小能之是炫！自今以后，不得更然。"① 要求试判、对策、案牍、奏议都要有充实的内容，并提出切合实际的解决办法。

随着政局的稳定和经济的发展，开元之治的局面逐步形成，最高统治者开始注意文治，提倡文学。一代文宗张说被擢为中书令，文学之士进士及第的也逐渐增多。自开元十一年至二十一年，崔颢、祖咏、储光羲、崔国辅、綦毋潜、王昌龄、常建、贺兰进明、王维、薛据、刘长卿、元德秀等先后及第。② 文学之士在及第的进士总数中虽然不占很大比例，但在一个时期内有这样多的诗人及第，却是前所未有的。这种情况到开元二十二、三年孙逖掌贡举时达到顶点。孙逖文思敏速，词理典赡，张说尤重其才，故得"以文学之冠为考功员外郎。"③ 他在掌贡举期间选拔了颜真卿、阎防、贾至、李颀、肖颖士、李华、赵骅、柳芳等一批文士。

对杂文的要求也发生了微妙的变化。神龙、开元间对杂文的要求是"文须洞识文律"。开元二十四年贡举改归礼部侍郎掌管后，变为"文取华实并举"④。"识文律"，这是最初刘思立奏请加试杂文时提出的要求⑤，是为了保证及第者有起码的文化水准。而"华实并举"则除了识文律，还对词华和内容两方面提出了要求。

与此同时，杂文在录取时的地位也发生了变化。开元二十四年，李昂为礼部员外郎，集贡士与之约曰："文之美恶，悉知之矣。考校取舍，存乎至公。如有请托于人，当悉落之。"后又集众贡士曰："观众君子之文，信美矣。然古人有言，瑜不掩瑕，忠也。其有词或不安，将与众详之，若何?"⑥ 据《唐六典》，进士所试之文，专指杂文。作为主考官的李昂在和举子谈及录取时也专门突出了杂文。

开元二十四年（736 年）前后，朝廷中经历了一场是由文学之士还是由吏干人才掌权的激烈斗争，张九龄为李林甫所取代。这也影响到科举，以文取士的潮流一时受到阻碍。开元二十四年十月，礼部侍郎姚奕奏请进士帖《左氏传》、《周礼》、《仪礼》。次年二月，因姚奕奏，诏曰："今之明经、进士，则古之孝廉、秀才，近日以来，殊乖本意，进士以声韵为学，多昧古今；明经以帖诵为功，罕穷旨趣。安得为敦本复古，经明行修？以此登科，非选士取贤之道也。"诏中并规定："其进士宜停小经，准明经例，帖大经十帖，取通四已上：然后准例试杂文及策，考通与及第。"⑦ 此诏与永隆二年《条流明经进士诏》不同。永隆二年诏是针对当时应举者不读经史，唯读旧策，文化水准普遍低下而发，诏中指出主司的主要问题是，为了凑满定额而降低了录取标准，为此

① 《册府元龟》卷六三九《贡举部·条制一》。
② 《登科记考》卷七、八。
③ 《全唐文》卷三一五李华《杨骑曹集序》。
④ 《大唐六典》卷四《尚书礼部》。
⑤ 《唐会要》卷七五《帖经条例》。
⑥ 《大唐新语》卷一〇《厘革》。
⑦ 《册府元龟》卷六三九《贡举部·条制一》。

并规定进士加试杂文，以提高应举者的文字水平：这些与贞观以来把词华作为衡量策文好坏的主要标准是完全一致的。而开元二十五年诏除了指出“进士以声韵为学，多昧古今”，还特别提到“以此登科，非选士取贤之道”。诏令所指，不仅是针对应举者，而且也包括主司。这是对前一阶段以文取士的否定。同时规定进士由帖一小经改为帖一大经，分量和难度都大为增加，这对“多于经不精”的文学之士更是一个重大的打击。① 此后四、五年间，文学之士登科者大为减少，登科者之中，以诗文知名而可考者几乎没有一人。

## 四

李林甫当政期间，文学之士在政治上受到排斥，开元年间进士及第的文学之士，达者几无。但是，以文学取士的潮流在天宝年间反而继续向前发展。

天宝元年，韦陟为礼部侍郎知贡举，他“好接后辈，尤鉴于文，虽辞人后生，靡不谙熟。曩者主司取与，皆以一场之善登其科目，不尽其才。陟先责旧，仍令举人自通所工诗笔，先试一日，知其所长。然后依常式考核，片善无遗”②。进士加试杂文后，虽然在相当一个时期内很少用诗，但由于以诗歌应制、奉和、酬答，已在宫廷和上层社会形成一种风气，故诗歌在投刺干谒，制造声誉方面，起着越来越重要的作用。韦陟以掌贡举的主司身份命举子自呈诗文，说明诗歌已成为主司评价考生水平的一个重要依据。

天宝二年至八载（743—749 年），“达奚珣、李岩相次知贡举，进士文名高而帖落者，时或试诗放过，谓之‘赎帖’。”③ 帖经不合格的，可以试诗以取代帖经的成绩。虽然只有文名高的才能享受这种待遇，但也说明诗歌在进士考试中的地位已大为提高。特别是由于三场试中帖经是第一场，通过后才能试其他两场，词策之长才能发挥出来，因此，赎帖的做法无疑是对开元二十五年以帖大经来改变以文取士标准的又一次否定。这对于进一步打开文学之士的仕进之路，具有重要意义。

其后，天宝十二载至十五载，杨浚知贡举，他不仅要萧颖士向他推荐文才，而且继续令举人自通文笔。天宝十三载进士及第的元结追记说：“天宝十二年，漫叟以进士获荐，名在礼部。会有司考校旧文，作文编纳于有司。”④ 主司在考试前要求举子交纳省卷，先看举子的文才诗笔成为一种惯例，可见诗赋已成为衡量士子文学才华的主要依据。“主司褒贬，实在诗赋”⑤，以诗赋作为进士录取的主要标准，就这样在天宝年间最后确定下来。

---

① 《封氏闻见记校注》卷三《贡举》。

② 《旧唐书》卷九二《韦陟传》。

③ 《封氏闻见记校注》卷三《贡举》。

④ 《元次山集》卷一〇《文编序》。

⑤ 《登科记考》卷二永隆二年八月诏徐松按语。

在官吏的选用上重用吏干人才，而日益成为官僚重要来源的进士科，却反而沿着诗赋取士的道路继续前进。为什么在选举上会出现这样一种矛盾的现象呢？李华在《杨骑曹集序》中说："开元、天宝之间，海内和平，君子得从容于学，于是词人材硕者众。然将相屡非其人，化流于苟进成俗，故倚道者寡矣。夫子门人，德行、言语、政事、文学，四者无人兼之。"开元以来固然是海内和平，但同时也出现了一系列亟需解决的政治、经济和军事问题。而科举出身的，主要是进士科出身的文学之士，普遍缺乏政治才干，因而不可能解决这些问题。这是开元、天宝之际吏干之士取代文学之士掌握最高执政权的重要原因之一。这也是进士录取标准没有能随着进士科在官员选拔中地位的不断提高和社会政治事务日益繁杂而及时加以改变的一个严重后果。科举上的这种失误，不仅影响及于官僚集团之间的斗争，而且及于一代政治家的素质。开元末年到天宝年间掌权的李林甫等吏干之士，虽然有杰出的政治才干，但由于缺少统治理论和经史知识，缺乏政治远见，因而在某些制度的变更上，造成了失误。

至于天宝年间继续以文学取士，这是由当时形势的发展所决定的。一是这时民间看重文学，已经成了风气。开元、天宝之间"缙绅闻达之路惟文章"，① "故太平君子，唯门调户选，征文射策，以取禄位"，已经形成了"五尺童子耻不言文墨"② 的社会风气。

二是文学人才仍然为统治者所需要。开元时一度流行的"文学足以经务"，③ 大任必须有词学④的观点在天宝年间不吃香了，但是修史、编书、起草诏令等文字工作仍需由文士担任，故史官、中书舍人、给事中等仍多为进士出身。⑤

三是当权者在选举中有意识地把文学和政事加以分离。针对当时政事、文学无人兼之的实际情况，李林甫以才识吏干选拔官吏，而对文士只看作是一种文学人才。即如高适那样有名的文士，当宋州刺史张九皋推荐他举有道科时，李林甫也"唯以举子待之"。⑥ 早在开元二十三年诏中就有"文学政事，必在考言"，⑦ 把文学和政事并列提出来的情况。到天宝九载（750 年）三月十三日敕中，更明确提出："文学政事，本自异科，求备一人，百中无一。况古来良宰，岂必文人。"⑧ 此敕说的虽然是吏部取人即铨选的标准问题，但牵涉到整个选举问题。正是由于李林甫把进士科仅仅看作是一种选拔文学专门人才的科目，而没有把它放在出身正途的地位上，⑨ 因此，便让进士科沿着文

---

① 《毗陵集》卷一一《顿丘李公墓志》。

② 《通典》卷一五《选举三·历代制下》。

③ 《旧唐书》卷九八《卢怀慎传》。

④ 《旧唐书》卷一〇六《李林甫传》。

⑤ 《旧唐书》卷一〇二《韦述传》，卷一九〇下《王维传》。

⑥ 《旧唐书》卷一一一《高适传》。

⑦ 《册府元龟》卷六三九《贡举部·条制一》。

⑧ 《唐会要》卷七五《选部下·杂处置》。

⑨ 汪篯：《唐玄宗时期吏治与文学之争》，载《汪篯隋唐史论稿》。

学之科向前发展了。

## 五

如前所述，从高宗末年到玄宗时期，不断有人对进士科考试的科目和内容提出批评和建议，唐朝政府也相应地采取了一些措施，最后形成了帖一大经、杂文试诗赋、对策这样一个基本的格局。这些议论和措施，主要是针对当时应举者缺乏经史知识和文字水平不高，而对于整个考试制度，特别是对于及第者在思想和素质方面应该有什么样的要求，都没有深入探求。直到安史之乱以后，才对科举考试，特别是进士科考试中的问题作了进一步的探讨。

代宗广德元年（763 年）六月，礼部侍郎杨绾上疏条奏贡举之弊，他认为自从进士加杂文，明经帖经以后，“从此积弊，浸转成俗，幼能就学，皆诵当代之诗；长而博文，不越诸家之集。递相党羽，用致虚声，六经则未尝开卷，三史则皆同挂壁，况复征以孔门之道，责其君子之儒者哉！”并指出，当时公卿大臣以此待士，家庭长老以此垂训子弟，已经形成了一种社会风气。如果听任此风继续滋长，“欲其返淳朴，怀礼让，守忠信，识廉隅”，是不可能的。因此，他建议改变考试制度，不令举人投牒自举，停止明经科和进士科；令县令、刺史察举孝廉，送尚书省考试经义和对策，希望通过改变考试制度，达到“数年之间，人伦一变，既归实学，当识大猷，居家者必修德业，从政者皆知廉耻”① 的社会效果。

唐代宗命尚书左、右丞，诸司侍郎，御史大夫，御史中丞，给事中，中书舍人等通议。给事中李栖筠、尚书左丞贾至等纷纷发表意见，在所奏议状中表示赞同。贾至还特别指出：“（今）试学者以帖字为精通而不穷旨义，岂能知迁怒贰过之道乎！考文者以声病为是非，唯择浮艳，岂能知移风易俗化天下之事乎！是以上失其源，下袭其流，乘流波荡，不知所止。先王之道，莫能行也。夫先王之道消则小人之道长，小人之道长则乱臣贼子由是出焉。臣弑其君，子弑其父，非一朝一夕之故，其所由来者渐矣。渐者何？儒道不举，取士之失也。……今取士试之小道，不以远者、大者，使干禄之徒趋驰末术，是诱导之差也。所以禄山一呼，四海震荡，思明再乱，十年不复。”② 杨绾、贾至认为，取士制度应奖劝士子习先王之道，使他们怀礼让、守忠信、行仁义，成为忠臣孝子，君子之儒。从这一点出发，他们指出进士帖经和试杂文乃是“试之小道”，结果造成了“儒道不举”。他们并且把这种情况与安史之乱联系起来。这样，就把“取士之失”所造成的严重后果更加鲜明地摆在人们面前。

杨绾的建议打着“孔门之道”的大旗，使别人不能作正面的反驳，但宰臣还是提

① 《旧唐书》卷一一九《杨绾传》。

② 《旧唐书》卷一九〇中《贾曾传附至传》。

出“举人旧业已成，难于速改”来加以反对；翰林学士也以“进士行来已久，遽废之，恐人失业”①，表示不赞成。停废明经、进士，改变考试制度的建议，因此被搁置下来。

这次在最高统治机构中人数众多的争论，有唐以来还是第一次，这是对科举考试内容、录取标准的一次集中的探讨。

杨绾是进士出身，又应过制举。贾至也是明经出身。他们经历了天宝末年和安史之乱的政治动乱，作为一个过来人，对于科举在社会风气方面所造成的严重后果有深切体会。而当时又正是安史之乱刚刚结束，人们正处于痛定思痛的时候，因此，他们在揭露科举的弊病时，主要是指出帖经和试杂文使得“儒道不举”，从而和前一时期的动乱联系起来。至于以诗赋取士所造成的进士不认真学习经史，不懂得古今治道，不熟悉当代时事这样一些严重情况，从杨绾建议“其策皆问古今理体及当时要务，取堪行用者”②来看，他也是深有体会的。但是，由于他把注意力放在转变“人伦”，改变人们的思想面貌上，因而对于这个能否选拔出合乎时代需要，具有真才实学，能够解决现实政治、经济问题的人才的问题，没有作为一个突出的中心问题提出来。

进士科和三场试，已经深深植根于当时社会土壤之中，不仅取消进士科行不通，就是要取消杂文也是不可能的。建中二年（781 年）十月，知贡举赵赞曾“请以箴表论赞代诗赋”③，但最迟到贞元四年（788 年），又恢复了试诗赋。大和七年（833 年），文宗“患近世文士不通经术，李德裕请依杨绾议，进士试论议，不试诗赋”。八月命进士停试诗赋。次年十月李德裕罢相，“贡院奏进士复试诗赋”④。两次都是不久即罢，试诗赋始终是进士考试的一个重要项目。

## 六

进士试诗赋虽然终唐没有变化，但诗赋在录取时的地位却在逐步发生变化。

代宗时，宰相元载长期执掌大权，他虽非进士出身，但“自作相，常选擢朝士有文学才望者一人厚遇之，将以代己”⑤。他所选中的是文藻雄丽，曾与常衮并掌纶诰，受到时人称誉的杨炎。元载得罪被杀后，继掌大权的常衮更是排斥非进士出身者，“非辞赋登第者莫得进用”⑥。因此，诗赋取士的局面一直延续下来。德宗贞元十六年（800 年）白居易应进士举，投卷于陈给事，献杂文二十首，诗一百首。贞元十八年柳冕在《与权侍郎书》中也说：“唐承隋法，不改其理，此天所以待圣主正之。何者？进士以

---

① 《旧唐书》卷一一九《杨绾传》。

② 《唐会要》卷七六《进士》。

③ 《登科记考》卷一二。

④ 《资治通鉴》卷二四四、二四五。

⑤ 《旧唐书》卷一一六《元载传》。

⑥ 《旧唐书》卷一一九《崔佑甫传》。

诗赋取士，不先理道。"① 虽然在建中、贞元之际曾有几年停试诗赋，但直到贞元末年，一般人仍习惯地认为诗赋是进士录取的主要标准。

但实际上，以策文即文章好坏作为录取标准的潮流却势不可挡。正是在贞元（785—805 年）年间，诗赋取士重新为文章取士所代替。而看文章的好坏，则和唐朝前期相反，主要是看内容，而不是看词华。

大历（766—779 年）时，活跃在文坛上的，是元结、独孤及、梁肃、柳冕等古文运动的先驱者。他们"文字多尚古学，效扬雄、董仲舒之述作，而独孤及、梁肃最称渊奥"②。稍后，还有一批像韩愈那样"从其徒游，锐意钻仰，欲自振于一代"③ 的追随者。魏晋以来"为文者多拘偶对，而经诰之指归，迁、雄之气格不复振起"④ 的文风正在发生变化。士子在准备应举时，固然仍需像白居易那样"苦节读书，二十已来，昼课赋，夜课书，间又课诗，不遑寝息"⑤，但他们已经不仅注意诗歌的写作，而且特别注意文章的写作。柳宗元所说的"文者以明道"⑥，白居易所说的"文章合为时而著"⑦，虽然都是以后所写，但实际上在这个时期已成为他们写作的原则。由于他们比较普遍地注意经世致用，企图通过自己的政治活动来改变现状，中兴唐的统治，因而在学习过程中对儒家经典、诸子百家、历史典籍和现实情况就都比较注意。一大批既有学识和文才，又有政治见识和才能的人涌现出来。文坛上的这种变化，深刻地影响到进士录取标准的进一步改变。

德宗初年，藩镇举兵，连续五年的动乱，在政治、思想等各个方面引起了极大的震动，更有力地推动了进士录取标准的变化。贞元元年（785 年），政局初步稳定，陆贽在所起草的《冬至大礼大赦制》中提出："致理之本，在乎审官，审官之由，资乎选士，将务选士之道，必精养士之方。魏晋以还，浇风未革，国庠乡校，唯尚浮华，选部礼闱，不稽实行。学非为己，官必徇人，法且非精，弊将安救？宜令百僚详思所宜，各条议状。中书门下参较得失，择善而行。"⑧ 此制一扫文学、政事分离的观念，把科举铨选和养士、选士、审官联系起来，并将之归结为致治之本。这反映了科举在选举中地位的巨大变化，科举已开始成为各级官吏，特别是高级官吏的重要来源。⑨

约略与此制同时，洋州刺史赵匡、礼部员外郎沈既济也就选举问题上了议状。赵匡在议状中极力反对以诗赋作为进士录取的标准。他指出："进士者，时其贵之，主司褒

① 《文苑英华》卷六八九。

② 《旧唐书》卷一六〇《韩愈传》。

③ 《旧唐书》卷一六〇《韩愈传》。

④ 《旧唐书》卷一六〇《韩愈传》。

⑤ 《白香山集》卷二八《与元九书》。

⑥ 《柳河东集》卷三四《答韦中立论师道书》。

⑦ 《白香山集》卷二八《与元九书》。

⑧ 《陆宣公制诰续集》卷二。

⑨ 参见拙文《科举制与唐代高级官吏的选择》，载《北京大学学报（哲社版）》1982 年第 1 期。

贬，实在诗赋，务求巧丽，以此为贤，不唯无益于用，实亦妨其正习，不唯挠其淳和，实又长其佻薄。……故士林鲜体国之论。”沈既济也认为：“今礼部、吏部，一以文词贯之，则人斯远矣。”① 杜佑在《通典·选举典》中总结历代选举制度后也评论说：“文词取士，是审才之末者。”这些议论都强烈要求改变进士录取的标准。

陆贽起草的制诏和赵匡等人的议论，为进士录取标准的变化做了理论上和舆论上的准备。此后一个时期内，掌贡举者基本上也是顺着这个方向行事的。

贞元四、五年，刘太真掌贡举，虽然因为他把“宰臣姻族，方镇子弟，先收擢之”② 而大招物议并被贬，但他也确实选拔了一批政治人才，其中有十余人做到郎官、刺史以上的高官③，裴度并成为一代名相。在要求变革之风日益强烈的情况下，大历中年以后，就有一批兼有政事和文学的文士进士及第，此时数量上又大幅度增加，虽然还说不上是有意识的改革，但也是录取标准有所变化的反映。

贞元八年，陆贽知贡举。梁肃、崔元翰向他“推荐艺实之士。升第之日，虽众望不惬，然一岁选士才十四五，数年之内，居台省清近者十余人”④。其中有韩愈、李观、冯宿、许季同等知名人士，以及后来做到宰相的李绛、崔群、王涯，故时称“龙虎榜”⑤。一榜而录取了这么多具有真才实学的艺实之士，而竟然“众望不惬”，说明梁肃推荐和陆贽录取时的标准，与当时一般人观念中的标准相比，已发生很大变化。陆贽是把他在《冬至大礼大赦制》中的主张付诸实践，为“致治”而选拔人才。但这种有意识地改变录取标准的情况，在此后几年中似乎没有继续下去。直到贞元十五年至十七年，中书舍人高郢知贡举，情况才又发生重大变化。《旧唐书·高郢传》说他“志在经艺，专考程式，凡掌贡部三岁，进幽独，抑浮华，朋滥之风，翕然一变”。元稹在《白氏长庆集序》中也说：“贞元末，进士尚驰竞，不尚文，就中六籍尤摈落。礼部侍郎高郢始用经艺为进退，乐天一举擢上第。”⑥《白香山集》记载了贞元十六年礼部试进士的策问题五道⑦，所问虽为时务或方略，但多加进了儒家经典中与之相关的内容，确是以经艺作为中心。而更重要的还是，高郢不仅以经艺作为策问的中心，而且“始用经艺为进退”，即以经艺水平作为录取的主要标准。这里包含着两个重要的变化。一是明确以对策而不是以诗赋作为取士的主要标准，这是回到了开元中年以前的情况。二是明确以策文的内容而不是以词华来作为衡量策文好坏的标准，这又与开元中年以前的情况有很大的不同。从贞观到开元的百余年间，大部分时间都是以词华作为策文好坏标准的。因此，从形式来看，以经艺为进退，是回到了开元中年以前；而从内容来看，则发

① 《通典》卷十七《选举五·杂论议中》。
② 《旧唐书》卷一三七《刘太真传》。
③ 《全唐文》卷五三八《刘府君神道碑并序》。
④ 《旧唐书》卷一三九《陆贽传》。
⑤ 《新唐书》卷二〇三《欧阳詹传》。
⑥ 《元稹集》卷五一。
⑦ 《白香山集》卷三〇《礼部试策五道》。

生了巨大的变化，尽管这个变化在当时尚未为人们所充分认识。

贞元十八年至二十一年，权德舆掌贡举，继续沿着陆贽、高郢所开辟的道路前进。他在答柳冕书中谈到当时“礼部求才，犹以为仁由己，然亦沿于时风，岂能自振”。指出前一阶段的掌贡举者“为仁由己”，已经有不少人进行过各种改革的尝试，但“沿于时风”，或受习惯思想的束缚，或受社会风气的影响，很少有大的作为。他谈到自己“尝读刘秩祭酒上疏云：‘太学设官，职在选士。士不知方，时无贤才，臣之罪也。’每读至此，必尝慕之。”“况以蒙劣，辱当仪曹，为时求人，岂敢容易。”① 这表明权德舆是在认真总结科举得失的基础上，自觉地要扭转时风，进一步改变取士标准，“为时求人”，选拔出适合时代需要的人才。根据这样的要求，他所出策问，“不访名物，不征隐奥，求通理而已，求辨惑而已”②。既考儒家经典，也考历史知识；既考对圣贤学说的理解，也考对现实政治、经济问题的见解，而重点则放在考试应举者的“通理”程度和“辨惑”水平。这对于那些“祖习绮靡，过于雕虫”，只擅于甲赋、律诗，俪偶对属者来说，不啻是一道难关；而对于那些博览经史，关心时事，不囿于传统的学者来说，则是一种福音。结果如权德舆自己所说：“习常而力不足者，则不能回复于此，故或得其人。”③

经过高郢、权德舆连续七年的努力，进士以对策好坏作为录取的主要标准，最后确定下来了。封演所云，“策问五道，旧例，三道为时务策，一道为方略，一道为征事。近者，方略之中或有异同，大抵非精博通赡之才，难以应乎兹选矣”④。大体上就是反映了这种变化。

这种情况，在宪宗元和年间继续下来。元和三年（808 年）卫次公“知礼部贡举，斥浮华，进贞实，不为时力所摇”⑤。七年，许孟容“权知礼部贡举，颇抑浮华，选择才艺”⑥。八年、九年，韦贯之掌贡举，“所选士大抵抑浮华，先行实，由是趋竞者稍息”⑦。这里所说的行实、才艺，指的是真才实学，浮华则主要是指文章浮艳。抑浮华而先行实，说明元和时期仍主要是以策文的内容来决定士子是否录取；但同时也说明，尚浮华作为一种“时力”，仍然具有强大的影响。

穆宗长庆（821—824 年）以后，尚浮华还是务行实仍然是一个长期争论的问题。但这种争论，主要是围绕士子的学风进行的，没有人公开提出要恢复诗赋取士。事实上，长庆以后由于行卷和请托之风更盛，士子的声誉、达官的赏识和朋友的关系，在录

① 《权载之文集》卷四一《答柳福州书》。
② 《权载之文集》卷四一《答柳福州书》。
③ 《权载之文集》卷四一《答柳福州书》。
④ 《封氏闻见记校注》卷三《贡举》。
⑤ 《旧唐书》卷一五九《卫次公传》。
⑥ 《旧唐书》卷一五四《许孟容传》。
⑦ 《旧唐书》卷一五八《韦贯之传》。

取时往往具有决定性影响，录取名单和发榜时的名次有时在考试前就已经拟定。① 因此，尽管还维持着三场式的格局，但考试成绩在录取时并不一定起主要作用。

原载《历史研究》1986 年第 4 期

① 《唐摭言》卷八《通榜》、卷六《公荐》、《旧唐书》卷一四九《于休烈传附于琮传》。

# 隋唐贡举制度对日本、新罗的影响

## ——兼论隋唐宾贡科的成立

高明士

## 序　　言

在中国史上，隋唐时代扮演了承先启后的角色。这个意思是说中国自古以来的历史发展，到了隋唐时代作一总结，总结以后的新面貌，下启宋元明清的新机运。因此，在时代区分方面，唐宋之间是一个重要的转折点，这是就内部的发展而言。如就对外关系而言，隋唐时代的文化，不但深深影响四邻，而且在东亚地区缔建了一个“东亚世界”。隋唐文化不只影响东亚诸国，而且以隋唐文化为骨干，完成了一个自我运行的历史世界，这个历史世界与同时代的其他地区相较，其特殊性主要呈现在两方面，一是文化传统，一是政治秩序。文化传统最具体的表现，是独特的教育传统，笔者简称曰“东亚教育圈”的存在；政治秩序最具体的表现，则在“天下秩序”的运行①。

在东亚世界里，并不是由于文化普遍性的出现，而抹煞了各个国家、种族的特性。盖文化虽具有世界特征，也具有民族的特征②。每个民族国家基于历史情绪与民族自信，对于外来文化不能没有意识的，甚至计划的选择。“文化变容”（或曰“涵化”）显然是经过选择作用的结果，其原则是“同质相吸，异质相拒”③。以下取隋唐时代的科举制度在日本、韩国地区传播的情形，作一说明，兹先讨论隋唐部分。

---

① 参看拙著：《唐代东亚教育圈的形成——东亚世界形成史的一侧面》（台北，“国立编译馆”，1984）。《从天下秩序看古代的中韩关系》（收入《中韩关系史论文集》，台北，“韩国研究学会”，1983；韩文翻译，见《韩中关系研究论集》，汉城，高丽大学校亚细亚问题研究所，1983）。

② 参看黄文山：《文化学体系》（台北，“中华书局”，1971，二版）下册，页720。许烺光氏也有类似的看法，见氏著、张瑞德译：《文化人类学新论》（台北，联经出版公司，1980，第二次印行），第65页。

③ 参看黄文山：《文化学体系》（台北，“中华书局”，1971，二版）下册，第746页。

# 一 隋唐常举科目制的成立

科举一词，在隋唐时代之正式名称宜曰贡举，宋以后，尤其是南宋以后才以科举一词取代贡举。隋唐时代科举一词只有零散地出现，在此之前，是用选举两字①。关于隋唐贡举制度的内容，时贤论述已多②。此处要讨论的，是在礼部（开元二十四年以前指吏部）所举行常举诸科目的成立过程。

唐代的贡举制度与学校、考课同属于选举的范围，此由杜佑《通典》及《新唐书》的《选举（典）志》可窥知。但早在晋代，有将贡举当作考课之意。日本《养老令》亦将贡举事项，规定在《考课令》之内③，这当是由选举之意衍生而将贡举一词作狭义的运用。其实，从唐以后，因贡举实施的结果是进士科独盛，而进士科起于隋炀帝，于是不少的学者便直认隋炀帝创置了贡举制度。这样的解释，是以科目制代表贡举（科举），也是非常狭义的看法。事实上，宋以后制举（或曰制科）已不盛；而就一千数百年科举制度实施之情形看来，以常举的科目制来代表科举制度亦未尝不可。

现在的问题是常举制度果如进士科之创置而谓始于隋炀帝？此事牵涉到创置进士科以前是否无科目制存在以及贡举的定义。这两个问题，笔者最近在《隋代的教育与贡举》一文，已有说明，兹再略述于下。

### 1. 隋文帝建立贡举制度

贡举或科举的定义，过去多侧重在考试技术的改进，或侧重在废弃德行而专主才学，或根据字义而谓分科举人等。凡此说法，类皆不外以唐制甚至宋以后的观点来解

---

① 参看曾我部静雄著、拙译：《中国的选举、贡举与科举》(《大陆杂志》45:3，1972 年 9 月；原载日本《史林》53:4，1970 年 7 月)。

② 比较重要的著作，如邓嗣禹：《中国考试制度史》(台北，学生书局，1967，台湾一版；初版发行于 1936) 第二篇第一章《唐及五代之考试制度》；刘伯骥：《唐代政教史》(台北，“中华书局”，1968，台湾二版) 第二章〈贡举考试制度〉；侯绍文：《唐宋考试制度史》(台北，“商务印书馆”，1974)；吕思勉：《隋唐五代史》(台北，九思出版社，1977，台一版) 下册，第二十章第五、六节《选举》；章群：《唐史》(香港，富壤书房，1971) 第二册第十五章《科举》；曾资生：《中国政治制度史》第四册 (台北，启业书局，1974)；杨树藩：《中国文官制度史》(台北，三民书局，1976) 第三编第二章《考选制度》；李树桐：《唐代的科举制度与士风》(收入氏著：《唐史新论》，台北，“中华书局”，1972)；顾立三：〈唐代之贡举制度〉(《国立编译馆馆刊》5:1，1974 年 6 月) 等。以上所述，皆详于唐制。隋制参看拙作：《隋代的教育与贡举》(上、下)(《大陆杂志》69:4、5，1984 年 10、11 月)。日文方面，主要有宫崎市定：《科举》(大阪，秋田屋，1946) 第一章〈科举の沿革〉；福岛繁次郎：《（增订）中国南北朝史研究》(东京・名著出版，1979) 第一篇第一章第二节之二〈隋代常贡の制〉、第二章〈唐代の贡举制〉。

③ 参看曾我部静雄著、拙译：《中国的选举、贡举与科举》(《大陆杂志》45:3，1972 年 9 月；原载日本《史林》53:4，1970 年 7 月)。

释，因此引起许多不必要的争议。因为观点或标准不同，其结论自然也就有别，于是对于贡举的起源问题，便产生在隋或唐的争论。愚意以为既论起源或创置，就须注意此事在历史发展中所呈现“变”的意义。只要变的意义出现，其起源或创置的条件便告形成，自无需以美备的制度来求全。基于此故，笔者以为贡举制度是创置于隋文帝开皇七年（587 年），而不是隋炀帝大业二年（606 年），更非为唐代。其理由是开皇七年新规定以下几项：一、建立诸州贡士制度；二、建立科目制度；三、建立考试制度。

关于第一项，《隋书》卷一文帝本纪记载开皇七年正月乙未“制：诸州岁贡三人”。此即常举，与魏、齐、周规定州举秀才、郡举孝廉，上州、上郡每岁一人，中州、中郡二岁一人，下州、下郡三岁一人的传统不同，但接近于唐制（见《唐六典》卷三十京兆河南太原功曹司功参军条）。关于第二项，开皇七年的科目有三，即明经、秀才及宾贡。明经与秀才前朝已有其制，文帝新创置的是宾贡科。宾贡科一词为笔者设定，以《房玄龄碑》云：“年十有八，俯从宾贡。”（王昶《金石萃编》卷五）玄龄卒于贞观二十二年（648 年），年七十，上溯至十八岁，正是开皇十六年，则开皇中有“宾贡”科当无可置疑。《房基墓志铭》曰“（大业中）既预宾贡，策应甲科”（罗振玉《芒洛冢墓遗文三编》），可为旁证；中晚唐有专为外国留学生而设的宾贡科（详后），也可作为旁证。此外，韦云起在开皇中“明经举”(《旧唐书》卷七十五本传），是开皇中有明经科的证明。至于开皇中举秀才之实例，有王贞、李宝、杜正玄、杜正藏、刘焯、仲孝俊、侯白（君素）等人。则文帝时代之科目有秀才、明经、宾贡等三科，自无疑问；其“制：诸州岁贡三人”之“三”字，或已暗示其科目有三。关于第三项，开皇七年建立的考试制度，包括可能建立士子“投牒自进”的自荐方式，经诸州选拔，然后赴中央尚书省吏部应举；此外，隋代并创立选期、铨注之法，是过去察举所无的制度。至于考试内容，仍用策试；选拔标准，是规定先考核德行，然后才取学识，唐制也是如此。

总之，科举制度创立于文帝开皇七年。到炀帝即位后，又有所改革。

#### 2. 炀帝变前法，置进士等科

最早指出炀帝即位后改革了文帝的制度，是唐武则天天授年间（690—691 年）出任左补阙的薛登（本名谦光）。他说：

> 炀帝嗣兴，又变前法，置进士等科。(《旧唐书》卷一〇一本传）

据《旧唐书》本传，谦光“博涉文史，每与人谈论前代故事，必广引证验，有如目击”。谦光既然精通典故，其言必有据。故唐人此后言进士科起于炀帝者，大致皆本于薛说。惟薛登之后直至近人引用薛氏此一段话，都遗漏“又变前法”，也忽略“置进士等科”之“等”字。揆诸薛氏原意，当皆有所指，不得等闲视之。所谓“又变前法”，指的是炀帝改革文帝时代的制度；“置进士等科”之“等”字，指炀帝的改革，除进士科以外，当还有新制。而文帝时代既是“前法”所出，则贡举制度建立于文帝时代，由薛登的话也可获得旁证。

问题是炀帝究竟如何变前法？此事王定保《唐摭言》提供了线索，其卷十五《杂记》条载唐高祖武德四年（621 年）四月十一日敕诸州贡学生及白丁有“明经及秀才、俊士、进士”者，并于每年十月随物入贡。结果，翌年十月聚集了四科共 218 人于朝，其中进士占 30 人、俊士 39 人（可参看同书卷一“统序科第”条、《新唐书》卷四十四《选举志》）。武德四年之际，群雄并未完全平定，下诏后一年之内能聚集四科举人共二百多名，则四科举人之制并非唐制，而是隋大业末之制，殆可确定。《通典》卷十五《选举典·历代制下》云“大唐贡士之法，多循隋制”；《新唐书·选举志》亦曰“唐制，取士之科，多因隋旧”，即是此意。《唐摭言》所述唐初之科目制，既然可视为隋大业之制，则炀帝所变之前法，不外是将文帝时代的宾贡科析为进士与俊士两科，或者直接将宾贡科改称曰进士科，并增置俊士科。无论如何，进士、俊士两科的出现，其视前代，自是新制，但因后来只以进士科为独盛，故薛登略言“置进士等科”。前引《房玄龄碑》谓玄龄“俯从宾贡”，但在两《唐书》本传则改称曰“举进士”，此当非两《唐书》误载，而是以当时之用法记述而已。如后所述，中晚唐所设立的宾贡科，是位比进士科，亦可为旁证。炀帝时进士科的实例有杜正藏弟正仪“贡充进士”(《北史》卷二十六《杜正藏传》)；又如前引房基之例，在大业中“既预宾贡，策应甲科”，当是袭用文帝旧制。张损之在大业中亦以“进士甲科”及第，杨纂则为“进士举”。至于俊士科出身者，一时尚找不到实例，但从武德五年应俊士科考试者犹多于进士科之例看来，大业年间应此科考试者，宜颇有其人，只是史文阙略而已。炀帝变前法，将科目由三科增为四科之时间，或如朱子所说是在大业二年（606 年），至翌年完成《大业令》时，当亦定于令文(《选举令》)，而为唐因袭。后世谓进士科起于隋炀帝，此说不误；若谓科举（贡举）制度起于隋炀帝则否，而当谓起于隋文帝。

### 3. 唐太宗的定制

《新唐书》卷四十四《选举志》说：

> 唐制，取士之科，多因隋旧，然其大要有三：由学馆者曰生徒，由州县者曰乡贡，皆升于有司而进退之。其科之目，有秀才、有明经、有俊士、有进士、有明法、有明字、有明算、有一史、有三史、有开元礼、有道举、有童子。而明经之别，有五经、有三经、有二经、有学究一经、有三礼、有三传、有史科。此岁举之常选也。其天子自诏者曰制举，所以待非常之才焉。

短短这一段记载，差不多将有唐一代的选举制度道尽。其意以为唐代取士之途，依考试方式而分有二：一曰常选，一曰制举；依身份而论有三：一曰生徒，一曰乡贡，一曰非常之才，前两者身份是应常选，后者身份是应制举。此一段记载，只能视为总论，故简要明了，却不能解释为有唐一代皆然。易言之，由此总论无法窥知其制度的演变过程。以常选之科目而言，共十二科，其中明经科包含七科（七科中之史科，实际是十二科当中之一史、三史，是否意味着史科已自明经科独立，此事待考），这些科目的成立，远较隋末复杂，但非于立国之际已然，而是经过若干阶段演变形成的，论其实际更不只这些科目。

《唐六典》卷二“考功员外郎”条云：

> 凡诸州每岁贡人，其类有六：一曰秀才，二曰明经，三曰进士，四曰明法，五曰书，六曰算。其弘文、崇文生各依所习业，随明经、进士例。

《通典》卷十五《选举典·历代制下》亦云：

> 大唐贡士之法，多循隋制……其常贡之科，有秀才、有明经、有进士、有明法、有书、有算。

从两书所载，可知秀才等六科是唐代常举的基本科目，此制定于太宗时代。所谓“多循隋制”，就科目而言，只有秀才、明经、进士三科，明法、书、算三科当是创立于太宗。

按唐朝建立后，如前引《唐摭言》所示，于武德四年四月敕诸州贡明经、秀才、俊士、进士诸科士人，结果在翌年十月诸州共贡218人，王定保曰：“斯我唐贡士之始也。”（卷一《统序科第》）即以武德五年为唐实施贡举之始①。此时所设定的科目有四：明经、秀才、俊士、进士，如前所述，此为隋大业之制。其中并无明法、书、算三科，但多出了俊士一科。

关于俊士科，《唐摭言》卷一《述进士上篇》云：

> 永徽已前，俊、秀二科犹与进士并列；咸亨之后，凡由文学一举于有司者，竞集于进士矣。繇是赵傪等尝删去俊、秀，故目之曰进士登科记。

同卷《试杂文》云：

> 进士科与雋、秀，同源异派，所试皆答策而已。

进士与俊士、秀才诸科，既曰同源异派，一方面除可为前述进士、俊士来自宾贡科的说

---

① 唐朝开始实施贡举的时间，文献记载或语焉不详，或曰武德初，或曰武德四年，或曰武德五年。诸说之中，当以《唐摭言》所载较可靠。

法提供旁证而外，另一方面到唐高宗永徽年间犹见三科并行，但因永徽二年（651 年）停秀才科（《新唐书》卷四十四《选举志》），而咸亨（670 年）以后，举文学之科者竞集于进士科，则俊士科或与秀才科一样停于永徽二年以后①。到开元二十一年（733 年）五月，国子监四门学的学生身份之一，有曰俊士②。

据此而言，隋大业诸科（四科），历唐高祖、太宗及高宗永徽初，犹实施不辍。太宗时代又增置明法、书、算三科。此事虽史无明文，但由以下诸事例可获证明：

（一）律、书、算三学馆同隶于国子监，始于太宗。隋文帝时代，国子寺已辖有书学、算学，但律学犹隶于大理寺，炀帝时代亦然。唐建国之初，即义宁三年（618 年）五月，据《旧唐书》卷一八九上《儒学传》序，可知在中央的国子学、太学、四门学均建置学生，无言及书、算两学。但据《新唐书》卷四十八《百官志》于律学之下注云：

> 武德初，隶国子监，寻废。贞观六年，复置。显庆三年又废，以博士以下隶大理寺。龙朔二年，复置。

书学之下注云：

> 武德初，废书学。贞观二年，复置。显庆三年又废，以博士以下隶秘书省。龙朔二年，复（置）。

算学之下注云：

> 唐废算学，显庆元年复置，三年又废，以博士以下隶太史局。龙朔二年，复（置）。

可知律学在唐武德初曾由大理寺改隶国子监，此在律学发展史上是创举（参看《唐六典》卷二十一“律学博士”条注）。书、算两学当宜如隋制仍隶国子监。易言之，前引《旧唐书·儒学传序》所载高祖即位后的兴学，虽只曰设置国子、太学、四门三学，仍宜包括律、书、算三学，总共六学。惟不久废止律、书、算三学，时间不明。到太宗贞观二年于国子监复置了书学；又据《唐会要》卷六十六“广文馆”条、《旧唐书·儒学传序》知此年亦复置了算学（《新唐书·百官志》前列算学条曰显庆元年复置，恐误）；

---

① 《新唐书》卷 44《选举志》载高祖即位后，诏“诸州明经、秀才、俊士、进士明于理体为乡里称者，县考试，州长重覆，岁随方物入贡。”这一条记事，当本于《唐摭言》卷 1、卷 15。

② 参看《唐会要》卷 35“学校”条；《新唐书》卷 44《选举志》略同。

到贞观六年又复置了律学①，于是国子监再度拥有六学的规模。显庆三年（658 年）虽有改易，但在龙朔二年（662 年）又复旧。故国学拥有六学的规模，可说定于太宗之际。《唐六典》卷二十一“律、书、算学博士”条均规定“督课、试举如三馆（国子、太学、四门）博士之法”，则律、书、算三学学生均得如三馆学生应举，自不待言。

（二）《旧唐书》卷五十《刑法志》载高宗永徽三年（652 年）诏曰：

> 律学未有定疏，每年所举明法，遂无凭准。宜广召解律人条义疏奏闻，仍使中书、门下监定。

既曰“每年所举明法”，则永徽以前明法科已是常举之一，亦毋庸置疑。

（三）以实例而言，张騭（张说之父）年十九明法擢第，卒于调露元年（679 年），年五十二，则騭明法擢第应在贞观二十年（646 年）②。此为贞观有明法科之力证。又如徐松《登科记考》卷二十七“诸科”条所载，贞观以明法擢第有李朝隐、裴润、裴净、裴济诸人，另有薛敖（即嵩之从孙）为前乡贡明法。这几位只有李朝隐在《旧唐书》有传（卷一〇〇），据其本传知朝隐“少以明法举”，开元二十二年（734 年）卒，年七十。若以年十九明法及第，宜是弘道元年（693 年），即高宗朝末年，可见明法科自太宗以来一直存在。明书、明算两科一时虽无实例可举证，但因律、书、算三学自太宗以来便已存在，其实施自不容怀疑。

另外，童子科也可能设置于太宗时代。刘悚《隋唐嘉话》卷中云：

> 贾嘉隐年七岁，以神童召见。……年一十二，贞观年被举③。（王谠《唐语林》卷三“夙慧”条略同）

据此可知贞观年间已有神童科，确切年代无可考。徐松《登科记考》卷二显庆六年（661 年）“诸科”条列杨炯在是年举神童（参看《旧唐书》卷一九〇上《文苑本传》），卷三垂拱四年（688 年）“诸科”条亦列裴耀卿举童子。徐氏云：

> 新书本传：耀卿，字焕之。旧书本传：赠户部尚书，守真子也。少聪敏，数岁解属文，童子举。孙逖裴公德政颂：耀卿，河东闻喜人，八岁，神童擢第。王维裴仆射遗爱碑：八岁，神童举，试毛诗、尚书、论语及第。以天宝二载，年六十三推之，应举在是年。

---

① 《旧唐书》卷 3《太宗本纪》曰“初置”，误。

② 《张说之文集》卷 20《张府君墓志》。徐松《登科记考》卷 1 贞观二十年“诸科”条亦列张騭年十九明法擢第。

③ 刘悚：《隋唐嘉话》中（程毅中点校，北京，中华书局，1979），第 33 页。

据此可知《新唐书·选举志》所载童子科，其实就是神童科，自贞观以后属于常选科目①。《唐会要》卷七十六“童子”条，首列代宗广德二年（764 年）五月揭示停止每岁贡童子科之敕文，可见在此之前此科为贡举的常科。

总之，就科目制而言，太宗时代实际设立者至少有八科，即秀才、明经、进士、俊士、明法、明书、明算、神童（童子）等。但因俊士科在永徽以后不见实施，神童科特为十岁以下之孩童而设，一般言唐代之常科，乃以秀才等六科为基本科目，而不包括俊士、童子诸科②。

**4. 武则天增置武举**

《新唐书·选举志》载武则天长安二年（702 年），始置武举，但曰：“其选用之法不足道，故不复书。”所以在《选举志》只略载其制而已。《通典》卷十五《选举典》载“长安二年教人习武艺，其后每岁如明经、进士之法，行乡饮酒礼，送于兵部”。此处虽只曰“武艺”，但其下所述“课试之制”较《新唐书·选举志》所载为详，实为武举，自无疑问。马端临在《文献通考》卷三十四“选举考·武举”条评曰：

> 按《选举志》言唐武举起武后之时，其选用之法不足道，故不详书。然郭子仪大勋盛德，身系安危，自武举异等中出，是岂可概言其不足道邪？唐《登科记》所载异科出身者众，独轶武举，亦一欠事。

武则天设置武举之本意，诚如沈既济所云：“恐人之忘战。”（《通典》卷十八“请改革选举事”条）立意未尝不佳，以今看来并非“不足道”，故宋以后沿袭不变，甚至有“武学”。

《新唐书》卷四十五《选举志》下又云：

> 凡选有文、武，文选，吏部主之；武选，兵部主之。皆为三铨，尚书、侍郎分主之。

据此可知武举成立后，实有意与文举平分秋色，故其立制，文、武类似。后来鉴于文举有文庙（孔庙），中宗神龙二年（706 年）乃在两京建置武庙（即武成王庙，或曰太公

---

① 刘伯骥：《唐代政教史》第 157 页谓童子科中宗朝已有之，嫌晚。顾立三《唐代之贡举制度》第 45 页下栏谓各传中首见登童子科者为王丘，证诸拙稿所述，王丘之前可确知尚有裴耀卿、杨炯，且由贾嘉隐之例看来，童子科极有可能设立于贞观时代。杨树藩《中国文官制度史》第 223～224 页，将童子与神童分列，证诸裴耀卿之例所示，可知有误。

② 王谠：《唐语林》卷 8《补遗》曰：“隋置明经、进士科。唐承隋，置秀才、明法、明字、明算，并前六科。”其谓唐以秀才等六科为基本常科不误，但谓隋置明经、进士两科，则失考。唐所承袭于隋氏者，不止此两科。

庙)。玄宗开元七年（或四年，719 或 716 年）令，进而规定每年春秋二仲月（二月、八月）上丁日在文庙举行释奠礼之翌日，即上戊日，亦在武庙举行释奠礼。文庙主神为孔子，武庙主神为齐太公，并各有配享制度①，成为传统中国的一大特质。

**5. 唐玄宗增置孝弟力田、道举**

《唐六典》卷三十“功曹司功参军”条云：

> 凡贡举人……为秀才；……为明经；……为进士；……为明法；其人正直清修、名行孝义、旌表门闾、堪理时务，亦随宾贡，为孝弟力田。

仁井田升《唐令拾遗》选举令第十九条将此事列为开元七年令。据此可知诸州贡人应常举科目共列五科，孝弟力田科为其中之一。而此处之宾贡，是行宾兴礼之意②。按“孝弟力田”科，初置于西汉高后元年（前 187 年）(《前汉书》卷三)，在唐代为制举科目之一③，到玄宗开元七年（或四年）定令时，或始规定为常科之一。开元二十六年（738 年）正月勅云：

> 孝弟力田，风化之本，比来将同举人考试辞策，今后两事兼著，状迹殊尤者，委所由长官时以名荐，更不须随考使例申送。

所谓“比来将同举人考试辞策”云云，或即指开元七年（四年）之定令。无论如何，孝弟力田科在开元时代已成为常举，当无疑问。代宗宝应二年（763 年）七月礼部侍郎杨绾奏贡举条目，犹曰：

> 孝弟力田，但能熟读一经，言音典切，即令所司举送试，通使与出身。(《唐会要》卷七十六“孝廉举”条)

但至翌年，即广德二年（764 年）五月，代宗敕曰：

> 孝弟力田科，其每岁贡宜停。童子每岁贡者亦停，童子仍限十岁以下者。

即此年从常选科目中罢除孝弟力田与童子，但非废除。盖此后孝弟力田科与童子科仍存

---

① 参看拙作：《唐代的释奠礼制及其在教育上的意义》(《大陆杂志》61：5，1970 年 11 月)，第 27 页。

② 参看拙作：《隋代的教育与贡举》(《大陆杂志》69：4，1984 年 10 月)(上)，第 26 页。

③ 参看福岛繁次郎：《(增订) 中国南北朝史研究》(东京·名著出版，1979)，第 100 ~ 105 页。

在，大历十年（775 年）五月虽敕停童子科，其以童子为荐者，仍比比有之（同前引书）。

至于道举的建置，是因玄宗特崇道教。开元二十九年（741 年）正月，两京及诸州玄元皇帝庙设置崇玄学（天宝二年正月改为崇玄馆），并规定准明经例参加贡举，曰道举①。《新唐书》卷四十四《选举志》云：

> ［开元］二十九年，始置崇玄学。习老子、庄子、文子、列子，亦曰道举。其生，京、都各百人，诸州无常员。官秩、荫第同国子，举送、课试如明经。

《唐会要》卷六十四《崇元馆》条亦云：

> 开元二十九年正月三日，于元元皇帝庙置崇元博士一员，令学生习道德经、庄子、文子、列子，待习业成后，每年随贡举人例送至省，准明经例考试。

可见道举是为崇玄学学生而设。王鸣盛《十七史商榷》卷八十一“取士大要有三”条云：“若道举，仅玄宗一朝行之，旋废。”此说有误，从《唐会要》卷七十七“崇元生”条，知直至德宗时代犹行之。

#### 6. 唐朝后期增医术、孝廉、开元礼、三礼、三传、史料、宾贡科

安史乱后，唐朝日益衰落，藩镇地区与中央政府所在地逐渐形成两个世界。虽是如此，科举制度仍实施不辍，科目反而增加，其主要作用，不外是安抚人心。

肃宗立医术科。按唐立国后，沿袭隋制，在太医署之下设有医学、按摩、咒禁诸科，并新置针科。医学、针科皆有博士、助教，按摩、咒禁只有博士，四科皆置学生。另外又设有药园师及药园生。贞观三年（629 年）命诸州置医学，设有医药博士及学生。称医药者，恐是兼取中央之医学与药园之长。到开元元年（713 年），改医药博士为医学博士，诸州并置助教。但不久罢诸州医学博士、学生，只留偏僻之州少医药者。到二十七年（739 年）复置诸州医学，并掌州境巡疗。《唐六典》卷十四“太医令”条云：

> 太医令掌诸医疗之法，丞为之贰。其属有四，曰：医师、针师、按摩师、咒禁

---

① 崇玄学及其道举设置的时间，史籍记载不一，有开元十年说，有开元二十年说，有开元二十五年说，有开元二十九年说。但从天宝元年（742 年）二月崇玄学始置博士、助教、学生(《旧唐书》卷 9《玄宗本纪》)，以及同年五月中书门下奏请“今冬崇元学举人，望准开元二十九敕条考试”（《唐会要》）卷 64“崇元馆”条、卷 77“崇元生”条亦同）看来，自以开元二十九年说为是。参看拙作：《唐代学制之渊源及其演变》(《台湾大学历史学系学报》，第 4 期，1977)，页 214“崇玄馆”部分。

师，皆有博士以教之。其考试、登用如国子监之法。

据此可知太医署辖下四科皆可视为官学，惟“登用如国子监之法”，是否亦可如国子监生徒参加应举，不得而知（如有，理应具备四科）。同条注云诸医、针生在年终总试后，若“业术过于见任官者，即听补替”。这种补替升迁办法，当限于技艺人员，如药园生亦以“业成补药师”，国子监并无此制。故愚意以为此时贡举尚无医术科。玄宗开元二十二年（734 年），诏曰：

博学、多才、道术、医药举人等，先命所司表荐，兼自闻达，敕限以满，须加考试。博学、多才举人，限今、来四月内集；道术、医药举人，限闰三月内集。其博学科，试明三经、两史已上，帖试稍通者；多才科，试经国商略大策三道，并试杂文三道，取共词气高者；道术、医药举，取艺业优良，试练有效者。宜令所繇，依节限处分。(《册府元龟》卷六三九“贡举部·条制”条)

博学、多才两科，在开元二十二年以前已有其制①。此年诏书之意，是特别为博学、多才、道术、医药四科举行考试，其中道术、医药或为新置。盖此时如前所述，除偏僻诸州之外，地方无医学，或藉此以提拔人才。道术与医药并列，恐指按摩、咒禁之类。无论如何，开元二十二年立四种考试，只能视为一时之制，即属于制举范围，故诏书中无岁举之意。天宝二年（743 年）十一月敕诸州医学生可“随贡举人例，申省补署。十年与散官，恐年岁深久，检勘无凭。仍同流外附甲”(《唐会要》卷七十五“附甲”条)。按医学生修业同国子监，是以九年为限，此勅只是允许医学生得提早补署。

医术成为常科，当在肃宗乾元元年（758 年）。是年二月制曰：“自今以后，有以医术入仕者，同明经例处分。”同年三月，右金吾长王淑又奏请医术同“明法选人”(《唐会要》卷八十二“医术”条)。医术举人既可同明经或明法科考试，自此以后属于常举殆无疑义。但是到德宗贞元十二年（796 年）三月敕曰：

贞观初（按指三年），诸州各置博士。开元中（按指元年），兼置助教。简试医术之士（按指乾元以后），申明巡疗之法。比来有司补拟，虽存职员，艺非专精，少堪施用。缅思牧守，实为分忧。委之采择，当悉朕意。自今以后，诸州应阙博士，宜令长史各自访求选试，取艺业优长，堪效用者，具以名闻。已出身入式，吏部更不须选集。

此敕书之意，对诸州应阙医博士是委由长史选试，而不再由吏部指派，自无须选集。依此看来，医术科常选或自此停罢。

---

① 邓嗣禹《唐制举科目表》中，于开元六年列“博学通艺科”、二十一年列“多才科”。

代宗立孝廉科。按太宗贞观十八年（644 年）曾令汴、鄜诸州举孝廉，并由太宗及皇太子亲自考试，贡士竟不能回答，令太宗非常失望(《册府元龟》卷六四三“贡举部·考试”条、《唐会要》卷七十六“孝廉举”条略同)。马端临评论此事，曰：

盖自以文艺取人，士之精华果锐者，皆尽瘁于记问、词章、声病、帖括之中。其不能以进士、明经自进者，皆椎朴无文之人，遂欲别求进身之涂辙，故賫缘州郡以应诏举，详史所载，二帝所以询访之者，固非僻经奥传傲以所不知也而已，不能答则无所抱负可知。(《文献通考》卷三十四“选举考·孝廉”条)

此意即秀异之士皆趋明经、进士科，其赴孝廉举者已属于碌碌之辈，与两汉相较自不可相提并论。或许由于此故，其后甚少实施察举孝廉①。代宗宝应二年（763 年）六月，礼部侍郎杨绾奏请建置孝廉科，亦未语及贞观年间举孝廉之事。绾议曰：

请依古制，令县令察举孝廉，审知在乡闾有孝友、信义、廉耻之行，加以经业才堪策试者，以孝廉为名，荐之于州刺史，当以礼待之，试其所通之学。(下略)(《册府元龟》卷六四〇“贡举部·条制”条)

代宗敕令公卿以下集议，结果宰臣多同绾议，于是敕旨曰：

每州每岁察孝廉，取在乡闾有孝弟、廉耻之行荐焉。委有司以礼待之，试其所通之学，五经之内，精通一经，兼能对策，达于治体者，并量行业授官。(《唐会要》卷七十六“孝廉举”条)

孝廉科自此以后成为常举科目之一。但德宗建中元年（780 年）六月，竟敕旨停罢②。

德宗立开元礼科、三礼科。先说开元礼科。德宗贞元二年（786 年）六月敕曰：

开元礼，国家盛典，列圣增修。今则不列学科，藏在书府，使効官者昧于郊庙之仪，治家者不达冠婚之义，移风固本，合正其源。自今以后，其诸色举人中，有能习开元礼者，举人③同一经例，选人不限选数许习，但问大义一百条，试策三道，全通者超资与官；义通七十条，策通两道已上者，放及第，已下不在放限。其有散官能通者，亦依正官例处分。(《唐会要》卷七十六“开元礼举”条)

---

① 邓氏《唐制举科目表》中宗神龙二年（706 年）列“孝弟廉让”一科。

② 《册府元龟》卷 640“贡举部·条制”条，载停罢孝廉科是系于建中二年六月。

③ 《通典》卷 15《选举典》曰：“举一人。”恐为“举人”之误。

开元礼科于是成为常选之一。按《开元礼》是玄宗在开元十四年（726 年）敕撰，其目的主要在折中贞观、显庆礼之异同。开元二十年（732 年）书成奏上，颁行天下①。五十多年来，诚如敕书所说只藏在书府而不列学科，至此始列为常科，希望有助于郊庙之仪，冠婚之义。

其次，再说三礼科。贞元九年（793 年）五月，德宗敕曰：

> 王者设教，劝学攸先，生徒肄业，执礼为本。然则礼者务学之本，立身之端，居安之大猷，致治之要道。顷有司定议，习礼经者独授散官，颇乖指要。姑务宏奖，以广儒风，自今以后，诸色人中，有习三礼者，前资及出身人，依科目例选；吏部考试白身人，依贡举例。吏、礼部考试，每经问大义三十条，试策三道，所试大义，仍委主司于朝官、学官中，拣选精通经术三五人闻奏，主司于同试问。义、策全通为上等，特加超奖；大义每经通二十五条以上，策通两道以上为次等，依资与官。如先是员外试官者，听依正员例。其诸馆学生愿习三礼及开元礼者，并听，仍永为常式。(《唐会要》卷七十六“三礼举”条)

三礼即《礼记》、《周礼》、《仪礼》。本来明经科考试之经书规定有九，九经又分为大、中、小经三类，《礼记》是大经，《周礼》、《仪礼》是中经，“三礼举”，实际也就是明经科中的通三经。易言之，未设“三礼举”以前，明经科通三经（基本规定为大、中、小经各一）者，如欲以三礼应举，仍有可能。德宗设“三礼”科的意义，或如敕书所示，在强调“礼者务学之本，立身之端，居安之大猷，致治之要道”。如与前列开元礼科并入考虑，则贞元初年以来对礼学的提倡，也是值得注目的。

穆宗立三传科、史科（一史、三史）、宾贡科。先说三传科与史科。穆宗长庆二年（822 年）二月，谏议大夫殷侑奏曰：

> 谨按《春秋》二百四十二年行事，王道之正，人伦之纪备矣。故先师仲尼称志在《春秋》，历代立学，莫不崇尚其教。伏以《左传》卷轴文字，比《礼记》多校一倍；《公羊》、《穀梁》与《尚书》、《周易》多校五倍，是以国朝旧制，明经授散，若大经中能习一传，即放冬集，然明经为传学者，犹十不一二。今明经一例冬集，人之常情，趋少就易，三传无复学者，伏恐周公之微旨，仲尼之新意，史官之旧章，将坠于地。伏请置三传科，以劝学者，《左传》问大义五十条，《公羊》、《穀梁》各问大义三十条，策三道；义通七以上，策通二以上，与及第；其白身应者，请同五经例处分；其先有出身及前资官应者，请准学究一经例处分。

① 《开元礼》编撰经过及其内容介绍，参看池田温：《大唐开元礼解说》(附录在《大唐开元礼》一书后，东京，汲古书院，1972)；其版本流传，参看拙作：《大唐开元礼》(收入拙著：《战后日本的中国史研究》，台北，东升出版社，1982)。

又奏：

> 历代史书，皆记当时善恶，系以褒贬，垂裕劝戒。其司马迁《史记》、班固范煜两《汉书》，音义详明，惩恶劝善，亚于六经，堪为世教。伏维国朝故事，国子学有文史直者，宏文馆宏文生并试以《史记》、两《汉书》、《三国志》。又有一史科。近日以来，史学都废，至于有身处班列，朝廷旧章，昧而莫知，况乎前代之载，焉能知之。伏请置前件史科，每史问大义一百条，策三道；义通七，策通二以上，为及第。能通一史者，请同五经、三传例处分；其有出身及前资官应者，请同学究一经例处分；有出身及前资官，优稍与处分：其三史皆通者，请录奏闻，特加奖擢。仍请颁下两都国子监，任生徒习读。

敕旨，宜依，仍付所司。(《唐会要》卷七十六“三传”条、《册府元龟》卷六四〇“贡举部·条制”条同、《新唐书》卷四十四《选举志》略同）殷侑前一奏议，即议立三传科；后一奏议，为立史科，史科分通一史、通三史两种。按唐代通经规定，《左传》、《礼记》均属大经，《公羊》、《穀梁》与《周易》、《尚书》均属小经，读经时可以任选其一，基于此故，一般人都“趋少就易”，造成三传无复学者的现象。这种情形，并不始于穆宗之际，自开元以来已甚为严重，只是群臣立议迄无具体改善办法而已①。开元年间，洋州刺史赵匡的“举人条例”，就有主张设置“春秋举”：

> 学《春秋》者，能断大事。其有兼习三传，参其异同，商榷比拟，得其长者，谓之《春秋》举。策问经义并口问，并准前。(《通典》卷十七《选举典》)

赵氏早有设立三传科之意，殷侑奏议，或受其启发。赵氏之议，侧重于兼通经、史，其“选人条例”有曰：“不习经、史，无以立身。”故于“举人条例”又议立“秀才举”：

> 其有学兼经、史，达于政体，策略深致，其词典雅者，谓之秀才举。经通四经或三礼或三家《春秋》，兼通三史以上，即当其目。经问圣人旨趣，史问成败得失。

所谓史书：

> 《史记》为一史，《汉书》为一史，后《汉书》并刘昭所注志为一史，《三国

---

① 参看拙作：《唐代贡举对儒学研究的影响》(《田立编译馆馆刊》2：1，1973年6月)，第65页。

志》为一史，《晋书》为一史，李延寿《南史》为一史，《北史》为一史。习《南史》者兼通宋齐志，习《北史》者，通后魏隋书志……国朝自高祖以下及睿宗实录并贞观政要，共为一史。

殷侑指出唐以来，国子学有“文史直者”（语意不明，待考），宏文生（当含崇文生）。学科中有“史记”、“两汉书”、“三国志”，又有“一史科”，因而议立“通一史”、“通三史”。其一史至三史之选择方法并无说明，或以“历代史书”为范围，果如是，则所指或如前引赵匡之议；而“一史科”当早在殷侑奏议以前存在，只是属于制举科目而已①。故殷侑之议，一方面将史科由制举变为常举，一方面或取赵匡议予以实施。

最后谈穆宗时代的宾贡科。近人最早论述唐代有宾贡科者，厥为严耕望氏。严氏在《新罗留唐学生与僧徒》一文中②，先引《东史纲目》卷五上曰：

长庆初，金云卿始登宾贡科。所谓宾贡科者，每自别试，附名榜尾。自云卿后至唐末，登科者五十八人，五代梁唐之际亦至三十二人。其表知名者，有崔利贞、金淑贞、朴季业、金允夫、金立之、朴亮之、李同、崔霙、金茂先、杨颖、崔涣、崔匡裕、崔致远、崔慎之、金绍渤、朴仁范、金渥、崔承祐、金文蔚等，皆达于成材。而仁范以诗名，渥以礼称，致远、慎之、承祐尤其著也。又有元杰、王巨仁、金垂训等，并以文章著名，而史佚不传云。

严氏进而考查上举诸人之事迹，除元杰、王巨仁、金垂训等三人史佚不传以外，共述及崔致远以下二十人。另外严氏又新考金夷鱼、金可纪、崔滚三人，并前共得二十三人。严氏又录《全唐诗》中唐人酬赠新罗人宾贡登第诗多首，最后归结说：

自唐穆宗长庆年间（821—824年）至五代中叶（930年前后），新罗士子之登唐宾贡科者已九十人，其仅留学而未能登第者，必数倍或数十倍于此。

又说：

新罗一般人对于登唐科第极为倾羡。盖其人倾慕唐风既已二百余年，宜其对于唐代文教重要一环之科第仕途寄其倾慕之情也。

---

① 邓嗣禹《唐制举科目录》中，于睿宗景云二年列有“枹一史知其本末科”。

② 收人氏著：《唐史研究丛稿》（香港，新亚研究所，1967）。从严氏所论而略加补充，有李基东：《新罗下代宾贡及第者의出现와罗唐文人의交驩》（见氏著：《新罗骨品制社会와花郎徒》，汉城，一潮阁，1984），第280～303页；申滢植：《韩国古代史의新研究》（汉城，一潮阁，1984），第444～459页。

然则，何谓宾贡科？严氏云：

> 唐代科举取士，登第者光宠殊异。外国学生之留唐习业者，自亦慕羡而愿就试，然其学艺程度究竟远逊于华人，故唐政府特设宾贡科以待之。其他诸国学子固有登宾贡科第者，但究竟少数，而新罗自长庆至五代登第者盖近百人。

严氏所说极是。惟尚有若干疑问未予澄清，此即宾贡科之起源、性质，以及诸国除新罗外尚包括何国等问题。兹略述卑见于下。

（一）宾贡科的起源：严氏引《东史纲目》卷五上文圣王庆膺三年（唐会昌元年，841 年）条云：

> 云卿，长庆初始登唐宾贡科，题名杜师礼榜。其还也，唐人周翰诗曰：“礼乐夷风变，衣冠汉制新。”

严氏于长庆初之系年无进一步考证，今由《玉海》卷一一六“咸平宾贡”条引《登科记》曰：

> 长庆元年辛丑，宾贡一人金云卿。

可知云卿登第于长庆元年。此《登科记》当是李奕所撰，共有二卷（《新唐书》卷五十八《艺文志》）。又高丽名臣崔瀣（1287—1367 年）曰：

> （唐）长庆初，有金云卿者，始以新罗宾贡题名杜师礼榜。（《拙藁千百》卷二《送奉使李中父还朝序》）

据此可知金云卿是以新罗人在唐首次宾贡科登第者，但徐松《登科记考》卷十九无著录，甚至长庆年间（共四年）皆无著录杜、金二人，足见被脱漏。金云卿既然名列杜师礼榜，则长庆元年榜是以师礼为状元。正巧这一年进士科发生录取不实，本由礼部侍郎钱徽主考，乃改由中书舍人王起、主客郎中知制诰白居易等，重试及第二十五人中的郑朗等十四人，结果郑朗等十一人落第，总共通过十四人，杜师礼是状元，金云卿居榜末，特名云卿为宾贡及第。其他十二人，徐松已考知李躔等十人(《登科记考》卷十九)。金云卿以留学生身居榜末，不见于穆宗重试后之诏书(《旧唐书》卷十六本纪)，也不见于白居易长庆元年四月十日的《论重考试进士事宜状》(《白居易集》卷六十)，正是金云卿与杜师礼在初试时便已及第，并未重考的证明。

根据崔瀣的记述，金云卿是首次登宾贡科者；今存文献中，包含他国登宾贡科者在内，仍以金云卿之例为最早，则唐代宾贡科的建置，或当始于这一年。

（二）宾贡科的性质：前引崔瀣对宾贡的性质有如下的说明：

所谓宾贡科者，每自别试，附名牓尾。不得与诸人齿，所除多卑冗，或便放归。钦惟圣元一视同仁，立贤无方，东士故与中原俊秀并举，列名金榜已有六人焉。(前引《送奉使李中父还朝序》)

前引《东史纲目》亦曰“每自别试，附名牓尾”，恐即本于崔氏。崔致远《桂苑笔耕》(《四部丛刊·集部》) 序又云：

臣自年十二离家西泛。当乘桴之际，亡父诫之曰：“十年不第进士，则勿谓吾儿，吾亦不谓有儿往矣。”……观光六年，金名牓尾。

据严耕望氏考证，致远登第在乾符元年 (874 年)，时年十九。但其序文前曰进士，后曰“金名牓尾”，足见宾贡科是附名于进士榜尾不误。《新唐书》卷六十《艺文志》著录《桂苑笔耕》二十卷，并注云：“高丽人，宾贡及第，高骈淮南从事。”其曰高丽人，误，但曰“宾贡及第”，正可作为“金名牓尾”之旁证。此其一。

因唐代宾贡科实即进士科，由此可推论在隋代进士科亦即宾贡科，两者二而一也。例如前引《房玄龄碑》曰：“年十有八，俯从宾贡。”而在两《唐书》则曰玄龄“举进士”，此是用唐代制度加以改称，正好证明进士科源自宾贡科。又如《续仙传》云：“金可记 (按，纪之误)，新罗人也，宾贡进士。”(引自《太平广记》卷五十三)《宋史》卷四八七《外国·高丽传》载淳化三年 (992 年)“上亲试诸道贡举人，诏赐高丽宾贡进士王彬、崔罕等及第。”《玉海》卷一一六“咸平宾贡”条亦云：“咸平元年 (998 年) 二月戊申，赐高丽宾贡进士金成绩及第，附春牓。”则宾贡即进士，彰彰明甚。此其二。登宾贡科者是附于进士榜末，由金成绩之例亦可获旁证。

从隋代出现宾贡到唐代复置宾贡，都说明宾贡科之地位不能与传统正科相提并论，《房玄龄碑》所云“俯从宾贡”，实含有屈就之意；唐代的附名榜尾，也含有勉强之意。前引崔瀣所云：“不得与诸人齿，所除多卑冗。”或正反映此一事实。隋代设宾贡科，度其初意，恐在藉以提拔中、下层人士，压抑门阀，强化中央集权；唐代复置宾贡科，则在笼络、优惠外国士子，尤其是贵族子弟。从《高丽史》卷七十四《选举志》所载《宋诏许举子宾贡》、《元颁科举诏》、《大明颁科举诏》看来，唐代宾贡科的成立，可能亦以颁赐诏书给外国为要件；其目的或亦含有“诸侯宾服”(《礼记·乐记》) 之意。此其三。

新罗人登宾贡科者，严耕望氏虽已考证出二十三人，(另三人事迹不详，实际有二十六人)，但因题目所限，只能就唐代而言。此处要再补充说明的有二：一是宾贡科登第者附名榜尾之制，至元代改为与中国俊秀 (进士) 并列，不分彼此，此由前引崔瀣之说可证；一是从韩国史籍《增补文献备考》卷一八五《选举考》附“宾贡科”条，可知韩人参加中朝宾贡科考试者，直至明代犹有其例。“宾贡科”条有《制科总目》开列诸登第人名，并略注其登第、仕宦等事迹。兹以新罗人入唐登宾贡者为例，开列如下（其事迹省略）：

金云卿、崔致远、崔慎之、崔承佑、朴充、金夷鱼、崔利贞、金叔贞、朴孝业、金允夫、金立之、朴亮之、李同、崔霙、金茂先、杨颖、崔涣、崔匡裕、金绍游、金可纪、朴仁范、金文蔚、金渥。

以上共计二十三人。（其中朴充为严耕望氏考证所无，而严文之中之崔仁滚，则为《备考》所无。又金绍游严文中作金绍渤（游）；崔霙者原注云："崔致远集作崔云。"）至于高丽人入宋登第者，《备考》共列九人，入金登第者一人，入元登第者二十人，入明登第者一人。其中崔瀣是入元登第者，故崔氏前述宾贡科之定义自是可信。李氏朝鲜世宗朝时，尚有赴中朝应举议，但无实现，其后恐停罢应宾贡科者。上引"宾贡科"条最末云：

明永乐中，本朝世宗大王将请于中朝，欲行宾贡科，命选制举人。宰相以成均学论金淑滋等三四人应命，既而事寝，不果行。

此其四。

（三）宾贡科的对象：以上所举应宾贡科考试者皆是新罗（及后来的高丽）人，其中包含留华学生以及由本国直接选派举人应试者。但宾贡科的适用对象，并不以韩人为限。严耕望氏考证新罗登宾贡科诸人时，在李同项下已指出渤海宰相乌昭度及其子光赞，亦曾宾贡科及第。前述明初颁给高丽的"科举程式"中，规定"高丽、安南、占城等国"士子皆可应试（《高丽史》卷四十二《恭愍王世家》十九年六月辛巳条），此一文献虽嫌晚，似可作为宾贡科适用于诸外国或特定诸外国，至少不止韩境一国的旁证。以渤海而言，乌昭度与新罗李同同榜，据严氏考证，可能在乾符六年（879 年）春榜，或广明元年（880），此说值得参考。金毓黻《渤海国志长编》卷十谓炤（严文曰昭）度"于王玄锡之世（872—893 年）入唐应宾贡试，与新罗宾贡李同同榜进士及第，名在其上"①，此说欠清楚。又昭（炤）度子光赞是与新罗崔慎之（彦㧑，一曰彦伪）同榜，据严氏考证是在天祐三年（906 年）。渤海人应宾贡科可考者尚有如下三人：

高元固：金毓黻前引书卷十（页二十四）："［元固］于王玄锡（872—893 年）之世入唐应宾贡科试。"年代相当于僖宗、昭宗之际，确切时间待考。

欣彪、沙承赞：金毓黻前引书卷十九（页五十八）云："通志氏族略欣氏下云：'五代贞明登科有欣彪，渤海人。'又，沙氏下云：'五代贞明登科沙承赞，渤

① 收入《渤海国志》（赵铁寒主编，台北，文海出版社，1977 年再版），第 217 页。

海人（小字注曰：又云沙姓出于新罗）。'海东绎史十八引沙承赞，谓此渤海国人，以宾贡登科者。愚按，氏族略屡言某望出渤海，此指渤海郡而言，惟欣、沙二氏只言为渤海人，似非望出渤海之比，且后梁贞明时，渤海郡故地属于燕王刘守光，后入于李存勗，似不能入梁登科。海东绎史以沙氏属之大氏之渤海国，则不为无因也。惟唐及五代喜称郡望，其谓为渤海人者，亦多指郡望而言。兹既别无显证，姑存其说于此，以竢博考，而不复录入列传云。"金氏之说可谓相当谨慎，今按"海东绎史"既曰沙承赞系宾贡科登第者，则沙氏为渤海国人无疑，而非渤海郡人。

以上渤海人入唐登宾贡科事迹可考者，共得五人，其中以乌昭（炤）度最早，约在879年或880年，最晚在后梁贞明年间（915—921年）。

此外，可考者尚有大食人李彦升于大中二年（848年）登宾贡进士；波斯人李珣在僖宗（879年）或以前登宾贡进士。①

再者，日本派遣留学生赴唐留学，从永徽四年至开成三年之间（653—838年），可考者共得二十七名②。唐贞观年间，国学盛时内外学生达八千余人，由于其定额不过三千数百名，其中必含颇多外国留学生，《旧唐书》卷一八九下《儒学傅》序所举诸外国虽无日本，论其实际自当包括日本③。所以永徽四年所见留学生巨势臣药之例，当非首批留唐学生。直至开成三年（838年），犹见有日本留学生五人，何以不见有日人登宾贡进士？按，开成三年是日本遣唐使第十七次赴唐，其前一次在贞元二十年（804年），若宾贡科之成立，如前所述是在长庆元年（821年），则日本要有派遣学生参加宾贡科考试，自以第十七次遣唐使团来唐之可能性最大，但此次可考五人之中，除伴始满、长岺宿祢之目的不明以外，其余三位之中，春苑宿祢玉成是专程请益阴阳学；菅原梶成是请益医学；伴须贺雄是唯一获准入长安的请益生。伴须贺雄留唐一年，自有可能应举，惟此时赴唐，与唐初时期不同，其目的不在长期留学，而只作短期的请益，故曰请益生④。在这种政策下，请益生当无意也不易在唐建立功名。开成三年的遣唐使团实际是日本最后一次派遣到达中土者，其后，即乾宁元年（894年）虽还有一次派遣，结果中止，并无出发，遣唐使从此中断。因此，自唐设置宾贡科后，恐无日本派来的学生应举。

以上所述，宾贡科当成立于穆宗长庆元年（821年），是专为外国士子而设，其渊

---

① 参看谢海平：《唐代留华外国人生活考述》（台北，商务印书馆，1978），第125～126页。李珣登第时间不明，其弟玹既然随僖宗入蜀，则珣之登第宜稍前之时间。

② 参看森克己：《遣唐使》（东京，至文堂，1972重版），第123～126页。以下所述留学生事据此。

③ 《日本书纪》卷22推古三十一年（623年）七月条云："是时，大唐学问者僧惠斋、惠光，及医惠日、福因等，并从智洗尔等来之。于是惠日等共奏闻曰："留于唐国学者，皆学以成业，应唤。且其大唐国者，法式备定之珍国也。"时值唐高祖武德六年。惠日等看来虽属僧侣，但唐初留学生之中包含一般学生学习经业，是可理解。

④ 参看木宫泰彦：《日华文化交流史》（东京，富山房，1972三版），第160页；森克己：《遣唐使》，第114～115页。

源可能来自隋代的宾贡科。唐以后，历宋、金、元及明初，实施不绝。参加此科考试者，主要是新罗及其后的高丽，其次是渤海国，以及少数长期居留于中土的大食、波斯人，此外则无可考。钱易《南部新书》丙集云：

> 大中（847—859年）以来，礼部放牓，岁取二、三人姓氏稀僻者，谓之色目人，亦谓曰牓花。

所谓姓氏稀僻者、色目人、牓花，或即指外国人应宾贡科考试及第者①。

### 7. 唐代考试技术的改进

科举制度创立后，不但考试科目常有变动，即连考试技术也时有改进。其改进的目标，不外是力求公正与符合国家、社会的需要。邓嗣禹氏是最早论及唐代考试技术的改进者，惟邓氏以“一般变迁”名之。其文除论唐行科举之始以外，包括：

（一）帖经之始（指明经、进士两科），事在高宗调露二年（680年）。

（二）殿前试人之始，事在武则天载初元年（689年）二月十四日。

（三）糊名考校之始，难定其年，惟武则天时已有其制，殆无疑问。

（四）进士三场试之始，事在中宗神龙元年（705年）。

（五）礼部选士之始，事在玄宗开元二十四年（736年）。

（六）制举试诗赋之始，事在玄宗天宝十三载（754年）。

（七）两都试人之始，事在代宗广德二年（764年）。

（八）恩科之始，事在昭宗天复元年（901年）②。

以上虽皆是邓氏所谓的“一般变迁”，其实皆可视为考试技术的改进。但有一很重要的事项而为邓氏所忽略者，此即乡贡的谒先师之礼。

乡贡谒先师之礼，见于玄宗开元五年（717年）九月诏书③，王定保《唐摭言》卷一“谒先师”条云：

> 古有宾献之礼，登于天府，扬于王庭，重学尊师，兴贤进士；能美风俗，成教化，盖先王之繇焉。朕以寡德，钦若前政，思与子大夫复臻于理，故他日访道，有时忘餐；乙夜观书，分宵不寐。悟专经之义，笃学史之文。永怀覃思，有足尚者；不示褒崇，孰云奖劝！其诸州乡贡明经、进士见讫，宜令引就国子监谒先师，学官为之开讲，质问其义。宜命所司优厚设食。两馆及监内得举人亦准。其日，清资官

① 参看谢海平：《唐代留华外国人生活考述》，第125页。

② 参看邓嗣禹：《中国考试制度史》，第84～87页。

③ 玄宗开元五年九月的诏书，尚见于《唐会要》卷76“缘举杂录”条、《新唐书》卷44《选举志》、《册府元龟》卷642“贡举部·条制”条、《文献通考》卷29《选举考》等，但以《唐摭言》、《册府元龟》卷50“帝王部·崇儒术”条所载最详尽，兹据《唐摭言》。

五品以上及朝集使往观礼，即为常式。《易》曰："学以聚之，问以辩之。"《诗》曰："如切如磋，如琢如磨。"此朕所望于习（贤之误）才也。

关于此诏书，有数事须说明：

（一）诏书的系年问题。前引文是系于开元五年九月，但另一记载为开元二十六年正月①，何者为是？后唐比部员外郎知制诰崔棁提供答案，其于明宗长兴元年(930年)七月奏曰：

臣伏见开元五年敕：每年贡举人见讫，宜令引就国子监谒先师，学官为之开讲、质疑，所司设食，求（永之误）为尝式。自经多故，其礼寝停，请举旧典。

帝从之。(《册府元龟》卷六四二"贡举部·条制"条）崔氏依据"旧典"，谓谒先师礼定于开元五年。《唐会要》卷三十五"释奠"条虽有一条记载系于二十六年正月，但开元七年十一月十一日条云："以贡举人将谒先师，质问疑义，勅皇太子及诸子宜行齿胄礼。"据此可知谒先师礼的规定，在开元七年已存在，则此一礼仪定于开元五年，毋庸置疑。二十六年正月敕书，既然年月清楚，当非误植，或别有所指。取《旧唐书·礼仪志》(二十六年说）与《唐摭言》(五年说）相比较，发现《旧志》多记一条，此即"其日，祀先圣已下，如释奠之礼"云云。然则二十六年正月之敕书，或可解为重申五年之规定以外，并另加对先圣举行释奠礼的规定。按，唐自贞观二十一年已明定孔子为先圣，颜回以及左丘明等二十二人为先师，到显庆二年七月又再肯定此事，乃成定制②。开元五年敕书，是命贡举人就国子监谒先师，不及于先圣，只有学官为之开讲，而无举行释奠之体，恐是一项疏忽，到开元二十六年始再作补充规定。若论"旧典"立制，自宜指开元五年。

（二）所谓"诸州乡贡明经、进士见讫"，是指乡贡于十月一日赴尚书省户部集阅，十一月一日朝见。见讫，谒先师③。例如《唐摭言》卷一"朝见"条云："（德宗）建中元年十一月，朝集使及贡士见于宣政殿。"又如《唐会要》卷三十五"释奠"条云：

太常奏以十一月贡举人谒先师，今与亲享太庙日同，准"六典"，上丁释奠，若与大祀同日，即用中丁，谒先师请别择日。从之。

足见乡贡及馆、监举人谒先师之时间，是定于十一月朝见皇帝以后，当日并须对先圣举

① 此见于《通典》卷53《礼典大学》条、《旧唐书》卷9《玄宗本纪》、同书卷24《礼仪志》、《册府元龟》卷639"贡举部·条制"条、《唐会要》卷35《释奠》。《唐代的释奠礼制及其在教育的意义》，第28~29页，系采用开元二十六年说，有误，特此更正。

② 参看拙作：《唐代的释奠礼制及其在教育上的意义》，第20~26页。

③ 参看《通典》卷15《选举典》、《唐摭言》卷1"朝见"条。

行释奠之礼。

（三）拜谒先师及释奠先圣之礼后，“学官为之开讲，质问其义”，其意义，如诏书所曰：“重学尊师，兴贤进士；能美风俗，成教化，盖先王之繇焉。”此一立意非常重要。盖唐兴科举，固然由考试以取士，揆诸其本意，是要使考试与教育并行，而且以学校为重，故王定保《唐摭言》卷一“两监”条云：“开元以前，进士不由两监者，深以为耻。”今在谒先师礼之中，又让学官开讲，朝臣清资官五品以上及朝集使均往观礼，场面隆重浩大。就其直接目的而言，是互相切磋琢磨。但更重要的，还是强调“重学尊师”，这才是实施科举的本意。不意后来科举反而打击学校，考试领导教育，愈陷愈深，以迄今日，竟不克自拔。

此外，《唐六典》卷三十“功曹司功参军”条有曰：“凡贡人行乡饮酒之礼，牲用少牢。”仁井田升氏《唐令拾遗》选举令第二十条，将它系于开元七年令与开元二十五年令。其仪式载于《开元礼》卷一二七、一二八《正齿位》。惟诸州贡人行乡饮酒礼之事，当不始于开元七年令。《唐会要》卷二十六“乡饮酒”条，谓太宗贞观六年（632年）录旧章之《乡饮酒礼》一卷，颁行天下，每年令州县长依礼行之。睿宗唐隆元年（710年）七月，以乡饮酒礼之废为日以久，乃令“诸州每年遵行乡饮酒礼。”玄宗开元六年（718年）七月，“初颁乡饮酒礼于天下，令牧宰每年至十二月行之”。既曰“初颁”，恐系唐朝新定的礼仪。开元十八年（730年），宣州刺史裴耀卿上疏曰：

> 窃见以乡饮酒礼颁于天下，比来唯贡举之日，略用其仪。

开元二十五年（737年），乃进而规定：“其所贡之人，将申送一日，行乡饮酒礼，牲用少牢，以现物充。”据上述可知唐式贡人的乡饮酒礼，当始于开元六年，然后定于开元七年令及二十五年令。在开元六年以前，系依“旧章”而行其礼，此“旧章”即隋制，《隋书》卷九礼仪志有“州、郡、县亦每年于学一行乡饮酒礼”。

## 二　古代日本的贡举制度

### 1. 贡举名称

科举之正式名称宜曰贡举，且贡与举各有所指。这是唐代的用法，传到日本后，《养老令》也作了类似的规定。唐律“职制律 · 贡举非其人”条云：“诸贡举非其人及应贡举而不贡举者，（下略）”（《养老律》本文亦同）疏议曰：

> 依令：诸州岁别贡人，若别勅令举及国子诸馆年常送省者为举人。

《养老职制律》疏曰：

> 贡者，依令：诸国贡人；举者，若别勅令举及大学送官者，为举人。

稍早之《大宝律》当有与《养老职制律》相当的律文存在①。此事说明唐、日双方在法制上将贡举一词分为二义，一为贡人，一为举人，合而曰贡举。贡人指地方上贡到中央应考诸人，举人指由学校出身（含中央与地方）而应贡举考试者。贡人在唐即所谓乡贡，日本通称为贡人。贡与举有别，从日本《养老职员令》左京职大夫掌“贡举”、摄津职大夫掌“贡举”、《集解》引朱云：“贡与举，二事也”等记载，也可说明；而“贡举”一词，中日通用，由此亦可证明。

兹再举数例，《通典》卷十五《选举典》云玄宗开元二十四年“制：移贡举于礼部，以侍郎掌之”。《文献通考》卷二十九《选举考》载“唐登科记总目”，详列有唐一代登科人数，其中许多年代有“不贡举”或“停贡举”的纪录。日本《养老学令》“先读经文”条云：“及在学九年不堪贡举者，并解退。”同“选叙令·帐内资人”条云“凡帐内、资人等，才堪文武贡人者，亦听贡举”等，皆是使用“贡举”一词为正式名称的著例②。

**2. 贡举制度的成立**

日本的贡举制度，以《养老令》而言，是规定于《考课令》、《选叙令》、《学令》。如前所述，唐朝的贡举制度，指在礼部（前期是吏部）所举行的诸常举科目而言。日本官制中相当于唐朝吏部、礼部的机构是式部省，《养老·职员令》对式部省长官卿一人的职掌，规定如下：

> 掌内外官名帐、考课、礼仪、版位、位记、校定勋绩、论功封赏、朝集、学校、策试贡人、禄赐、假使、补任家令、功臣家传田事。

故此处所指的贡举制度，是以在式部省所举行的诸科考试而言。依据《养老令》，这些科目包括秀才、明经、进士、明法以及医、针等六科。其基本规定，见于《考课令》，曰：

> 凡贡（一曰贡举）人，皆本部长官贡送太政官，若无长官，次官贡，其人随朝集使赴集。至日，皆引见辨官，即付式部。已经贡送，而有事故不及试者，后年听试。其大学举人，具状申太政官，与诸国贡人同试。试讫得第者，奏闻留式部；

---

① 以上引文，见律令研究会编：《释注日本律令——律本文编》（东京，东京堂，1975）上卷，第283～285页；高监博等编：《日本律复原の研究》（东京，国书刊行会，1984），第616、733页。

② 日本用贡举一词，亦可参看曾我部静雄：《日唐の乡饮酒の礼と贵族政治》（收入氏著：《律令を中心とした日中关系史の研究》，东京，吉川弘文馆，1970年再版），第579页。

> 不第者，各还本色①。

此条在唐制的相关令文已不易搜寻，但从下列诸记载，仍可窥知其制是源自唐制，王定保《唐摭言》卷一“统序科第”条云：

> 武德辛巳岁四月一日，敕诸州学士及早有明经及秀才、俊士、进士，明于理体，为乡里所称者，委本县考试，州长重覆，取其合格，每年十月随物入贡。

所谓随物入贡，即随朝集使入贡，唐制朝集使于每年十月二十五日至于京都，十一月一日户部引见讫。(《唐六典》卷三《户部》）日本朝集使上朝亦规定在十一月一日。(《养老考课令》）据此可知日本贡举制度仿唐于每年举行一次，其赴省试、办报到手续（即所谓“见讫”），皆定于十一月一日。只是唐对各州订定一定的贡送名额，日本则否。日本大宝令对贡举人原有年龄限制，但因有例外规定，实际无作用，故《养老令》予以取消。唐制亦无年龄限制，就这一点而言，两者亦同。再者，其应考的身份，唐日双方皆无明文规定，理论上可谓无限制，但论其实际，唐在永徽以后，“于时场籍，先两监而后乡贡”(《唐摭言》卷一末论曰)，即以中央监生为主；日本《学令》起始本有规定，但不久即删除，揆其本意，显然侧重在中央大学寮之寮生，这也是日唐立法雷同之处。

《养老考课令》又规定：

> 凡试贡举人，皆卯时付策，当日对毕，式部监试，不讫者不考。毕对，本司长官定等第、唱示。

《集解》释云引《唐令》曰：

> 试贡举人，皆卯时付策，当日对了，本司监试，不讫者不考。毕（对），本司判官将对尚书定第。

卯时即早晨六时，策试限当日对了，日本完全同于唐制。惟唐制令文已散佚，此条赖注解家“释云”保存下来，实是珍贵。

---

① 根据《集解》引《古记》知大宝《考仕令》在“凡贡人”之下，原有“六位以下，皆本部表贡，仍申太政官”等字，《养老令》将其删减。此或以《学令》已载“凡学生被解退者，皆条其合解状，申式部，下本贯；其五位以上子孙者，皆限年廿一，申送太政官，准荫配色”。可以援引之故而予删减。(参看泷川政次郎：《律令の研究》，第502页，东京，刀江书院，1966复刻版）又，据《养老选叙令帐内资人》条《集解》引《古记》，知《大宝令》在“凡帐内资人等，才堪文武贡人者”下，原有“不限年之多少”诸字。《古记》又引《贡人》条曰：“凡贡人并限年廿五以下，但帐内资人从年廿五以上，听贡。”《养老令》撰定时，均将以上《古记》所引诸文删除，即大宝令对贡人原有年龄限制，但以“帐内资人”条有“不限年之多少”一句，则年龄限制实际上无作用，故予删除。

论日本贡举制度之起源，当定于《大宝令》。《令集解》卷十七“选叙令·两应出身”条引《古记》云：

> 两应出身，谓父荫、祖荫、秀才、明经、进士等，从高叙耳。

《古记》的注解文，是用列举式，明确地指出《大宝令》规定，贡举科目至少包括秀才、明经、进士等三科。同条在《义解》的注解法则不同，其曰：

> 谓藉父或祖荫，及秀才、明经兼有父祖荫之类也。

这是概括式的说明，故曰：“秀才、明经……之类也。”《义解》这种注解法，显然仿自《唐律疏议》。《唐名例律·除名者》条疏议云：“出身，谓藉荫及秀才、明经之类。”此时唐制科目不只秀才、明经二科，故云“之类”。《义解》之文意，当同于此①。

日本贡举制度定于《养老令》，其蓝本为唐之《永徽令》及《开元前令》，已为学界公认。《养老令》所见的贡举制度，包括秀才、明经、进士、明法（见于《选叙令》、《考课令》、《学令》），以及医、针（见于《医疾令》）等六科。其中《学令》虽规定书学生可以听贡，算学生得第叙法准明法之例，但因两科考试仅止于大学寮之寮试，不符贡举定义，乃将二者归为寮内考试范围，不在拙稿论述之内。而医、针两科所以列为贡举科目之一，是因《医疾令》规定：“医、针生业成送官者，式部覆试，各十二条。”《义解》注云：

> 谓宫内（省）申官（按指太政官），官下式部。此宫内先已挍练，故云覆试也。

即其举送过程与大学寮同（见《学令》），最后由式部省考试，已具备国家考试形式。其叙位虽不见于《选叙令》，但在《医疾令》载有其制，故得视为贡学科目之一。唐朝似只将医学列为太医署内部的教育事业，故《唐六典》卷十四《太医令》条规定诸医针生“若业术过于见任官者，即听补替”。此一项规定，也见于日本《医疾令》，但是日本《医疾令》又规定了业成的举送办法，则为《六典》所无。依此看来，将医、针科列入贡举科目，若非为《六典》的脱漏，当是日本的新意。

兹将《唐六典》卷二、卷四所见之贡学制度与日本《养老令》中《考课》、《选叙》、《学》以及《医疾》诸令所见之贡举制度，列表如下：

---

① 桃裕行氏以为《大宝令》的国家考试，包括明法科，共有四科。（参看氏著：《上代学制の研究》，第18页，东京，吉川弘文馆，1983再版）最近早川庄八氏补强此说。（参看氏著：《奈良时代前期の大学と律令学》，第259～263页，收入《万叶集研究》，第七集，东京，塙书房，1978年9月）惟《大宝令》有明法科之说，诚如野村忠夫所指，尚乏直接证据（参看氏著：《明法科の成立过程》，第18～35页，《古代学》14：1，1967年10月），此处乃采取保留看法，而曰三科。

表一　　**8世纪前半叶唐日贡举制度一览表①**

| 科别＼办法 | | 考试项目 | 评审标准 | 等第区分 | 及第授阶 |
|---|---|---|---|---|---|
| 秀才科 | 唐制 | 方略策五条 | 以文理俱佳为通 | 上上：文理俱高<br>上中：文高理平<br>　　　理高文平<br>上下：文理俱平<br>中上：文理粗通<br>不第：文劣理滞 | 上上：正八品上<br>上中：正八品下<br><br>上下：从八品上<br>中上：从八品下 |
| 秀才科 | 日制 | 方略策二条 | 同　上 | 同　上 | 上上：正八位上<br>上中：正八位下<br>上下：留省<br>中上：留省 |
| 明经科 | 唐制 | 帖：两经，每经十帖，孝经二帖，论语八帖。每帖三言，通六以上，然后试策<br>试策：九经中若选周礼或左氏，或礼记，各试四条，余经各三条<br>孝经与论语共三条 | 试策以文注精熟，辨明义理 | 通两经者：<br>上上：全通<br>上中：通八<br>上下：通七<br>中上：通六<br>不第：通五以下<br>通三经者：<br>上上：全通<br>上中：通十<br>上下：通九<br>中上：通八<br>不第：通七以下 | 上上：从八品上<br>上中：从八品下<br>上下：正九品上<br>中上：正九品下 |
| 明经科 | 日制 | 试：周礼、左传、礼记、毛诗各四条，余经各三条；孝经与论语共三条 | 同上 | 通两经者：<br>上上：通十<br>上中：通八<br>上下：通七<br>中上：通六<br>不第：通五以下，或仅通一经，孝经论语全不通者<br>通三经者、通五经者，每经问大义七条，通五以上为通，以下为不第，孝经、论语全不通者不第 | 上上：正八位下<br>上中：从八位上<br>上下：留省<br>中上：留省 |

① 引自拙书：《日本古代学校教育的兴衰与中国的关系》(台北，学海出版社，1977)，第285页。

续表

| 办法<br>科别 | | 考试项目 | 评审标准 | 等第区分 | 及第授阶 |
|---|---|---|---|---|---|
| 进士科 | 唐制 | 帖：一小经十帖及老子试杂文两首<br>策时务五条 | 文须洞识文律<br>策须义理惬当者为通。事义有滞，词句不伦者为下 | 甲：经策全通<br>乙：策通四、帖通六以上<br>不第：策通三、帖通五以下 | 甲：从九品上<br>乙：从九品下 |
| | 日制 | 帖：文选七帖、尔雅三帖<br>试时务策三条 | 其策文词顺序，义理适当，并帖过者为通。事义有滞，词句不伦，及帖不过者，为下 | 甲：帖策全通<br>乙：策通二，帖过六以上<br>不第：策通一，帖过五以下 | 甲：从八位下<br>乙：大初位上 |
| 明法科 | 唐制 | 帖律、令各十帖<br>策试律七条、令三条 | 识达义理，问无疑滞者为通，粗知纲例，未究指归者为不通 | 甲：全通<br>乙：通八以上<br>不第：通七以下 | 甲：从九品上<br>乙：从九品下 |
| | 日制 | 试律七条、令三条 | 同　上 | 同　上 | 甲：大初位上<br>乙：大初位下 |
| 医科 | 唐制 | ? | ? | ? | ? |
| | 日制 | 甲乙四条，本草、脉经各三条，兼习之业二条，总共十二条 | 同明经科 | 及第：通八以上（若兼习之业全不通而余经通八者，亦为得第）<br>不第：通八以下 | 全通：从八位下<br>通八以上：大初位上<br>通八以下：而知疗病合药之术者，听补药师 |
| 针科 | 唐制 | ? | ? | ? | ? |
| | 日制 | 素问四条，黄帝针经、明堂、脉决各二条，兼习之业二条，总共十二条 | 同明经科 | 同医科 | 全通：大初位上<br>通八以上：大初位下 |

关于《唐六典》所见唐朝前期的贡举制度，与日本《养老令》所见的贡举制度的比较，笔者已另有说明，此处不拟赘述①。现在要再说明的，《唐六典》卷二“吏部考功员外郎”条云：

> 凡诸州每岁贡人，其类有六：一曰秀才，二曰明经，三曰进士，四曰明法，五曰书，六曰算。

日本《养老学令》将书、算二科规定为寮内试，在选叙、考课令规定其他四科，而不列医、针二科，足见日本是以秀才等四科作为贡举基本科目。这种取舍的依据何在？《唐六典》卷三十“京兆河南太原功曹司参军”条提供重要线索（看表二）。

表二

| 《唐六典》 | 《养老选叙令》 | 日本用语与唐同者 |
| --- | --- | --- |
| 凡贡举人，有博识高才、强学待问、无失俊选者，为秀才；通二经以上者，为明经；明闲时务，精熟一经者，为进士；通达律令者，为明法；其人正直清修、名行孝义、旌表门闾、堪理时务，亦随宾贡，为孝弟力田。 | 凡秀才，取博学高才者；明经，取学通二经以上者；进士，取明闲时务，并读文选、尔雅者；明法，取通达律令者。皆须方正清修，名行相副。 | 博学（识）高才<br>通二经以上者<br>明闲时务<br>通达律令<br>方正（正直）清修、名行（相副） |

按《唐六典》虽撰成于开元二十六年（738年），其实多以《开元七年令》（一说四年，以下简称开元前令）为蓝本②。表二之《养老选叙令》文与《唐六典》所载颇多雷同，显然是以其作为取士之一般标准，是故，《选叙令》记载贡举制度由此开始，下接秀才等四科之叙位；而在考课令始详细规定登第标准。此说如不误，则《养老选叙·考课令》对此四种的规定，当时取法《开元前令》。仁井田升氏《唐令拾遗》选举令第十九

① 参看拙著：《日本古代学校教育的兴衰与中国的关系》，第213页“贡举制”。

② 参看中田薰：《唐令と日本令との比较研究》（收入氏著：《法制史论集》第1卷，东京，岩波书店，1926），第643～646页；详细可参看仁井田升：《唐令拾遗》（东京，东京大学出版会复刻，1964），第61～66页“序说第二：唐令拾遗采择资料に就らて——唐六典”；拙作：《新旧唐书百官（职官）志所载官制异同的检讨》（《台湾大学历史学系学报》第7期，1980年12月），第144～145页。

条即将《唐六典》此段引文，列为开元七年令，并认为日本令是取法于此。此说甚是①。

前述唐自武德以来到永徽年间继续实施的科目，是秀才、明经、俊士、进士四科。其中俊士科停罢于永徽以后，秀才科自永徽以后时续时断。或许由于此故，《永徽命》详载的科目当是秀才、明经、进士三科，而成为《大宝令》的蓝本。迨开元前令撰定时，对地方而言，所重者有五科，一如前引《唐六典》所示，其中“孝弟力田”科当是《开元前舍》的新规定。日本编纂《养老令》时，放弃“孝弟力田”科，却将其教养标准列为四科共同宜守的准则。另外《唐六典》规定进士科须“精熟一经”，而《养老令》改为“读文选、尔雅”。由上看来，日本贡举科目设定四科的蓝本，当即前述《唐六典》卷三十（亦即开元前令）所载的地方贡举制度。

这项改易工作，恐是出自大倭忌寸小东人（后曰大和宿祢长冈）。小东人于日本灵龟二年（716 年，唐开元四年）以请益生身份入唐，于养老二年（718 年，唐开元六年）末归朝，并参加《养老令》的修撰工作。当时以明法官人身份参加修撰的，尚有锻治造大隅、越智直广江、箭集宿祢虫麻吕、临屋连吉麻等四人。从《藤原武智麻吕传》可知此等人亦是“宿儒”，而小东人则以“文雅”列末座②。这一背景，以及开元尚文风之情形，皆是小东人返国后修撰律令时所参考的依据。何况自《大宝学令》撰定以来，大学寮学生亦可选读《文选》、《尔雅》③。小东人斟酌本国内外情势，乃于订定贡举进士科时，对唐制作出修正。

以上所述，其关键性在于日本贡举明法科要到《养老令》修撰后才并入科目，成为四科之制。《养老学令·凡书学生》条云：“其（按：承上文，此处之主语可解为算学生，亦可解为书、算学生，愚意指后者）得第者叙法，一准明法之例。”其蓝本当是开元前令，而为《养老令》新加者。《令集解》对于此条每句皆有注解家注释，独于此句无人作解，或与追加令文有关。

大学寮在《大宝令》时本规定设置明经科与算科，其中明经科包含书科、音科。到神龟五年（728 年），增置律学博士二人、文章博士一人。天平二年（730 年），增置了明法生十人、明法得业生二人，成立明法科；又增置了文章生二十人、文章得业生二人，成立文章科，与旧有的明经科（此时亦增置得业生四人）、算科并立为四④。此事

---

① 但仁井田氏在此条之下，引用《唐职制律》卷 9 贡举非其人条疏议及《宋刑统职制律》卷 9 同上条云：“依令诸州岁别贡人，若别敕令举及国子诸馆，年常送省者，为举人，皆取方正清循，名行相副。”而将此令解为开元二十五年令。惟表二所引《养老选叙令》曰：“皆须方正清修，名行相副。”此修字，据内阁文库所藏旧红叶山文库本为循字。义解云：“修（红本作循），循整也。”证诸唐职制律，宜以循字为正。盖“皆”以下数语，当系《养老令》取自唐令者。则疏议所云：“依令。”此令宜为《永徽令》，似非《开元二十五年令》。

② 参看野村忠夫：《明法科の成立过程》，第 29 ~ 30 页。

③ 《古记》云：“文选、尔雅亦读”，似宜解为注文，并非《大宝令》本文。参看永石和男：《大宝令学令の复原》(《立正史学》三二三号，1968)，第 39 ~ 40 页。

④ 参看拙著：《日本古代学校教育的兴衰与中国的关系》，第 92 ~ 96 页。

说明贡举的科目不一定与学校教育的分科相同，唐、日双方，并无二致：以贡举的明法科而言，先有学校的律学教育，而后才成立贡举明法科。明法科所以受注目，是因为它是强化中央集权所必须的治术，中国自汉以来律学已甚为发达，隋唐之际，虽有废置不一的情形，大致说来，律学仍盛①。日本在建设律令国家之过程中，自不得忽略律学，乃于大学寮先成立明法科。其意即先由贵族学校中求取人才，此与后来成立贡举明法科而求取人才于社会者不同。盖 8 世纪初的日本犹是氏姓社会，政治仍由贵族所操持（尤其是藤原氏），欲由下层社会直接选拔人才以参加政治，委实不易，中国在隋唐时代只部分实现此一目标而已，其全面的展开，必待宋代以后门阀贵族消失始有可能。基于此故，日本不能立即藉由贡学制以强化天皇制，而须由学校教育入手，才能取得贵族或有力人物的支持，明法科如此，文章科亦然。

### 3. 日本养老令制无承受于唐制者

日本《养老令》虽于 718 年撰就，并无立即公布，其后尚有若干修正，到 757 年（日本天平胜宝九年，唐肃宗至德二年）五月，始予公布实施②。但如前所述，唐朝的贡举制度，到开元七年为止，犹见实施的科目而不为日本接受的，至少有童子科、武举、孝弟力田等科；与贡举有关的礼仪而不为日本接受的也有乡饮酒礼、谒先师礼。其中武举方面。《养老选叙令》云：

> 凡帐内、资人等，才堪文武贡人者，亦听贡举，得第者，于内位叙。不第者，各还本主。

据此看来，似有武举之制。但《集解》引《古记》云：

> “才堪文武贡人者”，未知；武举人试条并叙法若为？答：武举人考试法式并及第叙法，并将出别式也。

《义解》云：

> 谓武人贡举试条并叙法，不载令条，待式处分也。

足见日本有意立武举之制，但不载于令条，而由式来规定。但检《弘仁式》、《贞观式》

---

① 参看池田温等：《敦煌、吐鲁番所发现有关唐代法制文献》（高明士译，收入拙著：《战后日本的中国史研究》，台北，东升出版事业公司，1982；原载《法制史研究》27，1978 年 5 月），第 233 ~ 235 页。

② 参看中田薰：《养老令の施行期に就て》，第 627 ~ 639 页。

以及《延喜式》，均不见武举规定，即诸格亦无立制，足见并无实施武举，其相关的武庙制自然也就无予受容。

乡饮酒礼方面，唐贡人须实施此礼，牲用少牢(《唐六典》卷三十)。日本《养老考课令》"贡人条"只曰随"朝集使赴集"，并无实行乡饮酒礼规定。但《养老仪制令·春时祭田》条云：

> 凡春时祭田之日，集乡之老者，一行乡饮酒礼，使人知尊长养老之道。

这是唐朝的"正齿位"之礼。看来为贡举而举行的乡饮酒礼，日本是无采行的。

此外，贡举人的谒先师礼，也不见采行。日本于大宝元年（701 年）二月丁巳已有释奠礼的举行（《续日本纪》卷二）。唐开元五年（717 年）规定贡举人谒先师之礼一事，当为大倭小东人所知，此时吉备真备也在唐学五经、三史等十三道，真备于天平七年（735 年）三月归朝后，还献上《唐礼》一百三十卷等典籍(《续日本纪》卷十二)，足见真备亦关心礼仪，但二者似无建言规定贡举人谒先师礼之事。迨至神护景云二年(768 年）七月辛丑，大学助教膳大丘奏请仿唐将孔子尊号由孔宣父改为文宣王，亦无提及谒先师礼之事（《续日本纪》卷二十九)。则贡举人拜谒先师之礼，不为日本接受，殆可确信。

至于从玄宗后期到唐朝后期所出现的道举、孝廉、开元礼、三礼、三传、史科(一史、三史）等常举，似也都没被日本接受。其中与道举有关的《老子道德经》，早在高宗上元二年（676 年）已列为明经、进士必考的教材之一。仪凤三年（678 年)，进一步规定《道德经》与《孝经》并列为上经，贡举人皆须兼通。其后一度废止读《老子》，但不久又恢复（见《唐会要》卷七十五《贡举明经》条)。故《唐六典》卷二十一国子监条载官学"正业"教材时，犹包括《老子》，并曰"旧令老子河上公注"，此"旧令"即开元前令。日本《养老学令》无采用《老子道德经》为教材，进而在开元二十九年所增置的道举，亦不为日本受容。日本不接受老子以及道举，或鉴于唐朝以《老子》为教材，废置不一；另一方面，日本社会尊佛、儒而排玄。只有三传、三史后来被列为大学寮教材，《开元礼》传入日本后，部分的被接受。

### 4. 贡举制度的变质

日本的贡举制度，到《养老令》完成后可谓达于完备。其后实施的结果与唐朝迥异。此事包括三方面，一是贡人与举人间的变化，一是科目间的消长，一是流于形式化。兹略为说明于下。

(一）贡人与举人间的变化。从《养老考课令》、《选叙令》可知地方选拔贡人时，并无如学生（举人）需要具备特殊身份，理论上人人可应举。惟在令制上不见规定有如唐制之"投状于本郡"（《通典》卷十五《选举典》)，或"怀牒自列于州县"（《新唐书》卷四十四《选举志》)，即士子自荐制度，这一点是中国贡举制度非常重要的特质。自荐或他荐，是贡举与察举基本差异之一。唯有藉士子的自荐制，政府才能排除门阀贵族的垄断，而有效地集权中央。从唐到宋，贡举制度实施越盛，正是中央集权越成功，门阀贵族越没落的证明。日本则否，七八世纪之际，天皇虽有意引进中国的律令制度，以强化王权，压抑贵族，但到10世纪后半叶，随著藤原氏一族把持政权，以致世袭政权的成立，无疑地使7世纪以来所努力建设的律令体制为之解体。基于这样的背景，日本的贡举制度纵使允许人人应举，实际上只限于学生（举人）报考，从实例看来亦复如此。此事由下述两项发展，可更加明了。

（二）科目间的消长。唐制贡举六科中，起初以明经为盛，到开元以后，“士无贤不肖，耻不以文章达”(《通典》卷十五《选举典》)，进士科成为登龙门之捷径。日本实施的结果，是以秀才科独盛。秀才科从唐高宗以后，以其艰难，应考人少而废置不一。日本或有鉴于此，因而对秀才科的录取标准大为降低（唐制试方略策五条，日制仅试二条)；而日本贡学诸科目之中，及第后之授阶又以秀才科为最高（参看表一)，秀才科遂成为士子竞试之鹄的。更重要的是日本平安贵族向往唐朝文风，730年在大学寮增置文章科以后，刻意提高此科之地位，本来规定文章生与明法生均取自“杂任及白丁”(《令集解》卷三职员令大学寮条“释云”引太政官奏文)，但到820年（日本弘仁十一年)，乃将文章科比拟为唐朝最贵族化的弘文、崇文两馆生，而提升其身份限制为三位以上的“良家子”，不选凡流，然后再从中挑选优秀的五名，称为“俊士”；由五名俊士中再挑选其翘楚者二名，称为秀才生(《本朝文粹》卷二“官符”条)。简而言之，取文章生之最优秀者，称为秀才生，所以秀才生也就是文章生，成为大学寮学生中最贵族化者。这二名秀才生，其实也就是730年以来所设置的文章得业生。这个贵族化文章科的制度，后来因文章博士都腹赤的反对而取消，但在821年还是将文章博士的位阶由正七位下提高为从五位下，以比美唐之国子博士（正五品上）(《类聚三代格》卷五“定官员并官位事”条引弘仁十二年二月十七日官符)。即此后大学寮文章科还是众目所趋的地方。

827年虽取消秀才生之名称，此后文章科学生称为秀才生，依然不绝。盖730年大学寮设置文章得业生二名的目的，在于应秀才、进士二科考试。都腹赤在反对文章科贵州化的牒状中指出：

> 依令（按指《养老令》）有秀才、进士二科，课试之法，难易不同。所以元置文章得业生二人，随才学之浅深，拟二科之贡举。(同前引《本朝文粹》)

秀才与进士（难易不同)，其意显然指秀才难于进士，而为世所崇尚。文章得业生二人必须随其才学“浅深”应二科之贡举，意即以最优秀者应秀才科考试。例如名臣菅原清公“弱冠奉试，补文章生，学业优长，举秀才，［延历］十七年（798年)，对策登科，除大学少允”(《续日本后记》卷十二承和九年十月丁丑)。此外，以文章生举秀才者，如中臣栗原年足（801年对策及条)、道守宫继（801年)、春澄善绳（830年)、菅原是善（839 年）、味酒文雄（860 年）、都良香（869 年）、菅原道真（867 年）、纪长谷雄（879 年）、三善清行（883 年）等；以文章生举进士者，如伴成益（823 年以前）。延历二十一年（802 年）六月八日太政官奏云：

> 建法（按指《大宝令》）以降，殆向百岁，二色（按指秀才、明经）出身，未及数十。（《令集解》卷十七“选叙令·秀才出身”条注引）

即秀才、明经二科自《大宝令》实施以来已有百年，及第者不过数十人。

本来大学寮明经生有四百人，730 年改制，明经得业生犹设四人，在 8 世纪之贡举中及第者虽数十人，谅犹以明经得人最多。9 世纪以后，如上所述，朝廷越来越重视文章科，进而成为一枝独秀地发展。820 年《弘仁式》定“试贡人及杂色生”应试礼仪时，其起首曰“秀才、进士者”，其后才曰：“其明经、明法、算等生者，亦依本司解，具状申太政官。”但是到 927 年撰成的《延喜式》，在卷十九“式部式·试贡人及杂色生”条规定应试礼仪时，改曰“文章得业生者”。这个事实，反映出秀才科到九十世纪之交已独占鳌头，至《延喜式》撰定乃法制化。承保二年（1075 年）五月十四日藤原实政等请申方略试状云：

> 谨考故实，起家献册之辈，多是历方略试，圣代不易之轨范也。贞观（859—877 年），菅野惟肖、滋野良干；宽平（889—898 年），参议菅根野臣、矢田部名实、三统理平；天庆（938—947 年），橘直干、高阶成忠卿；永延（987—989 年），田口齐名、弓削以言；长德（995—999 年），庆滋为政；万寿（1024—1028 年），藤原元范等是也。件元范应举之后，虽经五代（按指后一条、后朱雀、后冷泉、后三条、白河），继迹之者，无有一人。（《朝野群载》卷十三）

秀才与进士二科均用策试，但所谓献策、对策，以及方略试，都是指秀才科，征诸前引文，甚为明了。长历三年（1039 年）二月某朝臣在请补文章得业生状中说：

> 谨检案内，文章生廿人之内，被置文章得业生二人矣。仍以贡士必补茂才，事为定准，不敢失坠。（《朝野群载》卷十三纪传上）

足见以文章得业生应试秀才科之政策，自 730 年以来直至平安末期不变。

（三）贡举制的形式化。日本贡举制度实施的结果，实际是以学生为主体，一旦学校衰落，贡举制度必将随之崩坏。日本大学寮教育到 10 世纪以后已呈衰象，10 世纪后半叶乃衰微不振。其因甚多，但基本上是由于贵族干政、学官世袭、大学“别曹”的影响等。967 年藤原氏实施“摄关政治”以后，律令体制为之解体。本为公的学校教育、贡举制度，也流为私的性质，终于走向有名无实的地步。

平安末期，学校、贡举均已流为形式化，914年三善清行上奏《意见十二条》，其中曰：

大学是迍邅坎壈之府，穷困冻馁之乡，遂至父母相诫，勿令子孙齿学馆者也。由是南北讲堂鞠为茂草，东西曹局闲而无人。于是博士等每至贡举之时，唯以历名荐士，曾不问才之高下、人之劳逸，请托由是间起，滥吹为之繁生。润权门之余唾者，生羽翼而入青云；蹈阙里之遗踪者，咏子衿而辞黉舍。如此陵迟无由兴复，先王庠序遂成丘墟。(《本朝文粹》卷二)

清行所说，未免过分，盖此时诚如其前文所说犹有“数百生徒”存在，当不致衰微若是。惟学校教育与贡举制度均已变质，殆无疑义。而秀才科自9世纪以来，已流为少数世业儒术贵族所垄断，《类聚符宣抄》卷九《方略试》承平五年（935年）八月二十五日条云：

谨捡案内，我朝献策者，始自庆云之年（704—707年）；至于承平之日（935年）都卢六十五人，元庆（877—885年）以前数十人，多是名其家者也；宽平（889—898年）以后，只有儒后儒孙相承父祖之业，不依门风偶攀仙桂者，不过四五人而已。

大学寮在1177年毁于一场大火后，竟不予以重建，地方国学则早在11世纪末至12世纪初之间，纷纷衰亡，太宰府学亦亡于12世纪之际①。中世纪以后，形式上还继续实施式部省试，但名目上已全变，如所谓宣旨分（天皇推荐）、殿下分（摄政关白推荐）、省官分（式部辅推荐）、两博士分（文章博士推荐）等，只维持由权贵人物推荐士子接受考试，这种考试常举行于行幸、飨宴等游兴之际，其内容不外赋诗，受试的士人叫入分学生，论其起源，可追溯到11世纪。入分学生因系由有力人物推荐而参加考试，几乎给予无条件及第，考试制度至此已完全变质，难怪后世有误以为日本无实施科举制度。

## 三　新罗的读书三品出身制度

新罗时代（含统一前后），有无贡举制度，史无明文；但《三国史记》卷三十八“杂志职官上·国学”条有如下的记载：

---

① 参看久木幸男：《大学寮と古代儒教》(东京，サイマル出版会，1968)，第164页。

(一) 教授之法，以《周易》、《尚书》、《毛诗》、《礼记》、《春秋左氏传》、《文选》，分而为之业。博士若助教一人，(1) 或以《礼记》、《周易》、《论语》、《孝经》；(2) 或以《春秋左传》、《毛诗》、《论语》、《孝经》；(3) 或以《尚书》、《论语》、《孝经》、《文选》，教授之。(二) 诸生读书以三品出身：读《春秋左氏传》、若《礼记》、若《文选》，而能通其义，兼明《论语》、《孝经》者为上；读《曲礼》、《论语》、《孝经》者为中；读《曲礼》、《孝经》者为下。若能兼通五经、三史、诸子百家书，超擢用之。…… (三) 凡学生，位自大舍已下至无位……虽逾九年，许在学；位至大奈麻、奈麻，而后出学。

这段文字，包括三项规定：一是国学的教授规定（即第（一）项），一是诸生读书三品出身法（即第（二）项），一是国学学生的毕业规定（即第（三）项）。其中第（二）项读三品出身法，又见同书《新罗本纪》元圣王四年（788 年）春条，首曰“始定让书三品以出身”，其下即出身办法的规定，内容同前，只有超擢规定在文字上用“若博通……”，而前引文曰“若兼通……”；又，《本纪》在“超擢用之”下，曰：“前只以弓箭选人，至是改之。”这就是读书三品出身制度的基本史料，学界多将这个制度解为官吏登用的考试制度，相近于科学制度①。最近有反论提出，以为这个制度只是国学学生的出身规定而已，一方面是作为国学学生毕业成绩的评定法，另一方面则用以作为学生登用官职的考试制度②。从这段文字可肯定者有二：一是 788 年以前新罗的选人之法是用“弓箭”（=武科）测定，其后始改为读书三品出身法（=文科）：一是读书三品出身法与国学教育密不可分。现在的问题是后者。盖国学创设于 682 年，实施于 747 年；而读书三品出身法始定于 788 年，是建立国学制度的百年后，不同时代出现的制度宜反映不同时代的问题，为何《职官志》叙述国学制度时，将读书三品出身法穿插于其中，而不列于文末？从法制的观点而言，“出学”与“出身”宜作如何解释？出身办法与教授规定极不对应，又宜作如何解释？读书三品出身法是否可视为科举制度？历来对此等问题尚少有讨论，兹略述卑见于下。

先说出身办法与教学规定。前引文第（一）项有关教学诸规定，是以五经及《文选》为教材范围，但非全部必读，而是分成（1）、(2)、(3) 三组任由学生选择，不论哪一组，《孝经》、《论语》都是必读，每一组设博士或助教教授，其分组标准不明。

---

① 李丙焘等：《韩国史——古代篇》(汉城，乙酉文化社，1980 年)，第 669 页；韩沽劤：《韩国通史》(汉城，乙酉文化社，1980 年)，第 109 页；李基白：《韩国史新论》(汉城，一潮阁，1981 年)，第 103 页；韩基彦：《韩国教育史》(井上义巳译，东京，广池学园出版部，1965)，第 23 页；世界教育史研究会编：《朝鲜教育史》(东京，讲谈社，1975)，第 38 页（由渡部学执笔）；李基东：《新罗骨品制社会와花郎徒》(汉城，一潮阁，1984)，第 152 页；姜在彦：《朝鲜文化史》(收入《アジア历史研究入门》第二册，京都，1983)，第 406 页等。

② 参看木村诚：《统一新罗の官僚制》(收入《东アジア世界における日本古代史讲座》第六册，东京，学生社，1982)，第 151 页。

唐制是列九经（即上述五经之外，加上《周礼》、《仪礼》、《公羊》、《穀梁》），并将九经依其分量多寡再区分为大、中、小经三类，然后根据三经分类由学生任选其中通二经、三经、五经之教材。日本大学寮制度无接受《公》、《穀》二传，共列七经，分经办法同唐制。兹依唐制办法将前引文第（一）项的教学规定与第（三）项的出身办法，列表三比较如下：

表三

| 教学规定 | 出身办法 | 备注 |
|---|---|---|
| ①《礼记》大经三年、《周易》小经二年、<br>《论语》、《孝经》共一年<br><br>②《左传》大经三年、《毛诗》中经二年、<br>《论语》、《孝经》共一年<br><br>③《尚书》小经一年半、《文选》大经三年、<br>《论语》、《孝经》共一年 | 上品<br>通《左传》大经三年、《礼记》大经三年、《文选》大经三年<br>三者之一以及《论语》、《孝经》共一年<br>中品<br>通《曲礼》小经一年半？<br>《论语》、《孝经》共一年<br>下品<br>通《曲礼》小经一年半、《孝经》半年？ | 唐制无文选，据日本延喜式之大学寮式的规定知文选准大经，推定其学习年限亦三年<br><br>《曲礼》为《礼记》之一篇，暂以小经计之 |

据此可知教学规定（1）组学习之最高年限共计六年，（2）组六年，（3）组五年半，其分配相当均匀；而读书三品出身制度之三品学习年限，分别是上品四年、中品二年半、下品二年。从教材学习年限的比较，可发现两者悬殊，不同于唐、日两国。唐、日两国的科举明经科考试规定，完全与官学的经学教学规定相对应。故以读书三品出身法作为为国学学生而设的官吏考试制度，实在非常牵强。此事又关涉到《职官志》首列“诸生”的定义问题。

所谓“诸生”，就“杂志·国学”条而言，自然是指国学学生，问题是《新罗本纪》所载读书三品出身制度的内容并无“诸生”两字，则“诸生”两字是否可扩大解为包含非国学学生的士人在内？就中国汉以来的用法，“诸生”两字无疑地包含学生在内的所有儒者，其更早的用法，恐是指学习诸子百家书之学者，《史记》卷八十四《贾谊传》曰谊“颇通诸子百家之书……汉文帝召以为博士……每诏令议下，诸老先生不能言，贾生尽为之对……诸生于是乃以为能，不及也”①。788 年新罗订定赞书三品出身制度，尤其超擢规定中包含“诸子百家书”一项，有无参照《史记》，不得而知，但是遣词用字宜受中国古典的影响，是可以理解的。基于此故，所谓“诸生”，诚如徐复

① 参看镰田重雄：《秦汉政治制度の研究》（东京，日本学术振兴会，1962），第 451 ~ 454 页；徐复观：《中国经学史的基础》（台北，学生书局，1982），第 78 页。

观氏所云："原为诸儒生的简称"，其中可包括博士弟子①。

再者，读书三品曰"出身"，国学曰"出学"，其用语并不含混，宜作如何解释？《礼记·王制篇》云："凡入学以齿，将出学（下略）。"郑玄注云："出学，谓九年大成，学止也。"所以出学，就是指国学毕业而言。国学学生的身份是"位自大舍已下至无位"，也就从无位阶到大舍（十七等官位中之第十二位，相当于唐之正七品），包括中下层官员身份。迨"位至大奈麻、奈麻，而后出学"，显然是以取得大奈麻（第十位，相当于唐制正六品）、奈麻（第十一位，相当于唐制从六品）的官位为毕业的必要条件，即使逾九年之学习期限，仍允许在学。在学习过程中，可以想见从开始读经到取得官位，其间必有若干阶段性的学业考查与循序渐进的位阶授与法。因此，纵使无位者入学，至少必须取得奈麻才能出学。在新罗骨品制社会里，可能四头品身份的学生以取得奈麻为上限，五头品身份的学生以取得大奈麻为上限。学生出学既然皆取得位阶，实际也就是"出身"。

就唐制而言，"出身"就是授与品阶，又曰"叙阶"，相当于六朝所谓"起家"②。《唐律·名例律》第二十一"除名者"条疏议曰：

> 出身，谓藉荫及秀才、明经之类。准此令文，出身高于常叙，自依出身法；出身卑于常叙，自依常叙。故云："出身品高者，听从高。"

新罗"出身"之用语，当同于唐制，即授与位阶。以《唐律疏议》所云，出身途径主要有二，一是藉荫，一是科举，且依"出身法"规定，出身品高者从高叙阶。新罗读书三品，既曰用以出身，其为科举形式，自不待言。

就读书三品出身法而言，已具备下列科举（或曰贡举）诸条件：

一、科目制。即以上品科、中品科、下品科等三科为主体；另列通五经科、通三史科、通诸子百家书科，作为超擢之用。《职官志》曰"兼通"五经等，但在《本纪》曰"博通"，足见兼通即是博通之意，并非指上品兼通五经科等之意。盖三品科皆指通经而言，以上品等兼通五经科实无意义；若以上品等兼通三史自然可以成立，但以通五经在前，如解为兼取，当非立法本意。唐代学制，有所谓"兼习"之语，即必须修习之意（参看《唐六典》卷二一"国子监"条）。而博通五经等，并不一定非包含前述三品不可。颇疑博通之范围只限于五经、三史、诸子百家书，但可博通三者，亦可博通三者之一或二，如此，始符合超擢之本意。又，三品科之中、下品，皆以《曲礼》为主要教材，此事值得注意。按，《曲礼》是《礼记》首篇，记载吉、凶、宾、军、嘉五礼诸规定，可谓为政体运行之基本原则。新罗名儒强首（？—692 年），年少时就师读

---

① 徐复观：《中国经学史的基础》，第 78 页。

② 参看池田温：《律令官制の形成》(收入岩波讲座：《世界历史》第五册，东京，岩波书店，1970)，第 296 页。

《孝经》、《曲礼》、《尔雅》、《文选》(《三国史记》卷四十六本传)，是为新罗重视《曲礼》之一例证①。

二、司掌读书三品出身法之机关。如《职官志》所见，当属于礼部，一如唐制在开元二十四年（736 年）之政制所示。《新罗本纪》前引元圣王四年（788 年）曰“始定读书三品以出身”，文末又曰：“前只以弓箭选人，至是改之。”这一条记载，包括两件事，一是到 788 年为止，“选人”的方式是用“弓箭”，此后则由三品出身法；一是读书三品出身法在《职官志》是记载于“礼部国学”条之下，足见 788 年以后礼部是藉此出身法以“选人”。但《新罗本纪》神文王二年（682 年）四年条载是月“置位和府，令二人，掌选举之事”（《三国史记》卷八)，这是统一新罗时代的新制。在三国时代的新罗亦曾建置位和府，时在真平王三年（581 年）正月，金富轼在是条下记曰：“如今今吏部。”(《三国史记》卷四）显然金氏是以高丽时代制度加以注记。但此事正好透露《职官志》所谓“至是敢之”，除指“选人”由弓箭改为读书以外，似还包含主管“选人”一事之“选举”亦由位和府转移至礼部，唐朝在开元二十四年（736 年）的改制当为新罗所知而仿效。

三、读书三品出身制度为出身法之一。出身法的基本原则，如前引《唐律疏议》所示：“出身品高者，听从高。”《职官志》将读书三品出身制度列于国学制度中间叙述，在文理方面不当。盖出身制度属于毕业后之事，宜于“出学”之后说明，更何况其制晚出于国学制度。惟由出身法释之，似可得其解。此即以读书三品出身低于国学出学者，故记述其制时，先曰三品，然后言及国学。三品出身之授位制虽不明，但由其读经规定可知远较国学简单，而国学出学叙位已知是大奈麻、奈麻，则三品出身叙位宜在其下。于是《职官志》的出身规定，有如下三种情形：一是读书三品出身，一是读书超擢出身，一是学生“出学”出身。出学出身是旧制，前两者则为 788 年以后之新制。所以 788 年以后的“诸生”，可于前列三种出身法之中择一出身，这种出身，是本于各人才智而非藉荫。基于此故，《职官志》的记载，乃由低位的读书三品叙起，不考虑其制度出现之先后与文理是否妥当的问题。这种记叙法，正符合出身法之“听从高（叙位)”的原则。

《三国史记》卷十《新罗本纪》元圣王五年（788 年）九月云：

> 以小玉为杨根县小守。执事史毛肖驳言：“子玉不以文籍出身，不可委分尤之职。”

侍中议云：“虽不以文籍出身，曾入大唐为学生，不亦可用耶？”王从之。

子玉为何许人不明，但从对话中可知其为留唐学生无疑。执事史是执事部的下级官吏（第五等），侍中乃其长官，文中未言何人，但从《三国史记》中可查知此时正是伊

---

① 参看李基白：《新罗时代의团家佛教와格教》(汉城，韩国研究院，1978)，第 146 ~ 147 页。

湌（十七等官位之第二位，相当于唐制从一品）世强在任①。这一段对话提示“文籍出身”与“大唐学生”皆“可用”。所谓文籍出身，当指读书三品出身法，足见此出身法已付诸实施。重要的是“曾入大唐为学生，不亦可用耶?”一句，更提示“出学”的学生也是出身法的出身途径之一，其事恐在682年建立国学制度时便已规定，只是788年新实施读书三品出身法的贡学制度时，下级的执事史毛肖驳感到疑惑而已。执事侍中世强的澄清，使《职官志》前述三种出身法得以明朗。

四、“职官志·国学”条之“诸生读书”(《新罗本纪》只曰读书）与“凡学生”之用语不一致，不宜忽略。读书三品出身制度既然必须冠以“让书”，而不单曰诸生或学生，则读书者显然别有所指。《三国史记》诸列传中，可见到有下列诸读书之例，如：金仁问“幼而就学，多读儒家之书”（卷四十四）；强首“及壮，自知读书，通晓义理”（卷四十六）；薛聪“以方言读九经”（卷四十六），由此可窥知读书者，读儒书也。《新罗本纪》载读书三品出身法之起首不曰“诸生”，则此一制度实系针对读儒书之士子而立，也可说是为“诸儒生”而立，并非单指学生。“职官志·国学”条用语不一致，是因为所指对象不同的缘故。

由上所述，可知读书三品出身法已粗具科举（贡举）制度的形式，主管机关为礼部，凡诸儒生（含国学学生及一般儒者）皆可应考，一如唐制所示。但因三品出身之读经规定，远低于国学学生，其出身叙位可想见亦低于国学出学学生（大奈麻或奈麻)。据此而言，其应考之身份，除国学学生愿早出身者以外，当以儒业家庭为主体，或可说是特为庆州贵族子弟而设。盖元圣王政权的成立，是由于惠恭王十六年（780年）二月伊湌志贞造反事件；乱后上大等金良相自立为宣德王。宣德王死后，由伊湌敬信继立为王，是为元圣王。宣德王、元圣王都是奈勿王的后代，在新罗史上属于“下代”，在此之前为“中代”，属于武烈王系统；政策方面，中代可谓实施专制的中央集权，下代则成为以庆州门阀为主体的贵族政治，但对地方仍实行中央集权制度②。在此一政治变革过程中，统治者自须提拔新人以巩固政权，于是在旧有的用人途径中(如花郎徒教育、留唐教育、国学教育等)，另辟一读书三品出身制度，是可以理解的。而且自元圣王即位以来，天灾不断，如二年七月，旱；九月，王都民饥；三年二月，京都地震；五月，太白画见；七月，蝗害谷；八月，有日蚀（见《三国史记》卷十）。至四年春，乃决定施行读书三品出身法，其目的一方面是提拔新人以外，另一方面则藉以安抚人心，这正是科举制度出现的背景。读书三品出身制度，从广义而言，是以明经(含《孝经》、《论语》）取士，这一点同于唐制；惟在教材上特重《文选》，甚至诸子百家书，则为唐制所无。其国学学生以取得官位作为“出学”的标准，更为唐制所无。

---

① 执事史之性质，参看井上秀雄：《新罗史基础研究》(东京，东京出版社，1974)，第261~262页。执事侍中一事，李基白氏有详细解说，参看氏著：《新罗政治社会史研究》(汉城，一潮阁，1980)，第175~192页。

② 参看《三国史记》卷九、卷十《新罗本纪》。又可参看井上秀雄：《新罗史基础研究》，第384-387页、第459~461页。

新罗是族制的骨品社会，苟非身列骨品，很难出人头地。7 世纪初，新罗衣冠子弟薛罽头，以其非出身骨品，乃决定赴唐求发展。他说：

> 新罗用人论骨品，苟非其族，虽有鸿才杰功，不能逾越。我愿西游中华国，奋不世之路，立非常之功，自致荣路，备簪绅剑佩，出入天子之侧足矣。

终于在武德四年（621 年）潜行入唐。其后参加太宗征高丽之行，竟阵亡于沙场。太宗授职为大将军，以礼葬之(《三国史记》卷四十七本传)。骨制和头品制的结合而成为骨品制社会，须待 9 世纪以后①。新罗 7 世纪是否确实有这一条史料所说的“骨品制”，从其他史料看来，不免令人起疑，因此以它说明 8 世纪的新罗社会，较为妥当。惟 7 世纪的新罗社会已含有如同骨品制的阶层性存在，当可相信。

无论如何，“下代”的新罗在庆州门阀贵族主政之下，对过去既有的体制必须有所更张，以巩固政权，于是元圣王在旧有弓箭选人、国学举人之外，另立读书三品出身法。9 世纪（尤指兴德王九年，834 年）以后，新罗王者更由骨品制的成员脱离而出，成为超越性存在；进而藉色服、车骑、器用、屋舍等制度将王京支配者共同体扩延到地方诸集团，使传统的骨品制度产生未曾有的根本改变，透过王者的超越性、地方的再编成，导致传统骨品制社会的崩坏②。9 世纪以后，读书三品出身制度实施情形如何，不得而知，颇疑此制的运用，是导致骨品制度走向解体的主要因素之一，正如隋唐实施科举所引起的社会流动一样。

## 四　结　论

中国科举（贡举）制度的建立，实始于隋文帝开皇七年（587 年），当时设有秀才、明经及宾贡三科，其中宾贡科为新设，以扩大政府的社会基础。迨炀帝大业二年(606 年)，仿古制将宾贡科改为进士科，另置俊士科，贡举常科之制遂有四焉。唐武德年间，沿袭大业旧制。至太宗时代，常举增置明书、明算、明法以及童子诸科，共为八科。但因俊士科在永徽以后不见举行，可能停罢，童子科则专为十岁以下之儿童而设，故唐人言常举科目辄曰有六，其制即定于太宗时代。此后武则天增置武举，玄宗增置孝弟力田与道举，肃宗立医举，代宗设孝廉，德宗立开元礼、三礼，穆宗又增置三传、史科（一史、三史）以及宾贡科等，其间若干科目虽废置不一（如童子、孝弟力田、医

---

① 参看井上秀雄：《新罗史基础研究》，第 302 页；武田幸男：《新罗骨品制の再检讨》(《东洋文化研究所纪要》67，1975 年 3 月)，第 170、182 页。

② 参看武田幸男：《新罗骨品制の再检讨》，第 206 ~ 212 页；井上秀雄：《新罗史基础研究》，第 321 页。

举、孝廉等科)，但唐代科目杂多，成为唐代贡举一大特色，则无可置疑。尤值得注意者，除进士科终成为一枝独秀地发展而外，厥为中晚唐间宾贡科的成立。宾贡科成立的时间不明，颇疑新罗金云卿于穆宗长庆元年（821 年）首度登宾贡科，即该科设置的年代。

唐代的宾贡科，是专为外国士子参加中国科举而设。所谓外国，理论上自然宜包括当时所有与唐朝有往来诸国而言，但现在可考的只有新罗（含后来的高丽)、渤海，以及在唐的大食人、波斯人等，而且以来自朝鲜半岛的韩人占绝大多数。唐代宾贡科的特性，是以单独举行考试，然后放榜于进士榜末，位同进士。颇疑附名榜尾的办法，正是隋文帝初立宾贡科的制度，即隋代以宾贡科附名秀才、明经榜尾，到唐代取而以宾贡科附名进士榜尾，其意不外示以优惠待遇。

隋文帝在开皇七年实施贡举制度，其目的在于求得有效地集权中央。此一措施，与其先前所实施的清查户口、建立课输制度等息息相关；更重要地，废九品官人法恐亦在此时。此后“大小之官，悉由吏部，织介之迹，皆属考功”（《隋书》卷七十五《儒林·刘炫传》)。贡举制度的出现，其意义重大，尤其是藉以压抑门阀，提高王权。这一点，就隋唐而言，颇具成效。惟中国社会要脱胎换骨，须待宋代以后。

日本方面，从 7 世纪后半叶开始，积极吸收隋唐文物，建设律令国家。《大宝律令》与《养老律令》的完成，是其重要成果。《养老令》所见的贡举制度，已达于完备，此即包括秀才、明经、进士、明法等四科，以及医、针二科，但以前四科为主。这样的制度，大致同于唐制，其实施结果，以秀才科独盛，应考者实际只限于官学学生，贡举制度因而发生变质。其故在于日本贵族，尤其是藤原氏一族势力强大，天皇遂无法藉贡举制度带动社会流动。9 世纪以后，大学寮走向私家化（如“别曹”的出现)，进而产生博士官世袭化，学术乃成为家学。这种偏向于“私”(即贵族化）的学术发展产生后，贡举制度遂流为形式化，此在 10 世纪以后极为明显。迨 12 世纪大学寮被烧毁后，不再重建；所谓方略试（秀才科考试之另一名称)，到中世纪以后竟成为权家宴飨赋诗的应酬形式。

再看新罗，至迟在 6 世纪的时候，其社会已出现骨品制的阶层闭锁性，直至七八世纪趋于强固。是故，新罗虽早已接触隋唐，但取隋唐律命用以建设其国家则非常迟缓。国学制度虽在 682 年业已建立，却迟至 747 年始付诸实施；其用人途径，始终采取固有的花郎道，所谓“弓箭选人”即是其代表，直至 788 年始建置读书三品出身法。这个出身法，基本上是以上品、中品、下品等三科方式出身，另设博通五经、三史、诸子百家书等科，以作为超擢出身。故读书三品出身法实际分为两类，其中三品一类的出身标准甚低。《三国史记》规定循由读书三品出身的对象，或曰“诸生读书”（或简称读书)，或曰“凡学生”，用语不一，颇疑这种出身法除学生而外，亦适用于诸儒生。而学生是以取得大奈麻或奈麻的官位才“出学”，则学制上的出学，实际也是一种出身法。这样的规定，不外是想藉新的出身法取代旧有的出身法，以强化王权。其背景是宣德王与元圣王在 780 年所进行的一场革命。新罗因为这场革命，结束了“中代”。宣德王即位后，是为“下代”之始，亦是由庆州门阀贵族出身当政的时代。或由于此故，乃建立新的出身法以起用新人，强化王权。不意此后更引起地方势力的反叛，政局遂陷于混乱，新罗乃走向衰亡。

新罗在788年所建立的读书三品出身法，其实施情形如何，因史料的限制无法知其详；其以明经取士，近于唐制，但科目分三品，超擢又含诸子百家书，则又异于唐制。迨高丽朝建立后，始以唐制立其科举。《高丽史》卷七十三《选举志》云：“三国以前，未有科举之法。高丽太祖首建学校，而科举取士未遑焉。光宗用双冀言，以科举选士，自此文风始兴，大抵其法，颇用唐制。”双冀是五代后周人，到高丽后，于光宗九年（958年）五月献议设置科举，于是设立进士、明经、医、卜等科。至谓“三国以前，未有科举之法”，这是以高丽的科举制度衡量三国，遂有是论；若征诸以上所述，可知新罗下代的读书三品出身法，应该可视为科举的一种形式。至于高丽朝吸取唐制而建立其国家制度之问题，已非拙稿所能讨论，容以后再说明①。

总之，隋唐时代的贡举制度传入日本、新罗以后，因为政治、社会背景不同，实施的成果也就不一致，所谓“橘逾淮而为枳”，正是最好的说明。贡举制度一时虽不能在两邦落实，但儒家经典仍受当地朝野、僧俗的重视，明经教育依然不绝，这也就是东亚世界自七八世纪形成以后，不致因为政情的变化而解体的主要动力之一。

拙稿承蒙李师莑阳、严师归田教正，并获1985年度国家科学委员会奖助，特此申谢。

原载香港大学亚洲研究中心《古代中日韩关系研究》，1987年

---

① 论高丽一朝诸制度与唐制的关系，可参看边太燮：《高丽政治制度史研究》（汉城，一潮阁，1979）；同氏：《“高丽史”의研究》（汉城，三英社，1982）。论高丽一朝诸制度（含科举制度）与宋制的关系，可参看周藤吉之：《高丽朝官僚制の研究》（东京，法政大学出版局，1980）。

# 元代科举与菁英流动

## ——以元统元年进士为中心

萧启庆

## 一　序　论

就“统治菁英”（governing elite）① 的甄用而言，元代是中国近世社会史上较为特殊的时代。自北宋以后，中国社会已由“门第社会”转变为“科第社会”②。世家大族多已衰败不堪，“世胄蹑高位，英俊沉下僚”的现象大为减少。“统治菁英”的甄选已以科举为主要方法，文章经术为主要评准。“知识菁英”遂成为“统治菁英”的主要来

① “统治菁英”一词，系由意大利社会学家柏莱多（Vilfredo Pareto，1848—1923）所首创。“菁英”乃指一个社会中握有权力与影响的少数人。“统治菁英”则指直接或间接参与统治的少数人而言，柏氏亦称之为“统治阶级”（governing class）。统治菁英可为一开放的集团，亦可为一闭锁的集团。统治菁英成员的变化——平民上升为菁英，或菁英下降为平民——则称为“菁英流动”（circulation of the elites）。柏氏认为：菁英流动率愈大，则其“权”与“能”愈能配合，较为健康。菁英阶层愈为闭锁则趋于僵化（见 V. Pareto, *Mind and Society* [trans. by A. Bonjiono and A. Livingston, 4 vols., New York, 1935], Vol. I, p. 169 and Vol. Ⅲ, p. 1423; *The Rise and Fall of the Elites* [trans. by Hans L. Zetterberg, Totowa, New Jersey, 1968]）。瞿同祖先生首将柏氏观念运用于中国史，称政府官僚为“统治菁英”，绅士为“非统治菁英”，士大夫以外的百姓为“非菁英”（见 T'ung-tsu Ch'u, "Chinese Class Structure and Its Ideology," in J. K. Fairbank ed., *Chinese Thought and Institutions* [Chicago, 1957], 235-250）。

② 过去陈寅恪认为盛唐以后科举之士已渐取代士族在政治上的重要性，孙国栋氏则修正了此看法（1959），211-304。Denis Twitchett 根据敦煌资料分析唐代统治阶级的构成，亦认为士族始终占有优势。见所著“The Composition of the T'ang Ruling Class,” in Denis Twitchett and A. F. Wright (eds), *Perspectives on the Tang* (New Haven, 1974), 47-86。

源。科举出身的菁英来自平民之家者比例甚高①。“朝为田舍郎，暮登天子堂”遂成为读书人的共同理想。菁英流动率高是中国近世史的一大特色。

元代的情形则大不相同。蒙元国家原带有强烈的“家产制”（patrimonialism）色彩②。即在忽必烈汗立国中原后，亦未能完全采行“官僚制度”，以普遍性的评准甄选官员。用人选官，最重“根脚”（ijaghur）。高官厚禄几为数十个“大根脚”、“老奴婢根脚”或是“根脚深重”的家族所垄断。这些根脚深重的家族多在蒙古建国过程中立有殊勋，并早与皇室建立私属主从关系。其子弟得以世享封荫特权③。元季诗人陈高所云高门子弟“自云金张胄，祖父皆朱幡，不用识文字，二十为高官”④，并非例外的情形。

根脚世家，系以蒙古、色目人为主。但其中也包括一二十个汉人家族（即“汉人世侯”之裔）。究其起源，都可说是蒙元王朝的“军事菁英”。这些“军事菁英”的后裔遂构成“统治菁英”的中上层。根脚世家以外的布衣之士（包括大多数的汉人、南人以及蒙古、色目人的下层），主要凭藉保举及充任胥吏取得入仕的资格。保举有赖贵人的援引，为数不多，任吏则地位不高，前程有限。两宋以来独享政治权力与社会荣耀的“知识菁英”遂多遭摒斥于统治阶层之外。其情形有如散曲家张可久所说：“谈文章不到紫薇郎，小根脚难登白玉堂。”⑤

---

① 美国柯睿哲氏（E. A. Kracke, Jr.）根据南宋绍兴十八年（1148 年）及宝祐四年（1256 年）的登科录，认为半数以上的进士皆为来自平民家庭的新血，见所著“Family vs Merit in Chinese Civil Service Examinations under the Empire,” *Harvard Journal of Asiatic Studies* 10（1947），103-123。另孙国栋及陈义彦根据《宋史》中北宋官员的列传，指出北宋官员中布衣入仕者亦占 50% 左右。见孙国栋，前揭文；陈义彦，“从布衣入仕情形分析北宋布衣阶层的社会流动”，《思与言》9：4（1971. 11），244-253。关于宋朝科举所产生社会流动的局限，参看李弘祺的讨论，见 Thomas H. C. Lee, *Government Education and Examinations in Sung China*（Hong Kong, 1985），pp. 119-230

② “家产制度”一词系德国社会学家马克斯·韦伯（Max Weber, 1864—1920）所首创，为其所论几种政治主宰形态的一部分。“家产制度”系由“家长制度”（Patriachalism）所衍生。政府不过是皇室家政机关的延长，官员多具有皇室家臣的关系（Max Weber, *Theory of Social and Economic Organization* [New York, 1947], pp. 341-358）；笔者曾以此观念解释成吉思汗的“怯薛”为大蒙古国政府的雏形，见 Hsiao Ch'i-ch'ing, *Military Establishment of the Yuan Dynasty* [Cambridge, Mass., 1978], p. 38。美国学者 Thomas T. Allsen 刚认为蒙哥汗时代蒙古政府仍只有“家产制”的性质，见其近著，“*Guard and Government in the Reign of Grand Qan Mongke*, 1251-59,” *Harvard Journal of Asiatic Studies* 46：2（1986），495-521。忽必烈立国中原，虽局部恢复中原的官僚制度，但其国家仍具有“家产制”色制。故忽必烈以后的元朝，或可目为“家产官僚制帝国”（patrimonial-bureaucratic empire），与韦伯“家产制”及“官僚制”的“理念型”（ideal type）皆有所不同，而为两者的复合。美国印度史家 Stephen P. Blake 曾以此观念，分析帖木儿后商创建的莫卧儿帝国之结构，见所著“The Patrimonial-bureaucratic Empire of the Mughals,” *Journal of Asian Studies* 39：1（November, 1979），77-94。

③ 参看拙著：《元代四大蒙古家族》，收入《元代史新探》（台北，1983）。

④ 陈高：《不系舟渔集》（《四部丛刊》三编），3. 10b-11a，“感兴”。

⑤ 张可久：《水仙子·归兴》，见杨朝英编《朝野新声太平乐府》（北京，1985），2：64。

元朝因重视根脚，故不急于采行科举，以致迟至廷祐二年（1315年）始恢复科举。科举的恢复在元代史上自是一件大事，对元代社会，尤其是菁英阶层的构成，有何实际影响？应为值得深入探讨的问题。研究此一问题，或可从两方面着眼：第一，科举是否为统治菁英阶层注入大量“新血”，促使原来甚为闭锁的统治阶层趋于开放？第二，科举出身的进士是否成为统治阶层的主流——不仅在人数上压倒出身他途的官员，而且在权势及荣耀上亦是如此？关于第二个问题，过去研究者多已触及，一般皆强调：（一）进士录取人数有限。五十年间，前后共行十六科，录取总数不过一千二百人，仅占当时官员总数的4.3%而已。与宋、明等代的比例相去甚远①。换言之，科举仅为选用官员的一个辅助方法，而不是主要方法。（二）进士未获重用。宋代卿相以进士为主。进士一旦登第，“指日金马玉堂”。元代进士则多屈居下僚，不仅无法与根脚子弟互争雄长，即与起身胥吏者相较，亦居劣势。少数科第出身的头面人物，不过位列翰苑，点缀升平，并不是政治上的决策者②。在这二个论点中，第一点因数字俱在，应属无可否认。至于第二点，当亦近于事实，但迄今尚缺乏有系统的研究，仅为一种“工作假设”，有待进一步证实。但无论如何，进士以六至八品起官，最后位至中层官职者比比皆是，位至三品以上中枢或地方大员者亦为数不少③。因此，即是进士无法与根脚子弟争逐极品，但仍为元代后期统治菁英的一个重要出身。不过，本文因限于篇幅及材料，不拟就此深论，他日当另外为文讨论。

本文讨论的对象是上述的第一个问题，即是进士是否多为出身于平民家庭的“新血”？由于元代为一多元种族、多元文化的复合社会，其政治、社会结构远较汉族王朝时代为复杂。当时蒙古、色目、汉人、南人等种族集团的文化与历史相互歧异。各集团原有菁英阶层的性质也各不相同，与宋、明等代具有较为同质的菁英阶层者不同。研究元代的进士不得不将各种族的背景列入考虑。本文因而特别着重蒙古、色目、汉人、南人进士背景的异同，及其与蒙元“军事菁英”及宋、金仕宦、科第菁英阶层间的关系。本文除去分析进士家庭的仕宦背景外，又拟讨论进士之家所属的“户计”（意义详下）

① 这些数字系根据姚大力《元朝科举制度的行废及其社会背景》，《元史及北方民族史研究集刊》6（1982），26-59。但是所列进士录取一千二百人的总数包括至正二年（1342）起每科所取国子生十八人在内。国子生虽与参加会试、御试的一般考生同考，但不同榜，而且授官品级亦不同，是否应该合而计之，值得商榷。日本元史前辈有高严所著《元代科举考》（《史潮》2：2［1932］，33-55）云十六科共取一千三百名，当为误计。按历科录取总数，如不包括国子生在内，应为一一三九名，见杨树藩《元代科举制度》，《国立政治大学学报》17（1968），99-120（pp. 111-113）；丁昆健《元代的科举制度》，《华学月刊》124（1982：4），46-57；125（1982：5），28-51（pp. 39-42）。

② 姚大力：前揭文，pp. 48-49；韩儒林主编《元朝史》（北京，1986），上册，pp. 344-346。

③ 姚大力认为：以科举进身而入相者止有九人，官至省部宰臣者约廿余人，位至行省宰执及各路总管者约二三十人（前揭文，p. 49）。笔者浏览元统元年及至正十一年进士仕历及《元史》与元人文集中进士传记资料，感觉进士位至高官者为数不算太少。但此一问题仍待进一步统计与分析，当另文讨论之。

以及蒙、色目进士之家与汉人（广义）通婚的频率，视之为影响流动的两个辅助因素。至于进士家庭所属的种族、地域以及经济环境原亦可视为影响流动的因素。但因在元代科举制度中，种族及地域皆有法定配额，框框已定，内中变化不大，不必再作深究。此外，进士家庭的经济背景，因材料欠缺，仅在讨论“户计”时，略为触及。

本文是以元统元年（1333 年）科的百名进士为分析对象，其他各科进士仅作举例印证之用。如此做法，主要系受材料局限。研究科举作为社会流动的主要管道，以进士录最为有用。但是现存的元代进士录不过二种①：一为《元统元年进士录》(以下简称《进士录》)，另一则为“辛卯（至正十一年，1351 年）会试题名记”②。后者系根据国子监石刻，内容仅有进士姓名和甲第次序，别无其他资料，可资研究之处不多。前者则是根据进士所填报的“家状”，于御试放榜后汇印成书。进士姓名之后，详列其里贯、氏族或种族（限于蒙古、色目人）、户计类别、专治经书名称（限于汉人、南人）、表字、岁数、出生月日时辰、父系祖先三代名字及官职科第，母亲姓氏（偶有祖母姓氏）、父母存殁现状、兄弟或从兄弟科第、婚姻状况、乡试地点与名次、会试名次及初授官职。内容甚为丰富，对进士家世背景的考察极为有用，因而成为本文的主要根据。元代史籍、元明人文集及方志中亦有不少有关本科进士的传记资料，亦加采择，作为分析的辅助史料。

本文所用“进士录”的版本是以拙著《元统元年进士录校注》为主③，但又辅以最近根据钱大昕手抄本所作补校。“进士录”通行于世者原仅有民国初年徐乃昌景雕元刻本，收入宋元科举三录一书中。三录本缺陷甚大，鲁鱼亥豕，断烂脱落之处，所在多是，对于研究与引用，局限甚大。笔者于数年前加以校注，补正不少。去年复得钱大昕所辑元进士考手抄本中元进士录部分④，与三录本有不少出入，可补正“校注”的缺失。下文根据“校注”者不再一一征引，凡据钱抄本之处则在附注中说明。

元代科举制度与前后各代皆有不同。欲探讨科举与菁英流动的关系，必先了解元代科举制度本身的重要规定。据《科举程式条目》：科举每三年举行一次，分乡试、会试、御试三层次。乡试在全国十七处举行，每处各族皆有一定的录取配额。全国共录取三百人，其中蒙古、色目、汉人、南人各七十五人。于大都举行会试、御试后，四族类各录取进士廿五人，共但前后十六科，所取少则五十人，多则九十余人，而且蒙古、色

---

① 此二种进士录皆为正科进士名录，此外尚有国子贡试题名及乡试题名数种，未计在内。

② 《辛卯会试题名记》见于王昶编，金石萃编未刻稿（上虞罗氏贻安堂刊本），卷下，34a-34b。笔者撰有《至正十一年会试题名记校补》，将在《食货》双月刊发表。

③ 拙著《元统元年进士录校注》，《食货》(复刊）13：1、2（1983：5），72-90；13：3、(1938.7）47-62。

④ 钱大昕编《元进士考》仅为摘录元代进士姓名科次的一个稿本。但其中元统元年部分，钱氏抄录《进士录》全文。原稿现藏北京图书馆，为《宋元科举题名录》中之一部分，善本编号为三三四七。

目与汉人、南人所取之数亦不尽相同①。唯有元统元年取足百人之数。《元史》盛称此科："科举取士，莫盛于斯！"。因此，本科可说是最合"程式"的一次，但与前后各科相较，却非典型。此科登科百人中，蒙古、色目各廿五人，合为一榜，通称右榜。汉人、南人各廿五人，亦为一榜，称左榜。这一百名进士的家世背景便是本文分析的对象。

## 二 仕 宦

进士是否为宦场新血，须自其家庭有无"仕宦"背景的角度，加以考察。表一、表二便是旨在显示元统元年进士具有仕宦家庭背景者的比例以及其祖先所任官职的高低与性质。

此处所谓"仕宦"，乃采用广义。第一，此处列为"仕宦"之进士祖先，不以供职元朝者为限。元统元年上距宋亡不过五十余年，距离灭金亦仅百年。因此，南人进士曾、祖二辈中，服仕宋朝者比比皆是，汉人曾祖辈任官金朝者亦偶一有之。此等祖先所任职位虽不属元朝，但其家庭无疑仍是属于仕宦阶层。其次，"仕宦"所指涉的对象，不仅包括列朝的品官，而且也包括宋朝的科第之士及元朝的胥吏及教官在内。宋朝的科第之士，原已具有任官的资格。即未任官，其家庭亦与官员同属"官户"的阶层，享受特权。元代胥吏的地位和前代不同。上层胥吏多享有品秩，中央胥吏更可高达六、七品，因此吏与官相互重叠，可说是"统治菁英"的下层②。教官的情形亦略近似。元代学校皆已官学化，教授、山长之类教官皆系由政府任命，具有品级，且可转任其他官职③。总之，此处所谓"仕宦"乃涵盖各种源流的异质菁英在内。

表一的制作系以家庭为单位。凡进士前三代直系祖先中，一人以上曾在金、宋、元朝担任官吏或教职者，其家庭即列为仕宦之家。四色进士原各有廿五，但因进士录脱落甚多，凡三代官职似皆脱落者，即归入"缺载"一栏，而不列入"总计"之中。

表一清楚地显示：四色进士多皆出身于"仕宦"之家。其中以汉人进士的比例最高，色目次之，两者出身仕宦之家者分别占72%及68%。蒙古及南人较低，也都占58%以上。合而计之，出身于非仕宦家庭的进士不过占38%，"新血"可说不多。

---

① 关于元代科举的各项规定，见《大元圣政国朝典章》(下称《元典章》)("国立故宫博物"影印本，台北，1972)，31.8b-12a；《通制条格》(国立北平图书馆本，北平，1930)，《元史》(北京中华书局标点本，北京，1976)，81.2019-2023，92.2344-2347。

② 关于元代的胥吏，参看宫崎市定《宋元时代の法制と机构》，东方学报（京都）24（1954），115-226；牧野修二《元代勾当官体系の研究》，东京，1979。

③ 拙著：《元代的儒户——儒士地位演进史上的一章》，《元代史新探》，pp. 30-33。

表一　　　　　　　　　　　　　　　　　仕宦与非仕宦家庭之比较

| 种族<br>经历 | 蒙　古 | 色　目 | 汉　人 | 南　人 |
|---|---|---|---|---|
| 仕　宦 | 14（58.33%） | 17（68.00%） | 18（72.00%） | 14（58.33%） |
| 非仕宦 | 10（41.67%） | 8（32.00%） | 7（28.00%） | 10（41.67%） |
| 总　计 | 24（100.00%） | 25（100.00%） | 25（100.00%） | 24（100.00%） |
| 缺　载 | 1 | 0 | 0 | 1 |

表二旨在进一步显示进士祖先所任官职的性质及品级的高低。本表系以进士的个别祖先为计算单元。百名进士共有祖先（男性）三百人。但在进士录中进士姓名及官职两皆脱落者有31人，任官与否，难以判断，故列入统计者实有269人。

表二　　　　　　　　　　　　　　　　　　进士祖先官职分析

| 种族<br>经历 | | 蒙　古 | 色　目 | 汉　人 | 南　人 |
|---|---|---|---|---|---|
| 高　官 | | 5（7.81%） | 9（12.5%） | 0（0%） | 0（0%） |
| 中　官 | | 19（29.69%） | 15（20.83%） | 10（14.93%） | 2（3.03%） |
| 低官 | 下　官 | 6（9.38%） | 6（8.33%） | 13（19.40%） | 0（0%） |
| | 胥　吏 | 1（1.56%） | 2（2.78%） | 7（10.45%） | 0（0%） |
| | 教　官 | 0（0%） | 0（0%） | 3（4.48%） | 4（5.33%） |
| 蒙制官 | | 2（3.12%） | 3（4.17%） | 0（0%） | 0（0%） |
| 封　赠 | | 0（0%） | 2（2.78%） | 2（2.99%） | 0（0%） |
| 官不详 | | 0（0%） | 2（2.78%） | 1（1.49%） | 1（1.52%） |
| 前朝官 | | 0（0%） | 0（0%） | 1（1.49%） | 8（12.12%） |
| 前朝学位 | | 0（0%） | 0（0%） | 0（0%） | 12（18.18%） |
| 外国官 | | 0（0%） | 0（0%） | 3（4.48%） | 0（0%） |
| 无　职 | | 31（48.44%） | 33（45.83%） | 27（40.29%） | 39（59.09%） |
| 总　计 | | 64（100%） | 72（100%） | 67（100%） | 66（100%） |
| 缺　载 | | 11 | 3 | 8 | 9 |

表二说明：

“高官”、“中官”与“低官”的划分系依据元朝的“迁官法”。“高官”系指从三品以上，“中官”包括正四至正七品，而“低官”则指从七品以下。《元史·选举志》说：“从七以下属吏部，正七品以上属中书，三品以上非有司所可与夺，由中书取进止。”任命者的不同，不仅反映官职的高低，也应显示其重要性的大小。

“胥吏”与“学职”，如前文所说，皆为官僚组织下层的一部分，原可列入“下官”。表中三者分列，意在突出汉、南人与蒙古、色目所任官职之异趣。

“蒙制官”乃指蒙古旧制下的官职，如“昔宝赤”（siba'uchi）①，“本爱马（ayimagh）② 里钵可孙”（bökesün）③ 等，皆无适当之汉制品级，而其地位可高可低，难以归类，故予分列。

“封赠”乃指所得封衔如“国公”、“郡侯”之类，非本人任官所得资品，而因子孙贵显乃得封赠。在此亦予列入，乃因“封赠”亦可反映家族中之仕宦传统④。

“前朝官”系指宋、金二朝之官职。

“前朝学位”系指宋朝之进士（包括漕贡、恩勉及乡贡进士）及太学生在内。

“外国官”在此则专指高丽官职。左榜进士李縠为高丽人，其祖皆供职本国。因其品级与元制不同，亦予分别。

“官不详”者则有一人，即南人进士余观之曾祖。进士录显示其曾任官职，但职位名称已脱落，无法知其品级，故列为官不详。

表二显示：蒙古、色目进士祖先与汉人、南人进士祖先所任官职的性质与品级的高低皆迥然有别。蒙古、色目进士的祖先以担任中级官职者为最多（分别为 20.83% 及 29.69%），膺任高官者也不少（分别为 7.81% 及 12.50%）。而屈居下级官、吏者则分别为 10.94% 及 11.11%。另有少数担任蒙制官（3.12% 及 4.17%）。无人曾任教职，自然更无人曾供职宋、金二朝。

汉人进士的祖先则无人位居高官，而以担任下级官吏及教职者最为普遍，合而计之，高达 34.33%。充任中级官职者亦不少（14.93%）。

南人曾服官金朝，而高丽进士之祖先则皆任本国官职。汉人进士中绝无金朝科第出身者，这一现象与南人的情形成一强烈的对照。

南人进士的祖先则以南宋的官宦科第之士最为普遍。两者合计超过 30%。而在元朝有出仕机会者不多，其中以担任教官者为最多（5.33%），另有二人位至中官（3.03%）。自元朝的观点看来，南人进士大多出身平民之家，但这些平民家庭，不少为宋朝的官宦世家。

在上述的统计中，有下列二点现象值得深入一层加以讨论：

第一，蒙古、色目进士出身于中、上级官员之家者为数甚多，甚堪玩味。蒙古、色目人在仕进上较为容易，何以官宦子弟仍须在场屋之中与布衣寒士争一日之短长？此一现象，须自元代官制去寻求解释：元代虽重门第，但是高门子弟并非人人可得高官厚

---

① “昔宝赤”，即鹰人、养鹰人。《元史·兵志》称之为“主鹰隼之事者”（99.2524）。除“怯薛”中设有昔宝赤外，各地又设有打捕鹰房，辖户甚多，专事饲养管理皇室狩猎所用鹰鹘。参见片山共夫《元朝の昔宝赤について》，《九州大学东洋史论集》10（1982），59-75。

② “爱马”即投下，指诸王及功臣封邑，见杨瑀《山居新话》（《知不足斋丛刊》），2a。周良霄认为“爱马”与“兀鲁思”（ulus）皆指漠北的封国。见所著《元代投下分封制度初探》，《元史论丛》2（1983），53-76。

③ “孛可孙”，掌给马驼刍粟。见《元史》90.2292；F. W. Cleaves，“Bokesun, Bokegul,” *Ural-Altaische Jahrbücher* 35（1964），384-393；39（1967），49-52。

④ 《元典章》10.32a-34a。

禄。忽必烈定制以后，武官子孙固可承袭，文官子孙仅可承荫，降四品补用，且限一名，并又规定“若有余子，不得于诸官府自求职事，诸官府亦不许任用”①。当然，这种规定可能形同具文。而且，“根脚深重”之家，除子弟一人荫袭父职外，余子往往可进入“怯薛”（Kesig），担任皇家侍卫，然后便可出仕，官职可高可低②。但此一终南捷径，即在高门子弟中，亦非人人可得。就读国学与应试科举便成为长子以外官宦子弟入仕的补救途径。本科进士中便有出身甚为显赫的蒙古、色目高门子弟二人。现在以此二人为例，加以说明。

蒙古进士月鲁不花（1308—1366 年）出身逊都思氏豪门③。五世祖赤老温为成吉思汗的“四杰”（Dörben külüd）之一。“四杰”人人善战知兵，为成吉思汗最亲密的勋臣。四家子孙多是世代金紫相继，位列王、相。元人目此四家为“大根脚”。其中赤老温家较为隐晦，但仍不失为中上等的官宦世家。月鲁不花之曾祖察刺月里曾从窝阔台汗经略中原，官至随州达鲁花赤（darughachi）。祖忽讷以万户平宋有功，官至江西肃政廉访使。忽讷卒后，当系由长子式列乌台承荫。次子脱帖穆耳（1265—1344 年）即月鲁不花之父，以勋家子得为怯薛解（Kesigdei，即侍卫），后任为千户所达鲁花赤，镇戍明州、越州。脱帖穆耳虽然出身将门，身列戎行，但已“息马投戈，以武易文”，令其诸子从会稽名儒韩性（1266—1341 年）游。月鲁不花为其第三子，自无承袭资格，乃与其弟笃列图、完泽不花皆治举业，笃列图后于至正五年（1345 年）登进士第。月鲁不花家可说是蒙古军事高门转变为科第之家的一个佳证。

色目进士廉士矩④则出身于门第潢贵的畏兀儿世家，曾祖布鲁海牙（1197—1265 年）为忽必烈汗之母唆鲁和帖尼的家臣，与可汗之家具有密切的关系，官至御史大夫、大司农。因其曾任廉访使，子孙皆以廉为姓⑤。布鲁海牙共有十三男、五十三孙。其中以廉希宪（1231—1280 年）最为显赫，为忽必烈汗朝的名相，有“廉孟子”的美誉。

---

① 《元史》83：2060。

② “怯薛”，为皇室之卫队，兼具质子营及官员培成所的性质。多由官员子弟入充（kesigdei）。凡充怯薛歹者，入仕时享有优待。怯薛可说是存在于官僚组织之上，色目统治阶层之核心组织。参看 Hsiao Ch'i-ch'ing, *op. cit.*, pp. 33-44；片山共夫《怯薛と元朝官僚制》，《史学杂志》92：12（1980：12），1-37。

③ 关于月鲁不花家族的历史，参看拙著《元代四大蒙古家族》，pp. 149，152-157，164、173。

④ 廉士矩，《进士录》中脱落其名，仅作“廉□□”。“校注”未补。今见王沂撰《送廉县尹序》(《伊滨集》[《四库珍本初集》]15. 16a-17a）云：士矩为魏国孝懿公（即布鲁海牙）之后，曾为翰林检阅，皆与《进士录》合。又云“登至顺三年丙科”，丙科即第三甲。按元统元年即至顺四年，三年当为四年之误。足见廉某即士矩。

⑤ 关于廉氏家族的历史，见《元史》125. 3070-3072，126. 3085-97，145. 3447；元明善《平章廉文正公神道碑》，载于苏天爵编《国朝文类》(《四部丛刊》)，6. 1a-16b。参看匡裕彻《元代维吾尔族政治家廉希宪》，《元史论丛》2（1983），241-250。笔者亦撰有《廉希宪传》，将在 Igorde Rachewiltz, Hok-lam Chan and Hsiao Ch'i-ch'ing（eds.），*The Yüan Personalities*, Vol. I 中发表。又北京西郊高梁河畔有魏公村，亦称畏吾村，据云即廉氏故居，见杨镰《贯云石评传》(乌鲁木齐，1983)，pp. 189-190。

希宪诸兄弟多已高度汉化，如希闵精通儒典，希贡更为享誉甚大的书法家。士矩之祖，名字已佚，但为希宪昆季，应无可疑。《进士录》载其官衔为“□阳郡侯”，显为封赠。士矩之父廉甫，散官资品为将仕郎，不过是八品卑秩。事实上，廉氏一族即在希宪兄弟一辈中，已有多人未曾任官。士矩的父亲一辈中，惠山海牙已自科举入仕，为至治元年（1321年）进士①。士矩之能单凭学力，不倚门第，而入国学，登科举，亦属自然。

至于中门以下的蒙古、色目子弟以进士登仕更不足为怪。兹以色目进士慕卨之家为例说明。此家原为居住于阗（Khotan）的回回人。曾祖迷儿阿里已任职中原，为大名宜课提领，为下级小官。祖勘马剌丁（1239—1279年）于宋平之初授官南土，官至广东海盐课提举。卒后，由长子沙哈不丁承荫为道州行用库使，仅为九品卑官。次子哈八石（1284—1330年，汉名丁文苑）即慕卨之父，为延祐二年（1315年）首科进士，其家已成为科第之家。哈八石官至山北道廉访佥事，不过正五品②。其子即得承荫，亦仅为正九品。于是慕卨乃效法其父，复以科举入仕。

总之，不仅中级以下蒙古、色目官员无法徒赖荫袭，即是高门华族，亦因子孙繁衍，必须在荫袭之外，另辟蹊径，以求入仕。这亦可由其他各科进士取得印证。元代历科进士中，出身高门华族者为数甚多。如答禄乃蛮氏，为太阳罕之后，“子孙振振，接踵儒科，以武易文”，其家守恭、守礼、与权等人皆为进士③。大德名相哈剌哈孙（1257—1308年）族孙爕理溥化④、伯牙吾台氏名将和尚之后裔孛颜忽都⑤、至元儒相康里不忽木（1255—1300年）之裔太禧奴⑥等也都是进士。此外，高昌偰氏⑦、汪古马氏⑧、回回丁氏⑨等更都出了多名进士。此等例证足以显示“根脚”之不足恃。社会

---

① 《元史》145.3447。

② 许有壬《至正集》（宣统三年刊本）51：25a-27a，《赠奉训大夫渔阳县男于阗公碑》；同上，68：2a-25a，《丁文苑哀辞》。

③ 关于答禄家族之历史，见《元史》121.12a-17b；黄溍，《金华黄先生文集》（《四部丛刊》28.12a-17b，《答禄乃蛮氏先茔碑》；拙著，《元代蒙古人的汉学》，《国际中国边疆学术会议论文集》（台北，1985），pp. 382-383。

④ 关于爕理溥化，见上注引拙著，p. 385。

⑤ 元史134：3259；杨维桢，《东维子文集》（四部丛刊）24：16b-17a，《李元卿墓志》。

⑥ 宋濂：《宋文宪公集》（《四部备要》），41. 482a-484a，《平章政事康里公神道碑》。

⑦ 偰氏子孙先后登进士第者二代之间共有九人。见欧阳玄《圭齐文集》（《四部丛刊》）11a-13a，“高昌偰氏家传”；《金华文集》25：1a-5b，《合剌普华公碑》；陈垣，《元西域人华化考》（励耘书屋刊本）2.28b-33a。

⑧ 马氏系出月台乃，为忽必烈汗初年之礼部尚书，其家登进士第者，有世德、祖常等四人，另有祖谦等三人为国子进士，祖周等三人为乡贡进士。见《金华文集》43：1a-5a，《马氏世谱》；苏天爵《滋溪文稿》（〈适园丛书〉）9.10a-17a，《马文贞公墓志铭》；陈垣，前揭书2：17b-22a。

⑨ 丁氏出于苦思丁，为临江路达鲁花赤。历世虽无显宦，但与色目名族如赛典赤、阿里海涯（后称贯氏）等姻娅相联。丁氏昆季为进士者有爱理沙、吉雅谟丁（从兄，又名马元德）等三人，而丁鹤年则为元季明初的名诗人。见《丁鹤年集》（《四明丛书》），附录；戴良，《九灵山房集》（《四部丛刊》）19.1a-4a，“高士传”；陈垣，前揭书，3.41a-46b，4.63b-68b。

学上所谓“出身”（ascription）与“成就”（achievement）原不过是相对的概念。即在元代这样看重出身的社会中，高门子弟仍须凭藉个人的成就赢得一官半职。

第二，南人进士祖先属于宋代仕宦阶层者所占比例甚高，供职元朝者却不多。汉人的情形却反是，进士祖先仅一人供职金朝，无人出身金朝进士，但出任元代官职者为数甚多。此一歧异须自金、宋灭亡的先后及元朝对汉、南人待遇的不同来解释。蒙古灭金下距元统元年已百年。此科进士多出生于1300年前后，曾祖一辈在金亡之前多仅为弱冠少年，自不及登第、入仕①。其后即成为蒙古子民，入仕蒙元，乃属自然。而且元朝对汉人待遇尚称不恶。汉人固难与蒙古、色目角逐卿相之位，但担任中下级官职者甚多。尤其平宋以后，江南需官甚多，而元廷又不相信南人，以致“江南官吏尽是北人”，北方汉人如不嫌江南孤远，欲求一官半职，并非难事②。过去学者多将汉人、南人混为一谈，两者所受待遇实不相同。反观南宋之亡下距元统元年不过五十余年。宋亡时，南人进士曾祖多已过盛年，故多曾仕宋。祖父一辈之活跃期则在宋、元鼎革前后，不少亦曾任宋官。至于父亲一辈，多生于宋亡前后，除年龄较长之宇文公谅之父曾供职外，余皆不及仕宋。而元朝对南人甚为歧视，北人又复排斥南人，讥南人为“不识体例”，不仅“北方州县并无南方人士”，即在江南，南人除特殊机缘外，也仅可由掌教席，或担任卑职小官③。虽然程钜夫（1249—1318年）等人曾呼吁“通南北之选”，为南人陈情，但南人仕途并未得到拓展。因此，南人进士虽多出身于宋朝的仕宦之家，与元代官场却无渊源，与汉人进士的情形大不相同。

表一、表二皆以进士祖先之宦历为统计对象，故未触及进士兄弟之仕宦记录。《进士录》中记有本科进士之兄弟曾登进士及乡试中选者。此项资料不仅可显示家庭之学术背景，亦可进一步证实官宦之家——尤其蒙古、色目在科举中占有甚大优势。《进士录》以外的资料亦可补充，兹据以制为表三。

由表三可以看出本科进士有兄弟先后登科者（包括乡贡），为一甚为普遍的现象，占全部进士家庭的1/10。而其中蒙古、色目人更占有七家，如加上父子相继登科的哈八石与慕禼，则共有八个蒙古、色目家庭各产生二名以上的进士或乡贡。占五十个蒙古、色目进士家庭的16%之多，甚为惊人。而在此八家中，七家皆为仕宦之家。如上

---

① 较早科次之进士当有不少出身于金朝仕宦科第之家，如延祐二年首科进士王沂（见楼占梅，“伊滨集中的王徵士诗”，《史学汇刊》12（1983，57-76）、泰定元年进士吕思诚(《元史》185.4247）皆可为例。

② 程矩夫，《雪楼集》(《湖北先正遗书》)，10.1a-4b，“吏治五事”。俞希鲁《至顺镇江志》(《宋元地方志丛书》) 载有镇江路所属地方官之氏族与籍贯，除蒙古、色目人外，几尽为汉人。唯有教职以南人为主，可见汉人、南人仕路宽窄之不同。

③ 关于南人仕路之窄隘，参看姚师从吾《忽必烈平宋以后的南人问题》，《姚从吾先生全集》，7（台北，1982），1-85；陈得芝《元代江南之地主阶级》，《元史及北方民族史研究集刊》7（1983），86-91。

表三　　元统元年进士兄弟登科

| 族　　别 | 进士姓名 | 家庭背景 | 兄弟姓名 | 登种类别 |
| --- | --- | --- | --- | --- |
| 蒙古 | 虎理翰 | 仕宦 | 伯忽 | 乡贡 |
| | 完迮口先 | 仕宦 | 完迮溥化 | 进士 |
| | 完迮口先 | 仕宦 | 完迮口木 | 乡贡 |
| | 月鲁不花 | 仕宦 | 笃列图 | 进士 |
| 色目 | 别罗沙 | 仕宦 | 默契理沙 | 进士 |
| | 普达世理 | 非仕宦 | 纳失理 | 进士 |
| | 寿同海涯 | 仕宦 | 仁同海涯 | 乡贡 |
| 汉南人 | 王充耘 | 仕宦 | 王相（从兄） | 进士 |
| | 雷杭 | 仕宦 | 雷机（从兄） | 进士 |
| | 宋梦鼎 | 仕宦 | 宋季武 | 进士 |

史源：《元统元年进士录校注》，吴福原修，《成化淳安县志》(成化十二年刊) 11、18b

文所说，在其他各科中，蒙古色目高门父子兄弟接踵登科也是常见的现象①。这一现象或是反映蒙古、色目人中汉化甚深的家庭并不太多，而以仕宦家庭最为普遍。这些汉化较深的蒙古、色目子弟，在科举中面对的竞争不大，以至进士高度集中于少数家庭。

## 三　户　　计

“户计”是元代户役制度的一部分，也是国家支配全部人力，物力资源的一种制度。全国人户皆经佥定为国家承当特定的差役。“诸色户计”，如军、民、匠、站、儒、道、僧等，都本着“籍不准乱，役皆永充”的原则，世守其业。义务既不相同，权利相去亦大②。因而户计的差别可视为影响子弟读书、仕进的一个因素。

《进士录》中列有各进士出身的户计，如右榜状元同同出身“侍卫军户”，左榜状元李齐则出身于“匠户”。但是《进士录》中的此项资料不尽完备。百人之中，户计类

① 高门及仕宦家庭父子兄弟在历科中相继登第者，除前引之例外，尚有捏古氏笃列圖（字敬夫）及其子揭毅夫，族弟帖哥；畏兀人沙班及其子善材、善庆；及回回人萨部剌及其侄仲礼。关于笃列图见《元代蒙古人的汉学》，p. 388；沙班父子见陈垣，前揭书 2. 11b-12a；张以宁《翠屏集》(《四库珍本二集》) 4. 46a，《联桂堂记》。萨氏叔侄登第事，见潘柏澄，《萨都剌生平考略》，《史原》9 (1979)：91-100；萨都剌，《雁门集》(上海，1982) 1. 9 引《萨氏家谱》(但《家谱》云仲礼为元统元年进士，当误)。

② 关于“户计”制度，见黄清连《元代户计制度研究》，台北，1977；大岛立子，《元代户计と徭役》，《历史学研究》484 (1980)：23-32。

别缺载者达 44 人之多，而蒙古、色目占 31 人。此项缺陷或可归之于下列三原因：（一）《进士录》有关记载的脱落。（二）进士祖先担任官职，得以优免差役，因而未列入普通户计之中。此种情形在蒙古、色目人中应较普遍①。（三）其家为民户，而汉人，尤其是南人，大多皆属民户，进士在填报家状时乃未填入。因此表三列为“不详”的十三个汉、南人家庭中，原为民户者，或占多数。

表四乃根据进士录中的户计资料而制成②。25 名蒙古进士中，现知其户计者共 11 人，全部出身军户。色目进士 25 人中，现知其户计者仅 8 人。其中军户出身者也多达 6 人（75%）；此外一人出自鹰房户，一人出自昔宝赤户③，都是属于皇室供役户计。显然，蒙古、色目，除去任官者外，大多纳入军户，以作政权之保障。蒙古军户十一户中，仅三户具有仕宦记录，色目军户六户中，亦仅三户为仕宦家庭，其余各家当为普通士兵之家。前述的右榜状元同同便是出身于全无仕宦记录的士兵之家。此类普通蒙古、色目军户为数众多。平宋以后，已无大规模战争，奋战沙场，立功升官的机会不易多得。科举的恢复，对此类家庭子弟鼓励甚大。此可能为元廷恢复科举的一个原因。

表四　　**进士出身的诸色户计**

| 种类<br>户计 | 蒙　古 | 色　目 | 汉　人 | 南　人 |
|---|---|---|---|---|
| 军 | 11（100%） | 6（75%） | 10（52.63%） | 0 |
| 民 | 0 | 0 | 3（15.79%） | 7（41.18%） |
| 儒 | 0 | 0 | 3（15.79%） | 10（58.82%） |
| 匠 | 0 | 0 | 1（5.26%） | 0 |
| 屯 | 0 | 0 | 1（5.26%） | 0 |
| 礼乐 | 0 | 0 | 1（5.26%） | 0 |
| 鹰　房 | 0 | 1（12.50%） | 0 | 0 |
| 昔宝赤 | 0 | 1（12.50%） | 0 | 0 |
| 总　计 | 11（100%） | 8（100%） | 19（100%） | 17（100%） |
| 缺　载 | 14 | 17 | 5 | 8 |
| 外　国 | 0 | 0 | 1 | 0 |

① 《进士录》中，蒙古、色目进士户计不详而祖先曾任官职者比例甚高。蒙古进士中有 10 人，色目进士中有 11 人。可见官宦之家多未列入户计。

② 黄清连前揭书有本科进士“所属户计表”（pp. 167-168），取材与本表相同，目的亦相似。但因制作方法不同，结果遂相异。方法上的主要歧异有二：第一，黄氏合蒙古、色目为一表，汉人、南人为一表；本表则将四色进士皆加区分，藉以显示各色进士出身户计的差异。第二，户计类别认定上的差异。黄氏所列“户计类别”中，有“氏族”，“各州路所属氏族户计”、“各州路所属氏族”、“录事司（户？）”等，皆视之为户计类别。笔者则认为“氏族”等并非户计类别，仅为进士所属氏族及行政区划。

③ “鹰房户”、“昔宝赤户”意义相同。

汉人进士户计可究明者 19 人中，以出身军户者为最多，达 10 人（52.63%）。民户、儒户次之，各 3 人（15.79%）。匠户、屯户及礼乐户又次之，各 1 人（5.26%）。南人进士户计类别与汉人进士大不相同。其户计可知的 17 人中，出身儒户者多达 10 人（58.42%），其余 7 人皆民户出身（41.18%）。如前文所说，列为不详的汉人进士 5 人，南人进士 8 人中，当有不少亦为民户出身。

何以汉人进士出身于军户者为最多，而南人进士则多来自儒户？这可由元代社会南北发展的差别来解释。蒙元征服对汉地、江南所起破坏的程度不同，对两地社会结构的影响也相异①。金元之际，汉地干戈扰攘垂数十年，所受破坏甚大。加以平金伐宋，所需人力孔殷。签军频频，整个社会趋向军事化，军户遂在汉地人户中占有甚大的比例。据估计，汉地在籍二百余万户中，至少有六分之一为军户，有些地区更高达三分之一②。忽必烈汗初年有所谓“七十二万户军数”，其中虽亦有蒙古、探马赤军户，但显然以汉军军户为主，可见其数目之庞大③。汉军军户因须供给军人之装备、军需，在签军（即指定为军户）时便以“酌中户内丁多堪当”为选拔标准，每户往往拥田四顷左右，有些地区为凑足军数，上户亦经签入。因此，汉军军户中原有甚多中上之家。加以军户所受待遇不为太恶。供役所需人力、物力固然不轻，但所拥田土四顷之内可以免税，其家又可免除科差及杂泛差役，另外又有贴户可以助役，因而具有维持中上之家的条件。其子弟除去一人服军役外，其余仍可读书仕进。大多数的民户，原为贫弱下户，条件反不如军户。

汉人军户之中，实有不少仕宦及书香之家。汉人进士出身的十家军户中，《进士录》列有祖先仕宦记录者多达六家。其中如于及，出身于山东益都军户。祖父某，官浦江县尹。父钦止，任岳州教授，长于诗，今仍有诗存世④。故其家可说是书香之家。更多的军户，虽非书香门第，却是仕宦之家。如庄文昭，出身河南安阳军户。其祖德忠⑤、父思诚、父伯溥皆曾任官⑥。又如出身山东济南军户的程益，其先世虽然“世服田亩”，但后来亦成为官吏之家。曾祖万、祖璧皆为吏，乃父恭由吏入官，先后曾任句容及南陵县尹，号称能官⑦。又如许寅之家，在《进士录》中虽无仕宦记载，实际上为一由耕读而至于仕宦的家庭。许寅出身于山西黄杨许氏。据说，其家人“三时力田，

---

① 蒙古征服，对汉地、江南影响不同，参看蒙思明《元代社会阶级制度》(北京，1980) pp. 18-24；陈得芝，前揭文，pp. 86-88。

② 关于元代的军户，参看陈高华《论元代的军户》，《元史论丛》1（1982），72-90；Hsiao Ch'i-ch'ing, *Military Establishment of the Yuan Dynasty*, pp. 17-25 and 27-32。

③ Ibid., pp. 91 and 298, n. 403。

④ 席世臣：《元诗选癸集》(扫叶山房刊本)，癸，6b。

⑤ 庄德忠：《进士录》原缺德字，“校注”未补。今据钱抄补。

⑥ 《至正集》58：5a-7b，《安阳郡伯庄公墓志铭》。

⑦ 《滋溪文稿》18. 6a-8a，《博兴知州程府君墓志铭》。杜桀修，弘治《句容县志》(弘治六年刊) 6. 4a。

一时为学”，“褒衣博带，出入闾巷间，其族数十家化之，皆敦于礼”①，寅之祖父义甫②攻诗赋，有声于时。叔祖恒甫，治经义，通《周易》。恒甫之敬仕至翰林编修，当为学者。总而言之，汉地军户不仅为数众多，而且其不乏官宦书香之家。汉人进士多出其中，应可理解。

再看南人的情形。元代平宋，速战速决。而元廷亦以保持当地社会秩序为政策重点。江南社会的上层——也就是南宋的官户、形势户——虽然失去政治上的影响力，但其经济实力及社会地位改变不大③。江南上层人户大多列入儒户。在江南诸色户计中，儒户较为重要，而无军户。南方之新附军虽亦世代为军，一如汉军，但并未单独籍为军户。此乃因新附军人及其家小皆支领口粮，而非自给自足，赋役义务乃与普通民户相同④。而儒户不仅为数众多，且为南宋乔木故家。元代南北儒籍设置时间不一，户数多寡相去亦远。汉地儒籍设定于至元十三年（1276年），总数不过3890户，仅为汉地在籍总户数的0.16%⑤。江南儒户于至元廿七年（1290年）定籍。入籍的标准甚为宽大，尽量纳入旧宋的科第簪缨之家。据估计，纳为儒户者不下十万家，占江南总户数的0.85%⑥。而且儒户的法定权利义务甚为有利。唯一的义务为须有子弟一人入学以备选用。权利方面，儒户既得糜饩生料之资，又可蠲免赋役。而其他户计子弟入学却仅能免除本身差役。加以科举恢复之前，儒户子弟或则为官为吏，或则担任教席，机会亦较其他户计为高。因此儒户的身份对士大夫家风的维持甚为有利。

累世学问的家庭环境是儒户子弟读书登科最有利的条件。书香世家，在儒户中真是比比皆是。南人进士中，雷杭便是出身于福建建安的经学世家。杭之曾祖时为宋太学上舍生。祖父桂子及伯祖龙济皆为宋乡贡进士⑦，父逢年入元未仕，从伯德润都为福州儒学教授及长乐县主簿。雷氏祖先虽未曾大显于宦场，却已奠立经学传家的家风。元季明初的名文人宋濂（1310—1381年）于年轻时便“辄闻闽中雷氏兄弟以《易经》相传授，所为经之大义流布，四方多取之以为法”⑧。雷杭及其从兄机（1294—1351年）皆以《易经》登进士第，而杭更著有《周易注解》行世⑨。杭辈子孙于元季明初成为进

---

① 余阙：《再阳文集》（《四部丛刊》三编）3.7b-9a，《梯云庄记》。

② 《进士录》称许寅之祖名肯终，《梯云庄记》则称之为义甫。义甫或为其字。

③ 陈得芝，前揭文。

④ Hsiao Ch'i-ch'ing, *op. cit.*, p. 20。

⑤ 汉地儒户与该地区在籍总户数之比例，应为0.16%。《元代史新探》中（p.35）误值为0.61%。出入甚大，特此更正。

⑥ 见拙撰《元代的儒户》，pp.6-17。陈得芝、陈高华二先生认为笔者对江南儒户总数的统计，“似乎偏高一些”（见二氏所撰，《萧启庆著元代史新探评介》，《中国史研究》，1984.4：160-167）。此一问题有待进一步探讨。但是，江南儒户数目甚为庞大，应属无可置疑。

⑦ 雷龙济事迹见陆心源辑，宋史翼（归安陆氏刊本），32.24a。

⑧ 《宋文宪公集》，5.99a-100a，《元故翰林待制朝散大夫雷府君墓志铭》。

⑨ 王梓材，冯云濠：《宋元学案补遗》（《四明丛书》本），2.68b。

士者更是络绎不绝。雷氏可说是绵延宋、元、明三代的经学科第世家①。

元统元年进士中最有盛名的刘基（1311—1375年），出身于青田儒户，也是家学渊源。曾祖濠，为宋翰林掌书。祖庭槐，宋太学上舍生，据说他“博学坟籍”，学问很广。父爚，亦通经术，仕元为遂昌教谕，可见刘氏也是世代书香②。

宇文公谅是出身于宋朝官宦诗书门第的另一例证。宇文氏原为成都名族，“以诗书为世业”，历代皆有显宦③。公谅之曾祖峒曾任宋大理寺丞，知嘉定府。祖大钧为万州知州，父挺祖则于宋季任平阳县尉，因四川兵燹连年，徙居湖州，其家遂为湖州儒户。由于家庭的熏染，公谅不仅“通经史百家言”，而且在诗书画等方面都有相当的成就，在本科进士中，才艺最广④。此类例子，仍有不少，不胜枚举。

儒户由于家庭背景及法定地位的优越，囊括汉人、南人进士中不少名额，并非意外。不过儒户并不包括南北书香世家的全部。汉地儒户屡经考试与分拣，至元十三年籍定的三千余户仅为金朝科第世家的一部分。而江南儒籍设定时，不少儒人因为“或避隐山林、或出仕他处，或游学远方”而未能入籍，沧海遗珠，数不在少⑤。而且南北儒户定籍后，又已四五十年。其间自有不少新兴学问之家，亦不在儒籍之内。因此，不具备儒户身份并不意味其家缺乏学术传统。前述汉人军户内若干官宦书香之家可作北方儒籍漏列或新兴学问之家的例证。此外籍隶山东邹县民户的李之英（1300—1335年）亦出身于新兴学问之家。李氏原为女真蒲察氏。之英曾祖、祖父二代皆无仕进记录。但其父俨任儒学教谕，“以醇儒著名于邹、鲁间”，教子严笃，之英以是成材⑥，可见也是家学有自。

南人进士祖先曾登宋朝科第而其家户计并非儒户者为数更多。如籍为民户的宋梦鼎、王充耘、李炳、许广大，户计不详的张兑、张宗元、鞠志元、陈毓等八家都是儒籍遗珠。此等家庭虽然名列儒籍之外，但其中不少仍能恪守世业。天台人许广大便可为例。其曾祖德著为宋宝祐四年（1265年）进士⑦。祖、父二代皆未出仕。但其家“以子孙众多，俾人专一经，故许氏明经者代不乏人”。广大之父嗣“少受尚书，于诸经无

① 夏玉麟纂，嘉靖《建宁府志》（嘉靖十八年）载有雷氏登科子弟甚多，见该书15.1a-2a，6a，8a，11b，88a-88b；16.36a；18.71a，79a。

② 张时彻，《诚意伯刘文正公神道碑铭》，载于刘基《诚意伯文集》（四部丛刊），卷首。

③ 危素：《危太仆文集》（嘉业堂刊本）9.9a-10a，《宇文氏族谱序》。关于成都宇文氏世系，见费著《成都氏族谱》（《适园丛书》），11b-12b。

④ 《元史》190.4349。

⑤ 见拙撰《元代的儒户》，pp.16-17。

⑥ 陈绎曾：《同知锦州事李君墓志铭》，拓本，藏“中央研究院历史语言研究所”，编号01962。

⑦ 许德著，“校注”作“渔著”，今据钱抄本改。其登宝祐四年进士第事，见尤斯同《宋季忠义录》（《四明丛书》），13.23a。宝祐四年《登科录》（《粤雅堂丛书》）中不见其名。但该书（p.95b）所载第五甲第一七七名，姓名皆缺，本籍贯为台州，当即德著。

所不通"①，可见许氏仍以经学传家。又如澧州慈利人张兑，其高祖文震为宋嘉定十年（1217年）进士，官至知江安县。以后，其家"世治儒术"，但无显者。兑父杏孙（1286—1339年），通尚书，以之授兑②。兑后来以尚书登进士第，可见亦得力于家学。总之，南人进士不仅有十人出身于儒户，另有八人亦出身于南宋科第旧家。

换一个角度考察，亦可看出汉、南人进士真正出身于全无仕宦、学术背景家庭者为数甚少。汉人进士出身于"非仕宦"家庭的七人中，出身于军户者四人（成遵、许寅、邓世伦，李哲）、儒户一人（郭文焕）、户计不详者二人（王明嗣、张文渊）。自军户出身的四人中，许寅之家，实际上为一官宦书香之家，已如上述。儒户出身的郭文焕则为四川成都人，故其家为宋人。既为儒户，自必为书香门第。因此汉人进士中真正出身于非仕宦书香门第者不过五人。南人进士出身于非官宦家庭十一人中，四人出身儒户（余观、江文彬、朱彬、张本）、三人出身于民户（李祁、聂炳、陈植），另有四人户计不详（张兑、邓梓、徐邦宪、艾云中）。四家儒户必为书香门第，出身民户的张兑，亦出身书香之家，已如上述。所以南人进士中，真正非仕宦书香门第出身者不过七人而已。更进一步地证明南人进士为南宋官宦家庭的延续。

户计的分析，并不能反映进士家庭的实际职业类别及经济状态。如前文所说，户计仅反映一个家庭的户役类别，名列军户、儒户、匠户的家庭，必须每代提供一人为军、为儒或为匠，但是该家庭可以士、农，或工、商为主要职业，而且既可田连阡陌，亦可贫无立锥。因此，进士家庭的实际职业与经济状态已难以有系统地加以研究。今仅知本科进士中有不少出身贫家者。右榜进士中，余阙（1303—1358年）"家贫，年十三始能就学，嗜欲甚浅，不知有肉味"③，又如慕卨之父哈八石贫不能举葬④。左榜状元李齐（1301—1353年），因家贫而客授江南⑤；张桢（1305—1368年）则因家贫而遭受其出身富家的妻子所鄙视⑥；成遵也出身于贫家，端赖勤苦自学，始得有成⑦。但其中慕卨之父哈八石原为中级官员，其贫穷乃为特殊情形，成遵则因少年丧父而致家庭经济困难，并不反映其出身于农、工贫家。因而，本科进士真正出身下层贫家者并不多见，其情形正如历代进士一样。

---

① 《金华文集》36.1a-3a，《赠文林郎江浙儒学副提举许公墓志铭》。许嗣又曾撰《家训诗》，教诲广大以修己治人之道，见王直《抑菴集》(《四集珍本八集》)，后集，36.13-14b。

② 《青阳文集》7.2b-3b，《张同知墓表》。陈光前纂，万历《慈利县志》(万历二年刊，15.8a)称杏孙为"邑闻人云"。

③ 《宋文宪公集》40.471a-472a，《余左传丞》。

④ 《至正集》68.23a，《丁文苑哀辞》。

⑤ 《元史》194.4394。

⑥ 同上，186.4265。

⑦ 同上，186.4278。

# 四 婚 姻

在多元种族、多元文化的社会中，异族联姻是彼此相互涵化的重要因素。由于元代科举系以汉学为评准，蒙古、色目进士之家纳娶汉女为一值得探究的因素。元代各族间互联姻娅，颇为频繁①。蒙古、色目人与汉人（广义）联姻常促成其家庭之汉化。嫁与异族的汉人妇女中，不少略谙诗书，往往遵循汉人价值观念，督促子女读书习文②。唐、宋以来，中国社会最重科第，各阶层人士都不免染有“状元情结”，以金榜题名与洞房花烛并列为人生最大乐事。元代科举恢复后，人嫔异族的汉人妇女，常将此种状元情结灌输于其子弟，以求跃登金榜，光大门楣。如蒙古哈儿柳温台氏马马之妻张氏，出身黄冈书香世家。其孙哈剌台便是经张氏灌输“状元情结”而登进士第。苏天爵撰《元故赠长葛县君张氏墓志铭》的记载极为有趣：

> “初，皇庆科举诏下，哈剌台甫十余岁，县君（张氏）呼而教之曰：“我昔居父母家，岁时亲戚小儿来者，吾亲必祝之曰：‘长大作状元！’自我为汝家妇，恒在军旅，久不闻是言矣！幸今朝廷开设贡举，汝能读书登高科，吾复何恨?”于是悉资给之，俾从师受业。泰定三年（1326 年）策试进士，哈剌台果中第二甲第一人。③

张氏孙男七人之中，除哈剌台外，又有三人亦“治进士业”，应该都是受此汉人婆婆的影响。事实上，元代列科蒙古、色目进士之母为汉人者，为数不少。如延祐五年（1318 年）状元忽都达而（1296—1349 年）之母冯氏，为宋朝宦家之裔④。至顺元年

---

① 关于元代各族间之通婚，参看洪金富《元代汉人与非汉人通婚问题初探》，《食货》(复刊) 6：12（1977.3），1-19；7：1、2（1977.4），1-51；Hsiao Ch'i-ch'ing，*op. cit.*，p.146，nos283 and 285；池内功《元朝におけゐ蒙汉通婚とぇの背景》，《アジア诸民族け会と文化・冈本敬二先生退官纪念论集》(东京，1984)，218-238。

② 如珊竹氏名将乌也而妻张氏教其子读书，以致其家子孙甚为汉化（姚燧，《江东宣慰使珊竹公神道碑》，《江苏金石志》《石刻史料丛书》19.49a）；又如至元，大如至元、大德名臣彻理出身燕只吉歹氏，其母为女真蒲察氏。元代女真人已汉化，列为汉人。蒲察氏教子读书，以致彻理“六经二氏，悉通源委”（姚燧，《牧庵集》(四部丛刊）14.10b-16a，《平章徐国公神道碑》)。又如暗都剌与凯霖兄弟，出身于回教世家，由于“鞠于外家，攻儒书。既长，则耳礼训”，并且从外家改姓为荀。亦为边族人氏受母系影响而汉化的例证。见《至正集》，5339a-41b，《西域使者哈只哈心碑》；何高济，《元代伊斯兰教人物——哈只哈心》，中外关系史论丛，1（1985），68-77。

③ 《滋溪文稿》，21.12a-14a，《元故赠长葛县张氏墓志铭》。

④ 《金华文集》27.13a-16a，《捏古得公神道碑》。

（1330 年）状元笃列图（1312—1348 年）之母潘氏，亦汉人①。又如汪古马祖常昆弟皆进士，其家自其高祖庆祥起，每代皆与汉人联姻②。这些汉人母亲皆可能发挥黄冈张氏相似的影响。

元统元年蒙古、色目进士之家与汉人联姻者亦甚普遍。《进士录》中载有各进士之母亲或妻子所属种族或氏族（如为蒙古、色目人）或姓氏（如为汉人）。例如色目进士丑闾（字益谦）本人为哈剌鲁人，“母康里氏……娶钦察氏”。又如脱颖（字尚宾）为蒙古札剌亦儿氏，“母姬氏……娶宋氏”。若进士本人未娶，则记作“娶未”。四色进士皆作如此记载。但是汉、南人进士之家的婚姻对象皆为本族人，故无研究必要。现将蒙古、色目进士的此项制为表五③。表中“婚姻对象”各依其种族或姓氏判断其种族类别。如为札剌亦儿、康里、钦察之类必为蒙古、色目者，列入“蒙古、色目”。如为姬氏、宋氏等汉姓，则列为“汉人”（广义，包括契丹、女真、高丽在内）。以姓氏来判断种族，自然无法绝对正确。但应与事实相去不远。凡姓氏或氏族脱落者则列入缺载。因本表旨在说明联姻汉人为有助于蒙古、色目人登第的因素，凡一人娶妻两次以上而其中一人为汉人者即列入汉人计算。

表五显示蒙古进士之母为汉人者高达总人数的 68.18%，妻子更高达 71.43%。色目人通婚比例较低，母亲为汉人者为 54.44%，妻子为汉人者则为 46.15%，亦都在半数左右。

表五　　**蒙古、色目进士家庭之婚姻**

| | 蒙古 | | 色目 | |
|---|---|---|---|---|
| | 母 | 妻 | 母 | 妻 |
| 汉人 | 15（68.18%） | 10（71.43%） | 12（54.55%） | 6（46.15%） |
| 蒙古色目 | 7（31.82%） | 4（28.57%） | 10（45.45%） | 7（53.85%） |
| 总数 | 22（100%） | 14（100%） | 22（100%） | 13（100%） |
| 未娶 | 0 | 7 | 0 | 5 |
| 缺载 | 3 | 4 | 3 | 7 |

色目进士之家通婚比例较低，应可归因于宗教。蒙古人或保持原萨满教（Shamanism）的信仰，或改宗佛教，皆不构成联姻汉人的宗教藩离。而色目进士中之

① 笃列图之生母，据虞集云为王氏（见《道园类稿》（元人珍本文集影印元抚州路学刊本）46.23a-31a，《靖州路总管捏古公墓志铭》）。王逢则云为潘氏（《梧溪集》[丛书集成本] 3.98，《故内御史笃公挽词》）。但不论王氏或潘氏，皆应为汉人。

② 洪金富，前揭文（一），p.69，表 5。

③ 同上，（二），p.7，亦据进士录作通婚表，目的与本表相同，但在种族的认定上，洪氏与笔者不同，故统计结果亦异。

回教徒达八人之多（包括回回、达失蛮及穆速鲁蛮）。由于宗教原因，回教徒所娶多为同教中人①。例如进士慕崗、□合谟沙、阿都剌、剌马丹等四人之母，皆为阿鲁温（Arghun）氏。上述四人中，剌马丹人所娶多为穆速鲁蛮（Mussulman），其他三人则未娶。此外，别罗沙之母为回回氏，娶答失蛮（Dashman）氏。回回、穆速鲁蛮②及答失蛮③皆指回教徒而言，而阿鲁温则为中亚信奉回教的一个部族④。若扣除此等回教徒间的互婚，则蒙古、色目进士家庭与汉人通婚的比例便甚接近。

表五虽足以证明蒙古、色目进士之家多与汉人姻娅相联，但更当有少数进士与汉人的血缘关系更为深远。进士录中偶有记载祖母氏族或姓氏者，显示进士祖母中亦有汉人。例如蒙古进士阿虎歹之祖母为孟氏，唐兀进士安笃剌之祖母为刘氏、樊氏，应该皆为汉人，进士录以外的材料亦可据以补充。如廉士矩家自布鲁海牙、廉希宪以远便与汉人姻娅相联⑤。又如慕崗之祖父堪冯剌丁娶叶里干氏，继娶蒋氏、周氏、龙氏。幕崗之父哈八石为龙氏子。但唐氏早卒，而蒋氏“贤而读书”，待哈八石如亲子，可见慕崗之父已含汉血，且由汉母教养成材⑥。显然不少蒙古、色目进士的汉族血缘超出一半，而且其文化取向与其祖母、母亲为汉人亦有关系。

## 五　结　论

元代用人，向重“根脚”。科举制度的恢复应为平民子弟带来入仕的机会。但由上

---

① 回教徒亦有娶汉人者。本科回教徒进士中，乌马儿之母为李氏，穆古必立母为罗氏，脱颖母胡氏，娶杜氏，当皆汉人。其他汉回通婚的例证并讨论，参见杨志玖，《元代汉回通婚例》，载杨著，元史三论（北京，1985），156-162；白寿彝，马寿千，“几种回回家谱中所反映的历史问题》，《北京师范大学学报》，1958. 2，72-75；洪金富，前揭文（二），27-40。

② “Mussulman”，为波斯文，意义与回回同，为阿剌伯语 Muslim 之讹。参看 M. T. houtsman, *et. al.*, *The Encyclopedia of Islam*（Leyden，1913），II，755-756；桑原隲藏著，杨铼译，《中国阿剌伯海上交通史》（台北，1962），88-89。

③ “Dashman”一词源自波斯文“danishmand”，意即智者，原指回回教士而言。在元代用语中，乃指一般回回。参看田坂兴道，《中国における回教传来とその弘通》（东京，1964），767-769。

④ “阿鲁温”，又作阿儿温、合鲤温、阿儿浑、阿鲁浑等。十一世纪畏兀学者喀什噶里（Mahmud-kashghari）已提及 Arghu，指坦罗斯（Talas）与八剌沙衮（Balasaghun）之间地区，即今苏联吉尔吉思共和国全部及哈萨克共和国一部分地区。其居民为突厥种，信奉回教。元代阿鲁温人多居住于北方天德州（丰州）和荨麻林（今张家口西洗马林）一带，为织造户计。但内地各省亦有其人散布。参看 Paul Pelliot, *Notes on Marco Polo*, I（Paris，1959），49-51；杨志玖，《元代的阿儿浑人》，见所著《元史三论》，226-236。

⑤ 布鲁海牙之妻为西辽姻族石抹氏（即萧氏，辽代作述律）。廉希宪二娶，其中一妻为女真人完颜氏，皆为广义的汉人。

⑥ 许有壬：《至正集》（宣统三年刊本）51：25a-27a，《赠奉训大夫渔阳县男于阗公碑》；同上，68：2a-25a，《丁文苑哀辞》。

文看来，元统元年百名进士中，仅有35%强的进士来自全无官宦传统的家庭。其中，色目与汉人进士的新血最少（32%及28%）。蒙古及南人进士中的新血也仅略过四成。再从进士祖先所任官职分析，便可看出四色进士家庭背景的明显差异。蒙古、色目进士祖先以担任中级官职者为最多，也有不少担任高官者，屈居下僚者则较少。汉人进士祖先则以担任下级官、吏、教职者为最多，充任中级官职者次之，无人膺任高官。南人进士祖先则以南宋官宦、科第之士为最多。有缘出仕元朝者不过寥寥数人，其中又以教官为多数。总之，蒙古、色目与汉人进士可说多数出身于元朝的官宦之家，而南人进士则为宋朝仕宦家庭的延伸。四色进士家庭背景的歧异反映了此四个种族集团在元代社会中地位的不同。

进士家庭所属户计的分析，亦反映出元代社会结构的特点，有助于对四色进士出身歧异的了解。户计具有记载的十一名蒙古进士全部出身于军户，而十一户中有八户全无仕进记录。现知其户计的八名色目进士中，出身军户者也多达六户，其中三户无仕宦记录。可见蒙古、色目进士中的新血大多出身于普通士兵之家。蒙古进士出身军户者较色目进士为多，一方面显示蒙古人留著军籍者比例较大，另一方面可能亦反映出蒙古进士家庭的仕宦传统弱于色目进士家庭的原因。

汉人进士亦以出身军户者为最多，民户、儒户次之。南人进士则以儒户出身者占多数，民户次之。此一歧异反映出南北社会结构的不同。汉地社会军事化程度甚高，军户所占比例甚大，而且军户原多为中上家庭，其中不少为官宦书香世家。江南社会受战祸影响不大，南宋仕宦兼地主家庭多得列为儒户，享受种种优待。在政治上虽暂时失去雄风，但在经济及家风上多能保持其优势。科举恢复后，儒户子弟得以赢取甚多进士名额。

对蒙古、色目进士家庭婚姻关系的分析，则显示蒙古进士母亲、妻子为汉人者高达百分之六、七十。而色目进士家庭与汉人通婚者亦达百分之五十左右。色目人通婚率较低，乃因其中不少为回教徒，格于宗教，难与异教中人通婚。但是，总而言之，蒙古、色目进士多出身与汉人姻娅相联的家庭。与汉联姻可能影响了其子弟的文化取向。

整体言之，元统元年进士中的“新血”的比例较宋、明两代为少。宋、明两代进士中的“新血”都在50%左右①。何以元代进士中新血较少？为一须加解释的重要问题。要解答此一问题，须将蒙古、色目与汉人、南人分而论之。元代蒙古、色目人的总数可能有四十万户左右②。而蒙古、色目官员的总数尚不足七千人③。而且由于着重“根脚”，一家有二人以上任官者当不在少，因此蒙古、色目的仕宦家庭当不致超过三、四千家，在蒙古、色目总户数中仅占百分之一左右，却产生62%的进士。同时，蒙古、

① 明朝则有46.7%的进士为新血，见 Ping-ti Ho, *Ladder of Succes in Imperial China* (New York, 1962), pp. 107-125。

② 元代蒙古、色目人之确数已不可知。此一估计系据东亚研究所编，《异民族の支那统治史》(东京，1944), p. 172。

③ 此为大德末年数字，见《元典章》7.27a,《内外诸官员数》。

色目进士父子兄弟相继登科比例之高，亦甚惊人。这种进士高度集中于少数仕宦家庭的现象，反映出仕宦之家的环境有利于子女汲取汉文化。在经济上，蒙古、色目仕宦之家的物质条件远较同族类的平民（多数为军士）家庭为优越，子弟延师就学，利便甚大。自社会观点言之，官宦之家与汉人士大夫阶层交往密切，或则谊属同僚、或则姻娅相联，或则诗酒唱和，其子弟受汉文化影响的机会自然较为优越①。在政治上，蒙古、色目仕宦子弟有学习汉人文学经术以保持其家庭政治地位的必要。仕宦子弟并非人人可以仰承祖先余荫而坐拥高官厚禄。不具荫袭资格的仕宦子弟，掌握学问有助于官职的弋取，加以政府亦加鼓励，不少仕宦子弟得以进入国学，受业名师②，优势甚大。反观下层蒙古、色目子弟类多出身于军营之中，所得接触的汉人或为军伍同袍，或为田里、市井之家，欲掌握汉人的学术精髓，并非易事。因此，科举制度虽给予下层蒙古、色目子弟与仕宦子弟在场屋中争胜的机会，但两者的起点不同，遂造成进士高度集中的现象。

至于汉、南人进士中亦少“新血”，主要由于竞争过于激烈。种族配额所造成的“假平等”现象，对汉、南考生极为不利。江南各省人口既多，人文荟萃，士人为数繁多，如江浙、江西每科均有数千人应试，所取乡贡进士不过各为廿余人，其中能幸登御试进士榜者为数更少。至于汉地，虽然人口远较江南为少，竞争不及后者激烈。但如真定一区，每科亦有考生六百人，取十一名乡贡名额③。在激烈竞争之下，书香及仕宦门第子弟自然占有优势。

但是，从另一角度来看，本科进士中有百分之卅五强为“新血”，仍不能不说是一重要现象。在最重“根脚”的元代社会中，这些来自蒙古、色目的兵之家及汉人、南人平民之家的子弟（如回回、余阙），如无科举，可能埋没于营垒畎亩之中，终身无品秩之望。而且南人进士类多出身于南宋仕宦门第，自元朝而言，亦为“新血”。因此，作为一个为统治菁英招募“新血”的管道，元代科举并不全如明初文人徐一夔所说：“名有而实不副。”④

总之，科举的恢复，一方面使蒙古、色目、汉人仕宦子弟在荫袭以外开辟一条入仕“正途”，一方面使南宋科第簪缨世家子弟获得重返政坛的机会，另一方面更使为数不少的各族下层子弟能够进入统治阶层。换言之，元代科举制度虽受不少局限，但仍有助于减少门第、种族、地域的隔阂，以文学经术为评准，为元代统治阶层注入一批学养、背景相近似的新菁英。设若元代不速亡，科举制度或能使“统治菁英”的成分及性质发生不小的改变。

---

① 拙撰《元代蒙古人的汉学》一文引有蒙古人熟谙汉学者例证甚多，此等蒙古人皆为中上层人物。陈垣元西域人华化考所引之汉化色目人亦多出身官宦阶层。

② 即是具有承荫资格的仕宦子弟，如通试通一经一史，便可于应得品级量进一阶叙用。见《元典章》8. 18b。

③ 姚大力，前揭文 p. 48。

④ 徐一夔，《始丰稿》（四库珍本十集）5. 24b-26b，《送赵乡贡序》。

# 附录　元统元年四色进士族类识别

本文上列各表，皆将四色进士分列。但在进士录中，蒙古、色目合为一榜，汉、南人合为一榜，不加分别。欲将四色进士分列，稍有技术困难。区别汉、南人进士，困难较小，因为《科举程式条目》明白规定何省所产为汉人进士，何省所产为南人进士。据规定，江浙、江西、湖广（即江南三省）所产生者为南人进士。中书省（包括大都、上都、真定、东平、山东、河东等六处）及辽阳、陕西、甘肃、岭北、征东、四川、云南等七行省产生者为汉人进士。而河南行省则兼有汉、南人进士。《条目》并未明言：河南何处所举为汉人进士？何处为南人进士？但由他处探知河南北部，即金朝河南地区所举为汉人进士。而以南宋旧域，即两淮及汉水流域所产为南人进士①。元统元年河南所举成进士者共三人（罗谦、张桢、张文渊），分别籍隶南阳与汴梁，故皆为汉人。将右榜五十名进士依上述标准分列，则汉、南人进士各得廿五人。与规定名额相符。

区别蒙古、色目进士则较困难。在《科举程式条目》中，蒙古、色目进士配额遍布各省，故无法援引汉、南人之例而对蒙古、色目进士加以区别。元代以蒙古、汉人、南人之外的各种人泛称为色目。但是官方文书中并无蒙古、色目之名单。私籍中唯有陶宗仪《辍耕录》列有蒙古七十二种，色目三十一种②。但其中重出脱漏极多，前辈学人屡加指摘，难以凭信③。最主要的困难是若干部族究属蒙古，抑属突厥？难以确定。本文暂将比较成问题的乃蛮、怯烈④以及察罕达达⑤断为蒙古，与其他明显属蒙古种的各族进士合计，则蒙古进士为廿五人。此外，唐兀、畏兀儿、回回、哈儿鲁等明显为色目进士廿四人，加上族属不详者一人，则色目进士合计为廿五人，亦与规定名额相符。

兹根据《元统元年进士录校注》及上述原则，将四色进士姓名及所属省区或族属

---

① 袁桷，《清容居士集》（四部丛刊）29.9b。《江陵儒学教授程君墓志铭》。

② 陶宗仪，《南村辍耕录》（台北，1963），1.24-2，《氏族》。

③ 前人对《辍耕录》记载的批评，钱大昕，见《补元史氏族表》。（广雅书局史学丛书）1.1a-1b；箭内亘，《元代社会の三阶级》，载于所著《蒙古史研究》（东京，1931），263-360；韩儒林，《蒙古氏族札记二则》，见所著《穹庐集》（上海，1982），51-60。

④ 怯烈与乃蛮，元人皆目之为蒙古，而非色目。详见拙著，《元代蒙古人的汉学》，pp.401-402，n.13，《怯烈与乃蛮族属小考》。黄时鉴，《元代乃蛮是蒙古而非色目考》（油印本）所见与笔者相近。陈得芝在其近作中亦断定怯烈族为蒙古人，见所著《十二世纪以前的克烈王国》，《元史论丛》3（1986），1-22。

⑤ 察罕达达："校注"（p.87，n.95）认为察罕达达乃汪古族之别称，应属色目。今按拉施德丁（Rashid al-Din）《史集氏族志》云塔塔儿有六部，察罕塔塔儿为其一（见余大钧、周建奇译史集，1：1［北京，1983］，p.167。）察罕达达似即察罕塔塔儿，应为蒙古，而非色目。但是关于此点，笔者并不能肯定。

分别列为六、七、八表，以便读者复按：

表六　**汉南人进士省别**

| 族类别 | 省区别 | 姓　　名 |
| --- | --- | --- |
| 汉人 | 中书省 | 李齐、王明嗣、庄文昭、张颐、韩玙、任登、张周干、张崇智、成遵、周璿、程益、刘文□、许寅、于及、邓世伦、李哲、李干 |
|  | 河　南 | 罗谦、张桢、张文渊 |
|  | 陕　西 | 杜彦礼、赵毅 |
|  | 辽　阳 | 李之英 |
|  | 四　川 | 郭文焕 |
|  | 远　东 | 李穀 |
| 南人 | 江　浙 | 宋梦鼎、朱文霆、宇文公谅、张宗元、雷杭、徐祖德、江文彬、刘基、许广大、张本 |
|  | 江　西 | 王充耘、李炳、李毅、陈植、邓梓、徐邦宪、朱彬、艾云中、熊爟 |
|  | 湖　广 | 李祁、聂炳、张兑、余观、鞠志元、陈毓 |

表七　**蒙古进士族别**

| ·族　　别 | 人　　名 |
| --- | --- |
| 札剌亦儿 | 博颜达、博颜歹、脱颖 |
| 弘吉剌 | 虎理翰、也先溥化 |
| 斡罗台* | 朵列图、买闾 |
| 塔塔儿△ | 囊加歹、察伋 |
| 乃　蛮+ | 彻台、寿同 |
| 亦乞列思 | 敏安达尔 |
| 忙兀台 | 完迮□先 |
| 札只剌台 | 亦速歹 |
| 怯列歹 | 燕只杰 |
| 燕只吉台 | □□达 |
| 逊都台 | 月鲁不花 |
| 不　详 | 阿虎歹，□□□，百嘉讷，护都不花、栢延乌台　野仙脱颖、明□□、同同 |

附注：* 朵列图氏族原作乞失里台，乞失里台为斡罗台之别名

△囊加歹氏族原作察罕达达

+包括达鲁乃蛮

表八

**色目进士族别**

| 族　　别 | 人　　名 |
| --- | --- |
| 唐　兀 | 余阙、壄倦普化＊、买住、伯颜、丑间、明安达耳、安笃剌、塔不歹 |
| 回　回△ | 慕卨、乌马儿、穆占必立、别罗沙、口合谟沙、阿都剌、剌马丹、脱颖 |
| 畏　兀 | 寿同海涯、普达世理、道同、铎护伦、廉士矩 |
| 哈儿鲁 | 大吉心、丑间、托本 |
| 不　详 | 札剌里丁 |

附注：＊壄倦普化族别据《钱抄》补

△回回包括达失蛮、穆速鲁蛮及阿鲁温

原载《汉学研究》1987 年第 5 卷第 1 期

# 宋代的举人

李弘祺

## 一 引 言

“举人”的名字汉代已经开始，到宋元时期，它所指的是考生而已，并不代表正式的资格，这是一般有中国史知识的人都知道的事。兹引《日知录》为简要之说明：

> 举人者，举到之人。《北齐书》“鲜于世荣传”：“以本官判尚书省右仆射事，与吏部尚书袁修在尚书省简试举人”；《旧唐书》“高宗纪”：“显庆初四年二月乙亥，上亲策试举人凡九百人。调露元年十二月甲寅，临轩试应岳牧举人”是也。登科则除官，不复谓之举人，而不第则须再举，不若今人以举人为一定之名也。进士乃诸科目中之一科，而传中有言“举进士”者，有言“举进士不第”者，但云“举进士”，则第不第未可知之辞，不若今人已登科而后谓之进也。自本人言之，谓之举进士，自朝廷言之，谓之举人。不若今以乡试榜谓之举人，会试榜谓之进士也。

又赵翼在《陔余丛考》也有简要的说明：

汉时取士无考试之法，皆令郡至守相荐举，故谓之举人。后汉章帝建初元年诏曰：“前世举人、贡士或起畎亩”，举人之名，始见于此。今世俗别称举人曰“孝廉”，以孝廉本郡国所举也。然汉时举人名目甚多，如“贤良”、“方正”、“文学”、“有道”、“直言”、“极谏”、“茂材”、“异能”、“明阴阳”、“明兵法”、“能治狱”、“有行义”之类，皆郡国所举而孝廉特其一途耳。今专以此为举人之称，盖孝廉乃每岁所常举，其他则随时诏举故也。和帝十三年制：“郡至口十万以上，岁举孝廉一人，不满十万，二岁举一人，五万以上，三岁举一人。”此可见汉时举孝廉之常制。又汉成帝诏北边二十二郡，举“猛知兵法”者各一人。平帝又诏举“武勇有节明兵法”者郡各一人。此又后世武举之始也。唐宋举人又与前代异：前代举孝廉等，即为入仕之途，唐宋惟重进士一科，所谓举人者，不过由此可应进士试耳。故又谓之举进士。

可见唐宋以前“举人”只是考试应举的考生，与汉时的孝廉有所不同。大约在北齐时，应试出官的人才开始称为举人。明清之后，举人却成为一种资格。《明史·选举志》和《清史稿·选举志》都写得很清楚，兹简录前者作为参考：

三年大比，以诸生试之直省，曰“乡试”。次年以举人试之京师，曰“会试”。中式者天子亲策于廷，曰“廷试”，亦曰“殿试”，状元、榜眼、探花之名，制所定也。而士大夫又通以乡试第一为解元。会试第一为会元，乡试以八月，会试以二月，廷试以三月。

所以可见明代以后，乡试中式可以参加会试的称之为“举人”①。明清时代的举人已经可以正式出官，② 不像宋代，原则上只有经过中央考试（相等于会试，详后）的人才可以候选出仕。这一个差别才是讨论“举人”地位最重要的地方。我这篇文章在于讨论“乡试”（源自宋代地方州县的“解试”）出身，可以参加“会试”的“举人”是如何形成的。由于宋代考试制度臻于完成、明清制度乃基本上源自宋代，因此宋代相等于明清时代的“举人”如何逐渐形成一个“地位团体”而在明清时产生可以出仕及影响地方行政的这么一个过程便相当值得研究。

## 二　宋代科举的特色与“举人”

宋代的科举发展有几个特点，兹简述如次：

（一）三级考试的确立：地方州县考试称之为“解试”，其得解者可以参加在礼部的考试。礼部考试或称“礼部试”，或称“省试”。省试及格的人进而可参加“殿试”，由皇帝亲试，因此又称“御试”。“殿试”这一级考试是宋代的发明，在太祖开宝年间已经成立，③ 从此科举制度为三级制，终宋之世不再改变，且为后世考试制度之根本。宋代时地方解试一般在秋天八月举行，省试一般在解试年后一年的春天正月或二月举行，而殿试则通常在省试后一个月的三月举行。④ 这个日期的安排在后代也大致沿用。

（二）殿试不再黜落：殿试之设立乃在防止省试舞弊，但到了仁宗时，却又为了种种原因决定礼部奏名及第或出身而参加殿试的人不再黜落。⑤ 李焘《续资治通鉴长编》

---

① 参考梁章钜《称谓录》（台北，广文，影印光绪甲申版，1977），卷二四之二七下。

② 参看陶希圣、沈任远合著《明清政治制度》（台北，“商务”，1969）。

③ 荒木敏一《宋代科举制度研究》（京都，同朋社，1969），第269～289页。

④ 荒木敏一《宋代科举制度研究》（京都，同朋社，1969），第62～67页，第220～223页，第337～340页。

⑤ 荒木敏一《宋代科举制度研究》（京都，同朋社，1969），第303～321页。按终宋之世因党争偶仍有黜落之例。

这么说：

仁宗嘉祐二年（1057年）三月丁亥：一赐进士建安章衡等二百六十二人及第，一百二十六人同出身。是岁进士与殿试者始皆不落。

（己丑：）赐诸科三百八十九人及第，又赐特奏名进士、诸科二百十四人同出身及补诸州长史、文学（原注：李复圭《记闻》云："是春以进士群辱欧阳修之故，殿试并赐及第，又落一人。"当考。）

《宋史·仁宗记》则明言："赐礼部奏名进士诸科及第出身九百八十七人。亲试举人免黜落始此。"

殿试因此只是一种形式，但考试及第或出身的等级则是在殿试评定，因此这一级的考试对于考生的事业仍有影响。

（三）实行弥封、誊录的办法，防止考生与考官通关节舞弊。这些办法在后代也继续使用，而且更为严苛。

（四）从英宗治平二年（1065年）开始，考试变成三年一试，从此沿用至清朝废止考试为止，中间几乎没有中断过，只偶有例外。

（五）"进士"一科在宋代终于确定成为唯一的考试科目，从隋唐以降的种种科目在宋代逐渐被取消，而宋代时由于变法纷争，先后也有各种新科目出现（如"八行"、"十科"，以及考试内容的"经义"、"诗赋"及"试刑法"之争），但终于确定进士一科为考试的唯一科目，从此亦继续至清代废科举为止。①

以上所提各点为治宋代科举者所类能言。但宋代还有一些变化对于"举人"地位的形成有所影响，必须加以指出。这便是"学校试"的"州县三舍法"。简单地说，这种"州县三舍"的办法是由地方学校选录优秀的毕业生，让他们到中央太学继续求学，而太学毕业后可以正式出官。这个办法推行于北宋末年蔡京主政的时候，希望可以正式取代考试，但没有成功。南宋以后，"地方三舍法"虽然取消了，地方学校毕业生有部分却可以直升中央太学（有保障名额），成为太学生，而太学毕业生一般即享有"免解"的资格，可以直接参加礼部省试，因此"学校试"遂开其端，而举人的途径也增加了。这一点是过去治科举的人所未曾注意的，但是它的重要性却不容忽视，因此我把它写在这里，下面会作较详细的讨论。②

以上简单讨论宋代科举的几个特点。至于"举人"之名则通用于州县试及省试，

---

① 参看拙著《科举：隋唐至明清的考试制度》，登于郑钦仁《立国的宏规》（台北，联经，1982），第259~315页，特别是第271~278页。并参考该文注80（见第306页）对荒木敏一在《宋代科举制度研究》第230~234页所列宋代考试制度特点的讨论。

② 参见拙著《科举：隋唐至明清的考试制度》，第273~274页以及 Covernment, Education and Examinations in Sung China (Hong Kong: The Chinese University Press, 1985), pp. 128-129.

而省试之赴殿试的也有称举人的。下面是一些例子:①

> 仁宗天圣四年(1026年)五月诏:"诸道州、府、军、监贡举人等,内进士曾应三举、并诸科实应五举已上者,特免取解……"。
>
> [嘉祐二年(1057年)十二月五日诏:"应天下举人并令归本贯,令本县令佐察其行实,以上于州。知州通判审覆以上于转运司。既选官考试解发,而不如所保者,其知州、通判、令佐皆坐之。"

以上这两个"举人"都指的是参加地方州县考试的考生。

> [天圣五年(1027年)]三月二十三日诏:"今年省试下第举人……"
>
> [真宗咸平三年(1000年)二月]二十九日,帝问宰臣等天下贡举人几何。王旦曰:"万三千有余人。"
>
> [高宗建炎二年(1128年)]四月七日诏:"今来下第举人:进士六举曾经御试、八举曾经省试,并年四十以上;进士四举曾经御试、五举曾经省试,并年五十以上……保明申礼部特奏名,许就殿试。"

以上三个"举人"的例子指的是已经由地方考试及格,被"发解"参加省试的考生。

> [高宗建炎二年(1128年)]八月二十三日时上初即位,御殿试举人,特恩也。

这是"举人"用来指参加殿试考生的例子。一般言之,由于参加殿试的考生已不再黜落,即已经礼部"奏名"或"特奏名",因此正式公文通常称为"奏名进士"、"特奏名进士"或"奏名诸科"、"特奏名诸科",而不再称为举人。《宋会要辑稿》"选举"七和八是有关殿试的详细记录,其情形便是如此。

在现存文件中,"举人"用来指已得解可以参加礼部考试的人的情形最为普遍。

## 三　举人与特奏名

按照宋代考试的规定,得解可以应礼部考试的举人并没有什么法定的地位。每届参加省试的举人数目自数千人到两万人左右。当时的人并不是很瞧得起他们的。这一点可以从沈括的记载看出来。

---

① 徐松辑《宋会要辑稿》(北京:中华,1966),"选举",卷三之十五上,三三下,十五下,八下及卷四之二二上。

旧制：天下贡举人到阙，悉皆入对，数不下三千人。谓之群见。远方士皆未知朝廷仪范，班列纷错，有司不能绳勒。见之日，先设禁围于著位之前，举人皆科于禁围之外，盖欲限其前列也。至有更相抱持，以望黼座者。有司患之。近岁遂止令解头入见，然尚不减数百人。嘉祐中，予忝在解头，别为一班，最在前列。目见班中，唯从前一两行，稍应拜起之节，自余亦终不成班缀而罢，每为合门之累。常言殿庭中班列不可整齐者，唯有三色：谓举人、蕃人、骆驼。

拿举人和蕃人、骆驼相比，这就可以看出当时人对他们的看法了。

举人虽然不受重视，但是由于他们毕竟已经乡试出身，因此就有一种不是资格的资格，在社会上自然会有一点地位。

就考试制度本身言之，"举人"的资格也因为政府创造出种种优待的方法而受到某种程度的承认。这个可以从几个方面来讨论。第一个便是"特奏名"办法。

宋代实行特奏名的办法，王栐在《燕翼诒谋录》说得比较清楚：

唐末，进士不第，如王仙芝辈唱乱，而敬翔、李振之徒，皆进士之不得志者也。盖四海九州之广，而岁上第者仅一二十人，苟非才学超出伦辈，必自绝意于功名之涂，无复顾藉。故圣朝广开科举之门，俾人人皆有觊觎之心，不忍自弃于盗贼奸宄。开宝三年三月壬寅朔，诏礼部阅贡士十五举以上曾经终场者，具名以闻。庚戌，诏曰："贡士司马浦等一百六人，困顿风尘，潦倒场屋，学固不讲，业亦难专，非有特恩，终成遐弃，宜各赐本科出身。此特奏所由始也。自是士之潦倒不第者，皆觊觎一官，老死不止。至景德二年三月丁巳，因赐李迪等进士第，赐特奏名：五举以上本科六十四人，三传十八人，同学究二十二人，三礼四十四人，年老授将作监主簿三十一人。此特奏之名所由立也。至景祐元年正月癸未，诏："进士、诸科十取其二。进士三经殿试、诸科五经殿试，或进士五举年五十、诸科六举年六十，虽不合格，特奏名。"此特奏名所以渐多也。至大中祥符八年二月丙子，则命进士六举、诸科九举特奏名，并赴殿试。则又以人多而裁抑之也。况进士入官十倍旧数，多至二十倍。而特奏之多，自亦如之。英雄豪杰皆汩没、消靡其中而不自觉，故乱不起于中国，而起于夷狄，岂非得御天下之要术欤。苏子云："纵百万虎狼于山林而饥渴之，不知其将噬人。艺祖皇帝深知此理者也，岂汉、唐所可仰望哉。"

王栐这段话牵涉了三件有意义的事。

（一）开宝三年（970 年），当时殿试还未正式成立，礼部奏名便算及第、出身。因此司马浦等是参加过十五次礼部试的举人。

（二）景德二年（1005 年）和景祐元年（1034 年），殿试已经成立，并有黜落，但却保证一些"过省"（已经礼部考试通过）和"未过省"而曾参加多次省试的人一定会殿试及格。这等于是殿试不黜落的先声。重要的是“举人”过不过省没关系，只要考过一定次数的省试，而年纪较大，那么就可以特奏。又须注意的是，大中祥符八年（1015 年）早过景祐近二十年，所以不该是对景祐办法的裁抑。查考《宋会要辑稿》，知两事记载都正确，只是王栐可能把年代记错，以为景祐早于大中祥符便是。

（三）嘉祐二年之后殿试不黜落，于是特奏名人不再有像景祐二年“曾经殿试”的经验，只要是曾屡次参加省试不及格而年纪大于一定岁数的便可以特奏。

从此，举人曾参加过一定次数省试的便可以得到特奏名而“同出身”或“同及第”参选。①

这种特奏名办法起初适用于进士及诸科。王安石变法之后，诸科废弃，于是只适用于进士一科，历北宋一朝时时有不同的规定，但精神则是一贯的。南宋的情形亦同，而由于南宋初有种种特殊情形，所以优待的情形似乎更为普遍。②

进士科考生要“五举”、“六举”甚至于“九举”并不容易。原来宋朝还有另外的规定:③

> 进士旧无免解之条。咸平二年（999 年）六月丙戌，诏贡举应三举人，并免取解。若三举连中则是九年，三举不连中则有二、三十年者，不若限以十八年之为均平也。若四举连中则亦罕有，不为滥矣。

换言之，进士科考生若能取解三次以上，那么以后他便不必再参加地方解试而径行参加礼部试了。参加礼部试而有多次不能及格，那么积累到一定次数或年纪到了一定岁数，又就可以特奏而“登天府”。这个免解办法似乎在南宋时也维持不变。《宋会要辑稿》说：“进士自绍兴甲子以来必二十年而后免举。”隆兴元年（1163 年）三月十九日诏改“必一举三十年、五举年五十，而后推恩”④。“免举”与“免解”相同，二十年而免举与十八年而免举实际上是相同的，因科举是三年一次。⑤ 现在改为“一举三十

---

① 按宋代之作法，特奏名第五等人任州县助教，“不许出官”。

② 参看《宋会要辑稿》“选举”的第四卷的种种记载。

③ 王栐《燕翼诒谋录》卷一，第 9 页。按李焘《续资治通鉴长编》卷四四之十三下说只通用于今年，但王栐书成于宝庆三年（1227 年），仍然使用。

④ 《宋会要辑稿》“选举”四之三七上。参见李心传《建炎以来朝野杂记》(台北，文海，1968 年影印 1901 年广雅书局本)，乙集，卷十五之四下一五上。

⑤ 洪迈的《夷坚志》(北京，中华，1981 年版）有许多例子：

一、《夷坚三志辛卷第一》，第 1390 页：“余干李彦胜兴宗，留举子业，词赋甚有可称。淳熙甲午（1174 年）请乡荐，至绍熙壬子（1193 年）当免举。”从 1174 年至 1192 年恰为十八年。

二、《夷坚志三补》，第 1809 页：“鄱阳詹林宗少时以隆兴壬午（按当年绍兴壬午，1162 年）赴乡举，来春入都诣贡院看榜，是岁下第。乾道乙酉（1165 年），魁荐于乡，[省试] 仍不利。至于再免举。当淳熙辛丑（1181 年），已五到省矣……果奏名。”

从 1162 年到 1181 年计为十九年，当时已免举。但已考了五次。

年、五举年五十以上”就可推恩成为特奏名，这也是另一种优待，尤其五举的人在第四、五次考试时已经具免解的资格了。

以上的讨论在于指出“举人”的资格的几个特点。第一即解试及格可以参加省试的人，若省试失败便必须重新参加解试。因此理论上他的资格只持续到参加省试为止。但这是理论如此。第二是若能考过三次地方解试，那么这个人即使仍未通过省试，他若仍愿赴举，那么就有“免解”的待遇了。第三是若一个举人已具有“免解”的资格，那么他可以继续再参加省试直到他终于取得特奏名。

有了特奏名之后一般可以任官。虽说宋政府对特奏名进士有种种限制，使他们虽然有俸禄，而不一定有差遣，而且俸禄很少，但毕竟也胜于不能仕官的人。因此可以说甘心做举人，那么便有一天可以出头。这是宋代举人的一个特点。①

## 四　太学、举人与“贡余”

“举人”另外一条升官的途径是通过太学。宋代时普遍有希望以学校代考试的想法。后来王安石推行“太学三舍法”，蔡京推广为“地方三舍”，并成立辟雍，其办法便是希望推动这个理想。王安石与蔡京所进行的教育改革虽然没有能因此真正让学校取代考试，但它的精神却流行于南宋，在南宋实行的太学混补及待补办法中出现。

南宋太学的补试方法我以前在《宋代教育散论》一书已有讨论，因此在这里不再重复。现在只简单引述其办法。

南宋初：州学生成绩合格者及得解人（即举人）。此谓之“混补”。

1153 年：州学生由州依限额推荐者及得解人。此亦为“混补”。

1163 年：省试落第者（亦为举人）依逐州解额十分之一至十分之二保送。此亦为“混补”，唯地方学校毕业生不能参加补试。

1165 年：州学生依限额推荐者及得解人。这是恢复 1153 年的办法。

1166 年：得解人。这也是混补。

1170 年：州学生成绩合格者及得解人。这是恢复南宋初的办法。

1175 年：州学生由州依限额推荐者及得解人。这是恢复 1153 年的办法，但州学生限额规定有不同。

---

① 特奏名人一般仕途不理想，尤其试入第五等者，其升迁有种种限制，故常有人不愿就任。例如《夷坚志》“支戊卷八”，第 1111 页说：“乐平杭桥人程觉迪功，字乐道，平生勤苦读书，屡举进士，四试礼部不利。再以特恩得州助教，不拜。”《支景卷第五》，第 921 页说：“庐陵董体仁参政累举不第，用特恩得州助教。贫甚，无以自养，乃从富人家书馆。”《乙志卷三》，第 209 页说：“钱塘人刘宾，字若虚，老于场屋。……以特奏名试大廷，又入五等为助教，纳敕不拜。”但是有些人却乐于捐官以成地方助教。有关地方学助教之情形，请参看我的《宋代地方学校职事考》，刊《史学评论》第 8 期（1984 年），第 223 ~ 241 页，特别是第 232 ~ 234 页。

1177 年：省试落第人每百人取三人赴太学补试。称为“待补”。

1183 年：同 1177 年，但额数改为每百人取六人，仍为“待补”。

1196 年：[今年可能恢复 1153 年的办法。]

1223 年：恢复 1177 年办法，即待补法。

1226 年：待补法，每百人取六人。

1250 年：待补人数额之半归州学毕业生。

以上种种改变，其重点不外两样：一是太学补试仍大致为考试，只有隆兴元年一届是保送举人。二是可以补试太学的考生大致是得解举人而考不上省试的。

由于太学补试毕竟是考试，所以举人或州学的优秀毕业生不能说占有什么太大的便宜，但既然准许赴考的资格及数额定得十分清楚，因此举人的资格还是有一定的效用的。

进一步言之，宋代太学毕业生一般即取得免解之资格，而在王安石和蔡京主政的时代，太学上舍毕业还有直接出官的规定，因此举人求升入仕途便除了参加省试之外还多了补太学生这个途径。①

张世南在《游宦纪闻》便笑这些待补太学生为贡余：

> 淳熙丁酉（1177 年），议者以混补太学，人数畏冗，遂立待补太学生之法。以终场人数定其额，百人取三，继又倍之。预选者……是亦薄收场屋之效。时多嘲谑之语。独司业计公衡，名之曰贡余，尤觉嵩永。

宋人应举不第后来到太学读书的例子很多，而在淳熙丁酉这一年到太学去当贡余的很可能包括著名的陈亮。陈亮早在乾道四年（1168 年）便在婺州得解，且以“解头”身份到京参加乾道五年（1169 年）的礼部试，但没有及格。以后多年，他都退修在家，直到淳熙四年他去上太学。这个决定是否因为太学行“待补”之法并不清楚，但至少陈亮是曾在礼部落第之后去就读太学的。绍熙四年（1193 年），陈亮终于登进士第，且为光宗皇帝擢为第一。我们找不到任何他曾再预乡试的记载，那么很可能便是他用太学毕业免解的资格去参加那一年的礼部试的。②

---

① 《夷坚志》中也有一些落第举人经太学而得解的例子。北宋太学之入学资格及补试办法可以参看王建秋《宋代太学与太学生》(台北，中国学术著作奖助委员会，1965 年）及本人的《宋代教育散论》，第 97～111 页。基本上北宋并无由落第举人补试太学的办法，但实例则有，如欧阳修便是补太学，由太学取解而省试出身。南宋之后，太学基本上是考试途径之一，差不多只在补试举人，准备省试，因此差不多所有太学生都是考试的举人。南宋落第举人补试太学的例子有如《夷坚志》三志壬卷第五，1500 页：“德兴新营士人张得象，字德章。淳熙十一年（1184 年）省场失利，就趋太学补试。”下面讲到陈亮的情形亦同。

② 姜书阁编订：《陈同甫年谱》，在氏撰《陈亮龙川词笺注》(北京，人民文学，1980 年)，第 174～183 页。

举人之身份使他们可以通过太学而由太学去参加礼部考试。这个发展以及准许太学补试的及格名额有一半是州县学毕业，这就打下了元代以后州县学可以“贡”学生入国子监或太学读书，而“监生”日后可以不经考试而直接仕官的基础。

## 五　举人的优待及地位

所谓举人如上所述，本来并没有特定的资格，而且可能只是一次考试落第之后就只能作为一种“经历”而已。但是逐渐地，他们在法律及地方事务上面也有一定的地位。现在分几方面来说。

第一是补充地方行政，担任摄官：

> ［乾舆元年（1022 年）］十一月诏：广南东西路，依旧差补摄官，以曾摄人充，每司各留二十五人，如少人，取进士曾应两举、诸科三举者充。①
>
> ［熙宁三年（1070 年）］十一月十九日：应广南京西路转运司，每二年一次以本路两举进士，今差摄者，先定月日差官三两员，考试公案五道，该涉刑名五、七件，分作五场，仍契勘二年合用摄官人数为额，以通数多者为合格。②
>
> ［熙宁七年（1074 年）七月］癸卯，广南西路转运司言：“请摄官通十分为率……进士二分……候正额有阙，以次差补。”从之。③

以上所举以举人摄官的例子是在广南东西路实行的：雍熙四年（987 年）六月所诏：“向者，岭南阙官处，权以摄官处之”④ 是。但以举人出任低级地方职务的情形并不限于这些地方。明道元年（1032 年）便曾“诏举人授上佐、文学、助教、参军者听自便”⑤。庆历四年（1044 年）推动改革，地方大设学校，仁宗皇帝的“详定贡举条例敕”便有这样的规定：

> 诸路府州监除旧有学校，其余并各合立学，如本处修学人及二百人已上处，许更置县学。若州县未能顿备，即且就文宣王庙或系官屋宇为学舍。仍委本路转运司及本属长吏于州县官内奏选完教授，以三年为一任。……若少文学官可差，即令本处举人众举有德行、艺业之人在学教授。候及三年、无私过，本处具教授人数，并本人履业事状，保明闻奏，当议等第，特授恩泽。

---

① 《宋会要辑稿》“职官”，卷六十二之四〇上。

② 《宋会要辑稿》“职官”，卷六十二之四十一下。又参看《宋史》，卷一五九。

③ 《续资治通鉴长编》，卷二五四之十三下。

④ 《宋会要辑稿》“职官”六二之三八上。

⑤ 《续资治通鉴长编》，卷一一一之三下。

可见庆历举学，政府是希望利用“举人”推举教授的，他们自然可能推举一个举人出来。

举人的第二种法律上的资格是作为参加地方考试的保人。上面举的庆历四年仁宗兴学的办法中便规定：“初入郡学人须有到省举人二人委保。”① 而国子监及开封府取解举人更须有“五人为一保，内要曾到省举人二人”。② 可见至少在北宋中叶，“举人”是有一定的法律地位的。

法律上对于所谓得解的“举人”还有种种的优待，这是第三点。

王栐《燕翼诒谋录》卷二曰：

> 旧制，士人与编氓等。大中祥符五年（1012 年）二月，诏贡举人曾与省试，公罪听收赎，而所赎止于公罪徒，其后私罪杖亦许赎论。

可见举人可以赎徒及杖的罪。

事实上政府在执行这条法律时是十分宽大的。《名公书判清明集》卷十一便留有这么一个记录：

> 胡大发特乡下一豪横耳，身为隅官，乃敢抬轿呵殿，轮门恐吓，骗取财物。本合徒断，姑照拟勘杖一百，编管邻州，余并照拟行。本司已于淳祐九年（1249 年）十月初八日，将胡大发、毛德引断。内胡大发称是士人，习诗赋，遂当厅出给讼终凶诗引试，据胡大发答：“天与水违讼，分明万象重。始焉微不审，终也遂成凶。有事须求直，无瑕不可攻。昏迷弗知返，悔吝乃相从。中吉当能悟，大贤何不容。圣行使无讼，今日幸遭逢。”寻呈，奉召判：“粗通，姑免勘断，重究所篦二十。”本司已将胡大发决讫……将大发押往池州编管……十月二十三日，据学士乡贡进士钟俊等列名劄状，乞将胡大发免管事。奉召判，以诸士友之请，特免押遣，帖送州学、听读半年。

这个胡大发显然是一个习诗赋的“士人”，未必已有“举人”的资格，所以不能赎“徒”罪，但由于他写得出一首“粗通”的诗便可以不“徒”，而只受竹篦“笞”廿下，后来更免押遣，只送到州学去听读半年。若一个“士人”就在刑法上有这种好处，那么“举人”就更优待得多了。

《名公书判清明集》这条史料提到“学士乡贡进士钟俊”带头出来替胡大发讲话。“乡贡进士”就是“举人”，而俨然是有一定社会地位，可以拿来作为资格的称呼，可

---

① 《宋会要辑稿》“选举”三之二四下。

② 《宋会要辑稿》“选举”，三之二五上。

见社会上对举人是有一定的尊敬的。这便是我要讲的第四点。即，“乡贡进士”的使用。

“乡贡进士”显然是指以进士科得乡贡资格的人。

朱熹《朱文公文集》卷八十“建昌军南城县吴氏社仓记”说“南城贡士包扬方”便是一例。又袁燮《絜斋集》“袁文墓表”说袁文“娶戴氏，免解进士讳冕之女……长子觉，乡贡进士……次［女］适进士吴适”。这段话更可以看出“免解进士”、“乡贡进士”及“进士”等不同程度的地位。可以简单说进士只是一般读书人，乡贡进士自然是举人，而“免解进士则是考过三次以上乡贡或以其他理由而“免解”的举人。

既然“乡贡进士”可以视为一种资格，那么自然有人想要用不法的途径来取得它。《名公书判清明集》卷十二便说“谭一夔，豪民之倾险者也，冒受官资，诈称制属，交结同党为羽翼，蓄养无赖为爪牙，夸张声势，凌压善民，流毒一方，不可殚述。……近年以假手请本州文解，如虎而翼，声焰愈张，被害愈众”。

地方上的豪富以非法手段取得乡贡文解，正反映出举人在地方上的法律地位。南宋以后这种情形显然增加了。若能一而再、再而三地作弊，取得入仕，那自然最好，若不能，至少也取得“举人”的资格，在地方上可以作威作福。

南宋的舞弊情形，记录不少。《宋会要辑稿》便有这么一条资料：

> 中书门下省言：勘会近年士人公然受赂冒名入试，致叨取解名，亦有登科者。今省试在近，理应尽戢。

其他有关舞弊的记录很多，不必多录。总之，“乡贡进士”的举人显然享有一定的社会地位，甚至于豪民都想拥有一份“文解”。

第五点是关于“举人”负担职役的规定：

> 绍兴三年（1133年）四月九日，权发遣严州颜为言：乞许曾得文解及该免文解人并免身丁。诏合户部立法。今修立下条：“诸未入官人、校尉、京府诸州助教免二丁。二人以上免一丁。一名者不免。得解及应免解人、助教、广南摄官、流外品官、三省守当官、守阙守当官私名以上、枢密院贴房、守阙贴房、散只侯以上职医助教、摄参军之类，并侍丁，本身并免丁役。”从之。①

这是现存史料可以查到有关“得解人”或“免解人”享受“免丁役”的第一条规定。

① 《宋会要辑稿》之“食货”十二之九下及六十六之一上至二下；又李心传《建炎以来系年要录》(台北，文海，1986年影印1901年广雅书局本)，卷六十四之三下。

按此处“丁役”当系指“身丁”及“职役”而言。① 待遇相当优厚。四年后，这个办法有了修改：②

> ［绍兴七年（1137年）］闰十月十四日，户部言：“在法：‘品官之家或女户、单丁、老幼疾病、及归明人，子孙各免身丁。’昨降指挥，许差物力高单丁、寡妇有男为僧道成丁者同，并许募人充役。今来不住据人户陈诉，非鳏寡孤独人作单丁人户，致词讼不绝。契勘：‘品官许免身丁，而家有三丁——一两人有官、其一丁无官；又如人户，家有四丁——一丁进士得解、一丁应免解、一丁进纳得官、一丁白身；似此之类，非孑身一丁，即难以作单丁之户。合申明行下。及人户家有三丁——一丁进纳得官、一丁进士得解、一丁为僧，内进纳未至升朝，三丁并免身丁，别无丁名充役。既成三丁，即是丁行数多！只合免身丁，其充役合募人，不得追正身。”从之。

即举人（得解或免解）只能免身丁，仍需充役，但若其所属户可以算是单丁户或无丁户，那么其职役（或称身役）便可以募人代充。

到了绍兴十九年（1149年），政府又决定举人可以募人代役，而单丁户之举人则应免役：③

> 户部言：“州县女户，别无儿男，依条免充役外，其单丁、并寡妇有男为僧道成丁者，及僧道并进纳未至升朝，逐色人物，如系物力高，依已降指挥，募人从役，官司不得追正身。今来臣僚奏请得解举人，并见系太学生，如系实得解及曾经省试之人，单孑一身，别无兼丁，欲乞与免充役。若因特旨及应恩赏免解，即合依已降指挥，募人充役。官司不得追正身。”从之。

这个办法大约从此不再改变。举人在南宋时享有免身丁及募人充役的权利，而若他是单丁户，更连身役也可以免。

以上从法律上的种种规定可以看出举人在宋代的种种优待，从担任低层地方行政的摄官、到保证应举的考生，到减刑、到身份的抬高，到免身丁、募人充役（或甚至于丁役全免）。这些都反映出来举人在社会上的地位。

---

① 参看《宋会要辑稿》“食货”十四之二七上下：“合免身丁，其充役，合募人”句。此文又见同书“食货”，六十六之十一上下。

② 参看《宋会要辑稿》“食货”十四之二七上下：“合免身丁，其充役，合募人”句。此文又见同书“食货”，六十六之十一上下。

③ 《宋会要辑稿》“食货”十四之三一上下及六十五之八十七上下。又见李心传《建炎以来系年要录》卷一六〇之三下-四上。按此规定乃因王葆之请求而作出。王文见《宋会要辑稿》“食货”十四之三〇下三一上；六十五之八十六下八十七上。

## 六 结论——举人之兴起

本文的主旨在于探讨有关宋代举人的社会地位以及宋代举人与后代举人之间的关系。就社会地位言之，在宋人的著作里特奏名的进士（所谓“恩科”）显然地位很低，不受重视，尤其是特奏名奏人第五等的，按规定只能在州县担任助教，除因特恩（如登基赦），根本不能升官，为人所不齿——蔡绦《铁围山丛谈》便有这么一条记录：

> 国朝科制，恩榜号特奏名，本录潦倒于场屋，以一命之服而收天下之士心尔，亦时得遗才，但患此曹子日暮途远而罕砥砺者。又凡在中末之叙，得一文学、助教之目而已，或应出仕，盖止许一任。异时有援例力诉诸鲁公，丐更一任，鲁公笑而谓之曰：“汝一任矣。”世至今遂一为口实也。

曾敏行在《独醒杂志》讲得更清楚：

> 汉博士选三科，高为尚书郎，次为刺史，其不通政事者以久次补诸侯大傅，此制最合人情。予尝欲依仿汉制以处今之特奏名进士。盖特奏第五等人，皆以为诸州助教。士人晚境至此，亦疲矣。然犹或至于纳敕不愿受者，辞其名而冀其禄也。夫市井巫、医、祝、卜、技艺之流，孰不以助教自名。士人役役于科目而与之无别，宜其不乐闻也。

从这些资料可以看出读书当官的人，是很瞧不起一般以特奏名及第或出身的人。但有乡贡进士的资格如上所述，毕竟有一定的地方上的地位，所以连所谓的“豪横”也希望取一个文解作威作福也较方便，进一步言之，宋代行解额制度，发解虽由州郡主持，但解额分配则以县为单位。① 每县额数有限，因此很容易受地方巨贾大姓所影响，这是可以想像的事。因此可以这么说，宋代的考试制度至少在地方上很容易受地方势力的影响。

但除非考试完全不公正，不然其精神终会透露出来，即政府立法的方式主要在保障举人的地位而不是拿它作为地方豪富锦上添花的奖赏。职是之故，乡贡进士逐渐地兴起，成为地方上可与所谓的“地主”、“豪横”相抗衡的团体。② 当然，也有士人与地

---

① 资料甚多，兹举龚明之《中吴纪闻》（上海，古籍，1986年），卷一，第10页之“解额”条为例，知姑苏自祥符年间即以四人为额。

② 有关豪横之问题，参看陈智超《南宋二十户豪横的分析》，刊邓广铭及徐规等主编《宋史研究论文集》（杭州，浙江人民，1987年），第248～266页。

方土豪勾结的情事。例如《建炎以来系年要录》绍兴二十二年（1158年）八月乙卯条：

> 大理正张巇面对，论寄居士大夫与大姓骚扰村民。小不如意，即送都保，锁缚捶楚。乞委守令禁止。诏申严行下。

又如同书，绍兴二十四年（1154年）二月己酉条：

> 大理评事巩衍面对，言州县受纳米斛，与有土居及寄居官员、士人，并上司公吏，封钞请求，每石坐享钱数百，或至一贯以上。……

像这类例子很多，所谓“寄居士大夫”或“土居或寄居官员”指的当然是已经正式任官的人，① 但“士人”便指的是一般读书人了——这些人都能勾结地方大姓，与地方官贪渎舞弊。这正反映了“士人”的重要性。这些人自然包括了“举人”。

朱熹对于士人的兴起便十分警觉：

> 询访到土居官员、士人，诚实练事，为众所服者，一县数人，以礼敦请，令与州县当职官公共措置，差募人船，前往得熟去处，收糴米斛，循环赈糴。②
>
> 系昨乾道四年乡民艰食，本府给到常平米六百石，委臣与本乡土居朝奉郎刘如愚同共赈贷。……系臣与本乡土居官及士人有行义者，与本县官同共出纳。③

朱熹这两段话清楚地把“官员”和“士人”分开，但又明显地认为“士人”参与地方事务的重要性。这一方面反映了他自己对知识分子的期望，但也反映了科举制度的影响。自然，这些士人一定包括了许多得解或免解的举人。

举人的社会地位被肯定了，法律的地位也受到保障，那么它变成考试制度中的一个阶段也就十分自然了。

明清地方学校生员也算是一种资格，这是宋代所没有的，其生员经乡试而成为举人，一般已认为是第二层资格，已经可以出官。但从科举制度的发展来说、举人正式参加会试的资格，其精神与宋代相同。而明清举人的地位则循宋而下日益清楚，且可以正式出官。清代的知县约有三成半出身举人，进士出身的只占二成多一点。④

至于州县毕业生与落第举人一同可以到太学补试，以后在太学取解的这个办法正是

---

① 参看《宋会要辑稿》“刑法”二之五十九上下。

② 朱熹：《朱子大全》，卷十八，“奏巡历至召州奏行事件状”，第5页上。

③ 朱熹：《朱子大全》，卷九十九，“社仓事目”，第18页上。

④ 参看李国祁等《清代基层地方官人事嬗递现象之量化分析》（台北，“行政院”，1975年），第30页。

后代贡生和“举贡”的源起。他们在国子监读书后可以直接任官，也可参加廷试，与宋代只能取解仍应参加礼部试略有不同。但宋代在王安石及蔡京主政的时期也曾尝试要让太学上舍毕业生直接任官。因此可以说这当中的构想是一脉相承的。

明清举人是地方政府的中坚，考试出身的人是地方社会的重要主干，这个现象是宋代推行考试而造成的。研究宋代的举人正足以让我们对这个现象有更深入的了解。

美国学者贾志扬（John Chaffee）在他的 *The Thorny Gate of Learning in Sung China*（Cambridge：Cambridge University Press，1955）对于宋之举人亦有深入之研究，值得参考。又本文撰写时承王德毅教授提供宝贵意见，并指出若干错误，兹一并感谢。

原载《国际宋史研讨会论文集》，台北“中国文化大学”，1988 年

# 宋元的时文——八股文的雏形

朱瑞熙

宋元时期的时文，是专供贡举和学校考试使用的一种特定的文体。时文在宋代屡经变化，最后定型为十个段落的体式，类似明清时期的八股文。最初，时文使用于贡举“三题”① 之一的“论”，神宗熙宁年间王安石贡举改革后，扩大使用到经义。后来又推广到医学考试的脉义和假令论方义。于是经义和论、脉义、假令论方义等都开始使用这种特定的时文文体。

时文的文体，宋初使用骈文，仁宗嘉祐前流行险怪奇僻之体，从嘉祐开始推广古散文体。南宋前、中期，学者讲求文章的章法、句法等，评点之学兴起，散文写作技巧日趋严密，终于形成了一种近似明清时期八股文的新文体——十段文。

## 一　北宋的时文

八股文是糅合散文的章法，骈文的排偶和近体诗的格律而构成的“三合一”新文体。这种文体虽然正式确立于明宪宗成化年间（1465—1487 年），但实际上早在宋代已形成了它的基本格式。

从宋太祖起，沿袭隋唐以来分科考试、选举人才的制度，并逐步创立了三年一试和三级考试（殿试、省试和乡试）、别头试、考卷实行糊名弥封，誊录、特奏名法等，使之不断完善。从仁宗起，正式建立太学，逐步取代了国子学；各类各级学校也大量兴建。神宗和徽宗时的两次兴学运动，基本建立了三舍考选制度。从此，朝廷的三级贡举考试和太学的三舍考选制度同时实行，互为补充，成为国家主要的取士途径。

宋初以后，时文的文体屡经变化。宋初沿袭晚唐五代的靡丽之风，流行四六骈体文，称为“时文”。真宗时，杨亿、刘筠提倡以“雄浑奥衍”的文字革除其弊②，但堆砌典故，辞藻繁缛，依然华而不实，号为“西昆体”。仁宗天圣初（1023 年），欧阳修

① 据《文献通考·选举四》，在宋神宗熙宁四年前，进士科殿试共考诗、赋、论三项，称为“三题”。

② 宋祁：《景文集》卷五九《石太傅墓志铭》。

应举时，见学者“务以言语声偶擿裂，号为时文，以相夸尚”①。仁宗景祐初（1034年）后，太学士人“各出新意，相胜为奇”。“以怪诞诋讪为高，以流荡猥琐为赡”，称“太学体”。庆历间（1041—1048 年），朝廷多次下诏“丁宁戒饬”②，但收效甚微。嘉祐二年（1057 年），欧阳修知贡举，极力排抑“太学体”。欧阳修倡导不受对偶、声韵和典故约束的古散文体，树立了平易流畅的文风。神宗时期的贡举改革，士人考经义和论，又逐步形成了一种新体的时文。这种文体主张“推明义理之学，兼老、庄之说”③。

嘉祐二年正月，苏轼参加省试，所撰《刑赏忠厚之至论》，第二段用“有一善”开头，紧接着对以第三段：“有一不善，从而罚之，又从而哀矜惩创之，所以弃其旧而开其新。”以下又连用两行对句。过接几句散语后，再接连两行对句。三月，苏轼参加殿试，所撰《重巽以申命论》④，文中用了许多字数多少不定的对句，而且出现了“官题”（考官出的题目）的痕迹。不过，苏轼并没有完全按照成格，而是自出机杼，充分表达了自己的思想，所以各篇大义的写法并不雷同。

宋神宗时期，对贡举制度进行了改革。从熙宁四年（1071 年）起，进士科停考诗赋。帖经、墨义，改考经义，以便“除去声病偶对之文，使学者得专意经术”。士人各治《诗经》、《尚书》、《周易》、《周礼》、《礼记》一经，兼习《论语》、《孟子》。每次分四场考试，第一场考本经，第二场考兼经大义十道，第三场考论一首，第四场策三道。中书门下撰“大义式”颁行。⑤ 经义程文每篇不得超过 500 字。⑥ 同时，由王安石撰《字说》，王雱和吕惠卿、吕升卿等撰定《诗》、《书》、《周礼》义（即《三经新义》），刻板颁行全国，凡士子应试，“自一语以上，非《新经》不得用”⑦。哲宗元祐间，禁引用《字说》，改设经义和诗赋两种，停试律义⑧。

为了配合贡举改革，王安石特撰一些经学小论文，作为“经义式”即士子考试经义的答卷标准。《古今图书集成 · 文学典》载有王安石“经义式”，收录了《里仁为美》、《五十以学易》、《参也鲁》、《浴乎沂》、《非礼之礼、非义之义，人人弗为》、《可以与、可以不与，与伤惠；可以死、可以无死，死伤勇》等六篇。其中最后两篇，均见于王安石的文集，改名《非礼之礼》和《勇惠》⑨，正文个别文字也有所改动。以《非礼之礼》为例，该文第一段：“古之人以是为礼，而吾今必由之，是未必合于古之

---

① 欧阳修：《居士集》卷四一《苏氏文集序》。

② 《续资治通鉴长编》卷一五八，庆历六年二月己卯。

③ 赵彦卫：《云麓漫钞》卷八。

④ 《宋会要辑稿》选举七之一七，载仁宗御试，亲出《重巽命论》题。

⑤ 《续资治通鉴长编》卷二〇〇，熙宁四年二月丁巳。

⑥ 《宋会要辑稿》选举三之五三。

⑦ 《三朝名臣言行录》卷八《吕公著》。

⑧ 《宋史》卷一五五《选举一》。

⑨ 《王文公文集》卷二八。

礼也。”紧接着就对一个第二段：“古之人以是为义，而吾今必由之，是未必合于古之义也。”① 然后又以“盖知向之所谓义者，义之常，而汤、武之事……使汤、武暗于君臣之常义，而不达于时事之权变，则岂所谓汤、武哉”与下一段“盖知向之所谓礼者，礼之常，而孔子之事……使孔子蔽于制礼之文，而不达于制礼之意，则岂所谓孔子哉”两两相对。而且不论破题、承题，照样使用对偶句式。

宋哲宗元祐间，张庭坚、马涓等四人擅名太学，号为“四俊”。张庭坚，字才叔，其经义程文尤为当代推崇。南宋吕祖谦编《宋文鉴》时，收入张庭坚的两篇经义，一篇题为《自靖人自献于先王》，另一篇题为《惟几惟康其弼直》②。明人（佚名）编《经义模范》一书，也收入他的《恭默思道，梦帝赉予良弼》等经义。尤其是《自靖》一篇，被后人视为经义的范文之一。③《自靖》中，出现了明显的官题：“此其相戒之言曰：‘自靖人自献于先王。”然后转入原题：“盖于是时纣欲亡而未瘖也……”《恭默思道》中，第一段写道：“静而虑者诚之至，感而通者诚之形。”以此作为破题，而且第一、二句为句法相同的对句。也出现了明显的官题：“‘恭默思道，梦帝赉予良弼’，载于《说命》上篇。”然后转入原题。

从王安石、张庭坚的经义和苏轼的论，可以看出从仁宗到哲宗时期，还没有整齐严谨的八比，不强求对仗排偶，不完全禁止引证比喻，但已经出现了数量不等的比以及破题、承题、官题、原题等格式。这些格式是移植当时诗、赋破题等程式的结果。近体诗发展到唐代，日趋定型，在形式上要求句数和字数一定，某些句子必须对偶。应举诗中还出现了破题、颔比、颈比、腹比、后比、结尾等名目。④ 北宋的论和经义不能不受到影响，逐步引入这些程式。嘉祐年间后，论开始用古散文体撰写；熙宁年间后，经义也加入这一行列。与此同时，论和经义又开始移植骈文的对偶句式，移植近体诗的破题，颔比等程式。三者逐渐结合一起，开始了一种新文体的形成过程。

## 二　南宋前期和中期的时文

南宋前期和中期，是指高宗到宁宗时期。这一时期的贡举考试制度与北宋末年有所不同：高宗建炎二年（1128年），改用哲宗元祐之制，设诗赋进士和经义进士两科，同时，略加改革，各以四场试士。诗赋进士，第一场考六经经义一道，《论语》或《孟子》义一道。经义进士，第一场考《周易》、《诗经》、《尚书》义三道，《论语》义一

---

① 《古今图书集成》收录此文时，可能为符合八股格式，删去了第二段，因为破、承不宜用对偶句。

② 《宋文鉴》卷一一一。

③ 见倪士毅《作义要诀》。《经义模范》录宋张庭坚、姚孝宁、吴师孟、张孝祥等四人经义十六篇，其首为《自靖》一篇。

④ （元）王构：《修辞衡鉴》卷一《诗体》。

道；第二场考《周礼》、《礼记》、《春秋》义三道，《孟子》义一道。这两类进士第三场各考论一首，篇幅限在500字以上。《绍兴重修通用贡举式》还规定了论和经义的体式：试卷出现以下各项中的任何一项，即义题答非所问，漏写或错写道数，论漏写题目，论少写50字，忘写“奉试”和“谨对”（义卷的首尾）、“论曰”和“谨论”（论卷的首尾），为“犯不考”式。论少写20字，或连用本朝人文集10句，即犯一“抹”，五抹便降为下等；少写10字，即犯一“点”，五点算为一抹。经义和论的试卷，开头一行写“奉”字；第二行写“试某经义”或“试某论”，列出试题；第三行经义写“对云”，论写“论曰”两字开头；全篇最后，经义写“谨对”，论写“谨论”两字结束。①

这一时期时文的文体有较多的变化。高宗时，学者推崇苏（轼）文，极力仿效，孝宗时，出现了“乾（道）、淳（熙）体”②，其代表人物是叶适、陈亮等。他们师法苏轼，才辩纵横，尤其发展了政论文体。光宗绍熙年间，改崇程颐和程颢，称为“洛学”。宁宗庆元四年（1198年），已经出现了经义“全用套类”，即使用现成章法、格式的现象。③

许多学者还进一步探索文章的章法，句法等，出现了评点之学，散文写作趋向规范化。其代表作为吕祖谦《古文关键》。该书《论作文法》篇，提出了写散文的原则和方法，比如认为一篇文字中，必须有几行整齐处，又有几行不整齐处，或缓或急，或显或晦，缓急、显晦相间。又提出“常中有变，正中有奇”，“意思新、转处多则不缓，结前生后”，等等。该书收录韩愈、柳宗元、欧阳修、三苏、曾巩等人的论、说、书、叙，逐篇从构局、造意进行条分缕析，使读者领会开合、波澜、抑扬，反复、转换、变化、起伏、缴收等手法。魏天应编选《论学绳尺》卷首《论诀·诸先辈论行文法》中，也收录了吕祖谦、陈亮等人的写“论”之法。吕、陈两人是从写散文体的角度，讲述做“论”的技巧。吕祖谦提出，论有各种体式，或者壮健，或者清快，不可一律看待。看论必须先看“主意”（中心思想），然后看过接处。作论要首尾相应，过接处要有血脉。论的片段或多，必须一开一合，方有收拾。又说：“题常则意新，意常则语新。意深而不晦，句新而不怪。笔健而不粗，语新而不常。”这些话同样也见于《论作文法》。由此足证散文写作规范与论的定格有着密不可分的关系。陈亮认为作“论”，“不必作好语言，意与理胜，则文字自然超众”，强调以思想内容为主，不必追求“诡异之体”和“险怪之体”。

这时，文章的章法和句法，与骈文的排偶、近体诗的格律，三者进一步结合，到宁宗时期终于形成了一种新的时文体式。这一体式在论方面，集中体现在《论学绳尺》

① 丁度等《贡举条式》。《苏轼文集》卷六《三传义》保存了当时经义的格式，正文开头皆写“对”字，最后写“谨对”。

② 周密：《癸辛杂识》后集《太学文变》。

③ 《文献通考》卷三二《选举五》。

一书中，在经义等方面，体现在《太医局诸科程文格》一书中。

《论学绳尺》卷首《诸先辈论行文法》，收录了南宋前期尤其是中期的许多文人关于撰写论的经验，其中有陈傅良、陈亮、戴溪、冯椅、欧阳起鸣、吴琮等人。

陈傅良等人认为，冒头（又称论头、冒子）是一篇时文的“纲领”。冒头中用语“最忌圭角，忌重滞”，“贵简劲明切、圆活警策，不吃力，不费辞，不迂”。冒头中第一个段落称破题。破题是冒头的“纲领”，概括全篇的大意。用一句、两句做破题最佳，其次用三句，再次用四句。破题所用字，都是“一篇之骨”，“无虚下者，后面亦须照应”。句法要严整，“有浑厚气象”。“论之去取，实系于破题。破题不佳，后虽有过人之文，有司（按指考官）亦不复看。”破题只能用题目上字，不能外求字代替，否则，难得合适，而且有妨下文的回顾。第二个段落是承题（接题）。承题要写得开阔，“欲养下文渐下，莫说尽为佳”，“欲抑先扬，欲扬先抑，最嫌直致、无委曲”。如果提掇得合适，“后面自不费力”，“这里差了，便一向费力”。第三个段落是小讲。小讲写时“最怕紧、怕繁絮”，最宜“径捷去得快”，但“不得苟简”；“又怕几句叠文字，每结句‘之、乎、者、也’”。要斟酌详略，照应前后，不可重复。如果是实事题，开头便要“入题”；前面和后面既已详述，入题处便用“省文法”；不详，则“入题处却不可略”。中间部分是官题，照抄考官所出考题。后面部分的第一个段落称原题。原题处于官题之后的“咽喉之地”，“推原题意之本原”。如果题下有气无力，则全篇的水平可想而知。具体写法有多种，“或设议论，或便说题目，或使比喻，或使故事”。总之，以有新意为贵。第二个段落称“讲题”。讲题又称“论腹”，用语“贵乎圆转”，在刚入讲的地方，“最要过度（渡）精密，与题下浑然”，使人读起来不感到这就是讲题。写到实事之处，要反复铺叙，又要时时“缴归题意，方得紧切”。讲题的内容以赡博为一贵。另一个段落是结尾。结尾是一篇论的“关锁之地”，尤其要“造语精密，遣文顺快”，精密则有“文外之意，使人读之而愈不穷”；顺快则见“才力不乏，使人读之而有余味”。

《太医局诸科程文格》共九卷，是宁宗嘉定五年（1212 年）判太医局何大任带领本局教官，搜集从前合格的程文，从中“拔颖取尤”，编辑而成。所有程文，依照徽宗“崇宁之制”，分为墨义、脉义、大义、论方、假令、运气共六类。其中脉义、大义，假令论方义都采用与“论”和经义相同的体式，仅答卷首尾写“对”和“谨对”，与论的答卷首尾写“论曰”和“谨论”稍异。脉义，大义和假令论方义的正文，分为破题、承题，小讲、官题、原题、讲题、原经、结尾等段落。

首先，各道脉义的破题都写四句，其中两句与另两句对偶。承题用“盖”字或“且”字开头，句数和句式可与破题相同，也可写三句。官题的格式都是“经曰……”，照抄题目，再写“其意若此”、“大意如此”或“厥理若是”。原题大都用“尝谓”、“且夫”或“原夫”两字开始，讲题大都用“今也”两字开始，原经都写明“经曰”或其他医学著作的名字，结尾大都用“以此推之”或“即此推之”四字开始。这些脉义的每篇字数，多者 651 字，少者 440 字。

其次，各道大义的破题大都写四句，四句中两句与两句对偶；少数只写两句，互为对偶。承题以“盖”字或“且”字开始，也用偶句。小讲、大讲都写成多段偶句。大讲很多以“今天”两字开始。原经一般自己发问，如“何以证之”、“何则”等，然后据引多种医典和相关段落，只用散行。结尾常用“由是证之”、“即此观之”开始，一般写三、四句，少数写两句或五句，大都用散行，少数写成偶句。这些大义的每篇字数，多者有777字，少者358字。

再次，假令论方义的破题都用四句，其中两句与两句对偶。承题大都用“盖”字开头，少数用“夫”或“且”、“何则”开头，都写成偶句。小讲参用偶句和散行。官题以“伏承明问”或“今观前问”四字开始，然后照抄题目。原题常用“尝观”或“尝谓”开头，也有用“大哉……窃原”开头。讲题常有“今夫”开始，写成多段偶句。原经则引经据典，只写散行。结尾用“以此言之”、“由是推之”开始，也有用“噫”字或“吁”字开头的；句数较多，也有只写四五句的；偶句或散行皆可。这些假令论方义的每篇字数，多者有1471字，少者866字。

大约从宋孝宗时开始，在考试六经时，考官想方设法出难题和怪题，摘取大旨相近的两段合为一题，称“关题”。或者摘取上下经文不相连的段落为一题，称为“断章”①。如《尚书》义题，用“璇玑玉衡，以齐七政”，关“舞干羽于两阶，七旬，有苗格”为题，实际这两段是判然两事，略不接近，根本不相关。如《周易》义题，用“时乘六龙，以御天也。云行雨施，天下平也。”至此当断，但考官又摘取下文“君子以成德为行”一句，相连为题。实际“君子以成德为行”与下句“日可见之行也，潜之为言也”相连。② 宁宗初年，为防止士子预猜试题，朝廷允许考官在六经本经内，摘出文意相似、不致牵强的两段，合为一题。允许考官任意选择合题或全题。③ 嘉泰元年(1201年)稍前，考官在命题时，往往因“显然浑成”的关题，“多已经用”，乃搜索新奇，用几段“意下相属，文不相类”而实际十分牵强的句子，当做“关题”。或者割裂上下文句，当做“断章”。所以，朝廷在该年一度加以禁绝。④ 嘉定四年(1211年)，再次禁止命题断章。⑤ 十五年，又一次禁止考官“强裂句读，出其所不拟，专务断章，试其所难通”，但允许出关题，而且要求考官“惟意所择，不必尽拘每举句之多寡、求其字之对类，惟务明纲领而识体要”⑥。尽管考试增加了难度，有效地防止士子预猜试题，但士子为了应考，“惟务遗文，不顾经旨”，因此有些目光敏锐的官员也认识到这

---

① 《宋会要辑稿》选举一、五。

② 《宋会要辑稿》选举一之二一。

③ 《宋会要辑稿》选举五之二〇。钱大昕《十驾斋养新录》卷一〇《春秋合题》载元、明、清初经义题，仅《春秋》有合题，将两件甚至五六件事合为一题。合题与单题相对。清乾隆初，始禁合题。

④ 《宋会要辑稿》选举五之二五。

⑤ 《宋会要辑稿》选举六之一〇。

⑥ 《宋会要辑稿》选举六之四二。

不是学者的过错，而是“有司实启之”①。

## 三　南宋后期的时文

南宋后期指理宗和度宗时期，文体又出现了几次变化。理宗端平间（1234—1236年），江万里习《周易》，“自成一家”，士子向慕，“文体几于中复”。淳祐四年（1244年），徐霖以《尚书》学夺得省试状元，“全尚性理，时竞趋之，即可以钓致科第功名”。从此，非《四书》、《东、西铭》、《太极图》等“不复谈矣”。到度宗咸淳末年，江东李谨思、熊瑞等人“倡为变体，奇诡浮艳，精神焕发，多用庄、列之语，时人谓之‘换字文章’。”此种文体，延续到宋亡。②

这一时期，为满足士人应举的需要，民间编印了大批程文的汇编。陈振孙《直斋书录解题》卷一五，即载有五种程文汇编：《指南赋笺》五五卷，《指南赋经》八卷，是书坊编纂的两部赋集，所选内容限于宋光宗绍熙年间（1190—1194年）以前。《指南论》一六卷（另本四六卷，分为前、后两集），所选内容限于孝宗淳熙年间（1174—1189年）以前。《擢犀策》一九九卷，《擢象策》一六八卷，前书所选内容从哲宗元祐（1086—1093年）到高宗绍兴初年（1131年），后书所选内容则只限于高宗绍兴末年。陈振孙指出：“大抵科举场屋之文，每降愈下，后生亦不复识前辈之旧作，姑存之以观世变。”

此外，还有谢叔孙编《诗义断法》五卷，只列拟题。③林駉编《古今源流至论》前集、后集、续集各十卷，黄履翁编别集十卷。章如愚编《山堂考索》前集六六卷，后集六五卷、续集五六卷、别集二五卷。谢维新《古今合璧事类备要》前集六九卷、后集八一卷，等等。当时乡塾陋儒，分类编纂，排比联贯，荟萃成书，以供场屋采掇之用。福建麻沙书坊刊本最多。这些书籍中以《古今源流至论》、《山堂考索》、《合璧事类》等最为精博，至今尚有较高的价值。

南宋末年，魏天应编选和林子长笺解《论学绳尺》十卷，是一部指导时文之一“论”写作的专书。魏天应，号梅野，建安人，乡贡进士，曾受业于谢枋得。林子长，号笔峰，福建人，曾任京学教谕。此书收录宋室南渡以来省试中选的优秀的论，共356篇，每两篇立为一格，共178格，如以天立说格、顺题发明格、驳难本题格，体用贯题格、立说贯题格、题外生意格、就题发明格等。每篇程文先写清属于何格，再列题目和作者，然后说明本题的出处和立说大意、评语，有时还在正文后说明本篇与他篇的关系。正文一般都用“论曰”两字开头，最后用“谨论”两字结束。正文几乎逐句进行

① 《宋会要辑稿》选举五之二五。

② 周密：《癸辛杂识》后集《太学文变》。

③ （清）陶福履：《常谈·经文》。

笺解，分析大意和前后呼应关系以及所属格式、句法等。根据各篇的笺解，可知这时论的格式，顺次为破题、接题（承题）、小讲、缴结、官题、原题、大讲（讲题）、余意、原经、结尾等十个段落。其中又以破题至缴结四个段落，总称冒头（冒题、冒子）。破题大都写三句或两句，有时也写四句，皆不用偶句。承题常用“夫”字或“盖”字开头，多者写十来句，少者写几句，一般不用偶句。小讲参用偶句和散行。冒头结束后，再写一次题目（官题），然后自己发问或提出下文的任务，如“孰能……”、“请得而绎其说”、“请申之”、“请因其意而申之”、“请申论之”等。官题后，都空一字，表示进入原题。不少程文的原题用“尝谓”、“愚尝求”、“尝试”、“尝读”、“尝因”、“尝考”等开头，参用偶句和散行。大讲则常用“今夫”、“今观”等开头，皆用偶句，各段偶句间或用散行过接。结尾大都用散行，少数用偶句。

值得注意的是，各论的逐句笺解中，使用了“股”、“脚”等字，如陈傅良撰《为治顾力行如何》题，正文有一段写道：

> 王恢严助之策未施，而邀功之隙未开。文成五利之技未售，而神仙之好未盛。相如枚皋之赋未奏，而文章之习未胜。张汤杜周桑弘羊孔仅之徒未并进，而赋敛刑法尚文景之旧也。

笺解云：“以上数人皆言利之徒，见《食货志》。以上四股，皆是武帝后来事，只将数个‘未’字斡归初年意。末句长，方承得上三句起，此作文之法也。”① 这是将四行句式相同，命意的轻重、文字的长短（仅第四句较长，笺解也作了说明）、声调的缓急、助词和语气词的安排等均两两相对的一组散体长联，称为“四股”。再如朱有进撰《天职天功天情如何论》题，正文原题部分写道：

> 尝谓荀子之论天，其谓有形之天邪？其谓无形之天邪？
> 如谓其无形，则以何物为言职，以何事而言功？（笺解云：交股反难天职天功。）
> 如谓其有形，则上天之载，无声无臭奚其情？（笺解云：交股反难天情。）

这里以“如谓”开始的一组排句，各称为“交股”。所谓交股，乃指交错对偶之法。《锦绣万花谷》前集卷二一《诗律》记载“交股法”说：

> 王介甫诗云：“春残叶密花枝少，睡起茶多酒盏疏。”惠洪谓“多”字当作“亲”字，盖欲以少对密、疏对亲。江朝宗谓惠洪不晓古人句格，此一联以密对疏、以少对多，正交股用之所谓蹉对也(《艺苑雌黄》)。

① 《论学绳尺》卷七。

以前一句诗的第四字与后一句的第七字相对，又以前一句诗的第七字与后一句的第四字相对，这种诗歌对仗中对应词参差为对的手法，称为“交股法”。

此外，王质撰《尧仁如天》题，高山撰《圣人成书成言》题，纬焯撰《邹鲁守经学》题，冯椅撰《周礼尽在鲁》题，郭拱朝撰《天道善胜如何论》题等，都有“三股”、“两股”、“一股”（必与另一股排偶）的用词。

这时还使用“脚”字，也代表对偶的一方。如林昌谦撰《书诗春秋出于史》题，正文中有一段如下：

> 《书》出于古史，圣人因而定之尔。《诗》出于国史，圣人因而删之尔。《春秋》出于鲁史，圣人因而修之尔。圣人固尝曰“述而不作，信而好古”。夫述而不作，则《书》定可也，《诗》删可也，《春秋》修可也。

笺解云：“总上三脚文，曰定，曰删，曰修，见得非夫子自作。”这是将一组互相对偶的排句之一称为一“脚”。从句子的长短看，与股的第一例并无差异。正文接着又写道：

> 析因夷隩，民安其业，常如唐虞之治。持盈守成，歌舞太平，常如凫鹥之世。礼乐征伐，会盟朝聘，常如三代之盛时。则《书》可无定也，《诗》可无删也，《春秋》可无修也。

笺解云：“总上三脚，应前定、删、修三字。”① 又是将一组互相对偶的排句之一称为一“脚”。以上总共为六“脚”。此外，黄镛撰《汤文孔子闻知如何》题，李雷奋撰《上圣道德仁义如何》题，乔应旂撰《帝王文武德威如何》题，黄道深撰《郭林宗何如人》题等，其笺解中均用了“三脚”、“二脚”等词。

从以上“股”、“脚”的用法，完全看不出两者之间有多少区别，也与排句的长短了不相关。如果说用“脚”字的排句比用“股”字的要短一些，但陈傅良撰《为治顾力行如何》题中被称为“四股”的四个排句也并不长。所以，“股”和“脚”看来可以互相通用。这说明开始用“股”来表示排偶的一方（一段或一行）的时候，尚无严格规定，所以不时代之以“脚”字。这些称为“股”或“脚”的文字，虽属排偶，但不是骈文，不用四六，也不求押韵。

元人倪士毅在《作义要诀》序中说，宋代经义程文“其篇甚长，有定格律：首有破题，破题之下有接题（接题第一接，或二、三句，或四句，下反接，亦有正说而不反说者），有小讲（小讲后，有引入题语，有小讲上段；上段毕，有过段，然后有下段），有缴结。以上谓之‘冒子’。然后入官题，官题之下有原题（原题有起语、应语、结语，然后有正段，或又有反段，次有缴结），有大讲（有上段，有过段，有下段），

---

① 《论学绳尺》卷九。

有余意（亦曰后讲），有原经，有结尾”。接着又说：“篇篇按此次序。其文多拘于捉对，大抵冗长繁复可厌。”表明南宋后期的时文，分为破题至结尾等十个段落，而且大多用对偶文句，篇幅较长。《作义要诀》还引述曹泾撰《宋季书义说》的许多内容。曹泾（1234—1315 年），号宏斋，歙县人。度宗咸淳四年（1268 年）登进士第，曾讲授于丞相马廷鸾家，其子马端临等皆承曹泾之学。①《宋季书义说》记载，原题的写法是“其文当图，其体当似”。“慷慨之体，中间最不要露圭角，又不要成段对文。”“大抵是唤起之后，便应一应，结一结，然后正一段，反一段，又总缴结。此为正体，其反说者不必多，比正段宜减大半。”又记载余意“乃是本题主意外，尚有未尽之意，则于此发之。须是意新，又不背主意，仍于主意有情乃可”。原经的写作方法“须是说这个题目，其来历次第如何，或是谁人做底事，他这事是如何；或是谁人说底话，他这话是如何，要推寻来因究竟，下稍结煞”。开头多是引证，中间唤出出处，然后分析来龙去脉，最后加以小结。结尾的写作，“也要识体格”，不仅仅是“用事证题”而已。具体有多种格或定格，此处不一一列举。倪士毅在《论冒题》篇，引用有的人所说，破题是“一篇之纲领，至不可苟”，“句法以体面为贵，包括欲其尽”。如果题目句多，则融化而“不见其不足”；如果题目字少，则敷演而“不见其有余”。接题是承接破题之意，要全部见于两三句之中，“尤不可不用工也”。还认为冒头好像人的脸面，“着不得十分多肉”，“肉多则嫌有肥气，不雅观也”。

## 四 元代的时文

元代前期，尚未实行科举取士制度。直到元仁宗延祐元年（1314 年），才正式开科取士。是年各地举行乡试，次年二月在礼部会试。此后，科场每三年开试一次。以《大学》、《论语》、《孟子》、《中庸》为四书，以《周易》、《尚书》、《诗经》、《礼记》、《春秋》为五经。规定蒙古和色目人第一场试“经问”五道，汉人和南人第一场试“明经”、“经疑”二问，限 300 字以上；以及经义一道，限 500 字以上，不拘格律。题目均摘自《四书》，考生就题命意，依朱熹《四书章句集注》作解。《诗经》也以朱熹注为主，《周易》以程颐、朱熹说为主，《尚书》以蔡沈注为主，《春秋》允许用《三传》和胡安国传注，《礼记》用古代注疏（比如汉郑玄注）。②

倪士毅撰《作义要诀》，专述撰写时文之一“义”的方法。倪士毅（1303—1348 年），徽州路休宁县人。他在该书《序》中说，宋朝写经义，有破题、接题，小讲等“次序”，而且“拘于捉对”，“大抵冗长繁复可厌”。虽然“今之经义，不拘格律”，但也应该分为冒题、原题、讲题、结题四大段落。所以，该书的内容也按此顺序论述。冒

---

① 《宋元学案》卷八九《介轩学案》。

② （清）陶福履：《常谈·四书》；《续文献通考》卷三四《选举一》。

题中还包括破题、接题等，原题中包括起语、应语、结语。讲题后，还有余意和考经（又称原经）两个段落，他认为“今日固不拘此”体式，但“遇可用处，亦宜用之，但不必拘泥”。每篇经义中的各个段落“接头”之处，要“转得全不费力”，而且要想出“新体”，不要老用“寻常套子”，使人“不见痕迹”。

另一位元人王充耘，撰有《书义矜式》六卷。王充耘，吉水路吉水州人，元顺宗元统二年（1334年）以《书经》登第，授承务郎，同知永新州事。后弃官养母，著书授徒。①《书义矜式》一书，是在《书经》每篇中摘取数题，撰出程文，作为标准，实际是一部提供士人参加贡举考试的经义程式之书。虽然在经旨方面没有什么发明，但作为一时的场屋之体堪称最工。如该书将《书经·虞书》，按《尧典》、《舜典》、《大禹谟》、《皋陶谟》等顺序，各列数题，题下便是正式程文。各篇程文的格式，按照破题、承题、小讲、缴结、官题、原题、大讲、余意、原经、结尾等十个段落顺序。破题可以用两句或四句对偶，也可以不用对偶。承题常用“盖”、“夫”等字开头。官题一般照录题目，用“云云”两字代替，再写“其旨如此”。紧接着是原题。有些原题开头用“或谓”、“尝谓”、“夫”、“昔者”等词。有些大讲开头则用“今夫”、“今焉”、“今也”等词，与原题的“昔者”、“尝谓”等对应。少数程文不录官题，就不写“云云”两字。这些程文基本具备了八比的格式，原题、大讲、余意、原经四个段落均各用两股互相排偶的文字，过接处则仍写成散行。

王充耘《书义矜式》，后代学者认为此书如同清代的“程墨”。另一元人陈悦道的《书义断法》，则被认为如同清代的“讲章”。《书义断法》共六卷，是当时“科场备用”的书籍。书中不全部照录经文，只摘录可以命题的段落，再逐句加以诠解，说明作此题的要点。

## 五　宋元时文的特点

从北宋开始，直到明代成化年间，经过整整五个世纪士大夫们的共同努力，时文终于走完了演变为八股文的历史过程。宋元时文虽然尚未长足成明清式的八股文，但可以肯定已经具备了八股文的基本格式。宋元时文的特点表现为：

第一，它是散文的章法，骈文的排偶和近体诗的格律三者结合的产物。在宋代，三者的结合经历了很长的时间，所以，时文的文体屡经变化。直到仁宗嘉祐初年后，逐步流行古散文体。这种文体不受对偶、声韵和典故的约束，文句随自然而短长；同时，为了加强文章的气势和力量，又经常运用一些骈文的对偶句式。苏轼、王安石的论或经义，都反映了这一发展趋向。南宋前期和中期，主要崇尚苏文，并由叶适、陈亮等发展了政论文体。南宋中期，终于形成了一种专供考试使用的新文体。

① 《四库全书总目》卷一二《经部·书类二》。

第二，它逐步形成了一种比较固定的格式。首先是破题。苏轼所撰论和经义中，大部分破题没有用双行排比文字，但小部分已用偶句。① 王安石的经义《非礼之礼》题，以两个“古之人”排句为破题（见前）。张九成《横浦日新》，记载有人作《健而说》义，破题云：“君子有胜小人之道，而无胜小人之心。”清代学者钱大昕认为，宋神宗熙宁中，以经义取士，虽改变了五、七言之体，而士大夫“习于排偶，文气虽疏畅，其两两相对，犹如故也”。② 到南宋后期，破题已有了定式，不再准许使用偶句，而只能使用散语。《论学绳尺》所收356篇论的破题，没有一篇写成偶句，是最好的证明。其次是接题，最初没有使用散语或对句的规定。苏轼参加省试时所写《刑赏忠厚之至论》，接题即用“有一善”和“有一不善”一正一反两个排句。③ 南宋后期，从《论学绳尺》的各篇考察，接题已不再写成对句。小讲一般也是如此。总之，整个冒头一般都改用散行了。至于官题、原题等段落，南宋中期，陈亮所撰《谢安比王导》、《王珪确论如何》、《扬雄度越诸子》、《勉强行道大有功》等论④，都已写出官题，证明官题已成为在小讲后必定的段落之一。进入原题以后，各个段落便必须排偶。如李雷奋撰《上圣道德仁义如何》论，原题起语用两个“尝求”偶句，笺解说“以上两脚是反证”⑤。欧阳起鸣撰《太宗之美几成康》论，原题起语也用两个“史臣”偶句，笺解云“以本文治二股比并说”⑥。诚然，原题排偶不一定从起语开始，到应语、结语才用偶句也是可以的。至于大讲、余意、原经使用长句排偶，则已成为定规。结尾仍然使用散行。总之，到南宋后期，时文实际上已形成一定的格律，即从破题到结尾十个段落。把十段文与明清的八股文比较，可见只是大同小异而已，所以十段文正是明清八股文的雏形。元代依旧沿袭十段文的格式，只是冒头部分更多使用偶句，如破题大都写偶句，承题和小讲也参用偶句，又回复到了南宋后期以前的体式。

以下为十段文与八股文的对照表：

| 顺序 | 十段文 | | 顺序 | 八股文 |
|---|---|---|---|---|
| 1 | 冒头（冒题、冒子） | 破题 | 1 | 破题 |
| 2 | | 接题（承题） | 2 | 承题 |
| 3 | | 小讲 | 3 | 起讲（小讲、原起） |
| 4 | | 缴结 | 4 | 领题（入题、入手、领上） |

① 《苏轼文集》卷六。

② 《十驾斋养新录》卷一〇《经义破题》。

③ 《苏轼文集》卷二《论》。据倪士毅《作义要诀·自序》，“有一不善”正是一种“反接”的格式。

④ 《陈亮集》卷九。

⑤ 《论学绳尺》卷三。

⑥ 《论学绳尺》卷四。

续表

| 顺序 | 十段文 | 顺序 | 八股文 |
|---|---|---|---|
| 5 | 官题 | | |
| 6 | 原题 | 5 | 起股（提比、起比、提股、前股） |
| | | 6 | 出题 |
| 7 | 大讲（讲段、讲题、论腹） | 7 | 中股（中比） |
| 8 | 余意（后讲、从讲） | 8 | 后股（后比） |
| 9 | 原经（考经） | 9 | 束股（束比） |
| 10 | 结尾 | 10 | 落下 |

第三，它使用的范围前后有所变化。宋神宗熙宁四年以前，只使用于论，且字数每篇限500字以上。熙宁四年改革贡举制度后，时文使用的范围扩大到经义和医学的脉义、假令论方义、大义等。直到宋末，据不断修订的“贡举条式”，论仍限定为500字以上，经义的字数则不得超过500字。经义虽然限定了每篇的最高数字，但士子往往突破规定，所以出现了倪士毅所说的“冗长繁复”的现象。元代规定经义在500字以上，明经和经义每道为300字以上，都没有限制最高数字。

第四，以本朝或前朝著名学者的经学著作作为时文的主要内容。神宗时，《三经新义》和《字说》成为学校的教科书和贡举的出题范围、答题标准。哲宗元祐二年（1087年），因士子治经“专守一家，不识诸儒传记之说”，乃决定禁用《字说》和佛经，“以救文弊”。绍圣元年（1094年），又解除《字说》之禁，专用经义试士。① 南宋前期，王学一度盛行，不久，准许通用古今诸儒议论，以及自出己意，而“毋拘一家之说，务求至当之论”②。南宋后期，开始以朱熹《四书集注》以及《东、西铭》等作为时文的主要内容。元代更规定只据《四书》出题，限用朱熹《四书集注》等。

## 六　宋元时文演变的原因及其利弊

宋元时文屡经变化，直至定型为十段文，完全是适应贡举和学校考选的需要而产生的结果。

随着宋代人口的不断增多和应举范围的扩大，参加贡举的士人逐步增加。但是，录取的名额总是有限的。元祐三年，礼部试进士平均九个半人录取一人。宣和六年，礼部试进士平均近十二个半人录取一人。乡试的录取比例更低。国家虽对参加各州乡试的人

① 《文献通考》卷三一《选举四》。

② 《建炎以来系年要录》卷一一一，绍兴七年六月丙辰；《文献通考》卷三二《选举五》。

数不作限制，只要符合规定，都可报名应试，但录取的人数甚少。

由于录取的名额有限，必然在考试程式上逐步增加了难度。十段文加上规定的排偶、字数限制等，写作时较为繁杂，稍有疏忽，便有被黜落的危险。宋代出现许多皓首穷经而终身布衣者，就与此有关。这是时文使用十段文体的原因之一。

诗和赋的考题可以杂出六经和诸子、历代史籍，所以极少重复。经义的题目则相反，士人专治一经，一经中可以命题的内容则是有限的。为了防止士人揣摸试题，增加考试难度，因而各地、各级考官想方设法扩大命题的范围。于是出现了断章、合题、关题等新的题式。这些题式，是与十段文同步形成的一对孪生子。这是时文使用十段文体的原因之二。

考官的学问和见解往往参差不齐，如果批阅试卷无一定的标准，录取或黜落的任意性必然十分严重。为了克服这种弊病，朝廷在“贡举条式”中规定了试卷“犯不考”式、“犯点抹”式等，又规定了论的最低字数和经义的最高字数，以及命题和答题的范围，但这显然还不够，因此又规定了十段文体，这样，使考官的判分标准有了一定的规范，减少了判分的随意性。这是时文使用十段文的原因之三。

时文的这种新文体早在逐步形成的过程中，便反映出它利弊参半。在熙宁四年贡举改革前，贡举考试的“三题”之一论，已经逐步采用一定的格式。从熙宁四年起，经义也参照这一格式。于是，一直到南宋末年，论和经义都逐渐演变为十段文体。与熙宁四年以前的帖经和墨义相比，采用经义和论，无疑是贡举考试方法的一次革新，应予肯定。顺便提及，有些学者认为熙宁经义开创了八股文，又有一些学者认为八股文与王安石贡举改革无关。笔者认为，以上事实证明这两种观点都不尽准确：从宋仁宗嘉祐初年采用“论”题，并改用古文撰写开始，就意味着迈上了向着十段文和八股文过渡的路程。熙宁四年改考帖经、墨义为经义，只是加速了这一进程。

十段文要求士人精通几部儒家经典，掌握一定的文史知识和基本文法，答题时不致漫无程式，所以，如果不是发生由别人代笔或预知试题等舞弊，足以测出士人学问的功底。对于考官，十段文在文章的款式和格调方面提供了一个更加客观的标准，判分难以随意上下其手。再者，朝廷指定了考试的范围，明确规定了答题的内容，使士子在准备考试时有一定的范围，不致漫无目标。贡举制度的发展本身要求评卷客观化和考题标准化，十段文初步达到了这个要求。

当然，十段文也带来一些弊病。主要是重章法而忽视士子的思想见解。在王安石以经义试士不久，这种弊病就开始显现出来。士子竞趋时好，“专以《三经义》为捷径，非徒不观史，而于所习经外，他经及诸子无复有读之者”，对于古今人物、时世治乱兴衰的事迹茫然不知。① 士子只专一经，不通他经，不懂史学，不求新知，所以王安石晚年也发觉其过失。感叹说：“本欲变学究为秀才，不谓变秀才为学究。”② 北宋末年，

---

① 朱弁：《曲洧旧闻》卷三。

② 《三朝名臣言行录》卷六《王安石》。

欧阳澈在《上皇帝第三书》中指出经义之弊，是“学者专守一经，而不该古今；务为黄、老之虚词，不究经史之实录。至于历世兴亡治乱，例以为祭终之刍狗、雨后之土龙，而略不经意”。有的士人撰“尧典”二字，洋洋十多万言，实在是“荒唐虚无，不务根本”①。南宋末年，方回也说：“今之进士曰经义者，流弊已极，冗腐穿凿，不古也，不工也，甚者巧而已矣。”② 士子难以发挥自己的见解，程文往往空洞无物，废话连篇。这是十段文的弊病之一。

十段文一旦形成，不仅内容空虚，而且形式僵化死板，只能用于贡举考试和学校考试，除此以外毫无实用价值。官员的奏章、公文、书信、著作，不论记事或说理、抒情，都无法使用。相反，四六文体却得到了广泛应用，朝廷的制诰、官员的表启，“犹不免作对”，即使欧阳修、曾巩、王安石、苏轼等大儒，“皆奋然为之”，“终宋之世不废”，称为“敏博之学”，又称“应用”。士大夫们正当“游场屋”参加科举考试，“即工时文”，等到金榜题名，即“舍时文”，改“工四六”，不懂得四六，便称不上文士。③ 十段文成为一种考试文体，不切实用。这是十段文的弊病之二。

十段文到明清时发展为八股文，从内容到形式都搞成固定的模式，其弊病显得更加突出，毋怪乎顾炎武指出：“八股之害，等于焚书，而败坏人才，有甚于咸阳之郊。”④ 这自然不是危言耸听。

原载《历史研究》1990 年第 3 期

① 《欧阳修撰集》卷三。

② 《桐江集》卷四《跋程君时文赘卷》。

③ （元）刘勋：《隐居通议》卷二一《骈俪一·总论》。

④ 《日知录集释》卷一六《拟题》。

# 汉唐科举异同论

徐连达　楼　劲

科举制始于何时？早期说法有二：一曰汉，二曰隋。前者如宋章如愚《群书考索·续集》卷三八《选举》："科目肇于汉，兴于隋，著于唐而备于宋朝。"后者如五代杨九龄《蜀桂堂编事》："科举起于隋开皇。"① 此后直至现代，诸家之说，不一而足。但无论如何：载籍中有一个现象是值得重视的，即隋唐人士，罕以科举为当时的创举，而常将其比于汉以来的察举。如《唐会要》卷七五《帖经条例》载开元二十五年敕文："今之明经、进士，则古之孝廉、秀才。"直至明代，仍有"（汉）贤良、孝廉举以任用似今之科目"② 之说。这种现象，纯属古人喜以时制比附古制的文化心态的表现？抑或因为制度上确有一脉相承的线索在内？值得深思。

人们常以隋文帝开皇十八年诏"京官五品以上及总管、刺史并以志行修谨、清平干济二科举人"为科举之始。但此诏实难与周末"遣戎秩上开府以上、职事下大夫以上、外官刺史以上各举清平勤干三人"③ 之诏截然区分；推而溯之，更与西汉文帝二年诏举贤良方正以来的历代察举诏令如出一辙④。则何以此而不以彼为科举之始？实在费解。又隋炀帝大业年间始设进士为诸科之一⑤，唐、宋相沿，到宋神宗取消诸科、独存进士以后，直至明清，所谓科举，几乎成了举用进士的别名。时人蔽于时制，遂渐以隋设进士为科举之始。此正犹遗剑中流而刻舟以记，不足深论。近代以来，科目既荡而无存，学者得以超乎其上，遂定科举为一整套"分科举人，考试进用"之制⑥。取法乎此，则纵览察举之贤良、孝廉，岂非科目？对策、试经，皆属考试，似乎应该承认科举不起于隋而应始于汉了。但因循至今，科举起于隋说几成定论，而持汉说者则竟成绝

① 引自《十国春秋·后蜀·杨九龄传》。

②《大学衍义补》卷九《清人仕之路》。

③《周书·静帝纪》大定元年诏。

④《汉书·文帝纪》。

⑤ 韩国磐先生把进士科的设置推定在隋文帝开皇年间。见《隋唐五代史论集·关于科举制度创置的两点小考》，三联书店 1978 年版。

⑥《中国文化辞典》科举制度条，上海社会科学出版社 1987 年版。

唱。倒是不少海外学人多持汉说，且基此而敷演了一篇又一篇的大文章。①

对科举制如何界说，也许确实存在着多种可能，但若暂时抛开其起于何时的问题，那么，在时下流行的察举制——九品中正制——科举制的三大段划分中，究竟是否存在某种一以贯之的发展脉络呢？回答应当是肯定的。从正史所载魏晋南北朝时期接续汉代察举制的第一道诏令：魏文帝黄初二年正月“初令郡国口满十万者岁察孝廉一人”②，到此期的最后一道诏令：北周宣帝宣政元年八月“诏州举高才博学者为秀才，郡举经明行修者为孝廉，上州、上郡岁一人，下州、下郡三岁一人”③，已可概略地说明设科举取士仍为此期间的重要选人途径。而《北堂书钞》卷七九引《晋官品令》：“举秀才，必五策皆通，为郎中；一策不通，不得选。”亦足见汉代以来察举考试之制的延续状态。故所谓九品中正制，既没有代替也从未能湮没自汉至隋五百余年察举制生生不息的历史内容。很明显，若按察举制——九品中正制——科举制的三段式区分，则察举与科举便不能不截而为二，科举仅为隋来之制；而若从贯穿于各时期的主要线索来看，分科举士、考试进用之制既已具备于汉代而沿行于魏晋，那么，隋唐所做的实际上只是使之进一步完备和严密化的工作，便谈不上是创置了。这一问题非通过对史实的辨析即难以落实，而其焦点则终将汇聚于汉唐分科考试之制的异同上，因作：《汉唐科举异同论》。

## 一

只要不过分拘泥于一些细节，则唐代科举体制具有三大要素：

1. 在整套科目体系中，必须有经常性的、不排除布衣入仕的科目。

2. 整个组织过程具有全国性和统一的步调。即由朝廷主持，在全国范围内通过自上而下、由内及外的行政体系来进行。

3. 在选拔进用过程中，存在着统一举行并具有取舍放留意义的考试环节。

既谓要素，便缺一不可；除此之外，则虽有增减亦无碍宏旨。但征诸史实，三者在汉代察举制中俱已臻成。谨申说如次：

除武举外④，唐代的科目体系据《新唐书·选举志》载，常科即有十二种，“皆岁举而常选”，然其要者明经、进士而已。制举则天子特诏举行，以求非常之士。据《册府元龟》卷六四五《贡举部·科目》载：自贞观十一年至开成元年近两百年间，制举凡七十余次，每次一般包括三科以上，则在此期间，制举约均不到三年即行一次，其总

---

① 如爱伯华（Wolfrom Eberhard）《传统中国的社会阶层流动》，“从汉代下至1904年的科举制”。Social Mobility in Traditional China, p. 22. E. J. Brill, Leiden, 1962.

② 《三国志·魏书·文帝纪》。

③ 《周书·宣帝纪》。

④ 唐武后长安二年起设立的武举常科既非科举基干，又非选将正途，且不稳定。《新唐书·选举志》言其“选用之法不足道”而略载。本文亦置不论。

科次当在两百以上。

汉代察举科目亦分常科、特科。其特科名目甚多，自文帝二年诏举贤良，至献帝建安五年诏举至孝，两汉书所载不下数十种。而《新唐书·选举志》已言其与唐制举相类："所谓制举者，其来远矣！自汉以来，天子常称制诏道其所欲问而亲策之。"汉代的常科则自武帝元光元年"令郡国岁察孝廉各一人"始，其察贡选试之法，按口举送之率，至后汉而臻于完善；另茂才（秀才）科至是亦成为常科，皆岁举常选，与唐略同。

再就常科在仕途总格局中的地位而言：唐进士科每岁所取约10~40人不等，明经科则每岁约取100余人。据《旧唐书·刘祥道传》的论载，高宗时每岁入仕总数约1400人，姑依此计算，则唐明经、进士两科约占每年入仕总数的8%~10%①。汉代的孝廉科，若按武帝时规定"郡国岁各一人"计，每年所举已达100余人；若按以后所定200000:1的举送比例来计算，则岁举孝廉当在200人以上。有统计表明，在汉举孝廉的三百五十余年中，所举总数共约74000余人，为当时其他任何科目所不及②。虽其最后录用为官的数量已难考知，但这样的举送规模，在官少事简，"受诏赴任，每州不过数十"的汉代来说③，不能不说是相当惊人的了。因此，汉代的孝廉常科与唐代的明经、进士科一样，都是当时科目中的主体。又就《后汉书》和《旧唐书》所载传主的履历统计，汉唐各种科目在当时官僚的全部登进途径中所占的比重是出乎意料地接近，这说明汉唐取士各科在当时整个仕途格局中的地位也大致相埒。具体见下表：

| | 传主总数 | 有科目履历者 | 传主高官数 | 有科目履历者 |
|---|---|---|---|---|
| 后汉 | 475（人） | 161（人） | 307（人） | 122（人） |
| 百分比 | 100% | 33.9% | 100% | 39.7% |
| 唐 | 1 590（人） | 531（人） | 1 246（人） | 457（人） |
| 百分比 | 100% | 33.4% | 100% | 36.7% |

备注：1. 该统计严格限于传主，附及者不入；宗室诸子、后妃、宦官、列女传不入。

2. 后汉人获前汉及王莽时期科目履历者，唐代人获隋科目履历者，亦入此表。

3. 举而不就或就而被黜落者不入。

4. 高官指后汉二千石以上、唐四品以上。

事实上，汉代察举诸科的名目，多相沿至唐而不废。今将唐代沿用汉代初创的主要

① 《旧唐书·杨玚传》言："诸色出身，每年向二千余人，方于明经、进士多十余倍。"其比例大体相近。

② 黄留珠：《后汉仕进制度》，西北大学出版社1985年版，第102页。本文写作中对此书多所取鉴，特此说明。

③ 《通典·选举二》原注。

科目列于下：

| | |
|---|---|
| 秀才（茂才） | （元封五年创） |
| 明经 | （西汉中后期创） |
| 明法 | （西汉中后期创） |
| 孝廉 | （元光元年创） |
| 贤良方正 | （文帝二年创） |
| 武猛（或勇猛） | （元延元年创） |

纵览史载，自汉以来，各科虽代有兴衰损益而其实则同。汉重贤良、孝廉，魏晋以后重秀才、明经，唐代则重明经、进士。到于隋唐新增的进士科，其名原出《周礼》。汉魏间人已有把贡于朝廷的孝廉比作“进士”的习惯①。故隋设进士科，初意亦不过比附古制而列科名以取文士而已，其完全从属于汉以来的整套科目体系，与秀才、贤良之类异名同实，相辅为用。至于其后逐渐占有重大地位，到明清几成一尊之势，则又是另一个问题了。

今再取汉、唐诸科入仕者的身份加以辨析，则其大体可知。两汉书诸帝纪所载制举贤良（含直言、文学），自文帝二年至桓帝永康元年共 36 次，名臣如晁错、公孙弘、董仲舒等咸从此出。其身份，赵翼《廿二史札记》卷二《贤良方正茂才直言多举现任官》条云：“见于列传者唯公孙弘由布衣起。”其实，公孙弘曾为狱吏，倒是严助、疏受、苏章、李法诸人，似皆为布衣而被征为贤良②。且观汉代特科诸诏，既有明确限制身份、排除布衣的③；也有明令吏、民同举，不分轩轾的④；更有特诏先举隐逸岩穴之士的⑤；但一般都仅列方正、有道等标准而不及其身份。应当说，汉代的特科，基本上并不排除布衣。唐代制举，布衣入仕者显然比汉代多，但大量的仍是有出身人，包括明经、进士及第者或现任官、故官等。统计《旧唐书》所载传主的有关情况，曾应制科者总数为 106 人，其中布衣予举者 42 人，占 39.6%，有出身人予举者 64 人，占 60.4%。

因此，就制科而言，汉、唐都呈现出不排除布衣、同时布衣应举者仍属少数的状态。那么，常科的情况如何？唐常科如明经、进士的身份，在当时吏部选与礼部举相分的规定下⑥，自然大部分皆为布衣。但参之史传，有出身人应礼部举的亦不乏其例⑦，尤其是在晚唐强调选人与举人的区分之前，更是如此⑧。汉代常科如孝廉，有研究表

---

① 《三国志·吴书·孙坚传》注引《续汉书》。

② 皆见两汉书本传。

③ 《后汉书·安帝纪》永初二年诏。

④ 《汉书·宣帝纪》元康元年诏。

⑤ 《后汉书·章帝纪》建初五年诏。

⑥ 《册府元龟》卷六四一，《贡举部·条制三》。

⑦ 《旧唐书·王凝传》。

⑧ 《唐会要》卷七五《进士》所载建中三年敕。

明：其多数也是从未仕的布衣中察举的。据《秦汉仕进制度》归并统计，其中布衣占57.7%，吏占38%，故官占4.3%。这里要说明的是：所谓“吏”，自后汉起，有相当一部分是布衣在被察前必须“试之以职”的结果①，这部分吏实际上亦可归入布衣一类。故汉代孝廉身份中布衣所占的比重，当比以上统计数字更大。

据上所述，则汉代实已有常科与特科相辅相成的科目体系，尤其已有孝廉这样主要从布衣中选拔官僚的经常性科目；与唐相比，其在系统性和完备性上固然弗如，但两者之大同小异，似无问题。

汉、唐设科取士之制的组织过程：唐制常科如《册府元龟》卷六三九《贡举部·总叙》所述：“大抵铨选属吏部；贡举属礼部；崇文馆生属门下；国子学生属国子监；州府乡贡属长官，职司在功曹、司功。”其具体程序：州县、学校按科选贡，尚书省统一校试，户部集阅，吏部考试（开元以后考试转至礼部），中式者再经吏部铨选后，报宰相及皇帝统一任命。制举则一般由各地各部门按规定的标准和程序将应举者送至朝廷，经统一甄别后由皇帝亲自策问，再定其等第而任命之，或仅予出身而再经吏部铨选授官。

再看汉制，《通典·选举一》：“其时选举于郡国属功曹；于公府属东、西曹；于天台（尚书台）属吏曹尚书，亦曰选部，而尚书令总之。”此后汉之制。前汉则大体由郡国按科贡士至丞相、御史二府，再达于尚书，名目稍异而体制略同。其具体过程如《汉旧仪》上卷所载：“刺史举民有茂才，移名丞相，丞相召考。”另《汉旧仪补遗》上卷：“郡国举孝廉各一人，谓御史举试。”但武帝以来，察举经州部郡国贡至朝廷后，在公府选署之外当已由尚书操纵其事并奏闻皇帝。《后汉书·左雄传》载，顺帝阳嘉以后孝廉皆须先诣公府课试，再由尚书复核，应即由此而来。当时特科情况似更简捷。因为特科对郡国来说是分科荐举，而对朝廷来说则是按科征召，故多径诣公车门待诏。如《汉书·成帝纪》建始三年十二月：“诏丞相、御史与将军、中二千石及内郡国举贤良方正能直言极谏之士，诣公车，联将览焉。”此处“诣公车，朕将览焉”之语，在当时特科诸诏中经常出现，而《汉书·谷永传》、《后汉书·马融传》等也均有被举而待召公车或征诣公车的记载。故特科的通例，似为郡国举荐而径赴公车门召见对策。其对策过程，若据谷永于白虎殿对策的情况来推，当由尚书等中朝官具体负责②。对策后的署用，则由公府及尚书具体进行③。可是，尽管两汉各科、各时期之制存在着一定的差别，但当时察举常科大体皆先由州郡考察举送，再由公府统一校试选署后报尚书及皇帝审核任命；特科则一般先诣公车，对策后再由公府及尚书依其等第署以官职，但此处仍不排除对策前郡国移名于公府或尚书的可能④。要之，其一般程序：州部郡国一环节，

---

① 《汉官仪》上卷所载永元五年诏。凡本文引《汉官仪》等，皆出《汉官六种》。

② 《汉书·谷永传》并参《杜钦传》。

③ 《后汉书·陈藩传》。

④ 参《后汉书·安帝纪》永初二年诏。

公府一环节，尚书及皇帝一环节①。因此，在调科取士步调的统一性和逐层集权的精神上，汉代察举与唐代科举所呈州县——尚书省——宰臣及皇帝的一般程序并无不同。

这里必须指出的是：在汉、唐设科取士的过程中，地方这一环节的地位和作用，显然是汉重于唐。如果进而以为汉代的察举单凭郡国而朝廷无与于取舍，那就有过分夸大之嫌了。关于当时朝廷统一进行的课试黜落之法，下面将要涉及，这里所须强调的是：无论汉代的州郡在察举过程中具有何种地位，都不能因此而忽略其完全从属于专制主义中央集权政体这个大前提。事实上，当时在察举时，郡国除必须按朝廷统一规定的科目和标准来举荐外，还要受一系列有关律令的监督。如高帝十一年诏举“贤士大夫”时，就规定：“有而弗方，觉，免。”② 武帝元朔元年则规定：“不举孝，不奉诏，当以不敬论。不察廉，不胜任也，当免。”③ 稍后设刺史巡察郡国时，其六条问事的第四条即“二千石选署不平”④。后汉时，又规定凡察举之人不符标准，“并正举主”⑤。因此，尽管汉、唐相较，汉代察举中地方的作用要来得更大，但总体上却仍是一种朝廷统一主持下的局面。

汉、唐设科取士之制的考试环节：唐代常科的考试体制初定于武德年间⑥，以后仅小有变动。大致举人先经县级初试后送州复试，其中式者贡至朝廷，再由省试定其及第与否。其制度如此。但从具体史料来看，县级初试似无甚实际意义，士子取解实以州试为关键。如《隋唐嘉话》载李绛事，《东观奏记》载李珏事、《集异记》载王维取解事，俱可为证。又《唐摭言》卷二《争解元》：“白乐天典杭州，江东进士多奔杭取解。”在当时士子可“怀牒自投”的规定下，除京兆、同、华等府州为士子云集的“利市”之地外，即使是州级考试，往往也没有多大的实际黜落意义。《唐国史补》下卷载“外府不试而贡，谓之拔解”，便反映了这一点。故唐代常科的逐层考试中，唯省试最为重要。特科则以殿廷策试为关键，至于有关部门在举送时是否先行考试，须由制诏规定而无常法。如《唐会要》卷七六《制科举》载睿宗景云元年十二月制举之诏，即有“咸令所司博宋明试，朕亲择焉”之语；而《册府元龟》卷六四五《贡举部·科目》载玄宗天宝元年制举儒学博通和军谋越众者时，则仅令所司“具以名荐”。且唐代制科常有“自举”之例，亦足证特科唯殿廷策试方得其实。当然，唐代对考试环节甚为重视，其制度之构思完密、层次分明、内容规范而防范严格，凡此种种，诚为汉代所不及。但汉代的察举中，却也的确存在着统一的考试环节，并逐渐具有明确的取舍放留意义。

---

① 两汉尚书皆直属皇帝而非一独立的行政层级。故百官行文尚书台，皆称臣言顿首死罪，与上书皇帝相同。

② 《汉书·高帝纪》。

③ 《汉书·武帝纪》。

④ 《汉官典职仪式选用》。

⑤ 《后汉书·和帝纪》永元五年诏。

⑥ 《唐摭言》卷一《统序科第》。

在汉代，作为授官依据的考试并不鲜见，武帝以来的博士弟子射策补官即其显例。另知《说文解字·叙》引汉《尉律》所载学僮课试为史之制，《汉官仪》上卷所载试戕奏而补尚书郎之法，乃至于后汉鸿都门学课试人官的规定，等等①。应当说，在这样的气氛下，察举制中出现朝廷统一举行的考试环节是十分自然的。当时诸特科即多以对策或射策为考试方式。贤良如《史记·平津侯主父列传》载："太常令所征儒士各对策，百余人，弘第居下。策奏，天子擢弘对为第一。"明经如《汉书·王嘉传》："以明经射策甲科为郎。"其例甚多，大体武帝以来，此类考试已成察举特科取士的重要环节，故《文心雕龙·议对》说："及孝武，盖明旁求后乂，对策者以第一登庸，射策者以甲第入仕。斯固选贤要术也。"至若孝廉常科，前引《汉旧仪补遗》上卷载："武帝元年，令郡国举孝廉各一人，诣御史举试，拜为郎中。"又《后汉书·胡广传》："察孝廉，既到京师，试以章奏，安帝以广为天下第一。"注引《续汉书》曰："故事，孝廉高第，三公、尚书辄优之，特劳来其举将。"故汉代察举各科之陆续具备考试环节，这是毋庸置疑的。

那么，此种考试是否具有取舍放留的意义呢？《后汉书·左雄传》载顺帝阳嘉元年定制：郡国孝廉皆先诣公府试以戕奏或家法，再由尚书复之于端门。次年即有广陵孝唐徐淑因才不符实而被谴。此制的来龙去脉，据上引《胡广传》则安帝时或更早，孝廉已有试章奏之制；其后如《后汉书·文苑列传》载高彪在灵帝前后"举孝廉，试经第一"；又《三国志·魏书·文帝纪》载黄初三年正月诏："其令郡国所选勿拘老幼，儒通经术，吏达文法，到皆试用，有司纠故不以实者。"其儒试家法，吏课戕奏与汉并无二致。则顺帝所定之制上承汉武以来课试孝廉之法，下启魏晋之制，实一脉相承而非偶然措置。另《后汉书·顺帝纪》载阳嘉元年七月，"以太学新成，试明经下第者补弟子"。是顺帝前后，察举常科之孝廉、特科之明经，其考试环节皆已具有取舍放留意义。此前或其他科目的情况如何？文献不足，但还是有线索可循的。观汉代特科诸诏，常以公、卿、校尉、二千石各举一人为限，故两汉书中，言对策百余人中获第一或高第者甚多②。尽管当时应特科者多现任官，且有对策下第而仍拜郎官之例③，但此百余人果得人人进秩拜官？不无问题。再如孝廉常科，前已述汉武以来所举总数约 74000 余人，其中布衣和吏员占 95.7%，若以《通典》所载后汉光武时全国官僚 7656 人为基准，定 10000 人为两汉平均数，再按 30 年一更替计算，则 250 年中需朝廷统一选拔任用的官僚总数当不过 85000 人。由此可见，如果顺帝以前朝廷的统一课试中没有适当的黜落放归之法，仅为多种仕途之一的孝廉科每年一二百人皆登朝做官，这是很难想象

---

① 《后汉书·蔡邕传》。

② 《汉书》晁错传、董仲舒传、公孙弘传、严助传、谷永传；《后汉书》鲁丕传、张奂传、刘淑传、赵琦传等。

③ 《后汉书·皇甫规传》。疑此处"下第"，实为合格者内部的上、下等第。《文献通考·选举考》载后汉桓帝建和初下诏课试诸生，"高第十五人、上第十六人为中郎，中第十七人为太子舍人，下第十七人为王家郎"，亦属此类。

的。又《汉书·武帝纪》建元元年丞相绾奏："所举贤良，或治申、商、韩非、苏秦、张仪之言，乱国政，请皆罢。奏可。"《后汉书·申屠刚传》载其在平帝时举贤良方正，对策切直，被"罢归田里"，皆不失为特科对策黜落之例。又史籍中屡载举孝廉不实者"并正举主之罪"的规定，并可视为顺帝前孝廉课试有一定取舍意义之证。故叶梦得《石林燕语》卷九云汉贤良对策"并无黜落法"，实无根之论，而若再将此语推至察举的全部科目，那就更不足为训了。

因此，现有材料至少表明：汉武以来察举诸科业已陆续具有测量知识和技能并以之为重要授官依据的考试环节，且日益具有明确的黜落意义。尤其自后汉顺帝起，作为汉代察举制主体的孝廉科考试，已开始在任用时发挥基准的作用。在中国选举制度史上，这一事件的意义也许应当与武帝元光元年初创孝廉常科之举相提并论①。

至于地方在贡举之前对被举者的课试，汉制当然不如唐制明确与规范。但大体上，后汉时业已确立了试而后举之制。《汉官仪》上卷载世祖诏："自今以后，审四科辟召，及刺史、二千石察茂才、尤异、孝廉之吏，务尽选择。择英俊、贤行、廉洁、平端于县邑，务授试以职。有非其人，临计过署，不便习官事，书疏不端正，不如诏书，有司奏罪名，并正举者。"看来前汉察举不实之弊渐深，故光武以后，明帝、章帝续有诏书，大抵皆强调有关部门须对所举茂才、孝廉等"试之以职，乃得充选"②。则此处之"试"，乃指先辟为掾属，观其行能优劣，然后决定选送与否。故《后汉书》的记载中，常有"召署督邮，举孝廉"③，"召署主簿，遂举孝廉"之语④。此制固与一般形之于言语笔札的考试之法有异，却不能视之为简单的辟署任用，而是郡国在察举前依法而行的考察环节，因而也不能不推其为唐代州县试而后举之制的前声。

总之，尽管汉代各科考试环节的创设期拉得较长，各种具体办法也较粗糙而又参差不齐，不如唐制严密，所起作用也不如唐代那样显要。但观乎其要，一般轮廓和基本要点业已形成，规范而严格的唐制，恰恰是汉代发展下来的直接结果。

## 二

以上汉、唐科举之同。其异何在？换言之，唐代科举的发展变化何在？我们以为，相对于汉，唐制之异不外下列三端：

首先是名目之异。汉、唐的整个政制构架在长期发展中既已发生了差异，故设科取士之法在表象上亦随之有所不同，如汉无尚书省而唐无丞相府之类，或名异而实同，或

---

① 劳干先生誉武帝元光元年此举为"开中国选举制度数千年坚固的基础"。见《史语所集刊》第十七册《汉代察举制度考》，中华书局 1987 年版。

② 《后汉书·章帝纪》建初元年诏，《和帝纪》永元五年诏。

③ 《后汉书·郑弘传》。

④ 《后汉书·种暠传》。

理一而分殊。若仅以此而求汉唐的变化，则仅涉皮相而不求其实，当为论者所不取。

其次是大量技术性的变化。诸如县试州复、集阅互保、分场限时、谒师讲礼等众多细节，多唐有而汉无。唐代科举既经魏晋以来数百年之熏育，且已成为众所趋骛、放多留少之势，则其制之较汉加细加密，当可断言。如考试方式，汉代各科不一，但多为策试。魏晋以来，策试已渐普及于诸科之中。《晋书·孔坦传》："去年察举，一皆试策……又秀才虽从试策，又泛问经义。"《通典·选举二》云刘宋："凡州秀才、郡孝廉，至皆策试。"《南史·谢超宗传》载宋明帝泰始时确定策秀、孝之格为五问，并得为上，四三为中，二为下，一不合与第。《魏书·明帝纪》熙平元年，"初听秀才对策，第居中上以上，叙之。"《刘桃符传》："举孝廉，射策甲科。"则隋唐以前，秀、孝策试已成通例并趋于完善。故隋置进士科，"当时犹试策而已"①。唐初则明经亦仅试策。《旧唐书·礼仪志》武德七年二月诏："诸州有明一经以上未被升擢者，本属举送，县以名闻。有司试策，皆加叙用。"故《通典·选举三》言唐明经、进士"其初止试策"。直至高宗时刘思立奏议以后，才逐渐形成了各科的帖经、墨义或口问、对策及杂文等分场考试之制②。但此类变化仅及枝叶而不及基干，且常游移而不稳定。在总体上就制度的严密化而言，汉较诸唐固然弗如，唐比于清也要大为逊色。

相对于汉，唐代设科取士之制的最大不同，是常科中直接与社会基础的变化相关，并深切影响了当时和后世科举制面貌的一些规定。择其要者，一是怀牒自投，二是举、选相分，三是学校与科举紧密结合。此三者上承汉以来科举制近千年之发展，下创宋以后科举制近千年之基调。汉唐之异，无过于此。谨说如下，以见其详：

《周礼》卷三《地官司徒》：乡老、乡大夫三年大比，"考其德行道艺而兴贤者、能者"。郑司农云："兴贤者，谓若今举孝廉；兴能者，谓若今举茂才。"汉代察举固与《周礼》所载有异，然其尤重德行，基于乡议属实。《后汉书·和帝纪》永元五年三月诏："选举良才，为政之本；科别行能，必由乡曲。"故汉代的孝廉，多先有口碑于乡里，遂被郡国署为掾属而贡举，或径由布衣而荐于朝廷。而后世之人，亦多谓察举为乡里之选。这种状况，自然与汉代家庭共同体之风甚浓，"乡邑贤豪"大势颇大相关③。至唐，随着社会条件的变化，此种背景已大为淡化，故取士之时，德行稍轻，乡议已颓④。其重要表现之一，即常科中有了怀牒自投的规定。《新唐书·选举志》："举选不由馆学者，谓之乡贡。皆怀牒自列于州县。"其实例如《韩昌黎集·答崔立之书》所云："及来京师，见有举进士者人多贵之，仆诚乐之……因诣州县求举。"案此制之实，则当时州县贡举，本地士子固可"自由报考"，彼处之人亦可取牒而赴此地求举。要之，士子除在法律所限"不当举贡"的范围外⑤，无论德行道艺、族姓门望之优劣高

① 《旧唐书·杨绾传》。

② 《通典·选举三》。

③ 《史记·游侠郭解列传》。

④ 《旧唐书》沈既济传、薛谦光传。

⑤ 《唐律疏议·职制篇》。

下，皆待县试州复而决定其进退。尽管史载彰彰，实际情况却非如此自由和平等，且开元以前，乡贡未为时世所重，省试中式者常止一人而已①。但制度上的这种规定，至少可以反映当时贡举过程已与士子的素言素行相对脱节、与汉代的重视乡议所去甚远的状态。与之相应，为尽量保证人才质量，朝廷统一部署下的各级考试环节便得到了前所未有的强调，从而也使全部贡举过程的集权性质进一步深化了。因此，以怀牒自投为集中表现，唐制之本于考试，驰驱于文章，与汉制之基于乡议，注重乎德行恰成鲜明对照，此实汉、唐设科举士、考试进用之制的重大差异之一。显然，怀牒自投之法的这种丰富的蕴含，是无论如何也不应忽视的。但另一方面，在整个古代，各种制度总体上都渗透着家庭宗法精神，从而呈现出"政系于人"的浓厚色彩。这就不能不使贡举这一国家行政过程，总是同时表现出求举的士子与有权贡举的长官之间的私人性关系，所谓怀牒自投，无非是到一定程度使之规范化了而已。而汉代的察举中，事实上也存在着大量投门请谒、以求举贡的现象。《后汉书·左黄周列传》论当时察举情状："荣路既广，觖望难裁。自是窃名伪服，浸以统竞；权门贡士，请谒繁兴。"又言顺帝以来，"处士鄙生，忘其拘儒，拂巾衽褐，以企旌车之招矣"，凡此种种，皆自求之态，而非人知之谓，与唐人之"觅举"不异。无非因时势不同：自求之术在汉虽出贤者，却视为弊政；在唐则或被清议而竟列为制度。其实虽通而境遇迥异，这也许就是汉唐科举之异的根本症结！

举、选相分是唐制相对于汉的又一重大差异。汉之孝廉，所举多为布衣，余则郡吏；茂才则大略皆公府或州、郡佐吏，偶有平民。要之，当时常科、特科皆吏民同举而不加区分。沿至唐代，特科仍与之相类，常科则有显著差异。

唐代举、选二途：一为礼部贡举，如明经、进士、明法等皆是；一为吏部科目选，如宏词、拔萃、一经、三礼等均然。案之史载，两者虽皆岁举常选，按科考试，许多科目且彼此相通，但却存在着最大的不同：即前者乃白身入仕之途，与试者为举人；后者则系已仕人晋用之道，与试者称选人。《通典·选举三》：贞元五年五月敕："自今以后，诸色人中有习三礼者，前资及出身人依科目选例，吏部考试；白身依贡举例，礼部考试。"《册府元龟》卷六四一《贡举部·条制三》：太和元年十月敕：应开元礼、学究一经、二礼、三史、明习律令科人等，"散试官及白身人，并于礼部考试；其有出身及有官人，并吏部科目选"。所谓吏部科目选，系从吏部的铨试发展而来。这种举、选分流，有出身人与白身人分途而进的做法，大致从武德四年"命诸州学士及白丁应明经、秀才等科"以来即然②，不过，其区分的明确化，却经历了一个相当长的时期。德宗以前，白身应科目选，有出身人应礼部举的情况是广泛地存在着的。《唐会要》卷七五《进士》载建中三年四月敕："礼部应进士举人等，自今以后，如有试官及不合选，并诸出身人有应举者，先于举司陈状，准例考试。"同书卷七四《吏曹条例》载贞元二年

① 《唐摭言》卷一《乡贡》。

② 《唐摭言》卷一五《杂记》。

五月吏部上奏有“无出身人经制举、宏词、拔萃及第者”之语可证。但德宗以后，这种据与试者有无出身而分别举、选的做法，仍处于前后格文参差互异的状态之中，故文宗时仍在屡加申饬区别①。尽管如此，这种区别官、民，分别举、选之制的实质，是把汉以来设科取士过程中吏、民同举的单轨制，变成了有出身人与白身人分别举、选的双轨制；其发展的方向无疑是使礼部举成为专门为布衣平民而设的仕进之途，这就为宋以来直至明清的科举制定了基调。不待言，在设科取士之制的发展历程中，唐代形成的举、选相分之制，实在有着非同等闲的意义。

当然，汉、唐制度的这一差异，仍是不同背景和时势的产物。汉代缙绅乡愿联络为官的局面虽经魏晋士族当政时期而得到强化，但南北朝起，形势起始出现转折，社会上士庶清浊的等级界限逐渐淡化，国家政权的社会基础便得以进一步扩大，这是唐制贡举中出现布衣专途的大前提。同时，汉代朝廷统一任官与各级长官自行辟署相并行，官必有缺，人事管理简单。至隋唐则“海内一命以上，无复辟署”，原来较为分散的官吏管理权日益集中划一，且官多缺少，朝廷务繁，体制上对官吏的管理遂须相应专门化，这是有官者晋用之道和白身人入仕之途相分而各成体系的又一重大背景。不过，就唐礼部举系布衣入仕专途而言，汉代的孝廉科在某种程度上也有着类似的性质，在推溯唐制渊源时，这一点仍值得注意。

据《汉书·宣帝纪》黄龙元年诏，当时六百石以上官已被明确限制不得举为孝廉。后汉初，这种限制且已推至四百和三百石以上官吏②。又《汉旧仪》下卷载：“旧制：令六百石以上，尚书调、拜、迁，四百石长、相至二百石，丞相调除。”显然，凡属丞相或尚书统一选署者，皆所谓朝廷拜命、禄秩上通之人，举为孝廉者，所任无非止此。故汉代孝廉身份除未仕及故官外，多郡四百石之吏③。就故官来说，汉代无散官、职事官的严格区别，亦无选集铨注的种种阶梯和条格，做官者一旦免职，便与白身无异。而那些百石之吏，以今日眼光来看，称其已或为官固无不可，但在当时，此类实同辟主的门生宾客而非朝廷命士。《汉旧仪》上卷载丞相府属进见之礼：“掾史见（丞相），虱如师弟子。白录，不拜朝，示不臣也。”可见一斑。此所谓“策名委质”，唯长官所命者④，与隋来“大小之官，皆由吏部；纤介之迹，悉属考功”状态下的长官属吏很不相同。因此，汉代的百石之吏或故官，皆可与白身等列，而汉之孝廉科，事实上亦可视为白身人的入仕之途。当然，它与唐制之焕然成形，系统而专门相比，尚处在萌芽或幼稚阶段。

唐代科举与学校的紧密结合，同样是时势与制度互动的结果。自隋以来，参加科举的限制既趋于宽松，各科又以考试为登进之关键，其考试内容亦随之规范化和标准化。

---

① 《册府元龟》卷六四一《贡举部·条制三》。

② 《后汉书·光武帝纪》建武三年诏。

③ 《续汉书·百官志》太尉条本注。

④ 《三国志·魏书·刘表传》注引《傅子》。

但这样一来，却也难免贤愚混杂。士子务于速成，偶中是期。或仅吟诵而鲜问经国救时之术；或记问而不通治乱兴衰之理；或不务德行，朝登科甲而久陷刑辟。为挽此弊风，虽有恢复乡举里选、改革考试内容等法，但前者因人多侨处，时过境迁而已不能；后者则往往要牺牲考试的规范化和标准化，亦难大变。故科举与学校的结合，似乎便是当时唯一可取的折中之方了。其立制之意，一是就学期间足以考察士子的品德才行；二亦可令其在较长时间内系统学习儒家经典和朝廷仪制。如此，则生徒可获学用结合之效，朝廷也庶凡可收德才兼备之士，故大体自唐朝起，尤其中唐以后至宋，把科举与学校相结合，一直是有关纠正科举制弊端的议论主题之一。

唐代科举与学校相结合的要点在于：除弘文、崇文两馆贵族子弟可由门荫或考试直接出官外，其余国子监六学以及地方诸学的生徒，凡在学课试中式，经通业成者，皆分科贡举而赴省试。而凡岁试三下与在学九岁（律生六岁）而不堪贡者，罢归①。一言以蔽之：唐代学校生徒系以科举为基本出路。故生徒之入学，实已成科举制的重要阶梯。《唐摭言》卷一《两监》："开元以前，进士不由两监者，深以为耻。"《乡贡》："有唐贞元以前，两监之外，亦颇重郡府学生。"可见其一般状态。又《新唐书·选举志》记天宝十二至十四载，"敕罢天下乡贡，举人不由国子及郡县学者勿举送"。是当时曾有意以学校为科举的唯一阶梯。安史乱后，"州邑萧条"、"生徒流散"，但宝应二年杨绾奏请"依古察孝廉"时，李栖筠等仍请"兼广学校以明训诱"② 会昌五年正月，"敕公卿、百寮子弟及京畿内士人寄修明经、进士业者，并宜隶名太学；外州寄学及士人，并宜隶名所在官学。仍永为常制"③。其精神仍与天宝十二载之敕完全相同。这种以学校为科举之阶梯，使统一培养与分科选贡相结合的方式，显然已开明清"科举必由于学校"之制的先河。

如所周知，汉自武帝以后也存在着由学校而入仕的稳定途径。其制如《汉书·儒林传》所载："博士弟子一岁皆辄课，能通一艺以上，补文学掌故缺；其高第可以为郎中，太常籍奏；即有秀才异等，辄以名闻。其不事学若下材及不能通一艺，辄罢之。"后汉略有更动而大体不变。此制虽亦与察举保持着某种联系，如补博士弟子由郡国择"好文学、敬长上、肃政教、顺乡里"者，实为一察举过程④；其生徒之射策甲乙科则与察举之明经颇类⑤；而茂才异等者由太常奏荐亦与察举茂才略同，同时也存在着生徒被举为孝廉之例⑥；但无论如何，汉代的太学却并非察举之必经阶梯，而是在学校入仕与按科察举双轨并行的前提下，两者才保持着一定的关联性。故时势不同，汉、唐学校之地位性质亦不相同。质言之：汉代学校既无补救察举之穷的性质，亦无察举阶梯的地

① 州县学课试之法与国学同。业成者县试州复，后然以乡饮酒礼遣诣省试。

② 《新唐书·选举志》。

③ 《唐摭言》卷一《两监》。

④ 劳干《汉代察举制度考》将其列入察举诸诏中。

⑤ 《后汉书·徐防传》。

⑥ 《后汉书·臧洪传》。

位；其已开统一培养之风，却未纳入统一设科取士的轨道。故唐制科举与学校的紧密结合，既是自汉至唐学校之制的重大发展，亦为汉、唐科举制度的重大差别。

从总体上说，随着社会的发展，当科举入仕的身份限制减少、考试环节的地位增高、其基础趋于广阔而其过程的集权程度大为强化时，必然会出现竞争加剧，放多留少的局面，从而其整套制度的加强和完善便成自然之势。从上述制度的变化来看，汉、唐科举之异，确系适应社会条件的发展而产生，但这种差异却并未导致按科举士、考试进用之制的根本变化，其主要点上存在着相当明显的渊源关系。故应当说：此制自汉至唐的更替正犹自唐至清的演进那样，基本上一以贯之而无本质的不同。

## 三

至此，似已可对汉、唐科举的异同作一简要归结，并稍加阐发结束此文：

（一）在科目体系、组织步骤、考试环节三大要素上，汉代的察举与唐代的科举基本一致。故察举，科举，一也！皆朝廷统一部署下以按科举士、考试进用为特征的官僚选择制度。

（二）与汉制相较，唐制以怀牒自投，举、选相分，科举与学校的紧密结合三端为重大的发展。但其在汉与明清科举制间承上启下，从属于按科举士、考试进用之制发展的总过程。

（三）汉、唐科举皆在不断完善之中。科举诸要素在汉代只是粗具，魏晋时期此制虽保持着发展的脉络，却在士族和军人集团的双重影响下处于低潮。故汉代实为科举的初创期，唐代则系其完善期。

就此，我们认为，只要不拘于“察举”、“科举”名词上的纠缠，便应当承认科举始于汉说。若以为“察举”、“科举”二词已约定俗成，那么，对自汉至清两千年来一以贯之的设科取士之制来说，至少也必须用同样一以贯之的思路来对待，而切不可因字面不同而断然将其裁为两截。我们还以为：制度是由社会条件来规定的，但若必以为科举乃隋唐条件的产物，那就显得过于胶固了。因为，一旦朝廷统一署用官僚成为必要并达到相当规模，便总须有一种统一的选拔制度与之相适应。故大一统集权政体的形成，乃是科举制得以产生发展的基本前提。春秋战国世卿制崩溃，这种前提已开始形成，而显然自原始部族的选举模式中演化来的推举或荐举，便是当时选官现成可取的方式之一。此类事例和议论，如：《庄子·达生篇》：“孙休宾于乡里，逐于州部。”《韩非子·问田》：“公孙亶回，圣相也，而关于州部。”《春秋穀梁传》昭公十九年：“名举既闻，有司不举，有司之罪也；有司举之，王者不用，王者之过也。”但时值新旧转换，加之国小民寡、官少事简、战争不绝，故当时的荐举，乡里推选、各种私人性推荐和行政部门的正式举荐等方式各自进行而缺乏系统性，并未形成一定的轻重主次结构。但毫无疑问，在各种荐举过程中，总是以下面的推荐和上面的甄核录用为核心环节，这就为后世提供了继续展开和发展的广阔基础。秦灭六国统一天下以后，虽多有创作，这方面却少有建树。看来，从各种荐举方式中发展出一套按科举士、考试进用之制，除大一统政权这一总背景外，还需要下列两个基本条件：一是社会的观念形态，即某种官方价值观的确立并被社会普遍认同，才能围绕而出现各种科目尤其是经常性的科目；同时朝廷的甄核过程亦赖此得到较为明确和稳定的标准，从而把一般性的荐举变为由朝廷统一指定和掌握的按科而举。二是政治体制的集权化加强到一定程度，使朝廷能够按自己的标准对各地举人在人才取舍上可能出现的差异作有效的限制，原来流于一般化的甄核过程才能上升为明确而又具有黜落意义的考试环节。一旦这两个条件在统一帝国中具备以后，在科举制产生的深层原因上，实际上已没有什么不可逾越的障碍了。至于土地占有形态及人身依附关系的强弱等，虽可视为科举制盛衰的重大原因，却实在不是它之所以产生的必要条件。显然，秦祚过短，汉初草创，诸事繁纷，加上一段时期内功臣专政，上述两大条件直至汉武帝独尊儒术并厉行专制集权时，方才基本成熟。元光元年，在观念和标准上强调“孝悌廉正之行”的孝廉常科的诞生，以及对策等考试方式在察举制中的逐渐推广，便是这种条件成熟的反映。以此为标志，历史悠远的荐举制便别开生面，派生了一种新的按科考试选官的制度——科举制。

当然，汉代的科举，毕竟印上了许多其母体的胎斑，尤其基于乡议的状态，即带有原始推举模式的浓厚遗风，这就往往使各科的举送为强宗豪右所垄断，或者走向另一极端，成为权贵请托或矫情饰志者的捷径，从而影响了朝廷借此以统揽人权、选取真才的社会效用。后汉以来，此风尤炽。故魏晋的九品中正制，其立制初意，亦无非因时势而收乡议之权以成集权之用，使之与察举相辅相成。但当时军阀相争、人民流离，自缘共同体固因士族集团而得强化，中央与地方军阀之势也相应而消长。在世家大族安流平进，军人集团因功为官的风气下，遂致九品中正制迅速蜕化而成为士族进身的专途；按科举人、考试进用之制则虽具文愈备而难得其实。但社会毕竟总要发展，至隋唐，士族势力既已衰落，中央集权进一步发展，文臣治国的原则再次得到强调，魏晋以来在艰难竭蹶中发展下来的科举具文便被重新收拾起来，演化成中国古代社会后半期中占主导地位的选官方式，从而构成了隋唐继往开来历史使命中的重要一环。

原载《历史研究》1990 年第 5 期

# 科举制度与宋代文化

何忠礼

在中国封建社会里，两宋文化璀璨夺目，呈现出一派欣欣向荣的景象。无论从文化的普及，学校的发达，乃至学术空气的浓厚等方面看，皆远非前代所能比拟。对于这一现象，已引起研究中国文化史学者的极大兴趣。

宋朝是一个积贫积弱的朝代，可是为什么它的文化却如此繁荣？对此，一般学者多注重于以下三个方面的原因：一是雕版印刷业的发展，为文化传播提供了条件；二是社会经济的繁荣，为文化发展奠定了基础；三是宋朝推行重文抑武的政策，为文化活动创造了较为宽松的环境。这些看法，就总体而论当然不无道理，但人们往往忽略了另一个重要而又直接的原因，那就是宋代科举制度对当时上层建筑其他部分，尤其是对整个社会文化发展的巨大推动作用。

由于科举制度与两宋文化是一个内涵非常丰富的题目，并非短短一篇文章所能论述清楚的，为此，本文仅就科举制度与宋代文化的普及、学校教育的发达这两个方面作些探讨，以有助于全面认识宋代文化发展的原因和正确评价科举制度的历史功过。

## 一　唐宋科举制度的重大区别

所谓科举制度，乃是一种以“投牒自进”为主要特征，以试艺优劣为决定录取与否的主要依据，以进士科为主要取士科目的选官制度。它形成于唐，对唐代文化也多少产生过影响。如南宋赵彦卫《云麓漫钞》卷八云：

> 唐之举人，先藉当世显人以姓名达之主司，然后以所业投献。逾数日又投，谓之“温卷”，如《幽怪录》、《传奇》等皆是也。盖此等文备众体，可以见诗才、诗笔、议论。至进士则多以诗为贽，今有唐诗数百种行于世者，是也。

王应麟《困学纪闻》卷一八《评诗》云：

唐以诗取士，钱起之《鼓瑟》、李肱之《霓裳》是也，故诗人多。

明人胡震亨《唐音癸签》卷二七《谈丛三》亦云：

唐试士初重策，兼重经，后乃觭重诗赋。中叶后，人主至亲为披阅，翘足吟咏所撰，叹惜移时。或复微行，咨访名誉，袖纳行卷，予阶缘。士益竞趋名场，殚工韵律。诗之日盛，尤其一大关键。

以上所论，都说明唐代科举重诗赋，故士人争习之，以为进身之阶，从而推动了唐代文学尤其是诗赋的勃兴。

但是，科举制度在唐时尚属初创，还遗留着以往荐举制的种种弊端。其中，主要表现为公卿大臣有权“公荐”举人，取士之权一归有司，新老士族仍可凭借其政治、经济优势和传统的社会地位，继续把持取士大权，科场成绩好坏，并不能成为录取与否的主要标准。就以所谓“行卷”而言，这类文字系素日宿构，或为谄词，或出赝剿，甚至写一些猫狗鬼怪以猎奇，实不足以反映士子的真实水平。即使真有佳作，亦须通过显人的延誉、嘱托，方能闻达于主司，一般寒士，无人荐举，纵然诗名藉藉，也是枉然。如一代诗圣杜甫，于开元后期几次举进士不第，终身榜上无名；中唐诗人孟郊，才思横溢，声名远播，然而沉沦场屋二十余年，直至五十岁始得一第；晚唐诗人杜荀鹤，诗名甚高，亦屡试不第，至有“闭户十年专笔砚，仰天无处认梯媒”① 之叹。

在这种情况下，应举只是极少数人的事业，对寻常读书人来说，那是一条可望而不可即的仕进之路，并无多少实际意义，因此，科举制度对唐代文化的影响就显得十分有限。

历史进入宋代以后，政治、经济和阶级关系都发生了新的变化，使得唐以来基本上操纵在大官僚、大地主手中的科举制度，不仅有了改革的必要，也具备了改革的可能。

北宋的科举改革大致分为两个阶段进行。第一阶段，自太祖朝起到真宗朝止。重点是严格科举制度，改革考校程式，提倡公平竞争，杜绝场屋弊端，保证取士权牢牢掌握在皇帝手中。第二阶段，自仁宗朝起到徽宗朝止。重点是改革考试内容和取士科目，纠正士人“所习非所用，所用非所习”的流弊，为封建统治阶级造就和选拔有用人才。

南宋科举，除熙宁间增置的新科明法于绍兴年间被中废，进士最终分成以经义、诗赋两种取士外，其他所有条制、禁令，基本上一仍旧贯。

改革后的宋代科举，与唐时相比，有三个重大的区别。

一是彻底取消了门第限制，无论士、农、工、商，只要被认为是稍具文墨的优秀子弟，皆允许应举入仕，从而扩大了取士范围。

唐代举人，其来源大要有二：“由学馆者曰生徒，由州县者曰乡贡。”学馆生徒多

① 《唐风集》卷二《投江上崔尚书》。

系大官僚、大贵族子弟，少数才由低品官员子弟与“庶人之后异者为之”①。乡贡进士虽不一定是品官子弟，但根据唐制规定，“凡官人身及同居大功已上亲，自执工商，家专其业，皆不得入仕”②，则其出身至少也是中小地主和富裕农民之家。在干谒之风盛行的唐代，一般平民子弟实很难获得应举资格。中国台湾省学者毛汉光将新旧《唐书》所载830名进士，依其社会成分加以统计，得出的结果是：“进士出身者，士族子弟尤多，高达百分之七十一，而小姓为百分之十三点一，寒素中进士第者仅占进士总额的百分之十五点九。”③ 唐世科举取士社会成分的狭窄，由此可见一斑。

自唐后期起，中经五代十国，社会历经动乱，土宇分割，人士流离，不少读书人为免遭杀身之祸，只得遁迹田野，隐居不仕。故赵宋政权建立之初，一时出现“士不求禄，官不充员”的状况，亦为势所必然。

为了广泛招徕士人，强化封建统治，北宋政府除扩大取士名额，并在政治、经济上给举子以各种优待外，便是彻底打破了唐代的门第限制，凡具有一定文化的读书人，皆许投牒自进。太宗淳化三年（992年）三月二十一日，朝廷明诏规定：“国家开贡举之门，广搜罗之路……如工商、杂类人内有奇才异行，卓然不群者，亦许解送；或举人内有乡里是声教未通之地，许于开封府、河南府寄应。”④ 使过去一直被排斥于仕途之外的“工商、杂类”子弟和边远地区的士人也有了应举的可能。到了南宋，至如“犴干、黠吏之子”及“以屠杀为业”者，皆可成为举人。⑤ 士人应举，几乎已无任何出身限制。

宋代不仅永远结束了士族地主垄断科举的局面，就是官宦子弟也很少能在科场上保持其优势。考《宋史》本传及明朱希召《宋历科状元录》载，北宋仁宗一朝的十三榜进士第一人，就有12人出身于平民之家。又南宋理宗宝祐四年（1256年）《登科录》所载曾祖、祖、父三代仕履都完整的570名进士中，若依其出身统计，三代皆不仕者达307人，占总数的53.9%，父亲一代有官者（包括宗室）129人，只占总数的22.6%，应当指出，即使在这129人中，绝大部分亦是选人和小使臣一类的初品官，其中从九品的迪功郎和承信郎又占了半数以上。这些人若要想依仗手中的权势让子弟登第，显然比较困难。事实表明，宋代科举的大门已经面向整个知识分子阶层敞开，出身高低已不再成为录取与否的依据。

二是废除一切荐举制度的残余，最大限度地防止了考场内外的徇私舞弊活动，使“一切以程文为去留”的原则得到真正实行。

唐代取士讲门第，采“誉望”，重“公荐”，盛行“通关节”，又无挟书之禁。士子得解后能否及第，主要不是根据省试成绩好坏，而是取决于事先“觅举”的结果。

① 《新唐书·选举志上》。

② 《唐六典》卷二《吏部尚书》。

③ 《唐代统治阶层社会变动》，台湾政治大学政治研究所博士论文，1968年12月刊出。

④ 《宋会要辑稿·选举》一四之一五至一六。

⑤ 《名公书判清明集》卷一三《讲鬼讼师》，卷一四《宰牛者断罪拆屋》。

南宋人洪迈说："唐世科举之柄，颛付之主司，仍不糊名。又有交朋之厚者为之助，谓之通榜。故其取人也畏于讥议，多公而审。亦有胁于权势，或挠于亲故，或累于子弟，皆常情所不能免者。若贤者临之则不然，未引试之前，其去取高下，固已定于胸中矣。"① 这番评论听起来似乎颇为公允，然而稍一推敲，就发现仍有失偏颇：既言"有交朋之厚者为之助"，又言去取之间，"胁于权势"，"挠于亲故"，"累于子弟"者为人之"常情所不能免"，则何来"多公而审"？"贤者"又怎能摆脱此种干系？何况在被称为"当世操权者，皆龌龊"② 的唐代社会，那种"贤者"能有几人？故南宋学者葛立方反驳道："举子祈之于前，主司录之于后，公论何在乎？"③ 以前，有人借洪迈之口，说唐代科举以"公荐"取士乃是利弊参半，这种认识，恐怕有失允当。

宋初统治者有鉴于"向者登科名级，多为势家所取，致塞孤寒之路"④ 的弊病，在收回取士权的同时，废除"公荐"制度，严格考试程式，特别是推行封弥、誊录之法以后，从而保证了科举考试中"一切以程文为去留"这一公平竞争原则的实施。对此，宋代士大夫中除极少数拘泥于"乡举里选"这一旧选举原则不放者外，大多数人无不交口赞誉，如欧阳修说："窃以国家取士之制，比于前世，最号至公，盖累圣留心讲求曲尽……不问东西南北之人，尽聚诸路贡士混合为一而惟才是择，各糊名、誊录而考之，使主司莫知为何方之人，谁氏之子，不得有所憎爱厚薄于其间……其无情如造化，至公如权衡，祖宗以来不可易之制也。"⑤ 时人还诵之曰："惟有糊名公道在，孤寒宜向此中求。"⑥ 这种赞扬之声，与唐世士人的慨叹，形成了鲜明对照。

三是考试内容趋向多样化，进士科由以诗赋为主转变为经义、诗赋、策、论并重；经义由试墨义改为试大义。

明经、进士两种，是唐代最主要的常举科目。所谓明经考试，只试帖经、墨义而已。帖经类似现在的填充题，墨义是要求将某处经文连同注疏默写出来。两者都以背诵为工，无须通晓经文义理，故人贱其科。中式后授官、升迁皆不优，才能之士不屑就试。进士科初唐仅试策，后来增加帖经、杂文等内容。自盛唐起，杂文文体固定为诗赋，并主要以此取士，策与帖经仅"礼试"而已，考校时成了可有可无的东西。诗赋之作，贵在创新，非聪明博学之士难成佳作，故进士科最受人推重，一旦登第，"十数年间，拟迹庙堂"⑦，非他途出身者可比。但诗赋的流弊也很多，它务求词藻华丽而新奇，所谓"语不惊人死不休"是也。只凭诗赋取士，既无补于政事，也助长了浮华浇薄的文风，所以中唐以后屡为人所诟病。

---

① 《容斋随笔》四笔卷五《韩文公荐士》。

② 《新唐书·李训传》。

③ 《韵语阳秋》卷一八。

④ 《续资治通鉴长编》（以下简称《长编》）卷一六，开宝八年二月戊辰条。

⑤ 《欧阳文忠公集》卷一一三《论逐路取人札子》（治平元年奏上）。

⑥ 朱胜非：《闲居录》，转引自《中兴圣政》卷二八绍兴十二年三月乙卯条。

⑦ 封演：《封氏闻见记》卷三《贡举》。

北宋前期，承唐旧制，设九经、五经、开元礼、三史、三礼、学究等科目，通称诸科。仁宗嘉祐二年（1057 年），增设明经科，其与诸科不同之处在于明经以试大义为主，诸科则仍试帖经、墨义。熙宁年间，改革利举制度，罢废明经诸科，独存进士科。北宋前期的进士科，仍以诗赋取士。尽管士大夫对此啧有烦言，朝廷亦屡诏严申，要求兼采论、策，以三场通定为去留，终因积习已久，难有转圜。王安石变法以后，进士殿试废诗、赋、论三题，改试时务策一道，遂成永制。省试则废诗赋而以经义（大义）、策、论取士。尔后，宋廷内部虽环绕以诗赋取士或经义取士展开了旷日持久的争论，然而只凭诗赋取士的局面却从此结束。

宋室南渡，朝廷中主张以诗赋取士的议论又有抬头，但遭到宋高宗的反对，他说："文学、政事，自是两科。诗赋止是文词，策、论则须通之古今，所贵于学者，修身、齐家、治国以治天下。专取文词，亦复何用?"乃诏省闱，"其程文并须三场参考，若诗赋虽平，而策、论精博，亦不可遗"①。绍兴三十一年（1161 年），进士科最终被分成经义与诗赋两科，各兼以策、论，从而使经义、诗赋和策论在进士科考校中几乎占了同等重要的地位。随着考试内容的多样化和以大义代替墨义，读书人光凭背诵儒家经典或擅长吟诗作赋已难以取得科第，只有开拓知识面，培养独立见解和分析能力，才有可能在激烈的科场竞争中取得胜利。

唐宋科举除在上述三个方面有着重大区别以外，对科举合格者的除授也颇不相同。唐代士人在科举及第后，只取得做官的资格，尚不能直接出官，故称选人。选人入仕，还得经过吏部身、言、书、判的考试，这就又为寒士增设了一道入仕的关卡。选试合格后，即使进士也只能授予从九品小官，比一个从五品官员荫子所授的官品还低。如果既非高门出身，又无与当朝权贵特殊关系的人，从此就踯躅仕途，潦倒终生。白居易在《与元九书》中所谓"近日孟郊六十，终试协律，张籍五十，未离一太祝"②，就是十分典型的两例。宋代进士出身的人，不仅释褐即授官，无须进行选试，而且升迁也远较其他出身的人为快。特别是举进士高科，不几年位极通显者可谓不乏其人。《宋史・宰辅表》载有宋 133 名宰相中，由科举出身的人达到 123 名之多，大大高于唐代的比例。③

总之，在不讲门第，只问成绩的宋代，无论任何人，只要书读得好，能适应科举考试的需要，就有可能通过科举踏上仕途。所谓"朝为田舍郎，暮登天子堂"这一在民间广为流传的谚语，听起来似乎有点夸张，其实在当时确已有了此种可能。

---

① 《建炎以来系年要录》卷一一三，绍兴七年八月戊申条。

② 《白氏长庆集》卷四五。

③ 据统计，唐代有宰相 524 人，进士出身为 232 人。参见卓遵宏《唐代进士与政治》，台湾"国立编译馆"1987 年出版。

## 二　科举制度推动了宋代文化的普及

孔子弟子子夏有一句名言："仕而优则学，学而优则仕。"① 意为做官之人如有余暇，应去学习，以弥补做官的不足；求学之人在读完书之后，就去做官，以检验平时的学养。春秋战国之际的仕进之路主要靠献策和军功，而不是靠读书，读书做官的思想也不符合这位孔门弟子的本意。以往人们将这句话作为"读书做官论"的滥觞，其实并不正确。只有从西汉武帝起，国家创建太学，成绩优秀的博士弟子可以入仕，另由秀孝、明经等察举科目入仕的人也须经过考试，读书才与做官有了直接联系。从此便出现了"遗子黄金满籯，不如一经"② 的说法。但是，作为一个最高统治者，率先赤裸裸地将利禄作为劝学手段的人，则是北宋真宗皇帝赵恒，他曾公开地向士人鼓吹道："富家不用买良田，书中自有千钟粟。安居不用架高堂，书中自有黄金屋。出门莫恨无人随，书中车马多如簇。娶妻莫恨无良媒，书中有女颜如玉。男女欲遂平生志，六经勤向窗前读。"③ 至此，科举已成为封建社会里对士人影响最大和最具吸引力的事业，由此直接推动了两宋文化的大普及。

### （一）读书人数剧增

入宋以后，读书与科举已结下了不解之缘。"为父兄者，以其子与弟不文为咎，为母妻者，以其子与夫不学为辱"④，无非都是为了应举而已。所以，应举人数的大幅度增加，成为宋代读书人数剧增的原因和主要标志。

太祖朝前期，天下兵革新定，科举改革刚刚起步，每次参加省试的举人数，只不过2000 人左右。随着科举改革的深入和科举制度的发展，到太宗在位的第一次贡举（977年），已增至5300 人。真宗在位的第一次贡举（998 年），又达到近 2 万人，大大超过了唐代科举全盛时期各色举人的总和。⑤ 若按"每进士一百人，只解二十人；'九经'已下诸科共及一百人，只解二十人赴阙"⑥ 的规定推算，当时全国仅参加发解试的读书人，就有 10 万人。但是，贡举人数太多，给考校带来很大困难，大中祥符二年（1009年），"因有司之士言，限岁贡之常数"，改比例解额为固定解额，办法是从咸平二年

---

① 《论语》卷一〇《子张》。

② 《汉书·韦贤传》。

③ 《古文真宝》前集卷首《真宗皇帝劝学文》。

④ 《容斋随笔》四笔卷五《饶州风俗》。

⑤ 据《文献通考·选举考二》载：唐代科举以德宗时为最盛，贞元十九年（803），韩愈上状中谓，"都计举者，不过五、七千人"。

⑥ 《宋会要辑稿·选举》一四之一六。

(999 年) 以来的五次解额中，以最多一年为准，“特解及五分”①。后来，贡举人数虽因压缩解额而被限制在 4 千 ~5 千人到 1.5 万人之间，但参加发解的人数仍然有增无减。

到仁宗朝时，宋兴已有百年，长期的安定局面和统治者的竭力倡导，终于迎来了北宋科举取士的黄金时代。英宗治平元年（1064 年），据参知政事欧阳修奏称：东南州军取解比例“是百人取一”，西北州军取解比例“是十人取一人”②。汪藻在言及熙宁间（1068—1077 年）饶州发解数时，也有“应举常数千人，所取裁百一”③ 之说，足证欧阳修所言之不诬。考《宋史·地理志》所载，当时东南州军人口约为西北州军的二倍多，故按全国平均计，最少也得 60 名应试者中举送一名。如果当时参加省试的举人是 7000 人，那么全国仅参加发解试的读书人就达 42 万人左右。

南宋初年，金兵屡屡南下，州县残破，道路阻梗，赴举人数一度锐减。不久，随着偏安局面的形成，应举者又迅猛增加。孝宗淳熙十三年（1186 年），据福建路转运副使赵彦操等奏称，“福州每岁就试之士，不下万四五千人”，“建宁府亦不下万余人”④，其取解比例分别高达 150 人和 133 人取一名的程度。⑤ 宁宗嘉定三年（1210 年），权礼部尚书章颖在奏疏中指出，当时应举之人，“大郡至万余人，小郡亦不下数千人”⑥，从而使许多州府出现“或五六百人解送一人”⑦ 的现象。如果将全国应举和准备应举的读书人都统计在内，人数可能接近百万。至于受科举之风影响而读过书的人，更要多得多。

两宋读书人之多，在中国历史上是空前的。自北宋中后期起，不论地近京畿的州县，或川广等僻远地区，到处都是读书应举之人。北宋人晁冲之有诗云：“老去功名意转疏，独骑瘦马取长途，孤村到晓犹灯火，知有人家夜读书。”⑧ 反映出荒凉村落读书的盛况。朱长文《学校记》云：“（苏州）虽濒海裔夷之邦，执耒垂髫之子，孰不抱籍缀辞以干荣禄，褎然而赴诏者，不知其几万数。”⑨ 反映出滨海地区读书的盛况。再如利州路所属之兴州（后改称沔州），一度是抗金前线，绍兴初年因参加发解试的士人少于 5 人，以后每次皆合并于兴元府试院收试，但到宁宗嘉泰三年（1203 年），该州系籍士人已增至 363 人，遂“诏兴州自置贡院”⑩。反映出沿边州郡读书的盛况。

---

① 《宋会要辑稿·选举》一四之二〇。

② 《欧阳文忠公集》卷一一三《论逐路取人札子》。

③ 《浮溪集》卷二四《张公行状》。

④ 《宋会要辑稿·选举》二二之六。

⑤ 据日本京都栗棘庵收藏之南宋《舆地图》所载《诸路州府解额表》统计，当时福州解额是 100 人，建宁府是 83 人。

⑥ 《宋会要辑稿·选举》六之七。

⑦ 《朱子语类》卷一〇九《论取士》。

⑧ 《晁具茨先生诗集》卷一二《夜行》。

⑨ 《吴都文粹》卷一。

⑩ 《宋会要辑稿·选举》五之二七。

宋室南移和科举制度的进一步发展，亦推动了南方文化的普及和繁荣。岭南各州郡，北宋以前原是十分贫瘠、荒凉的地区，向被士大夫视作畏途，那里的文化落后是不难想见的。史载：在仁宗嘉祐三年、五年、七年的三次贡举中，尽管国家每次都给广南东路以 80 名左右的发解名额，但三次贡举及第人数共才 5 人；与此同时，广南西路每举解额有 60 名左右，但三次贡举及第人数只有 1 人，仅仅做到“破天荒”而已。① 然而，到二百年以后的南宋理宗宝祐四年（1256 年），两路登第人数分别达到了 32 人和 33 人②，录取之多，与往昔已不可同日而语。既然岭南地区的文化在普及的基础上提高如此迅速，南宋其他偏僻州郡更是可想而知。

### （二）书籍的大量流布

中国的雕版印刷术大约发明于隋唐之际，但唐代的雕版印刷物除少量佛教经卷外，竟然没有一部传世。究其原因，年代久远，容易湮没，固然是一个方面，更主要的还是由于雕版印刷物本来就很少，流布不广所致。

雕版印刷业到宋代有了突飞猛进的发展，官私刻本都很盛行。所刻之书，除儒家经典外，还遍及史书、子书、类书、诗文集、医书、算书、政书、小学等各个方面，传世的也相当可观。

中央刻书的机关有国子监、崇文院、秘书监和司天监，刻得最多的则是国子监。五代国子监本尚十分稀少，进入宋代，情况就为之大变。景德二年（1005 年）五月戊辰，宋真宗参观国子监阅书库时，问祭酒邢昺书版几何，昺答道：“国初不及四千，今十余万，经史正义皆具。臣少时业儒，观学徒能具经疏者百无一二，盖传写不给。今版本大备，士庶家皆有之，斯乃儒者逢时之幸也。”③ 时宋有天下尚不过四十五年，以后的发展规模更是可以想见。

国子监雕版的书籍，起初以儒家经典和前代正史为主，尔后为适应发解试、太学国子监公试、省试及刑法试之需，又印造朝廷颁降的韵略、刑统、律文之类。④ 监本发行量虽大，但“所鬻书，其值甚轻”，其目的正如宋真宗所言：“此固非为利也，政欲文字流布耳。”⑤ 那些进入国子监读书的士人，不论出身贵贱，系籍与否，目的都是为了应举，他们与乡贡进士一起，是监本最主要的购买者，一俟考试结束，成千上万的监本将随着士人的返乡而流布全国各地。

宋代地方机关的刻本也不少，若依其官署名称，有茶盐司本、转运司本、安抚司本、提刑司本及各府州军监县学本，等等。这些刻本，就其内容而言，基本上也是为满足地方士人应举所需之书籍，仅仅作为监本的补充而已。

---

① 《司马光奏议集》卷一五《贡院乞逐路取人状》。

② 参见《宝祐四年登科录》。

③ 《长编》卷六〇。

④ 《宋会要辑稿·选举》四之二九。

⑤ 《长编》卷九〇，天禧元年九月癸亥条。

私刻本可分家刻本与坊刻本两种。家刻本多为士大夫家雇人雕刻的诗文集或笔记，偏重于纪念意义和欣赏价值，与科举的关系不很密切。书坊所刻的本子称坊刻本，它既系以牟利为目的，刻书的种类和数量当完全依据社会的需求而定。

由于宋代进士科考校的内容相当广泛，无论经义、诗赋、策、论不可偏废，所以，从《千字文》、《百家姓》之类的启蒙读物到事关朝代兴替、政治得失、制度沿革、军事成败乃至国计民生方面内容的书籍，皆属士人关心之列。书坊窥知此中消息，凡有助于士人应举用书，无不趁机刊行。其中影响最大、流传最广的除了儒家经典以外，要推类书和当代史。

我国最早的一部类书是编纂于曹魏时期的《皇览》，此后七百余年间，新的类书并不多见。到了宋代，因类书能使人"博学"，备受士人重视而获得迅速发展。据《宋会要辑稿·选举》五之一九记载，早在北宋中期，已有不少"备场屋之用"的类书刊行。此后，私人修撰类书更多，比较著名的有高承的《事物纪原》，孙逢吉的《职官分纪》、吕祖谦的《历代制度详说》、潘自牧的《记纂渊海》、章如愚的《山堂考索》、谢维新的《古今合璧事类备要》、林駉黄履翁的《古今源流至论》、无名氏的《群书会元截江网》等十余种，至于没有流传下来的类书一定还很多。

《四库全书总目提要》卷一三五《类书类一·源流至论》条谓："宋自神宗罢诗赋，用策论取士，以博综古今，参考典制相尚。而又苦其浩瀚，不可猝穷。于是类事之家，往往排比联贯，荟萃成书，以供场屋采掇之用。其时麻沙书坊，刊本最多，大抵出自乡塾陋儒，剿袭陈因，多无足取，惟章俊卿《山堂群书考索》最为精博。"在这里，四库馆臣对大多数类书的作用贬之太甚，评价不无偏颇，但认为许多类书是"为科举而设"的看法，则是正确的。

类事之书，内容十分丰富，它上自帝王世系，下至花草虫鱼，几乎无所不包，这种百科全书式的类书的广泛传播，对普及文化知识具有相当功用。

私人修撰当代史的风气，自北宋后期起亦颇盛行。传世的就有曾巩（?）的《隆平集》、熊克的《中兴小纪》、李焘的《续资治通鉴长编》、王称的《东都事略》、李心传的《建炎以来系年要录》、留正（?）的《中兴两朝圣政》、佚名的《两朝纲目备要》、杨仲良的《续资治通鉴长编纪事本末》、彭百川的《太平治迹统类》、陈均的《九朝编年备要》、李埴的《皇宋十朝纲要》、刘时举的《续宋编年资治通鉴》等近三十种，历史上从来没有一个朝代有像宋代那样多的当代史。

笔者以为，宋代私史所以如此众多，一方面固然与封建帝王遵行右文传统，政治崇尚宽厚，使士大夫们能够畅所欲言有关；另一方面，要使这些篇帙浩繁，内容枯燥，相互间不乏重复、雷同的史籍，让书坊不惜工本，一一予以刊行，却另有一番原因，这就是当代史作为场屋用书深受广大士人青睐之故。按翰林学士、知制诰洪迈等于孝宗淳熙十四年（1187年）二月上言："仰惟祖宗事实载在国史，稽诸法令，不许私自传习，而举子左掠右取，不过采诸传记、杂说以为场屋之备，牵强引用，类多讹舛，不择重轻。"① 宁宗嘉泰元年（1201 年）十二月，臣僚上省闹利害四事，其四曰："国朝正史与凡实录、会要等书，崇护惟谨，人间私藏，具有法禁。惟公卿子弟，或因父兄得以窃窥，而有力之家冒禁传写，至于寒远士子，何缘得知？而近时乃取本朝故事，藏匿本末，发为策问，是责寒远之士从素所不见之书，欲其通习，无乃不近人情。"② 从这两道奏疏中可以看出，宋自熙宁变法以来，在礼闱到殿前的策试中，常以国史内容发为问目，少数公卿子弟和有力之家犹可依恃权势，得到正史、实录等抄本，对于成千上万平民出身的士子来说，除抄掠传记、杂说以作应付外，就显得一筹莫展。这说明，在强调科举考试以公平原则为第一的宋代社会，私人编撰当代史已刻不容缓，雕版印行也成为一桩有利可图的事业。

除了儒家经典、诗赋、类书和国史外，其他凡与场屋有关的用书，如律令、兵法、医学、书画、历算等刊本也有很多，兹不赘述。

总之，两宋科举制度促进了雕版印刷业的大发展，作为传播文化知识重要工具的书籍的大量问世和流布，反过来又有力地推动了文化的普及。

## 三　科举制度促进了宋代学校的发达

宋代是中国古代学校教育空前发达的时期，从中央到地方，各类学校像雨后春笋般地出现，造就了大批人才，使文化发展更加绚丽多采。宋时学校大致有四种类型：一为中央官学；二为地方官学；三为各地书院；四为乡塾村校。各学的兴起和发达，都与科举制度密切相关。

### （一）关于中央官学

两宋中央官学名目繁多，包括国子学、太学、宗学、小学、广文馆、四门学、武学、律学、算学、书学、画学、医学，等等。隋唐以前，门阀势力左右朝政，国子学曾兴旺一时。入宋，随着官僚政治代替门阀政治，国学已不受重视，并逐渐演变成为太学的附属学校。宗学始建于哲宗元祐六年（1091 年），以后几经中缀，因入学对象限于宗室子弟，当其盛时，大、小学学生亦不过百人。小学之设始于元丰间，入学年龄以 8 岁到 12 岁为合格，除徽宗政和间生徒曾增至千人外，以后长期冷落，对社会影响不大。广文馆、四门学应时而设，废置无常，其教育业绩亦无可足称者。武学在宋代不受重视，武举出身者授官也不优。律、算、书、画、医各学，除律学外，皆为伎艺性的专门学校，招生人数甚少，且时断时续，规制无定。上述学校虽然都与科举有密切联系，但

---

① 《宋会要辑稿·选举》五之一〇。

② 《宋会要辑稿·选举》五之二五。

最主要的中央官学乃是太学。

太学在唐代前期曾兴极一时，自安史之乱以后，干戈不息，国是日非，生徒流散，学校废坏无余。宋初太学，尚依附于国子学之中，无独立的黉舍，包括国子生在内的全部生员，仅70人。这种沉寂情况，到庆历兴学运动中才出现重大变化。

庆历四年（1044年）四月，诏应判国子监王拱辰等所奏，以锡庆院为太学，置内舍生200人；是为有宋一代太学与国子学相分离自行成立校舍之始。① 神宗熙宁四年（1071年）十月，王安石创太学三舍法，把生员分成三等，以次差升舍：初入学为外舍，不限员；外舍升内舍，员200人，内舍升上舍，员100人。② 元丰二年（1079年），“令太学置八十斋，斋容三十人，外舍生二千人，内舍生三百人，上舍生百人，总二千四百”。徽宗即位，倡言绍述，太学又获新的发展。崇宁元年（1102年），“命将作少监李诫，即城南门外相地营建外学，是为辟雍”，“外学为四讲堂，百斋，斋列五楹，一斋可容三十人”。辟雍成，“增上舍至二百人，内舍六百人，外舍三千人”③，是为宋代太学的鼎盛时期。三年，罢科举，改由三舍升贡，太学一度成为士子唯一进身之所。宣和三年（1121年），虽恢复科举取士，但太学生仍是进士的主要来源之一。④

靖康之乱，宋室播迁，太学随之南移。绍兴十二年（1142年）四月，应起居舍人杨愿之请，以临安府学建为太学。⑤ 次年正月，“诏以钱塘县西岳飞宅为国子监太学”⑥。初，太学生徒仅以300人为额，后续有增加，宁宗开禧年间（1205—1207年），已达到1632人，以后大致保持这一水平。⑦

太学生的生活相当清苦，致有“有发头陀寺”⑧ 之称，但太学补选依然趋之若鹜。特别是到南宋时，参加补选的士人，动辄上万，更是达到惊人的地步。⑨

读书人所以要竞相进入太学，主要原因有二：一是太学课程与科举考试的要求完全相吻合。加之，学校地处京畿，既有名师授业，又可获得考试的最新信息，故是游士寄应的最好场所。二是太学解额远较州郡为优，如庆历中，州郡一般须数十人才能解送一人，而太学生是“每十人与解三人”⑩。元丰二年（1079年），国子监解额有500人⑪时太学生2400人，国子生200人，平均5.2人可解送1名，发解比例之高，大大超过

---

① 王应麟：《玉海》卷一一二《庆历太学》。

② 《长编》卷二二七。

③ 《文献通考·学校考三》。

④ 《宋史·选举志三》。

⑤ 《建炎以来系年要录》卷一四五。

⑥ 《建炎以来系年要录》卷一四八。

⑦ 《咸淳临安志》卷一一《学校·太学》、《梦粱录》卷一五《学校》。

⑧ 罗大经：《鹤林玉露》丙编卷二《无官御史》。

⑨ 据《宋会要辑稿·选举》五之二六载，宁宗庆元二年（1196年）参加太学混补的四方士为2.8万余人，嘉泰二年（1202年）更达到3.9万余人。

⑩ 《宋史·选举志三》。

⑪ 《宋会要辑稿·选举》一五之二二。

了州郡。此外，太学上舍生成绩优异者，可直接释褐除官，次优者可免去省试，一般者可取得免解资格，这些对士人都具有吸引力。光宗绍熙三年（1192 年），朱熹上《学校贡举私议》中也说：

> 所谓太学者，但为声利之场，而掌其教事者，不过取其善为科举之文而尝得隽于场屋者耳。士之有志于义理者，既无所求于学，其奔竞辐凑而来者，不过为解额之滥，舍选之私而已。①

可以说，如果没有科举的刺激，宋代太学是不可能发展到这种地步的。

### （二）关于地方官学

所谓地方官学，是指由府、州、军、监及县设立的学校。州县有官学，起自西汉武帝之世，历代虽屡次下诏重建，但它与仕进无直接联系，不为地方士人所重视，又缺乏如国子学、太学那样一套完整的机构，故类多具文而已。入宋，历经战乱之余，唐时的州县学皆废而不存。真宗乾兴元年（1022 年），诏依翰林侍讲学士孙奭之请，在兖州建学，并给赐职田 10 顷，是为宋有州县学之发轫。

仁宗初年，累诏州县立学、赐田、给书，学校始及诸藩镇，宝元以后，支郡亦相继建学。然当时州县各学多数不设学官，生徒尚处于自流状态。庆历新政，百事更张，在范仲淹等人的建议下，朝廷于三年（1143 年）十月下诏诸路转运司，“令辖下州府军监应有学处，并须拣选有文行学官讲说，不得因循废罢”。四年三月，又“诏诸路州府军监除旧有学外，余并各令立学，如学者二百人以上，许更置县（学）”②，逐渐出现了“虽荒服郡县，必有学”③ 的盛况。

神宗熙宁间，针对“自庆历以来，无下诸州虽皆立学校，大抵多取丁忧及停闲官员以为师长，藉其供给，以展私惠”④ 之弊，“始命诸州置学官，率给田十顷赡士”⑤。使地方官学有了师资、经济的保障，从而完全走上了正规化的道路。

徽宗崇宁、政和间，蔡京当国，不仅增加太学人数，而且将三舍法由太学推广到州县学和小学，实行一整套三舍考选之法，并一度想以此代替科举取士。

南宋建立伊始，州县旧学即纷纷恢复。史载：绍兴六年（1136 年），陈某为休宁尉时，度地于县南建学，自是弟子“常过八百人，拔第于廷者踵相蹑”⑥。乾道四年（1168 年），提刑龚茂良改建广州之学，即禺山之址以为堂阁，“东西十一筵南北九之。

---

① 《朱文公文集》卷六九。

② 《宋会要辑稿·崇儒》二之三至四。

③ 《宋文鉴》卷八二《南安军学记》。

④ 《司马光奏议》卷二四《议学校贡举状》。

⑤ 《宋史·选举志三》。

⑥ 洪适：《盘洲文集》卷三三《休宁县校官碑》。

庭之下什百。其初增辟两庑，倍其旧，六斋对峙”，“又置番禺、南海二县（学）于后”，“藻饰焕然，侈于他所”①。总之，南宋州县学比之北宋更加繁荣。叶适以为：“今州县有学，宫室廪饩，无所不备，置官立师，其过于汉唐甚远。”② 其言可以相信。

宋朝大力发展地方官学的目的，本为改变社会风气，替统治阶级培养所需人才，然而从实际情况看，无论是从朝野对州县学的评价标准，或是从学官的授课内容和生徒入学目的看，无不因科举而奖，而设，而学，与封建政府的兴学本意大相径庭。

首先，朝廷衡量州县学的好坏与对学官的奖励标准，主要依据学校在科举考试中的成绩而定。如庆历四年三月的《兴学诏》中，已明确宣布：各地州学教授内，“有因本学应举及第人多处，亦予等第酬赏”③。大观元年（1107 年），“诸路宾兴会试辟雍，独常州中选者多，州守若教授俱迁一官”④。刘立之在表彰程颢出任晋城令的政绩时言：“其俗朴陋，民不知学，中间几百年，无登科者。先生择其秀异，为置学舍粮具，聚而教之……熙宁、元丰间，应书者至数百，登科者十余人。”⑤ 说明即使从只讲“义理”，不言“功利”的道学家看来，州县学生登第之多少，仍是评价办学好坏的重要标准，是见朝野舆论之所向。

其次，州县学的授课内容，也与科举考试的要求相一致。神宗熙宁三年（1070 年）以前，科举以诗赋、策论取士，故司马光以为：“（州县学师长）自谓能立教者，不过谨其出入，节其游戏，教以抄节经史，剽窃时文，以夜继昼，习赋、诗、论、策，以取科名而已。”⑥ 北宋后期至南宋，经义在科举考试中占了重要地位，于是各级官学的授课内容，“皆以经义为主，而兼习论策”⑦，诗、赋二课的重要性则大不如前。

再次，士子千方百计希望考入州县学，入学后，不惜攻苦食淡，甚至“一坐十年不归”，其目的正是为了在以后的科举考试中金榜题名，光宗耀祖。就是一些尚未获得科名的学官，也无时不在为自己的举业操心。如掌县、郡庠序达三十年之久的楼郁，曾屡试不第，仁宗皇祐五年（1053 年）登进士第后，就辞学而去。⑧ 这种例子，见于史籍记载颇多，学官对科举的热衷，实在不逊于其弟子。

有人说，宋代以“科举支配学校”是一种消极现象，它“实际上限制了宋代地方官学的发展”⑨。笔者的看法恰恰相反，认为：在封建社会里，惟有科举才会引起朝野对学校的重视，激发广大士人的求学热情，“科举支配学校”看来似乎是一种弊病，实

---

① 王十朋：《梅溪文集》后集卷二六《广州重建学记》。

② 《水心别集》卷一三《学校》。

③ 《宋会要辑稿·崇儒》二之四。

④ 《宋史·选举志三》。

⑤ 朱熹：《伊洛渊原录》卷二《明道先生·门人朋友叙述》。

⑥ 《司马光奏议》卷二四《议学校贡举状》。

⑦ 《建炎以来系年要录》卷一四八，绍兴十三年二月己卯条。

⑧ 楼钥：《攻媿集》卷八五《高祖先生事略》。

⑨ 黄书光：《宋代地方官学发达的原因和意义》，《浙江学刊》1989 年第 4 期。

际上却是推动地方官学发展的强大动力。

### （三）关于各地书院

书院之设，肇始于唐，推行于五代，至宋而大盛。唐代书院有两种类型：一种是作为官方收藏、校勘和整理书籍的机构，最早见于史籍记载的有唐玄宗时期的丽正书院和集贤书院。另一种是私人创建的书院，它们多系士大夫及其子弟谈书治学之所。五代干戈相寻，然科举始终未废，为适应这种形势，地方士绅每择名胜之区或僻静之所，建学舍，授举业，私人书院逐渐增多。不过，在兵荒马乱的岁月，不少书院仍不免毁于兵燹之中。

宋有天下后，统治者对学校教育一时尚无暇顾及，在庆历兴学前，尽管科举已经大盛，但州县学迟迟未置。太学则远在京师，且规模狭小，远远不能满足地方士人求学之需。于是各类书院首先获得恢复和发展。

有人统计，北宋前期共有书院 38 所。① 如白鹿洞、岳麓、嵩阳、石鼓、应天府、茅山等著名书院，原先皆为地方长吏个人倡导或私人兴办的，后来才由朝廷通过赐额、赐书、赐田和任命教授等措施加以控制，从而有了半官方的性质。如宋真宗大中祥符二年（1009 年），“应天府民曹诚，以赀募工就戚同文所居造舍百五十间，聚书千余卷，博延生徒，讲习甚盛。府奏其事，上嘉之，诏赐额曰应天府书院，命奉礼郎戚舜宾主之，乃令本府幕职官提举，又署诚府助教”②，即为一例。较小的书院，则基本上仍由私人经营。

庆历以后，朝廷将办学重点放到兴建地方州县学上，对于书院很少过问。熙宁七年（1074 年），又下诏将书院钱粮拨入“州学已差教授处”③，于是大批读书人纷纷涌向师资、廪给都较为优越的州学就读。众多的书院或因失去经济资助而倒闭，或因士人散走而衰落。

自南宋孝宗朝起，沉寂百余年的书院重又蓬勃发展起来。仅东阳一地，就有郭钦止所辟之石洞书院，钦止从兄良臣所辟之西园书院，侄溥所辟之南湖书院。与郭氏同里之吴葵，亦辟安田书院，弟子达百余人。④ 建阳则有朱熹所辟之同文书院、考亭书院、云谷书院，蔡沈所辟之芦峰书院，黄干所辟之环峰书院，刘应李所辟之化龙书院等。⑤ 整个南宋的书院，共有 147 所之多⑥，是我国书院最为繁荣的时期。

如果我们仔细分析一下两宋书院从发展到衰落再到繁荣这一过程产生的原因，就不难发现它与科举制度的密切联系。

---

① 张廷藩：《中国书院制度考略》，台湾“中华书局”1981 年版。

② 《长编》卷七一，大中祥符二年二月庚戌条。

③ 《长编》卷二五二，熙宁七年四月己巳条。

④ 《宋元学案》卷六〇《主簿吴先生葵》。

⑤ 参见《福建通志》总卷二四《学校志》卷六。

⑥ 《中国书院制度考略》。

北宋前期，书院所以获得恢复和发展，主要不在于统治者的倡导，而在于士人对举业的需要。如上文提到的应天府书院，其前身即为宋初学者戚同文聚徒讲学之所，据《宋史》本传载，同文因擅长场屋之文，故四方士子竞相拜投于门下，“登第者五六十人，宗度、许骧、陈象舆、高象先、郭成范、王砺、滕涉皆践台阁”。后来应天府书院所以声名大噪，实与此有关。

至于南宋孝宗朝以后，书院之所以由长期衰落重新走向发达，固然与地方官学因财政困难，学校腐败而丧失士心有关，但主要原因仍在于当时的书院因管理有方，教学质量较高，更能满足士人读书应举的愿望所致。众所周知，理学最终形成于南宋前期，而理学内部的派别很多，理学家们为占领学术阵地，扩大自己学派的影响，多以书院为基地，广泛收徒讲学。如朱熹兴复白鹿洞书院并一度出任主讲；张栻在岳麓书院执教；陆九渊在应天精舍和白鹿洞、象山书院讲学；吕祖谦尝为丽泽书院山长；杨简讲学于杜洲书院，等等。理学家的仕履虽大都不显，但弟子甚众，讲友、学侣、同调和私淑颇不少。他们往往同气相求，互相标榜，在朝廷内外结成一股巨大的势力。于是，每当科举之际，从发解到省、殿试的各级考官多被这些人所把持。

宁宗庆元二年（1196年）三月，吏部尚书叶翥等奏：“二十年来，士子狃于伪学，汩丧良心，以《六经》子史为不足观，以刑名度数为不足考，专习语录诡诞之说，以盖其空疏不学之陋，杂以禅语，遂可欺人。三岁大比，上庠校定，为其徒者专用怪语、暗号私相识认，辄置前列，遂使真才实能反摈不取。”① 四年三月，臣僚又言：“……比年以来，伪学相师，败乱风俗……科场主文之官，实司进退予夺之柄，倘或不知所择，使伪学之徒复得肆其险诐之说，则利禄所在，人谁不从？必致疑误学者。”② 叶翥等人指道学为“伪学”，并加以种种罪名，虽怀有其政治上的险恶用心，但从中却告诉我们一个信息：当时场屋主文之官，多系理学信徒，他们或囿于师传，或陷于宗派，取舍之际有可能产生所谓“用怪语、暗号私相识认，辄置前列”的情形。既然理学大师的说教可以成为猎取科名的工具，那么，由他们主持的书院，必然就门庭若市了。庆元党禁起，场屋一度禁止引用朱熹学说，但前后不过数年，随着韩侂胄被杀，史弥远专权，以朱学为代表的理学思想，重新风靡场屋，基本上皆由理学家所把持的书院就更为繁荣。

### （四）关于乡塾村校

乡塾村校也属于私人讲学的一种，其规模虽较书院为小，但因为收费低廉，可以就近入学，所以更受贫寒子弟的欢迎。

北宋时，乡塾村校已遍及全国各地，它除了进行一般性的文化知识传授外，最终仍为适应科举考试的需要而设，从而使一些草泽寒士有了中举的可能。如北宋政治改革派

---

① 《宋会要辑稿·选举》五之一七。

② 《宋会要辑稿·选举》二二之一四。

的先驱王禹偁，少时“为磨家儿”①，“总角之岁，就学于乡先生”②，后得以登进士第。真宗、仁宗两朝以进士为名臣的吕蒙正、张齐贤、王随、钱若水、刘烨等人，少时同从洛中乡先生郭延卿学赋。③另如著名人物杜衍、范仲淹、欧阳修等，未第时都受益于乡先生的教学。庆历、皇祐间，被人称为“宋初三先生”的孙复、石介、胡瑗三人，皆以私人讲学著称，其弟子出而应举，多能获取高第。足见这种乡塾村校对科举的作用也不容轻视。

南宋科举更盛，入乡塾村校读书的学生越来越多。张孝祥自谓年十八，居建康，从乡先生蔡清宇为学。清宇弟子多达百数人，有豫章人汪胶者，年方十六，其祖父携之以俱，“昼夜督课，与胶上下卧，起居无何，胶崭然有声场屋，连取乡荐，号名进士”④。而孝祥本人，亦于绍兴二十四年（1154年）考取进士第一人。江山地方，山峦起伏，交通不便，文化十分落后，老儒徐存“隐居教授，学者称为逸平先生，从学者至千余人”⑤。永嘉人陈鹏飞，“自为布衣，以经术文词名当世，教学诸生数百人”⑥。福建侯官古灵四先生的弟子，少者有数百人，多者达上千人。⑦这方面的例子，在宋人传记、方志和《宋元学案》中可谓俯拾即是。

要之，乡塾村校作为地方官学和书院的补充，在宋代更为普及，从而将两宋文化教育事业由城镇推进到穷乡僻壤。

## 小　　结

综上所述，科举制度作为封建社会上层建筑的重要组成部分，反映了整个地主阶级的利益和愿望。宋真宗的《劝学文》，露骨地把利禄作为劝学手段，从而将这种制度的阶级实质暴露无遗，它清楚地告诉人们：科举制度归根结蒂是封建帝王网罗士人的工具，也是读书人猎取功名的阶梯。由于时代的局限，科举以经义、诗赋、策论取士，用处不大，不足以尽人才。

但是，两宋科举不像唐代那样，存在着以往荐举制度的众多弊病，也不像明清两代以八股文取士，表面上严格到残酷的程度，动辄兴起科场大狱，实际上却腐败不堪，形同“焚书坑儒”⑧。特别是它取士不问家世，提倡公平竞争，以考试成绩好坏作为录取

---

① 毕仲游：《西台集》卷一六《丞相文简公行状》。

② 王禹偁：《小畜集》卷二〇《孟水部诗集序》。

③ 王铚：《默记》卷中。

④ 张孝祥：《于湖居士文集》卷二九《汪文举墓志铭》。

⑤ 《宋元学案》卷二五《隐君徐逸平先生存》。

⑥ 《宋元学案》卷四四《员外陈少南先生鹏飞》。

⑦ 《宋元学案》卷五《古灵四先生学案》。

⑧ 顾炎武语，见《日知录》卷一六《拟题》。

与否的标准，可称是封建社会中最为合理的选举制度，对今天世界各国的考试制度都不无影响。

科举入仕，荣耀无比，这就极大地调动了当时社会上不同阶级、阶层出身的知识分子的读书热情，使他们竞相投身于举业，虽老死场屋而不休。至使朱熹不得不承认："居今之世，使孔子复生，也不免应举。"① 陆九渊也说："科举取士久矣，名儒巨公，皆由此出，今为士者，固不能免此。"② 反映了科举已成为宋代士人最为关心的大事。

两宋科举有利于统治阶级广泛选拔人才，扩大统治基础，加强中央集权。对于其在政治上的这种积极意义，人们看得比较清楚。但是，如上所述，科举制度对两宋文化的发展也有巨大的推动作用：在科举的刺激下，宋代读书人数急剧增加，书籍广泛流布，促进了文化的普及和学术的繁荣；为适应举业的需要，从中央官学到乡塾村校也普遍兴起，有力地推动了学校教育的发达。科举制度与两宋文化的这种关系，我们不仅应该给予足够的重视，而且还可以从中得到一些有益的启示。

原载《历史研究》1990年第5期

① 《朱子语类》卷一三《力行》。

② 陆九渊：《象山集》卷二三《白鹿书院论语讲义》。

# 说 八 股

启 功

## 一 引 言

“八股”二字，现在已几乎成“陈腐旧套”、“陈词滥调”或说“死套子”、“滥调子”的代称；使人厌弃、遭人反对的一切坏事物的“谑谥”、“恶谥”。我曾遇到过用这二字为贬义词的人，有的竟不知它是一种文体的名称，更不用说八股为什么那么坏的理由了。

其实“八股”是一种文章形式的名称，它本身并无善恶之可言。只是被明清统治者曾用它来做约束士子思想的工具，同时他们又在这种文章形式中加上些个繁琐而苛刻的要求。由积弊而引起的谑谥，不但这种文体不负责，还可以说它是这种文体本身被人加上的冤案。

譬如有人用苛刻的不能忍受的条件挟制别人，俗称给人“穿小鞋”。做服装的单位，卖鞋的铺子，都有功而无过，鞋的本身也无善恶的分别。即使是小尺寸的鞋，小孩需用，何坏之有！用挟制人的手段去虐待别人，好比给大脚的人穿小鞋，使他不能走路，那属于挟制者的罪恶，与鞋无关。八股之成为谑谥、恶谥，虽不像“尺寸小的鞋”那样本身毫无责任，但形式太死板，苛刻条件太多，那究竟是限定型、设条件者的责任，实与文体基本形式或说各个零件无关。近代有人嘲笑作律诗好比带着脚镣跳舞，但跳芭蕾人穿的硬尖鞋，也不比脚镣舒服多少！况且古今作律诗的人有多少，作品有多少，它们是否从来未曾有过文学艺术的作用？是否只是一堆用过了的废脚镣？恐怕也不见得。外国有“十四行诗”，为什么必须十四行，为什么十三、十五就不可以，恐怕也禁不得追问。

八股的基本形式很简单，开头“破题”，是说出这次要讲的主要的内容是什么，性质也就相当于今天所谓文章的“主题”；次是“承题”，即简单地进一步作主题的补充，类似“副标题”的作用；三是“起讲”，是较深入地说明这个题目的用意所在，或说是内容大意。以下逐条分析，正面如何，反面如何，反复罗列优点缺点，利处弊处。最后收场结束语。无论一百分钟的“两节课”，三小时的“大报告”，小组会的即席发言，乃至酒席之间评论一项菜肴的烹调做法，或运动场上解说员对某项比赛的实况解说，假如有人给它录下一段一段全部的原词，然后分出局部，各立一个名目，恐怕并不少于“破承起讲，提比后比”之类。因为文体来自语言次序，某种常见的次序又多是实践中选择出来的。选择的标准又常是由效果好而定的。用久用多了，成了传统，成了套子，沿用的人也忘了它的所以然。假如我上两节课，讲一篇文章或一项问题，每段之后，有人在旁边高唱“破题”、“承题”、“第一股”、“第二股”，不但要全场哄堂而笑，我自己也会苦笑着“心悦诚服”。这只说形式的自然形成，谁也不会认为每人每次的“两节课”、“三小时”所讲内容必然都是“毒草”吧？

再做个具体例子：导游者向旅游人介绍：“今天游燕京八景”（破），“八景是本市的名胜古迹，已有几百年的历史”（承），“它们有的在市内，有的在近郊，游起来都很方便”（讲）。a景、b景（提比），“太液秋风不易见；金台夕照已迷失”（小比），c景、d景（中比），“卢沟加了新桥，蓟门换了碑址”（后比），“今天天气很好，六景全部看了”（收）。哪个旅游人会向这位导游抗议说他作了八股呢？

有人曾提出：为什么股必须“八”？回答是：是这种文章形式中常见用八条论点来讲明问题，或说用八条的比较多。至于必须八条，那属于发命令挟制人时所规定的苛刻要求之一，在早期考场中也不完全这样。相题作文，题中两项论点，即作两大扇；题中三项论点的，即作三大扇，也被允许，并非从来未见的。只是愈到后来，要求愈苛，应考作文的人谁也不敢冒险去作罢了。更有只有六股的，童生（青少年初次应考的）考卷，作不出八股的只作六股也可以。还有些偏僻小县，文化教育很差的地方，根本找不出什么能作文章的人。但全国各县都有“学额”，须要凑够数目。因此能作破、承几句，即标及格。一次遇到一个考生在承题之后写了“且夫”二字，考官就批道：“大有作起讲之意。”把这人列在第一名。这便是一股都没有，不是也算及格了吗？

又有人提出为什么八为标准，这我也答不出，但知八数在民族习惯中非常习见，为何习见，我也说不清。且看《易》有八卦，肴有八珍，淮南八公，蓬莱八仙，汉末清流有八顾，周代贤人有八士，舞有八佾，塔有八角，荀子说螃蟹六跪二螯，总算破了八数，但校勘家根据生物实际现象，还是把它校改成为八跪了。最坏的，骂人的话有“胡说八道”一词，八道怎讲，究竟道之为八，又何坏之有？用这词的人也说不明白吧？

## 二　八股文的各种异称

### （一）八股文

这种文体中首先是“破题”、“承题”、“起讲”三个小部分，这三个小部分合起来也被统称为“冒子”，只是为说明题意。重要的在后部，逐条逐项去发挥，把那个主题从上下、前后、正反、左右，讲得面面俱到，常常要说好多条。但常用八条。由于每条怕单说不够，常变换地、相对地配上一条陪衬，用以辅助加强前边那个论点，使它不致孤立。既配上了一条，便成了一副对联，一篇中便有四联。两条相对，好比人有两股（腿），一篇最多不过八条，所以称为八股。八条的限制，也不是这种文体最初所有的。

### （二）八比

每两股既然必要相衬对比，所以每两股叫作“一比”，那么每篇中实际只容下四比。大约有人嫌股字不雅，便称八股为“八比”，殊不知八比便是十六股，名实不符了！

### （三）制艺、经义、制义

科举考试是皇帝命令去考试“士子”的事，皇帝的命令称为“制”，皇帝命作的文艺便叫作“制艺”。考试的内容是要士子讲明所学的某种经书中的某项道理，讲解经书中道理的文章叫作“义”，今天的教科书，教材还叫“讲义”，以经书中某项道理为题目去考试士子，这种试卷文章叫作“经义”，古代作经义还没有“八股”体裁，明清科场也有《五经》题目的“经义”，文体并不全用八股，这属于狭义的“经义”。《四书》既被列为经书，在《四书》中出题作八股文，也曾被广义地称为“经义”。广义的“经义”，既是皇帝命作的，也曾被称为“制义”，与“制艺”一称有时混用。举人、贡士、进士的“举、贡、进”，都是向皇帝举荐、贡奉、进呈的意思，所以科举又称制举，科举的文章又称制举文章。古代考取人材，分科分类去选拔，所以称为科举、科考等。明清以来，试多科少，混称科举，已名不副实，讲解经义更流为滥套了。

### （四）时文、时艺

八股文对待两汉唐宋的“古文”来说，是后起的文体。很像律体诗在唐代是新兴的诗体，所以唐代称律诗为“近体诗”，以别于以前的“古体诗”。八股文相对“古文”称为“时文”也是同样道理。八股既称“制艺”，牵连也称“时艺”。

### （五）《四书》文

明清科举考试的文体种类很多，殿试用“对策”；特别考试如康熙、乾隆时曾举行的“博学鸿词”科则考“律赋”和“排律诗”。还有皇帝对翰林院范围的文官随时进行“大考”，题目、文体，也常由皇帝临时指定。清末废除八股后改用其他文体，这里都不去说它。清代绝大部分的时间、绝大范围的考试中，最主要的考试内容是《四书》，所用的文体是八股。所以从起码的童生进学考试到最高的殿试之前，即县、府、院试，乡试，会试，三大级的考试主要部分都离不开《四书》题的八股文，所以八股文又称为“《四书》”文。按讲《四书》的文章并不是都是八股文，而用八股文形式作的文章也不全是《四书》的题目内容。但是习惯已久，“心照不宣”，《四书》题目，八股体裁，已经牢不可分了。清代乾隆皇帝命方苞选明清人所作《四书》题目的八股文共四十一卷，名为《钦定四书文》，照样有总批有夹批。从此《四书》题的八股文称为“《四书》文”更加“名正言顺”了。

## 三　八股文的形式解剖

### （一）题目

八股文既以《四书》题为主要内容，以下俱以《四书》题为例。

字数少的题，又称“小题”，多句或全章的题称为“大题”，有一字至一句的，如“战”(《论语》)、“妻”(《孟子》)、“是也”(《论语》)、“匍匐”(《孟子》)、“少师阳”(《论语》)、“去其金”(《孟子》)，“节彼南山”(《大学》引《诗经》)，“子路不说(悦)”(《论语》)，至于五字或再多的，不再举例。有一句的，如前举“节彼南山”、“子路不说”，都是整句，如“战”、“妻”等就是句中摘出的一字了。

还有两句三句以至全章的，全章中有的可分几节，例如“学而时习之，不亦说（悦）乎；有朋自远方来，不亦乐乎；人不知而不愠，不亦君子乎”即是一章中分三节。出题为了简单，只写“学而时习一节”，或“学而时习二节”（即至“乐乎”）（或写“学而至乐乎”）。若写“子曰学而全章”，则是自“子曰”至“君子乎”了。

“战”是摘“子之所慎：斋、战、疾”句中的一字，“匍匐”是截去“匍匐往”的“往”字，还有整句中截去半句的，固然都等于儿戏；即使那些一章中取一节或两节的，也已不是孔子孟子诸人当时的完整意思了。

还有更荒唐的是截搭题，即截去一句的头尾，或前一句的尾搭上后一句的头，或截前一章的尾搭后一章的头，更有隔篇截搭的。举例来看：

“王速出令，反其旄倪，止其重器。”是孟子对齐宣王说的。有人只取“王速出令反”五字，于是考生都作成王快出命令使人造反，成了笑柄。这是上下句的截搭。“异邦人称之亦曰君夫人”是《论语·季氏》篇的末句，“阳货欲见孔子”是《阳货》篇的首句。有人截成“君夫人阳货欲”，就更不像话了。

大家习知截搭题为儿戏，却不想即出单句，原意也不完整。但这类出截搭题法是怎么来的呢？因为整段整章的题，前代人几乎都作过了，考生念过，遇到同题，可以抄用。考官很难记得那么多，辨别那么快。于是出这种缺头短尾、东拉西扯的题，可以杜绝考生抄袭的弊病。这也是清代后期这种现象才渐渐多了的缘故。不难想象，如果在雍乾时代，法令严苛，像那出“王速出令反”之类儿戏题的人，后果就不堪设想了。

### （二）破题

顾名思义，“破”即是解开、分析的意思，翻译密码叫做“破译”；猜谜语，叫做“破谜”。文章开篇先把题义点明，叫做“破题”。从唐代人作律赋、宋代人作经义，直到明清人作八股文，开始点明题义的那几句话，都被称为破题，只是唐宋人作法没有明清人在八股文中那样死板罢了。

怎说死板？八股文的破题，规定只用两句。也有三句的，多半是有一个长句中有略顿处，像是三句的。这两句主要是概括题义、解释题义，但又不能直说题义。直说的等于重复说一下，叫做“骂题”。作得好的，常是既透彻又概括。很长很复杂的题目，要用简单的两句把它点明；短到一两个字的题目，也要用比题字多几倍字数的两句话把它说透。

在科举考场中，考卷数多，阅卷人少。题目一律，文体一律。阅卷的时限又短促，每日要看若干本。阅卷人的精神情绪，不问可知。所以有人阅卷，一看破题已可预见到全文的水准。很简单，一本卷子，头两句即不通顺，下文怎能忽然变好？况且即使后边较好，而开头不通，一座没顶的房屋，也难算合格。因此阅卷者的注意力很自然地多投在破题部分。作者对破题部分也多煞费苦心，极力把它作好。还有仓卒之间测验一个人才智，出一题令被测验的人去“破”，破得好，便过了这一关。可以算是最短最快的考试，前人记录的也非常多。

从实质上说，这种破题的作法，和作谜语极其相似。有谜面，有谜底。破题两句即是谜面，所破的题目名字即是谜底。进一步讲，整篇的八股文几百字就是谜面，题目那些字即是谜底。因为少数的几个字或几句孔孟的话，翻来复去硬敷衍成篇，不过是用变着花样的字面（字、词），挖空心思的论点；上下左右、正反前后地开辟通道或堵塞漏洞。从其中看出被考的人对《四书》和朱熹的注解念得熟不熟，钻得透不透，想得全不全。出题人拿出一字半句，类似零头碎块，作者也能把它说全、说圆，说得天花乱坠。这样的士子“说谎”和“圆谎”的技能才算及格，才是可靠的官员材料。什么是“圆谎”，比如说“惟天为大，惟尧则之”，尧学天，谁知道，谁看到。如遇此题，也要写得逼真活现，岂非圆谎！下面举些破题的例子：

“子曰”二字题，破说：“匹夫而为百世师，一言而为天下法。”这是不露出谜底的任何一字面把“子”（孔子，至圣先师）、“曰”（孔子所说，至理名言）二字说得不但非常透彻，而且绝对不能够到别人身上，这是最标准的破题。又因为不露谜底题字，可以叫作“暗破”（各种巧立名目的破法不必详举了）。

“大学之道、天命之谓性、学而时习之、孟子见梁惠王”，这是《大学》、《中庸》、《论语》、《孟子》每部书的第一句，合起作题目。这四句毫无关连，破说：“道本乎天（切题中前二句），家修而廷献也（切后二句，在家里学习，在朝廷贡献）。”又如“周有八士：伯达、顿适、仲突、仲忽、叔夜、叔夏、季随”（《论语》记了八人，题目截去末一人季騧）题，有人作了破题的上句说：“纪周士而得其七。”缺一个下句。有人站出来说："皆兄也。"毫无联系的七个人名，还故意缺少一个。用三字凑成了两句"废话"。少数字也破两句，多数字也破两句，有情理的破两句，没情理的也破两句。以上都是在郑重的场合中所作的冠冕堂皇的废话。

还有公然作游戏的破题："君命召，不俟驾行矣。"(《孟子》) 破曰"王请度之"(也是《孟子》的一句，本意是请王自己忖度，这里当作"王请"，"度之"讲，度又是徒步行走的意思，"君命召"即是王者邀请，"不俟驾行矣"，即是不等得车来就徒步走了。这是特意作少数字的破。又有人看到一个秃头人走过，指向另一人说：你能以此秃头为题，作一个字的破题吗？回答说"鞹"。《论语》"虎豹之鞹"朱熹注解鞹字说"皮去毛者也"。

也有故意作长破的，如题"御人以口给，屡憎于人"，(《论语》) 破曰："圣人憎御之人，恶其以善为恶、以恶为善、以是为非、以非为是、以贤为不肖、以不肖为贤者也。"三十七字，实只两句，"之人"为一句，"者也"为第二句。其中顿号处，都是停顿，不能算句。又有出"三十而立"题的，破云："两当十五之年，虽有椅子板凳而不坐也。"

以上都是公开取笑的事，如真在考场中作，必然要被罚的。但郑重的考卷中所作破题，它的原则和技巧，与这类游戏是并无两样的。

还有错解题义，作成不合理的破题的。一考官出"非帷裳必杀之"题，这是《论语》的一句话。帷裳是朝、祭用的礼服，尺度可宽。如非帷裳，宽了必须削剪。"杀"即削剪之义。一人作破题云："服有违乎王制者，王法所必诛也。"把杀字解为杀人的杀。虽然错了，但考官因为他维护王制、王法，就许可他算及格。又一考官出"征商自此贱丈夫始矣"，这句出于《孟子》，是说开始征收商旅税的人，为统治者聚敛钱财，是个贱丈夫。考者错解为征讨殷商的周武王，作破题说："以臣伐君，武王非圣人也。"考官因为他侵犯了周武王这位统治者的偶像，就把他判入劣等。

又有一位学政考一省的生员，出"鼈生焉"题。这是把《中庸》"鼋鼍蛟龙鱼鼈生焉"句，截去前五字，已不成话。生员作破题说："以鼈考生，则生不测焉。"字多双关，令人失笑。以鼈考生，可以讲作用鼈的问题来考生员，也可讲作派鼈来考生员，则生不测，可讲作生员莫测高深，也可讲作则发生不测事件了。结果学政被革了职。

### （三）承题、起讲

在破题后，用三句承接破题所说出的意思，这部分叫作"承题"，它具有承上启下的作用。以三句为标准。

承题以下，引申、讲明题义，或并说明题目内容的背景，等等，这部分叫作"起讲"，又称"小讲"，最多不得超过十句。

所谓的句，比较灵活，有时一句中的许多顿处，可以不被算作一句。如上文谈破题中那个"御人以口给，屡憎于人"题的长破，有许多小顿处都不认它为句。为了说明一篇中各部分的关系紧密，下边连贯举一篇为例，分出各部分来谈：

狗吠　　　　清　蒋拭之

（出自《孟子》“鸡鸣狗吠相闻而达乎四境”。是孟子对齐宣王说的话，见《公孙丑·上》）

物又有以类应者，可以观齐俗矣。

（以上是破题，狗吠上有鸡鸣一词，所以说出“又有”，孟子当时是说齐国富庶，不是凭空为说狗吠，用“观齐俗”可以笼罩全题。）

夫狗，亦民间之常畜也，乃即其吠而推之，其景象果何如耶？

（以上是承题。大意是狗本是民间常畜，其吠有何可说？孟子所以提出狗吠，是为说明齐国富庶，而富庶的景象究竟何如呢？这样写，既承上讲明为何提出狗吠，又引起下文的地步。因为只抱狗吠二字而说，必然只表现狗吠的声音；这里扩展到狗吠的背景范围，就不愁没有可说的了。）

若曰：

辨物情者，所以观国俗，睹物产者，所以验民风。吾尝入齐之疆，而窃叹其聚俗之盛也。

（以上是起讲。从齐国之内，民风国俗说起，民生富庶，当然养的狗就多了。这样写，先铺开齐国的环境，狗所生存的背景就不致落空。起讲即可开始“入口气”，“若曰”即是说孟子当时即是这样说起的。从此以下，全要体现孟子的口气，也就是所有议论，都是孟子说的。八股文这种特殊的讲解经书义理的文体，要“代圣贤立言”，文中所论，都必须是替圣贤说话。）

（从破承到起讲，总起来是一大部分，也被统称为“冒子”。）

岂但征之鸡鸣已哉！

（这种单句或小段都是文中的引子、楔子或粘合剂。用在前边的叫“领题”、“出题”，用在中间的叫“过接”，用在后边的叫“收结”，还有下文的叫“落下”，等等。这里“岂但”一句即是第一比以前的“领题”。明代曾把这部分的话称它为“原题”。八股的苛刻要求之一，是不许“犯上”或“犯下”，例如孟子原话是“鸡鸣狗吠相闻而达乎四境”，而题目只出“狗吠”，如果文中讲了鸡鸣如何，就算“犯上”；如讲了达乎四境如何，就算“犯下”。这里写岂但鸡鸣就完了吗？下句潜台词是还有狗吠呢！又可引出狗吠。如说它犯上，但它却是否认鸡鸣的。）

**（四）八股、四比**

以下接用《狗吠》一文的中间部分为例：

自功利之习既成，而人争夸诈。故斗鸡之外，尤多走狗之雄。

（以上第一股，从狗吠问题上想起走狗，走狗问题上又配上作陪衬的斗鸡。这里只提出狗，并不沾吠。）

自山海之资既启，而户饶盖藏。则吠夜之声，不减司晨之唱。

（以上是第二股，与第一股合为对联。从人民收入富裕说到养狗的渐多，狗吠之声，不减鸡鸣。仍没正面露出狗吠，又仍在暗中用鸡鸣陪衬。）

分沥粒之余甘，而驯扰优游，不过与彘豚并畜。乃暮柝相传，而人为之守望者，狗亦共之徼巡。盖风雨晦明之间，嚾嚾者经宵而未静矣。

（这是第三股，也是第二比为上联。进入了全篇要正面发挥的重要部分。沥粒余甘指洗米的剩余，与彘豚并畜是说养狗和养猪一样简单。人在晚间或守望或巡夜，狗亦随着出力。嚾嚾是狗叫之声，因此常常整夜可以听到。这里既说出狗的用处，也说出狗的叫声。）

抚胎伏之无份，而尘嚣角逐，亦只与牛犊同群。乃夜扉既阖，而人乐其安居，狗尚严其戒备。盖草露寒瀼之际，狺狺者达旦而未休矣。

（这是第四股，是第二比的下联。说狗的繁殖增多，可与牛犊同群奔逐。每到人家入夜关门之后，人已安居，狗还在戒备。露水满地的草丛中，发出狗叫声音，到晓不停。狺狺也是狗叫声。这两大股，从狗的生活、繁殖、功用，归到吠声。嚾嚾、狺狺更是形容狗叫的常用专词。）

瞻之以影，听之以声，非其见闻习熟而狰狞欲瞰者，一若有异言异服之讥。

（这是第五股。狗从人的影，人的声，辨别是否熟悉的人。如是生疏的人，便凶猛地去咬。这时它的作用很像古代国境上遇有特殊语言、特殊服装的人要加以稽查一样。

讥在这里是审查之义。前边两股正面说出狗的功能，和吠声的广泛。似乎已无可多说的了。这里又提出狗能识别熟人生人，对生人进行拦阻、又吠又咬的情形。）

深巷之中，蓬门之下，苟其一唱嗥然而嘈杂齐喧者，并若有同声同气之助。

（这是第六股。前边说了狗在较远范围能加守护。这里说一个小户人家的门前，一狗一叫，众狗齐叫，真有“同声相应、同气相求”的态度。）

由是国风十五，而卢令志美，独夸东海之强。

（这是第七股。从今天的狗追溯到古代的狗。《诗经》十五国风的“齐风”里说到“卢令令”，卢是田犬，令令是犬戴的铃铛声音。齐国在东海之滨，卢令载在《齐风》，可以说为东海地方增强了声誉。）

甚而食客三千，而狗盗争雄，尝脱西秦之险。

（这是第八股。说齐国的孟尝君有三千门客，曾用鸡鸣狗盗的手段，逃出了秦国。前三比把狗的能力、功劳、讥查、咬人、吠影、吠声、乃至嗺嗺、狺狺的声音特色都写得既详且尽，到了最末，好像已无可再说了。作者忽然抬出狗的光荣历史，辉煌地载于《诗经》、《战国策》，有根有据，可以说是毫无遗憾了。只是还有一个小漏洞，是作者忽略了的，下一章里再作评论。）

苟使民居寥落，安能群吠之相呼；倘非万室云连，岂必村厖之四应也哉！

（这是用对句作结束，说明“相闻而达乎四境”的原因。即是说，如果齐国国内居民寥落，即有狗吠也不能打成一片。正因为齐国富庶，万家相连，才有吠声相应的盛况。这是中间暗藏着“达乎四境”的下文。这种收结，又称“落下”。）

（此篇引自《目耕斋偶存》）

## 四　八股文的基本技巧和苛刻的条件

在前边各项叙述中，已经可以见到八股文中一些个苛刻的要求，在下面介绍作八股文的基本技法中，也会随处遇到。这真如佛书所谓“如油入面”，无法专项去提炼了。说到基本技法，也即是初学入门者的基本练习，不是八股专家所评论的什么风格、什么义法，“大家”如何、“名家”如何的问题。专家的评论，常常比较玄虚、抽象，有时有些具体的指点，又常是文章中间的夹批。问题在于有些是作者自己已刊刻的作品，印出来表示向人求教，其实这些无异于请人注意的自我宣传。另有些是中试之后把考中的文章刻印出来向人夸耀，这种作品多半经过修改或另作，原篇中的毛病已然不存。还有的是书坊把中试的作品搜集刊印以供其他应试人作样本去学习。像《儒林外史》中马二先生等人所选所批的，即是这种坊刻本。以上这些刊刻本中的批语当然都是说好不说坏，所选的作品也必是优秀的至少是合格的。因此如果想找修改错误、批点瑕疵的样品，是极难得到的。所以在废除八股文后已达一百多年的今天，要想真正谈出这种文体作法中的甘苦和窍门，其难也是不言而喻的。现在只能据我个人耳食所得的一鳞半爪加以介绍而已。

**（一）换字**

宋代传说有人应考，题目是“圜坛八陛赋”。应考人文思枯竭，只写道：“圜坛八陛，八陛圜坛。既圜坛而八陛，又八陛以圜坛……”如此写了些句交卷，考官在卷后嘲笑性地批曰：“可惜文中尚不见题。”故事见于宋人笔记。大约并非捏造。因为这类笑柄直到清代嘉庆中还有具体的例子。有一个80余岁的老童生应考，题为“周公谓鲁公曰”（出《论语》）老童生写道：“不观鲁公乎，不观周公乎，不观周公谓鲁公乎?”考官照顾他年老，算他及格入学。可见“死于句下”，对题面各字之外束手无策，是初学作文者的第一难关。于是善于诱导的塾师多半从换字教起。

我见到一本村塾启蒙的书，名曰《八股启蒙》，作者署名谭鹏霄，作了些各式的小题，词句也都浅显易懂，纯粹是向童蒙示范的作品。可贵的是书的前面附了一部分《字眼便用》。大致介绍如下：

“破各圣贤称名
破虚字（此条漏刊标题）
从师教学考古好问类
诗书易象礼春秋类
礼乐制作类
致知力行言语事功类……”

（以下还有十九类，内容包括伦理、天地、器物、草木、鸟兽、战争、政事、名人，等等，大都几项事物合成一条标题，亦无精确分合的原则，大约随手拈出，只是向童蒙示范而已。）

看他所谓的破，只是代字，例如他首先说：

“破题有一定破法，如孔子则破‘圣人’，或单破‘圣’字。如‘圣心’、‘圣训’之类是也。与群圣比论处，则破‘至圣’，所以别子群圣也。颜子、曾子、闵子、子思、孟子则破‘大贤’，其余子贡、子张、子夏、子游诸贤，凡注称孔子弟子者俱破‘贤者’或‘贤人’……惟子路或破‘勇者’，子贡或破‘达士’，须相题而用之。……

又如：

“‘姑言’，意来尽而姑且言之，宜用于次句。‘慨世’慨叹世事单用‘慨’字。‘转核’，核，考核也。核字略实。‘首’凡书中第一事用之，如‘首举’、‘首论’、‘首推’之类是也。”

又如：

“‘天’破苍、苍昊、天心、维皇、于穆、帝载……‘日’寅宾、寅饯、出日、纳日……‘日月’升恒、薄蚀、出旸谷、入虞渊、积阳之精、积阴之精、昭回云汉、昭临下土、晦明嬗代、居诸递更。”

不必多举，已足看到它的浅陋可笑。但是这本书的可贵处即在展示出从前教童蒙入手学作文，特别是学作八股文最初入门的真实情况。譬如在舞台后面参观初学武功和舞功的男女幼童，那些弯腰抬腿的功夫，相当残酷。恐怕一般看戏观舞的人，是不易见到的。我想宋代那位作《圜坛八陛赋》的人，如果曾遇谭鹏霄这样的塾师，学过一些换字方法，也不致只翻覆四字留为笑柄了。又这本书的作者虽然首先说“破题有一定破法”，好像这部分《字眼便用》只是专为作破题的，其实不然。只要看《狗吠》那篇例子，不难了然，贯穿全篇处处都在用替换字面的手法，尤其在两股相对偶的部分，更不容雷同重复。于是愈可见出换字的重要作用。从这本《字眼便用》里又可看出少数字换成较多数字的例子，当然反过来题中有较多字数的典故、成语处，也可用少数字的词来替换的。这书里讲虚字的部分，连某个虚词宜用在上句下句、第一句第二句都加以注明。并不是过分轻视蒙童，实是指示在文中“口气”的问题，这真是教作八股入门的秘诀之一。

### （二）对偶

汉语中为什么有对偶，对偶是怎么兴起的，它的利弊何在，应不应该废除，都不是我个人此刻所能解答的，也不是这篇文中所负的责任。现在谈八股文，八股文中有对偶，是历史的事实，对偶也是八股文技巧中极其重要的组成部分。以下只谈怎么对和怎么样学作对的问题。

八股文从“破、承、起讲”以后，进入文章的主要部分后，即要分股，每两股成为一副对联。单看一股（上联或下联），句子和散文一样，并不都成骈文、律赋那样

“骈四俪六”的句式。但再看另一股，就与它平行的那一股字句长短、虚字实字、人名地名等一定都完全相当。这在前举《狗吠》那篇例子中已经看到。以下要谈谈初学作文的童蒙，怎样作入门的练习。

大家都知道对联是实字对实字，虚字对虚字。例如天对地、人对物、是对非、去对来，等等，很容易明白，只是它们还有一个附加条件，那是平声对仄声、仄声对平声。前文谈过，有时有人突然向学生或别人出个题，令作“破题”，仓卒之间，有人便能作出很巧妙的破题，可算是最快的考试，最短的考卷。对对联也常有这样的情况，塾师出词句令学作相对的联语，自然是功课的组成部分。有时家长亲友也常向子弟出对令对，朋友谈笑中也常出难对的词句找人去对。这比只作破题的短小考试更短更小了，可算是微型的考试。

一个词、一句诗找出可对的字句，研究还比较简单，若是长篇大套的句子，句句都对上对联，就不太容易了。无韵的骈文，或有韵的赋，看起来句句对偶，初学人自然望而生畏。其实八股文对偶的一比一比中，散语较多，用也较随便，写完了一股，还须比照着前股的尺寸，给它去配出下一股，岂不是自己找麻烦。有时两边凑合长短，真要费许多力气。当然也有些一股中有骈句，和下股的骈句字数不太相同的（参看后边尤侗的文中第五六两股)。当时的塾师们创造了一种歌诀一类作对联的启蒙书，下边介绍一些例子：

康熙时有一位车万育作了一本书，叫《声律启蒙》，按照《佩文诗韵》分韵部，上平声十五韵、下平声十五韵，每韵作歌诀三段，如把那一段当作一首长短句的诗来看，便是每韵三首，三十韵共九十首。这种书也有的刻本书名中有“撮要”二字，可见初稿可能段数要多，大概在传习中，这种简本也够用的，所以还没见到过不“撮要”的本子。试看：

一东（上平）

云对雨，雪对风，晚照对晴空。来鸿对去燕，宿鸟对鸣虫。三尺剑，六钧弓，岭北对江东。人间清暑殿，天上广寒宫。两岸晓烟杨柳绿，一园春雨杏花红。两鬓风霜，途次早行之客；一簑烟雨，溪边晚钓之翁。

十五咸（下平）

冠对带，帽对衫，议鲠对言谗。行舟对御马，俗弊对民严。鼠且硕，兔多毚，史册对书缄。塞城闻奏角，江浦认归帆。河水一源形弥弥，泰山万仞势岩岩。郑为武公，赋缁衣而美德；周因巷伯，歌贝锦以伤谗。

这种歌诀，念起来非常顺口，易背诵、易记忆。童蒙读起来可以懂得字、词、句怎样相对，又可从长短句的配搭受到声调和谐的启发。不但有三字、五字、七字句，也有四字、六字句。念熟了，背惯了，就无形中打下了作诗作赋的基础。再结合换字方法，运用这里的任何句式都可以翻出不同的对联。韵脚都是平声，作为歌诀比较好念，而其中每个“上句”又都是仄脚，倒过来就是仄韵的句子，把仄脚的句子用在“下联”，便是仄韵的对联或仄韵的诗文的句子。

从唐朝的考试就有作诗一项。唐朝用“试律诗”，是五言六韵（每句五字，每两句为一韵，共十二句）。清代用五言八韵诗，叫作“试帖诗”（每首共十六句，本文最后附带介绍）。《声律启蒙》这类歌诀既对于学作诗、赋、骈文有用，即对于学作八股中的对偶句子也有用。在今天已不再有人作狭义的八股文，但还有人作旧体（或说古典体）诗词，熟读它们，也会受到有益的启发。有人研究古典诗词时，在解剖那些作品的技巧问题上，也不见得没有帮助的。

类似《声律启蒙》的书，著名的还有康熙时李渔的《笠翁韵对》等，不再详举。还有一种叫作《时古对类》的书，失作者名。从二言类起到十七言类止，全是对联。例如：“太乙、长庚”，“雨线、风梭”，等等。中间四言、五言、六言、七言的对联都是不可分开的整句。至于八言常是两个四言拼成，九言常是四五言或五四言拼成的。其余如十言常是四六言的，十一言常是四七言的不必多举。最后十七言，有五五七的句子，还有长短句的如：“二老海滨居，一在南，一在北，不期同归西伯；八元应运出，或为兄，或为弟，何意均成帝师。”则纯粹是八股中的一比了。

### （三）相题

这里的“相”字是“了解”“端详”的意思，也就是“相面”“相术”的相。有了题，必须先仔细揣摩题的出处，即是作为题目的这个词、这句话乃至这些话是谁说的，对谁说的，在什么环境中说的，有没有不同的解释。这些方面都考虑到了，然后再揣摩这个人，这些话的语气神情。例如有人作“知之者不如好之者，好之者不如乐之者”题，第一股立论写从旁人看出“不如”的道理，第二股是写从自己看出“不如”的道理（原文从略）。又如“学而时习之一章”题，一般看来，是平列的三条道理，有人偏要把它们分出次序，以为“学而时习”的“悦”是根本，以下的“乐”和“不愠”不能与之相等。因为有些“游心物外”的人也会乐，“放达自恣”的人也会不愠，究竟全不如学习的“优游涵泳，不期然而然”所得的悦（原文从略）。这真是挖空心思，无中生有，甚至可说是牵强附会的“胡说”。但在八股这种“没话找话”的文体中又不得不占满篇幅。早期的八股文本无字数的严格限制，有人作二三百字的短文，有人作一千余字的长文。到了清代后期，严格限制到七百字，超出了就算不及格。因此有的说也须写那些字，没的说也须写那些字，又不是仅仅换字所能敷衍的了。

这种钻空子的相题办法，愈钻愈奇，有时也能言之成理，例如有人出“伯夷隘”题（见《论语》），一考生卷有一股云：“隘又莫隘于绝兄弟之伦，中子既已承祧，何以不还奏埙篪之雅。弱弟早偕出遁，何以不同甘薇蕨以终。则父命天伦，亦两无据。”考官感觉其说可怪，问他这说法的根据。回答是：春秋时人皆称伯夷叔齐偕隐首阳，至战国时，乃只伯夷孤行，而叔齐中途而返了。再问出于何书，回答是：“想当然耳。”考官认为乱说，要加扑责。考生说：凡《论语》中皆夷齐对举，至《孟子》中则单言伯夷，无一连乃叔齐的。请告诉我是何原因。考官也无辞以答，就算他过了关。这种真是“读书得间”，找到了缝子。

前边举了学作换字法和学作对偶法的书，而这种揣摩经书题旨、钻研古人语言的书，也颇不少，著名的如《五经备旨》、《四书备旨》，等等，专琢磨《四书》的还有《四书味根录》，等等。它们的形式是在木版刻的每页书面上横分几层，无论什么书的正文（连注）占最下一层，甚至有的被压到版面的三分之一的，上边无论三层四层，每层各自排列着某方面的资料，从词句的解释、典故的原委、故事的背景，哪句话的精神，哪条道理的讲法，哪一章的综合宗旨，哪一节的部分论点，等等，各自纳入某些个横栏中。因此这种书的版面必然是头重脚轻，头长身短，俗称叫作“高头讲章”。这种书的用处是预先把书中的某字句以至某章节都设想周密、分析细腻。摆在那里，供作文章的人去吸取甚至去抄袭。因为这类“高头讲章”中从词藻、典故、原话的意旨、所讲的道理等都给预备好了。在今天看来比有些“赏析”还全面，只是缺少今天的“文艺理论”而已。

在当时有一种口号，包括了“作学问”的重要内容，就是“义理、词章、考据”，乾嘉时虽具有科学头脑、不信宋儒理学的“朴学大师”戴震这样的人，也居然举过这三大项，更不用说一般打着桐城古文旗号的八股先生了。这三大项仍是为应科举作文章而说的。所谓“义理”，即是琢磨出孔孟以至宋儒的思想论点；“词章”即是作文章的技巧，从词句、辞藻、章法、层次以至逻辑推理等的锻炼。“考据”的作用即是对历史故事，典故出处不要弄错。清代学者江永作的《乡党图考》一书刚刚刻出，有人偶然先得到一读，在应考时遇到出《论语》中《乡党》篇的题，他便抄用了许多论点，考官也没看过江永的书，就对这份考卷大加赞赏。这便可以证明“考据”在科举考试中的重要性了。

当时的导师，从塾师至学政等指导后学作科举文章的人，常提出平日要“积词”“积理”的口号，平日多积累有用的词藻，作文时可以不致枯燥；平日多积累有关某些“义理”的论点，以免作文对没有那么多用以“分析”的说法。所谓“义理”，不过是《五经》、《四书》中古代圣贤所说的道理，最古有伏羲画卦、文王演易、周公制礼等的传说，较后除《论语》直接记述孔子所说的话，还有许多关于孔子的传说，什么删诗书、作春秋，等等。翻看五经、四书，古代人的语言简单，历代解释有许多异同，从元代至清代都以朱熹的注解为标准，到了末后，如果曲解了孔孟的论点（如钻了孟子未提叔齐的事）的空子，都能过关，而朱熹的解释权，却是丝毫不许动摇的。

**（四）口气**

八股文的“体制”是要“代圣贤立言”，所以题目的话是哪个圣贤说的，作文者从“起讲”起就要站在那个圣贤的立场，“设身处地”地想，替他把题目的那句话再加阐发，分析，说出几千几百句那个圣贤没说过的话，虽然那个圣贤没说过具体的那些话，而替他说话的人所说的又句句说得“逼真活现”，体会出符合（也就是“迎合”）那个圣贤意旨的话来，而所根据的解释，又必定要出于“朱注”的。

清代学者焦循曾把科举八股比作演戏，又有一个士子作不好八股，有一位老师给他一本《牡丹亭》剧本看，于是他作的八股水平大大的提高。因为戏剧台词，都要深刻表现剧中人物的性格，正和作八股“代圣贤立言”的道理一样。

代言摹拟口气的办法，最常用的是“若曰”（当然并不止用这二字）一词，像前举《狗吠》一篇的入口气处即用这二字，是代孟子说的。“若曰”二字见于《书经》，八股用来作交代关系，表明身份，说明以下是某人说的，但又是作者替他说的。古人怎么说的呢？“像是这么说的。”即此二字，就包含这些层的作用，还具有退步余地。如果有人质问说古书中并没见那位古人说过这样的话，作者还可以搪塞说：古人是“像这么说的”呀。

用滥了时，也会用乱了。一个考官出“虎负嵎”（见《孟子》）的题，一考生在起讲后分三段来说，全是虎的口气。第一段开始说：“虎若曰，我所积畏者妇（指冯妇）也，今尔众，其奈我何！”第二段是“虎若曰，我所甚惧者搏也，今徒逐，其奈我何！”第三段是“虎若曰，我所失势者野也，今在嵎，其奈我何也！”真是“匪夷所思”，考官要加惩罚，帮着阅卷的人说，这人一定怕老婆，所以说“我所积畏者妇也”互相大笑，这生员也过了关。

### （五）磨勘

与“口气”问题相邻或相连的就是时代问题。比如说，代孔子说话时，用了秦汉唐宋人的典故或成语，就不算合格，理由是孔子怎么能说出或运用他死了以后的人的话呢？其实这不过是苛刻挑剔的一个环节而已，孔子所说的只有那几个字，凡是作文者加以“代言”的任何话，岂不都是孔子死后的话嘛！即使中试以后的文章，还有一关要过，即是“磨勘”。“磨勘官”（官名），逐一仔细检查，从字的笔画规范与否查起，那句语法（当然不是按葛朗玛的标准）通不通，那个典故错不错，皇帝名讳避没避，“丘、轲、熹”字避了没避，直到口气的合不合，等等，都在检查之列。当然这些问题在考官阅卷时已在留意范围之内，但谁也不能没有疏忽的时候，这种补充检查自然也是势所必有的了。也有考官学识不够，因此误加挑剔的。有作文者用了“佛时”（见（诗经》）一词，考官误以为“西土经文”，看见“佛”即以为与佛教有关；又有人用“贞观”（见《易经》）一词，考官批说“贞观是汉朝年号”，他不但不懂贞观一词，还把唐代说成汉代。这些笑柄既反映了八股文无理取闹的挑剔，又反映了考官的没知识，足以说明了科举“选拔人材”只不过一句空话而已。

前边《狗吠》一文末一股按语中曾说到有一漏洞。不知蒋拭之这篇文章是自己练习作的“窗课”，还是考场中的试卷。如是试卷就有被磨勘的危险。原因是孟尝君入秦被留，门客用鸡鸣狗盗的手段得以逃出这件事与孟子说齐宣王的时间谁先谁后。孟子书中记齐宣王的事，史书记载都是齐滑王的事，于是孟子说“鸡鸣狗吠”这事的确切时间已有问题，成了疑案。如不然，万一孟尝君的事在孟子的事后，那么“鸡鸣狗盗”

的典故就不许用在孟子语气之中，这是漏洞之一；又“鸡鸣狗盗”都是真人假装的，这文是当作真狗的历史，便成了以假当真，这是漏洞之二，也会有被磨勘的危险啊！

又周镐作《我将去之》题（见《孟子》），起讲说到太王将去邠时，对其耆老的惜别时的心情：“天下黯然销魂者，别而已矣。”黯然二句是南朝江淹的《别赋》中的句。这文大概是自己的习作，如果遇到磨勘，必定被挑剔出来（周镐此文见《犊山文稿》）。

**（六）钓、渡、挽**

这类名词，是作八股文时某些特定手法的术语。这些手法，都是作“截搭题”中用的。例和前边举过的“王速出令，反”的截搭题，现在已不知当时人怎么作的文章，姑借此作例来说，文中应该包括两个重要层次，一层是王速出令，一层是反（返）什么。从破题起，就要概括这两层的五个字，直到分股阐发之前，也就是在“领题”的地方远远地暗示或提醒，“出令之后还有反呢”，这个伏笔好比钓鱼，所以叫作钓。渡是从上文引起下文，挽是从下文关照，回顾上文。由出令怎么就会引出反的论点呢，当然要有一些引起的话，就叫作“渡下”；说完了反，再说这是王令教作的，即是“挽上”。关于这种启下承上的部分，流传有名的有三个故事：

一是“可以人而不如鸟乎？诗云穆穆文王”两句毫无关系，如何写在一篇文里，还要使它们互相联系（截搭题绝大多数是截取相连的字句，像这里可以截“乎诗”，但不可以截“鸟文王”。前举用“学、庸、论、孟”每书的首句合起为题令人做破题的事，是一种临时测验借用的题目）。这个作者在作了“夫人不如鸟，则真可耻矣”，正在没法接上，反复朗诵这句时，隔壁有人听到说：“如耻之，莫若师文王”，他便用上了。这件事，记录者说是在承题部位粘合上下文义的。也即渡挽的手法。

二是“以杖叩其胫。阙党童子将命”题，作者写道：“一杖而原壤痛，再杖而原壤仆，三杖而原壤死矣。三魂渺渺，七魄沉沉，一阵清风，化为阙党童子。”如果说作这种文的是向出这种题的人开玩笑，那也是出题人咎由自取。

三是“王如好色，与百姓同之，于王何有。孟子谓齐宣王曰，王之臣有托其妻子于其友”（写题时，即简化成“王如好色至有托其妻子于其友”）题，作者写道：“王之好色，与百姓同之，而不与王之臣同之者，王之臣自有其妻也。”（一作“自有其妻子故也”）以上是渡下。再后边写：“王之臣托其妻子于其友，而不托于王者，以王之好色也。”以上是挽上。出儿戏题，作儿戏文，到这个地步，也就足以说明八股考试的没落，坠落。但反顾那些就算“一本正经”的题和文，“没话找话”和“东拉西扯”与这类的本质上又有什么不同！

**（七）附谈纯粹的儿戏题**

前谈儿戏题，还是偶一出现的，基本上还是《四书》上原有的文词，只不过是胡作截搭罢了。至于乾隆皇帝，屡次出题，文臣都知道出处，一次出了一个《灯右观书》的题，用来大考翰（林）詹（事），彭元瑞算是最为博学的，也不知出处，就请示出处，皇帝大笑说："今天可难倒彭元瑞了"。原来是昨晚皇帝在灯右看书，想起用这四字为题。如此难倒文臣，未免近于撒赖了。

彭元瑞作学政，考四个府属的学生，出"洋洋乎"、"洋洋乎"、"洋洋乎"各注其出自某篇。主管人说还少一个题，彭元瑞说"少则洋洋焉"(《孟子》。这不是集中地作出题游戏吗？彭氏还有许多用若干题中若干个首一字拼成一句话，切合当时某一事的，更属无聊，他被乾隆皇帝那样"难倒"也算毫不冤枉吧！

同时的鲍桂星（字觉生，号双五）也曾集中地出游戏题：把《四书》中的话任意割取少数字为题。如"顾鸿"("顾鸿雁麋鹿"见《孟子》)"驱虎"("驱虎豹犀象而远之"见《孟子》)、"及其广大草"("及其广大，草木生焉"见《中庸》)、"见牛"("见牛未见羊也"见《孟子》、"礼云玉"("礼云礼云，玉帛云乎哉"见《论语》)，"十尺汤"("交闻文王十尺，汤八尺"见《孟子》)"七十里子"、("伯七十里，子男五十里"见《孟子》)、"谷与鱼"("谷与鱼鳖"见《孟子》)、"下袭水"("上律天时，下袭水土"见《中庸》)、"宝珠"("宝珠玉者"见《孟子》)。这分明是无理取闹。有考生每题作诗一首，但不知是以诗代文写在卷上，还是另外作诗来进行嘲笑，大概还是属于后者。今举五首：

"顾鸿"诗云："礼贤全不在胸中，扭转头来只看鸿。一目如何能回顾，本来孟子说难通。"

"及其广大草"诗云："广大何容一物胶，满场文字乱蓬蒿。生童拍手呵呵笑，渠是鱼包变草包。"（鲍字拆开是鱼包二字，"草包"讽鲍氏无知。）

"见牛"诗云："屠刀放下可齐休，只是当年但见牛。莫谓庞然成大物，看他觳觫觉生愁。"("觉生愁"可解为"觉得生愁"，实因鲍氏字觉生，双关讽刺鲍氏。)

"谷与鱼"诗云："秋成到处谷盈堆，又见渔人撒网回。不是池中无别物，恐防现出本身来。"("本身"指鳖，亦即指鲍氏。)

"下袭水"诗云："真成一片白茫茫，无土水于何处藏。侮圣人言何道理，要他跌落海中央。"（按：不但这种割裂题是"侮圣人之言"，即那些郑重其事似的一词半句乃至单句半章的题，又何尝不是"侮圣人之言"呢！）

"宝珠"诗云："拣取明珠玉任沉，依然一半是贪心。旁人不晓题何处，多向红楼梦里寻。"

以上举出许多话柄和笑柄，并非仅只供读者一笑，而是为说明死套子中也有漏洞和八股文题目割裂的不合理。一词、半句、单句等割裂的小题固然不合理，即使不完全的半章或不相关的连章大题，又何尝合理？不用等到光绪三十一年，岂不早已该废了吗？奇怪的是康熙时，皇帝曾经下令废除八股和禁止妇女缠足，却遇到大诗人王士祯（渔洋）的坚决请求，才"收回成命"，可又怎么讲呢？

# 五 选 和 批

我们都看过《儒林外史》里边写了许多应举的士子们的故事。还写了马二先生和匡超人为书铺选文、批文的事。这是科举生活和八股流行过程中的一个重要的环节。

选，当然是选取可资学习的模范作品，它不但包括明清各大名家的八股名篇，最受读者欢迎的更在于当时考取中试的文章。古今一理，文学艺术作品都有一时的风气，科举考试所用的八股文更具有时代性、时期性。某一科被取中的文章作风，尤其是正要应考者所必须注意掌握的。它们反映这时期考官阅文的标准，也就是即将应试者的投机对象。所以当时新被录取的中试文章，被称为“新科利器”。“新科”指的是最近这次考试，“利器”是指这类文章好比打仗的刀枪、开锁的钥匙，也即是正符合这时期考官胃口的特效药。

当时的“书坊”，包括今天的出版社、编辑部、印刷厂、售书店。只是缺少今天的固定编辑成员。书坊老板出版这种选本，自然成为畅销书，但须有高手来选、编、评、点，要求的条件是选得符合投机之用；编得有吸引力，名列鼎甲，做了高官的当然列前，有些名次虽然低而名头较大的也应编入；评和点是紧密相联的一件事，评的恰当明显，说出真正优点所在，对参考者说那里是最应注意处，这是读者所最需要处。出版还要快，当时没有版权法，谁先出谁赚钱，所以匡超人批的快，大受老板欢迎。评语写在纸上的叫作“批”，有对应文句夹在行间的叫作夹批，写在横栏上边的叫作顶批，写在篇后的叫作总批。辅助批语的标志是圈点，当然文中有句逗，停顿处用逗（是扁点，）整句处用圈。较好的句子，在逗处重一个扁点和句处重一个圆圈。再好的，在句中每个字旁加一扁点，再好的每个字旁加一圆圈（注意，每句中连用点或圈时，首一字不加点圈，以显示那是句首。如“夫天地者”，“夫”字旁绝不加圈点）。这种圈点更富于直观性，除了语言评论之外，还有圈点的标志，一目了然，哪是最好处，哪是次好处。专从技巧方面讲，它们比今天长篇的赏析文章，还较多地富有直观性。从前也有许多人用这种方法、方式去选评古文、评点小说，甚至有评点全部《史记》的，被称为“评点派”。

至于所用的评语也很灵活，比如文中议论虚实处，评论点出，即写一“虚”字或一“实”字。或评其主宾处，即写“此处是正面著论，是主”，“此处是反面作衬，是宾”，乃至更多更详，就可以类推了。后边的总评，不但要从总体指出文中的好处何在，令人信服，还要词句典雅，显出评者的文笔水平。现在不再举例，因为这种评点因文而异，又因评者而异，并且必连原文才能说清，如果举例，太费篇幅。所以例子从略。

## 六　八股文体的源流

八股文的远源，一般地常追溯到北宋的王安石、苏辙诸家的“经义”，南宋陈傅良诸家的“奥论”内容也即是“经义”。还有从破题等技术方面，又追溯到“律赋”等文体，还有从明代篇后用“大结”，借发挥经义引到陈述、评论政治问题，又牵涉到“策问”等等。总之，可以追溯比附，却又都不全像，其实不难理解：皇帝需要层层的官员，招来自己可用的“人材”，重要的不外乎两方面条件，一是思想合乎要求，一是能有政治头脑。招来的方法之一即是科举考试。思想的标准，要统一于孔孟之道，那就是看被召来的人能不能合标准地理解经书的思想。便用讲解经书的办法来测定，讲解形式即是“经义”。了解被召来的人有无政治头脑，便用“策问”的办法，考他们对于某些政治问题的见解和有什么处理办法。根据策问所作出的答案，即是一条条的“对策”或成大篇的“策论”。应考作文章的人都必须具有许多古代文章技巧的素养，在作文或答卷时随手运用出来，就自然形成了多项功能、多种形式拼合而成的综合文体，逐渐定型于八股文，成了明清科举考试各种文体中的最主要的部分。

八股文在反映思想上，吸取了“经义”的原则，即主要的是讲解经书中孔孟的道理。文章自然都要有次序、有条理、又有逻辑性。也就要有主题，有发挥。这就形成有破题、有起讲，到分条议论的分股。对偶、声调是古代文章的艺术手法，也是汉语文学技巧的一些重要组成部分，也逐渐纳入八股的做法中。又要了解应考人的政治头脑，就在文章最后安排一个“大结”，以起政策答案的作用。

这种合成的过程很长，到了明代初年刚有雏形，到了成化、弘治时间，才渐渐具备八股文的各项条件而成了定型。一般说，好像定了型就稳定了，但并不然。各个部分有先无后有的，也有先有后无的。各部分的字句也有由多转少的，等等。例如破承起讲部份，句数随着各时期而变动，大结由痛快发挥经过逐渐缩短，以至完全取消。后人追论八股文的源流，往往抓不准，这条相合了，那两条不合。譬如拿一家祖孙三代的照像来看，必然有共同点，也必然有相异点。要知按模型轧出来的瓷器，机器生产的用品，如果极仔细地检查，也必都有一些不同处，即使有极小的一点，也算不得完全相同，何况逐渐形成的一种文体呢？

总而言之，八股文体是由陆续沉淀积累而成的。当它刚刚沉淀形成，就被人嫌它的密度不够，又再加以挤压，加上更多的苛刻条件，并再削去大结，以箝制议论之口，接着减少破承起讲的句数，又再限制全篇的字数，初期童生习作的“六股”，到了很后时期，正式试卷中六股也被默许了。概括说来，自北宋到明中叶，是八股逐渐成形时期，自明中叶至清末叶是挤压以至萎缩时期。光绪三十一年这位姓八名股先生的肉体，正式寿终，但他祖先传给他的遗传基因，却并未由于他死而断绝，在他子女、内外孙辈子女身上仍然潜伏着，从艺术形式和技巧上或隐或显地不时冒将出来。

讲八股文的专书，清代有阮元的《四书文话》和梁章钜的《制艺丛话》。又有近代某人（忘其名）《清代科举制度考》平装一小册，商衍鎏先生《清代科举考试述录》平装一厚册，1958 年出版。(本篇拙作除注出者外，事例资料都是根据以上各书。只为说明问题，不再详注卷页。)

阮元的书未见传本。内容不可知。梁章钜的书有刻本，内容多是品评优劣，举出利弊，没有全面基本法则的介绍，因为当时凡读书应举的人都必然学过八股，可以并不需要从头讲起。后两种书讲科举制度，联带讲到八股文，并不占主要位置，因而也不求详细。此外像清初顾炎武的《日知录》中曾有意识地记过八股文的源流，以后其他人的笔记书中也间或有谈到的。凡涉及八股文形成过程的，都追溯来源，但比起来看，又都有对不上、套不全的感觉，甚至成为疑案。八股文究竟从哪里掉下来的？所以这里不嫌辞费地作些说明。

## 七　八股文的韵律

八股文既然是吸取古代若干项文体综合而成，它又着重地用了骈体文中长联式的对偶，那么骈文的韵律手法，自然会附带引进。乾隆中曾一度明令不许用骈体，大概指的是四六形式的纯粹骈体，并未禁止在对偶中和谐声调。下面举乾隆时人周镐的一篇为例，同时也解释了篇中的大意，为层次技法的参考。

逸民伯夷叔齐　　　　清　周　镐

有逸于商周之际者，民之望也。

(以上破题)

夫夷齐之遇，不为民不可，同为民而又不忍也。民而称逸，此其所以为夷齐乎。

(以上承题)

且自古圣人并起，莫盛于商周易姓之交。生文武以为君也，生三仁又生十乱以为臣也，天生夷齐何为也哉？曰以为民也。夫君臣不易得，民则滔滔皆是，安用圣人？不知有易代无易民，苟任其互兴互废于其间，民彝之性先亡，君臣之统愈乱。圣人适遭其变，不敢自外于民，而又不忍自混于民，于是有逸之一法，所以立民极存民心也。故鲁论叙逸民而首举两人焉，曰伯夷叔齐。

（以上起讲，这篇起讲做的较长。“故鲁论”等十七字有人称它为“原题”，也可称为“领题”，联在起讲之尾，又可成起讲的一部分。）

首阳之微蕨诚甘，则北海高栖，奚为引领就岐山之养。知姬宗行善，夷齐非有违心也。载木主而东征，死父难欺；三分服事之孤忠，入地应伤扣马。（△代仄声。○代平声。下同。）

（以上第一股。说明夷齐并非原来就想隐居，也并不反对文王。只是认为武王伐纣的行为不太合理。）

镐洛之屏藩可慕，则墨胎华胄，奚不承祧袭孤竹之封。知盖世功名，夷齐不屑萦怀也。告武成而班爵，桓裳虽责，八百会盟之侯服？戴天宜愧从龙。

（以上第二股。说明夷齐原来就没有做官求荣的心，受武王酬勋封爵的人，比起夷齐，应该有愧。这一比是从夷齐正式去做逸民之前说起。）

且夫

（这是“出题”，也就进入正面题旨的起手处。）

不得已而逸者，其逸最苦；

（以上第二股）

不必逸而逸者，其逸最奇。

（以上第四股。这是一小比，也起着引入正面题旨的作用。）

谓夷齐生不逢时，时则何害于夷齐也。千古非常之举，数见则安。放桀南巢，来世不闻口实。况军士倒戈而反斗，篚筐载币以迎师，天心亦可知矣。夷齐素属布衣，去就不妨自决。即周旋二姓，岂有隳名失节之嫌。此亦何须于逸者，而夷齐乃不忍不逸也。殷民也欤战，如独夫何；周民也欤哉，如旧君何。以暴易暴之言，直欲淡麾旄仗钺之心勉嗣王于养晦。故义人扶去，深恐阻挠大计，而又羞蒙杀士之名。斯岂普天率土之恒规所得强而拘也。逸焉已矣。

（以上第五股。反复说明这次政变原与夷齐无关，夷齐本可不逸，而又不忍不逸。因为如果坚持做殷民，那个独夫纣王实在不配拥护；如果便作周民，又对不起旧君纣王。在阵前骂了武王是“以暴易暴”，竟没被杀，且被称为义士而扶去，在这种两难而微妙的处境中，只好逸吧！）

谓夷齐所事非君，而君则何弃于夷齐也。我周鼎革之初，怜才甚笃。商容复位，下车首拔名贤。矧朝鲜拜访范之师，东夏留象贤之客，王度亦恢宏矣。夷齐分异周亲，出处无难从便。即黄冠旋里，亦备新朝顾问之资，此又何容于逸者，而夷齐乃不敢不逸也。遗民也欤哉，呼之亦可，游民也欤哉，应之亦可。我适安归之叹，直欲破衔壁负图之案，警百尔以偷生。故槁饿奇踪，其文不载尚书，恐彰胜国耆英之丑。此岂崇德报功之盛典所得罗而致也。逸焉已矣。

（以上第六股。站在周朝立场来说，灭殷立国以来，做了许多礼贤之事，夷齐当然会被重视。本不必逸，而夷齐乃不敢不逸。他们兄弟曾发出无处可去之叹，足以反映周朝并不高明，这便能使那些投降派自愧偷生。《书经》中没记夷齐的事，大概是照顾殷朝归顺之臣。可见武王的酬劳，对夷齐并无作用。夷齐只好逸吧！这一股拿归顺周朝的殷人对比，衬出夷齐只有逸的一条路了。《论语》原文这一章开头便说“逸民伯夷叔齐……”,并没记载这话出自孔子，所以通篇不“入口气”。既出《论语》，必是周人所记，用“我周”二字，也就符合记录《论语》者的立场和他的口气了。这一比，正面发挥夷齐必逸的理由。）

盖天下惟民最贱，壶浆箪食，反颜结新主之欢。逸以耻之，而德与怨两无所任。西山片石，犹恨在寰中也。腥闻易染，纣不能兴渊薮之波；大赉难辞，武不敢赐巨桥之粟。

（以上第七股。一般的民，对任何统治者不敢不表顺从。而夷齐的逸，从君民两方说，都无德无怨。即首阳山也属多余的，因为夷齐的超脱，竟使纣王的虐政不能加到他们；武王的恩赐，也不敢给到他们。）

周室惟民最顽，纪叙图功，乘衅煽多方之变。逸以谢之。而衅与服两无所狥。黄农之宇宙，何异在今日也。墓木受封，死不愿效比干之烈；宝龟见兆，生不轻为小腆之愚。

（以上第八股。殷民归周之后，仍不太顺，被称为顽民。他们私自记录小邦的政事。而夷齐的逸，超出了叛与服的两端。他像是处在黄帝神农的天地里。他死了也不会像比干墓木的受封，活着也不做顽民写自己政事的笨事。这一比从夷齐已逸之后发挥，说明他们逸的伟大。）

鸣呼？自有夷齐而民心可以不朽矣，此其所以为逸民之冠欤。

（以上收结。《论语》这一章记许多逸民，首先提出的是伯夷叔齐。此文最后用冠字结束，点明这一章中诸人的次序，也表明夷齐在逸民中的地位。）（本篇引自《犊山文稿》）

按汉语的文学作品，包括诗赋词曲，乃至四字匾额，作为音调的细胞，或说最小的单位，常是两个字为一个盒子。两个盒子叠放时，上个的底如是仄，下个的底宜是平，三盒叠放时，三个底宜是“仄平仄”或“平仄平”。例如“闰余成岁，律召调阳”“余岁”是平仄，“召阳”是仄平。“落霞与孤鹜齐飞，秋水共长天一色”。“霞鹜飞”是平仄平；“水天色”是仄平仄（“与共”是衬字不算）。相连的盒底如果有接连相同的，就破坏了律调，就不好听。普通骈句，有时也会夹有不含谐律的句子。详见拙著《诗文声律论稿》。

后边再举一篇著名的游戏文章，即清初尤侗以《西厢记》“怎当他临去秋波那一转”句为题的一篇八股。尤侗文风夙以华丽见长，和当时的王广心一类，号称“尤王体”。当然也都很讲求声调的和谐。其实一般的八股既须用排偶也就必然不能不和谐，只是没有他们的突出。到了前举周镐那一篇不但突出，而且更加集中了。

以下举尤侗文章的故事通俗，不作解释，非专为介绍声调，也不再标平仄。

## 八　最著名的游戏八股文

怎当他临去秋波那一转　　清　尤侗

想双文之目成，情以转而通焉。

（以上破题）

盖秋波非能转，情转之也。然则双文虽去，其尤有未去者存哉。

（以上承题）

张生若曰：世之好色者，吾知之矣。来相怜，去相捐也。此无他，情动而来，情静而去耳。钟情者正于将尽之时，露其微动之色，故足致人思焉。

(以上起讲)

有如双文者乎?

(以上领题)

最可念者，啭莺声于花外，半晌方言，而今余音歇矣。乃口不能传者，目若传之。

(以上第一股)

更可恋者，衬玉趾于残红，一步渐远，而令香尘灭矣。乃足不能停者，目若停之。

(以上第二股)

唯见盈盈者波也，脉脉者秋波也，乍离乍合者，秋波一之转也。吾向未之见也，不意于临去时遇之。

(以上出题)

吾不知未去之前，秋波何属。或者垂眺于庭轩，纵观子花柳。不过良辰美景，偶尔相遭耳。犹是庭轩已隔，花柳方移，而婉兮清扬，忽徘徊其如送者奚为乎?所云含睇宜笑，转正有转于笑之中者。虽使观修脐于觌面，不若此际之销魂矣。

(以上第三股)

吾不知既去之后，秋波何往。意者凝眸于清院，掩泪于珠簾，不过怨粉愁香，凄其独对耳。唯是深院将归，珠簾半闭，而嫣然美盼，似恍惚其欲接者奚为乎，所云渺渺愁余，转正有转于愁之中者。虽使关羞目于灯前，不若此时之心荡矣。

(以第四股)

此一转也，以为无情耶?转之不能忘情可知也；以为有情耶?转之不为情滞又可知也。人见为秋波转，而不见彼之心思有与为之转者。吾即欲流睐相迎，其如一··

转之不易受何！

（以上第五股）

此一转也，以为情多耶？吾惜其止此一转也，以为情少耶？吾又恨其余此一转也。彼知为秋波一转，而不知吾之魂梦有与为千万转者。吾即欲闭目不窥，其如一转之不可却何！

（以上第六股）

噫嘻！

（以上过接）

召楚客于三年，似曾相识；

（以上第七股）

倾汉宫于一顾，无可奈何。

（以上第八股）

有双文之秋波一转，宜小生之眼花缭乱也哉！抑老僧四壁画西厢，而悟禅恰在个中。盖一转者，情禅也，参学人试于此下一转语！

（以上收结）。

（本篇引自《西堂杂俎》、《制艺丛话》刻本漏掉了一股。我藏有一册抄本，全是《西厢记》句子为题的，作者都题为唐寅，可疑是伪托的。）

## 九　余　　文

前边已经谈过，八股文是陆续积累古代各种文体中的技法，拼凑而成的一种文体。不但那些局部技法无功罪可言，即开始拼凑的人，以及拼凑成的规格，也无功罪可言。如议罪，那就是有意特定用这种规格去考试士子的统治者。他们不但用此套子，而更设许多苛刻条件去“难人”，致使八股这种文学形式蒙了罪名，统治者不但害了士子，也害了一种文体，明末有人作诗有“断送江山八股文”之句。明亡后还有人写一柬帖贴于朝堂：“谨具大明江山一座，崇祯夫妇两口，奉申□敬。晚生文八股顿首拜。”可见世人对八股的谴责。

清初有个医学家（当然是中医）徐灵胎，号洄溪，著有许多首“劝世”的“道情”（一种民间小调），总名《洄溪道情》，其中“刺时文”一首云：

> 读书人，最不齐。烂时文，烂如泥。国家本为求材计。谁知道变作了欺人技。三句承题，两句破题。便道是圣门高弟。可知道三通四史是何等文章，汉祖唐宗是哪一朝皇帝。案头放高头讲章，店里多登科利器。读得来肩臂高低，口角嘘唏。甘蔗渣嚼了又嚼，有何滋味。辜负光阴，白白昏迷一世。就教他骗得高官，也是百姓朝廷的晦气。

要知道这位徐灵胎也是读过、做过八股的人，他没做官，还可以说他比较能客观地看八股。稍后的文豪袁枚，是翰林官，改做知县，又是八股大家，刻有《袁太史稿》，总算得过八股好处的。他也记录这首道情，刻入《随园诗话》。是迫于舆论，不得不跟着嘲笑一番呢？还是反衬自己高明，不同于那些末流呢？还有梁章钜也是翰林出身，做了大官，也做过考官，还著了一大部《制艺丛话》，“一本正经”地评论明清各家八股文的优缺点，而在他的《丛话》中也引了这首道情。袁枚没做大官，没操文柄，抄了道情，尚可理解；而梁章钜则不但在作考官时用这套子套了多少士子，还要著书立说，颂扬这根绳套，最后抄了这道情，不但否定了八股，否定了他的著作，也否定他自己。却是一件奇怪的事情！

大家都知道八股文害了多少士子，而受害更大的，实是皇帝。“崇祯夫妇两口”，固然是受害最明显的证据。从本质上看，用《四书》中零章断句来强迫人东拉西扯，还要算“代圣贤立言”，分明是“公开造谣”，“假传圣旨”。皇帝还郑重其事地封官任职。既然自己令人造谣，自己还以为选拔人材，所选的那些人和他们做的官，自宰相一级直到地方县令，都是久经锻炼说假话的人，这样从朝政到吏治，能够好得了吗？明眼人看来，不必等到崇祯死后才算“断送江山”，从开始用那文体，用那题目，用那做法，用那条件去套人的人，早已种下了“断送”的根源！

八股文被利用来束缚士子并从根本上成为说谎造谣的大训练，流弊自然不可胜言，但世上的事情并不全都这么简单，还有它的另一面在。也不知从何人何时起，许多士子称科举八股文为“敲门砖”，这个词也包括其他科举考试所用的文体。拾起一块砖头去敲门，门里的人听见出来开了门，客人手里的砖头也就扔掉了。可见应科举的人对科举本身的态度。更无论对八股文体的态度，所以明清历朝科举出身的人，也就都是作过八股的人，并不都是专会欺诈撒谎的人，也有许许多多具有各方面的才能，为国为民做过若干好事的。但又可断言，那些人的各项才能和所作的好事，绝对不是从八股文中学来的。

有人反问："你不是说过八股文体并不负罪责吗?"回答是："并不矛盾。"试看周镐文章的声调流利铿锵、分析深透周密，这些文章技巧，岂不都是从古代文学传统中学来的！尤侗的文章，代《西厢记》的张生立言，岂不是剧本外的一出小品戏吗！我还要问：骈文中几个单句之下用排句，然后再接单句，俗称"宫灯型"：上下绳穗单，灯架四框偶。或说"乌龟型"：上下头尾单，前后四腿偶。还有五七言的律诗，也是首尾可单，中间必偶。这些模槽，传了一千几百年了，今天作旧体诗的人还用五律七律之体，这问题岂不值得研究民族文学史、民族文化史的学者好好深思吗?

传统也好，模槽也好，前边谈过的《字眼便用》那本"换字法"的书，可以上溯到《尔雅》，"初、哉、首、基"等字都同于"始"，"林、蒸、天、地"等字都同于"君"……下沿到《骈字类编》、两字两字的词，可以分别换着用。从唐朝的《白孔六帖》、宋朝的《太平御览》、明朝的《永乐大典》、清朝的《图书集成》，下到后世的蒙书《龙文鞭影》、《史鉴节要》，等等，哪个不是作文用典的资料！高头讲章式的"诗韵合璧"，上端横栏中所列的《类腋》之类的书，又哪个不是修饰辞藻的大型"小抄"呢？再大到《四库全书》，前边的上谕，是破题，目录是承题，提要是起讲性质，经史子集正目存目是八条腿，馆臣的进书表是尾巴。

戏剧例如皮黄的《空城计》，诸葛亮出场自述是破题，派将是承题，马谡违背指挥，王平预报地形是起讲，诸葛亮在城上与司马懿对唱是两大扇，斩马谡是收结。即便大鼓书，牌子曲等，开头几句也必要笼罩全篇，等于破题。

建筑方面如四合院，大门、二门、过厅，是冒子；游廊四面，盝顶两座（东南、西南)、厢房两面，是提比、小比。正房一套，包括暗间，耳房是主要的龟背部分，也即是中比大段，照房或群房是收结。诸如此类的现实所反映出的思想方法，似乎都有"基因"。听说有人用老鼠作试验，把"基因"打破搀乱，于是有尾生背上、腿生五条的，但其为尾为腿，依然故鼠，而无鸟爪鱼尾的。基因之伟大，其顽固之可恨，有如此者哉！总之，八股文体各部分，各器官和它们的功能，就是从遗传基因而来的，定型的、程式化的八股文，则是人为的、由搀乱而产生的畸型老鼠。用八股去考试天下士子，犹如勒令天下人以畸型老鼠为主要的食品肉类而已。

再回到文章技巧问题方面来，即以换字法为例，非但无善恶之可言，还是一个不可避免的条件。某个民族语言的词汇多，足以说明这个民族文化的丰富，而绝不证明他们野蛮。况且无论讲话或作文章，只有几个词来回用，听者读者一定厌烦。古今若干好的文学作品，没有不是善于变换运用词汇的。有趣的事，像王国维先生《人间词话》曾举沈伯时《乐府指迷》所说的加以贬斥。沈氏说："说桃不可直说破桃，须用'红雨'、'刘郎'等字；说柳不可直说破柳，须用'章台''灞岸'等字。"当然这些"不可直说破"和"须用"的提法，实在太死，但是换字法却是作诗文词曲乃至说话讲演的人，不但都绝对不可避免，而且是修辞手段中的一个重要环节。不必远举古代《江赋》、《海赋》之类为例，即以《人间词话》所推崇的苏轼《水龙吟》咏杨花词，整首全是拟人化，比喻法。最后才落到“细看来，不是杨花，点点是离人泪”。通篇是一个大换字，只是活而不死而已。至于说纯文体形式（不算思想内容）对国计民生有多大关系，恐怕很难直接连得上。“举一隅，不以三隅反，则不复也”，故曰：“并不矛盾!”

## 十 试 帖 诗

在科场考试中，与八股文并行的一种文体，就是“试帖诗”。考试所用的文体，本有多种，如赋，论，等等，但最主要的，一直与科举考试制度相终始的，八股之外，要数试帖诗了。

试帖诗又称为“五言八韵诗”。它的形式，即是“五言排律诗”，只是增加了一些一定的条件：

①必须五言句。

②必须律调句（在一些名家试帖诗集子中，也偶有一二拗句的，但在正式考卷中许不许有拗句，尚未见明文）。

③必须十六句。

④首尾各两句可以不用对偶外，其余各联必须对偶。

⑤限定以某字为韵。例如以“东”字为韵（题下注“得东字”），通首必须严守东韵。如某句韵脚用了“冬”韵中的字、叫做“出韵”，便不及格。

⑥一般律诗，首句用韵的，那个韵脚字，可以用邻近韵字，叫做“撞声”，但试帖诗是不许可的。即使不用邻近韵字而仍用本韵中的字，也只在名家试帖诗集中偶一见之，考卷中许可与否，也未见规定。但可见绝大多数作品（包括所见的中试硃卷和试帖诗集）都是首句不入韵，而且“仄起”（即句中第二句为仄声的）为多。揣度其原因，大约是因为既称“八韵”，如果首句用了韵岂不成了九韵了。那么不用首句入韵的格式，自然是保险的。首句仄起的，旧时称为“正格”，首句平起的，旧时称为偏格。正格正偏的说法，本无道理，也无根据（见拙著《诗文声律论稿》），而流行甚广，自必被试帖诗所采用。

⑦诗的前四句中要把题目大意包括进去，类似八股文的破题。后来逐渐演变成为要包括“题字”，例如下面举的《敦俗劝农桑》那首作品，前四句里即嵌进这五个字。但死板过甚的条件，总有行不通的时候，所以有些作品中，也就不全包尽题字了。

⑧诗的末尾要“颂圣”，即是末二句处一定要扯到赞扬皇帝、歌颂时政上，即使强词夺理、牵强附会，也都在所不惜。这在窗课诗集中并不全有，但在考试上则必不可少。这末二条在苛刻条件中，实属出奇的。试帖诗形式举例：

赋得敦俗劝农桑得敦字　　清 杨 庚

（右题式首称“赋得”，题下注“得某字”，即是以那个字为韵。所用韵字，有在本题中取字的，有不在本题中取字的。“敦俗劝农桑”是唐玄宗的一句诗。本诗作者是清代嘉庆时人。）

耕织
鸿图肇，农桑
凤诏温。
巡春民用劝，函夏俗同敦。考礼钦
祈谷，歌豳重采蘩。公田皆雨及，
法驾屡星言。
推四风清畎，缫三月满盆。笠看黄壤聚，秭到绿云屯。安土齐趋业、捐租叠沛
恩。万年衣食裕，
寿宇迈羲轩。

书写的格式是题目低两格写，诗的正文也全低两格写。在涉及皇帝的字句，即把指皇帝的字提高到低两格的那个高度，叫做平抬，那也是全诗的最高横线。如遇提到比当时皇帝更高一层的字句，便写在比这一横度高一字处，遇再高一层的，便再往上提。

本首诗中：凤诏、巡春、法驾、恩、寿宇各处就是指嘉庆皇帝的，可以都提到平行度处。鸿图，祈谷都是指嘉庆以前就有的政令，所以比凤诏再提高一字。四推指皇帝亲耕籍田时，亲自扶犁向前三推回来再推三次，叫做三推三返。雍正增了一推一返，所以这里提到四推时，也要比指嘉庆的话再提高一字。这首诗中，随处都是需要抬写的字，末尾的颂圣，就不显得突出了。）

考试做完八股文还要加上试帖诗，从形式上看，好像是诗文并重。仔细看来，实在另有缘故，八股文中自从明末清初删去“大结”之后，全篇中即没有应考者自己立场的语言，因此在文中也就没有地方可以安插对皇帝表颂扬的话了。皇帝下令考了一番，竟连一句颂扬的话都没听到，自是缺典、也不甘心。那么试帖诗的“颂圣”尾巴，正可起画龙点睛的妙用，也就弥补了前边八股文之不足了。

至于试站的做法，当然乃是翻来覆去地嚼那题目中的字。在词章修养高的人，可以用各样换字法去变换字面。从文体类别看，试帖诗基本上属于咏物诗，但所咏的不限定某一物，而是咏“题”，题目中所有的几项内容，都要从它们的上下、左右、前后、正反、内外各个方面挖空心思去拉拉扯扯。看起来也不失巧妙有趣，实际上它正和八股文一样，没有作者自己的任何思想、感情，更不用说发为议论了。限于篇幅，这里不再举例。

由于这种诗都要紧扣咏“题”，于是形成了一种特别的腔调。有一首游戏性的“剃头诗”，虽然只做了四韵（八句），却能写出试帖诗体的神髓。诗曰：

闻道头堪剃，何人不剃头。有头皆可剃，无剃不成头。剃自由他剃，头还是我头。请看剃头者，人亦剃其头。

中间两联，最具试帖诗句法的特点。结尾二句尤其可见神完意足，滴水不漏之妙。有人说这是清代初年讽刺剃发令的作品，按清初时试帖诗还没达到一律滥调的程度，前人笔记所记，也没有明确指出时间，年代远近，已不可考了。

**附记**：先师励耘老人陈援庵先生诞生一百一十周年之日，谨以习作一篇为献。先生生于清季科举未废之时，举业既属士子唯一出路，八股文自为必读必习之艺。于是其文体形成之缘起与夫痼弊积累之所在，莫不一一了如指掌。间尝请益，深蒙详加剖析。时当神州沦陷之际，先生口诵周犊山《逸民伯夷叔齐》一篇，琅琅然声出金石，盖感时寄慨，如赋变雅焉。功抑或退而拟作，犹忆一题曰《君子不以其所以养人者害人》，一题曰《国人皆曰可杀》，每呈函丈必蒙笑而阅之。迨数其股数，又复诧曰："何以俱只六股?"对曰："总扯不长。"先生掀髯，笑曰："小考六股亦可矣。"追念当年提命，虽末艺之微，笔墨之戏，其拳拳之谊犹有如是者。今距登堂受教之初，已近六十年，而功衰迟废惰，寸进不加，瓣香回向，不知涕泗之奚从也。启功谨识。

原载《北京师范大学学报》（社会科学版）1991 年第 3 期

# 南宋的贡院

梁庚尧

## 一 前　言

贡院是南宋都城与各处郡城中常见的一座建筑物，有时也称做试院，用途是作为科举考试的专用试场。贡院作为一座专供试场之用的建筑物，其主要结构可以都城的礼部贡院为例，“置大中门，大门里置弥封、誊录及诸司官，中门内两廊各千余间廊屋，为士子试处，厅之两厢，列进士题名石刻，堂上列省试赐知贡举御劄及殿试赐详定官御劄，并闻喜宴赐进士御诗石刻”（吴自牧《梦粱录》卷十五“贡院条”）。各处郡城中的贡院，其结构应该也大体类似。例如严州贡院，据载便是“规抚一遵礼部贡院之制”（董弅《严州图经》卷一“科举条”）。一般讲来，除了供考生应试的试场外，又有弥封、誊录、阅卷等工作场所，供参预试务工作官吏使用的餐厅、厨房、浴室和直宿的房舍，以及进士题名碑等①。至于贡院建筑的主体，自然是分间并列的试场。各处城市中的贡院，不仅是许多士人为了踏入仕途而必须出入的场所，也可以说是城市里科举文化的具体象征之一。

贡院的设置并不开始于南宋。礼部贡院的设置起于唐玄宗开元二十四年（736 年）以后，宋代沿袭其旧，不过在北宋晚期以前，一直是取具临时，到崇宁（1102—1106

---

① 史能之《咸淳毗陵志》卷十一“贡举条”述常州贡院：“厅后监试主之，考试位有六，又轩屋三间。为会文之地，封弥、誊录、对读皆有所。”施宿《嘉泰会稽志》卷一“贡院条”述绍兴府贡院：“考阅有厅，宴止有房，誊书、糊名两舍对峙。”徐琏《正德袁州府志》卷十四《艺文志》载不著撰人“贡院记”述宋袁州贡院：“封弥、誊录、吏直、庖湢，各就厥次。”魏了翁《鹤山先生大全文集》卷四十四《普州贡院记》：“封弥、誊录之司，庖湢、吏士之舍，靡彻不备。”夏玉麟《嘉靖建宁府志》卷二十《古迹志》述宋建宁府贡院：“内备考官直舍、誊录、弥封院及厅庑等。”吕静《万历兴化府志》卷三《建置志·古迹篇》述宋兴化军贡院：“中有观兴堂、选举堂、考试官位、监试主位、誊录所、弥封所，进士题名碑列于观光堂上。”

年）年间，才有固定的处所①。地方城市贡院的设置，最晚起自北宋后期。宋哲宗时，已有福州试院建于元祐五年（1090 年）②，泰州贡院建于绍圣四年（1097 年）③。至于地方贡院的普遍设立，则是在宋徽宗时期。“政和二年（1112 年），又从董正封建请，令诸州遍立贡院”(《成都文类》卷四十李焘《贡院记》)。这一次诏令诸州遍立贡院，可能和崇宁元年（1102 年）以来州学实施三舍法，取士改由学校升贡有关④，所以“舍法既罢，则贡院亦随废矣”(《鹤山先生大全文集》卷四十四《普州贡院记》)。按舍法罢废在宣和三年（1121 年），北宋贡院的普遍设立只有短短十年的时间。不过即使在舍法罢废之后，也并非所有贡院都随之颓毁，例如上述建于元祐五年的福州贡院便沿用到南宋，也有一些贡院是在南北宋间的战乱中焚毁的⑤。虽然如此，南宋初年确实是大多数的州郡都没有贡院作解试的专用试场，礼部的贡院也由于都城开封的沦陷，而有待于在南方的行都重建。

本文探究南宋的贡院，以贡院的兴建扩充为主题，首先说明兴修贡院的背景与动机，然后讨论贡院的兴建与扩大，最后将在结语中指出南宋贡院兴修的时代意义。

## 二　南宋时期兴修贡院的背景与动机

除了礼部贡院在绍兴十二年（1142 年）以前已在南宋行都建立之外，自从北宋宣和年间舍法废罢后，到南宋时期各地贡院先后建立之前，各处州郡科举考试时的考场大多取具于临时，沿有固定的场所。例如湖州是“诏下兴贤，莫有定所”（谈钥《嘉泰吴兴志》卷十一《学校篇·州治条》）；绍兴府是“迨复科举，更寓诸暨大雄寺、城东延

① 扈仲荣等编《成都文类》卷四十六载李焘《贡院记》：“然切考礼部贡院之名，实自唐始。开元以前，贡举皆属吏部，命考功员外郎主之，二十四年，明皇谓考功望轻，乃稽贡举于礼部，命侍郎专掌其政令，别给以印，礼部贡院得名，盖始于明皇也。国朝贡举，率循唐旧，间命他官知贡举，而贡院固属礼部。元丰（1078—1085 年）当废贡院，印亦随毁，寻复给印，而贡院则犹取具临时。元丰末年，开宝寺宝寓贡院，火，试官有焚死者，而试卷悉为灰烬，此非有司苟简之过欤。崇宁弥文，创建外学，以待四方贡士，则礼部贡院自是特特，不复寓他所矣。”又《鹤山先生大全文集》卷四十四《普州贡院记》：“礼部之有贡院，自唐开元始。国朝科举，虽袭其旧，而贡院之或废或置，或毁或复，至崇宁而后有定所。”

② 见梁克家《淳熙三山志》卷七《公廨类·试院篇》。

③ 见盛仪《嘉靖惟扬志》卷七《公署志·院监篇·泰州贡院条》。

④ 关于崇宁以后在方学校三舍法的内容和兴废，见赵铁寒《宋代的学校教育》（收入宋史座谈会编《宋史研究集》第四辑）；又见寺田刚《宋代教育史概说》前篇第六章、第七章。又《成都文类》卷四十六李焘《贡院记》：“当（董）正封时，犹或有以籍口，盖舍法方盛，课督日繁，游于学者，不敢一日去而之他，则其选于乡者，或可别即他所，舍法既罢，士不于学，焉取之而必为贡院。”

⑤ 申嘉瑞《隆庆仪真县志》卷八《学校考》：“故真州有贡院，靖康（1126 年）、建炎（1127—1130 年）中，虏数入寇，院遂毁废。”《永乐大典》卷五三四三“潮州府条”引《三阳志》：“试进士以来，辟贡院于城北之五里，建炎间，火为（按：‘为’疑当作‘于’）草寇。”

庆寺，最后寓光相寺，亡虑十数”(《嘉泰会稽志》卷一“贡院条”)，吉州是“试无定所，学官、佛寺，取具一时”（周必大《文忠集》卷二十八《吉州新贡院记》)；兴化军是“间三岁诏下，试于郡庠，已而褊隘，则移于部使者行部之舍，历数举，试员益众，则又移于南山之广化寺”（陈效《弘治典化府志》卷二十七《礼纪·艺文志》载陈俊卿《宋兴化军贡院记》)；潮州则“每遇宾兴，旋棘浮图居，为旬月计，历七八诏，迄无定所”(《永乐大典》卷五三四三《潮州府条》引《三阳志》)。这些例子，均说明了考场不断地更动处所。临时考场设置的处所，如上引各例所显示，以学校、佛寺和官舍最为常见，特别是学校和佛寺。所以《鹤山先生大全集》卷四十四《普州贡院记》说：

> 蜀自中兴以来，生聚教训，既百有余年，儒风丕振，应书之士，岁滋月益，而诸郡校士，非学官则佛舍也。其特为之官者，远则六十年，近止三五岁耳。普于东川号多士，而亦寓于学官。

同书卷四十八《眉州创贡院记》也说：

> 国朝设科取士，损益隋唐之旧，凡二百有七十季矣，列郡校试，寓于浮屠之馆者十有七八。

都指出了学校和佛寺用作科举考试临时试场的普遍情形。个别的事例，除前已述及者外，又如平江府起先试于近郭虎丘山的佛寺，其后曾试于郡学①；真州试场曾“权寓于佛寺，后每试于学宫”，再后“复试于佛寺”(《隆庆仪真县志》卷八《学校考》)；衡州“旧无试院，岁大比，即南门学舍为试所”(《永乐大典》卷八六四七《衡州府条》引《衡州府图经志》)；资州“寓试于报恩寺，弗便则合郡县庠而棘焉”(《鹤山先生大全文集》卷三十八《资州新创贡院记》)；彭州“每科举，辄寓佛祠”（陆游《渭南文集》卷十八《彭州贡院记》)；而泉州则以学校为试场②。至于以官舍为试场的情形虽然较少，但是除了上引兴化军之例外，也还有一些例子。例如明州曾“寓试于谯楼之上，或于开元寺”（罗浚《宝庆四明志》卷二《郡志·叙郡·贡举篇》)；梅州则“或即郡庠，或寓驿亭”(《文忠集》卷五十八《梅州贡院记》)。谯楼和驿亭，都属于官舍。

这种临时借用学校、佛寺或官舍为考场的情形，不仅为出借的场所带来了很大的困扰，地方上也深感不便。例如镇江府“大比试于郡学及先圣庙两庑，撤棘再补葺，士

① 周南《山房集》卷四《平江府重修贡院记》：“南渡以前试者少，每诏下则试于浮图近郭之虎丘，其后渐多则试于郡学。”

② 阳思谦《万历泉州府志》卷二十四《杂志·古迹类·贡院》条：“宋乾道（1165—1173年）以前，试士于半宫。”

以为病”（卢宪《嘉定镇江志》附录引《咸淳镇江志》）；台州“每大比则辟寺宇为之，科需烦扰，士民皆不便”（蔡戡《定斋集》卷十五《中大夫致仕朱公墓志铭》）；徽州“遇岁大比，则毁学之斋舍以纳之”（罗愿《淳熙新安志》卷一《州郡篇·贡院条》）；黄州“寓贡闱于庠校，三载必一毁撤，既非所以作士气，而学宫浸以颓靡，州人病之（楼钥《攻媿集》卷五十四《黄州贡院记》），夔州路十五郡中，六郡合试于夔州，试场寓于佛寺，“而夔一城惟一寺，一岁而天申、会庆两节，郡臣子舍是寺无以东乡而祝尧也，岂又可以为贡院而三年一残破之乎”（周复俊《全蜀艺文志》卷三十六关耆孙《大贡院记》）；四川类省试设试场于成都，“惟佛寺是因，其徒数遭逐徒，咸惮墙屋穿漏”，而改设为试场时，“迅期趋辨，表缀供张，务蔽目前，稍缺藩户，流弊滋出”（《成都文类》卷四十六李焘《贡院记》）；而汀州借佛寺为考场，也“迫期补葺，公私烦拨”（《永乐大典》卷七八九二“汀州府条”引《临汀志》）。这些例子，说明学校、佛寺当每隔三年一次改设为试场时往往会为建设物带来破坏，而且改设、复原，限期赶办，也为地方带来烦扰。此外，有些地方也许是为了有较为广阔的空间，而选用城外或山腰的佛寺作临时考场，在交通上也不方便①。所以尽管李焘反对在学校之外另设贡院，认为“舍法既罢，士不于学”，学校自可作为考场，“焉取之而必为贡院，以待三年四五十日之用”（《成都文类》卷四十六李焘《贡院记》），南宋许多地方人士和官员却都已深感学校不宜为了用作科举考试的临时考场而一再毁撤。岂仅学校不宜，佛寺和官舍也同样不见得合适。

问题更大的是，学校、佛寺或官舍作为临时考场，空间有限，而考生人数欲日益增多，使得这些临时考场难以容纳。由于教育逐渐普及，文风愈见兴盛，南北宋间参加科举考试竞争的士人不断增加，是各地普遍出现的一种现象。例如苏州在北宋庆历（1041—1048年）年间，“就举者止二百人”（龚明之《中吴纪闻》卷一《解额条》），北宋末年仍然“试者少”，此后日渐增加，到乾道四年（1168年）建贡院时，已经“试者至二千人”（《山房集》卷四《平江重修贡院记》）；明州在北宋末年“士亦不过数百”，入南宋以后，“试者日众”（《宝庆四明志》卷二《郡志·叙郡·贡举篇》）；台州于南渡之初，“士未盛”，其后增至“终场三千人”（《嘉定赤城志》卷四《公廨门·贡院条》）；徽州于北宋末年“试者少”，而“绍兴（1131—1162年）浸盛”（程泌《洛水集》卷七《徽州贡院记》），所辖休宁县原本“应乡书士不半百”，自绍兴七年（1137年）建县学以后，“常过八百人”（洪适《盘洲文集》卷三十三《休宁县校官碑》）；眉州原本已是“士大夫郡”，庆元（1195—1200年）年间分四川漕司贡额于诸郡，于是“士之投牒益盛于前”（《鹤山先生大全文集》卷四十八《眉州创贡院记》）；

① 《渭南文集》卷十八《彭州贡院记》：“每科举，辄寓佛祠，祠乃在城外，士不以为便。”《弘治兴化府志》卷二十七《礼纪·艺文志》载陈俊卿《宋兴化军贡院记》：“历数举，试员益众，则又移于南山之广化寺，距城五里许，士者病之。”陈耆卿《嘉定赤城志》卷四《公廨门·贡院条》：“后徒儿率院，院据山腹，陟（按：陟下原缺一字）不胜病。”

资州同样自分四川漕司贡额于诸郡以后，“就试者因以倍于昔，盖不下五千人”（同书卷三十八《资州新创贡院记》）；长宁军于嘉定三年（1210 年）建贡院以前的数十年间，“人才彬彬间出，接武科级，就试者因以倍于曩日”（同书卷四十《长宁军贡院记》）。上述州郡皆位于两浙、江东或四川，是南宋文风昌盛的地区，在各郡贡院设立之前，考生人数多已增至数千人，而休宁县一县便超过八百人，比起当初的不及半百增加了十几倍。不仅文风昌盛的文化核心地区如此，即使是偏远如海南岛上的昌化军，据李光于绍兴二十二年（1152 年）时称，这时“每诏下，群试于有司者至三百余人”，而这个人数“比往年几十倍”（李光《庄简集》卷十六《昌化军学记》，《儋耳庙碑》）。考生人数虽然只有数百，比起过去却同样有明显的增加。

科举考试应考人数的增加已经成为一个普遍的趋势，而临时考场的空间有限，难以容纳继续不断增加的考生。就学校而言，南宋郡学一般所收学生不过数百人，多者也不过千人①，以原本容纳数百人至千人研读的空间，如何改设为供数千名考生考试的试场？学校如此，佛寺、官舍又何尝不然。于是逐渐许多临时考场都有窄迫之感，工作于其间的试务官员也深觉因陋就简的不便。例如平江府设试场于郡学，空间有限，“则郡学缠苇为屋以居之”（《山房集》卷四《平江府重修贡院记》）；婺州“异时试者寓于僧庐，褊陋局隘，弗称是邦之大”（韩元吉《南涧甲乙稿》卷十五《婺州贡院记》）；江东漕试试场“每寓于浮屠者之宫，庳隘弗肃”（周应合《景定建康志》卷三十二《儒学志·贡士篇》）；徽州贡院于乾道四年（1168 年）建好之后，不仅“自是学舍无毁彻之患”，而且“士得去此隘，尽思于为文”（《淳熙新安志》卷一《州郡志·贡院条》），可见原本学校作为临时考场的狭隘。高邮军“寓试郡学”，以致“不惟湫底局庳，士气弗振，职校士者亦病之”（陈造《江湖长翁集》卷二十一《高邮建贡院记》）；汀州“试于开元寺，人士浸盛，踞蹐靡容”（《永乐大典》卷七八九二“汀州府条”引《临汀志》）；眉州“寓试于开元佛舍，因陋就隘”（《鹤山先生大全文集》卷四十八《眉州创贡院记》）；长宁军“寓试于郡之龙华僧舍……僧舍湫陋，既不足以容，校士其间者亦病于弗葺”（同书卷四十《长宁军贡院记》）。

这种考场狭隘的情况，导致了许多问题的发生。《鹤山先生大全文集》卷三十八《资州新创贡院记》述未建贡院前，士人应考的情形：

> 仅出入于一门，既未免有雍于躏籍之虞，幸而得入，则伥伥然靡所止戾。编苇架竹，犹未足以容也，有徙就于楼居者焉，则危栈腐梁，上下填物，凛乎压覆是惧。投卷之庑，衣冠曳履；校艺之馆，藩拔级夷；封录之所，嚣隘近市；导水之沟，汙秽杂袭。士生一世，居广居而立正位，其所存何如也。

说明了考生入场时的拥挤，有蹂践之患；为扩大考场的空间，编架浮屋，利用危楼，又

① 见拙作《南宋官户与士人的城居》，《新史学》第一卷第二期。

有倾覆之虞；而缴卷、阅卷、誊录处所的环境，也都恶劣。这些情形，自然不会只见于资州一地。李焘引述当时人的看法："士之选于乡者日益增多，乡校不足以容焉，得不舍其旧而图其新哉？"(《成都文类》卷四十六李焘《贡院记》)；魏了翁也认为，"承平日久，人物众多，贡士之宫于是浸备"(《鹤山先生大全文集》卷四十八《眉州创贡院记》)，都说明考生增加导致贡院的建立，而考生增加所以会导致贡院建立，正是由上述种种问题所促成的。

然而贡院的建立并非就是问题的彻底解决。原因在于考生人数仍在继续增加，而当初建筑贡院所设想的考场空间欲有一定的限度。各地情形，如镇江府贡院建于淳熙四年（1177 年），在此之前的乾道年间，"应举者以千计"，而到咸淳（1265—1274 年）年间，"文风日盛，应诏之数倍之"(《嘉定镇江志》附录引《咸淳镇江志》)；绍兴府根据宝庆元年（1225 年）的记载，"乾道九年（1173 年），守钱端礼建贡院，其时举人比今仅及其半"（张淏《宝庆会稽续志》卷一"贡院条"）；台州在乾道七年（1171 年）建贡院前，考生已至三千人，建贡院后，"自是应书者渐盛，犹不过五六千人，近岁至八千人"(《嘉定赤城志》卷四《公廨门·贡院条》)；徽州于乾道四年（1168 年）建贡院之后，六十年间，增"十五倍"(《洺水集》卷七《徽州贡院记》)；吉州于绍兴十四年（1144 年）建贡院后，"士益多"，至绍熙三年（1192 年）迁建贡院时，已"赴举者逾万人"(《文忠集》卷二十八《吉州新贡院记》)；成都府旧有贡院，"每三岁取士诏下，合成都九邑之士来应有司之试者数逾五千，日增而未已"(《成都文类》卷四十六《贡院记》)；建宁府贡院建于绍兴年间，淳熙十三年（1168 年），考生"不下万余人"(《会要·选举二十二·考试篇》淳熙十三年七月二十一日条)，比起从前增加了一倍①；泉州在乾道五年（1169 年）建立贡院时，"时试士才三千余人"，到嘉泰（1201—1204 年）年间，"应诏之数加倍"，又二十年，"试者益众"，再三年，"士以增"(《万历泉州府志》卷二十四《杂志·古迹类》)。资料更详细的是福州和潮州的情形。福州于北宋元祐五年（1090 年）建贡院时，考生只有三千人，到南宋绍兴九年（1139 年）赴试至七千余人，乾道元年（1165 年）又增加至一万七千余人，淳熙元年（1174 年）再增至两万人②；潮州于绍兴二十年（1150 年）建贡院，"时试于有司者不逮二千人"，至淳熙元年（1174 年），"试士仅三千人"，至嘉泰四年（1204 年），"终场四千余人"，至绍定元年（1228 年）"已六千六百余人"，再晚则"终场至万人以上"(《永乐大典》卷五三四三《潮州府条》引《三阳志》)。这许多例子说明，若干地方即使在建立贡院之后，于数十年的时间内，考生人数仍然以数倍的速率增长，有些地方已经达到万人以上，而福州在南宋中期更已达两万人之多，考生增加呈现膨胀的现象。

---

① 黎德靖编《朱子语类》卷一〇九《朱子九·论取士》载朱熹对学生说："旧时此中赴试时只有四五千人，今多一倍。"疑即指建宁府的情况而言。

② 元祐五年、乾道元年及淳熙元年考生人数见《淳熙三山志》卷七《公廨类·试院篇》，乾道元年考生人数又见王之望《汉滨集》卷十六《福唐解试告谕举子文》；绍兴九年考生人数见《淳熙三山志》卷八《公廨类·庙学篇》。

贡院建筑时既没有为日后大量的考生预留空间，当考生增加到某一个程度时，贡院自然也像从前的临时考场一样，有窄迫之感。例如台州贡院到了嘉定（1208—1224年）晚期，已是“试所隘弗能容，群趋以入，尤病乎巷之陋也”（林逢吉《赤城集》卷六楼观《增造贡院记》）；通州贡院到嘉定年间，地方官也“病其湫隘”（林云程《万历通州志》卷五《杂志·古迹篇》）；福州贡院早在南宋初年已是“侧肩争门，坐不容膝”（《淳熙三山志》卷七《公廨类·试院篇》）；而潮州贡院更是在初建完成使用时，便“已觉其隘”（《永乐大典》卷五三四三《潮州府条》引《三阳志》）。贡院既已狭隘，于是以往临时考场那种拥塞蹂践的现象又再发生。面对这种现象，有的地方已没有扩展的空间，例如吉州贡院于绍熙三年（1192年）以前，“其至者益多，无可展之地，或畏蹂践，望而去之”（《文忠集》卷二十八《吉州贡院记》）。有的地方则搭盖浮屋以容纳考生，例如湖州贡院在庆元六年（1200年）以前，“乡邦士子日盛，旧屋窄狭，每遇科举，旋搭席屋，且布有风雨沾湿之患，又入院拥并，有蹂践之虑”（《嘉泰吴兴志》卷十一《学校篇·州治条》）；常州贡院在咸淳（1265—1274年）年间以前，“岁大比则增葺浮屋十余楹，分列试席”（《咸淳毗陵志》卷十一《贡举条》）；建康府贡院在绍熙二年（1191年）以前，“至者千人，项背骈累，至纬葭为庐，架以苍筤，风雨骤至，伛偻蔽遮，仅全文卷”（杨万里《诚斋集》卷七十五《建康府新建贡院记》）；徽州贡院到了宝庆二年（1226年）以前，也已“蹦践屡骛，屋不足芘，盖以芦苇，上下交病者三十年矣”（《洺冰集》卷七《徽州贡院记》）。至于更常见的，则是采用贡院建立以前的途径，借用学校、佛寺或官舍作考场，以弥补贡院空间的不足。例如明州贡院在嘉定六年（1213年）以前，漳州贡院在淳祐（1241—1252年）年间以前，均曾借用学校以扩大空间①；台州贡院在嘉定十四年（1221年）以前，成都府贡院在淳熙四年（1177年）以前，均曾借用佛寺以扩大空间②；袁州贡院自绍兴（1131—1162年）年间以后，由于空间不足，先借用官舍，然后又借用佛寺③；福州贡院也由于空间不足而借用官舍④。借用学校、佛寺和官舍，同样不能避免蹂践之患，而且改设和复原，依然是一大困扰，像福州贡院借用官舍来扩大空间，便“每科举年份，动是数月，上下劳扰，至入场之际，韦布纷然，竞欲争先，深有奔突蹂践之患”（《历代名臣奏议》卷一六九载赵汝愚帅福建时上言）。士人于浮屋中考试有风雨之患，扩展考场空间至学校、佛寺、官

---

① 《宝庆四明志》卷二《郡志·叙郡·贡举篇》：“其后又不足容，有司每借府学之冷斋以居。”袁业泗《崇祯漳州府志》卷三十《古迹志·院庄篇·贡院条》引《淳祐志》：“院与州学相连，遇大比则辟学舍以客试士。”

② 《嘉定赤城志》卷四《公廨门·贡院条》：“近岁至八千人，始于报恩寺截行者寮附益之。”《成都文类》卷四十六李焘《贡院记》述成都府贡院：“旧贡院既狭小不足以容，则更就佛寺，取具临时。”

③ 《正德袁州府志》卷十四《艺文志》载钱文子《贡院记》：“旧贡院在郡之东，绍兴中士亦多，始合迎恩驿以试，其后又益多，则东通报恩寺，创庐舍以处之，今又滋益多矣。”

④ 黄淮等《历代名臣奏议》卷一六九载赵汝愚帅福建上疏言福州试院：“今缘士子众多，屡行改辟，犹自狭隘，以至通并转运行司，展移曹职官廨舍。”

舍，则以往临时考场的问题又再发生，而且考生人数继续增加，拥挤蹂践的现象不仅不会止绝，只有愈加扩大。对于上述种种问题，所能够有的解决方法，便是将贡院扩建或迁建。所以平江府增建贡院，原因就在于考生增加，地方官“惧不足以容也”(《山房集》卷四《平江重修贡院记》)。陈淳建议迁建漳州贡院，也指出“其中迫窄不足以容众，则又不容于不移”（陈淳《北溪大全集》卷四十三《拟上趙寺丞改学移贡院》)。

除了上述临时考场之不便和考生人数的增加两项因素之外，还有其他因素导致贡院的兴修。第一，在心理上，为国家选拔人才被视为一件庄严的大事，必须让参预竞争的士人感到自尊，也必须让考生能够庄重地进行。对主事的官员来说，“吾待进士不薄，俾士亦不自薄进士，而后得士”(《全蜀艺文志》卷三十六关耆孙《大贡院记》)，而拥挤简陋的考场，无法让士人有自尊的行为。《正德袁州府志》卷十四《艺文志》载钱文子《贡院记》：

> 今士应举，裹饭员笈，骈肩而入，据按执笔以待问，亦既非古矣。而反无所容，至攘肩相先，偏侧门竞，姑亦文墨幸于一得。是岂惟士之不能自尊，盖上之人亦有过焉。

指出了士人在考场中的争先恐后，缺乏自尊，而政府对他们这种行为也有责任。前引魏了翁所作《资州新创贡院记》，在描述了临时考场环境的恶劣之后说，“士生一世，居广居而立正位，其所存何如也”，无非也是认为在这类考场中，考生无法维持自尊。至于政府的责任，自然是为他们提供宽敞的考场。不仅要让考生有自尊，考场也必须请求庄重。临时考场设于佛寺，就儒学观点来看是名义不正的；李道传为江东漕试贡院作记，便说，“若夫合圆冠方履之士以校其艺，曾无定处，而反托于异教之庐，事益苟，名益不正”(《景定建康志》卷三十二《儒学志·贡士篇》)。若是设于学校，则考生的拥挤喧闹对供奉于学校中的圣贤来说，又构成不敬；正如魏了翁所指出，“况孔堂肃穆，而群趋错立，喧渎已甚”(《鹤山先生大全文集》卷四十四《普州贡院记》)。因此佛寺、学校都不适宜为临时试场，必须建立有足够空间的贡院，让考生能够有自尊而从容地应试。

第二，贡院建筑不可能长期维持完好，有必要加以修护，甚或重建。建筑物使用时间既久，可能受到自然或人为力量的侵损，若是平时疏于维护，问题可能更加严重。例如建康府贡院建于乾道四年（1168 年)，到绍熙二年（1191 年）重建之前，已是“藩拔级夸，栋折榱倾，廪廪将压”(《诚斋集》卷七十五《建康府新建贡院记》)。此后到嘉定十六年（1223 年）再修，“自后率三岁一葺，因陋就简，牵补目前，试已则借占蹦践，靡所不有，殆弗止撤藩篱，毁薪木而已”，到咸淳三年（1267 年）以前，是“屋既倾攲，地又卑湿，懔乎有覆压之虞”(《景定建康志》卷三十二《儒学志·贡士篇》)。可知平常的维护十分疏陋；而且在没有考试的漫长期间，常为外人所借占，不加爱惜，破坏很大。又如明州贡院于绍定元年（1228 年）“誊录屋地”(《宝庆四明志》卷二《郡志·叙郡·贡举篇》)，汀州贡院于宝祐（1253—1258 年）年间“大门及试官厅位圮陋”(《永乐大典》卷七八九二《汀州府条》引《临汀志》)，当也都缘于时间因素。除了时间因素外，贡院有时也会因为意外而毁坏，例如温州贡院和邵武军试院都曾遭遇火灾①；真州贡院曾经“火于兵”(《隆庆仪真县志》卷八《学校考》)，亦既毁于战祸。贡院的修建可能很多都和这类情况有关。

## 三 南宋时期贡院的兴建与扩大

推动贡院兴修的力量，分别来自政府与地方的士人阶层。除礼部贡院外，其他贡院多建于地方，地方长官自然是最主要的推动力量，尤其以郡守为然。所以《文忠集》卷二十八《吉州新贡院记》说：

> 若夫视举子之多寡，为广居以待其来，使群试者泮奂优游，无攮必挨挤之患，此则二千石之责也。

二千石指郡守而言。见于文集与地方志的贡院记，所记各地贡院的兴修，多视郡守的态度而定。若是郡守无意于此，则无论兴建、扩建或迁移，常无法动工②。建设的主导力量虽然在郡守，但动议却常来自地方上的人士。例如李椿出知婺州，“以多病之余，顾其政之不暇”，对于贡院的兴建，“懼无以为矣”，可是“既而乡老士子咸以为请”(《南涧甲乙稿》卷十五《婺州贡院记》)；普州试场原本寓于学校，直到嘉定年间才兴建贡院，不过早在嘉泰（1201—1204 年）年间，“郡人尝议卜筑”(《鹤山先生大全文集》卷四十四《普州贡院记》)；长宁军知军虞方简于嘉定三年（1210 年）兴建贡院，是由于“莅事之逾月，士以为请”（同书卷四十《长宁军贡院记》)；泉州贡院自郡守真德秀拓建后，不过三年，“士以增拓右庑为请”(《万历泉州府志》卷二十四《杂志·古迹类》)；淳熙三年（1176 年）兴化军姚姓知军的决定兴建贡院，是起自“三邑之士相与来告”(《弘治兴化府志》卷二十七《礼纪·艺文志》载陈俊卿工《宋兴化军贡院记》)；袁州贡院自从庆元二年（1196 年）以后，原在郡城东门外，此后考生日益增加，“厌地狭，好事者或时时窃议面势”，到嘉定十五年（1222 年），“士乃奋曰，盍繇外而升中。相地于城东隅……以其地请于郡、于部使者”(《正德袁州府志》卷十四《艺文志》载不著撰人《贡院记》)，亦即士人先寻找好迁建的地址，再请求官府将贡院从城外移置

---

① 汤日昭《万历温州府志》卷十八《杂志·灾变篇》：“淳熙七年（1180 年）秋，贡院火，是年试者八千人，焚死者百余。”洪迈《夷坚志乙》卷二《邵武试院条》：“淳熙十三年（1186 年）秋八月，邵武解试，十五夜，誊录院遗火，举子文卷亦多被焚爇。”

② 《景定建康志》卷三十二《儒学志·贡士篇》载陈天麟《重修贡院记》：“郡凡几守，率置不问，或告之，则曰，此非吾之所急也。”《洺水集》卷七《徽州贡院记》：“更数十守，咸睥睨莫就。”

于城内。

上述事例中动议兴修贡院的乡老、士子、郡人，是些什么人？其他资料有更加确切的说明。淳熙三年（1176年）彭州知州王敦诗、通判邓枢“取废驿故地为贡院”，是“采进士穆滂、陈仲山、杨伦、苏松等议”（《渭南文集》卷十八《彭州贡院记》）；嘉定十五年（1222年）知台州齐硕扩建贡院之后，“乡之国子免解进士南昌司津赵师窥、州学录林恪、经谕杨鉴、贡补杨垓复议瓮术覆渠，以平坎窞，以防泥淖”（《赤城集》卷六楼观《增造贡院记》）；乾道四年（1168年）建康留守史正志兴建贡院，出自“诸生以是为请”（《景定建康志》卷三十二《儒学志·贡士篇》），而到绍熙二年（1191年）建康府知府余端礼将贡院改建，也是由于“庠序诸生秦晋等若干人充庭，果以为请”（《诚斋集》卷七十五《建康府新贡院记》），福州贡院于乾道元年（1165年）扩建，则由于“郡学诸生乡士林丙相率以请”（《淳熙三山志》卷七《公廨类·试院篇》）；眉州贡院的兴建，是“焕章阁待制李公埴始订其议”（《鹤山先生大全文集》卷四十八《眉州创贡院记》），而李埴是眉州人；又嘉定二年（1209年）资州贡院的兴建，出自乡居的知崇庆府杨某之议，以其祖父所捐学田千亩，就其中选取贡院的兴建用地①；而漳州乡居学者陈淳，也曾写信给知州，建议另觅适当地点，“为后进日增之计，创新贡院”（《北溪大全集》卷四十三《拟上赵寺丞改学移贡院》）。这些例子，说明其中包括有被尊称为进士的一般士人，曾就读太学获得免解资格的士人、曾获中待补资格的士人、州学的学职人员、学校的学生、出身本地的中央和地方官员以及乡居的学者，而其中尤其以学生提出要求的情况为最多。他们对兴建贡院的动议，反映了地方上士人阶层对自身公益的关心，也显示了士人阶层对地方施政的影响。

用地的取得是兴修贡院的一个重要过程。在用地地点的选择方面，除了足够宽敞，交通便利和取得容易等一般条件外，位置的高爽也常被强调。例如绍兴十七年（1147年）衢州张姓知州“相州之西北隅，得亢爽之地，始建贡院”（林应翔《天启衢州府志》卷十二《艺文志》载李处权《新建贡院记》咸淳四年（1268年）通州知州冯弼重建贡院，是“相攸高爽地”（《万历通州志》卷五《杂志·古迹篇》）；而绍兴府、婺州、长宁军、建康府和江东漕司贡院所选择的建筑用地，则都以“爽垲”来形容②。另外用地的风水有时也很受重视。真德秀选择江东漕司贡院用地时，便曾经“相其阴阳”（《景定建康志》卷三十二《儒学志·贡士篇》）。陈淳向漳州知州建议迁建贡院，所持

① 《鹤山先生大全文集》卷三十八《资州新创贡院记》：“今崇庆守杨某，故绍兴戎监某之孙也，方怀绂里居，慨然曰，我祖父捐田千亩于学，以贤公养，所以望于乡之士者，不为薄矣，今登进贤能之所而苟弗称焉，盍即其在思所以护之者。”

② 分别见《嘉泰会稽志》卷一《贡院条》，《南涧甲乙稿》卷十五《婺州贡院记》，《鹤山先生大全文集》卷四十《长宁军贡院记》，《景定建康志》卷三十二《儒学志·贡士篇》载马光祖重修建康府贡院事、及真德秀兴建江东漕司贡院事。

理由之一，也是贡院所在地点自从建南桥于漳水之后，犯了阴阳家之忌，以致酿成事变①。程珌曾经写信给徽州知州赵希齐，反对迁移贡院，他的说法是，“且潮阳可鉴也。岁在甲戌，潮之士尝首南宫矣。已而以选场狭陋，迁之，其后凡再举，寂无奏名，今又复故焉”(《洺水集》卷七《徽州贡院记》)。程珌虽然没有明确提到阴阳家言，但他显然意指潮州贡院原来风水好，所以当地士人省试奏捷，迁址后风水差，因而无人登科，而徽州贡院于乾道四年（1168 年）建成后，次年省试，徽州士人“冠南宫，占鼎魁，联翩上第者两倍他时”（同上），自然也得风水之益，所以他反对迁移。程珌所说的潮州贡院“今又复故矣”，事在嘉定十二年（1219 年）。潮州这一次将贡院迁回原址，确曾考虑到风水的问题②。真德秀、陈淳皆为名儒，而考虑贡院用地时均不能不牵涉风水因素，可见风水之说在当时已深入人心。

无论是贡院用地的取得，或是建筑工程的进行，都有地方人士参预其事。贡院用地的寻求与获取，原是地方长官的责任，但有时地方人士也提供他们的力量，前文曾述及袁州士人“相地于城东隅”，作新贡院用地，再向地方官员提出；也述及彭州地方官采纳士人的建议，“取废驿故地为贡院”；又述及资州的乡居官宦建议，就其祖父所捐学田选取贡院建筑用地；而徽州于宝庆二年（1226 年）扩建贡院，用地多得“乡校献议，谓前地可拓”(《洺水集》卷七《徽州贡院记》)。这些例子，都可以说明地方士人对贡院用地取得的贡献，而且他们在其中扮演了十分重要的角色。即使地方长官亲自寻找到合意的土地，有时也会征询地方士人的意见。例如长宁军知军虞方简为贡院觅得建筑用地之后，“合僚吏兴学之左右生观焉，不谋同辞”(《鹤山先生大全文集》卷四十《长宁军贡院记》)，郡学学生是他咨询的对象之一。至于工程的进行，常由地方长官属下的官员主持③，但有时在地方官员主持之外，也有地方人士参预协助。例如宝庆元年（1225 年）袁州迁建贡院，“命兵官赵善态以莅役，推幕赵汝球以总事，为能审官也；

---

① 《北溪大全集》卷四十三《拟上赵寺丞改学移贡院》：“若夫贡院，奉天子明诏宾兴之地，在此邦关系为尤急，尤不可不择形胜之最者处之。前年之厄，说者皆以为南桥之激。南桥之造，特出于乡大夫林寺丞听一庸僧之臆见，不分谋善阴阳者。漳水本安静，而聚石以激之，冲突怒号，一如建、剑湍急之声，将何以自宁。南桥之造，盍造于出云馆，以漳水自此而下，为翻弓之势，不纯腰带之绕，正阴阳家所忌，桥造于此，则下流有钤束不足忌，而上流有关锞，风气藏聚，盘礴自足，以为雄胜。然此事已失，重大难整，更不必深论。惟是贡院正居其冲，有前年之变，则恐难于不移。”

② 真德秀《真文忠公文集》卷二十四《潮州贡院记》：“问其所以复之之意，曰，以形势言之，则背员五龙，前峙金鳌，大江之水，回环而萦带，双旌雁塔，骈罗而鼎列者，昔人卜地之胜也。旁联民庐，后迫隍水，山川清明之气，远而弗瞩，市厘谨嚣之声，迩而狎闻者，近岁草创之陋也。况乎以人物则昔盛而今歇，以规抚则前敞而后益，此其复之之指也。”所谓“背负五龙，前峙金鳌”，为阴阳家风水之言；而“以人物则昔盛而今歇”，可与程珌所言相印证。

③ 例如婺州于淳熙四年（1177 年）兴建贡院，“通判州事赵君彦丞奋然颛督其役”(《南涧甲乙稿》卷十五《婺州贡院记》)；江东转运司于嘉定九年（1216 年）建漕试贡院，“董其役者主管文字赵与悊”(《景定建康志》卷三十二《儒学志·贡士篇》；袁州于庆元二年（1196 年）重建贡院，工程“属之军事官建安虞庠、宜春尉三衢徐俦”(《正德袁州府志》卷十四《艺文志》载钱文子《贡院记》)。

因贡士何一之、李发、学谕施德固以往来左右，为能谘士也”（《正德袁州府志》卷十四《艺文志》载不著撰人《贡院记》）。如嘉定十二年（1219年）潮州迁建贡院回原址，“而力以任其事者，别驾淩仪赵侯也；若夫考视工程，则寓客之贤，曰王君恪；勾稽出纳，则郡庠之隽，曰方遇、施仪凤等，实分任焉”（《真文忠公文集》卷二十四《潮州贡院记》）；普州兴建贡院，则“士受役”（《鹤山先生大全文集》卷四十四《普州贡院记》）。这些参预工程的地方士人，有贡士、郡学的学职人员和寓客。此外，淳熙二年（1175年）兴化军与建贡院，“择浮屠氏之才者分掌其役”（《弘治兴化府志》卷二十七《礼纪·艺文志》载陈俊卿《宋兴化军贡院记》），工程交由僧人主持，与上述诸例有所不同。这可能与宋代福建佛教兴盛，各项公共工程常委托佛寺办理的习惯有关①。

兴修贡院的经费来源也是一个重要问题。经费不仅是用在工程所需的建筑材料和雇募工匠上，有时为了取得建筑用地，也必须花钱购买②，所以花费不在少数。兹表列南宋若干贡院兴修费用于表一。

表一　**南宋贡院兴修费用**

| 工程名称 | 年　代 | 费　用 | 资料来源 |
|---|---|---|---|
| 建康府重建贡院 | 绍熙二年（1191年） | 钱一万一千贯，米六百石，木二万一千章，竹一万四千个，甓瓦六十万三千枚 | 《诚斋集》卷七十五《建康府新建贡院记》 |
| 建康府重建贡院 | 咸淳三年（1267年） | 钱十八界十三万三千八百十五贯有奇，米一千五百五十石 | 《景定建康志》卷三十二《儒学志·贡士篇》 |
| 江东转运司建贡院 | 嘉定九年（1216年） | 钱一万四千贯 | 同上 |
| 吉州重建贡院 | 绍熙元年（1190年） | 钱一万贯，米一千五百石 | 《文忠集》卷二十八《吉州新贡院记》 |
| 袁州重建贡院 | 庆元二年（1196年） | 钱三千七百贯 | 《正德袁州府志》卷十四《艺文志》载钱文子《贡院记》 |

---

① 参见方豪《宋代僧徒对造桥的贡献》（收入方豪《方豪六十至六十四自选待定稿》）；黄敏枝《宋代佛教社会经济史论集》第四章第二节。

② 《淳熙新安志》卷一《州郡志·贡院条》：“增买民地六百二十余丈。”《文忠集》卷二十八《吉州新贡院记》：“得五代水军废营于域中，地广百亩，间民畦而为圃者若干户，乃厚予直而取之。”同书卷五十八《梅州贡院记》：“隔街有溪，限以编户，厚偿其直，彻而达之。”《鹤山先生大全文集》卷四十《长宁军贡院记》：“遂益市旁近地。”

续表

| 工程名称 | 年　代 | 费　用 | 资料来源 |
| --- | --- | --- | --- |
| 袁州重建贡院 | 宝庆元年（1225年） | 钱二千二百贯 | 《正德袁州府志》卷十四《艺文志》载不著撰人《贡院记》 |
| 黄州建贡院 | 嘉定二年（1209年） | 钱五千贯，米二百石 | 《攻媿集》卷五十四《黄州贡院记》 |
| 彭州建贡院 | 淳熙二年（1276年） | 钱一万五千六百贯有奇 | 《渭南文集》卷十八《彭州贡院记》 |
| 资州建贡院 | 嘉定二年（1209年） | 钱一万四千四百贯 | 《鹤山先生大全文集》卷三十八《资州新创贡院记》 |
| 长宁军建贡院 | 嘉定三年（1210年） | 钱二万零七十贯有奇① | 同书卷四十《长宁军贡院记》 |
| 眉州建贡院 | 嘉定年间 | 钱四万五千贯 | 同书卷四十八《眉州创贡院记》 |
| 潮州重建贡院 | 嘉定十二年（1219年） | 钱一万三千贯有奇 | 《真文忠公文集》卷二十四《潮州贡院记》 |
| 梅州建贡院 | 庆元六年（1200年） | 砖十万，盖九倍之，钱数千贯，米累百石 | 《文忠集》卷五十八《梅州贡院记》 |

可知大多数工程的费用，在数千贯至数万贯之间。至于咸淳三年建康府重建贡院所费多达十八界十三万三千余贯，当与南宋末年纸币贬值有关。由于花费颇大，有些州郡对贡院的兴修便易长期拖延，难以进行②。有心兴修贡院的官员，则必须力行撙节，才能储备经费。例如袁州知州江自任于庆元二年重建贡院，是“约己节用，以奉兹役”(《正德袁州府志》卷十四《艺文志》载钱文子《贡院记》)；黄州知州高得全于嘉定二年兴建黄州贡院，经费“悉出自撙节之余”(《攻媿集》卷五十四《黄州贡院记》)；梅州知州刘焕于庆元六年兴建梅州贡院，也得力于“节用储财”(《文忠集》卷五十八《梅州贡院记》)。有些地方更必须积两三任长官的筹措，才有足够的经费来兴修贡院。例如婺州于韩元吉任知州时，取得了贡院的建筑用地，张津继任，“尝鸠其费”，李椿再继任，“俭以率其下，凡事宴游而饰厨传者，一切不务”(《南涧甲乙稿》卷十五《婺州贡院记》)，经三任郡守，贡院才动工兴建；江东漕试贡院的兴建早在孟猷任转运使时已取得了土地，胡榥继任，才“稍储钱以俟费”，真德秀再继任，“斥燕馈，削浮冗，独以

① 原文作“钱用诸费二十七万一百有奇”，即相当二百七十贯有余，似乎太少，二十七万之十疑为千之误。

② 《弘治兴化府志》卷二十七《礼记·艺文志》载陈俊卿《宋兴化军贡院记》：“或谓役大费广，历岁淹时，未易猝办。”《崇祯漳州府志》卷三十《古迹志·院庄篇·贡院条》引《淳祐志》：“前守屡欲移于他所，以役巨费繁，辄止。”

余力克兴是役"(《景定建康志》卷三十二《儒学志·贡士篇》)，也经三任转运使才动工；袁州贡院于嘉定十六年（1223 年）开始动工重建，不久郡守调任，虽然"郡有位者亟于成，重门堂庑，内外粗备"，可是"财弗给费，力弗周用，仅草创而已"，到赵征夫继任知州，继续修建，以往地方官所遗留的工程，"至是而始备"(《正德袁州府志》卷十四《艺文志》载不著撰人《贡院记》)，则经历两任郡守兴建完成。

上述情形，说明有时仅依赖州郡经费仍然无法充分达成兴修贡院的需要，而必须从其他方面来取得财源。这些财源，包括下属机构的支援，上级机构的补助，以及官宦、士人的乐捐。下属机构的支援如淳熙四年（1177 年）婺州兴建页院，经费"取于帑廪之余，合以诸县之力"(《南涧甲乙稿》卷十五《婺州贡院记》)，属下各县也提供经费；又如嘉定二年（1209 年）资州兴建贡院，经费来源之一是"磐石令王君子克率外三邑缗钱以助"(《鹤山先生大全文集》卷三十八《资州新创贡院记》。按磐石县为资州府郭县，亦即资州属下各县共同支援经费。这类情形比较少见，较常见的是上级机构给予补助。拨助经费的上级机构，有内延财库、转运司、提点刑狱司和宣抚司等。例如普州兴建贡院，其费用分别取自"既辍少府用度之赢，又告诸本道转运、刑狱使者，及卿大夫士以补其乏"(《鹤山先生大全文集》卷四十四《普州贡院记》)；眉州兴建贡院，其费用分别来自"少府既以余法用具糇粮、称畚筑，焕章阁待制李公埴始订其议，至是又捐赀为里人倡，凡得钱二千万，转运判官黄公伯固、厉公模前后所发如之，不足则刑狱使者郭公正孙又发五百万卒成之"（同书卷四十八《眉州创贡院记》)，都获得少府、转运司、提刑司三方面的资助；少府即指内延财库而言。而吉州于绍熙三年（1192 年）重建贡院，除本郡经费外，"转运林君湜亦助其费"(《文忠集》卷二十八《吉州新贡院记》)，也得到转运司的资助，又乾道六年（1170 年），夔州知州王伯庠兴建贡院，"退而顾公帑，视民力，则弊不可仰"，于是"公私之须，皆一归于节"(《全蜀艺文志》卷三十六关耆孙《大贡院记》)。按四川安抚制置司于这年三月废罢，归并于四川宣抚司①，因此所谓节，当指四川宣抚使而言。内延财库与转运司固然是财政机构，有财物可资运用，提点刑狱司也主管一部分的地方财计②，四川宣抚司则有财权，所辖钱帛甚夥③，所以后二者也能够补助州郡修建贡院的费用。

上述普州和眉州的例子里，又见到有本籍的官宦、士人捐助经费。官宦、士人以个人身份修建贡院经费的情形，颇为常见。例如嘉定十五年（1222 年）台州增辟贡院，"郡邑之僚采、桑梓之达、士人同志，从风乐施"(《赤城集》卷六楼观《增造贡院记》)；嘉定六年（1213 年）真州重建贡院，"知州徐景令、判官朱明孙等倡士民捐赀鸠工"(《隆庆仪真县志》卷八《学校考》)；淳熙三年（1176 年）彭州兴建贡院，"凡

---

① 《会要·职官四十·制置使篇》乾道六年三月十四日条："中书门下省言，勘会四川已有宣抚司，系执政官出使。诏四川安抚制置司并属官并罢，并归四川宣抚司。公使等及见管钱物委宣抚司拘收，具数申尚书省，其余应干事务照应昨胡世将除宣抚并罢制置司已行事理施行。"

② 见汪圣铎《宋代地方财政研究》，载《文史》第二十七辑。

③ 详见李心传《建炎以来朝野杂记》乙集卷十六绍兴至淳熙四川宣抚司钱帛数条。

郡之士，奔走后先，肩袂相属，甓坚材良，山积云委”(《渭南文集》卷十八《彭州贡院记》)；宋孝宗初年，罗宗约任四川制置司参议官，至兴州劳军，宣抚使赠以金钱，“宗约不欲受，而难于辞，还至汉州，州方治贡院，以五十万助之”（汪应辰《文定集》卷二十二《沙县罗宗约墓志铭》)。这些乐捐者，有本地政府的僚属，有本籍的官宦、士人，也有路过的官员。有时乡里官宦、士人所捐助的经费，竟成为修建贡院的重要财源。例如前述眉州兴建贡院的经费四万五千贯中，李埴与乡人所捐者便占二万贯。又《真文忠公文集》卷二十四《潮州贡院记》述嘉定十二年（1219 年）潮州重建贡院的经费来源：

会其费用之目，为钱一千三百万有奇，郡之所捐者百万，别驾半之，自余则士者合以相焉。

可知在一万三千贯中，出自地方士人的竟占一万一千五百贯之多。又《鹤山先生大全文集》卷三十八《资州新创贡院记》述嘉定二年（1209 年）资州兴建贡院：

诸费为钱一千四百四十万有奇，郡守眉山吕君涧赞其成，郡教授潼川王君晞鸿以杨侯赴镇代其劳，盘石令王群子克率外三邑缗钱以助，制置司机宜郡人赵君希濬以前三岁举人尝输金于州也，至是白其长，出所轮以给用度，州之士各襁属不绝。

杨侯即建议就其祖父所捐学田选取贡院用地的延庆府知府杨某，是这次兴建贡院的推动者，可能也提供了主要的财源，所以他离乡赴任后，要请郡学教授王晞鸿代其劳；其他经费除各县的支援外，多来自地方士人的捐助，郡守不过是“赞其成”而已。总之，就如同在推动修建、取得用地和工程进行等过程中一样，乡里官宦和士人在贡院修建的经费筹措上，也扮演了重要的角色。

南宋各处贡院的兴建，就资料所见，集中在南宋初期与中期；至于包括修护、扩建与迁建在内的重修工程，则自南宋初期至晚期均有。兹表列南宋各地贡院的兴建与重修年代于表二。

表二　　**南宋贡院兴建与重修年代**

| 贡院名称 | 兴建年代 | 重修年代 | 资料来源 |
|---|---|---|---|
| 福州试院 | 北宋元祐五年（1090 年） | 乾道元年（1165 年） | 《淳熙三山志》卷七《公廨类·试院篇》 |
| 泰州贡院 | 北宋绍圣四年（1097 年） | 绍定六年（1233 年） | 《嘉靖惟杨志》卷七《公署志》 |

续表

| 贡院名称 | 兴建年代 | 重修年代 | 资料来源 |
| --- | --- | --- | --- |
| 袁州贡院 | 北宋 | 一、庆元二年①（1196年）<br>二、宝庆元年（1225年） | 《正德袁州府志》卷十四《艺文志》载钱文子《贡院记》、不著撰人《贡院记》 |
| 礼部贡院 | 绍兴十二年（1142年）以前② | 淳熙六年（1179年） | 《会要·职官十三·礼部贡院篇》绍兴十二年二月四日条、淳熙六年四月二十四日条 |
| 吉州贡院 | 绍兴十四年（1144年） | 绍熙三年（1192年） | 《文忠集》卷二十八《吉州贡院记》 |
| 衢州贡院 | 绍兴十七年（1147年） |  | 《天启衢州府志》卷十二《艺文志》载李处权《贡院记》 |
| 潮州贡院 | 绍兴二十年（1150年） | 一、绍兴二十三年（1153年）<br>二、乾道六年（1170年）<br>三、绍熙间（1190—1194年）<br>四、嘉定十二年（1219年）<br>五、绍定元年（1228年）以后<br>六、嘉熙四年（1240年）<br>七、宝祐二年（1254年）③<br>八、景定五年（1264年） | 《永乐大典》卷五三四三《潮州府条》引《三阳志》，《真文忠公文集》卷二十四《潮州贡院记》 |

① 钱文子《贡院记》称贡院建于江自任到任郡守之第二年，按《正德袁州府志》卷六《职官志》，江自任于庆元元年（1295年），所以订为庆元二年。

② 潜说友《淳熙临安志》卷十二《行在所录·贡院篇》："其贡院建置岁月未有所考。"按《会要·职官十三·礼部贡院记》淳熙六年四月二十六日条："赵雄等奏曰，秦桧盖造如贡院、太学、秘书省大抵皆宏壮。"则礼部贡院当建于绍兴八年（1138年）秦桧拜相之后。又南宋礼部贡院见于同上绍兴十二年二月四日条："诏贡院合避亲人内系孤经人，止令就贡院与同经人一处收试。"则在绍兴十二年以前，贡院已建成。

③ 原文作"淳祐甲定寅"，按淳祐无甲寅，当是宝祐甲寅之误。

续表

| 贡院名称 | 兴建年代 | 重修年代 | 资料来源 |
| --- | --- | --- | --- |
| 临江军贡院 | 绍兴二十一年（1151 年） | 嘉泰三年（1203 年） | 管大勋《隆庆临江府志》卷十三《杂志》 |
| 建昌军贡院 | 绍兴二十一年①（1151 年） | | 夏良胜《正德建昌府志》卷六《公署志》附《废署篇》 |
| 建宁府贡院 | 绍兴间 | | 《嘉靖建宁府志》卷二十《古迹志》 |
| 常州贡院 | 绍兴间 | | 《咸淳毗陵志》卷十一《贡举篇》 |
| 衡州贡院 | 隆兴元年（1163 年） | | 《永乐大典》卷八六四七<br>《衡州府条》引《衡州府图经志》 |
| 汉州贡院 | 隆兴、乾道间② | | 《文定集》卷二十二《沙县罗宗约墓志铭》 |
| 湖州贡院 | 乾道三年（1167 年） | 庆元六年（1200 年） | 《嘉泰吴兴志》卷十一《学校篇》 |
| 平江府贡院 | 乾道四年（1168 年） | 嘉定元年（1208 年） | 范成大《吴郡志》卷四《学校篇》、《山房集》卷四《平江府重修贡院记》 |
| 建康府贡院 | 乾道四年（1168 年） | 一、绍兴二年（1191 年）<br>二、嘉定十六年（1223 年）<br>三、咸淳三年（1267 年） | 《景定建康志》卷十四《建康表》、卷三十二《儒学志·贡士篇》 |
| 徽州贡院 | 乾道四年（1168 年） | 宝庆二年（1226 年） | 《淳熙新安志》卷一《州郡·贡院条》、《洺水集》卷七《徽州贡院记》 |

① 原文为“绍兴间，郡守钱秉之于内建和易馆，易按部门牌为贡院”，据《正德建昌府志》卷十二《秩官志》，钱秉之于绍兴二十一年到任。

② 原文不著年代，据所述事实断定为宋孝宗初年之事。

续表

| 贡院名称 | 兴建年代 | 重修年代 | 资料来源 |
| --- | --- | --- | --- |
| 礼部别试所 | 乾道五年（1169年）以前① | 淳祐十二年（1252年） | 《会要·职官十三·礼部贡院篇》乾道五年正月十七日条、《咸淳临安志》卷十二《行在所录·贡院篇》 |
| 明州贡院 | 乾道五年（1169年） | 一、嘉定六年（1213年）<br>二、绍定元年（1229年） | 《宝庆四明志》卷二《郡志·贡院兴条》 |
| 泉州贡院 | 乾道五年（1169年） | 一、嘉泰元年（1202年）<br>二、嘉定十二年（1219年）<br>三、嘉定十四年（1221年）② | 《万历泉州府志》卷二十四《杂志·古迹类》、怀阴布《乾隆泉州府志》卷十二《公署志》 |
| 夔州贡院 | 乾道六年（1170年） | | 《全蜀艺文志》卷三十六关耆孙《大贡院记》 |
| 台州贡院 | 乾道七年（1171年） | 嘉定十四年（1221年） | 《嘉定赤城志》卷四《贡院篇》 |
| 绍兴府贡院 | 乾道九年（1173年） | 嘉定十五年（1222年） | 《嘉泰会稽志》卷一《贡院篇》、《宝庆会稽续志》卷一《贡院篇》 |
| 福建类试院③ | 乾道间 | | 《嘉靖建宁府志》卷二十《古迹志》 |

① 按礼部别所“专以待贡士之避亲嫌者，厥后由监漕选者皆试于此”。初建时间未见明载，但别试所之名在史料上最早见于《会要·职官十三·礼部贡院篇》乾道五年正月十七日条：“礼部贡院言，进士避亲，依条牒送别试所收试，如别试所牒还避亲孤经之人，许令止避所避之官，就贡院收试。……从之。”则别试所当兴建于乾道五年之前。

② 据原书，倪思于嘉泰年间据建贡院，二十年后，真德秀又据建，再三年，宋钧又据建。按《乾隆泉州府志》卷二十六《职官志·文职篇》，倪思任知州于嘉泰元年至三年（1204年）间，真德秀任知州于嘉定十年（1217年）至十二年间，宋钧任知州于嘉定十二年至十五年（1222年）年间，据此订三扩建年代。

③ 原文为“旧志云，宋景祐四年（1037年），从贾昌朝之请，命诸路类试举人。乾道中，运使沈枢始就南门之左创类试院，以为试所”。此处之类试，即南宋各路转运司主持之漕试。参见金中枢《北宋科举制度研究续（上）——进士诸科之解省试法（上）》（收入“国立编译馆中华丛书编委员会”编《宋史研究集》第十三辑）。

续表

| 贡院名称 | 兴建年代 | 重修年代 | 资料来源 |
|---|---|---|---|
| 漳州贡院 | 乾道间 | | 罗青霄《万历漳州府志》卷二十《杂志·古迹篇》 |
| 饶州贡院 | 淳熙初 | | 《夷坚支庚》卷六《鄱阳县社坛条》 |
| 兴化军贡院 | 淳熙二年（1175年） | | 《弘治光化府志》卷二十七《礼纪·艺文志》载陈俊卿《宋兴化军贡院记》 |
| 彭州贡院 | 淳熙三年（1176年） | | 《渭南文集》卷十八《彭州贡院记》 |
| 镇江府贡院 | 淳熙四年（1177年） | 庆元初① | 《嘉定镇江府志》附引《咸淳镇江志》 |
| 婺州贡院 | 淳熙四年（1177年） | | 《南涧甲乙稿》卷十五《婺州贡院记》 |
| 四川类省试贡院 | 淳熙五年（1178年） | | 《成都文类》卷四十六李焘《贡院记》 |
| 临安府贡院 | 淳熙十二年（1185年） | | 《咸淳临安志》卷五十六《文事志·贡院条》 |
| 严州贡院 | 淳熙十二年（1185年） | 一、淳祐九年（1249年）<br>二、宝祐三年（1255年） | 《严州图经》卷一《科学条》、方仁荣《景定严州续志》卷三《贡举条》 |
| 通州贡院 | 淳熙中 | 一、嘉定中<br>二、咸淳四年（1268年） | 《万历通州志》卷一《杂志·古迹篇》 |
| 汀州贡院 | 绍熙二年（1191年）② | 宝祐间（1253—1257年） | 《永乐大典》卷七八九二《汀州府条》引《临汀志》 |
| 真州贡院 | 绍熙五年（1194年） | 嘉定六年（1213年） | 《隆庆仪真县志》卷八《学校考》 |
| 高邮军贡院 | 庆元初 | | 《江湖长翁集》卷二十一《高邮军贡院记》 |

① 原文为“其后文惠陈居仁增广之”，据《嘉定镇江志》卷十五《刺守志》，陈居仁知镇江府自绍熙五年（1194年）十月至广元二年（1196年）五月。

② 原文作“绍兴二年，郡守赵公充夫卜创于兴贤门内”。据《永乐大典》卷七八九三引《临汀志》，赵充夫知汀州自绍熙元年至三年（1190—1192年），“兴”当是“熙”之误。

续表

| 贡院名称 | 兴建年代 | 重修年代 | 资料来源 |
|---|---|---|---|
| 梅州贡院 | 庆元六年（1200年） | | 《文忠集》卷五十八《梅州贡院记》 |
| 扬州贡院 | 嘉泰元年（1201年）① | | 《江湖长翁集》卷二十二《维扬贡院寿祠记》 |
| 江阴军贡院 | 嘉泰四年（1204年） | | 赵锦《嘉靖江阴县志》卷十二《名宦志·戴溪传》 |
| 黄州贡院 | 嘉定二年（1209年） | | 《攻媿集》卷五十四《黄州贡院记》 |
| 容州贡院 | 嘉定二年（1209年） | 端平元年（1234年） | 《永乐大典》卷二三四一《梧州府条》引《容州志》 |
| 资州贡院 | 嘉定二年（1209年） | | 《鹤山先生大全文集》卷三十八《资州新创贡院记》 |
| 长宁军贡院 | 嘉定三年（1210年） | | 同书卷四十《长宁军贡院记》 |
| 江东漕试贡院 | 嘉定九年（1216年） | | 《景定建康志》卷二十二《儒学志·贡士篇》 |
| 普州贡院 | 嘉定年间 | | 《鹤山先生大全文集》卷四十四《普州贡院记》 |
| 眉州贡院 | 嘉定年间② | | 同书卷四十八《眉州创贡院记》 |
| 池州贡院 | | 端平二年（1235年） | 王崇《嘉靖池州府志》卷六《官秩篇·名宦传·王伯大传》 |
| 广州贡院 | | 淳祐十年（1250年）③ | 李昴英《文溪集》卷十五《美广帅赵平齐拓贡院》 |

据表中所载，兴建于南宋时期，而可断定兴建年代的贡院，共有四十四处。若分期而

① 原文载建贡院者为知扬州安抚待制赵公，据吴廷燮《南宋制抚年表》卷上，嘉泰元年有赵师羼以龙图阁待制帅维扬，当即此人。

② 普州贡院、眉州贡院兴建年代均出自推断。

③ 据《文溪集》卷十三，有《送广帅赵平齐汝暨解印趋朝》诗，知拓贡院之赵平齐名汝暨，按《南宋制抚年表》卷下，赵汝暨于淳祐十年至十一年（1251年）、景定二年至四年（1261—1263年）两度帅广东。而李昴英卒于宝祐五年（1257年），因此拓贡院事当在赵汝暨首度帅广任内。

论，以宋高宗时期为第一阶段，宋孝宗、宋光宗时期为第二阶段，宋宁宗时期为第三阶段，则兴建于第一阶段者有八处，第二阶段者有二十五处，第三阶段者有十一处，亦即半数以上均兴建于宋孝宗、宋光宗时期。整个趋势显示，南宋兴建贡院的工作自宋高宗绍兴中叶开始，至宋孝宗、光宗时代普遍展开，至宋宁宗嘉定年间大概已告一段落，此后便不见有相关的记载。

至于贡院的重修工作，表中半数以上的贡院均有这方面的记录，次数多少不一，在时间上则散见于自宋高宗后期至南宋末年的宋度宗咸淳年间。其中以潮州贡院重修的记录最引人注意，建成后不过三年，已行重修，此后每隔十余年或二十余年，便重修一次。

各处贡院的重修，许多都是为了扩大空间，以容纳日益增多的考生。兹表列南宋若干贡院空间扩大的情形于表三（本表资料来源参见表二所列，不另列出）。

表三　**南宋贡院空间扩大**

| 贡院名称 | 建筑年代 | 间　数 | 建筑年代 | 间　数 |
|---|---|---|---|---|
| 湖州贡院 | 乾道三年 | 一百十六楹 | 庆元六年 | 增屋二十五间 |
| 镇江府贡院 | 淳熙四年 | 八十六楹 | 庆元初 | 一百十五楹 |
| 绍兴府贡院 | 乾道九年 | 一百楹 | 嘉定十五年 | 增屋三十间 |
| 明州贡院 | 乾道五年 | 一百四十楹 | 嘉定六年 | 增屋数十间 |
| 台州贡院 | 乾道七年 | 三百四十楹 | 嘉定十四年 | 增屋七十三楹，又益以福安院余屋 |
| 建康府贡院 | 乾道四年 | 一百楹 | 绍熙二年<br>咸淳三年 | 二百一十二楹<br>二百九十四间 |
| 徽州贡院 | 乾道四年 | 八十楹 | 宝庆二年 | 增屋一百二十七间 |
| 吉州贡院 | 绍兴十四年 | 二百余楹 | 绍熙三年 | 五百十八间 |
| 袁州贡院 | 庆元二年 | 二百三十二楹 | 宝庆元年 | 七百楹 |
| 福州试院 | 元祐五年 | 一百二十区 | 乾道元年 | 增屋一百二十七楹 |
| 泉州贡院 | 乾道五年 | 一百二十六区 | 嘉泰元年<br>嘉定十二年<br>嘉定十四年 | 增屋四十五楹<br>又增屋一百三十五间<br>再增屋三十四间 |

上表各例，均说明重修贡院时扩大空间的事实。其中如袁州，宝庆三年的间数甚至是庆元二年的三倍；其他也多有增加间数一倍以上的。而建康府与泉州贡院均扩建多次。更值得注意的例子是潮州贡院，于绍兴二十年建成后，不过数年，便“再辟复廊于东，其长兴故东廊等”；乾道六年又“撤考官位为群试所，外辟巨室为考校地”；绍熙年间以后再“增架中霤横屋者三”，“以中庭逼窄而撤其一”，“又辟西偏地，增创西廊”；此后因“人物日盛，地窄无以容”，而在嘉定十二年“迁于北郭之外”；新址位置偏僻，

绍定元年以后再迁回原址；嘉熙四年又“通郡学直舍后，加横廊者三”，宝祐二年再“辟西畔二庑，遂与东庑等”；景定五年更因郡学“斋庐堂庑为之践蹂非便”，因而“揭二门，迁至平准、迁善二坊，复就外各架东西四庑以联接之”(《永乐大典》卷五三四三《汀州府》引《临汀志》)，可知不断在增辟。这自然是由于潮州解试考生从南宋初年的不及二千人，增加到南宋晚年的万人以上所导致。贡院兴建或重修完成之后，郡守常邀集郡中官宦、士人举行宾兴礼或乡饮酒礼，士人中也包括有郡学学职人员、贡士等人①，显示贡院的修建具有拔举贤能的文化意义，也说明乡里官宦与士人，对于贡院的修建，从动议、取得土地、施工、筹款到落成，全程参与。

## 四　结　语

总结本文所述，自从北宋宣和年间舍法废罢之后，到南宋时期各地贡院陆续建立之前，许多州郡科举考试的试场都是临时借用学校、佛寺或官舍，这种情形为出借的场所带来很大的困扰，也使地方上深感不便。不仅如此，这些临时考场的空间有限，而自北宋以迄南宋，各地参预科举考试竞争的考生人数普遍激增，临时考场愈来愈难以容纳持续不继增加的考生，考场窄迫之感日益严重，同时由考场窄迫又引致了考试过程中的其他问题，因而导致了专用考场，亦即贡院的建立。然而贡院建立之后，考生人数依旧增加不断，甚至日益膨胀，而贡院建筑时所预留的空间却有一定的限度，所以建成不久之后，贡院也像从前的临时考场一样，出现窄迫的景象，甚至必须搭盖浮屋或借用学校、佛寺和官舍以扩大空间。以往临时考场的问题又再重现，要解决问题，只有扩建或迁移贡院。除了临时考场的不便和考生人数激增两项因素外，维持考生自尊和考场庄重的心理，及贡院长期使用后易受侵损或遭遇意外的破坏，也都是导致贡院修建的因素。

推动贡院兴修的力量，分别来自政府与民间，地方长官的郡守是主要的推动力量，但是兴修的动议也常出自本籍的官宦与士人。用地的取得是兴修贡院的一个重要过程。在用地地点的选择方面，除了足够宽敞、交通便利和易于取得等一般条件外，位置的高爽也常被强调，风水问题有时也很受重视。对于贡院用地的取得，或建筑工程的进行，除了地方官员参与之外，有时乡里官宦、士人也贡献了他们的力量。经费来源也是一个重要问题，兴修贡院的花费甚大，而州郡财政困难，有时仅依赖州郡经费并不足够。所以修建贡院的财源，除了州郡经费之外，还有赖下属机构如所属各县的支援，上级机构如内廷财库、转运司、提点刑狱司和宣抚司的补助，而本籍官宦、士人的捐助也很重

① 《天启衢州府志》卷十二《艺文志》载李处权《新建贡院记》：“会行乡饮礼，于是肃州之宾老、士大夫以落之。”《正德袁州府志》卷十四《艺文志》载不著撰人《贡院记》：“郡建贡院成，守密阁赵候筴夫即宾兴，属余记之。”《江湖长翁集》卷二十三《高邮军贡院落成诗序》：“高邮贡院既成，太守陈公与客落之。五月七日，合见大夫与寓公二十二人；粤二日，郡邑学职、贡士二十八人，行乡饮酒礼。”

要，有时甚至是经费的主要来源。

南宋贡院的兴建，起自宋高宗绍兴中叶，至宋孝宗、光宗时期普遍展开，至宋宁宗嘉定年间大概已告一段落。至于贡院的重修，则自南宋初期至晚期，始终不断。各处贡院的重修，许多都是为了扩大空间，以容纳日益增多的考生。无论是贡院兴建或重修完成之后，郡守常邀集郡中官宦、士人举行宾兴礼或乡饮酒礼。贡院兴修的整个过程，可以说都有乡里官宦与士人参预其中，表现出这一社会阶层对本身公益的关心，也显示了他们对地方施政的影响。

南宋贡院的兴建，起自宋高宗时期，到宋孝宗以后蔚成风潮。贡院建成之后，仅管有些曾经迁移位置，但大都能够在南宋时期始终存在，并且多次翻修扩建，这和北宋晚期地方贡院的成毁随舍法的兴废而转移有所不同，直到元代，各地的贡院才废坏①。总之，贡院在南宋时期，确立为城市中一处常见的建筑物。而贡院在当时城市中的普遍而且长期的存在，配合上贡士庄、义约等资助考生的制度也在南宋中期成立并且推广②，说明了科学文化发展到这时已经趋向于成熟。

原载日本中国史学会《中国史学》1991年第1卷

① 彭泽《弘治徽州府志》卷二《地理志·古迹篇·贡院条》："元废。"《嘉靖建宁府志》卷二十《古迹志》述福建类试院："元改创廉访分司衙。"又述贡院："元时合试于浙江行省，贡院改为刘屏山书院。"《正德建昌府志》卷六《公署志》附《废署篇》："元为文景局，后毁于壬辰兵火。"苏濬《万历广西通志》卷四十一《杂记·古迹篇》："废宜州贡院，在府城，南宋置，元废。"

② 参见杨联升《科举时代的赴考旅费问题》（载《清华学报》新第二卷第二期）；拙作《南宋城居官户与士人的经济来源》（"中央研究院"历史语言研究所主办《中国近世社会文化史国际研讨会》论文）。

# 科场竞争与天下之“公”：明代科举区域配额问题的一些考察

林丽月

## 一 前 言

经过唐代至宋初的演变，中国科举发展史中几个影响后代深远的制度到北宋中期大致已确立，诸如三级考试制度的形成、科目的合并简化、三年一试的确定，以及“锁院”、“糊名”、“誊录”等防弊办法的制度化，皆完成于北宋并为此后各代所沿袭。明代科举上承宋元之制，科场制度益趋繁密，但因袭之中常有补充与修正，就考试制度的理想与实际而言，明代科举若干方面的调整亦不乏改革与开新之义，值得详加检讨。

以考试制度中的区域配额制为例，宋代创行的解额制度只限于第一级的州县考试（解试），在京师举行的考试（省试）并未实施区域配额，所以两宋进士资格的竞争，有的学者称之为“区域间的自由竞争”。① 元朝于仁宗延祐二年（1315 年）首开科举，会试开始实施区域配额制，每科进士录取名额平均分配给蒙古人、色目人、汉人、南人四个不同的阶级；全国应试举人限定总额 300 名，也是平均分配给四个阶级，蒙古、色目、汉人、南人各占 75 名，属于“南人”的江浙、江西、湖广、河南分别配得 28 名、22 名、18 名、7 名，其中“江浙”包含宋代原来的福建、浙东、浙西与江南东路四个考区，元代却只能分到 28 个参加会试的名额，“南人”所受歧视极为明显。② 严格说来，元代区域配额制与宋代解额制度基于地缘政治的考虑、注重政治势力的均衡分配的

---

① E. A. Kracke 把宋代的进士称为“区域间自由竞争下的区域代表”（regional representation under free interregional competition），详见 E. A. Kracke, Jr.,“Region, Family and Individual in the Chinese Examination System”, in John K. Fairbank ed., *Chinese Thought & Institutions*, University of Chicago Press, 1957, pp. 251-268。

② 《元史》（中华书局点校本）卷八一《选举志一》，第 2021 页。

精神颇有不同,① 与其说是区域配额，不如说是阶级配额或种族配额。明代开国之初，学校、荐举与科举三途并用，洪武永乐年间的乡试、会试，都不拘额数，到了宣德初年，会试方面开始实施“南北卷”制度，乡试也恢复解额办法，各省乡举各有定额，科举的区域配额至此才算开始全面实施。

值得注意的是，宋代通过地方取解试的士人，并不具备任官的资格，省试落第，如要再试礼部，必须“重解”，亦即再应原属州县所举行的取解试，才能取得下科会试的资格，换言之，省试落第，其身份仍属诸生。到了元代，各省取解试称“乡试”，礼部试改称“会试”，但会试下第仍须再解，则一如宋制。明代开始，通过乡试的举人不仅会试下第不必“重解”，而且可以谒选授职，成为入仕资格的一种，故明清载籍盛称“乡举”为“一代之新制”，如天启《赣州府志·选举志》称：

> 按乡举在宋为漕试，谓之发解，第阶之解送南宫会试耳，试弗第者须再试，未阶以入仕也。及累举弗第，然后有推恩焉，谓之特奏名，不复系诸乡举矣。元时亦然。至国朝始定为入仕之途，则一代之新制也。

《同治宜兴县志》也说：

> 进士必由乡举，唐宋元举进士不第者复试乃解，复试仍属诸生矣。至明，定为举人，可以会试，可以谒选，则乡榜非可略也。

由此可见，乡试在明代远较宋元更具有政治社会意义。再者，明代“南北卷”制度的实施是与限定乡试取士额数同时开始的，探讨明代科举的区域配额问题，实不宜只论会试而不及于乡试。

本文的主要目的一方面在透过“南北卷”制度与乡试额数的变化，探讨配额制在明代科举区域竞争上的作用及其社会意义；另一方面由明人对若干配额问题的看法检视明代科举中的“公正”理念与实际。由于前人的相关研究多集中于进士阶层的探讨，本文讨论明代配额问题时将着重于举人与乡试一级的分析，希望这一面向的考察，对了解明代科举与社会的相互关系，能稍有补正之功。

## 二　“南北卷”与明代会试的区域配额制

明代的“南北卷”，是专用于会试的区域配额制度。这个按照南北地域之别分卷取

① 关于宋代解额制度的政治社会意义，详参 Thomas Hong-Chi Lee，“The Social Significance of the Quota System in Sung Civil Service Examinations”，《中国文化研究所学报》第 13 卷，香港中文大学，1982 年，第 287～318 页。

士的办法，系仁宗洪熙元年（1425年）由大学士杨士奇（1365—1444年）所倡议。关于此制之议定，以士奇在《三朝圣谕录》中所记最详，据该书载：

> （洪熙元年五月）……（士奇）封曰：科举须兼取南北士。上曰：北人学问远不逮南人。对曰：自古国家兼用南北士，长才大器多出北人，南人有文多浮。上曰：然将如何试之？对曰：试卷例缄其名，请今后于外书南北二字，如一科取百人，南取六十，北取四十，则南北人才皆入用矣。上曰：北士得进，则北方学者亦感发兴起。往年只缘北士无进用者，故怠情成风，汝言良是。往与蹇义、夏原吉及礼部计议各处额数以闻。议定未上，会宫车宴驾，宣宗皇帝嗣位，遂奏准行之。

“南北卷”制度正式实施始于宣德二年（1427年），是年把一些不易认定为南为北的区域，划为“中卷”，南、北各退五名归中卷，所以以一百名为率，南北中卷的比例分别是五五、三五、一十。南卷包括浙江、江西、福建、湖广、广东、应天，以及南直隶的十府一州（即松江府、苏州府、常州府、镇江府、徽州府、宁国府、池州府、太平府、淮安府、扬州府、广德州）；北卷包括山东、山西、河南、陕西、顺天、北直隶的七府二州（即保定府、真定府、河间府、顺德府、大名府、永平府、广平府、延庆州、保安州），及辽东、大宁、万全三都司；中卷包括四川、广西、云南、贵州四省，及南直隶的三府三州（即庐州府、凤阳府、安庆府、徐州、滁州、和州）。① 就区域人口的差别来看，这个配额比例看来是相当公平的，因为南北配额的比例都相当接近各自区域的总人口比例。② 但是从另一方面来说，这个按固定比例“兼取南北人才”的办法，与考试制度开放竞争的原则其实是背道而驰的，因为限定北人的进士配额为35%，等于为原来在明初科场竞争中居于劣势的北方人，提供了保障名额，相对减少了南方士人的中式机会。

关于洪宣之际“南北卷”制度成立的背景及其政治意义，檀上宽氏曾有专文论列，③ 本文大致同意檀上所说南北卷是明代进入守成阶段后针对南北经济文化发展的差异所做的调整措施，其目的在从人才登进制度上使明代由“南人政权”蜕变成“统一政权”，亦即把奠基于南方并以南人为政治主体的明初政权转化为向南北开放的“统一

① 申时行重修《大明会典》卷七七《礼部》三五《科目·会试》，台北：东南书报社据明万历十五年司礼监刊本影印，1963年，第27页。

② E. A. Kracke，Jr. 前揭文，第264页。

③ 檀上宽《明代科举改革の政治的背景——南北卷の创设をめぐつて》，《东方学报》第58册，京都大学人文科学研究所，1986年3月，第499～524页。相关的研究另有檀上宽《明代南北卷的思想背景——克服地域性的论理》，王霜媚译，《思与言》第27卷第1期（1989年5月），第55～68页；靳润成《从南北榜到南北卷——试论明代的科举取士制度》，《天津师院学报》1982年第3期，第55～57页。

政权”;① 但檀上宽指出：南北卷的成立显示南北的差异到明代已经扩大到需要靠制度来调整的程度，并称这一制度施行于整个明朝，直到康熙五十一年（1712 年）发展为省别取士制度后才消失，因此南北卷是揭开明清历史之幕的划时代措施。笔者以为，明代的南北卷基本上是沿着宋元以来区域配额办法一线发展下来的制度，与其过分强调此制乃是基于统合南北差异的考虑进行的“改革”，不如说是为了维持全国进士名额的地域均衡，以达成政治势力的合理分配。再者，南、北、中卷的名目虽然在康熙五十一年废止，但会试的区域配额制度并未从此“消失”，从“分地取士”的制度来看，清朝从康熙五十一年开始的区域划分办法比之宋元明反而更为细密，从顺治一朝南北卷的实施情形，也可看出区域划分办法愈分愈细的趋势，《清史稿 · 选举志》载：

（会试）顺治三年、九年俱四百名，分南北中卷。……十二年，中卷并入南北卷。厥后中卷屡分屡并，或更于南北中卷分为左右。或专取川、广、云、贵四省，各编字号，分别中一、二、三名。

南北中卷再分左右的目的，就是在使进士名额的区域分布更为均匀，而将边远省份的四川、广西、云南、贵州分出编号的用意亦在此。《选举志》又称：

（康熙）五十一年，以各省取中人数多少不均，边省或致遗漏，囚废南北官民等号，分省取中。

由此可见，是年废除南北卷的目的，乃是为了顾及边远省份的中式机会，因而把原有的大区域划分标准改为较小区域的分省取士，以保证边远地区产生一定额数的进士。

关于洪、宣年间南北卷的划分及其比例，史载颇为缺略，《明宣宗实录》与杨士奇《三朝圣谕录》皆只言南北，未及中卷，《明史》、《大明会典》、徐学聚《国朝典汇》、王世贞《凤洲笔记》、张萱《西园闻见录》、郎瑛《七修类稿》等书则皆载有南、北、中卷，似洪熙元年议定分卷取士之初，只有南卷与北卷之分，迨宣德二年开始付诸实施时，始分为南、北、中卷。至于南北中卷的比例，包括《明史 · 选举志》在内的记载均称：以百人为率，南卷取五十五名，北卷取三十五名，中卷取十名。② 唯《凤洲笔记》与《西园闻见录》皆引尹直“成化二十三年（丁未）会试录序”称：

宣德丁未（二年）大学士杨士奇议会试取士分南北卷，北四南六，既而以百乘除，各退五为中数，是年以言者又各退二以益中数云。

---

① 檀上宽《明代科挙改革の政治的背景——南北卷の创设をめぐつて》，《东方学报》第 58 期，第 520 页。

② 《明史》卷七〇《选举志二》，第 1697 页。

此文不仅将杨士奇初议分卷取士的时间误为宣德二年（1427 年），且谓是年会试南北中卷的配额比例已由五十五、三十五、一十改为五十三、三十三、十四。按，明代会试中卷比例由 10%增为 14%，事在宪宗成化二十二年（1486 年）十一月，据《明宪宗实录》载：

时四川布政使潘稹等言：旧例令试天下举人以百名为率，南数取五十五名，北数取三十五名，中数取一十名，未免不均。事下礼部会议，尚书周洪谟等覆奏，请于南北数内各以一名添补中数。有旨以所议未当，令再议。至是洪谟等又言：今天下乡试解额，南数五百四十七名，北数四百二十名，中数一百九十三名，宜酌量俱以十名之上取中一名，仍以百名为率，南数取五十三名，北数取三十三名，中数取一十四名，比之旧数，南北各减二名，中数增多四名，庶取士均平，人心惬服。从之。

《明史·选举志》亦称：

成化二十二年，万安当国，周洪谟为礼部尚书，皆四川人，乃因布政使潘稹之请，南北各减二名，以益于中。

但这次中卷额数的变更只维持了两年，弘治二年（1489 年），南北中卷又恢复了原来的 55: 35: 10。《成化二十三年会试录序》今已不得见，但当时撰写该年会试录序的尹直误将宣德丁未与成化丁未的南北中卷比例混为一谈的可能性极小，应系王世贞与张萱二人引述或传抄之误。

关于“中卷”的问题，檀上宽曾指出：南北卷的目的在矫正南北地域的差异，“中卷”不过是此一制度在实施时因运用需要而衍生出来的，基本上的地域区分，还是南北。① 但“中卷”配额比例的变动在南北卷制度中的社会意义似亦不宜加以忽略。实际上，由于南北中卷比例的变动影响各区进士中式人数的消长，随着分区取士的制度化，进士额数的争取也日益激烈，中叶以后，配额的争取由明初范围较大的南北地域之分，渐有转向范围较小的“省别之争”的趋势，而政府为了顾及落后边远省份的政治利益，尤须考虑分卷时区域划分的调整是否公平。宣德二年以后，明代南北中卷的比例只变更过两次，一次即前述成化二十二年（1486 年）十一月增加中卷之比例，以利于四川人；一次在正德三年（1508 年）三月，从给事中赵铎之奏，将原属中卷的四川并入南卷，其余如广西、云南、贵州及凤阳、庐州等府州并入北卷，只存南北卷，均取 150 名，这次变动是为了方便北卷的陕西、河南人多得配额，因为当权的宦官刘瑾是陕西人，而阁臣焦芳也想借机增加河南的中式人数（焦芳为河南泌阳人）。赵铎之奏实承

① 檀上宽撰，王霜媚译，前揭文，《思与言》第 27 卷第 1 期，第 56 页。

刘瑾风指，而焦芳又以阁臣票旨相附和，其实是各徇所私，① 直到嘉靖三年（1524年），才又恢复南北中卷55: 35: 10旧制。以上两次更易，《明实录》称“（潘）稹迎合建言，与议者皆知其非，然以（万）安与（周）洪谟故，皆唯唯顺从而已”，而于赵铎承大珰意奏事，焦芳徇私附和，实录亦斥之为“变乱旧章，此其一云”。所幸者道两次易制都是主导变更旧法的权臣权珰失势以后即告终止，真所谓“人存政举，人亡政息”。在“分卷取士”渐成一代科举定制后，似此一二权贵徇私易制的做法，虽或能得逞于一时，然其“变乱旧章”毕竟不是常态，更重要的是宣德二年所订的南北中卷比例基本上与三大区域人口的比例大致吻合，有其制度设计的合理性；而且自景泰以后，会试续行分卷，但每科录取进士总数不予固定，而系“临期取旨”，以配合各级官僚机构的人才需求状况，② 如此，朝廷三年一次所取进士额数可以维持某种程度的弹性，在这样的前提之下，祖宗定制的三卷比例更不宜因个人因素而变更。明代南北中卷取士比例在上述“变乱旧章”的几次波涛中，终能维持旧制不变，不能不说与这个比例具有的合理性有密切的关系。

自宣德年间实施分卷取士以后，士大夫似多以分卷为必要之措施，景泰元年（1450年），诏令取士不拘额数，一度停止按区域比例分配进士名额，户科给事中李侃与刑部侍郎罗绮皆上疏反对，主张会试取士“南北之分不可改”，李侃之疏略谓：

> 臣等切惟江北之人文词质实，江南之人文词丰赡，故试官取南人恒多，北人恒少。洪武三十年，太祖高皇帝怒所取之偏，选北人韩克忠等六十一人赐进士及第出身有差。洪熙元年，仁宗皇帝又命大臣杨士奇等定议取士之额，南人什六，北人什四。今礼部妄奏变更，意欲专以文词多取南人。乞敕多官会议，今后取士之额虽不可拘，而南北之分则不可改。

如前所述，明代科举之有定额，系由实施南北卷始，而南北卷之实施，又由限定各省乡试额数始，李侃主张不必限制取十额，但分卷取士则应予维持，其间技术性细节应如何调整，李侃未言其详，而其恢复分卷的建议，是年亦未为朝廷所接受。但景泰四年（1453年）八月，工科给事中徐廷章疏论科贡太滥之弊，建议恢复正统间所定科举额数，为礼部所采纳。③ 因此景泰五年会议，又恢复了南北中卷，此后明代会试按南北中卷分地取士的办法未曾再有中断过，计自景泰元年不分南北卷至五年恢复旧制，分卷取士制度的中断前后仅有四年，景泰二年的会试以及元年、四年的乡试，因此都未实施区域配额。景泰年间议论分卷取士时，以不拘额数为“永乐间例”，以分卷而取为“宣德

① 《明武宗实录》卷三六，第7页下，“正德三年三月壬戌”条。

② 明代会试额数无定额，皆临时钦定，详见《大明会典》卷七七，第28页。

③ 《明英宗实录》卷二三二，第10页上，“景泰四年（1453年）八月壬子”条。

正统间例”,① 可见宣德二年开始实施的南北卷制度，此时尚未成为诸帝遵循的祖制，但自景泰五年（1456 年）恢复分卷取士后，朝野已不再有所谓“永乐间例”的说法，只有关于配额与比例的议论，显示了天顺成化以后会试分地取士制终于确立的轨迹。

值得注意的是，洪宣至景泰年间，朝廷决定采用按地域比例分配取士额，都与前几年取士太多的背景有关。以洪熙元年（1425 年）初次议行南北卷来说，据《明实录》载，是年因仁宗“以为近年科举太滥”，乃命礼部、翰林院议定额数。礼部于是年九月议奏各省乡试解额自八十人至十人不等，会试额数为一百人，南取十之六，北取十之四。仁宗又诏曰：

> 大抵国家设科取士为致治之本，其冒贡非才，盖是有司之过。人既苟得，遂启倖心。今解额已定，果行之以公，不才者不得滥进，自然人知务学。其令各处，凡考试官及诸执事，先须择贤，庶免冒滥。

显见实施限额取士与分地而取，实以为科举“革弊”为目的。景泰四年工科给事中徐廷章疏论时政七事，其一主张严选科举岁贡，恢复限额与分卷办法，也是鉴于前数年取士“冗滥”之弊，其疏略谓：

> 近者科举开额，如陕西、山西皆取百名，三倍于昔，及会试无一中者。岁贡亦四倍于昔，及入监，即以存省京储，悉遣还家，科贡之多，诚无益也。今后宜仍如宣德正统中例，庶革冗滥之弊。②

礼部的看法是廷章“所论切时弊”，因而“取旨施行”,③ 这与景泰二年二月礼部驳斥给事中李侃谓该部“意欲以文词多取南人”的指摘时，犹以“今岂可预谓北无其人”坚持原议的立场，看似前后矛盾，实则问题重点有别。盖廷章不似李侃专就南北地域差异争之，而着重在矫正取士太多之弊，因此强调“限额”的必要而不力争“分卷”。宣德正统以后，随着官僚结构的日趋稳固，文官需求不再如明初大量而迫切，科贡取士太多无法为政府机构所完全吸收，因此势须在取士额数上有所限制，以配合文官制度稳定后的人才供需关系。所以明代中叶以前，会试的分卷取士总是与乡试限定额数同步存废，应该也要由此一层理解。换言之，景泰五年礼部终于恢复按南北中卷取中进士的办法，其着眼点已不在弥补南北文化发展的差异，而是着重于朝廷对进士额数的有效控制及其中式机会的区域均衡。

---

① 《明英宗实录》卷二三七，第 5 页下，“景泰五年春正月”条。

② 《明英宗实录》卷二三二，第 10 页上，“景泰四年八月壬子”条。

③ 《明英宗实录》卷二三三，第 3 页下，“景泰四年九月乙丑”条。

## 三　明代乡试解额的变动与乡试竞争程度的地区差异

明代乡试实施配额制，始于洪武三年（1370年），是年所定各省乡试解额，直隶为100名，河南、山东、山西、陕西、北平、福建、浙江、江西、湖广各40名，广西、广东各25名。① 但因洪武六年（1373年）停罢科举，至十七年（1384年）恢复即令“乡试举人不拘额数，从实充贡”，此后历建文、永乐，乡试一直不限额，直到洪熙元年（1425年）议定会议分南北卷取士，乡试始复定解额。② 所以明代乡试配额制的确立，与洪熙宣德以后会试南北卷的制度化过程，关系极为密切。

洪熙元年定的乡试取士额，南京国子监与南直隶共80名，北京国子监与北直隶共50名，江西50名，浙江、福建各45名，湖广、广东各40名，河南、四川各35名，山西、山东30名，广西20名，云南、交阯各10名。③ 其中南北两京国子监监生可不受籍贯限制，就近参加两京乡试，即南监监生就应天乡试，北监监生就顺天乡试，编为“皿”字号，与当地府州县科举生员一起角逐两京乡试的举人配额，但此时北直隶取士额虽亦包括北监，却较南直隶少30个名额，仅与江西省解额相埒。正统二年（1437年），乡试一度改为不限额数，至正统五年（1440年）又恢复定额，此后除了景泰元年（1450年）至四年（1453年）乡试取士再度不拘额数以外，终明之世，乡试配额制度一直持续，其间对各地解额数目的变动虽偶有争议，但始终没有出现乡试限额取士存废问题的议论，显见各省举人名额应由政府分配的基本精神在中叶以后业已受到士人没有疑义的肯定。

洪熙以后，明代乡试解额迭有变动，其整体趋势是各省额数皆渐有增加，有时是全面重定解额，有时是局部增加某省额数。洪、宣以后，明代全面改定各省乡试解额只有两次，一次在正统五年（1440年），一次在景泰七年（1456年），④ 各省增加的额数少者10名，多者35名，增额幅度40%至80%不等（详见表一）。

---

① 《大明会典》卷七七，第18页，此时云贵尚未归附，故边省仅广西、广东。

② 《明史》卷七〇《选举志二》，第1696页。

③ 《大明会典》卷七七，第18～19页。

④ 景泰复定乡试取士额，《大明会典》载在景泰四年（卷七七，第19页）；徐学聚《国朝典汇》则系于景泰七年，谓是年二月诏定各乡试取士额，并列举洪武、永乐及景泰庚午（元年）癸酉（四年），顺天与应天乡试之取士额甚详，见《国朝典汇》卷一二八《科目》，台北：台湾学生书局，1964年，第24页。又《明英宗实录》卷二三三，第3页下，“景泰五年九月乙丑”条载：“乙丑，复定科举、岁贡额。……尚书胡濙等请科举以正统中所定额为准，如文字合格者多，量增人之，亦不得超过20名。其岁贡自景泰六年以后宜如正统中所定例。从之。”但胡濙拟议之按正统额数增20名的方案，后因礼科给事中张宁之疏论尚有未当而有大幅修正，故景泰新订乡试解额，其最后定案应在景泰七年，《大明会典》系于景泰四年实误。

表一　　　　　　　　　　　　　　**明代乡试取士额变动表**

| 解额更定年代 / 省别 | 洪武三年（1370年） | 洪熙一年（1425年） | 宣德四年（1429年） | 宣德七年（1432年） | 正统五年（1440年） | 正统六年（1441年） | 景泰七年（1456年） | 成化三年（1467年） | 成化一〇年（1474年） | 弘治七年（1494年） | 嘉靖一四年（1535年） | 嘉靖一九年（1540年） | 万历一年（1573年） |
|---|---|---|---|---|---|---|---|---|---|---|---|---|---|
| 南直隶（应天） | 100 | 80 | | | 100 | | 135 | | | | | | |
| 北直隶（顺天） | 40 | 50 | | 80 | 80 | 100 | 135 | | | | | | |
| 江　西 | 40 | 50 | | | 65 | | 95 | | | | | | |
| 浙　江 | 40 | 45 | | | 60 | | 90 | | | | | | |
| 福　建 | 40 | 45 | | | 60 | | 90 | | | | | | |
| 湖　广 | 40 | 40 | | | 55 | | 85 | | | | | 90 | |
| 广　东 | 25 | 40 | | | 55 | | 85 | | | | | | |
| 河　南 | 40 | 35 | | | 50 | | 80 | | | | | | |
| 四　川 | | 35 | | | 45 | | 70 | | | | | | |
| 陕　西 | 40 | 30 | | | 40 | | 65 | | | | | | |
| 山　东 | 40 | 30 | | | 45 | | 75 | | | | | | |
| 山　西 | | 30 | | | 40 | | 65 | | | | | | |
| 广　西 | 25 | 20 | | | 30 | | 55 | | | | | | |
| 云　南 | | 10 | 15 | | 20 | 36 | 30 | 40 | 45 | 50 | 40 | | 45 |
| 贵　州 | | | | | | | | | | | 25 | | 30 |
| 合　计 | 470 | 540 | 545 | 575 | 745 | 781 | 1 155 | 1 165 | 1 170 | 1 175 | 1 190 | 1 195 | 1 205 |

资料来源：本表据《大明会典》卷七七，第 18 ~ 20 页，《乡试》及《国朝典汇》卷一二八《礼部》二六《科目》，第 15 ~ 50 页所载乡试额数制。其中景泰七年更定解额，《大明会典》系于景泰四年，本表据《明宝录》与《国朝典汇》作景泰七年。

说　　明：1. 云南与贵州自嘉靖十四年分开设科，前此历年云南乡试额数为云、贵两省合计之解额。

2. 局部增加解额之年份，维持原定额数各省，本表概以空栏表示，以便比较。惟合计栏之总数仍系合全国各省解额得之。

在明代乡试取士额的变动中，最值得注意的是顺天与云贵解额的增加，前者系京畿所在，后者为边远省份，其政治地位相去悬殊，但解额增加幅度却同属全国之冠，其中缘由及其对明代乡试竞争率的影响，皆值得细究，请试论之：

先看顺天乡试。洪武三年（1370 年）初定的乡试额数，由于当时国都尚在应天，政治主体亦以江南人为主，因此各省解额以南直隶的 100 名最高，顺天（时称北平）仅 40 名。洪熙元年（1425 年），京师虽已北迁多年，但是年顺天乡试额数仍仅有 50 名，比应天少 30 名，而与江西省的解额相等。到了宣德七年（1432 年），顺天增为 80

名，开始得到与应天相同的配额。正统五年（1440 年）应天增加 20 名，顺天维持原额不变，应天解额再度独冠全国，但翌年又令顺天增 20 名，与应天同为 100 名，此后两直隶的解额便一直同步增加，自景泰四年（1453 年）各增 35 名以后，明代两京乡试便一直维持在 135 名的定额。两京的 135 个解额中，各有 30 个名额是保留给“皿”字号卷的考生，亦即以南北国子监监生身份入试的士子，另外有 5 个名额专取“杂行”，即既非府州县学解送，亦非两监监生的应考者，儒士、衙门书算杂流等属之。① 隆庆四年（1570 年），礼部奏准，“两京国子监恩贡生员数多，暂增额各 15 名，不为例”。② 实际上是年两京乡试解额增为 150 名，只是把“皿”字号卷的名额从 30 增为 45，一般府州县学者生并未受惠，而且仅为一时的权宜措施，是后解额仍以 135 名为常例。

虽然在明代大部分时期内，两直隶同样都因必须包纳南北监的“皿”字号卷而有其配得最多解额的特殊理由，但是以洪熙与景泰两次全面增加乡试额数的幅度来看，景泰的顺天乡试解额是洪熙解额的 2.7 倍，而应天乡试的景泰解额仅为洪熙额数的 1.7 倍，显见解额的增加趋势对北畿士子远较南畿有利。明代乡试，“冒籍”应试者时有所闻，但检索史料，只见南士冒北籍者屡载于官书，却未见有北士冒南籍者，而在冒籍事件中出现最频繁的地区则是京师所在的顺天乡试，适足反映顺天乡试较应天中式容易的实况。嘉靖二十二年（1543 年），浙江余姚人钱德光易名张仲实，冒河北大兴籍中式，慈溪人张汝濂易名张和，冒河北良乡籍中式，事为生员任璋等告发。③ 是年十月，礼科给事中陈棐劾奏之，痛陈顺天乡试冒籍之弊说：

> 国家求贤以科目为重，而近年以来，情伪日滋，敢于为巧以相欺，工于为党以相蔽。其中奸宄之徒，或因居家之时恃才作奸，败伦伤化，削籍为民，兼之负累亡命，变易姓名，不敢还乡者有之，或因本地生儒众多，解额有限，窥见他方人数颇少，遂学入京投结乡里，交通势要，钻求诡遇者有之；或以顺天乡试多四海九州之人，人不相识，暮夜无知，可以买托代替者有之。一遇开科之岁，奔走都城，寻觅同姓，假称宗族，贿嘱无耻，拴通保结。不得府学则谋武学，不得京师则走附近，不得生员则求儒士，百孔营私，冀遂捷径。④

可知冒籍的原因固然不止一端，但顺天乡试因解额较多，中式机会较本籍地乡试大，实是吸引江浙士子冒籍应试的主要因素。这跟北宋时代京畿的开封府享有特别宽的解额，情况相当近似。北宋曾于仁宗嘉祐三年（1058 年）、五年、七年分别颁定各地解额，如以此三年解额之平均数计算，开封府为 284 名，次之的京东、河北、陕西、广南东路分

---

① 徐学聚《国朝典汇》卷一二八《科目》，第 24 页。

② 《大明会典》卷七七，第 19 页。

③ 事详《明世宗实录》卷二七九，第 5 页下，“嘉靖二十二年十月辛巳”条，及卷二八四，第 4 页下，“嘉靖二十三年三月甲子”条。

④ 《明世宗实录》卷二七九，第 5 页下-第 6 页上，“嘉靖二十二年十月辛巳”条。

别为 154 名、153 名、124 名、86 名,① 由于开封的解额与其他地区相去极为悬殊，造成很多外地士子以合法或非法的方式更易籍贯，以便在开封应试。② 不同的是，在明代的乡试解额中，顺天的额数与应天并列第一，不像北宋开封之“独冠”全国，且与其他解额较多地区的差额也不似宋代那样悬殊。

再看云南、贵州解额的变化。洪熙宣德初定全国乡试额数时，云南只有 10 名，此后一直是明代各省中解额最少的一省。宣德四年（1429 年），贵州乡试开始附于云南，亦即贵州府州县学应考生员须赴云南省城参加乡试，因此云南解额实际上包括云贵两省的乡试额数。直到嘉靖十四年（1535 年）贵州独立设科，贵州解额始不再附于云南。③

从表一乡试解额的变动来看，景泰以后，各省解额大致不变，云贵却不断增加，这一方面反映了明代云贵地区文教日益发展的趋势，一方面也说明了明代政府调整解额时对落后地区的加额采取增幅较宽的原则。宋代开始实施的解额制度，只有举人的数目受分配，当时举人的权利还很有限，但分解额时政府基于地方政治势力均衡的考虑，已经对落后地区实施较宽配额,④ 明代举人不论在入仕资格与徭役优免等方面的权利，都超越宋代,⑤ 因此乡试加额给予云贵较宽的增幅，除了有朝廷促进边省文教的用意之外，更有宋代实行解额制度以来注重地方政治利益均衡分配的考虑在内，这一点由贵州独立设科以后乡试解额增加的情况可以看得更为清楚。表二是根据康熙《贵州通志·选举志》制成的明代贵州乡试解额的变动表，在云贵合并计额时期，贵州配得的解额很少，通常只有云南的二分之一或二分之一，但自嘉靖十四年（1535 年）独立设科以后，贵州省解额便显著增加，至万历年间与云南省的解额已在伯仲之间,⑥ 因此云贵各省开科不但使贵籍士子免于长途跋涉之苦，也得到了较宽的加额机会。

表二 **明代贵州乡试取士额变动表**

| 时　间 | 取士额 | 时　间 | 取士额 |
|---|---|---|---|
| 宣德七年（1432 年） | 5（15） | 嘉靖二五年（1546 年） | 30 |
| 正统六年（1441 年） | 7（20） | 万历二二年（1594 年） | 35 |
| 正统一二年（1447 年） | 10（25） | 万历四三年（1615 年） | 37 |

① Thomas Hong-Chi Lee, p. 303.

② Thomas Hong-Chi Lee, p. 301.

③ 《明世宗实录》卷一七八，第 2 页上，“嘉靖十四年八月庚子”条。

④ Thomas Hong-Chi Lee, p. 318.

⑤ 详参和田正广《徭役优免条例の展开と明末举人の法的位置——免役基准额の检讨を通じて》,《东洋学报》60 卷第 1、2 号，东京：东洋文库，1978 年 11 月，第 93 ~ 130 页。

⑥ 万历元年，令云南增解额五名，为四十五名（《大明会典》卷七七，第 20 页），云南解额其后未再增加。而据《贵州通志》载，万历四十三年贵州解额已增至三十七名（卷一六《选举·明举人》，第 46 页），两省解额已相去不远。

续表

| 时　　间 | 取士额 | 时　　间 | 取士额 |
|---|---|---|---|
| 景泰七年（1456 年） | 10（30） | 天启一年（1621 年） | 38 |
| 成化四年（1468 年） | 16（40） | 天启四年（1624 年） | 30 |
| 弘治八年（1495 年） | 19（50） | 天启七年（1627 年） | 37 |
| 正德五年（1510 年） | 21（55） | 崇祯三年（1630 年） | 38 |
| 嘉靖一四年（1535 年） | 25（65） | 崇祯一五年（1642 年） | 40 |

资料来源：本表据（清）阎兴邦等重修《贵州通志》（康熙三十六年序刊本）卷一六《选举》，第 9 页上第 55 页下“明举人”所载历年增定额数制。

说　　明：嘉靖十四年以前贵州乡试附于云南，《贵州通志》卷一六例将云贵合计额数与个别增额载录其中，嘉靖十四年分开设科后。只载录贵州之额数，本表将嘉靖十四年以前云贵取士额总数以“（）”附于贵州解额之后，十四年以后各栏则据通志资料不附记两省总数，以便比较。

以上是就明代乡试解额变化较大的部分略加论述。但解额增加或解额较多，并不一定表示该省乡试中式比较容易，乡试竞争的激烈与否除了与取士额大小有关，关键还在该省应试士子的多寡。和田正广将应试人数除以录取人数所得倍数称为“竞争率”，竞争率越高，表示中式越难，和田氏在其有关明代举人阶层的研究中，曾简单述及明清乡试的竞争率不断提高的现象，谓 15 世纪前期乡试竞争率约为 10，15 世纪后半叶上升至 20，此后继续增加，到 16 世纪后期的隆庆、万历年间，浙江已有 63，湖广也上升至 31，崇祯年间则为“数十”，到清代已高达 100。① 以此虽可说明明清时代考中举人愈来愈难的整体趋势，但因上述数字只是不同省份不同年代竞争率的举例，所以很难看出各省解额与乡试竞争程度的区域差异。由于明代乡试录卷首例皆有该科乡试录序，撰写序文的主试官员通常会在序文中指出该科“就试者”多少人，试毕“得士”若干人，故可由此观察该省是年乡试的录取率与“竞争率”。虽然明代乡试录存世者仅三十余部，年代最早的一部是成化元年（1465 年）的山东乡试录，成化以前各省乡试录无一得见，② 且存者年份极为分散，如顺天乡试录仅存两部，一为嘉靖十年（1531 年），一为万历三十七年（1609 年），江西乡试录现存者三部，分别为嘉靖三十七年（1558 年）、万历三十七年、天启七年（1627 年）的文献，因此无法看到该省乡试录取率变化的全貌；而且试录序中记录的该科应试人数的尾数多语焉不详，如云“士之就试者二

① 详见和田正广《明代学人层の形成过程に关する一考察——科举条例の检讨を中心として》，《史学杂志》第 87 编第 3 号（1978 年 3 月），第 70 页，注 54。

② 详见《明代登科录汇编》（台北：台湾学生书局，据“国立中央图书馆”藏本影印，1969 年 12 月），第 1～6 页，刘兆祐《叙录》，其中明代乡试录共三十一部。另日本东洋文库藏有万历三十七年江西乡试录、京都大学人文科举研究所藏有万历三十四年河南乡试录、万历三十四年浙江乡试录、万历三十七年顺天府乡试录，皆“中央图书馆”藏本所无，故未收录于《明代登科录汇编》中。

千三百余人”、“所简士四千三百有奇” 等,① 致无法得知严格精确的应考总数。但从现存明代乡试录中留下的上项资料仍可看出各省乡试竞争程度的区域差异，既可稍济前述和田氏研究之不足，而且也是考察乡试配额办法运用于各省考试在地方社会流动上的意义所必需。

兹按乡试解额的大小（以景泰额数为准），先将明代乡试考区分为四级：第一级包括应天（南直）与顺天（北直），解额135名；第二级考区解额在80名至95名之间，包括江西、浙江、福建、湖广、河南；第三级考区解额自65～75名不等，广东、四川、山东、陕西、山西属之；第四级考区解额在55名以下，广西、云南、贵州属之。表三是根据第一级考区的南北两直隶现存六种乡试录所做的统计，为免与“录取率”一词产生混淆，本文把应试人数对录取额的倍数称为“竞争度”。值得注意的是，嘉靖十年（1531年）顺天乡试的录取率为7.1%，而嘉靖十九年（1540年）应天乡试的录取率则仅有3.1%，竞争度则前者14，后者33，可见同属解额135名的两京乡试，在北畿应试确实比较有利，前述嘉靖间南士冒北籍参加顺天乡试的因素，由此可得一有力的佐证。不过，万历末年时，顺天乡试由于应举生员激增，其录取率和竞争度显已与嘉靖中叶的应天乡试无分轩轾，可惜无法看到万历天启时期的应天乡试录，不能肯定此时南畿应试士子是否也有成倍的增加，因此明末两京乡试的竞争度是否仍如前此悬殊，只能暂时存疑。

表三　　**明代两京乡试竞争度略表**

| 地区 | 乡试年代 | 应试人数 | 录取举人数 | 录取率（%） | 竞争度 |
|---|---|---|---|---|---|
| 应天 | 弘治五年（1492年） | 2 300 | 135 | 5.9 | 17 |
| | 嘉靖一年（1522年） | 不详 | 135 | — | — |
| | 嘉靖一九年（1540年） | 4 400 | 135 | 3.0 | 33 |
| | 嘉靖二八年（1549年） | 4 500 | 135 | 3.0 | 33 |
| 顺天 | 嘉靖一〇年（1531年） | 1 900 | 135 | 7.1 | 14 |
| | 万历三七年（1609年） | 4 600 | 135 | 3.0 | 34 |

资料来源：《弘治五年应天府乡试录·王鏊序》、《嘉靖元年应天府乡试录·董玘序》、《嘉靖十九年应天府乡试录·张治序》、《嘉靖二十八年应天府乡试录·敖铣序》、《嘉靖十年顺天府乡试录·吴惠序》、《万历三十七年顺天府乡试录·蒋孟育序》。

说　明：1. 序中应试人数尾数不详者，姑略去不计，如“四千四百而奇”则以四千四百人计，“二千三百余人”则以二千三百人计。以下表四至表六之计数亦同。

2. 录取率为每百人中式举人数，竞争度为应试人数对中式举人之倍数。以下表四至表六亦同。

① 以上举例分别见于“弘治五年应天府乡试录序”及“嘉靖三十七年江西乡试录序”。

第二级考区方面，福建、河南、湖广由于资料不足，难以比较，但江西、浙江乡试的竞争情形，由表四的统计却是显而易见的：景泰七年以后，江西的乡试解额一直维持在95名，只较浙江省多五名，但江西乡试的录取率一直偏低。表四嘉靖、万历、天启三科江西乡试的应试人数对录取额的倍数分别为45、46、52，为大约同时的浙江乡试的1.5倍。浙江乡试的就试人数在正德到万历十年间始终保持在三千人以下，所以该省录取率虽不如前述第一级考区的顺天，但与同时期的应天乡试大约在伯仲之间。江西的应试人数在嘉靖以后一直超过四千人，天启七年甚至多达5 300人（这也是现存明代乡试录中看到的最高就试人数），结果该科虽较原定解额多取7人，但因52人中只取中1名，录取率仍是全国历科中最低。整体观之，江西乡试的竞争度不仅在第二级考区中最高，也超过了素称竞争激烈的南直隶。

表四　**明代浙江、江西、湖广、河南乡试竞争度表**

| 地区 | 乡试年代 | 应试人数 | 录取举人数 | 录取率（%） | 竞争度 |
|---|---|---|---|---|---|
| 浙江 | 正德一一年（1516年） | 2 200 | 90 | 4.1 | 24 |
| | 嘉靖七年（1528年） | 2 800 | 90 | 3.2 | 31 |
| | 万历一〇年（1582年） | 2 700 | 90 | 3.3 | 30 |
| | 万历三四年（1606年） | 3 800 | 90 | 2.4 | 42 |
| 江西 | 嘉靖三七年（1558年） | 4 300 | 95 | 2.2 | 45 |
| | 万历三七年（1609年） | 4 400 | 95 | 2.2 | 46 |
| | 天启七年（1627年） | 5 300 | 102 | 1.9 | 52 |
| 湖广 | 弘治二年（1489年） | 1 600 | 85 | 5.3 | 19 |
| 河南 | 万历七年（1579年） | 2 400 | 80 | 3.3 | 30 |
| | 万历三四年（1606年） | 不详 | 80 | — | — |
| 福建 | 嘉靖三一年（1552年） | 不详 | 90 | — | — |

资料来源：《正德十一年浙江乡试录·彭流序》、《嘉靖七年浙江乡试录·陆粲序》、《万历十年浙江乡试录·周溥序》、《万历三十四年浙江乡试录·蒋孟育序》、《嘉靖三十七年江西乡试录·郑元韶序》、《万历三十七年江西乡试录·盛以弘序》、《天启七年江西乡试录·倪元璐序》、《弘治二年湖广乡试录·林光序》、《万历七年河南乡试录·陈玺序》、《万历三十四年河南乡试录·卞承宪序》、《嘉靖三十一年福建乡试录·朱文序》。

表五　　明代山东、山西、陕西、四川、广东乡试竞争度表

| 地区 | 乡试年代 | 应试人数 | 录取举人数 | 录取率（%） | 竞争度 |
|---|---|---|---|---|---|
| 山东 | 成化一年（1465 年） | 未详 | 75 | — | — |
| | 弘治二年（1489 年） | 1 200 | 75 | 6.3 | 16 |
| | 嘉靖三一年（1552 年） | 未详 | 75 | — | — |
| | 万历一三年（1585 年） | 2 000 | 75 | 3.8 | 27 |
| | 万历二二年（1594 年） | 未详 | 75 | — | — |
| 山西 | 嘉靖一〇年（1531 年） | 1 400 | 65 | 4.6 | 22 |
| 陕西 | 隆庆一年（1567 年） | 2 000 | 65 | 3.3 | 31 |
| | 崇祯一二年（1639 年） | 未详 | 71 | — | — |
| 四川 | 嘉靖四三年（1564 年） | 1 750 | 70 | 4.0 | 25 |
| 广东 | 嘉靖三七年（1558 年） | 2 700 | 75 | 2.8 | 36 |

资料来源：《成化元年山东乡试录·吴启序》、《弘治二年山东乡试录·凌枢序》、《嘉靖三十一年山东乡试录·彭铬序》、《万历十三年山东乡试录·王三余序》、《万历二十二年山东乡试录·王登才序》、《嘉靖十年山西乡试录·庄一俊序》、《嘉靖四十三年四川乡试录·郑孔道序》、《隆庆元年陕丙乡试录·袁邦彦序》、《崇祯十二年陕西乡试录·佚名序》、《嘉靖三十七年广东乡试录·施显卿序》。

表六　　明代广西、云南、贵州乡试竞争度略表

| 地区 | 乡试年代 | 应试人数 | 录取举人数 | 录取率（%） | 竞争度 |
|---|---|---|---|---|---|
| 广西 | 成化七年（1471 年） | 未详 | 55 | — | — |
| 云贵 | 嘉靖一〇年（1531 年） | 1 400 | 55 | 3.9 | 26 |
| 贵州 | 嘉靖一六年（1537 年） | 800 | 25 | 3.1 | 32 |
| | 万历一年（1573 年） | 未详 | 30 | — | — |
| 云南 | 万历一年（1573 年） | 1 300 | 45 | 3.5 | 29 |
| | 万历七年（1579 年） | 1 300 | 45 | 3.5 | 29 |

资料来源：《成化七年广西乡试录·单嵩序》、《嘉靖十年云贵乡试录·焦维章序》、《嘉靖十六年贵州乡试录·涂勋序》、《万历元年贵州乡试录·周保序》、《万历元年云南乡试录·陈大训序》，《万历七年云南乡试录·李时孳序》。

说　明：嘉靖十年云贵乡试尚合并开科（贵州附于云南），该年资料为云贵乡试之竞争度，故与贵州、云南分别列表，俾便比较。

第三级考区部分，由于未言应试人数的乡试录占了四种，表五的资料比较零散不全，陕西的乡试竞争度甚至根本无从考察。但由几个得出录取率的省份来看，仍可发现

嘉靖年间山东、山西、四川略高于表四的第二级考区。表六云南、贵州分别开科以后的录取率相当接近，其竞争倍率却与大约同时的山东、四川相去无多，似乎明代乡试解额制度并没有给落后地区的云贵带来特别高的中式几率。嘉靖十四年（1535 年）云贵分别开科及其后的不断增加解额，主要意义在增加边远地区拥有举人资格的人数，所以本文同意云贵地区分到“较宽”的配额，是政府有意鼓励当地士人出头以供这些人口稀少的地区地方行政工作之需，① 而不是在录取率上给予优待。

必须注意的是，府州县学生员要取得乡试应试资格，例须通过各省提学官主持的“科考”。明代自正统元年（1436 年）开始在各省设提学官，专负提督学校之责，提学官三年一任，任内举行三次考试，一次是岁考，一次是科考，均按成绩优劣分为六等，其中科考成绩列一、二等者，才能取得参加乡试的资格，称为“科举生员”。② 所以理论上府州县学生员与“科举生员”的人数都可受政府控制，这也可以说是朝廷试图控制“人力资源”的必要措施。③ 但是实际上，“科举生员”的人数并没有受到有效的控制，这一点可由表三至表六各省应试人数多寡悬殊的现象得到证明。学者有关宋代的研究曾指出，科举配额制度对就试人数不多而程度不高的区域比较有利，反之，人口稠密的地区则应试者较多，程度也较高，所以竞争较为激烈。④ 明代乡试竞争度最高的几个地区如南直、浙江、江西，同时也都是当时人口最多的省份，⑤ 似乎可以说明上述宋代科举竞争强弱的规律在明代仍然存在。

另一方面，整体来看，随着人口的成长与学校的增加，明代各省乡试的竞争都呈现愈来愈激烈的趋势，因此到万历三年（1575 年），明廷敕谕各省提学官按该省乡试解额的比例取送应试生儒，以便控制乡试应考人数，其中规定：“遇乡试年份，应试生儒名数，各照近日题准事例，每举人一名，取科举三十名，此外不许过多一名。”⑥ 所谓“取科举三十名”的“科举”，即是由提学官举行科考后选送参加乡试的“科举生员”，所以按照这个规定，乡试应试生儒人数与该省解额的比例最多不得超过三十比一，换言之，政府有意控制各省乡试的竞争度不要高于三十，以维持近乎全国一致的 3.3% 的录取率。然而明代会试应试举人的倍数最多不过十几倍，⑦ 所以即使是照上述规定的三十取一，乡试中式仍比会试困难得多。明末吴郡秀才顾公燮在《消夏闲记摘抄》中曾

---

① E. A. Kracke, p. 266.

② 详参王道成《科举史话》，台北国文天地杂志社，1980 年，第 26-27 页。

③ Benjamin A. Elman, “The Evolution of Civil Service Examinations in Late Imperial China”，《近代中国史研究通讯》第 11 期（1991 年），第 71 页。

④ E. A. Kracke, p. 265.

⑤ Ping-ti Ho, *The Ladder of Success in Imperial China* (New York: Columbia University Press, 1962), p. 225, Table 26. 根据此表，明代各省平均人口最多的前位分别是：江苏 11.2（百万人，以下同），浙江 10.7，安徽与江西同为 9.3。

⑥ 《大明会典》卷七八《礼部》三六《学校》。

⑦ 和田正广《明代举人层の形成过程に关する一考察》，《史学杂志》87 编第 3 号，第 43 页，表一；又第 70 页，注 54 亦有说明。

指出：

> 乡试难而会试易，乡试定额，科举三十名中一人，不过二三千人入场，其得于宾兴者，殁后且著之行述以为荣。至于会试，进士有三百余人，其途宽矣。故俗有"金举人银进士"之谣。

更何况万历三年以后，"三十名取中一人"的规定并未严格执行，举例言之，万历二十四年（1606年）浙江乡试应试生儒"三千八百有奇"，为解额（90名）的42倍，万历三十七年（1609年）江西乡试应试人数"四千四百有奇"，为该省解额（95名）的46倍，① 显然万历三年（1575年）要求各省按"每举人一名取科举三十名"选送科举生员的规定只是具文而已，所以明末乡试在解额大致不变的情形下，竞争只有愈来愈激烈，看来这"金举人"之说并未言过其实。

## 四　明代有关配额问题的争议及其公正观念的考察

明代科举实施区域配额，是承袭宋元之制而予增补，并非一代新创，所以在制度订定及其后实施的过程中，政府官员或一般人工以配额问题为注意焦点的议论并不多，但为了解明朝配额制度与科举显示的公正观念之关系，这些为数不多的议论却是值得注意与分析的。明代与配额制度有关的议论本来可以分成两类来探讨，一类是关于会试南北分区取士是否合理的问题，一类是乡试解额制的实施办法是否公正的问题。前者包括对"南北卷"制度分卷取士的若干质疑及更动南北卷区域比例的一些看法；后者包括对各省乡试解额的分配、"皿"字号卷的存废以及"冒籍"就试的问题等。由于本文第二节在探讨明代南北卷与区域配额制的原则时，有关第一类的议论多已述及，此处不拟重复，而且在明代区域配额制中议论较多的也是乡试方面的问题，因此本节将侧重后者的讨论，有关第一类的部分只简要附论其中。

首先是乡试解额的分配问题。景泰以后，除云贵时有增额、湖广一度特加五名以外，各省乡试解额直至明亡将近两百年间几乎没有什么变动，所以景泰解额对明代各省举人名额的分配影响最为深远。景泰解额的订定，礼部尚书胡濙最初拟议"以正统中所定额为准，如文字合格者多，量增入之，亦不得过二十名"，② 换言之，最初拟定的解额基本上是比照正统额数，视情况增加取士额，增额均以20名为上限。这个各省一律可增20名解额的办法，稍后因礼科给事中张宁的论奏而作了很大的修正。张宁于

---

① 应试人数分别见"万历三十四年浙江乡试录序"与"万历三十七年江西乡试录序"，并参本文表四。

② 《明英宗实录》卷二三三，第3页下，"景泰五年九月乙丑"条。

《增解额疏》中指出，各省一律按正统解额增加20名的不合理在“无多寡之分”，疏中略谓：

> ……其所增二十名不复各照地方定拟，犹为未当，臣等请以一二处论之。宣德中应天府额取举人八十名，云南布政司额取举人二十名，定额之初，未始无多寡之分也。正统中，应天府增取二十名，云南增取五名，定额之数，亦未尝无多寡之分也。今应天等处学校不减于先，而云南等处士子不加于昔，若不论其地方，不量其士习，一概俱增二十名，则应天府所增名数比旧仅过一分，云南所增名数比旧将及一倍矣。在彼者何其堪宽，在此者何其太狭，举此一二，余地可知。且礼部见今行移既有不得过二十名之语，则少者必欲取盈，多者不敢逾额，追退不均，枉滥斯甚。

可见如果各照正统解额一律增加20名，表面看似公平，实际则违反解额视各省人口与学校多寡而定的原则，造成落后地区与发达地区的增额幅度宽狭悬殊，所以张宁建议云南增额20名不动，其余各省则应按正统增额区分等第，然后“挨数加添”，因此拟增额数有20名、25名、30名、35名之分。例如张宁将广东拟添解额定为25名，是因该省的正统额数（45）较宣德增10名，比同年云南的增额多5名，因此景泰时广东增额应较云南多5名，即由正统的45名增为70名；浙江的拟添解额，张宁建议为30名，是因正统间浙江增加15名，较广东等省多5名，因此景泰所增额数应比广东多5名，即由原来的60名增为90名；南北直隶因正统增额比浙江各省多5名，故新增额数拟为35名，即由正统的100名增为135名。今日所见的景泰解额，除了云南增额由20名减为10名之外，其余自南北直隶至浙江以下各省的增额与张宁疏中拟添数额完全相同，就是采纳了张氏《增解额疏》中各按正统增额“分等加添”的结果，所以就明代乡试解额的制度化过程来看，张宁此疏及其强调的要有“多寡之分”的加额原则，意义相当深远。景泰七年（1456年）以后，由于乡试解额只有局部的小额变动，未见再有关于乡试解额数本身的讨论，大体而言，景泰七年的乡试解额已被视为祖宗定制，除了因为考虑云贵这些边远地区分别开科的需要必须酌予增额以外，士大夫之间似乎无人怀疑这个解额的合理性，所以相较于时人对“冒籍”就试与科场公正问题的注意，明代乡试解额的分配引发的争议其实不大。

其次是两京乡试“皿”字号卷的问题。明代南北两京各设一国子监，监生可由国学拨历入仕，也可由参加科举登进。① 由于明初国子监生例须在监读书，监生不便回本籍地就考，故令南雍监生就应天乡试，北雍监生应顺天乡试。但就区域配额制的精神来说，这些籍贯分属各地的国子监考生与南北直隶的科举生员一起竞争当地的举人配额，

① 关于明代国子监的登进制度及其与科举之关系，详参拙撰《明代的国子监生》，台北：“中国学术著作奖助委员会”，1978年，第20～26页及第98～109页。

毕竟相对剥夺了本籍士人的中式机会。所以在两京乡试文卷中特编“皿”字号卷，以取自“监”字的“皿”为国子监生文卷之代号。景泰七年给两京乡试的135名配额中，“皿”字号卷占30名，明末并有最多不得过35名之限，亦即拆卷填榜之时，如所取“皿”字号卷已35名，即不再录。① 在两京乡试配额中限制“皿”字号卷的录取名额，定制之初，似乎一方面为方便来自外地的监生就近在两京考试，一方面在预为限制监生中式人数，以保障南北直隶当地士子的中式机会。

两京乡试虽有“皿”字号卷不得过35名之限，但由于拆卷时系按成绩高下逐一填榜，所以每次乡试并不一定取足35名监生。本文根据现存的四种应天乡试录与两种顺天乡试录，统计这六次乡试中式举人中监生的人数，制成表七，发现都没有取足“皿”字号卷的最高限额，可见“皿”字号的配额与各省乡试“解额”的意义仍有不同。比较值得注意的是，中式的“皿”字号考生的籍贯分布。从表七的统计数字可知，不论是应天或顺天乡试，以“皿”字号身份入榜者主要都是江苏、浙江、江西等几个人口稠密、竞争激烈的南方省份的士子，所以两京乡试特编“皿”字号卷虽不一定取足限额，但对江苏、浙江、江西、福建这些地区的士子来说，无异在业已固定的乡试解额中另有天地，提供了本籍地以外的中举机会。但是国学中的北籍监生似未由此受惠，而且也有碍两畿本地士子的公平竞争，“皿”字号卷的存废因此引起若干士大夫的关注。

表七　　　明代两京乡试中式举人“皿”字号比例与籍贯分布表

| 地区 | 乡试年份 | 录取人数 | “皿”字号中式人数 | 百分比（%） | “皿”字号中式举人籍贯分布 | | | | | | | | | | |
|---|---|---|---|---|---|---|---|---|---|---|---|---|---|---|---|
| | | | | | 浙江 | 江苏 | 江西 | 福建 | 安徽 | 湖广 | 四川 | 广东 | 河北 | 山西 | 河南 |
| 应天 | 弘治五年（1492年） | 135 | 8 | 5.9 | 2 | 6 | | | | | | | | | |
| | 嘉靖一年(1522年) | 135 | 21 | 15.6 | 9 | 11 | 1 | | | | | | | | |
| | 嘉靖一九年(1540年) | 135 | 32 | 23.7 | 12 | 11 | 3 | | 4 | 2 | | | | | |
| | 嘉靖二八年(1549年) | 135 | 12 | 8.9 | 1 | 7 | 1 | 1 | | 1 | | 1 | | | |
| 顺天 | 嘉靖一〇年(1531年) | 135 | 17 | 12.6 | 7 | 5 | 1 | | | | 1 | | 2 | 1 | |
| | 万历三七年(1609年) | 140 | 33 | 23.6 | 15 | 3 | 2 | 6 | | 2 | | | 4 | | 1 |

资料来源：王赤鳌等编《弘治五年应天府乡试录》；董玘等编《嘉靖元年应天府乡试录》；张治等编《嘉靖十九年应天府乡试录》；敖铣等编《嘉靖二十八年应天府乡试录》；吴惠等编《嘉靖十年顺天府乡试录》；蒋孟育等编《万历三十七年顺天府乡试录》。

嘉靖四十四年（1565年），提学御史耿定向奏请“革去两京应试监生字号，与生员一体弥封取中”，② 世宗从其议。因此到了隆庆元年（1567年），两京乡试即取消

① 张朝瑞辑《皇明贡举考》（明万历刊本）卷一，第37页下。

② 龙文彬纂《明会要》卷四七《选举一》，中华书局，1956年，第875页。

“皿”字号，就试监生与一般生员一起角逐两京的135名配额。结果是年南监中式监生仅有数人，落榜监生数百人群起鼓噪，引发一场国学生辱及考官的抗议风波，据张萱《西园闻见录》载：

> 隆庆元年丁卯乡试，初，上用议者言，两京乡试监生卷各革去皿字号，于是南监中式者仅数人，亏旧额四分之三，既揭晓后，考试官王希烈、孙铤等至国学谒文庙，而监生下第者数百人諠噪于门外，伺希烈等出，遮诉，语甚不逊。巡城御史、操江都御史各使人呵止之，久之方解。事闻，诏南京法司逮治，其为首沈应元等数人如法发遣。祭酒吕调阳莅任未几，且勿论，守备魏国公徐鹏举以闻变坐视夺禄米，司业金达以钤束不严夺俸各二月。监生编号如旧行。

可见这场鼓噪风波虽然闹事的监生受到处分，而且祸及国学教官，但抗议的结果显然是监生获得胜利，所以隆庆四年（1570年）的两京乡试，又恢复了“皿”字号。①

万历十三年，“皿”字号卷的议论再起。礼科都给事中苗朝阳奏请两京乡试取中“皿”字号卷仿照会试办法分南北卷，亦即“皿”字卷中再分南卷与北卷，按比例分配这35个名额。礼部尚书沈鲤（1531—1615年）以为不妥，建议维持旧制，他说：

> 今该科（礼科）欲照会试事例分南北卷，兼收人才，不欲有所偏重，其意甚善。但既分南北，必有中卷，分析太多，恐属烦琐；且岁贡入监者少，而北方纳粟人等多，有意外于科名，万一填榜之时，不能取盈数反为难处，不如仍旧。②

沈鲤的意见后为朝廷所接受，这个“皿”字号卷再分南北的构想并没有付诸实施，但颇堪玩味的是，礼科都给事中苗朝阳建议“皿”字号卷再分南北，理由是如此则两京乡试分配给监生的名额才不致偏取南士，而沈鲤也肯定这个建议“兼收人才，不欲有所偏重，其意甚善”，显示区域配额办法代表科举功名机会对南北人才的开放，已为共同认定的“公道”准则。

最后是“冒籍”应试的问题。严格执行士子在本籍地就试是维护科举区域配额制公正性的主要基础，所以假冒他省籍贯应试向为科场条例所严禁。由于进士一级的考试是各省举人集于京师一地会试，因此没有“冒籍”的问题，冒籍现象主要发生在举人一级的考试。明清时代，乡试冒籍事件时有所闻，为区域配额制下屡见的科场弊端之一。冒籍的目的通常是避难就易，以图侥幸，如上节所述嘉靖间礼科给事中陈棐谓顺天乡试冒籍者“因本地生儒众多，解额有限，窥见他方人数颇少，遂学入京投结乡里，

---

① 张朝瑞辑《皇明贡举考》卷一，第37页下第38页上。

② 张萱《西园闻见录》卷四四《礼部三·选举·科场》，第15页上。

交通势要，镄求诡遇”,① 便是因冒籍之地中式几率较大；但也有因在外省日久不便回籍赴试或因路途遥远缺乏盘费因而冒籍在外省就试者;② 另有一种冒籍是因故被黜为民不许入试的生儒到别省冒军籍或民籍应试，以图功名路上起死回生者。③ 前者是单纯的假冒外省里籍应试，后者则除了冒用外省籍贯，还编造科举入试资格，故两者性质略有不同。

如前所述，明代冒籍事件以北畿乡试最为频繁，自景泰初年至万历天启年间，可谓层出屡见，此处不拟一一列举其事实，而仅就朝野对冒籍事件处置方式的看法试加考察。景泰四年（1453 年）的顺天乡试，有尹诚、汪谐、陈益、龚汇、王显、李隨、李森、钱轮等人以冒籍中式，事发，礼部主事周骙于五年（1454 年）正月奏请严治其罪，并痛斥彼等欺君苟图，他说：

>……似此之徒欲求事君而先欺君，今日苟图如此，他日居官可知。乞明正其罪，以警将来，命锦衣卫俱执送刑部问，未发露者许出首逮问，同学知而不首者同罪。④

周骙主张严惩冒籍，因此一方面科场主事官员应加强防范，以杜不法。一方面应将冒籍中式举人尹诚等 12 人下锦衣卫狱问罪，并终身不许录用。⑤ 景泰五年（1454 年）四月，礼科都给事中张轼上疏表达了略为不同的处分意见，张轼之疏略谓：

>窃详此等冒籍之人，其间固多避难就易，欲希侥幸，然亦有因地里遥远盘费弗给而不能回者，有因从亲在外生长，不识乡里而难以回者，足以冒籍乡试以图出身，冀得升年之禄以为养亲之需，其初心不过如斯，究其所犯亦非甚重。今既问罪而不容会试固为当矣，至若终身不许录用，则将终为罹罪之人，竟无自新之路，待人无乃未恕乎？乞敕礼部通查此等冒籍之人，已经问发者给引发回原籍，如遇开科乡试，仍许本地入场，如此则犯小过者得以自新，负才艺者不终至于沮抑矣。⑥

结果是张轼较宽的处分建议为朝廷所采纳。所以此后冒籍士人通常的处分是，不论中式与否，都发回原籍，准其在本籍地再试。周骙与张轼的主张其实透露了科举制度下兼顾

---

① 《明世宗实录》卷二七九，第 5 页下第 6 页上，“嘉靖二十二年十月辛巳”条。

② 《明英宗实录》卷二四〇，第 5 页下，“景泰五年四月癸卯”条。

③ 如景泰四年八月礼科给事中张轼奏：“今顺天府乡试取士闻各处举保儒士，其间多有文理不通，已为翰林院考黜为民，乃久延京师，冒军民籍人试以图侥幸，谨敕礼部转行顺天府严加审察，不许入试，违者连坐其罪。”见《明英宗实录》卷二三二，第 1 页上下。

④ 《明英宗实录》卷二三七，第 9 页下，“景泰五年正月戊寅”条。

⑤ 《明英宗实录》卷二四〇，第 5 页上，“景泰五年四月癸卯”条。

⑥ 《明英宗实录》卷二四〇，第 5 页下。

维护“公正”与为国“求贤”的不易，冒籍的士子不仅违法，而且欺君，自然是德行有亏的，朝廷立禁在先，对冒籍士子给予革回本籍的处分，自为维护朝廷理法所必需，也是昭信制度公正的必要惩处。在士子德行根本无从考察的情况下，维护考试制度的公正相对比较具体，因此士大夫虽于冒籍处分的轻重，主张略有不同，但于禁止冒籍并防范冒籍，则为绝大多数士人所共同接受，因为这有昭信配额制度的公正性的积极意义。

比较特别的是万历末年浙江人沈德符对冒籍问题的看法。沈氏在论及乙酉（万历十三年）顺页天乡试冒籍一案时指出：

> 乙酉秋榜后，有顺天诸生张元吉者，投揭长安，谓浙人冒籍得隽，致妨畿士进取。……夫外省冒籍诚宜禁，若辇谷之下，则四海一家，且祖制：土著百名之外，中三十五名，其三十名胄监，而五名则流寓及各衙门书算杂流，旧录历历可考，可冒之足云?①

又于顺天乡试自万历四十二年（1615年）开始禁取南士为榜首且立为永制，亦力斥其非，沈氏记其事称：

> 顺天乡试，大抵取南士为解元。盖以胄监多才，北人不敌，间取一二北士，多不惬众论，其推服著，仅今上丙子（万历四年）魏允中一人耳。顷乙卯科（万历四十三年），给事中刘文炳，真定人也，为其乡人不平，请取北人为解（元）者，谓燕赵乃至尊丰镐，不当使他方人得之。上允其议，且定为永制。时首揆方中涵，京师人，亦欲私其桑梓也。窃以故元用蒙古人为状元，而中华人次之，此陋俗何足效。善乎世宗之言曰：天下皆是我秀才，何云冒籍，圣哉!

在上述两条议论中，沈德符引祖制顺天乡试135名配额中本来就配有外省士子的监生和流寓书算杂流等35个名额，以此驳斥不准冒籍之非；又为北畿乡试禁取南人为解元鸣不平，一并视为防范冒籍之弊，其实所论恐有不切实情之处。因为不论是外省籍监生以“皿”字号卷得中两京乡试或以北监南士而中顺天乡试解元，均未构成明代科举所谓的“冒籍”之罪，沈氏似将制度允许的外省监生得就两京乡试与法所禁止的外省生员冒河北籍参加顺天乡试两者混淆为一。

沈氏的冒籍论中比较值得注意的是他赞成京畿以外的地区应禁冒籍就试，但主张京师所在的顺天乡试应准许外省士子应试，以合“四海一家”之旨。沈德符本籍浙江秀水，父祖皆以进士起家，德符不仅“少生京国，长游辟雍”，且其于万历四十六年（戊

---

① 沈德符《万历野获编》卷一六，台北：新兴书局，1976年，第418页《科场》，“乙酉京试冒籍”条。

午）中举，亦是以监生应顺天乡试得之。① 所以沈氏主张北畿乡试应开放给各省士子一体应试，可能一方面与这些个人背景有关，另一方面明代顺天乡试冒籍者多为浙人，使德符不免于“为乡人不平”恐亦有以致之。相对于一般士人对冒籍者的挞伐及对冒籍者有妨科场公正的忧心，沈氏的“四海一家”说自然是一个异数。

## 五 结 论

宋代以后，考试制度成为寒士登龙拜官，荣身显家的正途，对君主来说，更是牢笼士人巩固政权的利器。科举在考试内容与考试办法上纵有诸多可议之处，然其制之较为公正开放则颇受肯定。道光年间，魏源尝论历代用人之制，以为后世“公”而三代“私”，指出：

> 秦汉以后，公族虽更，而世族尚不全革，九品中正之弊至于上品无寒门，下品无世族。……自唐以后，乃仿佛立贤无方之谊，至宋、明而始尽变其辙焉。虽所以教之未尽其道，而其用人之利，则三代私而后世公也。②

可见明清士人指斥科举之弊的批评虽多，但宋明取士制度较前代公正的优点，即使是主张实学经世的学者也未予否认。

明代上承宋元之制，把科举取士的区域配额制更为全面地施行于会试与乡试。前者以“南北卷”制度按南、北、中三大区的规定比例分配进士名额，后者则以解额制度分配各省乡试的取士额。由于会试取士额是临期请旨，每科额数并不固定，所以全国进士的分配是由规定三大区的比例来控制，因此明代同一大区内各省之间仍保留相当程度的“自由竞争”的性质，到康熙五十一年（1712 年）会试改行“分省取士”以后，这种数省共同角逐大区域名额的竞争形态才告终止。所以从会试配额制度的演变过程来看，宋元以后，进士配额的区域划分越来越小，竞争也越来越激烈。

明代会试的“南北卷”制度按南北地域之分取士，除了有明初调和南北经济文化差异的因素之外，更有宣示朝廷开放政权使天下均沾的深意在内。因此从科场的竞争来说，明初原来的会试取士“不分南北”，较合“自由竞争”之原则，但从政治利益的地域分配来看，实施南北卷制度显然更合乎科举制度下“公”的理念。从明代中叶以至清初改行分省取士的事实观之，明清的考试制度可说是渐渐舍弃“自由竞争”而坚持

---

① 沈德符生于京师，及长入辟雍（北监），系据《万历野获编》，第 4 页，《续编小引》称“万历戊午举于北畿”，见该书第 7 页，《野获编分类凡例》。

② 魏源《默觚》下《治篇》九，《古微堂内集》卷三，台北：文海出版社据光绪四年影印本，第 30 页下。

“公平分配”，以体现当时共同认定的公道理想。

乡试方面，明代实施限定各省取士额，虽是承自宋元并非新制，但因举人从明代开始可以谒选授官，为正途出身资格的一种，徭役优免等法定特权亦超越前代，因此乡试解额的政治利益分配意义不仅远较宋元为大，且乡试一级考试竞争之激烈亦非宋元可比。

明代各省乡试取士额的大小，系按人口与学校的多寡分配，但京师地区与边远省份因政治意义特殊，其解额的分配与调高原则，显然较宽。明代乡试解额自景泰年间改定后，除云、贵等少数省份外，各省大致没有增加，尤以江苏、浙江、江西等人口稠密地区为甚。从应试人数分配额的比例来看，明代乡试竞争远较会试一级激烈，愈至后期，中举愈为不易，因此明末“金举人银进士”之谣确是时人对乡会试竞争强弱的写实对比。

由于考试竞争日益激烈，科举的公正性也愈益受到重视，明代在科举防弊制度上多所措置，科场条例日趋严密，可以代表政府对维护科举公正精神的努力，而区域配额制的实施也可视为朝廷不偏重地域人才政策的贯彻，但从明代屡见南士冒北籍的乡试弊端来看，配额制度的公道理想与实际之间毕竟仍有许多差距。从另一方面来说，明代两京乡试配额一直配有四分之一左右的名额给“皿”字号卷，使江浙一带士子得以在籍监生的资格参加中式比率较高的顺天乡试，也显示了明代科举配额制度的若干弹性。明代朝野基于公正性的考量，对冒籍应试多主严禁，而于两京“皿”字号卷宜视为明廷配合国子监登进制度在科举配额办法上的弹性设计，既为科举规制所允许，自然与冒籍就试呈现的问题有所不同。

万历初年，御史魏允贞在疏论辅臣子弟中式之弊时谓：“科举，天下之公；大臣，庶僚之表。科举而私，何事为公？大臣而私，何人能公？”① 并疏请今后现任辅臣子弟会试中式，应俟致政之后，始许廷试，以杜徇私而昭大公，允贞虽因此被谪于外，但从此之后，明代辅臣在位期间，其子无复有会试登第者，② 可见即使在君权日益高涨的明代，科举制度这一“天下之公”的精神，仍是朝野君臣不能不正视的传统。亦因如此，科举中区域配额制度的必要性，在明代终能确立不移。虽然以科场实际的竞争力言，士绅家族或官家子弟较贫寒子弟占有优势，使明清的区域配额制度在整体上削减了考试制度中的社会流动性，③ 但就实现科举为“天下之公”的意义来说，明代乡会试的配额制度在达成政治利益的区域均衡与扩散上发挥的作用，都是不容忽视的。

原载《历史学报》（台湾师范大学）1992 年第 20 期

---

① 张萱《西园闻见录》卷四四《礼部三・选举・科场》，第 11 页下。

② 事详《明史》卷二三二《魏允贞传》。

③ E. A. Kracke，p. 266. 又，关于士绅家族在科举中的社会流动，亦可参考李弘祺的一篇近作，见 Thomas H. C. Lee， “Polities，Examinations and the Chinese Society，1000 ~ 1500：Reflections on the Rise of the Local Elite and the Civil Society in Late Imperial China”，《近世家族与政治比较历史国际学术研讨会论文集》，台北：“中央研究院”近代史研究所，1992 年 6 月，第 1-32 页。

# 宋代贡举科目述论

张希清

人们常说："所谓科举，也就是设科取士的意思。"这种说法并不全面，因为，按照科学定义，科举似应包括以下三个要件：一是自由报考，即所谓"怀牒自列于州县"①；二是设科取士，如唐朝设有秀才、进士、明经等科；三是以考试成绩决定取舍，即所谓"一切以程文为去留"②。虽然如此，而设科取士（或曰分科举人）无疑是科举制度中的一项重要内容。

贡举作为常选，在唐朝时所设科目甚多。《新唐书·选举志》云："其科之目，有秀才，有明经，有俊士，有进士，有明法，有明字，有明算，有一史，有三史，有开元礼，有道举，有童子。而明经之别，有五经，有三经，有二经，有学究一经。有三礼，有三传，有史科。此岁举之常选也。"五代因之。宋初，沿唐及五代之制，贡举科目主要有进士、诸科，诸科又包括九经、五经、三礼、三传、学究、开元礼（后改为通礼）、三史、明法等。后又增明经等科。熙宁四年（1071 年），王安石改革科举，罢明经、诸科，逐渐演变为以进士一科取士，并成为元、明、清沿袭不易之制。宋代是贡举科目由繁到简的转变、定型时期，很值得加以探讨。

## 一　进士科之沿革

"进士"一词，始见于《礼记·王制》："大乐正论造士之秀者告于王，而升诸司马，曰进士。司马辨论官材，论进士之贤者以告于王，而定其论。论定，然后官之；任官，然后爵之；位定，然后禄之。"不过，这里的"进士"并不是一种选士科目，而是指学者所成的造士中的优秀分子，是可以进用任官享受爵禄的士人。进士成为选士的一种科目，乃始于隋炀帝大业年间（605—618 年）。③ 根据现有史料，隋代的进士科似乎

① 《新唐书》卷四四《选举志》上。

② 陆游：《老学庵笔记》卷五。

③ 参见杜佑：《通典》卷十四《选举》二；王定保：《唐抚言》卷一《述进士上篇》。

仍是一种察举科目,① 但进士作为贡举科目在唐初已经有之，则是毋庸置疑的。唐德宗贞元十七年（801 年），赵傪《登科记序》云："武德五年（622 年），帝诏有司以进士为选士之目。"② 此后不久，进士科即成为最重要的贡举科目，以至于"搢绅虽位极人臣，不由进士者，终不为美"。③

宋初，承唐及五代之制，设进士科与诸科并列。《文献通考》卷三十《选举》三云：

> 凡进士，试诗、赋、杂文（按即论）各一首，策五道，贴《论语》十贴，对《春秋》或《礼记》墨义十条。

仁宗时，此法曾有某些变化，但大致未变，一直施行了 110 多年。

熙宁四年（1071 年），王安石上《乞改科条制》札子，建议对贡举科目进行改革：

> 所对明经科欲行废罢，并诸科元额内解明经人数添解进士；及更俟一次科场，不许新应诸科人投下文字，渐令改习进士。

当年二月一日，这一建议得到宋神宗批准，颁布为贡举新制。同时，对进士科的考试内容也作了新的规定：

> 进士罢诗赋、帖经、墨义，各占《诗》、《书》、《易》、《周礼》、《礼记》一经，兼以《论语》、《孟子》。每试四场：初本经，次兼经，也大义十道，务通义理，不须尽用注疏；次论一首；次时务策三道，礼部五道。④

这就是说，自此从法律上罢明经、诸科，改为专以进士一科取士；而进士科则罢诗赋、帖经、墨议，改为专以经义、论、策取士。

元丰八年（1085 年）三月，宋神宗病死，不满十岁的哲宗继位，太皇太后高氏摄政。元祐元年（1086 年），司马光等守旧派当政，十一月戊寅，"三省奏立经义、词赋两科，下群臣议"⑤。所谓两科，即解、省试恢复以诗赋、论、策取士，称为词赋进士；同时，保留熙宁以经义、论、策取士的科目，称为经义进士。元祐二年十一月十二日，依三省奏，进士加试诗赋，仍为一科。到元祐四年四月八日，经过长达三年的讨论，才

---

① 参见邓嗣禹：《中国科举制度起原考》，燕京大学《史学年报》第 2 卷第 1 期；何忠礼：《科举制起源辨析》，《历史研究》1983 年第 2 期。

② 《文苑英华》卷七三七；《玉海》卷一一五《唐进士举》注引。

③ 《唐抚言》卷一《统序科第》。

④ 李焘：《续资治通鉴长编》（以下简称《长编》）卷二二〇，熙宁四年二月丁已。

⑤ 《长编》卷三九二，元祐元年十一月戊寅。

正式决定分为经义兼诗赋进士和经义进士两科，“各取五分”①。

对于经义兼诗赋进士与经义进士两科，“不以人数多少，各取五分”的规定，不少主张以诗赋取士的人纷纷表示不满。元祐四年十二月二十四日，“诏来年科场，以试毕举人分数均取；后一次科场，其不兼诗赋人解额依元祐三年六月五日所降朝旨，如有未习诗赋举人，许依旧法取应，解发合格人不得过解额三分之一；以后并依元祐二年十一月十二日敕，分为四场，以四场通定去留高下，内仍减时务第一道。”② 这就是说，经过两次科场之后，仍合为一科取士。

经义、诗赋两科取士之法，实际上只在元佑六年实行了一举。到绍圣元年（1094年），哲宗亲政之后，遂于五月八日“诏进士罢诗赋，专治经术”，基本上恢复了王安石改革的贡举新制。③ 此制至此宋亡，未曾改易。

宋室南迁，时人多将靖康之祸归罪于王安石变法，遂复以经义、诗赋两科取士。建炎二年（1128年）五月三日，中书省奉诏制定了诗赋、经义两科取士之制。其法与元祐法略有不同：“元祐法习诗赋兼试经义。”建炎法则“习诗赋人止试诗赋，不兼经”；“元祐法不习诗赋人令治两经”，建炎法则“习经义人依见行止习一经。”④

绍兴十三年二月二十二日，又因国子司业高闶建言，自绍兴十四年起，合经义、诗赋进士为一科。“第一场，大经义三道，《论语》、《孟子》义各一道；第二场，欲以诗赋；第三场，以子史论一首，并时务第一道，永为定式。”⑤ 但到绍兴十五年正月十三日，又“诏诗赋、经义分为两科，各计经场人数为率，依条纽取”⑥。

诗赋、经义两科取士实行了十年之后，因习经义者绝少，遂于绍兴二十七年二月一日，诏“将来科举取士，并令兼习经义、诗赋”，⑦ 即合经义、诗赋进士为一科。

不过，这种兼习经义、诗赋之制又未能“永为定制”，而仅于绍兴三十年梁克家榜施行了一举。绍兴三十一年正月，臣僚纷纷上疏言经义、诗赋合为一科之弊。二月二十二日，“诏经义、诗赋依旧分为两科”⑧。自此直至南宋灭亡，历朝沿之，遂成定制。

综上所述，两宋320年间，进士科共发生过两项重大变化。一是熙宁四年王安石改革贡举，罢明经、诸科，专以进士一科取士；而进士又废诗赋、帖经、墨义，专试以经义、论策。二是元祐四年、建炎二年、绍兴十五年、三十一年先后分进士为经义、诗赋两科取士：以经义、论、策试经义进士，以诗赋、论、策试诗赋进士。

这里需要说明的是，元祐四年及南宋时期，虽分进士为经义、诗赋两科，但这一分

---

① 《长编》卷四三五，元祐四年四月戊申。

② 《宋会要辑稿·选举》一五之二六。

③ 《宋会要辑稿·选举》三之五五。

④ 《宋会要辑稿·选举》四之二一。

⑤ 李心传：《建炎以来系年要录》（以下简称《系年要录》）卷一四八，绍兴十三年二月已卯。

⑥ 《宋会要辑稿·选举》四之二八。

⑦ 《宋会要辑稿·选举》四之三二。

⑧ 《宋会要辑稿·选举》八之三四。

科只限于解试和省试，而殿试仍统一试策；另外，经义进士与诗赋进士在及策、授官及迁转等方面，都没有区别。因此，可以说，王安石贡举改革之后，宋代贡举科目即改为进士一科了。

此外，还需要对所谓的“春秋科”附带加以说明。在宋代史籍中，谈到神、哲、徽、钦四朝的科举制度时，经常出现“春秋科”的字样，使人感到在进士科之外，另有一个春秋科与之并列。其实这是一种误解。

如前所述，熙宁四年二月，王安石改革贡举，规定“进上罢诗赋、帖经、墨义，各占《诗》、《书》、《易》、《周礼》、《礼记》一经，兼以《论语》、《孟子》”。并且“随所治经，以十分为率，均取之”①。既然分五经取士，也可以说是分进士为五科。王安石认为，自《鲁史》亡，《春秋》之义不可考，士不能通，且非造士之书，故不置学官，不用于贡举，因而也就没有《春秋》科。②

元祐元年（1086 年）八月二十一日，改以六经取士，即增设了《春秋》科。至绍圣四年（1097 年）二月二十五日，又“诏罢《春秋》科”③，恢复熙宁之制。

后来，在元符三年（1100 年）、崇宁元年（1102 年）、靖康元年（1126 年），随着政局的变化，《春秋》科或废或复，也多有变化。④

南宋经义进士，仍分六经取士，故也可以说有六科。据《宝祐四年登科录》记载，该榜进士登科者共 601 人，除 30 人因脱文失载外，其余 571 人皆载有所治赋或经。据统计，其中诗赋进士 317 人，经义进士 254 人。而经义进士中，治《书》者 110 人，治《春秋》者 38 人，治《易》者 36 人，治《诗》者 34 人，治《周礼》者 23 人，治《礼记》者 13 人。

由以上可以看出，熙宁四年之后的《春秋》科，决不是与进士并列的一种科目，而是进士科（或经义进士）中的一科。这是应该分辨清楚的。

## 二　诸科之盛行与消亡

宋代所谓的“诸科”，是指除进士、明经之外的各种贡举科目。其中包括九经、五经、三礼、三传、学究、开元礼（后改为通礼）、三史、明法等。这种划分，乃上承五代，而与唐代有所不同。《新唐书·选举志》云：“明经之别，有五经，有三经，有二经，有学究一经，有三礼，有三传，有史科。”清人徐松在《登科记考》的《凡例》中则指出：“所谓诸科者，谓明法、明字、明算、史科、道举、开元礼、童子也，明经不

---

① 《长编》卷二二〇，熙宁四年二月丁巳。

② 参见拙著《论王安石的贡举改革》，《北京大学学报》1986 年第 4 期。

③ 《宋会要辑稿·选举》三之五七。

④ 《宋会要辑稿·选举》三之五八，四之二，四之一六。

在此数。”朱熹则曰：“此科（按指学究等诸科）即唐之明经是也。”① 尽管对唐代明经、诸科这两个概念的内涵还有待于详加辨析，但宋代的诸科既包括唐代的诸科，又包括唐代的明经，则是大致不错的。下面我们就分别考察一下诸科中各个科目的具体情况。

**（一）九经科** 九经科是以考试《周易》、《尚书》、《毛诗》、《礼记》、《周礼》、《仪礼》、《春秋左传》、《公羊传》、《穀梁传》等九部儒家经典取士的贡举科目。此科唐代未见，始置于后唐初年。② 采初承五代之制，试六场十八卷，共“帖书”一百二十帖，对墨义六十条。③ 庆历四年（1044 年），曾改为“六场十四卷，并对墨义”，共一百二十条。④ 可见考试之繁难。太祖建隆年间（960—962 年），“举九经，一上不中第即改科”⑤。乾德元年（963 年）八月十三日诏：“自今礼部贡院所试九经举人落第者，宜依诸科举人例，许令再应。”⑥

大概正因为考试繁难，所以由此科选拔出了一些博学通经之士。如宋初的孔维、孙奭、李觉等名儒，皆为九经及第。也正因为考试繁难，其授官也较其他诸科优厚。如太平兴国二年（977 年）三月：“第一、第二等进士并九经授将作监、大理评事，通判诸州。”⑦ 景德二年（1005 年）曾明令规定：“［进士］第一等并九经第一人试秘书省校书郎、知县。”⑧

**（二）五经科** 五经科是以考试《周易》、《尚书》、《毛诗》、《礼记》、《春秋》等五部儒家经典取士的贡举科目。此科始置于唐。宋初承五代之制，试六场十一卷，共“帖书八十帖，对墨义五十条”⑨。庆历四年，曾改为“六场七卷，并对墨义”，共六十二卷。⑩

应五经举者，若成绩优异，可特赐九经及第。如宋初名儒邢昺，“太平兴国初，举五经。廷试日，召升殿讲《师》、《比》二卦，又问以群经发题。太宗嘉其精博，擢九经及第，授大理评事、知泰州盐城监，赐钱二十万”⑪。

**（三）三礼科** 三礼科是以考试《周礼》、《礼记》、《仪礼》取士的贡举科目。此科始置于唐德宗贞元年五年（789 年）。宋初承五代之制，“凡三礼，对墨义九十条”⑫。

---

① 《朱子语类》卷一二八。
② 《册府元龟》卷六四一。
③ 《宋史》卷一五五《选举志》一。
④ 《宋会要辑稿·选举》三之二七。
⑤ 《宋史》卷四三一《孔维传》；《邢昺传》。
⑥ 《宋会要辑稿·选举》一二之二六。
⑦ 《长编》卷十八，太平兴国二年正月戊辰。
⑧ 《宋会要辑稿·选举》二之二。
⑨ 《宋史》卷一五五《选举志》一。
⑩ 《宋会要辑稿·选举》三之二八。
⑪ 《宋史》卷四三一《孔维传》；《邢昺传》。
⑫ 《宋史》卷一五五《选举志》一。

此科因“所习浩大，精熟尤难”①，大中祥符四年（1011 年）十二月三日，诏“特与减一场，仍以五通为合格”②。但是，应举者仍寥寥无几。

**（四）三传科** 三传科是以考试《春秋左氏传》、《公羊传》、《穀梁传》取士的贡举科目。此科始置唐穆宗长庆二年（822 年）。宋初承五代之制，“凡三传，（对墨义）一百一十条”③。同三礼科一样，大中祥符四年亦“特与减一场，仍以五通为合格”。应举人数也不多。

**（五）学究科** 学究科是“学究一经科”的简称，是以考试《周易》、《尚书》、《毛诗》中之一经或两经取士的贡举科目。此科亦始置于唐。宋初承后周之制，以《毛诗》为一科，《周易》、《尚书》并为一科。“凡学究，《毛诗》对墨义五十条，《论语》十条，《尔雅》、《孝经》共十条；《周易》、《尚书》各二十五条……兼经同《毛诗》之制。”④

开宝七年（974 年）二月十四日，诏曰：“学古入官，历代垂训，将期进用，必藉该通。其《毛诗》、《尚书》、《周易》三经学究，自今宜并为一科，及第后依三礼、三传选数、资序入官。”⑤ 这样，学究科即与三礼、三传科相类似了。

太宗太平兴国四年（979 年）十一月十日，大概由于“学究兼习三经之业，恐难精通”，复分为三科。⑥ 真宗初年，又将《尚书》学究与《周易》学究并为一科，每场“各问疏六道、经注四道，六通为合格。”⑦

**（六）通礼科** 通礼科是以考试《开宝通礼》取士的贡举科月。其前身为《开元礼》科，始置于唐德宗贞元二年（786 年）。宋初因五代之制，“凡《开元礼》……对《墨义》三百条”⑧。

开宝四年（971 年）五月，宋太祖命刘温叟、李昉、卢多逊等，“以本朝沿革制度损益《开元礼》”，编修《开宝通礼》。⑨ 六年四月十八日，“翰林学士卢多逊等上所修《开宝通礼》二百卷，《义纂》一百卷，并付有司施行”⑩。为了“欲使人习学仪典，不至废坠”⑪，遂以《开宝通礼》取士。自此改《开元礼》科为《通礼》科，仍试三十场，对墨义三百条。淳化四年（993 年）十二月二十四日，诏减其半，余十五场，每场抽取三卷面试。

---

① 《长编》卷六十，景德二年七月丙子。
② 《宋会要辑稿·选举》一二之二八。
③ 《宋史》卷一五五《选举志》一。
④ 《宋史》卷一五五《选举志》一。
⑤ 《宋会要辑稿·选举》一二之二七。
⑥ 《宋会要辑稿·选举》一二之二七。
⑦ 《长编》卷六一，景德二年七二月已卯。
⑧ 《宋史》卷一五五《选举志》一。
⑨ 王应麟：《玉海》卷六九《开宝通礼》。
⑩ 《长编》卷一四，开宝六年四月辛丑。
⑪ 《宋会要辑稿·选举》三之二四。

熙宁四年二月一日，诏罢明经、诸科；熙宁六年之后，《通礼》科亦开始消亡。“元祐六年（1091 年）四月六日，诏复置《通礼》科。”① 但只施行了一举，就于绍圣元年（1094 年）四月二十五日又被废罢了。

**（七）三史科** 三史科是以考试《史记》、《汉书》、《后汉书》三部史书取士的贡举科目。此科与三传科同时始置于唐穆宗长庆二年（832 年）。宋初因五代之制，试三十场，对墨义三百条。淳化四年十二月十四日，与通礼科一样，特减其半，余十五场，每场抽取三卷而试。

**（八）明法科** 明法科是以考试律令取士的贡举科目。“明法”作为选士科目，始于西汉初年，当时乃察举科目之一，至唐初才成为贡举科目之一。宋初承唐及五代之制，“凡明法对律令（墨义）四十条，兼经并同《毛诗》之制”，即兼试“《论语》十条，《尔雅》、《孝经》共十条”。②

太平兴国四年（979 年）十一月丙戌，“诏以明法科于诸书中所业非广，遂废之”③。六年之后，即雍熙二年（985 年）四月二日，又诏曰：“法家之学，最切于时，废之已久，甚无谓也。可复置明法一科，亦附以三小经。”④

**（九）新科明法科** 新科明法是改造明法科而设的一项贡举科目。神宗熙宁四年二月，罢明经、诸科。六年三月丁卯，“诏……曾应明法举人，遇科场，愿试断案、大义者听。如中格，排于本科本等人之上”⑤。此即新科明法科。其与旧科明法的不同之处主要在于：旧科明法试律令帖经、墨义，新科明法试律令《刑统》大义、断案；“旧制明法，最为下科”⑥，新科明法在赐第、授官等方面均予以优待。

新科明法的取应对象，初为“曾应明法举人”，旋改为“曾应诸科举人”，即“惟尝应明经、诸科试在熙宁五年前者得试，非此类有司不受”⑦。其目的在于“以待诸科之不能改试进士者”⑧，“欲销尽明经及诸科旧人”⑨。新科明法的设立，也的确吸引了不少诸科旧人。元丰二年（1079 年）三月辛卯，御试编排官李承之等言：“熙宁九年御试，新科明法奏名三十九号……今一百四十六号，比前数倍……”⑩ 可见效果甚为显著。

哲宗元祐年间（1086—1093 年），守旧派当政，力主以礼义为本，刑法为辅。司马光认为，不必置新科明法；刘挚则认为，新科明法必须兼试经书。于是，元祐二年十一

---

① 《宋会要辑稿·选举》一二之三二。
② 《宋史》卷一五五《选举志》一。
③ 《长编》卷二〇，太平兴国四年十一月丙戌。
④ 《太宗宝录》卷三三。
⑤ 《长编》卷二四三，熙宁六年三月丁卯。
⑥ 刘挚：《忠肃集》卷四《论取士异乞复贤良科疏》。
⑦ 《文献通考》卷三一《选举》四。
⑧ 《文献通考》卷三一《选举》四。
⑨ 《宋会要辑稿·选举》一四之三。
⑩ 《长编》卷二九七，元丰二年三月辛卯。

月庚申，从三省奏，“新科明法依旧试断案三道，《刑统》义五道，添《论语》义二道，《孝经》义一道，分为五场”①。徽宗时，新科明法同其他诸科一样而消亡。

宋室南迁，以“法官缺人”，建炎二年（1128年），复立新科明法科。② 但不知何故，“未及行”③。绍兴七年（1137年）六月壬寅，仓部郎中兼大理少卿薛仁辅又上言：“比年以来，法官寖阙……望诏有司，讨论祖宗设法科之制，于京西、荆湖、淮南、江西每路量立明法科额，以收遗才。”诏刑部条具申省。④ 于是，“绍兴十一年，始就诸路秋试，每五人解一名，省试七人解一名，皆不兼经。明年御试，御药院分为二等：第一等本科及第，第二等本科出身”⑤。绍兴十四年，在取人分数、考试内容等方面，又有所变化。但应举中第者甚少。据记载，绍兴十二、十五年两榜仅得黄子淳、张镃两人而已。到绍兴十六年二月，新科明法又被废罢，遂不复设矣。

**（十）经律科** 何谓经律科？现有史料记载不甚详。元祐八年（1093年）十月一日，赵鼎臣《送张氏二甥赴举序》云：“今天子即位，乃诏有司，设为经律之目，兼记诵之业而识其义，通法律之文而去其蔽。学不拘贤愚，人争趋之。”由此看来，大概是兼试经义与律令的贡举科目。又据《宋会要辑稿·选举》记载，此科大约创立于元祐六年，仅限于河北、河东、陕西等五路举人，由诸科额内解发，只施行了一举，即于绍圣元年（1094年）四月二十五日被废罢。其具体的考试内容与考试方法，尚有待于进一步考证。

熙宁四年二月，王安石改革贡举，罢明经、诸科。但对旧应诸科举人，并不是要求他们必须马上统统改应进士，而是规定：“候经一次科场，除旧人外，不得应诸科举。”⑥ 这也就是让诸科随着旧应举人的销尽而消亡。那么，诸科是何时消亡的呢？

《宋会要辑稿·选举》一五之二八载：

> 崇宁元年（1102年）八月八日，礼部言：“臣僚奏，五路诸科旧人见在应书者今已无几，愿以所存（进士）[诸科]解额悉解进士，使熙宁诱进诸科向习进士之意，至是始得纯一。欲遍行指挥，应有诸科解额今来无人取应者，并许并入遁士解额。”从之。

有人认为崇宁初已完全并入进士一科取士，恐即据此。但此说并不太确切，应该说崇宁元年诸科基本消亡，但并未完全消亡。据同上书四之四载：

---

① 《长编》卷四〇七，元祐二年十一月庚申。

② 《宋会要辑稿·选举》一四之四。

③ 《系年要录》卷十二，建炎二年正月癸巳。

④ 《系年要录》卷一一一，绍兴七年六月壬寅。

⑤ 李心传：《朝野杂记》甲集卷十三《新科明法》。

⑥ 《长编》卷二二〇，熙宁四年二月丁巳。

[崇宁] 五年十月一日，礼部尚书朱谔言："奉诏令礼部将诸科六举、四举、两举已上贡举人，具姓名、人数闻奏，当议别行推恩。……"诏七举与本科及第，六科本科出身，五举同本科出身，四举与上州文学，三举下州文学，两举、一举并经律、通礼科人，候将来科场，更合取应一次。……

这说明，直至大观三年（1105年）仍有诸科应举。又据同上书四之九载：

[政和五年（1115年）三月] 十八日，尚书省言："今次就试特奏名进士一千五十七人，特奏名诸科二人。"

这说明，直到政和五年，旧应诸科人仍未销尽。政和七年，蔡薿等在奏章中谈到旧应诸科一举、两举人取应的情况云：

本部契勘，前次诸科一举、两举人许附学事司试一次。缘当时别无解额，止取就试逐色合格之人赴政和六年贡士举院，具得失取定，其不合格人本部类聚闻奏。①

据此可知，至政和六年，旧应诸科曾解试合格之人，始由正奏名或特奏名销尽。

旧应诸科曾得解者被销尽之后，仍有一些曾应诸科而未得解之人。如京东东路九州军诸科三经应举以上者，就有345人。为此，政和七年三月二十六日，又"诏诸科三经应举以上人，许赴来年学事司试一次"。七月二十八日，为了杜绝伪滥，对赴试方法又作了具体规定。后来，大概由于"三经应举终场人止是名为应举，自来并不曾合格，比之一举、两举人事体至轻"，于是"诏政和七年三月二十（七）[六] 日并七月二十八日指挥，并更不施行"②。至此，可以说宣告诸科彻底消亡了。

## 三　说书举与明经科之迭兴迭废

宋初，以帖经、墨义试诸科，举人只知记诵，罕通经义。为了改变这种"讲学欠废，士不知经"的状况，仁宗时期，先后创立了说书举与明经科。

**（一）说书举**　说书举是以考试讲说经书取士的贡举科目。天圣四年（1026年）九月庚申，"诏礼部贡院举人，有能通三经者，量试讲说，特以名闻，当议甄擢之"③。

① 《宋会要辑稿·选举》四之一一。

② 《宋会要辑稿·选举》四之一一。

③ 《长编》卷一〇四，天圣四年九月庚申。

李焘认为，此即所谓："说书举。"① 但当时如何具体地"量试讲说"及"甄擢"，尚未见记载。庆历四年（1044 年），改革贡举，曾定新制：

> 举人讲通三经以上，进士非纰缪、诸科无九否者，过落外，许自陈牒具言曾于某处讲说某经，召举人三人保明，即依前项别试大义十道，以五通为合格。仍令讲诵，与所对大义相合者，具奏取旨。②

据此可知，说书举所试及讲诵者皆为经书大义。需要说明的是，此科并不与进士、诸科一起进行解试、省试，而是在省试之后，由举人自陈，另行考试。

嘉祐二年（1057 年）十二月庚申，诏别置明经科遂罢说书举。

**（二）明经科**　"明经"一词起源甚早，其义为通晓经术。自西汉起即成为察举的一种科目。而成为贡举科目，大概同"进士"一样，始于唐高祖武德五年（622 年）。五代因之。皆试以帖经、墨义。如上节所述，唐及五代之"明经"即相当于宋之"诸科"。嘉祐二年（1057 年）十二月庚申，宋代为了革除"诸科徒专诵数之学，无补于时"③ 的弊病，在诸科之外，"又别置明经科"④。此科与唐及五代之明经是有明显区别的。据《宋会要辑稿·选举》三之三三载嘉祐二年十二月五日诏曰：

> 其明经并试三经，谓大经、中经、小经各一也。……每经试墨义、大义各十道，仍帖《论语》、《孝经》十道，分入场，以六通为合格。又试时务策三道，以文词典雅者为通。其出身与进士同。

同上书三之三百又载：

> ［嘉祐三年三月］十一日，礼部贡院言："奉诏再详定科举条制：……明经别试而系诸科解名，无诸科处，许解一人。……明经试大经、中经、小经，试墨义、大义各二十道，帖小经十道，试（二）［策］三道，共为八场，仍不理场第。御试明经大义十道，大经四，中经、小经各三。……"从之。

由以上可知，宋与唐及五代之明经主要区别有二：一是考试重点由帖经、墨义改为大义；二是提高了及第者的待遇，"其出身与进士同"。

大概由于经书大义难通，故明经科取士不多。正如熙宁二年（1069 年）时苏颂所

---

① 《长编》一八六，嘉祐二年十二月戊申。

② 《宋会要辑稿·选举》三之二九。

③ 王珪：《华阳集》卷七《议贡举疗序奏状》。

④ 《长编》一八六，嘉祐二年十二月戊申。

说："往年放进士，每榜不下四五百人。自间年放榜，亦尝近二百人。诸科大约依进士人数。而……明经不过三百人。"① 但也选拔了一些通经之士。其中最著名的，大概要数嘉祐六年举明经第一的王岩叟了。叶梦得《避暑录话》卷上云："王签书岩叟，证闻绝人，首应明经，乡贡及南省、殿试亦皆第一。复科以来，一人而已，谓之'明经三元'。"

熙宁四年二月一日，王安石改革贡举，遂罢明经科。王安石之所以废明经，并非因为此科象诸科那样"惟以念诵为工"，败坏人才，而是因为既然进士科罢诗赋、帖经、墨义，专以经义、论、策取士，进士科与明经科就没有什么大的区别了；也就是说，实际上是以新的进士科代替了明经科，所以明经科也就没有继续存在下去的必要了。

## 四　经明行修与八行科之昙花一现

宋代贡举专以艺业取士，即所谓"一切以程文为去留"，而德行仅是应举的资格之一。北宋后期也曾设立过以德行为主而取士的科目，如经明行修科及八行科。但施行的时间都很短，不过是昙花一现。

**（一）经明行修科**　经明行修科是兼以德行和经术取士的科目。此科亦始于唐，初大概为察举科目，后改为贡举科目。宋真宗大中祥符二年（1009 年）、四年、七年，因封泰山、祀汾阴、谒太清宫，曾诏开封府、国子监及车驾所经州军举服勤词学、经明行修之士，但仍为进士、诸科，并非新立科目。宋代经明行修科初立于哲宗元祐元年（1086 年）。是年三月，宰相司马光上《起诸科场札子》，其建言之一，即是乞立经明行修科。此请未被采纳。四月，司马光又上《乞先行经明行修科札子》，始获批准。《长编》卷三七六载：

> ［元祐元年四月辛亥］诏每遇科举诏下，令文官升朝以上无赃罪及无私罪［重］者，于应进士举人，不拘路分，但不系有服亲，各奏举经明行修一名。候将来发解及南省奏名，内每人名下注"经明行修"字。至殿试唱名日，各升一甲姓名。如历官后犯正入己赃及违犯名教，断讫，收坐举主，并依举选人转京官［法］减一等。

此即经明行修科创立之始。不久，又作了一些补充规定。如元祐元年六月壬寅，"诏朝官通判资序以上人许举保"②。元祐二年正月十五日，又诏分路立额，"仍［与］充本

① 苏颂：《苏魏公文集》卷十五《议贡举法》。

② 《长编》卷三八〇，元祐元年六月壬寅。

州解额”①。元祐三年三月六日，“诏经明行修人如省试不应格，听依特奏名进士例就殿试”②。

综上所述，经明行修举人既免解赴省试，又占本州解额；省试合格，则殿试唱名日升甲；省试不合格，也可以依例特奏名。正如监察御史黄庆基所言：“是凡被荐举者，皆可以入官也。”③ 这样，每榜都有50多人入官，实属侥幸。经明行修科设立的目的在于：“以劝勉天下举人，使敦修士行。”“美教化，厚风俗。”④ 但其制如此侥幸滥进，必然弊端丛生，与其初衷背道而驰。因而刚施行一举，即多遭非议。

元祐三年三月，苏轼权知贡举，所上《放榜后论贡举合行事件》札子曰：

> 窃谓累举奏名，已是滥恩，而经明行修，尤是弊法。其间权势请托，无所不有。侵夺解额，崇奖虚名，有何功能，复令升甲？……其经明行修一科，亦乞详议，早行废罢。

经明行修科虽未因此而废罢，但不久即增加了限制。元祐四年五月二十五日，“诏今后遇降诏，方许奏举经明行修之人；先降每遇科场奏举指挥不行”⑤。即由常科改为特科了。

绍圣元年（1094年），哲宗绍述神宗之政，先后废罢元祐年间设立的经律、通礼科，以及罢进士习诗赋等，尽复熙丰之制。关于经明行修的存废，现有史籍未见记载，大概同元祐新设的经律、通礼科一样，也于绍圣元年被废罢了。

**（二）八行科**　八行科是以“孝悌睦姻任恤忠和”八种德行取士的科目。当时，“废州郡发解及省试法，其取士并由学校升贡”⑥，而殿试仍存。以八行升贡者，除上舍上等外，大部分仍需赴殿试，故也可以权作贡举科目之一。此科为宋徽宗所独创。大观元年（1107年）三月甲辰（十八日），诏以八行取士，此为八行科之始。据《长编纪事本末》卷一二六，其诏曰：

> 学以善风俗，明人伦，而人才所自出也。今有教养之法，而未有善俗明伦之制，殆未足以兼善天下。……朕考成周之隆，宾兴万民以六德六行，否则威之以不孝不悌之刑。……近因余暇，稽周官之书，制为法度，颁之学校，明伦善俗，庶几于古。
>
> 一、诸士有善父母为孝，善兄弟为悌，善内亲为睦，善外亲为姻，信于朋友为

---

① 《宋会要辑稿·选举》一一之四二。

② 《宋会要辑稿·选举》一一之四三。

③ 《宋会要辑稿·选举》一一之四三。

④ 司马光：《温国司马文正公文集》卷《乞先行经明行修科札子》。

⑤ 《宋会要辑稿·选举》一一之四三。

⑥ 《宋会要辑稿·选举》四之三。

任，仁于州里为恤，知君臣之义为忠，逹义利之分为和。

一、诸士有孝、悌、睦、姻、任、恤、忠、和八行，见于事状，著于乡里者，耆邻保伍以行实申县；县令佐审察，延入县学，考验不虚，保明申州如令。

一、诸士八行，孝、悌、忠、和为上，睦、姻为中，任、恤为下。士有全备八行，保明如令，不以时随奏贡入太学，免试为太学上舍；司成以下引问考验，较定不诬，中尚书省取旨释褐、命官，优加擢用。

一、诸士有全备上四行，或不全一行而兼中等二行，为州学上舍上等之选；不全上二行而兼中等一行，或不全上三行而兼中二行者，为上舍中等之选；不全上三行而兼中等一行或下一行者，为上舍下等之选；全有中二行，或中等一行而兼下一行者，为内舍之选。余为外舍之选。

一、诸士以八行中三舍之选者，上舍贡入内舍。在州学半年，不犯第二等罚，升为上舍。外舍一年，不犯第三等罚，升为内舍，仍准上舍法。

一、诸士以八行中上舍之选而被贡入太学者，上等在学半年，不犯第三等罚，司成以下考验行实闻奏，依太学贡士释褐法，取旨推恩；中等依太学上等法，待殿试推恩；下等依太学中等法。

一、诸士以八行中选，在州县若太学，皆免试补为诸生之首，选充职事及诸斋长谕。

一、诸士以八行考士为上舍上等，其家依官户法；中、下等，免户下支移、折变、借倩、身丁。内舍，免支移、身丁。

政和年间，八行科又有某些变化。但都不过是对八行科的升贡稍为作了一些限制，基本上仍如大观元年之制。

创立八行科的目的是仿周代所谓“宾兴万民以六德六行”之制，“善风俗，明人伦”。但施行的结果，往往适得其反。《宋会要辑稿·选举》一二之三五载：

（大观）四年正月一日，臣僚言：“……切闻迩来诸路以八行贡者，多或达诏旨、失法意……如亲病割股，或对佛燃顶，或刺臂出血，写青词以祷，或不茹荤，常诵佛书，以此谓之孝；或尝救其兄之溺，或与其弟同居十余年，以此谓之悌。其女适人，贫不能自给，取而养之于家，为善内亲；又以婿穷窭，收而养之，为善外亲。此则人之常情，仍以一事分为睦、姻二行。尝一遇歉岁，率豪民以粥食饥者，而谓之恤。夫［以］粥食饥者，乃豪民共为之而已，独谓之恤，可乎？又有尝收养一遗弃小儿者，尝救一跛者之溺，皆以为恤。如此之类，不可遽陈。令所保任，多不言学术，意皆其乡曲寻常之人，非所谓士者。

而且，遍查宋代史籍，亦未见一人以八行科名于世者。宣和三年（1211年），诏罢天下三舍法，开封府及诸路并以科举取士。由学校升贡的八行科，大概也随之而废罢了。

## 五 贡举科目沿革之特点及其原因

综上所述，宋代贡举科目，始沿唐及五代之制，设进士、诸科。天圣四年（1026年），置说书举；嘉祐二年（1057年），罢说书举而别置明经科。熙宁四年（1071年），王安石改革贡举，罢明经、诸科，明经一律改应进士，诸科除旧应人外不得应举；熙宁六年，又改旧明法科为新科明法，以待诸科之不能改应进士者。崇宁元年（1102年），诸科基本消亡；到政和六年（1116年），随着旧应诸科曾得解者的销尽，诸科及新科明法彻底消亡，完全变为进士一科取士。大约元祐六年（1091年），曾于河北等五路设经律、通礼二科，但只施行了一举，至绍圣元年（1094年）悉罢。另外，元祐元年（1086年）曾置经明行修科，绍圣六年罢；大观元年（1107年）又置八行科，宣和三年（1121年）罢。南宋绍兴十一年（1141年）又曾复立新科明法，十六年罢。进士科本身，于元祐、绍兴间也曾几经变化，最后于绍兴三十一年（1161年）解、省试分为经义进士、诗赋进士两科，殿试仍为一科，一直沿用至南宋灭亡。现制《宋代贡举科目沿革示意图》如下。

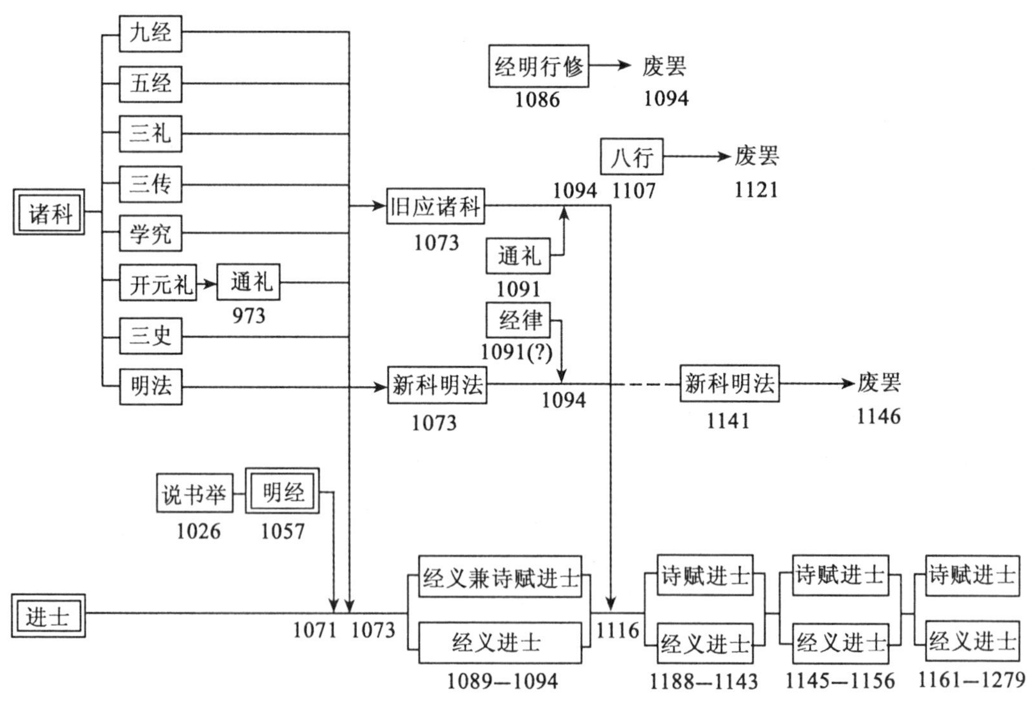


由以上可以看出，宋代贡举科目沿革，主要有两个特点。一是由繁到简，由进士、明经、诸科等变为进士一科取士。为什么会发生这种变化呢？其主要原因有如下几点：

（一）应从考试内容的变化上进行考察。如前所述，北宋前期，主要以诗赋取进士，以帖经、墨义取诸科。其弊甚多，难以培养和选拔“通经致用”之才。熙宁四年，王安石改革贡举，罢诗赋和帖经、墨义，专以经义、论、策取进士，这样，实际上是把原来的明经科改名为进士科，明经科自然就没有存在的必要了。而诸科是以试帖经、墨义为特点的，既罢帖经、墨义，当然诸科也就要废罢了。

（二）由进士、明经、诸科变为进士一科，也是为了提高以经术及第举人的地位。唐代以来，即重以诗赋及第的进士，而轻视以经术及第的明经诸科。唐代有“三十老明经，五十少进士”之说，既说明进士较明经尤为艰难，又说明进士较明经倍受尊重。宋代亦然。《宋史·选举志》云：“自唐以来，所谓明经（按宋称诸科），不过帖书、墨义，观其证诵而已，故贱其科。”王栐《燕翼诒谋录》卷五亦云：“国朝因唐制取士，只用词赋，其解释诸经者，名曰明经（按此亦当指诸科），不得与进士齿。”

进士与诸科及第待遇也很不相同。《宋会要辑稿·选举》二之八载：

> 庆历二年（1042年）四月二十三日，诏新及第进士第一人杨寘为将作监丞，第二人王珪为大理评事，第三人韩绛为太子中允，并通判。第四人王安石校书郎，第五人曾公定为奉礼郎，并佥书诸州判官事。第六人已下两使职官。第二甲，初等职事。第三甲，试衔知县。第［四］甲，试衔簿尉。第五甲，判司簿尉。……九经第一人，两使推官；诸科并注判司簿尉。

由此可知，诸科中授官最高者即九经第一人，才相当于进士第六人以下的第一甲及第者。而其他诸科及第、出身人所授官，仅相当于第五甲进士同出身者。此榜进士及第而后来成为宰相者，就有王安石等六人，而诸科出身后来荣显者，则寥寥无几。又据统计，北宋时期共有宰相71人，其中由科举出身者为65人。在这65人中，除富弼一人为制科出身外，其余均为进士出身，而无一人为明经、诸科出身者。正如南宋人吕祖谦所云：“到得本朝，待遇不同。进士之科往往皆为将相，皆极通显；至明经之科（按指诸科），不过为学究之类。”①

从以上不难看出，熙宁四年之后，罢明经、诸科，改由进士一科取士，显然提高了以经术及第者的地位。熙宁五年五月甲午，王安石在同冯京辩论贡举改革时曾说：“西北人旧为学究，所习无义理；今改为进士，所习有义理。以学究为进士，于士人不为不悦；去无义理就有义理，于所习不为不善。”② 西北士人之所以乐于“脱学究名为进士”，正是因为进士的社会地位大大高于诸科。也只有这样，才能减少贡举改革的阻力。

（三）宋代的党派之争，也对贡举科目的沿革具有影响。例如，元祐年间，司马光等守旧派执政，即对熙丰贡举新制多有改变，如分进士为经义、诗赋两科，并且新设了经律、通礼及经明行修等科。绍圣年间，哲宗亲政之后，起用变法派，又基本上恢复了熙丰之制，废罢了经律、通礼及经明行修科。

贡举科目沿革的第二个特点，是重艺业，以文取人，即“一切以程文为去留”；只有极少数科目偏重德行，但也不过是昙花一现。如前所述，经明行修科前后总共施行了

---

① 《文献通考》卷三十二《选举》五。

② 《长编》卷二三三，熙宁五年五月甲午。

不过八年，实际上只施行了两举；八行科也不过十四年就被废罢了。因为这些科目不过是察举制度的变种或残余。以德取人，德行难以考核，必然弊端百出，追复古制是行不通的。这在北宋时期即遭到许多有识之士的反对。一百多年之后，马端临在《文献通考》卷三十一中又对此作了尖锐而深刻的批评。他说：

> 自元祐仿古创立经明行修科，主德行而略文艺，间取礼部试黜之士，附置恩科，其时御史既已咎其无所甄别矣。及八行科立，专以八行全偏为三舍高下，不间内外，皆不试而补，则往往投为行迹，以求入于八行，固已可厌；至于请托徇私，尤难防禁。大抵两科相望，几数十年，乃无一人卓然能自著见，与名格相应者。而八行又有甚弊：士子跅驰，公私交患苦之，不能谁何，乃借八行名称，纳之学校，使其冀望无罚应贡，则稍且自戢。而长史实恐缪举从坐，故宁使之占额不贡。以是知略实艺而追古制。其难盖如此也。

这的确是击中要害之论。从以推荐选官到以考试选官，即由察举制到科举制，是一个历史的进步。经明行修、八行科与进士科相比，乃是一种历史的倒退，因而，其昙花一现也是历史的必然。

原载《国际宋史研讨会论文选集》，河北大学出版社，1992 年

# “科举学”刍议

刘海峰

具有十足的中国特色、在中国历史上存在时间长达1300年的科举考试制度，对中国社会历史各个方面都产生过重大而深远的影响。隋唐以后，几乎每一位知识分子都与科举考试发生过关系，几乎每一位成功的政治家都经历过科举生涯，各代名臣主要是通过科举阶梯而登上历史舞台的。研究中国封建社会后期教育、政治、文化乃至社会风俗都不得不牵涉到科举制。科举考试还影响到东亚诸国，并为西方文官考试制度所借鉴，因而不少西方学者认为，科举考试西传欧美，是中国在精神文明领域中对西方、对世界的最大贡献之一。正因为科举制颇为独特、影响至深且巨，其经验教训又有不少值得借鉴之处，所以科举研究引起国内外学者的广泛兴趣，几成为一门国际性的学问。为了进一步深入研究科举这一内容广博的专门领域并使之系统化，很有必要建立一门“科举考试学”，简称“科举学”。

## 一

科举考试在中国历史上占有十分重要的地位，对隋唐以后各代教育、政治、文化、社会等各个方面都具有巨大而深远的影响。

作为“国家抡才大典”，科举考试制度对中国古代教育的影响几乎是无所不在的。科举是一种文官考试制度，又具有教育考试性质。学校教育与科举考试制度互为依存，无论在直接或间接方面，均有其不可分割的密切关系。中国封建社会学校教育的作用在于培养统治人才，而科举考试的作用则在于选拔统治人才，其关系即养士与取士的关系。历代取士之制，其初取自学校，其后分于科举，再后学校科举趋于合流，又后科举学校互争存废，最后则二者联为一贯。汉之甲科，实因学校而起；唐之生徒，则与乡贡并进；宋代曾罢科举，专以学校进身，或应考者必由学校毕业。明清两代，名为专以科举取士，实则科举与学校合为一途。其举人以下为学校制，举人以上为科举制；五贡（恩、拔、岁、优、副贡）之设，即指贡于太学读书而言，名为科举取士，实则学校选生。降及末流，学校有名无实，群趋于科举一途，乃有罢科举兴学校的事件发生。在过去1000多年当中，科举和学校相成相毁、相禅相递，科举因学校而起，因学校而废。而梁启超则认为“科举合于学校则人才盛，科举离于学校则人才衰，有科举无学校则人才亡”。其间盈虚消长之迹，息息相关，宛如一体的两面，是不可分割的一而二、二而一的关系①。然而，学校教育与科举考试虽然经历了一系列聚散分合、升沉变易的过程，但总的说来，科举考试是一种凌驾于学校教育之上的制度，学校教育是受科举考试所制约的。

在科举时代，学而优是为了仕，办学的目的是“储才以应科目”②，学校生员只有通过科举考试才能踏上仕进坦途，科举考试便成为教育的强大指挥棒，指导和操纵着学校教育的发展方向，考试内容便成为学校的教学内容，取士标准自然成为学校的培养标准。学校追求的是中举及第率。唐代国子监六学博士助教的考课，是以“训导有方、生徒充业为学官之最”③，或曰“每岁终考其学官训导功业之多少而为之殿最”，而“生徒充业”、“功业之多少”实际上即生徒及第者之多少，因为“凡六学生每岁有业成上于监者……各试所习业，登第者白祭酒，上于尚书礼部”④。明太祖时，教官考课要核其岁贡生员之数，洪武二十六年（1393年），“定学官考课法，专以科举为殿最。九年任满，核其中式举人，府九人、州六人、县三人者为最。其教官又考通经，即与升迁。举人少者为平等，即考通经亦不迁。举人至少及全无者为殿，又考不通经，则黜降”⑤。国子监、府州县学等官学如此，民间私学亦然，从五尺童子到白首童生孜孜不倦攻儒业目的也在于应举。且不论其利弊如何，就当时实际情况而言，科举确已成为整个教育制度的重心，因此，一些学者便将唐宋元明清的教育统称为“科举时代的教育”⑥，实际上简直可以称之为科举教育。

科举制对中国官僚政治也产生过不可估量的影响。王亚南先生认为，科举制对中国官僚政治具有补强作用，“整个科举制对于官僚政治所曲尽的功能，亦存于此两者之相互补充与相互制约”；“科举制像从外部为中国官僚社会作了支撑的大杠杆，虽然它同时又当作一种配合物成为中国整个官僚体制的一个重要构成部分”⑦。唐以后，科举出身成为首要的做官途径，历代名臣多由科目登进。按新、旧《唐书》有传之官员共有1，804名，其中科举出身者达634名，占官员总数的35.1%，超过了门资、武功、流外或辟署等其他出身入仕途的人数⑧。科举出身者成为历代文官之主干，进士科更是成

---

① 参阅沈兼士编著《中国考试制度史》第一章“弁言”。台湾“商务印书馆”1980年版。

② 《明史》卷69《选举志》。

③ 《唐六典》卷2《尚书吏部》。

④ 《唐六典》卷21《国子监》。

⑤ 《明史》卷69《选举志》。

⑥ 见黄炎培《中国教育史要》、陈东原《中国科举时代之教育》。

⑦ 王亚南《支持官僚政治高度发展的第二大杠杆——科举制》，载《时与文》1947年第2卷第14期。

⑧ 参阅拙文《唐代选举制度与官僚政治的关系》，载《厦门大学学报》1989年第3期。

为各代中高级官员的主要来源。《唐国史补》卷下说：“进士为时所尚久矣，是故俊士实集其中，由此出者，终身为闻人……故位极人臣常十有二三，登显列者十有六七。”唐后期敬宗至哀帝各朝，进士出身者在宰相中所占比例高达80%以上①。唐代进士声望崇重，“缙绅虽位极人臣，不由进士者，终不为美”②。在士大夫的眼里，“不以进士擢第”是所谓“平生三恨”中的第一恨③。宋代进士科录取人数空前增加，在执政者中所占比例更高。据《宋史·宰辅表》及有关列传统计，北宋72名宰相中进士出身者达65人，占总数的90%。明代科举出身者在官僚政治中的影响进一步加强，洪武三年（1370年）诏云：“自今年八月始，特设科举，务取经明行修、博通古今、名实相称者。朕将亲策于廷，第其高下而任之以官。使中外文臣皆由科举而进，非科举者毋得与官。”到明中叶以后，出现了“非进士不入翰林，非翰林不入内阁，南北礼部尚书、侍郎及吏部右侍郎，非翰林不任”的情况。通计明代宰辅170余人，由翰林入者占十分之九以上④。清代沿用明制，二百余年间，虽有以其他途径入仕者，但终不得与科第出身者相比。清代统治者尽管对满族人采取特别优待政策，不少满人未经科举便入仕升迁，但清代高级官员中进士出身者占45%，左都御史一职进士占51%，总督一职进士占31%，巡抚一职进士占40%⑤。可见科举对官僚政治影响之大。

从隋炀帝大业二年（606年）设进士科起，至清光绪三十一年（1905年）废止科举制度止，各代共录取过11万以上的进士，举人阶层估计有上百万人，如果连同明清两代的秀才也考虑在内，科举队伍就更为庞大。尤其是10多万的进士大军，是中国1300年历史上官员队伍中平均文化素养最高的基干和主体，也是官员队伍中最活跃的成分。民族的兴衰、朝代的更替、国家的治乱，都和他们密切相关⑥。

中国古代文化的发展也和科举息息相关。科举活动的盛衰和中举及第人数的多寡是中国封建社会后期衡量一个地区文化发达水平的重要指标，当时一般读书人都与科举考试有一定联系，从未参加过科举的只是极少数。7世纪初至20世纪初的士人很少有从未尝过科举考试的甘苦的。科举考试是当时社会人文活动的首要内容，应举者从总体上说是一个文化知识阶层，他们构成1300年间文化活动的主力。无论是文化传统的承传与弘扬，还是传统文化中糟粕和僵化部分，都深受科举的影响。科举考试的巨大活力大大推动了唐代文学的发展，诗、赋、传奇小说的繁荣无不与进士科重视文章辞采有关，书法的繁荣也与以书取士相关。从现代的观点看，宋以后的科举考试实际上是以哲学（儒学）和古典文学为主体的考试，因此经学和文学知识在当时士人中是十分普及的。各种文学流派的升沉消长及文风变易皆与科举有着千丝万缕的联系。同样，内容固定、

---

① 参阅卓遵宏《唐代进士与政治》第3页，台湾“国立编译馆”1987年版。

② 《唐摭言》卷1《散序进士》。

③ 刘悚《隋唐嘉话》卷中。

④ 《明史》卷70《选举志》。

⑤ 转引自李铁《中国文官制度》第166页。

⑥ 参阅鲁威《科举奇闻》引言。

形式刻板的八股文虽能考察出应试者的文字基本功①，但却禁锢了人们的思想，阻碍了学术文化的发展。科举的魔力促使士人群趋举业，钻研高头讲章，应举备考书籍需求量非常之大，也促进了宋以后印刷业的发展，只是这些印刷物的数量与学术质量并非成正比。

就社会层面而言，科举造就了一大批具有科名的士绅阶层。科举制根据各地户籍的多寡和文风的高下规定中式限额，采取分省分区定额取中的方法，科举中举及第者若未入仕便成为各地一种独特的非官非民的士绅阶层。唐武宗以后，进士及第者便成为“衣冠户”，可以优免合家赋役。以后各代科第中人皆由政府免除本身所承担的赋役，一些人还可领取“廪膳”。即使未入仕，这些科甲中人在地方上也具有相当大的影响力，当时一些乡村中公共事业的兴废、争讼的裁断，往往以他们一言为定。科举还造成一定范围内的社会阶层流动，相当多的中式者是出身自耕农或非身份性地主家庭，即“朝为田舍郎，暮登天子堂”。而且，科举对社会心理和传统观念也有相当的影响，如“万般皆下品，唯有读书高”、“学而优则仕”等观念在科举社会深入人心。宋以后，“书中自有千钟粟，书中自有黄金屋，书中自有颜如玉”，既是劝诱青年学子埋头苦读的格言，也是他们一旦登第后锦绣前程的真实写照。因此，“金榜提名时”历来被人们看作是人生四大快事之一，“下第举人心”则是人生四大失意之一②。另外，状元、榜眼、探花、进士、举人、秀才等科第名称在民间也有很大影响，几乎是家喻户晓，其用法已逐渐超出科名范畴。

科举制不仅在中国历史上影响巨大，而且还影响到东亚和西方一些国家。对东亚的影响主要指历史上日本、朝鲜、越南曾仿行科举制。日本于7、8世纪之际引进中国的律令制度，实行与唐制基本相同的贡举制度。《养老令·选叙令》载：“凡秀才，取博学高才者；明经，取学通二经以上者；进士，取明闲时务，并读《文选》、《尔雅》者；明法，取通达律令者。皆须方正清修、名行相副。”除以上四科外，日本还设置医科、针科、算科，天平二年（730年）又增置文章生、文章得业生，成立文章科，考试最优秀的5名称为“俊士”，再从中挑选2名翘楚者称为“秀才生”。8世纪新罗的读书三品出身法已粗具科举制的形式，高丽朝建立后，便于公元958年仿唐制以科举取士，设立进士、明经、医、卜等科③。而且在公元9世纪时还有许多朝鲜人在唐朝参加宾贡科举，考中进士乃至做官。明太祖洪武三年（1368年）册封高丽、安南、占城三国国王，并“颁科举诏于其国”，规定“高丽、安南、占城等国如有经明行修之士，各就本国乡

---

① 参阅拙文《八股文为什么沿用了五百余年——略谈八股文在当时的功用》，载《文史知识》1989年第2期。

② 洪迈《容斋四笔》卷8《得意失意诗》。

③ 参阅高明士《隋唐贡举制度对日本、新罗的影响》，载香港大学亚洲研究中心《古代中韩日关系研究》，1987年。

试，贡赴京城会试，不拘额数选取”①。明代也有一些朝鲜、越南人在明朝考中进士。越南的科举制产生于公元1075年，至陈朝时主要开设太学生科，并于1374年创置进士科，此后历经后黎朝、阮朝，科举制趋于极盛，19世纪末渐衰，至1919年举行了越南历史上、也是东亚和世界历史上的最后一科会试②。

对西方的影响是指英、法、德、美等国借鉴科举制度建立了文官考试制度。有的学者认为，中国的考试制度（医学选拔考试）甚至可能早在12、13世纪便经由阿拉伯人的介绍传到西西里王国并引入西方③。比较确切的是16世纪以后，许多来华的欧洲传教士曾将中国的科举考试办法介绍回西方并大加称颂，引起西方人的特殊兴趣，并引起启蒙派思想家和重农学派思想家的注意，一些人还力主本国政府仿行。18世纪末到19世纪欧美各国建立的文官考试制度便吸取了科举制的合理因素。1791年，法国首先试行文官考试制度，但10年后曾中断过一个时期；1806年，英国东印度公司开始实行文官考试制度；1855年，英国开始推行文官考试制度；同样，德国、美国的文官考试制度也直接间接地受到科举制的影响④。正如孙中山在《五权宪法》中所说的：“现在欧美各国的考试制度，差不多都是学英国的。穷流溯源，英国的考试制度原来还是从中国学过去的。所以中国的考试制度，就是世界各国中所用以拔取真才之最古最好的制度。”唯其如此，有些西方学者认为，科举考试制度的发明是中国对人类文明最重要的贡献之一⑤。

“唐明入彀英雄语，陈迹今朝事已非。科举仅余糟粕在，观人论世此中微。”这是末代探花商衍鎏在《清代科举考试述录》一书末尾的总结。“科举仅余糟粕在”是科举废后相当一段时期内中国人中颇有代表性的看法。但随着时间的推移，人们逐渐认识到除了要继续批判科举流弊之外，科举考试积累的丰富的经验教训还有不少值得借鉴和吸取的方面⑥。科举考试中一些行之有效的方法如编号、密封、监考、回避、锁院、复查等，至今为一些考试所沿用。高考的作用与影响在某些方面也与科举考试有类似之处。在当今进行招生考试制度的改革、完善自学考试制度、建立公务员考试制度的情况下，尤应加强对科举考试的研究，这已基本上成为教育学界和政治学界学者的共识。因此，科举研究在当代还有一定的现实意义。

---

① 见吴晗编录《朝鲜李朝实录中的中国史料》前编卷上，第17页；《明史》卷320至卷324《外国》朝鲜、安南、占城部分。

② 参阅金旭东《越南科举制度简论》，载《东南亚》1986年第2期。

③ H. G Greel，“The Origins of Statecraft in China”，Vol. I. Chicago；The University of Chicago Press，1970，pp. 15-27. 该书有关部分又收入于《邓嗣禹先生学术论文选集》。

④ Ssu-yu Teng，“Chinese Influence on the Western Examination System，” *Harvard Journal of Asiatic Studies*，Vol. VII（1942-43），pp. 267-312.

⑤ E. A. Kracke，Jr. “Family vs. Merite in the Chinese Civil Service Examinations during the Empire，” *Harvard Journal of Asiatic studies* Vol. 10（1947），p. 103；Derk Bodde，“Chinese Ideas in the West，” Washington，D. C.：American Council on Education，Fourth Pringting，1972，p. 31.

⑥ 参阅拙文《科举制是否有值得借鉴之处》，载华中师大《教育研究与实验》1987年第3期。

# 二

一门关于历史制度的学科的形成，除要求其研究对象具有重要性、广博性、独特性和现实性以外，还须具备相当时间的研究历史、相当数量的研究成果和相当规模的研究队伍。科举考试不仅地位重要、内容广博、形式独特，可为现实各类考试改革提供参考借鉴，而且科举研究历史悠久、研究成果丰硕、研究人员众多，已经具备了形成学科的内在可能和外在条件。

自从西汉设科射策考试取士，尤其是隋炀帝设进士科以来，历代学者对它的研究始终连绵不断。邓嗣禹在《中国考试制度史》一书中说："中国载籍言及考试者，几乎无书无之。"历代名臣和著名学者也多有论及考试，韩愈、柳宗元、欧阳修、范仲淹、苏轼、司马光、朱熹、顾炎武、王夫之等人对科举皆有许多论述。由于唐以后绝大部分学者都有一段科举经历，科举对教育、政治、文化、社会各个方面的关系又如此密切，一般古代学者对科举多有评论也就不足为奇了。古代学者还留下许多研究专著，如陈彭年《贡举叙略》、冯梦祯《历代贡举考》、董其昌《学科考略》、黄崇兰《明贡举考略》和《国朝贡举考略》、阮元《四书文话》、梁章钜《制义丛话》和《试律丛话》、徐松《登科记考》、法式善《清秘述闻》和《槐厅载笔》、李调元《制义科琐记》和《淡墨集》，等等，不一而足。到了清末，科举制的改革和废止问题牵动了广大知识分子的神经，康有为、梁启超、谭嗣同、严复、张之洞等人对此都有专门的论述。1905 年废科举前的有关论述和研究成果，为科举学的建立提供了丰富的资料。

1905 年以后的十余年中，学界关心的是科举停罢的善后事宜和建立新法考试问题，很少专门的研究。1920 年以后，许多学者开始站在现代的立场以科学的方法对科举进行研究，发表了大量的论文和一些著作。1949 年以后，我国大陆学界较少专门研究的成果，"文革"前只有少量论文发表，仅商衍鎏出过两本专著。但历史学界、教育学界许多著名专家学者或多或少都涉及过这一问题，几乎每一部中国通史、中国教育史、中国政治制度史、中国文化史、中国文学史都有一定篇幅述及科举制度。1978 年以后，科举研究兴盛起来，尤其是现在应时代之需，每年出版科举研究专著数部，论文数以百计，研究成果蔚为大观。

海外学者历来注重对科举制的研究。朝鲜、越南古代学者对本国科举有过一些论述，16 世纪至 19 世纪西方学者主要是介绍描述科举考试。20 世纪 30 年代以后，不仅专门论文逐渐增加，而且还有许多专著问世。日本学者宫崎市定 1946 年出版的《科举》一书，于 1977 年在纽约出了英文版，为当代西方人了解科举制度提供了良好的读物；另外，荒木敏一《宋代科举制度研究》、村上哲见《科举史话》也颇有价值。欧美学者注重科举革废与社会流动方面的研究，如傅吾康《中国科举制度革废考》、何炳棣《中华帝国的成功阶梯：关于社会流动》就是此方面的代表作。1943 年，邓嗣禹《中国对西方考试制度的影响》一文用英文在《哈佛亚洲研究学报》第七卷刊出，1953 年台湾“中央文物供应社”以《中国考试制度西传考》为名出了中译单行本①。尽管随后方豪以刻于天启三年（1623 年）的艾儒略所著《西学凡》等为据，对西方笔试是由中国传入的说法提出有力的质疑②，但邓文广征博引，论述详赅，长期以来引起广泛反响，至今仍常被中外学者引用，以至西方学术界普遍承认西方文官考试制度的确曾受中国科举制的深刻影响。这也是西方学者对科举研究表现出极大兴趣的一个原因。台湾地区因有“考试院”之建置和施行考试法，向来较注重科举考试史研究，出版的论著也较多，其中专著如齐如山《中国的科名》、罗龙治《进士科与唐代的文学社会》、卓遵宏《唐代进士与政治》、侯绍文《唐宋考试制度史》、朱沛莲《清代鼎甲录》、沈兼士《中国考试制度史》等皆颇有学术价值③。海内外众多的研究成果为科举学的建立奠定了坚实的基础。

目前科举研究队伍主要包括中国教育史、政治制度史、文学史、文化史学界等几个方面军，其中又以教育学界和历史学界的学者为多。国家教委考试中心还组织一批著名学者编纂大型中国考试史系列丛书，包括 10 卷共 1000 万字的资料和《中国考试通史》。人事部下属的录用考试研究机构也组织人马对科举考试进行研究。因此，无论从科举研究本身的性质、意义来看，还是从研究的历史、成果和队伍来看，科举学的建立不仅很有必要，而且已经具备了现实条件。

科举学是一门古老而又全新的学科、一门专门而又综合的学科，或者说是一个内容广泛、包罗宏富的专门研究领域。深入全面地研究科举这一复杂的历史现象，需要多学科、综合性的协作攻关。有的需要从交叉学科或边缘学科、以新的理论新的方法进行多角度多层次的系统研究。科举学的研究内容主要有：考试的起源，科举制的产生、发展、衰亡的历史与规律，贡院的规制与管理，科举考试的科目、内容、形式、方法，科举作弊手段与防弊措施，科场案，科举的教育学研究，科举的政治学研究，科举的文化学研究，科举的社会学研究，从中外文化交流史角度研究科举的东传与西渐，科举制的千秋功罪与经验教训，等等。科举学研究范围的时间跨度为公元 606 年至 1905 年，还可延伸上至广义的科举的起始年代西汉④，甚至上溯西周的考选，下至民国时借鉴科举实行的文官高普考；空间范围由科举影响广泛本身所决定，包括东亚和欧美国家。

---

① 笔者学友李明欢、黄鸣奋也以《中国科举制在西方的影响》为名将此文译出，文载上海译文出版社 1988 年版《中外关系史译丛》第 4 辑。

② 方豪《西方考试制度果真受中国影响吗?》，载香港《民主评论》半月刊 1953 年第 4 卷第 14 期。

③ 唯刘兆璸《清代科举》（台湾东大图书公司 1977 年版）一书为概要性质之作，书中内容及附图有很大部分抄袭或改编自商衍鎏《清代科举考试述录》。

④ 笔者认为科举一词有广义狭义之分。广义的科举指分科举人，起始于西汉；狭义的科举指进士科举，起始于隋代。见拙著《唐代教育与选举制度综论》（台湾文津出版社 1991 年版）第 104 页注①。对此问题，笔者拟专文详述。

无论科举考试在历史上的功过得失如何，因科举制地位重要和影响深远，故科举学的形成是势所必然的。科举考试源远流长，在漫长的历史上形成了许多专有名词，如科第、科甲、科目、科名、科考、小考、童试、县试、府试、院试、乡试、会试、殿试、朝考、春闱、秋闱、公榜、行卷，等等。一些科举名词还不仅专用于科举而且广泛流行于社会，有的至今还有生命力，如状元、秀才、发榜、入闱、落第、八股等就颇为习见。科举名词是如此之多，以至《辞海》中国古代史分册不得不独立列出“科举制度”的专门栏目。实际上，现今各类辞典所收科举名词只是其中一部分，若认真全面收集，有关科举的名词完全可以编成一部专门的辞典。这些名词的释义及历史学、社会学、心理学研究就是一门学问。

建立科举学的意义一点不亚于已出现的研究某一作品或人物的学科，如“董（仲舒）学”、“《文选》学”等。实际上，在科举考试的范围内就早已形成过一些专门的学科或学问。仅在唐代称之为学者就至少有两门：一是举子为对付进士科时务策考试而“赴速邀时，缉缀小文”，当时名之曰“策学”①；一是因以文取士，朝野尚文，出现了不少专门“以《文选》教授”、以讲《文选》为业的专家，研究、传授、学习《文选》成为唐代时髦的学问，并取得了专门之学的地位，称为“《文选》学”②。世所公认的《文选》学即因唐代科举而得名。因此过去有“《文选》熟，秀才足；《文选》烂，秀才半”的说法。宋以后科举主要考经学，《四书》、《五经》就是专门的学问。从唐代开始，准备应考称为“修举业”，科举考试变成专门的事业；明清以后一些人研究传授制义作法，甚至被称为“举业家”③。当然，这些学问从现代的观点来看并不可取，但由此可见围绕科举考试已出现许多专门学科，因此科举研究更可以形成一专门学科。实际上，从以往科举名词独列栏目、围绕科举已形成多门学科和目前国内外的研究状况看，在某种意义上可以说“科举学”已是呼之欲出，只是无人自觉地发掘提出此说罢了。因此，从理论上提出建立科举学，并非为了标新立异或赶潮流，目的在于将科举研究纳入一个新的学科体系，使科举研究走向理论化和系统化，使原来各学科的独立研究更加全面、更为深化，使国际上的科举研究进一步组织和拓展，并为现实考试改革提供历史借鉴。

原载《厦门大学学报》（哲学社会科学版）1992 年第 4 期

---

① 《旧唐书》卷 101《薛登传》。

② 《旧唐书》卷 190 中《李邕传》、卷 189 上《曹宪传》。

③ 梁章钜《制义丛话》卷 16。

# 清代的科目选士与竞争机制

宋元强

自隋迄清，科举取士制度在中国绵延存在了1300年。近人在审视这项传统制度时，较多的是指责它对贫家子弟的排斥，揶揄八股制艺徒耗士子精力于浮文，讥刺登科仕进之人不识兵刑钱谷为何事。我们说，这些只是事情的一个方面。倘若与西周、两汉、魏晋时期的选官制度相比较，科目选士所具有的竞争机制，是不容忽视的。一定程度上的均等竞争，推动了不同等级成员之间的流动，为历代统治者甄拔了一批又一批的臣僚百官，对我国封建社会的稳定和发展，起了至关重要的作用。今天，我们对这方面的情况，也应进行实事求是的、科学的分析。本文拟就此提供一些史料与统计，并做些现代诠释，以求方家郢政。

## 一

清沿明制，科举必由学校，而学校起家可不由科举。读书士子的进身之始是“童试”，亦称小考、小试。童生应试，没有年龄上的限制，但确有一些其他规定与手续。

童生在本县报名，要填写籍贯及三代履历，并有同考者五人互结，再请本县一名廪生作保。要确保考生籍贯无误，家世清白，非出身于倡、优、隶、皂之家，及未居父母之丧者，方准应考。清制，禁止考生“冒籍”，即非本县之人不得冒充本县人应试。这是由于每县县学一次录取几人，例有定额，外籍人多取一名，本籍人便少取一人。所谓倡、优、隶、皂不能报考，倡指娼妓，优指优伶，隶是官府中的贱役，皂是军中执役之人（不是指兵士）。凡此四种人，皆谓家身不清，必待退役三世之后，才能与平民相等。因为士子若做显官之后，朝廷照例要褒封三代，倡、优、隶、皂如受褒封，有玷国家名器，故不许其子孙应试。在封建时代，十分推崇孝道，父母去世者必须守丧三年，此期间不得应试。丧服未满而应试，谓之匿丧，倘被人检举，即除名扣考，廪保也要受处分。严格地说，童试还只是一种入学考试，取中者是表示其人具有了府、州、县地方官学生员的资格。真正的科举取士，是从乡试考举人开始的。无论是乡试还是以后考取贡士、进士的会试、殿试，凡倡、优、隶、皂人家的子弟，及居父母之丧者，亦不得应试。

除此以外，上自仕宦之家，下至寒微之士，均可应考。并没有门第出身的限制，更不依家世状况定优劣取舍。当然，求学读书需要一定的经济条件，家境过于贫寒自然无力攻读应试。特别是若想在科场角逐中擢高第、掇巍科，尤需要有优裕的生活环境及浓厚的文化熏陶。但是，这些并不是政府规定的报考条件。由于是公开考试、平等竞争，许多寒微之士就是通过勤学苦读，获得了功名，跻身仕途，成了各级官僚阶层的成员。

社会学家潘光旦、费孝通曾研究过科举与个人社会地位改变的问题①。他们根据的材料是清代的915本硃墨卷，其中有优贡与拔贡的试卷、乡试卷、会试卷，由于卷前的履历部分有应试者的亲属源流，从而可以考察这些贡生、举人及进士的家世。他们的父祖辈若没有功名，这些人便是由白衣而获得功名，从而构成了社会阶层的流动。作者把科举中所得到的功名，划分为三级：上级包括贡士及进士，中级包括各种贡生及举人，下级包括各种生员。915个贡生、举人、进士的父辈功名记录如下：

| 无功名 | 有　功　名 | | | |
|---|---|---|---|---|
| | 下级 | 中级 | 上级 | 总数 |
| 306 | 289 | 260 | 60 | 609 |
| 百分比 33.44 | | | | 66.56 |

父辈中无功名的占33.44%。比例是颇为可观的。我们认为，这里有一点还可以商榷：作者把各种生员划属有下级功名的人，未必妥当。按清制，府、州、县等地方官学的生员，俗称“秀才”，还不能入仕。只有乡试中式的举人，才算踏上了科举选官的阶梯。仅仅中央官学国子监的一部分生员，是可以被选充下级官员的，故云：“学校起家可不由科举。”所以应该说，915人中父辈无功名的比例，远高于33.44%。

潘、费二先生的文章还做了更远的追溯，查考出：在915人中，有122人是连续五代均无功名。

笔者在本文里，拟对清代百余名廷试首冠之人的家世出身进行分析，以此来探讨科举选士中的竞争机制及相关问题。

清代的会试，始于顺治三年（1646年）丙戌科，止于光绪三十年（1904年）甲辰科，共举行112科。其中顺治九年壬辰科和顺治十二年乙未科是满、汉分榜取中，每科有2名状元。故112科中，共取一甲一名进士114名。据笔者目前掌握的史料，有清一代百余名状元中，有57人的家世是可以查考明白的。因此，我们的研究，只有抽样的性质。为简明起见，兹将他们的家世出身的类型，列表加以说明。资料均取自于正史、清人传记及有关方志，不再一一注明出处。

① 潘光旦、费孝通：《科举与社会流动》，《社会科学》（清华大学1947年）第4卷第1期。

中国封建社会是个严格的等级社会，主要由两大等级构成。帝王、贵族、官僚拥有世袭、封爵、仕籍等一般平民所不能拥有的特权，属于“官等级”。各种劳动生产者，未入仕的读书人，即所谓士农工商，属于“民等级”。传统的看法是，士为四民之首。清代 57 名殿试夺魁者的家世出身，依据他们父辈以来的社会地位，可以分为三种类型：第一类是仕宦家庭出身，凡父辈有举人以上功名或充任知县以上官职者，属于此类。在封建社会里，他们属于“官等级”。第二类是士人家庭出身，凡父辈虽为读书士子，但无功名、无官职者，属于此类。其中有的人家境还十分贫困，称为寒士之家。第三类是其他家庭出身，如商人、农民等，他们的家境，贫富不一。这第二、第三类家庭出身的人，在封建社会里，属于“民等级”。

**清季 57 名状元家世出身状况**

| 科　分 | 姓　名 | 家世出身 | 备　注 |
|---|---|---|---|
| 顺治十二年乙未科 | 史大成 | 仕宦家庭 | 父，礼部左侍郎、翰林院学士。 |
| 顺治十六年己亥科 | 徐元文 | 士人家庭 | 祖、父，皆太学生。 |
| 顺治十八年辛丑科 | 马世俊 | 寒士之家 | 世俊未仕时，贫甚。 |
| 康熙九年庚戌科 | 蔡启僔 | 仕宦家庭 | 高祖，鸿胪寺丞；曾祖，知县；祖父，举人、武库司郎中；父，进士、吏部侍郎。 |
| 康熙十二年癸丑科 | 韩　菼 | 士人家庭 | 曾祖，太医院吏目；祖父，明万历进士、县知事；父，儒生。 |
| 康熙十五年丙辰科 | 彭定求 | 仕宦家庭 | 曾祖，进士；祖父，太学生；父，清初进士、知县。 |
| 康熙十八年己未科 | 归允肃 | 仕宦家庭 | 父，明末进士，官至刑部主事。 |
| 康熙二十一年壬戌科 | 蔡升元 | 仕宦家庭 | 祖父，进士、吏部侍郎；叔父蔡启僔，康熙庚戌状元。 |
| 康熙二十四年乙丑科 | 陆肯堂 | 士人家庭 | 祖、父皆诸生，未入仕。 |
| 康熙三十六年丁丑科 | 李　蟠 | 士人家庭 | 祖父，明天启举人；父，南明拔贡。 |
| 康熙五十一年壬辰科 | 王世琛 | 仕宦家庭 | 父，举人，官给事中。 |
| 雍正五年丁未科 | 彭启丰 | 仕宦家庭 | 祖父彭定求，康熙丙辰状元、翰林院侍讲；父，州同知。 |
| 雍正十一年癸丑科 | 陈　倓 | 士人家庭 | 父，好学之士，不遇。 |
| 乾隆元年丙辰科 | 金德瑛 | 商人之家 | 原籍休宁，曾祖弃书治生，家有富名。 |
| 乾隆二年丁巳科 | 于敏中 | 仕宦家庭 | 曾祖、祖父、父皆进士，累世甲科。 |
| 乾隆四年己未科 | 庄有恭 | 士人家庭 | 先世为晋江望族，祖父、父皆无功名。 |
| 乾隆七年壬戌科 | 金　甡 | 士人家庭 | 曾祖，县主簿；祖父，知州；父，未仕。 |
| 乾隆十年乙丑科 | 钱维城 | 仕宦家庭 | 祖父，知县；父，举人、知县。 |
| 乾隆十三年戊辰科 | 梁国治 | 仕宦家庭 | 父，刑部主事。 |

续表

| 科　分 | 姓　名 | 家世出身 | 备　　注 |
| --- | --- | --- | --- |
| 乾隆十七年壬申科 | 秦大士 | 寒士之家 | 曾祖，县学生；父，国学生、未仕。大士未仕时，家贫。 |
| 乾隆十九年甲戌科 | 庄培因 | 仕宦家庭 | 兄庄存与，乾隆乙丑榜眼。 |
| 乾隆二十六年辛巳科 | 王　杰 | 寒素之家 | 未仕时遭父丧，为书记以养母，备尝辛苦。 |
| 乾隆三十七年壬辰科 | 金　榜 | 仕宦家庭 | 祖父，进士、吏部稽勋司主事；父，翰林，御史，浙江督粮道。 |
| 乾隆四十三年戊戌科 | 戴衢亨 | 仕宦家庭 | 父，编修、太仆寺少卿。 |
| 乾隆四十五年庚子科 | 汪如洋 | 仕宦家庭 | 曾祖，吏科给事中；祖父，云南大理府知府；父，举人；本生父，进士、吏部文选司主事。 |
| 乾隆四十九年甲辰科 | 茹　棻 | 仕宦家庭 | 父，进士、湖北德安府同知。 |
| 乾隆五十五年庚戌科 | 石韫玉 | 士人家庭 | 祖父、父未仕。 |
| 乾隆五十八年癸丑科 | 潘世恩 | 士人家庭 | 曾祖，贡生；祖父，候选布政司理问；父，附贡生。 |
| 乾隆六十年乙卯科 | 王以衔 | 士人家庭 | 祖辈由休宁迁归安；祖父、父皆未仕。 |
| 嘉庆四年己未科 | 姚文田 | 贫寒之家 | 父未仕，少居贫。 |
| 嘉庆六年辛酉科 | 顾　皋 | 士人家庭 | 曾祖，翰林院侍讲学士；祖父、父，皆未仕。 |
| 嘉庆七年壬戌科 | 吴廷琛 | 士人家庭 | 曾祖、祖、父皆太学生。 |
| 嘉庆十三年戊辰科 | 吴信中 | 仕宦家庭 | 父，御史、知府。 |
| 嘉庆十六年辛未科 | 蒋立镛 | 仕宦家庭 | 父，翰林。蒋家五代进士，两登鼎甲。 |
| 嘉庆二十二年丁丑科 | 吴其濬 | 仕宦家庭 | 父，礼部右侍郎；兄，兵部右侍郎。 |
| 嘉庆二十五年庚辰科 | 陈继昌 | 士人家庭 | 曾祖，江西督粮道；祖父，布政使；父，家居不仕；本生父，内阁中书。 |
| 道光二年壬午科 | 戴兰芬 | 士人家庭 | 戴家十四代秀才。 |
| 道光九年己丑科 | 李振钧 | 仕宦家庭 | 父，乾隆甲辰传胪。 |
| 道光十二年壬辰科 | 吴钟骏 | 仕宦家庭 | 父，进士、军机处行走。族叔吴廷琛，嘉庆壬戌状元。 |
| 道光二十一年辛丑科 | 龙启瑞 | 仕宦家庭 | 父，举人、知县。 |
| 道光二十五年乙巳科 | 萧锦忠 | 寒士之家 | 家贫力学。 |
| 道光二十七年丁未科 | 张之万 | 仕宦家庭 | 父，工部主事；族弟张之洞，进士、内阁大学士、军机大臣。 |
| 道光三十年庚戌科 | 陆增祥 | 仕宦家庭 | 祖父，盐运司知事；父，举人。 |
| 咸丰六年丙辰科 | 翁同龢 | 仕宦家庭 | 父翁心存，大学士。 |
| 咸丰九年己未科 | 孙家鼐 | 士人家庭 | 祖父、父，皆附贡生。 |

续表

| 科　分 | 姓　名 | 家世出身 | 备　　注 |
|---|---|---|---|
| 同治二年癸亥科 | 翁曾源 | 仕宦家庭 | 祖父翁心存，大学士；父翁同书，巡抚；叔父翁同龢，状元、内阁大学士、军机大臣。 |
| 同治四年乙丑科 | 崇　绮 | 仕宦家庭 | 父，大学士。 |
| 同治七年戊辰科 | 洪　钧 | 寒士之家 | 祖父、父均未仕，家贫，曾令习贾。 |
| 同治十三年甲戌科 | 陆润庠 | 仕宦家庭 | 七世祖陆肯堂，康熙乙丑状元；曾祖，庠生；祖父，镇江府学训导；父，直隶州州判。 |
| 光绪三年丁丑科 | 王仁堪 | 仕宦家庭 | 祖父，尚书。 |
| 光绪六年庚辰科 | 黄思永 | 贫寒之家 | 家人死于战乱，靠他人接济度日，家境贫穷。 |
| 光绪九年癸未科 | 陈　冕 | 仕宦家庭 | 父，知县。 |
| 光绪十六年庚寅科 | 吴　鲁 | 贫寒之家 | 祖父，未仕；父，曾贾于莆田涵江。家故贫，少壮时转徙邻邑。 |
| 光绪二十年甲午科 | 张　謇 | 农民兼小商人之家 | 祖父、父，务农兼营瓷器、贩运等生意。 |
| 光绪二十一年乙未科 | 骆成骧 | 士人家庭 | 父，秀才。 |
| 光绪二十九年癸卯科 | 王寿彭 | 贫寒之家 | 父，充富室账房先生。 |
| 光绪三十年甲辰科 | 刘春霖 | 农民之家 | 父，务农、曾到保定府衙应差。 |

在上述57名状元中，家世出身的分类比例是：

第一类仕宦家庭出身者，计29人，占51%。其中大臣（包括内阁大学士、军机大臣、部院大臣、总督、巡抚）子弟，不足10人。

第二类士人家庭出身者，计20人，占35%。其中寒士之家子弟，约4人。

第三类其他家庭出身者，计8人，占14%。

换言之，在57名清代状元里，出身于官等级的占51%，出身于民等级的占49%。

在科举制时代，元魁鼎甲极难获中，士人莫不以独占鳌头为殊荣。在这方面的角逐上，仕宦家庭子弟由于在经济条件与文化背景方面拥有种种有利因素，无疑处于优势地位。即使如此，普通士人家庭与其他家庭出身的人，由于才智卓绝和勤勉超人，在清代状元中也占了相当的比例。这个事实，充分表现了科举制度的一个基本特征：不拘门第、均等竞争，公开考试、优胜劣汰。

在清代状元中，如秦大士、王杰、姚文田、萧锦忠、洪钧、张謇、刘春霖等人，都是出身寒门冷籍而卓然举首的典型。

对于科举制度是否很大程度上允许平等竞争的问题，有的研究者认为，所谓"平等竞争"是虚伪的，意义极其有限。其实，我国历史上的许多有识之士，包括近代史上一些激进的思想家，对这个问题都有公允的论断。魏源大声疾呼兴利除弊、改良政治，但是对于科举制度，则有肯定之处。认为它不以贵贱取人，具有公平竞争的特点，比公卿世袭与九品中正制进步。魏源说：“三代用人，世族之弊，贵以袭贵，贱以袭贱，与封建并起于上古，皆不公之大者。虽古人教育有道，其公卿胄子多通六艺，岂能世世皆贤于草野之人？”又说：“秦、汉以后，公族虽更而世族尚不全革，九品中正之弊，至于上品无寒门，下品无世族。……至宋、明而始变其辙焉，虽所以教之未尽其道，而其用人之制，则三代私而后世公也。”① 梁启超在论及科举时，也说：“科举敝政乎？科举，法之最善者也。古者世卿，春秋讥之。讥世卿，所以立科举也。世卿之弊，世家之子，不必读书，不必知学，虽骙愚淫佚，亦循例入政，则求读书求知学者必少，如是故上无才。齐民之裔，虽复读书，虽复知学，而格于品第，未从得官，则求读书求知学者亦少，如是故下无才。上下无才，国之大患也。科举立，斯二弊革矣。故世卿为据乱世之政，科举为升平世之政。”② 魏、梁的说法，实为至当之论。

## 二

同封建社会中诸多制度一样，自科举制成为士子入仕的主要途径后，种种弊端便伴随而来。宋时朱熹明言：“今上自朝廷，下至百司庶府，外而州县，其法无一不弊，学校科举尤甚。”但他认为无法取消科举，说：“也废他不得，然亦须有个道理，又曰：更须兼他科目取人。”③ 洎乎清代，科举制度已处于衰落期，法久弊多，腐朽加重。徇私舞弊、贿买倩代，层出不穷。致使不合规范之人，得以混迹官场。但是清廷为了通过一定程度的均等竞争机制，甄拔寒畯，遴选真才，也着实采取了多种严厉的措施。现援其大者，略举数端：

严禁营私舞弊。清代的官吏，常在科举考试上营私舞弊，或是收受贿赂，为才疏学浅之辈网开一面；或是结交上司，为达官显贵子孙铺垫道路；或是优亲厚友、栽培故旧，发展裙带关系。科场上的舞弊，使朝廷为之震动。康熙三十九年（1700年），皇帝御制《为考试叹》一首，申斥那些在考试中营私舞弊的考官：“人才当义取，王道岂纷更；放利来多怨，徇私有恶声。文宗濂洛理，士仰楷模情；若问生前事，尚怜死后名。”④ 谕示人才应该按照公正的标准来录取，绝不能徇顾私情。为了防止营私舞弊，清朝政府先后制定了多种法制规则，令各级官吏恪守遵行。

严格科场纪律。清政府颁布有《科场条例》，是科目取士的基本法规。为了防止弊

---

① 魏源：《默觚下·治篇九》，见《魏源集》，中华书局1976年版，第60、61页。

② 梁启超：《饮冰室文集》之一，《变法通议·论科举》。

③ 《朱子语类》卷一〇八、一〇九。

④ 《康熙诗选》，春风文艺出版社1984年版，第164页。

端，还不断增订科场规则，措置远远严于以往各代。著名的一次是康熙五十三年（1714 年），监察御史仉满等条奏科场四款，降旨准可。其内容为："一、顺天乡试举子入闱，俱穿拆缝衣服、单层鞋袜，只携篮筐小凳食物笔砚，其余物件不许携入，则夹带文字之弊可杜。一、举子入闱任意接谈往来行走，嗣后应添设营官一员，八旗每翼添设参领一员、章京二员，一体入闱，坐明远楼前。汉人责令营官稽察，旗人责令参领等稽察，务令举子照卷面字号押进号舍？不许私从栅栏出外。至代作传递夹带等弊，每由号军顶冒入闱，嗣后号军务选正身，每十名以一人为号头，将号军面用印记，造册送入。一、向来乡会试举子交卷领签照出，止于申酉二时，今则彻夜交卷，恐滋弊窦。嗣后应遵旧例，天晚不准收卷，即行封门，则诸弊自然肃清。一、贡院号舍七千四百有奇，今科投卷举子七千四百九十余人，恐致不敷。查贡院左右尚有闲地，请交顺天府酌量添造。至贡院四面围墙多系土筑，请用砖砌棘围，自然严密。"未几，九卿又增议四款，大略是：为免传递夹带，将贡院围墙筑高，窝铺席棚不许挨墙搭盖；誊录书手、对读生员，务选择正身，严禁顶替入闱，代人作文；监生考试照例先考试录送，各省监生于乡试一年前起本省印文送部；发榜后，中式举人俱按限期到府丞衙门填写亲供，与试卷一同送部细验笔迹①。清季的京师贡院，是举行顺天乡试及全国会试的场所，考场规制之严，由此可见一斑。乾隆九年（1744 年），又进一步颁布了防止考生夹带的规定："士子服式，帽用单层毡，大小衫袍褂，俱用单层。皮衣去面，毡衣去里，裈裤细布皮毡听用，止许单层。袜用单毡，鞋用薄底，坐具用毡片。其马褥厚褥，概不许带入。至士子考具，卷袋不许装里，砚台不许过厚，笔管镂空，水注用磁，木炭止许长二寸，蜡台用锡，止许单盘，柱必空心通底。糕饼饽饽要切开。此外字圈、风炉、茶铫等物，在所必需，无可疑者，俱准带入。至考篮一项，如京闱用柳筐，柄粗体实，每易藏奸，今议或竹或柳应照南式考篮，编成玲珑格眼，底面如一，以便搜检。至挥裤既用单层，务令各士子开襟解袜，以杜亵衣怀挟之弊。再士子搜出怀挟者，其父师均有教诲约束之责，查出一并究治。"② 其他如：为防止交通关节，士子所交的墨卷，当场弥封，然后由专人用硃笔誊录，曰"硃卷"，呈考官审阅。乡试中，还有"复试"和对试卷进行"磨勘"的制度，等等。

裁抑大臣子弟。清初，达官世族子弟一体应乡会试，中式者独多，这引起了最高统治者的注意。康熙二十三年（1684 年）顺天乡试，都御史徐元文（顺治己亥科状元）之子徐树声，翰林院侍讲徐乾学之子徐树屏，均中举人。是科南皿悉中江、浙人，皇帝命令从严查究，结果斥革五人，树声、树屏俱被黜。这是裁抑大臣子弟的一次重要举动。康熙三十九年（1700 年）庚辰科会试以后，上谕又云："今年会试所中，大臣子弟居多，孤寒士子未能入彀，如此欲令人心服，得乎？"旋命大臣商议，"如何方能除去

① 《清圣祖实录》卷二六〇。

② 《钦定大清会典事例》卷三四一，《礼部·贡举》。

弊端，永远可守？务令各抒己意，详议具奏”①。据《清史稿》记载，这一年，“帝以播绅之家多占中额，有妨寒畯进身之路。殿试时，谕读卷诸臣，是科大臣子弟置三甲，以裁抑之。”除了这些临时的裁抑措施以外，更重要的，是制定了官、民分卷之法，分额取中。凡京官文四品、外官文三品、武二品以上及翰、詹、科、道等官，其子、孙、曾孙、同胞兄弟及同胞兄弟之子，均编入官卷，限额录取，不占民卷名额。在乡试时，官卷生员不能中解元及经魁。经魁，指前五名。这是从制度上裁抑大臣子弟的措施。此外，还有科场回避之条。顺治旧制，乡会试主考、同考官之子须回避不入试场。乾隆九年以后，又进了一步，除主考、同考官外，房官、知贡举、临监、监试、提调之子孙及宗族也需回避。乾隆二十一年以后，更推及受卷、弥封、誊录、对读、收掌等官子弟及近戚，亦要一体回避。防范可谓越来越严。在笔者考明家世的清季 57 名状元中，大臣子弟不足 10 人。而这些人在闱场跋涉，亦非侥幸抡元。他们有的是累世书香之家，方得以蝉联甲科。如蔡启僔与蔡升元、翁同龢与翁曾源，都是家教极严，成为叔侄状元。有的确实学有根底，廷试方得首冠。如金榜、吴其濬，在后来清代文化史及自然科学史上，均享有盛誉。

屡兴科场之狱。清代以前，科场案发生的次数不算多，对违法人员的处理，大都不过革职、流放。赵翼《二十二史札记》云，唐时之科场处分本轻，至五代时，虽有科场处分，不过降秩而已，宋初因之。如宋真宗时，刘师道之弟刘几道举进士，暗托考官陈尧咨，于卷中为识号，遂擢第。已而事泄，帝诏几道落籍，永不预举；师道降忠武军行军司马，尧咨降单州团练使。此为五代及宋科场处分之大概。惟王钦若知贡举时，有任懿者，贿以白金 250 两，遂得中。后事泄，钦若反委罪于同知举官洪湛，湛遂遭贬斥。赵翼叹道：“纳贿舞弊，仅至窜谪，科场之例。亦太弛纵矣！”② 清代统治者视防弊为要政，迭兴科场案，执法亦不姑息。违法者往往被处以极刑，甚至殃及父母兄弟、妻子。这里，仅举三起。第一起：顺治丁酉科案，这是入清以后首桩科场大案。顺治十四年（1657 年）顺天乡试，曹本荣为主考官，宋之绳为副考官，李振邺、张我朴等 14 人为同考官。李振邺等为了结交权贵、延揽私人，将通关节者多人取中，舆论大哗。张我朴还动辄宣称：“某某，我之力也。某某本不通，我以情，故得副车也。某某，我极力欲中，无如某老中隔何也。”③ 丑闻在社会上传开，朝廷为惩戒将来，加重处治。李振邺、张我朴等 7 人俱著立斩，家产籍没，父母、兄弟、妻子俱流徙尚阳堡，共达 108 人。其余未定罪与续拿各犯，皆次第就逮，本拟全部绞、斩，后刑部接旨：王树德交通李振邺等贿买关节，紊乱科场，大干法纪，本当依拟正法，但多犯一时处死，于心不忍，俱从宽免死，各责 40 板，流徙尚阳堡。随行催提起解，大案方告结束。第二起：康熙三十八年（1699 年）顺天乡试案。是科所中朝官子弟太多，激起人情愤怒，落第

① 《清圣祖实录》卷二〇〇。

② 赵翼：《二十二史札记》卷二五，“宋科场处分之轻”。

③ 信天翁：《丁酉北闱大狱纪略》。

考生抨击本科主考李蟠、副主考姜宸英，说他们“纳贿营私，逢迎权要”，并造作歌谣：“老姜全无辣味，小李大有甜头。”① 御史鹿佑劾顺天闱考试不公，将李蟠、姜宸英逮系刑部，宸英病死狱中，李蟠定罪谪戍关外。康熙帝将本科所取举人齐集内廷复试，亲自命题，派员严加监试。后有旨云：“此科中式举人，因有情弊，为人指参，朕亦闻外议纷纭，故行复试，以验其实。朕亲命题，特命皇子、重臣、侍卫严加监试。朕初谓必有不能终卷者，及阅各卷，俱能成文，尚属可矜。至于落第者在外怨谤，势所必有，焉能杜绝？……诸生试卷，朕一一观其大略，诸臣所拟等第俱当。”② 由是观之，此次科场案主要是大臣子弟录取过多所致，并无他弊。李蟠系康熙丁丑科状元，遭遣戍后数年得免，回乡隐居，以著述自娱。第三起：光绪十九年（1893 年）科场关节未遂案。是年，殷如璋、周锡恩充正副主考官，乘船到杭州主持浙江乡试。科场条例规定，主考官不能随便上岸，以防互通关节。这时，浙江乡绅周福清（鲁迅的祖父）遣仆人送信给殷。恰好副主考正和主考在一起谈天，送信人却在外面叫喊，说银信为什么不给回条。殷只有让周拆信，事情被戳穿。原来，周福清和殷如璋是同年进士，因事被革职。这次向殷行贿，是为亲友中的几名生员打通关节，信内夹有“凭票洋银一万元”的字条。案发后，周福清被逮入杭州狱中，判“斩监候”。此事导致了周家的衰败和遭人冷落。

正是由于清廷采取了上述诸种措施，才基本上维护了科目选士的公正原则。殿试夺魁者中，多有民等级出身的人，绝非偶然。

## 三

中国封建社会是等级制森严的社会，但是科举取士却不问家世，普通读书人可以自愿报名应考。自唐宋迄明清，它一直是封建朝廷采用的主要选官方式，均等竞争的原则沿用不衰，其原因何在呢？有什么深刻的经济与政治背景？据笔者的初步考察，主要有以下三个方面：

第一，封建社会内地主阶级逐步更新，自宋至清，品官地主、官绅地主、庶民地主渐处支配地位，科举取士适合他们的政治与经济需要。

在封建社会里，地主阶级是剥削、统治阶级，它的状况与作用如何，直接影响着这一时期的政治制度与社会风貌。特别是地主阶级中居于支配地位的阶层，作用尤关紧要。在中国，皇帝及其家族拥有最高的政治权力，当然是最高等级的地主。但在皇权以下，总还有一个最有势力，对当时的政治、经济、文化最能施加影响的地主等级。这一等级，在不同的历史朝代是不相同的，它们由于生产力的发展、农民战争的扫荡以及地

① 戴璐：《石鼓斋杂录》。

② 《清圣祖实录》卷一九七。

主阶级内部权力的再分配而有所更迭。所谓地主阶级内部的更新，主要是指这一等级的更新。譬如，秦汉时期是世家地主，魏晋以后是门阀地主。与这一状况相适应的，选官制度上推行的是察举征辟和九品官人法。自唐中叶起，新旧门阀势力又开始削弱，至宋代则有品官地主的完全兴起。何谓品官地主？它的特征是什么？白寿彝先生说："品官，是因为他们的官阶有一品至九品的区别而得名。品官地主，宋代又称官户。他们占有的土地，因官阶的高下，被规定为五十顷至五顷。在限定范围内的土地占有，可以不承担田税和差役。"① 虽然，品官地主和门阀地主一样，也有政治身份和特权，也兼并土地。但二者之间也存在着重大差别。品官地主没有门阀地主那种世袭特权，他们的土地来源不是像门阀地主那样领受永业田或职分田，而主要是靠自己购买而得，当然也不排除侵占。此外最主要的是，品官地主的主要来源不是靠世袭而是靠科举。大凡地主阶级或其他阶级出身的知识分子，不拘门第、乡里，若科考试中，便可获得不同品级的官职，参与掌管各级政府的政治、军事、财政事务。在这种情况下，非身份性地主阶级的成员极力要通过科举之途跻身于品官地主的行列，品官地主阶层也极力通过科举制度壮大自己的势力。在经济上，非身份性地主对科举的追求，还与当时地主阶级土地占有形态及剥削方式的变化有关。宋代开始普遍实行契约租佃制，转成以经济剥削为主、超经济的人身强制为辅。这就需要依靠封建政府的力量来保证地主对农民的剥削，因此，非身份性地主阶级的成员强烈要求进入仕途，以维护和扩大自己的利益。到明清时期，品官地主的地位又逐渐被官绅地主所代替。所谓官绅地主，包括品官，即在任的各级官员，但范围更大，还包括家居的卸任官员与已获得一定功名的未来的官员。后两种人，即所谓绅，他们在明清的地方社会，势力极大。此外，由于社会生产力的普遍发展，庶民地主势力也不断扩大，特别是在清代，中小庶民地主发展迅速，超越前代。当时大量的商人地主，也属于庶民地主。不用说，官绅地主和庶民地主更需要依靠科举制度来提高自己的政治地位，巩固自己的经济利益。

第二，专制主义中央集权制度不断完善，实行科举取士制度，有利于强化皇权。

我国在两汉时期选官的主要途径是察举和征辟，这种制度下，选择人才、推举做官的实际权力主要在地方郡国，朝廷对所推荐的人，一般都予认可，这一点对中央集权是不利的。特别是当皇帝懦弱无能之时，这种权力的分散就会削弱整个中央政权的统治。如汉制，地方官须任满一年，才能行察举之事。但东汉顺帝时取消了这一限制，这就为地方官滥行察举提供了便利。另外，郡国官吏在察举时，被荐举人例要酬答，常使荐主与被荐举人之间形成特殊关系，甚至结成党派集团。东汉的世家豪门通过控制察举，使其势力不断扩张，大大妨碍了君主专制统治，也不利于地主阶级的长远利益。为了克服滥行察举的浮夸和荐举中形成朋党，曹魏时实行了"唯才是举"的方针和九品中正制，起初这曾使中央朝廷有机会夺回选官的权力。但是，门阀世族很快霸占了所有的中正官职，控制了选官大权。结果，九品中正制下重家世而轻才德，阀阅膏粱子弟高居显位，

① 《中国通史纲要》，上海人民出版社 1980 年版，第 282 页。

造成政治上的腐败。同时，望族高门的士人品第虽高，却未必清廉正直，由他们担任中正官，常常徇私枉法、贪赃纳贿。他们品评不出治国良材，对整个国家的政治状况不利①。

隋唐至宋元共经历 787 年，这一时期政治制度的特点，是在以皇帝为中心的基础上，不断完善专制主义中央集权制度，完善和强化了军事、法律、监察等制度，建立和健全了包括培养、选拔、任用、考核、升迁、罢免、奖惩等内容的职官管理制度。科举取士之法就是在这样一种背景下，作为一项重要制度而确立起来的。这样，读书士子可以不经荐举，直接报名，经过逐级考试，由官府择优录取，授以官职。从而纠正了魏晋以来门阀世族垄断用人大权的状况，适应了中央集权制度的需要，也有利于更广泛地吸收人才，有利于政治稳定。明清两代共经历 543 年，统治集团根据自己的政治需要，对以前的政治制度进行了重要的权衡取舍，作了多方面的修正和补充。其中最突出的特点，便是在前代君主集权体制的基础上，进一步加强皇权。以皇帝为中心的中央朝廷空前并较有效地集中统治权力，极力排除任何可能侵扰或阻碍行使绝对皇权的因素。科举取士之制，因此沿用不替。在这个制度下，考试的内容是皇帝钦定的儒家经典；考试的文字程式是钦定的八股时文、表判策论；考试的官员由皇帝简派，乡会试考官被视为荣选；最高层次的殿试更是天子亲策于廷，诸考官只称为“读卷大臣”；金榜上之名次由皇帝亲定，登进士第者直接成了“天子门生”；每遇科场大案，皇帝往往要亲自过问，严惩渎职官吏。总之，由于天子掌握了遴拔士子的最高权力，因而他就拥有了驾驭全国各级文官官员的无尚威严。

第三，受传统儒家教育的士阶层不断扩大，笼络士人有助于社会的稳定，擢拔有才能的士子利于建立强有力的统治阶层。

中国的儒士阶层形成于春秋时期，《论语》中所称道的“士”，主要有三个方面的意义：一是有高尚的道德修养，二是有一定的知识与才能，三是担任某种政治职务，这三者当中，或者只具备前两条，或者三条兼而有之，皆可谓之“士”。这就勾勒描绘出古代士人的基本特征，后代的“士”大体亦如此，只是有时称未仕者为“处士”，称已仕者为“仕士”。宋代以后，由于雕版印刷术的推广与文化教育的日渐普及，我国士阶层的人数迅速增加。士为四民之首，下可为民，上可入仕，是个关键性阶层。士习影响着民风，士人安则社会宁，故历代帝王都十分注意对芸芸士子的笼络与控制。清朝统治者鉴于明朝的教训，尤注重以场屋策士笼络读书人，颇有成效。时人方宗诚云：“明之时士持清议，今则一使事科举。而场屋策士之文及时政者皆不录。大抵明之为俗，官横而士骄。国家知其弊，而一切矫之。是以百数十年天下纷纷亦多事矣，顾其难皆起于田野之奸、闾巷之侠，而朝廷、学校之间，安且静也。”②

儒士阶层并非单一的群体，其内部构成复杂，有不同的流品。他们当中一些人得势

① 参阅许树安《古代选举及科举制度概述》，天津人民出版社 1985 年版。

② 方宗诚：《管异之先生传》，《续碑传集》卷七六。

后，不乏衣冠禽兽、虐政害民之徒，这就是历史上所称的“伪儒”、“贱儒”、“小人儒”。但是总的说来，由于长期儒家“尊德性、道问学”的教育，修齐治平、经邦济世的观念对他们有很深的影响，相当一批人能体察民情、重视名节、博学多识、干练通达。他们“以学为业，以仕为道”，将这些人源源补充到各级政府机构中，并使之不断流动，当然有裨于政治的清明和社会的发展。因此，历代统治者都把“得士者昌”当作重要信条。保持科目选士时的均等竞争机制，是实现这一信条的关键性举措。

考察历史上殿试夺魁者的情况，可以得到对这个问题的部分证明。钱咏云：“状元、会元、解元，虽三年内必有一人。然其名甚美，妇人女子皆所健羡。一隔数年，便茫然不复能记其名矣。须其人有功业文章脍炙人口者，方能流传。”① 明清时期，有一部分状元在政治德行、著述学识方面有显著业绩，跻身于名人行列，被载入各种传记史料中。“明状元八十九人，史有传者三十八人。”② 关于清季的状元，我们统计了15种重要史籍，有约半数人的传记，可以从这些史册中见到，说明这些人在历史上有过一定的影响，也为我们的研究提供了方便。至于114名举第一名进士者的简历，目前都可以勾勒出来。清制，殿试传胪以后，一甲一名进士例授翰林院修撰之职，官居六品，这是每个状元都可获得的殊荣，也是他们夺魁后仕历的起点。以后，他们还普遍地能在翰林院内升迁，如充翰林院侍读、侍讲、詹事府左右春坊庶子、少詹事、侍读学士、侍讲学士，或任各部院四、五品官员，活跃于政坛。绝大多数状元有出典乡试、会试及督学直省的经历，迭掌文衡，时称荣选。有机会晋升至一、二、三品大员、参预中枢机要的，自然难得，但为数也不算太少。据笔者统计，清代殿撰官至内阁大学士者，即所谓“状元宰相”，前后有14人；陆续简充军机大臣者，有7人；历署地方总督及巡抚者，有9人。这当中，如徐元文（顺治己亥科）、于敏中（乾隆丁巳科）、毕沅（乾隆庚辰科）、王杰（乾隆辛巳科）、潘世恩（乾隆癸丑科）、张之万（道光丁未科）、翁同龢（咸丰丙辰科）、孙家鼐（咸丰己未科），洪钧（同治戊辰科）等人，都是有清一代的名臣，早为史家所熟知。而张謇（光绪甲午科）、骆成骧（光绪乙未科）、王寿彭（光绪癸卯科）、刘春霖（光绪甲辰科）等人。则是中国近代史上有过重要作用的人物。还有如彭定求（康熙丙辰科）、钱维城（乾隆乙丑科）、毕沅、吴其濬（嘉庆丁丑科）、陈沆（嘉庆己卯科）、洪钧、刘春霖等人，则在经史著述、诗词书画方面有很高的成就。

我们也注意到清代状元入仕后遭到朝廷处分的情况，他们当中，受过严斥、降级、罚俸、革职、议罪、夺回世袭的，人数也不少。如康熙年间，李蟠主持顺天乡试因取士不公而遭遣戍，数年后方得赦免；乾隆朝庄有恭因遇事未上奏及替属员欺蔽，两度被论处死罪，旋戴罪任职，可称得上是典型。然而据笔者粗略统计，清代状元被处罚的原因，绝大多数是属于任职中徇情、隐忍、失察、误事造成的，绝少是因为道德沦丧、贪

---

① 《履园丛话》卷一三，“科第”。

② 陆以湉：《冷庐杂识》卷五，“明阁臣状元”。

赃枉法、巧取豪夺、结党营私而被置诸重典的。这是个很重要的现象。清朝已处于封建制度日益衰落的时代，我们不可能设想这百余名状元个个都是两袖清风、一身正气，没有任何贪污受贿、侵占挪用的行为。但是，从史料来看，他们确实普遍相对地好些，相对地廉洁正直。究其主要原因，毫无疑问，是儒家思想长期熏陶、所受教育强调学问与品行并重的结果。这方面的典型人物如陕西韩城人王杰，少壮备尝辛苦，品学并进。他37岁状元及第，居官40年，位至内阁大学士、军机大臣，但奉身有制，洁廉自守，拒与当朝权相和珅交往。史载："一日，和相（和珅）执公（王杰）手笑曰：'何其柔荑若尔！'公正色曰：'王杰手虽好，但不会要钱耳！'和赧然退。"① 王杰年迈致仕时，嘉庆皇帝御赐诗有云："名冠朝班四十年，清标直节永贞坚"；"直道一身立廊庙，清风两袖返韩城。"② 从这一方面，我们也可以明白，封建最高统治者为何总是孜孜不倦地从寒畯之士和有才学的士子中甄拔人才，并用以充实和更新各级官僚集团。这里，我们再附带引用一位亲身经历者的陈述，看他是如何对问题作出判断的。齐如山是位清末秀才，他写过一本很有影响的回忆性著作，题为《中国的科名》，书中翔实地叙述了清代科考的典章制度，毫不留情地讥评了科举取士的种种弊端和令人啼笑皆非的丑闻，但是作者在该书的结论部分，郑重地引据事实说明，对科举制度的优劣得失与历史作用，要有恰当的评价与公正的认识。他说："其实我对从前的科举，不但不轻视，而且极端的恭维，他后来为有志之士所反对者，不是科举的方式，而是科举的内容，他的错处短处是不知变。……明清两朝以来，由科举进士出身的人员，不知有多少万了，而大多数都是正人君子，像严嵩那样的败类，确是极少的少数，而两袖清风的宰相大臣，则时而有之，例如本书中所说的王文端公杰，就是一个榜样。"又说："凡科甲出身的人，总是正人君子较多，这有两种原因，一因科甲出身者，都读过经书，书中有好的道理，读的多了，自然要受其感化。二是从前考试办法很公正，贡院大堂扁额写'至公堂'三字，确有道理，固然不能说没有毛病，但确不容易。在道光咸丰年间，也确曾出过弊病，但自柏葰一案，把他问斩之后，以后几十年，一直到清末，总算没有出过毛病。这足以说明，稍微认真，便不容易出弊，更足见科举考试，是一种很好的制度。不过有极大的一种短处，就是行之数百年而未能改动，永远以八股取士。所以同、光以后，西洋科学传至中国，许多有志之士，才知道这种考试方法是没有用的，便反对起来。其实错的是考试的内容，不是考试的方式。"③ 齐氏的见解，是他个人的体验与认识，至于更深人、更科学的概括，恐怕有待对万千进士、举人作进一步的抽样研究了。最后，我们可以举些相反的情况，以资比较。清代中叶以后，王公宗室及大臣子弟多是相当腐败的，当时设有宗学、觉罗学，属于贵胄学堂。有人形容其内部情景是："贵胄学堂学生，类皆王公、贝勒、宗室子弟，故具膳极丰厚精美。人设一席，日需库平银七八两。稍不遂意，

① 裘匡庐，《清代轶闻》卷一，"王文端之守正"。

② 《清史列传》卷二六，《王杰传》。

③ 齐如山：《中国的科名》，见杨家骆主编《中国选举史料清代编》，台湾鼎文书局1977年版。

即遭呵叱，甚至且飞盆掷碗焉。总办、教习，皆为学生之奴隶，呼往喝来，唯命是听。学生每日到堂，须由教习遣人往请，有请至四五次，至午刻始莅止者。抵堂即索午餐，餐毕扬长而去，并不上课。亦偶尔兴至，入讲堂，高唱京调一出者，故时人拟之为安乐园云。"① 清末北京民间竹枝词，亦有讥讽贵胄学堂者，其词曰："而今贵胄列专利，功课平均嫖赌多；最有惊人可传事，也能唱得几军歌。"② 很显然，倘若此辈人登进仕途，恐怕除了蠹政殃国，别无其他。再者，王公勋贵有世袭，名臣功将有恩荫，他们的子弟自有荣华富贵之途，毋庸与寒微之士争利禄。清政府裁抑大臣子弟科举入仕之途，是合乎事理的。

原载《中国社会科学》1993 年第 2 期

---

① 《清朝野史大观》卷二，"贵胄学堂"。

② 《京华慷慨竹枝词》，见《清代北京竹枝词》，北京古籍出版社 1982 年版。

# 明清进士与东南人文

何炳棣

由于在传统中国，尤其是在近千年的中国，平民登进的主要途径是科举制度，传统中国社会的价值观念系统，如与其他传统社会比较，更为功利而单纯。俗谚“万般皆下品，唯有读书高”就是明证。这种价值观念既弥漫于整个社会，又深入社会的每个阶层。因此，所谓的人才，最主要的是指考试制度中最高层的成功者——进士。凡是经过会试殿试录取的进士立即镂铭于石——试看北京旧城东北部国子监庭院里的进士题名碑林。一成进士即当然被选入全国的“名人录”，并已取得最优先的入仕资格。传统中国社会既为士大夫所支配，进士题名碑录不仅是研究“人才”地理分布的最佳资料，也是研究广义社会“力量”（power）地理分布的最佳资料。

与其他传统资料比较，明清进士题名碑录另具有其他两个优点。

1. 明清著名的传记大系，如晚明焦竑所辑的《国朝献徵录》、清光绪初李桓所辑的《国朝耆献类徵初集》、钱仪吉所辑的《国朝碑传集》和闵尔昌所辑的《碑传集补》，选择的标准多少都不免有些主观，远不如进士题名碑录客观。试举一最显著的例子：李桓的《耆献类徵》。由于李是湖南人，《类徵》中选的湖南人士总数之高超过浙江，仅亚于江苏居第二位。30余年前我曾将李桓所得湖南人物总数在各省中的名次与《清史列传》及张耀翔“清代进士之地理分布”（刊于《心理》第四卷第一期，1926年3月）比较之后，发现极大的不相侔称。湖南人物总数在《清史列传》中居各省中的第六位，太平天国战争产生了不少湖南“人物”，而在进士的地理分布中竟低到18省中的第15位！

此外，明清传记大系各省人物的编辑往往受地区传记资料多少的影响。例如明代苏州与紧邻松江都是人文荟萃的地区，但松江士人往往称道苏州传统风气的淳美，乐于表扬桑梓间并不成功的人们，虽科举方面失败，凡技艺及行谊有一善可述者，就会有人为他们立传，因此苏州所谓的人物远较松江为盛。晚明过廷训所辑《国朝京省分郡人物考》就是反映类似统计错觉的实例之一。

2. 即使明清私人所辑传记大系取舍标准公正，入传的总人数无论如何较明清进士总数要少得多，自统计学的观点看是“任意”（random）的。只有进士题名碑录才代表“人文”的横切面，在统计的意义上远胜于私人所辑的传记大系。

本文提供六个统计表格，统计数字本身即说明重要史实。这些表格都取自30年前旧作中第六章的一部分。这部旧作《明清社会史论》英文原名 *The Ladder of Success in Imperial China: Aspects of Social Mobility*，1368—1911 美国哥伦比亚大学出版社，1962；1967 版略加补正；1973 意大利文译本问世；今年年底以前日译本可望在东京发行。

本文第1与第2表完全根据明清两代的进士题名碑录，已相当充分说明东南诸省科第人文之盛。第3至第6表主要是根据地方志，并参考进士题名碑录制成，更进一步反映出东南人才特别集中的一些府、州、县。统计数字本身虽已说明重要史实，但有些史实与一般学人平素的印象并不完全相符。这些与一般历史"常识"不符之处，似有扼要加以文字说明的必要。

20世纪学人熟知现代江苏（包括1949年以后的上海市）在全国经济方面无可比拟的领导地位，以为在明清两代人文方面也因经济因素而取得最优越的地位。其实，明代前期，江苏江北人文远逊于清代。就明代进士总数论，江苏次于浙江，居全国第二位。即使在清代，江苏进士总数虽居全国首位，但仅仅略超浙江。就明清两代而言，浙江产生6088进士，江苏产生5 641进士。何以各省中面积最小，三分之二土地都是丘岭的浙江，居然在漫长的5个半世纪之中，进士总数竟居全国最前列，主要的解释应是南宋建都临安以来积累的种种利于人文和经济发展的因素。山多田少，长期人口压力与浙东人士之富于进取冒险的精神因素，似亦不应忽略。（这种精神因素，在20世纪前半叶的政治、军事、经济方面的表现尤其特殊）。

就长期经济发展而言，江苏的优势是远非浙江所能及。江苏的经济优势自晚明起即较充分地反映于科举，尤其是苏、常两府。江苏经济在清代的"绝对"优势似与清代科举方面的特殊"荣誉"不无关系。如本文第5表所示，有清一代，自顺治三年（1646年）开科，至光绪三十年甲辰（1904年）科举罢废，正恩凡112科，一甲进士（状元、榜眼、探花）共336人，而江苏一省即占113人之多！不特此也，除海州一州外，江苏每府、每直隶州都曾产生一甲进士，而苏州一府即占42人。这不仅令当时举国艳羡，而且给与当代研究中国历史的中外学人一种错觉——明清时代苏州一府在科举的种种方面都是一向称霸全国的。如第3表、第4表所示，如以府为单位，苏州在明代进士总数970，居全国第3位，次于江西的吉安府（1020）和浙江的绍兴府（977）。苏州在清代进士总数785，较杭州府少219名，居全国第2。

如第6表所示，如以县为单位，苏州府城（长洲、元和、吴县），相当于1949年前的吴县，也不是产生进士最多的县份，在全国名列第4。次于仁和、钱塘（相当于1949年前的杭县），一双不可分割的"京县"宛平、大兴，和福建省会闽县、侯官（相当于1949年前的闽侯）。

此外，另有两个历史现象需要扼要讨论。福建明代科举甚为成功，而且进士总数，福州、泉州、兴化三府皆在400名以上。漳州府虽远不及以上三府，但与他省一般的府相比还是很成功的。这种科第集中沿海而又相当"均匀"地分配于沿海诸府，想像中应与正德以后与欧洲葡萄牙等国的长期走私性通商有关。新大陆白银由葡萄牙，稍后由吕宋（西班牙）直接或通过菲律宾等地入闽入华的数量及其对明中叶后经济的冲击力，是不容忽视的。泉州、漳州、兴化三府清代科第大衰，亦必与康熙初叶的海禁有关。所以清代科名以福州一府为独盛，而福州中科名又集中于省城闽县、侯官。

本文诸表中最不易解释的现象是明初百年之中，科第以江西省为最盛，江西省中尤以吉安一府为最。此期间吉安一府两度包办三名一甲进士，更是空前绝后的纪录。正因为吉安在明初百年取得非常卓越的成功，所以终明之世仍不因绍兴、苏州两府的急起直追而失去其全国的领导地位。目前只能粗略揣测这现象或与宋代江西人文之盛不无关系。众所周知，北宋第一个“南”人拜相的王钦若（卒于仁宗天圣二年1024年）就是江西人。唐宋八大散文家，宋代居其六。如果四川苏氏一家父子三人算作一“家”，如此，则北宋文学四大家中江西即居其三：欧阳修（庐陵，即明代吉安府城），曾巩（建昌军，南丰），王安石（抚州，临州）。可惜两宋进士名单仍有待辑补，进士籍贯尚无全盘的统计。但从《明儒学案》可以看出明初百年的经学和哲学重心是江西。王阳明（1472—1528年）未逾弱冠，即奉父命去江西求师迎婚，即是例证之一。要较圆满地解释明初百年江西人文之特盛，恐怕还有赖于今后各位学人深度发掘自永嘉（301—312年）至宋末江西的历史人文地理。

最后必须指出本文提供的统计数字，由于种种原因，不可能百分之百正确。一般方志倾向夸张，往往将业经几代入籍其他省府的进士重复地列入本地。不过大致上不难知道主要的人才输出区和输入区。例如绍兴府无疑义地是一个主要的人才输出区，清代宛平、大兴的进士不知有多少是绍兴师爷之后。宁波及浙东若干府县亦多进取冒险落籍他省，其后裔中式后列入其他省籍。浙江是人才输出省是可以肯定的。清代安徽进士总数低居全国第12位。一方面是由于旧举人额数较少（相反地，浙江自明初即为大省，举人额数高），另一方面由于经济上最具动力的徽州商人，不但把财富有效地转化为科名，而且在相当程度之内对江苏科举的成功做出积极的贡献。一般讲来，江苏和直隶（河北）在明清两代都是人才输入区。

（1992年7月20日至23日赶撰于南加州鄂宛市黾石材新舍）

表1　　**明代分省进士统计表**

| 省份 | （一）1371—1439 | （二）1440—1472 | （三）1473—1505 | （四）1506—1538 | （五）1539—1571 | （六）1572—1604 | （七）1605—1644 | 总数 | 位次 |
|---|---|---|---|---|---|---|---|---|---|
| （北）直隶 | 72 | 251 | 339 | 335 | 348 | 251 | 302 | 1 898 | 5 |
| 山东 | 53 | 124 | 219 | 270 | 325 | 310 | 422 | 1 723 | 6 |
| 河南 | 105 | 167 | 201 | 260 | 229 | 295 | 341 | 1 598 | 7 |
| 山西 | 49 | 88 | 154 | 190 | 207 | 180 | 241 | 1 109 | 9 |
| 陕甘 | 39 | 83 | 153 | 184 | 139 | 146 | 237 | 981 | 11 |
| 江苏 | 150 | 328 | 442 | 398 | 395 | 389 | 619 | 2 721 | 2 |
| 浙江 | 290 | 363 | 488 | 532 | 561 | 471 | 575 | 3 280 | 1 |

续表

| 省份 | （一）1371—1439 | （二）1440—1472 | （三）1473—1505 | （四）1506—1538 | （五）1539—1571 | （六）1572—1604 | （七）1605—1644 | 总数 | 位次 |
|---|---|---|---|---|---|---|---|---|---|
| 安徽 | 76 | 109 | 157 | 167 | 169 | 170 | 188 | 1 036 | 10 |
| 江西 | 345 | 361 | 354 | 357 | 367 | 266 | 350 | 2 400 | 3 |
| 福建 | 237 | 211 | 232 | 354 | 309 | 352 | 421 | 2 116 | 4 |
| 湖北 | 40 | 59 | 113 | 154 | 165 | 191 | 246 | 968 | 12 |
| 湖南 | 27 | 66 | 89 | 72 | 47 | 57 | 68 | 426 | 14 |
| 广东 | 62 | 195 | 227 | 241 | 231 | 206 | 261 | 1 377 | 8 |
| 四川 | 57 | 87 | 125 | 137 | 128 | 88 | 169 | 791 | 13 |
| 广西 | 10 | 16 | 30 | 35 | 36 | 19 | 27 | 173 | 16 |
| 云南 | 4 | 13 | 27 | 45 | 35 | 39 | 78 | 241 | 15 |
| 贵州 | 0 | 7 | 4 | 10 | 17 | 20 | 27 | 85 | 17 |
| 辽东 | 0 | 10 | 13 | 13 | 10 | 4 | 7 | 57 | 18 |
| 总计 | 1 616 | 2 522 | 3 367 | 3 754 | 3 718 | 3 444 | 4 559 | 22 980 | |

资料来源：李周望《国朝历科题名碑录初集》乾隆 1746 括大版，附全部明代进士题名碑录，而康熙 1720 初版碑录仅限清开国以来诸科。

表 2　**清代分省进士统计表**

| | 顺治 1644—1661 | 康熙 1662—1722 | 雍正 1723—1735 | 乾隆 1736—1795 | 嘉庆 1796—1820 | 道光 1821—1850 | 咸丰 1851—1861 | 同治 1862—1874 | 光绪 1975—1904 | 总数 | 位次 |
|---|---|---|---|---|---|---|---|---|---|---|---|
| 直隶 | 432 | 498 | 161 | 488 | 275 | 313 | 92 | 135 | 307 | 2 701 | 3 |
| 山东 | 419 | 429 | 105 | 259 | 210 | 268 | 79 | 118 | 273 | 2 260 | 4 |
| 河南 | 297 | 311 | 81 | 282 | 133 | 169 | 95 | 108 | 217 | 1 693 | 6 |
| 山西 | 250 | 268 | 81 | 311 | 141 | 143 | 47 | 58 | 131 | 1 430 | 7 |
| 陕甘 | 169 | 190 | 60 | 228 | 121 | 138 | 94 | 95 | 280 | 1 385 | 9 |
| 江苏 | 436 | 666 | 167 | 644 | 233 | 263 | 69 | 124 | 318 | 2 920 | 1 |
| 浙江 | 301 | 567 | 183 | 697 | 263 | 300 | 87 | 108 | 302 | 2 808 | 2 |
| 安徽 | 128 | 142 | 43 | 216 | 164 | 166 | 39 | 76 | 215 | 1 189 | 12 |
| 江西 | 83 | 200 | 115 | 540 | 223 | 264 | 74 | 122 | 273 | 1 895 | 5 |
| 福建 | 118 | 178 | 99 | 301 | 156 | 150 | 46 | 82 | 269 | 1 399 | 8 |
| 湖北 | 189 | 191 | 69 | 212 | 126 | 135 | 43 | 72 | 184 | 1 221 | 11 |
| 湖南 | 30 | 44 | 39 | 128 | 102 | 106 | 31 | 68 | 178 | 726 | 15 |
| 广东 | 34 | 91 | 69 | 252 | 106 | 139 | 36 | 79 | 206 | 1 012 | 13 |
| 四川 | 15 | 61 | 31 | 159 | 88 | 108 | 49 | 71 | 181 | 763 | 14 |
| 广西 | 2 | 28 | 17 | 102 | 67 | 91 | 27 | 72 | 164 | 570 | 18 |
| 云南 | 0 | 46 | 48 | 129 | 117 | 119 | 36 | 42 | 156 | 693 | 16 |
| 贵州 | 1 | 31 | 29 | 129 | 98 | 95 | 29 | 44 | 143 | 599 | 17 |
| 辽东 | 4 | 25 | 10 | 29 | 20 | 26 | 12 | 17 | 40 | 183 | 19 |
| 八旗 | 56 | 122 | 92 | 179 | 178 | 275 | 61 | 97 | 240 | 1 300 | 10 |
| 总计 | 2 964 | 4 088 | 1 499 | 5 385 | 2 821 | 3 269 | 1 046 | 1 588 | 4 087 | 26 747 | |

资料来源：房兆楹、杜联哲《增校清朝进士题名碑录》北平哈佛燕京引得，1941。

表 3　　**明代科举领先诸府**

| 府名 | 进士总数 |
| --- | --- |
| 吉安（江西） | 1 020 |
| 绍兴（浙江） | 977 |
| 苏州（江苏） | 970 |
| 南昌（江西） | 713 |
| 常州（江苏） | 661 |
| 福州（福建） | 654 |
| 泉州（福建） | 627 |
| 宁波（浙江） | 598 |
| 嘉兴（浙江） | 528 |
| 兴化（福建） | 524 |
| 杭州（浙江） | 520 |
| 松江（江苏） | 466 |
| 广州（广东） | 437 |

资料来源：《吉安府志》光绪 1876；《绍兴府志》乾隆 1792；《苏州府志》同治 1862；《南昌府志》同治 1873；《常州府志》光绪 1877 重刊乾隆 1794 府志；《福州府志》乾隆 1754；《泉州府志》乾隆 1763；《宁波府志》乾隆 1730；《嘉兴府志》光绪 1878；兴化府明代进士数目取自《福建通志》民国 1922；《杭州府志》民国 1923；《松江府志》嘉庆 1819；《广州府志》光绪 1879。

表 4　　**清代科学领先诸府**

| 府名 | 进士总数 |
| --- | --- |
| 杭州 | 1 004 |
| 苏州 | 785 |
| 福州 | 723 |
| 常州 | 618 |
| 广州 | 597 |
| 绍兴 | 505 |
| 嘉兴 | 476 |
| 湖州 | 421 |
| 南昌 | 413 |

资料来源：《杭州府志》民国 1923；其余诸府志均详表 3 资料来源，但皆以房兆楹、杜联哲之《增校清朝进士题名碑录》补充；唯湖州府进士数字取自《国朝湖州府科第表》1905 科举罢废后刊印本。

表5 **清代江苏府州一甲进士统计**

| 府、州名 | 总数 |
| --- | --- |
| 苏州 | 42 |
| 常州 | 20 |
| 松江 | 7 |
| 镇江 | 12 |
| 扬州 | 11 |
| 江宁 | 7 |
| 徐州 | 1 |
| 太仓州 | 9 |
| （南）通州 | 4 |
| 海州 | 0 |

资料来源：房兆楹、杜联哲《增校清朝进士题名碑录》。

表6 **清代科举领先县分**

| 县名 | 进士总数 |
| --- | --- |
| 仁和，钱塘（相当1949年前杭县） | 756 |
| 宛平，大兴 | 691 |
| 闽县，侯官（相当1949年前闽县） | 557 |
| 长洲，元和，吴县（相当1949年前吴县） | 504 |
| 乌程，归安（相当今之吴兴市） | 325 |
| 山阴，会稽（远小于今之绍兴市） | 277 |
| 武进，阳湖（相当今之常州市） | 265 |
| 番禺，南海 | 248 |
| 上元，江宁（南京市的一部分） | 184 |
| 江都，仪征 | 175 |
| 嘉兴，秀水 | 168 |
| 无锡，金匮（相当今之无锡市） | 163 |

资料来源：相关诸府、县志，例皆以房兆楹、杜联哲《增校清朝进士题名碑录》加以补充。长洲，元和，吴县根据《国朝苏州府长，元，吴三邑科第谱》，1906。乌程，归安根据《国朝湖州府科第表》，1905。光绪1883《无锡、金匮县志》进士总数，经与房、杜《碑录》比较，失之过高，故不取。

原载《中国东南地区人才问题国际研讨会论文集》，浙江大学出版社，1993年

# 唐宋科举制度转变的方言背景
## ——科举制度与汉语史第六

平田昌司

## 一 引 言

“南北”是在中国文化史上自古引人注意的题目之一。无论在文学艺术史方面或者学术思想史方面，不断有人提到“南北”的特点，同时也尝试解释产生差异的原因。他们谈到的有风土、气候等因素，只是值得介绍的见解比较少，本文不一一评介。其中有一种看法认为，语言的不同影响到了南北的文学风格。例如刘师培在光绪三十一年（1905年）发表的《南北学派不同论·南北文学不同论》云：“故神州语言虽随境而区，而考厥指归，则析分南北为二种……声音既殊，故南方之文亦与北方迥别。”（《刘申叔遗书》，1975年台北华世出版社影印本669～670页）以刘氏为代表的这种“语言—文学相关说”谈得不够具体，我们无法验证其论据和推论过程。

本文的主题也是中国方言影响到中国制度史、文学史的可能性，把时代范围限于唐宋二代，考察叙事散文和科举制度的转变过程。只是我们观察问题的角度跟刘氏不同，着重讨论语音系统制约文体，方言分歧影响到各地作家的创作条件等情形。在中国散文史上，唐宋是从骈文到古文的转折时期。同时，科举进士科的试题内容也从诗赋变为经义策论。这两方面的转变最后结束的时代，大致相当于北宋欧阳修、王安石等人活动的时期，即北宋仁宗、神宗的治世。那么，这些转变的原因在哪里？到目前为止，从南北文化的对立的角度给予最清晰的解释的是罗根泽1962（113-114页）：

> 而唐代的有名的古文家，除陈子昂外，又大半是北人……所以古文实兴于北朝，实是以北朝的文学观打倒南朝的文学观的一种文学革命运动。

罗氏的总结可能看中了问题的关键所在。如下面所论，从唐代到北宋真宗时代之间辈出的古文作家几乎都是北人。科举进士科的重点从诗赋转到经义策论，也可以说北方系统的学术取代了南方系统的文学。既然如此，我们要解决一些新的问题：这种变化为什么在中唐到北宋仁宗、神宗的时代发生？北方人为什么要改用古文？也许有人以为，唐朝天宝年间到北宋初期是中国历史上社会制度变化最大的一个时期，文学和科举受到了这一大变化的影响，笔者也不能否认这种可能性。但是，这样的答案不能解释南北人对古文的态度的不同。语言是文学创作的工具，语言演变或者方言分歧影响到文学流派不是不可能的事。汉语南北方言的对立问题，为解释科举改革跟古文运动提供了比较合适的线索。

在齐梁时代兴起的声律说重视人工诗律，它的严格规定不可缺少的前提就是四声论和韵书。声律说自觉地、系统地追求了人工诗律的美感，这是它的很积极的一面。不过，假如四声系统或者韵类发生合并或分化，文人对声律说的评价难免有所改变。

在唐宋时期，汉语北方方言的声调发生了两项重大变化：①全浊上声跟去声合流；②入声韵尾弱化，失去-k，-t，-p 的区别甚至塞韵尾完全消失。还有一些韵类也开始合并。而根据现代吴语以及一些文献材料推测，唐代南方方言可能没有发生这些音变。因此，平仄的辨别以及押仄声韵的困难程度上，南北方言之间出现了明显的不同。李涪对《切韵》分韵的批评正反映着这事实。

本文提出下面两条假说：

1. 这个问题在北宋时期已经达到了不能再忽视的程度，因此王安石在熙宁三年（1070 年）把科举进士试的重点从唐以来的诗赋改为经义策论，有消除南北人方言条件上的不平等的意图。

2. 六朝以来流行的骈文要求句末平仄相谐，逐渐使北人感觉到一些创作上的困难，很多人认为改用古文写作比较有利。这可能是古文运动所以成功的一个背景。后代的骈文名家多出于南方方言地区，也可以从这个观点去理解。

## 二　李涪《刊误》与科举进士试

自周、隋已降，师资道废，既号传授，遂凭精音。《切韵》始于后魏校书令李启撰《声韵》十卷，梁①夏侯咏撰《四声韵略》十二卷，撰集非一，不可具载。至陆法言，采诸家纂述而为已有。原其著述之初，士人尚多专业，经史精练，罕有不述之文，故《切韵》未为时人之所急。后代学问日浅，尤少专经，或舍四声，则秉笔多碍。自尔已后，乃为要切之具。然吴音乖舛，不亦甚乎？上声为去，去声为上，又有字同一声，分为两韵。且国家诚未得术，又于声律求人，一何乖阔。然有司以一诗一赋，而定否臧，言匪本音，韵非中律，于此考核，以定去留。以是法言之为，行于当代。

① 《百川学海》本作“游”。据《学津讨源》第十二集本改。

法言平声以东农非韵，以东崇为切；上声以董勇非韵，以董动为切；去声以送种非韵，以送众为切；入声以屋烛非韵，以屋宿为切。又恨怨之恨则在去声，恨戾之恨则在上声；又言辩之辩则在上声，冠弁之弁则在去声，又舅甥之舅则在上声，故旧之旧则在去声；又皓白之皓则在上声，号令之号则在去声；又以恐字、苦字俱去声。今士君子于上声呼恨，去声呼恐，得不为有知之所笑乎？又旧书曰："嘉谟嘉猷。"法言曰："嘉予①嘉猷。"《诗》曰："载沉载浮。"法言曰："载沉载予原注：浮予反。"夫吴民之言如病瘖风而噤，每启其口，则语泪呙呐，随声下笔竟不自悟。凡中华音切，莫过东都，盖居天地之中，禀气特正。予尝以其音证之，必大哂而异焉。且《国风·杕杜篇》云："有杕之杜，其叶湑湑，独行踽踽，岂无他人，不如我同姓。"又《雅·大东篇》曰："周道如砥，其直如矢。君子所履，小人所视。"此则不切声律，足为验矣。何须东冬、中终，妄别声律。诗颂以声韵流靡，贵其易熟人口，能遵古韵，足以咏歌。如法言之非，疑其怪矣。予今别白去上，各归本音，详较重轻，以符古义。理尽于此，岂无知音。其音乖舛既多，载述难尽，申之后序，尚愧周详。李涪《刊误》卷下，《百川学海》本

唐李涪尚书，福相②之子，以《开元礼》及第，亦为小文，好著述。……广明以前，《切韵》多用吴音，而清、青之字，不必分用据笔者调查，唐代科举试卷没有一个清、青合押的例子。涪改《切韵》，全刊吴音。当方进而闻宰相，佥许之。无何，巢寇犯阙，因而寝止。于今无人于此措怀也。然曾见《韵诠》，鄙驳《切韵》，改正吴音，亦当核当。不知八座指尚书，即李涪于此，又何规制也？惜哉！北宋孙光宪《北梦琐言》卷九，1981 年上海古籍出版社排印本 72～73 页

这两则记载众所周知，常常引为说明唐代北方方言全浊上去声合流现象的材料，最近也有李荣先生专门撰文从语音史的角度进行讨论，辨析非常精密（李荣 1985a）。至于李涪撰文批评《切韵》的动机，似乎没有人具体指出过。实际上，李涪对《切韵》的指摘有比较现实的背景，即北方士人对科举功令的不满。

首先，参考前人的研究，简单地介绍科举功令的形成过程。隋朝继承北周统一中国，本来属于北朝系统，只是在科举等考试制度方面继承南朝的地方比较多。因此，好像有时根据文学作品的创作水平决定对人的评价。例如李谔（赵郡河北赵县）批评"……竞一韵之奇，争一字之功……世俗以此相高，朝廷据兹擢士。利禄之路既开，爱尚之情愈笃。于是闾里童昏，贵游总丱，未窥六甲，先制五言"《隋书·李谔传》，北京中华书局排印本 1544 页的风气，说明以五言诗为代表的文学作品在隋代成为选拔人才的重要标准。

唐代科举进士科的考试内容经过了几次变化。最早要求进士作"杂文"是永隆二

---

① 洪诚 1982、李荣 1985a 都认为以下三个"予"字都应该改成"矛"。

② 参看《新唐书·宗室宰相传·李福》，北京中华书局排印本第 4517 页。

年（681 年）诏：“进士试杂文两篇《登科记考》卷二云：“按杂文两首，谓箴铭论表之类”，通文律者，然后试策。根据徐松《登科记考》，唐代科举考试的赋、诗题目中现在有记录的最早的例子，分别是垂拱元年（685 年）《高松赋》和开元二十二年（734 年）《武库诗》。以后经过几次改革，文宗大和八年（834 年）恢复考帖经、大义、诗赋，以后一直到广明年间（880—881 年）没有变化。诗赋即律赋一首、律诗一首，是在筛选过程最重要的题目。文宗开成二年（837 年）诏云：“所试赋则准常规，诗则依齐梁体格。”《唐诗纪事》卷五二，北京中华书局排印本 788 页可以看出考官对声病的重视。考试需要一定的标准，唐人选中的是《切韵》。所以《切韵》音系是律赋、律诗的规范音系，跟口语不一定有关系。清人毛奇龄（1623—1716 年萧山浙江）《韵学要指》卷一云“至唐创贡举，以律诗、律赋取士，欲创为拘限之说以难之，遂取《切韵》一书为取士之法”商务印书馆国学基本丛书本《西河文集》1942 页，卷二又云“今韵，律韵也”同 1949 页，毛氏对《切韵》的认识是比较准确的。

接着要讨论李涪指出的《切韵》音系的问题。李涪站在唐代北方人的立场，指责《切韵》音系的具体缺陷：分韵（①东冬有分、②虞尤有分、③鱼虞有分、④支脂有分），声调（⑤全浊上声与去声有分）。前人讨论晚唐语音在《刊误》的反映，一般仅谈到①②⑤三点。不过，李涪引用《诗》的用韵提及④⑤两点，用意在批评鱼虞、支脂之分没有典据，是吴人讹音。可能①至⑤都是南方有别，北方相混的语音现象。下面参考现代方言材料和文献记载，对这五项分条进行讨论。

①东冬钟的分别。傅国通等 1986 指出吴语瓯江片“东钟两韵有别”（5 页）。据傅国通等 1985，这现象分布在浙江省乐清、永嘉、温州、瑞安、平阳、文成、缙云、青田、庆元、泰顺等县市（调类均属阳平）。

| | 乐清 | 温州 | 平阳 | 缙云 | 庆元 | 泰顺 |
|---|---|---|---|---|---|---|
| 虫（东三澄平） | ʥioŋ | ʥyoŋ | ʥiøn | ʥɔm | toŋ | tɕyoŋ |
| 重（钟三澄平） | ʥɯa | ʥyo | ʥyo | ʥo | tɕio | tɕyõ |

浦江似乎东冬也有别。例如东 toŋ、农 lən。

②虞尤二韵唇音声母字有别。这二类的合并如现代官话一般不能区分“浮”跟“符扶”。据北京大学中文系 1989，南方许多地方还保持这二类的对立（调类均属阳平）：

| | 苏州 | 温州 | 长沙 | 南昌 | 梅县 | 广州 | 福州 |
|---|---|---|---|---|---|---|---|
| 浮（尤三奉平） | VY | vɛ 文 | xəu 文 | fɛu 文 | fɛu 文 | fɐu | p ‘ɛu |
| | | vøy 白 | pau 白 | p ‘au 白 | p ‘au 白 | p ‘au 白 | p ‘u 白 |
| 扶（虞三奉平） | vu | vu 文 | fu | fu | fu 文 | fu | xu 文 |
| | | vøy 白 | | | p ‘u 白 | | xou 白 |

慧琳《一切经音义》所谓“秦音”的尤韵非、奉母字变为虞韵，但其“吴音”保持《切韵》虞尤的对立（野河 1954）。慧琳的“吴音”可能跟现代吴语有比较密切的关系。

③鱼虞二韵有别。现代吴语还有不少地点保存鱼虞二韵的区别，六朝吴语也能区分这二韵（罗常培 1931、梅祖麟待刊稿），唐五代河西方言也如此（高田 1988）。《颜氏家训·音辞篇》把“以庶御韵为戍遇韵，以如鱼韵为儒虞韵”（周法高《颜氏家训汇注》，1975 年台北台联国风出版社影印本 120 页）视为北人的特点。潘悟云 1983 认为，“中古鱼、虞不分的方言区域主要在河南及其周围”，“长江以南和西北地区的方言能够区分鱼、虞”（85 页），这说法是比较稳妥的。

④支脂二韵有别。现代吴语基本不分这二韵，只有闽语一些方言保留区别（高本汉 1948。最近的报告有罗杰瑞 1988）。《颜氏家训·音辞篇》把“以紫纸韵为姊旨韵”（《颜氏家训汇注》120 页）当做北人的特点，可以推测隋代南人能区别支脂二韵。很可能唐代吴语也还分这二韵。

⑤全浊上声和去声有别。中唐时期有些方言已经发生了这音变。在现代方言，据何大安 1988 的表一至表九，全浊上声保持独立的代表点有：赣语（莲花），吴语（温州、太平仙源），徽语（绩溪岭北、婺源），粤语（南宁、莞城、合浦），客家话（安远），闽语（潮阳、永安）等。赵元任 1928 表四记录的二十世纪前期吴语的多数地点（宜兴、溧阳、无锡、常熟、昆山、南汇周浦、吴江黎里、吴江盛泽、嘉兴、吴兴双林镇、绍兴、诸暨、嵊县、黄岩、永嘉、金华、永康）也是如此。参看平田 1992a。

以上①至⑤可能都是吴人能分，而中原、关中人不能分的例子①。其中①②③④是韵部的问题，比较容易理解。因为不能辨别这些音类很可能违反“落韵”的规定。据笔者调查，唐代功令基本上与《广韵》同用接近，只是支跟脂之有别。唐代科举应试作品里头违反这种规定的，有下列几首（根据平田《唐人功令谱》）。

①［东冬合押］

＊贞元十九年（803 年）进士科　胡直钧《中和节百辟献农书赋》：躬东农宗冬

［东钟（屋烛）合押］

贞元八年（792 年）博学宏词科　裴度《中和节诏赐公卿尺诗》：重钟工同功躬中东

＊大历十二年（777 年）进士科　任公叔《通天台赋》：躅烛煜复馥目独屋

②［虞尤合押］

大历十四年（779 年）博学宏词科　独孤良器《沉珠于泉诗》：珠符虞浮尤无枢殊虞②

③［鱼虞合押］无例

④［支脂合押］

贞元十七年（801 年）进士科　罗让《乐德教胄子赋》：维脂司之仪支师脂之之夷夔

① 丁邦新 1975 认为魏晋江东方言没有东冬二韵、支脂二韵的区分。

② 毛奇龄《韵学要指》卷三云：“虞部‘浮’字……不特《切韵》原收之字，即唐时官韵皆有之”（第 1964 页），不知所据。

脂兹之祇脂

贞元十九年（803 年）博学宏词科　吕炅《贡举人谒先师闻雅乐诗》：时之迟脂丝之绥脂仪支熙之

元和二年（807 年）进士科　张存则《舞中成八卦赋》：规支丝之仪期支

加 * 号的二首都在换韵处第一句用“旁韵”，不算违背格律。其余的几首虽在登科之列，假如考官遵守功令挑剔“落韵”，恐怕不能合格。几位作者里头，裴度是河东（今山西）人。独孤良器没有可靠的传记材料，但从他的姓推断一定是北人。可以推测，他们不能遵守功令，是因为自己的母方言音系不分这些音类。

⑤“浊上归去”看起来跟诗歌平仄无关，对科举成绩没有多大的影响，其实不然。唐代进士试的赋韵要求分押四声，如开元二年（714 年）进士科赋题《旗赋》指定“风东日质云云野马，军文国德清清肃屋”八韵。到了唐代末期，科举用韵规定更加繁琐，如乾宁二年（895 年）进士科复试《良弓献问赋》“以‘太宗问工人木心不正，脉理皆邪，若何道理’十七字，皆取五声字，依轮次以双周隔句为韵，限三百二十字成”（南宋洪迈《容斋四笔》卷六乾宁复试，1978 年上海古籍出版社排印本 683 页）① 之类命题，相当复杂。上去二声的混乱必定影响到律赋的押韵。

李涪举出的上面五项，不是偶尔想到的，可能有很具体的历史背景。僖宗乾符三年（876 年）进士科《王者之道如龙首赋》以“龙钟之之视旨听青，有有符虞君文德德”为韵，牵涉到了上面①（龙）②（符）③（符）④（之视）⑤（视有）全部问题。假如用这赋题进行考试，和吴语区举人相比，北方举人的语言条件难免有些不利。而且《北梦琐言》指出，李涪建议修改《切韵》是“广明以前”的事，这年代离乾符三年不久。笔者推测，李涪（陇西人，代表北人的利益）所谓“以一诗一赋，而定否臧，言匪本音，韵非中律，于此考核，以定去留”等批评，很可能是他对乾符三年进士试题的不满情绪引起的。让李涪感到最不愉快的是，自己所说的北方标准语音不合功令，吴音竟然一一相符的现实：“吴民之言如病瘖风而噤，每启其口，则语泪㖞呐，随声下笔竟不自悟。”

改正功令，就是北方士人能做到的最根本的解决。由于黄巢入侵长安，李涪未能进行《切韵》的修订，这问题只好留给北宋解决了。

## 三　北方方言入声韵尾的弱化与五代北宋进士试

现代汉语方言可以分为两大类：北方官话区和南方非官话方言群。属于前者的多数方言失去了入声和其他调类的区别，全部或一部分入声与平声相混（不包括晋语区）；

---

① 黄滔《唐黄先生文集》卷一《御试良弓献问赋》原注云：“取五声字次第用，各双声为赋格”（四部丛刊初编缩本第 26 页），据这首赋的用韵看，这“五声”就指上平、下平、上、去、入。

后者基本保留-k，-t，-p 等的塞韵尾或者入声调类的独立。据 Zavjalova 1983 绘制的官话区入声分布地图及各种方言调查记录，在现在的淮河秦岭线以北，即东北、河北、山东、中原、关中的大部分地区，入声和平上去三声的辨别非常困难，非死记硬背不可。而在南方地区可以利用自己的方言字音分辨四声平仄。

那么，官话的入声韵尾弱化、消失的年代在什么时候？根据日本汉字音的汉音，我们可以证实唐代（8—9 世纪）北方标准语音还存在-k，-t，-p 三种不同的入声韵尾，并且敦煌出土的唐五代“河西方言”资料等也都保留入声韵尾。但在中晚唐时期北方汉语部分方言的入声开始弱化，在北宋时期逐渐变为喉塞音，这一点是可以承认的（有坂 1936b，606-607 页；周祖谟 1942；鲁国尧 1979，116 页；沈祥源 1985，61-62 页；周祖谟 1988，14 页；荀春荣 1988，34 页等）。

韵尾弱化之后，入声的调值跟哪一种调类开始接近？如表 1 所列，现代官话古入声字里头今读调类分歧最大的是古全清、次清字。最稳定的是古全浊字，除了江淮官话以外都跟古全浊平声字合并，例外很少。既然现代方言古全浊平声和入声字的调类合并现象分布如此广泛，我们可以假定这是可以上溯到相当早期的现象①。也许全浊入声与平声的合流（或调声。分别参看马重奇 1985、松尾良树 1982，379-380 页）。

⑥全浊上声归入去声（杨文龟善偏）。这是在中唐以后的押韵很普遍的现象。

⑦“‘薄伐’合使平声字，今使侧声字”（卢价）、“‘十’字处合使平声字”（李象）。

另外有“拗”一例（莲蒲-黍粱），还有一些偶尔写错的例子：“伐-罚”（音同），“衔-铖”（可能把“衔”字记为“咸”，又误加了“金”字）。

以上七项里头最值得注意的是，卢价、李象在应该填平声的地方误用“薄伐十”等字，而且这些都属于全浊入声。说明全浊平入二声的调值接近到不易辨别的程度。这在近体诗律是一种很严重的错误，假使他们的音系有独立的入声调类应该能避免。这事实有力地说明，在十世纪前期的北方地区已经出现了入声韵尾的弱化现象。周祖谟 1965 曾指出沈括（1031—1095 钱塘浙江杭州）《梦溪补笔谈》卷一有“至今河朔人谓肉为揉，谓赎为树”的记载（658～659 页），入声读为去声，可以参考。当然，笔者并不以为整个北方同时发生了这种音变。例如米芾（1051—1107 襄阳后居润州）《画史》批评《切韵》云：

> 陆德明米氏似乎误认为《切韵》作者是陆德明亦复吴音，传其祖说。故以东冬为异，中钟为别，以象为奖，以上为赏，因其吴音，以聋后学，莫之为正。余于是以五方立五行求五音，乃得一声于孟仲季位，因金寄土笔者未能理解“乃得”至“寄土”

① 关于“入派三声”现象，魏建功 1936 以为 11 世纪助辽陵哀册用韵有所反映，现在看来论证不十分周密。在此问题上比较可信的材料有鲁国尧 1988 引用的《南村辍耕录》（元末）、平山 1978 引用的《七修类稿》（明代 16 世纪初期）。

的意思，了然明白，字字调声，五音皆具。削去平上去入之号，表以宫商角徵羽之名，有声无形，互相假借。千岁之后，疑互判清，太初漏露，神奸鬼秘，无所逃形。著云《大宋五音正韵》，用以制律作乐，能召太和，致太平，藏之名山，以俟与我同志者，不徒为蒙陋生设也。台湾"商务印书馆"《人人文库》影印《津逮秘书》本44页

所谓"五音"有可能指阴平、阳平、上、去、入的五调类系统，入声保持独立。这音系可能也属于早期官话（参看有坂1936a，赖惟勤1989）。

现在总结一下：唐代李涪对《切韵》的批评反映方言音变给北人带来的困扰。要是北方方言的全浊入声跟平声开始合并，北人不易辨识平仄，吴人在科场的有利是非常可能的。尚且四声的类别是文人作律诗应该遵守的规范，北人只能批评《切韵》的个别韵部，文字的处理是否妥当，但总不能说不应该有入声等话。

## 四　进士科功令与方言分歧

### 4.1　五代宋初的南北文化

唐代进士科重视的诗赋是律赋、律诗，因此文人非常关心如何避免声病，如何作出工整的对仗，如何用险韵显出自己的文学技巧等问题①。不过也有不少人反对用律赋、律诗选拔人材，也批评过度重视文学、计较声病得失的风气。上文引用的隋人李谔上书是比较早期的例子。唐人对声病说的态度和意见，王利器1983的前言已经网罗殆尽，下面只举出两例。

开元二十五年（737年）诏云：

且今之明经、进士，则古之孝廉、秀才，近日以来，殊乖本意。进士以声韵为学，多昧古今；明经以帖诵为功，罕穷旨趣。《册府元龟》卷六三九7671页

宝应二年（763年）贾至等议云：

考文者，以声病为是非，而唯择浮艳，岂能知移风易俗，化天下之事乎？《册府元龟》卷六四〇7676页

经过唐末五代的战乱，北方文物屡次遭到破坏和摧残，文化上远远落后于长期享受

① 很可能日僧空海《文镜秘府论》是仿照当时的进士试参考书编纂的。

太平的南唐、蜀、吴越统治地区。南宋马端临（1254？—1323 年）的下面一段评论简要地概括了五代北方在文化上一片荒芜的状态：

按五代五十二年，其间惟梁与晋各停贡举二年，则降敕以举子学业未精之故。至于朝代更易，干戈攘抢之岁，贡举未尝废也。然每岁所取进士，其多者仅及唐盛时之半。土宇分割，人士流离，固无怪其然。但三礼、三传、学究、明经诸科，唐虽有之，然每科所取甚少，而五代自晋、汉以来，明经诸科中选者动以百人计。盖帖书、墨义，承平之时士鄙其学而不习，国家亦贱其科而不取。故惟以攻诗赋，中进士举者为贵。丧乱以来，文学废坠，为士者往往从事乎帖诵之末习，而举笔能文者固罕见之。国家亦姑以是为士子进取之涂，故其所取反数倍于盛唐之时也。国初诸科取人亦多于进士，盖亦承五代之敝云。《文献通考》卷三〇，台湾“商务印书馆”影印万有文库本 282～283 页

不过，论军事力量，北方占着绝对的优势。北宋继承后周，利用强大的军事力量统一中国，太宗实行殿试，确定以科举取人的方针等情形不须赘述。

开始重文，北人就不得不承认平均文化水平南高北低的倾向。在很多方面，后周系统北人官僚无能为力，非依靠南方被征服政权出身的知识分子不可（参平田 1992b）。一面北人歧视南唐等的遗臣和文人，很不愿意让南人参与国事①。北人的这种态度跟朝廷重视科举的政策不免发生矛盾。北人文学修养的根底本来不如南人，而进士科的试题是唐朝以来的诗赋。假如北方方言的入声开始弱化，跟平声相合，作诗不易分辨平仄。全浊上声跟去声的合流也有类似的问题，赋韵要求“间用平仄”，上去不分是比较严重的错误。加上这些语言条件，北人在科场更为不利。如果不采取措施，北人在政治上的优势肯定不能维持长久，很可能逐渐被南人压倒。笔者假设，这些问题影响到北人的意识，从而推动了一些潜在的文化发展：第一就是对科举进士科的考试内容进行改革，罢诗赋而重视策论；第二就是革新文风，叙事排斥骈文而改用古文②。

### 4.2 北宋的“南北”问题和科举制度改革

#### 4.2.1 熙宁以前的进士科

先说明在熙宁三年（1070 年）王安石（1021—1086 年临川江西）改革进士科以前的考试制度③。北宋的考试制度一般分两级：由各州、太学举行的“解试”；由中央举行的“省试”以及“殿试”。

---

① 宫崎 1987，266～267 页。注意到科举制度的“南北”问题的，还有 Chaffee 1985，119～156 页；金诤 1990，122～123 页。

② 公用文体到清代一直使用骈文，没有发生变化。

③ 荒木 1969 介绍宋代科举制度概况，金中枢 1964 描述北宋科举制度的演变，值得参考。

考进士科的考生首先要通过在本人原籍所在的各州或太学举办的解试。题目是诗、赋、杂文各一首①。通过解试的考生，按太学、各州一定的“解额”被保送参加省试。由于解额不能根据平均成绩临时调整，最好不要在竞争激烈的府、州参加考试。有些人冒称原籍，到平均水平相对低等的地域报名，或设法进入“解额”比较优惠的太学应考，原因在此。中央的考试分两个阶段：第一是省试又称礼部试，由礼部筛选。在北宋初期，第一日考诗赋，第二日考论，第三日考帖经，后来在论后面加了策。评定成绩并不通观全部答案，由每一场决定取舍。考官最重视的是第一日的诗赋，论、策试卷只供辅助材料而已。通过省试以后要参加殿试，这次由皇帝亲自命题。太祖开宝六年（973年）三月，首次举行的殿试的试题是诗、赋各一首②，太宗太平兴国三年（978年）九月又增加了论一首③。殿试要在一天之内完成全部课题，时间相当紧凑。

这样看来，对进士科考生来说，诗赋的巧拙决定他的命运。如上所述，北人一般不娴于诗赋，在考论策以前被黜落的可能性比较大。为了保证北人的优势，或者维持南北进士平衡局面，需要采取某种措施。北宋实际采取过的措施主要分下列三方面：斟酌试卷的评价；考试制度的改革；逐路取士。

4.2.2　北宋进士试的改革

甲：斟酌试卷的评价

为了维持北人的优越，可用的一个办法是斟酌考卷的评价，不严格要求诗赋押韵、平仄的准确无误。五代进士科的情形，我们可以通过上引后唐长兴元年的记录窥见一端。

最早期的北宋进士考格遵照唐制。晚唐对诗赋格律的要求比较严格，“落韵”的答案一律不及格。但在景德二年（1005年）发生了如下的问题：

> 上御崇政殿亲试礼部奏名举人，得进士李迪以下二百四十六人。上谓宰相曰：“迪所试最优。李谘亦有可观。”迪，濮州山东濮城人；谘，新喻江西新余人也。先是，迪与贾边皆有声场屋，及礼部奏名，而两人不与。考官取其文观之，迪赋落韵，边论“当仁不让于师”，以师为众，与注疏异，特奏令就御试。参知政事王旦山东莘县议：落韵者，失于不详审耳，舍注疏而立异论，辄不可许，恐士子从今放荡无所准的。遂取迪而黜边。当时朝论，大率如此。《续资治通鉴长编》（下文简称《长编》）卷五九真宗景德二年三月甲寅，上海古籍出版社影印本511~512页

① 《宋会要辑稿》选举三之四：“太平兴国七年九月八日诏曰：应西京及诸道贡举人等，自今所在长吏慎择部内清强官一人，精加考试，取版籍分明，为乡里所推誉者，须所试诗赋杂文合格，即许解送。”

② 《续资治通鉴长编》卷一四太祖开宝六年三月癸酉（1986年上海古籍出版社影印本114页）；《玉海》卷一一六（1977年京都中文出版社影印本2214页）。

③ 《长编》卷一九太宗太平兴国三年九月甲申（165页），《宋会要辑稿》选举三之四。

李迪作赋落韵，应该被黜落①。原来礼部奏名中也没有他，后来居然推为第一名，这很可能跟他的籍贯有关。王旦站在自己北人的立场，故意贬斥了南人的贾边。真宗能宽恕李迪的落韵，可能因为他自己也是典型的北人，对诗韵没有充分的把握：

上尝以《喜雪》诗赐近臣，而误用旁韵。《长编》卷八二真宗大中祥符七年六月乙亥，726 页

不过，这只是一时应变的处理。通过严格考试选拔人材是科举的重要原则，“应变”很容易影响考试的公平，也容易受到不及格者的攻击。因此，北人不得不改革进士科的考试内容，熙宁的改革是其结局。但开展全面的改革以前，还要经过一段过渡时期。改动诗赋策论的先后，调整“声律”规定等代表这种过渡阶段。

乙：诗赋策论的先后

上文已经指出，在礼部试，诗赋的巧拙决定一切。对这种评卷方法，一直存在不满意见。有些人屡次提议参考策、论确定成绩。真宗大中祥符元年（1008 年）正月有如下记事。

冯拯曰：“比来省试，但以诗赋进退，不考文论。江浙士人专业诗赋，以取科第。望令于诗赋人内兼考策论。”上然之。《长编》卷六八真宗大中祥符元年正月癸未，591 页

冯拯是河阳河南孟县人，父俊曾经仕于后周太祖，是一个代表北人官僚利益的人物。他这次建议说明，诗赋的考试对江浙士人特别有利，北人一时不能追上南人。但真宗时期的礼部由陈彭年等南人掌握，冯拯没有成功。同样的意见见于仁宗天圣五年（1027 年）正月己未：

诏礼部贡院比进士以诗赋定去留，学者或病声律而不得骋其材。其以策论兼考之。《长编》卷一百五 934 页

景祐元年（1034 年）三月一日：

诏贡院所试进士除诗赋依自来格式考定外，其策论亦仰精研考校。如词理可采，不得遗落。赋如欲不依次押官韵者，听。《宋会要辑稿》选举三之十七

只是贡院好像希望继续按照从前的标准考核，不很愿意遵从诏书。庆历二年

---

① 反诗赋派人士时常提到王旦黜落贾边的逸事。参《宋会要辑稿》选举六之二六。

(1042 年）正月，仁宗向李淑询问进士先考诗赋，后考策论的缘由，当时李淑建议把考试的次序改为策论、赋、墨义、帖经，通观全部试卷决定成绩高下①。庆历三年（1043 年）九月，范仲淹《答手诏条陈十事》云：

> 其取士之科，即依贾昌朝等起请，进士先策论而后诗赋，诸科墨义之外更通经旨，使人不专辞藻，必明理道，则天下讲学必兴，浮薄知劝，最为至要……又南省指礼部考试举人，一场试诗赋，一场试策，人皆精意，尽其所能。复考校日久，实少舛谬。及御试之日，诗赋文论共为一场，既声病所拘，意思不达。或音韵中一字有差，虽生平苦辛，即时摈逐；如音韵不失，虽末学浅近，俯拾科级。《范文正公政府奏议》卷上，四部丛刊初编缩本 178 ~ 179 页。参《长编》卷一四三九月乙丑，1313 页

范仲淹的奏议提到贾昌朝（真定获鹿河北）也曾建议先考策论，后考诗赋。庆历四年（1044 年）三月，根据宋祁（安州安陆湖北）、王拱辰（开封咸平河南通许）、张方平（南京河南商丘）、欧阳修（庐陵江西吉安）、梅挚（成都新繁四川）、曾公亮（泉州晋江福建）、王洙（应天府宋城河南商丘）、孙甫（许州阳翟河南禹县）、刘湜（徐州彭城江苏）等的意见，决定了“进士试三场，先策，次论，次诗赋，通考为去取，而罢帖经、墨义”②。提倡先考策论的这一群人当中北方士人占多数（范仲淹③、欧阳修、梅挚、曾公亮是南人），先考策论符合他们的利益，这是值得注意的。另外，从文学流派看，古文派的作家的多数支持重视策论。

只是庆历四年的这一改革局面没有能够长期维持下去。诗赋可以根据声律决定取舍，成绩有一定的客观性，也容易评分。策论的制约比较少，而且考生往往把已经背熟的模范答案缀合成文，难以评断优劣④。杨察（合肥安徽），认为“前所更令不便者甚众，其略以诗赋声病易考，而策论汗漫难知，故祖宗莫能改也”，因此庆历五年（1045 年）三月又诏礼部“进士所试诗赋，诸科所对经义，并如旧制考校”，恢复了原来的考试制度⑤。庆历八年（1048 年）四月诏云“科场旧条皆先朝所定，宜一切无易”，礼部贡院也建议一切按照旧例进行考试⑥。礼部贡院反对庆历四年的新制，是考虑到实际评卷工作的困难，而且杨察是制诰文体的高手⑦，代表骈文派的立场。可能南人和北人对

---

① 《长编》卷一三五仁宗庆历二年正月丁巳（1228 ~ 1229 页）。

② 《长编》卷一四七仁宗庆历四年三月甲戌（1360 ~ 1361 页）；《玉海》卷一一六（2223 页）。

③ 《范文正公年谱》：“二岁而孤，母夫人谢氏贫无依，再适淄州长山朱氏。亦以朱为姓，名说。”（四部丛刊初编缩本 241 页）淄州长山，今山东淄博。

④ 《长编》卷一六四仁宗庆历八年四月丙子：“盖诗赋以声病杂犯易为去留，若专取策论，必难升黜。”（1506 ~ 1507 页）。

⑤ 《长编》卷一五五仁宗庆历五年三月己卯（1436 页）；《玉海》卷一一六（2223 页）。

⑥ 《长编》卷一六四仁宗庆历八年四月丙子（1506 ~ 1507 页）；《玉海》卷一一六（2223 页）。

⑦ 《宋史》列传五四杨察（北京中华书局排印本 9856 ~ 9857 页）。

文体意识的不同反映在这问题上。

丙：调整“声律”规定

上文（甲）只不过是临时的措施，当时没有定为永久性的规则。假如调整有关“声律”的规定，北人就不需要每次托词录取“不详审”的考生。

北宋初期的进士考格是沿袭唐制的。景德四年（1007 年）闰五月陈彭年、戚纶、崔遵度、姜屿等人议定的《进士诗赋杂文程式》，同年十月晁迥所上的《考试进士新格》，才是北宋独自决定的制度，“自兹礼部试进士不用唐制”了①。改革的重点不在考试的内容，在于“不复拣择文行，止较一日之艺”，用意就在不考虑考生的出身门第，全凭成绩决定录取。参与这次改制的主要人物是陈彭年，防止北人对南人的贬抑是他最首要的目的②，所以诗赋体格等方面大概没有什么改动。

反对过度重视声律上的修辞技巧的态度，也出现在庆历四年（1044 年）宋祁等人制定的《庆历贡举条例》。这次改革，不仅改动了诗赋策论的先后，还放松了赋体上的约束。

> 旧制以词赋声病偶切之类，立为考试式，举人程试一字偶犯，便遭降等。至使才学博识之士，临文拘忌，俯就规检，美辞善意，郁而不伸。如唐白居易《性习相近远》、独孤绶《放驯象》，皆当时南省所试，其对偶之外，自有意义可观，非如今时拘检太甚。今后进士依自来所试赋格外，特许依仿唐人赋体。《宋会要辑稿》选举三之二七

这一段内容也跟范仲淹《答手诏条陈十事》相似，反映北人对进士科“声律取士”的不满。只是废除“拘检”，“不限联数，每联不限字数”的结果是“国子监所试监生诗赋即以汗漫无体为高”。赋体的多样化，可能导致了评价上的困难。因此，在庆历八年（1048 年）四月八日又下诏恢复了原来的规定③。

丁：罢诗赋

我们已经看到了唐宋时期南北语言文化的差异，以及语音上的方言差异。但以上几种改革都不是彻底的，解决不了科举进士科试题偏对南人有利的情形。为了保证南北士人在同一条件下竞争，非进行全面的调整不可。熙宁二年（1069 年）三月九日，神宗跟辅臣讨论科举问题，认为目前的状态不很公平：

> 又论科场之弊，以进士第一人例与馆职，为非及西北，人材多废，以为贡举法

---

① 《玉海》卷一一六（2222 页）。《宋会要辑稿》选举三之八作“景德三年闰五月十五日”。

② 《广韵》的编纂也是这次改制的一部分。参平田昌司：《〈广韵〉の〈集韵〉——科举制度上中国语史第五，日本中国语学会第 42 届年会论文，1992 年。

③ 《宋会要辑稿》选举三之三一；《玉海》卷一一六（2223 页）。

当议而改。乃下诏详议。《宋会要辑稿》选举三之四一

神宗笃意经学，深悯贡举之弊，且以西北人材多不在选，遂议更法。《宋史》志一百八选举，北京中华书局排印本3616页

在这一年，王安石建议“罢诗赋、明经诸科，以经义、策、论试进士”《文献通考》卷三一，293页，要求彻底改革进士科的试题内容，废除明经等诸科。这建议在下一年省试就得到实行，殿试的试题也从诗赋论改为策了。前几次改革都是改变诗赋策论的先后、赋体等细则的，而熙宁三年的改革废除诗赋，仅用经义策论选拔人材，这次改革是唐宋科举制度史上最全面、最根本的，也决定了此后八百年科举制度的发展方向。考经义需要统一经书的释义，并且经义策论容易流于“汗漫难考”，因此朝廷颁行《三经新义》，减少了评卷工作的困难。

王安石所定的新制相当激进，当时就有苏轼等人极力反对废除诗赋，这背景非常复杂，有评定策论成绩的困难，还有文坛派系之争①、新旧两党之争，诗赋、经义策论两派的矛盾始终无法调和。哲宗元祐四年（1089年）四月下敕“经义进士、诗赋进士各五分取人”，此后小规模的改制更为频繁，反映两派势力的消长。只是在熙宁三年以后批评官韵的言论比较少见，这事实也许能说明北人在某些程度上摆脱了声律的羁绊。

戊：逐路取士

熙宁的改革不但取消了诗赋试，也废止了北人所擅长的帖经、墨义以及明经诸科。经义策论跟帖经等不同，要求运用自己的逻辑和词藻撰写答案，此时北人发现哪怕没有声律的制约，自己的作文能力远不如南人②。《文献通考》引用吕祖谦（1137—1181年金华浙江）的下面一段话，概括了当时北人的困境：

至熙宁间，王荆公罢词赋、帖经、墨义，并归进士一科。齐鲁河朔之士，往往守先儒训诂，质厚不能为文辞。所以自进士科一并之后，榜出多是南人预选，北人预者极少。自哲庙以后，立齐鲁河朔五路之制，凡是北人皆别考。然后取人南北始均。《文献通考》卷三二，304页

从Chaffee 1985根据地方志所列进士名单做的统计材料，我们看不出在熙宁三年（1070年）以后“齐鲁河朔”出身的进士有增加的倾向（参表2）。可见熙宁的改革没有产生北人所预料的效果。

---

① 周勋初：《北宋文坛上的派系之争》，周勋初《文史探微》，上海：上海古籍出版社，1987年版，278~310页。

② 金诤把这一点交代得很清楚，见金诤：《科举制度与中国文化》，上海：上海人民出版社，1990年版。

表 2　　　　**地方志记录的北宋进士人数（根据 Chaffee1985，Table21 改编）**

| | 960—997 | 998—1020 | 1021—1063 | 1064—1085 | 1086—1100 | 1101—1126 |
|---|---|---|---|---|---|---|
| 两浙　江南　福建 | 163 | 403 | 1604 | 1363 | 1034 | 2471 |
| 京畿 京东西 河北 | 67 | 47 | 63 | 41 | 23 | 19 |

按照考生籍贯确定合格名额的想法，引起了著名的治平元年（1064 年）司马光（1019—1086 夏县山西）和欧阳修之间的“逐路”之争。司马光根据柳材的建议上《贡院乞逐路取士状》云：

国家用人之法，非进士及第者不得美官，非善为赋诗论策者不得及第，非游学京师者不善为赋诗论策。《温国司马文正公集》卷三〇，四部丛刊初编缩本 262 页

指出了考生集中首都的原因，建议各府、路基本按照全部考生的十分之一的比例录取进士。司马光暗地要控制“善为赋诗论策”的南人，拥护北人的利益。欧阳修立即上《论逐路取人札子》提出了反驳：

盖言事之人但见每次科场东南进士得多，而西北进士得少，故欲改法使多取西北进士尔。殊不知天下至广，四方风俗异宜，而人性各有利钝。东南之俗好文，故进士多而经学少；西北之人尚质，故进士少而经学多。所以科场取士，东南多取进士，西北多取经学者，各因其材性所长，而各随其多少取之。今以进士、经学合而较之，则其数均。若必论进士则多少不等，此臣所谓偶底本作“偏”见之一端，其不可者一也。《欧阳文忠公集》卷一一三，四部丛刊初编缩本 872 ~ 874 页

欧阳修强调的是南北文化基础的不同，以为如果全国各路一律录取十分之一，有些资质不好的北人可以滥竽充数。其实欧阳修发表这样的意见完全代表南人的利益。由于他们南人的反对，司马光的这一次建议没有被采纳。

熙宁三年，废除明经科的同时，宣布了京东西、陕西、河北、河东五路的首次参加进士试的以及曾经考过诸科而转考进士的考生，可以得到优惠待遇。

取诸科解名十分之三，增进士额，诸科如许用旧业一试。后非尝应诸科人，毋得创以诸科求试。其京东西、陕西、河北、河东五路之创试进士者及府监、他路之舍诸科而为进士者，乃得用所增之额以试，皆别为一号考取。盖欲优其业，便不至外侵，则常向慕改业也。《文献通考》卷三一，293 页

这就是上引吕祖谦误以为“哲庙以后”才开始的“齐鲁河朔五路之制”，考虑到北

人利益的措施。后来在元祐二年（1087 年），根据司马光的建议创设了经明行修科。这是通过现任官僚的推荐，不经过解试直接考省试的制度，而且省试的成绩达不到标准也能任官。经明行修科每路有一定的名额：京东、京西、河北、陕西各路五名，淮南、江南东西、福建、河东、两浙、成都府各路四名，荆湖南、广南东西、梓州各路两名，荆湖北、夔州、利州各路一名，对北人比较有利。这也许可以视为明代科举“南北卷”的滥觞。

## 五　从骈文到古文

现在要讨论唐宋时期叙事文体转变的问题。古文家放弃公式化的骈文，回归到儒家的“道统”等问题不须重复（陈寅恪 1954）。下面主要根据罗根泽的启示，对唐代至北宋初期古文名家的地理分布进行分析。

北人

元结（719？—772　河南）　　独孤及（744—796　洛阳）

萧颖士（717—？　兰陵山东）　　李华（约 715—约 774　赞皇河北）

韩愈（768—824　南阳河南）　　柳宗元（773—819　河东山西）

柳开（948—1001　大名河北）　　王禹偁（954—1001　巨野山东）

穆修（979—1032　郓州山东）　　石介（1005—1045　兖州山东）

南人

皇甫湜（唐　睦州新安浙江）

籍贯未详

李翱（唐）　　孙樵（唐）

显然有北多南少的倾向。这分布情况可能也有方言上的背景。元祐四年（1089 年）苏轼（眉州眉山四川）《乞诗赋经义各以分数取人将来只许诗赋兼经状》云：

> 臣曩者备员侍从，实见朝廷更用诗赋本末，盖谓：经义取人以来，学者争尚浮虚文字，止用一律，程试之日，工拙无辨，既去取高下，不厌外论，而已得之后，所学文词，不施于用，以故更用祖宗故事，兼取诗赋。而横议之人，欲收姑息之誉，争言天下学者不乐诗赋。朝廷重失士心，故为改法，各取五分。然臣在都下，见太学生习诗赋者十人而七。臣本蜀人，闻蜀中进士习诗赋者，十人而九。及出守东南，亲历十郡，及多见江湖、福建士人皆争作诗赋，其间工者已自追继前人，专习经义，士以为耻。以此知前言天下学者不乐诗赋，皆妄也。惟河北、河东进士，初改声律，恐未甚工，然其经义文词，亦自比他路为拙，非独诗赋也。《苏轼文集》卷二九，1986 年北京中华书局排印本 844 页

前面所列唐宋古文作家的籍贯，跟苏轼观察的诗赋流行的地域有密切的关系。诗赋和骈文都讲究声韵之美，这是这两种文体共同的特点，而且《切韵》系统的四声是它的音系基础。假如某个方言发生音变，失去声调之间的区别，说该方言的作者大概不容易体会“声律”的修辞效果，“声律”会变成烦琐的语言游戏。苏轼给予最高评价的江南、福建是保留《切韵》声调系统最完整的地域，蜀也可能还保留入声①，而“初改声律，恐未甚工”的河北最早发生声调变化，也是古文作家比较集中的一带。“河东”相当于晋语区，有独立的入声，成为本文推论的例外。北方的古文作家也许对自己的方言和“声律”的这种关系没有自觉，不过我们可以推断，汉语声调调类的变化和南北声调系统的分歧是北人提倡古文的重要原因之一。

上面我们探讨了方言问题影响到唐宋科举制度和古文运动的可能性。也许有人提出疑问：参与古文运动和科举制度的王安石、欧阳修都是江西人，应该属于南人一系。假如主张南北的方言分歧影响到了科举的改革、文体好尚的转变，这些改革为什么由江西人推行？为了回答这样的疑问，恐怕需要考虑两方面的事情：

第一点是宋代江西方言的语音系统。欧阳修诗词用韵“出韵”颇多，本人也有“坐赋逸官韵”的佚事（程朝晖1986）。在其他江西词人所用韵中也能看出一些不合功令的语音现象：萧豪与尤侯通叶等，这一点在现代赣方言也有反映②。

第二点是王安石等人对南北问题的态度。在明代洪熙元年（1425年），为了防止南人在科场占绝对的优势创设“南北卷”，规定了南六北四的比例。对南人来说，这比例不是有利的数字。当时积极推行这场改革的是杨士奇（江西泰和），他从国家的全局考虑问题，并没有偏袒南人的立场（檀上1986，518～520页）。因此可以假定，王安石等人也是如此。而且如上文的讨论，熙宁的改革反而限制了北人的仕途。

笔者认为江西人在宋代科举史上的地位问题还没有得到妥善的解释。我们需要从江西文化史、汉语方言史的角度进行再深入的考察。

## 六 结 束 语

入声韵尾弱化、消失的趋势，在南宋以后更加显著了。南宋理宗（1225—1264年）时人沈义父（震泽江苏吴江）的词论《乐府指迷》有如下记载，虽然有些字眼比较费解，可能反映平入二声调值的近似：

---

① 四川归入西南官话区是清初以后的事（崔荣昌：《四川方言的形成》，载《方言》1985年1期），现代四川有不少地点还保留独立的入声调类（Zavjalova，O. I.：A Linguistic boundary with the guanhua area，Computational Analyses of Asian and African Languages，21，149～159。

② 鲁国尧：《宋元江西词人用韵研究》，《近代汉语研究》，北京：商务印书馆，1992年版，187～224页。

但看句中用去声字，最为紧要。然后更将古知音人曲，一腔三两只参订，如都用去声，亦必用去声。其次如平声，却用得入声字替。上声字最不可用去声字替。不可以上去入尽道是侧声便用得，更须调停参订用之。《词源注·乐府指述笺释》，1981年北京人民文学出版社排印本67页

到元代，周德清《中原音韵》（1324年）提出了著名的“入派三声”。至于如何理解这“入派三声”的涵义，还有一些不同看法。不过大致可以肯定，在离此不远的时期，北方官话区的入声韵尾全面消失，跟南方方言形成了鲜明的对比。平仄学习上南北记忆负担的轻重不均，到此可以最后确定。

这种语言条件上的南北不平等状态，在清代科举也始终存在。乾隆十六年（1751年）上谕：“朕思边省之人选馆本少，声律亦素所未娴。”《清朝文献通考》卷五〇，商务印书馆万有文库本5327~5328页，乾隆二十二年（1757年）上谕：“旋以边方北省声律未谐，骤押官韵恐不能合有司程式。”《清朝文献通考》卷五一5331页，这些都说明，北人掌握“声律”的困难当时已经成为比较普遍的知识。

参加科举的儒生也非常注意声律。乾隆四十一年（1776年）序刊本朱一飞《国朝律赋拣金录注释》云：

叶韵之法，不外平稳而已。今人窗下著作欲惬意，每以所限之韵前后调用。场中直以顺押为是。所限之字，尤须四平八稳，要知试官注意全在此处。凡虚字、俗字、怪诞字、陈腐字，总以典切不浮者叶之，已可克领一场。《赋谱》页二

指出了押韵在试卷筛选过程中的关键性作用。章学诚（会稽浙江绍兴）乾隆四十二年（1777年）所作《定武书院教诸生识字训约》又云：

今科举诗帖平仄拈背，本非难解，而土音不同，平仄讹舛，致乖律吕。即经书文义指八股文，虽体制与词赋不同，然以场屋所需，不能不参排句偶调，以归庄雅。乃以方音不合，易致音节聱牙，辞意虽工，亦遭按剑。以是知音韵之学所以不可废也。《章学诚遗书》，1985年北京文物出版社本681页

定武即河北定县，属于冀鲁官话保唐片，古入声字分入阴平、阳平、上、去四调类①。绍兴方言属于吴语太湖片宁绍小片，平上去入分别清楚②，容易体会平仄的修辞

---

① 参看贺巍、钱曾怡、陈淑静：《河北省北京市天津市方言的分区（稿）》，《方言》1996年4期。

② 参看王福堂：《绍兴话记音》，《语言学论丛（三）》，北京：商务印书馆，1959年版，73~126页；傅国通等：《吴语的分区（稿）》，《方言》1986年1期。

效果。章学诚对定武诸生说“平仄拈背，本非难解”，是站在自己的方言基础上说的。1992 年 11 月 17 日记于吹田。

＊本文初稿曾在汉语方言学会第六届年会宣读。日文第二稿刊在岩田礼编《平成 1～3年度科学研究费总合研究（A）研究成果报告　汉语诸方言の总合的研究（1）》(99～130 页)，有大部分材料的日语译文。这次修订得到 1992 年度日本三菱基金会 (The Mitsubishi Foundation) 人文科学研究资助，何大安教授、张伯伟教授阅读初稿赐予指教，在此一并谨致谢忱。

原载《吴语和闽语的比较研究》，上海教育出版社，1995 年

# 宋代及第进士之鉴别

龚延明

科举制完善于宋代（960—1276 年），大行于宋代。科举及第释褐，已成为宋人入仕主要途径、朝廷选拔官员首要渠道。“时取才唯进士、诸科为最广。”进士、诸科中，又以“进士得人为盛”，“登上第者，不数年辄赫然显贵矣”①。至宋人称进士科为“将相科”。② 综观两宋宰执、侍从、学士、教授、儒林名流、州县长官，多由进士出身。虽然，两宋选拔官员途径，除科举取士之外，尚有门荫补官、纳粟摄官、流外出职、从军补授、外戚推荐等多种渠道，但，进士出身与非进士出身，在宋代仕进中，判然两途，未可同日而语。北宋前期，即神宗元丰改官制之前，“京朝官以上各分进士及余人”，③ 进士出身人升迁为一路；非进士出身人总称为“余人”，其升迁另为一途。进士出身人称为“有出身人”或“词人”；非进士出身称“无出身”、“杂出身”。④ 哲宗元祐四年，寄禄官分左、右，“进士出身人加‘左’，余人加‘右’”⑤，以此保证进士出身人迁转速度优于余人之特殊地位。“天子重英豪，文章教尔曹。”宋代皇帝对进士出身的特别重视，给两宋政治、军事、经济、文化带来了不容忽视的影响。例如，仁宗朝，“韩魏公（琦）帅定（按：知定州兼真定路安抚使），狄青为总管（按：为真定路马步军副都总管）。……魏公命擒焦用，欲诛之。青闻，趋就客次救之。魏公不召。青出立于阶之下，恳魏公曰：‘焦用有军功，好儿。’魏公曰：‘东华门外，以状元唱出者乃好儿，此岂得为好儿耶?’立青而面诛之（按：诛杀焦用）。青甚战灼。久之，或曰：‘总管立久。’青乃敢退，盖惧并诛也。……青每语人曰：‘韩枢密功业官职与我一般，我少一进士及第耳。’”⑥ 宋代进士出身之地方帅守，如此威风，居然能使地位与之同

---

① 《宋史·选举志》1《科目》。

② 《古今源流至论·续集》卷 10《科举》。

③ 《宋会要·职官》56 之 19。

④ 北宋太宗淳化四年定制，凡制举、进士、《九经》及第者称“有出身”，诸科及第与非登科入任者，统为“余人”。见《宋史·选举志》4、《宋史·职官志》9《群臣叙迁》。《后村先生大全集》卷 112《杂记》。

⑤ 《宋会要·职官》56 之 19。

⑥ 《默记》卷上。

等的非进士出身官员噤若寒蝉。进士出身人高人一等的社会地位，由此可见一斑。唯其如此，宋代士大夫视登进士为“蟾宫折桂”,① 人人企羡，即使已靠父祖门荫得官人，总以非进士起家为憾；有志之士，仍奋赴进士试，以登进士第为荣。诸如名相韩琦子韩忠彦、范仲淹子范纯仁、韩亿子孙韩综、韩宗彦，等等，皆任子得官后锁厅再举进士。② 至有武科状元不以为贵，再试进士及第者。如孝宗朝江伯虎，“魁辛丑右科，复擢甲辰进士。胪唱之日，恩数绝异，谓风云际会，反手间尔”③。影响所及，左右社会风尚。南宋著名文人刘克庄，靠父亲官荫入仕，借有一手好文字，仕途相当发达，曾官中书舍人、侍讲、工部尚书，然其母魏国夫人，闻之“皆泊如也”，唯“独闻克庄蒙天子赐［进士］第，则大喜，日加一餐”④。刘克庄非举进士及第，仅系皇帝持旨赐进士及第，却使一家，甚至老母“日加一餐”之惊喜，相比之下，闻“达官”却不以为喜，可见进士出身在宋人心目中地位之重要。换言之，即使官做得再大，倘不是进士起家，“心病”永远除不了。

宋代第进士既然如此受到朝野尊崇，这就给研究宋史和整理宋代载籍带来一个十分重要的问题：凡涉及政坛或文坛的宋人，要给予评价或立小传，必须搞清出身，即是不是进士出身。

两宋科举考试共进行了一百十八榜，而留传至今的完整的《登科录》，沾朱熹和文天祥的光，仅留下《绍兴十八年题名录》、《宝祐四年登科录》两榜。⑤ 其余一百十六榜进士题名录皆已灰飞烟灭、靡从过问。据专家统计，南宋正奏名进士为23 198人,⑥ 绍兴十八年、宝祐四年留存的正奏名进士为907人，占总数4%，而占总数96%的进士名录，已不可能从当年《登科录》中看到。如把北宋进士及第数统计在内，两宋进士及第数不下42390人。⑦ 数量如此之大的进士及第人，逐个全部搞清他的姓名、籍贯、年龄，已成天方夜谭；但，星散于宋人传记、史乘；墓志、方志及各种载籍中有姓名可考的人数，还是大量的。原因很清楚，凡进士出身人，在政坛上往往比较活跃、文坛上不甘寂寞；即使仕途多舛、沉于下僚者，然在本州本县、本乡本土，进士出身仍是了不起的人物，方志谱牒是少不了要为之留名的。⑧ 故今人利用能够利用的文化遗存，撰写《宋登科记考》，应该说是大有作为，亦是颇具学术价值的。值得注意的是，由于宋人

① 《避暑录话》卷下。

② 《宋史·韩琦传》、《宋史·范仲淹传》、《宋史·韩亿传》。

③ 《后村先生大全集》卷159《通守江君》。

④ 《宋史翼》卷29《刘克庄传》、《后村先生大全集》卷153《魏国太夫人墓志铭》。

⑤ 《四库全书总目》卷57《史部·传记类》1。《宝祐四年登科录》有阙页，只存577名进士，与绍兴十八年同年小录合计共存907名及第进士。

⑥ 张希清《南宋贡举登科人数考》，刊《古籍整理与研究》（第五期，中华书局1990年出版）。

⑦ 何忠礼《两宋登科人数考索》，刊杭州大学历史系宋史研究室编《宋史研究集刊》（第二辑，《探索》增刊，1988年出版）。

⑧ 宋人所撰《吴郡志》、《景定建康志》、《新安志》、《淳熙三山志》、《咸淳临安志》等，均有“进士题名”或“进士表”之类。

关于“进士”称谓含义比较广，非及第进士（包括业进士之童子、解试与省试及格之贡士）和及第进士均可称进士，这就给考订工作带来了麻烦。如何鉴定及第进士与非及第进士，以尽可能保证及第进士“不漏网”，又避免非及第进士阑入及第进士之列，就成为不可回避的、首先需要解决的问题。有鉴于此，笔者在从事《宋登科记考》课题过程中，曾就如何鉴别及第进士与非及第进士进行过专题研究，本文即系此项研究之总结。

## 一　及第进士与非及第进士之界定

宋代及第进士，系通称，不同时期有不同内涵。北宋立国之初，指礼部贡举试合格进士，奏名皇帝，皇帝“赐及第”者。如宋太祖乾德五年：“权知贡举卢多逊奏进士合格者十人。复诏参知政事薛居正于中书覆试，皆合格，乃赐及第。”① 太祖开宝六年，皇帝始于殿廷覆试礼部奏名合格进士，有“赐进士及第”与“赐进士出身”二等之别。② 真宗咸平之年，合格进士依成绩分别“赐及第、出身、同学究出身”三类。③ 举进士科，而赐“同学究出身”，士大夫不悦，至仁宗景祐元年，进士殿试合格者，改“赐及第，出身，同出身”三类：“御崇政殿试礼部奏名进士。……得进士张唐卿、杨察、徐绶等五百一人……赐及第、出身、同出身。”④ 此后成为定制。诸如南宋绍兴十八年科举试：“四月十七日，皇帝御集英殿唱名，赐状元王佐以下及第、出身、同出身共三百三人，释褐。”⑤ 又如《咸淳七年同年小录》载：“五月二十一日，皇帝御集英殿唱名，赐进士张镇孙以下及第、出身、同出身五百二人，当日赴期集所。”⑥ 可见，载籍常见之“及第进士”（省称“第进士”、“进士第”），属通称。严格地分类，应有“进士及第”，“进士出身”、“同进士出身”之区别。约定俗成，本文姑以“及第进士”或“第进士”通称殿试合格之正奏名进士。

正奏名进士之外，尚有特奏名进士，所谓“进士以累举推恩者”⑦。即屡赴省试下第之进士，依条许直接赴殿试附试者。开宝三年，太祖下诏礼部，根据下第进士举数和年龄，一一予以排队记名，遇科举试之年，按特旨划定的举数、年龄确定一份名单，特奏皇帝，允许其参加殿试之附试（与正奏名进士殿试分开）。⑧ 附试及格者，按等第分

① 《续资治通鉴长编》（以下简称《长编》）卷8乾德五年二月壬申条。

② 《宋会要·选举》7之1《亲试》。

③ 《宋会要·选举》7之5、6《亲试》。

④ 《长编》卷114，景祐元年三月戊寅条。

⑤ 《绍兴题名录》，见《南宋登科录两种》，台湾文海出版社《宋史资料萃编》第三辑。

⑥ 《隐居通议》卷31《咸淳七年同年小录》。

⑦ 《却扫编》卷上。

⑧ 《燕翼诒谋录》卷1、《宋史·选举志》1、《长编》卷11，太祖开宝三年三月壬寅朔条。

别赐进士出身、同进士出身、同《三传》出身同学究出身；或直接补官，授本州长史、文学、助教（南宋时增登仕郎、将仕郎）等散官。如南宋嘉定元年："五月六日，上御集英殿，引见礼部奏名、特奏名进士，得正奏名郑自诚以下四百二十五人，第为五等，赐进士及第、出身、同出身。特奏名刘巘以下六百四十一人，赐同进士出身、同学究出身、登仕郎、将仕郎、上下州文学、诸州助教。"① 此类特奏名及第进士，即通过殿试附试合格获赐进士出身、同进士出身、同学究出身，或直接授文学、助教之类散官者，属特恩登第进士，然其声望、地位大不如正奏名进士。诚如苏轼所评论的："特奏名人，除近上十余人文词稍可观，其余皆词学无取，年迫桑榆，进无所望，退无所归，使之临政，其害民必矣。"②

简而言之，上述之正奏名殿试合格赐及第、赐出身、赐同进士出身、赐同学究出身之进士及特奏名赐出身进士，归属于及第进士，省称"第进士"、"进士第"，并以此为界定，凡不能列入此类之诸种进士（皇帝特赐进士例外），③ 皆为非及第进士，包括业进士、乡进士、国子监进士、漕试进士、解试进士、礼部试进士……

## 二　非及第进士之称"进士"者

在两宋，凡举进士科目考试之举子，未经殿试覆试之前，皆可称"进士"或"举人"。这与明、清"会试中式者为进士"，"乡试中式者为举人"显然不同。④ 综观宋代非及第进士之称谓，大体可分为三种：一为业进士，即未获荐乡试（初称发解试）之前的举子；二为乡进士，即业进士乡试合格获发解礼部试（省试）资格之乡贡进士（或称贡举人、解进士）；三为奏名进士，即礼部将经省试合格或屡试不合格之进士，依条列入正奏名进士、特奏名进士名单，上奏皇帝、许其赴殿试覆试、附试者。

**（一）业进士**　业进士又称"习进士"、"举进士"。

《曾巩集》卷44《胡君墓志铭》："君名敏，君之为进士，其强学、其广记、其博闻、其能文辞于其业，可以谓之修……而止荐于乡。"《水心文集》卷26《张公行状》："孙女嫁承务郎木溶，次许嫁将仕郎鲍峇，次许嫁进士周保之，余幼也。"《东轩笔录》卷2："鞠咏为进士，以文受知于王公化基。及王公知杭州，咏擢第，释褐为大理评事、知杭州仁和县。"《江西出土墓志选编》之《宝文阁待制程节墓志铭》："女四人：……

---

① 《宋会要·选举》8之22。

② 《长编》卷410，哲宗元祐三年五月丙午朔条。

③ 《陔余丛考》卷28《特赐进士》："《神宗纪》，赐布衣陈知彦进士出身，是也。又有他途出身已为达官，而特赐出身者，《神宗纪》，赐知县王辅同进士出身。《理宗纪》，以史宅之为太府少监、史宇之为将作少监，并赐同进士出身。赵葵同知枢密院事，赐进士出身。李曾伯为四川宣抚使兼京湖制置大使，赐同进士出身。德祐中，谢堂知枢密院事，赐同进士出身是也。"

④ 《陔余丛考》卷28《举人》。

余嫁同里进士史廷、胡经，俱亡。"① 上引"许嫁进士周保之"，"鞠咏为进士"、"君之为进士"、"同里进士"，均属未及第进士，即正以举进士科目为业之举子，连州府发解试都未获通过。此种进士有已荐名于乡试（发解试）与未获荐名于乡试之区别。前者如"胡君（敏）"，后者如"进士周保之"、"同里进士史廷、胡经"，故连"乡贡进士"之头衔亦无，或止称"同里进士"而已。此类进士，按规范，应称"习进士"、"业进士"、"举进士"。例如，《横塘集》卷19《陈通直墓志铭》："生二男子：长即桷也，以承议郎、行秘书省著作佐郎；次曰某，习进士。"《攻媿集》卷108《徐公墓志铭》："五男子：简，从事郎、新邵州新化县令……簥，业进士。"《北山小集》卷33《毛公墓志铭》："二男子：曰伯亮，将仕郎；曰叔度，举进士。"

此外，凡获荐赴发解试（或称贡举试，有秋试、乡试、州试、漕试、锁厅试种种名目）之进士，无论经试未经试、经试不合格与合格，均称进士。如"（皇祐四年）诏开封府、国子监进士，自今每一百人解十五人"②。"（淳化三年诏）两京国学及诸道州府应新旧进士、诸科举人，每秋赋各依前后敕命，委本处逐色差官考试，须是文章经义最精者，每进士一百人，只解二十人……。"③

**（二）取解进士** 宋代科举试分为三级：发解试、省试、殿试。发解试为初级考试，以州试（包括与州平级之府、军、监试）为主干，又有开封府试、国子监（含国子学、太学）解试、转运司类试、命官锁厅试等。缘在秋季举行，又称秋试或秋赋。合格者上贡赴礼部试（省试），故又称贡举试。以州试非在京师举行，或称乡试，"（咸平三年）凡士贡于乡而屡绌于礼部、或廷试所不录者"，④ 此之谓也。举进士科经发解试合格者，为"取解进士"、"诏礼部贡院增天下解额。既而上言，请以景祐四年、庆历元年科场取解进士人数内择一年多者，令解及二分为率"⑤。

取解进士，乃初级考试通过之进士，虽已取得解赴省试之资格，但仍属未第进士。这一类进士，因取解场所不同，而有不同称呼。

乡进士 北宋仁宗朝欧阳修致张荣秀才书："修顿首致书秀才足下：……足下家籍河中，为乡进士。精学励行。尝已选于里，升于府，而试于有司（按：有司指礼部）矣，可谓彼邦之秀者欤!"⑥ 此乡进士已过府试。

乡贡进士 即乡进士。南宋绍兴七年，"汪藻奉诏举乡贡进士刘度应直言极谏科"⑦。又，杨万里称胡籛为"吾州乡贡进士。"显然，此胡籛已通过州发解试，属取解进士。所谓"乡贡"，"依额取人，荐名于朝廷，谓之乡贡"⑧。

---

① 《江西出土墓志选编》（陈柏泉编），江西教育出版社，1991年版第73页。

② 《宋会要辑稿补编》（徐松辑、陈智超整理）全国图书馆文献缩微复制中心，1988年版，第472页。

③ 《宋会要·选举》14之16《发解》。

④ 《宋史·选举志》1《科目》。

⑤ 《宋会要·选举》15之13《发解》。

⑥ 《欧阳文忠公集·居士外集》卷16《与张秀才（棐）第一书》。

⑦ 《建炎以来系年要录》（以下简称《要录》卷117，绍兴七年十一月丙申条。

⑧ 《诚斋集》卷132《刘氏墓志铭》、《朝野类要》卷2《解试》。

土著进士　本贯士人赴解试之进士。“绍兴二十三年，各州土著进士就试终场人计若干人取一人……流寓人少去处，依土著所解人十分离率，及三分亦解一人。”①

三京诸道州府军监进士　此为分别于京府、诸路转运司、各州、府、军、监解试进士（含未取解进士）。《宋会要·选举》15之6：“中书门下言：应三京、诸道、州府军监进士、诸科举人，除已发解、免解外，有诸科曾经终场、进士曾经御试，今来不该解荐者，并乞特许将来赴省试。”

京府进士　开封府及西京、南京、北京解试进士。“张尧封，南京进士也。”②《宋会要·选举》15之27：“（元符）三年六月二十八日，诏开封府进士许依旧发解，以一百人为额。”又，“大名府学进士刘建侯盗官书卖之”。

国学进士　两京国手监生及太学生已获发解之进士。“天圣七年八月甲午，诏国子监进士自今以五十人为额。”③“故宋太学进士梅里林君讳正己……会革命，归休田里。”④

路进士　宋代并无正式之路一级科举试。所谓“路进士”，乃总括本路属下州府军监取解正进士或解试进士而言。如“诸路进士、诸科经义，嘉祐八年以前省试下”⑤、“五路进士及新科明法等……进士每十人、新科明法每七人各许解一人。”⑥

州进士　经州试取解进士，在未及第之前，仍为布衣；也有特授散官、摄官或赐号者。

如“澧州进士”王宥孚授守本州助教，⑦“婺州进士”张志行“赐号冲素处士”⑧。州进士包括赴解试之进士（即未能确定取解否），如“淮西转运司申：光州进士秦万全妄诉林应辰冒贯就试，群众打林应辰濒死，士人惊散”⑨。“京西转运使胡则言：滑州进士杨世质等诉本州黜落。”⑩

府进士　与州平级之府，共所举行之发解试功用和州试同。“真宗祥符四年，诏河中府进士五举、余州七举并特奏名。”⑪

军进士　军，与州平级之地方行政建置。军解进士或省称军进士，“兴化军进士”、“兴国、广德军到省进士”，等等。须注意的是，宋代节度州进士，或称军进士，如“有彰信军进士名刘涛”，⑫此“彰信军”乃曹州节度州军额名，仍属州进士，绝不能同军进士（略低于州之军）相混淆。

---

① 《宋会要·选举》16之9《发解》。

② 《新编分门古今类事》卷10《尧封幕职》。

③ 《山堂群书考索·后集》卷29《国子监解额》。

④ 《台州墓志集录》61页《宋故林己圹志》，1988年版。

⑤ 《醴泉笔录》卷上。

⑥ 《宋会要·选举》15之25、26《发解》。

⑦ 《文庄集》卷2《澧州进士王宥孚可守本州助教》。

⑧ 《系年要录》卷66，绍兴三年六月乙酉条。

⑨ 《宋会要·选举》16之37《发解》。

⑩ 《容斋随笔·三笔》卷2《进士诉黜落》。

⑪ 《山堂群书考索·后集》卷32《士门》。

⑫ 《新编分门古今事类》卷8《刘帨第三》。

转运司进士　常称“漕试进士”、“漕进士”。转运司发解试，称“类试”或“附试”，系州府、军科场之补充，专为流寓人（包括宗室子弟之在外者），在本贯外州郡供职之现任官亲属子弟、宗室子弟之非在京师者而设。有规定之解额。如“（熙宁二年）六月二十二日，诏诸州军监举送发解考试、监试官亲戚门客，类聚送转运司与锁厅、明经一处考试，各十分取一分半为额”①。其取解进士别称“漕进士”：“浙漕进士林梦庚”②，“孟坚……漕进士”③。全称为“转运司进士”，如南宋厉仲方之子“曰俣，江西转运司进士”④。

秋试进士　宋制发解试在秋季举行，故“解试”又称“秋试”：绍兴十一年，始就诸路秋试每五人解一名、省试七人取一名。……言者以为滥，请解、省试各递增二人：“解试七人取一、省试九人取一。”⑤ 故解试进士又称“秋试进士”：“（天圣七年八月）十日，上封者言：京府秋试进士不下二千人。”⑥

免解进士　因明堂恩或郊祀恩等诸种皇帝恩泽，于曾经发解试或已得发解赴省试下第进士，特予以免解试一次（或再次），许直赴省试。获免文解之进士，称“免解进士”，仍属未第进士。如“免解进士蒋举，宣和初丁母忧，庐墓，坟生芝草。诏旌表门闾”⑦。南宋孝宗朝黄云三子：“次甲，进士；次由，免解进士。”⑧

到省进士　过解试获发解赴省试（尚书省礼部贡院试）之未及第进士。“颖昌府德音：本府到省选士一举……曾到御前者，如将来南省（按：即尚书省）考试不合格，奏取指挥。”⑨

系额进士　宋制州府军监及开封府、国子监等解额均有明确规定。如许州进士解额为三十一人、诸科百六人。⑩ 属于解额内之进士为“系额进士”。如解试合格进士人数超过解额，允许减诸科额，而添进士额，此称“添解进士”⑪；或将溢额之合格进士降等充填诸科阙额：“景祐元年正月十三日，知青州夏竦言：考试举人内合格系额进士刘概等二十二人外，更有合格进士王子厚等一十四人，乞充填诸科阙额。”⑫

取解进士又称“发解进士”、“解发进士”、“得解进士”，省称“解进士”、“进

---

① 《宋会要辑稿补编》页474。

② 《勉斋先生黄文肃公文集》卷35《李知县墓志铭》。

③ 《后村先生大全集》卷160《英德赵使君墓志铭》。

④ 《水心文集》卷22《厉领卫（仲方）墓志铭》。

⑤ 《文献通考·选举》5《举士·宋》。

⑥ 《宋会要·选举》15之6《发解》。

⑦ 《系年要录》卷140，绍兴十一年六月丙申条。

⑧ 《水心文集》卷26《黄公（云）行状》。

⑨ 《宋会要辑稿续编》页475。

⑩ 《宋会要辑稿续编》页468。

⑪ 《宋会要·选举》15之24《发解》。

⑫ 《宋会要辑稿续编》页469。

士”。①至于连解试也通不过之“落解进士”,②系非及第进士，不言自明。落解进士省称“落进士”。③

**（三）南省进士** 发解试合格之解士（包括进士、诸科举人），通称贡举人或贡士（按科目有取解进士、诸科举人之别）。④贡举人由解官解送到礼部贡院，参加科举试之第二级考试——礼部试，常称省试。四川因路途遥远，自设类省试，不必径赴省试。“除四川外，诸州及漕司（按：漕司即转运司）解士，就礼部贡院锁试，名曰省试。”⑤诸凡得解赴省试之进士，称“南省进士”、“到省进士”、“礼部贡院进士”。如：“缘南省进士直至入策方理一举。”⑥“到省进士一举……曾到御前者。”⑦“诏礼部贡院进士六举、诸科九举以上，虽不合格，并许特奏名。”⑧南省进士，经礼部贡院锁厅四场考试，拔其经义、诗赋、论、策优者，为奏名进士（亦称合格进士），得赴殿试。其余之不中者，为礼部试下第进士，已无望在本次科举试中及第。省试合格进士比例是很小的。咸平五年，诸京府及诸路赴省试之贡举人共一万四千五百六十二人，“上亲试礼部举人，得进士益都王曾以下三十八，《九经》、诸科百八十人，并赐及第”⑨。

## 三 及第进士之称名

宋代进士及第之标准，在北宋仁宗景祐二年前后，有所不同。赵宋王朝建立之初，礼部贡院试及格，由知贡举官将合格进士上奏，皇帝赐及第，尚书省列名放榜，即为及第进士，毋须经殿试覆试。“宋朝礼部贡举，设进士、九经、五经、开元礼、三史、三礼、三传、学究、明经、明法等科，皆秋取解、冬集礼部春考试，合格及第者，列名放榜于尚书省。”⑩此时科举取士之权，实际掌握在知贡举官之手，皇帝并不参预。“建隆二年二月癸酉，权知贡举窦仪奏进士合格者十一人。”⑪《宋登科记·总目》：“（太祖建隆）二年进士十一人，榜首张去华。”⑫太祖开宝五年，贡举取士权由皇帝直接掌握，凡贡举官上奏合格进士，皇帝亲自召入殿中对策后，方下制放榜：“（开宝）五年，

---

① 《宋会要·选举》14之22、15之22、16之3、15之28、15之25。

② 《宋会要·选举》15之16。

③ 《宋会要·选举》15之2。

④ 《山堂群书考索·后集》卷36、37《士门·贡举》。

⑤ 《朝野类要》卷2《省试》。

⑥ 《宋会要·选举》15之7。

⑦ 《宋会要·选举》15之22。

⑧ 《山堂群书考索·后集》卷36、37《士门·贡举》。

⑨ 《太平治迹统类》卷28《祖宗科举取人》。

⑩ 《文献通考·选举考》3、5。

⑪ 《长编》卷2，太祖建隆二年二月癸酉条。

⑫ 《文献通考·选举考》3、5。

初，岁取进士不过十数人，知贡举奏合格人姓名而已。至是，礼部试到进士安守亮等十一人及诸科十七人，上召对讲武殿，始下制放榜，新制也。"① 此"新制"，肇两宋皇帝殿廷覆试省试奏名进士之端。于是，以太祖开宝五年为界限，开宝五年之前，礼部奏名进士，即为及第进士；开宝五年之后，礼部奏名进士有可能为殿试所淘汰，难以确定礼部奏名进士必为及第进士。"旧制"殿试皆有黜落，临时取旨，或三人取一，或二人取一，或三人取二，故有累经省试取中，屡摈弃于殿试者。故张元"以积忿降元昊，大为中国之患"②。一个举进士之士子，初由县长官校艺，优者始获荐于发解试（州试之类）。而通过发解试之比例是极小的。以南宋庐州为例，"乾道四年戊子宾兴之秋……入围棘者（试场）至八千人，拔其尤而升者六十八人"③。即118人取1人（进士与诸科混合未分），已是百里挑一。至于省试取解士比例，以咸平五年为例，"约六十六取一人",④ 进士科取人尤难，宋人为之语曰："焚香礼进士，嗔目待明经。"⑤ 可以想见，省试合格者，已是五、六千人取一人之佼佼者，一旦殿试，又为"三人取一"、"二人取一"之比例所筛选，殿试及第者成了万人挑一的幸运者，其余落第者该何等之忿懑。被"屡摈弃于殿试"之张元叛投西夏，显然为"积忿"所致。"于是群臣建议，归咎于殿试黜落。嘉祐二年三月辛巳，诏进士与殿试者皆不黜落。迄今不改。"⑥ 殿试覆试不黜落，仅决定高下名次。此举不但缓和了考生与天子矛盾，"又以见名器威福，专在人主"⑦。故自仁宗嘉祐二年科举试第四十五榜起，至度宗咸淳十年第一百十八榜止，殿试不复黜落过省之进士。换言之，宋代以嘉祐二年（1057年）为界线，其后之礼部奏名进士（正奏名、特奏名）均为及第进士。此系鉴别宋代第进士之重要标准。与此标准相应，诸凡嘉祐二年后之"合格奏名进士"、"御试进士"、"殿试进士"、"正奏名"（或省称"正奏"）、"特奏名"、"过省进士"，等等，均系登第进士。然，按《科举条制》，登第进士，自开宝五年、六年太祖皇帝亲御讲武殿覆试之后，必唱名赐进士及第、进士出身、同进士出身或同学究出身，同三传出身；自太宗太平兴国八年始以分甲放榜："是年，试进士始分三甲，第一甲并知县。"⑧ 真宗咸平三年，分五甲三等，即第一、二、三甲，赐进士及第、第四甲赐进士出身，第五甲赐同三传、学究出身。⑨ 其后分甲遂成为定制。如《咸淳七年同年小录》："五月二十一日，皇帝御集英殿唱名赐巡士张镇孙以下及第、出身、同出身五百二人……。第一甲共十七人……第二

---

① 《宋会要·选举》1之1、2《贡举》。

② 《燕翼诒谋录》卷5。按：嘉祐二年为一条界线，并非此后绝无殿试黜落进士者。

③ 《卢溪文集》卷50《跋钱吏部燕举人诗》。

④ 《文献通考·选举考》3、5。

⑤ 《山堂群书考索·后集》卷32《宋朝进士科》。

⑥ 《燕翼诒谋录》卷5。

⑦ 《苏轼文集》卷28《放榜后论贡举合行事件》。

⑧ 《文献通考·选举考》3《举士·宋朝·太平兴国八年》。

⑨ 《宋会要·选举》7之5、6《亲试》，《太平治迹统类》卷28《祖宗科举取人·咸平三年》。

甲共三十九人，第三甲共七十七人，第四甲共一百九十八人，第五甲共一百七十一人。特奏名第一名吴清伯第五甲。”① 故宋人以登进士第，为登甲科；登第一甲名次，谓中高科。

两宋第进士称名表示

<table>
<tr><th rowspan="2"></th><th colspan="3">属登第进士</th></tr>
<tr><th>省　试</th><th>殿　试</th><th>特　赐</th></tr>
<tr><td>建隆元年至开宝四年<br>960—971 年</td><td>合格进士：<br>正奏名进士赐进士及第<br>特奏名进士赐进士出身</td><td>无</td><td rowspan="3">特赐进士及第<br>特赐进士出身<br>特赐同进士出身</td></tr>
<tr><td>开宝五年至皇祐五年<br>972—1053 年</td><td>奏名合格进士是否及第与非及第，待殿试复试确定</td><td rowspan="2">1. 正奏名合格进士赐第：<br>赐进士及第<br>赐进士出身<br>赐同进士出身<br>赐同学究出身(哲宗朝后无)<br>2. 特奏名合格进士赐第：<br>赐进士出身、同进士出身<br>赐同学究出身、同五经出身<br>赐三礼出身、三传出身<br>授州长史、司马、文学、助教<br>授登仕郎、将仕郎</td></tr>
<tr><td>嘉祐二年至咸淳十年<br>1057—1274 年</td><td>礼部奏名合格进士：<br>正奏名进士<br>特奏名进士</td></tr>
<tr><td>备　注</td><td colspan="3">1. 进士举未分文、武。<br>2. 类省试等未列入表内。<br>3. 真宗咸平三年河北榜有第进士赐同三传出身例。</td></tr>
</table>

本表资料依据《宋会要·选举》1《贡举》、7《亲试》、9《赐及第》，《文献通考·选举考》3、4、5《取士》、《太平治迹统类》卷 28《祖宗科举取人》及《长编》、《要录》等制成。

## 四　及第进士之省称、别称

宋代登第进士，按其终场考试成绩；以皇帝赐予之名义，分别授予进士及第，进士出身、同进士出身等高下不同之名号，此已由上文述及，不须重覆。然文书、册籍、简牍中，未必都遵用如此正式之名号，大量的、常见的还是其通称、省称与别名。通称、省称比较容易识别。及第进士之别称，不但数量多，而且五花八门，识别比较困难。但在鉴别两宋及第进士时，两者均须通晓，兹例释如下：

① 《隐居通议》卷 31《咸淳七年同年小录》。

**登进士科第**　通称。《通志略·氏族略》5《宫氏》："宋有宫咏，登进士科第。"《宋史·选举志》1《科目》："宋之科目，有进士，有诸科，有武举。……陶穀子邴擢上第，帝曰：'穀不能训子，安得登第'……别命儒臣于中书覆试，合格乃赐第。"

**进士及第**　赐进士及第之省称。赐进士及第乃进士高等，真宗大中祥符四年，定以第一甲、第二甲赐进士及第。①《南宋馆阁录》卷7《秘书省少监·淳祐以后》："马天骥……绍定二年黄朴榜进士及第。"《宋史·理宗纪》1："（绍定二年五月）辛巳，赐进士黄朴以下五十七人及第、出身有差。"《宋会要·选举》2之19："特奏名第一人赐进士及第。"

**进士出身**　赐进士出身省称。真宗大中祥符四年，定以第三甲赐进士出身。②《道乡集》卷35《张唐英墓志铭》："君张氏，讳某，字唐英。……元丰八年……进士试入第三等，遂赐进士出身。"《南宋馆阁录》卷7《秘书省丞·嘉定以后三十六人》："张攀……淳熙十一年卫泾榜进士出身。"

**同进士出身**　赐同进士出身省称。真宗大中祥符四年，定以第四、五甲赐同进士出身。③《南宋馆阁录》卷7《秘书省监·庆元以后六人》："范处义……绍兴二十四年张孝祥榜同进士出身。"《南宋馆阁录》卷8《秘书省正字》："绍兴以后张本……赐同进士出身。"

**及第进士**　赐进士及第、进士出身、同进士出身之通称。《宋会要·选举》2之19《进士科》："（隆兴元年）诏新及第进士第一人木待问补左承事郎、签书诸州即度判官事……第五甲守选。"

**中进士第、中进士、举进士中第**　省称。《安阳集》卷47《孙公（侑）墓志铭》："咸平三年……中进士第。"《宋元四明六志校勘记》7《作者》上："夏嘉，鄞县人……中端平二年进士。"《河南先生文集》卷16《张公墓志铭》："公讳弁，字汉臣。……景德二年再举进士，中第。"

**中进士甲科、中进士乙科、中进士丙科**　宋第进士由殿试决定名次，通常分五甲三等。真宗大中祥符四年，以第一、二甲赐进士及第，第三甲赐进士出身，第四、五甲赐同进士出身。徽宗崇宁二年，改为第一、二甲赐进士及第、第三、第四甲赐进士出身，第五甲赐同进士出身。南宋乾道二年重申依崇宁二年定制。④依宋制，凡赐进士及第，习称中进士甲科；赐进士出身，习称中进士乙科；赐同进士出身，习称中进士丙科。即是说，两宋之甲科、乙科、丙科仅指甲、等名次而言，皆系黄甲进士，即及第进士。故所谓"乙科升甲"，无非在五甲排名中，由第三甲升第二甲而已，合格进士身份相同。如"（林演）升上舍生，赴廷试。……及对，屈居乙科，例得升甲，教授梧州。"⑤《福

① 《宋史·选举志》1《科目》。

② 《宋史·选举志》1《科目》。

③ 《宋史·选举志》1《科目》。

④ 《宋会要·选举》2之19《巡士科》。

⑤ 《后村先生大全集》卷155《林景大墓志铭》。

建通志》卷123《选举志·进士·宋》:“(淳祐)十年方逢辰榜林演莆田人。”简言之,中进士甲科、中进士乙科、中进士丙科,乃是赐进士及第、赐进士出身、赐同进士出身之别称。《新安志》卷9《叙牧守》:“曹修古,字述之。……大中祥符,中进士甲科。”《宋史·曹修古传》:“字述之,建州建安人。进士起家。”《后村先生大全集》卷154《吴公(炎)墓志铭》:“公讳炎……廷试中乙科。”《宋史翼》卷22《吴炎传》:“吴炎……登绍熙元年进士乙科。”《宝庆四明志》卷8《叙人·先贤事迹》上:“曹粹中,字纯志。定海人,中宣和六年进士丙科。”《宋史翼》卷23《曹粹中传》:“字纯志,号放齐。定海人。……宣和六年,进士释褐。”

**登进士科、登进士及第、登进士第、登进士** 均为省称。《名臣碑传琬琰集》中集卷10《张枢密奎墓志铭》:“公讳奎,字仲野。祥符五年登进士科。”《宋史:张亢传》:“张亢……兄奎,字仲野,先亢中进士。”《宋元学案》卷33《常簿张先生嵋》:“张嵋,……登进士第。”《宋诗纪事》卷22《张嵋》:“嵋……与兄峋同登进士。”《宋史·许仲宣传》:“许仲宣……汉乾祐中,登进士第,时年十八。……(子)待用再举及第。……待用子巨源,亦登进士及第。”

**登进士第甲科(登进士甲科)、登进士第乙科(登进士乙科)、登进士第丙科(登进士丙科)** 均为省称。“登进士”云云,与“中进士”云云,其义同。《至顺镇江志》卷18《科举·土著》:“张倜,字大方,金坛人,登庆历二年进士第甲科。”《京口耆旧传》卷6《张谔传》:“祖倜,字大方,登庆历二年进士。”《至顺镇江志》卷18《科举·侨寓》:“孙应凤……居镇江,淳祐四年登进士第乙科。”《鹤山先生大全文集》卷82《张公(钧)基志铭》:“张公钧,字子和……绍熙四年,登进士乙科。”《金华先民传》卷7《戚如琥传》:“戚如琥……绍熙元年,登进士丙科。”《至顺镇江志》卷18《科举·土著》:“邵鯱,字仲恭。熙宁六年,登进士第丙科。”《京口耆旧传》卷3:“邵亢二子:……鯱,字仲恭。……登熙宁六年进士第。”

**举进士及第、举进士第、举进士** 均为省称。“举”、“登”、“中”同义。需注意的是,“举进士”或为“举进士业”之省称,未必已中第,即未必是“举进士及第”之省称。要判定“举进士”是否为及第进士,首先要视其后之连词是否为官。如《宋史·唐庚传》:“举进士,稍为宗子博士。”《四川通志》卷122《选举·进士》:“绍圣元年甲戌科举异渐榜 唐庚 丹棱人。”《欧阳文忠公集》卷26《张君(思)墓志铭》:“君……天禧四年举进士及第。”《乐全集》卷40《马公(绛)墓志铭》:“父浩举进士第。”《宋史·凌策传》:“凌策……雍熙二年,举进士,起家广安军判官。”

**擢进士科、擢进士第、擢进士** 均为省称。“擢”、“登”、“举”、“中”同义。《永乐大典》卷;3147《陈括》之《绍兴正论》:“括,字叔度。……擢政和三年进士科。”《攻媿集》卷96《孙公(逢吉)神道碑》:“隆兴元年,擢进士第。”《宋史·孙逢吉传》:“隆兴元年进士第。”《宋史·孙洙传》:“未冠擢进士。”《东都事略》卷85《孙洙传》:“年十九举进士。”

**甲科、乙等(乙科)、末科(丙科)** 凡所称登(擢、中、赐、举、忝)甲科、乙科（乙等）、丙科（末科）之类，皆系进士及第，无非等次不同而已。《攻媿集》卷39《外制·王介国子录》："敕具官某：士登甲科，立致朊仕。"《淳熙三山志》卷31《人物类》6《科名》："嘉定四年辛未赵建大榜　张翀　甲科。"《庸斋集》卷6《许枢密（应龙）神道碑》："公嘉定戊辰擢进士甲科。"《武夷新集》卷9《范公（贻孙）墓志铭》："天子临轩，擢居乙等。"《至顺镇江志》卷18《科举·土著》："王资深　澂弟，与兄同榜乙科。……王澂，字彦辅。金坛人。大观三年登进士第。"《攻媿集》卷64《代汪景孟茂良上龚参政书》："壮忝末科，亦尝起当时之志。由铨选而仕京都，初非有援。"同前书卷109《宋君（晋之）墓志铭》："隆兴改元，永嘉进士得人最盛。……余忝末科。……君讳晋之……登乙科。"（按："余忝末科"，楼钥谦称登进士五甲之末甲。钥于"隆与初元，擢进士第"①。）

**进士第，第进士**　省称。《宋史·强渊明传》："渊明进士第，调海州司法参军。"《咸淳临安志》卷66《人物》7："强至……子浚明、渊明、陟明皆登进士第。"《宋诗纪事补遗》卷13《曹颖叔》："亳州谯人。第进士。"《宋史·曹颖叔传》："亳州谯人。……进士及第。"《网山集》卷4《余府君（凤）墓志铭》："岁辛未，果第进士，调长溪主簿。"

**进士起家、起进士**　以第进士入仕之意。《鹤山先生大全集》卷71《洪公秘墓志铭》："洪姓……徙番阳。至给事中彦升，以进士起家，洪氏益大。"《曾巩集》卷44《孙君（适）墓志铭》："黟县之孙氏有起进士……讳抗者……子亦起进士为永州推官。"《宋史翼》卷1《孙抗》："孙抗，字和叔。黟县人……登进士甲科。"

**宋进士、戊戌进士、宝祐进士、某年进士**　凡"进士"之前系以朝代名、年号名、某年号之某年及干支名者，为及第进士。上列"戊戌"、"宝祐"系举例，甲子、乙丑，或建隆、绍兴，或乾德二年、元丰八年，等等，依此类推。《台州墓志集录》页60《宋·吴焱墓志铭》："宋进士从政郎吴霁山先生墓志铭"。《宋诗纪事》卷78《吴仲轩》："吴仲轩　仲轩，进贤人。宋末进士。"《宋季忠义录》卷16《吴仲轩》："进贤人。度宗时第进士。"《南宋馆阁续录》卷8《秘书郎·宝祐以后》："孙德之……戊戌进士。"《宋元学案补遗》卷60《孙东白德之》："孙德之……登嘉熙二年（戊戌）进士第。"《宋史翼》卷34《胡三省》："胡三省，字身之。宁海人。宝祐进士，终朝奉郎。"《宝祐四年登科录》："第五甲第一百二十一人　胡三省，字景参，小名满孙，小字子持。年二十七。四月二日丑时生。治赋一举。本贯台州宁海县新宁乡。"《宋诗纪事》卷53《张缜》："缜，字季长。……隆兴元年进士。"《南宋馆阁录》卷8《秘书正字·乾道以后三十一人》："张缜，字季长。……木待问榜进士出身。"

**御试进士、殿试进士、集英殿进士、策试进士**　北宋仁宗嘉祐二年以后预殿试之进士，可断定为及第进士。《宋会要·选举》8之40："（绍兴二年）自来御试进士引试、唱名，并作两日。……唱名殿试进士，有犯庙讳者。上曰：'犯宗庙讳，当依格降

① 《宝庆四明志》卷8《叙人》上《楼郁》。

等。'"《江西出土墓志选编》页253《制帅参告院西熊公墓铭》:"契家生前集英殿进士方回撰。"《新安文献志》卷95《方总管回传》:"方总管回,字万里。……景定三年以别院省元登第。"《宋史·叶祖洽传》:"叶祖洽……熙宁初,策试进士。"《宋会要·选举》7之19《亲试》:"神宗熙宁三年三月八日,上御集英殿试礼部奏名进士……得叶祖洽以下三百五十五人。"

**新进士、前进士、免策士、知名进士** 均为及第进士。"新进士"为新及第进士省称。"前进士"为御前登进士第之谓。"免策士"系免殿试而获赐第之进士。"知名进士"乃经殿前唱名、南省放榜扬名于世之进士。《后村先生大全集》卷61《徐霖校书郎》:"尔以新进士毅然上书。"《宋史》卷425《徐霖传》:"淳祐四年,试礼部第一。……登第。"《范文正公文集》卷22《谢公(涛)神道碑》:"公讳涛……女四人:长适前进士周盘。"同前书卷12《胡公(则)墓志铭》:"御前登进士第。"《鹤山先生大全集》卷24《荐三省元奏》:"然而,诏免策士之岁,则四川首选。……庆元二年,诏免策士宋德之,以类元(按:四川类省试第一名)视第之名(按:指殿试第三名)恩例。"《艾轩集》卷9《林兵部墓志铭》:"公讳师说,字箕仲,年甚少,为知名进士,以次当补官。"

**同年进士、同年** 同年登进士第省称。《西山真文忠公文集》卷47《袁公(燮)行状》:"某(真德秀自称)与肃(燮子)同年进士。"《宋史·儒林·真德秀傅》:"登庆元五年进士第。"《南宋馆阁续录》卷7《秘书省丞·宝庆以后六人》:"袁肃……庆元五年曾从龙榜进士及第。"王庭珪《送同年赵季成赴行在》:"闻道今开丞相府(原注:沈相;同年),昔年同是广寒仙。"①《成化湖州府志》卷9《科第》:"政和八年嘉王(按:原以嘉王赵楷为榜首,因是宗室,改以第二人王昂为榜首)榜 沈该 上舍。"《省斋文稿》卷29《王公庭珪行状》:"公姓王氏,讳庭珪……。登政和八年第。"

**上科、上第、高科、高第** 凡登上科、上第、高科、高第之类,可判定为进士科及第。《温国文正公文集》卷64《越州张推官字序》:"举进士登上科,今从事于浙东。"《宋史·熊本传》:"进士上第,为抚州军事判官。"《诚斋集》卷128《陈先生(从古)墓志铭》:"从古既策上第。"《后村先生大全集》卷61《陈垓国博李伯玉太博》:"惟师儒之官,率以高科负盛名者为之。尔垓,南宫(按:指省试)献赋第一。尔伯玉,大廷对策第二。"《宋元宪集》卷23《刑部员外郎直集贤院柳植可三司盐铁判官制》:"夙怀懿文,遂践高第。"《宋史·祖无择传》:"进士高第。"《李觏集》卷35《寄祖秘丞》:"从来未识面,只是闻高第。"

**名标黄甲** 正奏名五甲及第进士称黄甲,或称黄甲阙榜。名列黄甲者,第进士之谓。《后村先生大全集》卷121《戊申生日·卓教授得吉》:"名标黄甲,举幡而集阙下,不亦壮哉!""黄甲,正奏名五甲也。吏部谓之黄甲阙榜。"②

---

① 《卢溪文集》卷15《送同年赵季成赴行在》。

② 《朝野类要》卷2《举业·黄甲》。

**末甲、相甲** 正奏名进士五甲之第五甲，最末一甲。凡置末甲、列末甲者，均为及第进士。第五甲进士，仕宦多贵显者，故别称“相甲”。《宋史·宗泽传》：“宗泽字汝霖，婺州义乌人。……登元祐六年进士第，廷对极陈时弊，考官恶直，置末甲。”《朝野类要》卷2《举业·黄甲》：“正奏名五甲也。吏部谓之黄甲阙榜。第五甲旧多贵显，故或称为相甲。”

**巍科** 进士科别称，与高科同义。擢巍科，登巍科云云，即登进士第。《攻媿集》卷100《知嵊县季君墓志铭》：“以身率士子，课试皆临视之。咸自旧励登巍科，如张少良等数人。”《浙江通志》卷126《选举·宋》：“淳熙二年乙来詹骙榜 张少良，盐官人。”《南涧甲乙稿》卷21《安人卢氏墓志铭》：“考功讳人杰……少通《春秋》，策名登进士巍科。”

**俊科（隽科）、俊秀之科、第俊髦之第** 进士科别称俊科。《文恭集》卷13《李规何若谷并可秘书丞制》：“尔等以学力之敏，前致俊科。”《宋诗纪事补遗》卷9《何若谷》：“江西新淦人。景祐元年进士，官至礼部尚书。”《归愚集》卷10《答宏词周学士启麟之》：“奋鹏翼于俊秀之科……旋召南宫之试。”《宋史翼》卷13《周麟之》：“绍兴十五年进士，治《春秋》，授武进尉。十八年正月，应博学宏词合格，除左修职郎。”《宋元宪集》卷21《范仲淹可尚书吏部员外郎权知开封府制》：“早由隽科，洊质劳阀。”《宋史·范仲淹传》：“举进士第，为广德军司理参军。”《文恭集》卷14《李师中、李建中并可太常博士制》：“以尔师中……策俊髦之第。”《忠肃集》卷12《李公墓志铭》：“公中进士第，历官十八迁。……公讳师中，字诚之。”

**哲科** 进士科别名。《宋元宪集》卷22《王随除尚书吏部侍郎知枢密院制》：“擢高妙之哲科。”《宋会要辑稿补编》页336《举士》：“咸平五年四月十八日，以新及第进士第一人王曾……第四人王随……并为将作监丞。”

**儒科、独步仲舒之学、儒者、儒臣** 儒科为进士科别称。于是引申出“儒者高选”、“儒臣”，“独步〔董〕仲舒之〔儒〕学”等进士第之异称。《攻媿集》卷35《木待问知湖州》：“敕具官某：儒科之首选，宦达相望。”此又见《宋历科状元录》卷6《隆兴元年癸未状元木待问》。《后村先生大全集》卷60《程公许礼部尚书》：“生江表，独步仲舒之学。”《宋史·程公许传》：“嘉定四年举进士，调温江尉。”《后村先生大全集》卷71《金九万除国子博士兼庄文教授》；“博士为儒者高选。”同前书卷60《王爚农少兼左司》：“朕用儒者治金谷。”《宋史·王爚传》：“登嘉定十三年进士第。”同前书卷60《章琰府少兼检讨》：“乃择儒臣俾帅其属。”《至顺镇江志》卷18《科举·侨寓》：“章琰，字子美。宝庆二年登进士第。”

**殊科** 进士科别称。《攻媿集》卷40《待御史章颖左司谏黄艾》：“尔早陟殊科，进多雅望。”《福建通志》卷33《选举·进士·宋》：“乾道八年黄定榜 黄艾。”

**世科** 进士科别称。《平园续稿》卷38《均州黄使君牧之墓碣》：“（牧之）笃意教子……。其犹子畴若……赖叔父之教，遂践世科。”《宋史·黄畴若传》：“字伯庸。……淳熙五年举进士。”

**将相科** 进士科别称。缘二府大臣（中书、枢密院）多由进士出身人升迁，故有此尊称。《攻媿集》卷62《回刘监场启》：“策名枫陛，荣登将相之科。”《山堂群书考索·后集》卷32《士门·宋朝进士科》：“宋朝进士科，往往为将相，极通显。至明经之科，不过为学究之类。当时之人为之语甲：‘焚香取进士，嗔目待明经’盖进士有设焚香之礼，而明经则设棘监。”

**王髦、时髦、俊髦** 进士及第者美称。源自《诗经》以“髦士”称俊杰之士。①《宋元宪集》卷20《姚仲孙可三司户部副使制》：“早阶王髦，遂置朝绂。”《宋史·姚仲孙传》：“仲孙早孤，事母至孝，擢进士第。”《浮溪集》卷10《陆藻李邴复旧职制》：“具官某早以时髦仪于禁路。”《宋史·李邴传》：“中崇宁五年进士第。”《淳熙三山志》卷27《宋·进士》：“崇宁二年癸未霍端友榜 陆藻。”《浮溪集》卷11《给事中周望兵部尚书制》：“兹得俊髦。”《系年要录》卷177：“周望追复龙图阁学士、左中大夫。”《宋会要·职官》56之9：“进士出身，加左。”

**状元、榜眼、探花、鼎甲** 宋代状元，既可以称殿试及第进士第一人，也可以称第二、第三人。如南宋淳熙四年，周必大《回姚状元颖启》、《回第二人叶状元适启》、《回第三人李状元寅仲启》（见《省斋文稿》卷25）。榜眼可以称进士第二人，所谓“世目第二人为榜眼”（《云麓漫钞》卷7）；也可以称第三人，如王禹偁《送第三人朱严先辈从事和州》（《小畜集》卷11）。探花，原为探花郎，系进士闻喜宴中选年轻进士二人赋诗者。北宋熙宁六年余中榜始罢宴席探花郎，此后，探花渐次演变为进士第三人之称呼。（《宋会要辑稿·选举》2之11，《鼠璞》卷上、《梦粱录》卷3《士人赴殿试唱名》。《朝野类要》卷2《探花》）。南宋中后期，鼎甲亦指进士第三人。《鹤山先生大全集》卷24《荐三省元》：“南渡以来，进士道梗，又俾四川类试第一人视恩鼎甲……（即）以类元视第三人恩例。”如上所述，以状元、榜眼、探花分别称殿试及第进士第一人、第二人、第三人，在宋代虽已出现，但未成为定制。然它们作为名列前茅之进士称谓，则毋庸置疑；换言之，状元、榜眼、探花、鼎甲，理所当然地是判定及第进士之标志。

**监丞** 状元别称。北宋前期，进士第一人初任官为将作监丞（京官之高等），授通判差遣，即以“监丞”（将作监丞省称）为进士第一士之恩例，② 时人则俗呼状元为“监丞”，南宋仍之。《独醒杂志》卷11：“故事，进士第一人，初命官以将作监丞。”《却扫编》卷上：“祖宗朝进士上三名皆作将作监丞、通判。故至今犹称状元为‘监丞’。”

**担榜状元** 及第进士第五甲最末一名之戏称。《朝野类要》卷2《担榜》：“戏谓第五甲末名为担榜状元。”

**类元** 四川类省试第一名，南宋视殿试唱名进士及第第三人恩例，必为及第进士无

---

① 《诗经·小雅·甫田》：“烝我髦士。”

② 《耆旧续闻》卷7《张文定公》：“将作监丞，状元恩例也。”

疑。《夷坚乙志》卷8《歌汉宫春》："绍兴四年，蜀道类试进士。成都使臣某人祈祷于梓潼神，愿知今岁类元姓字。……是岁（黄）贡果为第一。"

**敕头** 即状元及第。《芦浦笔记》卷7《仙卜》："开禧乙丑……敕头毛自知。"《宋历科状元录》卷7："开禧元年乙丑，状元毛自知。"

**川陕类试正奏名合格人** 自南宋绍兴五年以后，川陕类省试合格奏名进士，如赴殿试不及，除类试第一人赐进士及第外，其余均赐同进士出身。即四川诸路州府进士只须类省试合格，不必经殿试即为及第进士。"（绍兴元年）时张魏公为宣抚处置使，以便宜令川陕举人即置司州类省试。五年始试进士于南省，惟四川郎试宣抚司。自七年后又移制置司，迄今不改。"①《宋会要辑稿补编》页342《举士》："（绍兴五年）十一月十九日，诏川陕类试过省第一人，特赐进士及第，与依行在殿试第三人恩例，余并赐同进士出身。仍令川陕宣抚司开具姓名申尚书省给敕。……十二年九月十四日，诏川陕类试正奏名来行在趋赴殿试不及，赐同进士出身人，与免铨试。"

**有出身人、有出身** 进士及第出身人，在两宋称为有出身人。此为鉴别宋代第进士一重要标志。《系年要录》卷129，绍兴二十八年五月庚申朔："有出身人除教授。"《后村先生大全集》卷121《戊申生日·卓教授得吉》："名标黄甲，举幡而集阙下，不亦壮哉！"非进士出身者称为"余人"、"杂出身"、"无出身"。故进士出身人或骂非进士出身为"杂出身"。同前书卷112《杂记》："先朝以王君贶、张安道同知举，因争卷子，君贶自谓举进士第一，骂安道曰：'公杂出身。'晓不得张公以贤良进，而人言如此。"张安道（方平）以制举及第，依宋初，制举、《九经》与进士都应视为"有出身人"，然在士人眼中，唯进士及第方视为有出身人。事实上，《九经》于神宗朝以后已不见设科目；制举不常置，及第人稀少，南宋制举仅乾道七年举行过一次。故哲宗朝以后"有出身人"实指进士及第人："（元祐四年十一月）庚午，三省言：旧制，京朝官以上，各分进士、余人。自改为寄禄官后，并一等改转，别无分别。除朝议大夫以上置左、右两等改转外，承务郎以上至朝散、朝请大夫，欲依朝议大夫以上分左、右两等。进士出身人加'左'字，余人加'右'字。迁转，磨勘自依见行条制。……从之。"②

## 五 由阶官优迁判断

及第进士作为有出身人，在北宋神宗元丰改制前后，其迁转、磨勘，均快于余人（包括诸科及第、门荫补官、纳粟、军功、出职人）。北宋前期，即元丰五年改官制前，文臣以本官阶叙迁，③ 依太宗淳化定制，进士、制举与《九经》出身人与诸科及无出

---

① 《建炎以来朝野杂记》甲集卷13《类省试》、《乾道制科本末恩数》。

② 《长编》卷435，元祐四年十一月庚午条。

③ 《宋史·职官志》9《叙迁之制》。

身人迁转分为两途：

> 凡制举、进士、《九经》出身者，校书郎、正字、寺监主簿、助教并转大理评事，评事转本寺丞，任太祝、奉礼郎者转诸寺监丞，诸寺监丞转著作佐郎，或特迁太子中允、秘书郎；由大理寺丞转殿中丞，由著作佐郎转秘书监丞，资浅者或著作郎，优迁者为太常丞；由太子中允、秘书郎转太常丞，三丞、著作〔郎〕皆迁太常博士，转屯田员外郎，优者为礼部、工部、祠部、主客；由屯田转都官，优者为户部、刑部，度支、金部；由都官转职方，优者为吏部、兵部、司封、司勋；其转郎中亦如之。左、右司员外郎，太平兴国中有之，后罕除者。左、右司郎中，惟待制以上当为少卿者即为之。由前行郎中转太常少卿、秘书少监，由此二官转右谏议大夫或秘书监、光禄卿；谏议转给事中，资浅者或右转左；给事中转工部、礼部侍郎，至兵部、吏部转左、右丞，由左、右丞转尚书。自侍郎以上，或历曹，或超曹，皆系特旨。
>
> 诸科及无出身者，校书郎、正字、寺监主簿、助教并转太祝、奉礼郎，太祝，奉礼郎转大理评事，评事转诸寺监丞，诸寺监丞转大理寺丞，大理寺丞转中舍，优者为左、右赞善，资浅者为洗马。由幕职为著作佐郎者转太子中允。由中允、赞善、中舍、洗马皆转殿中丞，殿中丞转国子博士，由国子博士转虞部员外郎，优者为膳部；由虞部转比部，优者为仓部；由比部转驾部，优者为考功；或由水部转司门，司门转库部；为郎中亦如之。至前行郎中转少卿、监，或一转，或二三转，即为诸寺大卿、监，自大卿、监特恩奖擢，或入给谏焉。

上引资料表明，进士出身人与非进士出身人之迁转，判然两途，① 据此，可以判断进士及第人。首先，进士出身人迁转之本官阶中，有屯田员外郎、礼部员外郎、工部员外郎、祠部员外郎、主客员外郎、都官员外郎、户部员外郎、刑部员外郎、度支员外郎、金部员外郎、职方员外郎、吏部员外郎、兵部员外郎、司封员外郎、司勋员外郎，及以上十五司之郎中。而非进士出身人迁转官阶中决无此十五司员外郎、郎中。换言之，凡在北宋前期之文臣，其所系官衔中有上述屯田司郎中、员外郎等十五司郎官者，即可判定为有出身人。举例以证之：

**屯田司员外郎**　杨畋，曾官屯田员外郎，进士及第。《欧阳文忠公集·居士集》卷29《供备库副使杨君（琪）墓志铭》："君讳琪，字宝臣，姓杨氏。……有子曰畋，贤

① 北宋前期有出身人，进士及第人之外，虽包括制举、《九经》及第人，但制举及第人两宋共计仅四十人，一一都有姓名可查（见《宋会要·选举》10、11《制科》及《长编》、《朝野杂记》甲集卷13），且其中大都由第进士而应制举，故在鉴别有出身人时不含制举人，不致影响鉴别进士之精确度。《九经》科应制举及第人均十分稀少，亦可略为不计。实际上，在宋人心目中，有出身人但指进士及第人。如哲宗朝三省上言追叙北宋前期有出身人优迁官阶时，但称进士而已："旧制，京朝官以上，各分进士、余人。"（《长编》卷435，哲宗元祐四年十一月庚午条）。

而有文武材，今为尚书屯田员外郎、直史馆。”《宋史·杨畋传》：“杨畋，字乐道。……进士及第。”

**太常博士→屯田员外郎** 张泌由官太常博士迁屯田员外郎，可判定为进士出身。《元宪集》卷23《太常博士张泌可尚书屯田员外郎制》：“夫台郎始于垦田……皆一时之俊选也。”《万姓统谱》卷39：“张泌，字顺之。浦城人。……祥符中登进士。”

**屯田司郎中** 王利，仁宗朝初官尚书省工部屯田司郎中，进士起家。《欧阳修全集·居士集》卷36《长寿县太君李氏墓志铭》：“太中大夫、屯田郎中、上柱国王公讳利之夫人曰李氏。”《河南先生文集》卷13《故大中大夫尚书屯田郎中分司西京上柱国王公墓志铭》：“公讳利……淳化三年登进士第。……总十一任，以本官（屯田郎中）分司西京，年七十二。天圣四年八月十六日终于缑氏。”

**度支员外郎** 李育曾官户部度支司员外郎，优迁吏部司封司员外郎。登进士甲科。《苏魏公文集》卷29《岐王府记室参军尚书度支员外郎直史馆李育可司封员外郎》：“今夫仕郎官者，以左曹为贵；升文馆者，以太史为先。……以尔早擢甲科，荐游书府，召从方守。……奏课之应格，进联主爵之副。”

**户部员外郎** 鱼周询，仁宗朝曾官太常博士、尚书户部司员外郎，迁吏部司员外郎、系进士出身。《宋史·鱼周询传》：“举进士中第，为大理评事……迁太常博士、通判汉州。……以尚书户部员外郎兼侍御史知杂事……。迁吏部员外郎，擢天章阁待制、知成德军。”吕景初，进士出身，其官阶由户部员外郎迁吏部员外郎同。《宋史·吕景初传》：“举进士。……以户部员外郎兼侍御史知杂事……。逐吏部员外郎，擢天章阁待制、知谏院。”

**兵部郎中、刑部郎中、工部郎中** 李防、张盅之、边肃在真宗朝分别曾官兵部、刑部、工部司郎中，皆属进士出身人迁转官阶。《宋史·李防传》：“举进士、为莫州军事推官。……累迁兵部郎中、纠察刑狱。擢右谏议大夫、知永兴军。”《宋史·张昷之传》：“昷之进士及第。……稍迁刑部郎中，复待制、知湖州。”《宋史·边肃传》：“进士及第，除大理评事、知于潜县，累迁太常博士。……迁工部郎中。……累迁给事中。”

其次，有出身人与无出身人迁转两途中，即使名称相同的本官阶，亦可由何种官迁转而予以判断是否为进士出身。如同为大理评事阶，进士出身系由校书郎、正字、寺监主簿、助教迁至，属优迁（超迁）；而无出身人则由太祝、奉礼郎迁转、（太祝、奉礼郎由校书郎、正字、寺监主簿、助教升迁），慢于进士出身人一阶。又如殿中丞阶，进士出身人，由大理寺丞迁；而非进士出身人，由太子赞善大夫迁（按：赞善大夫由大理寺丞迁），慢于进士出身人一阶。例如王果，诸科及第，“以太子右赞善大夫为审刑院详议官，迁殿中丞”①。孙甫，天圣八年进士及第，“迁大理寺丞、知绛州翼城县。

① 《宋史·王果传》。

枢密直学士杜公衍奏知永兴军司录、迁殿中丞”①，等等。据此，又可从某文官之本官阶迁转轨迹，去分析、鉴别是否系进士出身。兹将北宋前期进士出身人叙迁官阶列表如下：

**北宋前期文臣进士出身人迁官表**

| 本官阶 | 迁转之阶 |
| --- | --- |
| 秘书省校郎、正字，寺监主簿，助教 | 大理评事 |
| 奉礼部、太祝 | 诸寺、监丞 |
| 大理评事 | 大理寺丞 |
| 诸寺、监丞 | 著作佐郎，或特迁太子中允、秘书郎 |
| 大理寺丞 | 殿中丞 |
| 著作佐郎 | 秘书丞，或著作郎，或优迁太常丞 |
| 太子中允、秘书郎 | 太常丞 |
| 太常丞、秘书丞、宗正丞，著作郎，殿中丞 | 太常博士 |
| 太常博士 | 屯田员外郎，或优迁礼、工、祠、主员外郎 |
| 屯田员外郎 | 都官员外郎，或优迁户、刑、度、金员外郎 |
| 都官员外郎 | 都官员外郎或优遭吏、兵、封、勋员外郎 |
| 职方员外郎 | 屯田郎中，或优迁礼、工、祠、主郎中 |
| 屯田郎中 | 都官郎中，或优迁户、刑、度、金郎中 |
| 都官郎中 | 职方郎中，或优迁吏、兵、封、勋郎中 |
| 前行郎中（吏部、司封、司勋、兵部、职方郎中） | 太常少卿、秘书少监 |
| 太常少卿、秘书少监 | 右谏议大夫或秘书监、光禄卿 |
| 备注 | 北宋前期之特殊差遣发运使、转运使、副使、三司判官，开封府判官，侍读、侍讲、天章阁侍讲，崇政殿说书，开封府推官，开封府界提点公事，诸三司子司主判官，大理寺少卿，提点刑狱公事，提点铸钱监公事，诸王府翊善、侍讲、记室参军，中书提点五房公事，堂后官，皆转左曹郎官，其中有出身人转祠部司郎官，无出身许转主客司郎官。 |

注：本表据《宋史·选举志》4、《宋史·职官志》9《叙迁之制》制成。

北宋神宗元丰改官制后，文臣用以叙迁之本官阶，恢复原职事，本官阶一律改为自承务郎至开府仪同三司二十五阶寄禄官。“改为寄禄官后，并一等改转，别无分别。”②即不分进士与余人，同归一途迁转。至哲宗元祐四年十一月，“承务郎以上”诸寄禄官

① 《曾巩集》卷47《孙公行状》。

② 《宋会要·职官》56之19《官制别录》。

阶，“分左、右两等，进士出身人加‘左’，余人加‘右’字”①。绍圣二年除存正议大夫、光禄大夫、银青光禄大夫、朝议大夫、中散大夫分左、右两资迁转外，余阶悉罢分左、右。至南宋绍兴元年十二月，寄禄官复分左、右，绍兴二年，选人自迪功郎至承直郎七阶亦分左、右，凡进士出身人皆带左。孝宗淳熙元年三月一日罢分。② 寄禄官阶分左、右，以进士出身人带“左”，这又给鉴定进士及第与非及第提供了一条标准。试例证之。黄公度，进士状元及第，即授“左承事郎、签书节度判官厅公事”。③ 林安宅，进士出身，绍兴七年为左通直郎、主管西外敦宗院，④ 隆兴元年寄禄官左朝请大夫，职事官为尚书省左司郎中。⑤ 萧振，北宋政和八年进士及第，南宋绍兴二十五年以“左承议郎、提举江州太平兴国宫充敷文阁直学士、四川安抚制置使”⑥。相比照，寄禄官带“右”，必为官荫等杂出身，如“柴叔夏为右迪功郎，袭封崇义公。叔夏，周世宗五世姪孙也。”⑦ 为便于查检，兹将元丰改官制后分左、右之寄禄官列表如下：

**文臣京朝官寄禄官分左右沿革表**

| 元祐四年（1089 年） | 绍圣二年（1095 年） | 大观二年（1108 年） | 绍兴元年（1131 年） | 淳熙元年（1174 年） |
|---|---|---|---|---|
| 开府仪同三司 | 开府仪同三司 | 开府仪同三司 | 开府仪同三司 | 开府仪同三司 |
| 特　　进 | 特　　进 | 特　　进 | 特　　进 | 特　　进 |
| 左金紫光禄大夫<br>右金紫光禄大夫 | 金紫光禄大夫 | 金紫光禄大夫 | 左金紫光禄大夫<br>右金紫光禄大夫<br>金紫光禄大夫 | 金紫光禄大夫 |
| 左银青光禄大夫 | 左银青光禄大夫 | 银青光禄大夫 | 左银青光禄大夫<br>右银青光禄大夫<br>银青光禄大夫 | 银青光禄大夫 |
| 右银青光禄大夫 | 右银青光禄大夫 | 光禄大夫 | 左光禄大夫<br>右光禄大夫<br>光禄大夫 | 光禄大夫 |

① 《宋会要·职官》56 之 19《官制别录》。

② 《皇宋十朝纲要》卷 21，《系年要录》卷 51、卷 85、《玉海》卷 119《元丰新定官制》、《宋会要·职官》56 之 21《官制别录》。

③ 《文献通考·选举》5《宋登科记总目》、《系年要录》卷 121，绍兴八年戊午七月丁酉条。

④ 《淳熙三山志》卷 28《人物类·科名》、《系年要录》卷 111，绍兴七年丁巳五月壬子条。

⑤ 《咸淳临安志》卷 47《秩官》5。

⑥ 《宋史·萧振传》、《系年要录》卷 170，绍兴二十五年十一月丙申条。

⑦ 《系年要录》卷 88，绍兴五年四月壬子条。

续表

| 元祐四年（1089 年） | 绍圣二年（1095 年） | 大观二年（1108 年） | 绍兴元年（1131 年） | 淳熙元年（1174 年） |
|---|---|---|---|---|
| 左光禄大夫 | 左光禄大夫 | 宣奉大夫 | 左宣奉大夫<br>右宣奉大夫<br>宣奉大夫 | 宣奉大夫 |
| 右光禄大夫 | 右光禄大夫 | 正奉大夫 | 左正奉大夫<br>右正奉大夫<br>正奉大夫 | 正奉大夫 |
| 左正议大夫 | 左正议大夫 | 正议大夫 | 左正议大夫<br>右正议大夫<br>正议大夫 | 正议大夫 |
| 右正议大夫 | 右正议大夫 | 通奉大夫 | 左通奉大夫<br>右通奉大夫<br>通奉大夫 | 通奉大夫 |
| 太中大夫 | 太中大夫 | 太中大夫 | 左太中大夫<br>右太中大夫<br>太中大夫 | 太中大夫 |
| 左中散大夫 | 左中散大夫 | 中奉大夫 | 左中奉大夫<br>右中奉大夫<br>中奉大夫 | 中奉大夫 |
| 右中散大夫 | 右中散大夫 | 中散大夫 | 左中散大夫<br>右中散大夫<br>中散大夫 | 中散大夫 |
| 左朝议大夫 | 左朝议大夫 | 朝议大夫 | 左朝议大夫<br>右朝议大夫<br>朝议大夫 | 朝议大夫 |
| 右朝议大夫 | 右朝议大夫 | 奉直大夫 | 左奉直大夫<br>右奉直大夫<br>奉直大夫 | 奉直大夫 |
| 左朝请大夫<br>右朝请大夫 | 朝请大夫 | 朝请大夫 | 左朝请大夫<br>右朝请大夫<br>朝请大夫 | 朝请大夫 |
| 左朝散大夫<br>右朝散大夫 | 朝散大夫 | 朝散大夫 | 左朝散大夫<br>右朝散大夫<br>朝散大夫 | 朝散大夫 |

续表

| 元祐四年（1089 年） | 绍圣二年（1095 年） | 大观二年（1108 年） | 绍兴元年（1131 年） | 淳熙元年（1174 年） |
|---|---|---|---|---|
| 左朝请郎<br>右朝请郎 | 朝散郎 | 朝散郎 | 左朝散郎<br>右朝散郎<br>朝散郎 | 朝散郎 |
| 左朝奉郎<br>右朝奉郎 | 朝奉郎 | 朝奉郎 | 左朝奉郎<br>右朝奉郎<br>朝奉郎 | 朝奉郎 |
| 左承议郎<br>右承议郎 | 承议郎 | 承议郎 | 左承议郎<br>右承议郎<br>承议郎 | 承议郎 |
| 左奉议郎<br>右奉议郎 | 奉议郎 | 奉议郎 | 左奉议郎<br>右奉议郎<br>奉议郎 | 奉议郎 |
| 左通直郎<br>右通直郎 | 通直郎 | 通直郎 | 左通直郎<br>右通直郎<br>通直郎 | 通直郎 |
| 左宣德郎<br>右宣德郎 | 宣德郎 | 宣德郎 | 左宣德郎<br>右宣德郎<br>宣德郎 | 宣德郎 |
| 左宣义郎<br>右宣义郎 | 宣义郎 | 宣义郎 | 左宣义郎<br>右宣义郎<br>宣义郎 | 宣义郎 |
| 左承事郎<br>右承事郎 | 承事郎 | | 左承事郎<br>右承事郎<br>承事郎 | 承事郎 |
| 左承奉郎<br>右承奉郎 | 承奉郎 | | 左承奉郎<br>右承奉郎<br>承奉郎 | 承奉郎 |
| 左承务郎<br>右承务郎 | 承务郎 | | 左承务郎<br>右承务郎<br>承务郎 | 承务郎 |

续表

| 元祐四年（1089年） | 绍圣二年（1095年） | 大观二年（1108年） | 绍兴元年（1131年） | 淳熙元年（1174年） |
|---|---|---|---|---|
| 说明 | 1. 哲宗元祐四年至绍圣二年（1085—1095年）寄禄官分左、右，用以区分流品，有出身人带“左”，余人带“右”。<br>2. 南宋绍兴元年至淳熙元年（1131—1174年），将寄禄官分为“左”、“右”、不带“左右”三等，规定有出身人带“左”、余人带“右”、犯有赃罪人既不带“左”、也不带“右”。用以惩罚贪赃之官，并区分进士出身与非进士出身人。 | | | |

注：此表据《宋会要·职官》56之17、19、21、27，《皇宋十朝纲要》卷21、《玉海》卷119《元丰新定官制》、《系年要录》卷85、《宋史·孝宗纪》2等制成。

**南宋选人阶分左、右表**

| 崇宁二年（1103年） | 政和六年（1116年） | 绍兴二年（1132年） | 淳熙元年（1174年） |
|---|---|---|---|
| 承直郎 | 承直郎 | 左承直郎　右承真郎　承直郎 | 承直郎 |
| 儒林郎 | 儒林郎 | 左儒林郎　右儒林郎　儒林郎 | 儒林郎 |
| 文林郎 | 文林郎 | 左文林郎　右文林郎　文林郎 | 文林郎 |
| 从事郎 | 从事郎 | 左从事郎　右从事郎　从事郎 | 从事郎 |
| 通仕郎 | 从政郎 | 左从政郎　右从政郎　从政郎 | 从政郎 |
| 登仕郎 | 修职郎 | 左修职郎　右修职郎　修职郎 | 修职郎 |
| 将仕郎 | 迪功郎 | 左迪功郎　右迪功郎　迪功郎 | 迪功郎 |
| | 通仕郎 | 左通仕郎　右通仕郎　通仕郎 | 通仕郎 |
| | 登仕郎 | 左登仕郎　右登仕郎　登仕郎 | 登仕郎 |
| | 将仕郎 | 左将仕郎　右将仕郎　将仕郎 | 将仕郎 |
| 备注 | 1. 南宋绍兴二年选人七阶分左、右及不带左右三等，其区分进士出身、非进士出身与惩罚贪赃之意义，与上表京朝官分左、右及不带左右相同。<br>2. 本表据《石林燕语》卷3、《云麓漫钞》卷4、《系年要录》卷51、《宋史·选举志》4、《宋大诏令集》卷164《改将仕郎等御笔手诏》、《宋史·孝宗纪》2、《鹤山先生大全集》卷75《邵公（骥）墓志铭》等制成。 | | |

原载《文史》1996年第41辑

# 晚明儒学科举策问中的“自然之学”

艾尔曼

## 一　中华帝国晚期的“自然之学”研究

学者们在考虑科学在中华帝国晚期（1400—1900 年）的作用时，最常见的一个概括是：在十六世纪耶稣会士到达之前，此间的天文与数学研究一直在不断衰退①。中国第一个耶稣会的创立者利玛窦（Matteo Ricci，1552—1610 年）在谈论中国人的科学才能时这样写道：“中国人不仅在道德哲学上而且也在天文学和很多数学分支方面取得了很大的进步。他们曾一度很精通算术和几何学，但在这几门学问的教学方面，他们的工作多少有些混乱。”在力论他们的某些数学知识来自撒拉逊人之后，利玛窦描述了主管数学的皇朝机构及南京天象台。但利玛窦的结论是②：

> 在这里每个人都很清楚，凡有希望在哲学领域成名的，没有人会愿意费劲去钻研数学或医学。结果是几乎没有人献身于研究数学或医学，除非由于家务或才力平庸的阻挠而不能致力于那些被认为是更高的级的研究。钻研数学和医学并不受人尊敬，因为它们不像哲学研究那样受到荣誉的鼓励，学生们因希望着随之而来的荣誉和报酬而被吸引。这一点从人们对学习道德哲学深感兴趣，就可以很容易看到。在这一领域被提拔到更高学位的人，都很自豪他实际上已达到了中国人幸福的顶峰。

据此观点，中国的数学和天文学在宋（960—1274 年）元（1280—1368 年）两朝即达

① Keizo Hashimoto，《徐光启与天文学改革》，Osaka：Kansai 大学出版社，1988 年版，第 17 页。
② 《利玛窦中国札记》，何高济等译，北京，中华书局 1983 年版，第 32 ~ 34 页。

到成功的顶点，但在明朝（1368—1644 年）却突然衰退①。但这种由来已久的看法近来受到挑战，有研究表明，在耶稣会士来华之前，历法改革即为明儒深深关切②。进一步说，席文（Nathan Sivin）的研究表明，耶稣会士有意为了宗教目的而修改近代欧洲早期的天文学知识，从而冲淡了他们把欧洲科学输入晚期的中华帝国时在晚明儒生中获得的成功③。从这一观点来看，晚明儒生并未因他们“衰退”的科学通过耶稣会士而与欧洲天文学接触深受鼓舞④。反之，他们立即着手重整自己的天文学遗产，并颇为成功地将耶稣会士所介绍的欧洲科学的某些方面考虑进去⑤。

一般认为明儒与他们的宋元前辈不同，他们已置身于一个已经开始衰败的文明之中，其精英分子深陷于一种具有文人“业余”观念的文职系统中。对自然界的兴趣也因声名不佳的科举制而受到阻碍，这一制度是帝国晚期为遴选官员而设制的。例如，利玛窦便这样写道⑥：

> 在结束有关中国人学位授与的这一叙述时，不应该不谈到下述情况，在欧洲人看来，那似乎是一种颇为奇怪的并且或许有点无效的方法。所有考试中，无论是军事科学或数学或医学以及特别是哲学的考试，主考或监考都是从哲学元老中选出，从不增加一位军事专家或数学家或医生。擅长于伦理学的人，其智慧受到极高的尊敬，以致他们似乎能对任何问题做出正当的判断，尽管这些问题离他们自己的专长很远。

由于缺乏其他具有相应的社会地位和政治荣耀的职业供人选择，所以在帝制中国做官便是人们的主要目的。当然，正如耶稣会士充分认识的那样，文职人员的增补系统使儒学教育达到全国标准化的程度，并使地方在前现代世界中具有空前的重要性⑦。更进一步

---

① 见李约瑟《中国科技史》，英文版第三卷，第 173、209 页。又见 Ho Peng Yoke，《理、气、数：中国科学与文明介绍》，香港大学出版社，1985 年版，第 169 页。

② 见 Willard Peterson“耶稣会士返人明廷之前的历法改革”，《明史研究》第 21 期，1986 年，第 45 ~ 61 页。见拙著《经学、政治与家族》，加利福尼亚大学出版社，1990 年版，第 78 ~ 79 页，讨论了唐顺之（1507—1560 年）对历法的兴趣及他在 16 世纪中叶把历法研究与儒学研究整合一体的努力。

③ 席文（Sivin）：“哥白尼学说在中国”，(哥白尼学术讨论会》Ⅱ：《Etudes Sur I' audience de la thĕorie hĕliocentrique》华沙，国际哲学科学史协会，1973 年版，第 63 ~ 114 页。

④ 杰克斯·戈内特（Jacques Gernet），《中国与基督教冲击》，剑桥大学出版社，1982 年版，第 15 ~ 24 页。

⑤ 席文（Sivin）：“王锡阐传”，《科学传记辞典》（纽约 Scribner's Sons 出版，1970—1978 年），第 159 ~ 168 页。Hashimoto，《徐光启与天文学改革》第 91 页，Hashimoto 认为耶稣会士试图把 17 世纪欧洲近代天文学介绍给中国，中国无论如何不该低估。

⑥ 《利玛窦中国札记》，第 43 页。

⑦ 乔治 · H. 杜内：《巨人时代：明末在华耶稣会士经历》，杜梅大学出版社，1962 年版，第 129 ~ 130 页。

说，虽然科考内容曾一度有医学、法律、财政及军务等方面内容，但自南宋（1127—1279 年）以后，只有武举才作为一种与文举平行的增补武员的固定制度存在①。结果，科举程序固定化的巨大重心仍使精英专注于强调道德哲学和书本价值的新儒学课程，离专业化或技术研究更远。人们认为，像法律、医学及数学等技术方面的内容在唐宋科考中并不罕见，但在明代科考中却不复存在②。

在明清两代（1368—1911 年），儒学化的官员以沉浸在经年苦读宋儒的四书五经注释和官吏及以书法为基础的道德价值中洋洋自得。只有在异族统治下，第一次是在蒙古人后来是在清朝统治下的极短时间内，才有许多文人与那些在三年一次竞争中的失败者一样，选择了科举以外的职业。在 18 世纪和 19 世纪，当人口压力使乡试和会试的中榜者也无法得到官职保证时，许多儒生便转而选择教书和学术研究为业，对自然界的研究仍无荣光，还属儒学经典以外之事③。

自汉代（206B. C—A. D220）始，经典被称为“圣经”，并与四书一起成为书院和私塾儒学教育的基础。在科举考试中，虽然唐（618—906 年）宋两代都要求从《九经》或《十三经》中引用语录，但自明代以后，问题则多出自《五经》。为了成为官吏，就必须钻研《五经》④。

在对 1400 年以后儒学精神世界的大致勾画中，这种评估总的说来是正确的⑤。但严格地说，对现存于中国大陆、中国台湾和日本的档案馆和图书馆中明代科考文献的仔细研究表明，科考内容确实考查了参试者的天文、历法及自然界的其他方面等我们今日称之为“自然之学”的知识⑥。这些意外发现说明，我们早先对帝国晚期精神生活的

---

① 李约瑟：“中国与医学合格考试的起源”，《文吏与工匠在中国与西方》，剑桥大学出版社，1970 年版，第 379 ~ 395 页。罗伯特·哈特维尔（Robert Hartwell）：“财政专业，考试与中国北宋经济政策的形成”，《亚洲研究》30，2，1971 年，第 281 ~ 314 页。布朗·麦克纳特（Brian Mcknight）；“作为法律专家的儒吏：宋代中国的专业学习”，见狄白瑞、约翰·查非编《新儒学教育：形成阶段》（加利福尼亚大学出版社，1989 年版），第 493 ~ 516 页。Miyazaki Lchisada：《中国的考试关》，耶鲁大学出版社，1981 年版，第 102 ~ 106 页。大卫·尼维森（Davld Nivison）：“对常规的抗议与抗议的常规”，芮玛丽编：《儒学信条》，斯坦福大学出版社，1960 年版，第 177 ~ 201 页。

② 见艾尔曼：“明清两代科举制发展”，艾尔曼与亚历克山大·伍德塞编：《中华帝国晚期教育与社会》，即出。

③ 罗伯特·海默（Robert Hymes）：“不是君子？宋元医生”，《中国科学》，7，1986 年，第 11 ~ 85 页。史景迁（Jonatnan Spence）：《改变中国：在华外国顾问，1620—1960》，企鹅丛书，1980 年。李文森（Josenh Levenson）：“明代与清初社会中的业余精神：绘画中的证据”，费正清编：《中国思想与制度》，芝加哥大学出版社，1957 年版，第 320 ~ 341 页。艾尔曼：《从理学到小学》，哈佛大学东亚研究会，1990 年版，第 67 ~ 137 页。

④ 在 1905 年废科举之前，四书、五经是教育体系中的基石。

⑤ 见艾尔曼：《从理学到小学》，第 61 ~ 64 页。

⑥ 席文：《东亚科技·序》，纽约，1977 年版，XI ~ XV。席文“马克斯·韦伯、李约瑟；本杰明·尼尔森（Benjamin Nelson）：中国科学问题”，V. 沃尔特（V. Walter）编：《东西文明：尼尔森纪念文集》，人文出版社 1985 年版，第 45 页。

评估需根据新近发现的史料作些修改，我们以前那种科举制与新儒学文化霸权绝对联为一体的印象必须有所松动和改变，当然，不是被完全取代。在考试科目中，经典的突出地位是勿庸置疑的，但在明代的乡试和会试中，应考者对天文、音乐和历法等有关技术事物，亦需有相当的了解。

例如，明初的永乐皇帝（1403—1425 年）便曾力图使历法和实学接近官方学术的顶峰地位。他命令 1404 年会试主考解缙（1369—1415 年）考察 472 名将被取为进士和派任为高官（从几千名应考者中考选）的中试者的“博学”。解缙为取悦皇帝，便以与天文、法律、医学、礼乐和典章制度等有关内容作为策问题目。更重要的是，与天文、历法及我们称之为“自然之学研究”的其他方面有关的“策问”题目，以后便常常出现在有明一代的科考中①。

这样，虽然由来甚久的经史关系仍为有明一代正统儒生最为关注②，但“自然之学”作为官员必备的“博学”之一部分，其地位却得到提高，且得到皇上的支持。另外，经学的普遍性与实学的特殊性间的分野并不成问题。但天文历法之学等在这官方的三场考试中作为策问必备内容而渗入科考之中。

当我们检查晚明科考中的策问与对策的实质时，发现这种新的学术取向，即科考中通常包括“自然之学”大都可以确证③。例如，我们有幸拥有明代应天府和清代浙江省使我们得以重建主考者策问范围的全部记录④。就应天府而言，我们现有 1474 年到 1600 年这 126 年间 47 次乡试的全部文献。而浙江省，我们则有从 1646 年到 1859 年这 213 年间 92 次乡试的全部策问题录。表一和表二便是明清两朝这两地区策问主题的类别概括：

表一 **明代策问主题分类**

应天府，1474—1600 年，230 题，仅前 15 位

| 位别 | 主题 | 占总数百分比 |
| --- | --- | --- |
| 1 | 学/取士 | 9.6 |
| 2 | 道学 | 8.3 |
| 3 | 太祖/成祖 | 7.4 |
| 4 | 治国 | 7.0 |

① 见《皇明三元考》第 2～3 页，张弘道、张凝道编，明末刻印。《状元策》，焦竑、吴道南编。

② 见艾尔曼：“明末清初南方诸省科考中的历史”《明末清初华南杰出历史人物》，会议论文集，香港中文大学出版社，即出。

③ 最典型的是与历法、天文、音乐、五行、灾异等有关的问题。

④ 在明代，应天府属“南直隶地区”，含江苏、安徽两省，清代称为“江南省”。

续表

| 位别 | 主题 | 占总数百分比 |
| --- | --- | --- |
| 5 | 经济之学 | 5.7 |
| 6 | 君臣 | 5.2 |
| 7 | 国防 | 4.3 |
| 7 | 经学 | 4.3 |
| 9 | 法 | 3.5 |
| 9 | 兵事 | 3.5 |
| 11 | 文/诗 | 3.0 |
| 11 | 自然之学 | 3.0 |
| 13 | 史学 | 2.6 |
| 13 | 农 | 2.6 |
| 13 | 俗/化民 | 2.6 |

资料来源：《南国贤书》，张朝瑞辑，1600年编。

表二 **清代策问主题分类**

浙江省，1646—1859年，460题，仅前15位

| 位别 | 主题 | 占总数百分比 |
| --- | --- | --- |
| 1 | 经学 | 14.1 |
| 2 | 学/取士 | 10.7 |
| 3 | 经济之学 | 9.6 |
| 4 | 治国 | 7.8 |
| 5 | 史学 | 7.4 |
| 6 | 道学 | 6.1 |
| 7 | 文/诗 | 5.1 |
| 7 | 吏治 | 5.1 |
| 9 | 小学 | 4.2 |
| 10 | 国防 | 3.8 |
| 11 | 法 | 3.1 |
| 11 | 文训 | 3.1 |
| 13 | 农 | 2.7 |
| 13 | 兵事 | 2.7 |
| 15 | 民生 | 2.2 |

资料来源：《本朝浙闱三场全题备考》，1860年编。

尽管可从不同角度来看待这些结果，但它表明与自然之学有关的问题，在明代应天府的第三场考试中居第11位，而在清代浙江省的考试中却迅速下降（低于前15位，仅占问题总数的0.9%）。很清楚，从明至清，与自然界有关的问题实际是在下降。这也说明，我们通常认为十七世纪时的中国知识分子由于耶稣会士的影响而对欧洲科学比对本土传统的自然之学更感兴趣的看法，是言过其实了。

另外，上述二表还清楚表明，从明至清，与经学有关的问题在不断上升，在明代应天府位居第七，而在清代的浙江省却位居第一。由明至清，有关“道学”（我们通常称之为新儒学）问题的下降速度亦十分引人注目，由第二位降至第六位。到18世纪，经史二科作为策问主题，已经超过了新儒学。但当考虑到汉学和考证在乾隆（1736—1795年）和嘉庆（1796—1820年）时代的流行时，这一发现便不会使我们感到惊讶①。颇为奇怪的是，到1700年，与天文和历法有关的问题则从科考中完全消失了。

大体说来，当我们衡量明清策问问题的变化率时就会看到，与学、经济及舆地有关的问题仍是最常见的策问问题。进一步说，在第三场考试中，制度问题仍是主考者策问的主要内容。作为事后观察，我们知道汉学的经典研究注定要在近代中国超过宋儒的“道学”，成为占统治地位的学术话语的。这也反映在晚清科考课目的变化之中②。

但下列事实将使我们的发现受到某种限制：（1）我们仅有华南长江三角洲两个相邻地区的全部史料；（2）我们仅统计了乡试的第三场、即最后一场的考试问题。就第一点限制而言，我们可以回答说即便江苏浙江两省可能不代表所有其他各省，但却可以代表像福建、广东这类华南最为富庶、文化最为发达的省份。在这些地区，那些能够为科考士子提供足够的财产和文化资源的富家比例，远远超过华北和其他地区。

对第二点限制我们必须更加谨慎。在整个明清两朝，策问被认为没有乡试和会试第一场的有关四书五经选一的文章那样重要。为能回答主考者选自四书和五经中的语录，应考者必须：（1）按“八股”的严格程式③；（2）阐明道德真理时必须“代圣贤立言”。在晚明时，论文通常约500字长，后增至700字，在清代则增至800字。主考者还希望考生在文中能包括对像程颐（1033—1107年）、朱熹（1130—1200年）这类宋代“道学”大师的研究心得④。

当然，尽管第三场策问的实质有所变化，但在第一场考试中，新儒学仍是不变的科目。除每位应考者自己选定的经典外，乍看之下，无论是经还是史，在第一场中并非十分重要。再者，正如主考者与应考者所熟知，第一场的问题对考生最后能否中试至关重要。由于主考者只能在大约20天时间里阅读为数甚巨的应考文章，所以在多数情况下，

① 艾尔曼：《新儒学解》，《清华中文学报》，15，1983年，第67~89页。

② 艾尔曼：《从理学到小学》。

③ 见杜清一（音，Tu Ching-i）：“中国考试文论：某些文献研究”，《纪念碑》，31，1974—1975年，第393~406页。

④ 艾尔曼：“明清两代科举制的发展”，《近代中国史通讯》，11，1991，第65~88页。

第二场及第三场的考卷仅供主考者印证第一场的成绩。尽管“道学”问题在由明至清的地位不断下降，但宋代新儒学的格言形式虽是一套陈辞，却是贯穿第一场八股文始终的。

使我们的分析更为复杂的事实是，直到1787年，在考试科目中四书仍超过五经。这是由于从1384年到1787年，莘莘学子仅要掌握五经之一即可。事实上，顾炎武（1613—1682年）及其他人指出，经学在有明一代已降至书生不愿费心读原著的地步，他们仅想从那些遍布华南的书商为应付八股文而出版的纲要简编中选读自己需要的段落和语录。顾氏还抱怨说，由于宋明两代的考试过分注重文学才能，导致了史学的衰落。他力促恢复唐代考试仅重史学的做法①。耿介之士通常掌握五经之一，其余四经不必考察。

在五经之中，究竟哪一部是绝大多数士子最可能的选择？对史学研究来说，这一问题十分重要。因为在五经之中，有两部在形式和内容上基本是史学的：《书经》和《春秋》，而且历法之事在这两经之中反复出现。如果多数书生选择《书经》或《春秋》作专门研究对象，我们便可说尽管由明至清与自然之学有关的问题的位次不断下降（见表一），但史学及随之而来的具有科学倾向的科目，有时仍是第一场考试的部分内容。再则，我们很幸运地拥有华南的史料，使我们能够回答这一问题。表三与表四提供了明代应天和福建的情况。表五提供了清季江南省的专门化模式，为便于比较，表六则提供了清季北方首善之区顺天府的数字。

表三　　**明代应天府五经选一专门化变化表（%），1474—1630年**

| 经　典 | 1474 | 1501 | 1525 | 1549 | 1576 | 1600 | 1630 |
|---|---|---|---|---|---|---|---|
| 《易经》 | 17.8 | 20.7 | 29.6 | 30.3 | 32.6 | 33.6 | 33.3 |
| 《书经》 | 25.9 | 24.4 | 20.7 | 18.5 | 20.7 | 21.4 | 22.0 |
| 《诗经》 | 39.3 | 43.7 | 40.0 | 37.8 | 34.8 | 32.1 | 31.3 |
| 《春秋》 | 9.6 | 5.2 | 5.2 | 7.4 | 5.9 | 6.4 | 6.7 |
| 《礼记》 | 7.4 | 5.2 | 4.4 | 5.9 | 5.9 | 6.4 | 6.0 |

注：从1474年至1588年，应天府的举人名额为135名。1600年增至140名；1630年为150名。

资料来源：《南国贤书》，张朝瑞辑，1600年编。《应天府乡试录》，1630年编。

① 见顾炎武：“三场”“史学”，《日知录集释》。

表四　　　　明代福建省五经选一专门化变化表（%），1399—1636年

| 经　典 | 1399 | 1453 | 1501 | 1549 | 1600 | 1624 | 1636 |
| --- | --- | --- | --- | --- | --- | --- | --- |
| 《易经》 | 17.5 | 16.8 | 33.3 | 36.7 | 33.3 | 32.6 | 32.6 |
| 《书经》 | 36.8 | 25.6 | 16.7 | 20.0 | 18.9 | 20.0 | 20.0 |
| 《诗经》 | 29.8 | 31.4 | 33.3 | 28.9 | 34.4 | 33.7 | 33.7 |
| 《春秋》 | 12.3 | 11.7 | 6.7 | 7.8 | 6.7 | 6.3 | 6.3 |
| 《礼记》 | 3.5 | 14.6 | 8.9 | 6.7 | 6.7 | 7.4 | 7.4 |

注：从1399年至1453年，福建省举人名额在46～128名之间。1465年名额为90名，直到1624年始增至95名。

资料来源：《闽省贤书》，邵捷春编，1636年版。

表五　　　　清季江南省五经选一专门化变化表（%），1678—1747年

| 经　典 | 1678 | 1684 | 1720 | 1738 | 1741 | 1744 | 1747 |
| --- | --- | --- | --- | --- | --- | --- | --- |
| 《易经》 | 31.5 | 31.5 | 35.2 | 31.7 | 29. 4 | 30.9 | 31.6 |
| 《书经》 | 23.3 | 23.3 | 17.0 | 23.0 | 22.2 | 19.0 | 18.4 |
| 《诗经》 | 31.5 | 31.5 | 30.7 | 29.4 | 30.2 | 31.8 | 34.2 |
| 《春秋》 | 6.8 | 6.8 | 11.4 | 5.6 | 6.3 | 6.3 | 7.0 |
| 《礼记》 | 6.8 | 6.8 | 5.7 | 5.6 | 7.1 | 7.1 | 4.4 |
| 五经 | — | — | — | 4.8 | 4.8 | 4.8 | 4.4 |

注：1678年和1684年，江南的举人名额为73名。1720年省试举人名额为99名，但其中11人姓名缺漏。从1738年至1747年，名额为126名，但1744年名额降至114名，在乾隆时期，除了五经选一之外，学子尚可回答所有经典问题，这样便排除了科举其他场次回答问题的要求。

资料来源：《江南乡试录》，江南乡试包括江苏、安徽两省的考生。

表六　　　　清代顺天府五经选一专门化变化表（%）1654—1759年

| 经　典 | 1654 | 1657 | 1660 | 1729 | 1735 | 1756 | 1759 |
| --- | --- | --- | --- | --- | --- | --- | --- |
| 《易经》 | 28.3 | 29.6 | 29.5 | 29.7 | 31.4 | 29.6 | 27.9 |
| 《书经》 | 20.3 | 20.4 | 20.9 | 22.3 | 20.8 | 22.9 | 19.7 |
| 《诗经》 | 38.0 | 35.4 | 34.3 | 31.4 | 26.1 | 30.4 | 33.2 |
| 《春秋》 | 7.3 | 8.3 | 7.6 | 11.4 | 8.9 | 11.9 | 13.9 |
| 《礼记》 | 6.2 | 6.3 | 7.6 | 4.9 | 8.2 | 5.1 | 4.8 |
| 五经 | — | — | — | 0.4 | 8.2 | — | — |

注：1654年顺天府举人名额为276名。在1657和1660年乡试中，名额初减为206名，后再减至105名。从1729年至1759年，名额在229名至253名之间。

资料来源：《顺天府乡试录》，1654、1657、1660、1729、1735、1756、1759年，北方地区的乡试在顺天府举行。

总体上看，现有的明清两朝史料基本相同。大多数士子，通常为 60% ~65% 或选《易经》或选《诗经》作专门研究。仅有约 20% 的人选《书经》，另只有 6% ~7% 的人才选《春秋》作为自己专门研究的对象。自然，在乡试中还有约 1/4 的应考者选择与历史有关的经典作为自己的专门研究对象。这个数字虽不是最少的，但却落在选择《易经》或《书经》的玄学/宇宙论作为自己专门研究对象的人数之后。如果我们把《易经》也算作一种与“自然之学”宇宙论可能有关的问题的话，这样，在第一场中与“自然之学”某些方面有关的问题的变化比便会超过 50%①。

在此我们应十分慎重，因为我们上述所考虑的数字仅是已获举人资格者，只是所有应试者中的极小一部分。通常，学者往往把中试者从广大应试者中抽离出来区别看待。所以我们得到的只是参加科考总数中极少数“幸存者”的数字。很不幸，这些给我们提供的只是在挑选过程中教育全部功能的一种并不真实的景象。为更好理解自然之学对科举考试的全面影响，强调科考在创造一个满腹经史的宏大男性阶层——包括挑选过程中失败者在内的全部参加者——的作用是颇有用处的。所以，我们既要考察有幸中考者人数，又要考察参与乡试所有应考者的人数。表七和表八提供了明代应天府和清代江南省的有关情况②：

表七　　**明代应天府乡试应考人数与中考人数的百分比**

| 年　代 | 应考者 | 中考者 | 百分比 |
| --- | --- | --- | --- |
| 1474 | 2 300 | 135 | 5.9 |
| 1477 | 2 500 | 135 | 5.4 |
| 1480 | 2 700 | 135 | 5.0 |
| 1492 | 2 300 | 135 | 5.9 |
| 1519 | 2 000 | 135 | 6.8 |
| 1540 | 4 400 | 135 | 3.1 |
| 1549 | 4 500 | 135 | 3.0 |
| 1561 | 5 400 | 135 | 2.5 |
| 1630 | 7 500 | 150 | 2.0 |

资料来源：《南国贤书》，《应天府乡试录》。

① 据笔者研究，这一比率在会试中也大致相同。

② 布劳代尔、让-克劳德·帕斯罗尼：《教育、社会与文化中的复制》，圣贤丛书，1977 年版，第 141 ~167 页。

表八　　清季江南省乡试应考人数与中考人数百分比

| 年代 | 应考者 | 中考者 | 百分比 |
|---|---|---|---|
| 1684 | 10 000 | 73 | 0.7 |
| 1738 | 17 000 | 126 | 0.7 |
| 1744 | 13 000 | 126 | 0.9 |
| 1747 | 9 800 | 114 | 1.2 |
| 1893 | 17 000 | 145 | 0.8 |

资料来源：《江南乡试录》。

显然，这些数字中最突出的一点是竞争性越来越强，在明末应天府乡试中录取率为50比1，而在清季大多数时间内，江南省录取率降至100比1。这样，如果我们仅专注于中考者，那就会失去“自然之学”在三年一次乡试中的作用的真实图像。如果我们假设科举落第者中有25%的人选与历史有关经典、30%的人选《易经》作为自己的专门研究对象①，我们便可推断，在晚明三年一次的应天府乡试中，约有1 250至1 875名应考者或选《书经》或选《春秋》作专门研究，大约同样数目的人选《易经》。同样，在17世纪和18世纪的江南省，有2 500名至4 250名应考者选史籍作专门研究，大约同样多的人选择《易经》。由于明末至清季的人口迅速增长，我们可以认为，考试规则和定额说明在十七省三年一次的乡试中，有更多的人以钻研史籍和《易经》来作考试准备。

进一步说，除了在第一场考试中有可能从《易经》、《书经》或《春秋》中摘录有关天文历法片段外，明代乡试应考者还须回答一个或更多的与天文历法有关的策问。这样，在十七省每省三年一次的乡试中，每回都有超过50 000名甚至多达100 000名的应考者钻研准备此类问题。这类问题在清季很少出现，意味着应考者不必再为此类问题作准备。反之，他们要为由在18世纪达到顶点的考证引起的越来越多的故纸堆问题费心②。

现在，我们再回到明代中国乡试中与“自然之学”有关的策问及对策中来。从上述统计分析中，我们可以得出两个总体性结论：（1）在明清两代的科举考试中，就以史籍和《易经》作为专门研究的应试者人数来说，“自然之学”作为应考者为准备考试

---

① 这一设定因乡试会试中，所有考生都根据所选经典而被分入考“房”中，而每房人数相等这一事实而加强。据顾炎武说，在明代的1580年和1583年，有18房：其中选《易经》《诗经》者各有5房；选《书经》者4房；选《春秋》和《礼记》各有4房。见“十八房”，《日知录集释》。在清代，直到专门化要求停止前，通常有5或6房考生选《易经》；4房选《书经》；5或6房选《诗经》；选《春秋》和《礼记》者各1房。见《进士三代履历便览》。从科考的总房数来看，与史学有关的经典在明代占33%，在清代占28%到31%。在总房数中，《易经》占28%到33%。

② 艾尔曼：“明清两代科举制的发展”，即出。

的一个研究方面，其重要性在不断加强，但就天文历法研究在策问中的地位来说，却是不断下降；（2）18 世纪晚期，由考据派学者提倡的由“道学”向经史研究的转变，反映了清代社会和科考科目中广泛的教育变化，这种变化使应考者再也不必回答“自然之学”问题。

## 二 科举考试中策问的作用

在评估乡试会试的主考者提出的策问问题时，主要问题如上所述，即策问在明清两代长期处于从属于第一场中以四书为主的八股文地位。这种从属地位使帝制晚期的史家忽视了策问的重要性，未能看到这类问题在从汉代（206B. C—9A. D）到 1905 年废除科举中的漫长演变。在纵观这两千年的历史连续统一体时，不能仅用维护了约四百年的八股文便将策问轻易一笔勾销。历史地说，对策问的研究使我们对中华帝国晚期的考试与帝国早、中期考试间的联系知之更多①。

策问的源起，可追溯至汉代皇帝向“贤良”的“策问”；后者便以自己对当日最紧迫问题的看法形成“对策”以答。在汉代的策试中，最著名的为汉武帝（R. 140—87B. C）在公元前 134 年向董仲舒（179—104B. C）提出的三问。结果，董氏以其极具说服力的《贤良三策》成为对汉武帝最有影响的策士之一②。董仲舒在对策中提出的一种既一贯且又变通的儒学经世观，在帝国晚期仍甚有影响。在 18 世纪，乾隆皇帝仍将董氏著名的对策作为他经世治国思想中的一个基本因素③。

董仲舒的对策在文体上也受到赞扬，并被模仿。例如，明代文体学家的主导人物唐顺之（1507—1560 年）在其《文编》中，便将董仲舒的“对策”作为古文的典范。自然，策论文与八股文一样，主要是以美学和文学标准来衡量其价值的。事实上，唐顺之在选编文章时，是以董仲舒的策论文章而不是时文作为文编的主要文章④。而且，汉武帝以对董仲舒这样的人进行策试来任命高官的做法，成为“殿试”的先例。在唐、宋、元、明、清这几代，殿试成为应考者取得任高官必备的进士资格的最后一关。在 1070 年以前，宋代殿试仅考诗赋；1070 年以后，殿试改为由皇帝仅向这些高官的竞争者们

---

① 历史在策问中的重要性见“常谈”，陶福履编《图书集成初编》，上海，商务印书馆 1936 年出版，第 21 ~ 24 页。

② 见班固《汉书》。

③ 张春书（音译，Chun-shu Chang）：“十八世纪中国的皇权”，《香港中文大学中国研究所学报》，7，2，（1974 年 12 月）：第 554 ~ 556 页。

④ “文编”收入《四库全书》之中。

提出策问问题。直到 20 世纪初，这一程式一直未受触动改变①。

尽管策问在帝国晚期科考的最后评判中成为八股文的附属，但作为选人时的量才手段，自汉以来便一直存在。为争状元、榜眼和探花的进士对策尤受重视，明清两代的许多文集都收有这些对策②。除殿试的策问以外，应试者在乡试、会试的第三场考试中，还需回答策问五道。在唐宋时期，策问作为对政制问题，有时还包括某些不同之见一抒己见的工具，以弥补帝国中期过分强调诗赋的偏颇。③

在中国历史上，最著名的策论文章，大约是受人尊敬的南宋忠臣文天祥（1236—1283 年）在 1256 年殿试中写的近万言（实为 9 600 字）的策论文章了。文天祥的文章，回答了皇上关于“道学”形而上的无极和太极概念是如何构成自然运动，形成万物秩序的策问。在南宋京城杭州受到向华南进犯的蒙古人的威胁日益严重之时，可能要解释的是为什么皇上关注的仍是一种永恒的真理，而不是迫在眉睫的灾难。这样，文天祥关于“天人合一”的文章便被后世儒生代代诵读，认为这是一个坚定的儒学道德论者在南宋最终将被蒙古人占领时，宁可饿死也不事新朝的心声表白④。

元初，诗赋被认为过于无聊而被从科举中取消⑤，以四书五经为基础的文论，便成为帝国晚期检测学子掌握经世治国之才的主要内容。策问便被用来检验“经史事务策”⑥。

虽然策问长期处于从属四书五经的地位，但策问往往被认为是基本的，所以受到主考者和学者们的高度重视。例如，在北宋有关科举制的争论中，欧阳修（1007—1072 年）认为策问应高居首位，以便首先检测应试者的实际知识和能力。只有通过这场考试，应试者才能参加后面的考试，检查他们的文才，并作最后评判的工具。所以，无人能仅靠文才便通过进士考试⑦。

在明末万历年间（R. 1573—1620），策问的地位突然得到戏剧性提高⑧，在这期间编纂了两部策问问答文集。第一部是 1604 年编纂的《皇明策衡》⑨，包括 1504 年到 1604 年会试和乡试的范文，按年号和策问主题编纂，其全部内容都与上列表一的内容相对应。稍后，这部文集又于 1633 年被扩充为《皇明乡会试二三场程文选》，将 1504

---

① 《皇明贡举考》，张朝瑞编，明万历年间出版，卷 1，第 73 ~ 74 页。另，有关 1148 年殿试皇上的策问可见《绍兴十八年同年小录附录》。1148 年殿试要求考生回答为何东汉光武帝（A. D25—57）在西汉之后的统治最为辉煌，实际暗示尽管有金人入侵的威胁，南宋依然超过北宋。

② 《皇明状元全策》，蒋一葵编。又见《状元策》。

③ 见《文苑英华》；权德舆：《权载之文集》；陈亮：《龙川文集》。

④ 见《宝祐四年登科录》，《南宋登科录两种》，《宋历科状元录》。

⑤ 《皇明贡举考》卷 1，第 17 ~ 18 页。

⑥ 见《金华黄先生文集》，《皇明文衡》，《四库全书》（台北商务印书馆重印），1233：217 ~ 236。

⑦ 马端临：《文献通考》，上海商务印书馆 1936 年版，第 289 ~ 290 页。

⑧ 《明万历至崇祯间乡试录会试录汇集》。

⑨ 见《皇明策衡》，茅维编。

年至1631年二三场科举问题包括进去①。

在清初，满洲皇帝继续批评主考者和应试者都不重视策问这一事实。1728年，雍正皇帝（R. 1723—1735）明谕主考者“不得专重首场（四书文）；忽略后场（策）”。同样，乾隆皇帝在整个1750年代对科考过分注重文才亦甚为不满，尽量鼓励注重实际②。稍后，当力图使策问与八股文在1760年代达到同等程度的努力失败后，乾隆皇帝谕令考官将1756、1759、1760和1762年乡试的最佳策论编辑印刻，名为《近科全题新策法程》。与当时被称为“时文”的官编八股文汇编类似，这种策问汇编不仅包括提问与回答，还包括旨在使策论得到重视的眉批③。

在19世纪，策问在形式和内容上虽然都有发展和变化，但仍有规律可循（见上列表二）。在对北京第一历史档案馆和台湾明清档案馆有关乡试会试史料进行研究的基础上，我对清末乡试中的策试内容进行下述排列：（1）经；（2）史；（3）文；（4）典章制度；（5）舆地。但这并非说这一顺序是固定的，也不是说必须总有这五方面内容，但对19世纪乡试中策论的研读表明，一般是按这种秩序排列的。而19世纪以前，则很难说是依此排列的，正如有关明代应天府乡试的表一和清浙江省乡试的表二所表明的那样。另外，我对会试的研究还表明，会试内容大多也不是按这种序列排列的。

不过，我们仍可得出大概的结论，在明代准备策试的人员中，有3%的人钻研“自然之学”。但大多数策试问题与“自然之学”关系不大，这便意味着应考者将准备回答被问到的任何一个历史问题，可能是典章制度，也可能是治水或吏治等问题。下面我们将要讨论中华帝国晚期乡试中作为一门学科的天象与天文，律吕之学的乐理及作为学术问题的历法之学。但我们应记住，很少有策问问题未受儒学对时务、制度发展变化的关注的影响。经学与时务在策问中往往又被不加区别地称之为“博学”。④

## 三　1525年与历法有关的策问与对策

1525年江西乡试时，主考者提出的策试问题之一便与“历法”有关。在问题的第一部分，主考者要求这些举人资格的应考者详细说明古人的历法方法，尤其强调“自古帝王之治天下莫不以治历明时为首务”。随后，主考者又提出为何汉、唐及宋代历法长期以来容易出错这一问题。接着又指出，明代采用元代的“授时法”，建立了“大统历法”，而元代停止使用源自汉代“三统历”的“积年法”，以解决逐渐积累起来的岁差问题，而明朝历法学家所用的“闰月”制已有约两百年的时间未作改变了。主考者

---

① 见《皇明乡会试二三场程文选》，陈仁锡编。

② 《钦定磨勘条例》，卷2，第7~13页，第21~25页。

③ 见《近科全题新策法程》，刘坦之编。

④ 见《皇明策衡》，卷2，第60页；卷3，第7页；卷15，第7、23页。

接着问道："授时历不立元乃能久而无弊，何欤?"另外，应试者还必须解释如何预测日食的问题，因"夫天运无形而难知，所可见者日月之交而已"。最后，主考者要应考者对两种历法观作一评论①：

古今论历者或曰有一定之法，或曰无一定之法，不过随时考验以合于天而已。若果有一定之法，则皆可以常数求，而考测推步之术为不足凭，是皆载诸史册，班班可考……。

其中一位考生的回答（不知其姓名，但却是优秀者之一）立即抓住"造历者有一定之法乎，其无一定之法乎"这一主要理论问题，并回答说"而曰无一定之法，吾不信也"。但他马上又对自己的结论加以限定，认为"日月之有盈缩朓朒之不齐焉，星辰之有迟留疾伏之不同焉，而错综往来出入于二道之间，虽竭天下之智巧而不能尽者也，而曰有一定之法，吾不信也"。

这位应考者论证说，应采取中庸之道，"于不可一定之中而参之随时考验之术，是乃所以为一定之法也"。对测算与预测的随时"考验"是必须的，经验与理论这两方面的问题都谈到了，但应考者却没有——他也未被要求——说明历法测量如何能解决宇宙的空间对称。由于预测日月食的技术不行，所以也无法预测天体运行。无论是主考者还是应考者，都丝毫未提及天体问题②。

应考者然后转向古代圣贤的历法原则，从《书经》和《易经》中寻章摘句，证明经典的宇宙秩序框架首先是"顺天以求合之意也"。然后是"随时以更改之意也"。1280年，元代的郭守敬（1231—1316年）在伊斯兰影响下以"授时历"改善了"三统历"，对"周天"的测度更为精确。正如主考者所说，新历省却了"三统历"中许多繁冗的计算步骤，并对此有详细描述。新法"顺天以求合，而不为合以验天者也"。"夫历法之所以易于差忒者，以宿度之未真，以天运之不齐耳。""然天有自然之运，而以己意断之可乎?""故郭守敬始测景验气，减周岁为三百六十五日二十四分二十五秒，加周天为三百六十五度二十五分七十五秒，强弱相减，差一分五十秒。积六十六年有奇，而退一度，定为岁差。"使授时历更为精确③。

最后，应考者谈到了天体运行与测定日月相交的交食问题。应考者再次强调，观察者有限的视野并不能将诸如太阳沿黄道运行（可用图表示）等所有天界运行的自然运动全都包括无遗。但天体运行时间与日月相交相对应，所以使预测日月食成为可能。这里再三强调的是预测的实际问题，而将天界的宇宙志（cosmognanhy）留给自然但不可

① 见《皇明策衡》卷1，第19页；卷4，第32页。

② 见《皇明策衡》卷1，第19页。

③ 见《皇明策衡》卷1，第19~21页。

知的运行①。

明代的“大统历”是在1384年，一个轮回之始开始创立的。应考者解释说，在随后的一百五十余年中，这部历法无错。但近来由于“先天”与“后天”的不一致，这部历法便不够精确。他建议说，关于如何修正这些错误的争论与他读过的《元史》中的这种争论类似，都应从“春秋”纪年以来的二千一百六十余年这一角度来看。在耶稣会士来华的一代人之前，这位应考者便吁请重用自郭守敬1280年改革之后留给钦天监的仪器②：

> 今许衡、郭守敬所造简仪及诸仪表之制，具载于史，或可仿而行之否乎？

但是，在耶稣会士到达约五十年前这种对历法改革和重新使用元代天文仪器的引人注目的呼声，立即又被装入新儒学正统言辞的框架之中。在“人事”与“天道”中，皇上的德行是最重要的。他以朱熹的言论作为权威根据：“朱子曰，王者修德行政，用贤去奸，能使阳盛足以胜阴，则月常避日而不食，是或一道也。”为使人不误以为他是在向朝廷建议，他最后写道，自己本是“草茅下士，素无师传，姑举经史所载者云耳，而未敢以为然也，惟执事进教之”。③ 所以，无论是主考者还是回答者，都不是将此作为一种技术性的历法知识看待。应试者不是将技术书，而是将官史作为自己的信息源。这也说明，主考者想考察的是历法在政治生活中的一般作用，但又意识到要保持官方历法精确以合今用的某些困难。另外，应考者在16世纪吁请将元代仪器作为一种修正误差的标准工具，也意味着策问变成一种朝廷得到明大统历现已渐渐不甚精确的信息反馈，但应考者不是提出专家性建议，而是力论国家应用专门仪器来改革历法。最后，这篇策论对帝国是皇德与天道间的中介感应者这种皇权论卑躬屈膝。这种提问与回答的根据，便是朝廷的政治和道德居宇宙中心。

## 四　1558年策问与对策中对自然灾害的意义之考查

下面，我们转向1558年策问中一个有关灾异的问题，这是北方首善之区顺天府一次乡试主考者提出的④。应试者有三千五百多名，但只有一百三十五名（3.86%）通过考试。在第三场的五道策试中，有两道直接与“自然之学”有关，这五题是：①“事天”，②“建官”，③“用才”，④“灾异”，⑤“四夷”。这样，就有三千五百多应考

---

① 见《皇明策衡》卷1，第22页。

② 见《皇明策衡》卷1，第23页。

③ 见《皇明策衡》卷1，第23页。

④ 《皇明策衡》卷12、15、16均与1594年顺天、1597年江西、湖广及云南乡试中的策问有关。

者必须准备回答两道与自然之学有关的两道策问，这就进一步证实了我们稍早的假设，即晚明乡试对士子为准备考试而钻研自然之学有广泛的影响①。

主考者以“天人合一”及这种“合一”之后的微妙原理开始提问。在引录了人们经常引用的《书经》中的“洪范”篇后，主考者要求应试者解释人事中的“五事”与天道中“五行”如何对应。在其他科考中，提出这些问题仅集中于五行本身②。但1558 年的主考者却继续问道③：

以五行应五事何所验欤？省财或以岁或以月或以日，何若是分欤？乃孔子作春秋书灾异不书事应，抑又何欤？说者谓其恐有不合反致不信，然欤？否欤？

主考者然后提出史书记载尧帝时期（R. 2356—2255B. C??）的九年洪水和汤（R. 1766—1753B. C）治下的七年大旱为灾异之例，要求应试者作一评说。如果后来的朝代没有这种灾异记载，他们便超过像尧汤这样的圣王治下的时代吗？如果天无目的，为何人们害怕灾异？如果天确有目的，其心必厚爱生命。但如果天有目的，灾异又如何能为其厚爱生命的目的服务呢？

最后，问题转向公元一世纪的汉代，当时官方将灾异视为政治事务的预兆，以谶纬为基础的预测之学在朝廷盛行。主考者举京房为例。京房原是一位朝臣，因预言洪水而被逐，当预言被应验时，他先是被囚后又被杀。这些大都不甚可信，但应试者被问及其中某些说法是否有某种根据。而主考者的结论是，必有解释此类事的某些原理④。

主考者将考生吴绍的答卷选为范文。吴绍是位来自浙江嘉兴的官学生，他在顺天府乡试中答完了全部三场考试。主考者将他的答卷作为究天人之际的“穷理”典范。答卷开始时，吴绍同意主考人的看法，即天人之间的互相感应微妙难辨。但吴绍又论辩说天有“实理”人有“实事”。天的“实理”以阴阳运作为基础；“实事”则在人的控制之下实现。据此，吴绍结论道⑤：

谓天以某灾应某事是诬天也。谓人以某事致某灾是诬人也。皆求其理而不得，曲为之说者也。君子奚取之哉？

由于天人合于理，所以儒家君子可以成功地探求天地运行之道。孔子的《春秋》便是这种路径的典范之作。他对事件与灾害的记载并未把天人连为一体来解释怪异之事；由于他的立场是为公，由于他寓于正道之中，所以并不强把人事塞人灾害是预兆的概念之

① 见《嘉靖三十七年顺天府乡试录》。

② 见《皇明策衡》卷 7，第 26 页；《南国贤书》卷 4，第 37 ~ 42 页。

③ 见《嘉靖三十七年顺天府乡试录》。

④ 见《嘉靖三十七年顺天府乡试录》。

⑤ 见《嘉靖三十七年顺天府乡试录》；《皇明策衡》卷 2，第 24 页。

中。吴绍继续解释说："愚以为论灾异者必当以春秋为准，其意真，其辞直，确乎不易者也。"①

论及问题中有关圣王尧汤被灾害所困部分时，吴绍认为尽管后世统治者并无灾害记载，这也并不意味着尧汤在道德上有所欠缺。准确些说，问题在于"气"的运作。"盖天地之间惟一气而已矣。气之行也，有时而顺，有时而舛。"当"时乎舛也，虽尧汤不能御其来，犹之时乎顺也，则庄宣可以安享者也。"而儒学君子不是畏惧这些，而是认为"盖天有天之道，而人有人之为"。对宇宙运行的畏惧，应掌握在人事范围的自我控制自我省查的范围之内②。

为解释灾害发生的所以然，吴绍求助于超出人类知识范围的"天道"之微妙运行。"天之大德"厚爱生灵，但即便天心为处于灾害中的人类惨状大动恻隐之心时，亦不能妨碍"道"的运作。要天为灾害负责，实则诬天，误解了它对人间生灵的厚爱。当像京房这样的古人预言灾害时，并非天意的明证，而只说明了当灾害发生时人类把原因归咎于天的种种目的。这类灾害的真实原因，决非人力所能预测。吴绍将天灾比作人的疾病，正如要通过号脉来判断是否有病一样，"灾亦有征，在天则见于象纬，在地则见于山川，在物则为鸟兽草木之妖，在人则为奸宄寇贼之戾，皆元气不足为之也"。一旦查明原因，病人与灾害都可诊治。恰如病人需要医生、药物，需要恢复元气一样，想要战胜自然灾害，以固国家之元气，则以"修纪纲""审法令"为基础的德行也是必须的③。

吴绍在对策的结尾称，"故善治论治者不计灾与不灾，但视备与弗备"。尧汤都是在抗灾中因早就制定了适当的计划因而能治水九年抗旱七年的，而常人未面临灾害时绝无抗灾计划。吴绍认为，尧汤之所以是伟大的圣王，就是因为他们要克服这些困难而治世。结果，吴绍将对灾异的讨论翻转过来，使之成为对伟人的考验而不是一种超自然的干涉人世的预兆，洪水与旱灾成为尧汤神圣性的明证④。

这种策问与对策充满一种对自然灾害的理性态度，并很明显反对一种被称为"以迷信解释自然"的倾向。无论是主考者还是回答者，都承认人类认识宇宙的局限。反之，按照预言派的看法，则将"人事"的意义和目的归于灾害，将"天"人格化并将人类的知识译成人类的畏惧与无知。更进一步的是，应试者认为圣人应是能面对当前灾害、能战胜灾害的看法，则表明这样一种观念，即对正统儒家来说，面对灾难时的听天由命和畏惧退缩态度是不能接受的。重要的不是洪水或旱灾的象征意义，而是对付它们的具体政策。在一个人的统治居优先地位的世界中，"天"的全部作用是超过人的理解的。

---

① 《皇明策衡》卷 2，第 24 ~ 26 页。
② 《皇明策衡》卷 2，第 26 ~ 27 页。
③ 《皇明策衡》卷 2，第 27 ~ 28 页。
④ 《皇明策衡》卷 2，第 28 ~ 29 页。

## 五　1561 年策问与对策中与天象有关的问题

下面，我们转向一个具有代表性的与“天象”有关的策试问题，这道题是 1561 年浙江乡试提出的。这种问题在策试中出现时题为“天文”①。主考者说道，尧命羲和廓清星宿的运行，以分辨四季。后来人以天气为基础来预测善恶。因此依靠与人事有关的“象纬”，随后设“太史”一职以“察天文，纪时政，则于天人之际未可谓远”。主考者然后问道，太史的天文与政治功能是何时并为何分离开来？这种分离使验测术和观天术居于皇朝史官的职权之外②。

这一次，我们仍然不知道这位被选为 1561 年乡试策问最优答卷者的姓名，但他的答卷被保存下来，其中最使人感兴趣的是应试者在开始时提出的“数”即“理”的论断③：

> 运造化之妙者数也，亦理也。探造化之妙者心也，非迹也。理也者，乘乎数者也。心者也，具乎理也者也。

主考者的提问是以《尚书》中的“尧典”为基础的，这位应试者在引述“尧典”一些片断之后又断续指出，“日月之行，星辰之旋绕，因气也”。人只有通过“心”才能洞察潜藏于被观察到的“象”下之“理”。这是因为“心”与“理”同一。此外虽未用王阳明及其弟子在 16 世纪提出的“心即理”这一著名论断，但这位浙江考生的对策实际已完全接受他的那位赫赫有名的同胞对自己哲学信条所宣扬的观念的优先地位。他颇为雄辩地提出自己的论点：“苟昧其理，泥其数，按其故迹而不会之以心，粗亦甚矣。又何以观天文而察时变也。”④

这份答卷认为，古人知晓自然之理，所以能识天，将图（如伏羲之图）传给后世研究。答卷实际上简要复述了有关伏羲（又称庖羲，R. 2852—2738B. C??）观察天象，研究其运行规律的历史记载，对此《晋书》有较好的概括。同样，黄帝（R. 2697—2598B. C??）收到“河图”时，也发现根据星宿位置来预测吉凶的图像。这位应试者还复述了元代对从伏羲到夏、商、周三代被命观察天象的史官的有关古代天文学发展的历史叙述⑤。

这份策试答卷又继续廓清了天文机构在汉、唐、五代及宋代的作用，并且讨论了郭

---

① 见《皇明策衡》卷 4，第 49 页；卷 21，第 7 页。

② 《皇明策衡》卷 2，第 54 页。

③ 《皇明策衡》卷 2，第 54 页。

④ 《皇明策衡》卷 2，第 54 页。

⑤ 《皇明策衡》卷 2，第 54 ~ 55 页。

守敬在13世纪依天文仪器为基础绘制的天象圆。很清楚，为准备这个问题，应试者细读了正史上的天文记载及其解说①。

应试者随后又转向源于“一元之气”的宇宙起源问题。在天地未分的“太虚”状态，只有水火是变化的两大本原。“惟火极清，则为天，为日星，为风雷。惟水极浊，则为山岳，为雨露，为霜雪。”能成形的便是气的凝聚，不能成形的则转为神。天理依阴阳变化，由“气”的疏密不同而产生天地万物。日月之行循天宫黄道赤道运行，二者相交便产生日月相食现象。另外，这一答卷还将季节的变化与日月经过天界的二十八宿时的互相影响联系起来②。

答卷随后还描述了金木水火土这五颗行星的运动，并集中探讨了“日月星辰之所会”及水星金星的运动关系。“金木附日一岁而周天，火二岁而周天，木十二岁而周天，土二十八岁而周天。”而且，行星的运动被与位于中心的北极星联系起来。北极星是测量其他星角距的参考点，因为北极星的位置明显固定，其他星则绕北极运行③。

这位应试者认为，古代官员已经认识到天文对统治的重要性。“明堂”和“灵台”是王朝合法性的象征，被用来观察记录天界运动图像。但由于年代久远，古代的天文知识已经失传。如“盖天”与“宣夜”理论与天文或历法的实际问题几乎没有联系。在周代和汉代，天文观察和术语已丧其古意，而为当时的方法和理论所取代、解释。由于缺乏任何确定的理论，所以最后“泥于数而遗其理，执其迹而弗通以心，又何足以上达天载之神也哉？”④

然后，答卷又从宇宙转向仪器，测量天体位置的浑天仪、璿玑和玉衡被认为是古代圣王测绘天象仪器的代表。论者采用汉代马融的注说，认为璿玑是后来经尧、舜(R. 2255—2206B. C??）改进的一种天文仪器。他还论证说这些是浑天仪的雏形，黄帝即用此来制定以浑天说宇宙论为理论基础的历法，这也成为后来解释天体运动及确定“日月星辰之所在”的基本理论⑤。

据答卷者称，直到元代郭守敬发明简仪、仰仪及诸仪表，才使天体观察和测量的精确性大为改观，远远超过了这些早已过时却被一直使用的仪器，这些仪器才被丢弃，《元史》记载了这种直到此时还在使用的方法。我们再次看到了正史对这类策试对策者的重要性。“中国文明”正是以这种方法跟上天文学的变化，而且，仪器的成功使用也不仅限于某一时代。

当然，元代的历法、钦天监及后来与之同样的明代在多大程度上受到阿拉伯的影响则未说明⑥。

---

① 《皇明策衡》卷2，第55页。
② 《皇明策衡》卷2，第55~56页。
③ 《皇明策衡》卷2，第56页。
④ 《皇明策衡》卷2，第56~57页。
⑤ 《皇明策衡》卷2，第56~58页。
⑥ 《皇明策衡》卷2，第58页。

这份答卷在结束时，对国家在天文中的作用和责任作了讨论。由于天子是天人之间的中介和体现，他的皇德便在日月星辰的运动间反映出来，“天地合其德，日月合其明，星辰合其轨矣”。而交食则是皇德或刑法有缺的最明显表现。日月及金木水火土五星的运作与人事相关，“于是法四时之均，齐七政之常，以贞其令”。他最后文辞华丽地强调心在统括天地中的作用：“观天而观之以心，观心而观之以尧舜之心，斯其为善观天者矣!”①

对策者再次以一种通才的论调，以文章的形式来谈论星体运动。他在天文问题中以明代“心法”及王阳明的“心学”来证明自然哲学中道统与政统的运作，在构架天体运动的言说中，“理”胜过观察。这种把天文知识与新儒学道德哲学引人注目地融为一体，虽说明后者在级别上仍明显高于前者，但亦表明二者实际上是互相依存的。主考者与应试者都认为哲学与天文学是相交的，而不是相斥的。

## 六　1567 年策问与对策中有关乐理及律吕之学

中华帝国晚期关于音乐的作用和功能的律吕之学清楚表明，音乐与在天文学中的宇宙理论一样，与国家统治是不可分割的②。从帝国初期便设立的太乐、太常寺等机构便说明，任何朝代都将官方和民间音乐作为提高政治合法性的手段。官方对音乐的兴趣是以宇宙和谐是内在于音乐的产生与应用这一设定为基础的。作为一种数的学科，音乐被从音调体系的发展及其象征性解释这一角度来看待，而这有赖于数量的运用。确定音高标准及音列的内在比率其实质都是数，这自然与官方的标准与规定有关。据席文（Nathan Sivin）称，数学与律吕之学都是“自然之学”之一种，“基本是有关数学及应用于物理界的”。与天文学一样，音乐作为一种以数学为基础的和声体系，也经常作为一个策问问题出现在明代科考中③。

在 1567 年南直隶应天府乡试中，策问的第三题即主考者要应试者回答与从古代传下的十二乐律问题，并与十二半音的半音休止有关，即一个八音度内的六阳六阴半音音列等中国音乐中的生律方法。音高标准被用来确定乐音，而不是作为音符本身④。提问者说道：“宋儒有言寓器以声当求之声，而不当求之器者；有言审音之难不在于声而在于律，不在于宫而在于黄钟者。可指而言与?”对策者应详尽阐发这些互相矛盾的

---

① 《皇明策衡》卷 2，第 58 ~ 59 页。

② 见约翰·哈德逊（john Henderson）：《中国宇宙论的发展与衰败》，哥伦比亚大学出版社，1984 年版，第 22 ~ 23 页。

③ 见《皇明策衡》卷 6，卷 7。李光地：《古乐新传》。

④ 劳拉·冯·福克豪森（Lothar Von Falkonhausen）：“中国乐理的早期发展：音高标准的产生”，《美国东方学会学报》。

观点①。

第二，主考者要求学子评论黄钟律，这被认为是黄帝为各种仪式所设的代表性基本音高。千百年来，恰如各朝各代都要重定历法起点一样，也必须为基调分辨正确的律长与律高标准，以合官方仪礼及正统音乐之需。某些记载言黄钟之长九寸，亦有言长三寸九分者。主考者问道："其损益相生之论，视黄钟九寸者同与？否与？其清浊之辨，多少之数果孰为当与？彼作为通解钟律《律吕新书》者，其中亦有相发明者与？在昔有得牛铎而知为黄钟之宫，得玉磬而识为黄钟之缺者，岂以明盛之世而顾无神解其人乎？"《律吕新书》为蔡元定（1135—1198 年）所著，在原初的音高体系中增加了"变律"，以解决由古代音律系统中的不同解释而导致音乐方面长久以来所存在的自相矛盾及欠缺之处②。

此题的最佳对策者（此次仍不知其姓名）开始便将"作乐之本"与"作乐之具"作一区分，接着又以"五经"之一的《礼记》中的"乐记"的音乐理论为根据，认为"参之造化，发之性情，达之伦理，验之风俗，以还隆古之盛治"为音乐之本。其基础与风俗教化是分不开的③。

但同时，只有通过精良的"具"，才能得到音乐技术方面所要求的音韵合谐，否则音律必将有误。换句话说，音乐又不能简化为道德与心性之理。"世之论乐者，往往究心于中和之理，致详于神化之精，而于钟律诸家之说漫置之不辨。曰此器数之小也，此节目之微也。听其言非不美矣大矣，而实则不然。夫金石不调，后夔无以施其智；律吕不具，师旷无所寄其聪。"正是由于重声不重器，致使各种理论纷争，所以"圣人寓器以声，不先求其声而更求其器"④。

对策者继续说道："自汉以后，通经学古之士类能因文以求其义，而音律之制，载籍亡传，则知之者益鲜矣。是以为论愈多，为法愈淆。"甚至许多宋儒对此也知之甚少。对策者恰当地举策问中朱熹语录，认为他说过"审音之难，不在于声，而在于律，不在于宫，而在于黄钟"。说明朱熹正确地意识到，古乐的关键当求诸黄钟⑤。

对策又转向黄钟的长度问题，因为这是音乐中其他各律的基础。他描述了自汉代史家司马迁（145—86？B. C）开始，直到明代儒生们提出的如何计算十二律序列的种种观点。以黄钟为根据的六个阳律（律）和六个阴律（吕）的区分，是最基本的音调。不仅司马迁的《史记》记有这些，宋代蔡元定的《律吕新书》也有此说。对策者指出，律吕也是有宇宙意义的对应体系中的一部分。据对策者观点，《易经》中八卦的产生过程与乐律的产生过程相同。

对策者还认为，乐律与历法、节气及天体现象均是宇宙的一部分，"夫律历一道

① 《皇明策衡》卷 3，第 1 页。又见《南国贤书》，卷 4，第 7 ~ 12 页。

② 《皇明策衡》卷 3，第 1 页。

③ 《皇明策衡》卷 3，第 1 页。

④ 《皇明策衡》卷 3，第 1 ~ 2 页。

⑤ 《皇明策衡》卷 3，第 1 ~ 2 页。

也”。某些音律与十二月中的某天、一天十二时中的某时一一对应。而且，对策者注意到，音律与“阳气”在冬至、夏至的变化有关。“气”的变化对“律”产生重大影响。因此，远古便用将音律与地气相通的“候气”之术来测定音律。但他又指出，由于律管与“气”间的共鸣难辨，所以“律管候气亦不可用矣”。①

对策者又以《资治通鉴》为证，转回音律测定上来。据《资治通鉴》记载，黄帝命取竹“断两节间，长三寸九分而吹之，以为黄钟之宫”。而“近世儒家因取是说以为元声”，以与律吕这十二律相应。十二音阶序列又被称为“三分损益”的乐理来解释。根据这种理论，在“三分损益”过程中得到的最后音调，便是基本音高标准。这一公式是以“三分益一”或“三分损一”这种比率来表示的。在这种生律过程中，以“三分益一”或“三分损一”而增减音高的律管长度将产生一串音高的长度值。这样，律管长度产生的蕤宾是九寸，而作为基音的三寸九分则是始发律的数据②。

他以自己的分析为基础，认为司马迁等人以为黄钟长九寸是错误的，只有蕤宾是如此产生的。为确证自己的论断，他又引述其他儒学权威来加强自己的论点。他特别谈到了朱熹对以现存记录作为古声标准的怀疑。“朱子亦曰古声既不可考，姑存之以见声之仿佛，以俟后之知乐者。是朱子亦未敢自以为知，而必有俟于后也。”

的确，后来明代数学家和音乐家朱载堉（1536—1611 年）精构了平均律的正确公式。他在 16 世纪后期对十二律体系的开拓性研究于 1606 年呈送朝廷，以纠正律高序列中的误差。朱的研究充分表明，黄钟长度下可能是九寸。正如这位对策者所说：“作乐之本者，是天地之元声也。作乐之具者，是天地之元数也。”为测算律长以产生黄钟十二律音列，数学是先决条件③。

这篇文章表面虽是探讨音乐在帝国统治中的作用，但对十二律音列的回答在概念上，以及用数来测定律高序列的音调这两方面，都具有明显的技术性。科考中这类问题的频频出现，说明乡试的应试者必须掌握乐理，以对可能出现的此类问题有充分准备。而且，这种策论还表明数的和谐作为“自然之学”之一种，对国家的重要性。从现代观点来看（略去明代科学的政治性），在医学和炼丹术仍在“自然之学”之外，仍有待成为科考内容之时，音乐却得到如此重视，的确十分引人注目。

## 七　最后评论

进一步的研究将有助于平衡我们对帝国晚期“自然之学”的文化地位的片面看法。上述例子表明，那种认为新儒学的道德哲学与“自然之学”互相排斥、在学问领域文

---

① 《皇明策衡》卷 3，第 2 ~ 3 页；哈德逊《中国宇宙论的发展与衰败》，第 163、188 页。

② 《皇明策衡》卷 3，第 2 ~ 4 页。

③ 《皇明策衡》卷 3，第 5 页。

化与技术截然对立的设想多么危险。我们应该承认，科举中对天文、历法及音乐和声等一般知识的要求，使儒学官员与钦天监或太常寺任用的专家在文化资本和社会地位上有某些不同。作为一种精通经典教义、充满道德精神的通才，儒学官员能得到最高的社会、政治和文化威望，同时，也要求他们大致知道天文、数学、历法研究及音乐和声是如何成为使王朝权力具有政治合法性的正规程式的一部分的。

进一步说，儒学大员长期存在的理由是他们是作为一种具有官方地位的道德楷模而存在，他们将科举得来的儒学资本转变成一种官僚地位，儒家的经世从来就是以经典之学与政治能力的联系为前提的。这种能力不是由儒生作为“自然之学”的专家地位来衡量，相反，是由他能在多大程度上将道德威望带入当朝统治体系中的历法或音乐作用的理解之中来决定的。在上述讨论的每道策问试题中，问题的基本目的并不是技术本身。反之，主考者期望应试者将技艺之学置于圣王传下的治世经典规范之中。

据此，策问局限于与王朝及其官僚统治体系有关的“自然”之中。“五行”与“灾异”是蕴含政治统治合理化的宇宙运作的宇宙论解释。对此类策试的“错误”回答，即是说这位应试者未能掌握任何观察天地间对王朝权力构成挑战的现象的异端意义。作为公共事务，策试与对策在一个囚笼般的场所进行，以使“自然之学”作为科考课程而成为正统体系的一部分（或一种“抵押”）。主考者不是“促进”技术知识，而是成功地“驯化”天文、音乐及历法。之所以要严格依此来挑选儒学官员，是因为他们知道其政治成功的道德开价即是以专业知识从属于新儒学文化资本为条件的，这种文化资本通过科考转化为官僚权力。

从与社会和政治等级制平行的文化等级制来看，“自然之学”则作为道德化通才的正当关心而合理化，因其将因此而被纳入正统体系之中。只要专家从属于儒学正统及其合法代表，他们便是这种文化、政治和社会等级的一个必要组成部分。在国家机构中，儒学官员与历法专家共存，但在政治地位、文化资本及社会威望这种较高层次中，情况却并非如此。所以，科举并非因为包括与“自然之学”有关的策试而引人注目，而是因其成功地将“自然之学”置于一种保证王朝长治久安的儒学知识及新儒学正统的政治、社会和文化的不断再生中而备受重视①。

但我们仍不清楚，与明代相比，为何清代策试中与“自然之学”有关的问题如此之少。若按我们现在的理解，耶稣会士在清初进入钦天监及清初帝王对天文学所表现出来的兴趣等，当可指望这种影响能渗入科考之中。在此，我们很可能陷入一种目的论历史叙述之中，正是这种目的论历史叙述使我们认为1600年后对“自然之学”应该兴趣大增。但实际上，到1700年，这些问题在科考中已经消失。这确使我们感到困惑不解。目前看来，这种现象可能是反直觉的，但从1650年代和1660年代清人举办科举的历史记载（例如，科考在1664年前曾有较大的改革而在1667年又恢复旧样）来看，这与当

① 艾尔曼：“中华帝国晚期通过科考的社会、政治与文化的再生”，《亚洲研究》51，1（1991年二月号），第1～23页。

时耶稣会士与满洲大员间震撼正统文化系统基础的历法之争似有关联①。

直到 1685 年，明朝的覆亡及随后的清朝统治，仍为天文、音乐方面的专家提供了一个摆脱附属命运的机会，为他们提供了在新的朝代精英统治下、为政治资本而向已经声誉扫地的儒学精英挑战的机会。在一个新朝急需专家重订历法、音乐以为自己的合法性服务的时刻，天文学专家的文化资本迅速增加，很可能压过或至少一度能向儒家通过掌握经学而集聚起来的文化资本挑战。

只到 1680 年代，当清朝已处理完它的政治和军事敌人之后，清初几十年所出现的社会流动才渐渐消失，使儒学官员与清朝精英在政治和社会等级制顶层（历法专家再次沦入低层）达成一种不稳定的平衡，一直延续到 18 世纪。在这一过程中，在乡试会试第三场的策试中实际已不再含有“自然之学”的问题，其原因还待进一步探讨发现。可能是新儒学在 1680 年代经过力争之后终于在朝廷取得胜利，由一位精明的清朝皇帝操纵，在科举中排除了成为明代科举标志的新儒学与“自然之学”的成功调适。②

原载《中国文化》1996 年第 13 期；
雷颐译

① 史景迁：《中国帝王：康熙皇帝画像》，纽约，1974 年版，第 XVII-XIX 页，第 15～16 页，第 74～75 页。凯瑟林·杰米（Catherine Jami）：“十八世纪中国数学中的西方影响与中国传统”，《数学史》，15，1988，第 311～331 页。

② 目前作者的工作将对这一问题作进一步探讨。另见艾尔曼《从理学到小学》，第 79～85 页。

# 从科举制度的废除看近代以来的文化断裂

萧功秦

科举制度在中国历史上承负着整合传统社会生活并维系社会内部的文化生态平衡的功能。它对传统中国的政治、文化、思想、教育、经济与社会生活的运行均起到枢纽与调节作用。本文试图通过分析科举制度对传统社会的整合作用，来研究这种制度在近代变革中的消失对20世纪现代化的长远影响。

在一个民族的现代化过程中，是否有可能调动其原有的传统制度文化资源，来缓解社会转型过程的整合困难，并尽可能减轻现代化转型所引发的社会震荡？本课题的研究或许可以提供若干有益的启示。

## 一

历史上中国传统官僚集权社会的社会精英，主要是由地主、士绅与官僚这三个阶层角色构成的。这些社会阶层各自在经济、文化与政治上承担着维系社会生命体的组织功能。

自隋唐以来迄至近代，传统中国与其他国家相比，一个显著的特点是，上述这三个社会阶层之间存在着相对频繁的横向流动。而这种阶层之间的社会流动，主要是由科举制度来实现的。例如，地主与庶民子弟可以通过科举考试，取得秀才、举人这样的士绅的身份，士绅则又可以进一步通过更高层次的科举考试而成为官僚政治精英。而官僚精英则可以利用自己的权势与影响，通过所授予的职份田以及通过购置田产，进而在经济上成为士绅地主。在传统中国社会里，由于官僚的身份不是世袭的，而一个官僚在退出仕途之后，在传统中国约定俗成的财产继承方式的制约下，他的田产又在数个儿子中均分，这样，其后人则很容易在二三代以后又下降为平民。而平民又可以通过科举考试进而取得功名，从而再次进入上述地主、士绅与官僚之间的精英循环过程。

在中国历史中，“君子之泽，五世而斩”，表明中国社会内部的稀缺资源（财富、地位、权力与名望等）分配过程存在着相对频繁的流动。自隋唐以来迄至近代，由于科举已经相当制度化，中国社会很少能看到其他文明社会中存在的数百年乃至数十代延绵不绝的世家贵族，“世家五百年之运”，作为社会精英的“君子”所享有的稀缺资源的非连续性与“五世而斩”的代际更迭，正是中国传统社会中的较高频度的社会流动性的具体写照。

可以说，中国传统社会正是以科举制度为枢纽，在平民与精英之间，以及在社会精英的三大主要阶层之间，形成周而复始的循环与对流。就传统官僚专制社会所具有的社会流动程度而言，中国可以说是人类前资本主义社会中最具阶层开放性结构的社会。无论是西欧的领主封建社会，日本藩封制社会，还是印度的种姓社会，均不同程度地存在着封闭性的阶级等级制度，而不具有中国传统社会如此高度的社会流动性。

## 二

这种社会流动性究竟对中国文化生命体的特点、延续与发展有什么意义？

首先，这种体制使历代统治者可以不断从平民阶层中补充新鲜血液，吸纳在智识能力上更具有竞争力的优秀分子。除了娼优等少数所谓的贱民之外，在中国传统社会里，任何个人，都可以通过自己的攻读生活，通过科举制度提供的“金榜题名”的相对平等机会，进入统治精英阶级。而统治阶级中的部分成员则在同一社会循环中又不断流动出政治领域。由于这种结构类似于近代“科层制”的开放性与自我更新，中国传统社会的精英层始终处于不断吐故纳新的过程之中，科举制至少是形成这种社会新陈代谢过程的一个重要因素。

其次，在科举制度下，精英层之间的流动与上下层级之间的流动性，使文化知识与教育的覆盖面，高于以身份等级为基础的结构封闭性的社会。这一点可以通过历史比较看出来。隋唐以前，在九品中正制这种封闭性的人才选拔制度下，功名的获取所依据的条件，是世袭的身份，而不是个人的努力与知识积聚的水平。文化知识的传播范围，往往局限在少数具有贵族血统或较高的世袭身份等级的阶层中。整个社会缺乏强大的获取文化知识的利益激励机制。而在隋唐以后的科举制度下，功名、地位与权力这些社会稀缺资源的获取，是需要社会成员以获取这个社会的主流知识文化为基础的，这就使社会的文化教育覆盖面，在科举制度下达到近代以前最为广泛的普及与提高。而国家与政府却可以不必为实现文化教育的这种相对普及支出巨额的教育经费。正如一位清末人士所指出的：“科举办法，士子自少至壮，一切学费，皆量力自为。亦无一定成格。各官所经营，仅书院数十区，（费用）率多地方自筹，少而易集，集即可以持久，无劳岁岁经营。”①

第三，使社会价值的高度一体化。造成这种价值一体化的原因是，一方面，只有按

① 黄运藩：“请变通学务造呈”，《清末筹备立宪档案史料》下册，中华书局1979年版，第982页。

照统治阶级钦定的儒家经典所主导的价值规范来应试的人，才能获得功名地位，这就使得士人为应试而浸淫于儒家经典的过程，自然成为中国知识分子学习以儒学为立身行事的标准的社会化（Socialization）过程。另一方面，由于在士绅、官僚与地主这三大社会精英层之间存在着相对频繁的社会流动，这就使儒家价值规范在各精英阶层的对流中得以广泛的认同与普及。于是中国也就成为以儒家文化为主流文化的一统天下。

第四，在社会稀缺资源追逐过程中，失败者自然会有一种挫折感，而科举制度却有着一种可以称之为“自我消解挫折感”的功能。这是因为，每次科举取士虽然只有少数幸运者获得功名，但由于科举取士没有年龄限制，这样，它就为每一个失败者始终保留着下一次成功的机会与希望，而只要存在着这种机会与希望，个别的科场失意人固然可能成为现存秩序的反叛者，但群体性的社会不满就不会凝结起来，而且不会形成对现存秩序的巨大反抗性的政治参与压力。这一点与近代学堂教育制度颇有不同。

这样，一千多年以来，科举制度也就成为一种特殊的社会整合与社会凝聚机制。它也在长期的历史中，造就并形成中华民族特定的政治文化心理与价值。它使传统中国人重视儒家知识、重视以儒学为基础的教育与风俗成为天经地义。以科举为核心的教育制度与精英选拔制度，既是维系社会精英与政治精英相互依存关系的纽带，也是维系社会各阶层对君主、儒家意识形态和国家权威效忠的基础。

自隋唐以来，中国文化之所以经过多次的朝代更迭和“以马上平天下”的外族统治，却始终保持大一统的文化价值体系，乃是因为任何朝代的统治者，必须依靠士绅官僚来实施其对社会的治理，而在科举制的铸模中，士绅阶级则已经是被儒学规范定型化了的阶级。他们在文化价值上有着同样的“基因”，他们可以在为任何统治者效忠的过程中，像春蚕吐丝那样，不断复制出同样的文化价值。中国在近代以前之所以没有出现春秋战国时代那种文化上的多元化，中国传统主流文化即儒学之所以具有如此悠长的历史连续性与生命力，从制度层面上来说，可以从科举制这一简单的事实中得到解释。

然而，众所周知的是，社会文化价值的高度一统化，又导致社会文化缺乏活力与生气。“科举文化”不需要原创性、背诵经典条文的求同思维，对于科举考生来说，远比探索未知的精神与物质世界所需要的求异思维更为重要。久而久之，中国士大夫知识分子的思维方式、群体心理，也就蜕变为牵文拘义、循规蹈矩、重守成而轻创新的积习。在以制艺为人生追求目标的士人们看来，丰富的历史文化就被简单地解读为“十六字心传，五百年道统，圣人之学不外乎是”的僵化教条。清末保守派士大夫的代表人物叶德辉之所以反对任何变革，乃是因为在他看来，孔孟之道，“乃大经大法，凡吾人所欲言，无不于数千百年前言之”。这种陈腐保守的思想观念，可以说正是科举制所造成的文化思维定势的必然结果。

于是，在前现代时期的中国，一种最具阶层开放性的制度，又恰恰与最为封闭的思想模式有机地结合为一体并世代相传。开放性的阶层流动与精英新陈代谢，是这一制度的优点，但它们却被充分利用来巩固大一统的意识形态信条与士大夫官僚的定型化的思想行为模式。

近代以来的历史表明，这种社会整合机制支配下的国家和社会建制，以及这种建制下的中国士绅官僚精英阶级，是无法应付民族危机和现代化挑战的。自近代以来，一代又一代的新型知识分子对科举制度的消极面的批判乃至愤怒声讨，可以说是人们耳熟能详的。对作为这种整合机制的基础的各项制度进行改革，便成为清末新政的当务之急。

## 三

在改革科举制度的问题已经成为社会共识之后，在如何改革，通过什么方式来进行改革的问题上存在着不同的选择。

第一种选择是渐进的变通的方式。清末新政初期，湖广总督张之洞与两江总督刘坤一在 1901 年和 1902 年初向清廷呈交的“江汉三奏”的改革建议中，就主张通过“变通”的方式来改革科举制度。他们主张在科举考试中增加考试“各国政治地理武备农工算法”的内容，并建议留学学成归国者经清政府复试可以取得进士贡士的资格。清政府接受了这种改革思路，在清末新政初期，改革科举制度的办法也是渐进式的，例如辛丑年（1901 年）七月，清廷命自从此为始，乡会试等均试策论，不准用八股文程式，并停止武科考试，等等。此后，取消科举的呼声日益高涨，但清廷的主政者在具体措施上还是渐进的。1902 年张之洞首先提出十年内逐步废止科举制度，这一建议受到清廷采纳。方法是每科取士名额递减，分三科减尽，十年之后，一律从学堂取士。

第二种选择则是立即彻底废除科举。其代表人物有袁世凯、端方等人。清廷认为他们的奏议“不为无见”，此后不久，端方与袁世凯的废科举的建议被清廷采纳。清廷于 1905 年采取更为激进的彻底废止科举的措施，其理由可以从袁世凯、端方的奏议中看到。该奏折的大意是：

——根据现在危迫情形，实同一刻千金，科举一日不停，士人皆有侥幸得第之心，不能专心一致砥砺新学，民间更是相率观望，而且，私立学堂极少，公家财力有限，不可能普及学堂。因此，如继续采取渐进方式，新式学堂就没有大兴的希望。

——即使现在立即废止科举，遍设学堂，也要等 10 多年之后，才能培养出足够数量的各类人才。如以渐进的方式废止科举，那么要培养出所需人才则要到 20 年以后。而在强邻相逼的窘迫环境下，中国大局必然危殆。

——学堂最为新政大端，学堂对开通民智、普及教育、培养合格国民有根本的作用。因此，科举不停，学校不广，士心不能坚定，民智不能大开，故欲推广学校，必自先停科举始。①

从以上奏折内容来看，端方与袁世凯等人之所以要求迅速废除科举，其理由是，由于人心恋旧，从而妨碍了新制度的建立与开展，他们认为，在危机深重的情况下，只有

---

① 端方：《端忠敏公奏稿》卷六“请停科举折”。

迅速地取消科举制，才能釜底抽薪地消除人们对旧制的依恋，迫使士绅知识分子接受新的教育制度。

这种“先破后立”的观点，反映了当时主流精英中普遍存在的一种思想方法。他们注意到了科举制度的固有惰性对变革的阻力，并且以此作为彻底废除科举的理由，而又以中国所面临的危机压力作为迅速废除这种制度的根据。但他们却较少考虑到，这种作为现存社会有机体的组成部分的制度一旦突然取消将可能在社会整合上引发的问题。此外，他们也很少考虑到，一种新制度的建立与发挥成效，并非简单地“破旧立新”就能达到，新制度的发挥效能尚需要一系列的复杂条件的配合。

激进的废除科举派实际上忽视了改革所必须注意的一个重要原则，那就是严复所指出的“非新无以为进，非旧无以为守”。一种富有成效的改革必须尽可能避免整合危机所引起的社会震荡，这就必须在新旧规则之间形成一种过渡的连续性。对科举制度不是采取变通，而是采取迅速取消的办法，其结果是，一方面，变革旧制而导致传统的社会整合方式的丧失，另一方面，新的社会整合方式（例如学堂教育体制）又无法单凭体制改变而及时形成，由此产生严重的社会脱序和社会整合危机。

## 四

这种取消科举的“休克疗法”至少导致以下几方面的消极后果。

第一，由于原有社会凝聚机制的急剧瓦解，社会成员从原有的生存结构中脱离出来，又无法被新的生存结构所吸纳，从而迅速“游离化”。这种“游离化”社会群体，对清末及民国初年的社会转型过程构成巨大的政治参与压力，并进而引发急剧的社会震荡。

造成这种“游离态社会动员”的原因是，一方面，大批士绅知识分子失去了通过原有的儒学知识资源获取仕途的指望，又由于年龄、知识结构、经济能力等种种原因而无法进入新学堂，因而产生群体性的对现实的疏离与不满。这一点正如当时人指出的：“科举初停，学堂未广，各省举贡人数不下数万人，生员不下数十万人，中年以上不能再入学堂，保送优拔人数定额无多……不免穷途之叹。”①

另一方面，旧的人才选拔制度虽然可以一夜里取消，然而新的制度却又无从在短时间里相应建立，办理学堂的条件远远不会因为单独废除科举考试制度而相应地自然成熟。如师资、教材、经费、毕业后的出路、校舍等问题，均难以在短期内解决。正如当时有人指出的，“各省学堂经费匮乏，无米可炊，力不能支，提学纷纷请款，而官力民力罗掘俱穷”，以致出现学堂因缺乏经费而停办。当时许多士绅知识分子认为，科举制

---

① 《光绪朝续东华录》，第5册，第5488页。

度的取消，乃是“竭全国之精华，成现形之恶果，此诚可长太息也”。① 在清末新政时期，新式学堂的创办，决非像一举废除科举那样容易。当时的现实是，由于“地方贫困搜刮已穷，以致一县之中延至一二年，不能有一完全之学堂以资教育，官司苟为敷衍，人才坐见消亡”。出现“（书）院（学）堂两无，中西并失”的情况。② 这样就出现大批既无法进入新式学堂，又无法通过科举取得功名的“无根人”。民国初年的名记者黄远庸把这些游离分子称之为对社会稳定具有破坏力的“游民阶级”。原来效忠旧王朝的士人阶层成为不安现状的游离分子，这不但使现政权陡然失去原有的社会支持基础，而且也使传统的联结社会各阶层的聚合力急剧削弱。

其次，由于科举制度的废止，进入新式学堂与出国留学便成为士民获取功名和社会地位的主要途径。据统计，到 1907 年，中国到日本的各类留学生的总数已达 7000 余人。

然而，晚清的中国作为一个起步伊始的后进现代化的国家，其社会经济发展水平和文化发展程度，还远远无法提供足够的位置与就业机会来吸纳纷至沓来的从新式学堂中毕业和留学归国的青年知识分子。这样，在科举废除之后，清末民初的都市中与各省充满了大批因无法就业而对前途深感失望的青年知识分子。

这些处于游离状态的人们，由于社会地位的不稳定，前途的渺茫与心理失落感，就以异乎寻常的速度，急剧地涌入政治领域。纷纷竞奔官场，以争取权力、地位与财富资源，成为新政时期与民国初年的“政治参与膨胀”的巨大力量。

科举制度取消所产生的第二方面后果是，群体性的社会心理挫折不断聚结为反体制的力量。二千年以来，中国士绅知识分子以当官为人生基本追求目标。在官本位社会心态没有发生根本变化的情况下，科举制度却突然取消，并被学堂教育取代。然而，学堂毕业是一次性的，它不像科举制度那样，可以无限期地对所有的落第者“许诺”“下一次机会”，正因为如此，清末的学堂制度不存在对功名追求者的挫折感的自我消解机制。每年将有大批学生从学堂毕业，并理所当然地要求政府满足其进入仕途的要求，而由于客观条件所限，这种要求注定得不到满足，这种挫折感便形成群体性的社会不满。这是 20 世纪初期以来政治参与膨胀的重要原因之一。

换言之，清末新政推行的社会变革所实现的新的社会整合机制的发育程度，远远不足以制衡和吸附旧体制瓦解后大量出现的社会疏离分子和新型人才。正是这些在新政改革中产生的社会势力和青年团体，成为这场变革运动的主要掘墓人。也正是在这个意义上，清末新政这场在传统集权体制下的社会改革运动，几乎就成了不断“搬起石头打自己的脚”的社会动员过程。

第三，由于科举制度是以儒家的政治标准和价值来选拔人才、凝聚人心和构成获取

---

① 李灼华：“学堂难恃似请兼行科举折”，《清末筹备立宪档案史料》下册，第 993 页。

② 黄运藩：“请变通学务造呈”，《清末筹备立宪档案史料》下册，中华书局 1979 年版，第 982 页。

地位、名望和权力的基本途径的，科举制度的废止，从长远来看，就使国家丧失了维系儒家意识形态和儒家价值体系的正统地位的根本手段。这就导致中国历史上传统文化资源与新时代的价值之间的最重大的一次文化断裂。正是在这个意义上，由于科举制度在1905年的废止，从而使这一年成为新旧中国的分水岭。它标志着一个时代的结束与另一个时代的开始。

正如历史所表明的那样，科举制度的激进改革，起到了与清末新政的改革推行者意愿相悖的“釜底抽薪”的结果。美国学者罗兹曼在《中国的现代化》一书中指出：“（新政的）舵手在获得一个新的罗盘以前就抛弃了旧的，遂使社会之船驶入一个盲目漂流的时代。”这位作者还认为，中国的困难的实质在于，这种过渡阶段破坏了久经考验的选拔精英的程序，科举制度的废除，破坏了经典教育，严重地削弱了传统价值的影响。代之以毫无章法可循的局面。①

第四，在科举废止后，由于士绅阶级的消失，宗族制度与义田制、学田制的崩解以及由此造成的宗族学堂的衰落，在中国相当一部分地区的农村，文盲率反而较之传统社会更为上升。中国近代与现代之间在文化上的断层，至少可以由此得到部分的解释。

综上所述，科举制度的取消对中国现代化造成的困难在于，原有的形成社会精英的方式由此而发生突然的断裂。正如一些研究者指出的，曾经由科举制度给社会提供的内聚力量，在其后几十年中一直都没有恢复过来。

科举制度的取消既然产生如此多的消极后果，这是否可以得出一个保守倒退的结论，即中国根本不应该进行以科举制为核心的教育体制改革？显然不应得出这样的结论。变革不适应于时代要求的旧制度，毕竟是历史的大趋势。但采取什么方法，使制度改革可以取得真正的效果，则应是改革者考虑的最为关键的问题。

这里，杜亚泉对科举制改革的反思值得重视，这位民国初年的政论家认为，如果在最初考虑改革科举制度的具体办法时，不是简单地废止科举制度，而是“稍稍改其课士之程式，简（选）稍通时事之儒臣，典试各省，依今日之教科门类，列为试题，以定取弃”。那么，这种科举改革所产生的效果，会比单单废除科举而建学堂的效果更好。②

如何理解杜亚泉的上述观点？科举制度本身无疑是一个民族长期历史演进中凝聚起来的制度文化资源，它在中国人的心理积淀中渊远流长。如果保留科举制的形式，使之稳定广大士绅知识分子的竞争心，并使这种竞争心纳入现存秩序的基本框架之内；在这一前提下，进而改革科举考试内容，使考试科目更具现代性，那就可以在保持士绅知识分子的竞争心理的同时，进而引导、激励社会人心趋向新的目标与方向。以这种“旧瓶装新酒”式的变通方式来改革科举制度，可以最大限度地调动传统制度资源，为实现新旧制度与文化的转型，提供缓冲与衔接。

---

① ［美］罗兹曼：《中国的现代化》，中译本，江苏人民出版社1988年版，第336页。

② 杜亚泉：“论今日之教育行政”，《杜亚泉文选》，华东师范大学出版社1993年版，第21页。

# 五

自20世纪初期以来，一个严重的事实是，中国农村社会的文化生态开始出现严重的断层。农村文化生态平衡不断失调与退化，农村对城市过度依附并失去其自主性，这些关系到中国现代化的重大问题，均与科举制度的取消有着密切的关联。

众所周知，在传统中国农村社会，存在着一个以士绅为主体的精英阶级。科举制所造成的社会流动性，使中国的农村社会存在着独立于城市的文化系统，这一文化系统是由士绅地主、宗族组织与相应的宗族学校私塾构成的。根据潘光旦与费孝通对近900个进士的一项研究，明清时代的一半进士家庭来自农村。① 而有功名的中下层农村士绅在士绅中所占比例则更多。他们是中国传统农村文化系统的主体。

在传统科举制度下，农村士绅通过科举所拥有的士绅身份，是保持其在农村中的精英地位的基础。他们正是借助这一身份与地位，获得社会的尊重，并成为农村社会与文化生活的主导者与组织者。正如张仲礼先生所指出的："绅士作为一个居于领袖地位和享有各种特权的社会集团，也承担了若干社会职责。他们视自己的家乡福利增进与利益保护为己任。在政府官员面前，他们代表了本地的利益，他们承担了诸如公益活动、排解纠纷、组织修路筑桥、开河建堤等公共工程，此外，还组织地方治安，征税，弘扬儒学，兴建学校等农村社会生活的各项工作。"②

在这一文化系统中，由于宗族所拥有的相当数量的学田、义田、义学的存在，相当一部分同族子弟不分贫富均可以通过就读于本族的宗族学校，获得一定的文化知识，并成为农村的准文化人。据一些国外学者统计，近代以前，中国南方农村不少地区的识字率比20世纪二三十年代更高，这一点很大程度上可以从这种农村精英文化系统所维持的文化生态平衡得到解释。

由于这一农村文化系统的存在，中国农村社会存在着一定程度的自主性。这是因为，传统农村士绅起到了国家与农村社会的中介作用。他们一方面代表官府向农民征税，另一方面又利用他们的特殊身份地位，而对官府保持自己的影响力。这就使他们在一定程度上成为农村地方利益的代言人。

然而，由于科举的废止，对于农村士绅来说，无异于釜底抽薪。此后中国农村中不再存在一个稳定的士绅阶级来充任农村文化生活与社会生态环境的组织者与调节者。

另一方面，学堂则成为跻身政界的唯一出路，而学堂均在省城和京城，又由于城市集中着财富、名位、权力这些社会稀缺资源的巨大优势，这样，自民国以来，就出现了

---

① 转引自［美］施坚雅《中国封建社会晚期的城市研究》，中译本，吉林教育出版社1991年版，第138页。

② 张仲礼：《中国的绅士》，中译本，第一章，第七节，上海社会科学院出版社1991年版。

大批农村知识青年源源不断地被城市吸纳并脱离农村的“无根化”过程。农村知识分子大量地单向地向城市流动，并在城市中去寻求自己的生存与发展的机会与空间，是清末民国以来社会变动的一个基本趋势。与此同时，由于农村文化人缺乏再生机制，农村文化生态从而持续退化与空洞化。

在这种背景下，农村基层的权力结构发生什么变化？正如美国学者杜赞奇所指出的：“到了本世纪二三十年代，村政权落入另一类型的人物之手。他们大多希望从政治和村公职中捞到物质利益，村公职不再是赢得公众尊敬的场所而为人所追求。”① “传统村庄领袖不断被赢利型经纪人所取代，村民们称其为‘土豪’、‘无赖’或‘恶霸’。这些人无所不在，影响极坏。……进入民国之后，随着国家政权的内卷化，土豪劣绅乘机窃取各种公职，成为乡村政权的主流。”② 可以说，民国初年以后，主宰农村命运的，正是这样一些没有文化，甚至只有反文化的社会阶层。

在传统中国农村社会，士绅地主固然是在经济与政治上对广大农民进行剥削与压迫的食利阶级，但他们毕竟在相当程度上承担着由儒家思想所规定的社会伦理责任，并承担着农村文化生态平衡的组织以及农村文化传统的延续的功能。面对官府，这些士绅还在一定程度上代表着农村社会自主体的利益。而民国以来的土豪、恶霸地主、地痞流氓与“刁民”，他们以国家在农村的代理人与收税人自居，成为国家专制主义对农民进行巧取豪夺的最直接的帮凶。由于传统农村文化生态的彻底崩坏，20 世纪初以来，农村的自主性与自治性，随着农村士绅阶级的消失，而不复存在。而土豪地主、恶霸则更是肆无忌惮，这几乎是民国初年以后不断恶性循环的历史过程。

人们应充分意识到这一变化对中国后续现代化的意义。科举制度的取消，实际上只是中国农村文化生态失衡的开始，农村智力资源向城市的单向流动，此后数十年从来没有中止过。除了那些心存田园浪漫情怀而下乡过几天“悠然见南山”悠闲日子的城市文人雅士外，农村不再是吸引人们的去处。随着户籍制度的严格化，随着工业化造成的剪刀差的形成，农村所拥有的稀缺资源的相对贫困化只能是变本加厉。城市与农村的差距不断扩大，它所造成的历史后果，已经成为当今中国现代化不容忽视的严重问题。

原载《战略与管理》1996 年第 4 期

本文有删节

---

① ［美］杜赞奇：《文化、权力与国家》，中译本，江苏人民出版社 1994 年版，第 149 页。

② ［美］杜赞奇：《文化、权力与国家》，中译本，江苏人民出版社 1994 年版，第 238 页。

# 元泰定甲子科进士考

陈高华

有元一代，共开科考试16次，录取进士约1200人。其中，顺帝元统元年（癸酉，1333年）一科，有《进士录》传世；至正十一年（辛卯，1351年）一科，有《会试题名录》传世。萧启庆教授先后作《元统元年进士录校注（上）（下）》① 和《元至正十一年进士题名记校补》②，广征博引，考证细致，对元代科举史和政治史的研究，有很大的贡献。至于其他各科进士，则无完整的资料。楼古梅女士曾对首科延祐二年（乙卯，1315年）的进士加以考证。是科殿试共取56人，姓名可征者40人③。

本文拟对泰定元年（甲子，1324年）一科进士姓名作考述，以为元代科举史、政治史研究之一助。所见有限，如有遗漏不妥之处，衷心希望得到指正。

## 一

《元史》卷29《泰定帝纪一》：

> ［三月］，戊戌，廷试进士，赐八剌，张益等八十四人及第、出身有差。会试下第者，亦赐教官有差。

按：《元史》卷81《选举志一》亦记此事，但“八剌”作“捌剌”，这是同名异译。元代科举，例分两榜。蒙古人、色目人为一榜，称右榜；汉人，南人为一榜，称左榜。右、左之分是因为出榜时张贴在“内（宫城——引者）前红门之左右”④。八（捌）剌、张益分别是右、左榜的第一名，俗称状元。有的同志认为大概只有右榜第一

① 《食货月刊复刊》第13卷1、2合期，3、4合期。

② 《食货月刊复刊》卷16卷7、8期。

③ 《〈伊滨集〉中的王征士诗》，《史学汇刊》第2期。

④ 《元史》卷81《选举志一》。

人才算真正的状元，这种看法恐怕是有问题的。泰定四年（丁卯，1327 年）科右榜第一人阿察赤，左榜第一人李黼都曾肄业国学，“是日京尹备鼓乐、旗帜、麾盖甚都，导二状元入学谢师”①，说明右、左榜第一人都称状元。陶宗仪《辍耕录》卷 15《弔四状元诗》，“四状元”为王宗哲、泰不华、李齐、李黼，除泰不华外，其余三人都是左榜第一人。至于元代有的记载说：“唯蒙古生得为状元，尊国人也。”② 应是指右榜之中包括蒙古、色目，例以蒙古人为状元；并不是说左榜第一人不能称状元。

泰定甲子年的三月戊戌是三月十日，在这一日举行殿试。由于新进士宋褧的诗篇《登第诗五首》③，我们对发榜以后各种活动的时间，可以有清晰的概念。“唱名”的地点是宫城南端的崇天门，时间是“三月吉日当十三”。“天子龙飞坐霄汉，儒生鹄立耀冠篸。”四月二十六日赐“恩荣宴”。四月二十九日在海子（积水潭）岸边的万春园举行同年会。五月一日，授各种官职，同时“赐章服”，“自是年始，幞头、袍带、靴、银、木简皆具，简上仍刻御赐字，金填之”。

八（捌）剌是右榜第一人，按惯例，应是蒙古人，但其生平不可考。张益及第后，应和其他各科状元（延祐二年张起岩、元统元年李齐）一样，授翰林修撰（从六品）之职，这可以从同年进士宋褧在天历三年（即至顺元年，1330 年）的一篇文章中称他为“前翰林修撰”得到证明④。文宗至顺二年（1331 年），张益曾上疏弹劾四川行省平章钦察台，时为监察御史，事见《元史》卷 35《文宗纪四》。顺帝后至元四年（1338 年），名诗人萨都剌有诗二首，分别题为《黄河夜，送西台御史张子寿，时新除湖广佥宪》，《湖广张子寿，钦点第一人，弹劾权贵，左迁西台御史，旋拜前职。素有退志，故举兼善劝之》。后一诗中有“状元御史”之称⑤。道士张雨有诗，题为《寄谢张子寿御史京口留饮》，下注：“时将赴湖南佥宪。”⑥ 与萨都剌上述诗显然是同时或先后之作。在后至元四年以前，元朝开科七次，状元中张姓仅有二人，一为延祐二年的张起岩，一即泰定元年的张益。张起岩字梦臣，历城（今山东历城）人。文宗至顺年间还官至礼部尚书、翰林侍讲学士，因而决不可能是萨、张二人诗中的张子寿。这就是说，“钦点第一人”“状元御史”，非张益莫属。而“弹劾权贵”因而“左迁”，应即上述弹劾钦察台事。由此可知，张益，字子寿，湖南人。泰定甲子状元，授翰林修撰。后任中台监察御史，因弹劾权贵左迁西台监察御史，又调任湖南道肃政廉访司佥事，阶正五品。

王德毅等编纂的《元人传记资料索引》（台北新文丰出版公司 1980 年版）根据《大明一统志》及《古今图书集成》的记载，以为：“张益，西河人，泰定元年左榜进

---

① 《圭斋集》卷 3《喜门生中状元》。

② 《畏斋集》卷 4《送朵郎中使还序》。

③ 《燕石集》卷 6。

④ 《燕石集》卷 12《同年小集诗序》。

⑤ 《雁门集》卷 11，上海古籍出版社 1982 年版。

⑥ 《句曲外史集》卷中。

士第一，仕至国子司业。”（第 2 册，第 1069 页）和以上所述相距甚大。关于张益的事迹，还可以进一步研究。

## 二

泰定元年甲子科殿试的读卷官，有吏部尚书王结、国子祭酒邓文原等人。顺帝后至元二年（1336 年），王结病死，在京门生作文祭奠。祭文中说：“甲子廷对，庸非愧惬。公位□□，天子有敕。公预读卷，品第无惑。载沐教诲，均被培植。”可知祭文上列名的都是甲子科进士。他们是：“国子监丞张彝，户部员外郎王守诚，翰林修撰宋褧，应奉塔不台、程泳，典籍谙都乐，滨州同知伯颜，大乐署令伯颜。”祭文的作者是宋褧①。在此以前，宋褧作《同年小集诗序》，记天历三年（1330 年）二月甲子科在京同年集会赋诗事，与会者“右榜则前许州判官粤鲁不华、前沂州同知曲出、前大司农照磨谙笃乐、奎章阁学士院参书雅琥。左榜则前翰林编修王瓒、前翰林修撰张益、前富州判官章谷、翰林应奉张彝、编修程谦。疾不赴者前陈州同知纳臣、深州同知王理、太常太祝成鼎。时粤鲁调官监濠之怀远县，曲出监庆元之定海县，谷广东元帅府都事，皆将赴上。琥即雅古，盖御更今名云。”② 根据宋褧以上二文，可知甲子科进士，右榜（蒙古、色目）除八剌之外，有塔不台，谙都（笃）乐、伯颜（同名二人）、粤鲁不华、曲出、雅琥、纳臣；左榜（汉人、南人）除张益外，有宋褧、张彝、王守诚、程泳、王瓒、章谷、程谦、王理、成鼎。

上述右榜诸人中，塔不台、二伯颜、谙都（笃）乐、曲出、粤鲁不华、纳臣诸人，其他事迹不可考。雅琥，字正卿，也里可温人。也里可温是元代对基督教徒的称呼。陈垣先生在《元西域人华化考》中对雅琥的事迹有所考证。他引用了傅若金的《忆昔行，送雅琥参书南归作》③ 一诗的注：“初名雅古，登天历第，御笔改雅琥。”又引用了《秘书监志》卷 10《题名》中的记载：“著作佐郎雅古，赐进士出身。字正卿，也里可温人，泰定元年十一月二十六日以承事郎上。”陈垣先生因而认为：“为著作佐郎在前，登进士第在后，故《志》仍雅古名，而追纪其赐进士出身也。”《元西域人华化考》是我国当代史学中一部杰出的作品，资料丰富，考订精详，予后学以极大的启迪。但关于雅琥的出身，似有疏漏之处。傅若金所说是不对的。据上引宋褧文，雅琥无疑是泰定甲子科进士。而《秘书监志》所载，正好说明雅琥以进士出身得授著作佐郎（正七品），与通常进士所授职阶一致。再者，文宗天历纪元共三年，天历三年改元至顺元年（1330 年）。天历开科即在此年（庚午）。而至迟在至顺二年（1331 年）三月，雅琥已

---

① 《燕石集》卷 13《祭中书左丞王仪伯文》。

② 《燕石集》卷 12。

③ 《傅与砺诗集》卷 3。

任奎章阁参书（从五品），如果雅琥在至顺元年（天历元年）中进士的话，按例只能授正七或正八品官，不到一年即升从五，这是不可能的。至于雅古改为雅琥，显然是在奎章阁侍值时，接近文宗，因而获得皇帝御笔为之改名的荣誉。

雅琥为元代中期名诗人，所作有《正卿集》，部分收在《元诗选二集》内。顾嗣立所撰雅琥小传中说："尝家于衡鄂，登天历第。"这大概是以上述傅若金诗为据的。王德毅等编《元人传记资料索引》"雅琥"条说："泰定元年任秘书监著作佐郎，至顾元年登进士第，授奎章阁参书。"显然是根据《元西域人华化考》编写的（第4册第2728页）。姜一涵的《元代奎章阁及奎章人物》（台湾联经出版事业公司1981年版）已指出，雅琥"泰定元年（1324年）与王守诚（鉴书博士）、宋褧为同科进士"（第116页）。但对前人之误未作考辨。

上述左榜诸人中，宋褧（1294—1346年），字显夫，大都人。登进士第后授校书郎（正八品）。官至翰林直学士（从三品），有《燕石集》传世。其兄宋本，至治元年（1321年）左榜进士第一。兄弟二人均以文学见称于时。宋本《元史》有传（卷182），宋褧简历附见。王守诚（1296—1349年），字君实，太原阳曲（今山西阳曲）人。登第后授秘书郎，阶正七品。《元史》有传（卷183）。王瓒，字在中，长安（今陕西西安）人。登第后授翰林国史院编修，阶正八品。泰定五年（即文宗天历元年，1328年）曾奉命代祀秦蜀山川，见曹元用《送王编修代祀秦蜀山川序》（《国朝文类》卷36）、虞集《送翰林编修王在中奉祀西岳序》（《道园学古录》卷6）。至迟在文宗天历三年（1330年）三月，迁太常博士①，阶正七品。王理，字伯循，兴元南郑（今陕西南郑）人。登第后授翰林国史院编修，阶正八品。一度任深州同知。至顺三年（1332年）迁南台御史，雅琥有诗《送御史王伯循之南台》（《元诗选二集・正卿集》）。元统二年（1334年）迁广东肃政廉访司佥事，阶正五品。名诗人萨天锡有送行、寄赠诗多首②。后改江东道肃政廉访司佥事，③ 其余诸人事迹待考。

这里附带说明一下王守诚的进士名次问题。《元史》本传说："泰定元年，试礼部第一，廷对赐同进士出身，授秘书郎。"宋褧在《送王君实西台御史十首》（《燕石集》卷9）的注中说："甲子省元，秘书郎，太常博士。""省元"即指礼部第一而言。元代制度，科举分三级，即乡试、会试、殿试。凡是通过会试的考生，殿试不再黜落，但要根据对策重新排定名次。王守诚在会试时为汉人，南人中第一，但到殿试时却落到了后面。而从授官秘书郎（正七品）来看，他应在二甲（"赐进士出身"），而不是《元史》本传所说的三甲（"赐同进士出身"）。如宋褧，授校书郎（正八品），则是"赐同进士出身"。而柯绍忞《新元史》卷211《王守诚传》，竟改为"泰定元年进士第一，授秘书郎"。显然是误把会试与殿试混同了。如果真是进士第一，就不会授秘书郎了。

---

① 《元史》卷36《文宗纪五》。

② 《雁门集》卷8、9、10，上海古籍出版社1982年版。

③ 《蒲室集》卷5《次韵王伯循佥事将上江东留别》。

## 三

除了以上诸人外，泰定甲子科进士姓名可考的尚有不少。

先说右榜。

偰直坚。“偰氏，伟兀人也。”伟兀又作畏兀儿，即今天的维吾尔族。偰氏是伟兀的贵族，这一家族的首领仳俚伽在成吉思汗时期即已归附蒙古，兄弟子侄都受到重用。其后裔努力学习中原文化。元代中期，偰文质官至吉安路达鲁花赤（正三品）。有子五人，先后都登进士第，偰直坚是第二子，是兄弟中登第的第四人，也就是说，元代科举前四科每科都有偰氏一人登进士第。另有一人在第六科（至顺庚午）中第。这不仅在元代科举中是唯一的，就是在全部中国科举考试史上也是极其特殊的现象，偰直坚登第后授从仕（事）郎（从七品）、清河县达鲁花赤，后调任承务郎、宿松县达鲁花赤（从六品）。见欧阳玄《高昌偰氏家传》(《圭斋文集》卷 11)，黄溍《合剌普华公神道碑》(《金华先生文集》卷 25)。此后的经历不可考。

师孛罗。“师氏，宁夏人。而有茔于濮阳之冬，盖其徙居三世矣。……曰孛罗，登泰定元年进士第，承事郎、同知滑州事。”(《柳待制文集》卷 10《师氏先茔碑铭》)。宁夏即前代的西夏，元代称之为唐兀人，是色目的一种。濮阳师氏始祖是蒙古军灭西夏时驸马昌王收养的孤儿，二世祖便已“崇重儒术，”第三代有人仕至廉访使（正三品），师孛罗是第四代。同辈的兄弟、表兄弟、堂兄弟共九人，“其四皆掇文科，余亦有仕资”。这个唐兀家族已经受到汉文化的深刻影响。

见于记载的还有一位唐兀进士。“新城县……达鲁花赤唐兀氏，名天祐，泰定元年进士也。”① 同榜又有“哈鲁氏”捏古柏，他是庆元（今浙江宁波）人②。“哈鲁”又作哈剌鲁、合儿鲁，是中世纪活跃于中亚的突厥语系民族之一，十二世纪主要居住在阿力麻里（今新疆伊犁地区）、海押立（今哈萨克共和国东部）一带。成吉思汗建立大蒙古国后，哈鲁首领率先归附，出军随同出征。不少哈鲁人迁入内地，庆元即驻有哈鲁军队，名诗人迺贤即是庆元哈鲁驻军的后裔。捏古柏亦应如是，但其家世经历不可考③。

这一科进士中还有彦文。“彦文之先西北人也。往年父倅临川郡而彦文生，比长能属文。皇朝贡举取士，以其艺试于有司，至治癸亥与贡。泰定甲子，赐进士出身，授华亭县丞。”④ 在元代文献中，“西北人”通常用来指中亚各族，他们是“色目”人的主要部分。例如，色目名诗人萨天锡，“亦国之西北人也”⑤。另一名诗人迺贤是哈鲁

① 《金华先生文集》卷 10《新城县学大成殿记》。

② 《至正四明续志》卷 2《进士》。

③ 参见《元代的哈剌鲁人》,《西北民族研究》1988 年第 1 期。

④ 《吴文正公集》卷 18《送彦文赞府序》。

⑤ 干文传:《〈雁门集〉序》,《雁门集》附录。

（哈剌鲁）人，同时人李好文称之为“西北方人”①。因此，这位彦文无疑是色目人，他应在泰定甲子科右榜进士之列。

据元代《秘书监志》记载，担任过秘书监属官秘书郎的诸人中有“那木罕，赐进士出身。逊都思人，泰定元年六月初二日上”。担任过著作佐郎的诸人中有“完迮不花，赐进士出身，忙古台人。字元道。泰定元年十月十四日以承事郎上”（见卷9《题名》）。秘书郎、著作佐郎均为正七品，常用来授予“赐进士出身”者，如上述雅古授著作佐郎、王守诚授秘书郎。因此，从上任的时间可以推知，那木罕和完迮不花都应是甲子科进士。其上任时间有先后应是报到的日期不同。逊都恩、忙古台都属于蒙古。成吉思汗手下“四杰”之一赤老温即为逊都思氏，那木罕与赤老温家族有无关系已不可考。忙古台在陶宗仪《辍耕录》所载“蒙古七十二种”中作“忙古歹”（卷1《氏族》）。完迮不花的兄弟完迮□先后在元统元年登进士第②。

据《正德松江府志》载，“泰定元年甲子捌剌榜。进士有完泽溥化，汉名沙德润，镇守达鲁花赤抄儿赤之孙。第三十六名”（卷25《科贡上》）。按：抄儿赤“哈剌鲁氏。父沙的，世居沙漠。从太祖（宗）平金，戍河南柳泉，家焉。全初名抄儿赤，甫五岁，为宋军所虏，年十八，留刘整幕下。宋人以其父名沙的，使以沙为姓，而名曰全。”抄儿赤后随刘整归元，参加灭南宋的战争，全国统一后长期任松江万户府达鲁花赤，其事迹见《元史》卷132本传③。完泽溥化有汉名，以沙为姓，即因此之故。哈剌鲁是色目的一种，已见前述。值得指出的是，抄儿赤是武官，但到了他的孙子及曾孙二代，都转而攻读诗书，谋取科第了。除了完泽溥化之外，还有拜普化（汉名沙彦博，完泽溥化之侄，至正元年，四年两次中乡举），伯颜普化（汉名沙景远，完泽溥化族弟，至正七年中乡举），帖古蹀尔（汉名沙学海，完泽溥化之子，至正七年中乡举），博颜帖木儿（汉名沙彦约，完泽溥化族子，至正十三年中乡举），说明这个家族受汉文化熏陶的程度是很深的。钱大昕《元史氏族表》只著录了沙全（抄儿赤）一人，没有收录其后裔的事迹。《元人传记资料索引》也没有著录。

综上所述，泰定甲子科右榜进士姓名可考者共十七人，他们是：八剌、塔不台、谙都（笃）乐、伯颜（同名二人）、粤鲁不华、曲出、雅古（琥）、纳臣、偰直坚、师孛罗、天祐、捏古柏、彦文、那木罕、完迮不花、完泽溥化。

---

① 李好文：《〈金台集〉序》。

② （元统元年进士录》记完迮□先“贯沔阳府景陵县，忙兀台氏”。“忙古台”与“忙兀台”是元代蒙古七十二种中并列的两种。可能其中之一记载有误。

③ 中华书局点校本《元史》在点校《沙全传》时。以揭傒斯的《送也速答儿赤序》（《揭傒斯全集文集》卷4）为据。然而，也速答儿赤的曾祖父抄儿赤虽然是“合禄鲁”（哈剌鲁的同名异译）人，但却是“三世皆戍建昌”的千户长，与戍守松江的万户长抄儿赤显然不是同一人。完泽溥化及其族人在松江中举更可证明这一点。

## 四

再说左榜。

宋褧的文集《燕石集》中，还涉及其他几位同年进士。他们是姜天麟、赵时敏、段天祐、吕思诚、汪文璟。

姜天麟，字国祥，长沙人。曾入国学肆业，中大都乡举。“又明年，为泰定改元，礼部贡举。廷对，赐同进士出身，授将仕郎、翰林国史院检阅官。”① 阶正八品。赵时敏，字可学。睢（今河南睢县）人。“泰定甲子，侯登乙科，贰守钧州。”就是授钧州（今河南禹县）同知之职。钧州是下州，同知正七品，赵时敏后迁偃师（今河南偃师）县尹②。段天祐，字吉甫。汴梁兰阳（今河南兰考）人。登进士第后，授静海县丞，阶正八品。迁江浙行省照磨，累迁至江浙行省儒学提举。宋褧有诗，题为《江浙省照磨段吉甫于予为同年友，至顺癸酉会于吴门。今春书来，寄近诗十余首，遂和其〈次韵张伯雨新居四绝句〉。时同年友吕仲实金浙西宪，并以柬之》。③ 吕仲实即吕思诚，仲实是字。平定州（今山西平定）人。曾入国学为陪堂生，后改国子伴读。登第后授同知辽州事，因母丧未上，改景州蓨县（今河北景县）尹。蓨县为中县，县尹正七品。吕思诚官至光禄大夫、大司农，《元史》有传（卷185）。汪文璟，字臣良。衢州常山（今浙江常山）人。他“性嗜学……十八乡举第二名”。登第后授余姚州判官④，宋褧有诗，《送汪良臣编修出知余姚州》（《燕石集》卷2）。盖汪氏任州判后，内迁为太常礼仪院太祝、翰林编修，再次外迁为余姚知州。⑤

此外散见于文集、方志等各种文献者尚有十余人。

元代庆元鄞县（今浙江宁波）名学者袁桷说：“泰定元年，吾里进士上南宫曰薛君景询、程君时叔、史君车（东）父。三人者，皆故宦家，所居皆在城东。……未几，独景询下第。”⑥ 可知泰定甲子科进士中有鄞县二人，即史驷孙（字东父）和程端学（字时叔）。根据元代方志记载，史驷孙授承事郎、国子助教；程端学授将仕郎，国子助教。⑦ 按：国子学助教正八品，而承事郎为正七品阶，将仕郎为正八品阶。程端学以将仕郎阶，任国子助教是合理的，史驷孙以承事郎阶任国子助教，就不合理了。因此，方志关于史驷孙登第后的品阶和职务的记载，肯定是有问题的，需进一步考证。

---

① 《燕石集》卷14《姜君墓碣铭》。

② 《燕石集》，卷12《偃师县尹赵侯遗爱记》。

③ 《燕石集》卷9。

④ 《弘治衢州府志》卷9《人物·常山》。

⑤ 编修正八品，下州知州从五品，升迁似不应如此之速。疑应是州同知（正七品）。待考。

⑥ 《清容居士集》卷23《送薛景询教授常熟序》。

⑦ 《至正四明续志》卷2《进士》。

冯翼翁，字子羽，吉安永新（今江西永新）人。吉安古称庐陵。“泰定甲子。庐陵再贡而第者二人，冯翼翁其一也。于是翼翁擢丙科，授汉阳丞以归。”① 可知冯翼翁名在三甲。

林仲节，字景和。福宁州（今福建霞浦）人。“自延祐甲寅举进士，先后为科十有二，闽士之魁浙闱者凡四人，若晋安林仲节景和、邵武黄清老子肃、建安雷杭彦舟，皆登甲科，跻仕中外。”② 福建地区原为江浙行省一部分，故士人参加江浙行省乡试。“闽士”“魁浙闱”即指此而言。林仲节至治癸亥江浙乡试第一人，次年参加会试、殿试，为张益榜进士③。登第后“授州判，以酒后恃才，降句容司税。升华亭尹，迁知吴江州”④。《元人传记资料索引》第2册第680页著录此人，但只说他“举泰定进士”，没有说明具体那一科（泰定元年、四年两科）。

杨衢，字升云，泰和（今江西泰和）人。是延祐二年进士杨景行的从孙。曾任瑞州路儒学正。“以《易》登泰定甲子进士第，授信州贵溪县丞。”⑤ 但在方志中记载此人作：“杨升云，字云衢，景行侄。”⑥《元人传记资料索引》即以有关方志为据加以著录（卷3，第1541页）。疑应以《槎翁诗集》为是。《挽诗》作者刘嵩和杨衢同乡，元末曾中乡举，可以说是同时代人，他的说法应是可靠的。县丞正八品，杨衢应是第三甲同进士出身。

赵宜中，字心道，赵氏原为汴（河南开封）人。“先世任征商之职而家于歙”，因而徽州婺源（今江西婺源）人。“其父学儒为通儒。……宜中受教家庭，以《易》试进士科。泰定甲子春，赐出身，丞广陵之如皋。”⑦ 县丞正八品，可知赵宜中在第三甲之列。

彭士奇，字琦初，号冲所，庐陵（今江西吉安）人。泰定甲子“以《诗经》擢进”⑧。授南昌县丞，调建昌路经历⑨。县丞正八品，可知彭士奇在第三甲之列。

孔涛，字世平。衢州（今浙江衢县）人。宋金对峙时，孔子后裔分成南北宗，北宗仍在曲阜，南宗是南渡的孔氏族人，定居衢州。孔涛即是南宗孔氏的成员。他曾任宁国路儒学录，参加延祐二年的会试，未被录取。得补溧阳州儒学教授。后辟为行省掾史。泰定元年再次参加考试，“赐同进士出身，用有官超授从仕郎、平江路昆山州判官。”“未上，丁内艰。服除，改吴江州判官。”⑩ 昆山、吴江均为中州，判官阶从七

---

① 《申斋集》卷2《送冯翼翁汉阳县丞序》。

② 《林登州集》卷19《贡元周先生墓志铭》。

③ 《弘治八闽通志》卷55《选举·科第》。

④ 《万历福宁州志》卷12《人文志下·文苑》。

⑤ 《槎翁诗集》卷5《杨州判挽诗》。

⑥ 《道光泰和县志》卷19《人物》，引弘治志。

⑦ 《吴文正公集》卷18《送赵宜中序》。

⑧ 《圭斋文集》卷14《彭功远先世手泽》。

⑨ 《桂隐文集》卷2《建昌经历彭进士琦初墓志铭》。

⑩ 《金华先生文集》卷34《孔君墓志铭》。

品。孔涛“同进士出身”，在第三甲之列，本应授正八品。“用有官超授”得从七品。

曾翰，原名曾仲巽，是江西著名学者熊朋来的学生。熊朋来为他更名。“仲巽用所更之名应举。……名在泰定甲子第三人。”①

郑僖，字宗鲁，号天趣。温州乎阳（今浙江平阳）人。“永嘉郑公僖……登泰定甲子第。”② 得授承事郎、黄岩州（今浙江黄岩）同知，阶正七品③。

费著，“字克昭。成都人。泰定甲子进士。翰林直学士。”④ 费著有《岁华纪丽谱》等作品传世。

张复，字伯阳，建宁建安（今福建建阳）人。“泰定元年张益榜”进士。“仕元为建宁路知事。”⑤ 张复编有《性理遗书》。

吴暾，字朝阳，淳安（今浙江淳安）人。泰定元年进士，授鄱阳县丞⑥。吴暾长于《春秋》，出仕不久即回家讲学，弟子最盛⑦。

据《嘉靖广信府志》载，泰定元年进士有刘埜，“绍兴路□□，江浙省郎中”，上饶人（卷14《人物志》）。刘埜其他事迹不可考。

又据《万历吉安府志》载，当地“泰定元年张益榜”进士，共有七人，他们是彭士奇（庐陵），杨升云（泰和），李时翁，曾俊玉（吉水），曾翰（永丰），李运（龙泉），冯翼翁（永新）。其中彭士奇、杨衢（升云）、曾翰、冯翼翁四人已见前述，李时翁、曾俊玉、李运三人仅见于此，其事迹有待进一步查考（卷5《选举表》）。吉安府在元代称为吉安路，一路出进士七人，应是江南各路之冠。

综上所述，泰定元年左榜进士姓名可考者共有32人。他们是：张益、宋褧、张彝、王守诚、程詠、王瓒、章谷、程谦、王理、成鼎、姜天麟、赵时敏、段天祐、吕思诚、汪文璟、史驷孙、程端学、冯翼翁、林仲节、杨衢、赵宜中、彭士奇、孔涛、曾翰、郑僖、费著、张复、吴暾、刘埜、李时翁、曾俊玉、李运。

## 五

元仁宗颁行科举时，曾规定每科取100人。但事实上前七科均不足此数。泰定甲于科共取86人。从以上所述，右、左两榜姓名可考者共得49人，已过半数。其中可以确定为“赐进士出身”即在第二、三名及第二甲之列得授正七品（承事郎）官职者，有

① 《吴文正公集》卷28《跋曾翰改名说》。

② 《始丰稿》卷12《国子助教李君墓志铭》。

③ 《越中金石记》卷8《重修上虞县儒学记》。

④ 《郑氏麟溪集》，见《永乐大典》卷3528。

⑤ 《弘治八闽通志》卷49《选举·科第》，卷65《人物·建宁府》。

⑥ 《嘉靖淳安县志》卷11。

⑦ 《宋元学案》卷74《慈湖学案》。

师孛罗、雅古、那木罕、完迮不花、彦文、赵时敏、曾翰、吕思诚、郑僖；可以确定为“赐同进士出身”即在第三甲之列，得授正八品（将仕郎）官职者，有宋褧、程端学、姜天麟、王瓒、王理、王守诚、段天祐、汪文璟、冯翼翁、杨衢、赵宜中、彭士奇、吴暾。右榜的完泽溥化按其名次（第三十六名）显然亦应在三甲之中。泰定元年三月，中书省臣奏：“今当改元之初，恩泽宜溥。”“先有资品出身者，更优加之。”①在三甲之列应授正八品官职的孔涛，因此得超授从七品官职。其余诸人的品阶有待考证。至于右、左两榜的状元，则按例授从六品。

右榜17人中，可以确定为蒙古有八剌、那木罕、完迮不花；可以确定为色目的有雅古、偰直坚、师孛罗、天祐、捏古柏、彦文、完泽溥化。其余不详。汉、南人32人中，可以确定为汉人的有宋褧、王守诚、王瓒、王理、赵时敏、段天祐、吕思诚、费著；可以确定为南人的有姜天麟、汪文璟、史驷孙、程端学、林仲节、杨衢、赵宜中、张益、彭士奇、孔祷、曾翰、郑僖、张复、吴暾、刘埜、牵时翁、曾俊玉、李运。其余待考。从已知汉、南人进士籍贯来看，江西吉安路最多，得7人，庆元路、衢州路各2人；其余分布全国各路。一科之中有7人同出于一路，在元代科举史上大概仅此一次，这也反映出吉安（庐陵）在元代文风之盛。

萧启庆教授对元统元年进士状况进行分析，指出：“蒙古、色目进士的祖先以担任中级官职为最多，膺任高官者也不少。”“汉人进士的祖先则无人位居高官，而以担任下级官吏及教职者最为普遍……充任中级官职者亦不少。”“南人进士大多出身平民之家，但这些平民家庭，不少为宋朝的官宦世家。”② 泰定甲子科进士因资料欠缺，难以作全面的分析。但蒙古、色目人中可考的有偰直坚出身于高昌（畏兀儿）贵族家族，世代在元朝任职；完泽溥化的祖父抄儿赤（沙全）任万户府达鲁花赤，其父亦应有官职；彦文之父“倅临川郡”；完迮不花的祖父任景陵主簿，父阶承事郎，从七品（见《元统元年进士录》“完迮□先”条）；师孛罗的父亲不曾出仕，但他的伯父曾任肃政廉访使，正三品。可见都出身于仕宦之家。萧启庆教授还指出，蒙古、色目门第中父子兄弟接踵登科是常见的现象，这个结论也可从泰定甲子科得到证实。高昌偰氏家族先后中进士者7人，可以说是元代名列首位的科第世家。完泽溥化一家先后中进士举及乡举者5人，已见前述。师孛罗一辈堂兄弟、表兄第9人，“其四皆掇文科”，有进士2人，由国子生公试入仕2人(《师氏先茔碑铭》)。完迮不花、完迮□先兄弟二人登进士第，另一兄弟完迮□木乡试中选。

汉人、南人中家世可考者甚少。汉人进士中，吕思诚的六世、五世祖都是金朝进士，父亲吕允以平定知州致仕。宋褧的父亲曾为县主簿、路平准行用库提领。王思诚的祖先，曾在金朝任集州管领人匠官，佩金符。他的祖父任诸路官医提举，父官御药院大

① 《元史》卷81《选举志一》。

② 《元代科举与菁英流动》，《汉学研究》第5卷第1期。

使①。从这几个人的情况来看，都出身于中、下级官员家庭。南人进士中，庆元的史駉孙、程端学“皆故宦家”②。所谓“故宦”即指其祖先曾在南宋做官。孔涛是“先圣”后裔，祖辈曾在南宋时做官。入元以后，其父曾任县教谕③。冯翼翁的上辈“四世守儒”④。彭士奇的祖、父都是儒生⑤。汪文璟的父亲是“隐君子”⑥。姜天麟的上三代都是平民⑦。赵宜中的先世“任征商之职”，其父“为通儒”。从这几个人的情况来看，南人进士以出身于不曾出仕的儒生家庭为主，而这些家庭的先世有的则是南宋仕宦之家。这和萧氏上述分析是相符合的。事实上，汉人、南人进士的家庭出身状况，从一个侧面反映了汉人、南人在元代的政治地位。

泰定甲子科进士后来显达者甚少，已知诸人中，官至二品仅王守诚、吕思诚，二人《元史》有传，都是汉人。官至三品有宋褧、费著，亦是汉人。其余或早岁去世，或仕途坎坷。以经学知名的有程端学、吴暾、冯翼翁。以文学著名的有宋褧、雅古（琥）。元代推行科举后，为官僚制度输入了新的血液。但元朝任官，讲究“根脚”，上层官员大多由贵族子弟、怯薛成员充任，由进士出身能进入者只是少数。多数进士只能以中、下级官职终其身。而且，每科进士人数有限，总的来说进士出身者在官员中所占比例是不大的。因此，科举制推行对元代政治生活的影响，应有适当的估计。

原载《内陆亚洲历史文化研究——韩儒林先生纪念文集》，南京大学出版社，1996年

---

① 《道园学古录》卷19《王宜之墓志铭》。

② 《清容居士集》卷23《送薛景询教授序》。

③ 《金华先生文集》卷34《孔君墓志铭》。

④ 《申斋集》卷11《冯君墓志铭》。

⑤ 《桂隐文集》卷2《彭进士墓志铭》。

⑥ 《安雅堂集》卷6补遗《汪氏介寿诗序》。

⑦ 《燕石集》卷14《姜君墓碣铭》。

# 人累科举

何怀宏

## 科举累人与人累科举

本文试图描述中国古代科举制度持久存在的一种内在困窘，并特别指出一个使其屡陷困境、却往往被人忽视（或者说是过于明显以致令人视若无睹）的关键因素。

人们常常从国家社会、力量效率的角度批评科举制度所造成的弊害，我们现在想转而从个人生活、各展其才、能否满意遂愿的角度来观察其困境。人们早就指出，不论从科学发展的总趋势而言，还是从其一个王朝内的发展趋势而言，它似乎都有一种越来越累人的倾向，平均而论，士子在其上花费的精力越来越多，消耗的生命越来越长，然而却还是越来越难于中试，以致常常使相当多不乏聪明才智的人不能尽早结束这一学业，而不得不把自己最宝贵的年华，殚精竭虑于并不实用的应试诗文之上，而不能在其他可能于自己较有益，自己也更情愿的方面——例如具独创性的文学创作、广博艰深的学术研究、建功立业的政治活动等——求得发展。有许多士子连考许多次都不能考中，或考中已是晚年精力衰竭之时，这里对许多人来说当然有一个对自己才能的估计问题，但也还有似为“命运”的偶然因素在起作用，因而一些相当有才者也不例外地科场蹭蹬，难得科名，如姜宸英年 73、查慎行年 54、沈德潜年 68 方成进士，张謇也经历了 25 年到 42 岁方成进士，参加考试数十次，仅在考场里就呆了 180 天①。

但是，如果我们继续追究一下这个问题：科举累人又是什么原因引起的呢？为什么看似不可解的“命运”偶然性会越来越起作用呢？在这后面是否还有一种可以合理解释的因素呢？我们就会发现，“累人”可能又还是由于“人累”，正是人们越来越广泛、越来越鱼龙混杂地奔赴考场，就不能不造成一种扑朔迷离、犹如投毒一般的“命运”。

朱子有一段话说：“非是科举累人，人累科举。若高见远识之士，读圣贤之书，据

① 余秋雨在其《十万进士》一文中也写道：“科举实在累人，考生累、考官累，整个历史和民族都被它搞累，我写它也实在写累了。”见《收获》，1994 年第 4 期，第 136 页。

吾所见，写文以应之，得失置之度外，虽日日应举，亦不累也。居今之世，虽孔子复生，也不免应举，然岂能累孔子也?"① 朱子在这里所强调的是一种个人对待科举的态度，即如果“得失置之度外”，则不会为其所累，而如果患得患失，才会为其所累，即累的是“人心”。然而，我们想，“人累科举”也许还可以引申来进一步说明科举之所以累人的客观原因。②

从理论上说，参加科举考试的人越多越好，面越广越好，如此国家才越有可能选拔到最 优秀的人才；而从社会的角度也是与试者越多，机会越广大，才越有可能使“野无遗贤”，使个人能“物尽其用、人尽其才”。但是，一个国家，尤其一个像中国那样古典形态的“国家”所需的官员又非常之少，这样，在门里与门外，入口与出口之间就始终存在着一种紧张，科举制度就要承受越来越多的报考者的压力。印刷术的发达、文化教育的扩展，不断使甚至穷乡僻壤的子弟也有了报考的可能；而另一方面，生存的压力、官府特权的压迫，又不断迫使普通平民试图通过求富贵来“保身家”③。尤其在一个朝代晚期人口压力日重，生计日蹙，“四民皆溢”的情况下，应科举就成为不仅是一条出人头地之路，而且也是一条逃避冻馁死亡的生路。何况，获得功名之后的美妙前程，始终是一个巨大的诱惑，所以，不仅确有文学与政治才华的人会想走这条路，各种素质、各种才能的人也都会挤上这条路，包括一些具有冒险气质、投机心理乃至痞子性格的人，舞弊现象就可能越来越严重，而使整个士人队伍都降低人格，接受不仅非士子，甚至非人的待遇（如搜查、臭号等）。考试内容的越来越程式化，以及它不能不带有的如投筹般的各种偶然性，使各种品行颇卑，才能颇低者，尤其是一些除八股外一无所知的学究也能够得中，若干年后，这些人可能又再充考官，文风、士风就渐渐产生某些变异而日下。

所以，科举不仅为人口数量所累，遭受巨大的总人口增加的绝对压力和报考人数增加的相对压力；科举还为人的素质所累，它本来是一种选拔英才的精英性质的活动，却不可避免地要越来越“世俗化”，虽然常有英才出于其间，但中才乃至庸才在考生和考官之间的反复循环，却越来越有可能使大量平庸、迂腐、苟且、投机之人获售，因为这些人实在太多了。

由此，我们将抽演出一些用来在后面进行分析的范畴，首先是“人累”，而“人累”又区分为“量累”与“质累”。“量累”又可分为两个方面：一是由总人口数量增加所形成的对科举制度的“绝对压力”；一是由应考者人数增加所形成的对科举制度的“相对压力”。而“质累”也可分为两个方面：即分别由才能之异、品质之异所造成的“质累”。我们当然不会认定这就是导致古代科举陷入困境的唯一原因或唯一重要的原

① 转引自《清会典事例》，卷三百八十九，《礼部·学校·训士规条考试规条》乾隆五年《训饬士子文》。

② 从后面朱子宋代科举的批评也可看出：在客观原因方面，他也认为科举的主要症结是人累。

③ 顾亭林认为，生员70%是为了保身家，见其《生员论》。

因，但它至少是一个一向被人忽视的关键因素。

或说何种制度之起不是由人所创，何种制度之衰又不是为人所累？这样，说“人累”不就等于什么也没说？然而此处所说的“人累”却有其特定涵义，是与古代中国的科举本身的性质有关。古代科举本质上是一种选拔少数精英、使他们居于社会政治高位的制度结构，它所寻求的是才智与道德水平均须相当地高于社会水平线的人才，所以他们在任何一个社会中都只能是少数，而从最后处于权威地位的必是少数的社会功能而言，他们也必须是少数，它不同于那种需要并鼓励人们广泛参与的制度活动（如经济活动、大众民主），相反，它必须保证某种优质少量才能顺利进行。因此，对于科举来说，有时仅仅数量的某些变化就有可能使其受到拖累，乃至陷入困境。

## 人之量累

我们可以先由以下一些统计数字约略观察到人口增长对科举客观上构成的一种“绝对压力”。由于其他科目以及举人以下功名的数字难于取得，我们仅看历朝录取进士数在全国总人口中所占比重。①

由下表可看出，唐代虽行科举，但进士在总人口中所占比重极小，基本上还是一个贵胄社会，或如陈寅恪所言，是一个有赖于门第的旧贵族与借助于科举的新贵族并存及相争的社会。在两宋则发生了一个重要的变化。宋代考试行糊名、誊录、锁院等，取士全然不问门第，士大夫多出草野，贵族就无论新旧而皆消亡，社会渐转成一个完全的科举社会了。然而，由此所造成的对社会的搅动，人口的递增及普遍期望值的提高，反过来又加重了对科举本身的压力。宋代录取进士数大为增加，达到了一个最高峰，明代则减少，而清代略增，但清代中叶以后，人口已比明代、宋代增加了数倍。

**历朝总人口与录取进士数之比例**

| 朝代 | 年份 | 总人口 | 录取进士数 | 录取进士在总人口中所占比重 |
|---|---|---|---|---|
| 唐 | 开元二十年（732） | 4，543 万 | 24（逐年） | 0.000053% |
| 北宋 | 大观三年（1109） | 4，673 万 | 685（三年一科，下同） | 0.000489% |
| 南宋 | 嘉定十六年（1223） | 2，832 万 | 550 | 0.000647% |

① 以上人口数是根据何炳棣《1368—1953 中国人口研究》中提供的几个户口统计数字选择而定，参见何炳棣：《1368—1953 中国人口研究》（上海：上海古籍出版社，1989），第 318 ~ 318 页。何炳棣认为后两数字较为可靠。录取进士数是根据《文献通考》、《古今图书集成》及《明清进士题名录》，其中元、明两个进士数因当年未开科，时间上有些错动。

续表

| 朝代 | 年份 | 总人口 | 录取进士数 | 录取进士在总人口中所占比重 |
| --- | --- | --- | --- | --- |
| 元 | 至元二十七年（1290） | 5，883 万 | 50（1315 年之科） | 0.000028% |
| 明 | 洪武二十六年（1393） | 6，055 万 | 100（1394 年之科） | 0.000055% |
| 清 | 嘉庆二十五年（1820） | 26，428 万 | 246 | 0.000031% |

在中国漫长的历史上，其主导价值系统内一直存在着一种矛盾，一方面，它主张“慎终追远”，尊敬祖先，孝顺父母，而又以“不孝有三，无后为大”，提倡多子多福；另一方面，它又不以生产力迅猛发展与财富的大量增加作为自己追求的目标，而是重义轻利，重农抑商。这样，迅速增长的人口与相对萎缩的生产业的矛盾就相当突出，而历史上一治一乱的反复循环也与此大有关系。

人口因素首先影响到社会的物质生产方式及生活水平。傅筑夫认为：人口压力使中国历史上早期的土地公有变为“计口授田”的井田制，然后又使授田与休耕的井田制亦不再可能①。为了应付人口压力，中国历史上后期的地产实际上割分得越来越小，农民小土地所有制广泛存在②，农业生产也日趋精耕细作的集约化。然而，即便加上如洪亮吉（1746—1809 年）所谓“水旱疾疫”之“天地调剂之法”，以及“使野无闲田，民无剩力，疆土之新辟者，移种民以居之，赋税之繁重者，酌今昔而减之，禁其浮靡，抑其兼并”等“君相调剂之法”，也难于解决承平日久条件下人口剧增的难题，所以洪亮吉说其深为“治平之民虑也”③。洪亮吉说，按五十年以前物价计算，当时一人食力约可养十人，而“今则不然，为农者十倍于前面田不加增，为商贾者十倍于前面货不加增，为士者十倍于前而佣书授徒之馆不增”，“何况户口既十倍于前，则游手好闲者更数十倍于前，此数十倍之游手好闲者，遇有水旱疾疫，其不能束手以待死也明矣”④。

人口压力造成的生计压迫使人纷纷弃农而从事他业乃至无业，以上洪亮吉所言数字或不精确，但这一趋势却是确凿无疑的。如果说高官富贵之诱惑，尚因其隔如天堑等各种原因而尚不易成为大多数人心中的动机的话，生存下去还是坐以待毙的压力却几可以使人们走向一切可以自救自存的出路，而在这些出路中，科举无疑又是最具吸引力的。所以，凡是略微能学、能文的，都有可能蜂涌走上此途。顾亭林曾说明末 50 万生员中，大部分都只是为了“保身家”而已，因为考上生员不仅可以免死、免役，还可以免去

① 傅筑夫：《人口因素对中国社会经济结构的形成和发展所产生的重大影响》，《中国社会经济史研究》，1982 年第 3 期。

② 李文治把这视作“封建土地关系的松解”的一个重要特点，参见其《明清时代封建土地关系的松解》（北京：中国社会科学出版社，1993），第一篇第四节。

③ 洪亮吉：《卷施阁文甲集》，卷一，《治平篇》。

④ 洪亮吉：《卷施阁文甲集》，卷一，《治平篇》。

一些官府的压迫和欺凌。而如此大量涌入科举一途的结果就是使科举发生了性质上的变异，人口压力不仅影响到人们的物质生活水平（这往往受到重视），也将影响到人们的精神生活水准（这往往不易为人注意）。物质资源匮乏最终也将使精神资源贫困。总之，由于生计的逼迫，人口的剧增不仅会加重对科举的绝对压力，也会同时加剧对科举的相对压力，不仅使报考人的绝对人数、也使其在人口中的比重增加。

人口对科举的相对压力因时间地域的差异呈现不平衡的状况，总的说，是战乱甫平，王朝初建时压力较轻，朝廷有时甚至采取措施不惜降低标准，提高出身之任官标准来吸引人们，而当承平日久，人口蕃生，压力越来越大就改而严厉标准。如《新唐书》卷四十五《选举志下》载："初，武德中，天下兵革新定，士不求禄，官不充员。有司移符州县，课人赴调，远方或赐衣续食，犹辞不行。至则授用，无所黜退。不数年，求者甚多，亦颇加简汰。"

在地域方面，则是文风愈盛的地方报考人愈多而额愈显少，乾隆二十六年（1761年）上论提及：四川之直隶茂州及所属保县，直隶松潘厅、宁远府之越雟卫等处，均属边侥地瘠，向学寥寥，而取进额数，茂州、保县各12名，松潘、越雟各8名，人少额宽；至直隶资州、直隶眉州、直隶达州之新宁县等处，应考童生自七八百至千余名不等，而取进额数，资州8名，眉州10名，新宁4名，人多额少，较之茂州等处，不无偏枯。湖南浏阳考文生员的童生通常为2000人，而学额仅12人，但在安乡考生虽刚过200人，学额却有15个。在河南南阳，十九世纪初每次有将近2000名考生竞争16个文生员和16个武生员学额。广东南海、番禺两县，道光十二年（1832年）在广州举行的一次府试中，据说所属七县有2.5万名考生应试。道光十五年（1835年），学政在广州主持一次院试，据说参加者达五千至六千人，而江苏苏州府举行的一次院试竟有约万名考生①。

清代决定生员录取的院试一般每三年举行两次，每次院试录取名额，顺治十五年（1658年）定大府学为20名，大州、县学15名，小州、县学4~5名。后中、小官学名额有增加，报考人与录取数之比平均约为100:1。太平天国前夕，全国1741所官学每次院试录取名额为250，89名。张仲礼估计在太平天国前夕，全国文生员约53万人，武生员约21万人，合计约74万人，约估全国总人口（道光二十二年［1842年］户部统计数40，230万）的0.18%②。

乡、会试均三年一次（但有时增加恩科），全国乡试的举人名额，顺治二年（1645年）为1，428名，十七年（1660年）为736名，康熙三十五年（1696年）为988名，五十年（1711年）为1，223名，乾隆九年（1744年）为1，143名，嘉庆二十五年（1820年）为1，493名，道光十四年（1834年）为1，371名，咸丰元年（1851年）为770名，同治元年（1862年）为1，566名，同治九年（1870年）为615名，光绪

① 转引自张仲礼：《中国绅士》（上海：上海社会科学院出版社，1991），第88~89页。

② 转引自张仲礼：《中国绅士》（上海：上海社会科学院出版社，1991），第98~100页。

七年（1881 年）减至 1，254 名，光绪十一年（1885 年）又调至 1，521 名，整个清代略有上升但变化不大①。全国通过资格考试可参加乡试的报考人与录取数之比前后平均起来约为 70∶1。清代会试中式无定额，每科以应试实在人数，并上三科中式人数，请旨钦定中额。据商衍鎏统计，清代会试共 112 科，录取人数 26，391 名，平均每科取中 236 人②，每次会试约有七、八千举人参加，报考人与录取数之比约为 30∶1。张仲礼估计太平天国兴起前夕，全国举人总人数约为 1.8 万人，进士总人数近 2，500 人，翰林则仅 650 人③。而当时京师和地方文武官员职位数据《清会典》可定为近 2.7 万人，其中 2 万是文官缺。

我们要注意，以上学额、举额、进士额及官员额虽主要是以晚清为据，但在整个清代都变化不大，增加不多，而清代的人口已由清初的不足一亿④，迅速上升到乾隆二十七年（1762 年）的超出 2 亿，乾隆五十九年（1794 年）超出 3 亿，道光三十年（1850 年）约 4.3 亿⑤。

## 人之质累

如果说人口数量对封建社会结构与精神文化的影响尚少为人注意，那么人口素质的影响就更不为今人所注意了，这其间的一个原因是因为受到了现代平等观念的强烈影响。由于古代科举本质上是一种选拔少数文化道德精英的活动，所以它要成功运作并持久平稳运行，除了需找到合适并切实可行的录取标准，还要有一个基本前提条件，就是一个适当数量的报考者（候选者）队伍。这个数量不宜太少以至于相当多的人才不能包括在其中，这个数量也不宜太多以致泥沙俱下而同样将使人才难于得中。在某种意义上，量累与质累是相互联系的，量累也将引起或加剧质累。人多加大了遴选传统社会所需人才的难度，而才低品卑考生的混入及其再为考官的辗转往复，更把古代科举拖入困境。

古代中国人对人的才能素质的差异持有相当坚定的信念。孔子认为人有“生而知之”、“学而知之”、“困而学之”、“困而不学”等重重差别。在他心目中，人的天赋差

---

① 参见王德昭：《清代科举制度研究》（北京：中华书局，1984），第 63 页。

② 商衍鎏：《清代科举考试述录》（北京：三联书店，1958），第 153 页。人数比何炳棣统计略少。

③ 转引自张仲礼：《中国绅士》（上海：上海社会科学院出版社，1991），第 120～124 页。

④ 据何炳棣的研究，明末万历中（1600 年）人口约为 1.5 亿，明清之际由于战乱及流寇而令死亡人数增多。清初户口数偏低，仅一千多万户，不能反映人口真相，但直至近百年后，人口方恢复到乾隆六年（1741 年）的较可靠数字：1.43 亿，似可推断清初人口高于当时统计的户口数，但却不足一亿。

⑤ 参见全汉升、王业键：《清代的人口变动》。

异可能大致是一个两头小、中间大的状况。而“学而优则仕”就尤其吸引了中间一部分人，虽然学成而官，学优而仕者毕竟还只是很少数。但一个社会文风兴衰关键，则往往系于这中间的阶层——系于他们追求什么，尤其是他们尊重什么。后来孟子的圣贤史观，董仲舒、王充的性分等级①、荀悦、韩愈的“性三品”说②，其说作为一种哲学理论来说或嫌粗糙，却都反映了古人对人之差异的一种持久共识。

人之才德的差异乃至遗传在科举考试中似也得到某种证实。潘光旦指出：清代共举行过会殿试112科，共得巍科人物约560人（指一甲三名及二甲第一名以及会元，其中有重复者）。据他调查所及，这560人中已经可以指明至少有42%是彼此有血缘关系的，即属于同一个庞大的血缘网，尽管他们表面上是属于张王李赵等许多不同的家世，而分散在全国的各地，但在血缘上却息息相通，只是一个脉络③。应当说，科举取士还是把质累控制在一定的范围之内，即虽时有侥幸，但取中的大多数还是人才。但是，由于人潮汹涌及考试过程中难免的种种偶然因素，还是有相当一些迂腐、平庸之人得以羼入。他们在试前囿于见识，主要以坊刻时文为学，所以，坊刻时文在宋代实际上就早已泛滥过一圈④。其人侥幸得第，其学即已告终，不再求进学，故除一点时文考试范围内的内容，其他经史子籍几一概不知，且再以此去录取新的同类，就像吴敬梓在《儒林外史》中所写的暮年登第，后做过学道，国子监司业的周进，以及不知苏轼为谁，但也做到学道的范进等，皆此类也。而这些人尚可称为是迂腐之老实人，更有才能平平而品质卑下者亦混迹其间。《儒林外史》对科举及儒林的讽刺，实际上主要是对科举之流弊、儒林之世俗化的讽刺，而一种制度，哪怕是一种再具精英性的制度，实行一久，与者一多，在某种程度上也难逃世俗化的命运。

古代科举所欲选拔者又不只是有才者，而且是有一定道德品行的有才者，如此，才有可能加强对缺乏外在权力制衡的官员阶层的一种内在约束。所以，不仅察举时代重品行，科举时代到王安石改革时也是想以考经义扭转以往考诗赋的文人浮薄之习，此正如阮元所言：“唐以诗赋取士，何尝少正人？明以四书文取士，何尝无邪党？惟是人有三等，士等之人，无论为何艺所取者，皆归于正；下等之人，无论为何艺所取，亦归于邪，中等之人最多，若以四书文囿之，则其聪明不暇旁涉，才力限于功令，平日所习者惟程朱之说，少时所揣摩者皆道理之文，所以笃谨自宁、潜移默化，有补于世道人心者

---

① 《春秋繁露·深察名号》：“名性不以上，不以下，以其中名之性。”又《实性》：“圣人之性，不可以名性；斗筲之性，又不可以名性。名性者，中民之性。”又王充《论衡·本性》：“人性有善有恶，犹人才有高有下也，高不可下，下不可高。”“无分于善恶，可推移者，谓中人也。”

② 荀悦《申鉴·杂言下》：“有三品焉，上下不移，其中则人事存焉尔。”韩愈《原性》：“性之品有上中下三，上焉者，善焉而已矣；中焉者，可导而上下也；下焉者，恶焉而已矣。

③ 潘光旦编译：《优生原理》（天津：天津人民出版社，1981），第104～105页。

④ 岳珂：《愧郯录》：“自国家取士场屋，世以决科之学为先，故凡编类条目，撮载纲要之书，稍可以使检阅者，今充栋汗牛矣。”载《笔记小说大观》，册四（扬州：江苏广陵古籍刻印社，1984），第378页。

甚多，胜于诗赋远矣。”① 但是，由于科举本身客观上是一功名利禄之途，且为客观公平计，又要以文取人（虽是经义文），要想防止品行不端者混入就颇为困难，尤其是那些关于揣摩，具有一定为文才能的追名逐利者，就更不易防范。而社会上确实不乏此类专门追名逐利者。武后载初元年（689 年），薛谦光上疏批评说：“今之举人，有乖事实，或明诏试令搜扬，则驱驰府寺，请谒权贵，陈诗奏记，希望咳唾之泽；摩顶至足，冀提携之恩。故俗号举人为觅举。夫觅者，自求之称，非人知我之谓也。故选曹授职，喧嚣于礼闱，州郡贡士，诤讼于陛闼。谤议纷纭，寝成风俗。”②

唐代每年科目甚多而进士科甚狭，岁贡八九百人仅取二三十，但考试不糊名誊录，也不专以考场试文定录取，应试举子可编选己作，写成卷轴，考试前送呈当时在社会、政治、文坛上有地位者，请他们向主司推荐，此卷即为“行卷”。这本来是一件兼顾考生平时实力、水平的好事，由于也确实选中了一批才华横溢者，但是，久而久之，一些品行低下或品行才华均低下而又热衷名利者，不异滥投行卷、广托公卿，一时“公卿之门，卷轴填委，率为阍媪脂烛之费”③。江陵项氏描述当时风俗之弊说：“天下之上，什什伍伍，戴破帽，骑蹇驴，未到门百步辄下马，奉币刺再拜以谒于典客者，设其所为之文名之曰‘求知己’，如是而不问，则再如前所为者，名之曰‘温卷’，如是而又不问，则有贽于马前，自赞曰‘某人上谒者’。”④ 乃至有些人窃人旧文以作自己的“行卷”，借此招摇撞骗，甚至当场被人逮住也面不改色⑤。如此风气，无怪乎洁身自好与恃才自傲者不愿与之为伍，而本来一种可结合士子平时水平与考场成绩的好办法，在此风冲击下遂不能不渐趋废止，而走向完全的以三场试文为定的制度。

改试经义后，此类钻营者仍屡见不鲜，有的乃至辗转于对立的朝廷与农民政权之间，以求一逞。如“张申伯为咸丰时之廪生，文誉颇著。咸、同间，苏常州县相继失陷于粤寇，张避世乡居。时洪秀全开科取士，张为侪辈所推举，改名诸维星，至金陵，入场。题为‘平定江南文’，仿制艺体，张作颇雄壮，拔置解元……张于粤寇平复，思复应秋试。苏人欲攻之，因作七律二章，以明前者应试之非己志。既而乡试，亦擢高第”⑥。而许多品行、文才均不佳者，更是或托关节、或以怀挟，使科场风气趋于卑下，士子尊严遭到屈辱，因为即便是很少数人的作弊，也将使所有考生都不得不蒙受搜身等严格防范措施的羞辱。

---

① 《研经室集》，《四书文话序》。

② 马端临：《文献通考》，卷二十九，《选举二》。

③ 王定保：《自负》，《唐摭言》，卷 12（上海：商务印书馆，1936），第 114 页。

④ 转引自《文献通考》，卷二十九，《选举二》。

⑤ 参见《太平广记》，卷二百六十一，《李秀才》条。

⑥ 徐珂编：《清稗类钞》，第二册（北京：中华书局，1984），第 730 ~ 731 页。

# 传统的批评

我们现在再来观察一下科举时代人们对之提出的批评，这些批评亦可说明科举的主要症结所在正是人累。如前所述，科举至武后时，人多已“委积不可遣，有司患之，谋为黜落之计，以僻书隐学为判目，无复求人之意”①。至中、晚唐，猥琐士人奔竞觅举之风日烈，庸愚咸集，取士更滥。大中十年（856年），中书门下奏权停三年，上果从之。

但暂停一类措施只是权宜之计。杜佑曾探讨科举弊病的根本原因说：“缅征往昔，论选举者，无代无之，或云‘官繁人困，要省吏员’，或云‘等级太多，患在速进’，或云‘守宰之职，所择殊轻’，或云‘以言取人，不如求行’。是皆能知其失，而莫究所失之由。”那么，究竟什么是科举各种阙失的根源呢？

杜佑认为主要还是人太多了：“按秦法：唯农与战始得入官。汉有孝悌、力田、贤良、方正之科，乃时令征辟；而常岁郡国率二十万口贡止一人，约计当时推荐，天下才过百数，则考精择审，必获器能。自兹厥后，转益烦广。我开元、天宝之中，一岁贡举，凡有数千，而门资、武功、艺术、胥吏，众名杂目，百户千途，入为仕者，又不可胜纪，比于汉代，且增数十百倍。安得不重设吏职，多置等级，递立选限以抑之乎？常情进趋，共慕荣达，升高自下，由迩陟遐，固宜骤历方至，何暇淹留着绩。……苟济其末，不澄其源，则吏部专总，是作程之弊者；文词取士，是审才之末者；书判，又文词之末也。”杜佑提出的改革之要，则在最终使士与民保持一个适当的比例，即士寡民众：“凡为国之本，资乎人氓；人之利害，系乎官政。欲求其理，在久其任；欲久其任，在少等级；欲少等级，在精选择；欲精选择，在减名目。俾士寡而农工商众，始可以省吏员，始可以安黎庶矣。”②

宋代取士名目虽少，而额数却大增，其最盛一朝大概是北宋仁宗一朝，41年共取进士4570人，平均每次考试取351人，最高一次取538人。南宋每科取人亦不少。至朱熹（1130—1200年）时，人累已很明显，朱子有关科举的议论多是针对此，他回顾北宋之初的情况说：当时张乖崖守蜀，有士人亦不应举。乖崖去寻得李畋出来举送去，只一二人。商鞅论人不可多学为士人，废了耕战。此无道之言，然以今观之，士人千人万人，不知理会什么，真所谓游手！这样的人一旦得了高官厚禄，只是为害朝廷，何望其济事？又说今日学校科举不成法，上之人分明以贼盗遇士，士亦分明以贼盗自处，动不动便闹事，以相迫胁，非贼盗而何？这个治之无他，只是严格挟书传义之禁，不许继烛，少间自沙汰了一半。不是秀才的人，他亦自不敢来，虽无沙汰之名，而有其实。又

① 《新唐书·选举志下》（北京：中华书局，1975），第1175页。

② 杜佑：《通典》（北京：中华书局，1988），第455～456页。

说有人至论要复乡举里选，并说须是歇二十年才行，要待那种子尽了方行，说得也是。朱子一方面说科举种子不好，说试官也是这般人；但另一方面又说：科举是法弊，大抵立法，只是立个得人之法。若有奉行非其人，却不干法，若只得人便可。今却是法弊，虽有良有司，亦无如之何。即此有无奈处，此法弊实际上是时弊，积弊已久，仅仅靠个人的力量是难于改变的。他提出的改革办法是：今科举之弊极矣！但也废科举不得，然亦须有个道理，乡举里选之法是第一义，今不能行，只是就科举法中与之区处，且变着如今经义格子，使天下士子通五经大义。一举试春秋，一举试三礼，一举试易诗书，禁怀挟。出题目，使写出注疏与诸家之说，而断以己意。策论则试以时务，如礼、乐、兵、刑之属，如此亦不为无益。更须兼他科目取人①。欲革奔竞之弊，还须均诸州解额，减少太学之额②。总之，朱子显然也是主张严加淘汰，适当限额，以保证科举作为一种选拔英才的制度的顺利进行。

顾亭林对科举的意见也主要是对人多谬滥的批评。他说当时约50万生员中有35万只是“保身家”而已，而并非有学问之秀才。然而，科举并不是保身恤平之途，而是选拔英才、立功建业之途。“夫立功名与保身家，二塗也；收俊乂与恤平人，二术也，并行而相悖也，一之则敝矣。”他主张废天下生员，然而：“吾所谓废生员者，非废生员也，废今日之生员也。请用辟举之法，而并存生儒之制，天下之人，无问其生员与否，皆得举而荐之于朝廷，则我之所收者，既已博矣，而其廪之学者之限额，略仿唐人郡县之等：小郡十人，等而上之，大郡四十人而止；小县三人，等而上之，大县二十人而止。……然则天下之生员者少矣。少则人重之，而其人亦知自重。”③ 他又说：“科场之法，欲其难，不欲其易。使更其法而予之以难，则觊幸之人少。少一觊幸之人，则少一营求患得之人，而士类可渐以清。抑士子之知其难也，而攻苦之日多。多一攻苦之人，则少一群居终日、言不及义之人，而士习渐以正矣。……今日欲革科举之弊，必先示以读书学问之法。暂停考试数年，而后行之，然后可以得人。”④ 他并指出：“今人论科举，多以广额为盛，不知前代乃以减数为美谈，著之于史。《旧唐书·王丘传》：开元初，迁考功员外郎。先是考功举人请托大行，取士颇滥，每年至数百人。丘一切核其实材，登科者仅满百人。议者以为自则天已后，凡数十年，无如丘者。《严挺之传》：开元中考功员外郎，典举二年，人称平允，登科者顿减二分之一。《陆贽传》：知贡举，一岁选士才十四五，数年之内，居台省清近者十余人。此皆因减而精，昔人之所称善。今人为此，不但获刻薄之名，而又坐失门生百数十人，虽至愚者不为矣。”⑤ 顾亭林并远承左雄等人意见，主张限年⑥，他还同意欧阳修逐场淘汰的意见，批评北宋初年取人

---

① 详细内容可参见《朱子大全》“文六十九”，《学校贡举私议》一篇。

② 《朱子语类》，第七册（北京：中华书局，1986），第2692~2703页。

③ 顾炎武：《生员论》，《顾亭林诗文集》（北京：中华书局，1983），第21~24页。

④ 顾炎武：《拟题》，《日知录集释》，卷十六（上海：上海古籍出版社，1985）。

⑤ 《中式额数》，同上书，卷十七。

⑥ 《年齿》，同上书，卷十七。

太多，用人太骤、太显，为后世开了坏的先例①。

其后袁枚亦言："今则不然，才仅任农工商者为士矣，或且不堪农工商者亦为士矣，既为士，则皆四体不勤，五谷不分，而妄冀公卿大夫，冀而得，居之不疑，冀而不得，转生嫉妒，造诽谤，而怨之上不我知，上之人见其然也，又以为天下本无士，而视士愈轻，士乃益困。嗟夫！天下非无士也，似士非士者杂之，而有士如无士也。"②

## 余　论

然而，这人累又是一种时累。人弊又是一种时弊，一种流弊。几乎任何现实地存在过的制度差不多都可以说是有利有弊，其产生和存在常常是因为其始利多弊少，但随着时光流转，积累的弊害就可能与日俱增，乃至于超过其利，本身由利器变成累赘。

古人甚明时累之理，但知此势当有人难以一下扭转处，所以朱子一面批评读书种子、试官不好，一面又说"良有司"亦"无如何"。人累科举，但又几可说不能不累。人性之自我关怀、人情之均欲向上，可以说是人情所难免，所以此种奔竞又可说是情有可原。于是，一种"进取归一律"的上升之途就不能不承受某种人累的负担，它可能裁抑却无法杜绝人之奔竞。所以，恰如其分地承认"人累"，承认"时累"又是必要的。不能幻想有一种十全十美并永久存在的制度，人类许多制度可以说其始兴也自然、其终败也自然，其中含有一种深刻的自然合理性。

总之，中国古代的科举制度一直遭受着人口数量的巨大压力，遭受着人的素质所带来的趋下变异之苦，它所采取的对策主要是：一是不断地加长"走廊"，亦即增加功名的层次，增加考试的次数。汉代被察举者可以从乡间直登朝廷，唐宋科举层次也还算少，而明清却得经县、府、院三试才仅得秀才，又须参加科试才能应乡试，乡试中后才能应会试，会试中后才能应殿试，此外还有秀才的岁考，举人的复试，进士的朝考等名目繁多的考试；二是立严格录取的标准，考试内容的限制越来越严，自由发挥的余地越来越少。在传统政治的格局下，科举名额有一个很难逾越的限度，因为传统政治并不需要那么多官员，原有的官场已经臃肿，扩大名额往往只会近一步加剧百姓的负担，并激起另一轮竞争的浪潮，而不扩大名额又将使人才压抑，"人才无可表现，于是有大乱"③。

这就是科举社会所内在地具有的一个深刻的、难解的矛盾，这一难解的矛盾常常使社会陷入困境，对这种困境的解决办法有时是靠一种"没有办法的办法"，即客观上通过战乱、通过改朝换代来得到大缓解。战乱使人口大大减少，并有鉴于战乱中官员首当

---

① 《中式额数》、《出身授官》，同上书，卷十七。

② 《小仓山房诗文集》，《原士论》。

③ 钱穆：《中国历代政治得失》（台北：三民书局，1974），第145页。

其冲、“世家先亡”、“大家先覆”，人们期望值降低，经济压力也减轻，应试者人数比例也会相应减少。然而，当时光流逝，和平持续，生息繁衍，科举可能又会陷入另一轮困境。只是中国在未遇西方前，尚能一次次走出这一困境而已。

原载《二十一世纪》1997 年 2 月号

# 清季科举制改革的社会影响

罗志田

清季科举制的改革始于一百年前的戊戌变法之时，中间虽曾一度复旧，但到1905年则彻底废除。过去对废除科举制的研究，主要侧重于其是否有利于清季政治改革这一层面，较少从社会结构变迁的角度观察问题。其实科举制是一项集文化、教育、政治、社会等多方面功能的基本体制，它上及官方之政教，下系士人之耕读，使整个社会处于一种循环的流动之中，在中国社会结构中起着重要的联系和中介作用。科举制的废除不啻给与其相关的所有成文制度和更多的约定俗成的习惯行为等都打上一个难以逆转的句号，无疑是划时代的。如果说近代中国的确存在所谓“数千年未有的大变局”的话，科举制的废除可以说是最重要的体制变动之一①。

可以想见，废除这样一种使政教相连的政治传统和耕读仕进的社会变动落在实处的关键性体制，必然出现影响到全社会各层次多方面的后果。但是，清季人在改革和废除科举制时基本只考虑到其教育功用（这样的认知本身就是传统中断的一个表征）并试图加以弥补。科举制的其他重要社会功用一般不在时人考虑之中，自然也谈不上填补，但其社会后果却是长远的。

在传统的四民社会中，“士大夫”已成一个固定词组，士是“大夫”即官吏的基本社会来源，道统与政统融为一体。人的上升性社会变动虽然可以有其他途径和选择，从士到大夫仍是最受推崇和欣赏的取向，士与大夫的内在逻辑联系恐怕是其最主要的社会吸引力。一旦科举制被废除，道统与政统即两分，人的上升性社会变动取向也随之而变。中国传统社会中原居四民之首的士在近代向知识分子的转化、读书人社群在社会学意义上的边缘化以及边缘知识分子的兴起这一连续、相关而又充满变化的社会进程，正始于改科考、兴学堂到废科举这一制度变革②。

清季从改科考到废科举，取士的标准有一个变化的过程。废科举前的十余年间，取士的标准已是鼓励新旧学兼通。汪康年于光绪十五年（1889年）应乡试，以第三艺作

① 参见罗志田《中国文化体系之中的传统中国政治统治》，《战略与管理》1996年第3期。

② 参见罗志田《失去重心的近代中国：清末民初思想权势社会权势的转移及其互动关系》，《清华汉学研究》第2辑。

骚体，不合科场程式，依旧例应不取；却因在次题《日月星辰系焉》中，能“以吸力解‘系’字，罗列最新天文家言”，被主考官认为“新旧学均有根柢”，欲以首名取，终因犯规而以第六名中式①。科场程式尚不熟，竟能以高名取，可知实以“新学”中式。以晚清中国各地发展的不同步及不同考官掌握评卷分寸的伸缩余地，这当然不一定能代表全国的情形。但揆诸后来的发展，以经世学为开端的“新学”兴起后，其影响将逐渐延伸到科考之上，似为必然的趋势。

早期的取士标准变化可能更多是无意识的，但清季士人中不乏对科考的社会功能认识颇深而欲主动加以运用者。梁启超在光绪二十二年（1896 年）时就曾致书汪康年，希望他敦促新任湖南学政的江标以新学课士，尤其“严于按试时，非曾考经古者，不补弟子员，不取优等；而于经古一场，专取新学，其题目皆按时事”。梁以为：“以此为重心，则利禄之路，三年内湖南可以丕变。”而湖南若能“幡然变之，则天下立变矣”②。江标果然以其控制的校经书院为基地，在那里设实学会，以史学、掌故、舆地、算学、交涉、商务六门课士，其中史学、掌故、舆地、算学更与经学和词章并列为全省考试科目③。这一自上而下的引导，的确造成湖南学风相当大的转变。

科举取士的标准改变，士人所读之书即随之而变。传教士早注意到，自江标在湖南以新学考士，读书人“遂取广学会译著各书，视为枕中鸿宝”。如《泰西新史揽要》和《中东战纪本末》等，“谈新学者，皆不得不备之书也”④。湖南举人皮锡瑞颇能领会改科举的社会含义，他在光绪二十四年（1898 年）初得知科举可能要变，立即想到“此间闻变科举之文，西学书价必大涨”，当即取“阅梁卓如所著西书目表，其中佳者，将购数册阅之”，次日便与其弟其子等一起赶在涨价前到矿务局和豆豉店购新书报（新学未大兴前新书报在矿务局和豆豉店出售，也殊有意致）⑤。

买书者如此，卖书者亦然。戊戌年五月，朝旨废八股，江西书商晏海澜立刻慨叹“废时文去二千金赀本矣！”可知刻书卖书者当下就要受影响。但他们也跟得甚快，两月后晏氏检随棚书至考试处出售时，已“多算学、医书，而八股、诗、赋、楷法，皆弃不用”。当五月时有人劝晏将已改废科目之书“留之以待复旧”，皮锡瑞以为“其在十二万年后乎？”主张不必留。晏氏幸亏未听皮言，他后来发现“经学书犹有人买，是

---

① 事见汪诒年纂辑《汪穰卿先生传记》，章伯锋、顾亚主编《近代稗海》第 12 辑，四川人民出版社 1988 年版，第 194 页。

② 《梁启超致汪康年》，《汪康年师友书札》第 2 册，上海古籍出版社 1986 年版，第 1843 页。

③ 《湖南学政奏报全省岁科两试完竣情形折》，《湘学新报》第 1 册，台北华文书局 1966 年影印本，第 47～48 页；李肖聃：《湘学略》，岳麓书店 1985 年版，第 222～223 页。

④ 《三湘喜报》，《万国公报》第 90 卷（光绪二十二年六月），《戊戌变法》第 3 册，上海神州国光社 1953 年版，第 376 页。

⑤ 皮锡瑞：《师伏堂日记》（1897—1900 年的皮锡瑞日记分四次选刊在《湖南历史资料》1958 年第 4 辑、1959 年第 1～2 辑、1981 年第 2 辑，以下仅引年月日），光绪二十四年一月二十日、二十一日。

为五经义之故也”①。由于尚有“五经义”这一科目在，晏的损失当不如以前估计之大。但戊戌政变后科举果然复旧，晏在新学书籍上的投资又面临当下的损失（即使他有远见将新学书保存到几年后再次改科考，资金的回收期也太长），改科考对书商的直接影响是很明显的。

对应试者来说，考试以新学是尚意味着中国腹地的读书人可能因买不到“新学”书籍、或买到而熟悉程度不够而竞争不过久读新学书籍的口岸士子。山西举人刘大鹏即大约到1895年赴京应试后，才了解到口岸士人读的是什么书，旋于次年10月请人代买回《皇朝经世文编》和《续编》等书抓紧补习。在集中阅读这些新学文章约半年后，刘氏回想起当年自己也曾学过《几何算学原本》，且“颇能寻其门径，然今已忘之矣”②。可知咸同时期新学的传布本已较广，但一因士人基本心态未变，更因科举取士的标准未变，许多人读点新学书籍也多半是走过场，读过即忘。到取士标准正式转变时，又有悔之已晚的感觉。

科举考试内容的改变，其实已带有质变之意。从文化竞争的长远视角看，中国读书人主要思想资源从孔孟之道向新学的转变（更多是在意识层面，潜意识即通常所谓的安身立命之处则基本未变）的影响所及，恐怕不亚于后来科举制的废除。如果从新政需要新式人才的角度考虑，考取之士既然以新学为重，当能应付政府暂时之急需；而更广大的读书人阶层也势必随之修改他们的治学之路。不论是为了实行以澄清天下为己任的志向，还是为了做官光宗耀祖，甚至纯粹就是想改变个人和家庭的生活状况，只要想走仕进之路（以及获得与此相关的教职），任何士人都必须转向以西学为主流的新学。

湖南举人皮锡瑞就是一个主动追随者，他在光绪二十四年（1898年）初决定加入南学会时自述说：“予入学会，特讲求新学。考订训诂，恐将束阁，不复有暇著书。”皮氏家境不丰，以教馆为生，他的趋新可见明显的社会层面的动机。他那时曾与偏旧而家有恒产的湘籍学者叶德辉交谈，颇感叹叶之所以能“不喜新学”，即因其“进退裕如，故不需此”。此语甚值得玩味，不能“进退裕如”的皮氏，就不得不放弃自己原来所长的考订训诂而讲求并不熟悉的新学，以迎合当时湖南地方官正在推行的新政而取得馆地③。

刘大鹏则是被动追随者的一个显例。他认为教书是“依人门户度我春秋”，并不愿以此为生。刘氏虽然对新学有较强的排拒之意，却主要是因信息的不流通而追赶不上社会的变化。他的确不满这些新变化，但仍存追赶之心，自己也一直在补习新学。义和团事件后，山西省城各书院改为大学堂，该校不仅“延洋夷为师”，且“所学以西法为要”，这是刘氏平时最为切齿的。他听说有数位原有的中国教师因“闻洋夷为师而告退”，盛赞其“可谓有志气者也”。但当他获悉该校还要补招二十余名学生时，立即由

① 皮锡瑞：《师伏堂日记》，光绪二十四年五月二十日、七月二十日。

② 刘大鹏：《退想斋日记》，乔志强标注，山西人民出版社1990年版，第62～70、73页。

③ 皮锡瑞：《师伏堂日记》，光绪二十四年一月二十日、二十三年十一月十四日。

隔县的教馆赶回家让自己的儿子去报名应考①。

在四民社会晚期，“耕读”为业本已越来越成为一个象征，许多读书人并不真的耕种土地，而是实行所谓“笔耕”。教书的馆地对不能做官的读书人来说不啻生活的保障，科考的转变直接影响到何种人才能得到教职。当戊戌年湖南新政勃兴时，有一位“在沪上方言馆多年，通西国语言文字”的师璜，即“闻湖南兴西学，归谋馆地”。那年五月，江西有位趋新士人雷见吾来请皮锡瑞代谋职，皮即指出，“既停八股，或者谋事不难”。可知兴西学即为通西文者开放馆地，而停八股则新人谋事不难。到戊戌政变后科举复旧，前此“各处书院求山长”之事则“今无闻焉”②。科举的改革真是有人欢喜有人愁，且同样的人在不同政策之下立刻可见境遇的判然两别。

与“馆地”直接相关的兴学堂之举，也值得再作考察。科举制改革的一个影响深远的社会后果即中国的城乡渐呈分离之势，大约就始于兴学堂。章太炎注意到：兴学堂主之最力者为张之洞，由于张氏“少而骄蹇，弱冠为胜保客，习其汰肆；故在官喜自尊，而亦务为豪举”。此风气也影响到他办学堂：“自湖北始设学校，而他省效之。讲堂斋庑，备极严丽，若前世之崇建佛寺然。”章氏以为，“学者贵其攻苦食淡，然后能任艰难之事，而德操亦固。”给学生以优厚待遇的本意在劝人入学，但“学子既以纷华变其血气，又求报偿，如商人之责子母者，则趣于营利转甚……以是为学，虽学术有造，欲其归处田野，则不能一日安已。自是惰游之士遍于都邑，唯禄利是务，恶衣恶食是耻”。不仅不能任艰难之事，其“与齐民已截然成阶级矣”③。

传统中国士人是以耕读为标榜的，多数人是在乡间读书，继而到城市为官，最后多半要还乡。新制则大学（初期则包括中学）毕业基本在城市求职定居，甚至死后也安葬在城市，不像以前一样要落叶归根。这意味着以前整个社会的循环流动在相当大程度上已经中止，后来逐渐引起世人注意的读书人之“脱离群众”，部分也因传统的耕读生涯的中止所致。到民国后，章太炎进而指出：“自教育界发起智识阶级名称以后，隐然有城市乡村之分。”所谓“智识阶级”其实就是教育制度改革的产物。太炎敏锐地认识到，由于“城市自居于智识阶级地位，轻视乡村”，就产生了城乡“文化之中梗”④。民初的知识分子学西人提出“到民间去”的口号，正是那时城乡已分离的明证。但这个问题在很长时间内并未得到时人的重视，也没有产生出什么因应的措施。

当初清政府在改革科举之时，已开始兴办学堂来填补科举制的教育功用，这本是很有见识的举措。但一种新教育体制并非一两纸诏书在短期内便可造成，而清季举国都已

① 参见罗志田《科举制的废除与四民社会的解体——一个内地乡绅眼中的近代社会变迁》，《清华学报》（台湾新竹）新25卷第4期（1995年12月）。

② 皮锡瑞：《师伏堂日记》，光绪二十四年闰三月一日、五月十五日、二十五年十一月二十三日。

③ 章太炎：《救学弊论》，转引自汤志钧《章太炎年谱长编》下册，中华书局1979年版，第760页。

④ 章太炎：《在长沙晨光学校演说》，1925年10月，《章太炎年谱长编》下册，第823页。

有些急迫情绪；从1901年到1905年那几年间，仅张之洞、袁世凯等人关于科举制的奏折所提出的办法，几乎是几月一变，一变就跃进一大步；前折所提议的措施尚未来得及实施，新的进一步建议已接踵而至，终于不能等待学堂制的成熟即将科举制废除①。

上有所好，下必趋奉；诏书一下，则人人皆竞言开学堂。但事前并无人才物质的充分准备，许多新学堂也就难以起到原设计的建设性功用。早在从八股改试策论时，就不仅许多考生不会做，更缺乏合格的阅卷者。这在戊戌时的湖南一直是使趋新士人焦虑而未能根本解决的问题，他们后来不得不在《南学会章程》中"添入愿阅课卷一条"，以作弥补②。改策论已患师资不足，遑论新学西学。故当时南京、苏州、上海等地"最著名大学堂"的情形是"陆师学生派充师范，八股专家支持讲席"③。

由于改与革的一面不断加速而建设的一面无法跟随，遂造成旧制度已去而新制度更多权存在于纸面的现象。刘大鹏即看到关键所在：科举是在"学堂成效未有验"时就突然废除的④。旧制既去，新制尚不能起大作用，全国教育乃成一锅夹生饭。新学堂确实培养了不少"新人物"，却未必养成了多少"新学人"。梁启超在戊戌年曾希望"异日出任时艰，皆（时务）学堂十六龄之子"。叶德辉即反驳说："天津水师学堂、上海方言馆、福州船政局，粤逆平定后即陆续创开，主之者皆一时名臣大僚；三十年来，人材寥落。岂今日十六龄之子异于往日十六龄之子？亦岂今日之一二江湖名士异于往日之名臣大僚？然则人材与学堂，截然两橛，概可知矣；然则学堂与书院弊之一律又可知矣。"⑤

学子无学，是后来其社会地位逐渐下降的一个重要原因。不过，从经世致用的观念看，有无学问的标准或者就在于能否起作用。梁启超有一点并未说错，不论学堂培养出的新学生是否是人才，后来"出任时艰"者的确多是这些人。惟他们在"出任时艰"后能否比书院培养而科举选拔出的士人更能因应中国面临的问题，才是问题的关键。以民国政治的不如人意，问题的答案也许不那么正面肯定。

据长期主持北洋学堂的严复在民国时的回顾，他对清季学堂的观感与叶德辉甚相近。严复以为：晚清"旧式人才既不相合，而新者坐培养太迟，不成气候。既有一二，而独弦独张，亦无为补。复管理十余年北洋学堂，质实言之，其中弟子无得意者"。除伍光建"有学识而性情乖张"、王劭廉"笃实而过于拘谨"两人外，"余虽名位煊赫，皆庸材也。且此不独北洋学堂为然，即中兴诸老如曾左沈李，其讲洋务言培才久矣，然前之海军，后之陆军，其中实无一士。即如王士珍、段祺瑞、冯国璋，皆当时所谓健

---

① 参见王德昭《清代科举制度研究》，中华书局1984年版，第236-245页。

② 参见皮锡瑞《师伏堂日记》，光绪二十四年三月五、十八日、闰三月三、四、六、十一日。

③ 侯生：《哀江南》，《江苏》（1903年4月），张枬、王忍之编《辛亥革命前十年间时论选集》第1卷下，三联书店1960年版，第537页。

④ 刘大鹏：《退想斋日记》，乔志强标注，山西人民出版社1990年版，第146页。

⑤ 叶德辉：《郎园书札·与刘先端黄郁文两生书》，长沙中国古书刊印社1935年《郎园全书》版，第7页。

者，至今观之，固何如乎?”① 科举已去，学堂又不能培养出人才，读书人“无用”的潜台词已呼之欲出了。

中国传统中的反智倾向或即因此得到某种程度的“现代复兴”。从梁启超到林白水，攻击“现在的读书人比不得从前”、“没有什么可望了”是持续的论调。清初的曾静曾说，以前的皇帝都让世路上的英雄做了，其实皇帝合该我儒生做。林白水则代国民立言说：“你看汉高祖、明太祖是不是读书人做的？关老爷、张飞是不是书呆子做的？可见我们不读书的这辈英雄，倘然一天明白起来，着实厉害可怕得很。”这与曾静的认知完全相反，最能体现时代的变迁。

到民国后，留学生杨荫杭发展林白水的观念说：“魏何晏粉白不去手，行步顾影；宋王安石囚首丧面而谈诗书，二者皆失也。中国旧学家，以囚首丧面者为多；今之欧美留学生，以粉白不去手、行步顾影者为多。”所谓“凡诚于中者，必形于外。行步顾影之留学生，有如花鸟，仅可以供观赏家之陈设。囚首丧面之老学究，有如骨董，仅可以供考古者之研究。其不切于实用则一也”②。既然新旧学者都不能适应时代的需要，叶德辉观察到的“学堂与书院弊之一律”似乎不无所见。读书人与社会和实际政治的疏离与脱节大致是明显的，这与科举制的废除也直接相关。

科举制废除所造成道政二统两分的直接后果就是其载体士与大夫的分离。清季所设学堂，最初不过是要养成新型的“大夫”以应付新的局势。特别是京师大学堂，入学者本是官员，在功能上近于新型翰林院。但清季不仅政治中心与论说中心两分，士人心态也在变。张百熙为管学大臣时就主张读书不为做官，则主其事者已认为分开才是正常。民国后蔡元培长北京大学，更要驱除“科举时代思想”，提出大学生“当以研究学术为天职，不当以大学为升官发财之阶梯”。

但问题的另一方面是，若大学仅为学术研究之机关，而不再是官吏养成之地，则有良好训练的官吏又从何而来？从清季到民国的政府及彼时读书人，显然未能认真考虑此一重大问题。科举之时，士是大夫的来源，大夫也是士的正当职业。如今士与大夫分离，前者变成主要议政而不参政的职业知识分子，则势必出现新的职业“大夫”即职业官吏。科举既去，又无新的官吏养成体制，意味着为官不复要求资格。民国官场之滥，即从此始；国无重心，亦因官场之滥而强化。由于缺乏新的职业官僚养成体制，使政统的常规社会来源枯竭，原处边缘的各新兴社群开始逐渐进据政统，近代军人、职业革命家和工商业者等新兴权势社群遂因“市场规律”的需求而崛起。

在中国的科举选官制度已去，而又没有真正引进西方的选举制度时，新的大夫渐渐只能如梁启超所说，多从不事生产的社群中来。大夫既然不从士来，传统的官吏生成方

① 严复:《与熊纯如书》，1918 年 5 月 17 日，《严复集》第 3 册，中华书局 1986 年版，第 687 页。

② 杨荫杭:《老圃遗文集》（原刊 1921 年 11 月 1 日《申报》），长江文艺出版社 1993 年版，第 458 页。

式即只剩“出将入相”一途。军人在近代中国的兴起，似乎已成必然之势。费行简所说的“民国成立，军焰熏天”，便是时代的写照。那时有人曾与报人王新命谈选女婿的标准，要“三十岁以下，又成名又成业者，且非军人”。王回答说：“在科举已废的今天，三十岁以下能够成名成业的非军人，实不可多得。”① 这是典型的时代认知。

不过，将并非都能相，“出将入相”也终非正途。在革命已成近代中国的伴生物的时代，也就出现了像孙中山那样的职业革命家这一新的社群。王新命的话，其实也不无士大夫意识的残存。不论是有意还是无意，他显然忽略了近代从边缘走向中央的另一大社群——工商业者，特别是近代渐具独立身份认同的绅商②。不管读书人主观上是否有与这些新兴社群争夺社会权势的愿望，它们的兴起在客观上促进了读书人在中国社会中处于一种日益边缘化的境地。

“官不如绅”的现象在晚清已渐形成，咸同时办团练是一个“上进”的捷径，而团练是地方性的，只能由在籍的绅士办理。在教育方面，书院虽由地方官控制，但山长却必须由士绅担任。从社会层面言，后者所得是实利。到清季实行新政时，更常常是任用绅士多于任用官员。据冯友兰回忆，他的父亲清季在武昌为官时，就有朋友“劝他辞去湖北的官，回河南当绅，说绅比官更有前途”。这已成一种时代认知，所以“当时有不少的官，跑到日本去住几个月，回原籍就转为绅了”③。在科举制的废除之后，绅的地位更增，其中商人又是一个越来越重要的成分。

到民国时，商人地位的上升明显伴随着一种“思由其位”的强烈政治参与感。杨荫杭在20世纪20年代初观察到：“民国以来，官之声价低，而商之声价增。于是巧黠之官僚皆加‘办实业’之虚名，犹之前清买办皆捐‘候补道’之虚衔也。”这样就出现了一种他称为“商客”（相对于政客）的新群体，他说：“中国真正之商人，皆朴实厚重，守旧而不与外事。其周旋官场、长于奔走开会者，大率皆商客也。故商客有二种：一曰官僚式之商客，一曰流氓式之商客。”④

前者前清已有，即商人之捐候补道者，周旋于官场；民国后此类仍有之，并出现“自官而商”的新类型：“军阀官僚一朝失职，以刮地皮所得，放之破产政府，盘剥重利，尚不失为时髦之财阀。此类变相之官僚机器附属品，亦所谓商客也。”而“流氓式之商客，为民国特产，在前清无发展之余地。此其人本与商业无关，充极其量，不过有数纸股票。然开会时之口才优于真正之商人，选举之运动力强于真正之商人。凡商人举

---

① 沃秋仲子（费行简）：《民国十年官僚腐败史》，荣孟源、章伯锋主编《近代稗海》第8辑，四川人民出版社1987年版，第17页；王新命：《新闻圈里四十年》，台北海天出版社1957年版，第136页。

② 从社会史或社会学取向来研究职业革命家者，我尚未见到，其实也是大可开拓的领域。关于绅商，参见马敏《官商之间：社会剧变中的近代绅商》，天津人民出版社1995年版。

③ 冯友兰：《三松堂自序》，三联书店1984年版，第34页。

④ 本段与下段，参见杨荫杭《老圃遗文集》（原刊1921年9月27日《申报》），长江文艺出版社1993年版，第420~421页。

代表见官长，无一次不挺身而出。凡商人打电报有所陈述，无一次不列名”。这些人“形式非政客而精神为政客”，有时甚至“口骂政客而实行政客之行为”。

杨氏虽留学生，显然仍存传统士人的优越感，对商人“思出其位”这一新现象颇不满。但他敏锐地观察到这与当时新兴的社会行为方式甚而新的上升性社会变动取向相关：民国以来，“朝开会，暮开会；坛上之言，皆名言也，然从此而止，下坛后未尝有所行。朝打电，暮打电；电文之言，皆名言也，然从此而止，电报外未尝有所行”。这已渐成一种职业：“更有一种新人，吃一种新饭，谓之吃会饭。盖其人本无职业，专以开会为职业。其人非无伎能，但其毕生所有之伎能，尽用于开会。试举其特长，一曰能演说，声音嘹亮；二曰能拟电稿，文理条畅；三曰能算票数，若干人得若干张；四曰能广告，使大名出现于报章。”①

他进而分析说：“吃会饭者，分为二类：一曰官派，一曰民派。官派之吃会饭者，即议员也，今日不甚通行。通行者为民派。此其会名，虽千变万化，随时势为转移，然其会中人物，万变而不离其宗。”这些人“终日仆仆，可谓忙矣，然未尝成一事。仅为电报局推广营业，为报纸扩充篇幅”。故“开会之消磨人才，与科举等”；同样“集会结社之长，等于终南之捷径”。杨氏虽意在挖苦，却无意中触及了问题的实质：开会既然与科举类，则此“终南之捷径”即上升性社会变动的一种新途径，亦与科举等，正体现出社会的新变化。这大约是后来“开会文化”的滥觞，其社会功能在于既为电报局和报纸制造了就业机会，更确保了“吃会饭者”的存在与发展。

其中尤以商界地位的上升和商人参与意识的增强最为明显，故“民国以来，有两机关最忙：一曰电报局，二曰商会。遇有问题发生，此两机关几无不效劳者，殆药中之甘草欤?”以前商人见面，则说本行之事。如今则“身为商人，偏喜谈官场之事；身为洁白之商人，偏欲干预官场龌龊之事”。官吏之除授，“商人为之挽留、为之拒绝”；官职之设废，“商人出而建议、出而攻击”。与新社会行为伴随的是在此基础上产生出新价值观念：“昔人以市井为小人，今日以市井为圣人。圣之则拜之，拜之则效法之。于是举国上下，皆以市道行之。宣传者，广告也，市道也。商贾谓之广告，不商不贾而登广告，谓之宣传。”②

如果杨氏所说的宣传与广告的关系可确立，则商人的参与政治恰给民国政治行为打上了他们特殊的烙印。以政治兴趣为主的“商客”这一政商之间边缘小社群的出现是民国社会（以及政治）非常值得研究而尚乏关注的现象。开会发电报等新行为可以成为一些人社会地位上升的凭藉，尤其具有提示意义。从杨氏充满挖苦的口吻中不难看出科举制废除后原来与读书人关系最紧密的政治现在却成为一些商人的兴趣所在，且至少

---

① 本段与下段，参见杨荫杭《老圃遗文集》（原刊1922年2月26、28日《申报》），长江文艺出版社1993年版，第530、532～533页。

② 参见杨荫杭《老圃遗文集》（原刊1920年7月7日、1922年4月5日《申报》），长江文艺出版社1993年版，第49、564页。

部分为商人所盘踞；而逐渐开始退居社会边缘的读书人对此不仅感到不习惯，更甚不满意。

四民社会本是一个有机组合，士的消失与其他三民的难以维持其正业有相当程度的关联。商人与军人等传统边缘社群的兴起只是“正统衰落、异军突起”这一近代中国的显著特征在社会结构变迁之上的部分体现，与此同步的还可见一些居于各民之间的新边缘社群的出现。同时，伴随这些社会变迁的还有一个非常重要而迄今未得到足够重视的现象，即原有的政治、军事群体的社会组成及其行为都逐步呈现非常规化。比商人和军人的积极政治参与更加突破常轨的，是“游民”和“饥民”这类新边缘社群对政治军事的参与。

科举制刚废除时，刘大鹏已经注意到“世困民穷，四民均失其业”的现象，他也已提出“四民失业将欲天下治安，得乎？”的问题①。约二十年后，杨荫杭发现当时的情形已更严重：“有土而不能农，有巧而不能工，有货而不能商。”鲁迅在1907年已观察到“事权言议，悉归奔走干进之徒，或至愚屯之富人，否亦善垄断之市侩”。杨氏更发现“人民无事可为，于是乎多游民；人民生计断绝，于是乎多饥民。饥民流为盗贼，盗贼编为军人，军人兼为盗贼。游民流为地棍，地棍选为议员，议员兼为地棍”②。既存社会结构已解体，而新的社会结构尚未稳固确立，整个社会遂渐呈乱相。

与四民社会解体同步并且相关的城乡分离使社会情形更趋复杂。读书人既然留居城市而不像以前那样返乡，乡绅的社会来源遂逐渐改变。乡绅中读书人比例的降低意味着道义的约束日减，而出现所谓“土豪劣绅”的可能性转增，这是乡村社会秩序动荡的一个重要原因。刘大鹏在1926年注意到：“民国之绅士多系钻营奔竞之绅士，非是劣衿、土棍，即为败商、村蠹。而够绅士之资格者，各县皆寥寥无几。”③

一般而言，民初中国的土地兼并仍不算特别厉害。然而中国乡村本不怎么互通，经济剥削和社会压制在不同地区可能有很大差异。在“天高皇帝远”的边远（离县城远也是一种边远）地区，或出现非常规势力的地区（如大军阀的家乡），不讲规矩的土豪可能偏多，的确存在剥削或压制特重的事例。在这样的地区，农民在经济上和社会待遇上被逼向边缘者必众。

有些地方的民间社会自有其制衡约束的体制，如四川的袍哥便很起作用，故四川贫困地区的农民当兼职土匪（棒老二）的不少，参加红军的却不多。但在民间社会制衡不能起到有力作用时，那些地区反对既存秩序和既存体制的情绪必强，正所谓革命的温床。即杨荫杭看到的“不逞者乌合，即可揭神圣之旗”④。在这些地方，闹革命（革命

① 刘大鹏：《退想斋日记》，乔志强标注，山西人民出版社1990年版，第155、157页。

② 杨荫杭：《老圃遗文集》（原刊1925年9月25日《时报》），长江文艺出版社1993年版，第898页。

③ 刘大鹏：《退想斋日记》，乔志强标注，山西人民出版社1990年版，第336页。

④ 杨荫杭：《老圃遗文集》（原刊1925年9月25日《时报》），长江文艺出版社1993年版，第898页。

而曰“闹”，即甚有启发性）的主张实最有吸引力。与城市的新兴社群及新社会行为一样，乡村这些变化也是整体社会结构紊乱的后果。

最具诡论意味的是，科举制废除本使道治二统分离，学术独立的观念从清季起便颇有士人鼓吹，到民国更成为主流；但民国教育反而呈现出比以前更政治化的倾向：知识界议政不断，也不乏直接参政者（其中学生多于老师）。有些人或会将读书人在政治舞台的活跃看做学界地位的上升及政治参与意识的增强，其实读书人在政治活动中看似重要的影响，却是读书人在社会上日益边缘化后出现的一个特殊现象。

杨荫杭观察到：学界中“亦有‘客’焉，所办者曰‘学务’；而无事不提议，无电不列名。则其人固非教育家，不过‘学客’而已矣。为求学故入学。乃在求学时代，竟无一事不通晓，无一事不干预，则其人固非学生，不过‘学客’而已矣”。虽说国家兴亡，匹夫有责，不能说学界就不问国是，“然教育家之义务，在教育后进以救国；学生之义务，在学成人才以救国”。若“挂学校之招牌，而自成一阶级，自创一政派，则学殖荒矣。若更为政客所利用，东设一机关，西设一事务所，终日不读书，但指天划地，作政客之生涯，则斯文扫地矣”①。这里“自成一阶级”的“学客”，与“商客”一样思出其位而不务其本业。

杨氏注意到：那时的“学生自视极尊，谓可以不必学；且谓处此时世，亦无暇言学。于是教育与政治并为一谈，而学生流为政客”。故“他国学生出全力以求学问，尚恐不及。中国学生则纷心于政治，几无一事不劳学生向津”。问题是，“若人人以为不必学，而学校改为政社，浸假而人人轻视学校，不敢令子弟入学”，则造成“教育破产”，其惨“更甚于亡国”。他进而指出：“学风不良，不能专责学生，当责教职员。为教职员者，凡遇学生校外运动，或加以奖励，或不恤表同情，向当局请愿。此实奇异之举。以此辈司教育，势必反主为客，听学生之指挥。”②

“学习救国两不误”是民国内外交困的特殊语境下出现的口号，自有其时代意义。就是主张学生应专心读书的胡适在1921年也承认“在变态社会中，学生干政是不可免的”③。当时的教师也确有难处，倘不声援学生，似乎又缺乏“正义”。惟从社会视角看，“学生自视极尊”及教职员“反主为客”，甘愿“听学生之指挥”这样的“奇异之举”，正是民国知识分子边缘化后“老师跟着学生跑”的时代写照，也是科举制废除的一个重要社会后果④。

---

① 杨荫杭：《老圃遗文集》（原刊1921年9月29日《申报》），长江文艺出版社1993年版，第422页。

② 杨荫杭：《老圃遗文集》（原刊1920年12月20日、1923年2月3、6日《申报》），长江文艺出版社1993年版，第163、711、713页。

③ 参见罗志田《再造文明之梦——胡适传》，四川人民出版社1995年版，第254页。不过胡适反对“两不误”，他主张或者一心读书，或者完全去干政治。

④ 参见罗志田《失去重心的近代中国：清末民初思想权势社会权势的转移及其互动关系》，《清华汉学研究》第2辑。

可以看出，清季科举制的改废并非仅仅是个政治变革，它引起了非常广泛的社会变迁，造成了相当深远的社会影响。故社会史视角不仅有助于我们理解由此制度变革引发的各类直接间接后果，而且提示了一个考察近代中国更广阔的文化与政治演变进程的认识取径。杨荫杭以为："民国之事，败于营棍子老卒者半，败于土棍地痞者亦半。土棍地痞，不配言自治自决，犹之营棍子老卒，不配言国权威信。"① 他观察到的 20 世纪 20 年代中国总体社会景象是：各级当权者是政客军阀和土棍地痞，自不可恃；社会上具道德廉耻者多隐遁，老百姓又无心于国事，商人中有商客，读书人本已无用，且学人中复有学客。在这样的社会中，谁来解决中国的问题？社会失去重心之后，何者来填补？从社会群体的成分、所含人数以及参与意识等综合因素构成的社会竞争力来考察这方面的发展，或者还能得出更进一步的认识。

原载《中国社会科学》1998 年第 4 期

---

① 杨荫杭：《老圃遗文集》（原刊 1921 年 9 月 19 日《申报》），长江文艺出版社 1993 年版，第 414 页。

# 再论唐代秀才科的存废

刘海峰

科目的兴废是科举制研究中的重要问题，因为它不仅是考试制度本身的变动，而且往往反映出政府取士政策的调整和社会风尚的变化，甚至关系到一代文学与经术的矛盾互动。秀才科是唐代贡举六门常科中最早设立、历史最为悠久的科目，也是法定地位最为崇高的科目，又是最早退出历史舞台的科目。对其在唐代的行废时间，以往有不少中外学者做过探讨，笔者发表过《唐代秀才科存废与秀才名目的演变》① 一文（以下简称笔者前文），对一些论者关于秀才科并未停于高宗永徽二年（651 年）的观点进行过明确辩驳。《历史研究》1997 年第 5 期发表了余子侠先生《唐代秀才科考论》一文（以下简称《考论》），又一次提出秀才科存在的时间不止于永徽二年的说法。由于有关唐代秀才科和秀才名目的历史记载纷繁错杂，不将此问题弄个水落石出，有唐一代的一些相关文献和许多诗文便殊不可解。为此，本文拟进一步论证唐代秀才科停于永徽二年，此后无一真正的秀才及第者。

## 一

秀才科始于汉代，在南北朝隋代之间，曾为贡举科目之最。但绵延至唐初，已成强弩之末，制度规定虽还高于明经、进士，所取人数却寡，以至逐渐衰废。然而，由于初唐以前秀才科贵重难得，而后来进士科与原先的秀才科又具有继承替代关系，故盛唐以后人们喜用“秀才”一词来代指进士。这不仅带有一点称誉的意味，而且较具古雅的感觉。因此，唐人诗文多用秀才作为进士的美称和别称。《全唐文》载送某某秀才书序有近百篇，《全唐诗》中称某某秀才者更是随处可见，一般多指应进士科的举子或才之秀美者。宋代以后，风尚替革，“秀才”一词在人们心目中逐渐不再风光，甚至成为贬称，加上时代渐远，不少宋人对唐代秀才科存废与秀才名目的演变已不甚明了。到明清两代，府州县学的生员俗称为秀才，与唐代秀才的概念又有所不同。因此现代常有人闹

① 载《中国史研究》1990 年第 1 期。

不清楚初唐中秀才科与盛唐以后“秀才”的区别。遇到此类问题，每每要从头辨析一番。如韩愈元和十四年（819 年）所作的《潮州请置乡校牒》中说：

> 此州学废日久。进士明经，百十年间，不闻有业成贡于王庭、试于有司者。人吏目不识乡饮酒礼，耳未尝闻《鹿鸣》之歌。……尔赵德秀才：沈雅专静，颇通经，有文章，能知先王之道，论说且排异端而宗孔氏，可以为师矣。①

韩愈称赵德为秀才，但北宋时苏轼在《潮州韩文公庙堂碑》中却称赵德为进士。对此歧异问题，1992 年出版的《潮汕历史文化研究中心通讯》第 2、3 期还开辟了《关于赵德“学位”问题的探讨》专题，发表了香港学者张树人《赵德是进士，还是秀才?》、《赵德科名初探》以及陈历明《赵德“学位”问题一解》等文章加以讨论。仅此一例，已可见很有必要进一步弄清唐代秀才科与秀才名目的演变问题，以免人们遇到此类史料花费过多的精力从头去辨别。

唐代秀才科停于永徽二年本来已基本上形成定论，《考论》一文又将此问题重新提出来，这有利于将人们的认识引向深入。只是《考论》一文的考论有欠周详，秀才科存至唐德宗建中元年（780 年）之说漏洞不少，许多矛盾难以解决。

尽管各种史志有关唐代秀才科存废时间的记载并不相同，如《旧唐书·职官志》所言“其秀才，有唐以来无其人”，同书《刘祥道传》所言“国家富有四海，已四十年，百姓官僚，未有秀才之举”，以及《张昌龄传》载贞观中“本州欲以秀才举之，昌龄以时废此科已久，固辞”，与《文献通考》所载《唐登科记总目》不符；但有一点是一致的，即所有关于秀才科停绝时间下限的说法都没有超过永徽二年。笔者前文业已指出，《新唐书·选举志》和《文献通考·选举考》确言永徽二年始停秀才科当是根据唐人所撰《登科记》；《唐六典》、《通典》诸书所说“贞观后”则是言其大概时间，贞观二十三年（649 年）之后便是永徽元年（650 年），仅有秀才一人，第二年便停绝了。因此，各种史志所言“贞观后”与“永徽二年”停秀才科在时间上是一致的。记载唐代秀才科存废年代的史书以《唐六典》、《通典》最早，且假如秀才科存至建中元年，则《唐六典》诸多作者和杜佑便为那些“秀才及第”者的同时代人，因而以下我们首先着重分析、推敲《唐六典》、《通典》的记载。

奉旨于开元十年（722 年）开始修撰、成书于开元二十六年（一说为二十七年）的《唐六典》是研究唐前期科举的第一手资料。在修纂《唐六典》的这段时间内发生了中国科举史上一次重大的改革，即开元二十四年（736 年）由于主考官吏部考功员外郎李昂与进士科举子李权“矛盾失体”，引发了将科举主管权限改由礼部侍郎掌管，并于开元二十五年对明经、进士等科举考试内容作出改变。成书于开元二十六年的《唐六典》迅速地记录了这次改革，并反映出改革前后的不同变化，同时也留下了为反映

---

① 《韩昌黎文集校注》外集上卷。

科举职掌转移而匆忙调整内容的痕迹。《唐六典》卷二《尚书吏部》所载皆为改革前的科举制，卷四《尚书礼部》所载则反映了改革后的变化。如卷二说“明经各试所习业，文注精熟，辨明义理，然后为通”，卷四则说“明经先帖经，然后口试，并答策，取粗有文性者为通”。关于秀才科，《唐六典》卷二是这样记述的：

> 其秀才，试方略策五条，文理俱高者为上上，文高理平、理高文平者为上中，文理俱平为上下，文理粗通为中上，文劣理滞为不第（此条取人稍峻，自贞观后遂绝）。

而卷四中关于秀才科只是简略记载一句：

> 秀才（试方略策五条。此科取人稍峻，贞观已后遂绝。）

这就是说，《唐六典》卷二记载了原先存在过的秀才科举考试评判标准，但指出贞观后已停绝。而卷四对秀才科已无需详说，只是再次确言贞观后遂绝便足够了。这说明《唐六典》早期编撰者和最后修成者皆一致肯定贞观后秀才科已停绝。

《唐六典》是当朝权威职官典制，并具有一定的行政法典性质，常为人引为行事的典制依据。《唐六典》行用至中晚唐，其记载当时的制度应该说是相当准确可信的。《考论》一文说《唐六典》是由李林甫作注，因而言秀才科“自贞观后遂绝”始作俑者应为李林甫，似乎李林甫提出此说便可怀疑了。李林甫确是《唐六典》的领衔者，而张说、张九龄、徐坚、毋煚、余钦、韦述、陈善经、苑咸皆先后参与编撰。只要稍加翻阅《唐六典》，便可判明其书正文与注文是有机联系密不可分的，注文的总篇幅还要超过正文，因而注文不可能是李林甫一人所作，而其他人只是撰写正文。退一步说，即使上述两条注文是李林甫所作，也没有什么不可信的。《旧唐书》卷四三《职官志》便沿用了“此科取人稍峻，贞观已后遂绝”的说法。

以往持秀才科未停于永徽二年说者举出的几乎所有史料都是单个说某人“举秀才及第”，由此证明各种史志所述秀才科停废时间有误。其实，只要对这些史志论断与个别人“秀才”及第的史实认真加以对比思考，便会对这些人是否真正秀才登科产生疑问。以最为著名的“秀才”徐坚为例。按《唐会要》卷三六《修撰》所载，《唐六典》为中书令张九龄等撰成奏上，受到百僚称贺。无论是以李林甫还是以张九龄作为主编，张九龄在集贤书院都是实际主持过《唐六典》编撰的。他在《曲江集徐文公神道碑》中说徐坚“州辟秀才，其年登科”，却在其主编的《唐六典》中说秀才科已废。假如徐坚真是秀才及第，那么张九龄和其他作者是对同事徐坚大大的不尊重；对曾经参与《唐六典》编撰的徐坚本人而言，则是令人不可思议的自我否定，这于情于理皆难以说得通。实际情况只能是像《旧唐书·徐坚传》所言为举进士及第，《曲江集》不过是以秀才来称进士。《唐六典》卷二一：“丞掌判监事。凡六学生，每岁有业成上于监者，以其业与司业、祭酒试之。明经帖经，口试策经义。进士帖一中经，试杂文，策时务、征事。其明法、明书，算，亦各试所习业，登第者白祭酒，上于尚书礼部。”

再看《通典》。《通典》卷一五《选举》详细记载了唐德宗贞元以前科举和铨选制度的演变，关于秀才科的存废记载如下：

> 初，秀才科第最高，试方略策五条，有上上、上中、上下、中上凡四等。贞观中，有举而不第者，坐其州长，由是废绝。（开元二十四年以后，复有此举。其时进士渐难，而秀才本科无帖经及杂文之限，反易于进士。主司以其科废久，不欲收奖，应者多落之，三十年来无及第者。至天宝初，礼部侍郎韦陟始奏请有堪有此举者，令官长特荐，其常年举送者并停。）自是士族所趣向，惟明经、进士二科而已。

杜佑在此为我们勾画出了唐代秀才科的来龙去脉：科第最高的秀才科在贞观中因举而不第者坐其州长，随后废绝。到开元二十四年科举权限移归礼部掌管以后，复有举秀才者，但主司以其科久废，而秀才科名最高，实际上此时考试内容反易于已加上帖经和诗赋杂文的进士科，故“不欲收奖”，有意将应秀才科试者黜落，因而并无及第者。至天宝元年，礼部侍郎韦陟奏请正式停罢秀才科，有堪此举者令官长特荐，秀才科至此不仅在事实上，而且在法令制度上终结了。这段话只有“三十年来无及第者”不好理解，因为从开元二十四年（736年）至天宝元年（742年）仅7年。或有学者疑“三十年”有误，或有学者疑“十”字为衍字，而主张秀才科不停于永徽二年的台湾学者张荣芳先生则认为“三十年来”应是指开元二十四年至杜佑开始撰述《通典》的大历元年(766年)①，因而至大历时期秀才科仍在实行。

将“三十年来”释为到大历元年的30年，从逻辑上看并不通，因为随后一句话便转到“天宝初”，而且明言天宝初年以后已奏令停废常贡秀才科。即使如这些论者所说，“三十年来无及第者”是指到大历元年（766年）这一历史阶段，那么恰恰只能说明所谓刘太真“天宝中与兄太冲登秀才之科”② 肯定不是真正的秀才登科，而是两《唐书》本传及其他各种序铭所言的天宝十二、十三年进士及第；同时也证明独孤及《毗陵集》卷七一《唐故河南府法曹参军张公墓表》所云张从师“秀才高第”也绝非在开元二十四年以后秀才科及第，只可能是进士及第。《考论》认为此处张从师秀才高第的事例应予肯定，因为同表亦记载张从师祖父张损之由进士及第，可见作者对秀才、进士二者的区别是极为明晰的。实则不然，这只是为了避免行文单调重复而采用的互换用词，有例为证。《全唐文》卷四二〇常衮《叔父故礼部员外郎墓志铭》云：

---

① 张荣芳：《隋唐秀才科存废问题之检讨》，《食货月刊》复刊第10卷第12期，1981年3月。

② 《全唐文》卷五二八顾况《信州刺史刘府君集序》。

伯仲叔季，嗣世清德，鸿藻振古，休声动时。每至征贤良，举秀才，一门擅科，半于天下。既冠，进士擢第，其年拔萃登科，补益州新都尉。开元十年，举文藻宏丽。

徐松《登科记考》将常无名进士擢第时间系于景云三年（712 年），按《唐才子传》常无名还是状元及第。常衮说其家族“举秀才，一门擅科，半于天下”，紧接着又说常无名是进士及第，很明显这里的“举秀才”是指举进士，不过是为了使行文更为古雅且不单调而使用的互通词语。如果不是这样，仅常氏一族在开元以前便出了许多秀才，则《通典》所言“开元二十四年以后复有此举”、“主司以其科废久”，包括所谓武后秉政取士导向变化以致绝少秀才及第的说法便皆为无根之论了。因此，将杜佑所言“三十年来无及第者”解释为从开元二十四年至大历时期秀才科仍在实行是站不住脚的。

《通典》卷一五关于秀才科存废还有一条记载。在记述“举司课试之法”时，杜佑依次逐一介绍了明经、进士、明法、书、算五科的考试内容和评审等第标准，接着说：

按令文，科第秀才与明经同为四等，进士与明法同为二等。然秀才之科久废。而明经虽有甲乙丙丁四科，进士有甲乙科，自武德以来，明经惟有丁第，进士惟乙科而已。

由此可见，杜佑是非常明确其时秀才科已不存在，因此也无从介绍其考试内容和评判标准。史载杜佑“性嗜学，该涉古”，“性勤而无倦，虽位极将相，手不释卷；质明视事，接对宾客，夜则灯下读书，孜孜不怠。与宾客谈论，人惮其辩而伏其博，设有疑误，亦能质正。”《通典》一书于贞元间修成后“大传于时，礼乐刑政之源，千载如指诸掌，大为士君子所称”①。很难想象博闻强学、深明历代制度沿革的杜佑会不知道曾作《初学记》等书之徐坚，曾于贞元四年、五年知贡举的礼部侍郎刘太真等人是“秀才及第”，会不知道笔者前文提及的李文素等许多同时代人是“举秀才及第”，却在《通典》中一再说“秀才之科久废”。因此，秀才科未停于永徽二年说有许多无法解决的疑问。

## 二

才之秀美者为秀才，将进而用之士为进士，“周云进士，汉曰秀才，在今日之区分，非曩时之名数”②。在隋炀帝至初唐之间，秀才科与进士科并存，前者地位高于后者，二者区分较为明显，因而乡贡进士若至省试时改求试秀才，不会得到允许。在此情

① 《旧唐书》卷一四七《杜佑传》。

② 《文苑英华》卷五一四《判》一二《乡贡进士判》。

况下，秀才与进士的分野不容混淆。但在永徽二年秀才科名存实亡之后，情况逐渐起了变化。随着进士科也考一道方略策和考试难度的加大，进士科实际上取代包容了以往的秀才科，至盛唐时已有一些人用“秀才”一词来代称进士。中唐以后，更是将秀才与进士二词互通为用，甚至有时还将“进士”用来反指初唐以前的秀才，如《全唐文》卷七六七陈黯《送王启序》云：“进士科由汉迄唐，为擢贤之首也。”意思便是进士科与过去的秀才科一脉相承，二科是一码事。《唐会要》卷七五《帖经条例》载开元二十五年敕文也说：“今之明经进士，则古之孝廉秀才。”当“秀才”一词的内涵已发生演变以后，若再望文生义认定凡直言“举秀才及第”便是秀才科存在的依据，则有如刻舟以求剑。为此，徐松在《登科记考》凡例中提醒人们：“唐之秀才罢于永徽，孝廉科停于建中。中叶以还，则以秀才为进士之解，孝廉为明经之号。凡斯之类，不可以文害意。”

只有当秀才与进士二科不并存且过了相当长一段时间之后，“秀才”与“进士”二词互用才不会导致语义混乱。如果建中以前还并存着秀才与进士科，那么二者就存在着明确的界限，人们就决不会经常使用秀才来通称进士，以免产生误解。明白了这一点，实际上我们只要能证明有一位永徽二年以后“秀才登科”者就是进士及第者，永徽二年秀才科未停说的整个根基便会发生动摇。《文苑英华》卷七〇二和《全唐文》卷五二八所录顾况《信州刺史刘府君集序》说刘太真“天宝中与兄太冲登秀才之科”；然而不仅两《唐书》本传说刘太真“举高第进士”，而且徐松《登科记考》依据各种史料也将刘太真定为天宝十三载进士。这是一位连主张永徽二年未停论者自己都感到信心不足的“秀才登科”者。我们再举一位鼎鼎有名的文学家刘禹锡为例。刘禹锡曾自称“及冠，举秀才，一幸而中说”①，又曾说“禹锡贞元九年擢进士第”②。如果秀才科存至建中元年，在停罢不久的时间内，社会上还生活着像郑楚相这样“擢秀才第”的一些人物，刘禹锡是进士及第却大言不惭地自称“举秀才”中第岂非欺世盗名？如果刘禹锡真是秀才科中第却又说自己是进士，岂非自降身价？权德舆也曾作《送刘秀才登科后侍从赴东京觐省序》，指的便是刘禹锡进士登科，《旧唐书》本传及其他许多史料皆明确记载刘禹锡为进士及第，可见刘禹锡不过是以“举秀才”来代指举进士。这也间接证明了郑楚相不会是秀才科及第，代宗大历末或德宗贞元初也不会存在秀才科。在秀才与进士二科并存的情况下，两个科名显然不能互相替代使用。根据这一浅显的道理，我们可以推理：无论在已举出的十余个人物之外再找出几个玄宗至德宗朝的“秀才及第”者，也只能将其判定为进士及第者。

代宗朝洋州刺史赵匡曾对当时的科举与铨选制度提出过许多批评和改革建议。《通典》卷一七《选举》五载有赵匡《举选议》，他所草拟的“举人条例”在一一开列了他设想改革后的明经、明法，进士科的考试内容和方法之后，又构想出一些新的科目：

---

① 《刘禹锡集》卷二〇《刘氏集略说》。

② 《刘禹锡集》卷三九《子刘子自传》。

一、有通《礼记》、《尚书》、《论语》、《孝经》之外，更通《道德》诸经，通元经、《孟子》、《荀卿子》、《吕氏春秋》、《管子》、《墨子》、《韩子》，谓之茂才举。达观之士，既知经学，兼有诸子之学，取其所长，舍其偏滞，则于理道无不该矣。试策，征问诸书义理并时务共二十节，仍与之言论，观其通塞。

一、其有学兼经史、达于政体，策略深致，其词典雅者，谓之秀才举。经通四经，或三礼，或三家《春秋》，兼通三史以上，即当其目。其试策，经问圣人旨趣，史问成败得失，并时务策共二十节，仍与之谈论，以究其能。

一、学倍秀才，而词策同之，谈论贯通、究识成败，谓之宏才举。以前三科其策当词高理备，不可同于进士。其所征问，每十节通八以上为策。

此外，赵匡还列出了他所构想的"《春秋》举"、"一史举"的内容。从赵匡所拟《举人条例》也可推知大历时并不存在秀才科，因为该条例并不像《唐六典》及杜佑所述唐代常科那样以科等高低依次叙述秀才、明经、进士和明法，而是先谈明经、明法、进士等科；且谈改革诸科考试内容和方法时，也是讲明经"诸试帖一切请停，唯令策试义及口问"，"明法举亦请不帖，但策问义并口问，准经业科"，"进士习业亦请令习《礼记》"。这种叙述方式一看便知是对当时正在实行的明经、明法、进士科考试的改革建议，与上引"茂才举"、"秀才举"、"宏才举"的叙述方法明显不同。赵匡重新设想出"秀才举"及其考试内容和方法，间接证明了当时并未施行秀才科。

关于代宗时"《五经》秀才科"的性质问题，笔者前文已指出并非我们所讨论的真正的秀才科，按其性质基本上应归属明经科。以下再作辨析。《通典》卷一五载：

宝应二年六月，礼部侍郎杨绾奏："诸州每岁贡人，依乡举里选，察秀才、孝廉。"敕旨："州县每岁察孝廉，取在乡闾有孝悌廉耻之行荐焉。委有司以礼待之，试其所通之学，《五经》之内，精通一经，兼能对策，达于理体者，并量行业授官。其明经、进士、道举并停。"旋复故矣。

《通典》此条记载为当时人记当时事，可信度很高。按《旧唐书》卷一一九《杨绾传》载有《条奏贡举疏》全文，据此可知，当时"幼而能学，皆诵当代之诗；长而博文，不越诸家之集。递相党与，用致虚声，《六经》则未尝开卷，《三史》则皆同挂壁"。杨绾主要是针对这种重文轻儒的风气和投牒自举"露才扬己"的办法提出批评，并"请依古制，县令察孝廉"①，同时停明经、进士、道举。围绕杨绾的奏疏，尚书左、右丞，诸司侍郎，御史大夫、中丞、给事中、中书舍人等官员受命展开讨论。给事中李廙、李栖筠，尚书左丞贾至，京兆尹兼御史大夫严武等人赞同杨绾的建请。宰臣等奏以举人旧

---

① 《唐会要》卷七六《孝廉举》为："请每岁举人，依乡里选察秀才孝廉。

业已成，难以速改，请当年举人且许依旧，来年即依新格。随后敕令停罢明经进士科。《唐会要》卷七六《孝廉举》载此敕文也与《通典》类似："每州每岁察孝廉，取在乡闾有孝弟廉耻之行荐焉。"并敕礼部具条目以闻，《册府元龟》卷六四〇《贡举部·条制》二、《新唐书》卷四四《选举志》上、《旧唐书·杨绾传》所载略同。这就是说，杨绾奏请恢复察举古制孝廉、秀才二科，但朝廷敕文并未完全依照杨绾的建议，只下令察孝廉，却不包括秀才科。《旧唐书》卷二四《礼仪志》虽说到"敕令州县每岁察秀才孝廉"，却又说"后议竟不行"，似乎连察孝廉也未恢复，与诸书皆异。该年七月，改元广德。七月二十六日，杨绾依敕奏上《贡举条目》，分别拟出了"孝廉举人"、"秀才举人"、"国子监举人"、"明法举人"、"孝弟力田"的办法条目，其中"秀才举人"的考试内容为"望令精通《五经》，问义二十条，对策五道。全通者为上第，上第者送名中书门下，请超与处分。问义十条通七、策通四为中第，中第者送吏部与官。下者罢之。"① 疏入，代宗以废进士科问翰林学士，翰林学士认为"进士行来已久，遽废之恐失人业"，于是下令孝廉与进士、明经旧举兼行。《资治通鉴》卷二二二说"事虽不行，议者识之"。至建中元年（780 年）六月九日，又敕停孝廉科。

宝应二年围绕进士、明经科存废所展开的争论是中国 1300 年科举史上有关科举存废利弊的第一次大论战，也是唐代选举中经术与文学之争的一次重大事件②。它是在经学相当衰微、文学日渐繁盛的背景下发生的，杨绾提出改制的目的意在振兴经术、改变重文轻儒的状况和投刺干谒的风气，因此建议废止只善杂文和填帖的进士、明经科，设置精通经学的孝廉和秀才科。实际上，孝廉科只实行了 17 年，秀才科则未能恢复。不过，《资治通鉴》卷二二二《唐纪》三八却载：代宗广德元年六月，杨绾《条奏贡举疏》，朝廷敕礼部具条目以闻以后，"绾又请置《五经》秀才科"。这与七月改元广德以后"杨绾上《贡举条目》：秀才问经义二十条，对策五道"看来是相关而又分开的两件事。这是值得注意的一条记载，因为冯伉"登《五经》秀才科"也可能是杨绾于该年六月《条奏贡举疏》之后单独奏请设置的新科目，与七月《贡举条目》所设想的"秀才举人"不一定完全相同。当然，从《新唐书》卷一四六《李栖筠传》所载杨绾"以进士不乡举，但试辞赋浮文，非取士之实，请置《五经》秀才科"以及《贡举条目》中"秀才举人"考试内容重视《五经》史料看来，《五经》秀才科也可能便是《贡举条目》中所构想的新科目。

即使冯伉所考中的《五经》秀才科内容便是《贡举条目》中所列的"秀才举人"考试内容，无论其名与实皆与我们所讨论的秀才科不同。因为"秀才举人"首先要求精通《五经》，其次才是对策，侧重点已在经学，非过去只试方略策的秀才科。记载《五经》秀才科曾实际存在的惟一证据是《旧唐书》卷一八九下《冯伉传》，传文说其"少有经学。大历初，登《五经》秀才科，授秘书郎"。可见冯伉也是因为"有经学"

① 《唐会要》卷七六《孝廉举》。

② 刘海峰：《唐代教育与选举制度综论》，台湾文津出版社 1991 年版，第 180～182 页。

才能登《五经》秀才科的。惟其如此，《玉海》卷一一五才将冯伉隶名于明经中的《五经》之下，《新唐书·冯伉传》才会省去“秀才”二字而说其“第《五经》”，并于《选举志》中说秀才科停于永徽二年。徐松《登科记考》卷一〇则将冯伉划定为大历二年明经科及第者，并说“按《五经》秀才，即《五经》登第也”。

至于说杨绾重视经学，为何非要停废明经科设立《五经》秀才科不可，其原因在于“明经比试帖经，殊非古义，皆诵帖括，冀图侥幸”①，为了改变明经举子以帖字为精通而不穷经学旨义的状况，杨绾建议设立要求切实精通经学而有德行的孝廉和《五经》秀才科。此《五经》秀才科已非真正的秀才科，不仅内容而且名称也与秀才科不一样。这就像经历唐代明经与进士科的对立、北宋中叶科举取士中的经术与文学之争以后，到元祐四年（1088 年）分立了经义进士与诗赋进士两科。这种科目的分化组合最后在元代形成了“专立德行明经科”② 的结局。此“德行明经科”吞并包容了以往许多科目的考试内容。而殿试录取者的科名还称进士，因此元代以后人们仍习惯称之进士科，却很少用“德行明经科”这一正式的科目名称。在漫长的科举史上，各种科目分合兴衰，考试内容很少有完全不关联者，我们只能依据某个科目的主要内容及其名称来判断其类别或归属。从与唐代秀才科及明经科的比较来看，冯伉所中的《五经》秀才科至多只能算是明经科与秀才科的结合，而从性质上划分，理所当然应归属明经科。因此，冯伉并非秀才科及第者，这是从宋代至清代专论唐代科举的学者都十分明确的。对于唐代秀才科的存废，唐人仅笼统地说“贞观已后废绝”，“此科久废”。到了宋代，当史家为一代制度作总结时，便能依据唐人的《登科记》明确给秀才科的停废时间下一个断限。《新唐书·选举志》所述唐前期科举和铨选制度中大量吸收了《通典·选举典》的材料，但却断言“高宗永徽二年，始停秀才科”。欧阳修、宋祁在同书《徐坚传》中将《旧唐书·徐坚传》的“进士举”改为“举秀才”，在《韩思复传》中又说其“举秀才高第”，却在《选举志》中下了永徽二年停秀才科的断语，说明他们很明白徐坚等人只是进士，并有充分的根据来作此论断。其依据应该是《新唐书》卷五八《艺文志》所录的“崔氏《唐显庆登科记》五卷、姚康《科第录》一六卷、李奕《唐登科记》二卷”，其中有可能主要是参考姚康《科第录》。

姚康于元和十五年（820 年）登进士第，敬宗宝历元年（825 年）为京兆府司录。《玉海》卷一一五《选举》载其长庆二年（822 年）所作的《科第录》序说：“自武德已来，登科名氏编纪凡十余家，皆不备具。康录武德至长庆二年，列为十一卷。”据此，则其书所载登科人名至长庆二年为止。《玉海》又注云：“自三年毕天祐丙寅，续为五卷，合十六卷。”可见自长庆三年至唐末天祐三年（906 年）的五卷为后人所补。《崇文总目》也载此书，仍作十卷，因此姚康《科第录》在北宋还不止《新唐书》作者能够看到。该《科第录》较为完整，尤其可贵的是绝非删去俊士、秀才的科第录。

① 《旧唐书》卷一一九《杨绾传》。

② 《元史》卷八一《选举志》。

据洪适《盘洲文集》卷三四《重编唐登科记序》说：洪皓于南宋初出使金国，在云中、燕都等地居留十多年后，回南宋时曾带来在北地获得的姚康书的前五卷，所载为唐高祖、太宗两朝进士、秀才两科①。《新唐书》正是依据这种载有秀才及第者的原始材料，才敢首次作出“高宗永徽二年始停秀才科”的明确论断。

《唐摭言》卷一《述进士上篇》云：“永徽已前，俊、秀二科犹与进士并列；咸亨以后，凡由文学一举于有司者，竞集于进士矣。由是赵傪等尝删去俊、秀，故目之曰《进士登科记》。”赵傪于贞元三年（787年）进士及第，曾任监察御史里行，并为崔氏《显庆登科记》作过序。他在前人《登科记》的基础上“删去俊、秀”，编纂《进士登科记》，恰恰说明永徽以前犹有秀才及第者，而后来已无秀才及第者。在“竞集于进士”科的情况下，至贞元时所编登科记中唐初秀才人数寥寥可数，因此他才索性删去为数不多的俊士、秀才，改编为单一的《进士登科记》。如果永徽以后还有韩思复、徐坚、刘太真、刘太冲这些重要人物以及其他不少知名或现已失名的秀才及第者，赵傪就不至于将秀才删去，尤其是不会将刘太真删去。南宋吴曾《能改斋漫录》卷四《辨误》“林藻欧阳詹相继登第”条说：

> 予家有唐赵傪撰《唐登科记》。尝考之，德宗贞元七年，是年辛未，刑部杜黄裳知贡举，所取三十人。尹枢为首，林藻第十一人。是榜其后为宰相者四人：令狐楚、窦楚、皇甫镈、萧俛。赋题《珠还合浦》，诗题《青云干吕》。次举贞元八年，是岁壬申，兵部侍郎陆贽知贡举，所取二十三人。贾棱为首，欧阳詹第三人。

与唐代多数《登科记》一样，赵傪所改编的《登科记》不仅载有及第者姓名和次序，而且还载有知举者姓名和试诗赋题目。按《因话录》所载，赵傪自己是贞元三年及第进士，按《唐语林》和《旧唐书》本传所载，刘太真于贞元四年、五年知贡举，如果刘太真于天宝中秀才及第，赵傪在贞元中编《登科记》，怎么会将刘太真这么一位新近知贡举的重要人物的登科记录删去？对此，惟一合理的解释便是刘太真与徐坚等人一样并非秀才科及第而是进士科及第。

宋代知识界还能看到多种唐人《登科记》。南宋时，虽然北宋人乐史编定的《登科记》四十卷已亡佚，但据王应麟《玉海》卷一一五《选举·科举》二《唐进士举〈科目记·科第录〉》所云，姚康《科第录》、李奕《唐登科记》、崔氏《登科记》及续篇并未亡佚。“绍兴三十年一月，洪适重编《唐登科记》为十五卷，一以姚氏为正，天宝后则以三本合为一。”《玉海》同卷《唐乡贡·礼部选士》在叙述“开元二十四年考功郎李昂为举人诋诃”时，特别在“李昂”后注云“《登科记》作昴”，可见王应麟手头放有唐《登科记》。不论该《登科记》是唐人崔氏《登科记》、李奕《登科记》等或是宋人洪适重编《唐登科记》，对南宋人及今人研究唐代科举制度来说都弥足珍贵。这类

① 参阅傅璇琮《关于唐代登科记的考索》，《历史研究》1984年第3期。

《登科录》当朝人不可能编纂完整，只有待前一朝代科榜结束之后，才能将之补全或续完。唐宋时编纂的各种唐代《登科录》对南宋人和今人皆是宝贵的第一手资料。

《玉海》卷一一五《唐六科、二科、九科、四科（三科）》中，在引述《唐六典》“此科取人稍峻”、《通典》有关秀才科存废的论述以及刘祥道“四十年未有秀才之举”等史料之后，注云：

> 按《登科记》，永徽元年，犹有秀才刘鋆一人，二年始停秀才举。《唐史》：韩思复、徐坚举秀才及第，与《六典》、《通典》不同。棣州刺史崔枢欲举任敬臣秀才，自以其学未广，遯去。州欲举张昌龄秀才，以科废久，固辞，更举进士。

王应麟在此将有关唐代秀才科存废的重要史料皆罗列在一起，这是清代以前考辨唐代秀才科存废问题最为集中的历史记载。永徽元年秀才及第一名、二年“始停秀才举”与《文献通考》卷二九《选举考》二所录《唐登科总目》的记载完全相符。《唐登科记总目》记有历科进士和除明经以外的诸科人数，其可信程度甚高，因此被徐松《登科记考》作为该书的纲目。该总目不仅记载进士，而且载有秀才及其他诸科人数，因而绝非赵傪“删去俊秀”的《登科记》总目，而应该是洪适所编《唐登科记》的总目。该总目所记唐代秀才人数仅 29 名。王应麟据以考订唐代科举史实的《登科记》不仅载有各科及第人数，而且详细完整地载明各榜进士、秀才诸科及第人名及知举官人名。从他据以考订李昂［昴］姓名的情况来看，该《登科记》起码记载至玄宗朝的科榜。他按该《登科记》也断言永徽二年始停秀才举，并指出“永徽元年，犹有秀才刘鋆一人”，这就是说该《登科记》所载秀才只到永徽元年刘鋆为止。假如韩思复、徐坚果真是秀才科及第，那么在《登科记》中一目了然，王应麟根本就不会说“《唐史》韩思复、徐坚举秀才及第，与《六典》、《通典》不同”。只是王应麟并不很了解唐代秀才名目的演变情况，故感到有点困惑。徐松《登科记考》卷二在永徽二年条引述《玉海》这条史料后说：“按《新书·韩思复传》：‘举秀才高第。’思复在永徽后，所谓秀才者，即进士科也。”王应麟根据《登科记》所言“永徽元年犹有秀才刘鋆一人”中的“犹”字，是特别值得我们重视的一个关键字眼，设若刘鋆并非唐代《登科记》中载明的最后一名秀才，王应麟是决不会使用这一个“犹”字的。因此，笔者才认为《玉海》所引《登科记》这条材料，足以构成永徽二年后无秀才及第者这一论点的铁证。考论至此，唐代秀才科停于永徽二年的论断可以确立。

## 三

唐代秀才科停于永徽二年的史实既明，则将秀才科停废归因于武后秉政的政治斗争的说法即为凿空之论。不过，这里还是应该指出，所谓“唯恐遭致朋党之议”的解释源于对李安期奏言的错误理解；主张永徽二年未停论的学者认为，高宗至武后专权时州长不敢轻举秀才是为了免受外界朋党之议，并引《新唐书》卷一〇二《李百药传》附《李安期传》为证①。实际上，该传所载李安期回答高宗责备侍臣不进贤时所说“比见公卿有所荐进，皆劾为朋党，滞抑者未申，而主荐者已訾，所以人思苟免，竞为缄默，以避嚣谤”这段话，并非指常科贡举，而是指荐举官员。唐代秀才科举主要取决于考试，且秀才起家上上第不过正八品上，录取人数又十分稀少，永徽元年以前平均每年仅1人。能够形成朋党的往往是荐举中高层官员，或者像中唐时地位崇高的制科。即使是永徽以后被推重为“白衣公卿”、“一品白衫”的进士，在唐前期也很少有形成朋党的记载。

永徽二年以后秀才科停绝、“秀才合为进士一科”② 的原因，并不在于防范朋党之争，而是由于秀才科自身的考试内容和举送办法以及科目之间的消长分合演进的结果。

“进士科与俊、秀同源异派，所试皆答策而已。”③ 不过，进士所试为时务策，秀才所试为方略策。关于唐代秀才科考方略策五条的具体方法，由于文献记载不全，因而现在已难确知其详。顾名思义，方略策应该是指有关治国方略的对策，或者是提出经世安邦的策略主张。秀才科是唐代常科中继承性最明显的科目，因此我们从魏晋南北朝策试秀才的史料中可以约略推知唐代秀才科考试的大体情形。《文选》所载王融、任昉策秀才文，《晋书·华谭传》所载晋武帝亲策秀才和华谭对策文，《晋书·纪瞻传》所载陆机策秀才问目和纪瞻的对策，都属于方略策一类。如晋武帝问华谭的五道策题，一问如何消除边患、混清六合，二问如何对待吴蜀新附臣民，三问天下统一是否弭兵偃武，四问海内太平是否损益律令，五问如何搜求贤才，都是要求陈述对国家大政方略的计策。华谭对策引古论今，纵横捭阖，头头是道，为众所推服。唐代秀才所试方略策内容应该大体与此类似。

唐代秀才方略策的评定标准包含“文”与“理”两个方面，“文理俱高”为上上策。这与当时文官铨选试判标准“文理优长”有点类似，所不同的是判文的“理”是指符合律令礼制的道理，而秀才策文所要求的“理”是指对策符合治理国家、解决政治经济或军事等方面的道理。秀才对策中“文”方面也要求文辞优美。与孝廉明经科相比较，秀才科的特色是注重文才。《北齐书·马敬德传》说“举秀才例取文士，州将以其纯儒，无意推荐”，说明北齐秀才中第标准在于文章。隋代秀才科考试，主试者还可临时决定加试杂文，如杨素考杜正玄、苏威考杜正藏，要他们在对方略策外加试赋、论、颂、箴、铭等各种文体，比以前更加注重文学方面的水平。到了唐代，则明确规定秀才策文要文理并重。由于秀才科地位崇高，所试方略策要求甚严，导致“取人稍峻”，及第的机会过少。武德五年（622年）至永徽元年（650年）之间通常每科仅取

---

① 张荣芳：《隋唐秀才科存废问题之检讨》。

② 苏鹗：《苏氏演义》卷上。

③ 《唐摭言》卷一《试杂文》。

1 人，至多不过 3 人，有时甚至不取 1 人。29 年间，平均每年 1 人。成功的希望太小，使得应秀才科者日渐稀少，封演《封氏闻见记》卷三《贡举》说是“举人惮于方略之科，为秀才者殆绝”。《唐语林》卷八所言亦同。趋易避难是人们的普遍心理，除非是前程、收获不一样，有才干者才会选择较艰难而前程远大者，放弃较轻易而发展前景有限者，如盛唐以后进士科与明经科之间的升沉消长是也。但是如果过于困难以至于希望渺茫，人们必然会惮而远之。像武德、贞观间每科通常仅取秀才一人，甚至全部落下，形势严峻到如此地步，必会使应举者放弃报考秀才科的努力，改道去应其时每年平均录取 8.5 人①的进士科和每科可录取数十人的明经科。《唐六典》一再指出“此科取人稍峻”，“贞观已后遂绝”。及第难度太大，使人不抱希望是秀才科逐渐衰废的根本原因。与此相关联的另一因素便是《通典》所说的“贞观中有举而不第者，坐其州长，由是废绝”。关于贡举非其人为何于其他科目无碍，独秀才一科受挫的原因，笔者前文已有较详细的分析。这里所要讨论的是，贞观间是否实行过法律所规定的“贡举非其人”而“坐其州长”的处罚？《唐律疏议》卷九《职制》上《贡举非其人》条云：“诸贡举非其人及应贡举而不贡举者，一人徒一人，二人加一等，罪止徒三年。”疏议云：

> 岁贡举人，取方正清循，名行相副，若德行无闻，妄相推荐，或才堪利用，蔽而不举者，依律。至贡举之人，依令课试有数，若其官司考不以实，减贡举非其人罪一等。

“非其人”主要是指德行方面有严重缺失而妄加推荐，如果只是才学方面未能符合要求，处罚则会轻得多。当然，法令上有此规定并不见得总是被不折不扣地执行，但这不等于就都不可能真正严格实行“举而不第坐其州长”的规定。唐代便有贞观十八年举孝廉茂才异能之士举而不第坐及州长的事例②。变动性、多样性是唐代科举制度的明显特点，其表现之一是科场条规灵活机动，一些规定尚不够硬性和严格，一些主考官可以求新求变，具有较大的主动权③。但在贡举秀才“非其人”的情况下，偶尔依照法律条文以惩效尤是完全可能的。由于秀才科所定的德行和才学标准太高，又有州长贡举秀才不当而受连累的前车之鉴，遂使得应举者和热心推举者日渐衰少，乃至永徽二年以后秀才有科无举，名存实亡。开元二十四年以后科举归礼部，在科场改革有大动作的条件下，复有贡举秀才者。此时的进士科早已加试帖经和诗赋杂文，难度、声望和录取人数已今非昔比，而秀才科反易于进士，在主司“不欲收奖，应者多落之”的情况下，终于在天宝元年从法令制度上最后宣告废绝。

秀才科虽然在贞观后已淡出唐代科场，但在相当程度上，则是被进士科所取代包容

① 据《文献通考》卷二九《选举考》二《举士》所载《唐登科记总目》统计。

② 《册府元龟》卷六四三《贡举部·考试》一。

③ 刘海峰：《科举考试的教育视角》，湖北教育出版社 1996 年版，第 47 页。

了，或者说完成历史使命的秀才科已融入生气勃勃的新兴科目进士科。所谓“秀才合为进士一科”，不仅指从前秀才选取文士的作用已为进士科所拥有，而且从考试内容来看，秀才与进士也真是合科了。封演《封氏闻见记》卷三《贡举》在谈到天宝后进士科考试内容时说：“策问五道，旧例：三道为时务策，一道为方略，一道为征事。近者，方略之中，或有异同，大抵非精博通赡之才，难以应乎兹选矣。”《唐语林》卷八所载略同，惟“精博通赡之才”作“精究博赡之才”。所谓“旧例”，应指天宝以前相当长的一段时间已凝定的成例。进士五道策问中，还包含了一道方略策，更表明进士科与早先秀才科的继承关系。因而前引《唐会要》卷七五所载开元二十五年敕文才有“今之明经进士，则古之孝廉秀才”的说法。李慈铭《越缦堂日记》第二十七册亦云：“六朝人试孝廉用经术，同于唐之明经；试秀才用词赋，同于唐之进士”。秀才科虽于唐代退出了历史舞台，但其选才使命却由进士科所接力传承了。至于中国明太祖时曾采取荐举之法举秀才数十人，那只能看做秀才科的隔世余响。

最后顺带指出，中唐以后虽秀才为进士之别名美称，但只有以“举秀才”及“秀才”来指代未及第的进士，却无以“前秀才”来指代已及第的“前进士”这一固定称呼。在唐代诗文成百上千处提及秀才的事例中，笔者尚未见到一例“前秀才”的用法。另外，随着时间的推移，秀才逐渐泛指应试的举子或一般读书人，雅称的意味逐渐消退，甚至朝相反的方向演变，至南宋时有时已被视为贬称。《容斋三笔》卷二《秀才之名》云：“秀才之名，自宋、魏以后，实为贡举科目之最，而今人恬于习玩，每闻以称之，辄指为轻己。”至明清两代，俗称经过科举院试府试进入府州县学的生员为秀才，则与唐宋时期秀才的概念有所不同。无论如何，唐代秀才科的存废及秀才名目的演变与后来科举科目的兴废及“秀才”一词的含义皆有密切的内在关系。

原载《历史研究》1999 年第 1 期

# 清代前期科举取士的兴废之争

王戎笙

科举取士制度，以它顽强的生命力在中国延续了一千多年，并传播到国外产生了重大影响。在这一千多年间，制度本身在不断地完善和成熟，而它选拔人才的社会功能，逐渐受到人们的怀疑。入清以后怀疑者越来越多，批评也越来越尖锐。科举作为一种取士制度，确实向消极方面转化，甚至由鼎盛走向腐败和衰落。在这一千多年间的发展过程中，科举制度受到来自各方面的赞美或贬抑，也曾几度发生兴废之争，甚至有几度废止和恢复的举措。明清五百年间，是科举制度从鼎盛走向衰落的时期。兴废之争和兴废之举，也都一再发生。

清代后期，西学东渐，列强入侵，求富图强，需才孔亟，科举取士制度完全不能满足新时代对人才的需要。更由于它弊端丛生，腐败日甚，到清末遭到朝野一致唾弃，甚至一大批在漫漫科举路上即将攀上顶峰的幸运儿们也群起发出停办科举的呼声，终于由政府明令宣布废止科举。本文所要探讨的，是清代前期，即从顺治到道光年间，朝野上下对科举取士制度的利弊之议和兴废之争。

## 一　思想家笔下的科举

科举是否能够选拔出真正的人才，这是科举取士制度利弊之争的核心。誉之者举出一批有所作为的官员和士林名流，以证明科举确能选拔真才。但也有相反的意见，认为科举不能选拔真正人才。这个观点很早就有人提出过了。如叶适就明确地说："用科举之常法，不足以得天下之才，其偶然得之者幸也。"① 他还十分感慨地说："科举之患极矣。"② 不过在宋代及其以前，对科举制度提出这样严厉批评的并不多见。

明朝开国皇帝朱元璋，对科举取士的作用有过大幅度的摇摆，从"文臣皆由科举而进"走到诏令停止科举改为察举，后发现察举弊端比科举更多，在停罢科举十年之

① 叶适：《水心集》卷三《制科》。

② 叶适：《水心别集》卷三《士学》下。

后又恢复了科举。绕了一个圈子回到原地之后，更加相信科举取士是最佳选举。在他的主导之下，科举取士更加强化了，各项条规章程更加制度化，更具生命力。到了明朝末年，天灾频繁，民不聊生，吏治腐败，军无斗志，忧患重重而人才寥寥。文武大臣面对一大堆难题竟一筹莫展，对科举取士的谴责，又空前高涨起来。代表性的人物，是几位著名的思想家。

顾炎武认为科举不能选拔人才："国家之所以设生员者何哉？盖以收天下之才俊子弟，养之于庠序之中，使之成德达材，明先王之道，通当世之务，出为公卿大夫，与天子分猷共治者也。今则不然，合天下之生员，县以三百计，不下五十万人，而所以教之者，仅场屋之文。然求其成文者，数十人不得一，通比知古今，可为天子用者，数千人不得一也。……而保身家之生员，殆有三十五万人，此与设科之初意悖，而非国家之益也。"才气横溢的顾炎武就是角逐科场14年而终于失败的读书人。有这样的亲身经历，认为科举不能选拔真才，见解就显得深刻有力。既然科举不能选拔真才，"然则如之何？请一切罢之，而别为其制。必夫五经兼通者而后充之，又课之以二十一史与当世之务而后升之"①。看来，当时的顾炎武虽提出"请一切罢之，而别为其制"，但采取什么样的取士之制呢？他也拿不出好办法来。

科举不但不能选拔真才，而且还有不少弊端。顾炎武列举的弊端之一是："生员在天下，近或数百千里，远或万里，语言不同，姓名不通，而一登科第，则有所谓主考官者，谓之座师；有所谓同考官者，谓之房师；同榜之士，谓之同年；同年之子，谓之年侄；座师、房师之子，谓之世兄；座师、房师之谓我，谓之门生；而门生之所取中者，谓之门孙；门孙之谓其师之师谓之太老师；朋比胶固，牢不可解。书牍交于道路，请托遍于官曹，其小者足以蠹政害民，而其大者，至于立党倾轧，取人主太阿之柄而颠倒之，皆此之由也。故曰：废天下之生员，而门户之习除也。"弊端之二是："国家之所以取生员而考之以经义、论、策、表、判者，欲其明六经之旨，通常世之务也。今以书坊所刻之义，谓之时文，舍圣人之经典，先儒之注疏与前代之史不读，而读其所谓时文。时文之出，每科一变，五尺童子能诵数十篇而小变其文，即可以取功名，而钝者至白首而不得遇。老成之士，既以有用之岁月，销磨于场屋之中；而少年捷得之者，又易视天下国家之事，以为人生之所以为功名者，惟此而已。故败坏天下之人材，而至于士不成士，官不成官，兵不成兵，将不成将，夫然后寇贼奸宄得而乘之，敌国外侮得而胜之。苟以时文之功，用之于经史及当世之务，则必有聪明俊杰通达治体之士，起于其间矣。故曰：废天下之生员，而用世之材出也。"② 又说："盖救今日之弊，莫急乎去节抄剽窃之人……今日欲革科举之弊，必先示以读书学问之法。"③

顾炎武用最激烈的言词，讨伐了八股取士制度："故愚以为八股之害，等于焚书，

① 顾炎武：《顾亭林诗文集》卷一《生员论》上。

② 顾炎武：《顾亭林诗文集》卷一《生员论》中。

③ 顾炎武：《日知录》卷一六。

而败坏人才，有甚于咸阳之郊，所坑者但四百六十余人也。”① 同样，把八股取士制度比作焚书坑儒加以痛斥的，还有颜元。颜元说：“如弃选举取八股，将率天下贤愚而八股矣。天下尽八股何用乎？故八股行而天下无学术，无学术则无政事，无政事则无治功，无治功则无升平矣！故八股之害，甚于焚坑。”②

著名思想家黄宗羲对科举制度也有激烈的批评：“科举之弊，未有甚于今日矣。余见高曾以来，为其学者，《五经》、《通鉴》、《左传》、《国语》、《战国策》、《庄子》、八大家，此数书者，未有不读，以资举业之用者也。自后则束之高阁，而钻研于蒙存浅达之讲章，又其后则以为泛滥，而说约出焉。又以说约为冗而圭撮于低头四书之上，童而习之，至于解褐出仕，未尝更见他书也。此外但取科举中选之文，讽诵摹仿，移前掇后，雷同下笔已耳。昔有举子以尧舜问主司者，欧阳公答之云，此疑难故事不用也罢。今之举子大约此类也。”③ 黄宗羲认为，如果用当前这种科举取士办法，古代饱学之士也难考中。他说：“今也不然，其所以程士者，止有科举之一途，虽使古豪杰之士，若屈原、司马迁、相如、董仲舒、扬雄之徒，舍是亦无由而进，取之不谓严乎？一日苟得，上之列于侍从，下亦置之郡县，即其黜落而为乡贡者，终身不复取解，授之以官，用之又何其宽也。严于取则豪杰之老死丘壑者多矣；宽于用，此在位者多不得其人也。”④ 他还说：“举业盛而圣学亡，举业之士亦知其非圣学也，第以仕宦之途寄迹焉尔！”⑤ “三百年人士之精神，专注于场屋之业，割其余以为古文，其不能尽如前代之盛者，无足怪也。”⑥ 但是，停止科举之后，怎样选拔人才呢，黄宗羲也拿不出办法来。

思想家之外，以诗作闻名于世的袁枚，虽是乾隆四年己未科进士，但对科举制度的批判也毫不留情。他在《答尹似村书》中写道：“自时文兴，制科立，《大全》颁，尊之者贵，悖之者贱，然后束缚天下之耳目聪明，使如僧颂经，伶度曲而后止。此非宋儒过，尊宋儒者之过也。今天下有二过焉：庸庸者习常虑旧犹且不暇，何能别有发明？其长才秀民，又多苟且涉猎，而不肯冒不讳以深造。凡此者皆非尊宋儒也，尊功令也。功令之于宋儒，则亦有分矣。” 在《子不语》中，袁枚借地藏王之口说：狂生“自称能文，不过作烂八股文，看高头讲章，全不知古往今来多少事业学问，而自以为能文，何耻之甚也！”这位科举路上的幸运儿感慨地说：“颁行《四书大全》，通行天下，捆缚聪明才智之人，一遵其说，不读他书。杨升庵有言：虫有应声者。今之儒生，皆宋儒之应声虫也。子不作应声虫，安能拾取功名，上报君父乎？”⑦

① 顾炎武：《日知录》卷一六。

② 颜元：《习斋言行录》卷下。

③ 黄宗羲：《明夷待访录·取士》下。

④ 黄宗羲：《明夷待访录·取士》下。

⑤ 黄宗羲：《南雷文案》卷一《恽仲升文集序》。

⑥ 黄宗羲：《南雷文约》卷四《明文案序》。

⑦ 《续子不语》卷五《麒麟喊冤》。以上关于袁枚的材料，承高翔先生提示，谨此致谢。

## 二 “一队夷齐下首阳”

清世祖福临刚从沈阳迁入北京不久，便在即位诏书中宣布要沿袭明代的科举取士制度，举行乡、会试，并承认前明乡试取中的举人，有资格参与新朝的会试。诏曰：“一会试，定于辰戌丑未年；各直省乡试，定于子午卯酉年；凡举人不系行止黜革者，仍准会试。各处府州县儒学食廪生员，仍准给廪；增附生员，仍准在学肄业，俱照例优免。一武举会试，定于辰戌丑未年；各直省武乡试，定于子午卯酉年，俱照旧例。一京卫武学官生，遇子午卯酉年乡试年，仍准开科，一体会试。……一前朝文武进士、文武举人，仍听该部核用。”①

顺治元年，还是激烈动荡的战争年代，抗清的武装斗争正在各地蓬勃开展，神州大地各大军事政治集团正在一决雌雄的时候，鹿死谁手很难预卜，清政府却在这个时候宣布进行开科取士。这不能不说是一着影响全局的好棋。其高明之处，浙江总督张存仁说得最清楚。他在顺治二年七月初七日的奏疏中说：“近有借口剃发反顺为逆者，若使反形既露，必处处劳大兵剿捕。窃思不劳兵之法，莫如速遣提学，开科取士，则读书者有出仕之望，而从逆之念自息，行蠲免，薄税敛，则力农者少钱粮之苦，而随逆之心自消。”得旨：“开科以取士，薄敛以劝农，诚安民急务，归顺各省，准照恩诏事例，一体遵行。”②

洪承畴也曾建议清政府用开科取士的办法收拾人心。陈怡山《海滨外史》记载说：“大清入主中国，经略洪承畴教以收拾人心之策。以为中国所以俯首归诚，实缘贪图富贵。若辈作八股文者，苟得富贵，旧君固所不惜。于是甲申即位，乙酉即行乡试。”在清军入关的第二年便沿袭明代科举旧制恢复了乡试，次年又恢复了会试，并根据范文程的建议连续两年举行加科乡会试。用开科取士淡化汉族知识分子的故国之思，诱导他们投靠新朝，进入仕途。洪承畴、范文程、张存仁这些谋臣们可以说把当时知识分子的心思看透了，也说透了。这一政策果然见效。起初因改朝换代耻食周粟的读书人，后来都跃跃欲“试”了。当时有人作诗嘲之曰：“圣朝特旨试贤良，一队夷齐下首阳。家里安排新雀帽，腹中打点旧文章。当年深自惭周粟，今日幡思吃国粮。非是一朝忽改节，西山薇蕨已精光。”③ 另有一诗嘲之曰：“一队夷齐下首阳，几年观望好凄凉。早知薇蕨终难饱，悔杀无端谏武王。”等到进了贡院，因人太多被驱逐出院，又有人用前韵作诗嘲之曰：“失节夷齐下首阳，院门推出更凄凉。从今决意还山去，薇蕨堪嗟已吃光。”④

---

① 《清世祖实录》卷九，顺治元年十月甲子。

② 《清世祖实录》卷一九，顺治二年七月丙辰。《满汉名臣传》本传所载，文字略有不同。

③ 褚人获编：《坚瓠戊集》卷三，《一队夷齐》。

④ 徐珂：《清稗类钞·讥讽类》中华书局 1984 年，第 4 册，第 1545～1546 页。

开科取士本是选拔人才的传统方法，但在清初满汉民族激烈对抗的特殊环境下，被清政府用作笼络汉族知识分子的一种特殊手段。正如张存仁所说，开科取士可使“读书者有出仕之望，而从逆之念自息”。洪承畴所说“作八股文者，苟得富贵，旧君固所不惜”。圣旨也认为，开科取士是“安民急务”。讽刺诗中的“一队夷齐下首阳”，形象地描绘出“当年深自惭周粟”的读书人，如何心甘情愿地接受清政府的笼络。

对汉族知识分子一方面实行笼络政策，使之“有出仕之望”，同时又不断地寻找机会给予威慑性的打击。顺治丁酉南北闱科场案，特别是江南乡试科场案，对汉族知识分子的打击最为酷烈。①

## 三　八股文的进一步模式化

明末对科举制度的批评，主要集中在八股文。说得最激烈的是把明朝的灭亡，归咎于八股文。明朝之亡，原因是多方面的，不能用八股文之弊概其全貌。

入清以后，康熙初年，也曾一度对八股文持全盘否定态度，甚至停止八股文。康熙二年（1663 年）八月，“礼部遵旨议覆：乡会考试，停止八股文，改用策论表判。乡会两试，头场策五篇，二场用四书本经题，作论各一篇，表一篇，判五道。以甲辰科为始。从之。”② 停止八股文，马上就有人反对。康熙四年，礼部右侍郎黄机疏言：“制科取士，稽诸往例，皆系三场先用经书，使士子阐发圣贤之微旨，以观其心术；次用策论，使士子通达古今之事变，以察其才猷。今甲辰科只用策论，减去一场，似太简易，恐将来士子剿袭浮辞，反开捷径。且不用经书为文，则人将置圣贤之学于不讲，恐非朝廷设科取士之深意。臣请嗣后复行三场旧制，则士子知务实学，而主考鉴别，亦得真儒，以应国家之选。”下部知之③。康熙七年（1668 年）下诏乡、会试仍用八股取士。这是康熙皇帝亲政以前发生的事。亲政以后，议论过八股文，但没有明确表示肯定或否定态度，只是议论过它的长短问题。康熙二十年六月一日。康熙皇帝说：“八股文字，朕亦知其大概，长短全无关系，在所作何如尔。尔等云何?”大学士李爵奏曰：“文章美恶，原不系乎长短，但太冗长，则不合格。”学士李光地奏曰：“近来文章风气大觉冗杂，书义过长，经义过短，亦非文体之正。”张玉书奏曰：“部议限六百五十字，不为不多。若论作文之道，但当以明理为主。”康熙皇帝点头称是④。五十四年正月康熙皇帝还与李光地议论过谁的八股文写得好。他问李光地：“储在文与方苞孰优?”李光地奏曰：“储在文、方苞俱留心经学。至于八股，储在文似更稳妥。”康熙说：“储在文

① 请参看王戎笙《清初科场案研究》载 1995 年《清史论丛》。

② 《清圣祖实录》卷九，康熙二年八月癸卯。

③ 《清圣祖实录》卷一四，康熙四年三月壬寅。

④ 《康熙起居注》，中华书局 1984 年，第一册，第 711 ~ 712 页。

诚优于方苞。"① 康熙五十七年十月谕吏部："考试月官，令作八股时文，大都抄录旧文，苟且塞责。嗣后不必作八股时文，止令写履历，以三百字为限。观其书法妍丑，文理工拙，则人之优劣，自可立见矣。"②

康熙二年，玄烨还是一个刚满十岁的幼年皇帝，在科举考试中一度停止、恢复八股文，都不能真实代表他本人的主张。晚年的康熙，对八股文所持的否定态度，认为"大都抄录旧文"，应是他本人的真实看法，但这不是就科举考试而言。

至乾隆元年（1736 年）令方苞选录四书文的上谕中称："国家以经义取士，将使士子沉潜于四子五经之书，含英咀华，发摅文采。因以睹学力之浅深，与器识之淳薄，而风会所趋，即有关于气运。诚以人心士习之端倪，呈露者甚微，而征应者甚巨也。顾时文之风尚，屡变不止，苟非明示以准的，使海内士子，于从违去取之界，晓然知所别择。则大比之期，主司何以操绳尺以度群才，士子岂能合矩矱以应搜罗乎？有明制举之业，体备各种，如王唐归胡金陈章黄诸大家，卓然可传；本朝文运昌明，英才辈出，刘子壮、熊伯龙以后，作者接踵，莫不根柢经史，各摅杼轴，此皆足为后世之津梁，制艺之科律者。自坊选之禁，垂诸功令，而大家名作，不得通行，士子无由睹斯文之炳蔚，率多因陋就简，剽窃陈言，袭取腐语，间或以此幸获功名。又辗转流布，私相仿效。驯至先正名家之风味，邈乎难寻，所系非浅鲜也。今朕欲裒集有明及本朝诸大家时艺，精选数百篇，汇为一集，颁布天下，以为举业指南。学士方苞工于时文，著司选文之事，务将入选之文，逐一批抉其精微奥窔之处，俾学者了然心目间，用以拳服摹拟。再会试、乡试墨卷，若必俟礼部刊发，势必旷日持久，士子一时不能观觉，嗣后应弛坊间刻文之禁，倘果有学问淹博、手眼明快者，不拘乡、会墨卷、房行、试牍，准其照前选刻。"③ "方苞遵旨选录有明制义四百八十六，国朝制艺二百九十七，以清正雅正为宗，呈钦定，颁行天下。"④ 乾隆皇帝这一举措，是八股文发展史上的一个重要转折。所谓"明示以准的"、"于从违去取之界，晓然知所别择"，则在大比之期，主考者可以"操绳尺以度群才"，士子也可以"合矩矱以应搜罗"。乾隆皇帝这一举措，使八股文更加模式化，也更加死板僵化，促使科举取士制度迅速向腐朽、没落的深渊滑下去。

## 四　对八股文的一片赞扬声

在清代前期，科举制度还在发挥它的积极作用，通过考试选拔了一批人才，满族贵族也通过考试团结了广大的汉族知识分子。科举制度的弊端和腐朽性，还没有充分暴露

① 《康熙起居注》，第三册，第 2144 ~ 2145 页。

② 《清圣祖实录》卷二八一，康熙五十七年十月甲寅。

③ 《钦定大清会典事例》卷三三二，《礼部・贡举》。

④ 《清史列传》卷一九，《方苞传》。

出来。因此，它在社会上，无论在朝在野，一片赞扬之声。朝廷把它作为不可替代的取士制度，读书人把它作为进入仕途的阶梯。特别是那些为乡试录作序的考官们，照例要把科举取士制度“盛哉”“隆哉”地赞扬一番。什么“得人之盛，本朝第一”呀，什么“所得硕德鸿才，有体有用之辈不可悉数”呀，等等。

下面列举几位具有代表性的人物和他们的代表性言论。

熊赐履，顺治十五年（1658 年）24 岁中戊戌科进士，官至武英殿大学士兼刑部尚书。他说：“故试士以言，洵末也；而势固不得不以言。言者，心之声也。六经四子，何莫非是也。苟其淑于仁义，泽于典坟；精粹积于中，声光溢于外，浑毫伸楮，皆有以发挥圣贤微奥之所在，而无或谬于上下古今不易之矩。斯其言为有德之符，载道之器也。而奚得以区区词章帖括之技目之？独是世教衰凌，士习颓靡；大道不著，实学鲜闻。父生师教，初未尝悬一的以就其归。举先王之泽，圣人之指，不啻蔓草视之，而曾不知一为之注意。平居椎牖伏案，殚力弊精，只求工于八股之空言，以侥幸一第之获隽而后已。而其所谓八股之空言，则又其榛芜舛盭，绝不切于理道之说。及其一登仕籍，不复进求。或投之以任，试之以务，而课其实，则茫焉举莫知其所以。而平日之所殚力弊精以求工者，盖无一之可适于用。而亦遂略不计念于上之举而庸之老之何为。惟取夙昔所为侥幸希隽之一念而扩充之，以迄于帽淫邪僻之无不至，而亦未尝不傲然自命为科名甲第之人。此人才之所以日衰，风俗之所以寝替，而治效之卒莫古若也。乃议者遂致咎于制义之寡田，扃闱三校之未为善，而思以变之也。亦岂得为通论哉!”① 熊赐履的辩解，无非是说，制度本身是好的，只是世教衰凌，士习颓靡，人材日衰，风俗寝替，治效不如古代，于是有人便归咎科举取士制度。

张玉书对八股取士制度，比熊赐履有更富于激情的赞扬。他是八股取士的得益者。顺治十八年（1661 年）辛丑科进士，官至文华殿大学士。他说：“国家今日之甄录诸士，惟其文也；异日界之政事而登用之，惟其人也。以为科目不足得人那？姑无论往代，即本朝五十年间，由科目致身、而姓名焜耀于简册者，项背相望矣。……然而用人之法，不得不重科目。诚使一科之内，得一二人，树功立名于不朽，则于朝廷设科取士之意，已自无负。”②

擅长八股文的韩菼，对八股文可以说是情有独钟。在他看来，八股文是最难的，也是最完美的。不但形式美，内容也美。从圣人的书中命题，代圣人立言。“与夫古今礼乐制度，沿革兴坏之故，皆可以有所发明，而言之廓如矣。抑犹未也，必旁而浸淫于古。自晚周、秦、汉以来，如左氏、公羊、穀梁、屈原、庄周、扬雄、司马迁、班固之文章，以迄于韩、柳诸家，皆能往复出入，变化于其行文之所以然，以养吾气，以达吾才，夫然后俯而为科举之文，皆彬彬可观也。盖有明一代、八股之文亦云盛矣。名臣杰

---

① 熊赐履：《经义斋集》卷三，《会试录后序》（康熙十二年）。

② 张玉书：《文贞公集》卷四，《辛未科会试录序》（康熙三十年）。

士俱出其中。”① 韩菼是八股取士制度的得益者，康熙十二年（1673 年）癸丑科进士，37 岁中状元，他的学识很得康熙帝赏识，官至礼部尚书。

把熊赐履、张玉书、韩菼这些人对八股文的评价，和前面列举的著名思想家们对八股文的评价比较一下，真有天渊之别。熊、张、韩这些人青云直上的时候，也正是八股文誉满神州的时候。对八股文的高度赞扬，完全合乎他们的经历，合乎他们的身份，合乎那个时代的主流意识。而且以这三个人为代表的一批人，也确实是通过科举选拔出来的杰出人才。如果以他们为例，证明科举制度是当时最有生命力的无可替代的取士制度，也是很有说服力的。事物的内在本质有一个从隐蔽到显露的过程，人们对事物本质的认识也有一个由不知、模糊认识到深知的过程。而这又与他的经历有关，与他对事物层面的接触有关，与他对事物的洞察力有关，也与他的切身利益有关。熊、张、韩这些人对八股文的高度赞扬，就不是不可理解的了。

就在这高昂的赞扬声中，也有废除八股、改革科举的呼声，有时这种呼声来自高级官员，甚至来自决策中枢，来自漫漫科举路上的失败者，也来自科举路上的幸运儿。

## 五　兴与废的早期较量

雍正七年三月初六日，御史李元直诚惶诚恐地用秘密奏折形式，请皇上更定取士之法，清弊端以杜冒滥，黜浮言以收实效。他在密折中说：“伏念天下之吏治，本乎人才；人才之选举，重在科场。”他认为“衡之以八股时文，而望其为忠臣、为良吏，此所取与所需者相左也。夫八股时文，能为端人正士之言，未必无卑污苟贱之行；能为慷慨经济之论，未必有治民理事之才。乃以此无用之空言，雕虫之小技，劳士子无限之呫哔，费考官无限之精神，縻国家无限之供给，纵，弊绝风清，亦无关实效”。况科举中弊窦“有不可胜言者”，李元直在奏折中列举了五类弊病。第一类是关节。“或贿赂钻营；或势要嘱托；或亲故党援；或名士奔竞。某卷某人，到眼皆识。虽功令森严，人知畏法；然密约暗递，正恐难防。”第二类是拟题。“考官命题，种种避忌，以致窗下私拟，场中暗合，所取佳文，多非本色。”第三类是倩代。“或贿买书吏，与枪手暗联座号；或贿买号军，往来传送。诡密多方，难以备悉。”第四类是夹带。“或衣服，或器具，奇巧万状；又或先期寄理号房，临时掘取，其弊亦难具述。”第五类是抄袭。“富家买人文字，记诵抄录；贫者或窃人窗课，或径抄刻本，亦往往幸中。至于表判策论，雷同抄袭，天下皆然；尤恬然不以为怪。”李元直认为：“以上诸弊种种，名虽士子，何异穿窬。此辈滥得官爵，人人艳羡，岂复知有廉耻？风俗人心，所关匪细。臣早夜筹画，窃谓宜课之以优劣，升之以德行，访察其学术，考验其才猷。较之八股，似为实际。”李元直对科举制度特别是对八股取士的批评，是切中时弊的。但他却胆战心惊，

---

① 韩菼：《有怀堂文稿》卷四，《乙卯顺天乡闱墨序》（康熙十四年）。

不敢公开提出。李元直在奏折中也表述了他的心情："事关大典，臣不敢草率纷更；且以一人与天下科目朋党中人显然为敌，非小臣所能支持；故不敢露章明言，谨亲手自书，赍折密奏。抑臣凡具一折，皆灯下焚稿，虽子弟家人，不使闻知。倘言有足采，乞皇上裁以睿虑，而臣无市直之名；如系冒昧妄议，则罪止及臣，而不妨进言之路。是臣竭诚自效之微忱也。臣凭臆揣测，干冒宸严，不胜战栗恐惧之至。"① 李元直作为御史，对科举之弊向皇上进一言，还如此战栗恐惧之至，其根本原因就是"以一人与天下科目朋党中人显然为敌，非小臣所能支持"。这就是说，"天下科目朋党中人"是一个强大的维护科举取士制度的保守势力。在这种势力占绝对优势的情况下，一点小小的改革建议，都要承担一定风险。

乾隆初年，在清政府的决策层内，发生了一场涉及科举制度的兴废的争论。乾隆三年（1738年），兵部侍郎舒赫德奏请废除科举。这份重要文献，全文约八百字，其要点如下：舒赫德奏请废除科举，以八股时文不足以得人者有四大弊端：一、今之时文，徒空言，而不适于实用；二、墨卷房行，辗转抄袭，肤词诡说，蔓衍支离，其心以为苟可以取科第而止矣；三、士子各占一经，每经拟题多者百余；少者不过数十耳。古人毕生治之而不足，今则数月为之而有余，其陋者至今未尝全读经文，况望其通贯儒先之说乎？四、表以观其词藻，判以观其决断，策以观其通古今、察利弊。今则表、判可预拟而得，答策随题敷衍而无所发明。舒赫德在列举了这四大弊端之后指出："今之侥幸求售者，弊端百出，士心苟且，日以滋甚。此次之严搜，固足以消积习，若复探其本而清其源，将考试条款改易而更张之，别思所以遴拔真才实学之道，似于士习人心，方能大有裨益。"② 舒赫德的见解是非常精辟的，他已经触摸到科举的病根，抓住了科举制度发展到腐朽阶段的症结所在。

"今之时文，徒空言，而不适于实用"，这是八股文的致命弱点。类似的话，在他之前已有人多次说过了。舒赫德的新意在于：科举考试的命题，路越走越窄，越走越怪，以至怪到了荒唐的程度。"士子各占一经，每经拟题多者百余；少者不过数十"，"今则表、判可预拟而得，答策随题敷衍而无所发明。"舒赫德对科举考试中的各种文体，并不采取一般笼统否定的态度，而是说初创时是好的，发展到清代就变坏了。这是他不同于前人的地方。八股文作为一种文体，用以取士，并无不可。就像诗、赋一样，要求有一定的格式和标准。问题是，它的格式和标准越来越死板，越来越僵化，出题的范围也越来越小。是怎样走上了这一步的呢？这和最高统治者的一些举措有关，而它的后果却是当事者始料所不及的。我们不妨回顾一下。

康熙五十二年十月有一上谕："至五经四书，俱系圣贤之言，考试出题，专意取冠冕，则题目渐少，士子易于揣摩。甚有将不出题之书，删而不读，尚得言学问乎？经书内有不可出之题，试官自然不出。其余出题之处，须以各种题目试之，则怀才实学之

① 中国第一历史档案馆藏档案，宫中朱批奏折，文教56：31。

② 张廷玉：《澄怀园文存》卷四。

士，自无遗弃矣。”① 康熙五十四年又谕：“科场出题，关系紧要。乡会经书题目，不可出熟习常拟之题。”② 康熙皇帝的谕旨，用意在于防止考生事先拟题，但其结果却使考官命题，进入了羊肠小道。既然考试出题，必须在四书、五经范围之内，命题的范围已经十分狭窄了；而且在这个十分狭窄的四书、五经中，又要除去不可出题的内容，出题的范围就更狭窄了。

康熙帝谕令在四书、五经“其余出题之处，须以各种题目试之”。雍正元年，更严厉地重申了一项禁令：“考官若仍出熟习拟题，交该部议处。”康、雍两帝，一个要求在有限范围内出“各种题目”，一个要求在有限范围内不出“熟习拟题”，考官只有出奇招、出怪招了。乾隆元年（1736年），又有一项后果极坏的举措，乾隆皇帝命学士方苞选录明清两代一些名家的八股文，编成《钦定四书文》三十一卷，刊布全国，“使士子沉潜于四子五经之书，含英咀华，发摅文采。……顾时文之风尚，屡变不止，苟非明示以准的，使海内士子，于从违去取之界，晓然知所别择”③。文章更加模式化了，出题的范围更狭窄，考官命题朝着更古怪也更荒唐的路一直滑下去，越滑越远，出题的方式千奇百怪。以一种所谓截搭题为例，如《中庸》中有“今夫山，一卷石之多，及其广大，草木生之”一段话，考官割裂原文，以“及其广大草”为题。又如《论语》中有“异邦人称之亦曰君夫人”，“阳货欲见孔子”两句，考官将这两句截搭成“君夫人阳货欲”一题。诸如此类，文理不通已极④。

这种出题方式何时开始，说法不一。商衍鎏引邱濬《大学衍义补》说：“出题割裂，明代已然，邱濬《大学衍义补》有云，近年以来初场出经书题，往往深求隐僻，强截句读，破碎经文，于所不当连而连，不当断而断，以此科场题目，数倍于前，而提学宪臣之小试，所至出题，尤为琐碎等语，风气遂沿及清代。”⑤ 王家振说：“明万历三年上谕，所出试题，要明白正大，不得割裂文义，以伤雅道，今科场《四书》文，有所谓搭题者，往往上下文绝不关涉，以为新奇，不知始自何年。国史乾隆三十九年，四川头场首题，‘又日新康诰曰’六字，程景伊奏此题牵上连下，全无意义，考官因是罚俸，则尔时犹未通行可知也。”⑥

考生拿到如此不伦不类的题目，自然做些不三不四废话连篇的文章。有人模仿八股文体裁，写了一篇讥讽八股文的文章，其中有几句颇堪捧腹。如：“大地乃宇宙之乾坤，吾心实中怀之在抱，久矣夫千百年非一日矣，溯往事以追维，曷勿考记载而诵诗书之典要。元后即帝王之天子，苍生乃百姓之黎元，庶矣哉亿兆民中已非一人矣，思人时而用世，曷不瞻黼座而登廊庙之朝廷。”同义反复，内容空洞，这虽属游戏文章，颇能

---

① 《清圣祖实录》卷二五六，康熙五十二年十月乙酉。

② 《钦定大清会典事例》卷三三一，《礼部·贡举》。

③ 《钦定大清会典事例》卷三三二，《礼部·贡举》。

④ 商衍鎏：《清代科举考试述录》，第345～346页。

⑤ 商衍鎏：《清代科举考试述录》，第345页。

⑥ 王家振：《西江说稿）卷五，《政治类·选举》。

传神。

嘉道以后，一些在科举道路上取得成功的人也严厉地批评科举制度，因为有亲身经历，往往能一语破的。如道光举人陈澧尖锐地指出：“文章之弊，至时文而极；时文之弊，至今日而极。士之应试者，又或不自为文，而劲袭旧文，试官患之，乃割裂经书以出题。于是题不成题，文不成文。”① 题不成题，文不成文，真是入木三分。科举取士之腐败，由于政治的腐败越来越突显了。考官们用“题不成题”的题目，考取了一批“文不成文”的读书人。若干年之后，写些“文不成文”的读书人，也熬成了考官。然后又用“题不成题”的题目去考新一代的读书人。这无异于一代又一代的近亲繁殖。从科举制度中很难产生出优秀人才，这一点已为越来越多的人看得越来越清楚了。

我们还是回到舒赫德的建议上来。舒赫德请废科举的奏疏是在乾隆三年（1738 年）提出的，正好在李元直奏请“更定取士之法”之后十年，但舒赫德不可能看到李元直的密奏。需要研究的问题是，雍正、乾隆两位皇帝如何处理这个事关取士用人的大问题。李元直和舒赫德先后提出切中时弊的奏议，都遭到同样的命运。李元直的奏议被雍正皇帝打入冷宫，舒赫德的奏议被乾隆皇帝交礼部议复。这时大学士鄂尔泰掌权，力主议驳，礼部复奏为张廷玉主稿，全文一千三百余字。张廷玉辩驳说：取士之法，三代以至明清，都各有弊端，承认舒赫德的许多说法是正确的。接着却说“圣人不能使立法之无弊，在乎因时而补救之”。怎么样“因时而补救之”呢？张廷玉只说了一句无可奈何的话：“且夫时艺取士，自明至今殆四百年，人知其弊而守之不变者，非不欲变，诚以变之而未有良法美意以善其后。”在“名”与“实”上兜了一个圈子之后，把恢复古代取士制度的主张批驳了一番，不过这里批驳的不是舒赫德的观点而是另外一些人的观点。张廷玉批驳道：“必若变今之法，行古之制，则将治宫室、养游士，百里之内置官立师，狱讼听于是，军旅谋于是，又将简不率教者屏之远方，终身不齿，其毋乃徒为纷扰而不可行？又况人心不古，上以实求，下以名应。兴孝则必有割股、庐墓以邀名者矣，兴廉则必有恶衣菲食、敝车羸马以饰节者矣，相率为伪，其弊尤繁。甚至借此虚名以干进取，及乎莅官以后，尽反所为，至庸人之不若。此尤近日所举孝廉方正所可指数者，又何益乎？……司文衡职课士者，果能仰体谕旨，力除积习，杜绝侥幸，文风日盛，真才日出矣。然此亦特就文学而言耳。至于人之贤愚能否，有非文字所能决定者，故立法取士不过如是：而治乱盛衰初不由此，无事更张定制为也。”最后的一句话是：“舒赫德所奏，应无庸议。”② 改革科举的建议又一次束之高阁。

舒赫德奏请废科举之后三年，即乾隆六年（1741 年），归允肃又在“恭呈御览”的乡试录序中大胆发表议论道：“夫科举之学，至沿为腐烂饾饤，其弊非一日矣。有心者思欲廓然大变之，必正其指归，使学问有本原，而议论有据依。”③

---

① 陈澧：《科场议一》，盛康《皇朝经世文续编》卷六六《礼政六・贡举》。

② 张廷玉：《澄怀园文存》卷四。

③ 归允肃：《归宫詹集》卷一，《顺天辛酉科乡试全录序》。

也有记载说，在雍正年间已有人提出过废除八股文、改革取士法的主张。据陈康祺记载："雍正中，有议变取士法、废制义者。上问张文和，对曰：'若废制义，恐无人读四子书，讲求义理者矣。'遂罢其议。"① 废止八股文的建议，虽一再提了出来，康熙初年还试行过几科，但终于废止不了。其根本原因，张廷玉说是"恐无人读四子书"，黄机说是"人将置圣贤之学于不讲"，可谓一语破的。

## 六 "变之而未有良法美意以善其后"

张廷玉在反驳舒赫德奏请废除科举的建议时，说了一句无可奈何的话："且夫时艺取士，自明至今殆四百年，人知其弊而守之不变者，非不欲变，诚以变之而未有良法美意以善其后。"事实确是如此，所有主张废除八股文、主张废除科举取士制度的人，没有一个人能够提出行之有效的替代办法。

八股文之弊，反对者的共同看法是：学非所用，用非所学。纠弊之法，无非是改八股为策论，或以策论为主。科举之弊，反对者的共同看法是：不能选拔真才，纠弊之法，无非是察举，或察举加策问。这些办法往往会招来恢复古制之讥，而且历史的和现实的经验都证明，这不是纠弊的有效方法。所以张廷玉说："非不欲变，诚以变之而未有良法美意以善其后。"虽是一句无可奈何的话，却道出了科举制度在废止的呼声中仍延续了一百多年的真实原因。

魏禧对八股文提出了激烈的批评，他说："八股之法，一在于摹圣人之言，不敢称引三代以下事，不敢出本题以下之文；一在于排比有定式。夫题之义理，有博衍数十端然后足以尽者，有举其一端，扼要而无遗者。今必勒为排比，则是多端者不可尽，而得其一说而毕者，必将强为一说以对之，其对之又必摹其出比之语，斤斤然栉句比字而不敢或乱。……天下奇才异能，非八股不得进，自童年至老死，惟此之务。于是有身登甲第，年期耄，不识古今传国之世次，不知当世州郡之名，兵马财赋之数者。而其才俊者，则于入官之始而后学。"废除八股以后，用什么取而代之呢？他认为："故居今以救制科之败，愚则以为莫若废八股而勒之以论策。"② 还说："吾故曰吾之说，非舍四书、五经而别求之，四书、五经命题，以正其本，变八股制论策，使人得尽其才，适于实用，以救其败。……凡命题毋割裂章句以巧文（如虚缩巧搭枯难题之类）毋亵而不经，（如钻穴逾墙杀鸡攘羊之类）凡判必依律去对偶，如谳狱之语，或设事造题，使议其罪（假立一事，令议甲乙所犯，据律例应得何罪）。凡试策，试州县者，策以其州县之利害（或问地方现在何事，作何区处，或泛问利弊）……。"③

---

① 陈康祺：《郎潜纪闻二笔》卷一五，《议考试废制义》。

② 魏禧：《魏叔子文集》卷三，《制科策》上（康熙四十四年五月）。

③ 魏禧：《魏叔子文集》卷三，《制科策》中（康熙四十四年）。

邵长蘅也认为应该废八股，用论策。他说："然则求人才于今日，必先废八股，用论策，而天下之人才无所坏，然后选师儒，尚实学，而天下之人才有所成。愚非敢谓论策遽能得天下之才也，大抵用论策，则士不得不博取经史有用之书而读之，而相与讲求古今治乱安危之故，天文、律历、兵刑、礼乐、漕赋、河渠、盐法、屯铸，一切时务缓急之大端，以应一日之问。"①

当时反对科举取士的有识之士，除了废八股改策论之外，就是恢复古代的辟举，或称察举、荐举。包括顾炎武、黄宗羲都是这样的看法。

顾炎武用答问的形式说："问曰：废天下之生员，则何以取士？曰：吾所谓废生员者，非废生员也，废今日之生员也。请用辟举之法，而并存生儒之制，天下之人，无问其生员与否，皆得举而荐之于朝廷，则我之所收者，既已博矣，而其廪之学者为之限额，略仿唐人郡县之等：小郡十人，等而上之，大郡四十人而止，小县三人，等而上之，大县二十人而止。约其户口之多寡，人材之高下而差次之，有缺则补，而罢岁贡举人之二法。……吾固曰：天下之人，无问其生员与否，皆得举而荐之于朝廷，则取士之方，不恃诸生之一途而已也。夫取士以佐人主理国家，……而仅出于一涂，未有不弊者也②。

黄宗羲曾惊呼"科举之弊，未有甚于今日矣"。他提出的解决办法是，考试与荐举并行，不过现行的考试的命题、场次、答卷、评阅、录取，等等，都要加以变革。他说："莫若就今见行事例，稍为变通，未尝不可以得真才也。"具体的办法是："今第一场经义，第二场论表判，第三场策五道；经义当依朱子之法，通贯经文，条陈众说，而断以己意；不必如今日，分段破题对偶敷衍之体。论以观其识见，表以观其绮靡，判当设为甲乙，以观其剖决，策观其通今致用，所陈利害其要如何。无取谰言僻语，剿袭套话。嗟乎举子苟能通此，是亦足矣。无奈主文者，相习成风，去取只在经义，经义又以首篇为主。二场三场未尝过目，逮夫经义已取，始吊后场，以充故事。虽累经申敕，'衷如充耳，亦以时日迫速，不得不然也。余尝与万季野私议，即浙江而论，举子万人，分房十余人，每人所阅不及千卷，日阅二百卷，五日可毕。第一场取一千卷，揭榜其不在千卷内者，不得进第二场。第二场千卷，每人阅一百卷，一日可毕。当取五百卷，揭榜其不在五百卷内者，不得进第三场。第三场方依定额，揭榜始谓之中式。如此则主文者，不得专以经义为主，而二场三场为有用，举子亦不敢以空疏应也。会试亦然，此亦急救之术，行之数科后，取朱子之议行之，又何患人才之不出乎。"③

黄宗羲主张，考试之外，还有荐举。荐举的途径有多种，一是由中央或地方高级官员荐举，即所谓辟召。"辟召之法，宰相六部方镇及各省巡抚，皆得自辟其属吏，试以

① 邵长蘅：《青门簏稿》卷一六。

② 顾炎武：《顾亭林诗文集》卷一，《生员论》。

③ 黄宗羲：《南雷文约》卷三，《科举》。

职事，如立志摄官，其能显著，然后上闻。”① 还有一种途径是郡县荐举，由中央考核是否有真才实学。“荐举之法，每岁郡县一人，与于待诏之列，宰相以国家疑难之事问之，观其所对，令廷臣反复诘难……能自理其说者，量才官之，或假之职事，观其所效而后官之。”② 再有一种是由地方举荐奇才异能之士，由政府进行考核。“绝学者，如历算、乐律、测望、占候、火器、水利之类是也。郡县上之于朝，政府考其果有发明，使之待诏，否则罢归。”③ 也可以上书自荐。“上书有二：一国家有大事或大奸，朝廷之上不敢言，而草野言之者。……一以所著书进览，或他人代进，详看其书足以传世者，则与登第者一体出身。”④

颜元也主张用乡举里选去代替科举取士制度。“窃尝谋所以代之，莫若古乡举里选之法。仿明旧制，乡置三老人，劝农、平事、正风，六年一举，县方一人。”⑤

康熙六年丁未科进士储方庆，做过山西清源县知县。他本人工于古文辞，却说：“工于文者未必工才，而有才者未必工于文，故或抱非常之具，而颠倒于糊名易书之中，此二者之大弊也。”这些话，可能包含着他的亲身体验。他是科场中的幸运儿，但对现行的科举体制不满，主张改革，“今科举之法即未能遽改，朝廷何不参荐举之意于其中，使内之台省，外之督抚，择人于科目，而荐之以供当时之采择。而士之由科目进身者，亦必经一荐而后授之以官。如此则科目之人，皆不得以一日之言而决取终身之富贵”。⑥ 他的主张是把科举与荐举结合起来，参荐举于科目之中。改革的建议没有什么特异之处，但有一句话却说得十分精彩：“不得以一日之言而决取终身之富贵。”今人读起来就会想到现代一句流行的话：“一考定终身。”

任元祥，明诸生，工古文辞，极富才学。他主张废八股文，改革科举。他的建议是：“今废八股文，试时务策五道，次论表判，置其腐烂，观其通达，庶几真才实学由兹以兴。……今科举流弊，至于流徙绞斩，则议复保举，此其时矣。”任元祥的意见是由学校教官负责保举，然后逐级荐举。“士有硕德奇才，卓尔不群者教官得径举而升诸祭酒，祭酒试而升诸朝，次则举而试补各衙门吏，以次升朝。”⑦

顺治十五年戊戌科进士陈廷敬改革八股文的方案是：“故欲正经学之失，须革时文之体。时文之体革，然后学者可以旁通诸家之说，以求得乎圣人精意之所存，而士不苦于无用之空言，国家收实学之效也。”⑧

黄中坚认为八股的改革，已是势所必然。八股文已走上了穷途末路，用策论、用诗

---

① 黄宗羲：《明夷待访录·取士》下。
② 黄宗羲：《明夷待访录·取士》下。
③ 黄宗羲：《明夷待访录·取士》下。
④ 黄宗羲：《明夷待访录·取士》下。
⑤ 颜元：《存治编》。
⑥ 储方庆：《遁庵文集》卷六，《用人》。
⑦ 任元祥：《鸣鹤堂文集》卷一，《保举议》。
⑧ 陈廷敬：《经学家法论》，《皇朝经世文编》卷五七《礼政四》。

赋取而代之，都不是好办法。他主张多设考试科目，以扩大试子的知识领域，引导读书人广泛涉猎群书。“故八股之在今日，其亦穷而必变之势也。然欲变八股，而易之经策论，或易之以诗赋，则亦仅一偏之见而未为得其中。”他主张“分为数科，其一曰精通经术科，在取十三经之义疏，比附其异同，而质以所疑，如古条议之例；其二曰博综典故科，法在取史书所载，或专举一事，或兼举数事，使之论列其得失，是即古者史学之科也；其三曰洞达时务科，此即今对策之法，但必使之昌言无讳，直陈所见，庶有以见其抱负；其四曰富有才华科，试以诗赋而兼之以表可也；其五曰明习法律科，法在取古人已事，与部案之疑难者，设为甲乙之语，而使之剖决。毋拘声律对偶。”“所取之士，量才授职，而勿使遽列于清要。”①

康熙十八年举博学宏词科的朱彝尊认为：“试士之法，宜仿洪武四年会试之例，发题先五经而后四书。”② 朱彝尊提出的改革方案，是回到两百年前明初的旧路上去，没有什么实际意义。

综观清代前期关于科举取士的兴废之争，是一个值得深入研究的课题。朝野上下都有人提出废除科举制度，或废除八股文。不少有识之士，对科举之弊，特别是对八股文之弊，看得十分透彻。有些议论之深刻，可以和清末洋务派或维新派人士的议论相比美。但是他们中没有一个人能够提出任何一个行之有效的改革方案，无一例外地是回头看过去，看几百年前的旧制度，甚至是实行科举之前的旧制度，希望从那里找到医治已经腐败了的科举制度的良方。正如张廷玉所说：“人知其弊而守之不变者，非不欲变，诚以变之而未有良法美意以善其后。”他们都失败了，科举得以益寿延年，但他们洞察科举之弊的智慧是永存的。因为取代科举制度的新事物还没有出现，这是任何人都避免不了的认识上的局限。直到道咸以后，列强入侵，通过科举选拔的人才，不足以应付“数千年未有之变局”。同光之际，新式学堂纷起，废除科举又成了政坛的焦点，学坛的热点。所不同的是有新式学堂足资借鉴，可以取而代之。虽然也遇到顽固保守势力的强烈对抗，虽然也有过停罢和恢复，但大势所趋，清政府终于在光绪三十一年（1905年）宣布，自明年开始，所有乡、会试一律停止。这样，科举制度才在中国历史上结束了它那顽强的生命。

原载《明清论丛》第1辑，北京紫禁城出版社，1999年

---

① 黄中坚：《制科策》，《皇朝经世文编》卷五七，理政四。

② 朱彝尊：《经书取士议》，《皇朝经世文编》卷五七《礼政四》。

## 《中国科举文化通志》书目

历代制举史料汇编

历代律赋校注

七史选举志校注

唐代试律试策校注

八股文总论八种

游戏八股文集成

翰林掌故五种

贡举志五种(上)

贡举志五种(下)

明代科举与文学编年(上)

明代科举与文学编年(中)

明代科举与文学编年(下)

明代状元史料汇编(上)

明代状元史料汇编(下)

四书大全校注(上)

四书大全校注(下)

钦定四书文校注

《游艺塾文规》正续编

钦定学政全书校注

《清实录》科举史料汇编

梁章钜科举文献二种校注

二十世纪科举研究论文选编

《礼部韵略》与宋代科举

科举废止前后的晚清社会与文学

《儒林外史》的现代误读

游戏八股文研究

元明科举与文学考论

明代八股文选家考论

唐代科举与试赋